国家社会科学基金一般项目（23BJY008）结题成果

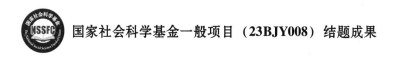

沉浸式微旅游业态创新与城市更新空间范型协同模式研究

杨莎莎　邢梦昆　黄婉华　著

中国财经出版传媒集团

经济科学出版社
Economic Science Press

·北京·

图书在版编目（CIP）数据

沉浸式微旅游业态创新与城市更新空间范型协同模式
研究/杨莎莎等著 . -- 北京：经济科学出版社，
2024.6
　ISBN 978 - 7 - 5218 - 5793 - 1

　Ⅰ.①沉…　Ⅱ.①杨…　Ⅲ.①旅游区 - 旅游业发展 -
研究②城市空间 - 建筑设计 - 研究　Ⅳ.①F592.3
②TU984.11

　中国国家版本馆 CIP 数据核字（2024）第 070753 号

责任编辑：李晓杰
责任校对：靳玉环　杨　海
责任印制：张佳裕

沉浸式微旅游业态创新与城市更新空间范型协同模式研究
杨莎莎　邢梦昆　黄婉华　著
经济科学出版社出版、发行　新华书店经销
社址：北京市海淀区阜成路甲 28 号　邮编：100142
教材分社电话：010 - 88191645　发行部电话：010 - 88191522
网址：www.esp.com.cn
电子邮箱：lxj8623160@163.com
天猫网店：经济科学出版社旗舰店
网址：http://jjkxcbs.tmall.com
北京季蜂印刷有限公司印装
880 × 1230　16 开　36.75 印张　1110000 字
2024 年 6 月第 1 版　2024 年 6 月第 1 次印刷
ISBN 978 - 7 - 5218 - 5793 - 1　定价：148.00 元
（图书出现印装问题，本社负责调换。电话：010 - 88191545）
（版权所有　侵权必究　打击盗版　举报热线：010 - 88191661
QQ：2242791300　营销中心电话：010 - 88191537
电子邮箱：dbts@esp.com.cn）

作者简介

　　杨莎莎，女，1981年1月生，壮族，广西河池人，中共党员。广西师范大学法学学士、桂林工学院管理学硕士，中南财经政法大学法学博士，中央财经大学经济学博士后，经济学二级教授，桂林理工大学、广西民族大学硕士研究生导师，现任桂林旅游学院副校长。入选国家旅游局"旅游业青年专家培养计划"、广西党委、政府"广西八桂青年拔尖人才"、广西教育厅"广西高等学校高水平创新团队及卓越学者计划"、广西教育厅"广西高等学校优秀中青年骨干教师培养工程"、广西教育厅"广西高等学校千名中青年骨干教师培育计划"。杨莎莎教授主要从事城市与区域旅游可持续发展方面的教学与科研工作。主持国家社会科学基金4项（含一般项目2项、青年项目1项、后期资助一般项目1项）、省部级项目13项。出版《桂滇黔乡村旅游业态创新与空心村治理协同模式研究》《西南民族地区旅游城市化进程中的新型城乡形态演化研究（中、英、日、朝鲜四种语言版本）》等著作7部（套）；在 *Journal of Environmental Management*、《社会科学》、《经济地理》、《人文地理》、《自然资源学报》、《自然辩证法研究》、《重庆大学学报·社会科学版》、《经济问题探索》、《统计与决策》、《广东财经大学学报》、《云南民族大学学报·哲学社会科学版》、《广西民族大学学报·哲学社会科学版》、《统计与信息论坛》等SCI源期刊、EI源期刊、CSSCI源期刊、中文核心期刊上发表论文48篇，在省级期刊上发表论文14篇，在论文集上发表论文12篇，在《中国社会科学报》《中国旅游报》《中国民族报》《广西日报》（理论版）上发表论文6篇，其中被SCI检索2篇（中科院一区1篇、三区1篇，TOP期刊1篇），EI检索7篇，被ISTP检索2篇，被CSSCI检索28篇。获得计算机软件著作权5项。学术成果获省部级优秀成果奖21项，其中广西社会科学优秀成果奖一等奖1项、二等奖4项、三等奖5项；国家民委社会科学优秀成果奖二等奖1项；团中央全国基层团建创新理论成果奖二等奖1项；民政部民政政策理论研究一等奖1项、二等奖1项、三等奖3项、优秀奖1项；国家旅游局全国旅游优秀论文奖优秀奖1项；广西高等教育自治区级教学成果奖一等奖1项、二等奖1项。

　　邢梦昆，男，1995年9月生，汉族，河北石家庄人，广西民族大学民族学博士，现任广西民族大学东盟学院讲师。主要从事城市群与区域可持续发展、区域国别研究等方面的教学与科研工作。参与国家社会科学基金项目3项（重点项目1项、一般项目 2 项)、广西哲学社会科学规划项目 3 项、广西自然科学基金面上项目 2 项、国家民委民族研究委托项目 1 项。出版《中国民政事业高质量发展研究（2010 - 2017）：功能定位、现状评估及发展战略》《低密度旅游业态创新与景区高质量发展协同模式研究》著作 2 部；在 *Scientific Reports*、《自然辩证法研究》、《江西社会科学》、《统计与决策》、《广西民族大学学报（哲学社会科学版)》、《贵州民族研究》、《云南师范大学学报·哲学社会科学版》、《技术经济》等 CSSCI 源期刊、SCI 源期刊、中文核心期刊上发表论文 8 篇，在《中国社会科学报》《中国人口报》《中国民族报》理论版上发表论文 4 篇，论文中有 1 篇被 SCI 检索，有 7 篇被 CSSCI 检索，有 1 篇被《人大复印报刊资料》全文转载。学术成果获广西社会科学优秀成果奖二等奖 1 项；国家民委社会科学研究成果奖二等奖 1 项；民政部民政政策理论研究二等奖 2 项、三等奖 1 项。

　　黄婉华，女，1995 年 4 月生，汉族，福建漳州人，中共党员，广西师范大学体育学博士研究生，主要从事区域旅游规划可持续发展、体育人文社会学研究方面的科研工作，参与国家社会科学基金一般项目 2 项、广西哲学社会科学规划项目 1 项。出版《低密度旅游业态创新与景区高质量发展协同模式研究》《文旅深度融合新业态与文化遗产系统性保护协同模式研究》《长江经济带城市发展研究（2014 - 2018)》著作 3 部；在《云南师范大学学报·哲学社会科学版》、《自然资源学报》、*Ecological Indicators*、*Indoor and Built Environment* 等中文核心期刊、CSSCI 源期刊、SCI 源期刊上发表论文 4 篇，在《中国民族报》理论版上发表论文 1 篇，论文中有 1 篇被人大复印资料全文转载。学术成果获民政部民政政策理论研究三等奖 1 项、国家民委社会科学研究成果奖二等奖 1 项。

序　一

2022 年，中国的旅游业遇到了不少挑战，长期偏向于规模化发展，而忽略了对自然资源和环境的保护，造成了生态环境诸多问题，游客经历"旅游疲劳"的情况愈发常见。这些问题使得旅游业难以适应游客对于新鲜和多样化体验需求的增长，也阻碍了旅游业向高质量发展转型。在这样的背景下，迫切需要旅游业进行产业升级转型，这时，沉浸式微旅游业态与城市更新空间范型的结合成为一种解决方案。通过这两者的相互促进，可以形成城市旅游与城市更新的正向循环，对城市的经济和社会发展产生积极作用。

《沉浸式微旅游业态创新与城市更新空间范型协同模式研究》提供了沉浸式微旅游创新业态的具体实施方案，为歌舞演艺、文化遗产、文艺展览和休闲娱乐等新形式的沉浸式微旅游业态的拓展提供了重要指导。沉浸式微旅游作为一种依托于计算机技术与旅游相结合的新兴业态，展现了巨大的发展潜力和生机。首先，通过深入的体验交互和文化资源的充分利用，让游客全方位、多角度地感受目的地的文化艺术魅力；其次，面对城市中基础设施落后、建筑质量差、公共空间缺失等问题，沉浸式微旅游通过提供独特的感官体验，有助于改造城市面貌和推动城市的更新进程，缓解旧城区的社会矛盾；再次，沉浸式微旅游的发展不仅促进了文化的有效传播，还为城市文化资源的保护和利用提供了经济支持，通过城市微更新项目创造新的文旅空间，补足现有旅游业态的不足，助力构建更多新景观和场景，推动高质量发展；最后，与传统旅游模式相比，沉浸式微旅游使游客能更全面和深刻地探索城市，打破了仅限于特定景点或商业区的体验局限，增强了旅游与城市环境的互动和联系。

杨莎莎教授长期关注旅游业态的创新及城市更新的发展问题，本书旨在揭示传统旅游业的局限，并通过探索沉浸式微旅游业态创新与城市更新空间范型的需求及其相互影响，显著推动旅游业在数字经济时代的高质量和创新发展。本书从逻辑发展、理论框架、实证分析和实施路径等多个角度出发，采用了定性研究方法深入探讨沉浸式微旅游与城市更新的协同效应，进而促进城市的更新建设；通过利用问卷调查收集的数据，对沉浸式微旅游业态创新与城市更新空间范型之间的相互关系进行了实证分析，构建并验证了结构方程模型，实现了定性与定量研究方法的有效结合。

　　本书提出，在进行规划设计时，应综合考量旅游业与城市更新的关系，深入分析旅游产业与城市发展的特性、规模及未来趋势，建议基于旅游产业全面发展的框架，对沉浸式微旅游的概念、特点和组成要素进行详细规划和实施。本书为沉浸式微旅游业态创新与城市更新空间范型的协同发展建立持久的监督管理机制，旨在通过精心的城市规划和建设工作，创造一个更加舒适、方便、安全的旅游环境。此外，强调加强旅游业与城市更新工作的协调与互动，以充分利用旅游资源，提升城市更新的品质和成效。本书的核心目标是探索沉浸式微旅游与城市更新空间范型协同发展模式，以期构建一个高品质、现代化、多样化的旅游业态，促使城市持续发展，并实现城市经济与旅游业的深层次融合与共同进步。

山东大学经济研究院院长、长江学者特聘教授、博士研究生导师

2024 年 6 月

序　二

　　2011 年，首次提出了"微旅游"的概念，它指的是那种短暂、轻便、随时可以启程的近距离旅行，其目的和活动内容相对简单。2020 年以来，旅游消费市场由于其特殊性，受到的打击尤为严重，然而，随着相关机构的有效干预，旅游领域逐步复苏，尤其是省内游、自驾游和短途旅行等迎来了快速增长，成为推动消费增长、满足人民对美好生活追求的一个关键方面。在微旅游的发展基础上，利用智能技术对旅游者进行个性化的引导，同时确保他们的安全，进一步丰富和扩展了微旅游的体验。如何实现旅游业的数字化转型，提高内容的吸引力和沉浸度，以及触发用户共鸣，成为一个至关重要的议题。

　　沉浸式微旅游，作为推动城市旅游经济增长的关键产业，通过其创新发展为旅游体验提供了新的思路，加深了对文化内涵的探索与表达，并转化其价值。它不仅满足了现代消费者对深度体验的需求，还促进了相关产业的融合和经济增长，为城市旅游经济的基础注入活力，进而推动旅游行业的升级和城市的全面更新。面对新时代的挑战，解决涉及城市功能更新、文化环境、物理空间、经济以及社会各方面更新的问题，对于促进旅游经济的发展、丰富传统文化体验、提升居民生活品质至关重要，有助于构建新时代的社会主义经济体系。从根本上讲，城市更新涉及对旧建筑、老旧社区和基础设施的改造与提升，强调对现有城市空间中的生产、生活、公共设施的规划和优化，旨在提升基础设施质量、促进经济发展、改善居民生活与公共服务，形成一个多元化、分层次的新城市结构。城市空间更新不仅是提高城市品质和形象的有效手段，而且是促进经济发展和转型的关键路径。通过提升公共服务质量、改善市政与安全设施，进行环境和文化的全面调整，城市更新成为支撑高质量发展的空间基础，促进新发展模式的构建。目前，城市更新模式主要分为点式—原置型、点式—重置型、面域—原置型和面域—重置型四种类型，各自在推动城市全面进步方面发挥着独特的作用。旅游与城市更新之间在经济、社会和文化层面高度互联，实践中产生了密切的耦合效应，使得旅游能够成为城市更新的重要参与者。城市更新不仅是旅游产业发展多样性的关键路径，还为城市旅游与更新的协同发展开辟了新的方向。沉浸式微旅游不仅能更有效地展示城市风貌和文化特色，提升城市形象，而且城市更新为旅游业提供了更优质的场所和服务，提高了游客的体验和满意度。这种协同发展模式能够促进城市旅游和更新的良性互动，为城市的经济社会进步带来正面影响。

　　杨莎莎长期投入于旅游产业的发展研究，特别是旅游业态创新和城市更新领域的主要理论与实际挑战。本书深度分析了沉浸式微旅游业态创新与城市更新空间范型的相互作用，探讨了沉浸式微旅游在不同方面的创新及其与城市更新空间范型的关联机制、理论框架和实践途径，不仅为旅游产业和服务的拓展提供了创新思路，也为旅游经济的持续发展探索了新模式，并为旅游企业和城市更新的活力注入了理论和实践上的支持。

　　本书反映了杨莎莎教授及其团队的勤奋与执着，展现了他们追求真理、不懈努力和实际操作的团队文化，对科学研究和实际应用都具有一定的贡献。尽管本书对沉浸式微旅游和城市更新空间范型的协同机制进行了详尽的探讨，但书中还是存在一些限制和未完全探明的领域，还有许多相关主题值得进一步深入研究。我们希望这本书能够吸引更多研究人员投身于这一领域，促进更多相关学术成果的产生。

北京大学城市治理研究院执行院长、教授、博士研究生导师

2024 年 6 月

序 三

　　2022 年，随着《"十四五"旅游业发展规划》等一系列政策的实施，旅游业开始探索与其他领域结合的新模式，如"旅游+"和"+旅游"，其中包括农业、文化与旅游的结合，带来了多样化的旅游产品。与此同时，文化和旅游行业也与日益发展的数字经济紧密结合，数字技术在旅游业的管理、产品创新和营销服务等方面发挥着日益重要的作用，为行业的进一步发展提供了新的动力和机遇。然而，"云旅游"这一新兴领域尽管备受关注，但其商业模式尚处于初步探索阶段。一方面，人们越来越追求那些能提供独特、真实且前所未有体验的旅游形式，希望在虚拟化、智能化和高度互动的环境中获得前所未有的新奇体验；另一方面，随着城市化的快速推进，城市更新和旧城改造面临的挑战愈发明显，这要求未来的城市更新项目更加注重人本和可持续发展，同时在理念、技术和管理上进行创新和丰富。

　　结合创新旅游业态和城市更新是推动旅游经济发展的关键。在新时代背景下，消费者越来越偏爱能提供高质量体验的旅游目的地。因此，城市更新与旅游的关系发生了变化，通过改善城市环境、增强文化氛围、保护历史遗址及扩大旅游投资，城市更新能够创造出更美好、智能、可持续的旅游目的地，从而提升城市吸引力和促进旅游业发展。重点是将沉浸式旅游体验与城市空间更新紧密结合，并平衡旅游产业中的企业、居民和政府三者的利益。这不仅有助于分析旅游创新与城市更新的相互影响，还能提升城市基础设施、经济发展、居民生活质量和公共服务，形成多元、多层次的城市新格局。同时，根据城市的发展阶段和特色选择适当的更新模式，以实现可持续发展目标。

　　《沉浸式微旅游业态创新与城市更新空间范型协同模式研究》聚焦在沉浸式微旅游业态创新与城市更新之间的协同发展，以旅游市场需求为基础，尊重居民和游客的需求，旨在通过有效的空间和产业指导，平衡居住与旅游的空间关系，同时促进城市的更新。本书探讨了沉浸式微旅游业态的多个维度与城市更新之间的优化机制和路径，强调将这种新型旅游业态与城市更新的空间模式相融合，以数字化基础设施为重点，促进物理和社会空间的更新，实现互动体验和光影效果特色的沉浸式微旅游。同时本书将研究机理与旅游产业的实际情况相结合，为了进一步细分沉浸式微旅游业态创新与城市更新空间范型协同创新模式，分别构建了沉浸式歌舞演艺微旅游与城市文化保护点式—原置型、沉浸式歌舞演艺微旅游与城市文化保护点式—重置型、沉浸式文化传承微旅游与城市文化保护面域—原置型、沉浸式文化传承微旅游与城市文化保护面域—重置型、沉浸式文艺场馆微旅游与城市功能完善点式—原置型、沉浸式文艺场馆微旅游与城市功能完善点式—重置型、沉浸式休闲乐园微旅游与城市功能完善面域—原置型、沉浸式休闲乐园微旅游与城市功能完善面域—重置型等八种协同模式，强调通过虚拟现实、增强现实、全息投影、智能交互等新一代信息技术与内容创意深度融合的，以交互体验、光影效果为特征，以距离近、时间短为特点的新型旅游业态。通过重塑沉浸式微旅游业态创新（沉浸式歌舞演艺微旅游、沉浸式文艺场馆微旅游、沉浸式文化传承微旅游、沉浸式休闲乐园微旅游）的现实需求，结合城市更新的作用（保护文化古迹、城市功能完善）和城市更新物理（点式、面域）—社会（原置、重置）空间范型的关系，通过这种方式，旨在解决旅游需求增长与城市空间结构及品质提升之间的不匹配问题，推动旅游业在数字经济时代的高质量创新发展。

本书通过运用定量分析和 SPS 案例研究法，深入分析了杭州的《最忆是杭州》、西安的《西安千古情》、太原的山西文旅数字体验馆、淄博的齐文化场馆、洛阳的古都夜八点、唐山的培仁历史文化街区、无锡的灵山小镇·拈花湾、青岛的青岛极地海洋世界等八个典型城市的案例。这些案例集中展示了杨莎莎教授和团队成员实地调研的严谨态度和科研精神。通过对这些具有代表性的城市进行详细调查，本书收集了关于沉浸式微旅游业态和城市更新空间范型协同发展的典型实例，并分析了这些案例的基础条件、面临的挑战以及产生问题的原因和可能的发展方向。书中理论与实证分析的结合，展现了高度的条理性和逻辑性，尽管面对广泛而复杂的主题，仍有一些需要进一步深入探讨和完善的部分。总体来说，该书不失为一项较高水平的学术成果。

广西民族大学研究生院院长、教授、博士研究生导师

2024 年 6 月

目　录

第1章 绪 论

1.1 研究背景及问题提出

1.1.1 研究背景

2022 年，中国旅游业发展面临许多困难。国内旅游人次和收入均下滑至近 4 年来最低水平，分别比 2021 年下降 22.1% 和 30%[①]。相比 2019 年，2022 年国内旅游人次和收入分别只恢复至 42.1% 和 35.6%，这再次证明旅游业受到了巨大冲击[②]。2022 年的节假日出游比例上升，但跨省和出入境旅游受政策限制，远距离旅游需求持续受抑制。相比之下，短途游和周边游仍是主流。2022 年，7 大节假日旅游人次和收入分别达 11.14 亿人次和 7398.65 亿元，占全年的 42.35% 和 35.23%，出游半径明显缩短[③]。2021 年国务院发布的《"十四五"旅游业发展规划》强调，要整合优势资源，结合发展需求，加快推进以数字化、网络化和智能化为特点的智慧旅游，深化"互联网＋旅游"模式，扩展新技术的应用场景。2022 年，《"十四五"旅游业发展规划》等政策全面部署发展"旅游＋""＋旅游"等新业态，以农文旅为代表的各种旅游产品不断出现。同时，文旅行业与数字经济的蓬勃发展深度融合，数字技术在管理、产品开发、营销服务等各个环节持续发挥作用，为文旅业发展注入新动力和机遇。但是，目前大多数"云旅游"活动还处于起步阶段，成熟的商业模式还有待探索。游客逐渐打破传统的旅游模式，在旅游消费的内容和体验方面会持续创新，游客会根据感受来评价旅游目的地的体验和发表评论。

全球旅游业发展进入质量提高的关键期。长期以来，旅游业过度追求规模扩张，忽视资源环境承载力，导致生态被破坏、污染加剧以及"旅游疲劳"现象频发，难以满足游客日益增长和多样化的体验需求，难以实现旅游业高质量发展。各国开始意识到，提高旅游业发展质量和可持续性已成为当务之急。继续扩大旅游量将导致资源环境进一步恶化，难以满足游客体验需求，阻碍旅游业转型升级。实现旅游业高质量发展，要注意控制旅游规模，改变发展方式，提高资源利用效率和体验质量。在此背景下，旅游业产业转型迫在眉睫。要从过度依赖规模扩张的传统旅游业转向多样化体验和高附加价值的新业态，满足日益增长的体验需求，实现旅游业高质量发展。当前，全球旅游业正处于由量变到质变的转型期。信息技术的发展使得游客可以随时随地进行便捷定制和实时分享，微旅游应运而生。目前，大众旅游出现了新特点，即短途、短期、高频，这种新特点促进"微旅游"时代迅速来临。同时，微旅游注重个性化和体验性，代表了旅游业发展的新方向。微旅游突出体验与交互，重在精深定制和文化内涵，这与新时代游客的消费需求和价值取向高度契合。

[①] 2022 年度国内旅游数据情况 [EB/OL]. 2023 - 01 - 18, 中华人民共和国文化和旅游部, https://zwgk.mct.gov.cn/zfxxgkml/tjxx/202301/t20230118_938716.html.

[②] 中华人民共和国 2022 年国民经济和社会发展统计公报 [EB/OL]. 2023 - 02 - 28, 国家统计局, https://www.stats.gov.cn/xxgk/sjfb/zxfb2020/202302/t20230228_1919001.html.

[③] 2022 年中国旅游经济运行分析与 2023 年发展预测 [EB/OL]. 2023 - 02 - 18, 中国旅游研究院（文化和旅游部数据中心），https://www.ctaweb.org.cn/cta/gzdt/202302/87d263c6c80143059ebd91fe3ed430ad.shtml.

2011 年，"微旅游"概念首次被提出，被定义为短期、轻装、随时可出发的短途旅行，目的和活动简单。相比其他市场，旅游消费市场受新冠疫情影响更严重，但随着相关部门的控制，旅游消费有所恢复，特别是省内游、自驾游和短途游蓬勃发展，驱动内需扩大，旅游消费成为人民美好生活需求的重要体现。"微旅游""微度假"通常以出行者居住的城市为中心，通过自驾游等方式，利用周末时间在 1 ~ 2 小时车程内寻找目的地进行休闲体验，"近距离、容易达到、高频次"是它的主要特点。它需要提供出行更加便利、活动更多选择性、形式更具灵活性、功能更加完善、体验更加出色的产品和服务，距离客源市场较近的休闲度假产品将受到大众游客的青睐。2022 年 1 月 28 日，中国旅游研究院与马蜂窝联合制作的《2021 全球自由行报告：我的中国，真好玩！》（以下简称《报告》）发布，大数据调查显示，国人的旅行方式已经发生了根本性变化。同时，这一系列的变化将在未来一段时间内存在，并且影响居民们的旅行理念和旅游方式，产生颠覆性变革。《报告》中显示，与 2020 年相比，2021 年游客的旅游频次不降反升，年出游次数达 3 次以上的游客同比上涨 22%，年出游次数达 10 次以上的游客占 3%。而单次旅游的天数大幅度缩短，原本 7 天起步的长途旅行，被切割为多个 1 ~ 3 天的短途旅游。同时，《报告》中显示，相较于 2020 年，2021 年的周边游与短途游增幅达到 251%。2022 年秋以来，天津"微旅游"品牌"杨柳青"古镇风情街吸引了大批游客；湖南省也公布了 53 处省历史文化街区，以更好地推动"微旅游"的发展。从"微旅游"兴起的时间节点来看，全面建设小康社会、乡村振兴等国家战略为其提供了政策动力①。2022 年的元旦假期，本地游、周边游已成为不少市民的选择，并带动冰雪游、温泉游、都市游升温，短途周边游依然是用户出行的主流选择，省内游订单占比近六成②。从出境游、跨省游转向本地游，旅游目的地发生了变化，但游客们对于度假体验的要求并未因此降低。

　　微旅游是指短时间内进行的，距离相对较近，消费较低，强调放松、体验和休闲的旅游方式。与传统旅游相比，微旅游更加注重旅游体验的质量，而非时间和金钱的消耗。沉浸式微旅游则是在微旅游的基础上，通过虚拟现实、场景塑造、全息投影、智能交互等技术，并结合文化 IP 营造虚实结合空间，让游客与场景互动、参与作品、体验感官震撼、文化认同，克服传统城市环境限制，交互感、场景感、代入感更强。沉浸式微旅游不仅在旅游项目技术上进行了升级，更在场景营造、剧本设定等方面作出了一定的努力。新奇、参与感强、互动性高的沉浸式体验赋予文旅产品新的形式及意义，正快速成为文化旅游的新业态，在丰富游客体验的同时，也再次为文旅产业开启新机遇。同时，随着自驾游和散客化等新型旅游方式的出现，游客不仅集中在旅游景区、观光景点和田野乡间，更渴望追求慢旅游和微旅游，体会到沉浸式的愉悦感受。在微旅游的基础上，还应借助智慧应用对游客的个性化旅游方式进行引导，并对游客的人身安全进行保障，拓展微旅游的深度和广度，同时通过智慧旅游平台更好地对微旅游资源进行全方位、立体式、多元化的展示和宣传。微旅游因其近距离、短时间、宜决策、深体验、新视角、高频次的特点受到各地政府的重视。沉浸式旅游业态也是政策鼓励发展的方向，在政策支持下，越来越多的景区开始尝试通过沉浸式体验项目吸引游客，为景区赋能。近年来，各级政府及相关部门陆续出台鼓励发展沉浸式旅游的政策。2019 年，国务院办公厅印发《关于进一步激发文化和旅游消费潜力的意见》，提出推动产业融合发展，促进文化、旅游与现代技术相互融合，使沉浸式文旅产业受到一波又一波的关注，积极发展基于 5G、增强现实、虚拟现实、人工智能等技术的新一代沉浸式体验消费内容。

　　现在快速发展的微旅游，是高质量发展背景下游客对高品质、本地化、深度游产品持续追求的结果，也是各地政府通过消费券、免费游等多措施刺激本地旅游市场繁荣和发展的结果。同时，微旅游业态的发展得益于人们生活方式的变化、移动设备和互联网技术的发展，以及它本身的特点。随着社会的发展和需求的不断变化，微旅游业态也将继续发展壮大。其中，沉浸式微旅游依托丰富的文化内涵与社会资源，为游客提供了深入了解与体验地方文化的机会，成为实现旅游业高质量转型

---

　　① 2021 全球自由行报告：我的中国，真好玩！［EB/OL］. 马蜂窝，https：//www.mafengwo.cn/travel - scenic - book - type/mafengwo/1020.html.

　　② 唐小蝶. 本地游成主流 旅游行业如何抓住新机遇？［N］. 重庆商报，2022 - 01 - 06（004）.

的重要路径。全球消费者的购物趋势已经从购买产品转向参与体验。重视体验的高质量与多元化已经成为现代消费者的需求。沉浸式体验也因此而产生，这是内容创意与技术创新相结合的产物。

因此，越来越多的人更倾向具有丰富、真实且前所未有的体验感受，渴望在这类虚拟化、智能化、互动性强的空间中感受到前所未有的惊奇感。在此基础上，能够满足游客深度体验、震撼感十足、全身心投入的沉浸式微旅游将符合当今社会消费需求。此外，政府也加大了对沉浸式旅游发展的支持，促进文旅与现代技术加快融合，同时，文化和旅游部于 2019 年出台《关于推动数字文化产业高质量发展的意见》，支持景区利用文化资源开发沉浸式体验项目，明确发展沉浸式业态。2021 年 3 月，国家发展改革委等 28 部门联合印发的《加快培育新型消费实施方案》提出，要加快文化产业和旅游产业数字化转型，积极开拓演播、数字艺术、沉浸式体验等新兴业态。沉浸式微旅游作为旅游业的一个新兴产业，具有个性化、文化魅力，在满足具有优质旅游需求的游客上有着前所未有的体验感等优势，目前，沉浸式微旅游已然成为旅游产业发展的新方向，并有着多种类型的发展方式。21 世纪的今天，全球的沉浸式产业进入迅猛发展阶段。

通过空间与环境的创建，沉浸式微旅游让人们沉浸在特定场景中，心灵与场景产生共鸣，进入深度体验、沉浸的状态。在文化和旅游产业中，如何设计更为出色的沉浸式体验项目，已成为一个重要课题，因为这可以为该行业提供新的发展动力。这些项目的设计需要结合各种因素，如场所、故事情节、技术和互动体验等，以创造出具有强烈感官体验和情感共鸣的体验。伴随着新型文化业态旅游的发展，为了促进文化和科技融合，沉浸式微旅游不断转型升级，"沉浸式＋旅游""体验型＋旅游"和"场景化＋旅游"成为微旅游发展的新趋势。沉浸式微旅游已经逐渐将虚拟现实、增强现实、全息投影、智能交互等技术与内容创意深度融合，从而创造出更加丰富、生动和真实的旅游体验。沉浸式微旅游以交互体验、光影效果为特征，在技术与场景两方面同步发展，资金、企业、人才方面得到进一步融合，沉浸式微旅游业态形式不断得到创新，"沉浸式体验旅游时代"开启。

沉浸式微旅游的兴起为目的地发展提供了新模式和新机遇。沉浸式微旅游一方面能够挖掘目的地闲置的旅游资源，深度挖掘当地的文化内涵、人文风俗。另一方面能够构建多样化场景，通过众多小场景的创新优化来提供动力。沉浸式微旅游的高质量发展，需要目的地政府、主管部门、相关企业、当地居民与游客多方协同，形成内容生产与集成联动机制，推动沉浸式微旅游科学有序发展。2019 年，国务院发布《关于进一步激发文化和旅游消费潜力的意见》，提出"要发展基于 5G、超高清、增强现实、虚拟现实、人工智能等技术的新一代沉浸式体验型文化和旅游消费内容"。这意味着，政府倡导沉浸式体验的发展，鼓励文化和旅游产业运用最新的技术手段，提供更加丰富、生动和真实的旅游体验。2020 年，文化和旅游部也发布了《关于推动数字文化产业高质量发展的意见》（以下简称《意见》），明确提出支持文化文物单位、景区景点等运用文化资源开发沉浸式体验项目，丰富体验内容，提升创意水平。《意见》中表示，发展沉浸式业态，支持文化文物单位、景区景点等运用文化资源开发沉浸式体验项目，开发沉浸式旅游演艺、沉浸式娱乐体验产品等。这表明政府鼓励和支持文化旅游产业运用沉浸式技术，提供更多有趣、富有文化内涵的旅游体验。在"十四五"期间，实施文化产业数字化战略，加快发展新型文化企业、文化业态、文化消费模式，被写入了满足人民文化需求、推进社会主义文化强国建设的战略部署。其中，以沉浸式演艺、沉浸式展览、沉浸式娱乐、沉浸式影视等为代表的沉浸式体验正在成为拓展文旅产业发展领域的重要一步，将成为引领产业未来发展的热点方向。因此，政府的支持和鼓励为沉浸式体验的发展提供了机遇和平台，沉浸式旅游演艺、沉浸式娱乐体验产品等也将成为文化和旅游产业发展的新动能。同时，文化产业数字化战略的实施，将加速推动沉浸式技术在文化领域的应用和发展，推动文化和旅游产业的转型升级。

沉浸式微旅游业态的发展推动了旅游产业的升级和创新，这一进程催生了一些新兴的微旅游企业和个体经营者。同时，这也为游客提供了更加个性化定制和深入的体验，让他们深入了解目的地的人文景观，产生共鸣，获得心灵上的触动，这超越了传统旅游的较浅表层次体验。沉浸式微旅游以丰富的人文景观、传统生活方式和非物质文化遗产资源为依托，通过参与性活动让游客真正融入当地文化氛围。它提供机会让游客亲身体验传统手工艺，观赏民俗表演，品尝地方美食，深入了解风土人情，与当地社群建立情感纽带。这种"生活化"的体验使游客产生身临其境的感觉，收获富有个性和文化内涵的旅行记忆。在产业转型和技术变革的大环境下，许多传统产业面临较大的稳就业压力。发展沉浸式微旅游业态可以带来新的就业机会，支撑经济增长，这符合当前的宏观就业与经济环境。例如国内沉浸式街区代表——陶溪川文创街区，目前全平台企业招商入驻 6000 家，培育主播 1 万余名，2021 年，直播基地商品交易总额达 30.67 亿元；2022 年，直播基地主播带货愈加火爆，单日最高成交额达 3500 万元，成功打造陶溪川"开窑节"活动①。

中国的旅游休闲方式正发生着深刻变化。2021 年中国旅游研究院发布的《中国旅行服务业发展报告 2021》指出，新时代下的旅游休闲需求，从国际转向国内，从远程转至近程。要寻找身边的旅游资源，打造具有生活场景的旅游项目，提供新的市场机会以满足新时代游客需求。同时打造出一条完整的路线，或者以分散性、差异化、强体验的微旅游产品共生为导向，串点成线，连线成网，打造出多元系列微旅游品牌。要细化为随时随地可展开的碎片式休闲旅游，打造既能够满足外地游客的碎片化需求，也能够成为当地居民的日常休闲选择的旅游产品。以真实的场景再现为手段，构建真实的旅游观赏、娱乐体验场景，可以营造出真实的实体空间，为游客营造一种超越日常生活的沉浸式休闲度假胜地。在该空间中，游客可以按照自己的假日计划居住，在不断的沉浸体验中，完成餐饮、娱乐、办公、体育等日常休闲活动。在这个过程中，行业主管部门要优化服务与监管能力，事前有引导，事中有规范，鼓励市场主体共同营造主题化、沉浸式的微旅游体验场景，推动微旅游项目科学有序发展。总之，在沉浸式微旅游发展过程中，要注意把握"存量利用、微量更新；主题设置、业态配置；深入挖掘、深度体验；品牌引领、品质保障；营销发声、创新发展"的基本原则，积极回应人们美好生活新期待，满足人们优质生活新需求，推动沉浸式微旅游乃至整个城市旧城区高质量发展。因此，如何让旅游业更加数字化，在吸引用户的前提下，提升内容的沉浸，引发共鸣是一大重要问题。

沉浸式微旅游依赖城市环境，同时也推动城市更新，二者关系密切。城市更新是利用城市现有的资源，对城市功能、空间和形象进行改善，以适应不断变化的环境和发展需求。城市更新代表时代进步，体现着个性化、多元化以及复杂化的特点。通过发掘和利用城市内在潜力，城市更新依托城市原有的历史、文化、空间资源进行更新，注重以人和生活为中心，重点强调功能的混合和空间的重构，旨在创造更加宜居、宜业的城市环境，并提供更加丰富的城市功能和优质的空间体验。近年来，随着消费时代的到来和旅游经济的快速增长，城市更新在推动旅游发展方面发挥着重要作用。城市更新的持续推进改善了城市旅游环境，优化了旅游业和城市发展的空间关系，进而促进了城市旅游配套设施和公共服务的成熟发展。同时，城市更新也在推动城市内部旧址、遗址等要素转型升级，从而使区域空间逐步向旅游功能空间转变，促进旅游产业多样发展。城市更新不仅是历史文化名城老街区改造的必经历程，更是历史文化名城得以存续并获得可持续发展动力的关键途径。通过城市更新，历史文化名城得以焕发新的活力，旧城区的历史文化遗迹得到保护和传承，同时，城市更新也为旅游业的发展提供更加丰富多彩的文化资源和旅游产品。因此，城市更新是推动历史文化名城可持续发展的重要手段，也是促进旅游产业多样化发展的必要途径。

城市更新是城市发展到一定阶段必不可少的手段，它有助于推动城市品质不断提高。国家"十四五"规划明确提出，要"以人为核心，推进新型城镇化"和"实施城市更新行动，促进城市高质量发展"，这为我国未来的城镇化和城市更新指明了方向。经历了多年的发展，我国城市更新已经逐渐形成了多种类型、多个层次和多维度探索的新局面。从最初解决居民基本生活环境问题，到市场经济体制建立后的旧城功能结构调整和改造，再到如今注重综合治理和社区自身发展，城市更新已经逐渐从数量规模增长转向注重质量内涵提升。在新时代，城市更新强调以人为本，通过产业、人居环境、社会保障、生活方式等方面的升级，促进城镇化从数量增长转变为质量提高。然而，需要清楚的一个重点是，城市更新是一个长期而动态的过程，涉及政府、开发商、社会组织和居民等多种利益主体。传统政府主导、由上而下的治理方式已经无法适应新时代的城市更新需求。因此，需要强调多元参与，完善治理体系，建立协同组织和推进机制，实现各利益主体之间的合理再分配，以进一步促进城市更新的可持续发展。当下，我国正在进入建设社会主义现代化强国的新时代，努力实现从经济高速增长向高质量发展的转变。与此同时，人民群众对美好生活的需求不断增加，公众对城市发展需求也从关注"硬需求"逐渐向着关注"软需求"转换，由重"生存"转向更加注重"发展"，呈现出多元化、个性化的特征。城市更新的目标是推动城市高质量发展，致力于打造宜居、绿色、韧性、智慧和人文城市，更好地满足人民群众对美好城市生活的需求和追求，提高城市的生态环境质量、经济发展水平、社会文明程度和居民生活质量等方面的指标，促进城市高质量发展。我国在城市更新实践中，越来越重视社区的力量，强调社区参与城市更新的决策和实施，使其对更新计划产生积极影响。

我国对于城市建设发展给予了高度的重视，更是在 2019 年底开始强调"城市更新"这一概念，并在"十四五"规划中提出了实施城市更新行动，使城市建设发展融入"2035 年"远景目标中，开启了城市更新发展的新阶段。2019 年，相关文件强调棚户区和老工业区的可持续发展要突出居民的主体地位，不断提高人民群众在城市生活的方便程度、舒心度、体验感，有序开展指导城市更新工作的顺利进行，针对城镇低效用地的问题，相关部门联合发布了《城镇低效用地再开发工作推进方案（2017—2018 年）》，进一步明确了城市更新的实行方案和指导工作。2020 年，党的十九届五中全会中通过《中共中央关于制定国民经济和社会发展第十四个五年规划和二〇三五年远景目标的建议》，提出将坚持执行实施城市更新行动作为首要任务，在我国下一阶段指引和部署好城市建设，全面带动老旧小区、历史街区等的更新改造，促进城市品质提升、产业转型升级以及城市内涵高质量发展。党的十九大报告指出，我国经济已由高速增长阶段转向高质量发展阶段，人民美好生活需求得到满足，国家相关部门也制定了相关的政策文件，为深入推进旅游服务供给侧结构性改革，促进城市更新转型升级提供强有力的政策支持。如上海市十五届人大常委会通过《上海市城市更新条例》，从市场和政府两方面进行引导，明确了城市更新的规划及实施的具体流程与要求。在 2020 年 10 月，党的十九届五中全会提出了"实施城市更新行动"的要求。同时，《"十四五"新型城镇化实施方案》为新阶段城市更新的目标和发展规划提供了蓝图。该方案的重点在于有序推进城市更新，改善老旧小区、老旧厂区、老旧街区和城中村等现存片区的功能，注重改造既有建筑，防止盲目拆迁和建设。该方案提出，城市更新应在宏观层面和微观层面推动高质量发展，完善城市空间结构和功能布局，盘活存量空间资源，推进产业升级和转型发展；同时，为了提高城市运行效率，加强城市协调是至关重要的。在这一过程中，可以通过补齐城市短板，强化城市优势，解决公共服务设施不完备、不平衡的问题，为人民提供更美好的居住平台和空间，不断满足群众对美好生活的需求。在这个背景下，实施城市更新就意味着为实现国家现代化建设的目标，促进产业发展和提高城市生活质量提供支持。近几年以来，中国的经济疾速发展，2021 年我国的常住人口城镇化率已超 60%，城市群和都市圈的承载力得到增强。随着我国的城镇化进程的加快，以及日益增加的城市更新需求，城市更新工作已然成为城市建设的重点任务，而过快的城镇化进程影响了生态环境与粮食安全，城市更新不仅能够缓解空间资源不足，更是我国存量规划的必然选择。在党的二十大报告中，城市更新被列为高质量发展的重要内容和目标任务之一，这一决策进一步明确了城市更新在全面建设现代化社会主义国家的实践中的地位和作用。

随着我国生产力水平不断提高和物质生活的日益丰富，人们的文化需求的质与量也在不断提高，而文化消费水平的不断提高，对经济社会发展和社会文明程度提升起到了重要的推动作用。近年来，随着城市化进程的加快发展，旧城改造问题逐渐凸显，通常旧城区或多或少存在着基础设施不健全、土地利用率低、空间布局混乱等问题，影响着城市经济和社会的发展。城市更新的重点在于对城市空间进行重构和改造，以优化城市布局结构、提高城市空间利用率和可持续性为目标。这可能会使得城市更新采用灵活多样的城市规划模式，为城市空间调整和建筑物改造提供更多元、更灵活的选择。此外，还可能会通过高效的城市管理和综合利用的手段，如城市公共停车场、共享单车、共享公共设施等，达到城市空间合理利用的目的。同时，城市更新将注重利用和再开发城市内部闲置、废弃和被遗忘的土地和建筑资源，增加城市功能和价值。例如，废弃工业遗址的恢复利用、老旧建筑物的更新改造、闲置土地的城市再开发等，可以为城市增添新的用途、新的功能，同时也可以减少城市土地资源浪费和对环境的污染。总之，城市更新日益成为城市转型和提质的重要路径，但其过程中也面临许多矛盾与挑战。因此，未来城市更新将更加注重以人与可持续发展为核心，并在理念、技术与管理手段上不断丰富与创新。

　　旅游为城市文化提供了平台和市场，使得城市资源能够最大限度地发挥其经济和社会效益。因为旅游与城市更新在经济、社会、文化三个层面上高度相关，且在实践过程中产生了广泛的耦合效应，所以旅游能够介入城市更新。从微观层面来看，城市更新后的旅游反映了城市治理现代化水平在产业结构调整、社会关系优化、文化内涵提升等方面的体现；从宏观层面来看，旅游为中国坚持"生态文明"建设，推进内涵式、集约型、绿色化高质量发展道路提供了生动的支持。作为城市发展的重要动力和文化吸引力的体现，旅游业在城市规划中扮演着关键的角色。通过深度挖掘、合理规划和科学引导现有城市中的自然、历史、人文和环境因素，可以从根本上提高城市发展的经济效益与生态效益，促进城市的可持续发展。城市更新旨在通过两个方面的改造来实现城市的可持续发展。一是对城市物质空间进行拆迁、改造与建设，包括对城市中衰落区域和建筑物进行改造，以使其重新焕发生机，推动城市的经济发展；二是对城市经济空间、社会空间和文化环境进行改造与延续，包括邻里社会网络结构、心理定式、情感依恋等的延续与更新，以提高城市的社会文化素质，增强城市的吸引力和竞争力。通过这两个方面的改造，城市更新可以为城市的可持续发展注入新的活力和动力。街区老化是推动更新改造的根本原因，它不仅表现在由于时间久远而导致各种建筑及设施等形态的破损和陈旧，还反映了城市发展使街区原有的功能结构无法满足社会经济发展和居民生产生活的基本需求。城市老街区的更新不仅更新了城市的物质空间，也更新了城市的社会空间。城市更新和旅游的关系紧密，并且相互促进。城市更新可以通过多种方式提高城市空间、景观和文化的吸引力，进而促进旅游业的发展。随着新时代的到来，消费者对于旅游目的地的选择开始更加倾向于享受优质的旅游体验。城市更新和旅游的关系也随之发生了变化，城市更新可以创造更优美、高品质、智慧、可持续发展的旅游目的地。随着科技的不断创新和数字经济的快速发展，城市更新可以通过数字技术和智慧化手段，改造旅游目的地，提升旅游产品的品质，增加游客的体验感受，实现旅游市场的全面升级和可持续发展。城市更新可以通过改善城市环境、增加文化氛围、保护历史文化遗址和增加旅游投资机会等措施，提高城市的吸引力，进而促进旅游业的发展。同时，通过数字技术的创新和旅游目的地的改造，可以实现智慧旅游的推广，提升旅游服务的品质和体验，符合消费者越来越高的旅游消费需求，助力城市经济的跨越式发展和可持续发展。

　　沉浸式微旅游与城市更新相互促进。城市微旅游可以增强游客的主体意识，激发游客积极调用自身的反思能力，重新获得对生活的支配感，从而改变其活动结束后的行为意识。一方面，城市更新为沉浸式微旅游创造发展条件。城市更新改善了基础设施，提高了环境质量，重塑了城市形象，创建了良好的市场环境与客源基础。同时，城市更新带来的历史建筑和特色街区的保护与改造，为沉浸式微旅游开发提供了丰富的空间资源。沉浸式微旅游推动城市文化传承与革新，它将特色文化内涵融入旅游产品，通过游客的体验与交流实现传播，使之在现代社会得到延续与发展。这丰富了城市文化内涵，提高了城市影响力，为城市转型发展添砖加瓦。城市更新所带来的城市软硬件环境改善，创造了良好的市场环境和发展基础，吸引更多游客到访，为沉浸式微旅游提供稳定的客源市场。同时，城市更新带来的历史文化特色街区，为沉浸式微旅游空间开发和产品设计提供独特资源，这使得二者在产业发展上形成互补，实现共赢。另外，沉浸式微旅游可以带动相关企业发展。它吸引众多文创企业和特色商业入驻，促进了当地手工艺、美食等行业的发展与创新。同时，它还促进交通、住宿、餐饮业等相关产业的发展，推动更广泛的地方产业升级。这些企业的入驻，产生产品与空间创新，带来新消费和新体验，这使传统产业在现代环境下实现转型升级，并形成区域特色。这使这些行业实现产业转型升级，带动更广泛的就业机会和经济增长，旅游业与区域产业实现联动发展，形成良性循环，为区域高质量发展作出贡献。沉浸式微旅游与城市更新实现共赢，城市更新为沉浸式微旅游创造发展机遇，后者又推动城市转型进程。二者在发展理念和实践路径上形成互动，促进旅游业与城市的良性循环，实现共同发展与共赢。城市更新重视城市历史文化的保护与环境品质的提升，这影响并指导沉浸式微旅游产品开发理念。沉浸式微旅游强调文化体验与交流，这也影响城市更新在历史建筑保护及商业复兴中的理念。这种互动，使二者的发展目标与方式趋于一致，实现互利共赢。同时，城市更新在老城改造和历史建筑保护方面积累的成功经验，为沉浸式微旅游在相应方面的尝试提供参考。沉浸式微旅游不仅能够在挖掘文化要素及将其转化为旅游产品中提供实践，也为城市更新在文化保护与利用方面提供范例。二者间的互动关系推动城市转型进程加速，实现高质量发展。城市更新不断优化城市环境与资源，吸引更多游客与投资；发展的沉浸式微旅游业带来更多社会价值与经济效益，为城市转型提供持续动力与资金支持。综上所述，沉浸式微旅游与城市更新在空间资源利用、产业结构优化、文化内涵传承等方面形成互动，实现联动发展。二者相互依存，共同推动旅游业转型升级和城市高质量发展。这一模式为探讨旅游业与城市发展的内在联系提供了范例，具有重要的理论价值和现实意义，值得政策制定者和企业借鉴。

城市更新与旅游之间的关系紧密相连。随着城市旅游的蓬勃发展，城市更新也不断推进，不断打造宜居城市。城市更新对于城市旅游的发展有着极大的影响，而旅游业也对城市更新带来了新要求。因此，城市更新空间范型应运而生，成为现代城市更新的关键要素之一。在这样的背景下，沉浸式微旅游业态和城市更新空间范型应运而生。沉浸式微旅游业态通过创新的技术手段和设计理念，以全新的方式呈现城市的文化和生活，为游客带来深度的、个性化的旅游体验。城市更新空间范型则聚焦于城市公共空间、建筑风貌、交通配套设施等方面的改善，打造兼具功能性和美学价值的城市更新空间，为游客提供更好的旅游环境和体验。这两种业态的出现，为城市更新与旅游协同发展提供了新的思路和可能。沉浸式微旅游业态可以让城市更新更好地展现城市的风貌和文化特色，提升城市形象和美誉度。城市更新空间范型则可以为旅游业提供更好的场所和服务支持，增强游客的消费体验和满意度。两者的协同发展可以实现城市旅游和城市更新的良性循环，为城市的经济和社会发展带来积极的影响。

1.1.2 问题提出

随着我国科技和城镇化进程的不断发展，大量游客从传统的游览观光转向周边深度游，同时过快的城市化发展，使得城市逐渐开始衰落。第一，大规模的城镇增量导致城市的土地资源缺乏，现代化城市的发展需求已然是老旧城区所不能满足的，城市更新成为各大城市发展的核心战略。第二，由于游客的消费需求变化，城市建设发展进入全新状态，国家大量旧城亟须改造升级，城市原先功能和产业应不断进行换代升级，促进城市经济的发展。作为近年来不断发展壮大的新型旅游形式的沉浸式微旅游，其中所谓沉浸式，是指游客通过身临其境的体验感受，沉浸在特定的场景或环境中，以获得更加真实、深刻的感受和体验。而微旅游则是指短时间、小范围内的旅行，注重旅行的品质而非数量和距离，旨在提供更为简单和舒适的旅行体验。因此，沉浸式微旅游可以理解为一种注重体验和品质的短途旅行，通过沉浸式的旅游体验，让旅客更加深入、全面地了解旅游目的地的文化内涵和特色。城市更新是针对城市存在的问题而进行的全面整治和改造，旨在提高城市的整体环境和生活质量，加强城市的竞争力和可持续发展性。城市更新的目的不仅在于改善城市环境、提高城市公共服务水平、推动城市经济升级、提高城市社会文化素质等方面，还包括其他方面的目标。城市更新的空间范型是指在城市更新过程中，通过人文、环境、经济等多方面的因素来指导城市空间规划和设计，以便更好地实现城市更新的目标和理念。城市更新的空间范型主要包括城市功能导向更新（以城市功能为导向进行空间规划和设计）、城市文化环境更新（以城市文化、环境等为重点进行空间规划和设计）、城市物理空间更新（对城市建筑、交通等进行空间设施改造）、城市经济更新（以经济发展为导向进行空间规划和设计）和城市社会更新（以社会需求为导向进行空间规划和设计）等五种类型。这些空间范型可以引导城市更新实现全面、均衡、可持续的发展。

城市功能导向更新是指在历史空间与现代需求双重冲突下，功能的不全面或无法跟进新时代需求，导致大多城市历史街区衰败，不同功能的导向所具备的功能属性与文化价值存在差异而进行的更新，地区的历史环境对于城市的经济和生产力产生影响。城市功能导向更新在整体复兴过程中有着重要作用，城市建设重点为以"观光—体验"模式发展。城市文化环境更新是指由于旧城的文化底蕴在社会与历史发展中逐渐失去或遗忘，文化价值无法得到呈现，历史资源也没有得到最大化的利用，为保护当地的自然及人文环境，有效开发旧城的新发展模式与思路，通过挖掘其历史文化价值，赋予商业潜力，并得到长远的可持续健康发展。城市物理空间更新是指在满足游客的温度、空气质量和网络质量的需求下进行的更新，传统历史街区的物理空间同时也代表着城市的记忆与未来，也使得城市的空间形态具有魅力与多样化，代表着城市的骨与肉，推动城市的全方面发展。城市经济更新是指众多利益相关者共同提升利益并且共同决策更新城市产业，各方联合更新、共同配合促成的城市的保护性更新转型，政府的经济与政策支持，加之居民及相关旅游企业的携手，将促进旅游城市的发展。城市社会更新是指随着城市的发展，原有的社会结构逐步产生变化，与新时代的消费需求略显不匹配而进行的更新。有历史沉淀的城市形态固然重要，但整体社会结构也应随着新需求而作出一定改变，社会空间的更新问题被较少关注，社区更替的改造前后和社会结构的变迁，空间生产与社会结构升级的匹配度差异化的问题，导致旧城更新改造存在难度。

由于城市社会经济快速发展和旧城基础设施匮乏，居民生活环境不宜居，加上城市的历史维护程度较低，发展意识薄弱，新时代的旅游城市进行更新建设，对国家经济和社会文化发展造成积极作用。

第一，城市治理遭受了前所未有的重大挑战，城市的更新建设使得应对自然灾害、公共卫生及社会安全等重大风险的适应力和恢复力进一步得到加强。第二，由于我国城市化水平超60%，即全国大部分人口生活在城市；为提升人民群众的生活质量，党的十九届五中全会指出，在"十四五"时期，应推进以人为核心的新型城镇化结构，城市居民的居住环境、社会治理等问题的治理可促进城市的可持续发展。第三，新时代的城市更新制度架构存在问题，至今为止国家都没有出台完整的城市更新制度体系，整体体系不够完整，难以满足城市更新的制度需求，导致在进行城市更新时没有可以依靠的政策作为参考。第四，居民参与城市更新的主动性较低，我国城市更新的基本原则之一是坚持地区居民自愿，并调动多方主体共同参与，但实际其实施主体之间缺乏协同合作机制，导致更新进程缓慢，绿色化改造也较为有限。上述问题的出现紧密关联着城市的产业结构的创新发展，城市的建设更新空间范型是否得到解决极大影响着旅游产业的快速复苏和全面满足新时代人们需求的战略实施。

沉浸式微旅游作为发展城市旅游经济的重要产业，其创新发展能够提供新的旅游体验思路、提升文化内涵、挖掘新的体验和价值的转化表达。同时，迎合现代消费者的深度体验需求和相关产业融合及经济提升，有利于增强旅游城市的经济发展的基础，进一步激活旅游产业升级和新时代下的城市更新的整体环境。此外，应解决旅游创新发展新业态中涉及的城市功能导向更新、城市文化环境更新、城市物理空间更新、城市经济更新和城市社会更新问题，以促进旅游产业经济发展、传统文化体验、居民生活质量的提升，这有利于新时代中国特色社会主义经济体系的建设。而作为一种新的旅游体验模式，沉浸式微旅游通过先进的科技手段，将游客带入虚拟或仿真的旅游场景中，为其营造出一种身临其境的游览体验。游客通过互动体验、高度融入本地生活和文化的旅游方式，深度感知目的地的产业文化和生活方式。微旅游不仅可以让游客以低成本的方式享受旅游的乐趣，还可以让游客深入了解当地文化和自然环境，促进旅游业的可持续发展。在微旅游业态中，沉浸式微旅游是一种以微旅游为基础的旅游业态，注重为游客提供全新、真实、互动、具有深度的旅游体验。与传统旅游相比，沉浸式微旅游更加注重游客的个性化需求和体验感受，同时也更加注重对当地文化和历史的强调和传承，有利于增强城市旅游经济发展动力。与此同时，要牢牢结合现有环境和市场实际需求，关注沉浸式微旅游的业态类型的创新，不断打造新的旅游产业链和体验服务链，丰富和创新沉浸式微旅游业态形式，不断加快沉浸式微旅游转型升级，实现旅游业态创新和城市更新有机结合。新时代旅游业态创新应该和实现城市更新空间发展相结合，促进新时代下国内旅游经济复苏，抓住新发展机遇重塑旅游市场格局。如开发民居体验、手工艺体验、乡村体验等业态，融入城市文化创意园、美食街区、文化艺术中心等城市更新载体，拓展旅游产业链和提升体验价值。

城市更新的空间范型是指在城市更新、升级和发展的过程中，所采取的不同空间规划和设计范型。这些范型在实现城市环境更新、旅游业态创新、节能环保、经济发展等方面，都扮演着重要的角色。通过实现城市环境更新、旅游业态创新、节能环保、经济发展等，城市更新的空间范型在城市更新中发挥了重要的作用。在沉浸式微旅游中，城市更新的空间范型应该结合当地的文化特色和游客需求，打造具有个性化和独特魅力的旅游场所。比如，可以将当地历史建筑和文化遗产加以修复和改造，设计和打造更加具有创意的旅游景点，揭示城市的历史和文化内涵，为游客提供更加深刻的沉浸式文化体验。要注重城市更新的可持续性，规划和设计应该充分考虑城市环境更新、节能环保和经济发展等方面。这些规划和设计应努力实现城市的美化和提升，但也要注意保护和传承地方的文化遗产，促进文化资源合理利用，使其在城市旅游文化中扮演重要角色。城市更新的空间范型在沉浸式微旅游中具有特殊意义，由此城市的更新和升级必须与旅游业态创新和经济发展相结合。同时，城市更新的空间范型也可以为旅游产业注入新的活力和机会，提高旅游产业的综合竞争力。城市更新的空间范型不仅考虑了城市的建设和管理，更重要的是与旅游业的需求和城市产业发展相结合，达到多方面的目标。通过城市更新的空间范型，可以提高城市形象和综合竞争力，探索和发掘城市的潜力，推动城市产业升级和发展，吸引更多游客前来游玩。同时，通过城市更新的实践，也能给予广大居民更好的生活质量和幸福感。城市更新的空间范型是城市建设的重要手段，也是城市文化发展和旅游产业创新的重点领域。

即使沉浸式微旅游业态创新与城市更新空间范型协同模式的理论意义得到了清楚的阐述，但仍然存在一些尚无法解决的难题。沉浸式微旅游业态创新类型还有待讨论，城市更新空间问题等不够清晰，以及如何进行沉浸式微旅游与城市更新空间范型分析框架的搭建？沉浸式微旅游业态创新与城市更新空间范型协同模式的内外部影响因素有哪些？如何以新时代的游客需求为基础，重点搭建出沉浸式微旅游业态创新与城市更新空间范型协同模式？如何从定性和定量的角度，在搭建出二者协同模式的基础上，对沉浸式微旅游业态创新进行实证？以上问题若没有一个合适的解决方案，新时代下的沉浸式微旅游与城市更新空间范型协同模式的实现路径将难以得到真正结果。由此，可将以上问题作为参考，对沉浸式微旅游业态创新与城市更新空间范型协同模式进行研究。

1.2 研究目的及研究意义

1.2.1 研究目的

本书以新时代下沉浸式微旅游业态创新与城市更新空间范型协同模式为研究对象，目的在于挖掘出传统旅游业的不足之处，并在此基础上设计和实施一种更加现代化、高质量的旅游业态。这种旅游业态可以通过使用沉浸式技术，让游客感受到更加真实、丰富、深刻的旅游体验。它以促进沉浸式微旅游的转型升级、建设城市更新空间为首要任务，通过重塑沉浸式微旅游业态创新与城市更新空间范型中的现实需求及相互作用，极大促进数字经济背景下旅游业高质量创新发展，搭建

"沉浸式微旅游八种业态类型创新与城市更新空间范型协同模式"。本书从其中的逻辑演变、理论架构、实证检验和实现路径等研究视角，深入探讨沉浸式微旅游业态创新与城市更新空间范型协同作用进而推动建设城市更新。同时，希望能够通过城市更新空间范型的协同作用，实现城市规划与旅游开发的有机结合，以实现旅游业和城市更新空间范型的双赢效果。通过加强科技与体验式旅游的联系，共同打造高质量旅游产业链，沉浸式体验的发展进而可以满足人们爱好游戏体验和娱乐的天性，避免旅游项目的同质化与抄袭模仿，形成一定规模的旅游者独特吸引力，借助感官体验、情感体验和精神体验，引起游客的共鸣并使其全身心投入其中，从而承接转化新时代的新需求。通过开展这样的研究，可以破解旅游业的传统单一体验模式所存在的问题，如游客体验的单一性、沉闷、缺乏参与感等，同时也可以推动城市的高质量、现代化转型，以满足不同游客对于旅游体验的需求。具体来说，必须先搭建出沉浸式微旅游与城市更新空间范型协同模式的分析框架、内外部影响机制和概念模型，进而结合结构方程模型的研究方式对沉浸式微旅游与城市更新空间范型协同模式进行定量分析，最后通过 SPS（structured-pragmatic-situational）案例研究方法对沉浸式微旅游与城市更新空间范型协同模式的实现路径进行验证。此外，本书还旨在实现旅游业和城市更新空间范型之间的深度互动和协同发展。这种互动和协同依赖于城市和旅游业之间的相互理解和协作，通过合理的规划和建设，实现城市空间的发展和旅游资源的开发，从而实现城市经济和旅游业的共同发展。总之，研究沉浸式微旅游业态创新与城市更新空间范型协同模式的目的在于打造一种高质量、现代化、多元化的旅游业态，旨在促进城市的可持续发展，实现城市经济和旅游业的深度互动和协同发展。

1.2.2 理论意义

第一，沉浸式微旅游新业态在国内当前仍处于起步阶段，国内达到国际水平的案例较少，并且区域跨度较大，获得符合研究的数据和代表性样本存在一定难度。在当前背景下，通过研究沉浸式微旅游与城市更新空间范型的协同模式，本书建立包括内外部影响因素分析框架的研究模型。在这个框架下，分析出沉浸式微旅游业态创新与城市更新空间范型的内外部影响机制。这为沉浸式微旅游业态和城市更新空间范型的研究提供理论基础。同时，本书分析已有的旅游资源条件和技术支持，并提供有效的空间支持、项目条件、文化内涵、城市规划、旅游管理等学科的理论支持。

第二，沉浸式微旅游业态创新与城市更新空间范型协同模式是基于消费者需求的旅游体验的创新和城市空间利用的创新结晶。这种产业模式创新的理论创新在于它将沉浸式技术和城市更新思想与旅游产业有机地结合起来，创造出一种新型的旅游模式和城市更新模式。其中，沉浸式微旅游业态创新将城市更新的思想和方法融入旅游产业中。城市更新是当代城市规划和发展领域中的热点话题，是指对城市建筑、交通、环境和社会等方面进行重构和更新，以提高城市的生活质量和经济竞争力。而在沉浸式微旅游业态创新中，城市更新的思想和方法被运用于旅游产业，通过空间的重构和更新，打造出更加吸引人的旅游目的地。

第三，定性研究与定量研究相互结合，从不同的角度深入探究沉浸式微旅游业态创新与城市更新空间范型协同模式发展的问题，为本书提供更为完整和全面的研究视角。基于理论分析，建立沉浸式微旅游业态创新与城市更新空间范型协同模式的概念模型。同时，利用城市更新空间范型和旅游业发展的理论，结合沉浸式技术的应用，探讨技术和城市更新发展之间的协同机制。本书进而使用已通过信度和效度检验的数据进行定量实证分析，采用的分析方法是结构方程模型（Structural Equation Model，SEM）。这种方法可以保证数据分析的信度和效度，并可以动态和多维度地分析固有关系，推进研究成果的进展，提高实证分析的可靠性和准确性。同时，案例验证分析采用的是 SPS 案例研究方法。目前，关于沉浸式微旅游业态创新和城市更新空间范型协同模式的理论和实践研究还比较薄弱。本书对现有研究进行扩展和补充，填补了相关研究领域的空白，对于推进城市更新和旅游业发展之间的协同发展具有重要的理论和实践意义。

第四，通过研究搭建沉浸式微旅游与城市更新空间范型协同模式，并提出实现路径。这为实践方面提供了理论依据，具有较强的理论指导作用。同时，这也有助于缓解城市老旧状态下传统旅游供给模式无法满足新需求的问题，进一步推进城市的更新进程，促进城市的多元化和规模化的更新。此外，沉浸式微旅游业态创新与城市更新空间范型协同模式将沉浸式技术和城市更新思想与旅游产业有机地结合起来，创造出一种新型旅游模式和城市更新模式。它既可以提高旅游体验的真实感和互动感，也可以打造更加吸引人的旅游目的地，促进旅游经济和城市经济的双赢。

1.2.3　现实意义

第一，新时代下重塑旅游市场格局，打造出新的微旅游供给体系。本书通过创新旅游业态承接转化新时代的新需求，提出沉浸式微旅游业态创新的实现路径，有利于进一步推进歌舞演艺、文化传承、文艺场馆和休闲乐园等沉浸式微旅游新业态发展，为发展沉浸式微旅游提供了路径借鉴。例如，在文化展馆中，沉浸式技术可以帮助游客更加生动地理解文化遗产的背景和内涵。在旅游景点中，沉浸式技术可以帮助游客更加全面地了解景点的历史、地理和文化知识。这些旅游产品的创新可以吸引更多的游客，提高他们的旅游满意度和忠诚度，促进旅游产业的可持续发展。从城市更新的角度来看，沉浸式微旅游在城市更新空间范型中可以成为一个新的旅游体验元素。在城市更新过程中，可以将沉浸式微旅游作为新的空间元素加入城市内部的建筑、设施、绿地、社区等中，在更广泛的范围内推广沉浸式微旅游模式。通过运用沉浸式技术，城市更新可以更好地满足不同旅游产品和旅游服务的需求，提高城市的旅游吸引力和品牌价值。城市更新空间范型的升级和优化可以为沉浸式微旅游提供更加多样化、更优质的支持。城市更新的步伐，伴随着城市空间的优化一同进行，可以为沉浸式微旅游提供更加丰富、更为创新的空间支撑。沉浸式微旅游与城市更新空间范型的协同，可以促进旅游业和城市更新的共荣。沉浸式微旅游可以成为城市更新后的一条新增的旅游经济链，而城市更新空间范型的优化和升级，能够成为沉浸式微旅游的引领和利益保障。

第二，研究小组利用实地调查，对浙江杭州市《最忆是杭州》、陕西西安市《西安千古情》、山西太原市山西文旅数字体验馆、山东淄博市齐文化博物馆、河南洛阳市古都夜八点、江苏无锡市灵活小镇·拈花湾和山东青岛市青岛极地海洋世界进行案例验证并深入分析，为沉浸式微旅游业态创新与城市更新空间范型协同模式发展提供最有利的现实状况。研究小组不仅可以提供最真实的现实状况，为后期研究提供有力支持和关键性的参考价值，而且可以为这些案例地旅游产业推进和经济增长提供具有针对性的意见和建议。研究小组的实地调研成果不仅可以为沉浸式微旅游业态创新与城市更新空间范型协同模式发展的理论研究提供参考，同时也可以为实践中的旅游产业与城市更新提供增强业务性、推动发展的经验和思路。

第三，在新时代下通过打造沉浸式微旅游创新业态（旅游产业在城市更新和社会经济中的时代使命）和城市更新建设（城市更新范型的重点难点）之间的联系，为新时代旅游业复苏、高质量发展提供新的动能，打造旅游新需求与城市空间结构与品质相匹配体系。搭建出"沉浸式微旅游八种业态类型创新与城市更新空间范型协同模式"（包括"沉浸式歌舞演艺微旅游—城市文化保护点式—原置型、沉浸式歌舞演艺微旅游—城市文化保护点式—重置型、沉浸式文化传承微旅游—城市文化保护面域—原置型、沉浸式文化传承微旅游—城市文化保护面域—重置型、沉浸式文艺场馆微旅游—城市功能完善点式—原置型、沉浸式文艺场馆微旅游—城市功能完善点式—重置型、沉浸式休闲乐园微旅游—城市功能完善面域—原置型、沉浸式休闲乐园微旅游—城市功能完善面域—重置型"），结合相关政策建议，将会成为极大的新动能，从而促进新时代我国高质量城市更新发展和旅游产品创新。

综上所述，沉浸式微旅游业态创新和城市更新空间范型协同模式的研究，不仅能够促进旅游业和城市更新的发展，也能够推动由此产生的经济效益的实现。因此，相关方面应重视此类研究，加大相关政策和资金支持力度，营造良好的研究和实践环境。

1.3　研究内容、技术路线及研究方法

1.3.1　研究内容

本书的研究重点是沉浸式微旅游业态创新与城市更新空间范型协同模式，通过将理论分析与实践相结合，以及定量分析与定性分析相结合，提出了该模式的实现路径。具体来说，主要内容包括：

第一部分是绪论部分，主要包括第1章，讲述研究背景与问题提出、研究目的与意义、研究可行性与必要性、研究内容与创新点、研究重点与研究方法等。本部分对旅游产业和城市更新的发展现状进行深入分析，总结旅游新业态的发展难题及保护需求，从过度依赖规模扩张的传统旅游业转向多样化体验和高附加价值的新业态，满足日益增长的体验需求，为促进产业发展和提高城市生活质量提供支持。目前来看，亟须将沉浸式微旅游与城市更新融合发展，为沉浸式微旅游业态和城市更新空间范型的研究提供理论基础。

第二部分是文献综述部分，主要包括第2章，本部分在旅游方式发生重大变化的背景下，对国内外针对沉浸式微旅游业态创新与城市更新空间范型协同模式的研究成果、发展趋势和存在问题进行文献回顾分析，并确定相关的理论基础。主要包括通过运用CiteSpace文献计量学软件，寻找当前存在的传统旅游业供给模式与新需求不匹配，城市更新空间范型无法有效支撑沉浸式微旅游业态创新的空间、技术需求，沉浸式微旅游业态创新无法有效推进城市更新进程，城市更新中未能探索出多元化的"规模化更新""存量提升"实现路径等严重阻碍沉浸式微旅游业态创新与城市更新空间范型协同模式的一系列突出问题产生的背景、原因和发展趋势。同时，根据旅游新业态分析、沉浸式体验分析、旅游产品创新、微旅游分析等内容，对沉浸式微旅游业态创新进行了研究述评。通过检索国内外对沉浸式微旅游业态创新与城市更新空间范型协同模式建设进行研究的学术成果，展开文献研究及分析。

第三部分是理论框架部分，主要包括第3章。本部分在界定沉浸式微旅游业态创新与城市更新空间范型协同模式的内涵、特征和构成维度的基础上，确定沉浸式微旅游业态创新与城市更新空间范型协同模式的划分维度、演化机制和内外部影响机制，基于此构建沉浸式微旅游业态创新与城市更新空间范型协同模式的分析框架。重点辨析沉浸式微旅游业态创新与城市更新空间范型协同模式中呈现出的创新性、差异性以及相互作用性，同时结合当前国家政策分析不同沉浸式微旅游业态创新类型对于不同城市更新的物理—社会空间范型的利弊，将沉浸式微旅游创新业态划分为沉浸式歌舞演绎微旅游、沉浸式文艺场馆微旅游、沉浸式文化传承微旅游、沉浸式休闲乐园微旅游四种创新业态，将城市更新空间范型划分为以下八种：城市文化保护点式—原置型、城市文化保护点式—重置型、城市文化保护面域—原置型、城市文化保护面域—重置型、城市功能完善点式—原置型、城市功能完善点式—重置型、城市功能完善面域—原置型、城市功能完善面域—重置型。在分析沉浸式微旅游业态创新与城市更新空间范型协同模式搭建的必要性和可行性的基础上，论述二者协同在重塑旅游市场格局、打造新的微旅游供给体系、协调新时代新旅游需求与城市空间结构优化和品质提升中的重要作用；建立沉浸式微旅游业态创新与城市更新空间范型协同模式的内外部影响机制，搭建出新时代沉浸式微旅游业态创新与城市更新空间范型协同模式的分析框架，并从主动和被动的角度出发，推导出沉浸式微旅游业态创新与城市更新空间范型协同模式演化过程。

第四部分是沉浸式微旅游业态创新与城市更新空间范型协同模式的研究设计部分，主要包括第4章，本部分在综合参考相关文献和研究成果的基础上，通过调研数据定量验证对沉浸式歌舞演艺微旅游与城市文化保护点式—原置型、沉浸式歌舞演艺微旅游与城市文化保护点式—重置型、沉浸

式文化传承微旅游与城市文化保护面域—原置型、沉浸式文化传承微旅游与城市文化保护面域—重置型、沉浸式文艺场馆微旅游与城市功能完善点式—原置型、沉浸式文艺场馆微旅游与城市功能完善点式—重置型、沉浸式休闲乐园微旅游与城市功能完善面域—原置型、沉浸式休闲乐园微旅游与城市功能完善面域—重置型协同模式的自变量和因变量进行筛选和解释，提出相关模式的基本假设。同时，本书构建各个模式的概念模型，并设计调研方案，包括预调研方案设计、实地访谈设计和调研问卷设计，采用问卷调查和深度访谈相结合的方式搜集数据，并使用结构方程模型进行分析。

第五部分是沉浸式微旅游业态创新与城市更新空间范型协同模式的研究假设和概念模型与案例验证部分，主要包括第5章至第8章。本部分基于旅游管理和城市规划等学科的理论，静态地构建出"沉浸式微旅游业态创新与城市更新空间范型的八种协同模式"的作用机理，分别提出沉浸式歌舞演艺微旅游与城市文化保护点式—原置型、沉浸式歌舞演艺微旅游与城市文化保护点式—重置型、沉浸式文化传承微旅游与城市文化保护面域—原置型、沉浸式文化传承微旅游与城市文化保护面域—重置型、沉浸式文艺场馆微旅游与城市功能完善点式—原置型、沉浸式文艺场馆微旅游与城市功能完善点式—重置型、沉浸式休闲乐园微旅游与城市功能完善面域—原置型、沉浸式休闲乐园微旅游与城市功能完善面域—重置型的研究假设。同时，基于作用机理与研究假设，结合演化过程的因素，比较静态地模拟出"沉浸式微旅游业态创新与城市更新空间范型的八种协同模式"的概念模型。其中，分别以浙江省杭州市的《最忆是杭州》为例，对沉浸式歌舞演艺微旅游与城市文化保护点式—原置型协同模式进行案例分析；以陕西省西安市的《西安千古情》为例，对沉浸式歌舞演艺微旅游与城市文化保护点式—重置型协同模式进行案例分析；以山西省太原市山西文旅数字体验馆为例，对沉浸式文化传承微旅游与城市文化保护面域—原置型协同模式进行案例分析；以山东省淄博市齐文化场馆为例，对沉浸式文化传承微旅游与城市文化保护面域—重置型协同模式进行案例分析；以河南省洛阳市古都夜八点为例，对沉浸式文艺场馆微旅游与城市功能完善点式—原置型协同模式进行案例分析；以河北省唐山市培仁历史文化街区为例，对沉浸式文艺场馆微旅游与城市功能完善点式—重置型协同模式进行案例分析；以江苏省无锡市灵山小镇·拈花湾为例，对沉浸式休闲乐园微旅游与城市功能完善面域—原置型协同模式进行案例分析；以山东省青岛市青岛极地海洋世界为例，对沉浸式休闲乐园微旅游与城市功能完善面域—重置型协同模式进行案例分析，并验证二者的影响因素和协同模式。

第六部分是沉浸式微旅游业态创新与城市更新空间范型协同模式的政策建议，主要包括第9章。在本部分，沉浸式歌舞演艺微旅游与城市文化保护点式—原置型协同模式的实现路径、沉浸式歌舞演艺微旅游与城市文化保护点式—重置型协同模式的实现路径、沉浸式文化传承微旅游与城市文化保护面域—原置型协同模式的实现路径、沉浸式文化传承微旅游与城市文化保护面域—重置型协同模式的实现路径、沉浸式文艺场馆微旅游与城市功能完善点式—原置型协同模式的实现路径、沉浸式文艺场馆微旅游与城市功能完善点式—重置型协同模式的实现路径、沉浸式休闲乐园微旅游与城市功能完善面域—原置型协同模式的实现路径、沉浸式休闲乐园微旅游与城市功能完善面域—重置型协同模式的实现路径分别被提出，这些路径是从前期规划和分析、中期设计和实施、后期保障和可持续三个层面确定的。

1.3.2 技术路线

按照本书的研究思路，搭建出沉浸式微旅游业态创新与城市更新空间范型协同模式的研究思路（见图1-1）。

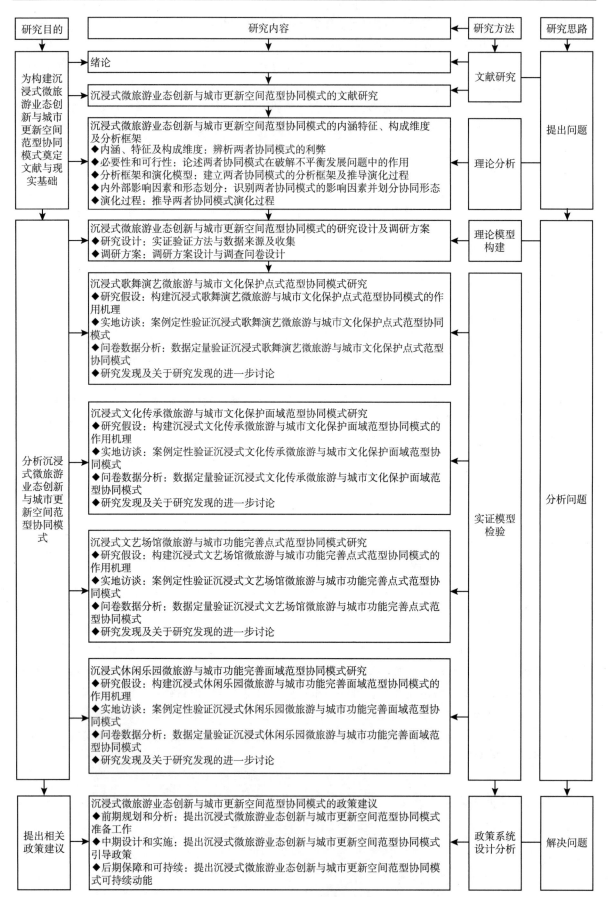

图1-1 本书研究路线

1.3.3　研究方法

本书主要采用文献研究法、案例分析法、理论分析法、理论模型构建法、实证模型检验法和政策系统设计分析等方法，研究沉浸式微旅游业态创新与城市更新空间范型协同模式，这些方法不仅能够进行多角度的研究，还能够有效提升可信度。

第一，文献研究法。通过文献研究法总结国内外关于沉浸式微旅游业态创新与城市更新空间范型协同模式的研究成果、发展趋势和存在问题，充分掌握旅游方式发生重大变化的背景下沉浸式微旅游业态创新与城市更新空间范型协同模式发展的现状。

第二，案例分析法。通过选取新时代下沉浸式微旅游业态创新和城市更新空间范型协同模式中有典型性和代表性的城市进行实地调研，得出沉浸式微旅游业态创新与城市更新空间范型协同模式现状的典型案例及其内在基础和外部挑战，研判突出问题的产生现实背景、产生原因和未来走向。

第三，理论分析法。基于相关理论基础对沉浸式微旅游业态创新与城市更新空间范型协同模式的内涵进行界定，对沉浸式微旅游业态创新和城市更新空间范型协同模式进行构成维度划分，旨在识别沉浸式微旅游业态创新与城市更新空间范型协同模式的内外部影响机制，并提出全书的分析框架。

第四，理论模型构建法。通过对沉浸式微旅游业态创新与城市更新空间范型协同模式建设的理论分析，基于相关理论基础，搭建出沉浸式歌舞演艺微旅游与城市文化保护点式—原置型、沉浸式歌舞演艺微旅游与城市文化保护点式—重置型、沉浸式文化传承微旅游与城市文化保护面域—原置型、沉浸式文化传承微旅游与城市文化保护面域—重置型、沉浸式文艺场馆微旅游与城市功能完善点式—原置型、沉浸式文艺场馆微旅游与城市功能完善点式—重置型、沉浸式休闲乐园微旅游与城市功能完善面域—原置型、沉浸式休闲乐园微旅游与城市功能完善面域—重置型的概念模型。

第五，实证模型检验法。搭建出沉浸式微旅游业态创新与城市更新空间范型协同模式，进行案例定性与数据定量实证验证。采用实地考察的 SPS 案例讨论法定性分析案例的协同路径，分析和验证二者影响因素和协同模式，再通过调研数据定量验证沉浸式微旅游业态创新与城市更新空间范型协同模式。重点把握各变量度量，通过感知的调查问卷数据，分析建立各维度应用结构的协同模式的结构方程模型，分析和验证其影响因素和协同模式。

第六，政策系统设计分析。通过从沉浸式歌舞演艺微旅游与城市文化保护点式—原置型、沉浸式歌舞演艺微旅游与城市文化保护点式—重置型、沉浸式文化传承微旅游与城市文化保护面域—原置型、沉浸式文化传承微旅游与城市文化保护面域—重置型、沉浸式文艺场馆微旅游与城市功能完善点式—原置型、沉浸式文艺场馆微旅游与城市功能完善点式—重置型、沉浸式休闲乐园微旅游与城市功能完善面域—原置型、沉浸式休闲乐园微旅游与城市功能完善面域—重置型协同模式的建设过程中的前期规划和分析、中期设计和实施、后期保障和可持续三个方面进行分析，提出相应的政策建议。

第 2 章　沉浸式微旅游业态创新与城市更新空间范型协同模式的文献研究

文献综述简称综述，研究者通过分析和阅读的方式对所研究领域已有的相关资料作出综合性阐述，该方法是通过搜集大量相关资料，整理和提炼所研究课题领域最新的发展状况及学术方向的方法。随着学术研究的不断发展，传统的文献综述方法越来越难以应对日益增长的文献数量。研究者在进行文献综述时需要花费大量时间去筛选文献，而这些文献可能与所研究领域不相关或者不够权威，这降低了学术研究的效率。因此，量化分析所研究的文献成为一种越来越重要的方法，这种方法可以高效提取出权威文献、热点领域和权威期刊等信息，文献计量学在文献研究中的应用也逐渐成为一种热门方法。

文献计量分析是一种综合性的知识体系，它涉及了文献学、数学、统计学等多个学科，注重对知识载体进行量化分析，作为一门交叉学科，文献计量分析运用统计学、数学等方法对各类知识载体进行定量分析。其计量的主要对象包括文献数量、作者数量、词汇数量等，这些对象的共同特征是都可以被量化，其中，文献数量以各种出版物为代表，作者数量以个人、集体或团队为代表，词汇数量以各种文献标识为代表。自 20 世纪 70 年代后期起，中国开始逐渐传播与兴起文献计量学研究，刘植惠研究员通过一系列文章，如《文献计量学的研究对象和应用》等，有效推动了中国的文献计量学的发展，对研究、教育及实际应用等方面产生了深刻的影响。文献计量学不断取得新的进展，因而成为图书馆科学评价领域一个非常重要的分支学科。

基于上述分析，本书将采取文献计量学研究方法对"沉浸式微旅游业态创新与城市更新空间范型协同模式"进行研究综述，对引用文献，通过使用陈超美教授开发的 CiteSpace 软件来进行分析。CiteSpace 软件被广泛应用于分析所研究领域的知识拐点、演进路径、知识结构和前沿新趋势等方面。使用 CiteSpace 软件，用户可以对某个知识领域进行瞬时"抓拍"，并通过动态、历时和多元化信息的可视化技术将这些照片链接起来，形成动态的知识图谱，该软件使用色彩带代表引文年代，并通过时间线来显示聚类，使用户可以更清晰地了解知识点演变过程。本书针对"沉浸式微旅游业态创新与城市更新空间范型协同模式"，主要通过对沉浸式微旅游业态创新、城市更新空间范型以及二者互动模式进行文献分析和研究。

经过参考其他 CiteSpace 文献计量的研究，本书确定了每个方面文献计量的大致步骤。第一步，需要选择数据来源并构建检索式。逻辑表达式、截词检索表达式和位置检索表达式是检索表达式的主要形式，其中，逻辑表达式是最常用的形式。逻辑表达式是利用布尔逻辑算符表达检索词之间关系的一种表达方式，也称布尔逻辑表达式，在计算机检索中，布尔逻辑是最简单、最基本的匹配模式，也是被广泛采用的逻辑表达方式，常见的布尔逻辑算符有"逻辑与"（"AND"）、"逻辑或"（"OR"）、"逻辑非"（"NOT"）等。第二步，是对所研究领域进行文献研究。这包括对所研究领域的发文量、所属国家、核心期刊、研究团队（包括作者团队及机构团队）以及重要文献的分析。第三步，对所研究领域的热点与前沿进行分析，其中，对于所研究领域热点的分析可以通过高被引文献和高频关键词来实现。一方面，文献在一段时期内被引的次数可以很好地反映出其在相关领域中的重要性和影响力，被引频次越高，说明该文献在相关领域中的位置越重要，或者得出的结论越重要。另一方面，关键词能够准确反映出文章的新内容和重点，可以对文章的关键内容进行精准描述，因此，研究领域中高频出现的关键词通常被认为是当前的研究热点。此外，要确定所研究领域前沿，需要使用膨胀词探测算法来提取变化率高的关键词。第四步，得出结论，为进行中的研究选取参考文献，判断研究前沿和热点等问题提供指导。

2.1　沉浸式微旅游业态创新与城市更新空间范型协同模式的文献计量分析

2.1.1　沉浸式微旅游业态创新的文献计量分析

在数字化、智能设备等新科技的推动下，"沉浸式"体验可以给人们带来"梦想成真"的错觉。"沉浸式"体验营造的非物质化空间世界，满足了人们乐在其中的天性，虚拟环境的营造应用了大量的科技成果，例如全息、虚拟、混合、投影灯技术等，这些技术极大地强化了视听效果。我国的文化旅游业随着多年的发展已经成为一个重要的经济产业，许多拥有自然和人文名胜资源的地区正在积极开发旅游项目，这些地区通过发展旅游产业来促进当地餐饮、娱乐、文化消费的发展，并且这种趋势导致产业结构向旅游业倾斜。传统的观赏模式被"沉浸式"体验所打破，观众可以近距离参与互动并融入节目表演环节中，从而极大地满足了观众观赏和亲身体验的心理需求，这种趋势也是文旅消费发展的方向和趋势。"沉浸式"体验融合了虚拟与现实技术，从而形成了独特的体验感，当它与传统的歌舞戏剧相结合时，产生了极具当代特色的"沉浸式"产品，为传统歌舞戏剧文化注入新的生机。"沉浸式"体验消费经济在全球范围内快速发展，并对人类感官体验产生了重要的推动作用，这种体验可以将人们在现实社会中无法看到、得到、感受到的场景完美呈现出来，而以"沉浸式"娱乐为主的各种主题公园也因此吸引了大量的游客参与。这种新兴产业的潜力巨大，未来的发展可能会超越电影产值。随着时代发展，数字技术在旅游产业中得到广泛应用，丰富了虚拟旅游的内容和旅游产品的形态，使得旅游数字藏品、旅游数字生态、旅游数字景观等"旅游＋数字"的形式快速发展。黄蕊等（2021）提出，数字技术的发展为我国旅游产业提供了新思路，同时数字技术也拓展了旅游市场的认知边界，旅游场景得到全新的创造，全面提升了旅游的吸引力。查建平（2019）指出，管理创新与技术进步在我国旅游产业改革开放 40 年中发挥了关键作用，推动了效率的提升。旅游体验、新消费成为生活的重要组成部分，不断向沉浸式方式转化，不断拓展的体验也促进了更具吸引力的消费行为。沉浸式体验的引入推动着传统文化旅游业态的重构，也更好地满足了人们精神文化的需求。《关于推动数字文化产业高质量发展的意见》是文化和旅游部在 2020 年 11 月发布的文件，其中提出要大力发展全息互动投影、无人机表演、夜间光影秀等沉浸式业态，推动现有文化内容向沉浸式内容移植转化，以丰富虚拟体验内容。国内学者对于新时代下的沉浸式微旅游发展中游客与所处目的地环境间的关系是研究重点。同时，学者们也认识到，打造"沉浸式"体验消费是新时代旅游产业重点发展方向，作为当今文化与科技融合所形成的一种新型业态，无疑有着广阔的应用前景。所以，本书对现有沉浸式微旅游业态创新的国内外文献展开研究。

第一，沉浸式微旅游业态创新的文献计量分析。

一是研究数据和发文量的初步分析。

一方面，在搜集外文数据时，使用 WOS（Web of Science）为数据来源，然而由于通过所有数据库进行文献搜集可能会存在字段缺失的问题，因此采用核心数据库（Web of Science Core Collection）进行文献搜集。具体来说，检索式的主题包括：主题 ＝ "Immersive tourism" OR 主题 ＝ "Experiential tourism" OR 主题 ＝ "Experience-based tourism" OR 主题 ＝ "In-depth experiential tourism" 等内容；语种为英语；文献类型为期刊；时间跨度是 1991 年 1 月 ~ 2021 年 12 月。在 2022 年 7 月 31 日进行检索后，对检索出的文献进行了筛选，删除了与主题不相关的文献，最终得到了 740 条检索信息，并将其导出。将文献数据导入 CiteSpace 中进行初步检验后，发现有 32 条文献数据存在字段缺失。最终，为进行文献计量分析，有效的 Web of Science 数据为 708 条，即去除了存在字段缺失的 32 条文献数据后的有效数据量。

另一方面，针对中文数据，数据来源于中国知网（CNKI），作者使用以下检索式来构建检索：主题 = "沉浸式体验" OR 主题 = "沉浸式 AND 微旅游"。时间限定为：1991 年 1 月 ~ 2021 年 12 月，检索时间为 2022 年 7 月 31 日。经过筛选，排除了不相关的文献，最终得到 642 篇有效文献。将文献数据导入 CiteSpace 进行初步检验，运行结果良好，没有出现数据丢失的情况，最终利用 642 条 CNKI 文献数据进行文献计量分析。

将上述沉浸式微旅游业态创新文献的数据再次导出，按照发文年份以及发文数量提取对应信息，并将其放入 Excel 中进行分析。通过这样的分析，可以得到 2001 年 1 月至 2021 年 12 月沉浸式微旅游业态创新的中外文文献发文数量趋势比较图。具体见图 2 – 1。

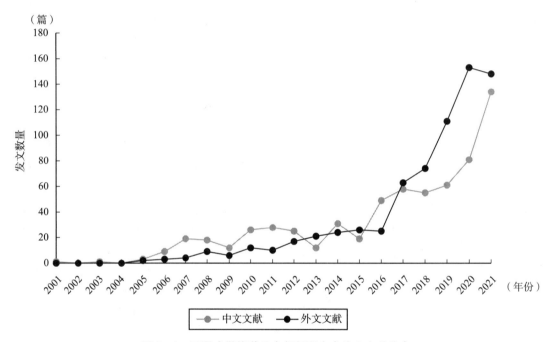

图 2 – 1   沉浸式微旅游业态创新研究中外文文献分布

根据图 2 – 1 可知，关于沉浸式微旅游业态创新领域的研究，中外文文献发文量从 2017 年开始有较大的变化。2005 ~ 2012 年，沉浸式微旅游创新发展各年度的中文文献的研究发文量均高于外文文献的发文量，但是总数量并不多。这表明在这一时期，中国对沉浸式微旅游业态创新的研究相较于国外更为先进，但发展速度较为缓慢。2013 ~ 2016 年，沉浸式微旅游业态创新发展各年度的中外文文献研究发文量相差不大，且在这一时期，中国对于沉浸式微旅游业态创新的发文量的增长呈现波动状态，而外文文献发文量的增长较为缓慢稳定。2016 ~ 2021 年，有关沉浸式微旅游业态创新领域的中外文文献发文量增长趋势开始出现明显差异。中外文文献的发文量均呈现迅速增长的趋势，但外文文献发文量的增长速度更快。此外，从未来趋势来看，中外文文献的发文量均呈现增长的趋势。

二是沉浸式微旅游业态创新的国家分析。

在文献计量分析的过程中，可以通过文献所属的国家了解在相应研究领域中哪些国家拥有更具权威的研究。若在研究领域中某个国家发文量较高且与其他国家合作密切，则说明该国家在这一科研领域中有着足够的影响力。为了获得某研究领域中的国家共现的关键节点，可以通过该研究领域的国家共现网络图可视化分析及其各节点的中心性分析，进而了解该领域中有着较高权威的国家，并对学者进行一定的指导，为其未来发展方向提供参考，明确所在国家及其他国家的各自国际地位。

在外文文献方面，根据 Web of Science 数据库中检索所得文献数据，利用 CiteSpace 软件进行分析，得出各国的发表文献数量，并按照"国家"和"发文量"进行排序，相关结果见图 2 - 2。除了中国之外，发文量排名前十的国家都是发达国家。在沉浸式微旅游业态创新研究领域，发文量排名前三的国家依次为美国、中国和英国。其中，美国是发文量排名第一的国家，共发表了 143 篇文章；中国紧随其后，发表了 142 篇文章；英国排名第三，发表了 110 篇文章。

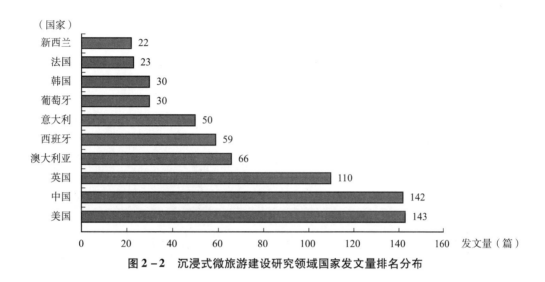

图 2 - 2　沉浸式微旅游建设研究领域国家发文量排名分布

在外文文献方面，根据 Web of Science 数据库中检索所得文献数据，利用 CiteSpace 软件进行分析，得出该研究领域的国家共现图，见图 2 - 3。

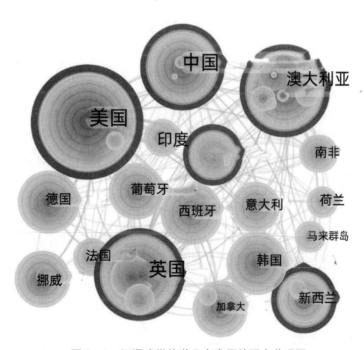

图 2 - 3　沉浸式微旅游业态发展的国家共现图

由图 2 - 3 可知，研究沉浸式微旅游业态发展的国家中，美国所展示的节点最大，且中心度最高，说明在沉浸式微旅游业态创新发展的研究领域中，美国有着重要的地位，而中国是发文量排名第二的，具有一定的影响力。

每个节点的关键性大小均由中心度的大小所决定，因此，可以通过对每个国家发刊量的中心度进行排名分析，以了解每个国家在该领域的关键性。同时，也能够了解该国家在相关领域的研究地位及与其他国家的紧密性。关键节点一般为不小于0.1的中心度节点，表2-1提取了中心度大于0.1的国家。

表2-1　　　　　　　　　　　沉浸式微旅游发展领域国家发文中心度排名

中心度	国家	首次发文年份	发文量（篇）
0.38	美国	2005	143
0.17	英国	2006	110
0.14	新西兰	2010	22
0.13	澳大利亚	2006	66
0.1	中国	2010	121
0.1	西班牙	2012	59
0.1	德国	2007	21

由表2-1可以看出，仅有美国、英国、新西兰、澳大利亚、中国、西班牙和德国7个国家的中心度大于0.1，表明这7个国家在沉浸式微旅游研究领域国家合作网络中位于关键节点。在首次发文年份方面，美国是最早的一个。其中心度不仅排名第一，而且发文年份也较早，这表明在沉浸式微旅游业态创新领域中，美国研究较早，并且与其他国家进行了深入的合作。由此可见，美国在沉浸式微旅游业态创新领域的国际地位较高。发文量排名第二的是中国，但其中心度的监测值为0.1，说明中国在国际上对于该领域文献有着一定的影响力，但是中心度数值较低，国家的影响力还有待提高。

三是沉浸式微旅游业态创新研究的期刊分析。

期刊分析可以有效指导学者选择更为科学合理的期刊，帮助其了解在其研究领域中具有较高权威性的期刊，为以后的科研奠定研究基础。目前被众多国内外学者应用的定量研究方法——期刊共被引分析方法，是文献计量学和科学计量学中所应用的方法，也可应用到多个学科领域中。期刊共被引分析方法中的共被引是指一篇文献同时引用了两本期刊，这个方法可以使学者方便评价该领域的学科期刊与判断该文献在其领域中的地位。这是由于高强度的共被引关系说明期刊间具有高度的紧密性，具有较强的内部联系。同时，为确定载文质量较高的期刊，可以分析沉浸式微旅游业态创新领域中各节点的中心性，即期刊共被引网络中的节点，从而得到关键性节点。

为确定研究领域中的权威期刊，可以从两方面入手：对期刊进行共被引可视化分析，并结合其中心度进行分析；结合期刊的载文量进行分析。

一方面，对沉浸式微旅游业态创新领域的外文文献期刊进行分析：

在外文文献方面，根据Web of Science数据库中检索所得文献数据，利用CiteSpace软件进行分析，得到该领域外文期刊共被引可视图，见图2-4。

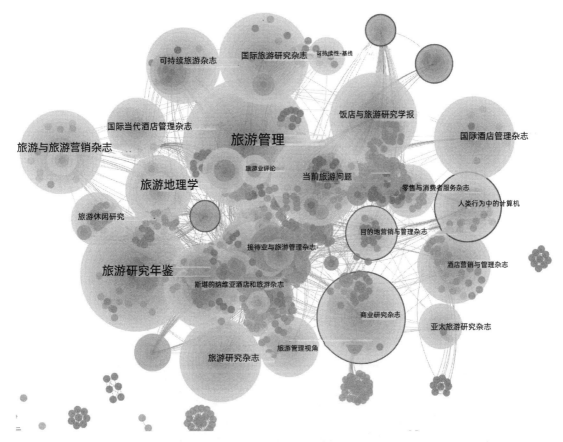

图 2 - 4　沉浸式微旅游发展领域外文期刊共被引可视图

由图 2 - 4 可以看出，沉浸式微旅游业态创新发展研究的外文文献被引期刊集中于《旅游管理》（*Tourism Management*）、《旅游研究年鉴》（*Annals of Tourism Research*）、《旅游研究杂志》（*Journal of Travel Research*）、《当前旅游问题》（*Current Issues in Tourism*）、《旅游与旅游营销杂志》（*Journal of Travel & Tourism Marketing*）、《国际旅游研究杂志》（*International Journal of Tourism Research*）、《国际酒店管理杂志》（*International Journal of Hospitality Management*）、《旅游管理视角》（*Tourism Management Perspectives*）、《商业研究杂志》（*Journal of business research*）、《国际当代酒店管理杂志》（*International Journal of Contemporary Hospitality Management*）等。期刊的研究方向多分布于旅游管理、环境资源、环境科学领域中。

通过软件分析研究领域的期刊共被引数据，并将结果导入至 Excel 中，以中心度大于 0.1 为标准将数据提取出来，见表 2 - 2。

表 2 - 2　　　　　　沉浸式微旅游业态创新领域外文文献的期刊共被引网络关键节点

期刊名称	被引频次	首次出现年份	中心度
《环境管理》	4	2007	0.21
《人类行为中的计算机》	68	2008	0.2
《商业研究杂志》	112	2009	0.18
《目的地营销与管理杂志》	139	2012	0.11
《景观与城市规划》	6	2001	0.11
《环境与规划 A》	5	2005	0.11
《旅游管理视角》	113	2012	0.1
《地理论坛》	9	2009	0.1

通过表 2 - 2 可以看出，《商业研究杂志》（*Journal of Business Research*）、《目的地营销与管理杂志》（*Journal of Destination Marketing & Management*）、《旅游管理视角》（*Tourism Management Perspectives*）的中心度和被引频次均较高，这三本期刊排名标志着其所刊载的沉浸式微旅游业态创新研究领域中论文质量较高，并对该领域的学术研究产生了一定的影响。由此，从中心度的方面入手，《商业研究杂志》（*Journal of Business Research*）、《目的地营销与管理杂志》（*Journal of Destination Marketing & Management*）、《旅游管理视角》（*Tourism Management Perspectives*）三本期刊在沉浸式微旅游业态创新研究领域中具有核心地位。

在外文文献方面，利用上文所得文献数据进行分析，可取得发文量前十的期刊排名，如表 2 - 3 所示。

表 2 - 3　　　　　　　　　1991 ~ 2021 年沉浸式微旅游业态创新外文文献的期刊分布（前十）

期刊名称	载文量（篇）	占比（%）	期刊名称	载文量（篇）	占比（%）
《旅游管理》	44	6.21	《旅游管理视角》	17	2.40
《可持续性 - 基线》	31	4.38	《可持续旅游杂志》	17	2.40
《当前旅游问题》	25	3.53	《旅游评论》	15	2.12
《旅游研究杂志》	25	3.53	《目的地营销与管理杂志》	15	2.12
《旅游营销杂志》	18	2.54	《斯堪的纳维亚酒店与旅游杂志》	15	2.12

根据表 2 - 3 可知，在沉浸式微旅游业态创新领域中发文量排名前十位的外文期刊共有 222 篇，占比约 31.35%。这些期刊的发文量较高，说明论文在这些期刊上也有着较高的集中度。该领域的研究分布在外文期刊中形成了较为稳定的期刊群和代表性期刊。此外，结合图 2 - 4 可知，在沉浸式微旅游业态创新领域的发文量排名前十位的外文期刊中，《旅游管理》（*Tourism Management*）、《目的地营销与管理杂志》（*Journal of Destination Marketing & Management*）、《旅游管理视角》（*Tourism Management Perspectives*）的被引频次高于其他期刊。由此，从期刊载文量的角度入手，可以看出《旅游管理》（*Tourism Management*）、《目的地营销与管理杂志》（*Journal of Destination Marketing & Management*）、《旅游管理视角》（*Tourism Management Perspectives*）三本期刊有着较高的权威性。

另一方面，对沉浸式微旅游业态创新研究的中文期刊进行分析：

通过 CiteSpace 这一软件进行共被引分析论文文献时必须选取"参考文献"的字段，而根据中国知网检索所导出的论文文献数据缺少了"参考文献"字段，由此无法直接操作软件进行分析，只能从该领域的期刊载文量及学科研究层次入手分析。

第一步，先把上文从中国知网中检索得到的数据资料导进 Excel 中，同时根据期刊载文量数据进行计数排名，1991 ~ 2021 年的沉浸式微旅游发展中文文献期刊的载文量前十名如表 2 - 4 所示。

表 2 - 4　　　　　　　　　1991 ~ 2021 年沉浸式微旅游业态创新中文文献期刊分布（前十）

期刊名称	载文量（篇）	占比（%）	期刊名称	载文量（篇）	占比（%）
福建茶叶	18	2.80	传媒	12	1.87
包装工程	15	2.34	出版广角	11	1.71
装饰	14	2.18	四川戏剧	11	1.71
农业经济	12	1.87	青年记者	11	1.71
旅游学刊	12	1.87	东南文化	11	1.71

由表 2 - 4 表明，在沉浸式微旅游业态创新领域，发文量排名前十的中文期刊共发表了 127 篇文章，占比约为 19.77%。这表明论文在各期刊上的分布相对均匀，没有形成较为稳定的期刊群和

代表性期刊。同时，这也说明沉浸式微旅游业态创新领域的研究主要分布在外文期刊中。

接下来，将按照中国知网期刊检索之后的研究层次，对发文量排名前十的期刊进行分类，以便进一步确认在沉浸式微旅游业态创新研究领域比较权威的期刊的文献研究层次，并为本书选取参考文献提供指导意见。分类结果如表 2 - 5 所示。

表 2 - 5　　　　　　　　　沉浸式微旅游业态创新领域中文文献核心期刊研究层次

研究层次	期刊名称
基础研究（社科）	《福建茶叶》《农业经济》《旅游学刊》《四川戏剧》《东南文化》《装饰》
行业指导（社科）	《出版广角》《包装工程》
行业技术指导（自科）	《青年记者》《传媒》

根据表 2 - 5 可以看出，国内沉浸式微旅游业态创新研究主要集中分布在社会科学领域的基础研究层次、社会科学领域的行业指导层次以及自然科学领域的行业技术指导研究层次中。其中，《福建茶叶》《农业经济》《旅游学刊》《四川戏剧》《东南文化》《装饰》的研究集中在基础研究（社科）层次。因此，在进行有关沉浸式微旅游业态创新领域的社会科学基础研究层次时，应该重点参考这几本期刊。另外，《出版广角》《包装工程》的研究集中在行业指导（社科）层次。因此，在进行有关沉浸式微旅游业态创新领域的社会科学行业指导时，应该重点参考这几本期刊。《青年记者》《传媒》的研究集中在行业技术指导（自科）层次。因此，在进行有关沉浸式微旅游业态创新领域的自然科学行业技术指导时，应该重点以这几本期刊作为参考。

依据对中外文期刊的研究，在沉浸式微旅游业态创新的研究领域，可以重点参考外文文献，尤其是《旅游管理》（*Tourism Management*）、《目的地营销与管理杂志》（*Journal of Destination Marketing & Management*）、《旅游管理视角》（*Tourism Management Perspectives*）等期刊中的文献。同时，也可以参考中文文献，主要可以选取《包装工程》《装饰》《旅游学刊》等期刊中的文献。

四是沉浸式微旅游业态创新领域研究团队分析。

本书将研究团队分为两类：个人作者研究团队和机构研究团队。根据 Web of Science 数据库导出的数据和中国知网（CNKI）数据库导出的数据信息进行研究。在分析外文文献时，作者采用共被引分析方法，而机构分析主要采用合作网络分析方法；对中文文献的研究，则仅采用合作网络分析方法。首先，对沉浸式微旅游业态创新领域的外文文献作者团队及机构团队进行分析。

一方面，对沉浸式微旅游业态创新领域的外文文献作者进行分析，根据上文检索所得文献数据，通过软件分析，结果如图 2 - 5 所示。

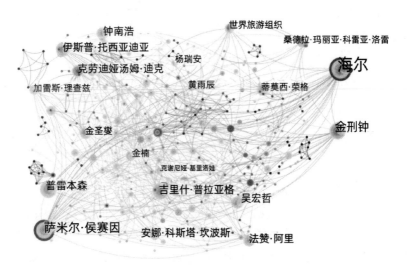

图 2 - 5　沉浸式微旅游业态创新领域外文文献作者共被引可视图

根据图 2 - 5 所示，在国际上沉浸式微旅游业态创新研究领域被引频次较高的作者为伊斯普·托西亚迪亚、海尔、吉里什·普拉亚格、萨米尔·侯赛因等。通过运行 CiteSpace 软件，得出了沉浸式微旅游业态创新领域的外文文献作者被引频次排名。

按照中心度大于 0.1 的标准视为关键节点，从沉浸式微旅游业态创新领域的外文文献作者的共被引网络中提取关键节点，并将其列在表 2 - 6 中。

表 2 - 6　　　　　　沉浸式微旅游业态创新领域外文文献作者共被引网络关键节点

作者	被引频次	中心度	首次出现年份
梅尔·斯莱特	24	0.14	2012
塞伊穆斯·巴洛格鲁	32	0.13	2008
阿诺德	48	0.11	2008
以斯拉·科恩	123	0.1	2006
于尔根·斯图尔	17	0.1	2019

根据表 2 - 6 可以看出，梅尔·斯莱特、塞伊穆斯·巴洛格鲁、阿诺德、以斯拉·科恩、于尔根·斯图尔与其他作者的关联程度较高，形成了以这些作者为中心的多个学术研究联盟。表明这些作者在沉浸式微旅游业态创新领域的研究具有一定权威性。

沉浸式微旅游业态创新研究领域的外文机构团队分析。

在外文文献方面，根据上文检索所得文献数据，通过软件分析可得相应结果，如图 2 - 6 所示。

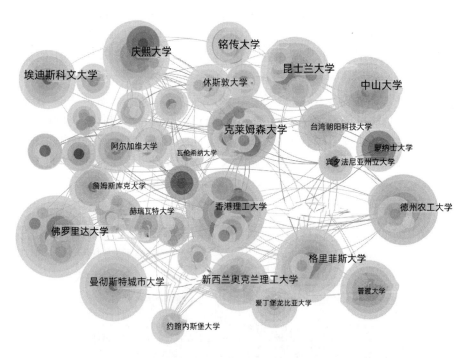

图 2 - 6　沉浸式微旅游业态创新领域外文文献研究机构合作可视图

在众多的研究机构中，发文量最高的是佛罗里达大学，虽然各国际机构之间合作良好，但仍需加强彼此间的研究合作。总体来看，机构之间有 662 条连线，有 688 个节点（即发文机构），贡献网络密度仅为 0.0028。这表明，尽管国际上各机构间的合作良好，但仍需要加强彼此间的研究合作，并建设更为规范化的研究机构群体。导出 CiteSpace 软件中的运行数据结果，得出沉浸式微旅游业态创新研究外文文献发文量在 10 篇以上的机构，如表 2 - 7 所示。

表 2 - 7　　　　　　　　　　　沉浸式微旅游业态创新研究外文文献高发文机构

发文量（篇）	机构名称	机构性质	地区
21	佛罗里达大学	高校	美国
17	香港理工大学	高校	中国
17	中山大学	高校	中国
11	约翰内斯堡大学	高校	南非
10	曼彻斯特城市大学	高校	英国

依据表 2 - 7 可知，佛罗里达大学、香港理工大学以及中山大学是沉浸式微旅游业态创新领域外文文献发文量排名前三位的机构。从研究机构的类别上看，沉浸式微旅游业态创新研究机构较为单一，主要的发文研究机构集中在高校。这表明目前在国际上，对沉浸式微旅游业态创新研究的主力仍然是世界范围内的各大高校。从沉浸式微旅游业态创新方面的地域上看，中国较其他国家影响力较大，前五位的机构有两个属于中国，说明中国高校在沉浸式微旅游业态创新研究领域有着一定的国际影响力，但不够稳定。

另一方面，对沉浸式微旅游业态创新研究领域的中文文献作者团队及机构团队进行分析。

关于沉浸式微旅游业态创新研究领域的中文文献作者分析，根据中国知网检索所得文献数据，通过 CiteSpace 软件分析可得作者合作网络可视图，如图 2 - 7 所示。

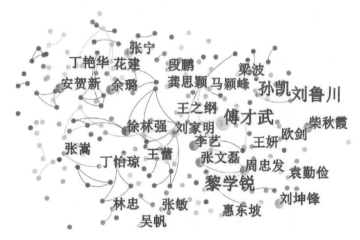

图 2 - 7　沉浸式微旅游业态创新领域中文文献作者合作网络可视图

根据图 2 - 7 可以看出，共有 404 个作者（即上图中节点）和 137 条连线，共现网络密度为 0.0017。这表明在国内，各个作者之间的联系较弱，并且这些作者也没有出现高发文量的情况。将 CiteSpace 软件运行的数据导出，得到沉浸式微旅游业态创新研究中文文献发文量排名前 5 位的作者，如表 2 - 8 所示。

表 2 - 8　　　　　　　　　　　沉浸式微旅游业态创新研究中文文献高发文作者

作者	发文量（篇）	单位
傅才武	3	武汉大学国家文化发展研究院
刘鲁川	3	山东财经大学
孙凯	3	山东财经大学
黎学锐	3	广西艺术学院
欧剑	2	哈尔滨工业大学

如表2-8所示，傅才武、刘鲁川、孙凯、黎学锐等为沉浸式微旅游业态创新研究领域的重要学者，可以参考并选取以上学者的文章。其中，武汉大学国家文化发展研究院的傅才武致力于文化产业、城市文化、文化规划、文化空间、文旅融合等方面的研究；山东财经大学的刘鲁川致力于情感体验、用户行为、用户满意度、沉浸体验等方面的研究；山东财经大学的孙凯致力于情感视角、情感体验、感知有用性等方面的研究；广西艺术学院的黎学锐致力于山水实景演出、传统文化资源、传承与发展等方面的研究；哈尔滨工业大学的欧剑致力于沉浸式、文化传承、虚拟现实、博物馆设计、虚拟博物馆等方面的研究。

关于沉浸式微旅游业态创新研究领域的中文文献机构团队分析。

中文文献方面，根据中国知网检索所得文献数据，通过 CiteSpace 软件分析可得机构合作可视图，如图2-8所示。

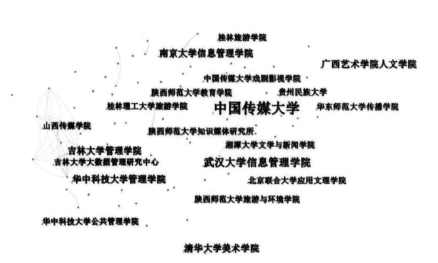

图2-8　沉浸式微旅游业态创新研究中文文献机构合作可视图

根据图2-8可知，中国传媒大学是相关发文量排名第一的机构，并且与其他机构有所合作。其次是武汉大学信息管理学院，其发文量也比较大。其中，有690个发文机构，263条相关连线，仅有0.0011的贡献网络密度，说明国内各个机构间的相关联系并不密集，较为疏散，需要建立适度规模化的研究机构群体。为得到排名前五位的机构，导出软件中的中文研究机构的发文量数据，如表2-9所示。

表2-9　　　　　　　沉浸式微旅游业态创新研究中文文献高发文机构（前五）

发文量（篇）	机构名称	机构性质	地区
11	中国传媒大学	高校	华北地区
5	武汉大学信息管理学院	高校	华中地区
4	广西艺术学院人文学院	高校	华南地区
4	华中科技大学管理学院	高校	华中地区
4	清华大学美术学院	高校	华北地区

依据表2-9可知，中国传媒大学和武汉大学信息管理学院是沉浸式微旅游业态创新领域中文文献发文量排名为前两名的机构。从研究机构的类别上看，沉浸式微旅游业态创新研究机构单一，均为高校，这表明国内对于沉浸式微旅游业态创新领域的研究主力为各大高校。从地域上看，国内沉浸式微旅游业态创新研究主要集中于华北、华中地区，华南地区对于沉浸式微旅游业态创新的研

究规模较小。

五是沉浸式微旅游业态创新研究领域的重要文献分析。

为了确定沉浸式微旅游业态研究领域中的重要成果，以便为后续研究提供参考资料，可以对该领域的重要文献进行分析。通过分析这些文献，不仅可以提供参考资料，还能了解哪些文献具有权威性、代表性和引领性，为后续的研究工作提供指导方向。

一方面，沉浸式微旅游业态研究的重要外文文献分析。

在外文文献方面，根据 Web of Science 数据库中检索所得文献数据，通过 CiteSpace 软件分析可得文献共被引图，如图 2-9 所示。

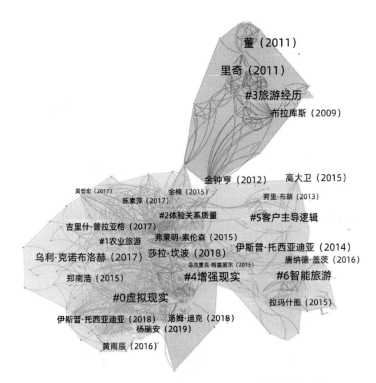

图 2-9　沉浸式微旅游业态领域外文文献共被引聚类分析图

根据图 2-9 可以看出，在沉浸式微旅游业态创新领域外文参考文献共被引知识图谱中，有630 个节点和 1856 条链条，密接度为 0.0094。在 Web of Science 核心合集期刊的文献共被引网络中，有多个突出的节点，这些高被引文献发挥着较好的媒介作用，是网络连接中一个时间到另一时间段过渡的关键点。因此，在研究沉浸式微旅游业态创新时，寻找关键节点具有重要的意义。

按照中心度大于 0.1 则为关键节点的标准，提取沉浸式微旅游业态创新研究外文文献共被引网络的关键节点，得到沉浸式微旅游业态创新领域研究外文核心文献，如表 2-10 所示。

表 2-10　　　　　　　　　　　　　沉浸式微旅游业态创新领域外文核心文献

中心度	作者	题目
0.12	法赞·阿里	体验对记忆、满意度和行为意向的影响：创意旅游研究
0.11	金刑钟	制定衡量难忘旅游体验的量表
0.11	金刑钟	难忘旅游体验量表（MTE）的跨文化验证

相关文章中，中心度最高的是法赞·阿里发表于 2016 年的"体验对记忆、满意度和行为意向的影响：创意旅游研究"，该文是通过检验创意旅游的体验对游客记忆、满意度和行为意图的影响

来弥合这一研究空白，结果表明，创意旅游体验具有五个维度的二阶因素，即逃避和识别、内心的平静、独特的参与、互动和学习。排名第二的是金刑钟于 2012 年发表的"制定衡量难忘旅游体验的量表"，该文的目标是开发一个有效且可靠的测量量表，以帮助理解概念并改善对难忘体验的有效管理。按照丘吉尔（1979）的推荐过程，开发了一个包含 24 项难忘旅游体验的量表，其认为该量表适用于大多数目的地地区。该量表包括七个领域：享乐主义、精神焕发、当地文化、意义、知识、参与和新颖性。排名第三的为金刑钟于 2014 年发表的"难忘旅游体验量表（MTE）的跨文化验证"，该文评估个人难忘的旅游体验（MTE）。

另一方面，沉浸式微旅游业态创新领域重要中文文献分析。

由于 CiteSpace 软件进行文献共被引分析时不能有数据信息残缺，而中国知网的文献数据信息不全，因此，针对中文文献，从文献的被引频次入手统计，结果如表 2 - 11 所示。

表 2 - 11　　　　　　　　　沉浸式微旅游业态创新领域研究核心中文文献

排名	被引频次	作者	题目
1	152	罗盛锋、黄燕玲、程道品、丁培毅	情感因素对游客体验与满意度的影响研究——以桂林山水实景演出"印象·刘三姐"为例
2	149	傅才武	论文化和旅游融合的内在逻辑
3	133	郑斌、刘家明、杨兆萍	基于"一站式体验"的文化旅游创意产业园区研究
4	118	薛杨、许正良	微信营销环境下用户信息行为影响因素分析与模型构建——基于沉浸理论的视角
5	114	韦复生	旅游社区居民与利益相关者博弈关系分析——以大型桂林山水实景演出"印象·刘三姐"为例
6	107	柴秋霞	数字媒体交互艺术的沉浸式体验
7	93	徐林强、黄超超、沈振烨、朱睿	我国体验式旅游开发初探
8	91	高义栋、闫秀敏、李欣	沉浸式虚拟现实场馆的设计与实现——以高校思想政治理论课实践教学中红色 VR 展馆开发为例
9	84	王红、刘素仁	沉浸与叙事：新媒体影像技术下的博物馆文化沉浸式体验设计研究
10	83	焦世泰	基于因子分析的民族文化旅游演艺产品游客感知评价体系研究——以"印象·刘三姐"实景演出为例

被引频次第一的是罗盛锋、黄燕玲、程道品、丁培毅于 2011 年 1 月发表的《情感因素对游客体验与满意度的影响研究——以桂林山水实景演出"印象·刘三姐"为例》，被引频次为 152 次；该研究使用 LISREL 及 SPSS 统计软件进行检验，结果显示游客的"满意度"是认知与情感两个方面综合影响的结果；被引频次第二的是傅才武于 2020 年 3 月发表的《论文化和旅游融合的内在逻辑》，被引频次为 149 次，文章从两个角度对文旅融合进行研究，第一个角度是形式视角，它表明文旅融合体现为"以文促旅，以旅彰文"的"体""用"相互依存和相互促进的关系；在这种关系下，文化为旅游提供内容，旅游为文化提供渠道，实现了"体"与"用"的协调统一。第二个角度是本质视角，它表明文旅融合的内在逻辑是旅游者个体参与创造文化旅游体裁的过程；这个过程是文化旅游主体与作为象征意义（符号）系统的文化旅游装置（客体）通过个体文旅消费行为进行创造、转换和链接的过程；它是客体与主体之间"唤醒"与"沉浸"的统一、"索引"与"凝视"的统一，体现为"吸收符号及被符号吸收"的互动过程。被引频次第三的是郑斌、刘家明、杨兆萍于 2008 年 9 月发表的是《基于"一站式体验"的文化旅游创意产业园区研究》，被引频次为 133 次，在旅游产业集群化发展趋势和旅游产品呈现出文化创意产业特点的背景下，文章探

讨了文化创意产业与旅游业融合所形成的文化旅游创意产业，并在特定空间内的集聚形成文化旅游创意产业园区；文章试图对这一早于理论的新兴旅游产品——"文化旅游创意产业园区"进行定义；从"一站式体验"的角度出发，总结了文化旅游创意产业园区开发的主流模式，并提出了建设旅游目的地的策略，以促进文化旅游创意产业园区的发展。

六是沉浸式微旅游业态创新领域研究热点及前沿分析。

为了发现沉浸式微旅游业态创新研究领域中的研究空白，并更为便捷地选择研究方向，可以通过对文献关键词的分析来探索该领域的热点和前沿。共词分析和突变分析是常用的方法，这能够直接反映出该领域的热点和前沿，快速了解该领域的研究方向和研究空白。

一方面，对沉浸式微旅游业态创新领域的研究热点进行分析。

在外文文献方面，据上文检索所得文献数据，通过软件分析可得结果，如图 2 - 10 所示。

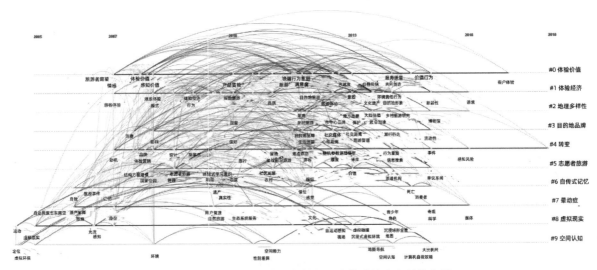

图 2 - 10　沉浸式微旅游业态创新研究领域外文文献热点图

由图 2 - 10 可知，沉浸式微旅游业态创新领域高频关键词聚类分 10 个类别，即体验价值（experiential value）、体验经济（experience economy）、地理多样性（geodiversity）、目的地品牌（destination branding）、转变（transformation）、志愿者旅游（volunteer tourism）、自传式记忆（autobiographical memory）、晕动症（cybersickness）、虚拟现实（virtual reality）、空间认知（spatial cognition），这 10 个类别代表了沉浸式微旅游业态创新领域的具体研究热点。通过对这些关键词进行提取，并按照时间顺序进行梳理，得到聚类图如表 2 - 12 所示，可以清楚地分析沉浸式微旅游业态创新外文文献的热点脉络。

表 2 - 12　　　　　　　　沉浸式微旅游业态创新领域外文文献热点关键词脉络

年份	关键词
2005	虚拟现实、虚拟环境、整合、移动、定位、导航
2006	旅游、自我、实物真实性、穷游、东南亚的自动民族志
2007	情感、感知、动机、线索、人为因素、身份、记忆、光流、旅游体验、辨别
2008	影响、体验营销、环境、模型、消费、顾客满意度、体验价值、结构方程建模、音乐、感知价值、品牌、服务质量、消费者感知、错误评分系统
2009	行为、管理、可持续旅游、生物多样性、保护区、旅游、性别、设计、生态旅游
2010	体验、空间、信息、偏好、真实性、传承、质量、旅行体验、体验经济、参与、自传体记忆

续表

年份	关键词
2011	旅游体验、体验消费、态度、消费体验、生态系统服务、性别差异、志愿旅游、性别差异、空间能力
2012	网络、组织、游客、进化、行为意图、城市、满意度、生活质量、视野、目的地品牌、地点依恋
2013	技术、经济、心理距离、目的地形象、目的地管理、意识、沉浸式虚拟环境、社交媒体、文化遗产旅游、目的地营销
2014	目的地、口碑、意向、保护、文化旅游
2015	共同创造、消费、体验式旅游、城市旅游、本地冲浪者、计划行为
2016	语境、博物馆、信息搜索、媒体
2017	框架、增强现实、客户体验
2018	感知风险

通过表 2-12 可知各个时期的沉浸式微旅游业态创新外文文献研究的方向。2005 年，虚拟环境正式成为研究热点，此时研究学者主要关注虚拟现实技术创新，以及与虚拟科技旅游相关的话题。随着研究学者的增多，各自的研究视角也开始有所不同，学者们开始关注沉浸式微旅游业态创新所带来的其他影响，而不仅仅是科技创新方面。2007 年，游客期望与旅游体验等成为研究热点，这在一定程度上反映了国际上对游客在实际旅游过程中真实感知的研究逐渐成熟。之后的研究热点逐渐转向沉浸式微旅游的发展环境和城市建设方面。例如游客行为、游客体验、文化遗产旅游、沉浸式虚拟环境等方面，根据 2018 年的研究热点，发现旅游业态创新的研究目前受到不同领域学者的广泛关注。这些研究方向涉及感知风险领域。从聚类图中可以看出，沉浸式微旅游业态创新的学术研究正朝着实践、跨学科研究以及理论等多个角度发展。然而，从三十年的发展历程来看，对沉浸式微旅游业态创新的研究相对较少，还有待进一步开拓。

国内针对沉浸式微旅游业态创新领域的研究热点分析。

在中文文献方面，根据中国知网检索所得文献数据，通过 CiteSpace 软件分析可得关键词共现图，如图 2-11 所示。

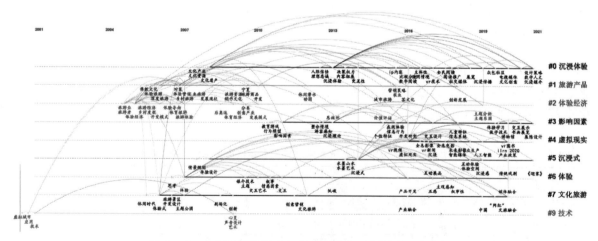

图 2-11　沉浸式微旅游业态创新领域中文文献研究热点图

由图 2-11 可知，沉浸式微旅游业态研究领域中文文献关键词分别为沉浸体验、旅游产品、体验经济、影响因素、虚拟现实、沉浸式、体验、文化旅游、技术等十个聚类。其中，在过去的十几年中，体验经济和旅游产品以及技术相关的研究相对较少，热点较为不足，而其他各类研究则保持了稳定的研究热度。通过对关键词进行提取并按照时间顺序进行梳理，得出了最近十年沉浸式微旅游业态创新领域中文文献的研究热点，如表 2 - 13 所示。

表 2 - 13 沉浸式微旅游业态创新领域中文文献热点关键词（近十年）脉络

年份	研究热点
2012	文化旅游、印象西湖、创意、传播效果、品质扩张、多元共生、多模态
2013	沉浸体验、沉浸理论、游客感知、情节互动、戏剧表演、幸福感、佛教音乐、整合情境、生态美学
2014	沉浸式、交互性、水墨艺术、产业特征、决策权力、原住民、夜间旅游、山水意境、历史街区、内容拓展
2015	城市旅游、度假、个性特征、商业模式、文化符号、区域文化、创新运用、价值评估
2016	虚拟现实、茶文化、产品开发、数字阅读、产业融合、在线体验、创作形态、品牌特色、AR 技术
2017	交互设计、全息影像、沉浸、具身认知、互动展品、产业视角、主体性、使用情境、三维场景、仿真
2018	社交媒体、未来影像、全域旅游、叙事性、智能媒体、元分析、主观感知、创新思维、信息系统
2019	沉浸传播、沉浸感、专业生产、人工智能、主题分析、主题乐园、互动体验、传媒艺术
2020	文旅融合、数字技术、媒体融合、旅游演艺、文化创意、互动影像、人体感知、产业政策、传统戏剧
2021	交互式、展陈设计、观演关系、数字人文、沉浸媒介、VR 影像、临场维度、交互技术

由表 2 - 13 可知各个时期的沉浸式微旅游业态创新研究方向，2016 年学者们开始对虚拟城市与技术应用、体验经济、深度旅游创新等方面进行研究，关注旅游体验相关的话题。随着研究学者数量的增多，各自的研究视角也开始有所不同，学者们开始关注文化遗产、文化产业与情景规划等方面所带来的其他影响。2012 年以来，行为模型、媒介技术等研究热点，在一定程度上反映了科学技术对景区主题的场景打造的应用。之后的研究热点逐渐转向城市建设与城市改造的方面，例如整合情境、创意营销、发展模式、旅游资源等方面。根据 2021 年的研究热点，发现旅游业态创新的研究目前受到不同领域学者的广泛关注，这些研究方向涉及数字人文、沉浸媒介、媒体融合、互动体验和体验空间等多个领域。

另一方面，沉浸式微旅游业态创新领域的研究前沿分析。

为确定当前研究领域的前沿，可以运用 CiteSpace 软件和膨胀词探测算法，先分析前沿趋势和突变特征，再提取这些主题词中高词频变化率的词，此做法依据是研究前沿既能够将科研的最新成果和未来发展方式展示出来，又能反映带有创新性、有发展潜力的主题等。

外文的研究前沿分析可以通过 CiteSpace 软件分析外文文献数据，提取出相应的关键词，如表 2 - 14 所示。

表 2 - 14 沉浸式微旅游业态创新领域外文文献前沿术语

关键词	强度	开始年份	结束年份	2014 ~ 2021 年
消费者	3	2015	2017	▬▬▬▬━━━━━
服务	6.35	2016	2019	━▬▬▬▬━━━━
忠诚	6.16	2016	2021	━▬▬▬▬▬▬▬▬
行为	6.01	2016	2021	━▬▬▬▬▬▬▬▬
场所依恋	3.25	2016	2018	━▬▬▬━━━━━
感知	6.87	2017	2021	━━▬▬▬▬▬▬▬
行为意愿	5.96	2017	2021	━━▬▬▬▬▬▬▬
增强现实	4.49	2017	2019	━━▬▬▬━━━━
共同创造	4.25	2017	2019	━━▬▬▬━━━━

续表

关键词	强度	开始年份	结束年份	2014～2021 年
目的	2.93	2017	2019	＝＝＝＝＝＝＝＝
经验	9.42	2018	2021	＝＝＝＝＝＝＝＝
虚拟现实	9.32	2018	2021	＝＝＝＝＝＝＝＝
技术设备	7.84	2018	2021	＝＝＝＝＝＝＝＝
目的地	7.79	2018	2021	＝＝＝＝＝＝＝＝
旅游业	4.86	2018	2021	＝＝＝＝＝＝＝＝

注："■■■■"为关键词频次突然增加的年份，"▬▬▬▬"为关键词频次无显著变化的年份。

如表 2－14 所示，2015～2017 年沉浸式微旅游业态创新领域外文文献突现关键词为消费者（consumer），说明在沉浸式微旅游发展中，游客为研究热点，学者们重点研究沉浸式微旅游业态创新的旅游建设以及旅游场景创新打造问题。2016～2019 年旅游发展开始重视旅游服务（service）、场所依赖（place attachment）、增强现实（augmented reality）、共同创造（co-creation）、目的（intention），说明在这一阶段学者开始关注游客的旅游服务与游客动机的研究以及景区的场景布置的应用问题，在这一过程中，学者对于沉浸式微旅游的研究不断深入，开始注重旅游过程中游客与景区当地居民、工作人员多方共同打造的研究；2017 年突现关键词分别为感知（perception）、行为意向（behavioral intention），而到 2018 年，体验（experience）、虚拟现实（virtual reality）、技术设备（technology）、目的地（destination）、旅游业（tourism）等关键词成为研究重点。对游客感知与爱好变化的研究，结合新时代下的科技发展以及旅游的虚拟现实环境的研究，符合新时代下的沉浸式微旅游的发展重点，近年的沉浸式微旅游业态创新领域外文文献对中国学者研究具有一定的参考价值。

中文的研究前沿分析可以通过 CiteSpace 软件分析中文文献数据，提取出相应的关键词，如表 2－15 所示。

表 2－15　　　　　　　沉浸式微旅游业态创新领域中文文献前沿术语

关键词	强度	开始年份	结束年份	2005～2021 年
体验经济	3.11	2005	2008	■■■■＝＝＝＝＝＝＝＝＝＝＝＝＝
体验营销	3.34	2007	2010	＝＝■■■■＝＝＝＝＝＝＝＝＝＝＝
沉浸理论	3.22	2016	2018	＝＝＝＝＝＝＝＝＝＝＝■■■＝＝＝
虚拟现实	3.87	2017	2021	＝＝＝＝＝＝＝＝＝＝＝＝■■■■■
沉浸体验	4.84	2018	2021	＝＝＝＝＝＝＝＝＝＝＝＝＝■■■■

注："■■■■"为关键词频次突然增加的年份，"▬▬▬▬"为关键词频次无显著变化的年份。

如表 2－15 所示，2005 年之前，国内尚未出现沉浸式微旅游业态创新领域的文献突现关键词，表明在 2005 年之前，中国在沉浸式微旅游业态创新方面的研究还处于起步阶段，还未形成较为鲜明的学术前沿。2005～2010 年，沉浸式微旅游业态创新领域的中文文献突现关键词为体验经济、体验营销。这表明在国内沉浸式微旅游业态创新产生学术前沿领域的初期，学者们将体验经济与体验营销问题作为旅游创新发展的重点。2016～2018 年突现关键词为沉浸理论，说明这一阶段学者开始关注沉浸式微旅游的沉浸理论的应用。2017 年至今，突现关键词为虚拟现实和沉浸体验，说明中国沉浸式微旅游业态创新中，旅游的科技应用为旅游产业提供了发展方向。

第二，沉浸式微旅游业态创新领域的文献计量结果。

一是通过对国内外沉浸式微旅游业态创新研究文献发表量的分析，可以发现外文文献数量高于中文文献数量。这说明，在沉浸式微旅游业态创新领域的研究中，中文文献对该领域的研究热度低于外文文献的研究热度。这也表明，在沉浸式微旅游建设的研究中，需要打造中国特色，使其在中国的发展中具有核心作用。美国与中国在沉浸式微旅游业态创新研究发文量排名分别位居第一和第二，显示它们在该领域拥有着核心地位。此外，大多数国家在该领域的学术合作比较紧密，中国与美国的沉浸式微旅游业态创新文献在国际上具有一定的影响力。但是，中国在该领域的中心度数值相对较低，意味着其在该领域的影响力还有待提高。

二是通过对沉浸式微旅游业态创新领域的载文期刊进行分析，发现与该领域相关的外文文献主要发表在旅游管理、环境资源、环境科学、旅游资源及公共管理等领域的期刊中。这表明沉浸式微旅游业态创新涉及的学科领域广泛，需要跨学科的研究方向和合作，以便更好地推动该领域的发展。而国内沉浸式微旅游业态创新领域的文献则主要集中在文化旅游经济、公共管理、旅游管理、科技应用等学科领域的期刊中。这样的文献涉及旅游经济、科技旅游、区域创新发展、文化传承、区域经济、环境等领域。

三是经过对沉浸式微旅游业态创新领域的研究团队进行分析，发现外文作者在该领域的共被引网络构建情况良好，斯莱特·梅尔、巴洛格鲁·塞伊穆斯、阿诺德、以斯拉·科恩、于尔根·斯图尔与其他作者之间的关联程度较高，形成了以这些作者为中心的多个学术研究联盟。外文机构发表的文献分析结果显示，沉浸式微旅游业态创新研究机构较少，大部分发文的研究机构都集中在高校。这表明目前在国际上，对于沉浸式微旅游业态创新的研究主要由各大高校来推动。中国在沉浸式微旅游业态创新方面的研究规模较大，这表明中国高校在该领域的研究具有一定的国际影响力。另外，通过对沉浸式微旅游业态创新领域中文文献作者的共现分析，可以发现傅才武、刘鲁川、孙凯、黎学锐等是该领域的重要学者，具有较强的影响力。这些学者在沉浸式微旅游业态创新领域的研究取得了重要进展，对该领域的发展作出了积极的贡献。他们主要关注文化产业、城市文化、文化规划、传承与发展、虚拟现实、博物馆设计等方面的研究。通过对中文发文机构的分析，发现不同机构之间缺乏合作，需要加强协作、交流和合作，以便更好地推动该领域的发展。

四是对沉浸式微旅游业态创新领域重要文献的分析可发现，一方面是外文重要文献多分布在增强现实、智慧旅游、旅游体验等城市发展等方面，另一方面是中文重要文献多分布于游客体验与满意度、沉浸式旅游体验方面。

五是通过对沉浸式微旅游业态创新领域的研究热点及前沿分析可发现，一方面，外文研究的热点主要集中在体验价值、体验经济、地理多样性、目的地品牌、转变、志愿者旅游、自传式记忆、晕动症、虚拟现实、空间认知等方面；另一方面，中文研究的热点主要集中在沉浸体验、旅游产品、体验经济、影响因素、虚拟现实、沉浸式、体验、文化旅游、技术等方面。从学术前沿的发展趋势来看，国内外对沉浸式微旅游业态创新领域的研究正在趋于细化，并且开始注重虚拟现实技术的应用研究。这表明在沉浸式微旅游业态创新领域，对于更全面的研究和探索已经成为国内外学者关注的重点，这对于中国的发展具有重要意义。

2.1.2　关于城市更新空间范型的文献计量分析

在"十四五"规划开局之年，城市更新已经成为国家战略，其重点关注地方和区域实践。根据国家"十四五"规划纲要，城市更新行为将成为重要举措之一，明确提出"要实施城市更新行动，其总体目标是建设宜居城市、绿色城市、韧性城市、智慧城市和人文城市，并推动解决城市发展中的突出问题和短板，提升人民群众获得感、幸福感、安全感"。其关键在于如何"整拆整修"旧街区，进而通过改造建筑和功能调整来满足不同群体的生活需求，加快推进城市基础设施建设数字化和智能化，创新城市规划方式。随着城市化进程的加速，当前中国城市规划建设工作已从大规模增量建设转变为存量提质改造和增量结构调整并重。在这样的背景下，城市更新行动成为对城市存量空间进行调整、再建、活化和振兴的重要手段，旨在释放城市存量空间的活力。城市空间再生产不仅是空间结构和形态的改变，同时也意味着城市空间在经济、社会、人文等多个层面上的内容再造。城市更新行动的重要组成部分是优质的空间再生产，本书主要通过文献研究，对城市更新空间范型进行了探讨，以此来推进城市更新空间范型的研究和开发。

第一，城市更新空间范型研究的文献计量分析。

一是研究数据和发文量的初步分析。

一方面，外文数据来源于 WOS（Web of Science）数据库。由于通过所有数据库进行文献搜集可能存在字段缺失的问题，因此，本书选择了 WOS 核心数据库（Web of Science Core Collection）进行文献搜集。检索式为：TS =（Urban renewal and transformation）OR TS =（Urban renewal AND space paradigm）OR TS =（spatial transformation of urban renewal）；文献语种为英语，文献类型为文章；时间跨度为 1991 年 1 月～2021 年 12 月。检索时间为 2022 年 8 月 15 日，对检索出的文献进行筛选，删除与之不相关的文献，最终得到 875 条检索信息。在将文献数据导入 CiteSpace 进行初步检验时，发现有 195 条数据存在字段缺失和重复的情况，因此，有效 Web of Science 数据为 680 条。

另一方面，中文数据来源于中国知网（CNKI）数据库，检索式为：主题 = "城市更新 AND 空间范型" OR 主题 = "城市更新改造"。时间范围为 1991 年 1 月～2021 年 12 月，检索时间为 2022 年 7 月 31 日。对检索出的文献进行筛选，删除了与之不相关的文献，最终得到了有效文献数量为 907 篇。将文献数据导入 CiteSpace 进行初步检验时，软件运行结果良好，没有数据丢失。基于这些数据，将进行城市更新空间范型领域的文献计量分析。

按发文的年份及发文的数量的方式，将上述的城市更新空间范型建设的文献数据再次进行导出，并提取出相应的信息导入 Excel 中分析，如图 2 - 12 所示，图中显示了城市更新空间范型建设在 1995 年 1 月至 2021 年 12 月的中外文文献发文量的对比情况。

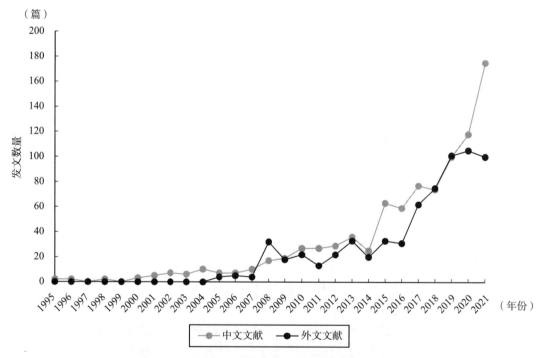

图 2 - 12 城市更新空间范型领域研究中外文文献分布

通过图 2 - 12 可知，关于城市更新空间范型领域的中外文文献发文量，从 1995～2021 年，仅有几年具有差别。1995～2004 年，有关城市更新空间范型建设的研究，中文早于外文，说明这一时期，国际上对于城市更新这一话题的研究较少。2005～2014 年，关于城市更新空间范型领域的中外文文献各年度的研究发文量相差不大，说明在这一时期，针对城市更新空间范型领域的研究仍处于起步阶段，并且发展较为缓慢。2015～2017 年，中外文城市更新空间范型领域的发文量增长趋势开始出现明显差异。在这段时间内，中文和外文文献发文量均呈现增长趋势，其中，每年该领域的中文文献发文量均略高于外文文献发文量。这表明在该时间段内，中国在城市更新空间范型领域的研究开始进入正轨，并且该话题在国内的学术研究中迅速发展起来。2018 ~ 2021 年，关于城市更新空间范型研究领域的中外文发文量的增长趋势大致相同，到 2021 年，中文文献数量又突发增长，同时，中外文文献发文量均呈现了迅速增长趋势，且可以看出在未来仍具有增长的趋势。

二是城市更新空间范型研究的国家分析。

针对城市更新空间范型建设的研究国家分析，对于外文文献方面，本书使用 Web of Science 数据库进行文献检索，并通过 CiteSpace 软件对文献数据进行分析、统计和排序。排名前十五名的国家在图 2 – 13 中进行展示。

发文量排名前十名中，中国是排名第一的国家且是唯一的发展中国家，其他为发达国家。在城市更新空间范型建设研究领域，发文量排名前三名的数量分别为 184 篇、106 篇、55 篇，其中，中国发表的文章最多，紧随其后的是美国和西班牙，说明它们在该领域具有较高的权威性。

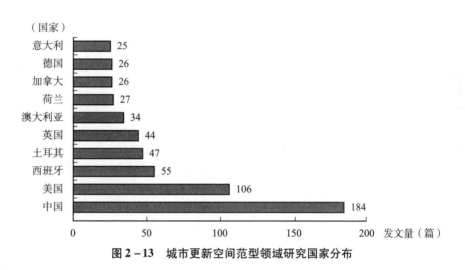

图 2 – 13 城市更新空间范型领域研究国家分布

城市更新空间范型领域研究外文文献方面，上文检索所得文献数据，通过软件分析可得结果，如图 2 – 14 所示。

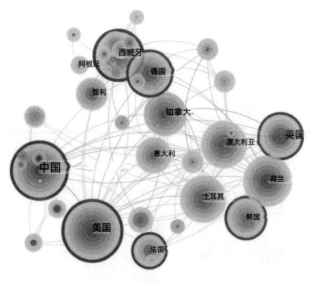

图 2 – 14 城市更新空间范型建设领域的国家共现图

根据图 2 - 14 的结果显示，在城市更新空间范型建设领域的研究国家中，中国发挥着关键的作用，并与大部分国家保持着紧密的合作，这表明中国在城市更新空间范型领域的研究地位较高。根据国家发文量的排名，仅次于中国的国家是美国与西班牙，它们与土耳其、澳大利亚、法国等国家也存在合作关系。

通过软件运行生成的数据结果中，每个节点的关键性大小均由其中心度大小所决定。因此，为了确定每个国家在相关领域中的关键性，需要对每个国家的发表文章数量的中心度进行排名分析。此外，这种分析方法还可以帮助了解该国在相关领域中的研究地位，以及与其他国家之间的紧密程度。关键节点一般被认为是中心度不小于 0.1 的节点，表 2 - 16 展示了中心度大于 0.1 的国家。

表 2 - 16　　　　　　　　　　城市更新空间范型领域国家发文中心度排名

发文量（篇）	国家	首次发文年份	中心度
55	西班牙	2008	0.3
106	美国	2006	0.29
184	中国	2006	0.26
13	韩国	2008	0.17
26	德国	2008	0.15
44	英国	2005	0.12
22	法国	2006	0.12

由表 2 - 16 可知，西班牙、美国、中国、韩国、德国、英国以及法国的中心度大于 0.1，这表明这 7 个国家在城市更新空间范型建设领域的国家合作网络中位于关键节点位置。值得注意的是，英国、意大利、荷兰、以色列是城市更新空间范型建设领域中最早开始发表相关文献的国家，最早的发文年份为 2005 年。这表明这些国家对于城市更新空间范型建设领域的研究理念形成得比较早。中心度排名前三名分别为西班牙、美国、中国，其中，中国的中心度排名第三且发文量排名第一，说明中国在城市更新空间范型建设领域的研究方面在整个国际上具有一定影响力，同时影响力在不断地提高，在该方面的研究较有权威性。

三是城市更新空间范型研究的期刊分析。

一方面，使用 Web of Science 数据库进行城市更新空间范型领域的外文文献检索，并通过 CiteSpace 软件分析的期刊共被引次数，结果展示在图 2 - 15 中。

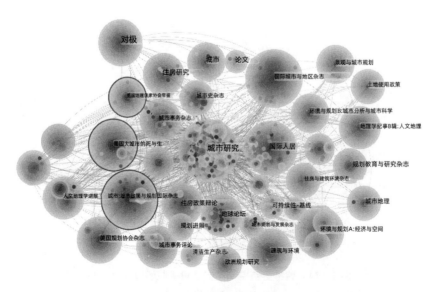

图 2 - 15　城市更新空间范型领域外文文献期刊共被引可视图

由图 2 - 15 可知，在城市更新空间范型建设领域的外文文献期刊中，期刊被引频次排名靠前的期刊包括《城市研究》（Urban Studies）、《城市》（Cities）、《国际城市与地区杂志》（International Journal of Urban and Regional）等，在这些期刊中，被引频次最高的是《城市研究》（Urban Studies），该期刊是国际领先的城市学术期刊，自 1964 年创刊以来，其载文一直在伦敦金融知识和政策辩论的最前沿，同时也发挥了对各个社会科学学科的开创性贡献。根据 2021 年的最新统计数据，《城市研究》（Urban Studies）杂志在该领域发表了 293 篇论文，并获得了 4.616 的影响因子，排名第 11 位。另外，可以发现在外文城市更新空间范型研究中，被引频次较高的期刊还包括《国际人居》（Habitat International）、《环境与规划 A》（Environment and Planning A）、《论文》（Thesis）、《土地使用政策》（Land Use Policy）以及《对极》（Antipode）等。这些期刊的研究方向涵盖城市规划、环境科学、城市经济、土地管理、城市景观规划等领域。

为提取城市更新空间范型领域外文文献期刊中的共被引关键节点，需按照关键节点中心度不小于 0.1 为标准，提取后列表，如表 2 - 17 所示。

表 2 - 17　　　　　　　　　城市更新空间范型领域外文文献的期刊共被引网络关键节点

期刊名称	被引频次	首次出现年份	中心度
《城市》	214	2005	0.17
《美国大城市的死亡与生命》	45	2005	0.11
《美国地理学家协会年鉴》	44	2005	0.11

通过表 2 - 17 可知，《城市》（Cities）、《美国大城市的死亡与生命》（The Death and Life of Great American Cities）、《美国地理学家协会年鉴》（Annals of the American Association of Geographers）的中心度均大于 0.1，具有关键性作用，同时被引频次均不低。其中，根据分析，发现 Cities《城市》的中心度和被引频次较高，这表明该期刊所刊载的城市更新空间范型研究论文质量较高，并对该领域的学术研究起到了重要的支撑作用。因此，从中心性的角度出发，《城市》（Cities）、《美国大城市的死亡与生命》（The Death and Life of Great American Cities）、《美国地理学家协会年鉴》（Annals of the American Association of Geographers）这三本期刊在城市更新空间范型研究领域中居于核心地位。

在城市更新空间范型建设领域外文文献方面，根据上文检索所得文献数据，通过软件分析并导出排序可得文献期刊前十名分布，如表 2 - 18 所示。

表 2 - 18　　　　　　　1991 ~ 2021 年城市更新空间范型领域外文文献期刊分布（前十）

期刊名称	载文量（篇）	占比（%）	期刊名称	载文量（篇）	占比（%）
《可持续性 - 基线》	39	5.74	《城市研究》	17	2.50
《城市史杂志》	23	3.38	《城市地理学》	12	1.76
《城市》	23	3.38	《国际城市与地区杂志》	12	1.76
《土地使用政策》	22	3.24	《拉丁美洲区域城市研究杂志》	12	1.76
《国际人居》	18	2.65	《国际住房》	10	1.47

依据表 2 - 18 可知，城市更新空间范型领域发文量排名前十位的外文期刊一共发文 188 篇，约占 27.64%，说明了论文在期刊上的集中度较为适当，形成了相应的期刊群和有代表性的期刊。此外，结合图 2 - 15 可得出，在城市更新空间范型建设领域发文量排名前十位的外文期刊中仅有《城市研究》（Urban Studies）、《城市》（Cities）、《国际人居》（Habitat International）、《土地使用政

策》(*Land Use Policy*) 的被引频次明显高于其他期刊,因此从期刊载文量入手,可认为《城市》(*Cities*)、《国际人居》(*Habitat International*)、《城市研究》(*Urban Studies*) 三本期刊在城市更新空间范型建设领域具有一定的权威性。

另一方面,对城市更新空间范型领域研究的中文文献期刊进行分析。

使用 CiteSpace 软件进行论文文献共被引分析时需要用到"参考文献"字段。因此,如果想要针对中文期刊进行分析,则无法直接使用该软件。相反,可以从该领域的期刊载文量和学科研究层次入手,进行深入分析和研究。

将从中国知网中检索得到的数据资料导入 Excel,并根据期刊的载文量数据进行计数排名,得出 1991~2021 年城市更新空间范型领域文献期刊的前十名,具体排名结果如表 2-19 所示。

表 2-19　　　　　　　　1991~2021 年城市更新空间范型领域中文文献期刊分布 (前十)

期刊名称	载文量 (篇)	占比 (%)	期刊名称	载文量 (篇)	占比 (%)
规划师	155	17.09	建筑学报	41	4.52
城市规划学刊	146	16.10	工业建筑	27	2.98
城市发展研究	95	10.47	城市问题	27	2.98
国际城市规划	53	5.84	中国园林	22	2.43
现代城市研究	46	5.07	装饰	14	1.54

由表 2-19 可知,城市更新空间范型领域发文量排名前十位的中文期刊共发文数量为 626 篇,占比约为 69.02%。这说明国内城市更新空间范型领域的论文在期刊上显现出较高的集中度,形成了一些稳定的期刊群和较有代表性的期刊,涵盖了该领域的研究方向。其中,《规划师》期刊在该领域共刊登了 155 篇文章,数量最多。该期刊所刊登的现有城市更新领域的文章主要涉及城市更新规划、国土空间规划、城市治理、城市转型等方面,覆盖了城乡规划与市政、城市经济、工业经济、区域经济等学科。此外,《规划师》期刊也是研究沉浸式微旅游建设领域较为核心的期刊。排名第二的期刊是《城市规划学刊》,共发表了 146 篇文章。该期刊所刊登的城市更新领域的文章主要集中在空间治理、城市设计、城乡规划管理、文化遗产保护等方面,学科涉及城市经济、城乡规划与市政、社会、公共管理、工业经济等领域。排名第三的期刊是《城市发展研究》,共发表了 95 篇文章。该期刊所刊载的城市更新领域的文章主要集中在旧城更新、历史街区、实施路径、工业遗产、旧区改造、更新规划等方面,涉及城市经济、地理、文化、数量经济、公共管理、理论经济学等学科领域。从以上分析可以看出,排名前三的期刊在城市更新空间范型建设的研究领域具有一定的权威性,能够较好地把握城市更新空间范型的研究方向和研究状态。

将上文排名前十位的期刊名进行二次分类,分类依据是中国知网期刊上的研究层次,如此也方便对该领域上的权威期刊进行分层,并为后面选取参考文献提供指导意见,结果如表 2-20 所示。

表 2-20　　　　　　　　城市更新空间范型领域研究核心期刊研究层次

研究层次	期刊名称
基础研究 (社科)	《城市发展研究》《现代城市研究》《城市问题》《装饰》
行业指导 (社科)	《规划师》《国际城市规划》《建筑学报》《工业建筑》《中国园林》
政策研究 (自科)	《城市规划学刊》

根据表 2-20 的数据可知,国内城市更新空间范型领域的研究主要集中在社会科学领域的基础研究层次、社会科学领域的行业指导层次以及自然科学领域的政策研究层次。其中,《城市发展研

究》《现代城市研究》《城市问题》《装饰》的研究集中在基础研究（社科）层次，因此，在进行有关城市更新空间范型领域的社会科学基础研究时，可以重点关注这几本期刊。而《规划师》《国际城市规划》《建筑学报》《工业建筑》《中国园林》的研究则更多集中在行业指导（社科）层次，因此，在进行有关城市更新空间范型领域的社会科学行业指导研究时，可以以这几本期刊为重点。《城市规划学刊》的研究集中在政策研究（自科）层次，因此，在进行有关城市更新空间范型领域的自然科学政策研究时，可以以这一期刊为重点。

从上文对比可知，在进行城市更新空间范型领域研究时，《城市》（Cities）、《国际人居》（Habitat International）、《城市研究》（Urban Studies）等期刊上的外文文献可用来重点参考，有关中文的文献期刊则可以以《规划师》《城市规划学刊》《城市发展研究》《国际城市规划》《现代城市研究》等期刊中的文献做参考。

四是城市更新空间范型领域的研究团队分析。

先对城市更新空间范型领域的外文文献作者进行分析，将上文检索所得文献数据，通过软件分析可得结果，如图 2 - 16 所示。

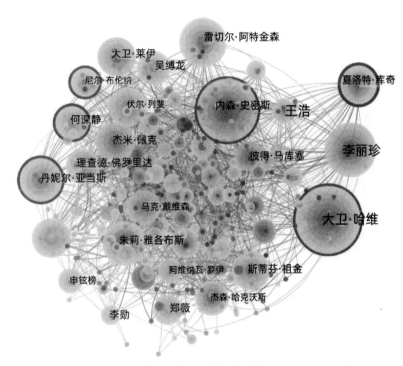

图 2 - 16　城市更新空间范型领域外文文献作者共被引可视图

由图 2 - 16 可知，在国际上大卫·哈维、内森·史密斯、李丽珍、斯蒂芬·祖金、伏尔·列斐等作者在该领域中被引频次较高，具有一定的权威性。将中心度大于 0.1 的关键节点提出数据，结果如表 2 - 21 所示。

表 2 - 21　　　　　　　　城市更新空间范型领域外文文献作者共被引网络关键节点

作者	被引频次	中心度	首次出现年份
夏洛特·库奇	38	0.24	2008
大卫·哈维	116	0.18	2008
何深静	43	0.13	2015
丹妮尔·亚当斯	34	0.12	2007

作者	被引频次	中心度	首次出现年份
尼尔·布伦纳	29	0.11	2012
内森·史密斯	79	0.1	2008
宁录·卡蒙	14	0.1	2008

根据表 2 - 21 的数据可知，夏洛特·库奇、大卫·哈维、何深静等与其他作者的关联程度较高，形成了以他们为中心度的多个学术研究联盟。因此，可以认为这几位作者的相关研究具有较高的权威性，对于城市更新空间范型领域的研究具有重要的影响力。

再对城市更新空间范型研究领域的机构团队进行分析。

根据 Web of Science 数据库中检索所得文献数据，使用 CiteSpace 进行软件分析后，可以生成研究机构合作可视图，如图 2 - 17 所示。

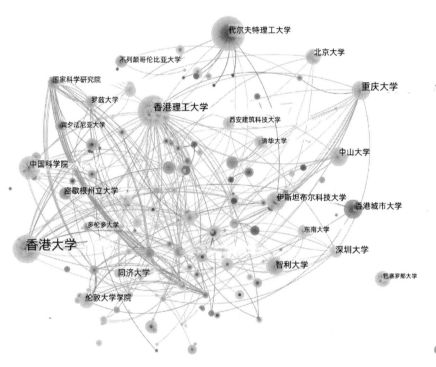

图 2 - 17　城市更新空间范型领域外文研究机构合作可视图

所涉及的研究机构的发文量最高的是香港理工大学，同时其与中国科学院、深圳大学、重庆大学间的联系较为紧密，机构之间共有 674 个节点（即发文机构）之间共有 645 条连线，共现网络密度仅为 0.0028。这表明虽然国际上各机构之间的合作良好，但仍需加强，建立适当规模的研究机构群体，以促进更加广泛和深入的国际合作交流。

将 CiteSpace 中相关的数据进行排序，并提取发文量在排名前十位的城市更新空间范型领域的外文文献机构，具体如表 2 - 22 所示。

表 2 - 22　　　　　　　　城市更新空间范型领域外文文献高发文机构

发文量（篇）	机构名称	机构性质	地区
27	香港理工大学	高校	中国
23	香港大学	高校	中国

续表

发文量（篇）	机构名称	机构性质	地区
17	重庆大学	高校	中国
15	代尔夫特理工大学	高校	荷兰
11	中国科学院	研究机构	中国
9	伊斯坦布尔科技大学	高校	伊斯坦布尔
8	中山大学	高校	中国
8	智利大学	高校	智利
7	深圳大学	高校	中国
7	北京大学	高校	中国

从表 2-22 可知，城市更新空间范型领域外文文献发文量排名前三的机构分别为香港理工大学、香港大学以及重庆大学。就研究机构的类别而言，城市更新空间范型领域的研究机构较为单一，发文机构绝大多数为高校，这表明目前国际上进行城市更新空间范型建设研究的主要力量为世界各大高等教育机构。从地域上来看，中国在城市更新空间范型建设方面的研究规模较大，前十位的机构中有 7 个机构来自中国，这说明中国高校在该领域具有相当的国际影响力。

先对城市更新空间范型领域的中文文献作者进行分析。

将上文所得文献数据通过软件分析可得出结果，如图 2-18 所示。

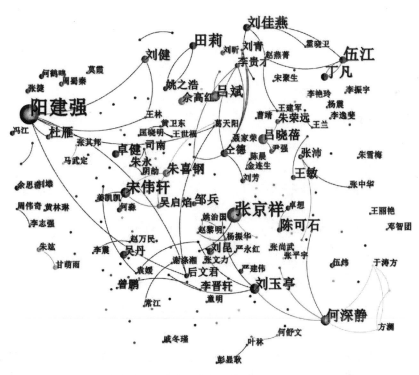

图 2-18　城市更新空间范型领域中文文献作者合作网络可视图

作者（即图中的节点）有 453 个，但之间仅有 218 条连线，共现网络密度仅有 0.0021，说明各个作者间的联系不够强。其中，阳建强的发文量最高，且与刘健、王林、后文君等有过合作。为得到发文量排名前五位的作者姓名与单位，可以导出软件所运行得出的数据然后排序，结果见表 2-23。

表 2 - 23　　　　　　　　城市更新空间范型领域研究中文文献高发文作者

作者	发文量（篇）	单位
阳建强	12	东南大学
张京祥	8	南京大学
伍江	7	同济大学
田莉	6	清华大学
宋伟轩	6	中国科学院

　　根据表 2 - 23 可以看出，阳建强、张京祥、伍江等在城市更新空间范型研究领域是重要的学者，拥有较强的影响力，因此，在研究城市更新空间范型领域时，可以重点选取这些学者的文章进行参考。其中，来自东南大学的阳建强致力于城市更新、历史文化保护、旧城更新改造、保护与发展、城市形态等方面的研究；来自南京大学的张京祥致力于城市规划、国土空间规划、城市发展、城市竞争力、治理策略、空间演化、创新型经济等方面的研究；来自同济大学的伍江致力于城市遗产、空间结构、改造提升、老旧小区改造、城市规划、空间治理等方面的研究；来自清华大学的田莉致力于公共服务设施、城市规划实施、区域规划、三旧改造、城市规划理论、更新模式等方面的研究；来自中国科学院的宋伟轩致力于城市空间、城市空间重构、消费驱动、居住迁移、空间生产等方面的研究。

　　再对城市更新空间范型领域研究的中文文献机构团队进行分析。

　　根据中国知网数据库中检索所得文献数据，利用 CiteSpace 软件进行分析，得到了机构合作可视图，如图 2 - 19 所示。

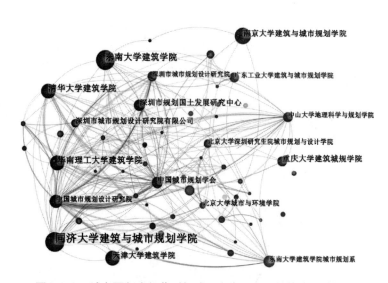

图 2 - 19　城市更新空间范型领域研究中文文献机构合作可视图

　　同济大学关于城市更新空间范型领域发文量最高，并与其他多个机构有合作关系。总共有 666 个发文机构，它们之间有 821 条连线，共现网络密度仅为 0.0037。这表明，在城市更新空间范型领域研究方面，国内的研究正在逐步增多，各机构之间的合作也越来越紧密，形成了规模化的合作体系。但是，还需要加强彼此之间的合作关系。其中，在城市更新空间范型领域的研究中，同济大学与天津大学有所合作，形成了小规模的研究机构，这些机构有待进一步发展。同时，南京大学、中国科学院等机构也形成了一定规模的研究机构群体。为得到排名前五位的机构，可以导出软件运行的中文研究机构的发文量数据，结果如表 2 - 24 所示。

表2-24　　　　　　　　　城市更新空间范型领域研究中文文献高发文机构

发文量（篇）	机构名称	机构性质	地区
55	同济大学	高校	华东地区
25	东南大学	高校	华东地区
23	清华大学	高校	华北地区
22	华南理工大学	高校	华南地区
16	南京大学	高校	华东地区

依据表2-24可知，城市更新空间范型领域中文文献发文量排名前三位的机构分别为同济大学、东南大学、清华大学。就研究机构的类型而言，城市更新空间范型领域的研究机构较为单一，发文研究机构主要集中于高校，这表明目前国内在城市更新空间范型领域的研究主要由各大高校承担。从地域上看，中文文献中，城市更新空间范型领域研究主要集中在华东地区，而华北、华南等地区对城市更新空间范型领域的研究规模较小。

五是城市更新空间范型领域重要文献分析。

一方面，根据Web of Science数据库中检索所得文献数据，通过CiteSpace软件分析可得外文文献共被引运行图，如图2-20所示。

图2-20　城市更新空间范型领域外文参考文献共被引聚类分析图

城市更新空间范型领域的外文研究文献知识图谱中共有节点500个和1171条链接，共现网络密度为0.0094。在Web of Science核心合集期刊的文献共被引网络中，有多个突出的节点，城市更新空间范型建设的基础得到清晰反映。高引用文献在网络连接中发挥了较好的媒介作用，也是连接不同时间段的关键点。因此，挖掘出关键节点对于城市更新空间范型建设的研究具有非常重要的意义。

关键节点的标准可设为大于0.1的中心度，据此提取了城市更新空间范型领域研究外文文献共被引网络的关键节点，并整理成城市更新空间范型领域研究核心外文文献表，排名前五位的文献详见表2-25。

表 2 - 25　　　　　　　　　　城市更新空间范型领域外文研究核心文献

中心度	作者	题目
0.07	郑华文	近期可持续城市更新研究综述
0.05	李斯·洛雷塔	英国艺术主导的复兴：关于城市社会包容的修辞和证据
0.04	吴福隆	规划中心性、市场工具：在国家企业家精神下治理中国城市转型
0.04	周涛	中国城市更新决策的关键变量——以重庆市为例
0.04	李斌	零散独裁环境中新兴的选择性政权：2009 年至 2014 年中国广州的"三旧再开发"政策

　　中心度最高的文章为郑华文发表于 2014 年的"近期可持续城市更新研究综述"，该文基于 81 篇期刊论文，对 1990 ~ 2012 年可持续城市更新的最新研究进行了批判性回顾，强调和讨论了实现可持续城市更新的复杂性，更好地阐明了城市更新过程背后的机制并提高城市可持续性，还提供了未来研究方向的建议。排名第二的为李斯·洛雷塔于 2015 年发表的"英国艺术主导的复兴：关于城市社会包容的修辞和证据"，该文回顾了英国以艺术为主导的复兴的言论，反思了其证据基础，并且展示了以艺术为主导的再生概念作为打击内城社会排斥的工具如何为新工党政府的政策制定者发展提供助力，最终使其成为准社会事实。排名第三的为吴福隆于 2018 年发表的"规划中心性、市场工具：在国家企业家精神下治理中国城市转型"，该文将国家企业家主义的关键参数定义为一种结合了计划中心性和市场工具的治理形式，并解释了这两种看似矛盾的趋势如何在改革后的中国政治经济结构中保持一致。通过考察城市更新计划（特别是"三旧再生""三旧改造"）、郊区新城的发展和农村的重建，本书详细介绍了使中国案例不同于新自由主义增长机器的制度配置。

　　另一方面，城市更新空间范型领域重要中文文献分析。

　　由于 CiteSpace 软件进行文献共被引分析时不能有数据信息残缺，而中国知网的文献数据信息不全，因此，针对中文文献可从文献的被引频次入手进行统计，结果如表 2 - 26 所示。

表 2 - 26　　　　　　　　　　城市更新空间范型领域研究核心中文文献

排名	被引频次	作者	题目
1	442	翟斌庆、伍美琴	城市更新理念与中国城市现实
2	358	邹兵	增量规划向存量规划转型：理论解析与实践应对
3	332	阳建强	中国城市更新的现况、特征及趋向
4	305	李建波、张京祥	中西方城市更新演化比较研究
5	296	程大林、张京祥	城市更新：超越物质规划的行动与思考
6	250	张平宇	城市再生：我国新型城市化的理论与实践问题
7	189	张京祥、胡毅	基于社会空间正义的转型期中国城市更新批判
8	186	宋伟轩、吴启焰、朱喜钢	新时期南京居住空间分异研究
9	183	邹兵	由"增量扩张"转向"存量优化"——深圳市城市总体规划转型的动因与路径
10	179	王世福、沈爽婷	从"三旧改造"到城市更新——广州市成立城市更新局之思考

　　被引频次排名第一的是翟斌庆、伍美琴于 2009 年 3 月发表的《城市更新理念与中国城市现实》，被引频次为 442 次，该文比较了中西方的"城市更新"概念，并总结了西方城市更新的经验，研究认为，城市更新机制的综合目标能够得以实现，需要改变城市更新机制和城市管治体系，这些变革是实现城市更新的根本途径。被引频次排名第二的是邹兵于 2015 年 9 月发表的《增量规划向存量规划转型：理论解析与实践应对》，被引频次为 358 次，研究发现城市规划从增量规划向存量规划的转型源于土地利用模式的变化，意味着在空间资源配置中，土地产权和交易成本发生了

变化。被引频次排名第三的文章为阳建强于 2000 年 4 月发表的《中国城市更新的现况、特征及趋向》，研究表明，随着中国进入关键时期，城市更新作为城市发展的调节机制正在全国范围内以前所未有的规模和速度展开，而制定适宜的城市更新政策是当前中国城市建设和发展的重要研究课题，该文围绕主要矛盾、基本特征和发展趋势展开分析和思考，并提出建设性意见。

六是城市更新空间范型领域的研究热点及前沿分析。

为了反映城市更新空间范型领域的研究热点及前沿，可以通过分析文献关键词的共词分析及突变分析，准确把握该领域的学术研究范式，发现目前该领域研究中的学术空缺，以便更好地选择学术研究方向。

一方面，对城市更新空间范型领域的研究热点进行分析。

在外文文献方面，根据 Web of Science 数据库中检索所得文献数据，通过 CiteSpace 软件分析可得关键词共现图，如图 2 - 21 所示。

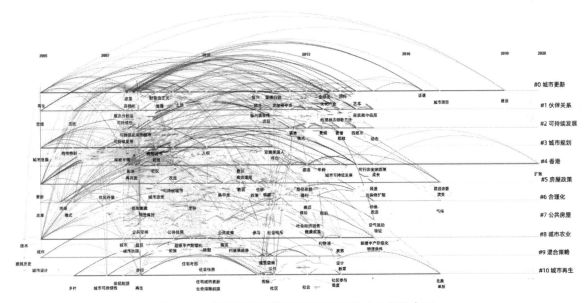

图 2 - 21　城市更新空间范型领域研究外文文献热点图

由图 2 - 21 可知，城市更新空间范型建设领域高频关键词聚类分为 11 个类别，为城市更新（urban renewal）、伙伴关系（partnerships）、可持续发展（sustainable development）、城市规划（city planning）、香港（Hong Kong）、房屋政策（housing policy）、合理化（rationalization）、公共房屋（public housing）、城市农业（urban agriculture）、混合策略（mixed methods）、城市再生（urban regeneration）。这 11 个类别代表了城市更新空间范型领域的具体研究热点。根据聚类图并按照关键词的时间顺序进行排列，可以得到如表 2 - 27 所示的结果。

表 2 - 27　　　　　　　　城市更新空间范型领域外文文献热点关键词脉络

年份	关键词
2005	城市更新、城市、再生、更新、城市规划、城市再开发、管理、改革、城市设计
2006	模式、市场、城市中国、制度、城市历史、居民满意度、流动性、生命历程、线性谱分析、危房更新
2007	城市可持续性、住房存量、荷兰、土地征用权、环境粉尘、环境影响、城市扩张、抵制问题
2008	城市再生、再开发、治理、政策、影响、城市转型、空间、香港、政治、可持续性、城市发展、可持续发展、公共空间、保护、满意度、可持续城市设计、生态系统服务、景观
2009	转型、中国、邻里、地理、城市政策、新自由主义、公共住房、伦敦、驱逐、混合社区、工业区

续表

年份	关键词
2010	土地、过渡、决策、社会住房、分散化、公共政策、超级士绅化、城市遗产、灵活设计、波哥大历史中心、城市土地整理
2011	参与、住房政策、阿德莱德港、城市更新政策、环境、综合交通基础设施、住宅、能源节约、当地经济发展、土地调整
2012	国家、项目、社区、振兴、建成环境、世界、位移、语境、移民、风险、多层次、创新、建筑修复、非物质文化遗产
2013	模式、紧凑城市、历史保护、规划、城市绿地、德国、适应性再利用、场所依附、资源、使用适宜性分析、决定因素、感知、可持续城市发展
2014	面积、文化产业、指数、全球化、综合途径、文化遗产、再开发选择、基础设施、景观特色、地主特色、文化多样性
2015	城市化、增长、城中村、土地利用变化、热舒适、科珀港、大气边界层、规范文件、文化制度、社会创新、比较优势理论
2017	城市项目、文化集群、战后规划、气候、制度变迁、权力、公民参与、路径依赖、北美、进化、话语、革新
2018	风险评估
2019	建造
2020	扩张

由表 2 - 27 可知各个时期的城市更新空间范型领域的研究方向，自 2005 年起，城市更新空间范型领域正式成为研究热点，城市更新、城市规划建设成为研究重点，学者在这一阶段研究城市再开发、城市设计的建设情况。2008 ~ 2015 年，学者主要关注城市更新领域的治理政策、可持续发展、经济效益、地理位置及城市复兴对城市改造的影响作用等方面。其中，2013 年与 2015 年的研究热点词比往年明显增多，表明城市更新空间范型建设领域的研究受到各个领域学者的重视，各学者主要关注的是城市可持续发展问题、历史性建筑保护问题、城市化等多个领域。2017 ~ 2020 年，学者们主要关注城市更新空间范型中城市的集群文化、城市风险评估与其扩张问题等。因此，可以直观地看出国外对城市更新空间范型领域的研究还处于城市扩张及城市更新建设所引起的经济效益提升的研究阶段，有待进一步研究。

在中文文献方面，根据中国知网检索所得文献数据，通过 CiteSpace 软件分析可得关键词共现图，如图 2 - 22 所示。

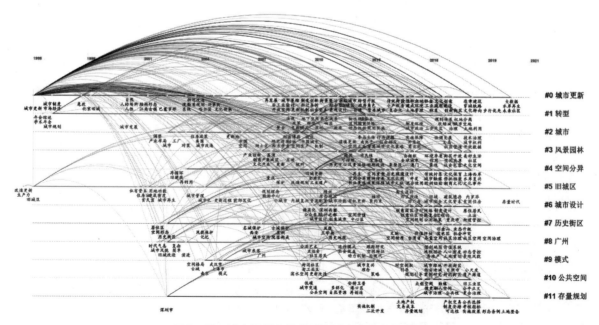

图 2 - 22　城市更新空间范型领域中文文献热点图

由图 2-22 可知，城市更新空间范型领域的中文文献高频关键词聚类分为 12 类，分别为城市更新、转型、城市、风景园林、空间分异、旧城区、城市设计、历史街区、广州、模式、公共空间、存量规划。其中，关于城市更新、旧城区、存量规划的研究在近年来持续保持热度，而对城市更新的研究自 1995 年至今仍保持热度，说明城市更新一直为中国学界的研究重点，该领域研究热情一直高涨。此外，转型自 1996 年开始出现热度，至 2018 年逐渐减退。在 2002 年，城市、历史街区、广州开始出现热度，至 2018 年热度逐渐减退。根据聚类图并按照关键词的时间顺序进行排列，可以得到研究热点脉络，如表 2-28 所示。

表 2-28 城市更新空间范型领域中文文献热点关键词脉络

年份	研究热点
1995	城市更新、上海、旧城区、建设资金、居住用地、第三产业、改造更新
1996	城市规划、城市制度、市场经济
1998	北京旧城、危改
2000	社区规划、城市发展、更新理念、自然、人的场所、人性
2001	贫民窟、结构形态、物质空间、江南古镇、城市地理
2002	深圳市、旧城改造、城市、城市风貌、历史街区、城市再生、空间形态、空间布局、用地功能、古都风貌、旧城保护、时代气息、产业布局
2003	城市政策、对策、演进、渐进式、大都市区、基础设施、再利用、工厂、郊区蔓延、旧建筑
2004	南京、城市改造、城市化、住房政策、城市管理、风貌保护、社会文化、拆迁改造、物质规划、空间格局、古城
2005	城中村、模式、上海市、用地结构、文化传承、武汉市、更新过程、社会整合、新中心区
2006	空间、场所精神、中国、城市游憩、基本问题、前郊区化、城市意象、社区肌理
2007	广州、创意产业、地域文化、文化产业、城市空间、西安、城市衰落、生活行为、名城保护、产业创新
2008	更新、保护、整合、产业集群、小城市、综合开发、老城区、开放空间、资源保护、规划理念、古城保护、历史保护、住宅建设
2009	空间生产、文化导向、更新模式、政策、改造规划、城市形态、功能置换、更新机制、制度建设、工业区、建筑更新
2010	城市设计、深圳、全球化、公共空间、公众参与、转型、旧城更新、工业遗产、更新改造、规划编制、社区居民、社会资本、老工业区、码头遗产、拆迁条例、资源配置、空间资源
2011	社区更新、城市功能、城市转型、历史中心、创意城市、综合整治、景观设计、规划转型、风貌、绿化整治、空间文化、转型规划、空间扩展、遗产保护、建筑遗产
2012	风景园林、空间正义、有机更新、规划方法、动力机制、空间分异、书法景观、可持续、经济效益、人文社区、整合发展、文化符号、象征空间、传统文化
2013	策略、活力、规划实施、智慧城市、总部经济、环境改造、空间重塑、空间利用、规划变革、休闲旅游
2014	文化认同、城市文脉、文化策略、历史城区、城市记忆、空间载体、规划历程、改造方式、传统街区、景观营造、旅游街区、生态空间
2015	存量规划、旧厂房、空间规划、澳门、产业转型、规划引导、经验启示、规划策略、旧区改造、存量用地、制度环境、空间聚类、文化规划
2016	微更新、城市治理、创新城区、众创空间、存量空间、功能复合、工业用地、移民城市、更新开发、都市文化、创意文化、功能提升
2017	空间尺度、城市双修、香港、咸阳市、社区治理、社区营造、创新街区、空间视角、建筑遗存、规划实践、区域文脉、文脉保护、治理创新、旧城住区、居住迁移、空间发展、土地重划、协调发展

年份	研究热点
2018	美好生活、河池市、社区空间、微改造、土地利用、设计策略、文化空间、功能重构、空间模式、特色小镇、政府主导、特色塑造、拆除重建、城市创新、民生设施、立法、旧工业区
2019	空间治理、公共价值、协作规划、公共要素、形态条例
2020	土地整备、大数据、存量时代、水岸再生、未来社区
2021	老旧小区

由表 2-28 可知，自 1995 年起，中国将城市更新作为研究重点，这与提升旧城区建设的策略及提升城市经济效益有着很大关系。近年来，中国城市更新空间范型建设领域的研究不断加深，并取得了明显的成果。2015~2018 年，每年的热点关键词数量均增加，表明自 2015 年以来，各领域学者开始广泛关注城市更新空间范型建设领域，这为本书及相关切入点的选择提供了重要的参考依据。具体而言，2015 年的研究热点主要集中在城市存量规划、产业转型、旧区改造以及城市旧城区再生等方面，以期打造出更为合理的空间效应。2016~2021 年，通过热点关键词可看出，近年来，城市更新空间范型建设领域已成为学者们广泛关注的研究领域，研究重点已经转向城市协作规划、空间治理、未来社区以及老旧小区的改造等方面。

另一方面，对城市更新空间范型领域的研究前沿进行深入分析。

根据 Web of Science 数据库中检索所得的外文文献数据，使用 CiteSpace 软件进行分析，得出了在过去 4 年保持热度的关键词，具体结果如表 2-29 所示。

表 2-29　　　　　　　　　　城市更新空间范型领域外文文献前沿术语

关键词	强度	开始年份	结束年份	2005~2021 年
城市更新	7.75	2016	2021	
移居开发	6.04	2016	2019	
城市规划	4.08	2016	2019	
转型	5.8	2017	2021	
再生	4.02	2017	2021	
发展	3.57	2017	2021	

注："■■■■"为关键词频次突然增加的年份，"▬▬▬▬"为关键词频次无显著变化的年份。

如表 2-29 所示，2016~2021 年城市更新空间范型领域的外文文献突现关键词为城市更新（urban regeneration）、移居开发（gentrification）、城市规划（urban planning），2016 年学者们重点研究城市更新建设领域的城市更新及城市规划的问题；2017~2021 年，突现关键词为转型（transformation）、再生（regeneration）、发展（growth）说明近年来有关城市更新空间范型领域的研究，学者们开始基于过去的城市历史文化及旧城区环境，对城市更新空间范型领域的区域转型、城市再生及城市产业在各个领域的影响作用下可持续发展进行研究。通过以上对城市更新空间范型领域研究前沿的分析可知，国际上目前对城市更新空间范型领域的研究较为不充分，但仍对中国学者在该领域的研究具有一定的参考价值。

在中文文献方面，根据中国知网检索所得文献数据，通过 CiteSpace 软件分析，提取突变最少保持 2 年的关键词，如表 2-30 所示。

表 2 - 30　　　　　　　　　　　　　城市更新空间范型领域中文文献前沿术语

关键词	强度	开始年份	结束年份	2002 ~ 2021 年
城市再生	3.58	2002	2010	▬▬▬▬▬▬▬▬▬▬▬▬▬▬▬▬▬▬
城市更新	64	2019	2021	▬▬▬▬▬▬▬▬▬▬▬▬▬▬▬▬▬▬
空间治理	6.38	2019	2021	▬▬▬▬▬▬▬▬▬▬▬▬▬▬▬▬▬▬
风景园林	4.74	2019	2021	▬▬▬▬▬▬▬▬▬▬▬▬▬▬▬▬▬▬
微更新	4.13	2019	2021	▬▬▬▬▬▬▬▬▬▬▬▬▬▬▬▬▬▬
社区治理	3.91	2019	2021	▬▬▬▬▬▬▬▬▬▬▬▬▬▬▬▬▬▬
上海	3.46	2019	2021	

注："▬▬▬"为关键词频次突然增加的年份，"▬▬▬▬"为关键词频次无显著变化的年份。

如表 2 - 30 所示，2002 年之前，国内没有出现有关城市更新空间范型领域的文献突现关键词，说明在 2002 年前，中国对于城市更新空间范型领域的研究尚未形成较为鲜明的学术前沿，仍处于起步阶段。2002 ~ 2010 年，城市更新空间范型领域中文文献突现关键词为城市再生，说明国内在城市更新空间范型领域产生学术前沿的初期，学者们较为关注城市再生的问题。2019 ~ 2021 年，突现关键词分别为城市更新、空间治理、风景园林、微更新、社区治理、上海等，说明近年来，学者们开始广泛关注城市更新空间范型领域的发展问题，为城市更新空间范型领域的可持续发展作出贡献。

第二，城市更新空间范型研究的文献计量结果。

一是对城市更新空间范型领域的国内外研究文献发表量进行分析，结果显示中文文献数量较多，而外文文献数量较少，这表明中国在该领域处于研究的核心地位，与大多数国家存在紧密的合作关系。此外，与西班牙和美国等高水平国家相比，中国在该领域的国际合作也较为密切。同时，外文文献中，中国的发文量最高，也处于该领域研究的核心地位，这表明中国在城市更新空间范型领域的研究具有较高的国际影响力。

二是针对城市更新空间范型领域的研究文献载体进行分析，结果显示外文文献主要分布在城市规划、环境科学、城市经济、土地管理、城市景观规划等领域的期刊上。与其他期刊相比，国内有关城市更新空间范型领域的研究文献发表量较高，足见该领域拥有足够的期刊供学者发表论文，形成了相应的期刊群和具有代表性的期刊。该领域的研究文献主要涉及旧城更新、历史街区、工业遗产、城乡规划与市政、公共管理等领域。

三是分析了有关城市更新空间范型领域的研究团队，结果显示外文作者的引用网络构建情况良好，夏洛特·库奇、大卫·哈维、何深静等作者的关联程度较高，形成了以他们为中心的多个学术研究联盟。同时，城市更新空间范型检验研究机构较为单一，主要集中在高校，表明目前国际上对城市更新空间范型研究的主力军为世界范围内各大高校，并且中国在城市更新空间范型中的研究规模较大，具有一定的国际影响力。通过对有关城市更新空间范型的中文文献的作者进行共现分析，可以发现阳建强、张京祥、伍江等是该领域的重要学者，具有较强的影响力，致力于旧城更新改造、城市规划、国土空间规划、创新型经济等方面的研究。此外，中文文献中发文机构需要加强合作。

四是对城市更新空间范型领域的重要文献进行分析，结果显示，外文重要文献主要涉及城市规划、城市再生等方面；而中文重要文献则主要涉及城市管治体系变革、城市规划等方面。

五是对城市更新空间范型领域的研究热点及前沿进行分析后发现，外文研究的热点主要集中在城市更新、伙伴关系、可持续发展、城市规划、香港、房屋政策、合理化、公共房屋、城市农业、混合策略、城市再生等方面。与此同时，中文研究的热点则主要涵盖城市更新、转型、城市、风景园林、空间分异、旧城区、城市设计、历史街区、广州、模式、公共空间、存量规划等方面。此外，从学术前沿的发展可以看出，目前国内外对于有关城市更新空间范型建设的研究趋于细化的同时，也开始注重城市的协作规划、空间治理、未来社区及老旧小区方面的研究，这表明有关城市更新空间范型建设得更全面分析，对于中国的发展具有重要意义。

2.1.3　沉浸式微旅游业态创新与城市更新空间范型协同模式的文献计量分析

在沉浸式微旅游业态创新中结合旧城区的城市更新空间范型，就是通过虚拟现实、增强现实、全息投影、智能交互等新一代信息技术与内容创意深度融合的，以交互体验、光影效果为特征，以距离近、时间短为特点的新型旅游业态。而城市更新的空间范型便是从城市物理空间和社会空间更新的案例及既有理论中总结的典型成功路径。本书通过研究"沉浸式歌舞演艺微旅游""沉浸式文化传承微旅游""沉浸式休闲乐园微旅游"三个方面来对"城市文化保护""城市功能完善"的物理—社会空间范型进行研究。本节旨在探究沉浸式微旅游业态创新与城市更新之间的关系（以下简称"二者关系"），为此，对相关领域的文献进行了综述，以了解二者之间的联合建设。

第一，文献计量分析。

一是研究数据及发文量的初步分析。

以 WOS（Web of Science）作为本次研究的外文数据来源，并通过核心数据库（Web of Science Core Collection）收集文献以避免通过所有数据库产生字段缺失的问题。构建检索式为：TS =（Experience tourism AND Urban renewal）OR TS =（Ancient city construction AND Tourism development）OR TS =（In-depth travel AND Urban area）；语种：英文；时间跨度：1991 年 1 月 ~ 2021 年 12 月；检索时间：2022 年 7 月 31 日；文献类型：期刊。将检索得到的文献剔除掉无关的文献，进而获得 538 条相关文献，导出获取结果，并通过 CiteSpace 软件剔除有缺失字段的数据，最后能用的 Web of Science 文献数量为 516 条。

本书的中文数据来源为中国知网，构建检索式为主题 = "体验式旅游 AND 旧城改造" OR 主题 = "旅游体验 AND 历史街区" OR 主题 = "旅游开发 AND 旧城"。时间限定为 1991 年 1 月 ~ 2021 年 12 月，检索时间为 2022 年 7 月 31 日，筛选检索结果并剔除无关的文献，最终获得了 669 篇相关文献数量。随后使用 CiteSpace 软件进行文献计量分析，导入数据后未发现数据丢失问题，运行结果良好，因此，使用的有效的 CNKI 文献数据共有 669 篇。

按发文的年份及发文的数量将上述的"二者关系"的文献数据再次进行导出，并提取出相应的信息导入 Excel 中分析，如图 2 - 23 显示了沉浸式微旅游业态在 1994 年 1 月至 2021 年 12 月的中外文文献发文量的对比情况。

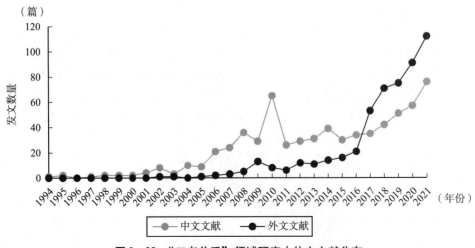

图 2 - 23　"二者关系"领域研究中外文文献分布

从图 2 - 23 可知，沉浸式微旅游业态创新与城市更新空间范型建设之间相互作用的中外文发文量有较大差别是从 2004 年开始的。1994～2003 年，有关沉浸式微旅游业态创新与城市更新空间范型建设之间相互作用的中外文文献的各年度研究发文量几近相同，均为零，说明在这一时期，国内外有关沉浸式微旅游业态创新与城市更新空间范型建设之间相互作用领域的研究进度较为缓慢。中外文文献的发文量出现不同趋势是从 2004 年开始的，至 2016 年才逐渐相同。有关沉浸式微旅游业态创新与城市更新空间范型协同模式发展外文文献的发文量在各年度中均低于中文相关领域文献发文量，表明国内较为重视"二者关系"领域的研究。2017～2021 年，外文相关文献迅速增加的同时，中文的发文量也有所增加，说明有关沉浸式微旅游业态创新与城市更新空间范型建设领域的研究受到重视。

二是"二者关系"研究的国家分析。

针对新时代下的"二者关系"的研究国家分析，在外文文献方面，根据 Web of Science 数据库中检索所得文献数据，通过 CiteSpace 软件分析可得所需的数据并进行统计排序，排名前十的国家如图 2 - 24 所示。中国是发文量排名前十的国家中唯一的发展中国家，其余均为发达国家。在"二者关系"研究领域的发文量排名中，前三名的数量分别为 73 篇、72 篇、57 篇，对应的发文国家分别是中国、美国、西班牙，说明这三个国家在该研究领域具有一定的权威性。

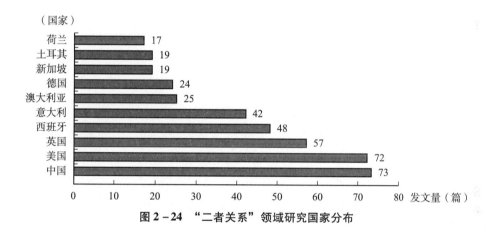

图 2 - 24　"二者关系"领域研究国家分布

在外文文献方面，根据上文检索所得文献数据，通过软件分析可得国家共现结果，如图 2 - 25 所示。

图 2 - 25　"二者关系"的国家共现图

　　根据图 2 - 25 可知，美国在新时代下的"二者关系"领域的研究中所占面积最大，这说明在该领域中美国有着不一般的地位，同时，其与法国、英国、西班牙等国家有联系，具有一定的权威性。

　　在软件运行的数据结果中，每个节点的关键性大小均由中心度的大小所决定，因此，要想得出每个国家的关键性，需要对每个国家的发刊量的中心度进行排名分析，同时也能够了解该国在该领域的研究地位及与其他国家的紧密性。关键节点一般被认为是中心度不小于 0.1 的节点，表 2 - 31提取出了中心度排名前十的国家。

表 2 - 31　　　　　　　　　　　　　"二者关系"领域国家发文中心度排名

发文量（篇）	国家	首次发文年份	中心度
72	美国	2002	0.44
57	英国	2003	0.33
42	意大利	2009	0.29
48	西班牙	2009	0.13
24	德国	2014	0.11
15	法国	2010	0.11
17	荷兰	2012	0.1
73	中国	2008	0.08
25	澳大利亚	2009	0.08
10	希腊	2006	0.06

　　在沉浸式微旅游业态创新与城市更新空间范型协同的发展研究中，有 27 个国家的中心度大于0，表明这些国家在新时代的"二者关系"中存在一定程度的合作。其中，中心度排名前七的国家包括美国、英国、意大利、西班牙、德国、法国以及荷兰。这表示在该领域中，这些国家处于较高地位，具有一定的权威性。数据表明，仅有这 7 个国家的中心度大于 0.1，成为关键节点，相对其他国家而言更具有影响力。美国的首次发文是所有国家中最早的，说明其较早前就对"二者关系"领域发展就有相对的概念。其中，中心度排名第一且发文量为第二的是美国，则说明美国在该领域发展理念上更为重视，在国际上具有较大的影响力。而发文量排名第一的中国的中心度值却仅有0.08，相对较低，说明在国际上有关研究领域中中国具有一定的影响力，但还远远不够，急需加强整体联系。

　　三是"二者关系"研究的期刊分析。

　　一方面，对"二者关系"的外文文献期刊进行分析。

　　在外文文献方面，运用 CiteSpace 软件分析从 Web of Science 数据库中检索所得的文献数据，得到期刊共被引可视图，如图 2 - 26 所示。

图 2 – 26　"二者关系"领域外文文献期刊共被引可视图

在众多外文期刊中，"二者关系"领域中被引频次排名第一的期刊是《旅游管理》（*Tourism Management*），该期刊是旅游管理研究领域国际三大顶尖学术期刊之一，是 JCR 一区、ABS/AJG 4 级（最高级别）期刊和 FMS 认定的国际 A 类高水平期刊，在旅游管理学科极具影响力，影响因子高达 10. 967。此外，"二者关系"领域的外文文献被引期刊还集中在《旅游研究年鉴》（*Annals of Tourism Research*）、《城市研究》（*Urban Studies*）、《旅游研究杂志》（*Journal of Travel Research*）、《论文》（*Thesis*）、《可持续性 – 基线》（*Sustainability-basel*）、《可持续旅游杂志》（*Journal of Sustainable Tourism*）等。期刊的研究方向多分布在旅游管理、城市规划、可持续发展以及地理学等领域中。

为提取"二者关系"发展领域的外文文献被引期刊中的共被引关键节点，按照中心度不小于 0.1 的标准，提取结果如表 2 – 32 所示。

表 2 – 32　　　　　　　　　"二者关系"领域外文文献期刊共被引网络关键节点

期刊名称	被引频次	首次出现年份	中心度
《旅游研究年鉴》	176	2003	0. 21
《景观与城市规划》	61	2010	0. 14
《美国社会学杂志》	20	2003	0. 14
《旅游管理》	179	2010	0. 12
《城市研究》	108	2009	0. 1
《农村研究杂志》	32	2009	0. 1

根据表 2 – 32 可知，《旅游研究年鉴》（*Annals of Tourism Research*）、《旅游管理》（*Tourism Management*）、《城市研究》（*Urban Studies*）这三本期刊的中心度和被引频次均较高，这表明这些期刊所刊载的"二者关系"研究论文质量较高，对"二者关系"领域的学术研究起到重要的支撑作用。因此，从中心性的角度出发，《旅游研究年鉴》（*Annals of Tourism Research*）、《景观与城市

规划》（*Landscape and Urban Planning*）、《美国社会学杂志》（*American Journal of Sociology*）这三本期刊在"二者关系"研究领域具有核心的地位。

从外文文献发文的集中程度出发，根据 Web of Science 数据库中检索所得文献数据，通过 CiteSpace 软件分析统计提取可得排名前十的期刊，如表 2 – 33 所示。

表 2 – 33　　　　　1991 ~ 2021 年"二者关系"领域外文文献期刊分布（前十）

期刊名称	载文量（篇）	占比（%）	期刊名称	载文量（篇）	占比（%）
《可持续性 – 基线》	37	7.17	《旅游地理学》	6	1.16
《旅游城市国际期刊》	15	2.91	《当前旅游业问题》	6	1.16
《旅游管理》	9	1.74	《城市》	6	1.16
《交通研究第一部分：政策与实践》	8	1.55	《可持续旅游杂志》	5	0.97
《旅旅与文化变迁杂志》	7	1.36	《遗产旅游杂志》	5	0.97

根据表 2 – 33 的数据显示，排名前十的外文期刊在"二者关系"领域共发表了 104 篇文章，占比约 20.15%。这些期刊的发文量并没有显著高出其他期刊的发文量，这表明该领域的研究文献分布比较均匀，尚未形成较为稳定的期刊群和代表性期刊。此外，结合图 2 – 26 可知，《旅游管理》（*Tourism Management*）、《可持续性 – 基线》（*Sustainability-basel*）、《可持续旅游杂志》（*Journal of Sustainable Tourism*）的被引频次比其他期刊更高，因此，可以认为《旅游管理》（*Tourism Management*）、《可持续性 – 基线》（*Sustainability-basel*）、《可持续旅游杂志》（*Journal of Sustainable Tourism*）期刊从期刊载文量的角度来说在该研究领域中影响力较大。

另一方面，对"二者关系"研究的中文文献期刊进行分析。

利用 CiteSpace 软件进行论文文献共被引分析时需要依据"参考文献"的字段，因此，没办法直接通过软件进行分析，只能从该领域的中文期刊载文量及学科研究层次入手分析。

先把上文从中国知网中检索得到的数据资料导入 Excel 中，同时根据期刊载文量数据进行计数排名，1991 ~ 2021 年文献期刊的载文量前十如表 2 – 34 所示。

表 2 – 34　　　　　1991 ~ 2021 年"二者关系"领域中文文献期刊分布（前十）

期刊名称	载文量（篇）	占比（%）	期刊名称	载文量（篇）	占比（%）
《旅游学刊》	30	4.48	《城市问题》	16	2.39
《规划师》	30	4.48	《资源开发与市场》	12	1.79
《社会科学家》	27	4.04	《人文地理》	12	1.79
《经济地理》	23	3.44	《旅游科学》	12	1.79
《城市发展研究》	19	2.84	《商业时代》	11	1.64

依据表 2 – 34 可知，排名前十的中文期刊在"二者关系"领域共发表了 192 篇文章，占比约为 28.68%，这表明国内针对该领域的论文在期刊上的集中度相对较低，较为稳定的期刊群和较有代表性的期刊尚未形成。其中，《旅游学刊》刊登了 30 篇，该期刊刊登的"二者关系"领域的文章主要集中在城市旅游、全球化、传统文化、社区建设以及城市特色等方面，涉及的学科主要有旅游经济、区域经济、公共管理以及社会等。排名并列第一的期刊为《规划师》，发文量同样为 30 篇，该期刊刊登的"二者关系"领域的文章主要集中在科技旅游、区域创新发展、文化传承以及更新改造等方面，涉及的学科主要有城市规划与市政、城市经济等。排名第三位的期刊为《社会科学家》，发文量为 27 篇。该期刊刊登的"二者关系"领域的文章主要集中在高质量发展、文旅

产业、建设规划、可持续发展、传统文化以及地域特色等方面，涉及的学科主要有旅游经济、城市经济、区域经济、环境等。由此可见，排名前三的期刊在"二者关系"研究领域具有一定的权威性，并且能够较好地把握"二者关系"的研究方向和研究状态。

对以上排名前十的期刊依据中国知网期刊上的研究层次进行分组，以便对该领域上的权威期刊进行分层，并为后续选取参考文献提供参考性建议，结果如表 2 - 35 所示。

表 2 - 35　　　　　　　　　　"二者关系"领域研究核心期刊研究层次

研究层次	期刊名称
基础研究（社科）	旅游学刊、经济地理、城市发展研究、地理研究、城市问题、社会科学家、资源开发与市场、人文地理、旅游科学
行业指导（社科）	规划师、商业时代

依据表 2 - 35 可知，国内有关"二者关系"的研究主要集中分布于社会科学领域的基础研究层次、社会科学领域的行业指导层次。其中，《旅游学刊》《经济地理》《城市发展研究》《地理研究》《城市问题》《社会科学家》《资源开发与市场》《人文地理》《旅游科学》的研究集中在基础研究（社科）。因此，在进行有关"二者关系"领域的社会科学基础研究时，可以以这几本期刊为重要的参考对象。另外，《规划师》《商业时代》的研究集中在行业指导（社科）层次。因此，在进行有关"二者关系"领域的社会科学行业指导时，可以以这几本期刊为重要的参考对象。

通过对比前文可知，在"二者关系"的研究领域，有关外文文献期刊可以参考《旅游管理》（*Tourism Management*）、《可持续性 - 基线》（*Sustainability-basel*）、《可持续旅游杂志》（*Journal of Sustainable Tourism*）等期刊。这些期刊在"二者关系"研究领域的论文质量较高，对此领域的学术研究起到了重要的支撑作用。而有关中文文献期刊方面，可以重点关注《旅游学刊》《经济地理》《城市发展研究》《规划师》《社会科学家》等期刊。这些期刊在"二者关系"领域的研究较为集中，涵盖了该领域的多个方面，进行相关研究时，可以作为重要的参考对象。

四是"二者关系"领域的研究团队分析。

先对"二者关系"领域的外文文献作者进行分析。在外文文献方面，根据上文检索所得文献数据，通过软件分析可得作者共被引结果，如图 2 - 27 所示。

图 2 - 27　"二者关系"领域外文文献作者共被引可视图

由图 2 - 27 可知，在国际上格雷格·理查兹、科林·迈克尔·霍尔、詹姆斯·厄里等作者在该领域中被引频次较高，具有一定的权威性。

将关键节点根据中心度大于 0.1 的标准提出数据，如表 2 - 36 所示。

表 2 - 36　　　　　　　　"二者关系"领域外文文献作者共被引网络关键节点

作者	被引频次	中心度	首次出现年份
唐纳德·盖茨	20	0.18	2003
加布里埃尔·埃文斯	13	0.13	2014
格雷格·理查兹	48	0.11	2014

依据表 2 - 36 可知，唐纳德·盖茨、加布里埃尔·埃文斯以及格雷格·理查兹与其他作者的关联程度较高，形成以他们为中心的多个学术研究联盟。由此，也可认为这几位作者的相关研究是具有权威性的成果。

再对"二者关系"研究领域的外文文献机构团队进行分析。

在外文文献方面，上文检索所得文献数据通过软件分析可得研究结果，如图 2 - 28 所示。

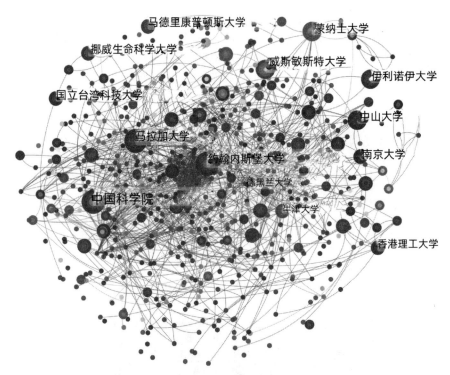

图 2 - 28　"二者关系"领域外文文献机构合作可视图

约翰内斯堡大学的发文量最高，根据机构合作可视图中的 1042 条机构连线、754 个节点和仅为 0.0037 的贡献网络密度可以看出，各国际机构之间还需要加强彼此之间的研究合作。将发文量在 5 篇以上的"二者关系"研究的外文文献机构进行排序，具体如表 2 - 37 所示。

表 2 - 37　　　　　　　　"二者关系"研究领域外文文献高发文机构

发文量（篇）	机构名称	机构性质	地区
8	约翰内斯堡大学	高校	南非
8	中国科学院	科研机构	中国

续表

发文量（篇）	机构名称	机构性质	地区
7	马拉加大学	高校	西班牙
5	蒙纳士大学	高校	澳大利亚
5	香港理工大学	高校	中国
5	伊利诺伊大学	高校	美国
5	德黑兰大学	高校	伊朗

依据表 2-37 可知，约翰内斯堡大学、中国科学院以及马拉加大学为"二者关系"领域外文文献发文量排名前三的机构。就研究机构的类型而言，发文的研究机构主要集中在高校，"二者关系"研究机构相对较为单一。这表明目前在国际上，各大高校扮演着"二者关系"研究的主要研究机构角色，它们是该领域的主要推动者。从地域上看，"二者关系"的研究规模遍布全世界，但尚未有任何一个国家或地区在该领域具有较大影响力。这表明"二者关系"领域的研究正在全球范围内逐步发展和扩展，也提示着该领域仍然存在许多未知的问题和挑战，需要进一步研究和探索。

对"二者关系"领域的中文文献作者团队及机构团队进行分析。

一方面，"二者关系"领域的中文文献作者分析。

在中文文献方面，根据中国知网检索所得文献数据，通过 CiteSpace 软件分析可得作者合作网络可视图，如图 2-29 所示。

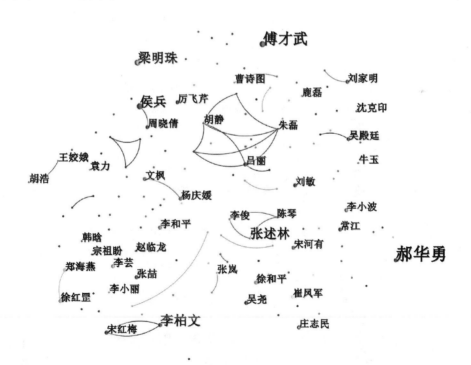

图 2-29　"二者关系"领域中文文献作者合作网络可视图

根据图 2-29 的数据显示，郝华勇是发文量最高的作者，并且与多位学者有过合作，据统计，图中共有 469 个节点（作者），但只有 197 条连线，共现网络密度为 0.0018。这表明在国内，"二者关系"领域的作者间的联系较少，多数情况下是在科研合作团队中合作完成研究。为得到发文量排名前十的作者姓名与单位，可以导出软件所运行得出的数据然后排序，如表 2-38 所示。

表2-38　　　　　　　　　　　　　　"二者关系"研究中文文献高发文作者

作者	发文量（篇）	单位
郝华勇	5	中共湖北省委党校
傅才武	4	武汉大学
张述林	3	重庆师范大学
梁明珠	3	暨南大学
李柏文	3	北京联合大学
侯兵	3	扬州大学
刘家明	2	中国科学院
牛玉	2	苏州大学
胡浩	2	北京师范大学
吕丽	2	中国旅游研究院

　　依据表2-38可知，在"二者关系"研究领域，郝华勇、傅才武、张述林等都是重要学者，他们在该领域具有较强的影响力。因此，在进行相关研究时，可以重点选取以上学者的文章进行参考。其中，来自中共湖北省委党校的郝华勇致力于旅游功能、特色小镇、特色产业、区域旅游发展以及产业融合等方面的研究。来自武汉大学的傅才武致力于公共文化服务、居民文化消费、文化建设、文化认同等方面的研究。来自重庆师范大学的张述林致力于旅游空间营造、博物馆旅游、文化创意旅游、景区发展以及空间思维等方面的研究。来自暨南大学的梁明珠致力于城市旅游效率、旅游文化、区域旅游合作、旅游吸引物等方面的研究。来自北京联合大学的李柏文致力于旅游生产力、城市化过程、旅居社会、常态化等方面的研究。来自扬州大学的侯兵致力于区域协同发展、旅游影响感知、遗产重生、文旅深度融合等方面的研究。来自中国科学院的刘家明致力于空间分布、工业遗产、城市旅游竞争力、旅游者感知以及历史街区等方面的研究。来自苏州大学的牛玉致力于历史街区、目的地选择、区域旅游合作、旅游发展模式等方面的研究。来自北京师范大学的胡浩致力于空间格局、国家历史文化名城、旅游潜力等方面的研究。来自中国旅游研究院的吕丽致力于空间格局、少数民族特色村寨、历史文化资源等方面的研究。

　　另一方面，"二者关系"研究领域的中文文献机构团队分析。

　　在中文文献方面，上文检索所得文献数据通过软件分析可得结果，如图2-30所示。

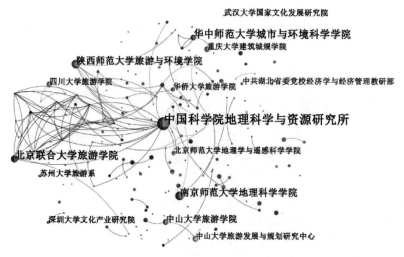

图2-30　"二者关系"研究中文文献机构合作可视图

通过图 2 - 30 可知，新时代下的"二者关系"的相关发文量最高的是中国科学院地理科学与资源研究所，北京联合大学和华中师范大学的发文量也较高。可以看出各机构之间具有良好的合作关系，但不够紧密，需要加强联系，其依据在于从图 2 - 30 中可知的发文机构有 742 个，但它们之间的连线仅有 386 条，共现网络密度为 0.0014，远远不够密集，联系较疏散。为得到排名前十的机构，可以导出软件运行的中文研究机构的发文量数据，如表 2 - 39 所示。

表 2 - 39　　　　　　　　　　　　　　"二者关系"研究中文文献高发文机构

发文量（篇）	机构名称	机构性质	地区
11	中国科学院地理科学与资源研究所	科研机构	华北地区
7	北京联合大学	高校	华北地区
7	华中师范大学	高校	华中地区
6	陕西师范大学	高校	西北地区
6	南京师范大学	高校	华东地区
5	中山大学	高校	华南地区
4	北京师范大学	高校	华北地区
4	深圳大学文化产业研究院	科研机构	华南地区
4	武汉大学国家文化发展研究院	科研机构	华中地区
4	苏州大学	高校	华东地区

依据表 2 - 39 可以看出，在"二者关系"领域的中文文献发文量排名中，前三名的机构分别是中国科学院地理科学与资源研究所、北京联合大学和华中师范大学。从研究机构的类型上看，"二者关系"研究机构相对较为单一，发文的研究机构集中在高校和科研机构。这表明目前国内对该领域的研究主力为各大高校和科研机构，其中，中国科学院地理科学与资源研究所是科研机构，在"二者关系"研究中具有一定的研究优势。此外，深圳大学文化产业研究院和武汉大学国家文化发展研究院也是科研机构，但它们也依托于深圳大学与武汉大学等高校的影响力。从地域上看，"二者关系"领域的中文文献主要集中在华北地区，而华南、华中、华东以及西北等地区对"二者关系"的研究规模较小。这表明华北地区在"二者关系"研究中具有较强的优势，但也提示其他地区的高校和科研机构需要加强该领域的研究力度，推动"二者关系"领域的发展。

五是"二者关系"领域的重要文献分析。

为确定"二者关系"研究领域中的重要成果，也便于为后续研究提供参考资料，可以对相应研究领域的重要文献进行分析，在提供参考资料的同时可以了解较为权威、代表，具有引领性的重要文献。

一方面，"二者关系"领域重要外文文献分析。

在外文文献方面，上文检索所得文献数据通过软件分析可得结果，如图 2 - 31 所示。

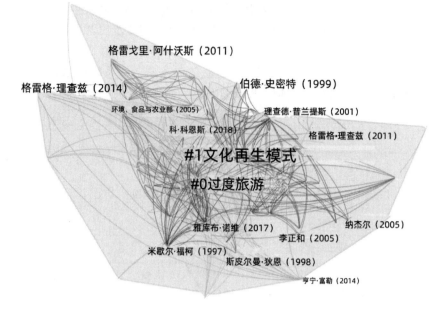

图 2 - 31　"二者关系"领域外文共被引参考文献聚类分析图

　　从图 2 - 31 可知"二者关系"的相关外文文献之间的连接度较好，且联系良好，其依据是图中节点有 443 个，有 1055 条连接线，有 0.0108 的密度值。出自 Web of Science 核心合集期刊的被引频次高的文献一般有着较好的连接作用，因此，"二者关系"发展中关键节点非常重要。

　　根据中心度大于 0.1 的标准提取数据，得到沉浸式微旅游创新与城市更新空间范型领域研究外文核心文献，如表 2 - 40 所示。

表 2 - 40　　　　　　　　　　　　　　　"二者关系"领域研究外文核心文献

中心度	作者	题目
0.03	亨宁·富勒	"别再当游客了！"柏林克罗伊茨贝格区城市旅游新动态
0.02	雅库布·诺维	"目的地"柏林重游：从（新）旅游业到流动性和地方消费的五边形
0.02	阿尔伯斯·曼努埃尔	论坛简介：从第三次到第五次绅士化浪潮
0.02	玛丽亚·格拉瓦里·巴巴斯	旅游外围地区旅游业化的机制、行动者和影响：巴黎圣欧跳蚤市场
0.01	奥古斯丁·可可拉·甘特	假日租赁：新的中产阶级化战线
0.01	迪克·达里奥汤姆	使用可穿戴增强现实增强美术馆观众的学习体验：通用学习成果视角
0.01	阿达米亚克	西班牙 Airbnb 报价模式及其分布决定因素的空间分析

　　中心度最高的文章为亨宁·富勒发表于 2014 年的《"别再当游客了！"柏林克罗伊茨贝格区城市旅游新动态》，该文探讨了克罗伊茨贝格（新城市）旅游中存在的潜在冲突。作者指出，房地产市场的动态变化解释了对游客的负面态度以及旅游与高档化之间的联系。租金上涨和可供出租的公寓数量减少成为其影响因素，同时，度假公寓使社区变化过程变得明显，并加剧了旅游业的变化。排名第二的为雅库布·诺维发表于 2017 年的《"目的地"柏林重游：从（新）旅游转向流动性和地方消费的五边形》，该文探讨了旅游在城市变化中的重要性和与其他流动和地方消费实践的相互关系。以柏林为例，它回应了城市旅游化进程的扩展和辩论，并引起人们对复杂性和多样性的关注。排名第三的为阿尔伯斯·曼努埃尔于 2019 年发表的《论坛简介：从第三次到第五次绅士化浪潮》，该文通过引入绅士化实践和模式的三个浪潮或时期，改变了我们对绅士化的看法；该文介绍了哈克沃斯和史密斯引入的三个浪潮以及利斯等人引入的第四个浪潮，并发现在全球金融危机期

间已经进入了第五波中产阶级化，第五波中产阶级化是金融主导的资本主义城市物化过程，国家在其中发挥主导作用。

另一方面，"二者关系"领域重要中文文献分析。

由于 CiteSpace 软件进行文献共被引分析时不能有数据信息残缺，而中国知网的文献数据信息不全，因此，针对中文的文献可如表 2－41 所示，从文献的被引频次入手进行统计。

表 2－41　　　　　　　　　　　　"二者关系"领域研究核心中文文献

排名	被引频次	作者	题目
1	418	赵佩佩、丁元	浙江省特色小镇创建及其规划设计特点剖析
2	402	李伟、俞孔坚、李迪华	遗产廊道与大运河整体保护的理论框架
3	304	沈克印、杨毅然	体育特色小镇：供给侧改革背景下体育产业跨界融合的实践探索
4	278	张雷	运动休闲特色小镇：概念、类型与发展路径
5	242	侯兵、周晓倩	长三角地区文化产业与旅游产业融合态势测度与评价
6	218	王云才、郭焕成、杨丽	北京市郊区传统村落价值评价及可持续利用模式探讨——以北京市门头沟区传统村落的调查研究为例
7	216	侯兵、黄震方、徐海军	文化旅游的空间形态研究——基于文化空间的综述与启示
8	198	马彦琳	环境旅游与文化旅游紧密结合——贵州省乡村旅游发展的前景和方向
9	196	马斌	特色小镇：浙江经济转型升级的大战略
10	192	温燕、金平斌	特色小镇核心竞争力及其评估模型构建

被引频次第一的是赵佩佩、丁元于 2016 年 12 月发表的《浙江省特色小镇创建及其规划设计特点剖析》，被引频次为 418 次，作者认为特色小镇规划应体现创新与融合、多元与聚合、精致与美丽的规划建设要求，其规划重点应包括产业功能研究、空间模式研究、小镇特色塑造、政策创新设计和近期项目实施等六大部分内容；此外，特色小镇规划作为一项综合性的建设规划，还需体现全过程集成设计、与市场接轨的规划方法创新等方面特点。排名第二的是李伟、俞孔坚、李迪华于 2004 年 1 月发表的《遗产廊道与大运河整体保护的理论框架》，被引频次为 402 次，该文说明了在我国建设遗产廊道既是保护众多的线形文化景观遗产的需要，也是在快速城市化背景下建设高效和前瞻性的生态基础设施的需要，同时更是进一步开展文化旅游的需要。被引频次排名第三的是沈克印、杨毅然于 2017 年 6 月发表的《体育特色小镇：供给侧改革背景下体育产业跨界融合的实践探索》，被引频次为 304 次，该文从社会治理、产业融合、新型城镇化和全民健身等视角对体育特色小镇进行了多维度解读，认为其有利于促进体育产业升级、扩大供给和产业跨界融合，并提出了做好科学规划、明确产业定位、优化资源配置、加强跨界融合、完善运营管理和重视评估等策略来建设体育特色小镇。

六是"二者关系"领域的研究热点及前沿分析。

一方面，对"二者关系"领域的研究热点进行分析。

依据 Web of Science 数据库中检索所得的文献数据，在外文文献方面，通过 CiteSpace 软件分析可得关键词共现图，如图 2－32 所示。

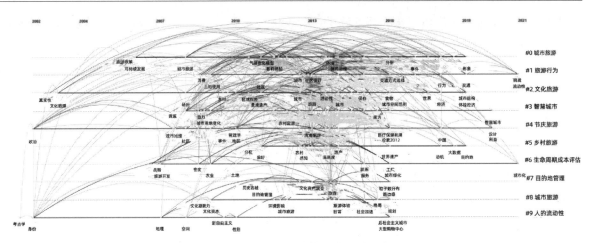

图 2 – 32 "二者关系"领域外文文献热点图

由图 2 – 32 可知,"二者关系"领域外文文献高频关键词聚类分为 10 个类别,分别为城市旅游(urban tourism)、旅游行为(travel behavior)、文化旅游(cultural tourism)、智慧城市(smart city)、节庆旅游(event tourism)、乡村旅游(rural tourism)、生命周期成本评估(life cycle costing assessment)、目的地管理(destination management)、城市旅游(city tourism)、人的流动性(human mobility)。这十个类别代表了"二者关系"领域具体的研究热点。在聚类图中,通过对关键词进行提取并按照关键词时间顺序进行排列,可以得到如表 2 – 42 所示的研究热点脉络。

表 2 – 42　　　　　　　　　"二者关系"领域外文文献热点关键词脉络

年份	关键词
2002	特性、政治、民族主义、考古学
2003	文化旅游、真实性、访客、回报
2005	文化、消费者行为、传播、创新
2006	可持续发展、旅游政策、地下开口处的稳定性、环境条件
2007	地理、旅游发展、制度、战略、移民、增长、省份、珠三角、航海、政治经济学、社会主义城市、交通应用、研究方向
2008	城市旅游、管理、社区、资源、城市地理、净能值比、社会建设、城市铭文、可持续性、地理信息系统、能值综合
2009	旅游、土地利用、农业、土地利用变化、消费、交通、模式选择、城市结构、驱动力、代表性、文化资本、旅游行为、大型事件、经济发展、中国东部沿海
2010	城市再生、面积、景观、农村地区、创意城市、土地、性别、用户、地中海海岸、景观偏好、匮乏、访问
2011	影响、偏好、遗产、邻里、气候变化、地点感、振兴、传统锚元素、城市规划、赫斯特指数、当地经济发展、冰川、分散化、历史城市
2012	经验、文化遗产、模式、城市旅游、环境影响、选择、城市扩张、乡村聚落、小贩中心、历史来源、城市生活、农业工业建筑、经济估值、机遇、景观认同
2013	旅游、感知、行为、乡村旅游、城市、态度、质量、城市形式、建筑环境、城市空间、体育活动、旅游规划、气候、企业家精神、公众参与、目的地管理、属性、工作、定性访谈、元胞自动机、数字身份
2014	满意度、模式、城市发展、形象、遗产旅游、视角、政策、社区参与、日常生活、知识、工业遗产、环境、产业、细分、表现、游客体验、演变、旅行时间、事件旅游、创意、创意产业、区域、网络、情感、舒适环境增长、生态系统服务、舒适环境
2015	增强现实、治理、公共艺术、保护、景观变化、土著旅游、二线城市、科佩尔港、复杂的三维模型、发展与身份、消费者选择、城乡互动

续表

年份	关键词
2016	可持续旅游、中产阶级化、城市规划、世界遗产、水系、收入来源发展，体现意义，疾病监测、GPS 行走数据、推广措施、鹿头菜、海岸侵蚀，经济复苏、食物、政府政策、最佳实践案例
2017	旅游基础设施、艺术、城市形态、社区发展、健康、旅游资源、休闲综合体
2018	经济、旅游行为、公共空间、地方依恋、城市形象、考古遗产、毕尔巴鄂效应、动机、城市地下空间、文化吸引力、旅行、实施
2019	目的地、交通、目的地形象、大数据、建设、前身、城市结构、价值创造、脆弱性、忠诚、体验经济、数字化转型
2020	智慧城市、社交媒体、设计、酒店、福利、支持
2021	城市化、挑战、流动性

　　由表 2 – 42 可知，在不同的时期"二者关系"研究方向也有所不同。在 2003 年，文化旅游与旅游真实感成为研究热点。2005 ~ 2012 年，学者们开始研究城市旅游产业创新、可持续发展旅游、社会建设、城市地理、规划等问题。在 2013 年，学者们重视数字化旅游与城市建设，开始研究旅游与景区、景观应用体验式场景技术的问题。在 2016 年，学者们开始关注城市的更新与工业遗产的价值再创造。在 2018 年，文化吸引力与城市联合发展成为研究热点。而在 2019 年，学者们开始关注目的地形象、城市结构、智能城市及体验经济等问题。

　　在中文文献方面，根据中国知网检索所得文献数据，通过 CiteSpace 软件分析可得关键词共现图，如图 2 – 33 所示。

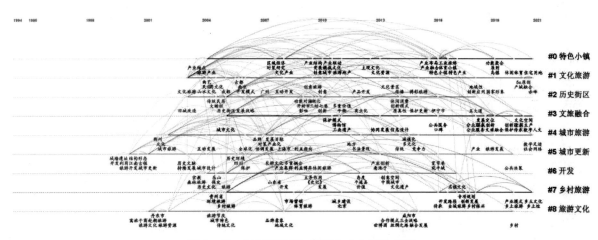

图 2 – 33　"二者关系"领域中文文献热点图

　　由图 2 – 33 可知，"二者关系"研究的中文文献的高频关键词聚类分为 9 个类别，分别为特色小镇、文化旅游、历史街区、文旅融合、城市旅游、城市更新、开发、乡村旅游、旅游文化。这九个类别代表了"二者关系"领域的具体研究热点。根据聚类图并按照关键词的时间顺序进行排列，可以得到如表 2 – 43 所示的结果。

表 2 – 43　　　　　　　　　　"二者关系"领域中文文献热点关键词脉络

年份	关键词
1994	旅游产品、旅游形象、旅游名城
1995	文化名城、生态系统

年份	关键词
1997	都市旅游、社区文化、都市社区、境外游客
1998	长沙市、旅游经济
1999	风景旅游、平遥古城、理念基础、形象策划、视觉形象、山水特色
2000	旅游开发、城墙遗址、开发利用
2001	城市更新、旅游文化、寓旅于商、结构形态、江南古镇
2002	城市旅游、旅游业、旅游资源、文化、开发规划、空间布局、潮汕文化、旅游现状、度假区
2003	文化旅游、旧城改造、持续发展、历史文脉、结构体系
2004	旅游产业、历史文化、城市设计、保护规划、城市、宗教、山水文化、文学艺术、互动发展
2005	乡村旅游、历史街区、旅游、城市文化、传统文化、城市特色、环境旅游、旧城区、旅游节庆、社区建设、传统街区、传统民居、大栅栏
2006	开发模式、保护、全球化、南京市、发展战略、传统村落、开发策略、文化景观、文化整合、城市形态、古都、历史环境
2007	协调发展、对策、京津冀、品牌、区域旅游、景区规划、北京旧城、历史名城、传统村镇
2008	文化产业、地域文化、产业集群、开发、区域经济、上海市、创意产业、对策研究、差异性、产业化、创新平台、体验旅游、传统城市、城市文脉、主题性
2009	体育旅游、利益博弈、城市化、哥德堡号、休闲产业、功能对接、体验经济
2010	创新、三坊七巷、产业结构、休闲旅游、主导作用、创意、创意城市、旅游体验、典型模式、创意旅游
2011	工业遗产、博物馆、旅游地产、城市职能、土地利用、产业联动、古城、保护模式、历史城镇、多重价值
2012	书法景观、区域共生、古镇旅游、差异发展、产品开发、发展模式
2013	协同发展、文化资源、区位熵、陶瓷文化、冰雪旅游、城市创新、产业创新、优势条件
2014	传播、文化遗产、产业链、文化景区、运河文化、休闲消费、创意空间、创新模式、九大古都
2015	上海、融合发展、竞争力、发展策略、产业集聚、功能分类、保护更新
2016	特色小镇、产业融合、传承、产业升级、产业布局、发展路径
2017	全域旅游、特色产业、创新体系、作用机制、工业旅游、居民感知、城市转型、地方感
2018	北部湾、乡村振兴、城市群、产业、创新应用、创新发展、地域性、产业发展、专项规划
2019	文旅融合、旅游发展、模式创新、产业选择、休闲城市、功能聚合、产业演化、公共艺术、博物馆+、休闲研究
2020	文旅产业、主客关系、产业模式、保护传承、公共决策
2019	提升路径、数字经济、旅游城市、双循环、乡村度假、数字人文、文化认同、影响因素、文化基因、数字足迹、主客共享、产城融合

　　由表 2 - 43 可知，相较于外文研究，中文文献领域的"二者关系"学术研究热点脉络较少，同时，其热点关键词的类别也较为单一，相关的关键词也较为疏散，说明该领域尚未形成合理的体系。具体而言，1994 年，学者开始研究旅游的产品、形象与城市打造问题，在 2000 年开始关注城市遗址、旅游开发等问题。在 2003 年，学者们开始重视旧城改造、保护规划等研究，2011 年则开始研究产业联动、城市工业遗产及融合发展等问题。在 2017 年，城市转型、创新发展的问题开始受到重视。而在 2021 年，数字人文、数字经济等数字化技术应用与城市发展与旅游开发的问题开始成为研究热点。

　　另一方面，对"二者关系"领域的研究前沿进行分析。

　　在外文文献方面，根据上文检索所得文献数据，通过软件分析可得保持至少三年的文献前沿术语，如表 2-44 所示。

表 2-44　　　　　　　　　"二者关系" 领域外文文献前沿术语

关键词	强度	开始年份	结束年份	2010~2021 年
文化旅游	4.49	2017	2019	▬▬▬▬▬▬▬▬
满意度	3.73	2018	2021	▬▬▬▬▬▬▬▬
经济	3.69	2018	2021	▬▬▬▬▬▬▬▬

注："▬▬▬▬" 为关键词频次突然增加的年份，"▬▬▬▬" 为关键词频次无显著变化的年份。

如表 2-44 所示，2017~2019 年，"二者关系" 领域外文文献突现关键词为文化旅游（cultural tourism），说明在这一时期，有关 "二者关系" 领域的研究，学者们重点关注文化旅游方面。2018~2021 年，关键词突然出现了满意度（satisfaction）和经济（economy），这表明在文化旅游领域，学者开始重点研究主客满意度与当地经济发展之间的关系。通过对 "二者关系" 领域的外文文献研究前沿进行分析可以得知，在国际环境下，目前 "二者关系" 的研究前沿是从某个角度进行分析，这表明研究沉浸式微旅游业态创新与城市更新空间范型建设之间的协同模式具有创新价值与学术价值。

在中文文献方面，根据中国知网检索所得文献数据，通过 CiteSpace 软件分析可得文献关键词，如表 2-45 所示。

表 2-45　　　　　　　　　"二者关系" 领域中文文献前沿术语

关键词	强度	开始年份	结束年份	2005~2021 年
旅游开发	3.97	2008	2012	▬▬▬▬▬▬▬▬▬▬
特色小镇	14.48	2016	2021	▬▬▬▬▬▬▬▬▬▬

注："▬▬▬▬" 为关键词频次突然增加的年份，"▬▬▬▬" 为关键词频次无显著变化的年份。

根据表 2-45 可以发现，仅有两个关键词在过去 5 年中一直保持着研究热度，此外，还可以看出在 2008 年之前，没有出现 "二者关系" 文献突现关键词，这说明中国学界在此前并没有将沉浸式微旅游与城市更新空间范型建设模式协同起来进行研究。2008~2012 年，文献突现关键词为旅游开发，说明在这一阶段，关于沉浸式微旅游与城市更新空间范型的研究开始起步，并且在这一时期的学术前沿为旅游开发，学者主要对旅游开发的沉浸式微旅游与城市更新空间范型进行研究。2016~2021 年突现词为特色小镇，说明学者们目前重点通过对特色小镇的开发对城市更新以及旅游开发的协同发展进行研究。

第二，沉浸式微旅游业态创新与城市更新空间范型协同研究的文献计量结果。

一是通过分析国内外 "二者关系" 领域的研究发文量，可以发现外文文献数量相对较高，这说明目前在该领域的研究中，外文的研究热度比国内更高。这也同时说明，在未来研究 "二者关系" 领域时，国内应该打造出具有自我特色的研究，以使其在该领域具有核心地位。中国在该领域的发文量位居全球第一，并且具有核心地位，这表明中国在该领域具有一定的国际影响力。

二是通过分析 "二者关系" 领域的载文期刊，发现有关该领域研究的外文文献主要集中在旅游管理、城市规划、可持续发展以及地理学等领域。而国内针对 "二者关系" 的论文在期刊上的集中度较低，尚未形成较为稳定的期刊群和较有代表性的期刊，且研究主要涉及旅游经济、区域经济、公共管理以及社会等学科，集中于高质量发展、文旅产业、建设规划、可持续发展、传统文化以及地域特色等方面。

三是通过对 "二者关系" 领域的研究团队进行分析，发现外文文献已形成以唐纳德·盖茨、加布里埃尔·埃文斯以及格雷格·理查兹等为中心的多个学术研究联盟。然而，通过分析外文机构发文文献可以发现"二者关系"研究机构较为单一，主要集中在高校。尽管有关"二者关系"的研究规模遍布全世界，但说明该领域尚未有较具影响力的国家。通过对"二者关系"领域中文作者的共现分析可以发现，郝华勇、傅才武、张述林是该领域的重要学者，在"二者关系"研究领域具有较强的影响力。分析中文发文机构可以发现，研究该领域的机构类型比较单一，研究"二者关系"的主力机构为各大高校和科研机构。

四是分析"二者关系"领域重要文献可知，国外文献主要关注文化再生模式和旅游创新等方面，中文重要文献多分布于跨界融合、完善运营管理等方面的研究。

五是通过分析"二者关系"领域的研究热点及前沿可知，外文研究热点侧重于城市旅游、旅游行为、文化旅游、智慧城市、节庆旅游、乡村旅游、生命周期成本评估、目的地管理、城市旅游、人的流动性等方面。而中文研究的热点则主要集中在特色小镇、文化旅游、历史街区、文旅融合、城市旅游、城市更新、开发、乡村旅游、旅游文化等方面。此外，对学术前沿的分析表明，"二者关系"研究的前沿术语为城市结构、智能城市及体验经济。这说明目前在该领域的研究多侧重于打造体验经济的角度。

综上所述，目前在旅游创新、旧城改造等问题中，学者们开始运用沉浸式微旅游业态理论进行研究。大量的研究成果是通过他们致力于探究旅游产业发展内涵和实现路径、城市中旧区之间协同发展、协同建设评价、机理、模式与合作路径、沉浸式微旅游业态创新等相关问题而取得的。然而，对实际虚拟体验感知、沉浸式微旅游业态创新与城市更新空间范型建设之间的关系方面进行研究所取得的研究成果相对较少。

在国内外现有研究中，有关沉浸式微旅游业态创新领域和城市更新空间范型的研究已由静态转化为动态，由概念层面转化为经济社会发展层面，在旅游业态方面的研究相对丰富，但是对于二者的研究尚处于割裂状态。

2.2　沉浸式微旅游业态创新与城市更新空间范型协同模式的研究综述

2.2.1　沉浸式微旅游业态研究的研究综述

国内外学者对于沉浸式微旅游业态创新研究已有一些成果，关于沉浸式微旅游业态创新的研究，可以划分为以下四个阶段。

第一，启蒙阶段（2013 年以前）理论运用。

沉浸式旅游源于沉浸体验（Immersive Experience），即心流理论（Flow Theory）。最早的沉浸式体验可以追溯到世界上第一个沉浸式主题乐园——迪士尼主题乐园，其建成时间为 1955 年。而沉浸理念的首次提出是在 1975 年，当时契克森米哈赖（Csikszentmihalyi）将沉浸体验描述为一种模式，具体来说，当人们专注于正在进行的活动时，他们的意识焦点会变得更窄，这是通过减少自我意识、关注目标反馈以及对环境的控制，从而过滤掉与当前任务无关的感知和思想实现的；契克森米哈赖认为，"挑战"与"技能"是影响沉浸的主要因素，当技能与挑战达到平衡时，便会产生沉浸体验。从此开始，人们不断拓展关于沉浸理论的研究在理论阐述和实践应用，与此同时，在该阶段由于虚拟现实技术的产生和发展，人们开始将虚拟现实技术应用于旅游业。而沉浸感最初被广为使用是在游戏、小说等领域，查肯·雪莱（Chaiken Shelly，1999）认为沉浸感是一种心理状态的沉浸，个体在感知虚拟世界时，通常会将其代入虚拟场景中，由于其全身心投入其中，便极其容易与虚拟世界的人物产生共情。马西莫·贝尔加米（Bergami M，2000）研究发现，情绪是个体对于周边环境与场景进行认知评价后的结果，也是其心理活动所显现出来的外部表现，个体的认同感是影响居民行为的因素之一。而艾米丽·布朗（Brown Emily，2004）则认为沉浸感是一种渐进的、动态的过程，也被称为"过程论"，并且认为扎根理论将沉浸感划分为三个层次，这种划分也为沉浸感提供了新的思路，人们将其应用在游戏以外的领域。谢彦君（2005）在"八径模型"（eight-channel model）的基础上，构建加入了期望和感受这两个更具一般性和综合性的衡量维度的旅游体验的"挑战—技能"改进模型，对沉浸式体验模型做了创新性的转化，这个加入期望和感受维度的改进模型为分析和解释旅游体验提供了更为直接和具有针对性的依据，使得解释能力得到了极大的增强，为分析和解释旅游体验提供了更为直接和具有针对性的依据，有助于深入挖掘不同游客之间的体验差异和心理变化。谢彦君（2005）同样认为游客的体验旅游不仅是一个简单的应激反应，而且是周边环境和个体主观互动的旅游产品，随着周边场景的不断变化，游客的心理感受也随之产生变化。伯纳德·科瓦（Bernard Cova，2006）在研究中也发现沉浸在消费体验中不是一个瞬间的体验过程，而更像是循序渐进的体验感知过程，其认为为了促进这一过程，必然需要重视景区中服务要素的管理。朴兴汉（Han Sik Park，2004）和李亨龙（Lee Hyung－Ryong，2008）研究发现，沉浸体验不受游客技能影响，但受个体自我效能、挑战性、控制性的影响，而游客满意度和重游率受到沉浸体验的显著影响，流动体验程度越高，消费者的参与程度越高。最后，流量体验对互联网旅游消费者的购买意愿有正向影响。金（Kim，2009）发现在当代社会，主题公园的核心作用是为生活在繁忙环境中的人们提供非常特殊的体验，以使他们可能有机会补充自己的活力，使他们的生活更加愉快。此外，在旅游新理念发展越来越深入的今天，主题公园的表演活动对建立主题特色也具有重要的意义和作用，使主题公园更具竞争力，而且有观众参与制造的背景故事比预先设定的受欢迎程度要高。覃雯（2010）和黄干提出，传统的旅游模式结合沉浸感与旅游需求，更能够创新与开发旅游新产品，可以全方位调动游客的感知，有效地把旅游资源转化为旅游新产品，并带动起区域旅游产业和经济的双向发展。崔江熙（Hee，2010）着眼于研究运用文学理论叙事学的一种手法——讲故事，更丰富地引导和阐释文化遗产的内容，他发现如果对旅游景点的模糊期待和兴奋导致加深当地体验和结构化的故事叙述，它将成为发现价值和意义的旅游机会，而不是简单的旅游，讲故事在情感的、瞬间的、即兴的、瞬时的和现在的说话中都有强烈的表现。特别是说话时的表情、音高和手势确实是一种指标，使当前存在的意义变得情绪化，讲故事指向积极的欢爽，超越消极的快乐。换言之，它通过积极参与文本生产而走向搞笑模式。讲故事具有灵活性、弹性和延展性。也就是说，它不是固定的模式，而是通过各层之间的交互，不断推出新版本的开放模式。陈广仁（2011）提出，数字文旅是以互联网、通信等数字技术促进文旅融合的现象总和。李厚石（Lee Hoo－Suk，2011）对外国游客对韩国传统村落的真实性感知以及这种感知与游客旅游体验之间的关系进行了探讨，使用了2010年8月收集的400名外国游客的数据，他们参观了首尔的Buckchon韩国村；通过对12项真实性知觉因素进行探索性因子分析，研究提出了真实性知觉因素的三个维度，分别是"客观真实性、存在性真实性和建构性真实性"，此外，还通过聚类分析得出了两组真实感知组，分别是低真实性感知组和高真实性感知组；结果表明，两组在旅游体验的四个维度上存在显著的统计差异；结果还表明，两组在社会人口学特征上也存在显著的统计差异；研究还讨论了其结果的局限性和未来的研究方向。根据尹雪明（Seol－Min，2012）的研究发现，韩国最成功的文化旅游产品逐渐成为具有竞争力的旅游资源，需求也在不断增长；研究发现，互动性和参与性对游戏性有积极的影响，趣味性对游客的满意度有正向影响，进而影响其行为意图，玩乐性对行为意图的影响也是显著的；除了研究最初的假设外，研究还发现了额外的路径，即交互性对满意度的影响，此外，互动性似乎对满意度也有显著的影响；同时，结构关系的结果表明，内容的互动性和游戏性是该研究的核心构念；总的来说，互动性、参与性、趣味性和玩乐性这些因素能够显著影响游客的满意度和行为意图。但根据安·汉森和莉娜·莫斯伯格（Hansen，Mossberg，2013）的研究，高峰体验在某种程度上也与沉浸感重叠，因为它们都有缺乏自我意识、缺乏时间意识以及完全专注的特点，本质上是一种动态的过程；该研究意味着，"沉浸感"和"高峰体验"这两个概念在某种程度上存在相似性；指出当由于某种原因，个人在体验过程中无法专注于外部事物（如缺乏时间意识）时，他们会经历沉浸感和高峰体验，这一发现加深了对于沉浸感和高峰体验之间联系的理解。

第二，研究阶段（2014～2016 年）技术运用。

随着科学技术的不断革新和数字经济的快速发展并引领各行业巨大变革，数字化已经广泛渗透到日常生产生活中，旅游业也逐渐进入数字化转型阶段，沉浸式体验与旅游业的结合呈现的新业态开始出现。此阶段沉浸式旅游研究仍聚焦虚拟现实和虚拟旅游，多从虚拟现实视角展开。同时，自然环境、感知价值、满意度等在一定程度上影响旅游活动中的沉浸体验。沉浸体验，亦称"心流体验"或"畅爽体验"，指人在完全投入某项活动时获得的感受。雷伊汉·阿尔斯兰·阿亚兹拉尔（Reyhan，2015）认为最近旅游体验很流行，原因之一是心流理论，它有内在奖励。流量理论作为理解游客体验的一个很好的理论依据，在许多研究中应用广泛，如网络和教育应用。虽然学界在冒险活动和概念的重要性方面也有研究，但目前开展的研究有限。戈尔列夫斯卡娅（Liudmila Gorlevskaya，2016）指出，在科技飞速发展的数字化经济世界，媒体消费转向互联网、移动和创新媒体，各种数字沟通工具在旅游业营销沟通中发挥了重要作用，以期更有效构建旅游业沟通，强调了数字技术对旅游业营销宣传与沟通的作用。佐兵（Zuo B，2016）在研究发现，高新技术的应用可提升红色旅游的社会价值与历史使命，在技术在改变游客体验时，旅游供应商应掌握技术带来的机遇，善用新技术强化红色主旨，指引游客聚焦革命历史，延续红色游客特有的深度叙事，技术是工具，营造沉浸感很重要，但更重要的是导向游客思考。加纳（Garner，2016）在研究中探讨了旅游的沉浸式战略与其制度背景之间的联系，将文章背景设定为《神秘博士》在威尔士卡迪夫湾拍摄地点附近，并进行徒步旅行，在旅游中尝试从沉浸的角度鼓励加强参与者和所访问的地点之间的联系。同时，任欣颖（2016）在对旅游市场进行探索时发现，沉浸式体验正在改变着旅游市场的体验方式，给旅游行业带来更多的想象空间和营销机遇，并且在文中描述了当前"VR＋旅游"的表现形式和经济收益，以及未来 VR 技术在旅游业中的应用及发展趋势。刘燕（2016）更是基于沉浸理论，探讨交互速度、感知体验等因素与在线旅游体验的关系，结果显示，游客网站操作技巧、感知挑战、感知控制能力、感知有效性以及网站表现与交互速度都会显著提升在线体验，沉浸体验再次提升重游率。并且汤洁娟（2016）利用黄山、泰山、故宫和乌镇作为研究对象进行研究，其认为应将信息技术作为有效工具，发挥其辅助作用，而不能取代文化底蕴，科技进步必须与传统艺术相匹配，才能彰显景点独特的精神。

第三，发展阶段（2017 年至今）一方面是技术主线，另一方面是场景主线。

自 2017 年起，沉浸式旅游研究有深入进展：首先是研究对象的扩大，不限于"沉浸体验"，更多关注与游客体验紧密相关的"畅爽体验""心流体验"和"幸福感"等。其次是理论支持多元，除沉浸学说外，具体神学与文化体验学说也被引入研究。最后是研究视角不同，从心理学、人机交互、营销管理等角度分析旅游体验。研究内容逐渐丰富，涉及沉浸式夜间旅游等多个细分领域。综上所述，沉浸式旅游研究已从单一关注"沉浸体验"转化为全面探讨与旅游体验相关的各方面因素，同时，理论支点和研究视角更加复杂多元。这有利于较全面领会游客需求，为旅游主体提供个性化的沉浸体验。《"十四五"文化和旅游发展规划》于 2021 年发布，提出未来支持定制、体验、智能、互动等新消费模式满足个性化需求，打造沉浸式旅游场景提供沉浸式体验，推进智能化、互动化提升旅游服务，为沉浸式旅游发展提供了政策保障。政策为发展提供了基础，同时实现沉浸式旅游从体验设计着手，提高了旅游体验并激发活力。不同学者对沉浸式体验的发展历程进行了多方位研究，一方面在技术主线，通过多媒体、投影互动、VR/AR 等技术让观众沉醉于虚实情景之中；另一方面在场景主线，主要是注重场景体验，将观众与作品融为一体。郑群明（Zheng Qunming，2017）基于沉浸体验理论，建立结构方程模型来检验沉浸体验、积极情绪和生态游客忠诚度之间的关系，探索开发旅游产品必然需要涉及沉浸环境、激活沉浸体验，提供个性化服务，促进积极情感，开展体验式旅游活动。曹花蕊（2017）基于已有沉浸体验相关研究，针对娱乐休闲消费活动研究发现，挑战与能力平衡、活动的结构性、环境设备都能够促进消费者进入沉浸体验状态，同时，游客情绪能够通过沉浸体验变得更加积极，从而直接激发顾客积极的后续行为。王红（2018）在对博物馆研究时发现，后现代博物馆不同于传统博物馆以收藏为导向或以教育为导向，而是以体验为导向，更多研究观众的动机、需求和体验感，随着博物馆文化的数字化时代的到来，技术与数字化成为博物馆的创新之道，通过叙事性故事创造身临其境的沉浸式体验，是博物馆体验的关键，新媒体影像技术使这种体验更加丰富。根据刘欢（2018）的研究发现，个体在接受外部环境及感官刺激时，会调动自身的认知和经验，对刺激产生反应，并与原有的记忆进行联动，这种联动可以帮助个体认知和思考场景与自身特征，从而引发对历史事件和人物产生不同情绪，同时也提升了游客的体验感。沈康（2018）认为自21世纪初开始，展示与演艺体验发展迅速，随之诞生了一系列新的展演尝试、新的思想以及新的体验模式，沉浸式展演空间为其中的一种，而国内文化旅游业不断向着深度文化旅游体验方向发展，由此衍生出文化旅游主题沉浸式展演空间，逐渐成为文化旅游深度体验的新方向。另外，苏珊·马克思（Marx S，2019）采用案例研究法探讨了数字化技术在旅游业中的地位、作用以及所面临的挑战，表明以中小企业为主导的旅游业的异质性与游客旅游体验所需的同质性之间存在紧张关系。维罗尼卡·布卢门撒尔（Veronica Blumenthal，2019）聚焦于消费者沉浸，采用扎根理论方法，探讨游客与体验场景的互动如何影响沉浸过程，并且通过参与式观察和半结构化访谈相结合的方式收集数据，研究结果进一步表明，游客在沉浸过程中的进展是动态的，并受到游客对体验过程中发生的事件的个体反应的调节。吴丽云（2019）认为，数字技术的发展有助于当前文旅产业的新型业态成长，同时也有助于促进旅游业的转型升级，当文化旅游产业与现代技术相互融合后，可以推动文旅产业的数字化转型，使之成为旅游业发展的新动能和新模式，这种融合的特点在于数字技术与文旅相互结合。余玲（2019）将2004～2017年国家5A、4A级旅游景区的283个实景演艺旅游资源作为样本，借助ArcGIS软件对其发展阶段、类型特征、多维空间格局、时空扩散过程等进行了分析，了解了我国旅游演艺发展的演变和创新。作为文化产业领域中具有前沿性和成长性的新兴样式，沉浸式体验是当今文化与科技融合而形成的一种新业态。沉浸式体验是一种以空间造境为核心业态、依托数字化建立起来的体验活动，能够让游客借助技术进入虚拟的世界，感知场景所要表达的情感与认知。花建（2019）指出，中国要加快发展具有创新活力和产业竞争力的沉浸式体验，就必须在文化产业领域推动"科创＋文创"，建立多学科协同创新的平台，重点关注年青一代的精细化需求，利用国际合作融合全球创新成果。主题乐园作为沉浸式体验的重要产品之一，王蕾（2019）认为，在以"沉浸传播""体验经济"为标识的第三媒介时代，主题乐园应当围绕"沉浸体验IP"促进自身的可持续发展，这不仅有利于改善主题公园的消费结构和重构城市公共空间，提高居民文化娱乐层次，而且能改变主题乐园同质化、文化支撑羸弱以及互动体验项目缺乏的现状，研究营造具有"沉浸体验"的创意性IP，不失为符合社会媒体生态环境变迁和满足游客身心需求的有效途径，此外，打造"沉浸体验IP"之所以被视为理念和实践的发展趋势，正是时代和技术双重驱动作用下的结果。苏尼尔·库马尔（Kumar，2020）等的研究结果表明，游客对数字化的需求、共享经济的兴起及社交媒体的普及，是推动旅游业数字化的主要因素，他们通过解释结构建模及MICMAC（应用于分类的交叉影响矩阵乘法）分析得出这一结论；此外，文章还探讨了数字化对旅游业利益相关者的影响，阐述了数字化过程中存在的挑战及解决方案。加林娜·瓦伦蒂诺夫娜·卡拉布霍娃（Kalabukhova，2020）等众多学者研究指出，数字技术的发展会对旅游业投资产生深远影响；旅游公司必须利用社交网络、移动设备、数据分析及嵌入式技术来改变客户互动、内部运营及投资模式，以数字化作为增加投资活动的因素。冶进海（2020）认为媒介技术的迭代升级使得人类感官不断得到解放，外在时空不断得到充分扩张，尤其是智能媒介平台搭建的虚拟时空会不断满足人类对快乐和幸福的追求，人类在不同虚拟时空的自由穿梭中感受到时空嬗变带来的快意和威胁，在万物一体、深度赋能的数据智能体验时代重新审视主体意识，坚守所追求的真善美之根本价值。伴随着我国沉浸式旅游的迅猛发展，学界也对沉浸式体验在旅游业态创新方面进行了一系列研究。邹驾云（2020）通过研究"沉浸式"体验旅游作用机理发现，舍弃传统观赏模式，参与者参与互动并融入节目表演，能极大满足观众体验需求，体现文旅消费发展方向。刘洋和肖远平（2020）详细阐述了数字文旅产业的内容，鼓励数字技术与数字文旅产业多元融合，推动数字化进程，同时运用三维、虚拟现实技术打造沉浸式观感效果，改变传统观众关系，将观众置身情境之中，使之产生心理冲击。夏杰长和徐金海（2020）同样认为文旅产业数字化转型有利于产业融合、供给侧结构性改革及高质量发展。以邓立（2020）为代表的一些学者指出，政府及旅游企业对数字技术的理解仍在摸索阶段，意识及观念需培养；抓住数字经济机遇，提升数字化水平，对产业转型升级具有重要意义。而将沉浸式体验与旅游业结合之后，其无边界、交互性、愉悦性、具身性等特征能将真实的体验和虚拟的世界相结合，为游客带来全方位和超震撼的感官体验。李凤亮和杨辉（2021）认为科技已成为推动文化旅游发展的重要力量，不仅改变了文化旅游的消费模式，而且为提升文化旅游质量提供了新动能，使文化演艺旅游、博物馆旅游、乡村旅游和生态旅游等旅游新业态也随之涌现，也促进了定制化消费、沉浸体验式消费、理性消费的兴起；同时，他们认为应该坚持以科技创新推动文化旅游业态创新，加强相关人才培养，以促进旅游业态创新。恩蒂娜·塔玛拉（Entina T，2021）等众多学者通过市场分析和调查法，提出符合千禧一代需求的全球旅游市场理论模型，有助于市场的有效适应和竞争优势的发展，通过数字技术和社会网络的综合发展推进全球旅游业。徐菲菲和何云梦（2021）认为，数字文化旅游的本质是将数字技术与文化旅游深度融合，实现新一代沉浸式文化旅游消费，但数字技术推动文旅融合仍存在问题，如科技转化能力差、共性技术需突破瓶颈；数字文旅产品缺乏情感体验等，导致游客体验难满足；数字文旅宣传方式创新不足，数据共享机制尚未形成且信息过于碎片化。冯一鸣（2021）等认为在营造场景的建筑、氛围、故事背景时，可以增加代入感和历史文化感，使游客在实际旅游体验中加强与文化历史的联动感，满足个体寻根索源的天性。素贤安（An Sohyun，2021）基于心流理论和S-O-R模型，认为在数字化时代，虚拟现实（VR）成为目的地营销的新工具，并探讨了VR旅游引发沉浸式体验并导致游客的满意度和旅游意向的提升，介绍了VR旅游的两个关键属性——感官和信息质量，并发现它们正向影响着游客的沉浸旅游体验。韦秀玉（2021）认为传统手工艺体验是可以产生心流的沉浸式体验，游客在旅游过程中参与活动，能够获得相应的幸福感，同时传统手工艺体验中心的打造可以为传统手工艺文化与大众生活搭建平台，也可以推进文化和旅游的深度融合，以此助推经济的发展；在建设场景时需要相关部门的政策扶持、财政支持和宣传服务，调动市场积极性，并形成多行业人才联动。林叶强（2022）等发现全球消费者的消费习惯正在发生着变化，正从购买商品转向经历体验，现代消费者的需求开始注重体验的质量与多元化，而沉浸体验旅游的悄然崛起，受到游客欢迎，发展沉浸式旅游以及现有问题，成为一个重要议题。

第四，创新阶段。

随着新时代的到来，沉浸式微旅游开始被人发掘。新时代下前往短途周边或本地古镇、乡村等地小憩，体验不一样的风景和民俗，以"微旅游"为主打的周边游逐渐成为旅游消费的重要增长极。当下"微"时代的来临，"微"成为引领各行各业的流行词缀，微生活、微政务、微小说、微故事、微电影、微评论、微表情、微动力等，一切都与微联系，而"微旅游"也是时下热门的一种旅游形态。以"微度假""微旅游"为代表的大众旅游休闲新热点已经成为一种新的休闲方式和生活态度。微旅游产品由于具有体验感强、消费品质高和综合度高等方面的优势，受到市场的欢迎，所以应抓住当今社会游客的需求。袁志超（2020）认为企业若能开发出更多的优质微度假旅游产品满足市场需求，必将会推动微度假旅游的进一步发展。学界对微旅游进行了深入研究，在微旅游基本概型方面，魏小安（2012）认为传统与新兴的结合是唯一的出路，而现在已经进入微时代，就需要微旅游的创新，强调强化细致入微。细节决定成败，于细微处见精神，自然是微旅游的本质。在微旅游形成动因方面，王乃举（2016）认为作为一种新的旅游形态，基于旅游系统认识角度，微旅游基本概型和拓展概型由游客、企业和管理者三维度构成，从需求驱动、技术支撑和政策引领三个方面对微旅游发展的动因进行了分析；研究发现，微时代背景下微旅游主体结构、出行时空范围和经营管理均应作相应拓展。微旅游产业已经有了较为全面的学术基础，但是在沉浸式体验与微旅游二者之间的有机结合方面，鲜有学者进行深入研究，这正是学术界对旅游业态创新的研究盲区。

从国内外沉浸式微旅游业态创新的相关研究来看，研究成果十分丰富。沉浸式微旅游作为一种新兴的旅游方式，它通过虚拟现实技术和数字化体验，提供个性化定制的旅游服务，让游客在学习、交流等多维度获得心理上的共鸣与体验。一些学者提出了相关的理论与模型，具体来说，他们对沉浸式微旅游业态创新从技术、产品、市场、管理以及文化等多个方面进行了分析。学者们由理论研究逐渐落实到实践研究中，并在不同领域中取得了较为显著的成果。研究初期的主要理论基础源自游戏、虚拟现实等领域，早期技术受限于硬件、功能和应用场景等因素，虽然没有形成完整的沉浸式微旅游业态创新模式，但早期的理论为后续的沉浸式微旅游的发展奠定了基础。伴随科学技术的不断革新和数字经济的快速发展，它们不仅带动了各行各业的巨大变革，沉浸式旅游业也逐渐成为研究热点，出现了一系列相关研究和实践应用案例。在这个阶段，技术成为主线，国内外学者对这些技术在沉浸式旅游中的应用进行了深入研究，包括了虚拟现实技术、增强现实技术、交互式技术等方面的研究，探索如何提高用户的沉浸感和体验感，取得了较为显著的成果。自 2017 年起，沉浸式旅游的研究范围不断扩大，多视角、多理论支持文献涌现，研究内容逐渐丰富。在技术的不断推陈出新和应用场景的拓展下，沉浸式旅游的发展呈现出多元化的趋势，不仅包括技术主线，还有场景主线。在当前阶段，主要体现为在不断尝试开发更丰富的应用场景，从智慧旅游、健康旅游到文化＋科技的结合，从而实现跨界融合，打造更具吸引力的沉浸式微旅游体验。

总体来看，沉浸式微旅游业态创新无论从理论还是实践角度，都在不断发展和完善，目前已经成为旅游产业中的一种重要的业态创新模式。

2.2.2　城市更新空间范型研究的研究综述

城市是一个有机体，有其产生、发展、消亡的规律。城市不断更新和改造是必然且正常的表现。城市更新自古有之，城市产业布局大规模变化始于 20 世纪 50 年代，西方国家的城区经历扩散—衰退—复兴阶段，产业布局经历外移—改造—复兴时期。在现代，发达国家内城的空间结构调整主要发生在第二次世界大战后，我国城市更新正进入高潮期。如何科学结合城市空间布局演化以调整产业布局，是当前我国城市建设面临的挑战。关于城市更新空间范型的研究，伴随着我国城镇化进程而不断深入，城市更新工作成为城市建设的重点任务，但是城市更新不是我国所特有的，自第二次世界大战之后，西方各国一些大城市逐渐开始衰落，这些国家就兴起了城市更新运动。

第一阶段：西方城市更新。

城市更新运动起源于西方。方可（1998）认为起因于第二次世界大战后西方城市受到现代城市规划影响需要大规模更新突破困境。自 19 世纪以来，人们逐渐关注城市更新，20 世纪后半纪欧美产生城市更新学，原因是经济变化加速，更新引起许多社会问题。改革开放以来，我国工作重点转移到了经济建设上，各项事业有着突飞猛进的发展，并积累了一定的经济实力，完善城市结构和功能、改善城市环境和生活品质等方面被各个城市所重视。由此，良好的社会和经济环境，共同促使产生了我国城市史无前例的大规模更新改造工作。从不同角度对城市更新的理论进行研究，吴良镛（1994）针对过去大拆大建的改造方式，提出"有机更新"理论，通过菊儿胡同的试点工程实践重新定义了城市更新的概念内涵，他认为城市是千百万人生活和工作的有机载体，其构成要素需不断地更新换代，城市应该通过持续的有机更新走向新的有机秩序，始终处于持续更新的状态。彭延生（1998）认为城市更新改造的本质是城市各组成要素自身或相互之间由于历史的、自然的、或者人为的因素造成的设施老化、结构不合理、功能衰退、工艺落后等难以满足城市正向发展的要求；同时，全面系统的城市更新改造是将其视为一个有机整体，而非将城市割裂开来进行更新改造；只有设定总体目标才能协调好各子目标的关系，达到整体的最佳效能。张杰（1996）在研究大规模城市改造问题基础上，提出了历史文化保护区小规模改造整治的思路，探索有机城市更新，探讨其意义和理论问题。随着人类经济、科技文化的发展，由各种产业包括建筑以及建筑和建筑间媒介空间构成的城市也随之不断发展更新。郭勇（1999）认为，建筑作为城市最重要的外部载体，反映了人类经济活动的进程；在城市更新过程时需要强调旧城保护；在改善城市基础设施、调整经济关系的同时，保护城市物质形态、完善城市功能并维护历史地段完整性。自 20 世纪 90 年代开始，西方城市更新运动由"物质环境的改造"转变成"自然和社会的生态平衡、可持续发展和社区生活与邻里关系"，在深度上有了一定的提升。随着中国城市化过程的不断推进，处于转型时期的我国，城市更新的动力机制呈现多元化趋势，改建规模也是空前仅有的，速度也在加快，规划方法也在创新；但同时也暴露了诸多矛盾，如改建方法单一、规划失控等。全国出现大范围旧城改造更新活动，国内旧城更新不再局限于房屋改造和基础设施建设，而是需要从功能和用地结构转换入手。针对城市更新的主要方式，叶南客和李芸（1999）将其归类为三种，即重建（redevelopment），整建（rehabilitation）及维护（conservation），但在现实的城市更新工作中，学者们认为虽然有以上三种方式的划分，但在具体建设过程中，通常是根据城市的生态衍化态势做灵活的运用，既可以采用一种方式，也可以采取混合的方式。西方城市从早期的大规模、激进式、官方主导的拆除重建，转变为小规模、渐进式、多主体参与的社区规划，体现快速增长困难和可持续高质量发展要求。虽然中西方背景不同，但西方城市更新历程的城市空间与社会关系可为中国城市更新提供参考。

第二阶段：我国的城市更新阶段。

与西方城市相比，虽然中国城镇化过程更复杂，但同样经历了大规模、激进式更新阶段。尤其是改革开放后，以房地产开发为主导的城市改造采用相同模式，存在资本导向等问题。2000 年后，多元动力机制推动中国城市更新朝向包含社会、经济、文化内容的多目标快速更新。我国城市更新理论研究起步较晚，伴随快速发展呈现多元化研究。不同学科的学者们从新古典经济学、政治经济学、社会学、地理学等学科对城市更新的起因、演变进行了理论分析。陈则明（2000）指出城市更新理念的演变：18 世纪前的前工业化时代，城市发展较慢；工业化时代的到来，技术进步促使城市功能增加，城市更新关注产业结构和生产布局以及工业污染问题，多于物质方面的更新；之后是后工业化时代的城市更新，城市的形态、结构和功能被科技的进步所影响。伴随中国加速工业化进程、经济结构清晰变化和社会全面深刻变革，城市更新作为城市发展调节机制已以空前规模和速度在全国各地展开，进入新的历史阶段。相较于西方发达国家，我国的城市更新有着自身的复杂性和特殊性。在改革开放前，我国的城市更新的主要原因是消除城市房屋破旧、居住环境条件落后等物质性老化，而此阶段的动因为我国社会经济结构深刻变化。钱欣（2001）分析城市更新中的公众参与的重要性，市民参与城市更新活动也逐渐普遍，参与意识强烈，但由于历史、社会等多方面因素影响，公众参与的积极性受到挫伤，由此加剧了城市更新中的矛盾。H. 哈罗德和刘小波（2001）从不同的侧重点对城市更新进行探索和研究，并以此希望能进一步对城市更新方式方法的研究有所启发。于涛方（2001）等从城市地理学角度论述国外城市更新历程，归纳为三个阶段，分别为城市本身的更新—城市区域系统更新—内城更新，为我国城市更新提供了经验与教训。李艳玲（2001）分析评价美国城市更新运动，研究美国更新运动发展进程发现，更新运动对美国经济发展和城市化进程产生深远影响，突出地方政府的重要性，更新运动也影响了城市空间、产业布局、基础设施等。耿慧志和杨春侠（2002）指出我国在城市更新运动时，领导者需要具备全面辩证的认识观、科学理性的决策观和系统综合的评价观，"三观"缺一不可。此外，伴随中国经济发展和产业升级，城市更新具有了新的内容，同时，中国城市空间布局结构调整和西方国家存在很大不同。一些学者针对中西方之间的不同进行城市更新过程分析。李建波和张京祥（2003）通过对中西方近现代（"二战"）以来的城市更新发展演化的回顾与梳理，探讨此阶段的城市更新需要考虑的问题，并将我国城市更新发展历程分为两个阶段：一是小规模的更新阶段，以改造局部危房、建设基础设施为目标；二是多目标、快速更新阶段（20 世纪 90 年代以后）。易骞和彭琼莉（2003）针对叶巴·贝那中心（YBG）这一美国最早和最大的城市更新项目，以介绍 YBG 的历史背景、规划过程以及建筑景观特色为基础，探讨渐进式城市更新的优缺点。同时，他们认为现阶段的城市更新不应单纯地进行商业建设或对旧建筑推倒重建，而是要转为向轻型化、情感化和智能化的方向发展。在新的挑战下，如北京、上海、广州、南京、深圳、沈阳、厦门等城市均应根据各自的特点和面临的问题，进行大胆探索与实践。另外，不同学科的学者以多视角的研究分析国内实际的城市更新改造的探索与实践，如节点改造、运动会、环境保护、空间资源开发利用以及工业遗产旅游。陈烨和宋雁（2004）以及朱喜钢（2004）、陈莹（2005）等分别以哈尔滨、南京、武汉为例，说明在推进企业改革、产业调整和经济发展的同时，还要重视城市空间重构、城市功能整合、历史遗产保护、生态环境建设以及城市文化复兴和城市品牌塑造营销，实现传统城市更新与复兴。同时还有学者关于历史文物古迹保护、功能置换与城市更新关系的研究，以及研究城市更新与各个要素间的关系，从公共参与者、利益相关者、房地产市场、创意产业等进行相关研究，进而阐述它们之间潜在的联动机制，挖掘其中相互促进的效应因素。伴随公众参与和民主性强调与倡导，对中国城市改造更新中的公众参与现状和问题的分析与讨论已广泛涉及大部分文献的战略性建议。同时，在城市更新与文化遗产方面，根据研究可发现，早在 19 世纪，西方对城市更新与历史文化遗产保护之间的关系已经开始研究了，以英国、美国、法国为主。学者从以下几个角度对近现代工业遗产保护提出不同模式：一是从工业遗址旅游开发的角度（国内研究者采纳较多），李蕾蕾（2002）通过对德国鲁尔区的考察研究，分析其工业遗产的保护与再利用，并概括为五种模式。二是从工业建筑（及设施）遗产的单体或群体的角度，刘抚英（2009）从整个工业遗产厂区群体建筑级设施的保护性再利用角度，将其分为两种保护模式。三是工业遗产保护的策略与手段，有学者综合国内外现有经验，提出四种可行的模式。四是从历史地段工业遗产保护与再利用角度，还有学者参考保护再利用程度和参与主体差异，提出模式类型。近年来，研究与实践越来越强调城市更新系统性与可持续性，鼓励城市以有机增长、多元复合和社会参与的形式进行更新。现代化城市必须尊重多元文化和保护文化的多样性，同时，我国经济发达地区普遍出现向功能完善的综合新城区转变的趋势。我国城市化发展已经进入转型时期，存量优化的地位不断凸显。有部分学者研究发现，通过城市更新的改革探索，从系统的角度对城市的空间布局进行重新构建，进而可以从环境、产业、生活、土地、文化等全方位协同提出更新策略。其中，陶希东（2015）认为我国城市更新运动除发挥旧区改造经济功能外，更应注重社会意义，探索具有社会功能的新型改造模式，实现经济与社会、物质与文化并重发展目标。同年，邹兵（2015）强调城市更新需要从更广角度考虑非物质方面和社区层面的需求，不能仅关注物质空间变化。

综上所述，城市更新的目标是促进城市功能的改进和提高，同时保留和传承城市历史文化空间。其中，城市功能的更新与升级成为各大城市所面临的突出问题，带动周边区域融合发展和整体功能提升，已成为其重要模式。而文化是城市的灵魂，城市更新应该继承文化的特征，以文化传承为出发点，使之在城市更新过程中更具可操作性。中国许多城市具有深厚的历史文化记忆，且社会构成复杂，规模远超西方城市。当中国城市迈过快速城镇化的阶段时，可持续高质量发展是必须应对的难题。对于城镇化程度较高的地区，盘活存量是下一轮城市更新的关键。中国城市更新正从以往粗糙的方法向有效利用文化资源和社区参与等精细化差异化方向发展，实现可持续性。

因此，本书认为目前对城市更新的研究重点应该关注历史文物、公众参与、政府领导等方面。此外，综合来看，城市更新正面临空间设计工具无法满足需求的情况；相反，诸如制度、政策等面向的创新和完善将成为促进城市更新的重要手段。以往单一依靠行政力量独立决策的传统模式已被更加丰富和多样化的治理模式所取代，从注重物质环境转变为注重经济、社会和文化。

第三阶段：现阶段。

阳建强、杜雁（2016）等认为，中国城市更新将面临提高质量和内涵的新挑战，需要调整城市发展方式。近期学者们的研究聚焦城市更新的动力机制与行动框架的关系，检视上海、广州、深圳等超大城市对物质空间包容性与社会可持续性的影响，反思单纯市场化、开发式、扩张式更新，达成两个共识：一是城市更新行动不是狭义土地再开发与拆旧建新的代称，而是渐进式提升人居环境。二是城市更新是一个治理过程，要确立长远治理目标、重视市场规律与政策属性，协同多方主体，建立合作伙伴机制。相关领域研究表明，制度方面研究主要是模式总结或针对某方面政策、组织、项目管理等方面的讨论，系统性研究较少。制度建设研究主要停留在理论讨论层面，缺乏与城市更新特别是项目实践的结合。

中国城市更新自1949年发展至今，特别是产业结构调整、空间品质提升和功能结构优化等方面取得了很大成就。与过去的"控制大城市规模，重点发展小城镇"发展方针不同，目前已经发生了变化。鉴于我国城镇化超过50%，空间资源趋于短缺、发展机制转型，城市更新已成为存量规划时代的必然选择。近20年来，中国城市更新研究兴起，理论成果丰富。但主要关注建成环境改造和物质空间更新，对城市转型与更新逻辑关系方面缺乏充分讨论。城市更新在新的时期出现深刻转变，原则目标与内在机制同时发生转变，城市更新开始更关注城市内涵的发展、品质的提升、产业的转型升级以及土地空间的利用等重大问题。邱衍庆（2019）等通过梳理城市更新实践和分析案例，认为需要关注理论问题和设计方法上的变革，以发展"创新与更新联动"的新模式。张庭伟（2020）提出，进入21世纪，受益于通信技术的飞速发展，在城市规划及更新方面应用IT技术变得可行且有效，一方面，高新技术对未来的城市设计及城市更新将产生重大挑战及影响值得重视；另一方面，在心理、伦理、实践上，人类社会还没有充分准备好迎接此变化。

借助对问题导向下广泛探索的深化，创新城市更新的技术手段，并转换城市更新领域的技术路径以重构建成环境，已经成为当前学术界攻克的重点。目前，应对不同的更新主体，应当有不同的城市更新范型，朱正威（2021）阐述了中国的城市更新主体主要包括老旧小区、老旧厂区、老旧街区、城中村，也被称为"三区一村"，目标是创建宜居、绿色、韧性、智慧和人文城市。在实施层面，不同城市更新主体和实际操作主体，产生了一系列前所未有的智慧成果。曾鹏（2020）等采用天津工业空间这个"弱存量"特征作为分析对象，探讨政策在抑制或推动更新中的作用，并在空间规划背景下提出了政策优化路径；黄怡（2020）等发现，某一地段的功能演变和连接会随外部条件的变化而进行相应的调整，因此提出以满足功能需求为路径来推动社区的更新。其他学者通过研究更新的系统性，并以复杂适应性为研究手段，构建了"主体—单元—系统"三位一体的更新路径或以自然生态空间建设为研究对象，以价值诉求转向和人本需求显著为关注点，提出了从自然资产物化到文化内涵提升的空间规划路径。从主导方面来看，城市更新技术路径可以分为三种类型，各有其特点。首先，自下而上的类型。这种类型由基层民众的潜在经济效益或居住改善需求引发，通过多样化的沟通和合作途径，解决与他们密切相关的资源再分配问题。其次，自上而下的类型。这种技术路径更多的是关注现状资源的价值评估，由政府主导或介入其他权利主体，主要关注再开发问题，具有一定的项目推动、城市战略意义、权威性等优势，但可能会忽视地方特性。最后，上下联动的类型。这种方式可最大限度地调动政府、市场、市民的积极性，协调多方诉求并从多个层面和维度共同发力，具有强大的适应能力和解决矛盾的能力。当前我国的城市更新已经从"零星改建"转向"规模化更新"，从"大拆大建"转向"存量提升"。

同时，陈伟旋（2021）、丁宇（2021）、李文硕（2022）和王祝根（2021）等分别以我国广州、北京和美国纽约、澳大利亚墨尔本为案例，探寻城市更新的模式范型。如自20世纪70年代至今，墨尔本近半个世纪的城市更新实践和经验对建设中国自身的城市更新范型具有借鉴意义。此外，曹子健（2021）将城市更新空间范型系统地总结分为物理空间范型——点式、线性、面域和社会科技范型——重置型、原置型、并置型。所以，应尽快根据国内城市实际情况确定城市更新内涵定位与规划地位，发挥其宏观能动性，整体来看，城市更新空间范型研究学术成果丰富，但与产业项目相结合的研究较少。

城市更新空间范型的研究是城市更新领域的重要方向，随着城市更新领域的发展，对城市更新空间范型的研究逐渐深入。国内外学者从全球和区域层面对城市更新进行了诠释，对城市更新进行了系统的研究：在研究时间上，国外从19世纪以来，城市更新逐渐引起了人们的关注。自改革开放以来，我国城市进行了大规模更新改造工作。2000年以来，基于多元动力机制的推动，我国的城市更新逐渐朝向多目标、快速更新阶段发展；在研究内容上，学者们从不同角度对城市更新的理论进行研究，城市更新空间范型的研究经历了由理论研究向实证研究发展，从静态研究转向动态研究，由单一的空间设计转向以人为本的综合设计。近 20 年来，我国城市更新研究兴起，理论成果日趋丰富，内容包括城市更新的策略、规划、设计、管理、政策等方面，形成了一系列理论成果，我国学者提出了多种城市更新空间范型，不同的更新主体面临不同的城市更新空间范型，城市更新空间范型的研究由此逐步发展。

国内外学者在城市更新研究方面都取得了丰硕的成果。国外学者在城市更新空间范型研究上提供了重要理论支持，我国学者在实践中积累了丰富经验，在促进产业结构转型、空间品质提升和功能结构优化等方面取得了巨大成就。未来，城市更新空间范型的研究还将面临更多的新挑战和机遇，需要学者们进一步加强研究，为城市更新提供更加科学的理论支撑和实践指导。

2.2.3　沉浸式微旅游业态创新与城市更新空间范型协同模式的研究综述

沉浸式微旅游是一种相对较新的旅游业态，它通过引入先进的技术和媒体体验，为游客提供更具沉浸感和互动性的旅游体验。城市更新空间范型则是一种新型的城市更新方法，它将城市规划领域中的空间范型概念与城市更新实践相结合。研究表明，沉浸式微旅游可以为城市更新提供新的思路和机会，同时，城市更新也可以为沉浸式微旅游的发展提供更好的空间和环境。随着社会城市化和旅游城市化现象加强，大量旅游活动展开，城市各要素发展成为推动旅游的外源因素，城市规模结构与分布是旅游发展的投影。城市作为重要的旅游目的地，借助旅游业开发推动经济增长，可能会影响城市规模扩张。

在此背景下，国内外对城市与旅游的关系开展了大量研究。西方学者研究城镇化与旅游产业关系始于"二战"后，西方旅游业蓬勃发展带来经济社会影响，为城市更新提供新动力。麦克默里（K. C. McMurry，1930）的研究标志着城市规模与旅游关系研究的开始；格莱斯顿（Gladstone，2001）等研究发现旅游规模高度集中在中心城市。此后，国外学者从以下方面展开研究：旅游对城市化的单向影响、城市化对旅游的作用以及双向互动关系等。国外研究者运用位序规模法对旅游规模效应、旅游行为选择规模等进行研究，而国内研究中多用规模分布理论从时间尺度上探究国内旅游规模、出境旅游规模的变化等方式。改革开放以来，我国城市化与旅游业均取得显著成就，国内学者对其关系开展研究并形成较系统的研究体系，具体可分为两类：第一类是以陆林（2006）等、黄震方（2000）为代表的理论研究，主要表明旅游业可以提升城市化。例如，李连璞（2006）等基于城市规模分布理论提出的国内旅游收入与国内旅游规模二维组合具有重要的现实意义。朱竑（2006）等则提出旅游业与城市化之间存在双向影响关系。第二类基于案例研究旅游与城镇化的关系。但是随着人们需求的变化，新型城市化已成为研究热点。城市更新是新型城镇化的有机组成，是城市补充建设和品质优化的提升。在城市更新改造过程中如何保护城市历史文脉、开发利用旅游资源、发展城市旅游产业引发学者们的思考。赵建强、秦巍（2011）等研究发现，城市旅游是一种以现代化城市设施为基础，以城市自然景观和人文景观，以及高品质的服务为吸引点发展起来的特殊旅游方式，城市旅游的发展需要研究城市旅游的协同发展。董亚娟、田蓓（2015）以智慧旅游的发展为背景，探讨了新时期旅游需求的变化对城市旅游供给系统的影响，在前期研究的基础上建立了城市旅游供给系统的概念模型，并对系统进行了优化；这些研究旨在为城市旅游的可持续发展和城市旅游产业经营模式的优化调整提供理论借鉴和思考；这些研究成果有助于提高城市旅游品质水平，对城市旅游业的可持续发展和经营模式的改进具有积极意义。张毓（2017）从供给与需求两个角度对城市规模与旅游规模进行阐述，从供给角度，城市规模扩大意味着为旅游提供功能保障；从需求角度，规模较大的城市，本地居民消费能力强，对旅游需求高，外地游客也会选择规模大的城市。赵磊（2020）等认为，以内涵集约为特征的新型城镇化有助于推动服务业和经济高质量发展。杨主泉（2020）则认为，旅游业与新型城镇化存在协同关系。陆相林、孙中伟（2016）等借鉴共生理论分析京津冀城市旅游多中心的共生关系，实现其区域内城市旅游互动并提出京津冀城市旅游协同发展的对策。韦福巍、黄荣娟（2020）等也基于共生理论研究广西区域城市旅游协同发展，找准城市旅游发展的定位，从理论和实践角度为广西全域旅游的建设提供参考依据。此外，还有部分学者以民族地区、乌鲁木齐市、重庆市为案例地对新型城镇化与旅游业协同关系进行实证研究。韩丽颖、魏峰群（2021）等采用多要素表征方法，从区域和城市两个层面研究城市与旅游的规模，分析等级空间关系，同时更全面地了解二者之间的关系，为未来研究提供参考。唐建兵（2021）从场景理论的视角研究具有国际影响力的研学旅游场景，他提出以成都在公园城市、社区治理等领域的探索实践作为主要资源，营造文旅新场景，提高研学旅游的吸引力和竞争力。周锦、王延信（2021）在研究发现，城市文化和旅游在融合的过程中，不仅可以促进城市传统文化遗产的保护和传承，还可以发掘传统文化在旅游中的价值，增加旅游景点的文化魅力，提高城市的知名度和吸引力，城市文旅融合的实践不仅有利于城市文化和旅游业的发展，同时也有助于塑造城市的良好形象。城市发展需考虑多样化经济模式，旅游业是文化产业的补充，能够促进地方经济多样化，文旅融合可以为旅游赋能文化，嫁接城市特色资源发展文创产业，提高旅游社会价值和产业增加值。郭雪飞、顾伟忠（2022）等研究发现，数字时代下，场景的定义和构建已由技术、社群和数据三个主要维度进行重构，并运用数字生态的场景理论来制定成都城市建设的框架。这种方法的实施可以更好地适应数字化的发展趋势，促进城市的可持续发展。王一丹、杨永春（2023）等以敦煌市为例，从居民观念认同和感知的角度，建立结构方程模型，研究敦煌城市全球化的影响因素和作用路径。同时，结合敦煌市自改革开放以来在全球化方面的表现，分析以文化旅游为导向的中国内陆城市实现"反向"全球化的路径。

近年来，随着沉浸式微旅游业态创新的发展，学者们对沉浸式微旅游业态创新与城市更新空间范型协同模式从不同视角进行了研究，有学者从居民意愿、游客等相关利益者角度出发进行研究。齐骥（2022）从场景理论的角度出发，结合模糊集定性比较分析方法，对影响夜间旅游场景营造及空间布局的相关因素进行研究，致力于探讨相关因素在夜间旅游场景的发展中是如何共同作用的，以期为夜间旅游高质量发展提供新思路和方向。陈博、陆玉麒（2019）等对江苏省 4A 级及以上景区进行研究，他们从基础建设、服务智慧化、营销智慧化、管理智慧化四个维度出发，构建了景区智慧化发展水平的测量指标体系，综合测量了江苏省景区的智慧化发展水平，并分析其空间分布特征，文中不仅丰富了关于智慧旅游和智慧景区的研究内容，而且有助于江苏省智慧旅游景区建设和评价的科学推进。针对不同尺度下景区联动的问题，唐健雄（2017）等从空间集聚角度出发，探讨了工业旅游、工业旅游与农业旅游、工业旅游与等级景区以及三种不同资源的综合利用之间的联动可行性，以期找到最佳旅游联动方式；该研究在丰富工业旅游布局理论的同时，为工业旅游的联动、开发和创新提供了理论借鉴和路径指导；同时，该研究提供了新思路和建设建议，为打造旅游精品路线和提高区域旅游资源利用效率提供可靠的空间决策依据，促进中部地区旅游资源的空间优化与协调发展，有助于提高城市的经济竞争力和吸引力。关旭、陶婷芳（2018）等在现有研究基础上，研究大型城市中旅游业与演艺业融合路径，旨在探索企业层面的融合路径和选择机制，为旅游业与演艺业的融合提供理论分析和经验，有助于推动旅游业与演艺业融合发展和城市经济发展，为城市更新提供理论启示，促进空间范型创新和城市可持续发展。注重和提高城市旅游产业结构的合理化和高度化也是完善城市旅游供给系统的良好举措。在对旅游产业结构优化的内涵进行系统阐释后，刘佳、侯佳佳（2021）等借助 DEMATEL - ANP 模型探究旅游产业结构优化评价体系中各指标之间的相互作用，为研究旅游产业结构优化理论提供一定的扩展视角。樊玲玲（2022）通过研究全国 170 个地级市 2007～2016 年面板数据，检验我国智慧旅游城市建设政策实施效果，并分析智慧旅游城市建设对旅游业绩的影响，为我国优化智慧旅游城市政策提供依据和建议。郭雪飞（2022）认为数字生态需要以应用为导向，基于应用需求推进数字基础设施，避免投资浪费，实现良性循环；他认为应积极建设战略性、前瞻性的基础设施，以抢占先机，更好地推动智慧城市及更新服务生产和生活。杨秀平、翁钢民（2014）在研究城市旅游环境可持续承载能力的过程中，将城市作为地理背景，探讨如何创新管理方式，以解决城市旅游业发展、旅游资源利用和生态环境保护之间的矛盾，实现可持续发展。戴梦菲（2021）在研究 AR 技术在数字人文领域的应用和实践中指出，随着 AR 技术在我国的大规模应用，各种 AR 功能可以应用于数字人文领域，推动相关文化旅游产业的创新发展。尤其对于城市不断变化和改造的情形，AR 技术可以增强或改变用户的视野和对城市环境的认知，展示城市特定区域过去的外观和历史事件等背景信息。

"微旅游"概念在我国最早出现于 2011 年。在 2014 年上海旅游节期间，上海市旅游局推出"微旅游"品牌，"微游上海"这一概念首次获得了官方认可。"微旅游"是指以本地居民为主体的临近、短暂、慢节奏、去主流、去商业化旅行，具有生活化出行目的、多样化出行方式、品质化产品需求和大众化消费支出等特点。换言之，即随方寸间深度游，轻松间兴趣游，逐步由踩点游演化为细致慢游品质游，让人在不经意中获益感悟。这是旅游消费升级和生活方式革新必然。"微旅游"概念正是建立于此。目前，我国学界对"微旅游"的概念并没有统一的解释，一些学者认为"微旅游"的兴起源于当代人利用"碎片化"时间的独特旅游形式；也有学者认为"微旅游"之所以与传统旅游有别，在于其低成本、近距离、短时间的特点；还有学者从传统旅游"异地性"角度界定"微旅游"。从上述观点可以看出，目前学界对"微旅游"的定义部分来源于它独特性所带来的群众吸引力，部分来自其与常规旅游的差异性，实际上这种差异性在本质上同样源于它的独特性。

微旅游模式可分为四个维度：

第一，沉浸式歌舞演艺微旅游与城市文化保护点式范型协同模式。

首先，关于沉浸式歌舞演艺微旅游的研究方面。旅游演艺始于 1982 年西安的《仿唐乐舞》，在《印象·刘三姐》成功影响下快速发展。40 年来，旅游演艺经历镜框式演出到实景式演出再到沉浸式演出三个发展阶段，并形成镜框式旅游演艺、实景式旅游演艺和沉浸式歌舞演艺旅游这三大类别。近年来，学界将沉浸理论引入旅游研究。2013 年，我国首部沉浸式旅游演艺《又见平遥》因新颖形式、灵活方式、突出效果而获得好评并在业界产生极大反响。在此影响下，沉浸式歌舞演艺旅游快速发展，有成为主流之势。我国旅游演艺经历了从原始的"行政接待"演出到市场化主题公园表演、景区艺术表演、剧院定时演出，再到专业的山水实景演出，又到如今的沉浸式实景演艺等过程。对旅游演艺的研究始于主题公园中的演艺活动，当时常见名称有"主题公园文娱表演"，之后出现"旅游演出""旅游表演"等称谓。随着旅游演艺的发展和相关研究的深入，"旅游演艺"这一称谓渐成定局。根据研究出发点，对旅游演艺的界定有不同侧重点。诸葛艺婷、崔凤军（2005）认为，对于旅游业，旅游演出依托当地旅游资源，通过表演展现代表目的地形象的精神服务旅游产品；对演艺业而言，是在体制改革背景下进入旅游市场的一种形式，指的是为观众（主要是游客）在场所表演节目。陈铭杰（2005）指出，景区演艺活动指的是以游客利益为出发点，旨在反映景区主题和定位特色，重视提升游客体验和参与程度，形态各异的各类表演和活动。景区演艺活动强调依托景区自身资源特色，创造性表现景区主题精神，通过现场演绎的形式，精彩有趣地展现景区魅力，从而吸引游客，增加游客满意度。不仅如此，景区演艺活动还具有改善游客情绪、丰富游客感官体验、设置人气亮点等多重商业功能。李蕾蕾、张晗（2005）等认为，旅游演艺是一种旨在吸引游客欣赏和参与的体验活动，通常在主题公园和旅游景区现场上演的各种表演、节目和仪式；通过以艺术形式表现景区特色与主题，旅游演艺可以带给游客审美享受和感官体验，提升他们的满意度；同时，也能增强景区品牌形象和产品定位，激发游客的消费热情和购物欲望，从而提高旅游收入。此外，旅游演艺还能改善游客的心情，产生大量人流聚集效应，达到热闹的效果，并发挥良好的宣传和引流效应。李幼常（2007）指出，旅游演艺是一种旨在展现旅游地区历史文化或民俗风情等主要内容的演出活动，其中，以游客为主要观众；它包括在旅游景区现场进行的各种表演，以及在旅游地其他演出场所内进行的表演。具体来说，它通过展现地方特色和民俗文化吸引游客观看和参与，丰富他们的感官体验。展现方式主要有文化形式、舞蹈形式和戏剧表演等多种类型。旅游演艺除了提供精神文化享受外，还能让游客更多地了解当地人的生活方式和思维方式，增进双方交流。此外，旅游演艺还能增强景区品牌形象和产品吸引力，激发游客购物欲望和消费热情。朱立新（2010）则指出，旅游演艺与一般演艺的根本区别在于其具有异地性，即以某地区的历史文化和民族民俗为主要表现内容，意图吸引来自异地的观众。旅游演艺不同于为当地人服务的一般演艺。旅游演艺除了提供审美和精神享受外，还能提供更多关于当地人生活方式和文化的信息，丰富游客的旅途体验。立足于不同的划分标准，关于旅游演艺类型的划分存在差异。一些学者从演出场地的不同，将其划分为广场类、实景类、剧院类和宴舞类四大类型，也有学者从表演形式和表现内容角度，将其划分为景点演艺、节庆演艺和旅舍演艺三种类型。不同标准下的划分结果各有侧重。张力和王磊（2007）与李幼常的分类方式不同的是，将旅游演艺产品划分为以下六种类型：以桂林《印象·刘三姐》为代表的山水实景类演出、以深圳世界之窗的《创世纪》为代表的景区综艺类演出、以杭州宋城为代表的巡游类演出、以丽江《丽水金沙》为代表的剧院类演出、以昆明《云南映象》为代表的各地巡演加驻场表演类、以西安唐乐宫《仿唐乐舞》为代表的宴舞类演出。其通过明确指出的代表作品，以六种类型分别反映了以不同方式展现地方文化的多元旅游演艺形式，相对系统地补充了旅游演艺类型的划分。徐世丕（2008）把旅游演艺归纳为山水实景演出型、民族风情展示型、文化遗产演绎型，不但体现了旅游演艺强调反映当地文化的主旨，而且突出了旅游演艺依托当地资源特色的重要性。余琪（2009）同样认为旅游演艺有四类，将其分为主题公园类、实景类、剧场类、巡演类四种，体现了旅游演艺重视游客体验和参与及强调创新传播手段。胡娟（2010）认为其包括大型实景演出、民族民俗展示、艺术表演、特色互动旅游演出和纯商业性驻场演出五大类型，突出了反映传统与创新相结合的旅游演艺发展趋势。而徐薛艳（2010）从移动性、场地类型、表演主体、节目独立性几个角度，将其分为多种类型，较为全面、客观地梳理了旅游演艺分类的主要方式。

旅游演艺的功能主要体现在文化、经济和社会三个方面。李永红（2001）指出，其作为当地挖掘历史资源的手段，充实了旅游文化产品。李幼常（2007）认为，其通过演绎文化完善旅游产品结构、延长游客停留时间、提升旅游地及景区形象，保护和传承了城市文化。朱立新（2009）指出，其能拉动连锁消费，而当代的旅游演艺则具有以下方面的功能和作用：一是能完善旅游产品结构、延长游客的逗留时间；二是能通过拉长旅游产业链条并增加当地居民的就业机会，实现城市产业的创新发展并延长生命周期；三是能够通过形象的表演，有效塑造城市的旅游地形象以及强化旅游营销；四是还可以通过演绎当地文化精华来保护文化遗产。整体而言，旅游演艺能发挥促进旅游产业持续创新转型发展的重要作用。汤蓓华（2011）指出，其能拉动连锁消费。从营销视角出发，宋云和余屿（2011）将其视为新型旅游营销方式。然而从美学概念出发，赵刘（2013）指出其并非本真文化，只是契合大众审美。但歌舞演艺旅游相对于城市文化保护而言较为重要，邝嘉和金姚（2014）则从文化传承角度指出其有多重作用，如传承原真文化等。

有许多学者进行关于旅游演艺的案例研究。文献中最早提到的具有旅游演艺功能的个案是桂林王城的旅游开发中的文化演艺中心，该中心旨在为社会文化教育和旅游服务，但并没有深入研究。旅游演艺作为文化产业与旅游业深度融合的新兴旅游产品，受到旅游市场的喜爱和追捧。最早进行详细的旅游演艺个案研究的是李蕾蕾、张晗等（2005）对深圳华侨城主题公园的旅游表演进行的详细的研究，他们通过经验性个案的研究方法，以探索和揭示旅游演艺产业的生产机制和一般模式。汪克会（2010）以宁夏《月上贺兰》为例，指出可结合非物质文化遗产的保护与开发，营造开发环境，丰富旅游演艺市场，体现其对宁夏旅游业发展的现实意义。韦建斌（2012）以河北省为例，分析了在开发旅游演艺产品时应该具有以下要素：一是主题性；二是以资源为依托；三是以市场为导向；四是构建符合市场需求的特色主题，进而分析旅游演艺产品开发现状及存在的问题。通过在产品设计中兼顾趣味性、知识性、娱乐性以及艺术性和参与性，采用寓教于乐的方式，可以延长旅游演出项目的生命周期。黄炜（2014）以张家界旅游演艺产业为例，构建了旅游演艺产品的游客消费动机模型，利用 SPSS、Lisrel 软件分析样本数据，探讨和验证旅游演艺产品的游客消费动机及其维度之间的关系。闫福佳（2021）以吉林省为例，认为要刺激吉林省的旅游市场，借助旅游演艺的发展优势，还需要在旅游演艺场所方面进行大量投入，以此为旅游产业助力、提升吉林文化形象的能力。李文明（2022）构建一个结构方程模型，将游客"游前"专业素养设为自变量，游客"游后"推荐行为设为因变量，游客在场体验社会建构设为中介变量，他以抚州《寻梦牡丹亭》演艺为例，表示可以通过加强游客"游前"专业素养的教育和提升游客在场体验效果来促进游客的"游后"推荐行为。

关于旅游演艺的城市文化保护方面的研究，学者们有其各自的角度。根据赵鹏和黄成林（2011）提出的"舞台真实性理论"，可以将旅游目的地的地域文化特点体现在实景演出中，为游客提供视听享受，满足游客对异地文化的向往。侯建娜、杨海红、李仙德（2010）认为地域文化元素的有效融合与展示对旅游演艺产品成功发展非常重要。姚小云（2013）借鉴布迪厄的文化再生产理论，通过分析《张家界·魅力湘西》案例，表明市场主体、政府、专家学者、非遗传承人与当地民众等文化参与者在市场主导下共同构建旅游演艺场域，实现非物质文化遗产的再生产。田勇（2013）指出，非遗传承人应认识到自身责任，不断加强与旅游演艺的互动，通过进一步深度合作，将传统文化传播到更为广阔的领域。陈麦池等（2011）认为，在保护原真性和民族民俗文化的同时，应当将原真性与商业化隔离。根据毕剑（2017）的相关研究，旅游演艺应基于旅游产业、文化产业、演出产业及其他产业的深度融合，以游客为主要观众，以地域文化为主要内容，在旅游城市、旅游景区内推出能对当地旅游业发展产生积极影响的中大型演出活动。

国外的旅游演艺最早起源于马戏团和剧院，随着现代文明的发展而产生。在当时交通不太便利的情况下，许多人由于热衷于马戏和歌剧，为了目睹精彩的演出而愿意不计辛劳地奔波往返。如今每个国家都有自己独特的代表性演出。游客一提及奥地利维也纳就会联想到金色大厅的音乐会，提及英国伦敦则不得不聊聊音乐剧，到俄罗斯莫斯科必定要欣赏芭蕾舞表演，去西班牙必须体验一把弗拉门戈舞的热情。与国内相比，国外旅游演艺发展起步更早且更为成熟，对旅游演艺产品的研究始于 20 世纪 80 年代。随着人类学研究在旅游学界的兴起，许多研究者特别喜爱从文化遗产角度和真实体验等方面研究旅游演艺。布雷特·霍夫（Hough B，1999）以及彼得·邓巴－霍尔（Peter Dunbar－Hall，2001）分别在研究中指出，演出具有教育功能，可以促进良性竞争缓解恶性纷争，还能让游客体验当地文化并促进当地居民与外地游客的交流。霍华德·休斯（Howard L. Hughes，2002）认为，对文化旅游的研究并不令人满意，文化旅游应包含多元活动。他根据对文化的兴趣把文化旅游分为四类，并以旅游演艺的形式验证各个分类。理查德·普伦蒂斯和费雯·安徒生（Richard Prentice，Vivien Andersen，2003）以爱丁堡的节庆表演作为案例，认为旅游目的地通过节庆活动来提升创意性。杰茜卡·安德森·特纳（2004）主要从人类学、社会学、民俗学角度研究世界各地一些知名旅游景点的文化表演。两者都研究旅游景点的文化演出。而纳拉蓬·查拉斯里（Charassri Naraphong，2004）和罗伯特·贾尼斯基（Robert L. Janiskee，2006）在研究旅游演艺活动时，纳拉蓬·查拉斯里给出肯定答案，说明演艺可以诠释世界文化遗产；罗伯特·贾尼斯基指出旅游演艺活动是事件旅游的重要组成部分，如果与当地事件相结合，可以推广事件旅游。彼得·德·鲁伊（Pieter，2015）与一家剧院的 47 名顾客进行了半结构化深入访谈，聚焦文化活动卷入并对四个维度进行探究，同时也表明存在两个新的维度，这项研究有助于进一步了解文化活动参与和行为忠诚之间的关系。

目前学术界对旅游演艺的研究，主要关注游客观看旅游演艺的动机、感知体验及满意度等方面。研究发现，游客观看旅游演艺的动机主要包括外部的社交、从众、自我表现、了解文化等，以及内在的享乐、缓解压力、满足好奇心等。这说明游客对旅游演艺产品的需求复杂多样。而在游客的感知和满意度方面，当前研究主要通过调查问卷等方式，了解游客对旅游演艺产品的感知体验和满意度高低，为提升满意度提供依据。此外，研究还注重对旅游演艺的概念定义、分类及发展对策等内容进行探讨。案例研究主要选择杭州、张家界、丽江、桂林等旅游城市的旅游演艺产品，采用描述性的定性研究为主，定量研究的成果较少。

在满意度方面，许多学者认为，游客体验显著影响演艺满意度。全艳婷和孙景荣（2019）将旅游演艺游客体验分为表演、设施和服务体验；常卫锋（2013）认为互动性和参与性是优质演艺体验的关键；展梦雪和孔少君（2016）发现观看位置及现代技术等影响演艺形式相关因素从而影响游客体验。具体而言，游客对演艺感知显著影响满意度，包括对剧目、创新创意、设施效果、服务质量、环境氛围等感知可正向影响满意度。

有关旅游地的居民与游客的研究，郑丹妮（Danni Zheng，2020）在研究中发现，越来越多的地方市场成为许多旅游项目的重要客源，重新定义了居民与旅游之间的关系，并从理论和实证上分析居民与旅游关系的影响，结果证实居民与旅游业的频繁交流产生了积极的情绪，增加他们对旅游的满意度。目前沉浸式歌舞演艺旅游重在关注游客的沉浸式体验，孟凡（2020）、徐祖莺（2020）、王梓霏（2021）从游客感知视角对沉浸式歌舞演艺旅游进行实证研究，张艺璇（2022）则从人景关系入手对其进行研究。刘小同（2021）在以湖北恩施女儿城为案例的研究中，探究了居民对旅游演艺的地方性感知及其对地方认同与旅游支持态度的影响；研究发现，当地居民对旅游演艺地方性再现效果的感知评价及其影响是旅游演艺可持续发展中不可忽视的问题。对沉浸式歌舞演艺微旅游，学者们主要使用该称谓，但对其基本概念和特征等方面并不清晰。总的来说，迫切需要对其进行科学界定，以推动其从内部和外部方面快速发展。在研究中，毕剑（2022）发现沉浸式歌舞演艺旅游与之前的演艺旅游最大的区别在于"沉浸体验"，即重在强调演员与游客间在"零距离"场景中的观演互动。在沉浸式歌舞演艺旅游中，游客在不同的演出空间中流动，以全方位的身体沉浸带动情感上的深度共融、共感与共鸣。毕剑认为沉浸式歌舞演艺旅游既充分融入了沉浸理论，同时又将游客深深嵌入演出过程之中，成为整体演出的一部分。在张灿（2022）看来，随着产业间联系的加强，文化演艺与旅游产业之间的要素通过网络关系的相互作用，呈现出跨产业再生产产品的态势。常佳月（2023）在对旅游演艺进行研究时发现，理论研究相对于实践发展存在明显的滞后性，理论研究缺乏系统性，且运用的认识论和方法论不足以支撑研究，理论与实践的不匹配导致学界对未来旅游演艺的方向和趋势缺乏清晰的把握，旅游演艺与文化的关系、文化的地方性、演艺声景及多感官化的旅游演艺感知都应成为未来研究的重点内容。

随着沉浸式歌舞演艺旅游的发展，以短途短暂旅行为特点的微旅游，因便于大众消费，沉浸式歌舞演艺旅游与之结合，可使得游客不需要进行长途旅行，而短时间内便能够体验到演艺氛围，满足旅游需求；微旅游重视体验，沉浸式歌舞演艺旅游可以通过影像、声光等手段，让人短时间内有沉浸于歌舞刺激的体验。综上所述，沉浸式歌舞演艺微旅游结合更为合理，具有研究价值。它可以满足大众对短期休闲体验的需求，同时发掘微旅游新的内容，丰富旅游方式。

其次，关于城市文化保护点式范型的研究。自20世纪90年代以来，随着城市肌理在大规模更新中遭到破坏，城市特色逐渐丧失。因此，学术界开始关注文化遗产在城市更新中的保护问题。ICOMOS（国际古迹遗址理事会）于2005年颁布了《西安宣言》，该宣言是有关古建筑、古遗址和历史区域周边环境的，明确提出："需要划定更大的环境缓冲区，以减少周边环境在视觉和空间上对历史文化空间本身的侵犯，包括周边环境的土地被不当使用而造成的不可逆的积累性影响。"在新时代背景下，如何促进城市遗址的保护和利用规划，以及激发城市旅游产业的发展和城市经济的增长，是一个值得深思的问题。具体措施包括从城市建设用地管控的角度出发，科学协调城市遗址周边的土地利用，以及利用沉浸式歌舞演艺微旅游的发展趋势。这些措施旨在减少周边环境对历史文化空间的破坏，包括周边环境的土地被不当使用而造成不可逆的积累性影响，从而提升城市文化软实力和经济竞争力。

国内以文化为导向的城市更新在20世纪90年代中期已然开始，由于城市肌理遭到破坏，吴良镛院士等专家学者提出了"有机更新"的策略。从那时起到21世纪初，城市更新的重要目标逐渐转向对城市文化的保护。随着经济发展和城市问题的逐渐凸显，以文化的经济价值为导向的城市更新策略不断涌现。这些策略包括但不限于文化遗产旅游、文化场所建造、文化产业发展等多种方式，这些策略的出现使得城市更新中文化保护与利用呈现出多元并存的局面。文化遗址与城市关联发展，是遗址保护在当今时代背景下的进一步拓展和延伸。对于一个城市而言，城市山水建筑是城市的"骨肉"，而城市文化内蕴像其"灵魂"。一个城市综合素质的展示需要靠文化这一"灵魂"

来支撑，城市文化是体现城市格调的最佳方式。城市的文化格调，指的是城市整体形成的文化品格、文化地位和文化力量，城市的文化格调直接影响其竞争力、影响力和发展模式。吴晓庆（2015）着重对上海新天地历史文化价值的异化、南京老门东历史文化价值的回归进行对比分析，探讨在城市更新过程中基于综合效益最大化的历史文化价值的保护与利用方式。城市更新需要广泛充分的公共讨论，以依托已有的历史文化和本土生活对城市空间进行传承与更新。这些讨论可以促进对城市更新的深入理解，为城市更新提供更加有效的思路和方案，并且可以确保城市更新过程中的公正性和可持续性发展。因此，为了确保城市更新的成功，需要积极促进公众参与，重视公共讨论的作用。根据李和平（2022）的研究发现，大多数革命文物位于传统风貌区、山城老街区和特色老社区之外，与历史道路和传统街巷的距离较远，区域关联性不够紧密，这使得革命文物难以充分利用城市公共配套设施；由此可以看出，在城市发展关系评估中，需要更加全面地考虑革命文物的分布情况和区域关联性，以便更好地保护和利用这些文物，同时提升城市公共配套设施的利用效率。许永成（2022）以深圳市湖贝村所在片区的城市更新规划争议为例，席岳婷（2023）以西安小雁塔为例，对遗产空间周边建设用地效率变化进行测度，并引入帕累托最优理论探讨遗产保护与用地效率间的阶段性平衡的形成机制。

最后，关于沉浸式歌舞演艺微旅游与城市文化保护点式范型协同模式的研究。卡尔·格罗达克和阿纳斯塔西娅·卢凯图-西德里斯（Carl Grodach，Anastasia Loukaitou-Sideris，2007）在其研究中，分析了三种城市发展战略，并探讨文化旅游在其中的作用；这三种战略包括以旅游促进经济增长为目标的商业战略，以多样性文化吸引创意阶层集聚的战略，以促进社区发展、艺术教育和当地文化生产为主要目标的综合提升战略；通过文化旅游的发展，这些战略可以促进城市传统文化遗产的保护与传承，挖掘传统文化的旅游价值，丰富旅游目的地的文化内涵，提升城市形象和吸引力。这项研究表明，城市文化旅游业的发展在城市发展中具有重要作用，可以通过促进城市经济、保护和传承文化遗产、吸引创意人才和支持当地文化生产等方面，为城市发展注入新的动力。根据黎学锐（2019）研究，旅游演艺产品利用符号转换和艺术表达形式来呈现当地城市的历史文化，从而更加真实、生动地叙述城市故事。通过建立文化旅游目的地和培育特色文化旅游活动，可以实现创意经济下的文化旅游融合，从而促进城市文化的发展及保护。旅游演艺产品作为文化旅游产品的一种，通过将城市文化与旅游体验相结合，为游客提供了更加全面、深入的文化认知和体验，同时也为城市文化的传承和保护注入了新的活力。利用城市的特色资源，发展文化创意，嫁接城市旅游，让旅游产生更多社会价值和产业增加价值。《关于推动数字文化产业高质量发展的意见》提出了几项要求和措施，以推动数字文化产业的高质量发展。其中，重点强调数字科技与文化旅游产业的融合，特别是在云演艺、沉浸式业态等新型业态方面的应用，带来沉浸式体验演出，为文化旅游产业的发展带来新的机遇。此外，"文旅+科技"的融合模式旨在拓宽文化旅游产业链，促进文化旅游与其他产业的融合发展，这种融合发展可以依靠科技创新，增强各产业间联系和互补性，拓展文化旅游产业链。为改善我国旅游演艺的发展现状，丰富旅游演艺的文化内涵，杨嵘（2020）等将我国旅游演艺与当代城市文化名片建设联系起来，以《印象》系列旅游演艺为例，深入分析和探讨其艺术表达形式，挖掘其对当代城市文化名片建设的积极作用，为我国旅游演艺和当代城市文化名片建设提供思考方向，扩大城市的影响力，凝聚城市精神。王菲（2022）指出，随着各景区推出沉浸式歌舞演艺旅游，竞争加剧；沉浸式歌舞演艺旅游需要标签以确立自身特色，避免同质化；旅游地特色资源可以成为沉浸式项目特色，特别是地域文化可以赋予独特文化内涵和提高竞争力吸引游客。沉浸式歌舞演艺微旅游强调体验感和感官刺激，需要点式保护建筑提供场景和背景，城市文化保护点式范型的建设需要引入文旅内容挖掘其文化内涵和再生产价值。同时，城市文化保护点式范型所保护的历史建筑可以为沉浸式歌舞演艺微旅游提供文脉背景，通过互动诠释点位背后的城市故事，扩展叙事性。刘梦玲（2022）以"演艺新空间"亚洲大厦为例，在当前文旅融合的新趋势下，这类非正规剧场的新空间与传统剧场已开始互动，在"文旅融合"的大趋势下，有望提供新视角和激发新的思考，推动演艺行业的进步。文旅演艺是有别于传统舞台演艺的一种表演形态，是在文化与旅游战略需求下所衍生出来的一种歌舞表演活动，这种最初伴随着旅游观光业的繁荣而出现的以娱乐形式为主的歌舞表演，随着旅游与文化的结合以及消费体验的升级，从原初的娱乐表演形式发展为融合地域文化元素、科技审美质感的专业化演艺形式。随着对传统文化及其遗产认知的不断升华，文旅演艺必将迈上新台阶。将传统文化以新形式引入沉浸式歌舞演艺微旅游，可以拓展受众，增强民俗文化的教育意义和社会实用价值。当前文旅演艺的核心样态主要表现为"剧"的样态，实景演出是文旅演艺中的热门演艺形态。刘丽珺（2022）表示，从艺术本体来看，文旅演艺与舞台演艺存在本质区别，具有独特的形式特色和文化内容。在这样的时代背景下，适当利用文化旅游资源，开发富有文化内涵的体验产品，满足人们对精神层面的需求，就显得尤为重要和紧迫。刘嘉颖（2023）着眼于民族旅游与文旅融合背景，充分挖掘当地文化资源，通过文化再生产手段为文旅体验创造价值。她发现量化的沉浸式体验与数字创新手段会促进点式保护的管理模式和技术模式的革新。张丰艳（2023）等研究发现，后疫情时代背景下，文化活动的线下演出面临诸多环境制约，以信息技术升级与互联网渠道传播为基础的线上演出模式则迎来全新的发展契机。沉浸式歌舞演艺旅游不仅能够较好满足因疫情中断的人民群众对演艺活动的心理需求，同时能有效缓解当前演艺行业壁垒高筑与文化产业快速发展之间的矛盾，更有助于突破行业传统思维桎梏，提升我国文化创新力与传播力。

综上所述，沉浸式歌舞演艺微旅游与城市文化保护点式范型相互促进，可以在满足大众需求的同时提升文物价值与城市活力，二者互补互通，形成良性互动，具有足够的学术价值和实际意义。通过协同，沉浸式歌舞演艺微旅游可以利用城市点式保护建筑强化体验效果，而城市文化保护点式范型的建设也可以通过沉浸式歌舞演艺微旅游推广其非物质文化内涵和叙事，实现价值转化。研究重点在于剖析两种模式之间的内在关联及互补性质，探讨基于互动设计和技术手段的协同机制，推进双方结合实现协同增效的管理和政策创新，进而提升文物价值和激发城市活力。

第二，沉浸式文化传承微旅游与城市文化保护面域范型协同模式。

首先，关于沉浸式文化传承微旅游的研究。旅游与文化旅游的关系密不可分，陈传康（1996）指出旅游的本质是文化开发。文化旅游指出于文化目的的移动，包括参观历史遗迹、艺术研究等多种形式。沉浸式文化传承微旅游是文化旅游的一种类型，既是沉浸式体验和文化传承、微旅游相融合的全新业态，也是沉浸产业的重要组成部分。沉浸式文化传承微旅游旨在让游客与当地居民获得文化感受和精神享受，它侧重体验形式和价值，而不是创造全新旅游类型。强调挖掘文化资源内涵，实现真正的文化交流，而强调它们的价值在于提供深入沉浸的文化体验。沉浸式文化传承微旅游与传统旅游的主要区别在于，能够为游客提供深度体验，通过沉浸式的方式，游客可以更接近本地文化的氛围和感受。同时有利于当地居民深度感知和理解本地文化，与游客一起参与其中，居民能够对自己的文化重新认知和反思。研究发现，近两年来，随着部分沉浸式文旅项目在市场走红，各种项目在不同程度上出现同质化现象，同时也成为消费者最关注的问题。孙九霞（2021）等研究发现，开展旅游业以促进巩固拓展脱贫攻坚成果同乡村振兴有效衔接需要协同多方参与，尊重居民理性需求，提高居民的公民意识，以及探索慢旅游、数字经济与乡村旅游融合等创新发展路径。王克岭（2021）研究发现，文化和旅游融合以提高主客共享的文化获得感和幸福感为目的，其中，以提高本地居民的文化获得感和幸福感为第一目的，否则就得不到人民群众的理解和支持，因此，文化和旅游融合发展应着力把政府供给的公共文化品和市场供给的文化经营品融入旅游中，充分强调当地居民的微旅游体验获得感和幸福感。只有激活并发挥当地居民的微旅游效应，文旅融合的结果才会"富有文化底蕴"和"文化特色鲜明"，才会具有强大的影响力和传播力。为构建沉浸式文化传承旅游，推动景区全面发展，最终实现旅游经济增长、生态可持续、传统文化传承、社会和谐与制度完善等目标，以实现共同富裕，应秉承原真性、整体性和可持续性保护原则，通过创新手段，进一步挖掘文化内涵以符合时代需求。郭琪（2023）等通过研究校地文化融合，促进彼此文化建设与发展，深入分析文化、旅游、旅游文化的概念、内在特征及其与教育的相关性，进而提出通过加强校地文化观念融合、组织融合、平台融合、资源融合，建立创新融合机制；同时满足内在发展的需求，填补双方发展的空白，满足高质量发展。唐承财（2023）等以古村落保护为例，探讨其文化传承进程及热点前沿，评述国内外传统村落文化传承研究成果；此外，结合乡村振兴战略与文化强国战略，对未来传统村落文化传承研究进行深入展望。同时，在文化强国战略背景下，鼓励发展以文化资源为依托的国家文化公园，积极开展文化保护与传承工作，从而推动国家文化公园的建设和发展。唐承财（2023）等聚焦传统村落文旅融合，从微观视角探讨相关理论框架，为乡村文旅融合研究提供思路，不再强调为城乡融合提供支撑等总体目标，其认为传统村落旅游的转型发展使得文化传承变得更加重要。传统建筑和传统村落格局是游客可以直接接触和感知的实体空间，它们成为承载文化旅游活动的主要场所，这些传统建筑和村落格局的保存程度直接反映了文化传承效益的水平。例如，非物质文化遗产是我国优秀传统文化的重要组成部分，代表国家和民族的身份，蕴含民族精神、情感和凝聚力。保护和传承非物质文化遗产对于创造适宜的人文生态环境、延续不同民族和地域的优良传统、维护人类文化的多样性，并充分发挥世界各国、各民族人民的想象力和创造力，推动人类社会的可持续发展具有重要意义。同时，结合新古典结构－功能论的观点，非物质文化遗产在沉浸式文化传承旅游中形成了新的结构并发挥了新的功能。以长沙市火宫殿"糖画"作为案例进行分析，非物质文化遗产不仅是静态的存在，而且是在沉浸式旅游场域中形成的新功能和新的结构，展现出强大的内生动力。非遗的内生动力不仅有助于活态传承，还可以带来竞争优势，促进旅游业的发展；反之，旅游的发展也可以加强非遗的活态传承。只有唤醒并发挥当地居民的微旅游效应，文旅融合才会"富有文化底蕴"和"文化特色鲜明"，才能具备强大的影响力和传播力。微旅游及其效应不仅是我国推进文旅融合发展的重要目标之一，也是衡量文旅真正融合和深入融合质量的一个重要标志。微旅游所具有的特点即产品需求品质化、慢体验、自主性强的即兴旅游行为，与传统的走马观花、踩点式旅游不同，微旅游更注重深度游、细节品位，与沉浸式文化传承旅游相类似，让游客在轻松愉悦的氛围中深入了解当地文化、历史和传统。微旅游的特点也为文化传承旅游提供了机会。通过鼓励当地居民参与微旅游活动，可以帮助他们更好地了解和传承当地的文化，同时也可以促进文化旅游的推广和发展。在这个过程中，沉浸式文化传承旅游可以作为微旅游的一种形式，让游客深入了解当地文化，同时也能够促进当地文化的传承和发展。

文化创意产业作为一种新兴的城市空间转型手段，在近年来迅速发展，提供了全新视角帮助历史街区转型，主要表现在以下方面：一方面，艺术和文化通过赋予空间新生命，实现旧址的再活化和再兴，抵消因社会和经济因素导致的衰退；另一方面，历史街区具有独特的文化符号和附加价值，可以为产业发展提供资源，文化创意产业改造将艺术和文化作为重要手段，可以为历史街区注入新的活力，在充分发挥历史街区独有文化资源的基础上实现传承与创新的结合。通过对城市中"点式"街巷空间的有效组织与合理改造，能够有利于城市的有机微更新，这些改造措施还能够产生触发效应，基于网状网络的思维方式，积极吸引社会资源与广大市民一起参与城市空间的改造与更新。在发展文化旅游与推进文旅融合的背景下，注重城市历史街区文化遗产的保护与精细开发，可以广泛传播历史文化遗产中蕴含的优秀价值观与精神力量，这可以有效提升城市作为地方文化品牌的复合影响力。旅游业的健康发展可以促进区域经济增长和就业，带来消费与投资。开发富有特色的文化体验旅游路线和沉浸式旅游模式，是促进文化旅游保护和可持续发展的良好机遇，通过有效融合区域丰富的文化资源与旅游资源，打造出具有鲜明个性特色的文创作品和富有吸引力的文旅产品，有利于提升文旅产业的创新能力和核心竞争力，实现文化旅游资源的可持续利用，更有利于实现文化与旅游的综合融合，创造净附加价值。城市建设不仅需要物质基础的完善，更需要注重精神文明的建设与提升。传承和发展传统文化遗产有利于梳理城市历史与文化经脉，激发城市民众的精神力量和文化自信，提高市民对城市文化与历史的认同感。新时代背景下，正确对待传统文化，珍视文化遗产，并合理开发和利用其内在的文化价值，珍视丰富多样的传统文化遗产及其价值，积极开发文化资源内在价值创造优质产品，延续文化的多样性，均有利于精神文明建设，这也为打造城市品牌与形象提供了有效途径。

其次，关于城市文化保护面域范型的研究。城市更新是社会进步的重要标志之一，城市更新表现出以下特点：个性化极强、多样化和复杂性高。其中，城市文化遗产，特别是工业文化遗产，代表着工业文化的最高成就。对于城市文化遗产的历史研究和价值挖掘具有极其重要的意义。建立城市文化保护规划，可以更好地保护和利用文化遗产资源。由于工业文化遗产拥有特殊的空间结构和建筑风格，不同于现代化工业，它能够带给人们独特的体验和享受。然而，城市化进程的加速导致人们不够重视文化遗产管理与再利用问题。在城市更新背景下，如何科学有效管理并充分发挥文化遗产价值已成为城市管理者和文化工作者需要重点研究的问题。城市文化保护面域范型的建设可以提供更好的保护和利用这些文化遗产资源的方法，也可以为城市管理者和文化从业者提供更多的思路和方向。从本质上看，历史文化名城保护的重点在于保护和再现城市的文化面貌，城市文化的保护、传承和创新是一个有机整体，其价值主要体现在面貌上。城市文化不仅体现在高雅艺术上，而且表现在日常环境和居民生活的方方面面。营造城市文化不应仅仅依赖于单独的文化设施或古迹街区，而更应关注城市整体面貌与氛围。为保护城市文化面貌，需要从多方面行动，不仅要保护历史遗产，还要关注城市空间环境、氛围景观以及社区生活等非物质因素。因此，城市文化面域保护模式强调关注城市整体文化面貌，不限于设施与古迹，更重要的是关注城市的氛围与环境，以及保护形成城市文化氛围和特色的各个方面。启动"实施城市更新行动"说明我国城市更新已进入一个新阶段，它将更加适应新时代要求、包容新内容、重视历史遗存传承、满足新的社会需求。这也表明我国城市建设由过去"重开发"的阶段，逐渐转变为"重运营"阶段。从20世纪70年代开始，西方学界就一直在讨论"城市改造"（Urban Renewal）这个问题。传统的"城市改造"主要指通过"推倒重建"城市毁坏地段，建造高级住宅或者改善生活环境。然而，许多事实表明，旅游业的发展促进了城市文化遗产的有效保护。人们发现，可以通过将城市文化遗产开发作为旅游景点，将其转化为文化资本，这不仅有利于遗产自身的保护与传承，还能创造巨大的经济效益。城市面貌总在不断变迁，但是大规模、快速的城市更新与建设往往容易给城市，尤其是城市的文化体系带来无法挽回的损失。随着越来越多的历史风貌区遭受毁坏，人们开始批评这种快速、摧毁性的传统城市更新方式。当前，城市更新常常受制于片面强调文化保护的偏见，或者陷于保护方法上的误区。只有全面地、多角度分析和探讨历史街区的文化特征，采用开放和发展的观点，才能在城市更新中实现文化遗产的可持续传承。城市文化保护面域范型是在城市文化保护基础上进行面域建设的一种方法。它以点状文化形态为基础，以线状文化脉络为纽带，以地域文化特色为背景，构建特色文化大区。徐和平（2007）认为，城市民俗文化资源正因城市化进程而逐渐消亡，这已经成为一个全球性问题。一是城市化导致城市民俗文化资源日益严重破坏；二是城市过分强调景观建设，降低了保护这些文化资源的难度；三是城市土地管理制度与投机行为对民间文化产生前所未有的破坏。文化保护不仅表现在对个体文化遗址、景观、文物的单体性保护，更重要的是将这些个体串联起来，与周围自然和人文环境形成整体保护。当单个文化遗址联系在一起，形成面域时，面域的文化遗址就不再是单纯的遗址资源联系，而是具有跨区域整体性的文化现象，其内涵和价值得到了更加丰富的拓展。陈业伟（2012）研究发现，人们普遍存在一个误区，认为传统城市与现代城市不能并存，但随着科技和思维的变化，人们逐渐认识到，旧区更新与改建不仅仅是技术和经济问题，也不仅仅是"拆"与"建"的简单决策。可持续发展的城市、宜居的城市和现代化的城市，必然会高效保护和强有力地传承历史建筑和文化遗产，实现传统文化与现代城市的有机结合。高德武（2013）认为，文化主导的城市更新中最常见的策略，为重点提炼和放大地方特色文化，通过装饰性手段来改善城市形象，吸引文化旅游，但由于地方竞争需要和操作上的可行性，很多城市管理者选择"推倒重建"的思路。我国目前处于社会转型期，进行大量的"推倒重建"式的城市更新，对城市历史遗产和文化资源造成很大破坏。在大规模城市改造中，一个突出问题是对城市文化环境的破坏，城市历史文化遗产不是被作为宝贵的文化资源对待，反而被视为建设中的负担，在改造中，文化遗产要么被忽略，要么没有得到应有的重视。文化传承旅游的发展可以促进文化遗产的"活化"再利用和城市更新，但也可能给城市历史文化遗产的传承带来不利影响，损害城市独特魅力和特色。根据管宁（2014）的研究，在大规模的城市改造、城镇化浪潮中，一部分体现和保留在城市历史街区和传统村落中的传统文化正在流失；根据管宁的观点，现代化不等于西方化，城镇化不能消灭传统文化，也不能简单照搬外国模式，应该慎重对待传统文化，同时结合中国本土特点和需求进行改造和建设，找到符合中国国情的发展道路。

最后，关于沉浸式文化传承微旅游与城市文化保护面域范型协同模式的研究。城市更新改造是一项复杂的综合性社会系统工程，对于城市的可持续发展、建设生态文明、构建和谐社会具有重要的意义。在城市更新改造过程中，如何保护城市历史文脉、开发利用旅游资源、发展城市旅游产业是需要认真思考的问题。城市遗址保护的实践经历了不断探索与完善，逐渐由最初只注重保护文化遗产本身，转变为关注遗产与周边环境的有机结合。因此，研究沉浸式文化传承微旅游与城市文化保护面域范型协同模式可以为城市更新改造提供新思路和方法，从而更好地保护城市历史文脉、挖掘旅游资源、促进城市旅游产业的发展。以革命文物保护实践为例，保护方式正在从文物修缮演变为主题性展示（如主题历史文化街区）和红色旅游，与城市结合得越来越紧密。城市建设涉及政府、企业和市民三方利益，城市空间和人文空间面临巨大变革和重构。这通常会破坏社会基础，文旅导向的城市更新能重新平衡三方利益。城市更新是一个持续的过程，不能期望一次性解决所有问题，也无法长久不变，其核心驱动力在于产业转型升级，需要不断迭代和修正进行持续优化。城市是为人服务的，城市更新的关键在于满足人们的需求，产业升级是城市更新的核心驱动力，与城市更新相互促进，两者相辅相成，关系密切。文化驱动的城市更新通过文化发掘或推广等方式，将产业植入其中，实现城市空间、文化和经济的同生共荣，促进城市复兴。开发新体验项目和原汁原味的体验，可以达到旅游和遗产保护的双赢。尊重和关注原居民权益，保持他们和遗产地之间的联系，有利于加强游客体验，提升他们对遗产的兴趣，最大限度保护遗产的完整性和真实性。政府可以进行主导，有意识控制旅游发展，协调利益相关者的关系，引入现代科技手段，实现城市更新的可持续发展。侯娟（2016）基于城市特色文化视域，对城市工业遗产旅游开发进行了研究。作者认为，工业遗产是城市特色文化的重要组成部分，有助于传承和建设城市特色文化，缓解城市特色危机，作者强调工业遗产旅游在开发过程中需要提升旅游活动的参与性、体验性，从而吸引游客，为城市特色文化建设发挥积极的作用。通过统一规划和融合，可以将分散的点位整合重组，形成覆盖整个区域的统一面貌景观，完善相辅相成的公共空间，最终创造体现区域历史文化内涵的人文环境，形成文化氛围。整体面域保护能够更有效地激发历史遗产的价值和城市活力，从而推动城市的可持续发展。根据王林生（2021）的研究，融合"三条文化带"与互联网科技是活化传统文化资源的重要趋势，但不能限于表面层次提升古风旅游产品体验或利用数字技术打造沉浸交互体验式文化项目，更应关注这种结合如何促进文化遗产保护和城市发展，以及在当今时代具有何种意义。王雪琪（2021）等在研究时发现，文化传承的主体是人，分为两类群体，一类是原住居民，另一类是对当地文化具有认同感的后迁群体，在制定区域旅游规划时，应从这两类群体的根本利益与需求出发，通共同参与规划、建设和营运，凝聚文化传承群体，从而实现对文化的传承与传播。吴殿延（2021）等以大运河为例研究发现，运河旅游开发需要依赖沿线城市的基础设施，需要推进城镇与运河景区的融合互动，加强景点与所在城镇的合作和融合，共建综合旅游产业聚集区。除此之外，严鹏、陈文佳（2021）基于工业文化理论，提出新的工业文化遗产概念，分析工业文化遗产弘扬工业精神的功能，充分认识管理与再利用对城市发展的重要性。其中，以武汉为例，他们对武汉的工业文化遗产进行管理和再利用，并推动当地城市工业区的建设，有利于促进城市经济循环发展，为城市新的经济增长作出突出贡献。旅游行业的兴起促进众多城市的发展。近年来，工业旅游获得关注，一些城市管理和再利用老旧工厂，将其改造为工业旅游胜地，将工艺作坊作为旅游项目，在此基础上进行有效开发，这促进了城市工业旅游业的大幅提升。正如林颖（2021）等认为，文化需要通过旅游传播与弘扬，游客参观古迹、体验民俗文化，可以融入文化氛围，感受其魅力，以福州古厝为例，通过旅游提高可持续发展能力，增强文化旅游吸引力；总的来说，文化是旅游的载体，旅游是文化的重要支柱。麦咏欣（2021）等以珠海北山社区为研究对象，对历史街区空间更新和再生的动力机制进行系统性探究，旨在为城市更新与现代化发展提供借鉴与帮助。城市更新是对不同时期城市文化的保护与改进，在更新过程中，需要同时注重保护与传承历史文脉以及确保新旧之间的和谐，实现居民"安居乐业"。针对特色文化城市的更新，常见的方式是打造融合商业、文化与旅游的消费文化街区，旨在活化利用历史街区。郑中玉、李鹏超（2021）发现，一些当地文物保护人士反对进行历史街区改造，原因在于他们觉得这样会破坏承载城市文脉和集体记忆的建筑，同时他们也认为应该从居民的主体性视角出发，理解居民对于城市文化保护和城市改造中的意愿。刘炫梓（2022）等在研究时发现，黄河下游城市群的旅游业发展存在着互补和融合发展的良好条件，这些沿黄城市具有丰富的自然景观和古式建筑等历史遗存，形成多样的民俗文化与地方特色；同时这些城市正逐渐从单独竞争走向合作与融合，整合人文景观资源，逐步共同发展旅游品牌、路线、目的地，为融合共赢提供可行路径。李和平（2022）以重庆市渝中区革命文物为例，分析考察其地域环境、城市条件等多方面影响，描述了遗产资源的特征和历史文化内涵；在此基础上，确定其价值主题，并建立评价体系，这有利于精准把握遗产资源的价值属性和保护重点，可有针对性地保护重点遗产；同时，评价体系也为遗产的合理开发与活化提供了依据。实现遗产的价值发掘，又能与城市的历史文化渊源紧密结合，促进城市关联发展。章勇（2022）以长株潭为例进行研究，发现公共交通的建设有利于城市之间的联动，通过借助公共交通，可以有效地强化城市意象，找寻城市记忆以延续城市文脉，充分运用历史文物和人文景观资源，打造出具有历史文化印记和个性的城市名片，同时，公共交通的建设可以扭转城市文化建设碎片化的趋势，促进城市文化的保护与传播。充分开发城市的丰富历史文化资源是释放城市文化活力、更新城市形象的有效途径，城市可以通过多渠道方式挖掘这些文化资源的经济价值。例如利用历史名人文物、人文景观等物质文化遗产，研发创意产品和文化主题产业；同时，以此为基础打造多种沉浸式的旅游和微游项目，为游客提供文化体验和休闲。这些方式有利于将文化资源转化为城市新的竞争力，文化旅游作为文化遗产保护和利用的重要动力，通过艺术传播与文化解读，可促进文化遗产的价值再造，进一步引发经济效益。文化遗产在这一转化过程中可以继续发挥文化价值和经济价值的双重效应，为城市复合更新提供动力。有学者认为，历史文化名城旅游的开发存在着拆真做假、热衷于假古董、造大庙、造高塔、恢复早已消失的历史建筑等问题，这些行为改变了历史的本来面目，完全偏离了保护历史文化遗产的真谛。为了保护好历史名城的旅游资源，一是要保证名城旅游资源的真实性，尽可能地挖掘和整理名城遗存的原真文化。沉浸式文化传承微旅游可以将值得民族骄傲的原真文化展示在世人面前，让游客深度体验和感受历史遗产的文化价值，并促进文化的保护和传承。近年来，洛阳抓住文化旅游和文创产业融合发展的机遇，积极实施文旅文创融合战略，促进行业布局的革新与升级。二是要充分展现传统文化特色，加强"地产地风"及"地域文化"的传播。例如突出讲好洛阳的故事，表现独特的声音和魅力。注重"颠覆性创意"和"沉浸式体验"，吸引年轻消费者，并且充分利用移动互联网及新媒体快速传播城市文化，开启一条融合发展的新道路，体现出独特的文旅创新方式，为文旅产业持续升级提供新机遇。在这个过程中，洛阳市注重挖掘和利用本地的历史文化资源，结合现代科技手段，创新设计和开发文化旅游产品，提升游客的参与感和体验感。同时，洛阳市还注重年轻人的消费需求，推出各种适合年轻人的文化旅游产品，让年轻人更好地参与到文旅产业发展中。这些做法不仅提升了洛阳市的旅游吸引力和知名度，也为文旅产业的未来发展奠定了坚实的基础。洛阳正用一种创新姿态为游客带来全新体验，各类文创文旅产品不断涌现，形成多样的文化消费新场景，吸引年轻群体。将当地传统工艺与科技互联网结合，设计出新颖的文创产品；开辟多景点特色主题街区，带来城市历史氛围的游逛体验，这些举措带动文化氛围持续更新，为游客提供不同于传统文化游的寓教于乐的文化消费体验，吸引了不少年轻游客。新颖的文化内容与场景正在重新诠释洛阳故事，赋予传统文化新的生命力，不断开辟文旅产业的全新空间。沉浸式文化传承微旅游的发展，使人们能够实现在家门口也能感受到"诗和远方"，同时也有利于发展夜间经济，为"夜经济"注入了蓬勃的活力。通过创新文化旅游产品和服务，洛阳市吸引了更多的游客，提高旅游业的质量和水平，同时也促进文旅产业的发展。这些举措不仅有助于提升洛阳市的文化软实力，也为文旅产业的可持续发展奠定了坚实的基础。田宜龙（2023）研究发现，洛阳市正深入挖掘中华优秀传统文化，努力实现创造性转化和创新性发展，不断优化文旅产品和服务，发展成各具特色的沉浸式文旅场景及模式；让游客不再单纯"看"景，而能"融入"景，使传统产业加速朝向体验消费型产业嬗变，由"来体验"走向"成为其中一员"，实现观光游向体验游的升级；同时，洛阳认清城市与文旅产业的密切关系，深化对城市形态特征的认识，把旅游街区建设融入城市局部改造和城市更新之中，重新塑造文脉连贯的城市风貌，丰富城市生活体验，凸显地域特色，提升城市文旅竞争力。方媛、张捷（2023）指出，沉浸式文化传承旅游不仅能充分利用旅游目的地丰富的文化资源，通过让游客以多种视角和方式深度体验与交流，更周全地了解当地的文化艺术特色，同时也通过全新方式的文化消费，为传统类型的文化旅游市场注入新的活力；随着消费水平的提高和旅游业的持续发展，沉浸式文旅需要在原有基础上不断优化改进。这既体现在产品和服务的创新上，也需要在理念上进行升级，通过技术手段和艺术整合，不断提高互动性和沉浸度，提供加强文化传承的新渠道，进一步丰富游客文化体验，最大限度挖掘文化资源内蕴价值，满足人们不断增长的精神文化需求，只有这样才能取得新的进展与成绩，沉浸式文化传承微旅游的发展才能满足新时代下游客的本地化需求，符合时代趋势，为沉浸式文化旅游的创新升级提供有益的助力。

沉浸式文化传承微旅游正逐渐形成规模和集群，带动相关产业聚集和整合，从而促进城市更新。也就是说，文旅产业的快速发展离不开空间场地的提供，需要形成文化旅游区。这些文旅区就是文旅产业聚集和集成发展的空间载体，它不仅需要为游客提供餐食住宿等服务，为员工提供生活基础设施，也需要为搬迁居民提供安置住所等。文旅区作为产业功能区正在快速发展，其内部基础设施的完善、公共空间的改善成为城市更新和城市再造的重要内容。文旅区作为产业聚集区，不仅带动相关产业与服务业在此集成和集群，同时也在不断完善自身空间功能，促进区域和城市的更新。同时，文旅区不仅汇聚了大量文旅设施与服务，同时也形成了各具地方特色的"微"项目，可以充分传承沉浸式文化传承精神，这些项目通过与历史街区、古迹等相关联，串联成环，形成覆盖全区的文化线路。这些文化线路将城市文化内容、符号和故事纳入其项目设计、场馆布展、讲解体验之中，充分利用沉浸式传承手段，实现文化内容的有效传播。由此，文旅区不仅带动了相关产业发展，更通过文旅融合的方式，有效地挖掘和传播城市文化资源内涵，将城市精神写进城市物质空间更新的过程之中，讲述城市更新与日渐壮大的城市文化密不可分的故事，在城市更新与城市再造中发挥了重要作用。为了进一步推动文旅产业的发展，需要注重创新、服务和市场，打造更多的文旅消费新业态和新场景，改善基础设施与市政服务，满足不同需求以增强文旅服务保障能力，不断提升城市对年轻人的友好度，着力推进文旅产业转型发展，让科技与数字化成为新亮点，让文旅产业高质量发展，加快打造更为开放、包容的全国沉浸式文旅目的地。

第三，沉浸式文艺场馆微旅游与城市功能完善点式范型协同模式。

首先，关于沉浸式文艺场馆微旅游的研究。狭义的文艺场馆旅游即到文艺场馆游览和学习，指的是以文艺场馆为旅游目的地，以文艺场馆建筑、文艺场馆展览背后蕴含的文化和文艺场馆开发的文化衍生品等为对象的旅游，而广义的文艺场馆旅游指的是"文艺场馆＋旅游"，即以文艺场馆为核心，带动文艺场馆所在城市或乡村的旅游。

关于文艺场馆旅游研究，目前还主要聚集于博物馆和图书馆。对于美术馆、艺术馆，已有研究开始关注场馆的公共功能及社会责任、收藏与资源管理、情感交流与建构、美学创作与艺术融合等方面。关于博物馆旅游，国外研究自20世纪80年代初就已经开始兴起，主要研究内容包括客体、融合、主体三个方面，关注博物馆旅游建设模式、特点与价值、功能演进等，探讨博物馆如何与旅游、城市和社区融合，以及重点研究博物馆游客行为特征、出游动机与需求、基于满意度评价的游客体验等。1989年9月，国际博物馆协会第16届全体大会审议通过了《国际博物馆协会章程》，其中明确指出："博物馆的存在是为了社会及发展服务的、向公众开放的永久性的非营利性机构。它对科研、教育、观赏等目的征集、后续保护、研究、传播、展示人类繁衍生息和人类环境的更迭起到见证物的作用。"随着博物馆同旅游的紧密结合，博物馆旅游的相关研究随之兴起。戴维斯（Davis，1990）指出，随着博物馆功能转变，信息、文化、娱乐与休闲功能将成为核心，博物馆将从小众的科研场所向大众的公共服务场所转变，游客将逐渐成为新的主体。1994年，英国博物馆联合艺术馆协会共同讨论如何提升服务质量，服务顾客；弗兰斯·舒腾（Frans Schouten，1995）提出博物馆需要革新，通过优化设施、利用新技术等吸引游客，实现变革。特德·西尔伯伯格（Ted Silberberg，1995）认为博物馆主要依靠文旅收入，需要与相关部门合作实现双赢。普林斯（Prince，1990）显示改善游客体验可以增加游客量。阿沃尼伊·斯蒂芬（Awoniyi，2001）指出，现代化博物馆要积极开发休闲设施，形成商业综合体，提升自身价值。随着社会需求变化，博物馆面临服务公众的压力，要促进博物馆与旅游融合，就需要不断革新博物馆功能、改善游客体验、加强联动合作、完善休闲设施等，以更好地满足不同游客的需求。近年来，国外的博物馆旅游研究主要关注以技术手段提升游客参观体验、沉浸感和满意度。与此同时，国外也在探讨如何整合数字化与人性化相结合的解决方案，优化博物馆服务。国内的早期研究关注了博物馆旅游资源开发、生态博物馆建设等方面，并提出相关的发展策略。例如，孙旭红、孙宏实（2003）指出，博物馆旅游产品的开发设计应该体现博物馆的核心特色，增强调和性。杨丽（2003）认为博物馆是一种特色旅游资源，需要开发博物馆特色旅游资源。李瑛（2004）分析了国外博物馆的发展状况及趋势，提出转变馆内工作人员的功能、增进展览方式、扩充服务项目、吸引企业投资等发展策略。王晋（2006）则强调博物馆的良好发展需要社会多方的支持，包括资金支持，增强促销、宣传；运用高科技使得展览互动化、动态化。林美珍（2004）认为要将市场营销理念、信息化理念以及国际化引入博物馆经营管理中，采纳产品策略、营销策略等促进博物馆更好地成长。这些研究提出了一系列的建议和策略，以促进博物馆旅游资源的发展与提升博物馆的管理水平和服务质量。伴随经济社会的发展，博物馆研究重心由物向人转移，体验经济兴起后，博物馆游客满意度成为重要研究内容。学者们通过问卷、网络调查等方式调研游客体验感知，分析影响游客满意度的因素，提出针对展陈效果、营销手段及配套服务等方面的改进建议。博物馆研究的对象不再局限于博物馆本身，而是把目光转移在博物馆观众身上，从而将博物馆对于物的研究转变为对博物馆中人和人物结合的研究，进一步完善博物馆研究体系。同时，信息化进程使博物馆逐渐数字化、多元化，出现现代博物馆、虚拟博物馆、社区博物馆、数字化博物馆、新博物馆运动等新概念，并逐步应用于实践。同时，博物馆留言文本、游记文本等用户生成内容日益丰富，有学者基于此分析博物馆价值追求、公共服务模式、文化传播效果等问题。这些研究将博物馆的价值和意义进一步深化，为博物馆的发展提供了新的思路和方向。未来，博物馆还需要进一步融入社会公共生活，实现价值溢出，成为人文与科技交融互动的公共空间。黄永林、孙佳（2017）以整体性、原真性、活态性、公开性原则建设社区博物馆，对于保护和传承城市非物质文化遗产、守护城市文化根脉、促进城市的可持续发展有着极为重要的意义。刘贵文（2018）从城市更新视角，提出先保值再增值的改造理念，通过案例剖析工业遗产价值实现路径，为后续工业遗产价值开发和改造模式提供借鉴。许多学者提出相关措施，其中包括将博物馆打造成为拥有历史、人文等多种价值的文化景观。为了实现这一目标，需要找准旅游定位，同时加强与社会各领域的交流与合作，全面拓展博物馆公众服务范围。这些措施旨在将博物馆打造成为更具吸引力和影响力的文化旅游目的地，以吸引更多游客前来参观，并促进文化交流和共享。

由于在线新业态和新模式的出现，传统文化场馆不再受到地理空间的限制，这为各文化场馆之间的合作共享提供了更加有利的条件。通过在线平台，文化场馆可以实现信息共享、资源共享和服务共享，从而加强协同发展，提升整体效益。未来，文化场馆在线协同发展将成为一个更加重要的方向，可以促进文化产业的创新和发展，提高文化服务的质量和效率，同时也能够满足公众日益增长的文化需求和利益。刘润（2017）基于空间生产理论，深入分析制度转型背景下博物馆空间生产过程与机制，揭示博物馆空间生产的总体状况以及博物馆空间生产所经历的探索、规范和集约3个阶段。为了提高文旅休闲消费的质量和水平，2020年3月，文化和旅游部制定了《文旅休闲消费提质升级措施》。该文件明确鼓励游客进行"图书馆游、博物馆游、民俗游等文化体验旅游"。在发展使命与指导政策的双重驱动下，公共文化场馆提升游客吸引力、开发旅游功能成为必然趋势。为了提高公共文化场馆的旅游功能和吸引力，公共文化场馆需要以游客为中心，不断完善场馆基础设施建设，减少游客在游览过程中的不便。同时，公共文化场馆需要将藏品资源、馆舍设施内外结合起来，合力改善游客游览体验。这些措施可以提高游客的满意度和忠诚度，也能够满足游客的需求，促进公共文化场馆的可持续发展。在未来的发展中，公共文化场馆将继续积极开发旅游功能，加强与旅游业的合作与交流，提高自身的文化价值和影响力。公共文化场馆不仅要拓展旅游市场，还要注重文化传承和创新，提升文化产品的质量和附加值，吸引更多游客前来参观和体验，同时也为公众提供更好的文化服务。刘润（2021）通过深入研究成都市博物馆的发展历程和空间效应，可以为其他城市的博物馆发展提供启示和借鉴，也可以为城市规划和管理部门提供决策依据，帮助他们更好地理解博物馆对城市空间结构和社会经济发展的影响，并在实践中指导博物馆发展和城市空间的优化。高颖（2022）通过深入研究富春山数字诗路文化体验馆的运营模式和体验设计，可以为其他旅游文创产品的开发和设计提供启示和借鉴；这种新型旅游产品的设计模式为旅游文创产品的转型提供了新的范式参考和实践指导，有助于促进我国文旅产业的升级和发展。文艺场馆只有积极地参与到高科技智能产品应用深度和广度的发展中去，才能够更好地在数字时代发展。袁辰璐（2022）基于旅游体验价值共创理论，提出"原真性感知—地方依恋—价值共创行为"研究模型，并将其划分为信息交流、合作行为、人际交互三个方面；她以长岛为案例进行调研，量化分析原真性感知对游客价值共创行为的影响机制；研究结果表明，优化旅游体验价值共创过程中的合作行为可提高游客的忠诚度；因此，在旅游业中，重视游客情感价值，通过有效的文化输出强化游客与海岛的情感联结，具有重要意义。朱怡晨（2022）以马萨诸塞州当代艺术博物馆为例，研究当代艺术如何推动位置偏远的中小型后工业城市发展，研究分析了马萨诸塞州当代艺术博物馆在工业遗产保护和推动城市可持续更新方面的方法及路径，该博物馆采用共享遗产的更新策略，包括价值共享的遗产价值挖掘与诠释，空间共享的修缮、改造和利用，以及利益共享的多方协作模式。该研究旨在为我国工业遗产再利用和中小型工业城市转型提供借鉴。同时，该研究还强调了共享遗产的重要性，提出多方协作的更新策略，有助于推动城市的可持续更新和发展。洪小春（2022）基于以既有工业区为代表的城市老旧区域品质提升和空间扩容逐渐成为现阶段城市发展的主要内容，以北京首钢三高炉博物馆更新为例，从宏观、中观、微观 3 个维度对其地下空间开发的功能定位适宜度、功能布局适宜度和功能空间适宜度进行评价。刘勃伸（2023）基于 VR 技术的虚拟红色文化体验馆为研究对象，展示了红色文化与 VR 技术的结合，创造出一种全新的文化体验方式。虚拟现实技术是指一种通过计算机生成的仿真环境，可以模拟真实环境或创造全新的虚拟环境，并让人们能够在其中进行各种交互操作的技术。通过虚拟现实技术，用户可以沉浸在虚拟环境中，以身临其境的方式感受和探索虚拟环境，从而获得更加生动、全面的体验。虚拟现实技术的应用越来越广泛，它可以为文物保护、历史文化遗产展示、博物馆展览、文化旅游、艺术创作等提供全新的展示和体验方式。其中，虚拟现实技术可以为游客提供更加真实的文化体验，使游客能够在虚拟环境中深入了解文化背景和历史，体验文化遗产的魅力。虚拟现实技术在文化领域中应用广泛，为文化领域的发展提供了全新的思路和方式。其利用科技体现旅游的趣味性，探索发掘数字化旅游环境，满足旅客对安全和丰富旅游体验的需求。虚拟现实技术的应用也为旅游业带来新的机遇和挑战，促进了旅游业的创新和转型。数字化旅游环境打通了时间和空间的传统认知，其与旅游完整高效地对接，不仅使游客有视觉冲击，可以释放游客的听觉和视觉享受，同时也契合游客内心的情感需求，提高了游客的旅游感知与交互体验，使旅游场景更具观赏性。创新体验设计方法是探索旅游产业发展的新思路和新见解，能够实现旅游体验模式的创新，从而推进体验经济在旅游领域的发展。通过创新的体验设计，可以打造具有独特魅力和价值的旅游产品，提升旅游消费者的满意度和忠诚度，促进旅游业的可持续发展。

其次，关于城市功能完善点式范型的研究。根据沃纳·赫希（Werner Hirsch，1990）的观点，城市功能的形成是生产和需求两方面相互作用的结果。城市更新的内涵随着时代的发展而不断演变，但其核心目标始终是通过对城市中某一衰落的区域进行拆除、改造、投资和建设，以全新的城市功能替代功能性衰败的物质空间，从而实现城市的再生和繁荣。城市更新是一种对功能性衰败的物质空间的重新定义和再利用的过程，旨在提高城市的竞争力和吸引力，促进城市的可持续发展。城市更新的内涵和形式随着时代的发展而不断变化，但其目标始终是为城市提供更好的生活和发展条件。韩秀霜（2008）的研究对象是生产性服务业，深入探究其在提升城市功能方面的作用。早期对城市更新改造效果的研究主要集中在经济学角度（探讨综合效益）、公共政策制度方面，以及从社会学角度研究城市剥夺和社会公平等方面。与此同时，早期城市更新中的参与主体主要为政府和房地产开发商，限制了居民参与的途径与环节，从而导致居民在城市更新中的利益空间受到损害。这种情况下，韩秀霜的研究提供了一种新的视角，即从生产性服务业的角度出发，探究其在提升城市功能中的作用，为城市更新的多元化参与主体提供新的思路和方法。城市更新是以复兴衰败城市区域、节约利用能源和空间、提高城市融合特征为目标的新型城市发展模式，旨在对城市进行定位和功能塑造的重新发现。城市更新改造的目标是通过必要的、有计划的改建活动，对不适应现代化城市社会生活的地区进行更新，以满足社会积极发展的客观要求。在城市更新中，关键是要力求更新后的城市功能比原先更优越，既实现城市新产业新业态的引入，提升城市功能和城市经济的显著水平，也实现原有城市文化的保育、活化和原有低效用地的改善等目标，从而实现城市的可持续发展。城市更新需要综合考虑社会、环境和文化等多方面的因素，注重居民参与，倡导以人为本的发展理念，打造宜居宜业宜游的城市空间。阳建强（2016）等从基础设施、产业布局等角度阐述提升城市功能的路径及其有效性，发现城市更新不仅是城市功能、空间结构、产业模式等的更新，更是观念的更新。其中，城市功能完善点式范型是一种城市规划和设计理念，旨在通过在城市中添加精细化的功能点，优化城市的功能结构，提升城市的整体品质和吸引力。其将城市功能点作为城市空间布局的基本单元，通过点与点的联系建立城市功能网络，实现城市功能的高效整合和优化。宁晓刚（2018）基于众源数据，以北京市主城区为研究区，根据地块内不同类型兴趣点数据所占面积不同设定权重因子，构建一种街区尺度功能用地划分方法，将北京主城区的功能用地划分成 6 个一级类，并且运用比对分析法和误差矩阵法对功能用地划分结果进行精度评价，也对优化生产、生活、生态空间等功能布局具有重要意义。为城市更新赋能的文旅产业设计应该基于现状，重新解读与包装城市，设计不仅要满足原有居民的生活功能和服务本地居民的生活活动，还要增加更多具有多功能性和创造性的场地功能，让居民在这个空间里唤起记忆，延续他们原有的生活方式，同时满足更多年轻人的审美喜好。在后工业化时代，文化已被视为一种重要的经济手段，用于创造更多就业机会与财富，缓解全球化过程中因经济结构转型所导致的一系列问题。通过将旧厂、旧仓库、旧民居、旧交通设施等再利用为美术馆、博物馆、画廊、剧院等文化旅游设施，可以形成旅游导向的城市更新（tourism-led regeneration）。这种城市更新方式已经被广泛采用，典型例子是西班牙毕尔堡的古根汉姆美术馆，其前身是造船厂、集装箱收发区和化工高炉区，经过设计改造后，它成为美术馆，并吸引大量游客，为该地区带来显著经济效益。毕尔堡也由一个默默无闻的西班牙地方城市转变为欧洲重要文化据点和旅游城市。城市更新的目标是通过必要的、有计划的改建活动，对不适应现代化城市社会生活的地区进行更新，以满足社会积极发展的客观要求。城市更新需要综合考虑社会、经济、环境和文化等多方面的因素，注重居民参与，倡导以人为本的发展理念。王维（2023）以苏州市 CIM 平台为例，探索在古城保护与更新的过程中深入应用 CIM 平台，建立包含识别、策划、规划、审查、评估 5 大环节的古城保护更新流程，设计 7 大功能模块，为苏州古城建立全方位数字化画像，辅助古城保护与更新过程中相关规划和项目的决策。邬樱（2023）指出，应该正确认识和把握城市更新背景下的人口流动趋势特性和行为规律，适应新型城镇化发展的流动时代新形势，这也是跳出人口问题层面，在国家整体发展战略框架下优化配置资源的现实需求；应发挥人口流动作为城市转型发展的资源要素功能，通过城市更新统筹人口、资源、环境，实现城市发展优化，不断向社会治理流动性领域发展，解决城市病问题。

最后，关于沉浸式文艺场馆微旅游与城市功能完善点式范型协同模式的研究。随着信息化技术日益普及，数字技术获得广泛应用，为了得到改进，文化艺术类场馆开始积极采用数字技术，与传统文化艺术类场馆相比，数字化文化艺术场馆在功能和服务等方面有显著提高，已成为当前研究的重点。部分城市的更新成功经验值得参考，城市更新应该便利本地居民生活，合理运营商业项目，吸引本地休闲和外地游客，带动以年轻人为主的活力人群涌入，方能真正活跃老城区。李其惠（2009）认为，文化馆数字化建设应当从人员、设施和网站三个方面展开，在人员方面要引进兼有文化与计算机的复合型人才，提高文化服务与互联网连接效率，在设施方面要淘汰老旧的书本文件，加速更新电子设备，同时，文化馆要重视自身网站建设，这样既能起到宣传推广的作用，又可以满足群众的网上学习娱乐需求。郦伟华（2015）分析表示，数字化建设对文化馆来说有以下优势：一是能够丰富文化馆含有的信息和资源，二是能够扩大文化馆的覆盖范围。他还提出，各个区域的文化馆应充分利用数字技术的时效性与便捷性，实现区域内数字联动，形成综合性的文化馆集群，满足不同地区民众多元文化生活需求。城市更新设计要根据现有城市环境，需要重新理解和改造城市空间，保持满足原居民生活需求的功能性，同时为本地居民提供服务和活动场所，更重要的是增加更多多样化功能，这样既能唤醒居民的记忆延续其生活方式，也可以迎合年轻人的审美追求。佟玉权、杨娇、赵紫月（2020）从体验旅游视角出发，建立了博物馆游客满意度评价模型，他们认为博物馆应重视提高游客的感知参与度，努力提供智能化体验和个性化细致服务，以最大限度满足游客需求，增加博物馆与游客和社会的互动参与。借助新技术革命，旅游业态与城市空间、功能提升协同发展，充分利用老城区、老厂区、老住区等城市更新场景，大力发展以人工智能、虚拟现实、增强现实为代表的新技术在旅游领域的应用，形成数字娱乐、沉浸式体验等文化旅游产业新业态。运用科技手段激活现有城市空间，既保留城市历史文化"面子"，也注入新的活力"里子"。杨思柳（2022）指出，数字化技术是文化馆改革创新的基础，应与馆务相结合，例如文化资源数据库、线上线下培训服务等，数字化文化馆管理和维护要求更高，需要专业人才。李晨（2022）研究表明，文化导向城市更新的理论强调在保障城市规划建设的基础上增加公共艺术的建设，通过博物馆、美术馆等公共艺术空间和多样活动，促进城市文化的多样化与协调性，推动经济增长和街区振兴，实现城市可持续发展。曾晓茵（2022）在文中梳理博物馆从贵族专享到公众共享，从藏品本位到开始关注观众体验的发展演变过程，将博物馆作为旅游吸引物的模式分为直接作为目的地核心吸引物、作为目的地核心吸引物的组成部分和作为目的地补充吸引物三种类型，并分别总结其特征，进一步讨论了博物馆内吸引物生产、吸引氛围生产和吸引活动生产的发展趋势。博物馆正从独立的旅游吸引物变成旅游吸引物的组成部分，目前已经成为生活化日常休闲娱乐和学习的组成部分。吴静轩（2023）借鉴触媒理论的微更新理念，提出微更新构想改进空间质量、产品品质、塑造城市形象和文化内涵，探讨景区微更新设计。文化空间为居民提供休闲学习空间，促进旅游和微旅游。随着中国旅游市场走向成熟，部分游客对体验参与知识型"深度游"的需求逐步提高。伍江（2023）指出，可以通过完善城市功能和挖掘保护历史文化遗产两个途径提高城市公共空间品质和服务能力，推动文化繁荣与创新。

总体而言，已有研究主要关注博物馆等场馆发展模式，缺少关注艺术馆等小众文化场馆，未充分挖掘小众旅游。研究多聚焦单一场馆，缺少探讨多类场馆间合作对促进文化场馆旅游的作用，文化场馆涵盖多类文化，应加大合作，扩大发展。同时，研究关注游客体验感和满意度，但分析多为调研和案例，较少利用游客评论大数据探索文化场馆合作路径。

第四，沉浸式休闲乐园微旅游与城市功能完善面域范型协同模式。

沉浸式休闲乐园、微旅游和城市功能完善面域范型均是当前城市规划和休闲产业领域的热点研究方向。沉浸式休闲乐园是近年来发展迅速的新兴产业，吸引了众多学者和从业者的关注。目前，国内外已经涌现出大量的研究成果，主要涉及以下几个方面：

首先，关于沉浸式休闲乐园微旅游的研究。可将其视为"沉浸式休闲乐园＋微旅游"，其中，沉浸式休闲公园，又称沉浸式主题公园，是旅游行业中一个相对较新的概念。它们旨在为游客提供一种身临其境的体验，模拟不同的现实。这些公园经常使用先进的技术，如虚拟现实和增强现实，为游客创造一个完全沉浸式的环境。沉浸式休闲乐园的场馆设计需要高技术含量和创意性，以营造出更加逼真和趣味的虚拟场景。与此相比，微旅游是一种注重短途旅行或体验的旅游，通常是在人迹罕至的地方，提供更真实、身临其境的体验。微旅游通常与可持续旅游实践相关联，因为它鼓励游客与当地社区接触并支持当地企业。微旅游的短途、低成本、高频次和"深"度决定了它不像传统景区和景点那样追求大而全、以量取胜，而是聚焦小而精、注重消费深度，强调了旅游体验的个性化和定制化。微旅游的成本相较于传统旅游更加低廉，游客可以通过自驾、共享单车等方式降低旅游费用。微旅游强调游客的参与和互动，通过体验式旅游、亲子游等方式增强游客的旅游体验。需要深挖多用途特色资源，形成丰富内涵和鲜明特色以满足不同客群。城市功能完善面域范型是一种新型的城市规划和设计模式，强调城市功能的完备性和跨学科、跨领域的协同。

沉浸式休闲公园和微旅游相结合有望改变城市发展方向。它能为游客提供沉浸式体验，展示城市或地区文化历史，从而促进旅游业和经济发展。通过身临其境的方式展示城市或地区独特之处，这些公园有助于推动城市地区的旅游业和经济增长。此外，这些公园可以作为城市规划和设计创新的催化剂，为优先考虑可持续性、社区参与和文化保护的城市发展提供新的模式。休闲乐园微旅游是为满足人们休闲度假需求而出现的，可以提供与都市区不同的"异地体验"，通过精心规划水文化、水景观，营造多主题和"微"体验，为游客提供"异境体验"。休闲空间是人们在自由时间里从事休闲活动的各种场所，这类休闲空间的主要功能是为人们提供休闲活动的场所，并能让人产生愉悦感、安全感和归属感。

关于技术应用方面的研究。研究者们主要通过将虚拟现实、增强现实等技术应用于沉浸式休闲乐园中，以提高游客的体验感受。沉浸式休闲乐园微旅游是一种新兴的旅游方式，其能将游客置身于一个休闲娱乐环境中，通过技术手段和场景布局等手段，通过全感官沉浸式体验提供"身临其境"的体验。同时，沉浸式休闲乐园微旅游也对城市规划和旅游业发展产生了深远的影响，推动了城市功能完善面域范型的建设和城市规划的创新。沉浸式休闲乐园微旅游的发展现状，一方面涉及沉浸式休闲乐园技术的应用。随着技术的不断发展，沉浸式休闲乐园技术被越来越广泛地应用于旅游业。文献研究表明，沉浸式休闲乐园技术已经被应用于主题公园、自然公园、特色小镇等不同类型的旅游景点，为游客提供了更加丰富、刺激和个性化的旅游体验。另一方面是沉浸式休闲乐园微旅游与传统的旅游方式相比具有以下特点：一是可以提供身临其境的旅游体验，游客可以在打造的场景中感受到深度的旅游场景体验，获得更加真实、丰富的旅游感受；二是可以为游客提供更加丰富、刺激和个性化的旅游体验，游客可以根据自己需求和兴趣选择不同的旅游路径和主题，享受到更加个性化的旅游体验，而不是被固定的旅游线路所束缚。这些特点使得沉浸式休闲乐园微旅游成为一种全新的旅游方式，能够满足游客个性化的旅游需求，促进旅游业的发展和城市规划的创新。

关于"特色小镇"的研究。国外早在 18 世纪中期就已涌现出"特色小镇"的概念，但当时它仅指拥有独特经济特色的小镇，尚不涉及旅游含义。被引入旅游管理研究范畴是在 1995 年，金素妍（Soyeon Kim）开始着手研究"影视旅游小镇"的旅游项目。梅兰妮·凯·史密斯（Melanie Kay Smith，2004）的研究显示，特色小镇将文化产业、旅游业、休闲业有机结合，能有效提高企业经济效益，推动特色产业快速发展；发展特色小镇同时也是一个保护文化资源的重要方式，对促进地方旅游业发展有重要意义，两者存在互补互促关系。克莱尔·墨菲（Clare Murphy，2006）指出要保护当地传统文化，只有注入文化灵魂的特色小镇才能实现可持续发展，因此，发展特色小镇旅游资源时应全面保护当地传统文化。我国特色小镇建设起步虽晚但发展迅速。正如费建翔（2019）等学者总结的，我国特色小镇的特点包括：起步晚、分布不均、特色广泛。屠启宇、林岚（2013）认为每个特色小镇都需要拥有自己的"特色"，而这种"特色"的内在精华应该是当地文化特点。闵学勤（2016）认为，特色小镇是一个特别而具有功能强大的综合型产业，功能齐全，占地不大，形式多样，系统和机制创新，整合产业链、各种创新要素融合的产业升级和经济结构调整的平台。要发展特色小镇，不能忽视挖掘和保护当地文化，只有注重城市功能的完善性和文化内涵传承性，才能实现可持续发展。

关于主题乐园的研究。主题公园是最为流行的体验式主题休闲空间。主题公园以创意性见长，其发展历史可以追溯到荷兰的马都洛丹小人国，而我国深圳锦绣中华微缩景区就是受其启发而建立的。主题公园主要以观赏为主，不设置互动项目和演艺巡游，而是安排观光、情景模拟、风情体验等活动。相比之下，主题乐园以游艺性见长。它通常被划分为若干个区域，设置了多个互动项目和演艺巡游，可以提供更多的娱乐选择。这些特点在英国牛蛙公司（Bullfrog）《模拟主题乐园》游戏中得到了虚拟表现。在现实生活中，迪士尼乐园（1955）是最早的大型主题乐园之一，位于美国加州。此外，还有环球嘉年华、环球影城等著名主题乐园，它们与迪士尼乐园并称为世界三大娱乐品牌。国内还有一些知名的主题乐园，例如欢乐谷、方特等。主题乐园通常会设置多个挑战，完成一个区域的任务后才能进入另一个区域，让游客可以享受更加刺激和有趣的体验。主题乐园作为休闲产业已经存在了半个多世纪，通过两种不同途径实现集团化。一种途径是简单连接业务相似的旅游景点，例如英国的默林娱乐、美国的六旗娱乐等；另一种途径是通过知识产权（IP）转化，形成复杂的产业链，将主营内容（如电影）、媒体网络、衍生产品与度假休闲结合起来，例如迪士尼、环球影城等。相比之下，后一种途径所产生的综合性集团享有更高的知名度和影响力。此外，研究者们对游客体验方面进行研究，通过对游客的行为和反馈进行分析，提出更加个性化和定制化的游客体验模式。这种模式旨在提高游客的满意度和忠诚度，对主题乐园的品牌价值和长期发展具有重要意义。这些定制化的游客体验模式包括根据游客的兴趣和偏好设计各种不同的活动和游戏、提供更加个性化的主题乐园环境等，旨在提高游客的满意度和忠诚度，从而帮助主题乐园提高品牌价值和长期发展。

关于场馆设计方面的研究。研究者们探讨沉浸式休闲乐园的场馆设计，提出更加创新和逼真的设计理念。黄静（2018）研究发现，大型主题乐园与传统的公园绿地相比，对周边住宅价格的影响更具复杂性和多元性；以上海迪士尼为例，从辐射空间来看，距迪士尼中心越近，住宅价格被炒作得越厉害，相比较于分散的二手房市场，新建商品房被开发商炒作得更厉害。在"旅游＋"新形势下，万婷（2018）从改善总体规划布局出发，提出优化动物主题乐园的空间设计与功能分区，改进交通配套与景观环境，营造独特的园区氛围，提升游客体验，把动物主题乐园打造成地区性的旅游亮点，带动区域发展。王蕾（2019）认为主题乐园是构建城市公共文化空间和推动文旅业发展的重要环节，在"沉浸传播"与"体验经济"盛行的今天，主题乐园应以IP沉浸体验作为促进自身可持续发展的手段；总的来说，其认为主题乐园应从IP沉浸体验出发促进自身发展，针对当前主题乐园IP面临的问题，提出"沉浸体验IP"的思维方式。陈信康（2019）通过分析访谈结果和主题乐园行业特征，探索了衡量主题乐园等体验质量和体验价值的相关因素，并根据此基础开发出适用于主题乐园场景的体验量表。这些研究可为主题乐园等场馆设计提供重要参考。主题乐园最重要的价值在于提供游客独特的体验，造就难忘的记忆，提高游客的重游率。更重要的是，主题乐园应致力于改进体验等有效性和连贯性，让游客产生好感情、获得知识增长，这才是最有价值的体验。陆嘉宁（2021）在其文章中以迪士尼乐园和环球影城为例，探讨电影主题乐园沉浸式体验的特点和其与跨媒介特许权内容消费的关系，文章讨论如何将传统电影内容与新媒体技术相结合，达到强效传播的效果；同时，作者认为电影主题乐园的沉浸式体验与游客受众之间的关系并不是单向的诱惑与操控关系，而是一种更复杂的互动关系。在这种关系中，游客扮演着更加积极的角色，他们不仅是内容的受众，还可以参与到内容的创造和演绎中，从而创造出更加丰富和多样化的文化体验。随着新一代互联网的不断普及和覆盖范围的不断拓展，参与式文化已成为一股全球性的文化潮流。在这种文化中，游客扮演着更加积极的角色，他们不仅是内容的受众，还可以参与到内容的创造和演绎中，从而创造出更加丰富和多样化的文化体验。在电影主题乐园中，游客们自发地扮演角色，这种行为更加符合参与式文化的特征。电影主题乐园鼓励游客们的扮演行为，使他们身兼义务"演员"，为乐园等气氛添砖加瓦，从而创造出更加真实、丰富和有趣的沉浸式体验。"沉浸式"交互体验在塑造角色形象上有很大优势。徐茵（2021）在其研究中从角色认知的角度出发，探讨在虚拟的沉浸式交互环境中，如何结合设计实例，通过"角色认知"来探索儿童乐园视觉形象设计的新途径。而杜佳毅（2022）的研究则以上海迪士尼乐园为研究对象，从消费者体验的角度出发，研究如何提高主题乐园游客重游意愿，该研究梳理了主题乐园游客的重游意愿影响机制，为理论界和乐园经营者提供了重要的理论和实践指导。通过这些研究，可以更好地理解主题乐园和沉浸式体验的特点，以及如何通过视觉形象设计和游客体验来提高游客的重游意愿，从而实现乐园的经营目标，让主题乐园能够更好地满足消费者的需求和期望，提高游客的满意度和忠诚度。主题乐园通过独特的参与、互动、体验的方式，将传统故事生动地呈现在游客面前，让他们在愉悦的氛围中认识和理解中国文化，并感受其魅力。然而，为了改变主题乐园同质化、文化支撑羸弱以及互动体验项目缺乏的现状，研究营造具有"沉浸体验"的创意性IP，成为一种有效的途径。构建沉浸式体验IP必须考虑当前社会和媒体生态环境的相关性，以满足游客身心需求和符合社会媒体生态环境变迁。主题乐园所提供的游客体验故事的真实场域具有强烈的体验性，这也是主题乐园独有的特性。然而，不同的主题乐园所提供的参与度却各不相同。随着时间与科技的发展，主题乐园也在不断创新，从早期的微缩景观观赏形式发展到现在的沉浸式和交互式的体验方式，深受游客特别是年轻客的喜爱。这些创新和变化为主题乐园提供了更广阔的发展空间，同时也需要主题乐园经营者加强对游客需求的了解和对新技术的探索，不断提升乐园等吸引力和竞争力。

近年来，微旅游逐渐成为一种新兴的旅游模式，吸引了一定的关注。目前，微旅游主要的研究方向包括三个方面：一是关于微旅游的消费行为和市场规模的研究，研究者们通过对微旅游的消费行为和市场规模进行分析，为旅游企业和政府制定政策提供参考，以更好地促进微旅游市场发展和旅游游客的满意度。二是微旅游的旅游体验和游客满意度的研究，研究者们通过对游客的旅游体验和满意度进行研究，提出更加个性化和定制化的旅游服务模式，以满足游客需求的多样性。三是关于微旅游的社会影响和可持续发展的研究，研究者们探讨微旅游对社会和环境的影响，并提出了可持续发展的旅游模式，以促进微旅游的可持续发展和对社会环境的保护。总之，微旅游的研究涉及多个方面，需要不断深入探讨和研究，以更好地推动微旅游的发展和为游客提供更好的旅游体验。

其次，关于城市功能完善面域范型的研究。城市功能完善面域范型是城市规划和设计领域的一个概念，指的是城市中不同功能区域（例如商业、住宅、教育、医疗等）之间的相互关系和空间布局。其核心理念是通过对城市空间布局和功能组合进行优化，以此提高城市的整体效益和品质。城市功能完善面域范型强调城市功能的完备性，通过对面域内不同功能进行整合和联动，实现城市功能的完善，在实现城市规划和设计的新思路和模式时，有助于提高城市的宜居性和可持续发展水平。城市功能完善面域范型研究的一个重要的作用，是可以帮助城市规划者和设计者更好地理解城市空间的组织和功能，以提高城市的整体效益和品质。通过优化城市空间布局和功能组合，城市规划者和设计者可以更好地满足城市居民的日常需求，提高城市的宜居性和可持续发展水平。

一方面，关于城市旅游业发展，沉浸式休闲乐园微旅游为城市旅游业的发展提供了新的思路和方式。为振兴城市旅游业，打造微旅游体系可增添新动力，可以通过营造专门模拟城市文化、历史和风情的空间，为游客提供一种沉浸式休闲体验，让他们得以感受城市特有的魅力。这种创新方式可以激发城市旅游业的新动力，为其发展注入新的活力。通过打造具有沉浸式体验的休闲乐园，城市旅游业可以更好地满足游客对于旅游的个性化需求，提高旅游的参与度和体验感。同时，沉浸式休闲乐园微旅游也对城市规划产生了深远的影响。通过沉浸式休闲乐园微旅游，城市规划者可以更加精准地把握游客的需求和兴趣，为城市规划提供更加科学和可持续的方案。

另一方面，城市功能完善的研究，城市如一个有机体不断发展，其组合形态应体现不同功能的有机结合，不同单元互相支撑，共同构建生机勃勃的城市体系。城市功能完善的研究旨在探讨如何通过优化城市功能布局，提高城市的整体效益和品质。一是城市功能完善面域范型的内涵分析，城市中不同功能区域之间的相互关系和空间布局。其内涵包括对城市不同功能区域之间的整合和联动，以实现城市功能的完善和提高城市的整体效益和品质。谢国权（2009）认为城市更新是城市规划和设计的重要内容，通过一系列手段，旨在替换功能已经衰败的城市组织形式，促使城市获得新生。城市功能完善面域范型的研究对城市规划和设计具有重要意义。优化城市内不同功能区域间的空间关系与布局，可以提升城市效益与品质，并满足城市居民日常需求，从而促进城市可持续发展。特别是在城市更新过程中，城市规划者可以借鉴城市功能完善面域范型的理念，对城市中的不同功能区域进行合理整合和联动，实现城市功能的完善和提高城市的整体品质。该文对城市更新改造的定义为，城市更新是指城市通过下列方式改造衰落地区，实现内涵提升、空间演进和功能重组：拆迁既有建筑、改造空间结构、吸引投资并重建、重组城市功能体系。该文着重探讨了城市更新改造的定义以及相关研究方法和实践案例。钮心毅（2014）通过分析上海中心城不同时间段手机用户分布及密度，进行聚类与分级，实现识别城市公共中心的就业、游憩、居住功能区。这种基于数据分析的方法为城市更新改造提供更加科学和精准的方案，可以提高城市关系改造的效率和质量。韩卫成（2017）则以孝义古城为例，探讨了历史文化资源合理利用促进功能复兴的措施，并对历史文化名城保护方法和规划理想的有效衔接进行总结与展望，实践历史文化名城的功能复兴的理念。这种基于历史文化资源的方法对城市更新改造提供了更加人文化和可持续的方案，可以保护城市的文化遗产和历史价值，同时实现城市的功能提升和发展。景长风（2022）认为城市功能区是随着人类社会活动而形成和发展的，能够反映城市土地利用类型，正确识别城市功能区划有助于解决现有城市问题，优化城市空间结构，为城市可持续发展提供数据库。该方式可以为城市更新改造提供更加系统和全面的方案，可以从根本上对城市的空间布局和功能结构进行优化，实现城市的长期发展和可持续性。二是随着居民旅游需求的不断变化和个性化，城市区域功能的设置面临更高要求。这就形成了城市功能精细化、定制化和信息化转型的重要趋势。然而，功能单一、形式单调的公共空间限制居民的活动类型和使用方式，难以满足不同群体互动的需要和跟上空间演变的步伐。刘丽艳（2021）指出，探索城市功能面域是一项至关重要的任务，城市功能包括居住、工作、游憩等多样化需求，为商业选址、交通管理和城市规划提供有价值的应用，并以杭州市的实际数据集和领域专家访谈为例，验证城市功能面域的可行性和有效性。邓磊（Deng Lei，2022）强调，了解不同区域的城市功能对于城市管理者和居民在策略设计、旅游推荐、商业选址等方面至关重要。服务型消费包括体育、旅游、文化、健康、养老等内容，成为适应经济发展新常态、促进供给提质扩容、推动消费转型升级、加速社会融合发展、提高人民健康与幸福指数的重要方式。因此，城市规划需要根据不同地区的需求和特点，灵活设置城市功能，满足居民的多样化需求和提高城市的整体品质。

最后，沉浸式休闲乐园微旅游与城市功能完善面域范型协同模式的研究。其核心理念是通过优化城市空间结构和功能结构，提升城市的整体品质和吸引力，满足人们日益增长的休闲需求和生活质量要求。以文化产业与城市发展的双向推动，共同提升城市的竞争力。林拓（2003）反映了全球化发展进程的新动向，即文化产业与城市竞争力共生共荣，这种双向推动的关系促使城市的能级逐步提升。在体验经济时代背景下，围绕城市文化特色开展文化体验营销，是增强城市竞争力的有力手段。以山东威海为例，该市提出建设"最适合人居城市"的目标，在城市规划中特别强调宜居的情感体验设计项目，以提升城市的居住功能，更体现现代城市营销理念。这种基于文化特色的体验营销可以帮助城市更好地展示自身的独特魅力，吸引更多的游客和居民，进而促进城市的经济发展。休闲场所在城市中日益增多，正向影响城市空间的规划与设计，推动空间更加高效人性化地配置。休闲是人自身发展的需要，人的全面发展离不开高质量的休闲活动。以浙江省为例，辜胜阻（2017）坚持产业兴城、以人为本和绿色发展，发展智慧城市，提升城市功能。同时，张蔚文（2018）在研究浙江省特色小镇创建时指出，通过产业复兴、城市修补、生态修复的有机结合，可以加强城市群内部的经济社会联系，构建城乡高效互动、区域协调发展的城市群体系，促进新型城镇化高质量发展。因此，以休闲为主题的新型城市空间推动城市规划的作用不容忽视。通过合理配置城市空间结构和功能结构，可以满足人们日益增长的休闲需求和生活质量要求，同时也有利于城市的经济社会发展。此外，王博雅（2020）等学者也以浙江的特色小镇为例，指出"产业园"等发展载体功能单一的弊端可以由特色小镇进行调整，融合生产、生活和生态的功能。她还认为特色小镇项目本质上是一个特色鲜明、环境优良、具备完整城市功能、符合产业转型升级的重要平台，剖析特色小镇的理论内涵，并进一步对其在城乡融合发展中的功能定位进行分析。特色小镇融合的生产、文化、旅游和社区功能，本质上是城市功能的全面体现。朱俊晨（2020）分析了深圳特色小镇建设管理现状，将特色小镇看作城市创新功能单元，他推荐采用整合型开发模式和分层分类推进策略，以促进创新型特色小镇建设。国内外相对成功的特色小镇模式大多采用"产业、文化、旅游、社区"功能叠加形成新空间生态的方式，如浙江特色小镇模式、美国格林威治对冲基金小镇、瑞士达沃斯小镇、法国格拉斯香水小镇等。要探寻特色小镇可持续规划与实施、建设管理规律和模式以达成共识，那么研究沉浸式休闲乐园微旅游与完善城市功能之间的互动关系就显得尤为必要。此外，谢涤湘（2020）以惠州潼湖科技小镇为例，研究产城融合背景下的科技小镇发展机制，提供新的产业与城市功能协同发展的小镇建设思路。沉浸式休闲乐园可以通过产城融合的方式，将产业和城市功能结合起来，实现共同发展。休闲乐园的发展机制和经验可以为其他主题乐园提供借鉴和参考，推动沉浸式休闲乐园微旅游向可持续发展方向演进。

综上所述，沉浸式休闲乐园微旅游与城市发展相结合，具有重塑旅游产业、推动城市可持续发展的潜力。通过为游客提供沉浸式体验，展示城市或地区独特的文化和历史，这些乐园或仿真小镇有助于推进当地旅游业和经济发展，同时激发出以可持续性和社区参与为先的新型城市规划与设计模式。沉浸式休闲乐园微旅游与城市功能完善面域范型协同模式在旅游业应用和城市规划的创新中具有广阔的发展前景。未来，学界应该进一步深入研究沉浸式休闲乐园微旅游与城市功能完善面域范型协同模式的关系，为旅游业的发展和城市规划的创新提供更加科学和有效的支持。同时，也要研究沉浸式休闲乐园微旅游可能带来的一些问题和挑战，如技术成本、用户体验、安全性等，以期在实践中更好地推动沉浸式休闲乐园微旅游与城市功能完善面域范型协同模式的发展。

2.2.4 关于沉浸式微旅游业态创新与城市更新空间范型协同模式的研究评述

在国内外现有研究中，有关沉浸式微旅游业态创新与城市更新空间范型协同模式的研究已由静态转化为动态，由概念层面转化为经济社会发展层面，对沉浸式微旅游业态与城市更新空间范型单个的研究相对丰富，但是对于二者协同的研究尚处于割裂状态。学者大多围绕城市旅游文化资源、城市基础设施，以及相关利益主体、空间布局、城市产业结构调整等各层面展开研究。然而，由于学者的研究视角不同，相关研究很少涉及沉浸式体验与微旅游二者之间的有机结合，对沉浸式微旅游业态创新和城市更新空间范型二者进行协同研究的成果十分鲜有。

从研究方法看，定性分析较多，定量评价相对较少，定量研究主要采用模型、样本统计、实证研究等方法。大部分学者使用两种方式对旅游业与城市更新二者关系开展研究讨论，第一类是以理论为主的研究，对二者关系进行理论化探讨。第二类是以不同案例地为研究对象，对二者关系进行实证研究。同时研究涉及沉浸式微旅游业态创新与城市更新空间范型协同模式的定性与定量研究均较少，对于二者协同的研究仍需要不断研究，以此补全该领域的空白。

通过梳理以上领域相关文献发现，虽然二者的协同研究尚处于割裂状态，但目前已有的研究为本项研究奠定较好的基础，对于新时代下如何打造沉浸式微旅游业态创新与城市更新空间范型协同模式具有重要的意义和价值。旅游目的地如何建设与沉浸式微旅游业态创新相适应的城市更新空间范型等一系列研究是一项复杂且艰巨的工程，目前的研究主要是从旅游经济学、区域经济、公共管理以及社会学等学科视角进行的，集中于文旅产业、建设规划、可持续发展、传统文化以及地域特色等方面。因此，以往的研究虽然为沉浸式微旅游业态创新和城市更新空间范型的研究提供了基础，但目前的研究仍然存在割裂现象。因此，本书选择以"沉浸式微旅游业态创新与城市更新空间范型协同模式"为主题，基于沉浸式微旅游业态创新的资源禀赋、市场需求和业态特征，引入适当的中间变量，构建了沉浸式微旅游业态创新与城市更新空间范型协同模式的分析框架。本书采用实地调研、调查问卷等方式，对沉浸式微旅游业态创新与城市更新空间范型协同模式进行分析研究，旨在为打造二者协同模式提供实现路径。

第3章 沉浸式微旅游业态创新与城市更新空间范型协同模式的内涵特征、构成维度及分析框架

3.1 沉浸式微旅游业态创新的内涵、特征及构成维度

3.1.1 沉浸式微旅游业态创新的内涵界定

沉浸式微旅游，是随计算机科技发展结合旅游的新业态，也是最具潜力和活力的旅游板块之一，更是一种新兴的旅游方式，与经济发展中的体验经济紧密相连。它通过提供全景式的视觉、触觉、听觉和嗅觉交互体验，让游客仿佛身临其境，沉浸在一个虚拟而逼真的旅行环境中，使游客能够完全融入旅行场景中。通过沉浸式微旅游，游客能够以一种独特而全面的方式感受旅行，从而获得更加丰富、深入和真实的旅行体验。沉浸式微旅游是一种新形式的微旅游，依据沉浸式体验理论建立的体验项目，能够给游客带来沉浸式的旅游体验。随着我国城市发展和工作学习节奏加快，人们的生活水平不断提高但也面临越来越大的压力，这种情况为微旅游的兴起提供了基础。由于旅游热度上升，人们见到越来越多的旅游设施与科学技术，为人们提供更加便捷的旅游方式。此外，完善的旅游服务设施与各种娱乐设施，不仅吸引了游客多次前往，还吸引以休闲为目的的微旅游客。在旅游方式发生重大变化的背景下，旅游新需求质量升级，科技随之发展，微旅游发展具有一定优势，居民的旅游新习惯也逐渐转变为轻旅行、周边游等微旅游。这也造成了本地居民的游客化现象发生，本地居民逐渐成为当地旅游目的地的主要"游客"。而沉浸式微旅游体验有别于传统大众旅游，向体验、互动式、文化科技转变，结合已有的文献研究基础发现，现有的沉浸式微旅游创新业态多种多样，包括沉浸式艺术体验展、沉浸式戏剧、沉浸式旅游演艺、沉浸式夜游、沉浸式文化传承、沉浸式休闲乐园等。面向文化和生活消费的沉浸式产业将进入爆炸性增长阶段，是引领消费升级的前沿领域，同时也代表了未来体验经济的产业发展动力。沉浸式微旅游业态的核心是沉浸式交互体验，是指通过虚拟现实、增强现实、全息投影、智能交互等新一代信息技术与内容创意的深度融合而创造出来的高价值、高质量体验经历。同时，它也改变了传统的时空关系，打破了白天与夜晚、室内与户外以及真实和虚拟的界限，使游客可以身临其境，获得不同的感受体验。沉浸式微旅游是在体验经济和沉浸式技术的基础上发展起来的，旅游新业态提供了一种更加深入、个性化和多样化的旅游体验，使游客在虚拟环境中感受到旅游真实的快乐。沉浸式微旅游通过触发游客的情感反应来提供更加深入、更有深远意义的旅游体验，可以让游客更加深入地了解目的地文化和环境。

沉浸式微旅游是微旅游的一种类型，它将沉浸式体验与微旅游相结合，属于沉浸产业的一部分。不同的游客有不同的旅游需求和喜好，传统旅游着重于公共爱好，而沉浸式微旅游重点满足游客需求，提供具有地域特色的活动，使游客感受到与传统旅游不同的乐趣。沉浸式微旅游的目标在于为游客提供独特的文化体验，通过对文化旅游资源的深度感受和微观细节的体验，使游客获得全

面的心理和文化满足感。沉浸式微旅游相比于传统旅游更注重在场地内的活动体验，不同于传统走马观花式的旅游，沉浸式微旅游允许游客根据自己的兴趣随意停留并参加想体验的项目。因此，沉浸式微旅游中的微要素非常重要，这些微要素存在于包含精神价值和生活方式的生态共同体中，而沉浸式微旅游需要通过独特的旅游方式和交通手段，向游客展示有趣、有意义和富有美感的生活内容。沉浸式微旅游的主要价值在于强调其中的体验形式和价值，而不是创造全新类型。旅游目的地不限于景区景点，一栋建筑、一条街、一个街区都能成为旅游地，人们不满足于走马观花式的旅游，更注重细致体验，这为旅游产品的内容和形式创新提供了更多可能。沉浸式微旅游避开传统热门景区，关注城市角落的文化碎片和生活断面，深挖文化内涵，通过细致体验让游客在熟悉的城市获得不同的生活感受，满足他们对新奇体验的旅游需求。沉浸式微旅游的主要特征是为游客打造"身临其境"的体验。旅游目的地不再限于景区或度假区，而是已经扩展到公共文化场馆、历史文化街区、商业休闲中心等。消费需求正变得多元化、个性化和具有特色，甚至过去单纯作为住宿地的酒店民宿也逐渐成为旅游目的地。综上所述，本书认为沉浸式微旅游是依托于文化旅游资源和微旅游资源，同时在科学技术支持下，通过营造容身的空间场景、参与式叙事模式和多感官互动体验方式，为游客提供带有临场感、满足感和价值感的独特旅游体验。

第一，沉浸式微旅游中的沉浸式体验本质上是价值共创。开发商需要充分考虑游客的需求和喜好，吸引游客主动参与，与其一起共创价值。沉浸式微旅游更是印证了微旅游的特点，即对服务和体验要求更高，旅游企业要抓住机遇，从吃、住、游、购、娱等各旅游要素给游客带来完美体验，并提供满足不同年龄段家庭休闲度假及高频体验需求的产品。在项目落实的过程中，沉浸式微旅游需要通过深入理解游客需求与期望，在服务交互环节设计中营造足够互动的节点，引导游客投入交互，进而达到沉浸式体验。沉浸式体验项目通过设计丰富互动的体验节点，包括主题任务、环境探险等形式，吸引游客主动参与，激发参与度。同时，沉浸式微旅游通过不断改善内容与互动设计，满足游客对体验项目的期待值，使其不断地提升沉浸感。沉浸式体验强调现场感和身临其境，游客能够通过边走边看、角色扮演、与演员零距离互动、融入剧情的方式获得沉浸式体验。总之，要实现游客沉浸式体验，就需要充分了解其需求，设计多元互动机会，关注细节氛围，不断优化内容与形式，采用角色扮演手段，并利用故事来加载这样的过程。沉浸式微旅游通过深度体验和交流互动，充分利用旅游目的地的文化资源，使游客能够从多个角度全方位地了解当地旅游地的文化艺术特色。此外，沉浸式微旅游还通过提供全新的消费体验，为传统旅游市场注入新的活力。

第二，在沉浸式微旅游中，沉浸式体验的核心在于创意设计。开发商需要通过强化故事情节的设计以及优化体验感，以满足游客的好奇心和求知欲。首先，创意设计需要引发游客的未知感，激发其主动参与和探索的欲望。通过主题设定激发游客探索欲，重点是主题设定本身具有模糊性和启发性，通过主题为线索锁定相关体验点，并且利用不同的视觉元素和手法，营造视觉上无法预测的效果，激发游客探索的欲望。总的来说，想实现创意设计，提供未知感和探索空间，就需要通过多方面变化产生探索动力。其次，引人入胜的故事情节在于涉及沉浸式体验的领域扮演着不可或缺的角色。无论是艺术展览、舞台剧还是景区，都需要具备富有故事性的元素。体验本身可以被视为故事性的实体化，而提供清晰且无缝连接的故事线则成为沉浸式体验设计的关键要素。不单纯要提供传统旅游信息，更要创造出具有感官和情感联想的个性化故事情节，唤起游客对旅游目的地的向往和想象。最后，创意设计的展现方式涉及结合先进的科技手段，以提升视觉效果和身临其境的感受，并创造一种增强感官体验的场景环境。随着科技的不断发展和广泛应用，全息投影技术、裸眼3D技术、互动体验技术、数字动画技术、5G网络、人工智能、虚拟现实、增强现实和混合现实等已被纳入体验设计的领域中。沉浸式微旅游中的全息投影、VR、AR、MR技术让游客在家便能够得到接近现实的体验，消弭主观客观之间的界限。除了视觉和听觉之外，其他感官如触觉、嗅觉也能参与进来，带来多维参与感。

第三，沉浸式体验的兴起源于科技进步与元宇宙构建的相互作用。科技进步和数字经济的宏观背景为沉浸式体验项目的蓬勃发展提供了契机。科技的不断进步为创造更加逼真、多样化的沉浸式体验提供了技术支持，而元宇宙的构建则为人们提供了一个虚拟的、与现实世界相互连接的环境，进一步丰富了沉浸式体验的可能性。这种相互作用促使沉浸式体验在当代数字化社会迅速发展与普及。除此之外，虚拟现实、全息投影技术和5G高速网络在沉浸式体验设计中扮演着重要的角色。虚拟现实技术通过创造沉浸式的虚拟环境，与传统的视听体验有所区别，它利用三维动态视景来让游客获得身临其境的感受。它能够为游客在旅行前和旅行中提供沉浸式体验的机会，促使他们更深入地了解和体验目的地的文化和艺术。全息投影技术和5G高速网络的使用进一步增强了沉浸式体验的效果，使得游客能够更加流畅地参与互动和体验，提升了整体的沉浸感。此外，虚拟现实技术也被用于高度还原某一段历史时期或文物古迹，游客可以在景区中沉浸式体验其中的情节，到访历史古迹。全息投影技术和5G高速网络为沉浸式体验提供了全方位的空间展现。沉浸式体验着重于创造视觉、听觉、触觉和嗅觉等感官的全面体验。全息投影技术通过呈现立体的视觉效果，使游客仿佛置身于更新、更具活力的城市环境中，真实地感受其中蕴含的文化和生活氛围。游客可以通过全息投影技术呈现的影像和景象，以一种身临其境的方式深入体验目的地的独特魅力。这种技术提供了一种沉浸感，使游客能够更加直观地感受和理解当地文化的丰富性。同时，5G高速网络的应用为全息投影技术提供了更加流畅的传输和互动体验，进一步增强了沉浸式体验的全面性和真实感。通过沉浸式微旅游，人们可以在不离开自己生活环境的情况下，就领略到异国的文化、享受大自然的风光。对于年老体弱、时间有限或者经济条件有限的人群来说，更具有普遍性。随着相关技术的进一步发展，沉浸式微旅游将会成为未来的一个趋势。它可以为传统旅游服务提供补充，满足部分人群的旅游需求。沉浸式微旅游体验项目通过利用全息、虚拟现实、投影、灯光、5G等高新技术手法，还原故事中现实情景，营造真实的环境气氛，使游客身临其境、沉浸其中，犹如走进了另一个时空。这种旅游项目不仅突破了传统的旅游观赏模式，让游客能够用眼睛看景，用手触景，以身试景，近距离直接参与互动，更是满足了游客追求深度体验的心理，让游客深层次感受到当地的文化和特色，极大地增强了游客的体验感，从而进一步加深其对旅游目的地的向往。

第四，沉浸式体验的融合是多元化与互动式旅游。在当今旅游业中，多元化和互动式旅游已经成为沉浸式体验的关键要素。借助创新科技的推动，现代旅游业注重创造多感官体验。随着"90后"逐渐成为主要消费者，他们的消费习惯从过去的购买实物产品转变为追求娱乐体验，更加关注多样性和独特性的体验。沉浸式体验主要从视觉、触觉、嗅觉、味觉、情感、互动体验等几个方面展开，一是视觉体验，高清图像、VR、AR、全息投影等技术为视觉带来革命性变化，让游客能够见到从未见过的景象。二是听觉体验，高清音频、环绕音效等技术为旅客带来更真实的场景和故事。三是触觉体验，通过模拟不同的材质和温度，旅客能感受到目的地的氛围和环境。四是嗅觉体验，利用气息、体验场馆等方式重新复刻出目的地的特定气味，激发旅客的记忆。五是味觉体验，特色美食、地方小吃成为重要的当地文化传播方式，为旅客提供味觉上的体验。六是情感互动体验，整合多种技术，让旅客不仅被动观看，还能与展览、演播互动，从而体验到参与感，沉浸式技术能带给旅客强烈的情感体验，如欢乐、兴奋、放松等。可见，沉浸式微旅游不再仅局限于视觉层面，而是涵盖视觉、听觉、触觉、嗅觉、味觉等全部感官。通过技术手段有效再现场景氛围、环境空间和文化内涵，可以激发旅客对目的地的好奇心和探索欲，从而带来全方位的沉浸式体验。沉浸式微旅游已成为现代旅游重要特点之一，弥补了传统旅游的不足，将会赋能未来旅游进一步创新和发展。综上所述，沉浸式技术为个性化、多元化的互动式旅游提供了良好的基础，未来将会更多样化、专属性更强。技术手段与消费需求互为驱动，共同塑造未来旅游新景观。

除此之外，还具有以下几个优点：

第一，旅游产业转型升级实现旅游跨界融合。承接转换新需求，实现旅游业的跨界融合。沉浸式微旅游业态创新是指在休闲时代、高科技发展等多要素的推动下，探索沉浸式微旅游业态的路径、方式和环境，进而创新发展新业态，实现旅游业的跨界融合。随着互联网深入社会生活的各个领域，信息社会的建设使得人们的价值观和宇宙观发生了变化，互联网的发展延伸人们的物理空间和压缩人们的精神生活空间。同时，高科技的发展引起了游客新需求，也迎合了不断对国内旅游产生需求的游客，满足其持续增长的需求。旅游产业结构随之调整，传统大型主题公园或演出活动的旅游方式已经满足不了当前时代的发展需求，更多人向往健康、休闲的微旅游方式。旅游产业更是能够通过互联网、高新科技加强与游客的互动，转变传统的旅游模式，充分发挥多媒体、投影互动、VR 等科技的作用，打造沉浸式体验微旅游新项目，从而更好地满足居民与游客的旅游需求，为其带来全方位和超震撼的感官体验。因此，旅游行业要充分发挥新时代科技的作用，加强数字化改革，有效地增强旅游行业的数字化能力，推动新时代旅游产业的发展，创新发展新业态，使游客得到更为优质的服务和更深度的体验。

第二，打造新供给体系，促进沉浸式体验与微旅游结合新业态。沉浸式微旅游结合数字化、智能设备等新科技，为游客带来深度的体验，极大地强化了旅游项目的视听效果，促进沉浸式微旅游业态创新。旅游业态更新和创新为旅游产业发展的方向，而具有创新意识的沉浸式微旅游融合了虚拟与现实技术，将个性化的体验感与旅游产业项目相结合，形成极具现代特色的沉浸式微旅游新业态，吸引游客参与其中，提升了旅游产业经济。沉浸式微旅游业态创新是借由技术手段，与思维的创新创意实现融合，塑造全新场景体验，同时给游客也带来全新的消费体验，为城市经济带来新发展方向。为了适应新时代旅游模式新需求，旅游业应不断丰富和提升优质旅游产品的供给。同时，数字技术应得到广泛应用，用于打造创新的旅游产品。通过数字化重构，旅游经济得以智慧增长，为游客提供多样化的旅游体验。在这个过程中，沉浸式微旅游体验成为一个新的场景，让游客可以在其中尽情享受多彩的旅游体验。

第三，政策扶持有利于推动沉浸式微旅游业态创新。2019 年，国务院印发的《关于进一步激发文化和旅游消费潜力的意见》提出"要发展基于 5G、超高清、增强现实、虚拟现实、人工智能等技术的新一代沉浸式体验型文化和旅游消费内容"。2020 年，文化和旅游部发布《关于推动数字文化产业高质量发展的意见》，该文件明确支持文化文物单位、景区和景点等，运用文化资源开发沉浸式体验项目的政策。同时，鼓励丰富体验项目的内容，提升区域旅游产业的创新水平。所以，应推动数字化文化产业的快速发展，通过数字技术的应用，为游客提供更加丰富、沉浸式的体验，同时提升旅游产业的创新能力。而在"十四五"期间，为了满足人们对文化的需求，将积极推进文化产业的数字化战略，这一战略的目标是加快发展新型文化旅游企业、文化新业态以及文化消费模式。通过数字化技术的应用，文化产业将得到进一步发展和提升，为人们提供更加多元化、便捷化的文化体验和服务。与此同时，扩展文旅产业发展领域最为关键的一个环节是以沉浸式歌舞演艺、沉浸式展览等为代表的沉浸式体验。沉浸式微旅游业态是旅游景区发展模式的创新模式，是旅游产品转型升级的方向，也是引领消费方式的新趋势。沉浸式微旅游业态创新则是在这种趋势下，借助技术手段和思维的创新，通过旅游产品、服务、管理等方面的创新，提高旅游体验和产业的附加值，推动沉浸式微旅游业态的进一步升级。

第四，重塑新市场格局，推动旅游产业高质量发展。随着自由行、本地游、周边游等微旅游模式的快速崛起，体验型旅游、短程旅游成为新时代趋势。旅游产业高质量发展主要在于发展质量、效率以及动力，最为重要的是推进现代旅游产业体系建设，既要从科技创新、基础设施、功能、服务水平等方面入手，也要从人文、旅游市场方面加强管理，强化数智科技赋能，推动沉浸式体验与微旅游有机结合，实现高质量发展与深度融合。实现旅游产业转型升级和高质量发展，需要积极培育旅游产业创新体系与优化旅游产业内部结构。通过创新赋能和技术赋能等手段，提高旅游产品质量和旅游服务水平，在优化旅游产业结构的同时促进旅游发展模式转型升级。因此，沉浸式微旅游业态的创新推动了旅游发展新格局的加速构建以及产业的高质量发展。

本书在综合考虑我国旅游产业发展现状以及沉浸式微旅游创新业态的基础上，结合整体旅游产业发展的理论基础，对沉浸式微旅游业态进行了划分和总结。根据研究，可以将沉浸式微旅游业态划分为以下四种类型：沉浸式歌舞演艺微旅游、沉浸式文化传承微旅游、沉浸式文艺场馆微旅游、沉浸式休闲乐园微旅游。其中，沉浸式歌舞演艺微旅游以歌舞演艺为核心，通过运用沉浸式技术和创新的表演方式，为游客提供身临其境的艺术体验，游客可以沉浸在精彩的演出中，感受艺术之美。在沉浸式文化传承微旅游中，文化传承成为关键要素，通过数字化技术和互动体验，游客可以深入了解传统文化的内涵和价值，参与到文化传承的过程中，获得身心愉悦和知识的提升。沉浸式文艺场馆微旅游以文艺场馆为场景，通过数字化和沉浸式技术，创造出独特的参观体验，游客可以在艺术馆、博物馆等场所中，与艺术作品互动、沉浸其中，感受艺术的魅力。而沉浸式休闲乐园微旅游注重休闲娱乐体验，通过数字技术和创新的游乐设施，游客可以在乐园中尽情享受刺激和娱乐，营造出全方位的沉浸式体验。以上四种类型的沉浸式微旅游业态，基于对我国旅游产业发展现状和理论基础的综合分析，旨在为游客提供更加丰富多样的旅游体验，同时促进旅游产业的创新和发展。

3.1.2　沉浸式微旅游业态创新的特征解析

本书在充分考虑沉浸式微旅游发展特色的基础上，结合时代背景及旅游产业发展环境，根据沉浸式微旅游的科技成果、文化资源和业态特征几个方面，将沉浸式微旅游业态创新分为沉浸式歌舞演艺微旅游、沉浸式文化传承微旅游、沉浸式文化场馆微旅游、沉浸式休闲乐园微旅游四类。沉浸式微旅游业态创新主要具有以下特征：

第一，目标性。目标性是指游客在进行沉浸式微旅游时可以达到某种程度的目标，使其更具针对性。主要体现在其能够针对不同的游客需求和市场趋势，通过技术和设计手段来提供个性化、定制化、多元化的旅游产品和服务。沉浸式微旅游业态创新不仅具有深度的沉浸式体验，更有距离近、时间短、消费品质高、综合度高等方面的优势，沉浸式微旅游经营的目标是提升旅游产业收益与效应，其创新更有利于实现旅游产业的盈利增长、体验项目的转型升级、社会环境的公益影响。沉浸式微旅游新业态成为中国文化消费市场增长最重要的内生动力源之一。沉浸式微旅游业态更是作为体验经济的创新业态，为发展文旅产业赋予新动能。沉浸式微旅游业态创新是基于沉浸式微旅游业态，同时依托独特的 IP 营造场景，结合主题打造文化消费项目，通过运用先进的技术手段，在明确的目标下进行的创新，如虚拟现实、增强现实等。沉浸式微旅游业态的创新使游客能够沉浸到更加真实和逼真的旅游场景中，可以提高游客的旅游体验感和满意度。相较于传统的旅游模式，这种创新方式能够更好地满足游客对于个性化、富有创意的旅游体验的需求，使他们能够真正地投入其中。同时，在实践中，旅游企业需要不断创新和提升产品品质，整合资源和营销手段，以满足游客需求和期望，实现经济效益和社会效益的双重目标。

第二，交互性。交互性是指在沉浸式微旅游业态创新中将不同要素进行交互设计，突破传统意义上对交互的认知，增强场景互动性。沉浸式微旅游业态创新通过时间的弹性伸缩、空间的自由延展，使认知空间、想象空间和生活空间在打造的旅游环境中实现交互，联合虚拟现实技术和现实创新增强社会空间的场景互动性。沉浸式微旅游业态创新通过丰富多彩的互动方式和互动主题，如手势、语音、智能设备等，增强游客和旅游场景之间的互动性和联动性，让游客获得更加自由、活跃的旅游体验。其交互是通过科学技术实现游客对于人们生活场景的场景创新，也是实现文明传承发展和生活方式的提质升级而形成的一种沉浸式互动。随着数字经济时代的到来，依托数字技术实现全球和地方之间的有机互动趋势愈发明显。沉浸式微旅游业态的创新发展也借助这一时机，让游客通过体验场景感知价值，加强游客认同感和归属感。同时，打造强体验感和强互动性的新消费场景和多元化吸引的产品开发，能够更好地提高旅游新业态的吸引力。引入互动元素融入沉浸式微旅游体验中，同时开发互动式应用和互动式活动，通过整合社交媒体、设计互动式故事情节、采用人工智能技术、利用智能硬件等，可以提高游客的参与感和互动性，进一步提升沉浸式微旅游的品质和体验感。例如，沉浸式歌舞演艺微旅游相较于传统演艺而言，具有独特的互动体验、文化内涵、专属场景，可以为文旅产业深度融合提供新机遇。同时，为了促进旅游产业的可持续发展，沉浸式微旅游需要结合实际情况和市场需求，采用多种方式和手段来提高其品质和体验感。

第三，差异性。差异性是指结合自身实际情况创新项目，不同目标用户的需求和喜好不同，差异化设计可以使游客体验全新感知。沉浸式微旅游新业态将 IP、情景与场景融入旅游之中，使其成为旅游主题营造的原动力，让游客在实际旅游中体验旅游本身的快乐，更能深度体验特色的情境感知。一是 IP 植入，景区内所有建筑、体验项目、设施均围绕主题进行构建，共同打造游客熟知或容易察觉的特质，将 IP 形象充分融于景区之中。二是融合景观。对场景内的老旧物件、老旧建筑与老旧街区等适当加以综合利用，为景区主题营造独特景观。三是场景打造，集中强化景区的体验浓度，凸显景区特色，使其有着自身独特的文化氛围和功能特点，为游客创造一个能够包含视觉、触觉、味觉等多元化感知的体验过程，强化游客记忆。沉浸式微旅游业态创新最突出的优势是服务于本地居民高频次的休闲旅游需求。因此，沉浸式微旅游产业与传统旅游产业最大的区别在于服务对象的不同，正是由于服务对象的差异化需求，才引起旅游业态的创新。沉浸式旅游新业态突出的优势是提升旅游产业的附加值和创新能力。沉浸式微旅游业态创新采用全新的商业模式，通过数字化技术与旅游业的融合，实现了旅游资源的更好利用和管理，为旅游业带来更多的商业机会和发展空间。此外，旅游主题和产品的差异化也是沉浸式微旅游的重要特点。沉浸式微旅游业态创新可以将本地的文化、历史、自然等元素作为主题，形成多样化的微旅游产品，如历史文化之旅、自然休闲之旅等，满足不同消费人群的旅游需求。同时，沉浸式微旅游业态创新还可以通过整合不同的旅游产品，构建多元化的旅游服务体系，提高服务标准和质量，增强市场竞争力。

第四，科技感。科技感是指要结合虚拟呈现技术，与旅游产业发展共同创新，持续促进旅游产品转型升级，使游客的情感、体验、视觉均获得沉浸式新体验。在科技不断创新和发展的背景下，旅游业态也在不断地进行创新和更新，景区数字化、智慧化建设正在不断提速，利用数字化、虚拟科技提升游客体验，更好地服务游客。一方面，多媒体、VR、AR 等技术的不断发展，使得沉浸式微旅游新业态营造的交互感、场景感、代入感更强，突破传统旅游产品的环境限制。另一方面，在"中国制造 2025""十四五"等发展规划的推动下，高新科技实现了高速发展，未来将有更多的科技融入新一代沉浸式体验性文化和旅游消费内容中。所以，应完善现代旅游业体系，发展定制、体验、智能、互动等消费新模式，打造沉浸式微旅游体验新场景。沉浸式微旅游业态创新中运用的 VR、AR 技术可以为其提供了更为逼真的体验，增加游客的参与感和沉浸感，通过科技手段提高用户体验和旅游服务水平，同时也为旅游行业提供更多的发展机遇和挑战。

第五，慢旅游。沉浸式微旅游的发展对于本地及周边的体验、休闲、度假等旅游产品的推动具有积极作用，能够释放旅游消费的活力，提供高质量的产品。沉浸式微旅游的兴起将推动度假酒店、度假小镇、主题公园、文化休闲、娱乐休闲等"微度假"产品的发展。这些产品通过创新的沉浸式体验和独特的主题设计，吸引游客寻求短期休闲度假的需求，为他们提供独特而丰富的旅游体验。同时，沉浸式微旅游的发展也能够满足本地居民和外来游客对高品质旅游的需求。通过深入挖掘本地资源和文化特色，沉浸式微旅游可以促进相关产业的发展，如酒店、餐饮、零售等，进而提升城市旅游发展质量，推进旅游产业结构的优化升级。此外，沉浸式微旅游所伴随的多业态融合性旅游产品，如"旅游＋美食""旅游＋农业""旅游＋体育""旅游＋艺术"等，也成为推动地方经济发展的有效抓手。通过将旅游与其他产业进行有机结合，可以创造更多的就业机会，促进地方经济的发展和提升。总的来说，沉浸式微旅游的发展对于推动本地及周边的体验、休闲和度假等旅游产品具有重要影响。通过释放旅游消费活力、推动"微旅游"产品的发展、满足高品质旅游需求、挖掘本地资源、推动产业发展和促进多业态融合，沉浸式微旅游为地方经济的发展提供了有效的推动力，实现以"微"促"大"的目标。

3.1.3　沉浸式微旅游业态创新构成维度分析

沉浸式微旅游是一种新兴的旅游形态，它将虚拟现实、增强现实等科技手段应用到旅游体验中，以实现游客在短时间内获得深入、全面、真实的旅游体验。沉浸式微旅游内涵丰富、多样化，它是一个集科技、文化、艺术、互动于一体的旅游新兴业态，可以为游客提供超越传统旅游的全新体验。结合已有的文献基础，现有的沉浸式微旅游业态多种多样，包括虚拟旅游、历史文化探索、活动体验、生态旅游、主题乐园等，沉浸式微旅游创新产品、新业态、新模式陆续出现。

本书在充分考虑沉浸式微旅游业态创新的基础上，结合现有科技发展水平与旅游环境，将沉浸式微旅游业态创新分为沉浸式歌舞演艺微旅游、沉浸式文化传承微旅游、沉浸式文艺场馆微旅游、沉浸式休闲乐园微旅游四类，分别描述了沉浸式微旅游的资源禀赋、市场需求和业态特征。

第一，沉浸式歌舞演艺微旅游。

沉浸式歌舞演艺微旅游是新时代沉浸式微旅游业态的旅游开发模式之一，是文化资源与科学技术、舞台演出相结合的一种旅游新业态。沉浸式歌舞演艺微旅游是以新媒体技术和场景体验为基础的，通过营造身临其境的歌舞演出表演氛围来拓展相关旅游项目，能够促进城市的旅游发展，推动旅游经济。沉浸式歌舞演艺微旅游以其独特的特色，为观众提供了与传统戏剧不同的体验。在这种形式下，游客可以自由地在戏剧场景中游走，与演员们进行面对面的亲密接触与互动。这一特点打破了传统戏剧中老套的台上台下形式，使观众能够更加近距离地感受到故事情境、舞台设计等戏剧艺术的核心要素。游客们在歌舞演艺中与演员进行互动性体验，成为剧中人，甚至推动剧情发展，多感官体验让演出真实、立体地包围游客。同时，沉浸式歌舞演艺微旅游是沉浸式体验迎合市场需求的创新旅游产品，是依托于城市周边与旧城区的自然风光，结合自然观光和整体美感，同时提高经济效益、加强文化沉淀和拓宽旅游市场，深度体验微旅游的核心理念，缓解旅游市场的难题和为游客打造量身定做的场景。沉浸式歌舞演艺微旅游是以打破传统观演之间的联系，丰富剧场及市场生态为重点，并以更新游客观感为目的，以别出心裁的表演方式为渠道，以可持续发展为核心，歌舞体验与微旅游相结合的一种融合性产业。歌舞旅游体验是新时代下旅游发展的趋势，也是旅游经济增长的提升方式之一。沉浸式歌舞演艺微旅游采用多种科技手段，如声音、灯光、电子技术和特制道具等，来创造一个沉浸式的戏剧场景。通过这些综合性科技手段，旨在还原或者再现剧本中的经典画面，并为观众打造一个独特的表演空间。

沉浸式歌舞演艺微旅游是通过营造氛围、游客参与、场地选择等方式而打造的一种创新型旅游产品模式，更是一种结合了沉浸式体验、歌舞演艺和微旅游元素的旅游产品模式。主要包括以下几个特点：一是将沉浸式歌舞剧情与科技相结合，以游客为剧场核心，并以观演互动作为主要形式，获得歌舞演艺戏剧在不同文化背景下的升华式发展，使其更具有价值，有利于民族文化的宣传，经济得到发展。二是利用独特的艺术表现手法，打造故事主线，使前往体验的游客利用剧场或场景中所提供的主线进行探索，在实际自我探索中感知其中的文化含义。以往单纯的歌舞表演已经满足不了如今大众的消费需求与旅游发展，沉浸式歌舞演艺微旅游的开发有利于改变歌舞舞台现状。并且微旅游元素的运用更使得整个旅游变得灵活与便捷，适合消费者的快速出游需求。三是沉浸式体验的虚实结合化，让游客与舞台之间的界限消失，让游客可以沉浸式地感受戏剧所想要呈现的实际动态，为其提供逼真的情感体验，做到真正沉浸式体验，有利于游客感受自然风光、城市文化特色，提高城市旅游经济。张艺璇（2022）认为随着数字技术的发展，沉浸式歌舞演艺微旅游由以往仅供参观的景观转为主动与游客互动的场景，展示自然风貌、景区文化、区域风土人情等附加功能，推动文化与旅游的融合发展，提升了室内旅游演艺的经济收益。

沉浸式歌舞演艺微旅游是一种结合了歌舞演艺和旅游的新型体验。它以游客为中心，通过高科技手段和全方位的表演来营造出一种沉浸式的体验感，使游客能够在其中获得强烈的感官刺激和情感体验，进而达到放松心情、减轻压力的目的。沉浸式歌舞演艺微旅游通常包括多种艺术形式，如音乐、舞蹈、戏剧、灯光等，并通过虚拟现实、增强现实、投影等高科技手段，将游客带入一个完全不同的环境中，让他们沉浸其中，感受到强烈的身临其境的感觉。同时，这种形式的旅游也强调与当地文化的结合，将旅游和文化体验相结合，让游客深入了解当地的历史、文化和传统。沉浸式歌舞演艺微旅游强调参与者的主动体验，让游客不仅是观众，而且可以参与到演出中，与演员进行互动。通过音乐、舞蹈、灯光、影像等多种元素的融合，创造出一个极具沉浸感的空间，让游客仿佛置身于一个完全不同的世界中。沉浸式歌舞演艺微旅游还将旅游元素融入其中，游客不仅能够欣赏表演，还可以在旅游景点中享受美食、购物、拍照等各种旅游活动。这种方式使得游客在欣赏表演的同时，还能够深入了解当地的文化、历史、风俗等。沉浸式歌舞演艺微旅游的互动性很强，游客可以与演员进行互动，甚至可以参与到演出中，成为一名"表演者"。这种互动性可以增加游客的参与感和娱乐性，让游客更加投入、快乐地参与到旅游中。沉浸式歌舞演艺微旅游不仅提供了个性化定制的服务，而且根据每位游客的独特需求和喜好，提供多样化的旅游路线、表演内容和服务。这种个性化定制可以让游客更加满意和愉悦，增加旅游的价值和意义。总之，沉浸式歌舞演艺微旅游是一种集演艺表演、旅游体验、互动性和个性化定制于一体的新型旅游方式，可以为游客提供更加丰富、有趣和愉悦的旅游体验。

在城市中发展沉浸式歌舞演艺微旅游，既可以高质量发展实景演出、改革原有舞台形式和普及拓展户外的演出空间的发展应用，也是沉浸式体验业态创新的重要方式，具有核心型作用。在新时代发展中，全息互动投影、无人机表演项目、夜间光影秀等旅游创新产品都是促进旅游经济效益的模式。旅游需求供多于求，旅游产品亟须进行高质量升级，旅游行业迎来新突变。许多旅游景区都采用了创新的多媒体技术，用灯光投影、场景搭建和行浸式光影演艺等手段，将游客带入不同的历史、文化和情感世界中。比如，延安宝塔山景区的《延安颂》通过经典场景的呈现，打造了一场视听盛宴；武陵则借助地理环境，让游客从陶渊明的视角感受桃花源的美景；黄鹤楼公园的《夜上黄鹤楼》则通过沉浸式光影演艺，让游客仿佛身临其境，深刻感受当地的历史文化和风俗习惯。这些景区的创新探索，大大提升游客的体验感，也为旅游产业注入了新的活力。

第二，沉浸式文化传承微旅游。

沉浸式文化传承微旅游是新时代主打的沉浸式体验的微旅游开发模式之一，是城市文化底蕴与古迹保护文化传承、文创消费效益相结合的一种旅游新业态。沉浸式文化传承微旅游以区域城市文化古迹和城市场景为基础，力求多维度展现城市魅力。其通过自由化的发展形式和高质量的旅游形式来推动文化传承与旅游，促进城市经济发展，同时提高游客对城市文化的认可度，为游客提供了一个与家人或朋友一同感受城市文化的力量和传承的机会，进而促进了文化的可持续发展。沉浸式文化传承微旅游是针对文化传承进行升级的旅游新产品，是在延伸旅游文化资源内涵的基础上，结合当地居民生活和习惯，挖掘更多城市文化和城市精神，使游客多方位感知城市蕴含的文化所在。同时，该产品整合设计易达、深度体验且消费时尚的路线，以此提高经济效益、文化效益和促进城市发展，推动城市更新和发掘城市新文旅资源。沉浸式文化传承微旅游是以居民、文化、城市、游客为发展首要因素，以城市文化底蕴为重点，以体验为方式，以创新旅游产品为手段，以可持续开发为核心，文化底蕴和旅游相结合的一种交叉性产业。文化体验旅游相融合是新时代旅游业得到复苏的必然途径，也是文旅消费得以激活的方式。

沉浸式文化传承微旅游是集城市历史资源、古今文化相融、城市面貌等为基础打造的一种旅游新产品。主要包括以下几个特点：一是将城市历史文化与沉浸式体验相结合，打造建筑仿古、文化怀旧的街区，体现城市历史文化特色，改变生搬硬套的城市空间印象，使其更加丰富与多彩，有利于保存城市历史记忆，实现品质升级。二是沉浸式文化传承微旅游的兴起能够最大限度保存城市历史文化的挖掘与保护。以往不正当的改造方式导致城市历史原真性降低，同时不同时代的历史存在差异，而沉浸式文化传承微旅游有利于对多个时代的历史记忆进行挖掘与转化，促使高效改造城市。三是转化城市历史记忆现实化，为居民及游客打造参与传统文化活动的空间，以多媒体展示、建筑改造等方式将以往真实存在体验场景、人物事迹和历史故事等进行实体化，营造特色明显的空间体系，有利于满足不同人群体验需求以及功能服务实现，激发城市活力。范周（2020）等认为在沉浸式文化传承微旅游中深度挖掘和有效利用文化可促进旅游业转型升级，必须在提升旅游产品品质时融入文化价值，对文化旅游资源的产品形式、表现内容等进行创新，最大化发挥文化资源的价值，满足游客需求。

　　沉浸式文化传承微旅游是一种以沉浸式体验为核心，旨在传承和弘扬当地文化的旅游形式。它通过各种形式的文化体验，如文化表演、手工艺制作、传统美食制作等，将游客带入当地的文化世界中，让他们在感受中学习文化，从而实现文化传承的目的。首先，沉浸式文化传承微旅游的核心在于文化传承。游客通过各种形式的文化体验，可以更深入地了解当地的文化，学习传统文化技艺，了解文化背景和历史渊源，参加传统文化活动等，可以让游客更好地感受文化，更好地了解和传承文化，同时，这也能够帮助当地居民和文化传承者将文化传承下去。其次，沉浸式文化传承微旅游还包含文化保护和可持续发展的内涵。通过旅游的形式将当地文化展现给游客，可以促进文化的保护和发展。当地的文化传承者和旅游从业者可以通过旅游的方式来获得收益，从而更加积极地保护和传承文化。同时，沉浸式文化传承微旅游也应该注重可持续发展，避免对当地文化和环境造成过度的消耗和破坏。总之，沉浸式文化传承微旅游是一种将文化和旅游相结合的旅游形式。在满足游客的旅游需求的同时，还使文化的传承和保护得到促进，实现文化与旅游的融合。在推进沉浸式文化传承微旅游的过程中，为了避免出现过度商业化和破坏环境的状况，要注意文化传承和保护。

　　在大数据时代背景下，利用文化资源发展新型文化旅游产品是促进文化旅游产业快速升级、加速可持续开发文化旅游的节奏和文化旅游经济的重要方式，也是沉浸式微旅游业态创新的重要步骤，具有关键性作用。在新时代的发展中，剧本杀（如《今时今日安仁乐境印象》《亚丁藏地密码》等）、VR游戏等旅游创新模式都是文旅创新产业，可以为游客解锁新模式。新时代下沉浸式文化传承微旅游是文旅产业发展的一个新趋势，业界要善于、勇于创新，打开想象空间，才能为文旅产业赋能更多。如上文所述的四川省的《今时今日安仁乐境印象》，让游客随着其中的悬疑剧情设计，花费两天一夜的时间深度融入当地文化中。另外，还有《亚丁藏地密码》，结合藏地史诗级小说《藏地密码》和稻城亚丁两个重量级IP，为游客提供一个和"主人公"共同开启冒险之旅的机会。洛邑古城与《风起洛阳》剧本联手打造体验场景，为游客们创造有剧情、有体验的新旅游方式。这些新型旅游产品通过结合文化和剧情设计，打造更加刺激、有趣的旅游体验，让游客更加深入地了解当地的历史和文化。

　　第三，沉浸式文艺场馆微旅游。

　　沉浸式文艺场馆微旅游是风靡全球的具有创新体验的旅游开发模式之一，是艺术家渴望创造、游客期待欣赏、企业管理相结合的一种旅游新业态。沉浸式文艺场馆微旅游采用复杂的科技工具，以沉浸式体验为基础，结合城市原有的文艺场馆，引导游客深度感受城市文化氛围，是通过打造全景式展馆与幻妙真实的度假氛围来形成游客难以忘怀的场景体验，带来文化旅游经济效益。沉浸式文艺场馆微旅游是一种创新的观展方式，通过运用光影、味道、装置艺术及表演等多种艺术形式，将特定的主题内容展现给观众。通过光影和互动技术的巧妙结合，它将传统的观赏式展览提升为更具互动体验的旅程，让观众能够全身心地融入其中，与展览内容进行更深层次的互动和体验。游客们在展馆观看体验中与亲人、朋友一起感受文化内涵、交流情感，同时提升城市的文化魅力及影响力。同时，沉浸式文艺场馆微旅游是文化艺术与高科技的新旅游业态产品，是以文化内涵作为发展基础，结合科技、艺术和城市，联合运用前沿高科技与空间环境设计的创新手法产生的产品。此外，它带给前来观看的游客一种具有艺术化又丰富想象力的生动体验，为新时代下的城市发展借由文旅新故事体验的方式进行城市宣传与更新，并提升城市经济水平。沉浸式文艺场馆微旅游是以场馆观看为基础，以现实和VR虚拟现实为呈现方式，以最真实感受城市文化为目的，以全景文化场馆为场所，以可持续发展为核心，城市文化和旅游体验相结合的一种结合型产业。文艺旅三者结合是新时代旅游发展的走向，也是文化旅游消费需求的热点重心。与传统文艺场馆相比更具创意和互动性，沉浸式文艺场馆微旅游能够更好地传播精神内涵和突出主题，通过巧妙设置互动体验环节，增强参观者的参与感和体验感，激发他们与展览内容产生共鸣。这种新颖的方式让参观者能够全身心地融入展览中，与艺术作品进行互动和对话。

　　沉浸式文艺场馆微旅游是集互联网+AI技术、特殊化需求、身临其境般体验等内容于一体的一种创新型旅游产品。主要包括以下几个特点：首先，是将不断丰富的文艺内容与个性化呈现形式、新时代科技相结合而形成的文艺场馆微旅游。文艺创作的强烈情感依靠新技术手段，通过引出游客们的巨大代入感和情境化，打破了游客与场馆、文化之间的陌生感和时空限制，使其更有利于艺术创作与形象还原，有利于实现沉浸式体验，实现创新升级。其次，受新生代到来的影响，人们追求旅游的方式有极大的变化，不再单一体验传统大众、视觉的旅游方式，更在意实际体验是否全面、新颖的旅游需求，更在意是否能够轻装上阵、说走就走。沉浸式文艺场馆微旅游的发展不仅可以使游客了解到科技的进步发展，更为关键的在于全方位感知文化艺术的存在，使其得到真正的宣传，有利于提高当地旅游经济，提高当地居民的收入。最后，虚拟场馆体验，通过计算机产生的数字化体验环境，让游客可以操控虚拟现实设备从而置身于该环境中，特别是以实时互动的形式，满足感受历史、文化艺术的游客的个性化需求，有利于游客从中得到知识以及休闲娱乐、提高整体旅游经济。高义栋（2017）认为沉浸式虚拟现实场馆的实现，可以从沉浸式旅游特点入手进行设计，相匹配的设备类型、场馆建设原则及策略、产品创新、开发流程等各个环节都要合理安排，提高游客体验满意度，提高独特吸引力。

沉浸式文艺场馆微旅游是一种以文艺场馆为核心，利用高科技手段和全方位的文化体验，为游客提供沉浸式文艺旅游体验的旅游产品。它主要通过与当地文艺场馆的结合，将游客带入一个全新的文艺环境中，让游客感受到强烈的身临其境的感觉，并通过与文艺作品的互动和探索，增加游客对文艺的了解和认知。首先，沉浸式文艺场馆微旅游强调提供艺术文化体验。通过全方位的艺术体验和高科技手段，让游客更加深入地了解艺术文化和当地的艺术传统，增加游客对艺术的认知和了解。这种形式的旅游不再是简单的观光，而是将游客带入一个完全不同的艺术环境中，让他们通过身临其境的方式感受艺术的魅力，从而更深入地了解艺术的内涵和价值。其次，沉浸式文艺场馆微旅游强调推广当地的艺术文化。通过深度的艺术体验，使游客能够更加深入地了解当地的艺术文化和传统，从而促进艺术文化的传承和发展。这种体验方式让游客能够身临其境地感受艺术的魅力，通过参与互动和沉浸在艺术作品中，他们能够更加深刻地领略艺术背后的思想、情感和意义。这不仅增加了艺术文化的影响力和吸引力，还为传统艺术形式注入了新的生命力和活力。这种旅游形式在旅游的同时，也具有宣传和推广当地艺术文化的作用，从而促进当地艺术文化的发展和传承。再次，沉浸式文艺场馆微旅游重视游客的互动。通过与游客的互动，让游客更加深入地参与到艺术文化传承中，使游客与艺术之间产生一种情感的共鸣，增加游客的参与感和体验感。这种旅游形式不再是单向的信息传递，而是通过互动和参与，让游客与艺术产生互动和联系，增加游客对艺术的认知和体验。最后，沉浸式文艺场馆微旅游重视创新和实验。它是一种新型的旅游体验形式，需要不断地进行创新和实验，以满足游客的需求和期望，提供更加丰富、多样化的艺术体验。将高科技手段与传统艺术文化结合起来，创造一种新的艺术体验方式，需要不断地进行实验和探索，以满足不同游客的需求和期望。同时，也需要不断地更新和升级设施和技术，提供更加优质和智能化的服务，以满足游客对于旅游体验需求的不断提升和追求。总之，沉浸式文艺场馆微旅游是一种全新的旅游体验形式，它强调艺术文化的传承和发展，推广当地的艺术文化，重视游客的互动和创新实验。通过多种形式的艺术体验和高科技手段，让游客在艺术场馆中沉浸式地体验艺术文化，提高游客对于艺术的认知和体验感，同时也使游客可以享受旅游带来的愉悦体验。

依托于城市原有的场馆发展沉浸式文艺场馆微旅游既可以促进旅游业态的创新、文化艺术的熏陶和城市经济效益，也是沉浸式微旅游产品升级的关键所在，具有不可替代的用处。在不久的将来，沉浸式博物馆、数字体验馆、沉浸式多媒体艺术场馆等旅游发展模式都是提高旅游经济收益之选。新时代旅游需求供多于求，旅游产品亟须进行高质量升级，旅游行业将迎来新突变。如上海市的世博会信息通信馆，展示了信息通信行业的发展趋势；北京的751光影科技艺术体验馆以高新科技装置或产品为载体，构建了一个围绕数字技术重塑感官世界的多媒体混合沉浸场馆；巴黎的首座数位艺术博物馆——光之博物馆，从前身是铸铁车间的废弃厂房被改建成互动型360度的沉浸式展览馆，充满着艺术气息，宛如宏大的声像画布，吸引很多热爱艺术的游客前来观看。

第四，沉浸式休闲乐园微旅游。

沉浸式休闲乐园微旅游是沉浸式体验微旅游业态创新的旅游开发模式之一，是综合利用城市闲置的空间和科技数字化基础设施、自然风光资源的一种旅游新业态。沉浸式休闲乐园微旅游是以城市自然风光和新技术为基础的，提高游客消费频次、延长游客停留时间以及提高游客满意度，打造沉浸式体验产业的创新模式，可以带动旅游产业，提高经济效益。游客们在休闲乐园微旅游中与亲朋好友一起沉浸式体验游玩、惬意舒适地深度感受自然风光，进而带动当地经济收益。同时，沉浸式休闲乐园微旅游是借助休闲娱乐的服务基础设施打造的旅游创新产品，是在自然产物的基础下，结合新场景、新物种、新媒体手段，如利用现代化的互联网技术（如微信和微博等），让目标群体及时获取信息，满足家庭或企业型游客的微旅游需求，以此制订营销策略。城市微旅游产业在提高区域经济效益的同时可以抒发游客已然改变的旅游消费心理，充分利用休闲旅游资源。沉浸式休闲乐园微旅游是依托城市闲置空间，以休闲娱乐式沉浸体验为需求，放松自我为首要目的，结合主题进行发展，满足游客的多重化、个性化需求的一种新兴产业产品。休闲娱乐与旅游相结合是新时代旅游发展的重心，也是旅游消费经济得以提升的关键。

沉浸式休闲乐园微旅游是综合利用自然环境、非动力设施、休闲娱乐的项目活动、区域位置等内容的一种旅游创新模式。主要包括以下几个特点：首先，将乐园品牌主题与场景打造相结合，更具体和场景化的设计可以让游客更容易沉浸其中，获得更深入的体验和对内涵的了解。同时也使游客能够更快进入角色，获得角色认同感，使整个景区变得更具有自我的形象品牌，有利于提高游客的回购率及满意度。其次，极大满足了人们对沉浸式体验环境的需求，随着科技的发展以及可达性的提高，单一的休闲娱乐已然满足不了新时代人们的旅游消费需求，需要为其营造出一个创新空间，满足新时代下的游客对环境需求的变化。最后，沉浸式休闲微旅游对普通景区进行赋能，特别是对已有自然风光、休闲项目的景区进行改造，为其建设智慧基础设施，使得景区有可以使游客沉浸其中的氛围，有利于游客舒缓身心和感受大自然的美好，提高游客舒适度。沈纲（2021）等认为，沉浸式休闲娱乐微旅游可以引导旅游产业创新，在当前数字经济时代，旅游业的数字化创新有助于推动旅游经济发展，特色文化与数字技术的融合可以被充分利用，以推动休闲微旅游的创新发展。

沉浸式休闲乐园微旅游是一种以休闲娱乐为主要目的的微旅游形式。它通过建立一个具有沉浸式体验的休闲乐园，使游客能够在其中享受游戏、休闲、互动等多种娱乐活动，从而达到放松身心、缓解压力的效果。首先，沉浸式休闲乐园微旅游提供了多元化的娱乐体验。不同的游客有不同的娱乐需求和喜好，因此，沉浸式休闲乐园微旅游需要提供多种娱乐活动，以满足不同游客的需求和期望。比如，主题游戏、儿童游乐、水上乐园、电影院等多种活动，让游客能够充分地享受游戏、娱乐和休闲的乐趣。其次，沉浸式休闲乐园微旅游加强了与游客的互动。通过与游客的互动，可以增加游客的参与感和体验感，让游客更加深入地享受游戏和娱乐的乐趣。例如，一些主题游戏会让游客扮演某种角色，与其他游客互动，增加游戏的趣味性和体验感。再次，沉浸式休闲乐园微旅游注重游客的健康和安全，提供安全、卫生的游乐设施和服务，确保游客的安全和健康。这对于游客来说是非常重要的，也是旅游场所应该注重的方面。最后，不断推出新的游戏和娱乐项目，以满足游客的需求和期望，提高旅游的质量和体验效果。这也是沉浸式休闲乐园微旅游能够保持活力和吸引力的重要原因。综上所述，沉浸式休闲乐园微旅游是一种注重多元化娱乐体验、高科技手段提升游戏体验、加强与游客互动、关注游客健康和安全以及强调创新和体验的新兴旅游形式。这种旅游形式通过提供多种娱乐活动，利用高科技手段增强游戏体验，加强游客与旅游场所的互动，关注游客的健康和安全，以及不断创新和体验，提高旅游的质量和体验效果。因此，沉浸式休闲乐园微旅游在未来可能会成为越来越受欢迎的旅游方式。

在自然观光景区中搭建智能基础设施与提供更完善的休闲功能，既能促进旅游业态创新，又可以延长游客的逗留时间，提高附加消费，进而提升整体旅游产业经济效益，也是沉浸式微旅游业态创新的方案，具有重要作用。在数字化科技的时代下，特色小镇、精品智慧度假小镇、主题乐园等景点都是适应需求的沉浸式休闲娱乐微旅游的创新产业。新时代下游客的旅游方式发生了巨大变化，创新旅游项目迫在眉睫，旅游行业迎来新突破。如重庆高新区的沉浸式特色小镇，围绕当地特色古驿道资源，推动特色小镇的快速发展，打造全方位的沉浸体验；长沙的超级文和友，被称为"复古沉浸式美食城，餐饮界的迪士尼"，以怀旧为主题，复原了老长沙的街景，吸引众多游客前往体验；杭州的西湖灵山风情小镇以九曲灵山为主题，进行景区化建设和全域旅游打造，现已然成为杭州近郊中集山水休闲、文化体验、艺术创作等功能于一体的旅游风情小镇。

3.2　城市更新空间范型的内涵、特征及构成维度

3.2.1　城市更新空间范型的内涵界定

近年来，中国的城市化进程已经从高速增量的大规模拆迁阶段转向渐进提质的存量更新阶段。而城市更新实质上也是城市理想、城市艺术和城市价值观念的集中体现，在城市更新中，建筑形式的新旧并非更新的核心，城市更新更加注重的是内在的和谐与理性，尤其是人们的思想、生活方式以及城市管理模式的更新。城市更新是一个复杂的过程，需要各个领域的理念与实践相互协同和创新。政府、企业、社区和居民等多元主体应该共同参与城市更新，提供各自的独特观点和实践经验。城市更新不仅是指对城市的物质环境进行改善，更是一个综合性的过程，涵盖了社会、经济以及文化等多个方面的综合完善。其内涵包括推动城市结构优化、文化保护和功能完善，以改善城市环境和生态问题为目标。不同类型的城市和城市更新目标所需的空间结构特征各有不同，城市更新的路径是通过探索城市发展方向和统筹城市规划管理来实现的，旨在创建宜居、韧性、智慧和人文的城市。城市更新已经成为当前城市规划工作中不可或缺的先决条件和方向，其目的是改善城市环境，应对生态问题，提高城市服务水平和品质，增强城市竞争力和吸引力，保护和振兴文化遗产和人文景观，从而促进城市文化的延续和创新。

广义上的城市更新，是指为满足生产生活发展的需求，对现有城区的空间形态和功能及文化进行可持续改善的建设工作。城市更新以城市更新理念促进城市发展，同时是伴随城市不断发展而始终存在的，是长期持续且内容不断演变的过程。城市更新是指根据城市经济、社会、文化和环境发展的需要，为提高城市质量和城市功能、提升城市形象和城市品位、改善城市环境和城市居民生活而进行的城市综合改造行动。城市更新通过重新配置城市用地、改造城市建筑、升级城市设施设备、调整城市社会组织和挖掘城市文化内涵等手段，目的在于全面提升城市结构、功能、形态和质量，并且有机地衔接城市的可持续发展。一是旧城区的再生。以老旧公共空间和社区空间为核心，通过提升其品质和活化利用，运用城区文化再生和科技赋能等策略，构建具有主客共享和内容独特性的再生空间。二是新型消费空间的再造。在城市更新中，未完全开发的历史文化建筑和工业遗址等被视为重要资源，通过对这些遗址进行文化符号的植入和场景塑造，可以将其转变为具有多重功能的个性消费新空间，满足当地居民和游客的文化休闲和艺术体验需求。三是通过逐渐聚集单个具有高价值的文旅新空间，形成一个又一个的节点。这些节点之间相互连接，逐步形成线性的旅游带和区域片区，最终实现空间的有机更新。将艺术和文创理念嵌入老旧街区空间再进行改造，让老旧社区空间彰显城市软实力。城市更新空间范型是在城市更新过程中，对不同区域和功能的空间类型和形态进行分类和规划的概念。它是在城市的多种因素，如类型、功能、规划与设计、社会文化和历史背景等影响下，形成的特定城市更新空间模式。城市更新空间范型是城市更新实践和理论探讨的一个重要成果，对于城市更新的可持续发展具有重要的意义。城市更新空间范型是一项将不适应现代化城市社会生活的地区进行必要的、有计划的改建活动，针对不同的城市类型、城市功能、城市规划与设计、社会文化与历史背景等多重因素，经过实践经验和理论探讨，形成的特定城市更新

空间模式。城市更新空间范型在打造时既要考虑城市的更新和功能的完善，也要注重城市历史文化遗产的保护，充分重视城市的可持续发展，以期达到城市更新目标的理论和实践创新。

第一，城市更新空间范型是推动城市现代化的重要手段。首先，城市更新空间范型有利于提升城市品质和形象。随着城市人口和经济的不断增长，城市的建筑和基础设施也在不断老化和失效，城市更新成为城市管理和发展的重要议题。城市更新过程可以帮助更新老旧的建筑和基础设施，对城市的建筑、景观、道路等进行升级和改善，提高城市的功能性和竞争力，提升城市的品质和吸引力，改善市民的生活品质和环境。同时，也有利于推动城市经济的发展，吸引更多的人才和资源，促进城市的国际化和竞争力，进一步促进城市经济的转型和升级。其次，城市更新空间范型对于优化城市空间布局和城市结构具有显著的益处。城市更新过程可以对城市内部的空间布局进行优化和调整，以使城市的布局更加合理和高效，从而提高城市的空间利用率和效率。同时，城市更新还可以促进城市结构的调整和升级，使城市具备更加优化的结构，更好地适应城市发展需要。公开数据显示，国内市场存在着大量的老旧建筑，总规模预估超过200万亿元，相较于传统的片区开发，城市更新不仅需要实现旧城区的改造升级优化，还需要考虑社会价值、主体利益、城区的可持续更新发展。国家"十四五"规划以及2035年远景目标纲要提出"加快转变城市发展方式、统筹城市规划建设管理，实施城市更新行动，推动城市空间结构优化和品质提升"。再次，城市更新通过创建新的空间范型来推动城市产业结构的演变。城市更新可以吸引新的产业和企业来投资，通过城市产业升级和转型来推动城市的产业结构变革，从而提升城市的经济发展水平和竞争力。最后，城市更新空间范型可以促进城市社会文化的发展和进步。推进城市社会文化的发展和进步，使城市更具吸引力和包容性，得益于城市更新提供的改善城市社会环境和提升人文氛围的机会。城市更新有助于营造更加宜人的社区环境和活力四射的城市文化，通过改善公共空间和社区设施，可以提升城市景观和文化设施，从而增强城市的吸引力和包容性。城市更新的意义不仅在于提升城市的硬件设施，还在于推进城市文化、社会、环境等多个方面的发展。通过城市更新，可以推动城市文化和社会发展，打造更加和谐、包容和多元化的城市文化和社会空间。同时，城市更新还可以改善城市环境，推进城市的生态建设和环境保护。

第二，城市更新空间范型是改善居民生活环境的重要渠道。满足社区居民的生活需求是城市更新的主要目标，其创造和改善城市空间的手段主要包括：改造城市空间结构、重建和翻新现有建筑以及局部改进现状。通过这些措施，从微观层面改造和改进城市功能区以提高其性能和服务能力。同时，城市更新空间范型应以优化居民生活为先，改善人居环境是城市空间更新的基本要求。加强城市更新空间模型有助于科学利用城市剩余空间，更好为本地居民创造满足各种需求的生活空间。宜居社区和便民的公共空间有利于提高城市质量和居民满意度。城市更新通常将重点放在已有的城市资源上，通过改造陈旧的住宅区、关闭多年的工厂以及衰败的商业区等，使这些区域迅速恢复活力，满足新一代居民的需求。在这个过程中，不仅改善城市硬件设施，更重要的是激活了整个社区，促进社区活力和繁荣。在城市更新过程中应重点考虑区域内的软硬件的设备配置，通过大规模的改造升级，完善与升级配套设施，极大地改善区域人居环境。了解网络经济、社交媒体与虚拟现实技术等新技术对城市空间及城市生活方式的影响，是探索城市空间与不同社会群体互动的重要出发点。这些新技术不仅可以改变城市空间的物质形态，也可以影响城市精神文化和不同社会群体之间的交流。在有条件的情况下，依托科技、场景营造等手段，再逐步完善区域、历史建筑等的设施问题，进而实现历史文化建筑与区域的功能适度现代化。在城市改造中，应优化公共服务项目，配套公共设施，实施资源整合，建成服务设施，使城市功能日趋完善。在改造城市空间的同时，还应结合城市特点及各类型旧厂房和社区的空间格局，进行产业更新和转型，为城市带来新的动能。这不仅可以给城市发展带来新动力，也能使本地居民与来访游客体验和享受到新的景观与空间体验。在城市更新过程中加强历史文化建筑保护的同时要重视历史文化建筑的保留和居民生活环境的改善，更要注重公共空间的功能完善，注重"原真性"的保护传承模式，不断提升人民群众的体验感和满意度。一方面，城市更新空间范型可以改造和提升老旧、陈旧的城市建筑和设施，使之符合当代居民的需求和生活方式。另一方面，建立城市更新的空间模式有助于改善城市的交通和环境基础设施，令其更便利高效、更加舒适宜居。业态方面，需要结合"在地文化"和市场定位来明确商业定位，通过多元发展实现城市产业转型升级优化；形态方面，需要挖掘和保护城市历史遗产和社会网络，延续具有归属感的街巷记忆，为居民提供更多的公共活动空间；生态方面，需要改善基础设施条件，创建宜人的居住尺度，系统性地完善城市功能体系；文化方面，需要维护原住民的风俗习惯和地域文化，保持独特的生活方式，提高居民的满意度和幸福感。通过从业态、形态、生态和文化多方面入手，可以促进城市更新实现良好效果。总之，城市更新空间范型与居民生活环境之间的关系密切，城市更新空间范型建设是改善居民生活环境和推进城市现代化、可持续发展的必然选择，对于提高居民生活质量、促进经济发展和社会稳定具有重要意义。另外，城市更新空间范型和居民生活环境之间的关系还表现在城市更新对于居住环境和社会治理的影响上。通过城市更新改善居住环境，提高住宅的品质和舒适度，使居民更加愿意在城市中居住和生活。同时，城市更新空间范型建设还可以改善城市治理和社会管理，促进城市的公共安全、交通秩序、文化教育等方面的发展，提高城市管理的效率和质量。此外，城市更新空间范型建设不仅可以改善城市的基础设施和环境，还可以通过建设更具创意和经济价值的城市空间，加强城市产业的优化和升级，推动新产业、新业态的发展，促进城市经济的创新和转型，进而带动居民经济效益的提升。相比传统的城市更新模式，城市更新空间范型注重城市空间与经济发展的有机结合，可以推动城市经济的转型和升级。

第三，城市更新空间范型是保护城市文化与完善城市功能的动力源泉。城市作为文化的载体，具有丰富的历史文化遗产和人文景观，但随着城市化进程的不断推进，城市文化面临着被破坏和消失的风险。部分城市的老城区，尤其是具有历史和文化特色的街区，构成了城市不可再造和无法替代的宝贵文化资源。在进行城市更新空间范型建设的时候，应把文化遗产保护工作摆在优先位置，传承优秀的历史文脉，同时适度更新改造使其与现代生活相融合，从而使其能长久持续利用和进一步发展。首先，在城市更新空间范型设计的过程中，常常涉及城市中的文化遗产，通过更新可以保护和修复城市的文化遗产及人文景观，增强城市文化自信和特色，促进城市文化的传承和创新。城市更新可以成为维护和弘扬城市历史文化的重要手段。城市更新空间设计需要充分考虑空间的发展与历史遗产的保护、功能的完善互动，通过新的城市生活方式和物质形式逐渐替代传统方式，城市获得发展机遇，但同时也需要重视维护历史保留。随着城市空间体系不断完善，大规模拆迁重建的模式逐渐向渐进式的城市更新空间模式转变。通过城市更新，可以保护和传承城市的文化和历史遗产，提升城市的文化价值和历史文化底蕴。其次，城市更新空间范型可以通过城市更新，将城市的历史文化和现代元素相结合，创造出新的文化场所和文化产品，使城市文化得到创新和发展。最后，城市更新空间范型建设还可以推广和传播城市的文化特色和形象，提升城市的知名度和美誉度，促进城市旅游和文化产业的发展，以及城市的经济发展和社会进步。城市更新空间范型的设计需要合理利用现有的自然资源和社会资源，同时还要有效开发城市的无形资产，如历史文化遗产等。通过保护和延续有价值的历史工业遗产与文化遗址，弘扬工业文化，创建文化传承展示区，提升文化价值，使城市历史建筑能在更新中重获新生。基于城市更新视野下的老旧建筑改造活动，既需要满足新的功能需求，也需要着眼于地域文化的传承与创新。城市更新空间设计应实现城市功能的调整与优化，延续城市历史文化，激活新的活力，促进城市经济和文化的持续健康发展。而在2021 年《关于在城乡建设中加强历史文化保护传承的意见》中强调，城市更新要重视历史文化的保护与传承。随着数字经济的快速发展，城市需要不断创新和升级城市基础设施与服务，以满足新兴产业和居民的需求。通过构建智慧城市、推进数字化转型、扶持创新业态发展等措施，城市更新能提高城市的科技水平和竞争力。总之，城市更新空间范型建设不仅可以改善居民生活环境，同时也能保护城市文化与完善城市功能，具有双重意义。

曹子健等（2021）将城市更新机制、功能导向、社会空间、物理空间等因素进行综合分类，提炼出城市更新空间范型的几种模式，即根据城市更新目标可分为城市文化保护和城市功能完善，根据物理社会空间范型又可分为点式—原置型、点式—重置型、面域—原置型和面域—重置型四种类型。本书在探讨新时代下的城市更新空间范型模式中，为了对城市更新空间范型的建设进行一般性规律探讨，采用曹子健（2021）等提炼的城市更新目标与物理社会空间范型协同发展模式。具体可以从以下几点出发：首先，城市文化保护是指对城市内具有历史、文化和社会价值的建筑、景观、文物和文化传统等进行保护、修缮和传承，以维护城市文化的独特性和完整性，促进城市文化的传承和发展。城市文化保护的内涵包括历史文化遗产的保护、传统文化的传承、城市形态和建筑风貌的保护、社会文化生态的保护和公众文化参与的促进等方面。其次，城市功能完善是指为了适应城市发展的需要，不断优化城市各项服务和基础设施的功能，以提高城市居民的生活品质和城市的发展水平。城市功能完善的内涵包括交通、能源、环保、教育、医疗、社会保障、文化娱乐等方面的功能。最后，在城市功能完善的过程中，需要科学规划、合理布局、高效管理和不断完善各项服务和设施。城市文化保护和城市功能完善是城市发展的两个重要方面。城市文化保护能传承历史文化特色，强化城市软实力和美誉度，吸引更多的人参观和定居，同时，城市功能完善还能提高效率、提升生活品质、增强竞争力和发展潜力。

在城市规划中，常用的四种城市发展类型分别是城市点式—原置型、城市点式—重置型、城市面域—原置型和城市面域—重置型。城市点式—原置型是指在城市发展过程中，以城市中心为起点，向外辐射发展，形成一些"卫星城镇"，这些城镇在空间上分布较为分散，且基本保留了原有的社会、经济、文化等特点。这种类型的城市发展模式相对较为简单，城市基础设施建设较为集中，但也容易导致城市交通拥堵等问题。城市点式—重置型是指在城市发展过程中，通过对城市空间布局的重新规划，将城市中心向外扩展，形成一些新的城市中心，使城市的功能结构更加合理化和完善。这种类型的城市发展模式适用于既有城市的再开发和改造，可以提高城市的空间利用效率和环境质量。城市面域—原置型是指在城市发展过程中，城市从中心向周边逐渐扩张，形成以城市中心为核心，辐射出多个功能不同的城市区域，这些城市区域之间的联系相对较弱。这种类型的城市发展模式相对于城市点式—原置型更加复杂，城市空间结构相对分散，但也能够更好地适应城市发展的需要。城市面域—重置型是指在城市发展过程中，通过对城市空间的重新规划和优化，形成一些具有明确功能的城市区域，使城市空间结构更加合理化和完善。这种类型的城市发展模式适用于新兴城市的规划和建设，能够更好地满足城市发展的需要和人们的生活需求。总的来说，传统的城市发展模式包括城市点式—原置型和城市面域—原置型，这些模式基本保留城市原有的社会、经济、文化等特点，满足了城市发展初期和中期的需要。然而，随着城市的发展，城市点式—重置型和城市面域—重置型已经成为城市发展的创新模式。这些模式通过重新规划和优化城市空间，能够更好地满足城市发展和人们的生活需求，适用于城市发展中期和后期，以及城市再开发和改造阶段。因此，城市点式—重置型和城市面域—重置型是城市发展的创新方向，能够推动城市经济和社会的可持续发展。不同类型的城市发展模式有各自的特点和优缺点，城市规划者需要结合实际情况和城市发展的需求，选择合适的城市发展模式，进行科学规划和合理布局，以实现城市的可持续发展。四种类型的城市空间设计方式各有其特点。原置型更加注重历史和文化的传承和保护，可以提升城市的文化软实力，增加城市的吸引力和美誉度。重置型更加注重现代化和创新的元素，可以吸引更多的人流和资金流，促进城市的经济发展。面域型与点式型的区别在于空间形态的不同，但都可以成为城市的文化代表性区域。不同类型的城市空间设计方式可以从不同方面促进城市的全面发展。

3.2.2　城市更新空间范型的特征解析

城市更新是指对城市进行改造和更新，提高城市空间的质量和功能，从而满足城市发展和居民生活的需要。城市更新需要综合考虑城市的历史文化、社会经济、环境生态等因素，同时也需要考虑未来的发展方向和趋势。城市空间更新是以存量空间的三大设施、生产空间、生活空间与公共空间为重点，加强街区统筹，将城市中不适应现代社会生活的区域进行必要的、有计划的改建活动，对城市中的旧建筑、老旧社区和城市基础设施等进行改造、重建和提升。城市更新空间范型的特征是以存量空间的三大设施、生产空间、生活空间和公共空间为重点进行规划和改造，旨在提高城市的基础设施水平、促进城市经济发展、改善居民生活环境和公共服务水平，并形成多元化、多层次的新城市格局。城市空间更新是城市可持续发展的重要手段之一，可以提高城市的品质和形象，改善居民的生活环境，同时也可以促进城市经济的发展和转型。通过优化完善公共服务、市政和安全设施，对城市环境与氛围、文化保护与功能效益进行全面调整，可以形成高质量发展的空间支撑，为构建新的发展格局提供有效载体。城市更新空间范型即从成功的城市更新案例及既有理论中总结的典型成功路径，而不是简单的旧城旧区改造，是由大规模增量建设转为存量提质改造和增量结构调整并重。其中，范型即范式的类型。城市更新空间范型是指在城市更新过程中通过创新和融合城市空间形式与结构，从而实现城市功能的完善、环境的提升和生活品质的提高。这种范型可以包括公共空间、交通组织、建筑形态、景观设计等方面的创新，以实现城市空间的可持续发展和人居环境的改善。城市更新空间范型是指在城市更新过程中形成的各种空间形式和功能配置。城市复兴的范型是根据成功案例和理论经验总结出来的典型路径。总之，城市更新空间范型是城市更新过程中的一些典型空间形态和特征，具有内聚性、多样性、开放性、可持续性和适应性等特征。在城市更新实践中，需要针对不同的城市发展阶段和城市特征，选择合适的空间范型，以实现城市更新目标和可持续发展。

第一，强调城市理念的整体性、系统性和持续性。即在城市更新空间范型建设的过程中要充分考虑城市的整体发展和规划，注重城市系统的协调和配套，同时保持更新的持续性。整体性体现在城市更新要考虑城市的全局发展，而非片面追求单个项目的利益。更新的项目应与城市的整体规划相协调，注重更新的空间布局和功能分布。系统性要求城市更新过程中各方面的关系要协调一致，不能只顾及一个方面而忽略其他方面。持续性要求城市更新过程中要考虑到更新效果的持久性和可持续性，避免更新后出现再次老化或不可持续的情况。城市更新是一项复杂的开发过程，是城市不断更新和改造以发展的过程，也是城市自我调整或弥补发展不平衡的机制。城市更新空间范型建设不仅是改造城市设施和功能，更重要的是不断调整城市结构与功能，增强城市整体功能，使老城区能满足未来发展需求和居民对良好生活质量的需求。城市更新需要协调城市与社会、文化、经济发展，着重解决城市建筑、设施、环境与景观更新问题，处理新旧与局部整体关系，搭建有利于城市文化保护与功能完善的新格局，有助于实现社会和谐发展。

第二，坚持城市以人为本的高质量发展。城市更新空间范型的目的是改善人们的生活环境和生活品质，因此，必须把人的需求和利益置于首位，实现城市的人文关怀和人性化设计。在城市更新的过程中，要注重提高城市公共服务设施的品质和水平，满足人们多样化的需求，提高城市居民的生活质量，注重社会公正和社会和谐，建设宜居、宜业、宜游的城市。在新时代下，城市更新空间范型建设着眼于提高人们的生活质量和人居环境，改善生活水平，从而提高居民的满意度、安全感和幸福度。通过城市更新可以促进内需扩张，形成新的经济增长点，并提高居民生活水平。同时，城市更新可以借助完善城市功能、推动产业转型升级、保护城市文化等手段，实现城市更新的根本转变，重点改善旧城区居民的居住条件和生活环境。这种城市更新方式既顾及人们对于城市发展的需求，也考虑到城市经济和社会的可持续发展。"十四五"时期，重点是以建设宜居城市、绿色城市、韧性城市、智慧城市和人文城市为目标，实现"完善城市空间结构""修复生态和完善功能""加强历史文化保护，塑造城市风貌""加强居住社区建设，建设完整居住社区""推进新型城市基础设施建设""加强城镇老旧小区改造""增强城市防洪排涝能力"和"推进以县城为重要载体的城镇化"等八项任务。而城市经济是城市发展的重要支撑和动力，也是城市更新的重要目标之一。通过城市更新空间设计，可以优化城市产业结构，提高经济创新能力和竞争力，推动经济转型升级，提高经济质量和效益。因此，在更新时需要坚持以人为本的高质量发展理念，将居民的需求和福祉置于首位，通过人性化设计和规划为居民提供更好的生活和工作环境，实现城市可持续发展。

第三，形成多元化、多层次的新格局。首先，在提高城市质量和新旧功能转换时，应在国土空间规划总体框架下完善城市功能结构、升级城市结构和完善基础设施，通过保护性修复和更新改造城市物质载体及相关环境，保留城市记忆、再现历史、延续文脉，彰显城市特色，使之兼容现代城市生活，实现传统与现代的交融。其次，根据不同城市功能区域的现状和建设程度，需要进行一系列存量更新项目，包括老旧小区改造、老工厂更新改造、历史街区保护性更新、危旧房改造、城中村改造、工业园区更新、公共基础设施改造和旧区再开发。最后，在开展城市更新过程中，空间设计应重视社区构建和街巷环境升级，维系并重塑旧城旧区的邻里关系和社会关系，改善居民生活水平，激发旧城旧区的活力，增强居民的认同感和归属感，促进城市全面发展。城市更新空间设计的多元性推动更新模式的多样化，不同的城市更新模式可针对不同区域和问题提供多种更新方案。例如，老旧城区更新可以采用拆迁重建、改造提升等不同的方式，以适应不同的城市环境和发展需求。同时，城市更新空间范型的多元化和灵活性，也可以促进城市功能布局的多样化和创新。通过城市更新，可以改善城市基础设施和公共服务设施，提高城市的服务水平和品质，增强城市竞争力和吸引力。不同的城市区域可以有不同的功能布局，以满足不同人群的需求和利益。总之，城市更新空间范型的多元化和灵活性，可以促进城市形成多元化、多层次的新格局，不仅可以满足不同人群的需求和利益，还可以提升城市的竞争力和吸引力。

第四，强调政府、市场和社会的共同参与。进入新时代，城市更新需要社会各方积极参与，为城市建设提供更多视角、空间和动力，形成更可持续和谐的共建共治共享机制。建立贯穿"国家—地方—城市—社区"四个层面的城市更新体系，确保城市更新改造工作的公开、公正、公平和高效，从而实现可持续城市发展。政府、市场和社会的共同参与可以实现城市更新的多赢，空间设计需要政府提供指引和保障、市场提供投资和技术、社会提供民意与力量。政府在城市更新中扮演着引导和调节的角色，需要制定政策规划、提供资金支持、组织实施和监督管理等，政府的作用是为市场和社会参与创造良好的环境和条件。市场是城市更新的重要力量，需要提供资本、技术和管理经验等资源支持，具有投资和运营、资源配置和效率提升的作用。社会是城市更新的重要推动力量，需要通过社区参与、公众参与和民间组织参与等形式，提供民意支持和社会力量，推动城市更新发展的参与者多元化和利益平衡。社会还可以通过反馈意见和建议，监督和促进政府和市场的行为，维护公共利益和社会稳定。政府需要加强规划和政策制定，市场需要发挥资源配置和经济作用，社会需要加强监督和参与。只有三者共同参与，城市更新空间范型才能得到有效推进和实施，实现城市可持续发展的目标。

3.2.3　城市更新空间范型构成维度分析

城市更新空间范型是指在城市更新过程中，城市空间发展和变化所表现出的空间形态、分布特征以及空间组织方式。不同的更新模式适用于不同的场地特质，不同的设计组合可能使效果不同。社会空间是社会关系结构载于物理空间上，在历史街区的物质环境改变后，社会空间可能保持不变或发生变化。随着中国城市进程不断推进，开展多样化而符合实际的空间设计，能使城市更新更有效率、场景更精湛。曹子健等对更新机制范型、功能导向范型、社会空间范型、物理空间范型四个方面进行综合考量，提炼出城市更新的八种模式，即城市文化保护点式—原置型、城市文化保护点式—重置型、城市文化保护面域—原置型、城市文化保护面域—重置型、城市功能完善点式—原置型、城市功能完善点式—重置型、城市功能完善面域—原置型及城市功能完善面域—重置型。本书在城市更新空间范型中，为了对城市更新原因和规律进行一般性规律探讨，采用曹子健等提炼出的八种城市更新空间范型。

第一，城市文化保护点式—原置型。

城市文化保护是根据当地城市的历史文化特色进行延续，在更新的过程中保护真实历史遗存，城市文化遗产具有独特性、无可替代性和不可再生性，彰显城市演变历程。城市文化保护点式—原置型建设的重心是将城市的物理空间与社会空间范型和城市文化留存进行结合发展，即在城市更新建设的过程中以点式更新的方式，保留原有社区结构、保护文化遗产、坚持城市可持续发展战略，修整城市历史文化标志性建筑，带动休闲、旅游等服务业的发展。相对于城市文化保护点式—重置型城市建设的方式，城市文化保护点式—原置型是指在城市中，对具有历史、文化和艺术价值的特定场所进行保护和修复，将其作为城市文化遗产的组成部分进行传承与利用。在城市更新过程中，有利于保留城市原有文化环境、传统建筑群、当地原住民及社会空间。在城市区域中均有着不可或缺的作用，而且旧城区是文化的发源地和集聚地，历史的积淀使得旧城区能够成为具有丰富传统文化的地区，充分发掘旧城区的文化特色并根据新的生活要求加以创造发展，是维护点式—原置型城市文化的保护方法。城市文化保护点式—原置型的建设要点在于在旧城区的更新中要审慎保护，在创新和改善当地环境的基础上，禁止大拆大改。通过适当的改造、调整、维护物质环境，复原传统文化建筑的面貌，过于商业化的大楼不宜建筑于周边，以避免造成旧城区的拥挤并妨碍旧城区文化功能的发挥。优点在于既保护了城市历史文化遗产，也促进了城市发展和文化创新，使城市具有更加鲜明的历史文化特色和人文气息。同时，还可以吸引游客和居民前来参观、学习和体验，促进城市旅游和文化产业的发展。

在新时代，对城市进行文化保护建设，必须突出城市文化的特色和原有的自然风光，对现有的城市文化建筑就地升级和开发。因此，新时代的城市文化保护建设，可以从以下几点入手：首先，文化是城市建设中的特色，将城市丰富的文化沉淀展现出来。城市文化保护发展的点式—原置型更新应当在保留社区结构的前提下，发挥其"城市触媒"或其"都市针灸"的作用，充分了解城市的历史文化，既结合当地传统文化，又结合市场需求进行演艺展出，如自然观光、美感要求及科技升级等，根据现有市场需求设计出城市规划。其次，在城市的选材上，做好美学融合，不仅是单纯改造城市，而且要将其美展示出来，加入新的元素、场景的设计，同时将城市的原有特色、地形等不同旅游资源进行融合，考虑艺术、文化、自然、技术等几方面要素，统一蕴含在一个表演舞台空间里，形成别具风格的美学内涵。最后，在城市更新发展中，要同时考虑文化保护、居民生活环境与游客体验的保障。在此背景下，将城市文化保护点式原置型作为城市更新空间范型，需要以相关利益者为主，不仅要保护传统文化和其中的居民社会空间，而且要改善居住环境，提升游客体验感。此外，应根据不同元素来打造不同的表演模式，在城市更新发展中，两者应该兼顾。

城市文化保护点式—原置型作为新时代下城市更新空间范型之一，也是因旅游方式改变而促进经济发展的重要路径，在具体实施的过程中主客的配合程度是其中最为关键的问题。城市文化保护点式—原置型要注重城市的文化保护程度、配套元素的添加，对城市更新进行深度规划，增加场景的文化灌入、延续自我城市建筑的风格，走自己的模式。目前，就我国点式化的原置型城市更新的现状来看，容易出现同质化现象，自我城市的独特风光不够凸显，所以城市在完成自我更新目标的同时，应多注重物理社会空间范型的问题，加快其建设发展。由此可了解到，在发展城市文化保护的点式—原置型时，若依靠模仿建设，则仅能暂时完成城市的更新，但无法长期受益，急功近利是最大的问题所在。在改造旧区时应结合当地居民与游客的想法，做好合理规划、布局，在保护文化传承的同时，也改善了整体城市环境与居民居住环境，提升居民收入，提高游客体验感，做到相关利益者的利益均衡。

第二，城市文化保护点式—重置型。

城市文化保护点式—重置型是一种城市改造升级的方式，其以历史故事为主线，以城市为基点，再结合声光电打造视觉盛宴。点式—重置型的城市更新方式的重点在于在城市内以某点为中心，将相关的居民全部外迁，促进社会结构产生变化，置换出新的社会阶层，改变其功能，其坚持旧址再利用的原则进行全面变换，以此彰显城市的独特之处，有利于城市发展。相对于点式—原置型的建设方式，点式—重置范型更为简单直接，其广义的说法，是将城市的居民们在城市发展过程中所创造的物质财富与精神财富的总和进行更新，改造人类的生活方式，创造新的文明形态，在保护旧有文化的同时，创造新奇的体验。城市文化保护点式—重置型重点在于突出文保单位、文保点和历史建筑三类保护对象，在实际改造中采用"鼓励外迁"的政策，改善居民环境，发展旅游产业。通过更新历史建筑和小型文化广场，结合其中历史内涵和各类科技资源进行覆盖性重建、重构，强化功能转型，对其进行尽可能的历史复原，对其社会空间进行全部改变的修建。在实践中，城市文化保护点式—重置型主要采用包括改造、重建、拆除重建等手段，通过对城市历史文化遗产进行保护、改造和利用，既保持了历史文化的独特性和传承性，又满足了现代城市化发展的需求，提高城市品质和居民生活质量。

新时代的城市进行文化保护及传统文化可持续发展，重点在于当地居民的思想意识引导和前往体验的游客的感官体验，所以，应对老旧城区进行改造和文化融合。因此，在更新城市空间发展时，必须从以下几个方面入手：首先，因为历史文化的特殊性，应该按照真实性、完整性、延续性、可识别性原则，推进各级文保单位保护、旧区建筑保护等各项工作。城市文化保护的点式—重置范型的建设重点在于旧城区的二次利用，对其文化建设进行全面改善。在实践中，按保护第一、改善为主、分类指导的发展思路，针对不同旧址制定不同方案，以满足城市更新需求。其次，在进行城市空间改造时，重置范型的建设重点在于鼓励旧址居民搬离原住地，由政府进行负责安置，并给予一定的经济补偿和扩面优惠等。这样不仅能够改善居民居住环境，又可以使历史文化名城、文化建筑得到有效的保护，彰显出城市的文化特色，把其文化内涵作为旅游宣传的重点内容，重塑旅游市场新格局。最后，通过确定保护对象、制定保护规划、开展试点整治、探讨产业遗存再利用、推进历史建筑维修保养、强化日常监管以及建立文物档案，实施新时代重置式保护。综上可知，点式—重置型着重于最大限度还原历史遗产，为游客提供最真实的感受、最完整的历史记忆，延续城市风貌与文脉，并重新营造往日风姿。

城市文化保护点式—重置范型作为新时代下的城市更新空间范型之一，也是新时代下发展满足"主客"感观的模式之一，在具体实践过程中城市的文化保护和城市功能完善是其前期规划需考虑的问题。一方面，城市的文化保护需要尽可能地保留和弘扬城市的历史文化遗产，保护传统建筑、文化景观等重要文化元素，同时也需要鼓励和支持当地居民和文化从业者开展文化创意产业活动，提高城市文化软实力。另一方面，城市功能完善需要考虑城市的交通、商业、教育、医疗等各方面的需求，保障城市居民的生活品质和社会经济的发展，同时也需要考虑城市环境的可持续发展和生态保护等问题。因此，在城市规划过程中需要综合考虑文化保护和城市功能完善等多方面的因素，实现城市的全面发展和提升。点式—重置型景区在建设过程中较为关注景区内部文化内涵、整体结构布局等，但在对其原有历史建筑进行拆除或改造时，易造成文化流失，使其原有历史气息消失殆尽，与最初想法走向不相一致。目前，我国过快的城市化发展，导致产业结构、用地资源、生态环境都存在多种矛盾，给城市空间更新发展带来挑战，产生城市的文化保留问题，这些都将对城市的转型发展产生较大的负面影响。就此而言，在新时代建设城市文化保护点式—重置范型不能单纯只依靠政府的政策支持和企业管理，城市若想做到真正的城区、景点、传统建筑的完美复刻，当地居民的配合与游客的实际需求都不可忽略，所以，应同时改善居民生活环境与提高经济收入，打造游客核心吸引点，共同打造物理空间新范型。

第三，城市文化保护面域—原置型。

本模式以城市特色文化为主线，秉持弘扬优秀文化、延续历史文脉、保护文化基因、彰显城市特色的建设理念，依托重点历史资源空间载体，推进重点项目高品质建设，形成历史文化保护和展示体系。以上措施旨在彰显城市独特的历史文化特色，加强城市格局和风貌的塑造，提升历史资源的有效利用水平，创建充满内涵、特色鲜明、充满活力的历史文化名城和旅游之都。最终建立以面域为范围的城市文化保护模式，保护城市的历史文化遗产，促进城市文化的繁荣和传承。城市文化保护面域—原置型的建设模式适合有丰富历史的文化城市，这些城市大多以历史遗存物、古都的风貌为特点，有着较为完整的格局风貌，不宜过大改造建设建筑，整体性更为重要。城市文化保护面域—原置范型的建设参照城市更新目标和物理社会空间范型两部分的内容。在城市更新目标方面，应该严格管理并坚决保护城市的文化、建筑和布局，以确保其文化传承得以有效实现。保护作为一种更新方式，具有较小的社会结构变化和环境能耗，因此适用于历史城市和历史城区。它不仅是一种预防性措施，还能保护城市的历史遗产，确保其持续存在和传承。通过这种方式，可以实现城市更新的目标，同时保留和弘扬城市的独特历史文化。在物理社会空间范型方面，为了保护相应的历史城市和历史城区的发展及历史传承，面域—原置范型更为适合新时代下的城市更新建设，以最小变动的方法升级更新城市各类装备，增加或重新调整公共服务设施的配置与布局，原置型的整治所需时间也较短，可以更快地达到目的。

城市传统文化作为城市发展之魂，城市更新所依赖的资源之一，城市文化保护面域—原置型是在进行城市更新时，针对历史城市和历史城区进行统一规划与针对性的划分的策略。在相应的区域内，改造与延续其中生态环境、空间环境、文化环境、视觉环境、游憩环境等方面。结合新时代下的要求，并考虑城市文化的沉淀和保护现状，城市文化保护面域—原置型在进行城市更新时可从以下途径出发。首先，为了保护历史城区中的老建筑群，应制定其维修保护标准，并组织相关部门对文物建筑、历史建筑、历史环境和景观要素进行详细勘察。在深入挖掘它们的历史内涵和文化特色的基础上，通过保护文化遗存、注入新功能，以及整治周围环境、协调沿街立面的控制，初步实现社会、环境与经济效益的三效合一。其次，顺应消费者需求，打造"网红爆款"，实现当地居民、游客两项兼顾，使居民与游客均可感受其中味道、内涵、氛围。在对古镇进行保护修复工作时，应当以原真性为原则进行修缮，保持历久弥新的魅力和持续的生命力。尽可能既不破坏居民的生活环境，又保留不同城市的文化特色，突出自我特色，以吸引游客。最后，更新基础设施，并作出合理规划。具体规划和建筑设计应紧密联系实际，同时也需要居民参与改造的全过程。此外，还需要探索适合古城区民居改造的规划设计方案。在更新的过程中，尽量不将旅游商业作为唯一目的，而是注重对旧建筑进行修缮或复原，保留原有建筑的历史特色和风貌，尽量避免使用快捷的现代材料和工艺进行改造，而是尊重并恢复建筑的原貌。

相比于城市文化保护点式—原置型和城市文化保护面域—重置型，城市文化保护面域—原置范型建设面积较大，保护范围较广，更注重原真性保护。城市文化保护面域—原置型由于规划保护的范围较大，修复历史建筑的范围涉及较多的居民与资源，居民对于修建的需求更偏向于保护型修复，以尽可能小的代价完成改动，以维护为主，避免大规模修改而导致对历史格局的破坏。同时，在建设过程中易偏向注重其功能的使用进而忽视精神追求，导致有规划、无特色的现象发生，而城市文化保护面域—原置范型的重心在于持之以恒地继承当地历史文脉，创造独树一帜的城市风貌，重视当地居民的实际感受、文化认同感和文化凝聚力。其核心更是在于保持城市原有的社会结构、文化遗存、城市风貌以及地方风情的真实性、完整性。开发商应促进历史文化内涵的挖掘，彰显其城市的独特性，同时避免其历史文化资源受到致命、无法恢复的伤害。在城市更新中，除了重视对旧建筑的修缮或复原，还应考虑政府相关政策监督的有效性和覆盖率，还必须确保政府的管理措施得到有效执行，以保障城市文化保护与传承工作的顺利进行，并且防止城市文化品质降低，居民的文化认同度及其文化凝聚力下降。

第四，城市文化保护面域—重置型。

文化保护的面域—重置范型是一种综合性的城市更新模式，涵盖物理社会空间范型的各个方面。在进行城市文化保护时，面域更新是一种更为全面的更新方式，通常包括对空间结构、公共空间、功能、交通、建筑等各方面的整体调整，旨在创建更具活力和可持续发展的城市环境。重置范型在此基础上将其社会结构进行全面性改革，形成新的社会阶层。城市文化保护面域—重置型的重心在于历史文化的重置发展，即在进行城市文化保护建设时，要注重传统文化的复刻，尽可能保障街区的历史真实性、生活真实性和风貌的完整性，以保护和更新为主要手段实现对历史文化街区的改造。相对于城市文化保护面域—原置型发展范型，城市文化保护面域—重置型更为适合历史文化街区，这些街区作为城市的一张文化名片，承担观光、休闲、商务、居住的多重复合功能。由于存在人流密度高、公共开放性强的特点，历史遗址往往已受到一定程度的破坏。其旧工业区及工业遗产也被波及，用地性质较为复杂，软硬性文化保护失衡，生活真实性流失，同质化严重，难以维持街区的整体风貌。城市文化保护面域—重置型的要点在于保存城市历史文化传统地区及其环境，并使其重新获得活力，实现城市更新、当地居民和游客的综合发展。建设历史文化街区，要坚持恢复街区传统风貌和现代化设计与开发理念，导入更多的新兴产业及更多功能，使其具备可持续的盈利能力，使没有细化完善的街区保护更新建设得到长期有效管理与控制。

在新时代下对历史文化城市进行文化保护，必须将城市的城市更新目标和物理社会空间范型置于关键地位，对现有城市的社会结构、布局进行规划与建设。根据以上内容，在新时代下进行城市文化保护，可以从以下三个方面出发：首先，依托街区本身的物质遗产和人文精神所共同构成的文脉特性，将历史街区转型为设备设施完善的旅游景区。在物质实体层面进行更新保护的同时，考虑到其城市的人文氛围、生活气息和社会文化结构体系，以及当地居民的外迁与新人口的入驻及部分商业化的运营，根据不同文化主题设计不同空间格局。其次，在街区的建筑建设规划中，要重视街区业态的因地制宜，深度挖掘街区的传统文化内涵、文化风俗、历史文化，进行二次创新。同时，应考虑商业运营中往往急于消费历史情怀而快速获利的问题，避免产业同质化现象发生，促进街区的健康可持续发展。最后，细化完善城市文化保护法规，充分加强政府主导作用和管理职能。在新时代下的城市更新升级中，城市的当地居民对内部的保护意识不强，所以不仅需要考虑到交通条件、居住条件以及区内居住人群的改变与流失，同时也需要对街区风貌进行统一管理。如实行政府主导调控的运作机制，通过与各方的协商合作，寻求利益的共同体，实现社会、经济、环境效益的有机统一，并且给予当地居民相应的城市更新资金补助，以激发居民对城市改造的主动意识。

城市文化保护面域—重置范型作为新时代下城市更新升级的范型之一，也是发展当地居民经济发展的有效方式，在具体实施过程中，质量的把控尤为重要。城市文化保护面域—重置范型建设需要依托当地旅游资源、文化内涵、居民意识，对城市的老旧的历史街区进行改造，重视原真性文化的保护与挖掘，重视当地居民的舒适度，融入更好的街区生活氛围，体现和延续其人居功能。全面可持续发展旧城区的理念基于历史文化街区的旅游开发与文化保护均衡发展，这些历史文化街区由建筑群体组成，根据其形成年代、空间区域、气候特征、历史文化以及原住民生活习俗等方面的不同而具有不同的背景和原真性历史文化，创造一个丰富而有活力的城市环境，为游客提供独特的文化体验，同时为居民和社区创造良好的生活条件和发展机会。据此，在新时代下建设城市文化保护面域—重置范型不宜局限于建筑外形本身的原貌保护，而是应该采用多元化的保护方式，协调文化传承与城市建设双重目标，使之互为呼应。此外，应发掘历史街区的实体文化内涵与价值，为协调城市建设与历史文脉提供价值支点。同时，重视传统文化景观的更新与现代元素的融合，以及与时代发展的需求相结合，这样既可以展现历史文化街区的原有独特建筑、道路网骨架和街巷布局等传统空间形态和风貌特征，突出历史的厚重感，同时也能更好地体现现代城市化发展与建设的时代特色，突出时代的进步性。在保护传统文化的基础上，灵活地引入现代设计理念和技术，可以使传统与现代相融合、相互促进。这样的做法不仅能够保留历史街区的独特魅力，也能够满足城市发展的需求，创造具有时代特色、活力以及多重魅力的城市文化空间。

第五，城市功能完善点式—原置型。

城市功能完善点式—原置型与建设城市更新空间范型是相互关联的。其重点在于利用不同城市的不同主要功能，在依托城市原有场馆的基础上，不断丰富其中展示的主题内容；同时，增加公共服务，使游客感受其中独特的魅力与服务，更深层次地展示数字化文化和文化内涵，在充分运用现代科技的同时打破历史、艺术、技术的界限，再现城市的以往风貌，优化单点或多点空间结构，完善新时代下的城市功能与促进城市品质的再提升。从城市功能完善点式—原置型的特点入手可知，城市功能完善点式—原置型较为适合本已有的、内部功能较为老旧的建筑物，在这些建筑物中，其周边交通、地理选择等均较为适宜打造该模式。但这些建设物的内部构造较为落后，或者与市场需求相违背，所以要以人民为中心作为该建筑物的发展思路，使其内部结构功能得到及时完善和更新。同时，该空间范型最为与众不同的特征不仅在于其让公众了解到城市的文旅资源，也将城市以最佳角度展现出来，将旅游资源类型和城市规划进行综合联系，将文化、科技、艺术进行统一规划、服务配置。

随着人工智能、大数据、5G等现代信息技术的迅速发展，在新时代下，数字技术已经成为产业创新的重要引擎。文化产业和文化公共服务也朝着数字化转型迈出了重要的一步，已经成为城市功能完善点式—原置型建设的必备资源，为城市提供了发展的基础。这意味着城市需要充分利用数字技术的优势，将其应用于文化领域，以提升文化产业的效率和影响力。本书将城市功能完善点式—原置范型发展模式与新时代下城市更新空间结构进行联合，提出城市功能完善点式—原置型的实施途径。主要包括以下几个方面：首先，以旅游资源和数字科技作为发展动力，将城市更新与场馆发展规划进行综合考虑，以资源与市场需求、整体定位作为导向，将原有旅游建筑、城市地理位置及周边居民意愿进行相应联系，完善数字化体验项目。其次，积极完善基础设施，采用以人为本的区内设计模式。在城市发展中，依据城市本身问题、游客及居民需求进行更改，紧抓各类问题，快速、准确地进行空间结构的优化、公共服务的提升，把握好游玩者的心理变化，做到及时变通。此外，用于建设新城市景点的旧建筑，其内部设施在选择时应更多地结合当地城市的独特资源和新兴技术，提升项目建设的需求值，可重新布局开放空间、休闲区、儿童活动区等区域。城市在更新基础设施的同时有利于提升游客体验，在后期实地体验中能够提高游客的满意度，更好地提升经济效益。同时，应增加区内项目的落实，可招收当地居民进行集中培训，激励当地居民多参与其中，传播更多城市的历史文化，整合城市更深度、更深层次的旅游资源以提升城市形象，采用以点带面的方式打造景点，进行城市升级。最后，充分利用城市独特的、自古就有的自然资源和人文资源，设置相对完善的项目建设管理制度，更好地融合数字科技和艺术创造，以政府为主导，以人民意愿为导向，引导城市快速有序的发展。

此外，服务环境与资金投入是落实发展的关键内容。在服务环境方面，公共资源、活动成本、城市基础建设、制度环境、人文环境等服务功能的打造，以及合理的规划和制度安排对于城市点式功能的完善至关重要，也为打造可持续发展的服务环境提供重要支撑。同时，不仅要考虑效益，还要兼顾城市生态、环境、文化、社会福利等诸多方面，兼顾短期、长期效益及个体、社会效益，从而可持续地为单点式或多点式的规划和发展提供保障。在资金投入方面，基础设施建设、人才培养、数字化环境等都需要大量的资金，这些资金除了由政府承担，还应使私营机构参与建设。

第六，城市功能完善点式—重置型。

城市功能是城市更新空间范型建设的关键要素，在城市更新中完善城市功能是新时代下提高景点经济效益的渠道，城市功能完善点式—重置范型发展模式的重点在于解决城市空间中功能和更新目标实现的问题。通过打造集各功能于一身的空间结构并利用高新数字科技，才能合理地将物理社会空间形态联系起来，整合成统一的展现平台，最终实现点式—重置范型的深度体验。城市功能完善点式—重置型适合具有自我文化特色和数字化科技的城市，在这些城市中，高新数字科技发展已较为成熟，拥有独特的文化沉淀，但较为杂乱，没有统一的规划，因而进行统一建设的需求较为必要。城市功能完善点式—重置型发展模式主要包含以下两个方面的内容，即体验科技的应用和空间的合理设计。首先，在实施科技项目时，应根据实际需求进一步规划和应用，依据游客需求划分场馆、设定场景和区域，实现整体的智能化管理，减少人员消耗。其次，为了避免浪费资源，在进行空间设计时应提前评估现有资源和相关技术，根据实际情况进行合理规划。同时，依托数字化平台，真正使文物连通时空，让游客感受到历史文化遗产和自然资源的魅力，推进文化传承创新示范区的建设工作，展现出文化新境界和文明新高度，以进一步提升文化传承创新的实践成果和示范效应。

作为城市发展最根本的依靠物质——功能，新时代城市功能完善点式—重置型主要在国家与城市统一规划与指导下对城市的功能建设完善进行策划，具有关键性意义。结合新时代下的科技水平发展现状，城市功能完善点式—重置型在进行城市更新中可从以下几个方面入手。首先，制定建筑选址的要求。该措施坚持以当地居民为中心，以政府主导、部门指挥和共同规划推进为基础。在实施过程中，严格遵守选址要求，进行用地周边环境的前期探测，在选择建筑用地时，遵循合理选择的原则，确保不破坏周边生活环境。同时，严格执行以人为本的原则，充分发挥制定和管控的作用，以促进城市更新的空间范型建设，并高效利用所建筑物。将确保在城市更新过程中，民众的利益得到充分考虑，同时也能推动城市更新的空间范型建设，并有效利用所建筑物。其次，合理设计建筑内的空间布局，可采取对照式规划与差异化建设，将现代设计与高新科技相互联系，结合到实际空间中，分门别类进行合理的整体空间设计，进而方便游客从平面到立体、由上至下、全方位、多角度地了解城市文化内涵，最大限度地避免空间格局的不合理设计与浪费。最后，加强园区内的基础设施建设。包括现代化科技基础设施、体验项目型产品的基础设施、文艺类传播基础设施等，誓将营造出传统与现代结合、古朴与时尚联系、技术与艺术相融、社会效益与经济效益并重的文化发展氛围，推进园区的发展，推动其内涵深度发展，获得更多的经济效益与历史文化价值。

相比城市功能完善点式—原置型，城市功能完善点式—重置型相对全面，是最简单直接的方式，当然也更容易出现极端化发展。城市功能完善点式—原置型由于需要将建筑进行搬迁，在规划好的区域内进行建筑复刻，因此需要考虑与该建筑相关的居民意愿，积极引导他们参与其中。同时，打造创新项目时应结合城市的不同文化、艺术历史，吸引观众，使其快速融入故事中，如通过使用新媒体技术，提升观众体验感，可为每位观众打造与众不同的游客体验，这为城市更新发展提供别样的思路。城市功能完善点式—重置型更为注重的是空间的互动，在人和物、观众和科技之间有适当互动行为的发生，可促进观众更直接地感知到其想表达的信息，提升观众的真实感与体验感。但是也要考虑到文化的独特性，避免同质化现象的发生，同时还要延伸产业链，打造创新项目，促使观众从视觉感受转变为立体体验。

第七，城市功能完善面域—原置型。

城市功能完善面域—原置型发展模式与实现城市更新空间范型建设有着密不可分的关系。其重点在于实施城市功能完善工程，依托于城市中的闲置空间进行打造，不断提升城市能级和核心竞争力。同时，注重区域周边居民的发展意愿，深入了解当地居民生活和经济收入水平，在提升城市核心竞争力的同时重视居民及游客对于城市改造的感知与态度。在平衡不同利益主体之间的得失时，将当地居民的生活环境及文化影响置于明显地位，着重解决城市更新中的当地居民与游客和城市之间的发展问题。从城市功能完善面域—原置范型发展模式的特点入手可知，城市功能完善面域—原置范型发展模式适用于环境优美、城镇化水平已达到一定阶段的城市边缘区或是中心镇周边地区。在这些区域中，城市发展重点不在于过多的产业发展，而是注重生态服务和旅游休闲功能的提升，在此模式下，旅游资源环境承载力成为发展的关键要素。同时，该发展模式的规划重点在于无法将城市更新与其空间规划和开发进行割裂，而是要将城市更新与空间规划和开发进行有机结合，将当地居民与游客感知共同考虑。

新时代我国城镇化已进入高质量发展阶段，城市的空间、产业、交通、能源等结构是城市更新的依据所在，成为旅游产业发展的动力来源。而空间结构的调整，为城市功能完善面域—原置型发展模式的建设提供新思路。本书将城市功能完善面域—原置型发展模式与新时代城市产业发展进行相互联系，提出城市功能完善面域—原置型发展模式的实施途径。主要包括以下几个途径：首先，在原有景区的基础上，选用适宜的土地进行规划建设多功能区域，为景区提供配套设施，推动景区整体升级。并且以结构转化、产业升级为主，转变景区发展方式，结合形成互补互助的整合优势，该区域也可单独成为具有独特核心竞争力的新景区。其次，做好项目定位，采用多元化规划。在城市发展中，应该进行市场调研，根据新时代游客的需求和原有景区资源，制定整体项目功能规划。提高基本公共服务水平，以高质量、国际化为原则，根据原有地位，做到发展与现状相互结合。老城区应坚持规划引领，优化商业空间布局，构建出老城区宜居生活商业体系，同时激发老城区的消费新活力，以使区域管理的精细化、标准化、智能化水平全面提升，形成一批功能完善的活动中心。最后，充分利用全区各类优势资源的吸引力，聚集周边区域的人群，增加自然和人文气息，建设相对完善的商业设施和文化设施，以吸引周边区域的休闲、娱乐和消费人群。通过完善区内功能，带动景区的经济收入，实现城市更新。

同时，资金回流和可持续发展是落实发展的关键问题。在资金回流方面，前期的基础设施投入、IP引入、产品升级等都需要用到大量资金，而使该发展模式能够落实运营，除靠政府投资与企业入股外，资金的快速回流也是其中一种方向。如何打造足够吸引群众的项目，加速资金回流也是城市功能完善面域—原置型建设发展中至关重要的问题。在可持续发展方面，在对原有景区或城市的闲置空间进行功能搭建时，需要与当地居民进行充分沟通和配合，激发其参与热情，共同实现可持续发展的目标。此外，相关政策的跟进也是必要的，应推进公共设施建设、居民生活水平提高、环境保护与生态文明建设，以融合旅游产业与当地社区，形成互利共赢的良性循环。

第八，城市功能完善面域—重置型。

城市职能是城市更新和升级的关键因素，在国家和地区范围内的社会经济生活中发挥着重要作用，同时也反映了城市的个性化与特色，城市功能完善面域—重置范型的核心在于解决旧城区的道路系统和市政设施系统存在的问题。要实现城市建设的可持续发展和核心竞争力提升，必须完善城市的现代化交通系统和各项基础设施，只有这样才能满足当地居民、游客和当地产业对基础设施的需求，并将它们整合在一起。城市功能完善面域—重置范型发展模式适合具有丰富旅游资源的老旧城区等，需完善交通功能和城市公共功能，打造商业、休闲娱乐等设备，建设更精细化的功能，满足居民的生活需求，提升乘客的出行体验。城市功能完善面域—重置范型发展模式主要包含两个方面的内容，即打造智慧基础设施和升级商业模式。在智慧基础设施打造方面，应该对城市更新升级动力进行研究，从而完善城市功能进而增加各类智慧基础设施，提升城市智能化管理、城市科技创新与高端服务业的供给能力。在升级商业模式方面，为了加快构建新发展格局，应该更换经营模式落后的商业区域，并进行更新改造。包括增加公共交通服务功能，提升空间使用效率，优化土地资源的整合和合理配置，提高土地利用率，同时推动城市创新载体的更新，集聚创新人才，为城市带来更好的发展条件，推动经济的繁荣和社会的进步。

功能打造是城市更新的动因，城市功能完善面域—重置型发展模式要在新时代新需求和政府统一规划与指导下对城市功能进行更好的完善，助推城市的升级，具有非常重要的意义。结合新时代下的城市发展现状，城市功能完善面域—重置型在进行城市更新时可从以下几个途径入手。首先，为了有效推进城市更新项目，需要进行分类指导，合理确定参与主体，并采用政府补贴与私人出资相结合的方式。主要目的是提升城市更新改造的效率，并以改善人民群众的生活质量为核心进行城市改造，在此过程中，需要进一步增加投入、进行规划和重建，并在深入研究城市资源和产业发展情况的基础上，制定城市更新的整体规划。其次，在城市更新过程中，不同利益主体之间的利益分配是关键问题。当地居民、政府、企业和游客等利益主体之间的关注点各不相同，导致城市更新面临多方面的问题。在处理城市更新中利益分配问题时，可以从各利益主体的成本和收益角度出发，以市场手段为主导，并在考虑城市肌理保护和文脉传承的前提下，构建可持续发展的方案，以实现各利益主体的共同利益。最后，为了促进城市更新，应进一步完善土地相关制度，同时，注重老城区的更新工作，并推进新基建，以提升城市功能，为未来智慧城市管理提供支持。在新时代下应加快补齐传统基础设施的不足，并大力推进智慧设施的建设，以提升城市的智慧管理水平，这一举措的目的是避免城市更新只注重外表形象而忽视有效管理的问题。

相比于城市功能完善面域—原置范型发展模式，城市功能完善面域—重置范型更为简单直接、也更加容易打造和维护。城市功能完善面域—重置范型由于基础建设的不同，需要重新建设城区基础设施，不依靠原有景区，但原有居民需全部外迁，因为会改变其生活状态与环境，所以如何顺利迁移当地居民是值得思考的问题。同时，由于新时代的城市高质量发展需求，不同地域、不同城市发展阶段、不同规模等级的城市需要有不同的城市功能，使得城市内部功能搭建有不尽相同的模式与方案，所以，应大力推进创新驱动、数字经济发展。识别出各功能城市，把握其发展特点，也为城市产业高质量发展提供重要的导向作用。因此，城市功能完善面域—重置范型在发展中需要规划好城市的主要职能地位，可以根据不同城市职能进行战略部署，促进不同功能城市间的相互联系，降低城市发展成本。还需要考虑影响城市功能发展的影响因素，挖掘当地自然资源，分工各区域职能，升级区域产业与体验项目，促使城市从单一功能、职能城市转变为多功能、多产业城市，促进城市的更新建设。

3.3　沉浸式微旅游业态创新与城市更新空间范型协同模式的必要性与可行性

3.3.1　必要性

在现代科技高速发展的背景下，传统旅游市场已出现巨大变化，人们对深度体验的需求不断提升，随着城镇化和旅游快速发展，现有的资源要素、空间布局与旅游区土地利用有着一定矛盾，旅游区相关利益主体面对旅游城市发展变化的适应性是有效促进其健康发展的重要途径。吴帆（2021）指出，中国沉浸式旅游产业总体规模较有限，市场潜力挖掘不够充分，区域发展方面也存在问题。邹驾云（2020）指出，"沉浸式"体验突破传统的观赏模式，极大满足了观众视觉与亲身体验的心理需求，提供诸多新感觉新体验，沉浸式体验是当今文化与科技融合而形成的新业态，也是以空间造境为核心业态、依托数字化搭建的体验项目。新时代下，沉浸式产业在政府及相关行业的重视与关注下，得到快速的发展和推广，沉浸式旅游由于本身所具有的体验感强、带动性强、成长空间巨大等特点，在开拓文化产业领域、促进城市功能升级和提高城市文化传播等方面有着优势。同时，城市更新是国家发展必不可少的环节，必然随着人们生活持续演进。城市发展已从规模快速扩张进入注重品质提升的整体转型阶段。土地和文化资源是有限的，因此，在城市更新中，适应性再利用并确立更高的要求和更好的目标也是至关重要的。根据利益相关者理论，通过以旅游产业为核心，既能够满足多种利益主体者的经济效益提升，又能够多角度、多方面地提高城市发展速度，同时形成利益相关者共同参与的景区管理模式，使游客与居民对景区、交通、商业、休闲等空间需求存在交叉和重叠。在充分尊重居民与游客需求的前提下，进行有效的空间、产业引导，既能够平衡居住与旅游二者的空间关系，又能够实现城市更新。因此，在新时代下搭建出沉浸式微旅游业态创新与城市更新空间范型协同模式具有必要性。沉浸式微旅游对促进城市更新发展具有积极的作用，具体可以从以下六个方面进行说明。

第一，旅游市场需求变化。随着社会的发展和科技的进步，人们对旅游的需求和期望也日益提高，在城市更新中要考虑满足人们对旅游不断增长的需求。传统的旅游方式往往是线性、单向的，游客往往只能观看、听取导游的介绍，但现在，随着信息技术和网络的普及，人们对旅游的需求和期望已经发生了很大的变化。随着旅游市场的不断变化和游客需求的不断升级，旅游业态的创新已经成为推动旅游业可持续发展的必然趋势。首先，随着新技术的不断出现和应用，旅游业的服务模式和体验正在发生深刻的变革，例如智能化旅游、虚拟现实、增强现实、区块链等技术的应用正在改变旅游的方式和流程，提高游客的便利程度和体验感。其次，随着人口老龄化和环境保护意识的增强，旅游需求也在不断变化，旅游业需要更加关注可持续发展，包括环保、文化保护、社会责任等方面。而沉浸式微旅游则通过数字技术、虚拟现实技术、互联网等手段，使游客能够深入、体验式地感受旅游目的地的历史、文化、自然等特色，从而更加深入地了解和体验目的地。最后，沉浸式微旅游业态创新能够带来的真实感、互动性、个性化等特点，正是符合当今旅游市场发展的趋势和旅游者需求的特点。沉浸式微旅游创新能够为旅游市场注入新的活力，提高旅游的吸引力和竞争力，增加旅游者的满意度和忠诚度。此外，沉浸式微旅游业态创新还能够带来更多的商业机遇。通过数字技术和虚拟现实技术等手段，旅游企业可以开发更多的旅游产品和提供更多的服务，包括虚拟旅游、数字旅游、在线导游、旅游 App 等，为旅游市场的发展和创新带来更多的动力和机遇。综上所述，沉浸式微旅游业态创新的出现具有积极的影响。满足旅游市场的需求和游客的体验要

求，为旅游产业创新和发展提供了新的机遇和动力，并推动旅游市场向智慧、创新和可持续的方向
迈进。

第二，新时代下旧城改造问题亟待解决。目前，城市存在基础设施不足、建筑质量低劣、公共
空间缺乏等问题。这些问题的存在导致旧城区的社会矛盾日益激化，给社会经济的可持续发展带来
极大的挑战。旧城改造是城市发展到一定阶段的必然行为，是一项城市更新的计划。首先，城市进
行旧城改造时为了能够获得更多的经济利益，容易导致开发用地不合理，房屋改造混乱无序，基础
设施建设杂乱无章，再加上少数被拆迁人的期望过高，与其实际获利存在较大差距，公众参与意识
差，最终容易导致拆迁工作停滞不前。虽然根据已发布的相关政策，政府坚持以人为本的原则，尊
重双方意见，化解了双方之间的部分矛盾，但实际情况中仍存在需要解决的问题。在这样的环境
下，城市更新中旧城改造的制约性因素较多，仍需坚持旧城改造原则，否则就会偏离旧城改造的根
本目的。其次，经过长时间的文化积淀，城市间不同的地理空间使得城市拥有了属于自己的特色。
其中，受时间和资金的影响，某些老旧社区和自建房与高速发展的城市较为突兀。在城市的演进过
程中，一些具有悠久历史和特色的传统建筑往往未能融入城市发展中，并且城市改造往往以自身的
发展为中心，忽视了城市的特色，导致传统建筑的文化逐渐流失。同时，传统的大规模拆除和建设
的开发模式，对老城区的交通、公共服务等设施造成了巨大的压力。这种模式破坏了老旧城区独特
的城市风貌和文化传承，对城市文化的发展不利，也难以实现可持续效益。最后，在这种开发模式
下，老城区的原住居民常常被迫迁离，对社会结构造成了破坏。原有的社会文化基础被削弱，人、
地和文化之间的联系也被割裂，这对新时代城市更新的进程产生了负面影响，并给当地居民带来干
扰和困扰。在改造过程中，居民意愿是需要重视的因素，不仅要考虑游客需求，还要尽量避免与当
地居民发生冲突。而沉浸式业态能够带来全新的感官形式，改善城市的旧貌，实现城市更新。

第三，沉浸式微旅游可以促进城市文化传播。沉浸式微旅游产业的发展在于充分利用当地丰富
的文化资源和科技的进步，通过将文化与旅游相结合，能够深入挖掘旅游产品的文化内涵，满足游
客对于文化消费的需求，从而推动沉浸式微旅游产业的高质量发展。同时，成功的发展还需要有效
地传播本土文化，创新微旅游产品的形式与内容，以更好地激发和满足市场需求，促进微旅游业态
的进一步发展。通过旅游作为纽带，将本土文化与外来游客紧密联系在一起，实现文化交流和融合
的目标。沉浸式微旅游产业的发展能够促进文化高效传播，为城市的文化资源保护与开发提供资金
支持。以城市微更新打造文旅新空间，修补沉浸式微旅游的不足，有助于形成新空间、新场景，有
助于实现沉浸式微旅游高质量发展。

第四，推动城市经济发展。城市经济发展需要不断创新和发展来提高城市的经济竞争力和吸引
力，从而吸引更多的投资和人才进入城市，带动城市的经济和社会发展。城市更新和空间规划是城
市经济发展的重要手段之一，能够优化城市的空间布局和功能结构，提高城市的发展效率和资源利
用效益，为城市的经济和社会发展提供更多的思路和动力。其中，旅游业对城市经济来说非常重
要，可以带来巨大的经济效益并推动城市经济的发展。而旅游市场脱离城市环境是旅游业面临的一
个问题。传统的旅游模式往往集中在景区或者旅游城市中的有限空间内，游客往往只是停留在特定
的旅游景点或是商业区域，难以真正体验城市的文化、历史和生活。导致旅游市场与城市环境之间
的脱离，旅游业的发展往往无法与城市的整体发展相协调，难以实现共赢。此外，还可能导致旅游
资源的过度开发和环境的破坏，会对城市的可持续发展带来负面影响。因此，需要发展沉浸式微旅
游等创新旅游模式，使游客能够更加全面、深入地了解城市，增强旅游市场与城市环境之间的联
系。沉浸式微旅游业态创新的发展，可以为城市经济的发展带来更多的机遇和动力。首先，沉浸式
微旅游业态创新可以为城市带来更大的旅游收益和经济效益。旅游业是城市经济的重要组成部分，
而沉浸式微旅游业态的创新为旅游行业带来新的发展机遇，通过提供更加深入、真实的旅游体验，
沉浸式微旅游能够增加游客的满意度和忠诚度，从而吸引更多的游客前来旅游，进一步促进城市旅
游业的发展。其次，沉浸式微旅游业态创新也可以促进城市创新和创业的发展。通过数字技术和虚
拟现实技术等手段，旅游企业可以开发更多的旅游产品和服务，包括虚拟旅游、数字旅游、在线导

游、旅游 App 等，为城市的创新和创业带来更多的机遇和动力。同时，沉浸式微旅游业态创新也可以吸引更多的创新型企业和科技人才前来城市，促进城市科技创新和发展。最后，沉浸式微旅游业态创新可以为城市的城市形象和品牌建设带来更多的贡献。通过沉浸式微旅游业态创新，城市可以打造出更加深入、真实的旅游体验，增加游客对城市的好感度和认知度，提高城市的知名度和品牌影响力，从而吸引更多的人才和投资进入城市，推动城市的经济和社会发展。综上所述，沉浸式微旅游业态创新的发展，不仅可以为旅游市场带来更多的机遇和动力，同时也可以为城市经济的发展带来更多的机遇和动力，促进城市经济和社会的全面发展。总之，城市更新空间范型和沉浸式微旅游业态创新是两个互相关联的问题，城市更新空间范型不能单纯以经济发展为唯一目标，而应该兼顾城市更新和沉浸式微旅游的保护。只有将城市更新和沉浸式微旅游相结合，才能够实现城市的可持续发展和旅游发展，同时也能够增强城市的个性和魅力，提高城市的竞争力和吸引力，并为游客提供更好的旅游体验。因此，城市更新空间范型应该与沉浸式微旅游业态创新相结合，促进城市经济发展，同时通过规划和设计，将其与城市更新融合在一起。

第五，文化遗产保护是当前城市发展中面临的重要问题。城市的快速发展和人口迁移，常常导致城市形态和格局的混乱，以及文化遗产的破坏，尤其是在快速城市化的背景下，问题更加凸显。在城市更新的过程中，往往伴随着原有建筑、历史街区等文化遗产的破坏，给城市文脉和城市形态带来很大的影响。城市更新和文化遗产保护是当前城市发展中的两个重要问题，它们之间常常存在着矛盾和冲突。城市更新通常意味着对城市空间的再规划和再建设，以满足城市发展和人口增长的需要。而文化遗产保护则是要保护历史和文化遗产，维护城市的历史文化传统和城市形态。因此，城市更新和文化遗产保护的平衡是至关重要的。在城市更新过程中，文化遗产保护的问题常常被忽视或者被边缘化。很多城市更新项目都是以破坏历史文化遗产为代价来实现的，对城市历史和文化的传承造成了严重的损害。城市更新的目的是改善城市的生活质量和城市形态，但如果以牺牲历史文化遗产为代价，那么城市的发展就会失去它的根基，使城市变得缺乏个性和魅力。而沉浸式微旅游可以提供全新的旅游体验，让游客更深入地了解城市的历史文化，并为城市更新提供更好的文化场所和体验。通过将沉浸式微旅游和城市更新相结合，可以更好地保护城市的历史文化遗产，同时为游客提供更好的文化体验。首先，在城市更新空间范型的设计过程中，应充分考虑文化遗产的保护和利用。可以在城市更新的规划中引入文化遗产元素，以充分保留文化遗产的历史价值。同时，在沉浸式微旅游业态创新中，可以采用文化遗产的元素，使游客更加深入地了解和感受文化遗产的内涵和价值。其次，在城市更新的过程中，应该将文化遗产与现代城市空间相融合，使其在新的城市空间中得到更好的保护和利用。可以采用现代技术手段，将文化遗产融入城市更新的空间设计中，使其成为城市更新空间的一部分。同时，在沉浸式微旅游业态创新中，可以通过虚拟现实技术等手段，将文化遗产元素与现代科技有机结合，使游客在感受文化遗产的同时，也能够感受到现代科技带来的魅力。最后，沉浸式微旅游业态创新和城市更新空间范型的协同发展也可以通过旅游收入回流来保护文化遗产。可以将旅游收入用于文化遗产保护和修复，也可以吸引更多游客前来游览文化遗产，形成良性循环。在沉浸式微旅游业态创新中，可以将文化遗产元素与旅游产品相结合，推出更加吸引人的旅游产品，吸引更多游客前来体验文化遗产，进一步推动文化遗产保护和旅游业发展。因此，沉浸式微旅游业态创新与城市更新空间范型协同发展能够促进文化遗产保护。

沉浸式微旅游不仅让游客看到文化遗产，更重要的是让游客身临其境地感受文化遗产的历史、文化和人文氛围，从而更深入地了解文化遗产。沉浸式微旅游所特有的优势可以让游客有更多的选择和参与感，能够增加游客对文化遗产的兴趣和理解，进而促进对文化遗产的保护。沉浸式微旅游通过互动体验，让游客参与到文化遗产的保护中。例如，在游览文化遗产的过程中，游客可以通过参与文化遗产保护的活动，如参加文化遗产修缮、保护宣传等，提升游客对文化遗产的保护意识和参与度，从而推动对文化遗产的保护。

第六，旅游业态的创新可以为城市经济发展注入新的动力。随着新时代旅游消费市场的多样化发展与游客需求的个性化，旅游业也要紧随其后呈现出多样化和独特性的发展趋势。尤其是伴随着大数据时代的到来，旅游需求所呈现出来的旅游科技广泛应用性的属性更为显著，旅游消费市场也在不断地升级和发展中。经济性是沉浸式微旅游的一个根本属性，包括社会效益和环境效益。在社会效益方面，为了促进旅游业对居民就业、收入提高、旅游地经济发展水平等方面的积极影响，可以通过建设游览、娱乐、休息和体育活动场所，将城市中老旧的城区改造成历史文化街区、沉浸式博物馆、文艺场馆、歌舞演艺等旅游场所。通过这些场所的改造和建设，使城市的文化、宗教和生产活动成为游客可深度体验的各类旅游活动，这些措施将促进城市社会效益的发展。在环境效益方面，沉浸式微旅游作为一种深度、主题性、周边游的体验产业，可以促进环境的美化、绿化，使人们重视对文物古迹的修复和重建，改变城市文化面貌。新时代沉浸式微旅游主要包括优美的自然风光和悠久的历史风情，如传统的居住方式、饮食方式、特色服饰、民风民俗等。旅游是拉动城市经济发展的重要力量，多样化地利用资源使沉浸式微旅游具备其特有的识别性，形成城市传统文化和沉浸式微旅游的良性互动。文旅融合作为激发城市经济活力的重要手段，也是城市转型区域经济方式的重要方向，城市文化是一个城市的重要标签和独特性的体现。通过城市更新保留和展现城市文化风貌，可以塑造城市形象，实现社会价值、文化价值和经济价值的重构。在城市更新中引入现代科技元素，打造旅游消费热点，可以在保留城市风貌的同时集聚生产要素，衍生新业态，激发出创造性的商业模式，打造出新旧交融的城市文化，带动微旅游产业的发展，从而提升城市的经济活力。

3.3.2　可行性

第一，政策支持。随着党的十八大召开以来，城市文化产业发展中的文化、科技深度融合城市核心，而传统的文旅模式仅依靠专业人士向游客进行单方面、有限的信息传播。同时，城市中历史文化沉淀最为丰富的地区在旧城区，但旧城区的利益交错、基础设施匮乏、城市功能欠缺、风貌老旧等问题亟须解决。党的二十大报告提出：加快转变超大特大城市发展方式，实施城市更新行动，打造宜居、韧性、智慧城市。而旅游业作为一种重要的支柱产业和新的经济增长点，同时也是经济性很强的文化事业，在新时代能够促进中西方文化、不同城市文化的相互融合、相互配合，使得人民之间能够相互了解，有利于协调各国、各省市之间的关系，实现共同发展。当微旅游得到发展时，游客能够感受到城市的文化个性。沉浸式微旅游产业的发展能够促进文化高效传播，为城市的文化资源保护与开发提供资金支持。以城市微更新打造文旅新空间，修补沉浸式微旅游的不足，有助于形成新空间、新场景，从而实现沉浸式微旅游高质量发展。在政策支持和技术推动之下，沉浸式业态迅速崛起，目前沉浸式产业已经从起步阶段进入了快速发展阶段，各种沉浸式体验项目和产品层出不穷。为人们带来一场场全方位的感官盛宴，让文化消费者的获得感更加丰富，他们可以完全沉浸在主办方精心营造的幻妙氛围中，体验难以忘怀的场景。这种全沉浸式的体验让人们彻底融入其中，尽情享受并深深感受到其中所创造的奇妙世界。沉浸式体验成为时尚，沉浸式艺术展、沉浸式灯光秀成为许多城市提升形象的法宝。除了数字化提升之外，一些项目依托硬件更新，提升场景的吸引力，如采用沉浸式的手法改造废旧厂房和传统商业空间，为平淡的场景增加艺术气息。沉浸式主题街区、沉浸式戏剧、沉浸式展览、沉浸式夜游等项目层出不穷。一批"沉浸式空间"受到热捧，与城市更新的指向不谋而合。自 1858 年在荷兰举办的世界第一届城市更新大会以来，人们对城市更新的理解，不再局限于城市硬件和基建的更新，还包括提升城市的内涵和公共功能等价值。"十四五"发展时期，我国正大力推进城市更新，以满足人们对美好生活的向往。沉浸式业态介入城市更新的优势在于，运用丰富的设计，结合城市的特色，为城市创设出更适宜的场景、功能和产业。2021 年 6 月，《"十四五"文化产业发展规划》提出"鼓励沉浸式体验与城市综合体、公共空间、旅游景区等相结合"的政策措施。这表明，在政策的风口下，沉浸式体验成为更新各类空间的艺术载体。

第二，新时代下城市中的沉浸式微旅游业态步入新阶段。当前，中国的沉浸式微旅游项目的总趋势是：沉浸式微旅游逐步构建本土特色的旅游模式，向深度体验、传统文化传承、休闲度假型转变；随着新科技经济的发展、旅游需求的再次升级，沉浸式微旅游正逐渐助力人们感受更为高质量的旅游新体验。新时代下的沉浸式体验微旅游产业有以下特点：首先，沉浸式旅游体验的全景式的视、触、听、嗅觉交互体验，以数字科技、场景体验、传统文化来打造沉浸式微旅游。其次，新产品、新业态、新模式不断递进，歌舞演艺、沉浸式文化传承微旅游、文艺场馆、休闲乐园等沉浸式微旅游新业态不断推进，原有的各类资源如场地、自然景观、传统历史等逐渐成为体验旅游的依托物，资源依赖理论观认为这种关联合作有利于避免外界的破坏。最后，从普通的山水实景演出到AR、VR旅游项目的深入打造，游客们不再单纯地随意到处观光游玩，而是将自身个体精神完全投入设计活动中，将自我身心全部置身于已设定的场景体验中。作为一种创新型娱乐方式，沉浸式微旅游业态在新时代城市中迅速发展。在城市旧区中打造具有体验感、互动性和场景感等方面的项目，以满足消费升级的需求。为城市带来新的活力，为人们提供独特而令人兴奋的选择。而从旅游新业态与零售业态的概念来看，由于旅游产业的综合性、经济性、带动性、同一性及服务性等特点，其业态表现出有别于其他产业业态的特点。具体来说，可以分为以下三个特征：首先，旅游新业态是一个创新的概念，可以根据新时代下不断发展的需求重新组合现有资源和要素，并且有别于现有的任何业态经营内容和方式，推出新产品、新方法，开辟出新型模式的创新项目。其次，旅游新业态是一个革新的概念，可以根据原有业态的经营模式或某一环节进行一定的改变或提升，通过注重差别、突出其特色，进而打造出异质化的业态新模式。最后，旅游新业态是一个创新的概念，通过改造或替换传统的经营模式，引入新的内容、技术、方法和功能等，实现更新换代的过程，从而形成全新的业态模式。比如度假酒店、主题酒店等，即在传统业态模式中注入新功能，形成新的旅游体验模式和产品。这些新业态不仅能够满足游客对独特体验的需求，还能够带来全新的旅游产品和服务，为旅游行业带来新的发展机遇。同时，随着旅游产业的不断发展，旅游业正在将不同的功能整合或重新组合，形成独立的业态形式。例如，旅游业与信息产业的融合促使旅游信息网络出现，从而将旅游与信息技术相结合。这种融合创造全新的旅游体验和服务方式，为旅游业带来更多的创新机遇。通过整合不同领域的功能和资源，旅游业不断演进，满足游客对于多元化、个性化体验的需求，并推动旅游产业的持续发展。最为关键的是，沉浸式微旅游业态创新可以为城市更新提供新的思路。通过对沉浸式微旅游业态的深入了解，可以发现很多沉浸式微旅游的场所和设施也可以成为城市更新的空间范型，例如沉浸式微旅游中的主题公园、文化艺术中心、城市广场等。这些场所和设施可以成为城市更新的重要组成部分，为城市带来新的活力和魅力。另外，沉浸式微旅游与城市更新的协同发展有助于为城市带来经济效益和社会效益。通过沉浸式微旅游的创新和发展，城市能够吸引更多的游客和消费者，提高其知名度和影响力，进而推动城市更新的进程。同时，城市更新的空间范型能够提升城市的品质和形象，吸引更多的游客和投资者，为城市带来更大的经济和社会效益。这种协同发展的模式为城市创造可持续发展的机会，推动了城市的繁荣和进步。

　　第三，沉浸式微旅游可以优化城市空间布局。自城镇化以来，城市内部发展愈发迅速，旧城改造也成为必然的过程，随着时代的更替，其价值也在日益消退，但它的存在仍然有不可替代的意义。沉浸式微旅游作为新时代旅游产业与科技相结合的产物，对城市的经济结构、文化和自然风光都有巨大的影响，使城市的空间布局规划由原本单纯对城区道路、水电等进行改造和更新老城市的全部物质生活环境，转变为以合理改造、保留原有风味和内涵为主的更新策略。这是实现同时创造经济效益和社会效益的重要方式，使原有的城市布局产生不同方式的变化。在场景方面，沉浸式微旅游是对主题性与本地文化特性的加强，沉浸式微旅游的发展为改建城市旧址提供新思路，为旧址文化的保留提供机会。同时，沉浸式微旅游的发展建立在城市空间与环境的基础设施之上，是针对不断变化的游客需求而创新的现代体验式旅游形式。其中，空间环境扮演重要的角色，是游客体验的关键场景。空间环境的变化和与游客的互动内容，直接影响游客的停留时间和消费需求，从而为城市的经济效益开辟了新的渠道。通过提供独特的空间环境和创意的互动体验，沉浸式微旅游为城市创造吸引游客和促进消费的机会，进而为城市经济带来新的增长。从这个方面来看，旅游业与城市场景之间是相互促进的关系，沉浸式微旅游不仅不会破坏城市的场景打造；相反，沉浸式微旅游的打造有利于城市空间的合理利用。在城市科技创新方面，沉浸式微旅游是一种以市场和游客需求为导向的旅游新业态。在新时代下，沉浸式微旅游将基于数字技术和智能设备，以满足游客对触觉、感觉、视觉等需求为目的。因此，城市的整体规划将重点围绕颠覆性创意、沉浸式体验和年轻化消费展开，以抢占文化旅游产业发展的新风口。科技的快速发展和智能设备的应用也加快了极具体验感的旅游产品的打造速度。一方面，互联网的快速发展提升了游客获取信息的速度，一个单一、平坦的景点已经较难满足游客日益增长的体验和个性化需求。另一方面，增强现实或虚拟现实等高科技手段为营造多元化的体验氛围提供技术支持，极大地丰富了游客的旅游体验，放大了旅游+科技的娱乐效果，促进了游客对旅游产品的消费需求。全方位提升微旅游环境品质，可以将城市旧空间打造成为兼具文脉传承、产业升级、主客共享、景城相融的文旅新空间。而沉浸式微旅游作为第三产业的重要新业态，随着沉浸式微旅游的不断发展，新时代的城市第三产业更能得到持续的发展，由旅游产业创新发展所带动的相关产业也将相继得到发展，如住宿业、餐饮业、交通运输业等将发展迅速。未来的空间布局应按照"点—线—面"的原则进行规划，在点上，重点突出产业的空间承接功能，以便有效支持和促进产业发展。在线上，着重建设有形的旅游功能和无形的区域间目的地整合，以构建更加完善的旅游网络和连接系统。在面上，强调全域旅游理念的实施和目的地综合供给能力的提升，以实现全面的目的地发展和综合旅游服务的提供。通过这种规划方式，将产业、功能和理念有机地结合起来，为未来的旅游发展提供更全面、协调和可持续的空间布局。

第四，科技是智慧城市的物质基础。我国的智慧城市在经历了初期的科技应用与数据管理的建设阶段后，已经提出建设人文型智慧城市的升级需求。文化旅游在人文型智慧城市中扮演着重要角色，在精神消费与享受层面上起到主要的推动作用。人文型智慧城市需要依靠科技的力量，将丰富的文化内容与人文关怀融入文化消费中。通过科技的支持，人们可以在文化旅游中获得更深入的体验和丰富的知识，进一步提升他们对文化的理解和欣赏。一座人文型智慧城市，历史是灵魂之源，文化是精神内涵，科技是基础工具，旅游是文化传承与交流的语言，而创意便是进行统合设计的智力要素。创意能够为旅游城市增添魅力与竞争力，最终为人们带来美好与幸福。在信息时代，各种数字化技术与文旅的结合，将催生文化旅游的新业态，推动城市文化基因的彰显和城市文化的创新发展。例如，借助"5G+AR"的现代数字化形式，通过场景感营造、故事现构建、互动活动设计等方式，可以让场景变得更加真实，给游客带来身临其境的感受，让游客体验到一个时代的文化，从而对背后的城市也产生兴趣。沉浸式微旅游可以为城市的更新和改造提供新的思路和方向。通过应用新技术，可以将城市的文化和历史进行数字化，并通过虚拟现实技术呈现给游客，从而提升城市的形象和吸引力。与此同时，沉浸式微旅游也可以为城市的更新和改造提供新的商业模式和经济发展路径。因此，沉浸式微旅游业态创新与城市更新空间范型的协同发展是可行的，不仅可以促进旅游产业的经济发展，还可以提升城市的文化形象和吸引力，实现城市的可持续发展。

3.4　沉浸式微旅游业态创新与城市更新空间范型协同模式的分析框架

3.4.1　分析框架构建的理论基础

旅游企业为了适应市场需求变化，采取各种资源组合的经营形式，这种经营形式使得旅游企业能够灵活应对市场的变化，满足不同游客的需求。李凤亮（2021）在文化科技融合的背景下对新型旅游业态的新发展展开研究，指出科技已然成为推动文化旅游发展的重要力量，产生歌舞演艺旅游、博物馆旅游、乡村旅游和生态旅游等旅游新业态。第一是歌舞演艺旅游，是将新科技与文化演艺进行高度融合，即利用新科技将以往以设备和宏大场面为核心的传统文化演艺，转变为以内容创新、创意以及新科技为核心的沉浸式演艺旅游。第二是博物馆旅游，是将传统博物馆进行改造升级，借助科技摆脱传统观光展示馆藏产品模式，实现经营模式与新科技的紧密结合。第三是乡村旅游，即应用数字技术，利用生态、传统建筑、历史文化及氛围等打造出文化旅游特色小镇等一系列的乡村旅游新业态，因地制宜地打造民俗村、农业科技园等高质量产品，为游客带来与众不同的体验。除此之外，根据刘晓英（2019）的研究，随着居民收入水平和科技水平的不断提高，创新成为推动旅游新业态快速发展的动力，这些新业态展现出时代性、创新性、动态性以及科技性的特点，并且在技术发展和消费需求多样化、个性化的推动下，旅游产业的传统边界逐步被打破，传统旅游业要素得到重新配置。业态融合、生态化、定制化和规模化成为发展趋势，传统要素经历创新，对于提升旅游产业综合竞争力至关重要。以上变化和发展趋势使得旅游产业能够更好地适应市场需求，提供更多元化和个性化的旅游产品和服务，为旅游业带来了更大的发展机遇。另外，学者在进行旅游业态研究时，进一步研究数字技术赋能旅游业发现，当代旅游业发展为数字技术提供丰富的应用场景，而数字技术在旅游业的全场景渗透并赋能与旅游业，为旅游业高质量发展注入新的活力与动能。总体而言，目前学者们的研究主要集中在旅游业高质量发展的理论建构、区域高质量和具体旅游业态的高质量发展三个方面。在理论构建方面，研究者们主要探索战略选择、治理逻辑以及微观机理等问题。同时，数字技术的全面融入推动旅游产业数字化水平不断提升，引发旅游生产方式、体验方式、服务方式、治理方式等方面的数字化趋势。通过智能化产品、个性化的消费需求以及在线化的企业服务等新的业态和模式，旅游企业的产品和服务质量以及效率得到提升，为旅游产业注入新的活力。以上研究将为旅游业的可持续发展和提升整体质量提供重要理论支持和实践指导。由此可见，旅游业态与旅游高质量新业态有密不可分的关联，在研究定义中虽不能一概而论，但也是不能将二者割裂开来的。

王克岭（2019）在进行旅游业态创新发展中，得出旅游转型升级的方法途径，他指明，深化内涵、创新业态、增强外溢是主要方式，并且提出由旅游企业、消费者和当地从业者共同打造旅游的新理念、方法、体系和模式。从产业内出发，业态创新可通过产业内要素的技术、功能、组织和市场进行有机整合创造无限的空间，并且通过创新产业内的各种要素推动旅游业的功能拓展和产业链延伸。从产业间出发，业态创新可通过关联产业之间的互融共生，催生出更多类别的旅游新业态，在对各相关产业合作时，可联系其产业特色进行创新，对旅游业的环境、价值及功能进行更多的拓展与开发。从社会环境出发，业态创新可随着经济转型的深度转化，从而转至旅游业的转型升级，同时，由于旅游业自身的环境友好特色，旅游业更为逆势增长，低碳旅游与生态旅游等环境友好型旅游业态成为其业态创新的重要推动力。在此研究基础上，本书将旅游业态创新的焦点放在沉浸式微旅游领域内，并提出沉浸式微旅游业态的定义，该定义综合描述沉浸式微旅游的作用机理、发展路径、基本模式和营销手段等方面的特点。从产业内部的角度来看，沉浸式微旅游业态创新是指不断推动沉浸式微旅游业态的创新发展，包括增加沉浸式微旅游业态的功能、拓展沉浸式微旅游业态的产业链等方式。通过这些创新措施，旅游企业可以提供更多元化、丰富化的沉浸式微旅游产品和服务，满足游客不断变化的需求。从产业间的角度来看，沉浸式微旅游业态创新不仅包括当前沉浸式微旅游的环境营造、价值拓展和功能开发，也包括未来沉浸式微旅游所呈现出的状态和发展趋势的探索。意味着在业态创新过程中，需要关注沉浸式微旅游所能提供的新体验、新价值以及相关技术和趋势的发展。通过对未来的思考和预测，旅游产业能够更好地把握沉浸式微旅游业态的发展方向，提前布局和调整经营策略，迎接未来的机遇和挑战。

利益相关者理论是一种关于可持续发展的理念，旨在探讨如何平衡利益相关者与社会责任，以确保组织的长期繁荣。与传统理论不同，该理论认为，任何一个公司的发展都离不开各利益相关者的投入与参与，企业应追求的是利益相关者的整体利益，而不仅仅是某些个体的利益。意味着企业不仅要关注某些主体的财富积累，还需要关注自身所产生的社会效益，并努力平衡各个利益相关方的利益要求。通过平衡不同利益相关者的需求，企业可以实现长期可持续的发展，并为社会创造更大的共同利益。作为可持续发展型产业，旅游经济的繁荣离不开当地丰富的资源基础，这些资源包括自然环境、科技和文化，它们共同构成了旅游产业可持续发展的动力，其中，良好的资源是其发展动力。在数字科技与旅游产业高速发展的背景下，为了推动旅游经济的转型升级，有时会出现过度开发原有资源的情况，导致资源的枯竭和对生态环境的破坏。在这种情况下，实现旅游业的可持续发展不仅关乎当地旅游经济的发展，而且对长远经济发展和相关利益者的权益都产生影响。资源基础论强调了企业在保持长期竞争力方面的重要性，认为仅仅依靠内部力量是不够的，还必须结合外部环境资源，并将外部环境的不确定性和复杂性纳入决策范围内。只有在这种基础上，旅游业才能成为一种可持续发展的引擎，为经济增长、社会发展和环境保护提供有益的贡献。实践可持续发展理念的旅游业将为历史留下重要的遗产，同时为未来的时代创造一个可持续繁荣的旅游环境。

随着新时代的到来，经济高质量发展，社会和谐稳定，体现出集群性、流动性、生产和消费同时性等鲜明特征。与此同时，在发展旅游经济的过程中，旅游业存在一些容易引发危机的问题，如资源利用不当、环境过度挖掘等，这些问题引发了人们对主客互动旅游的关注，成为近年来的热点话题。东道主和游客是实现旅游高质量发展的主体，对于主客互动旅游的理解，学界存在几种分类：第一是自我主体性，其意味着将"自我"视为中心，忽视"他者"的真实存在。自我主体性类型的东道主往往通过不正当手段从游客身上获取经济利益，导致游客的道德感减弱，强调占有意识的倾向。这可能使游客更容易感到道德上的削弱，而东道主则更加强调占有意识。第二是他者主体性，该类型以"他者"为中心，"自我"依附于"他者"，并受到"他者"观念和话语的引导。如果主客双方都属于他者主体性类型，那么不当行为的可能性更大。例如，东道主社会可能会忽视生态环境，过度开发旅游资源，或者东道主所代表的文化可能会受到游客所代表的异文化侵蚀。第三是伦理他者，其中，"自我"与"他者"互为中心，形成了平等的伦理关系。在这样的观念下，游客与东道主能够在相互尊重的基础上进行互动，共同建立和谐的主客关系，推动旅游可持续发展。伦理者类型的主客互动更加注重保护生态环境和本土文化，并促进平等互利的交流与合作。谌文（2008）提出，主客之间的交往顺利进行是乡村旅游持续发展的关键，其对旅游具有推动作用，是所有旅游活动开展的核心，也为旅游的研究与发展提供较新的思路。张机（2012）从符号互动论的视角出发，强调对民族旅游主客互动的微观过程的关注，该研究构建一个民族旅游主客互动的研究模型，涵盖了主客互动的类型、内容、方式与互动控制等方面，为未来民族旅游的主客互动研究提供了建议。孙九霞（2012）提出，旅游过程中的主客交往互动对于文化传播具有非常重要的作用。

根据旅游主客互动理论，应从可持续发展的视角来看待旅游发展问题，考虑长远的影响。这意味着不能仅仅关注当地居民的经济收入，也不能只关注游客的体验感。相反，应从互惠共生的角度出发，追求经济、社会、文化的可持续发展，减小旅游地主客摩擦的可能性，同时避免消极的主客互动，减少对旅游市场健康发展的负面影响。长期以来，旅游人类学研究一直关注于旅游地的主客互动，而且旅游体验对于游客的感受和旅游从业者的经济收入都依赖于主客互动的实现。然而，由于认知、习惯与行为上的差异，主客互动往往存在一些问题，这成为研究旅游业健康有序发展的长期课题。在考虑可持续发展的背景下，通过创新沉浸式微旅游业态实现城市更新，对于促进城市沉浸式微旅游经济的可持续发展，并转变老旧城区的经济发展方式，具有重要的理论价值和现实意义。

3.4.2　分析框架的构建

在沉浸式微旅游业态创新与城市更新空间范型协同模式方面，需要通过城市规划和建设来提供更为舒适、便利、安全的旅游环境，同时要加强旅游业与城市更新之间的协同和互动，以充分挖掘旅游资源的价值和潜力，提高城市更新的质量和效益。在此基础上，还可以通过旅游业的带动作用，促进城市经济的发展和社会的进步。在当今社会，文化与科技被认为是两种最为重要的生产力，它们的融合已经成为当前文化产业创新业态、优化结构和抢占产业发展制高点的重要支撑。在当今社会，文化与科技融合已经成为推动社会进步的核心力量。通过将传统文化与现代科技有机结合，可以创造出更加符合人们需求的文化产品和服务。文化产业作为一个新兴的经济领域，其发展离不开科技的支持。例如，数字技术的发展为数字文化产业提供了强大的支持，而虚拟现实、增强现实等技术则为文化产业创造了更为多样的发展空间。同时，文化与科技融合也对现代城市更新产生了深远的影响。沉浸式微旅游业态的发展正是在文化与科技融合的基础上不断创新，将传统旅游和现代科技相结合，提升旅游体验的互动性和趣味性。在城市更新空间范型的设计中，也需要有文化与科技的融合，例如采用先进的智能科技和环保材料来打造现代化的城市公共空间。

产业和空间的关系是相互依存、相互影响的，它们之间的融合可以带来更高的经济效益和社会效益。在沉浸式微旅游业态创新与城市更新空间范型协同模式中，沉浸式微旅游业态是一种新型的旅游业态，它将虚拟和实际旅游体验相结合，采用高科技手段和人工智能技术，为游客提供全方位、沉浸式的旅游体验。这种业态的发展需要与城市更新相结合，通过优化城市空间布局和设计，创造更为适宜的旅游环境，同时也可以促进城市的更新和转型。例如，在城市中心区域建设沉浸式旅游体验中心，为游客提供一站式旅游服务，同时也可以提高城市更新的质量和效益。城市更新空间范型是一种基于协同创新的城市更新模式，它强调不同领域、不同产业之间的互动和融合，通过合作共赢，创造更加适宜的城市空间。在沉浸式微旅游业态创新中，空间范型协同模式可以发挥重要作用，例如将沉浸式旅游体验中心与城市公园、商业中心等空间相结合，形成完整的旅游生态圈，提供更为完善的旅游服务。沉浸式微旅游业态创新和城市更新空间范型协同模式的实现需要产业和空间的协同发展。旅游业作为城市经济的重要组成部分，需要与城市更新相结合，共同推动城市的经济和社会发展。同时，城市更新也可以为旅游业的发展提供更加适宜的空间和环境，促进旅游业的升级和转型。因此，产业和空间之间的协同发展是沉浸式微旅游业态创新和城市更新空间范型协同模式实现的重要保障。

产城融合是城市发展的重要趋势，也是沉浸式微旅游业态创新与城市更新空间范型协同模式的内涵之一。产城融合是指城市和产业之间相互融合、相互依存，以实现城市和产业的共同发展。产城融合是城市的产业与城市的规划、建设和管理相结合，形成有机整体的发展模式。沉浸式微旅游业态的发展需要城市和产业的融合，以实现旅游产业和城市经济的协同发展。在沉浸式微旅游业态创新与城市更新空间范型协同模式中，产城融合通过将旅游业与城市更新空间有机结合，形成以旅游业为主导的产业集群，从而促进城市经济的全面发展。同时，它将创新的业态融入城市更新的规划中，以满足市民和游客的需求。产城融合是沉浸式微旅游业态创新与城市更新空间范型协同发展的核心要素之一。沉浸式微旅游业态的创新和发展需要充分利用城市的资源和优势，例如文化、历史、地理位置等，以创造更有吸引力的旅游产品。城市更新可以为沉浸式微旅游业态的发展提供更好的场所和条件。在产城融合方面，城市更新可以通过改善城市基础设施和环境、加强公共服务、提高城市形象和品质等方面来满足旅游业的需求，从而促进沉浸式微旅游业态的创新和发展。这些方面的改善不仅可以提升城市的吸引力，同时也可以提高城市的品质和形象，为旅游业提供更好的服务和支持。例如，城市更新可以改善旅游景区周边的环境和基础设施，提升景区的吸引力和竞争力，从而为沉浸式微旅游业态的创新和发展提供更好的条件。在产业发展与城市形象提升方面，城市更新可以通过打造特色街区、举办文化活动、建设旅游设施等方式，提升城市形象和知名度，从而为沉浸式微旅游业态的创新和发展提供支持和帮助。城市形象和知名度的提升可以吸引更多的游客和投资，进一步促进沉浸式微旅游业态的创新和发展。城市更新还可以通过加强公共服务，提高游客的体验和满意度，从而提升城市的美誉度和形象，为城市发展和沉浸式微旅游业态的创新提供更好的支持。在产业升级与城市发展升级方面，城市更新可以通过加强科技创新、推进城市绿色化、提高城市智慧化等方面，升级城市的发展水平和创新能力，从而为沉浸式微旅游业态的创新和发展提供更好的条件和支持。这些方面的提升可以提高城市的发展水平和创新能力，进一步推动沉浸式微旅游业态的创新和发展。例如，城市更新可以推动城市智慧旅游的发展，利用科技手段为游客提供更好的服务和体验，增强城市的吸引力和竞争力。同时，城市更新可以通过推进城市绿色化，提高城市环保水平和可持续发展能力，从而为沉浸式微旅游业态的创新和发展提供更加健康、可持续的发展环境。总之，产城融合是沉浸式微旅游业态创新与城市更新空间范型协同发展的核心要素之一。城市更新可以为沉浸式微旅游业态的创新和发展提供更好的场所和条件，同时也可以提升城市的形象和品质，促进城市的升级与发展。因此，城市更新在促进沉浸式微旅游业态创新与发展中发挥着至关重要的作用。

　　沉浸式微旅游业态创新与城市更新空间范型协同发展可以通过分析框架的图释来进行研究，有助于更加直观和清晰地理解沉浸式歌舞演艺微旅游、沉浸式文化传承微旅游、沉浸式文艺场馆微旅游、沉浸式休闲乐园微旅游、城市文化保护点式—原置型发展模式、城市文化保护点式—重置型发展模式、城市文化保护面域—原置型发展模式、城市文化保护面域—重置型发展模式、城市功能完善点式—原置型发展模式、城市功能完善点式—重置型发展模式、城市功能完善面域—原置型发展模式、城市功能完善面域—重置型发展模式的相关概念和关系，以及它们之间的相互作用关系。在把握两个方面的重要内容的同时搭建研究框架有两点好处：第一是说明沉浸式微旅游业态创新维度与城市更新空间范型发展模式之间的结构性和逻辑性，明确反映出所研究的内容；第二是沉浸式微旅游与城市更新空间范型协同发展时与分析框架相类似，时刻处于变化的运动过程中，因此，在搭建相应的分析框架时，应该从主动和被动的角度出发推导出主要变量间的关系。

　　本书以沉浸式微旅游业态创新与城市更新空间范型协同模式为研究对象，首先根据现有发展基础，再依照沉浸式体验、微旅游、业态创新、旧城改造、城市更新、发展模式等文献计量分析，结合新时代新需求的时代特色下所呈现出的个性化、体验性和互动性等特点进行研究。研究沉浸式微旅游业态创新与城市更新空间范型发展协同模式时，可运用利益相关者理论、资源基础理论、协同理论等理论，同时运用旅游管理、应用经济以及城市规划等相关学科知识，在搭建正向研究模型时，可运用协同理论相关的理论依据，通过产业内部各个部分及其相关部分进行协同，既除了统一协调好内部各个部分的联系外，还需协同其他力量来填补自身无法给予的资源。根据"资源禀赋—市场需求—业态特征"的城市更新发展构成维度，结合"技术创意融合化—物理社会空间化—环境建设科技化—民俗文化突出化"的协同原理观点和方法，搭建出"沉浸式微旅游八种业态类型创新与城市更新空间范型协同模式"的分析框架，见图3－1。

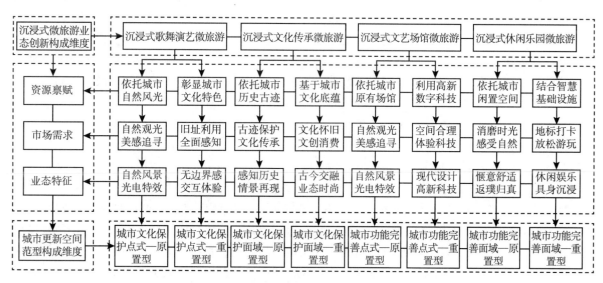

图3－1　沉浸式微旅游业态创新与城市更新空间范型协同模式的分析框架

　　根据沉浸式微旅游业态创新与城市更新空间范型协同模式的分析框架可以发现，沉浸式歌舞演艺微旅游作为沉浸式微旅游业态创新的一种重要类型，通常有着自然环境优美、文化特色鲜明的特点。其所营造的环境氛围及工作人员表演还原了故事真实场景，打造"另一个时空"，使游客多感官体验场景的真实性，此外，游客的角色扮演更使得游客能够获得差异化的个性体验感受。沉浸式歌舞演艺微旅游的场景打造适合城市中历史文化建筑的改造工程，这些建筑往往具有深厚的历史含义，在进行城市更新时重点应放在文化保护方面上。在充分尊重历史环境和保护历史文化的前提下，合理开发和利用一些历史文化遗存，以及保护文物古迹和历史建筑，与城市文化保护点式—原置型发展模式的特点相符合。基于此，本书搭建出沉浸式歌舞演艺微旅游与城市文化保护点式—原置型协同模式的动态分析框架，具体的分析框架见图 3 - 2。

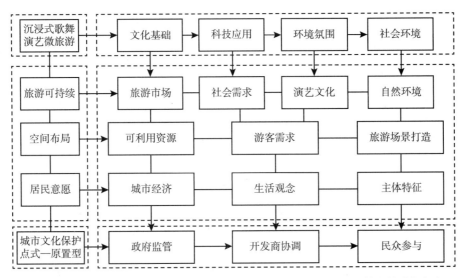

图 3 - 2　沉浸式歌舞演艺微旅游与城市文化保护点式—原置型协同模式的分析框架

沉浸式歌舞演艺微旅游与城市文化保护点式—原置型协同模式发展是一种新兴的旅游业态和城市更新模式。旨在通过沉浸式歌舞演艺表演为游客提供更加丰富的文化体验，同时保护和传承城市的历史文化遗产，促进城市经济和文化的可持续发展。这种模式的核心思想是在保护和传承城市历史文化的同时，运用沉浸式技术和歌舞演艺形式，为游客提供更加丰富的旅游体验。首先，沉浸式歌舞演艺微旅游是一种利用现代科技手段，将游客带入虚拟的歌舞演艺场景中，让游客获得更为沉浸体验的新型旅游业态。利用虚拟现实、增强现实等技术手段，将游客带入一个虚拟的场景中，让游客身临其境地感受歌舞演艺的魅力。这种旅游方式可以提高游客的体验感和满意度，也可以吸引更多的游客来到这个城市旅游，进而促进城市的经济发展。其次，沉浸式歌舞演艺微旅游与城市文化保护点式—原置型协同发展模式是一种城市文化和旅游业协同发展的模式。这种模式通过点式保护和原置更新的方式，保护和传承城市历史文化遗产。点式保护指的是重点保护城市历史文化遗产中的重要建筑或景观，以保护其历史价值和文化特色。原置更新则指在保留历史建筑原有结构和外观的基础上，进行内部的现代化改造，以实现文化遗产的活化利用。可以在保护城市历史文化遗产的同时，促进城市的经济发展和社会进步，这是因为这种模式可以提高城市的文化品质和吸引力，进而吸引更多的游客来这个城市旅游，增加旅游业的收入，同时也可以为城市带来一定的经济效益。最后，通过沉浸式歌舞演艺微旅游与城市文化保护点式—原置型协同发展，可以协同发展城市文化和旅游业。通过旅游业的发展和城市更新空间范型的建设，可以促进城市的经济发展和社会进步。同时，通过文化遗产的保护和传承，结合现代科技手段的利用，可以提高城市的文化品质和吸引力，进而促进旅游业的发展。旅游业和城市文化保护和更新相结合，可以为城市带来经济效益和社会发展的双重收益。总之，现代科技手段为旅游业和城市文化保护和更新带来新的发展机遇。沉浸式歌舞演艺微旅游可以提高游客的体验感和满意度，促进旅游业的发展，城市文化保护点式—原置型可以在保护城市历史文化遗产的同时促进城市的经济发展和社会进步，可以实现旅游业和城市文化保护和更新的双赢局面。这样的协同发展不仅有利于形成包含创意旅游、文化和城市精神的全新旅游产品，提高游客的旅游体验，同时也能够加强城市的历史文化和城市形象的保护，促进城市经济的发展。

城市文化保护点式—重置型作为城市更新空间范型的一种重要类型，既是城市更新的重要表现形式之一，也是关系到旅游与科技相融合的重要城市更新形态。城市文化保护点式—重置型的建设将文化功能开发作为城市更新的主导思想，沉浸式歌舞演艺微旅游发展中重点要求依托城市自然风光、文化与科技等资源相结合进行旅游业态创新，与城市保护点式—重置型的特征是一致的。从沉浸式歌舞演艺微旅游的文化基础、科技应用、环境氛围及社会环境均对城市文化保护点式—重置型发展产生重要的影响作用，具体表现在城市更新发展中的政府、开发商及民众上。基于此，结合本书的维度划分和内外部影响因素，可以较为合理地模拟出沉浸式歌舞演艺微旅游与城市文化保护点式—重置型协同模式的分析框架，见图 3 – 3。

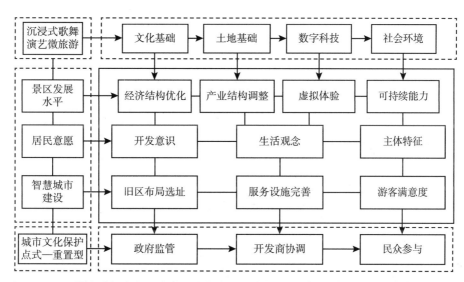

图 3 – 3　沉浸式歌舞演艺微旅游与城市文化保护点式—重置型发展协同模式的分析框架

沉浸式歌舞演艺微旅游与城市文化保护点式—重置型协同模式发展是一种新兴的旅游业态和城市更新模式。首先，沉浸式歌舞演艺微旅游是一种集观赏、体验和互动于一体的旅游形式，通过将游客带入一个特定的情境和主题中，让游客能够身临其境地参与其中，获得更加深入的文化体验和情感认同。这种旅游形式既可以满足人们对于旅游的娱乐需求，也可以带动当地文化产业的发展。其次，城市文化保护点式—重置型是一种将传统文化与当代城市融合的新型城市文化保护方式。在这种模式下，城市中的传统文化元素得以保留和传承，并与当代城市空间和现代文化元素相互交融，形成新的文化景观和文化体验。不仅可以促进当地文化的传承和发展，还可以增强城市的文化吸引力和形象，吸引更多的游客前来参观和体验。城市文化保护点式—重置型采用点式保护的方式来重置城市文化的价值与意义，它通过对城市文化的细节、历史遗迹、建筑文化等进行保护和修复，以及对城市文化的故事和传说进行挖掘和传承，来重置城市文化的内涵和意义。这种保护方式更加注重文化的真实性和原汁原味性，可以让人们更深入地了解和认识城市文化的真实面貌。最后，沉浸式歌舞演艺微旅游与城市文化保护点式—重置型的协同发展，意味着这两种新型文化模式可以相互促进和协同发展，实现文化保护和旅游开发的双赢。具体来说，沉浸式歌舞演艺微旅游可以通过对城市文化的深度挖掘和表现，为城市文化保护点式—重置型提供更多的文化资源和内容。而城市文化保护点式—重置型则可以为沉浸式歌舞演艺微旅游提供更好的文化保护环境和文化传承基础，让文化旅游更加可持续和有意义。总之，沉浸式歌舞演艺微旅游与城市文化保护点式—重置型协同发展为城市文化保护和旅游开发带来了新的发展路径，实现了文化与旅游的有机结合，促进了城市的可持续发展。

城市文化保护面域—原置型作为城市更新空间范型的一种重要类型，有利于古迹文化保护传承、利用城市历史古迹进行城市区域更新，更好地促进经济发展转向新方式、新思路。城市文化保护面域—原置型一般依托于城市的历史古迹，进行点及周边涉及区域发展建设，这些地方往往都是社会关系和生活方式相对稳定、陈旧的区域。这些区域具有鲜明的历史和文化价值，更新的重点在于使城市空间更新与民众社会关系组织、民俗文化存续之间产生应有的平衡状态，不仅能够使老旧城区居民的生活方式发生改变，又能够传承文化民俗，这与沉浸式文化传承微旅游的业态创新模式的特点相适应。要从沉浸式文化传承的文化基础、科技应用、环境氛围及社会环境等方面了解其对城市文化保护面域—原置型发展产生的影响作用，可从城市更新中的政府、开发商、民众三大主体进行研究，促进城市高质高速更新。结合以上内容，搭建出沉浸式文化传承微旅游与城市文化保护面域—原置型协同模式的分析框架，见图3-4。

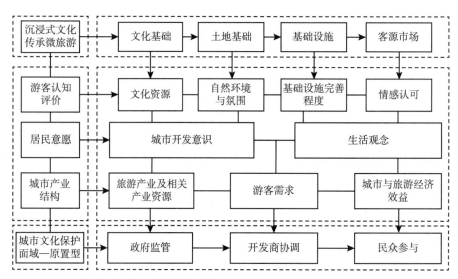

图3-4　沉浸式文化传承微旅游与城市文化保护面域—原置型协同模式的分析框架

首先，沉浸式文化传承微旅游与城市文化保护面域—原置型协同模式发展是将沉浸式文化传承微旅游与城市文化保护领域—原置型协同开发相结合的概念，是指利用数字化、网络化、智能化等新技术，在原有的文化遗址或场景中为游客创造沉浸式体验，在促进旅游业发展的同时保护和传承城市文化。其次，城市中存在的一些历史文化遗产通常是城市的文化符号和历史记忆，如老街区、历史建筑群等，但在城市发展过程中常常面临着被破坏和消失的威胁。沉浸式文化传承微旅游是一种以文化为主题，以互动、参与为核心的旅游方式，通过让游客亲身参与、体验文化活动，可以实现文化传承的目的。城市文化保护面域—原置型强调对城市历史遗产和文化景观的保护和传承，以确保城市的独特性和多样性。这种保护可以通过制定文化遗产保护政策、开展文化遗产保护工作等方式来实现。城市文化保护面域—原置型可以为沉浸式文化传承微旅游提供更多的历史、文化和传统资源，从而使旅游更加深入和丰富。最后，在沉浸式文化传承微旅游和城市文化保护面域—原置型协同发展中，可以采取一些措施来促进双方的合作和发展。比如，在旅游规划和设计中应该考虑到城市文化保护的需要，使旅游活动与城市历史、文化和传统相融合。同时，城市文化保护工作也应该注重与旅游业的协调和合作，以充分利用旅游的影响力和资源。总之，沉浸式文化传承微旅游和城市文化保护面域—原置型的协同模式发展是一种对旅游和文化保护有益的策略，通过将旅游体验与文化传承相结合，并保护历史文化遗产，可以促进文化的传承和旅游业的可持续发展。这种模式不仅丰富了旅游产品和体验，还为城市的文化保护和发展带来了新的机遇和挑战。在实践中，需要加强沟通和协调，形成旅游和文化保护的良性互动和合作关系。

城市文化保护面域—重置型作为城市更新空间范型的一种关键类型，利用文化进行怀旧情怀建设，创新消费方式，同时增加街道的项目多样性和包容性，可以打造文化旅游新品牌，促进街区的功能发挥，实现古城区的基础设施改造与更新。城市文化保护面域—重置型一般基于城市的文化底蕴，进行街区的重建与文化保护。这些地方往往真实地保存着历史信息的遗存，但实质上的功能已在历史长河中逐渐失去。城市文化保护的目标是延续文化历史文脉，推动城乡建设高质量发展和文化自信的打造，这与沉浸式文化传承微旅游业态创新的特点相适应。结合以上内容，本书适当地搭建出沉浸式文化传承微旅游与城市文化保护面域—重置型协同模式的分析框架，见图 3 - 5。

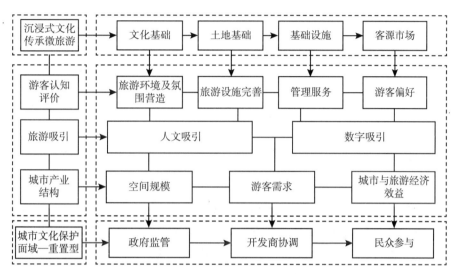

图 3 - 5 沉浸式文化传承微旅游与城市文化保护面域—重置型发展协同模式的分析框架

沉浸式文化传承微旅游和城市文化保护是两个相关但不同的概念，它们之间可以实现协同发展。首先，在沉浸式文化传承微旅游中，沉浸式文化传承是一种以体验和参与为核心的文化传承方式，强调将受众置身于文化活动的中心，通过亲身经历来获得文化知识和体验。微旅游是一种低成本、低影响、强互动性的旅游方式，强调的是小众、深度、亲近自然和当地文化的旅游体验。将沉浸式文化传承与微旅游结合，就是指通过微旅游的方式，让旅游者身临其境地体验当地文化，并将这种体验融入文化传承中。其次，城市文化保护面域—重置型是将城市的文化保护和城市规划结合起来，通过对城市空间和文化资源的优化整合，来提高城市的文化品质和空间品质。在城市文化保护方面，强调的是保护城市历史文化遗产、传统文化和当代文化的传承和发展，不仅要注重保护城市的文化遗产和传统文化，还要关注当代文化的创新和发展。在面域重置型方面，将城市规划与文化保护相结合，通过重新规划城市空间、整合文化资源，可以提高城市文化品质和空间品质，促进城市的可持续发展。这种发展方式是通过城市规划与文化保护的有机结合，实现城市空间和文化资源的有机整合，提高城市的文化品质和空间品质。在城市规划方面，注重整合城市的文化资源，规划文化场馆、博物馆、艺术街区等文化设施，促进城市文化的活力和创新。在文化保护方面，要保护城市的历史文化遗产和传统文化，通过传承和创新，使城市文化更具活力和魅力。同时，面域重置型还要注重城市生态环境和人居品质的改善，使城市居民和游客可以享受更优质的生活和旅游体验。城市文化保护面域重置型是一种新型城市发展模式，致力于将城市规划与文化保护有机结合，通过整合城市空间和文化资源，提高城市的文化品质和空间品质，促进城市的可持续发展。这种模式的实现可以增强城市的文化软实力，并且提高城市的文化吸引力和竞争力。这种城市发展模式是新的尝试，重视保护城市的文化遗产，同时注重提高城市的生活品质和环境质量，推动城市转型升级。可以推动城市更加有机地整合历史文化和现代城市建设，提高城市的整体品质和魅力，使城市更具活力、更具吸引力。最后，沉浸式文化传承微旅游与城市文化保护面域—重置型协同模式发展旨在将沉浸式文化传承微旅游和城市文化保护与城市规划紧密结合，通过重新规划城市空间、整合文化资源，提升城市文化品质和空间品质，促进城市的可持续发展。通过将城市文化保护和城市规划相结合，这种协同发展方式旨在实现城市文化保护面域—重置型协同，优化城市空间和资源配置，提高城市的生态环境和人居品质，为城市居民和游客提供更优质的生活和旅游体验。具体来说，城市文化保护面域重置型需要在城市规划的基础上，将文化遗产和传统文化资源整合到城市空间中，通过更新和升级城市基础设施和公共服务设施，提高城市的文化品质和生态环境品质。同时，通过将沉浸式文化传承微旅游与城市文化保护相结合，可以在城市中打造具有吸引力和特色的文化旅游景点，吸引更多游客，让他们更好地了解和认识城市的文化底蕴和历史背景。沉浸式文化体验和保护的文化遗产共同促进城市文化旅游的发展，为城市的可持续发展作出积极贡献。

城市功能完善点式—原置型作为城市更新空间范型的一种重要的类型，文艺熏陶的公共服务、智能设备建设齐全，可以提升居民生活品质，补齐配套设施、延伸其城市功能、丰富游客与居民体验，让老建筑以更好更新的状态保留下来，继续发挥其价值。同时，可以实现空间场景与文化艺术相结合，使其具有文化教育功能，全面推动城市转型升级，是工业文明、民俗文化资源的发展源动力。城市功能完善点式—原置型改造一般选用城市原有场馆，这些地点往往是工业遗存的重新利用或是文旅资源的再开发，城市更新的核心更多在于以人为本，目标多元化，依托历史建筑引入艺术、创意、文化等体验式复合型业态，这与沉浸式文艺场馆微旅游业态的特色相似。沉浸式文艺场馆微旅游的文艺基础、科技应用、环境氛围和社会环境均对城市功能完善点式—原置型发展有着关键性的作用，其发展重点在于城市更新发展中的政府、开发商和民众。结合上述内容，动态模拟出沉浸式文艺场馆微旅游与城市功能完善点式—原置型协同模式的分析框架，见图3-6。

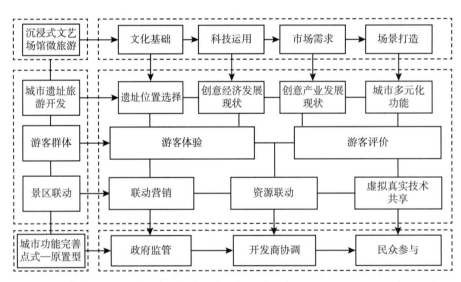

图3-6　沉浸式文艺场馆微旅游与城市功能完善点式—原置型发展协同模式的分析框架

沉浸式文艺场馆微旅游和城市功能完善点式—原置型是城市发展中的两个重要方向。通过协同发展，沉浸式文化传承微旅游与城市文化保护可以促进城市的文化和经济发展，吸引更多游客，带来经济效益，并提高城市的吸引力和竞争力。首先，沉浸式文艺场馆是一种将艺术和科技相结合的新型文艺场所，通过投影、VR等技术，将观众带入一个虚拟的艺术空间中，让观众身临其境地感受和体验艺术作品。沉浸式文艺场馆微旅游的发展可以吸引更多的观众，同时也可以为城市带来一定的经济效益。其次，城市功能完善点式—原置型是指通过对城市空间和文化资源的优化整合，提高城市的文化品质和空间品质，促进城市的功能完善。点式是指对城市空间的局部改善，通过建设文化设施、公园、广场等，来提升城市的文化品质和居住环境。原置型则是指对城市空间的整体优化，通过对城市的整体规划和调整，来提高城市的空间品质和功能性。城市功能完善点式—原置型可以改善城市的居住环境，提升城市的文化品位，提高城市的吸引力和竞争力。最后，沉浸式文艺场馆微旅游与城市功能完善点式—原置型协同模式可以将沉浸式文艺场馆和微旅游融入城市规划和建设中，通过点式和原置型的方式，来打造更加宜居、宜游的城市环境。例如，可以建设沉浸式文艺场馆、艺术公园、文化广场等文化设施，同时对城市进行规划和调整，提高城市的空间品质和功能性，使城市更加宜居宜游，吸引更多的人前来旅游和生活。同时，沉浸式文艺场馆微旅游也可以为城市带来一定的经济效益，促进城市的经济发展。在实践中，沉浸式文艺场馆微旅游与城市功能完善点式—原置型协同发展需要充分考虑城市的文化特点、历史遗产和城市规划，注重协同效应和可持续发展，推动城市的文化产业发展和城市经济的繁荣。

城市更新空间范型还有一种重要的类型为城市功能完善点式—重置型，这种模式下的城市空间布局合理、体验科技设备健全，所打造的项目均具有现代化设计风格及高新的科技水平。城市功能完善点式—重置型是一种选择可利用高新数字科技的场所，通常与城市整体的公共空间结构布局相关。在选址时，公共利益是一个重要的考虑方向。由于要进行历史文化保护，这类建筑存在严格的建设高度和强度限制，因此，开发商难以在这些地方建设过度商业化的产业。而最优选择则是具有公益性质的大型公共设施，这与沉浸式文艺场馆微旅游业态创新的模式特点相类似。沉浸式文艺场馆微旅游的文艺基础、科技应用、环境氛围和社会环境均对城市功能完善点式—重置型建设有着重要的作用，建设的重点在于城市更新空间范型的政府、开发商与民众。结合上述内容，搭建出沉浸式文艺场馆微旅游与城市功能完善点式—重置型协同模式的分析框架，具体见图3-7。

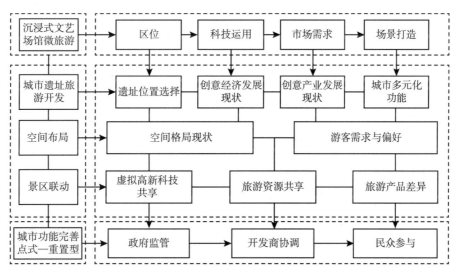

图3-7 沉浸式文艺场馆微旅游与城市功能完善点式—重置型协同模式的分析框架

沉浸式文艺场馆微旅游与城市功能完善点式—重置型协同模式发展，可以使城市实现文化和空间的双重提升。这不仅为游客提供了独特的旅游体验，也为城市创造了更具吸引力和竞争力的文化环境。最终，这种协同模式的发展将推动城市的可持续发展，提升居民和游客的生活质量。首先，沉浸式文艺场馆是指通过多种感官的体验，将观众带入一个具有虚拟现实的艺术世界中，让观众获得全方位的文化体验。沉浸式文艺场馆与微旅游结合起来，可以让游客在短时间内深入了解城市文化，体验不同的艺术形式，从而提高游客的文化素质和体验感受。其次，城市功能完善点式—重置型是指通过对城市空间和文化资源的重新配置和优化，来实现城市功能的重置和提升城市的文化品质与空间品质。城市功能完善点式—重置型可以改善城市的居住环境，提升城市的文化品位，提高城市的吸引力和竞争力。最后，沉浸式文艺场馆微旅游与城市功能完善点式—重置型协同模式的发展可以将沉浸式文艺场馆和微旅游融入城市规划和建设中，通过点式和重置型的方式，来实现城市功能的重置和提升城市文化品质和空间品质的目标。例如，可以建设沉浸式文艺场馆、艺术公园、文化广场等文化设施，同时对城市进行空间规划和建设的重构，使之更加美观和人性化，提高城市居民和游客的生活和旅游体验。此外，沉浸式文艺场馆微旅游作为一种新的手段，也可以成为城市推广文化和旅游的重要工具，为城市经济和文化发展注入新的动力。在协同发展的过程中，应充分考虑城市的文化特点和规划的实际情况，遵循可持续发展的原则，并广泛征求市民和专家的意见，以此确保城市规划和文化建设更好地满足市民和游客的需求和期望，推动城市的可持续发展。最终，沉浸式文艺场馆微旅游与城市功能完善点式—重置型协同发展将会实现城市文化、经济和社会的可持续发展，让城市更加宜居、宜业、宜游。

　　城市功能完善面域—原置型作为城市更新空间范型建设的一种重要类型，特点是休闲自然风光、历史文化内涵丰厚，但整体风貌历史文化韵味不足，具有独特的历史建筑遗存，这是一种规划项目更为注重体验与互动，打造集美食、工艺制作、民俗文化活动于一体的城市更新模式。城市功能完善面域—原置型的发展模式通过改造闲置空间，以产业作为支撑、以文化为基础，并以人为核心，实现城市功能的完善和提升。这种模式与沉浸式休闲乐园微旅游业态模式具有相似的特点，都注重文化、创新和以人为中心的发展，为城市的可持续发展提供了新的思路。沉浸式休闲乐园微旅游的产业结构、文化基础、人口基础及社会环境均对城市功能完善面域—原置型发展有着重要的影响作用，可从城市的政府、开发商及民众三大要素发力，促使城市更新发展。综上所述，本书模拟出沉浸式休闲乐园微旅游与城市功能完善面域—原置型协同模式的分析框架，具体见图3-8。

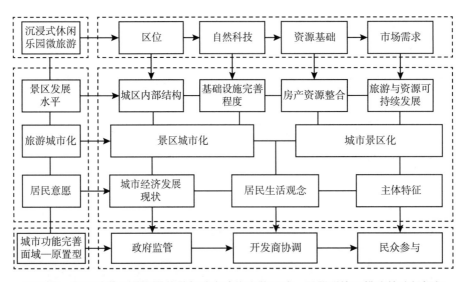

图3-8　沉浸式休闲乐园微旅游与城市功能完善面域—原置型协同模式的分析框架

　　沉浸式休闲乐园微旅游与城市功能完善面域—原置型协同模式发展是指将沉浸式休闲乐园微旅游与城市规划相结合，通过对城市空间和休闲资源的优化整合，来促进城市功能的完善和提高城市休闲品质和空间品质。首先，沉浸式休闲乐园微旅游是一种将游乐、娱乐、文化和科技元素融合的新型休闲场所。它利用投影、VR等技术，打造出一个虚拟的、与现实世界不同的场景，让游客可以身临其境地感受和体验不同的主题乐园。微旅游是指短途旅游，通常在城市内进行，具有便捷性和低成本的特点，因此越来越受到人们的欢迎。沉浸式休闲乐园微旅游的发展可以吸引更多的游客，同时也可以为城市带来一定的经济效益。其次，城市功能完善面域—原置型是指通过对城市空间和生态资源的优化整合，提高城市的生态品质和空间品质，促进城市的功能完善。面域是指城市的各个区域，包括城市中心、城市边缘和城市周边。原置型则是指对城市空间的整体优化，通过对城市规划和建设的整体调整，来提高城市的空间品质和功能性。城市功能完善面域—原置型可以改善城市的生态环境，提升城市的生态品位，提高城市的吸引力和竞争力。最后，这种协同发展不仅可以为城市的可持续发展注入新的活力和动力，而且可以为城市的文化建设和科技创新提供支撑和创新源泉。同时，沉浸式休闲乐园微旅游作为城市的重要旅游资源，具有巨大的潜力，能够吸引更多的游客，提高城市的吸引力和竞争力。因此，沉浸式休闲乐园微旅游和城市功能完善面域—原置型协同模式的发展可以为城市的繁荣和进步作出积极贡献。

　　城市功能完善面域—重置型作为城市更新空间范型的一种重要类型，休闲娱乐项目较多，其通过对项目的建筑形象进行全面改造、对城市肌理进行重塑并提升区域的景观风貌，打造出集主题特色休闲文化，探索休闲、居住于一体的综合开发。城市功能完善面域—重置型一般结合智慧基础设施进行建设，以激活城市休闲产业、打造城市休闲中心、引领城市新兴消费时尚、满足日益丰富的民众消费需求，同时通过打造休闲新风尚的项目，延长区域产品链，完善城市功能，推动城市高质量发展，提升城市整体形象。这与沉浸式休闲乐园微旅游业态创新模式的特点相类似。沉浸式休闲乐园微旅游的产业结构、文化基础、人口基础及社会环境均对城市功能完善面域—重置型建设有着重要的影响作用，可从城市的政府、开发商及民众三大要素发力，促使城市快速更新。结合以上内容，搭建出沉浸式休闲乐园微旅游与城市功能完善面域—重置型协同模式的分析框架，见图3-9。

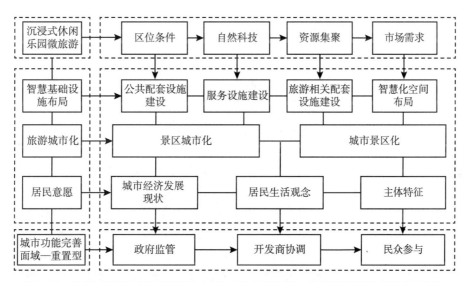

图3-9　沉浸式休闲乐园微旅游与城市功能完善面域—重置型协同模式的分析框架

　　沉浸式休闲乐园微旅游和城市功能完善面域—重置型是两个不同但密切相关的概念。它们的协同发展可以为城市的可持续发展和创新提供支持和动力。首先，沉浸式休闲乐园微旅游是在沉浸式休闲乐园中加入当地文化元素，让游客在游玩的同时更深入地了解当地文化。在微旅游中引入沉浸式休闲乐园的元素，让游客在深度体验当地文化的同时，也可以享受更多的乐趣和互动体验。其次，城市功能完善面域—重置型是指对城市进行规划和建设的整体优化，以提高城市的空间品质和功能性。包括对城市的空间、生态、文化、社会等方面进行综合考虑，以实现城市的可持续发展和创新。城市功能完善面域—重置型还强调了对城市原有资源的再利用和重建，以提高城市的生态环境和居住品质。通过城市功能完善面域—重置型的协同发展，可以为城市带来更加宜居、宜游的城市环境，促进城市的繁荣和进步。最后，沉浸式休闲乐园微旅游和城市功能完善面域—重置型是密切相关的概念。可以将沉浸式休闲乐园微旅游融入城市规划和建设中，以提高城市的吸引力和竞争力。通过建设沉浸式休闲乐园、生态公园、绿道等生态设施，同时对城市进行规划和建设的整体优化，可以提高城市的空间品质和功能性，营造宜居宜游的城市环境。沉浸式休闲乐园和微旅游也可以成为城市的重要旅游资源，吸引更多的游客，为城市带来经济效益和社会效益。此外，沉浸式休闲乐园微旅游也可以为城市的文化建设和科技创新提供支撑和创新源泉，为城市的发展注入新的活力和动力。总的来说，沉浸式休闲乐园微旅游和城市功能完善面域—重置型协同发展，不仅可以实现城市的可持续发展，提高城市的吸引力和竞争力，也可以促进城市的繁荣和进步，为城市居民提供更好的生活质量和旅游体验。

3.4.3　分析框架的解释

搭建有关沉浸式微旅游业态创新与城市空间范型协同模式的分析框架时，基于沉浸式微旅游与城市更新空间范型的维度划分，沉浸式微旅游业态创新主要包含四种类型：沉浸式歌舞演艺微旅游、沉浸式文化传承微旅游、沉浸式文艺场馆微旅游和沉浸式休闲乐园微旅游。城市更新空间范型主要分为八种：城市文化保护（点式—原置/点式—重置）型、城市功能完善（点式—原置/点式—重置）型、城市文化保护（面域—原置/面域—重置）型、城市功能完善（面域—原置/面域—重置）型。本书基于城市自身的资源禀赋、市场需求、地理位置优势、居民意愿与数字技术及文化内涵等多个因素，探索如何将沉浸式微旅游业态的四种创新业态与城市更新的八种空间范型相互协作。第一，将沉浸式歌舞演艺微旅游与城市文化保护点式—原置型进行协同研究，其原因在于城市具有不一般的自然风光，城市歌舞演艺的非凡创新可以打造城市演艺空间，将为城市带来新的生活方式，适合城市文化保护点式—原置型，更能够使居民与游客理解城市文化与旅游业的关系，并探索如何在城市更新和文化保护中创新旅游业态，为城市的发展提供新的思路和方向。第二，将沉浸式歌舞演艺微旅游与城市文化保护点式—重置型进行协同研究的原因在于，歌舞演艺的演出形式丰富，其演出空间的拓展也改变了场景中的部分设施功能，增加城市的活力，传递着城市文化，带动城市的民俗文化发展，打破本地居民与外地游客的壁垒，打造无边界感，适合城市文化保护点式—重置型的城市更新建设模式。第三，将沉浸式文化传承微旅游与城市文化保护面域—原置型进行协同研究，其原因在于依靠城市的历史古迹进行文化的传承发展，借助城市的独特地理优势和丰厚的人文滋养，旅游项目依托城市历史建设开发游玩体验，可以使其发挥社会功能，并且保护的不仅是文物建筑，而且是一个街区、城市的文化传统、生态环境、原始风貌以及所在城市空间的良性循环。第四，将沉浸式文化传承微旅游与城市文化保护面域—重置型建设进行协同研究，其原因在于对城市中的老旧街道、老旧街区进行保护修缮，可以延续古城格局和历史风貌，并进行区域功能、文化的置换，打造情境再现模式，打造文化怀旧项目，保留城市历史记忆，促进文创消费。第五，将沉浸式文艺场馆微旅游与城市功能完善点式—原置型进行协同，由于通过升级城市中原有的文艺场馆设施，进一步提升公众的体验感，满足老中青少不同年龄段人群的文艺生活需求，推出诸如采风、研学、新文化体验等创新项目，与城市功能完善点式—原置型发展模式的特征相类似。第六，将沉浸式文艺场馆微旅游与城市功能完善点式—重置型进行协同研究，由于文艺场馆在建设过程中，可以利用高新数字科技将原有的文化遗址进行全新打造，改变其原始功能，进行空间合理打造，使游客立足于老厂区遗存的丰富产业或文化历史，感受城市的光辉与灵动。第七，将沉浸式休闲乐园微旅游与城市功能完善面域—原置型进行协同研究，原因在于休闲乐园打造时利用老旧区域的独特地理位置、自然资源、区域文化形成风光迥异的城镇特色，依托城市闲置空间，建设成为宜居、宜业、宜游、宜闲的短途旅游胜地，游客可在其中消磨时光、感受自然风光。第八，将沉浸式休闲乐园微旅游与城市功能完善面域—重置型进行协同研究，存在以下原因：在建设休闲乐园的同时，所在城市的第三产业发展相对滞后，这对城市基本功能的完善和发挥造成了影响。因此，应转变城市功能，以减轻压力，并完善社会服务功能和基础设施建设，同时打造具有地标性的建筑，使游客可以放松游玩，并沉浸于休闲娱乐的氛围中。

在沉浸式歌舞演艺微旅游与城市文化保护点式—原置型协同模式的分析框架中，通过引入居民意愿、空间布局、旅游可持续发展三个变量，建立起沉浸式歌舞演艺微旅游与城市文化保护点式—原置型协同模式的分析框架。第一，从沉浸式歌舞演艺微旅游的文化基础、科技应用、环境氛围和社会环境出发，历史传承内涵的丰富程度和人文元素的多少直接影响着城市文化保护的更新基础，历史人文越浓厚的地方、自然风光越秀丽的地方，其城市点式原置型的空间更新范型越具有潜力。科技应用包括科学技术的发展、数字技术当地支撑和它们所构成的内容，这些科技应用对城市产业与旅游产业的融合产生着重要影响，不断进步的科学技术推动物质产品的丰富化，创造更加多样化的项目，吸引游客前来参观和体验。环境氛围的打造既关系到游客的行为是否发生，也受城市的经济发展影响，如城市具有较强的经济实力与消费能力，则景点的氛围打造在一定程度上会更加容易，不再只有单纯的传统观赏的氛围。社会环境中越发注重城市建设与环境保护的地方，其环境、技术、城市特色、文化等各个方面越能够得到认可，更有利于城市的更新发展。第二，居民意愿既关系到沉浸式歌舞演艺微旅游的发展，也影响城市中点式原置型的文化保护更新范型的发展，通过转变城市经济模式，能够为旅游产业及城市经济产业的实现提供动力。而与此同时，居民生活观念的改变使得人们更渴望文化精神消费与追求，传统消费观念已然发生根本性变革，人们知识水平的普遍提高使得人们的兴趣扩展到多种多样的活动中，使人们有更大的兴趣去消费，促进着城市的发展。第三，空间布局涉及可利用资源、游客需求和旅游场景打造等多个方面，在城市更新中扮演重要的角色。当城市的可利用资源足够丰富时，游客需求得到满足，同时，新技术的大量应用，以及通过不断深入地挖掘人文资源的内涵，并与自然资源实现紧密的融合，可以使旅游场景不断创新。资源的利用、合理的空间布局使得城市更新有了稳固的现实基础，也为城市更新提供强有力的后盾。总之，优化空间布局可以打造出独特的旅游场景，提升游客的沉浸感和参与感，从而提升旅游体验的质量，吸引更多游客前来参观和体验，为城市更新和文化保护注入新的活力。

在沉浸式歌舞演艺微旅游与城市文化保护点式—重置型协同模式的分析框架中，通过引入智慧城市建设、居民意愿、景区发展水平三个变量，建立起沉浸式歌舞演艺微旅游与城市文化保护点式—重置型协同模式的分析框架。第一，沉浸式歌舞演艺微旅游与城市文化保护点式—重置型相对应的文化基础、土地基础、数字科技和社会环境对智慧城市建设的基本内容和特殊经济属性产生重要作用，如智慧设施的布局选址、服务设施及旅游配套设施等基础设施建设，其建设水平直接决定了智慧城市的发展前景。第二，尊重居民意愿是老旧小区改造和运行管理的前提，居民的开发意识、日常生活观念及其受教育程度、职业类别、性别年龄等对城市更新方向均有一定程度的影响，居民是老旧建筑改造的主体，居民的意愿对老旧小区改造存在很大的影响作用。因此，居民意愿在沉浸式微旅游业态创新与城市更新空间范型发展的协同模式中处于关键位置。第三，景区发展水平是沉浸式微旅游业态创新与城市更新空间范型协同模式研究中的一个重要变量，景区发展水平可从景区的经济结构、产业组织结构、等级评定方面体现，同时，景区的发展水平对于旅游产业的发展具有重要影响，不仅是旅游产业的发展基础，也是旅游产业发展的主体。第四，城市文化保护点式—重置型发展范型是集政府、开发商和民众于一体的，政府政策引导和监管与开发商响应、民众的积极配合都有着一定的关联。

在沉浸式文化传承微旅游与城市文化保护面域—原置型协同模式的分析框架中，通过引入城市产业结构、居民意愿及游客认知评价三个变量，搭建起沉浸式文化传承微旅游与城市文化保护面域—原置型协同模式的分析框架。第一，从沉浸式文化传承微旅游的文化基础、土地基础、基础设施和客源市场出发，文化资源的充足和多样性影响着沉浸式文化传承微旅游的成功建立和运营，也是城市更新的重要支撑和创新动力。文化资源也可以带动相关产业的发展，带动城市经济的更新和转型。土地基础包括旅游景区的地理位置、景观环境、周边区域等，周边区域的开发程度会影响游客对旅游目的地的整体印象，景区内的景观环境也是游客感受自然环境与氛围的重要因素，直接或间接地影响游客的感官体验和情感认知。同时，也需要充分保护周边的文化遗产和环境，营造良好的城市文化保护氛围，促进景区和城市的可持续发展。基础设施既关系到旅游业态的持续稳定发展，也影响着城市更新的文化保护和发展，交通、住宿、餐饮、娱乐等方面的设施齐全便利，可以让游客更加便捷、舒适地参与旅游活动。而交通不便、住宿条件差、餐饮品质低下等问题都可能导致游客对旅游目的地的评价降低,进而影响旅游的发展和城市形象的塑造。客源市场包括旅游目的地的潜在游客和实际游客群体,以及相关旅游服务和产品的供应商和运营者。客源市场的影响主要体现在游客对旅游目的地文化特色的了解程度和对旅游服务和产品的认可度上。第二,居民意愿中城市开发意识和生活观念,既关系到沉浸式文化传承微旅游的发展,也影响着城市更新,如果居民对城市更新的理念和方向持积极态度,将有助于推动城市在文化保护和旅游业发展方面取得更好的成果。同时,居民对于生活品质和文化需求的不断提升也促进了沉浸式文化传承微旅游的需求增长。第三,城市产业结构反映了城市中各产业部门的组成及其相互之间的比例关系,包括劳动密集型产业、资本密集型产业和技术密集型产业等不同类型的产业。城市产业结构的形成和变化是在一定条件下发生的,其目标是能够合理利用资源,发挥资源效能。城市结构受到自然、经济、社会等多方面条件的影响,同时也决定产业的基础条件。城市产业结构的基本特征与城市文化保护面域—原置型的政府监督、开发商投资以及民众利益密切相关、相互交织。城市产业的基本特征是与经济再生产相互关联,同时也与社会经济条件密切相关。因此,政府、开发商和民众在城市产业结构的塑造中都起着重要作用,它们是不可分割的。第四,沉浸式文化传承微旅游的业态创新模式包括文化基础、土地基础、基础设施和客源市场四个方面。实现沉浸式文化传承微旅游与城市文化保护面域—原置型发展之间的协同,重点在于改变区域内居民传统的落后的生产生活观念,转而借助城市历史古迹,调整和优化城市的产业结构,发展城市服务业与旅游产业,推进城市更新进程。

在沉浸式文化传承微旅游与城市文化保护面域—重置型协同模式的分析框架中,通过引入城市产业结构、旅游吸引及游客认知评价三个变量,建立起沉浸式文化传承微旅游与城市文化保护面域—重置型协同模式的分析框架。第一,从沉浸式文化传承微旅游的文化基础、土地基础、基础设施和客源市场出发,文化资源的充足和多样性影响着沉浸式文化传承微旅游的成功建立和运营,也是城市更新的重要支撑和创新动力。文化基础对旅游环境和氛围的塑造具有重要影响,同时直接影响游客的感知和认知,从而对游客的评价和满意度产生影响。土地基础是指旅游景区所处的地理位置、周边环境以及景区内的景观等因素。周边区域的开发水平,如周边商业设施的丰富程度、交通便利程度等因素,会影响游客对旅游目的地的总体印象。而景区内的景观环境也是游客感受自然环境和氛围的重要因素,直接或间接影响游客的感官体验和情感认知。在这些基础上,如果旅游设施完善,例如交通便利、停车场充足、餐饮质量高、住宿设施好等,就能为游客提供更好的旅游体验。客源市场的不同地域、文化、经济和人口等方面的特征,决定了这些游客可能有不同的偏好和需求。第二,人文吸引和数字吸引既关系到沉浸式文化传承微旅游的可持续发展,也影响着城市更新,通过打造人文吸引,突出城市文化的历史、传统、特色和人文风情等,可以吸引游客参与其中。同时,可以通过现代科技和数字化手段的应用,为旅游业态创新发展提供更多的便利和体验,还可以为城市文化保护面域—重置型的推广和传播提供更广泛的平台,通过互联网和社交媒体等渠道,吸引更多人关注、参与和支持。第三,城市产业结构反映了城市各个产业部门的组成以及它们之间的关系,包括餐饮业、旅游业、服务业、交通运输业等不同产业。城市产业结构的形成和发展是在特定条件下进行的,其目标是合理利用资源,充分发挥资源的功能,这个结构受到社会、经济和文化等多方面条件的综合影响,同时也决定产业的基础条件。城市文化保护面域—重置型的政府监督、开发商投资以及民众积极响应是城市产业结构的重要制约因素。其旅游吸引水平的提升依靠着人文文化和数字技术的升级,城市的历史文化内涵与现代科技的高速发展及应用,对城市旅游吸引力有着至关重要的作用,因此与城市文化保护面域—重置型的政府、开发商、民众三大主体密不可分。第四,城市文化保护面域—重置型的城市更新范型涉及政府监督、开发商投资及民众参与三个关键方面。在这个范型中,组织协调起着引导的作用,民众参与则是其中的主要内容,而政府政策引导和监管是保障和支持的重要手段。通过挖掘和合理利用城市文化底蕴,实现沉浸式文化传承微旅游与城市文化保护面域—重置型发展模式的协同,可以促进文创消费的发展,优化城市产业结构,重点发展服务业和旅游业,促进城市文化保护与重置型发展模式之间的有机融合。该模式可以调整城市结构，推进城市更新进程，同时也能让更多居民和游客深入了解本地文化。

在沉浸式文艺场馆微旅游与城市功能完善点式—原置型协同模式的分析框架中，通过引入景区联动、游客群体和城市遗址旅游开发三个变量，建立起沉浸式文艺场馆微旅游与城市功能完善点式—原置型协同模式的分析框架。第一，景区联动的形成与新时代的沉浸式微旅游是紧密相连的，沉浸式微旅游的发展有效地促进数字经济产业，城市消费水平逐渐提高，文艺场馆的沉浸式微旅游的经济效益也在逐渐提升。景区联动的形成主要受到三种力量的引导：首先是技术共享的基础，为景区联动的形成提供了源动力；其次是城市资源的联动，城市的旅游资源及相关产业资源的丰富与独特为景区分层次有序开发发挥关键性作用，为沉浸式文艺场馆微旅游的开发提供平台；最后是产品差异化，为文艺场馆的沉浸式微旅游提供发展契机。第二，游客群体也是影响沉浸式微旅游与城市更新空间范型协同模式的重要变量，游客群体主要是游客体验、游客评价。一方面，游客体验反映城市现有设施、服务和环境的质量，可以为城市管理者提供改进的方向和启示。另一方面，游客在旅游过程中对城市的建筑、环境、文化等方面的评价和反馈，可以帮助城市发现自身的不足之处，及时进行改进和完善。第三，城市遗址旅游开发是依托于位置选择、创意经济、创意产业和城市多元化功能的产业，不仅关乎沉浸式文艺场馆微旅游的发展，也影响着城市更新。城市遗址旅游开发的位置选择可以与周边景区进行联动营销，通过联合宣传和互相推荐来增加游客的流量和提高知名度，创意经济和创意产业的发展可以为景区联动提供更多的虚拟现实技术共享的机会，城市的多元化功能也能够为游客提供更加方便和舒适的旅游环境。第四，要实现沉浸式文艺场馆微旅游与城市功能完善点式—原置型协同模式，重点在于提升文艺资源和数字技术的智能展示，使文艺场馆能够顺利建设完善，保障景区发展水平的顺利提升。

在沉浸式文艺场馆微旅游与城市功能完善点式—重置型协同模式的分析框架中，通过引入景区联动、空间布局和城市遗址旅游开发三个变量，建立起沉浸式文艺场馆微旅游与城市功能完善点式—重置型协同模式的分析框架。第一，从沉浸式文艺场馆微旅游的区位、科技运用、市场需求和场景打造出发，景区的区位选择和旅游市场的选择直接影响着城市遗址旅游开发方式，区位选择越合理的地方，其城市遗址旅游开发越具有潜力。新科技不断发展，数字技术给城市产业和旅游产业的融合带来支持，科技应用和服务日新月异，使得城市可以提供给游客更丰富多彩的体验项目。这争取到游客对城市的青睐，同时也促进城市产业的更新与升级，科技手段的应用与创新，让城市给予游客的感官刺激更加丰富，助推城市旅游业的繁荣发展。景区场景打造既关系到游客的行为是否发生，也受到城市的经济发展影响，如城市具有较强的经济实力与消费能力，则景点的氛围打造在一定程度上会更加容易，不再只有单纯的传统观赏的氛围。第二，城市内部空间格局变化既影响城市原有内部空间结构，也影响城市功能划分，通过改善其空间结构布局，可以有效地更新城市，完善城市功能建设，更为满足游客需求提供动力源泉，而景区的可持续发展有利于完善城市功能，加快城市的更新速度，并提供保障。第三，景区联动包括技术共享、资源共享和产品差异，当信息通信技术、数字技术不断发展，体验技术的成熟度得到提升时，景区及周边各类城市资源相互联合，产品逐渐发生差异化，在城市更新进程的不断推进下，不断扩充的城市基础数据形成了新的数字环境，推动数字技术的发展，也成为城市功能划分的重要研究方向，为城市更新提供至关重要的动力。

在沉浸式休闲乐园微旅游与城市功能完善面域—原置型协同模式的分析框架中，通过引入居民意愿、旅游城市化、景区发展水平三个变量，建立起沉浸式休闲乐园微旅游与城市功能完善面域—原置型协同模式的分析框架。第一，沉浸式休闲乐园微旅游的发展需要兼顾以下几个重要方面：区位条件、自然条件、资源基础和市场需求四个方面。只有各个方面得以协调，才能对景区内部布局的构造和基础设施数量、城市区位选择、各类资源整合发展产生重要作用。区位的选择要与旅游市场的需求相匹配，例如，如果选择人口密集、经济繁荣、文化底蕴深厚的区域，那么自然条件的好坏直接影响着旅游体验的质量与景区内部的设施建设，资源的多样性和丰富性是沉浸式休闲乐园微旅游能否成功的重要因素，同时，市场需求的大小和变化直接影响着景区的发展和规模。第二，城市经济发展程度、居民生活观念、居民主体特征均为居民意愿中的重要因素，与城市功能完善面域—原置型建设中的空间选择、政府监督、开发商投资及民众参与均紧密相关。原置型的城市功能完善的区域，自然环境要求较高，且更新过程中，居民受影响程度较高，因此，居民意愿在沉浸式微旅游业态创新与城市更新空间范型协同模式中处于关键要素。第三，作为协同模式研究中另一重要变量，旅游城市化是随着城市化和旅游业的不断发展而出现的一种必然现象，主要体现在影响城市功能的现状与改进、城市鲜明的特色建设及城市的生态环境维护方面。第四，城市功能完善面域—原置型发展模式是集城市更新的作用、城市更新物理和社会空间范型于一体的，城市更新作用与旅游城市化紧密相关，城市物理空间范型对沉浸式休闲乐园微旅游的区位条件、自然条件、资源基础及市场总体需求都产生一定的影响作用。社会空间范型是城市物理空间承载的社会关系结构，对居民意愿、旅游城市化和景区发展水平均有密不可分的关联。

在沉浸式休闲乐园微旅游与城市功能完善面域—重置型协同模式的分析框架中，通过引入居民意愿、旅游城市化、智慧基础设施布局三个变量，建立起沉浸式休闲乐园微旅游与城市功能完善面域—重置型协同模式的分析框架。第一，智慧基础设施的合理布局受到沉浸式休闲乐园微旅游中的区位条件、资源集聚、市场需求等方面的影响，城市应完善各类公共配套设施和服务设施，以提高城市的便利性和舒适度，吸引更多游客和居民前来体验和居住。同时，完善旅游配套设施也很重要，可以提供多样化的旅游服务，来满足游客的多样化与个性化需求。这既可以提升游客体验，也可以扩大旅游产业的发展潜力。第二，旅游城市化的发展带动人口、资本和物质等生产力要素，城市功能，特色与城市整体环境提升，而它们均为旅游城市化中的重要内容，与城市功能完善面域—重置型建设中的空间选择、政府监督、开发商投资及民众参与均紧密相关。旅游作为城市化的一种动力，对促进城市经济转型及城市功能多元化具有重要作用。因此，旅游城市化在沉浸式微旅游业态创新与城市更新空间范型协同模式中有关键作用。第三，居民意愿作为二者协同研究中的重要变量之一，包括城市经济和发展水平、居民生产生活方式和主体特征等方面。当城市经济得到发展时，城市中的居民观念产生变化，有了产业支撑的城市在更新发展中，居民传统的落后观念得到不断纠正，组织观念与集体观念增强，同时，他们会积极地参与城市更新发展，为城市更新提供基础保障。第四，城市功能完善面域—重置型发展模式是集城市更新的作用、城市更新物理和社会空间范型于一体的。城市更新作用与旅游城市化紧密相关，城市物理空间范型对沉浸式休闲乐园微旅游的区位条件、自然条件、资源基础及市场总体需求都产生一定的影响作用。社会空间范型是城市物理空间承载的社会关系结构，对居民意愿、旅游城市化和景区发展水平均有密不可分的关联。

接下来，分析沉浸式微旅游业态创新（沉浸式歌舞演艺微旅游、沉浸式文艺场馆微旅游、沉浸式文化传承微旅游、沉浸式休闲乐园微旅游）－数字技术支撑（VR、AR设备、数字基础设施建设）－城市更新空间范型（城市更新目标、物理社会空间范型）之间的关系，构建起"歌舞演艺－城市文化保护（点式—原置/点式—重置）型、文艺场馆－城市功能完善（点式—原置/点式—重置）、文化传承－城市文化保护（面域—原置/面域—重置）型、休闲乐园－城市功能完善（面域—原置/面域—重置）型"等八种协同模式。

第一，沉浸式微旅游业态创新和城市更新空间范型协同模式发展都重视游客和城市居民的参与感和体验感，这是二者协同发展的一个重要特征，同时，这种注重体验和参与的理念也是当前旅游和城市发展的主要趋势之一。沉浸式微旅游业态创新通过创新的技术手段，如虚拟现实、增强现实等，将游客与旅游场景融为一体，让游客成为旅游活动的主体。能够极大地提高游客的参与感和体验感，使游客更加深入地了解和体验旅游目的地的文化和历史遗产，同时也能够吸引更多游客前来参与旅游活动，促进旅游产业的发展。城市更新空间范型建设也注重城市居民的参与和体验感，通过更新和改善公共空间和文化设施，提升城市的品质和吸引力。城市更新可以通过多元化的公共空间设计、文化设施的创新和完善等方式来提升城市的品质和吸引力，让居民更加愿意参与城市更新和发展。同时，也能够提高居民的生活质量，促进城市的可持续发展。两者的共同点在于都注重游客和居民的参与和体验感，强调人性化和个性化服务。沉浸式微旅游业态创新和城市更新空间范型协同发展都通过创新的技术手段，提供更加个性化、贴心化的服务，使游客和居民能够更好地融入旅游活动和城市发展中，享受更加美好的生活体验。在实践中，沉浸式微旅游业态创新和城市更新空间范型协同发展也具有很强的互动性。两者都能够借助科技手段，实现游客和居民的互动和交流，促进旅游和城市发展的创新和转型，达到共同繁荣和发展的目的。

第二，保护与创新并重是沉浸式微旅游业态创新和城市更新空间范型协同模式发展的一个重要特征。这一特征的实现，需要在保护文化和历史遗产的基础上，通过创新的手段提供新的旅游体验和城市空间功能，使得文化遗产得以更好地传承和发扬。在沉浸式微旅游业态创新中，保护文化和历史遗产是非常重要的，因为这些遗产是每个国家和城市的独特财富，是传承文化和历史的重要载体。通过旅游活动的呈现和展示，游客可以更深入地了解和感受这些文化和历史遗产的内涵和价值，从而增强其文化自信和对传统文化的认同感。同时，创新的技术手段也为游客带来全新的体验方式，更好地满足游客多元化的需求。城市更新须协同发展不同空间，同时重视保护城市历史文化遗产和传统文化。将历史遗产妥善保护与合理利用相结合，可以提高城市的文化内涵和历史价值，营造浓郁的文化氛围。这不仅可以增强城市的文化魅力，让旅居者能体会地方文明的厚重感，也可以让当地居民擦亮历史荣光，重新认识家乡。同时，通过创新的设计和技术手段，如绿色建筑、智能化设施等，可以提升城市的功能和形象，使城市变得更加现代化和宜居。不仅保障了城市的历史文化遗产和传统文化的传承，也为城市的发展提供了新的动力和方向。因此，保护和创新是沉浸式微旅游业态创新和城市更新空间范型协同发展的共同追求。在保护历史文化遗产的同时，通过创新的技术手段提供更好的体验和服务，不仅能够保留城市的历史和文化，还能够为城市的发展注入新的活力和动力。

第三，沉浸式微旅游业态创新和城市更新空间范型协同模式发展的智能化应用是基于现代技术和数据发展的，可以为旅游和城市的发展带来重要的机遇。其中，沉浸式技术和虚拟现实技术的运用，为旅游活动提供全新的方式和体验，使游客能够更好地理解和感受旅游场景的内涵和意义。例如，在博物馆中使用增强现实技术，可以将展品与数字内容结合，带来更加生动、直观的展示方式，让游客感受到身临其境的效果。其中，城市更新空间范型建设也注重技术应用，通过更新和改善公共空间和文化设施，提升城市的品质和吸引力。例如，通过智能化停车系统、智能化路灯系统等技术手段，可以提升城市的管理和服务水平。此外，智能化交通、智慧城市等方面的技术应用也在城市更新中得到广泛应用，为城市的可持续发展提供了支持。此外，沉浸式微旅游业态创新与城市更新空间范型协同发展模式的结合，也在不同程度上运用技术和智能化应用。例如，通过 AR 技术，可以将城市历史文化遗产和传统文化呈现给游客，让游客更好地了解城市的历史和文化。此外，通过智能化的导览系统，游客可以更好地了解城市的各种景点和文化设施。城市更新空间范型协同发展也可以通过智慧城市、智能化交通等技术手段，提升城市的品质和吸引力，为沉浸式微旅游业态创新提供更好的支持。因此，在未来，技术和智能化应用将继续成为沉浸式微旅游业态创新与城市更新空间范型协同模式发展的重要趋势和方向。

第四，虽然沉浸式微旅游业态创新和城市更新空间范型是两个不同的概念，但它们之间的协同发展具有相辅相成的关系。首先，沉浸式微旅游业态创新的发展可以促进城市经济的发展和社会进步。随着消费升级和旅游需求的增加，沉浸式微旅游业态的兴起为城市带来新的经济增长点。将旅游业放在重要位置，通过提高其质量和吸引力，有利于吸引更多的游客前来旅游消费，从而带动城市相关产业的发展。只有旅游业持续成长，城市经济才能实现高质量发展。同时，沉浸式微旅游业态的发展还可以促进城市的社会进步。通过丰富旅游产品和服务，可以提升游客的文化素质和旅游体验，促进社会文化的传承和发展。其次，城市更新空间范型的建设可以为沉浸式微旅游业态的发展提供良好的环境和条件。城市更新空间范型的建设可以改善城市公共设施和文化设施，提升城市的品质和吸引力，旅游业在城市的发展就能够得到更好的支持和保障。同时，城市更新空间范型的建设应将游客体验置于重要位置，通过优化空间结构完善旅游环境与服务体系，以增强游客旅游满意度。最后，沉浸式微旅游业态创新与城市更新空间范型协同模式可以促进城市的可持续发展。沉浸式微旅游业态创新可以带来经济效益和社会进步，而城市更新空间范型的建设则可以提高城市的环境质量和可持续性，两者结合能够实现城市的全面发展和可持续发展。通过这种模式的推广和应用，城市可以实现经济、社会和环境的协同发展，为城市的未来发展奠定坚实的基础。

3.5 沉浸式微旅游业态创新与城市更新空间范型协同模式的内外部影响机制

3.5.1 内部影响因素

沉浸式微旅游业态创新与城市更新空间范型协同模式的内部影响因素不仅是沉浸式微旅游体验的重要影响因素，同时也是城市更新空间范型打造的影响要素。城市更新是在新时代下，由于城镇化过快发展而必要的进程，它是通过有计划的改建活动，对那些已经不适应现代化城市社会生活的地区进行必要的改造，以适应城市的发展需求，沉浸式微旅游业态创新是城市更新多元化发展的重要方式，二者相协同受到主体行为、经济因素及内部发展战略等内部因素的影响。本书根据沉浸式微旅游业态发展现状和城市更新建设，识别出沉浸式微旅游业态创新与城市更新空间范型协同模式的内部影响机制（见图3-10）。

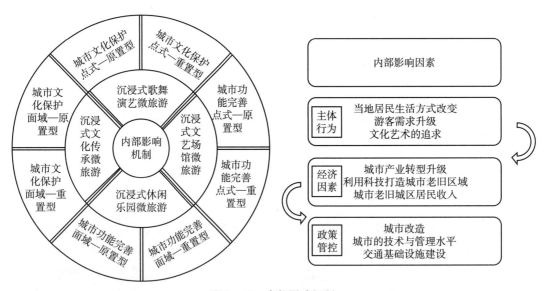

图3-10 内部影响机制

第一，主体行为。在新时代下的沉浸式微旅游业态创新与城市更新空间范型协同模式的众多影响因素中，主体行为是关键因素和根本性因素，可分为居民生活、游客消费升级和文化追求三个方面。首先，居民生活是沉浸式微旅游业态创新和城市更新空间范型协同模式的重要因素。随着城市的不断更新和发展，城市居民的生活水平不断提高，对于生活质量的要求也不断增加。因此，在沉浸式微旅游业态创新和城市更新空间范型协同模式的过程中，需要考虑到居民的实际需求和利益，为他们提供更加优质、便捷的生活服务，改善他们的居住环境和生活品质，让他们体验更为深度的旅游项目。城市更新空间范型建设的目标之一就是提高居民生活质量和幸福感，通过改善城市的公共空间、增加文化娱乐设施等方式，可以提高居民的生活体验，使得居民更加乐于参与沉浸式微旅游活动。在经济快速发展的大背景下，城市与城市之间的差距越来越小，尤其自城市内部构造与老城区开始改造以来，原本区域的居民生活方式发生了巨大的变化，城市部分建筑由此需要改变其承载的功能与使用方式，改变的同时也可以丰富当地环境与居民文化生活。其次，游客消费升级也是主体行为中的一个重要因素。沉浸式微旅游业态创新可以带动游客消费的升级和转型，促进城市消费市场的发展。在城市更新空间范型方面，可以通过引入新的商业模式和服务，提高城市消费品质和水平，吸引更多的游客前来消费。因此，城市更新和沉浸式微旅游业态创新需要考虑到消费升级的趋势和方向，为消费者提供更加高品质、个性化的产品和服务，满足他们日益增长的消费需求。随着人民生活的富足和对美好生活的向往，其消费层次在不断地提高，并且逐渐倾向于追求高频率、高品质的消费体验。基于互联网数字化新技术进行线上线下融合，以消费者体验为中心而不断形成的实物消费和服务消费需求，逐渐颠覆旧的生活习惯，也创造新的消费方式，提升生活质量。最后，新时代下对文化追求的趋势上升也是影响新时代下沉浸式微旅游业态创新与城市更新空间范型协同模式的关键因素。在沉浸式微旅游业态创新与城市更新空间范型协同模式的过程中，文化资源和文化价值的挖掘和传播已成为一个重要的方向。沉浸式微旅游业态创新和城市更新空间范型协同模式需要结合当地的历史文化和地域文化特色，通过挖掘和传承这些文化资源，为城市注入新的文化元素，丰富城市的文化内涵，提升城市的文化软实力，打造沉浸式微旅游新业态。一方面，文化是整个城市的灵魂，塑造着整个城市与众不同的历史底蕴和精神气质，同时在历史延续、价值凝聚、生活品质优化和经济活力激发等方面起到重要作用。另一方面，新时代下人民也更加追求自身的成长与提升，且随着经济社会的发展对于特色鲜明的文化产品和不同文化类型的接受认可度不断提升，同时更期待有文化内涵、内在价值的精品力作，人民超越了单纯的感官刺激、视听享受，追求满足型品质生活。此外，文化艺术的追求也可以促进旅游消费升级。在旅游过程中，游客希望体验到当地独特的文化和艺术氛围，而这也需要城市更新空间范型提供更多的文化和艺术场所和活动，满足游客的需求，推动沉浸式微旅游业态的升级和发展。

第二，经济因素。经济因素是新时代下沉浸式微旅游业态创新的重要要素，也是新时代下的城市更新空间范型的关键性因素，主要包括产业转型、旧址改造和城市经济三个方面。首先，在产业转型方面，可以通过引入新兴产业和高科技产业，加强城市与企业、大学、科研院所等创新主体的合作，推动旅游产业升级和创新发展，提高城市的经济竞争力和创新能力。一方面，城市最重要的是产业，其次是动力源泉，为城市更新与创新提供了可发展的动力；另一方面，城市产业能够得到提升，并转向高端化、高价值与高创新产业发展，而旧城往往容易局限于传统的产业结构，及早做好产业结构转型的准备是当务之急，城市更新正是产业升级的体现过程。其次，在旧址改造方面，可以将沉浸式微旅游业态创新和城市更新空间范型相结合，将旧的工业厂房、仓库等空间进行改造，打造成为创意产业园区、文化艺术街区等具有特色和吸引力的场所。新时代下随着城市的快速发展，部分老旧小区、老旧厂房、老旧街区、城中村等"三区一村"由于时间长、年代久，导致基础设施过于老旧，提升其硬件（基础设施、配套设施等）与软件（物业管理）能更好地提升居民的生活品质。王凯（2022）也指出，旅游业具有较强关联性、带动性和综合性，其高质量发展对科技创新存在反馈效应。在旅游业中，许多人会选择前往历史遗存和文化遗产所在地，感受历史文化的魅力，为旧址改造提供了市场需求。通过将旧址改造成沉浸式微旅游的场所，可以创新旅游业态，吸引更多的游客前来体验。在城市更新过程中，沉浸式微旅游业态创新可以为旧址改造提供更多的创新思路和方案，使改造成果更符合市场需求和游客体验，增加旧址的利用率和经济效益。最后，在城市经济方面，城市更新空间范型建设需要投入巨大的资金和资源，城市经济的发展可以提供更多的财政和投资支持，促进城市更新空间范型的协同创新和实践。通过加强城市的基础设施建设，可以提高城市的品质和吸引力。同时，也可以通过开发商业街区、文化休闲区等，增强城市的吸引力和活力，促进城市的经济发展和更新。城市经济的繁荣也会增加居民和游客的消费能力和消费意愿，为沉浸式微旅游业态创新提供更广阔的市场。城市更新空间范型是以城市为核心的，作为承载和发展的空间，在这个范型中，二三产业得到繁荣发展，城市经济结构不断优化。同时，资本、技术、劳动力、信息等生产要素在城市中高度聚集，并发挥着日益重要的作用。此外，城市经济的发展还会促进城市更新空间范型和沉浸式微旅游业态创新的融合和互动。城市经济的繁荣和发展会带动城市空间的更新和升级，创造出更多的场所和机会来实现沉浸式微旅游的体验和创新。

第三，景区管理。景区发展水平和景区联动是旅游发展中的一个重要内部影响因素，它与景区的设施、服务、管理、品质等相关，反映了景区的发展水平和能力。旅游景区是专门为旅游及其相关活动而设立的空间或地域，其主要功能是提供参观游览、休闲度假、康乐健身等服务。旅游景区具备相应旅游服务设施，并提供各类旅游服务。以满足游客的需求。它是一个独立管理的区域，旨在为游客提供独特的体验和服务。同时，旅游景区也是旅游业发展的基础，是旅游业发展的主体。其中，景区发展水平高低会直接影响游客的体验感和满意度，进而影响旅游业的可持续发展和城市更新空间的利用。当景区的设施、服务与管理等方面都较为完善与先进时，更能提升景区自身吸引力，也能为旅游业态创新发展提供良好的市场基础。同时，也为沉浸式微旅游业态的创新提供更广阔的空间和更高的要求。比如，一个设施完善的景区中，可以尝试引入虚拟现实技术，打造更加沉浸式的旅游体验。而在服务管理方面，可以通过智能化技术、数据分析等手段提高服务质量和效率，打造更加人性化的旅游服务体系。具有高发展水平的景区可以更快地适应和引入新的旅游业态和技术，加速沉浸式微旅游业态的发展。此外，景区作为城市的重要组成部分，其发展水平的提升会带动周边城市的更新和发展。例如，随着景区的发展与知名度提升，其周边可能会建设更多的商业设施和住宅，提升周边的居住和商业环境，以及周边交通基础设施，改善城市的交通状况。因此，通过对景区发展水平和服务质量的研究，可以为城市更新提供参考和借鉴，探索更加科学、合理、可持续的城市更新模式。除景区发展水平这一影响要素外，景区联动也对沉浸式微旅游业态创新与城市更新空间范型协同产生影响。景区联动指的是通过协作、联合和整合不同景区之间、不同资源之间、不同产业之间的关系，形成一个区域性的旅游产业链，其目的是提升整个区域的旅游发展水平和服务质量。景区联动不仅可以提高旅游产业的经济效益，还可以促进旅游业态的转型升级和城市更新的可持续发展，进而对沉浸式微旅游业态创新与城市更新空间范型协同模式的研究产生内部影响。例如，通过景区联动，不同景区不仅可以通过不同旅游模式进行旅游产品的研发和推广，进而探索更加实用和有效的旅游业态创新模式。同时可以共同推进城市交通和基础设施等建设，提高城市更新的效率和质量。

第四，目的地建设。综合管理是目的地发展中的重要内部要素，对于沉浸式微旅游与城市更新空间范型协同模式具有重要影响。综合管理主要体现在城市遗址旅游开发、旅游城市化、旅游吸引、智慧基础设施布局四个方面。首先，城市遗址旅游开发是专门针对城市遗址的特殊性，兼顾生态、文化、教育、科研、旅游、休闲等功能，并以文化体验为核心所设计的可持续开发模式，为游客提供观光、学习和休闲等旅游产品与服务。城市遗址旅游开发包括城市历史建筑、文物古迹、历史遗址、文化遗产、传统工艺、民俗风情等多种形式，通过建设历史文化主题公园、遗址公园、历史文化街区等项目，将城市的历史文化价值与旅游业有机结合起来，实现城市旅游和文化的双重发展。城市遗址旅游开发可以促进城市旅游业的发展，同时也可以保护和传承城市的历史文化遗产，提高城市的文化软实力和品牌形象。城市遗址旅游开发还可以激发旅游从业者的创新意识，推动旅游产业的转型升级。此外，城市遗址旅游开发还可以促进当地经济的发展，创造就业机会和增加旅游收入，推动城市更新和改善城市居民的生活质量等。通过对城市遗址旅游开发的研究，可以探索如何将历史文化与现代科技相结合，打造更加丰富、多样化的沉浸式微旅游产品，同时也可以探索如何在城市更新过程中合理利用和保护历史文化遗产，提升城市的文化内涵和吸引力。其次，旅游城市化可以促进城市更新。旅游城市化指的是在城市发展的过程中，以旅游业作为主导产业，将城市转型为以旅游为核心的城市类型。旅游城市化的主要目的是将城市从传统的工业化或商业化模式转变为旅游产业化模式，以实现经济结构的调整和城市发展的转型升级，以旅游业发展带动城市化进程。旅游城市化认为旅游的快速发展会使城市人口迅速增长，进而在城市内形成以旅游业、批发零售业和建筑业为主的产业结构。旅游业作为第三产业的重要组成部分，其充分发展已经成为中国城市化发展的重要推动力量，旅游城市化正是其实现的可行之路。旅游城市化通过挖掘城市文化遗产、优势资源和城市功能，推动沉浸式微旅游产品的创新和升级，同时也为城市更新提供了更多的规划理念和空间设计。再次，旅游吸引力不仅影响旅游产业的发展，而且有助于促进城市更新。旅游吸引力是指吸引游客到一个旅游目的地旅游的能力。旅游吸引力通常与旅游目的地知名度、独特性、可访问性和价格等因素有关，同时，可以促进旅游市场的竞争和协同。当旅游目的地具有足够的吸引力时，旅游市场的各个旅游目的地之间就会产生竞争和协同。旅游市场的竞争也会促使各个旅游目的地不断探索和创新旅游业态和城市更新模式，以此提高自身在旅游市场和各城市间的吸引力和竞争力。同时，旅游吸引力的提升，也将促进城市更新和空间范型的创新和实践，推动城市更新与沉浸式微旅游业态的融合发展，进一步提升城市的品质和吸引力。最后，智慧基础设施布局是城市更新的基础和支撑，是最能够反映城市发展水平、最直接服务于社会和居民的城市内容。智慧基础设施布局是指在城市和旅游地区中，通过智能化技术手段，将传统的基础设施进行升级和改造，以提高城市的智能化程度和可持续发展水平。通过科技手段和数据共享，可以优化城市和旅游地区的基础设施网络布局和功能，提高城市和旅游地区的运行效率和服务水平。

3.5.2　外部影响因素

沉浸式微旅游业态创新与城市更新空间范型协同模式的外部影响因素不仅是沉浸式微旅游体验的重要影响因素，同时也是城市更新空间范型打造的影响要素。城市更新是适应新时代城镇化过快发展的必要进程，旨在对城市中已经不适应现代化城市社会生活的地区进行必要的、有计划的改建活动。与此同时，沉浸式微旅游业态创新是城市更新多元化发展的重要方式，这两者的协同发展受到技术发展状况、利益相关者及社会因素等外部因素的影响。本书根据新时代下的沉浸式微旅游业态发展现状和城市更新打造范型，识别出影响新时代下沉浸式微旅游业态创新与城市更新空间范型协同模式的外部影响机制（见图 3-11）。

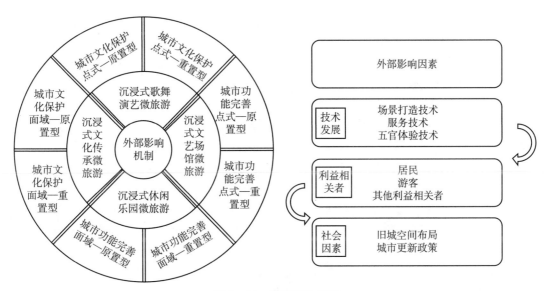

图 3-11　外部影响机制

第一，技术发展状况。沉浸式微旅游业态创新和城市更新发展受到来自内部的主体行为、经济因素和政策管控的影响，但更多的影响来自新时代下的技术发展状况，城市更新也更多依赖于城市科技创新上的数字化应用。首先，场景打造技术是沉浸式微旅游业态创新和城市更新空间范型协同模式的重要组成部分。旅游场所中的场景打造技术方面的升级，通过数字技术结合旅游资源，打造出沉浸式旅游体验新场景，使人们共同沉浸在人机交互的同时实现人与人之间的交互，以此提升游客的体验感，从而吸引更多的游客和消费者，提高旅游业的收益和城市的经济效益。而场景的升级打造也进一步提升城市的旧区的技术更新，旧城改造加强数字化应用场景的研究，促进城市更新空间范型建设。其次，沉浸式微旅游服务技术再次升级后，游客可以通过现场或相关的各类设施设备、方法手段、途径和"热情好客"的种种表现形式去全面感受景区的服务，满足其物质和精神的需求，从而触动游客情感，激发其消费心理。同时，可以通过智能化设备、大数据等技术手段来提升城市的管理效率和服务水平，从而为城市更新提供更多的支持，实现更加深入、全面的城市体验。城市与旅游企业引进和应用服务技术，可以为沉浸式微旅游业态创新和城市更新空间范型协同提供更加强有力的技术支持和创新动力。再次，五官体验技术是指利用先进的技术手段，如虚拟现实技术、声音技术、触感技术等，来模拟真实的感官体验，从而让游客更加真实地感受到旅游场景的魅力。沉浸式体验与旅游业相互结合后，其无边界、交互性、愉悦性、具身性等特征能将真实的体验和虚拟的世界相结合，为游客带来全方位和超震撼的感官体验，其所依靠的多媒体、投影互动、VR、AR 等技术，也能够为城市的基础设施建设提供升级，以此促进城市的更新发展。21 世纪以来，技术迭代创新速率加快，随着声音、影像、数字以及虚拟现实技术的发展，旅游产业的沉浸式体验也逐渐真实，成为推动社会关系的必要选择，旅游业态创新也成为城市更新的有效方式。最后，我国城镇更新和改建的规模逐渐增大，由老旧城区的改建扩展到其他功能性地区，由最初的建筑环境改善用地用途的改变。党的二十大报告强调加快转变超大特大城市发展方式的重要性，并提出一系列相关举措，包括实施城市更新行动，加强城市基础设施建设，以及打造宜居、韧性和智慧城市。同时，为了更好地适应我国社会经济转型，并贯彻"十四五"规划纲要中提出的高质量城镇化发展逻辑，需要积极融入以紧约束理念为核心的新空间规划格局构建。旨在适应未来城市发展中以存量建设为主导的趋势，以促进城市的可持续发展。在国内新型数字技术逐渐成熟、智慧运动兴起的大背景下，智慧城市建设发挥重要作用。促进城市中新技术和新知识的产生、流通和转化，并为旅游业态的创新提供全新的平台。智慧城市建设已成为许多城市战略转型的重要组成部分，以满足沉浸式微旅游业态创新与城市更新空间范型协同模式发展的内在需求。

　　第二，利益相关者。核心利益相关者的关系和利益分配状况也是影响沉浸式微旅游业态创新与城市更新空间范型协同模式实现的重要外部因素，主要表现为当地居民、游客与其他利益相关者三个方面。首先，当地居民是城市更新空间范型建设和沉浸式微旅游业态创新的主要利益相关者之一。城市更新空间范型建设往往会涉及旧城区改造、历史遗产保护等问题，这直接关系当地居民的生活环境和文化传承等方面的利益。在旧城改造中当地居民意愿占据重要的地位，在城市更新中有利于改善居民的生活条件和生活水平、环境的变化也影响居民从事旅游产业的积极性、旅游生产效率和旅游经济的发展。而这种变化也影响居民的经济收入，原有的产业发生变化，这使得部分居民的收入减少，部分居民的收入增多，相互的差异化容易造成二者之间的矛盾，形成心理上的不平衡。为了获得更高的利润，居民在城市更新过程中，会出现不配合甚至是抵制行为，增加了政府的管理负担。加上很多居民只是单纯地看到眼前的短期利益，并没有通过城市旧区的长远发展从而使自己获得更长远利益的意识，保护老城区的文化意识及可持续发展的意识不够强烈。其次，对于旅游主体的游客来说，城市更新的程度不高，文化底蕴欠缺且体验感不高，都影响其旅游期望能否得到充分的满足，也直接影响城市的旅游经济收益。这些进而造成部分居民收入下降，形成恶性的经营循环，既不利于城市的更新，也不利于沉浸式微旅游的旅游经济可持续发展和健康升级。游客是旅游产业的主要消费者和推动者，他们的需求和反馈直接影响沉浸式微旅游和城市更新的发展。同时，游客认知评价直接影响旅游业的发展和城市更新的调整，也反映了市场对于旅游业态创新的需求和期望，对旅游业的转型升级具有引导作用。另外，游客意见对于政府制定旅游与城市更新协同发展的相关政策有一定的参考价值，政府可以根据游客的需求和意见，及时调整开发模式。最后，除了当地居民和游客之外，投资者和政府部门也是沉浸式微旅游业态创新和城市更新空间范型的利益相关者。投资者是旅游产业的重要支持者，他们的投资和经营直接影响沉浸式微旅游业态创新和城市更新空间范型的规模和发展。因此，在沉浸式微旅游业态创新与城市更新空间范型协同模式的外部影响方面，需要充分考虑不同利益相关者的需求和利益，协调各方资源，实现利益共赢和可持续发展。同时，也需要建立健全的沟通渠道和合作机制，提高各方之间的信任和理解，实现共同发展的目标。

第三，社会因素。新时代下社会因素是沉浸式微旅游业态创新与城市更新空间范型协同模式的重要外部影响要素，主要体现在旧城空间布局不合理与城市更新的政策变化、旅游可持续发展三个方面。城市更新空间范型的本质在于将城市中一些老式建筑和基础设施设备进行有计划性、合理性的改造，主要可分为两个部分：空间布局打造和相关政策的发布。首先，空间布局打造的实质是将城市中零碎、老旧的剩余空间进行规模化的更新，并且完善旅游功能空间，重新布局城市板块，结合城市更新，强化各城区的主要功能，打造具有科技、文化、艺术、自然风光的旅游城市。许多城市在建设时期没有进行合理的规划，导致城市空间布局不合理，区域间差异性大，旧城区与新城区的差距尤为突出。旧城区通常存在着基础设施老化、环境污染、交通拥堵等问题，不利于沉浸式微旅游业态的创新和城市更新空间范型的协同发展。因此，在进行城市更新时，需要考虑旧城区的特点和问题，根据实际情况制定科学合理的城市更新方案，促进旧城区的发展和改善。其次，城市更新涉及多个领域和利益相关者，政策的变化和调整对沉浸式微旅游业态创新和城市更新空间范型产生着直接的影响。政府部门应该及时了解各方利益诉求和需求，制定和完善相关政策和法规，提高城市更新政策的科学性和针对性。同时，政策的贯彻和执行也需要得到有效的监督和管理，确保政策的有效性和稳定性。在智慧城市建设中，应重点关注主客共享空间的打造，一方面致力于推动城市商业步行街和古城古街的转型，将其打造成为新型的文旅商业消费聚集区。如通过引入新的商业模式和文旅元素，为游客和居民提供更加多样化的消费选择和体验，促进商业活力的提升。另一方面通过文旅品牌塑造和城市风貌的展现，来构建宜商宜游的城市空间。通过打造独特的文化符号和形象，让城市展现出新的气质和活力，吸引游客的目光和兴趣。这样的城市空间不仅是商业的场所，更是一个能够让游客感受到城市文化和生活方式的场景。2021 年 9 月，住房和城乡建设部发布的《关于在实施城市更新行动中防止大拆大建问题的通知》也明确"坚持应留尽留，全力保留城市记忆"。新一轮的城市更新将成为重塑城市文化环境、激发城市文化活力的新机会。2021 年 4 月发布的《2021 年新型城镇化和城乡融合发展重点任务》提出要实施城市更新行动，在城市更新的进程中，需要注重老城区的改造，这包括对老旧小区、老旧厂区、老旧街区以及城中村等"三区一村"的改造，应该致力于加快老旧小区改造的进程，将其作为城市更新行动的重要内容。最后，旅游可持续发展是将可持续发展观应用于旅游业的具体实践中，其终极目标并非追求旅游地的永续存在，而是在较长时期内追求各利益相关者要素之间的和谐共生发展状态，同时保护地方资源、环境和文化风貌的完整性，并为旅游目的地的居民提供公平的发展机会。此外，实现政策要求的旅游可持续高质量发展，关键是优化旅游产业结构并与城市协调发展，具体而言，需要加快不同区域之间旅游生产要素的自由流动，以优化区域间旅游资源配置，提高旅游产业的生产效率。同时，需要推动旅游产业链延伸与其他产业融合，有效引导产业集群形成与协同创新。此外，还应增强旅游产业的经济外溢效应，促进行业与区域深度联动。总之，旧城空间布局不合理、城市更新的政策变化和旅游可持续发展是影响沉浸式微旅游业态创新和城市更新空间范型协同发展的重要社会因素。为了促进沉浸式微旅游和城市更新的健康发展，需要加强相关政策和法规的制定和执行，注重各方利益的平衡。除了以上方法外，还应加强对公众的教育和宣传工作，提高公众的参与度和认识能力，可以促进公众参与沉浸式微旅游业态创新和城市更新空间范型协同发展，走向可持续方向。

第四，政策管控。城市更新的政策管控是影响沉浸式微旅游业态创新与城市更新空间范型协同模式的重要内部要素。具体来说，城镇化发展、技术与管理以及交通基础设施建设都对城市更新和改造有着强有力的影响。首先，城镇化的高速发展，也使得部分区域不适合现代化城市社会生活的发展，需要进行有计划、有必要的改建活动，同时注重对历史街区保护与旧建筑的修复等。城市更新往往需要通过土地的重新规划和开发，才能满足城市发展的需求。同时，随着城镇化进程的不断推进，城市人口的增长也给城市更新带来新的挑战。城市的旅游市场潜力也会逐渐释放，为沉浸式微旅游提供更广阔的市场。此外，城镇化发展也会促进城市的基础设施建设和城市空间的改造，为沉浸式微旅游提供更多的旅游场所和旅游资源。其次，城市的技术与管理水平也是城市更新建设的重要因素之一，城市的改建技术高低、管理水平所具有的科学性和合理性、建设规划是否符合居民心理预期以及功能是否完善且可持续发展潜力，均影响沉浸式微旅游与城市更新协同发展。随着技术的不断进步，新兴技术的应用已经成为城市更新和沉浸式微旅游业态创新的重要手段之一。政府需要引导和促进新兴技术的应用，以提高城市更新空间范型建设和沉浸式微旅游业态创新的效率和质量。此外，城市更新涉及多方利益相关方，政府需要在管理方面加强协调和沟通，确保城市更新的各个环节都能够得到有效的管理和监管。政府在城市更新中的政策和措施，如拆迁补偿、土地征用、环保监管等，都会直接或间接地影响到沉浸式微旅游业态创新的发展。最后，交通基础设施的改善与建设决定着整个城市对外连接和内部区域的沟通，以提升城市的可达性和可持续性，对旅游业的发展更是占据举足轻重的地位，旅游景区可进入性越强的地区，其旅游经济发展越快，更是能提高游客的参与度，旅游潜力可以得到较好的挖掘。同时，交通基础设施的建设可以提高城市内部和城市之间的交通便利度，使得游客可以更加便捷地到达旅游景点和各种旅游设施，促进沉浸式微旅游业态的发展。

3.6　沉浸式微旅游业态创新与城市更新空间范型协同模式的演化过程

3.6.1　主动演化过程

沉浸式歌舞演艺微旅游是沉浸式微旅游业态创新之一，文旅企业应大力推进 AR、VR、全息投影、现代声光技术、交互体验技术等数字技术在改革原有舞台形式、拓展户外演出空间上的应用普及。沉浸式歌舞演艺微旅游可以推动现有文化内容向沉浸式内容移植转化，丰富虚拟体验内容，由剧院式、主题公园式、山水实景式逐步转型为多场景沉浸式。而城市更新空间范型的具体建设进程，是利用虚拟现实相应的技术，对旧城空间进行梳理，通过 VR 技术的使用，促进居住空间的更新，也营造出一种沉浸式的空间体验。第一，城市更新空间范型通过加强与沉浸式微旅游企业的沟通和交流，了解其技术和需求，为其提供相应的空间和资源；第二，城市更新空间范型也积极借鉴沉浸式微旅游业态的理念和经验，为自身的规划和设计注入新的元素和活力。基于此，本书认为沉浸式微旅游与城市更新空间范型协同是一个动态变化的过程，在这个过程中，外部环境与内部因素都对其发展绩效和趋势产生重要影响。在协同创新的过程中，沉浸式微旅游业态也发挥重要的作用。其通过不断创新和改进旅游产品、服务，为城市更新空间范型提供更加丰富和多样化的体验元素。同时，沉浸式微旅游相关企业也与城市更新空间范型密切合作，为其提供技术支持和服务，共同推动城市的发展和进步。

资源禀赋、市场需求、业态特征对沉浸式微旅游业态创新与城市更新空间范型协同模式的作用机制主要体现在以下三个方面：第一，资源禀赋是城市更新的前提条件。城市更新需要大量的资源，包括资金、土地、人力资源等。如果城市没有足够的资源，就难以进行有效的更新。同时，城市更新也可以带动沉浸式微旅游的发展。首先，城市更新需要大量的资金投入，改善城市基础设施、新建建筑等。城市更新可以通过新建或改造文化、娱乐等设施，为游客提供更多的旅游选择，从而增加旅游收入，提高城市经济效益。其次，城市更新需要扩展足够的土地资源，有机结合城市历史文化保护和旅游开发，以历史文化资源作为城市更新的核心元素，创造出吸引力强、特色明显、体验感强的旅游景点，进而推动沉浸式微旅游的发展。最后，城市更新需要人力资源支持。城市更新可以创造就业机会，吸引更多的人才加入城市建设和旅游行业，带动沉浸式微旅游的发展。总之，通过将城市更新和沉浸式微旅游有机结合，可以创造更加独特、吸引力更强的旅游产品，带动城市经济和旅游业的发展。第二，市场需求是城市更新带来的。随着经济的发展和人们生活水平的提高，新时代下的旅游市场需求也发生了变化。人们更加注重个性化和特色化的旅游体验，同时，更多人关注沉浸式微旅游，希望通过旅游来体验不同文化，包括文化遗产、文化景点等。随着科技的不断发展，越来越多的人希望能够通过旅游体验最新的科技产品和服务，包括虚拟现实、智能导览等。旅游市场的发展可以为城市更新提供动力和资源，进而促进城市更新，总的来说，城市更新和旅游市场需求密不可分，城市更新可以提升城市品质和服务水平，增强城市吸引力，吸引更多的游客；而旅游市场的需求变化也可以影响城市更新的方向和重点。因此，城市更新和旅游市场相互协调，以实现城市的可持续发展和旅游新业态的良性发展。第三，业态特征是沉浸式微旅游业态创新与城市更新空间范型协同模式发展的必要保证。城市空间是不同产业和功能的重要载体，要实现城市空间功能的优化重塑，必须体现出文化和经济、文化和科技的深度融合。开放空间是城市发展的重要载体，实现其基础设施、文化设施与环境资源的共享利用，有利于相关产业进行深层次融合，利用好、发展好开放空间从而提高城市质量显得尤为重要。通过在历史文化街区中实施多元化功能配置、生态型景观提升、融合型文化交汇以及个性化业态升级等措施，可以将商业空间、文化空间与生活空间完美地融合在一起，展现出富有活力的现代城市街区品质。旅游业态和城市更新之间存在相互促进的关系，旅游业态的繁荣可以推动城市更新的发展，城市更新的进步可以提高城市的吸引力和品质，从而促进旅游业态的发展。沉浸式微旅游业态创新与城市更新空间范型在实践中应积极探索和尝试新的协同模式，以促进彼此之间的发展和进步。

相关利益者应该从自身出发，可培养相关技术人才，建立自己的技术团队，不断跟进最新的技术发展。沉浸式微旅游的体验多样化，不仅可以提供虚拟的旅游体验，还可以融入真实的旅游元素，例如当地美食、文化、传统手工艺等，让用户在虚拟与现实之间自由切换，拥有更加丰富的体验。通过数据分析和人工智能等技术，相关者可以了解游客的喜好和需求，从而为他们提供更加贴心和专业的服务。旨在提升游客体验，并为他们的需求量身定制服务。沉浸式微旅游是一种全新的旅游体验，需要相关者进行有效的营销和推广，吸引更多的游客体验。相关者可以在社交媒体、在线旅游平台、旅游展会等渠道开展营销活动，让更多的游客了解和体验沉浸式微旅游的魅力。总之，沉浸式微旅游是一种创新的旅游体验，需要相关者有创新的思维、优秀的技术支持、丰富的内容和个性化的服务，并通过不断拓展和深化，为用户带来更加优质和全面的旅游体验，才能在市场上取得成功。

相关利益者理论指的是在某一组织或行业内，所有的利益相关者（包括企业、政府、消费者、供应商、员工等）都在一定程度上影响该组织或行业的决策和行为。因此，沉浸式微旅游业态创新与城市更新空间范型协同模式的发展也受到了各种利益相关者的影响。第一，旅游企业和城市规划部门是沉浸式微旅游业态创新和城市更新空间范型协同模式的重要利益相关者。对于旅游企业而言，沉浸式微旅游业态的创新可以帮助企业吸引更多游客，提升游客体验，从而增加收入。城市规划部门通过协同创新模式，将沉浸式微旅游融入城市规划中，可以提升城市的形象和吸引力，从而带来经济和社会效益。第二，游客也是重要的利益相关者。沉浸式微旅游业态的创新可以提供更加多样化、真实和互动的旅游体验，满足消费者的个性化需求，提高消费者的旅游满意度。城市更新空间范型的协同创新模式可以提升城市的环境品质和舒适度，从而吸引更多消费者到城市旅游。同时，沉浸式微旅游业态的创新和城市更新空间范型的协同模式也需要大量的专业人才支持，因此，员工也可以从中获得就业机会和职业发展空间。第三，政府也是重要的利益相关者。政府在城市更新和旅游发展中担负监管和引导作用，通过制定政策和提供资金支持，可以推动沉浸式微旅游业态创新和城市更新空间范型协同模式的发展，同时也可以实现城市的经济和社会效益。不同利益相关者之间的关系是相互作用、相互制约的。通过合理地处理各方利益关系，可以实现沉浸式微旅游业态创新和城市更新空间范型协同模式的有机融合，从而实现经济、社会和环境的可持续发展。

随着移动互联网和 VR、AR 技术的不断发展，沉浸式微旅游逐渐成为旅游业的新热点，同时也带动了其与城市更新空间范型协同创新模式的演化过程。在沉浸式微旅游业态兴起初期，城市更新空间范型主要采用传统的规划设计和建设方式，既没有充分考虑到沉浸式微旅游的特点，也无法满足沉浸式微旅游对场景、空间和环境的高要求。此时，沉浸式微旅游业态与城市更新空间范型还未形成有效的协同模式。随着沉浸式微旅游的发展，城市更新空间范型开始逐渐意识到其与沉浸式微旅游业态之间的协同关系。一些城市开始将沉浸式微旅游的元素纳入城市更新空间范型中，如通过在公共空间设置互动式装置和 VR 展示，为游客提供更加真实和多样化的体验。同时，城市更新空间范型也通过科技手段改造城市公共设施、建筑景观等，提高沉浸式微旅游的环境舒适度和参与感。在协同创新模式的进一步演化过程中，城市更新空间范型和沉浸式微旅游业态之间的合作开始趋向深入和广泛。城市更新空间范型开始将沉浸式微旅游的体验融入城市设计中，如在公共空间增设智能化的导览系统、VR 影院和数字展览馆等，提供更加生动、丰富和互动的城市观光体验。同时，沉浸式微旅游业态也在城市更新空间范型的推动下加速发展，成为城市经济发展的新引擎。总体来说，沉浸式微旅游业态创新与城市更新空间范型协同模式的演化过程表明，随着新技术的不断涌现，城市更新空间范型需要不断与各种新兴产业进行协同创新，以适应不断变化的城市发展需求。在这一过程中，沉浸式微旅游业态的出现为城市更新空间范型提供新的发展机遇，而城市更新空间范型的改造和升级也为沉浸式微旅游业态提供更加广阔的发展空间。双方的协同创新将进一步促进城市旅游产业的发展，提升城市形象和吸引力，为城市的可持续发展打下坚实基础。

3.6.2　被动演化过程

沉浸式微旅游业态创新与城市更新空间范型协同模式的演化机制是一种协同的模式，受到沉浸式微旅游发展的内外部环境变化和市场需求变化的影响。市场作为旅游业的主要推动力量，其需求的不断变化将促使沉浸式微旅游业态和城市更新空间范型的创新和演化。因此，这种协同模式的演化机制是由市场需求的动态变化所驱动的，旨在不断满足游客的需求，并适应不断变化的市场环境。主要体现在技术发展、利益相关者、社会因素三个方面。第一，外部环境的变化对沉浸式微旅游业态创新和城市更新空间范型协同模式的演化具有重要的影响。随着社会经济和科技的快速发展，旅游市场对于旅游体验和服务质量的要求也在不断提高，促使沉浸式微旅游业态的不断升级和创新。同时，城市更新空间范型协同模式也需要不断适应城市更新的需求和变化，从而满足消费者的需求，增强市场竞争力。第二，市场需求的变化也是沉浸式微旅游业态创新与城市更新空间范型协同模式的演化机制。随着旅游市场的不断变化，消费者对旅游体验的需求也在不断变化，从而要求旅游企业和城市规划部门不断创新和升级沉浸式微旅游业态和城市更新空间范型。第三，虚拟现实和增强现实技术作为沉浸式体验技术的重要手段，也是沉浸式微旅游和城市更新中不可或缺的元素。与传统旅游不同，沉浸式微旅游通过数字化的方式提供旅游体验，可以更好地满足消费者对于个性化、多元化、安全化和便捷化的旅游需求。基于此，本书认为沉浸式微旅游业态创新与城市更新空间范型协同模式是一个动态变化的过程，在二者的协同发展中，内外部因素对于经济效益和城市更新发展起着重要的影响作用。意味内外部因素在协同模式的运作中起着关键的角色，能够塑造和影响沉浸式微旅游业态的创新，并驱动城市更新空间范型的发展。因此，这种协同模式的成功取决于内外部因素的相互作用。

　　技术发展、利益相关者、社会因素对沉浸式微旅游业态创新与城市更新空间范型协同模式的作用机制主要体现在以下三个方面：第一，技术发展影响沉浸式微旅游新业态。沉浸式微旅游的被动演化过程主要是由数字化、移动互联网、VR 技术和 AR 技术的应用推动的。VR 技术和 AR 技术等应用为旅游业态的创新带来全新的体验方式，为游客提供更直观、更生动的旅游体验，也能够增强游客对目的地的认知和体验。同时，由于城市的基础设施会随着时间的推移而老化，需要进行升级和改造，技术的发展也为城市更新提供更多的工具和资源，政府可以通过技术帮助城市更好地管理城市资源，建立更加智能化的基础设施，提高城市的可持续发展和生活质量。随着技术的不断发展，沉浸式微旅游和城市更新空间的协同作用更为显著。虚拟现实技术、增强现实技术等技术手段可以为城市更新提供更好的场景和背景，同时，沉浸式微旅游也可以为城市更新提供更多的旅游资源和市场需求信息，从而更好地满足市场需求和消费者需求。未来随着技术的不断发展，沉浸式微旅游新业态和城市更新空间范型协同模式将会不断发展和创新，为旅游业和城市更新带来更多新的机遇和挑战。第二，利益相关者收益影响沉浸式微旅游业态创新与城市更新空间范型的协同模式。沉浸式微旅游业态创新的利益相关者包括游客、旅游从业者、旅游企业和地方政府。政府可以加大对沉浸式微旅游业态创新的支持和扶持，通过政策引导和资金投入，鼓励旅游企业创新和发展，促进沉浸式微旅游产业的繁荣和增长。游客是沉浸式微旅游业态中的核心利益相关者，他们的旅游体验是业态创新的核心，游客可以通过积极参与沉浸式微旅游业态的创新，提供反馈意见和建议，以帮助企业改进和完善产品和服务，提高游客对旅游的体验。随着城市化进程的不断深入，城市更新工作成为城市建设的重点任务。只有各方利益协调、协同作战，才能够实现城市更新空间范型的良性发展，提升旧城区居民的居住舒适度和生活品质，为城市与旧城区的可持续发展作出积极贡献。城市更新空间范型中的利益相关者包括业主、设计师、承包商、政府和社区居民等。其中，政府是更新的监管者和管理者，他们通过政策引导来促进城市更新，同时也要考虑公共利益和社会责任；社区居民则是更新的最终受益者，通过获得更好的居住环境和社会资源来获取收益。而利益相关者的收益分配关系将直接影响到沉浸式微旅游业态创新与城市更新空间范型的协同模式。例如，如果城市更新空间的利益分配不合理，业主和承包商获得的收益过大，而社区居民获得的收益过小，那么社区居民可能会反对更新，从而导致更新空间无法与沉浸式微旅游业态协同发展。同样，如果沉浸式微旅游业态中的旅游企业获得的收益过大，而游客的体验效果过差，那么游客可能会选择传统旅游方式，从而影响沉浸式微旅游业态的发展，同时也会影响与城市更新空间范型的协同模式。因此，要实现沉浸式微旅游业态创新与城市更新空间范型协同模式发展，就必须考虑到利益相关者的收益影响，并建立公平合理的利益分配机制。同时，政府部门在引导和监管城市更新和旅游业态发展时，也要注重社会责任和公共利益的平衡，以推动协同发展的实现。第三，社会因素决定城市更新空间范型。社会因素包括文化、人口、经济和政治等方面，均影响城市产业的发展和城市空间的更新。例如，城市应该更加强调历史保护和文化遗产的保留，因此，在城市更新时应更多地考虑如何保护和维护历史建筑和文化景观。政府在沉浸式微旅游业态创新和城市更新空间范型方面的政策、规划和投资等方面的支持和倾斜，都会对相关领域的发展产生重要影响。政治意识形态对于城市更新的定位、范围和目的等方面会有所影响，进而影响更新空间范型的设计和规划。此外，城市更新也应调整产业结构，打造新的产业集聚区，吸引更多的企业和人才落户，推动城市经济的快速发展，更新旧城区以适应新兴产业的发展。沉浸式微旅游业态创新与城市更新空间范型协同模式的演化过程贯通整个协同过程，并且其演化过程包括主动演化和被动演化两个层面，二者在沉浸式微旅游发展的不同阶段发挥不同的作用。沉浸式微旅游作为新兴的旅游业态，与传统的城市观光旅游有很大不同，更强调参与性、体验性和互动性。因此，沉浸式微旅游的发展需要具备良好的基础设施和场地支持，这为城市更新提供新的机会。城市更新可以通过打造新的旅游场所和设施，满足沉浸式微旅游的需求，同时也能吸引更多的游客和旅行者，促进城市旅游业的发展。同时，沉浸式微旅游也为城市更新带来新的产业发展机遇。沉浸式微旅游需要结合先进的科技和艺术表现手段,因此需要大量的技术人才和创意人才。这为城市更新带来新的人才需求和人才吸引力,同时也为城市创新能力的提升提供新的支持。城市更新还可以打造新的创意产业集聚区,吸引更多的创意企业和人才入驻,推动城市产业结构的升级和优化,提高城市经济的竞争力和吸引力。因此,可以看出,城市更新与沉浸式微旅游新业态的发展之间具有互相促进的关系。在城市更新的过程中,需要考虑到沉浸式微旅游新业态的发展需求和市场潜力,优化城市的产业结构和功能区划,打造适合沉浸式微旅游新业态发展的城市空间和产业环境。同时,城市更新也需要充分发挥沉浸式微旅游新业态对于城市更新的促进作用,提高城市的经济活力和市场竞争力。

在文化和旅游深度融合的背景下,人文优势和旅游资源必须紧密相连。通过注入文化要素,旅游产业得以朝特色化和品质化的方向不断发展。与此同时,游客对高品质休闲生活的需求也不断升级,他们不再满足于简单的观光,而更加注重旅游场景的体验。因此,文化旅游和休闲旅游的发展将更加聚焦于深度体验空间与情感认同的塑造。在技术创新应用和旅游者深度体验需求的双重驱动下,沉浸式旅游演艺成为文化旅游产业中的新兴增长点。通过对舞台、场景、内容和技术的创新,不断更新升级的旅游演艺为游客创造出深刻的沉浸式体验感。近年来,传统剧场的镜框式舞台已无法满足旅游演艺产品体验的需求,因此出现许多新形式的旅游演艺作品,如山水实景、移动式舞台、沉浸式舞台等创新形式。从传统舞台到实景舞台再到沉浸舞台等转变,是旅游演艺沉浸体验发展的重要特征,是由游客体验需求的提升、技术水平的发展以及产品创意的升级所推动的。

贯穿人类的发展历史,一直就有沉浸式体验,比如石器时代的篝火叙事就是一种沉浸式氛围营造。到21世纪初,沉浸式体验不再局限于游乐领域,开始延伸到游戏、戏剧、影视等领域,产生更多元丰富的体验形式。一方面,沉浸式体验开始向互动深度加强的方向发展,随着《明星大侦探》等综艺的潮流引流,密室逃脱、剧本杀项目崛起;另一方面,科学技术是第一生产力,随着技术进步直接带动沉浸式体验的发展,出现一系列创新型项目,比如 SKP-S 等智能机械仿生羊等沉浸体验装置场景。沉浸式体验成为热点,开始跨界融合各种类型的业态,叙事深度、互动深度、五感融合深度都不断提升,特别是剧本杀、密室逃脱等细分领域迎来爆发式增长,以及出现类似迪士尼推出的《星球大战》酒店 + 乐园项目带来三天两晚超长时间的深度沉浸体验。通过内容 + 科技 + 艺术的融合渗透改造各类传统实景体验将是沉浸式体验发展的主流模式。在新时期,沉浸式微旅游业态创新和城市更新空间范型协同模式的演化过程贯穿其协同作用的整个过程,可以划分为主动演化和被动演化两个部分,它们在不同阶段扮演不同的角色,以推动协同发展并适应市场的变化。

城市是一个大型的人类聚居地,城市更新活动是城市发展过程中必然经历的,所谓城市更新,是指通过合理的方式,如维护、整建、拆除、完善公共资源等,对城市空间资源进行重新调整和配置,以更好地满足群众的期望需求,并适应经济社会发展的要求。通过城市更新,城市的空间布局和功能得以优化,旧有的设施和建筑得到改善或更新,以适应城市的发展和变化。新时期的旅游新业态更是结合城市的历史建筑基础,融入更多的文化创意以及对建筑保护的新理解,在最大限度保留和延续它们的历史、文化价值,充分发挥其经济、社会价值。沉浸式微旅游的技术创新不仅能够提升游客体验感,更能够利用高新技术改善居住空间环境,完善基础设施体系,提高城市运营效率,增加城市的时尚感和活力,以此使得城市可持续优化更新。另外又能够保持历史的多样性和层次性,延续城市文化与历史美好记忆。通过将城市中的遗产资源转化资产和资本,可以构建多元化的产业业态,如文化 + 产业、文化 + 旅游、文化 + 科技等,并将创意元素融入其中。不仅可以为城市带来经济效益,还能推动城市更新对新模式和新路径的积极探索,具体见图 3-12。

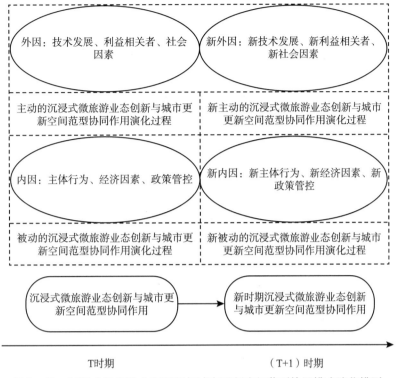

图 3 - 12　沉浸式微旅游业态创新与城市更新空间范型协同模式演化模型

由图 3 - 12 可以看出，沉浸式微旅游业态创新与城市更新空间范型协同模式的演化过程包括主动演化和被动演化两个部分，这两个部分同时进行并相互补充，共同推动沉浸式微旅游业态创新与城市更新空间范型的协同发展。在沉浸式微旅游业态创新与城市更新空间范型协同的不同发展阶段中扮演不同的角色，但在整个演化过程中形成统一的协同机制，并都发挥重要的作用。

在 T 时期，技术发展、利益相关者、社会因素等诸多外部因素对"沉浸式微旅游业态创新与城市更新空间范型协同作用"产生影响，同时，主体行为、经济因素、政策管控等内部因素也影响着"沉浸式微旅游业态创新与城市更新空间范型协同作用"，在主动演化和被动演化的共同作用下，"沉浸式微旅游业态创新与城市更新空间范型协同作用"逐渐演化成新时期，即（T + 1）时期的"沉浸式微旅游业态创新与城市更新空间范型协同作用"。

在（T + 1）时期，沉浸式微旅游业态创新与城市更新空间范型协同模式进入新的演化过程和阶段。这一演化过程贯穿沉浸式微旅游业态创新与城市更新空间范型协同作用的整个过程，并由主动演化和被动演化两个部分组成，在不同的阶段中发挥不同的作用。在新时期，沉浸式微旅游业态创新与城市更新空间范型协同模式的演化过程始终存在主动和被动的作用。主动演化是指通过积极的创新和行动，推动沉浸式微旅游业态创新与城市更新空间范型的协同发展。这涉及主体的创新意识、战略规划和行动实施，以及对市场需求和新技术的敏感度与适应性。主动演化的作用是在推动新模式、新范式的诞生和发展过程中发挥引领和推动的作用。与此同时，被动演化是指在外部环境的变化和市场需求的驱动下，沉浸式微旅游业态创新与城市更新空间范型发生相应的变化和调整。这包括对市场趋势的回应、对竞争压力的应对和对政策法规的遵从。被动演化的作用是在适应和应对外部变化的过程中发挥调整和优化的作用。在新时期沉浸式微旅游业态创新与城市更新空间范型协同模式的演化过程中，主动演化和被动演化相互作用、相辅相成，推动其发展，促进着协同机制的完善和优化。同时，演化过程是动态的，需要不断地调整，以适应不断变化的市场需求和发展环境。

第4章　沉浸式微旅游业态创新与城市更新空间范型协同模式的研究设计及调研方案

4.1　研究设计

4.1.1　实证验证方法

数据实证验证方法：结构方程模型。

结构方程模型是当代行为和社会领域量化研究中的一种重要统计方法，被广泛应用于处理多个原因和多个结果之间的关系，是一种有效的工具。结构方程模型能够帮助研究人员揭示复杂的因果关系网络，并定量评估各个变量对于研究结果的影响。根据结构方程模型构建的一般步骤，结合新时代沉浸式歌舞演艺微旅游与城市文化保护点式—原置型协同模式的变量特征和模型选择，本书主要分为以下几个步骤：一是模型建立，包括设定误差变量和建立初始结构方程模型；二是进行参数估计，以确定模型的拟合度；三是模型修正，根据参数估计和路径结果，对模型中不理想的路径进行修正，或重新构建整个模型；四是对每一个模型中的标准误、t值、标准化残差、修正指数以及各种拟合指数进行检查；五是根据上述步骤，确定最终的结构方程模型。

案例实证验证方法：SPS案例研究方法。

SPS（Structured - Pragmatic - Situational）案例研究方法由潘善琳教授创立，并在其著作《SPS案例研究方法：流程、建模与范例》中对其进行深入详细的阐述。该方法包括三个基本原则、八个步骤、六种案例设计逻辑和八种结果模型。作为一种新型的案例研究方法论，SPS方法的关键在于将案例分析结构化、实用化及情景化，通过有效的理论和系统操作流程构建模型，从而发掘案例中的特色与理论创新点。这种方法解决了许多从事案例研究的学者们在研究中遇到的根本性问题，使国内学者在案例研究中能够摆脱无从下手的困境，取得更好的研究成果。

SPS是一种社会研究方法，其核心在于理解某种单一情境下的动态过程。其中，最重要的一步就是竭尽全力还原真实的个案情景，通过生动形象的叙述让读者深入体会个案背景，这也是SPS方法在教学和研究中被广泛应用的原因。SPS个案研究的目的在于以具体个案为基础，通过收集和分析资料，研究事件之间的内在规律和逻辑联系，从而总结出相关理论。与传统研究方法相比，SPS个案研究在结构设计、实用性和还原真实情况方面更具优势，能更好地还原现场环境。因此，SPS个案研究的主要目的不是验证已有理论，而是通过选择具有代表性和参考价值的个案，不断完善和发展理论体系，使得总结出来的规律具有更强的普遍性和可推广性。

4.1.2　案例选取

第一，沉浸式歌舞演艺微旅游案例选取。

本书重点在于探析沉浸式歌舞演艺微旅游与城市文化保护点式范型协同模式的作用机制,主要以杭州《最忆是杭州》、西安《西安千古情》为典型案例进行实证研究。在选择案例时,已考虑到每个案例是否具有代表性。在前文构建的沉浸式歌舞演艺微旅游与城市文化保护点式范型协同模式的分析框架基础上,本书将分析两个案例的发展情况。具体来说,将从沉浸式微旅游业态创新划分维度、城市文化保护点式范型划分维度两个方面切入,对杭州《最忆是杭州》和西安《西安千古情》进行分析。通过对两个代表性案例地的深入分析,旨在阐明不同城市文化体验模式的优点及其在城市文化保护与传承中的潜在效益。

首先,分析杭州《最忆是杭州》。G20 峰会文艺晚会《最忆是杭州》是一例优秀的电视文艺节目。该晚会以"忆"为中心概念,通过古今中西文化的有机结合,带领观众深入体会西湖文化的韵味。将晚会设置在西湖这一如画般景观里,体现了艺术创作的勇于探索。此次晚会不仅吸引现场嘉宾,还通过电视和网络吸引更广泛的观众。《最忆是杭州》以沉浸式歌舞表演体现微旅游新的形式,与西湖这一原地保护点式模式相结合,不仅有助于推动微旅游业态模式的创新,也能促进保护管理模式的发展。本案例展示如何通过文化艺术创作融合微旅游和原地保护,实现文化产品创新和文物保护的双赢。《最忆是杭州》借助沉浸式歌舞演艺微旅游新的表现形式,与西湖作为沉浸式歌舞演艺微旅游新业态与城市文化保护点式—原置型建设进行协同。这种模式不仅可以促进微旅游产品和服务模式的创新,也有利于推进城市文化保护点式—原置型建设工作。《最忆是杭州》的演出地点是原《印象西湖》的演出场地,研究其开发历程对于推动沉浸式歌舞演艺微旅游与城市文化保护点式—原置型协同模式建设具有典型性。

选择《最忆是杭州》作为案例地的原因是多方面的。其一,选择《最忆是杭州》作为案例地是为了了解杭州市居民对于旅游业和文化保护的看法和态度。杭州市作为中国历史文化名城之一,其居民对于城市文化保护有较高的意识和认同感,同时也支持旅游业的发展,为沉浸式歌舞演艺微旅游与城市文化保护点式—原置型协同模式发展提供必要的基础和支持。其二,选择《最忆是杭州》作为案例地是为了了解杭州市的空间布局和旅游资源分布情况。杭州市分布丰富的自然风景和历史文化景点,如西湖、千岛湖、南宋御街等,这为沉浸式歌舞演艺微旅游的发展提供了必要的条件和支持。同时,杭州市交通和基础设施等方面也比较完善,具体地讲,杭州拥有非常完备的交通网络和城市基础设施,这使得旅游者可以轻松到达各个景点,为沉浸式歌舞演艺微旅游提供了便利条件。最后,选择《最忆是杭州》作为案例地是为了了解杭州市在旅游可持续发展方面的做法和成果。杭州市在旅游可持续发展方面付出了持续的努力和投入,如文化遗产保护、生态保护、城市规划等,提供必要的经验和借鉴。杭州在发展旅游业的同时,认真考虑生态环境保护和文化遗产保护,增加公益性和文化教育意义等元素。同时,作为一项质量和沉浸式体验都很高的旅游产品,《最忆是杭州》也强调人性化服务与文化的传承。由此可以看出,杭州以及其旅游产品都注重可持续且全方位的发展,在过程中一直紧密关注保护城市文化。

其次,分析西安《西安千古情》。该剧是由西安世博集团和宋城演艺联合打造的一出大型歌舞剧,它以一位华裔少女回国寻根的故事为主线,开启一次挖掘西安这块历史文化名城精神记忆的文化之旅。剧中利用独特的艺术表现手法,通过一段段文化片段展现出西安这座古城发生过的传奇故事。《西安千古情》在剧情设计和艺术表现上都凸显出强烈的文化内涵和民族气质,通过歌舞的形式重塑和传承西安这座历史名城的精神文明。2020 年 6 月 22 日,《西安千古情》在西安世博园首演,并同时启动西安千古情文化惠民活动。《西安千古情》以虚实结合的表现手法,打破传统意义上的舞台与观众区域划分,使观众能够通过沉浸式的艺术体验,感知到西安过去历史变迁和现今发展变革的史诗气质。《西安千古情》作为沉浸式歌舞演艺微旅游的新业态,通过协调各个相关利益主体之间的关系,促进城市文化保护点式—重置型协同的发展,还有助于推进沉浸式歌舞演艺微旅游与城市文化保护点式—重置型协同模式建设的过程。

选择《西安千古情》作为案例地,主要涉及多个方面的原因。首先,选择《西安千古情》作为案例地,有助于探究智慧城市建设与文化旅游发展之间的关系,以及对智慧城市建设的促进作用。西安作为一个历史文化名城，具有丰富的历史和文化遗产资源，是中国文化的重要代表之一。《西安千古情》项目通过利用信息技术，将现代技术与西安历史文化相结合，创新文化旅游产品，提升旅游体验。因此，通过对《西安千古情》的研究可以了解智慧城市建设在文化旅游产业发展中的作用，为发展智慧旅游提供借鉴。其次，《西安千古情》项目在当地的知名度和认可度都很高，在旅游市场上具有一定的知名度和吸引力，可以通过对当地居民的接受度和喜爱程度的研究，了解当地居民对文化旅游的期望和需求，从而更好地推广和开发文化旅游产品，提高当地居民的参与度和满意度，并提高文化旅游的精准度和定制化程度，促进文化旅游产业的发展。最后，《西安千古情》作为一种文化旅游产品，其成功实践可以为其他文化旅游景区提供借鉴和参考。虚实结合的表现手法让《西安千古情》打破舞台与观众区域的界限，让观众沉浸式地感受西安过去和正在发生的史诗巨变。《西安千古情》不是简单地表达历史，而是用独特的艺术表现手法，撷取西安文化的片段，为观众奉献出一台喜闻乐见的作品。作为一种文化旅游产品，《西安千古情》项目在旅游市场上有一定的知名度和竞争实力。通过对该项目的研究，可以深入了解该项目的成功经验和特点，了解该项目的创新方法和市场表现，为其他文化旅游景区提供借鉴和参考，并且可以更加精准地制定文化旅游产业发展规划和方案。本书以《西安千古情》为研究对象，研究符合研究内容，其开发历程对于推动沉浸式歌舞演艺微旅游与城市文化保护点式—重置型协同模式建设具有典型性。

第二，沉浸式文化传承微旅游案例选取。

本书重点在于探析沉浸式文化传承微旅游与城市文化保护面域范型协同模式的作用机制。以洛阳市"古都夜八点"、唐山市培仁历史文化街区为例，进行实证研究。在选择这两个案例时，已考虑到每个案例是否具有代表性。因此，这两个案例在一定程度上具有普遍性和严谨性，可以反映出不同城市开展文化旅游方式的一般规律。根据前文所构建的沉浸式微旅游与城市更新空间范型协同模式的分析框架，本书将在对以上两个案例进行发展现状分析的基础上，从沉浸式文化传承微旅游划分维度、城市文化保护面域范型建设两个方面出发，对河南洛阳市"古都夜八点"进行沉浸式文化传承微旅游与城市文化保护面域—原置型协同模式分析、对河北唐山市培仁历史文化街区为例进行沉浸式文化传承微旅游与城市文化保护面域—重置型协同模式分析。

首先，分析河南洛阳市"古都夜八点"，"古都夜八点"文旅促消费活动，是贯彻落实河南省政府为文旅消费促进活动工作部署，激发洛阳文旅市场活力，推动文旅消费提质增量，助力国家文化和旅游消费示范城市工作持续提升的重点工作；是洛阳继2020年5月8日首次推出即大获成功后，再次集结行业力量打造的文旅品牌盛会；是经过场景内涵提升，消费体验改进，文旅消费提质后，重磅打造的文旅消费节日，是叫响"古都夜八点"文旅消费品牌后的再发力。

选择河南洛阳市"古都夜八点"作为案例地，主要涉及多个方面的原因。其一，洛阳市出台《打造"古都夜八点"文旅消费品牌行动方案》，旨在借助创建国家文化和旅游消费示范城市的机遇，打造独特的夜间消费品牌——"古都夜八点"。该方案旨在培育多元化的夜间文旅消费集聚地，如魅力夜游、时尚夜购、好味美食、活力夜娱等项目，全面开启"夜洛阳"模式，为副中心城市建设注入新动力和活力。这个行动方案的意义在于，通过打造"古都夜八点"品牌，推动洛阳市的文化和旅游消费业态的发展，提高城市的知名度和影响力。同时，这个行动方案也是洛阳市建设国家文化和旅游消费示范城市的重要举措之一。其二，洛阳市的产业结构日趋多元化，文化旅游产业成为城市经济发展的重要支柱。"古都夜八点"作为一项重要的文化旅游品牌，能够为洛阳市的旅游业和文化产业注入新的活力。通过分析洛阳市的产业结构，发现洛阳市的产业结构比较适合发展夜间经济，因为洛阳市是一个历史文化名城，拥有丰富的文化资源和旅游资源，这些资源可以为夜间经济提供很好的支撑。而且，通过对洛阳市居民的调查，发现大部分居民都对"古都夜八点"的建设持支持态度。这说明洛阳市居民对于夜间经济的发展比较开放，并且愿意为之付出努力。其三，洛阳"古都夜八点"项目吸引众多游客前来参观和体验，并得到高度的认知评价。通过将游客融入文化体验中，洛阳"古都夜八点"项目帮助游客更加深入地了解当地文化，从而增强游客对文化旅游的兴趣和热情，提高他们对洛阳市的文化认知度和满意度，进而提高城市的旅游形象和吸引力。本书以河南洛阳"古都夜八点"为案例研究对象，符合本书研究内容，其发展进程和特征对推进沉浸式文化传承微旅游与城市文化保护面域—原置型协同模式建设具有代表性和特色性。

其次，分析河北唐山市培仁历史文化街区，唐山培仁历史文化街区位于唐山市龙泽南路培仁里社区，是一个重要的历史文化旅游综合建设项目。该区域拥有悠久的历史文化底蕴，对其进行保护、开发利用，旨在打造一个具有历史文化特色的街区，以铭记城市的历史、传承城市的文脉、提升城市的品位、丰富旅游产品、促进城市经济的繁荣，具有重要的意义。培仁历史文化街区以现存的百年文物建筑为出发点，形成 20 世纪初的建筑风格集群，成为打卡拍照胜地，全新亮相的户外休闲区为游客夏日游玩送上一份清凉。培仁历史文化街区以中西合璧的建筑风格和现代装饰设计为特色，打造了一条结合了建筑仿古、文化怀旧、业态时尚的城市历史文化生活街区。本书以河北唐山市培仁历史文化街区为案例研究对象，符合本书研究内容，其发展进程和特征对推进沉浸式文化传承微旅游与城市文化保护面域—重置型协同模式具有代表性和特色性。

选择河北唐山市培仁历史文化街区作为案例地，主要涉及多个方面的原因。首先，培仁历史文化街区作为唐山市的文化旅游区域，主要以提供文化体验和传承历史文化为主要目的，旅游配套产业主要包括文化创意产业、餐饮和娱乐等，形成了"文化 + 旅游 + 时尚"的发展模式。这种模式一方面可以强化文化旅游的主题性和特色性，另一方面可以吸引更多的游客和提高旅游消费水平。在文化旅游方面，培仁历史文化街区以重建历史建筑为主，并通过仿古风格的建筑和文化活动来展示唐山市的文化传统，从而吸引更多游客前来感受历史文化氛围。在文化创意产业方面，该街区引入一些文创企业，推出创意、时尚、文化融合的产品，极大地拓展文化旅游的出游内容。在餐饮和娱乐方面，该街区提供各种风味的餐饮和娱乐设施，满足不同游客的需求。其次，培仁历史文化街区由众多仿古建筑和历史文化遗迹组成，该街区建筑主要采用仿古风格，以展现唐山市丰富的历史文化和独特的文化特色。这些建筑物以其高度的历史、文化和艺术价值而受到广泛关注，完美地呈现唐山市的独特魅力，同时还展现娱乐、餐饮、文创等众多旅游元素。采用沉浸式文化传承微旅游的方式，能够让游客更好地了解当地文化，提高游客的文化体验，也能更好地推广和传承当地文化。并且沉浸式文化传承微旅游的方式，让培仁历史文化街区在竞争激烈的旅游市场中脱颖而出，增加了旅游市场的竞争力和吸引力，为培仁历史文化街区带来更多游客和旅游收益。最后，培仁历史文化街区采用沉浸式文化传承模式，可以让游客在参观过程中更深入地了解当地文化、历史和传统建筑风格，提高游客的文化认知。同时，沉浸式体验也能够提供更好的文化旅游体验，从而更有利于提高游客对该街区的认知和评价。因此，通过分析游客对该街区的认知评价，可以帮助了解游客对文化旅游的需求和态度，从而改进文化旅游的服务和产品。以河北唐山市培仁历史文化街区为案例研究对象，符合本书研究内容，其发展进程和特征对推进沉浸式文化传承微旅游与城市文化保护面域—重置型协同模式建设具有代表性和特色性。

第三，沉浸式文艺场馆微旅游案例选取。

本书重点在于探索沉浸式文艺场馆微旅游与城市功能完善点式范型协同模式的作用机制，主要以太原市山西文旅数字体验馆、淄博市齐文化博物馆为典型案例进行实证研究。在对筛选典型案例对象时已考虑案例是否具有典型性的问题。结合前文所构建的沉浸式微旅游与城市更新空间范型协同的分析框架，将在对以上两个案例进行发展现状分析的基础上，从沉浸式文艺场馆微旅游业态划分维度、城市功能完善点式范型划分维度两个角度出发，对山西文旅数字体验馆进行沉浸式文艺场馆微旅游与城市功能完善点式—原置型协同模式研究、对山东省淄博市齐文化博物馆进行沉浸式文艺场馆微旅游与城市功能完善点式—重置型协同模式研究。

首先，分析山西文旅数字体验馆，位于太原市小店区龙城大街的山西文旅数字体验馆是由山西文旅集团主导投资兴建的，该体验馆于 2019 年 10 月 11 日正式开馆运营，是全国首座省级文化旅游融合的数字化综合体验展馆。以"华夏古文明，山西好风光"为主题，运用人工智能、混合现实、全息成像、AR、VR、体感交互等前沿技术，突破了历史、艺术、技术的界限，生动再现了山西丰富的文旅资源和悠久的历史文明。山西文旅数字体验馆作为山西文旅领域的数字化新典范，荣获"2020年文化和旅游融合发展十大创新项目"之一，并被确定为全国首批国家旅游科技示范园区试点项目之一。

选择山西文旅数字体验馆作为案例地，主要涉及多个方面的原因。其一，太原文旅数字体验馆不仅是一个旅游景点，更是一座数字化旅游场馆，其数字化的特点使其与传统文化旅游景点相比有着不同的游客体验和服务模式。太原文旅数字体验馆是太原市的一个数字文化旅游地标，与周边的其他文化旅游景点（比如太原五龙口和崇善寺等）具有很好的互补性。此外，数字体验馆不仅可以作为一个独立的场馆进行游览，还可以和其他景点形成联动，实现整体的文化旅游产品和服务的提升。其二，太原文旅数字体验馆以数字化技术为特色，因此，吸引的游客群体也与传统的文化旅游有所不同。除了传统的文化爱好者和历史遗迹爱好者之外，数字体验馆也吸引着更多的年轻人和科技爱好者。同时，这些游客群体对于数字化的体验服务也有更高的期望值和评价标准。其三，山西太原作为中国历史文化名城，拥有丰富的历史文化遗产资源，包括城市遗址、博物馆、古建筑等。其中，太原市城市遗址非常丰富，如长风文化遗址、晋阳城遗址、雁门关遗址等。因此，选择太原作为案例地，有助于深入研究数字体验馆在城市遗址旅游开发中的应用与推广。在太原市文旅行业发展方面，政府对于文化旅游产业投入较高，数字化技术也得到迅速的发展与推广。因此，太原的数字化旅游应用相对较为成熟，为研究数字体验馆在文化旅游中的应用提供更加成熟的经验和参考。通过数字化技术的应用，数字体验馆可以让城市遗址旅游更加具有教育性和趣味性，进而成为城市文化旅游的重要推动力量。本书以山西文旅数字体验馆为案例研究对象，符合本书研究内容，其发展进程和特征对推动沉浸式文艺场馆微旅游与城市功能完善点式—原置型协同模式建设具有代表性和特色性。

其次，分析山东淄博市齐文化博物馆，是在原齐国故城遗址博物馆（齐国历史博物馆）的基础上建设而成的，于2015年底竣工，并在2016年9月第十三届齐文化节期间正式对公众开放。该博物馆是一座综合性博物馆，集文物收藏、展陈、保护、研究、教育、休闲功能于一体。它不仅是一座博物馆，更是城市功能的综合体，被视为城市的文化中心。作为城市文化的引力中心，吸引并聚集了各类城市资源，为城市的发展注入源源不断的活力。

选择山东淄博市齐文化博物馆作为案例地，主要涉及多个方面的原因。其一，齐文化博物馆是山东淄博市重要的文化旅游景点之一，周边还有许多其他景区，如足球博物馆等。这些景区间通过推出联票、深度游、套餐等方式实现联动发展，形成相互协调、资源共享、协同发展的旅游系统，提升游客的旅游体验和旅游市场的竞争力，同时也推动相邻景区和城市旅游资源的集成开发。其二，齐文化博物馆的空间布局体现独特的设计理念，新古典主义元素与数字科技相结合，营造出优美的空间环境和视听效果，为游客展现淄博市的古文化魅力和现代科技美感。博物馆内部不仅有展览陈列区、文化交流区、数字生态区等，同时还有优美的风景区、广场以及一个城市文化艺术中心，游客可以在这里进行文化旅游、休闲娱乐和艺术欣赏等多样化的活动。其三，淄博市地处鲁西南，历史悠久，文化底蕴深厚，有丰富的文物古迹资源。例如，稷山洞室墓群、姜太公祠、后李遗址、安平故城、桐林遗址等都是淄博市的历史遗迹，是淄博市文化旅游资源的重要组成部分。淄博市政府致力于规划和整合城市遗址旅游资源，旨在将齐文化博物馆作为城市文化旅游的核心区域，与其他城市遗址景区实现协同发展。该地区还通过城市遗址旅游开发等方式，进一步挖掘和利用地区文化遗产和历史文化资源。同时，通过丰富的旅游产品和多样化的旅游服务，吸引更多的游客前来淄博市旅游观光和文化交流。以淄博齐文化博物馆作为案例研究对象，符合本书研究内容，其发展进程和特征对推动沉浸式文艺场馆微旅游与城市功能完善点式—重置型协同模式建设具有代表性和特色性。

第四，沉浸式休闲乐园微旅游案例选取。

本书重点在于探析沉浸式休闲乐园微旅游与城市功能完善面域范型协同模式的作用机制。主要以无锡灵山小镇·拈花湾、青岛极地海洋世界为典型案例进行实证研究。在筛选典型案例对象时已考虑案例是否具有典型性的问题。结合前文所搭建的沉浸式微旅游业态创新与城市功能完善面域范型协同模式的分析框架，本书将在对以上两个案例进行发展现状分析的基础上，从沉浸式休闲乐园微旅游划分维度、城市功能完善面域范型划分维度两个角度出发，对江苏无锡灵山小镇·拈花湾进行沉浸式休闲乐园微旅游与城市功能完善面域—原置型协同模式分析、对青岛极地海洋世界进行沉浸式休闲乐园微旅游与城市功能完善面域—重置型协同模式分析。

首先，分析江苏无锡灵山小镇·拈花湾，小镇位于灵山最西部，是集自然、人文、生活方式于一体的旅游度假目的地。景区将禅意文化融入生活中，使景区内部处处能够体现出极致禅意美学和禅意生活的体验。景区定位以住宿、餐饮、零售与休闲为主，搭配休闲娱乐、文化艺术体验项目。同时，借助现代数字多媒体技术和舞台表演艺术，构建观演融合、文旅一体、深度体验的全新模式，让游客深度体验无处不在的禅意生活，从而开创"心灵度假"的休闲乐园旅游新模式。

选择江苏无锡市灵山小镇·拈花湾作为案例地，主要涉及多个方面的原因。其一，在灵山小镇基础条件建设方面，始终体现以人为本的理念，充分考虑当地居民的生活环境和利益。灵山小镇在发展旅游业的同时，也注重保障当地居民的基本利益，提高当地居民的生活品质和幸福感。此外，灵山小镇重点发展文化创意产业，吸引更多文化创意人才和产业发展，增强城市的吸引力和活力，符合居民的意愿。其二，江苏无锡市是国家级历史文化名城和全国优秀旅游城市，其周边地区拥有丰富的旅游资源，如太湖、梅村、灵山等。在旅游城市化发展过程中，江苏无锡市灵山小镇·拈花湾侧重打造沉浸式休闲乐园，通过多元化、综合性的旅游业态来满足不同游客的需求。该景区遵循"做大做强做特"发展战略，注重提升产品质量、创新旅游产品、积极开展旅游营销活动，已成为江苏旅游地产发展的重要板块之一。其三，江苏无锡市灵山小镇·拈花湾是一个集文化、休闲、娱乐、旅游于一体的综合性旅游区域，重点发展沉浸式休闲乐园。拈花湾项目占地约 1500 亩，规划多个园区，包括小镇区、乐园区、休闲区、特色区等，线路布置合理，驱动游客消费和参观景点的各种场所和设施都融入整个旅游线路中，形成丰富多彩的旅游体验。景区内的娱乐设施也非常丰富多样，包括主题剧场、香月花街、福田阁，吸引大量游客前来观光和游玩，成为无锡市一道独特的旅游名片。以江苏无锡灵山小镇·拈花湾为案例研究对象，符合本书研究内容，其发展进程和特征对推进沉浸式微休闲乐园微旅游与城市功能完善面域—原置型协同模式建设具有代表性和特色性。

其次，分析青岛极地海洋世界。景区位于山东省青岛市崂山区东海东路 60 号，是一个集休闲、购物、娱乐、文化多功能于一体的大型旅游度假综合服务设施。乐园是以极地动物展示、海洋极地动物表演以及海洋科技馆等为主题的综合性海洋主题公园，依托于青岛市天然的海洋旅游资源优势，主打海洋文化品牌，吸引游客前往体验。青岛极地海洋世界位于交通发达的东部沿海，拥有海陆空立体的交通网，为游客提供便利交通条件，大大方便游客出行。

选择青岛极地海洋世界作为案例地，主要涉及多个方面的原因。其一，青岛极地海洋世界不仅是青岛市的一大旅游景点，也成为当地居民休闲娱乐的热门场所。该景区在建设之初就注重环境保护和与居民的和谐共处，为周边居民提供舒适、安全、便捷的休闲服务。同时，该景区也通过不断推出新的娱乐项目，满足不同年龄层次游客的需求，吸引更多的游客来到这里游玩，进一步满足居民意愿。其二，青岛市是一个以旅游、海洋经济为主导产业的城市，是中国沿海城市之一。选择青岛极地海洋世界作为案例地，符合旅游城市化发展的目标和需求。该景区是青岛市旅游产业的重要组成部分，融合沉浸式休闲乐园和海洋科普，成为青岛市的知名景点之一。景区在建设和管理过程中，不断加强服务管理水平和产品质量，拓展多元化旅游产品，吸引越来越多国内外游客。其三，青岛市是一个现代化城市，也在积极推进智慧城市建设，智慧基础设施布局是其重要发展战略。青岛极地海洋世界也加强智慧基础设施的建设和应用。该景区采用智能化网络技术，为游客提供电子导览、在线支付、无线网络和虚拟现实等多种服务，让游客获得更好的游园体验。这些举措能够满足现代旅游客户的需求，提高游客满意度。以青岛极地海洋世界为案例研究对象，符合本书研究内容，其发展进程和特征对推动沉浸式休闲乐园微旅游与城市功能完善面域—重置型协同模式建设具有代表性和特色性。

4.1.3　问卷设计

第一，沉浸式歌舞演艺微旅游与城市文化保护点式范型协同模式的问卷设计。

在进行数据收集和整理的过程中，不仅考虑相关部门对于"沉浸式歌舞演艺微旅游与城市文化保护点式范型协同模式"的主观感受，还充分考虑项目建设过程中当地居民的支持程度。全面考虑了"实景演出""旅游演艺"与"城市文化保护"之间的相互作用关系。在新时代下，中国长途旅游需求总量下降，旅游供需失衡，供需总量矛盾急剧扩大，中长途旅游市场大幅下降，居民旅游需求更趋向于就近释放。这引发了旅游产业内部的不良竞争以及地域差异导致的产业发展鸿沟加深等一系列问题，导致旅游需求从景点观光游览转向旅游目的地深度体验升级。因此，城市更新的必要性变得非常明显，而打造城市更新空间范型成为升级旧城区的重要手段之一。

在此研究之前，本书已经对沉浸式歌舞演艺微旅游与城市文化保护点式范型协同模式进行深入的分析和探索，为了确保研究的严谨性，进一步识别出沉浸式歌舞演艺微旅游与城市文化保护点式范型协同模式的具体历程。本书采用定量分析方法，并运用结构方程模型对上述两种协同模式进行数据验证和实证分析。其原因主要有以下几点：首先，各个协同模式涉及多个因变量，因此在计算时需要综合考虑这些因变量；其次，本书涉及居民和游客的意愿、想法及行为等相关要素，这些要素通常难以用单一指标准确测量，并且常存在误差变量；最后，本书涉及的变量较多，它们之间存在复杂的相互关系和从属关系，同时可能受到高阶因子的影响，这导致传统的因子分析方法难以处理一个指标同时从属于多个因子或者考虑高阶因子的复杂情况。基于上述原因，本书主要采用结构方程模型作为主要实证方法，通过因子分析和模型检验来评估整体模型的拟合度，从理论和实践两个方面来看，均是可行的，并能够提供有力的支持。

为了确保研究数据的准确性和实用性，需要采取一系列措施，在充分了解沉浸式歌舞演艺微旅游与城市文化保护点式范型协同模式的发展现状的基础上设计《沉浸式歌舞演艺微旅游与城市文化保护点式—原置型协同作用调查问卷》《新时代沉浸式歌舞演艺微旅游对城市文化保护点式—重置型协同作用调查问卷》（以下简称"调查问卷"）。

在设计调查问卷时，将沉浸式歌舞演艺微旅游、居民意愿、空间布局、旅游可持续发展、城市文化保护点式—原置型发展模式五个方面作为重点。在设计调查问卷时，主要涵盖以上五个方面的内容。针对《新时代沉浸式歌舞演艺微旅游对城市文化保护点式—重置型协同作用调查问卷》，将沉浸式歌舞演艺微旅游、智慧城市建设、居民意愿、景区发展水平及城市文化保护点式—重置型发展模式五个方面作为重点。设计调查问卷时应包括以上五方面的内容。

第二，沉浸式文化传承微旅游与城市文化保护面域范型协同模式的问卷设计。

本书聚焦于新时代下的城市更新，以沉浸式微旅游业态创新和城市更新空间范型作为研究对象，通过探究新时代沉浸式文化传承微旅游与城市文化保护面域范型协同模式，对该模式进行实证分析。在新时代背景下，中国长途旅游需求总量出现急剧下降，导致旅游供需失衡，进而打乱了旅游市场的复苏节奏。同时，供需总量矛盾不断扩大，人们的旅行时间逐渐碎片化，旅游距离也倾向于短途，旅行预算也面临缩减的压力。这一现象引发了旅游产业内部的不良竞争以及地缘差距下产业发展鸿沟的进一步加剧等一系列问题，这些变化导致游客消费偏好和出行方式发生显著变化，旅游需求从简单的景点观光游转向对旅游目的地深度体验的需求升级。由此，城市更新变得越发迫切，而打造城市更新空间范型成为升级旧城区的重要手段之一。

即使从理论上对新时代下沉浸式文化传承微旅游与城市文化保护面域范型协同模式有了深入分析和诠释，已进一步识别出沉浸式文化传承微旅游与城市文化保护面域范型协同模式，但为了获得更为严谨的研究成果，也需采用定量分析方法对沉浸式文化传承微旅游与城市文化保护面域范型协同模式进行数据验证。在方法选择方面，本书采用结构方程模型进行实证分析，以验证沉浸式文化传承微旅游与城市文化保护点式范型协同模式的关系，这种方法的选取与前述研究目标保持一致。为了能够得到需要的数据，本书设计《沉浸式文化传承微旅游与城市文化保护面域—原置型协同作用调查问卷》《沉浸式文化传承微旅游与城市文化保护面域—重置型协同作用调查问卷》（以下简称"调查问卷"）。

在设计调查问卷时，将着重关注沉浸式文化传承微旅游、游客认知评价、居民意愿、城市产业结构及城市文化保护面域—原置型五个方面，通过设置观测变量来解释这些潜在变量，为分析沉浸式文化传承微旅游与城市文化保护面域—原置型建设协同模式提供第一手资料。因此，设计调查问卷时应包括以上五个方面的内容。为了能够得到需要的数据，本书设计《沉浸式文化传承微旅游与城市文化保护面域—重置型协同作用调查问卷》（以下简称"调查问卷"）。在设计调查问卷时，将重点关注沉浸式文化传承微旅游、游客认知评价、旅游吸引力、城市产业结构及城市文化保护面域—重置型等五个方面，通过设置观测变量来解释潜在变量，为最终分析沉浸式文化传承微旅游与城市文化保护面域—重置型协同模式提供第一手数据资料。因此，设计调查问卷时应包括以上五个方面的内容。

第三，沉浸式文艺场馆微旅游与城市功能完善点式范型协同模式的问卷设计。

在进行数据收集和整理的过程中，本书不仅注重相关部门对于"沉浸式文艺场馆微旅游与城市功能完善点式范型协同模式"的主观感受，还充分考虑了当地居民对项目建设的支持度。同时，全面考虑"数字体验馆""博物馆"与"城市功能完善"之间的相互作用关系。

在此研究之前，本书已经对沉浸式文艺场馆微旅游与城市功能完善点式范型协同模式、沉浸式文艺场馆微旅游与城市功能完善点式范型协同模式进行深入的分析和探索，进一步识别出沉浸式文艺场馆微旅游与城市功能完善点式—原置型协同模式，但为了获得更为严谨的研究成果，仍需采用定量分析方法对沉浸式文艺场馆微旅游与城市功能完善点式—原置型建设协同模式、沉浸式文艺场馆微旅游与城市功能完善点式—重置型协同模式进行数据验证。其原因主要包含了以下几点：一是在各个协同模式中，涉及多个因变量，在进行计算时需要同时对多个因变量进行考虑；二是涉及居民和游客的意愿、想法及行为等相关要素，这些要素往往不能单一地用指标进行测量，且广泛存在误差变量；三是本书所涉及的变量较多，因子的关系较为复杂，同时还可能存在高阶的情况，而传统的因子分子处理方式难以处理一个指标从属多个因子或者考虑高阶因子等比较复杂的从属关系的模型。基于以上原因，本书采用结构方程模型为主要实证方法，通过因子分析和模型检验，估计整个模型的拟合程度，从理论和实践两个方面来看，均是可行的。

为了获得更为严谨的研究成果，从理论上对新时代下沉浸式文艺场馆微旅游与城市功能完善点式—原置型协同模式、沉浸式文艺场馆微旅游与城市功能完善点式—重置型协同模式进行深入分析和诠释。为了能够得到需要的数据，本书设计《沉浸式文艺场馆微旅游与城市功能完善点式—原置型协同作用调查问卷》《沉浸式文艺场馆微旅游与城市功能完善点式—重置型协同作用调查问卷》（以下简称"调查问卷"）。

设计调查问卷时，将沉浸式文艺场馆微旅游、城市遗址旅游开发、游客群体、景区联动及城市功能完善点式—原置型五个方面作为重点，通过设置观测变量对潜在变量进行解释，为最终分析沉浸式文艺场馆微旅游与城市功能完善点式—原置型建设协同模式提供第一手数据资料。因此，设计调查问卷时应包括以上五个方面的内容。针对《沉浸式文艺场馆微旅游与城市功能完善点式—重置型协同作用调查问卷》，将沉浸式文艺场馆微旅游、城市遗址旅游开发、空间布局、景区联动及城市功能完善点式—重置型五个方面作为重点，通过设置观测变量对潜在变量进行解释，为最终分析沉浸式文艺场馆微旅游与城市功能完善点式—重置型建设协同模式提供第一手数据资料。因此，设计调查问卷时应包括以上五个方面的内容。

第四，沉浸式休闲乐园微旅游与城市功能完善面域范型协同模式的问卷设计。

本书在进行数据收集和整理的过程中，不仅考虑到相关部门对"沉浸式休闲乐园微旅游与城市功能完善面域范型协同模式"的主观感受，还充分考虑到项目建设过程中当地居民的支持度，同时，全方位地考虑"特色小镇""科技馆"与"城市功能完善"之间的相互作用关系。

在此研究之前，本书已经对沉浸式休闲乐园微旅游与城市功能完善面域范型协同模式进行深入的分析和探索，进一步识别出沉浸式休闲乐园微旅游与城市功能完善点式—原置型协同模式，但为了获得更为严谨的研究成果，仍需采用定量分析方法对沉浸式文艺场馆微旅游与城市功能完善面域—原置型协同模式、沉浸式文艺场馆微旅游与城市功能完善面域—重置型协同模式进行数据验证。其原因主要包括以下几点：首先，在各个协同模式中涉及多个因变量，进行计算时需要同时考虑这些因变量。其次，涉及居民和游客的意愿、想法及行为等多个相关要素，这些要素往往无法单纯地用指标进行准确测量，而且存在误差变量。最后，本书涉及较多的变量和复杂的因子关系，还可能存在高阶因子的情况。传统的因子分析方法难以处理一个指标从属多个因子或者考虑高阶因子等复杂的从属关系的模型。基于以上原因，本书选择采用结构方程模型作为主要的实证方法，通过因子分析和模型检验来估计整个模型的拟合程度。从理论和实践的角度来看，这种方法在研究中是可行的。

为了获得更为严谨的研究成果，从理论上对新时代下沉浸式休闲乐园微旅游与城市功能完善面域—原置型协同模式、沉浸式休闲乐园微旅游与城市功能完善面域—重置型协同模式进行深入分析和诠释。为了能够得到需要的数据，本书设计《沉浸式休闲乐园微旅游与城市功能完善面域—原置型协同作用调查问卷》《沉浸式休闲乐园微旅游与城市功能完善点式—重置型协同作用调查问卷》（以下简称"调查问卷"）。

在设计调查问卷的过程中，将《沉浸式休闲乐园微旅游与城市功能完善面域—原置型协同作用调查问卷》作为重点，问卷将沉浸式休闲乐园微旅游、景区发展水平、旅游城市化、居民意愿及城市功能完善面域—原置型五个方面作为关注点，通过设置观测变量，对潜在变量进行解释，为最终分析沉浸式休闲乐园微旅游与城市功能完善面域—原置型协同模式提供第一手资料。因此，设计调查问卷时应包括以上五个方面的内容。设计《沉浸式休闲乐园微旅游与城市功能完善面域—重置型协同作用调查问卷》，将沉浸式休闲乐园微旅游、智慧基础设施布局、旅游城市化、居民意愿及城市功能完善面域—重置型五个方面作为重点，通过设置观测变量对潜在变量进行解释，为最终分析沉浸式休闲乐园微旅游与城市功能完善面域—重置型协同模式提供一手数据资料。因此，设计调查问卷时应包括以上五个方面的内容。

4.1.4　数据来源与收集

第一，关于数据来源。

SPS 案例研究范式获取基础材料时通常采用收集案例相关资料数据来进行下一步操作。一手资料是指研究小组在实地考察、调查中直接获得的最为原始的信息，包括问卷调查、访谈、实地观察等方式所得到的数据。相较于二手资料，一手资料具有较强的实证性、针对性和可读性的优点，因为是通过直接观察、交流获得的，更能反映真实情况。同时，一手资料的时效性和准确可靠性也相对较强，由于是经过研究小组亲自获取的，可以避免信息在传递过程中产生的失真和误差。通过采集和分析一手资料，研究者可以更加深入地了解研究对象，挖掘出更为深刻的问题和规律，从而对研究主题作出更为科学、准确的结论。二手资料是由研究小组成员基于研究目的搜集、整理的各种现成的资料，搜集二手资料的好处在于能够更快速、低成本地获得所需数据，并帮助研究团队定义问题和寻找解决问题的途径，同时能够更深入地理解原始数据。一手资料与二手资料在取长补短、相互依存、相互补充方面具有重要意义，通过整理和建立一手资料和二手资料的数据库，为进一步进行案例描述和分析提供基础。这两种类型的资料相互协作、互相补充，使本书能够得到更全面、深入的认识。

本书收集第一手资料的方式包括实地调查所获得的资料、问卷调查、专家访谈、座谈调查、电子邮件等，在获取第一手资料的过程中，按照本书的设计思路，以有目标性、有计划的方式进行资料收集和调查工作。除中国知网中的期刊外，二手资料的获取可以参考 Elsevier，JCR，Web of Science，Taylor & Francis，Springer 等相关海外期刊，同时通过知乎、新浪网、人民网以及相关网络新媒体对《最忆是杭州》的最新报道，媒体报道、论文期刊、人物访谈记录等进行查询和资料的整合。

　　研究数据的来源主要通过以下三种途径获得：一是发放、回收、整理调查问卷。根据问卷内容，研究小组组建了调研团队，并在各个典型案例地展开调研工作，调研的主要对象是案例地的游客和居民。预调研的主要目的是获取关于新时代沉浸式休闲乐园微旅游与城市功能完善面域—重置型协同模式的基本情况和现实问题的信息。通过预调研，可以对原有问卷的题项、表述以及与现实相冲突的内容进行相应调整，这为第二阶段的正式调研提供了工作安排和基础。二是为了进一步研究所选案例地的情况，进行实地观察。基于预调研结果的整理和统计分析，研究团队于 2022 年 7 月 15 日到 2022 年 12 月 20 日展开新一轮的正式调研。正式调研是在预调研的基础上进行的，旨在有针对性地采集数据，以获取关于新时代沉浸式休闲乐园微旅游与城市功能完善面域—重置型模式协同的数据，在本节中，针对问卷的设计充分考虑相关内容。三是网络文献检索。本书通过查看当地政府网站公开的权威资料和数据统计，及时掌握政策的最新动态并进行内容和研究方式的调整。此外，还通过检索国内外各大数据库，获取学者们的研究数据资料，深入研究和更全面地了解相关领域的情况。

　　第二，关于数据收集。

　　首先，结构方程数据收集。

　　为了确保所得数据的准确性、可靠性，本书将最低有效样本数定为 220 份。此次研究小组实地调研杭州《最忆是杭州》、西安《西安千古情》、洛阳"古都夜八点"、唐山培仁历史文化街区、山西文旅数字体验馆、淄博市齐文化博物馆、无锡市灵山小镇·拈花湾和唐山市培仁历史文化街区八个案例地，每个案例地各发放 300 份以上问卷的数量。其中，通过调查问卷获取沉浸式歌舞演艺微旅游与城市文化保护点式—原置型协同的第一手数据资料，本研究小组于 2022 年 7 月 15 日～7 月 20 日前往杭州《最忆是杭州》进行实地调研，共回收了 270 份问卷，回收率为 90%，通过统计，其中有 256 份被认定为有效问卷，有效率为 94.8%。通过调查问卷获取沉浸式歌舞演艺微旅游与城市文化保护点式—重置型协同模式的第一手数据资料，本研究小组于 2022 年 7 月 30 日～8 月 10 日前往西安《西安千古情》进行实地调研，共回收了 268 份问卷，回收率为 89.3%，通过统计，其中有 230 份被认定为有效问卷，有效率为 85.8%。通过调查问卷获取沉浸式文化传承微旅游与城市文化保护面域—原置型协同模式的第一手数据资料，本研究小组于 2022 年 8 月 20 日～8 月 30 日前往洛阳"古都夜八点"进行实地调研，在所回收的问卷中，回收问卷数量为 278 份，回收率为 89.7%，通过统计，其中有 237 份被认定为有效问卷，有效率为 85.3%。通过调查问卷获取沉浸式文化传承微旅游与城市文化保护面域—重置型协同模式的第一手数据资料，本研究小组于 2022 年 9 月 15 日～9 月 20 日前往唐山培仁历史文化街区进行实地调研，在所回收的问卷中，回收问卷数量为 288 份，回收率为 90%，通过统计，其中有 247 份被认定为有效问卷，有效率为 85.8%。通过调查问卷获取沉浸式文艺场馆微旅游与城市功能完善点式—原置型协同模式的第一手数据资料，本研究小组于 2022 年 10 月 1 日～10 月 10 日前往山西文旅数字体验馆进行实地调研，在所回收的问卷中，回收问卷数量为 264 份，回收率为 88%，通过统计，其中有 232 份被认定为有效问卷，有效率为 87.9%。通过调查问卷获取沉浸式文艺场馆微旅游与城市功能完善点式—重置型协同模式的第一手数据资料，本研究小组于 2022 年 10 月 25 日～11 月 5 日前往淄博市齐文化博物馆进行实地调研，在所回收的问卷中，回收问卷数量为 268 份，回收率为 89.3%，通过统计，其中有 230 份被认定为有效问卷，有效率为 85.8%。通过调查问卷获取沉浸式休闲乐园微旅游与城市功能完善面域—原置型协同模式的第一手数据资料，本研究小组于 2022 年 11 月 15 日～11 月 20 日前往无锡灵山小镇·拈花湾进行实地调研，在所回收的问卷中，回收问卷数量为 249 份，回收率为 83%，通过统计，其中有 225 份被认定为有效问卷，有效率为 90.4%。通过调查问卷获取沉浸式休闲乐园微旅游与城市功能完善面域—重置型协同模式的第一手数据资料，本研究小组于 2022 年 12 月 15 日~12 月 20 日前往青岛极地海洋世界进行实地调研，在所回收的问卷中，回收问卷数量为 248 份，回收率为 82.7%，通过统计，其中有 223 份被认定为有效问卷，有效率为 89.9%。总体来说，回收的问卷数量和有效问卷数量都符合了结构方程所要求的样本数量，因此可以进行下一步的实证分析。

其次，SPS 模式案例数据收集。

在研究过程中，本书将对所选取的八个案例进行案例分析和数据处理。主要从以下两个方面入手：一方面，对所得的有效数据进行分类，以确保数据能够涵盖杭州《最忆是杭州》、西安《西安千古情》、洛阳"古都夜八点"、唐山培仁历史文化街区、山西文旅数字体验馆、淄博市齐文化博物馆、无锡灵山小镇·拈花湾和青岛极地海洋世界的各个方面。这样做可以确保所得数据的全面性。通过这些数据分类和分析，能够深入了解每个案例的特点和重要方面，以支持研究目标。另一方面，在数据整理的过程中，需要把握研究的重点，并有针对性地对数据进行分类和整理，以提高数据筛选的效率。本书的案例分析主要基于沉浸式微旅游与城市更新空间范型协同的实践需求，对二者协同发展较为典型的案例进行较为系统的分析。通过对这些案例的深入分析，能够更好地理解沉浸式微旅游和城市更新空间范型协同发展的关键要素和机制。将提供有针对性的实践经验和启示，从而推动沉浸式微旅游和城市更新空间范型协同的进一步发展。本章节的目的主要是对沉浸式微旅游与城市更新空间范型的典型案例进行分析，具体主要分为以下八个部分：一是验证并分析沉浸式歌舞演艺微旅游与城市文化保护点式—原置型协同模式的作用机制，为确保所得数据的准确性，研究小组将对杭州《最忆是杭州》进行实地调查。调查将以实景演艺的发展现状为基础，对杭州《最忆是杭州》的资源开发状况和发展新路径进行实地考察。通过实地调查，深入了解该演艺项目的运营模式、文化保护措施以及与城市更新空间范型协同发展的关联。这样的调查将提供实证数据，有助于验证该协同模式的有效性，并为进一步完善和推广类似项目提供实践指导和发展建议。二是验证并分析以《西安千古情》为案例的沉浸式歌舞演艺微旅游与城市文化保护点式—重置型协同模式的作用机制，分别从智慧城市建设、居民意愿和景区发展水平三个方面，探索旅游演艺产业的具体发展路程。三是以洛阳"古都夜八点"为案例，对沉浸式文化传承微旅游与城市文化保护面域—原置型协同模式的作用机制进行验证分析，分别从洛阳"古都夜八点"的发展现状以及其文化传承微旅游发展新模式两个方面进行研究，深入了解旅游演艺产业的发展路径和潜力，并为相关领域的实践和决策提供有价值的参考。四是以唐山培仁历史文化街区为案例，对沉浸式文化传承微旅游与城市文化保护面域—重置型协同模式的作用机制进行验证分析，结合文化遗产产业旅游地发展路径，重点分析城市文化遗产的保护现状和未来发展趋势，并探讨如何在城市旧城区实施更新的策略和方法，为城市文化保护和更新提供有益的实践经验和发展指导。五是以山西文旅数字体验馆为例，对沉浸式文艺场馆微旅游与城市功能完善点式—原置型协同模式的作用机制进行验证分析，重点分析文旅数字体验馆的发展现状和整体效益，以及未来发展的关键点。六是以淄博市齐文化博物馆为例，对沉浸式文艺场馆微旅游与城市功能完善点式—重置型协同模式的作用机制进行验证分析，验证在文艺场馆微旅游快速发展的现实背景下，城市中原有文艺场馆的整体效益。七是以无锡灵山小镇·拈花湾为例，对沉浸式休闲乐园微旅游与城市功能完善面域—原置型协同模式的作用机制进行验证分析，重点分析特色小镇的地域特色与周边环境，以及其未来发展的关键点。八是以青岛极地海洋世界为案例，对沉浸式休闲乐园微旅游与城市功能完善面域—重置型协同模式的作用机制进行验证分析，通过研究主题乐园旅游发展过程中的居民参与和游客需求，以分析其效益增长趋势与方向，深入了解该协同模式的效果，并为相关领域的实践和决策提供有益的参考。

4.2 调研方案

4.2.1 预调研方案设计

调研方案设计的目的是研究沉浸式微旅游业态创新与城市更新空间范型协同模式的影响，主要包括预调研方案、实地访谈、调查问卷设计。经过预调研后，选择最具代表性的案例地进行正式调研分析。为了进一步分析沉浸式微旅游业态创新与城市更新空间范型协同模式的影响，调查问卷的设计需要考虑问题的准确性、完整性、一致性和可操作性，覆盖不同背景的受访者，以便进行实证分析。最终目的是提出针对沉浸式微旅游业态创新与城市更新空间范型协同模式的促进作用和存在的问题的解决方案。

预调研是在开展实际调研之前进行的一种准备性调研，旨在了解研究对象和研究问题的相关情况，以制定出更为详尽和实用的调研方案。

第一，选取研究地点的目的和范围。

选取研究地点需要在充分了解其背景信息和考虑实际可行性和研究目的的前提下，确定研究范围。研究目的应该具有明确性、可操作性和可验证性，本研究的目的是探讨沉浸式微旅游业态创新与城市更新空间范型协同模式对城市文化保护的影响。研究范围应该根据研究目的进行界定，考虑数据获取难度、研究时间和经费等方面的限制因素，以确保研究的可行性。

本书将以浙江杭州《最忆是杭州》、陕西西安《西安千古情》、河南洛阳"古都夜八点"、河北唐山培仁历史文化街区、山西太原市山西文旅数字体验馆、山东省淄博市齐文化博物馆、江苏无锡市灵山小镇·拈花湾、山东青岛市青岛极地海洋世界为研究目的地，对其实行沉浸式微旅游业态创新与城市更新空间范型协同模式的影响进行研究。初步确定研究范围，并在此基础上充分了解该景区的文化、历史、社会和经济背景，这有助于更好地设计研究方案，充分考虑实际情况，采集相关数据，以便更全面地探究景区在沉浸式微旅游与城市更新空间范型协同模式实践中的影响和作用。

第二，制定研究问题和调查内容。

通过制定研究问题和调查内容，可以明确研究目标和方向，为后续的调研提供有针对性的指导。根据研究地点的目的和范围，确定要研究的问题，例如，城市文化在旅游发展中的保护情况如何？智慧城市建设的情况如何？景区发展水平对当地经济、社会环境的影响如何？沉浸式微旅游业态在城市更新中的角色和作用是什么？如何促进城市空间的升级和更新？根据研究问题，制定相应的调查内容，例如文化和科技应用：了解城市历史文化和科技应用与现状，包括视觉呈现与美学意蕴、人文内涵等；城市更新现状：调查当地文化规模、类型、发展历程、现状和未来发展趋势；沉浸式微旅游体验的应用：调查游客对沉浸式微旅游体验的期望和需求。

第三，选择合适的调查方法。

为了有效地回答研究问题并进行调查，需要根据制定的调查内容选择合适的调查方法，如调查问卷、访谈、实地观察等，同时选择适当的调查工具来进行细化。在此基础上，明确调查对象，例如游客、当地居民、旅游从业人员等，以确保调查方法、调查工具和调查对象之间的匹配，从而获取准确可靠的调查结果。这些步骤对于确保研究顺利实施和获取相关数据具有重要意义。

第四，开展前期准备工作。

在进行调查之前需要进行前期准备工作，其中包括与当地相关部门和人员联系，了解当地情况，制订调查计划等。这些准备工作是确保调查任务能够顺利进行的必要步骤。此外，为了达成调查任务的最佳效果，需要根据实际情况随时调整调查计划。这一步骤是为了避免在调查过程中遇到意外情况而影响到调查结果。因此，调查计划的灵活性和实时性非常重要，能够保证调查任务高效完成。

4.2.2　实地访谈设计

第一，沉浸式歌舞演艺微旅游与城市文化保护点式—原置型协同模式的实地访谈设计。

首先，案例选取。基于上文对于沉浸式歌舞演艺微旅游与城市文化保护点式—原置型协同模式的理论分析，为了展示沉浸式歌舞演艺微旅游与城市文化保护点式—原置型协同模式的影响，选择采用案例分析方法进行验证。案例分析研究通过对具体案例的深入研究，探索案例本身及其背后的问题、原因和解决方法，从而获得对沉浸式歌舞演艺微旅游与城市文化保护点式—原置型协同模式的更深入的理解和认识。在历史文化遗址或歌舞演艺旅游区域选择案例，可以更好地反映沉浸式歌舞演艺微旅游与城市文化保护点式—原置型协同模式的影响和面临的问题，并提出可行的政策建议和发展战略。在案例选择中，需要考虑代表性、多样性、信息量以及实用性原则。在预调研过程中选择一个案例进行正式调研分析。

其次，访谈提纲设计。为了收集研究所需的数据，参考类似研究中的学者们设计的成熟访谈问题，并结合相关领域权威专家的指导意见设计了访谈问题，以下是一个从沉浸式歌舞演艺微旅游、居民意愿、空间布局、旅游可持续发展和城市文化保护点式—原置型五个角度提出的访谈问题设计，旨在研究沉浸式歌舞演艺微旅游与城市文化保护点式—原置型协同模式的影响（见表 4 - 1、表 4 - 2、表 4 - 3、表 4 - 4、表 4 - 5）。

表 4 - 1　　　　　　　　　　关于沉浸式歌舞演艺微旅游的访谈问题

题号	问题
1	您认为沉浸式歌舞演艺微旅游需要基于什么样的文化基础才能更好地展示当地特色？
2	沉浸式歌舞演艺微旅游与增强现实、虚拟现实等新技术结合的实际效果如何？有哪些技术在这方面具有较为广泛的应用？
3	您是否认为沉浸式歌舞演艺微旅游在推动城市文化保护方面起到了积极的作用？
4	您认为沉浸式歌舞演艺微旅游与当地社会文化、习惯等方面如何协调融合，发挥社会效益？

表 4 - 2　　　　　　　　　　　关于居民意愿的访谈问题

题号	问题
1	当地居民是否有意愿参与到这种微旅游中，支持当地的文化产业？
2	您对于当地文化遗产保护和传承的态度如何？
3	您是居住在当地的居民吗？如果不是，您是否愿意前往当地参加此类微旅游？

表 4 - 3　　　　　　　　　　　关于空间布局的访谈问题

题号	问题
1	您认为哪些城市文化资源最适合与歌舞演艺结合，为游客提供独特的体验？
2	在场景打造方面，您是否考虑过城市居民对于场景的接受度以及对当地文化的尊重？

表 4 - 4　　　　　　　　　　关于旅游可持续发展的访谈问题

题号	问题
1	您认为，与传统旅游相比，这种旅游产品对旅游经济的影响如何？
2	您认为这种旅游形式是否能够促进当地社会发展和改善居民生活？

续表

题号	问题
3	您认为这种沉浸式歌舞演艺微旅游能否有效地传承和宣传当地文化？
4	如何确保游客在参与旅游活动时不会对当地生态环境造成负面影响？

表 4 – 5　　　　　　　　　　关于城市文化保护点式—原置型的访谈问题

题号	问题
1	官方在城市文化保护点式—原置型协同模式中所扮演的角色是什么？您认为应如何提升官方管理的效率？
2	现在越来越多的城市开始注重文化保护，您认为这种趋势对于城市发展有什么影响？
3	您认为，沉浸式歌舞演艺微旅游对于城市文化保护的意义是什么？它可以带来哪些具体的影响？

最后，受访者选择。选择合适的受访者对于沉浸式歌舞演艺微旅游与城市文化保护点式—原置型协同模式的访谈设计方案非常重要，计划于 2022 年 10 月至 2022 年 12 月，采访对象 100 位。一是为了探讨城市文化保护的建设，选择涵盖不同的利益相关者，可以了解不同利益相关者的态度、看法和经验，同时也可以探讨不同利益相关者在沉浸式歌舞演艺微旅游发展时对文化的保护程度和保护方式。二是选择不同年龄、性别和受教育程度的受访者可以了解不同人群对于沉浸式歌舞演艺微旅游与城市文化保护点式—原置型协同模式的认识和理解，同时也可以探讨不同人群在城市文化保护点式—原置型建设中的作用。三是选择相关旅游从业者作为受访对象，可以了解他们对城市文化保护点式—原置型的实际经验和感受，对于研究旅游从业者在城市文化保护点式—原置型中的作用和影响非常有价值。此外，选择游客和居民作为受访对象，可以了解他们对旅游体验和城市文化的感知和理解，同时也可以了解他们在旅游体验中的城市文化保护状况，对于研究游客和居民对于城市文化保护点式—原置型建设的影响有一定研究价值。四是重点关注旅游业态与城市更新建设协同的受访者，对于此类受访者，可以了解协同的具体情况、目的和效果，同时也可以探讨沉浸式歌舞演艺微旅游在促进城市文化保护点式—原置型建设中的作用和影响。

第二，沉浸式歌舞演艺微旅游与城市文化保护点式—重置型协同模式的实地访谈设计。

首先，案例选取。基于上文对于沉浸式歌舞演艺微旅游与城市文化保护点式—重置型协同模式的理论分析，为了展示沉浸式歌舞演艺微旅游与城市文化保护点式—重置型协同模式的影响，选择采用案例分析方法进行验证。案例分析研究通过对具体案例的深入研究，探索案例本身及其背后的问题、原因和解决方法，从而获得对沉浸式歌舞演艺微旅游与城市文化保护点式—重置型协同模式的更深入的理解和认识。在历史文化遗址或歌舞演艺旅游区域选择案例，可以更好地反映沉浸式歌舞演艺微旅游与城市文化保护点式—重置型协同模式的影响和面临的问题，并提出可行的政策建议和发展战略。在案例选择中，需要考虑代表性、多样性、信息量以及实用性原则。在预调研过程中选择一个案例进行正式调研分析。

其次，访谈提纲设计。为了收集本书所需的数据，参考类似研究中的学者们设计的成熟访谈问题，并结合相关领域权威专家的指导意见，设计了以下访谈问题（见表 4 – 6、表 4 – 7、表 4 – 8、表 4 – 9、表 4 – 10）。这些问题从沉浸式歌舞演艺微旅游、智慧城市建设、居民意愿、景区发展水平和城市文化保护点式—重置型五个角度出发，旨在研究沉浸式歌舞演艺微旅游与城市文化保护点式—重置型协同模式的影响。

表 4 – 6　　　　　　　　　　关于沉浸式歌舞演艺微旅游的访谈问题

题号	问题
1	您认为文化是沉浸式歌舞演艺微旅游发展的重要基础吗？为什么？
2	在开发沉浸式歌舞演艺微旅游时，如何最大限度地利用当地的土地资源，保护土地环境，同时实现经济收益？

题号	问题
3	数字科技对于沉浸式歌舞演艺微旅游的发展有着重要的推动作用。您认为数字科技可以为沉浸式歌舞演艺微旅游带来哪些变革和创新？
4	在推广和发展沉浸式歌舞演艺微旅游过程中，应如何顺应社会环境的变化，推进沉浸式歌舞演艺微旅游的创新发展？

表 4 - 7　　　　　　　　　　　　关于智慧城市建设的访谈问题

题号	问题
1	您怎样确定最适合的城市布局，以实现智慧城市建设的目标？
2	您看重哪些服务设施在智慧城市建设中的应用？如何开发和应用新的服务设施？
3	如何运用新的技术手段和城市建设理念来设计智慧城市和沉浸式歌舞演艺微旅游的体验，以提高游客满意度？

表 4 - 8　　　　　　　　　　　　　关于居民意愿的访谈问题

题号	问题
1	您认为城市发展应该如何平衡经济增长和文化保护？
2	您如何看待社区旅游对当地文化传承的影响？

表 4 - 9　　　　　　　　　　　　关于景区发展水平的访谈问题

题号	问题
1	您认为景区是否有意识地在推进数字化经济发展？
2	您认为景区在产业创新和升级方面应该加强哪些方面的工作？
3	您认为景区该如何推进数字化和虚拟化的旅游？
4	您认为旅游行业与其他行业的协同合作在推动经济可持续发展方面有何作用？

表 4 - 10　　　　　　　　关于城市文化保护点式—重置型的访谈问题

题号	问题
1	在实践中，您觉得城市文化保护所面临的挑战和困难有哪些？
2	在实践中，开发商在推进城市文化保护点式—重置型协同模式中遇到哪些困难和挑战？
3	您觉得民众在实践中应该如何更好地参与到城市文化保护点式—重置型协同模式中？

最后，受访者选择。选择合适的受访者对于沉浸式歌舞演艺微旅游与城市文化保护点式—重置型协同模式的访谈设计方案非常重要，计划于 2022 年 10 月至 2022 年 12 月，采访对象 100 位。一是为了探讨城市文化保护的建设，选择涵盖不同的利益相关者，可以了解不同利益相关者的态度、看法和经验，同时也可以探讨不同利益相关者在沉浸式歌舞演艺微旅游发展时对文化的保护程度和保护方式。二是选择不同年龄、性别和受教育程度的受访者可以了解不同人群对于沉浸式歌舞演艺微旅游与城市文化保护点式—重置型协同模式的认识和理解，同时也可以探讨不同人群在城市文化保护点式—重置型建设中的作用。三是选择相关旅游从业者作为受访对象，可以了解他们对城市文化保护点式—重置型的实际经验和感受，对于研究旅游从业者在城市文化保护点式—重置型中的作用和影响非常有价值。此外，选择游客和居民作为受访对象，可以了解他们对旅游体验和城市文化的感知和理解，同时也可以了解他们在旅游体验中的城市文化保护状况，对于研究游客和居民对于城市文化保护点式—重置型建设的影响有一定研究价值。四是重点关注旅游业态与城市更新建设协

同的受访者，对于此类受访者，可以了解协同的具体情况、目的和效果，同时也可以探讨沉浸式歌舞演艺微旅游在促进城市文化保护点式—重置型建设中的作用和影响。

第三，沉浸式文化传承微旅游与城市文化保护面域—原置型协同模式的实地访谈设计。

首先，案例选取。基于上文对于沉浸式文化传承微旅游与城市文化保护面域—原置型协同模式的理论分析，为了展示沉浸式文化传承微旅游与城市文化保护面域—原置型协同模式的影响，选择采用案例分析方法进行验证。案例分析研究通过对具体案例的深入研究，探索案例本身及其背后的问题、原因和解决方法，从而获得对沉浸式文化传承微旅游与城市文化保护面域—原置型协同模式的更深入的理解和认识。在历史文化街区或老旧城市街区选择案例，可以更好地反映沉浸式文化传承微旅游与城市文化保护面域—原置型协同模式的影响和面临的问题，并提出可行的政策建议和发展战略。在案例选择中，需要考虑代表性、多样性、信息量以及实用性原则。在预调研过程中选择一个案例进行正式调研分析。

其次，访谈提纲设计。为了收集本书所需的数据，参考类似研究中的学者们设计的成熟访谈问题，并结合相关领域权威专家的指导意见设计了访谈问题，以下访谈问题是一个从沉浸式文化传承微旅游、城市产业结构、居民意愿、游客认知评价和城市文化保护面域—原置型五个角度提出的访谈问题设计，旨在研究沉浸式文化传承微旅游与城市文化保护面域—原置型协同模式的影响（见表 4 - 11、表 4 - 12、表 4 - 13、表 4 - 14、表 4 - 15）。

表 4 - 11　　　　　　　　　　　关于沉浸式文化传承微旅游的访谈问题

题号	问题
1	在沉浸式文化传承微旅游的过程中，如何更好地体现当地的历史文化和地方特色？
2	沉浸式文化传承微旅游与当地居民的生活有何关联？您认为景区建设与当地居民生活和生态环境的平衡如何达成？
3	您认为景区基础设施的建设和维护对于景区的发展和游客体验有何影响？
4	您认为沉浸式文化传承微旅游应如何吸引更多的游客参与？在市场营销方面有何建议？

表 4 - 12　　　　　　　　　　　　关于城市产业结构的访谈问题

题号	问题
1	您认为城市在发展沉浸式文化传承微旅游时，需要哪些具体的产业资源支撑？
2	您认为沉浸式文化传承微旅游有哪些特别受到游客欢迎的地方？
3	您认为沉浸式文化传承微旅游的发展会对城市其他产业带来怎样的经济效益？

表 4 - 13　　　　　　　　　　　　　关于居民意愿的访谈问题

题号	问题
1	您认为城市应该如何调动居民的积极性，让更多人参与到沉浸式文化传承微旅游的开发和运营中？
2	您认为沉浸式文化传承微旅游和传统旅游之间有什么区别和优势，您更愿意选择哪一种？为什么？

表 4 - 14　　　　　　　　　　　　关于游客认知评价的访谈问题

题号	问题
1	您对于沉浸式文化传承微旅游中的文化元素和历史背景有多少了解，对这些元素的认知对您的旅游体验有何影响？
2	您对于沉浸式文化传承微旅游中提供的基础设施（如交通、住宿、餐饮等）的质量和便利程度有何评价？
3	您通过沉浸式文化传承微旅游所了解到的文化元素对您的文化认知和体验有何帮助？
4	您是否觉得沉浸式文化传承微旅游所提供的旅游环境和氛围对于游客的旅游体验产生了重要的影响？

表 4 – 15　　　　　　　　　　关于城市文化保护面域—原置型的访谈问题

题号	问题
1	您对于沉浸式文化传承微旅游与城市文化保护面域—原置型协同模式的理解是什么？您认为这种模式有什么优势和局限？
2	您认为这种协同模式在城市文化保护和传承方面，对于社会和公众产生了哪些积极的影响？
3	您认为这种协同模式对于城市文化景观的保护与传承有何重要意义？这种模式可以带来哪些实质性的效益？

最后，受访者选择。选择合适的受访者对于沉浸式文化传承微旅游与城市文化保护面域—原置型协同模式的访谈设计方案非常重要，计划于 2022 年 12 月至 2023 年 1 月，采访对象 100 位。一是为了探讨城市文化保护的建设，选择涵盖不同的利益相关者，可以了解不同利益相关者的态度、看法和经验，同时也可以探讨不同利益相关者在沉浸式文化传承微旅游发展时对文化的保护程度和保护方式。二是选择不同年龄、性别和受教育程度的受访者可以了解不同人群对于沉浸式文化传承微旅游与城市文化保护面域—原置型协同模式的认识和理解，同时也可以探讨不同人群在城市文化保护面域—原置型建设中的作用。三是选择相关旅游从业者作为受访对象，可以了解他们对城市文化保护面域—原置型的实际经验和感受，对于研究旅游从业者在城市文化保护面域—原置型中的作用和影响非常有价值。此外，选择游客和居民作为受访对象，可以了解他们对旅游体验和城市文化的感知和理解，同时也可以了解他们在旅游体验中的城市文化保护状况，对于研究游客和居民对于城市文化保护面域—原置型建设的影响有一定研究价值。四是重点关注旅游业态与城市更新建设协同的受访者，对于此类受访者，可以了解协同的具体情况、目的和效果，同时也可以探讨沉浸式文化传承微旅游在促进城市文化保护面域—原置型建设中的作用和影响。

第四，沉浸式文化传承微旅游与城市文化保护面域—重置型协同模式的实地访谈设计。

首先，案例选取。基于上文对于沉浸式文化传承微旅游与城市文化保护面域—重置型协同模式的理论分析，为了展示沉浸式文化传承微旅游与城市文化保护面域—重置型协同模式的影响，选择采用案例分析方法进行验证。案例分析研究通过对具体案例的深入研究，探索案例本身及其背后的问题、原因和解决方法，从而获得对沉浸式文化传承微旅游与城市文化保护面域—重置型协同模式的更深入的理解和认识。在历史文化街区或老旧城市街区选择案例，可以更好地反映沉浸式文化传承微旅游与城市文化保护面域—重置型协同模式的影响和面临的问题，并提出可行的政策建议和发展战略。在案例选择中，需要考虑代表性、多样性、信息量以及实用性原则。在预调研过程中选择一个案例进行正式调研分析。

其次，访谈提纲设计。为了收集本书所需的数据，参考类似研究中的学者们设计的成熟访谈问题，并结合相关领域权威专家的指导意见设计了访谈问题，以下访谈问题是一个从沉浸式文化传承微旅游、城市产业结构、旅游吸引、游客认知评价和城市文化保护面域—重置型五个角度提出的访谈问题设计，旨在研究沉浸式文化传承微旅游与城市文化保护面域—重置型协同模式的影响（见表 4 – 16、表 4 – 17、表 4 – 18、表 4 – 19、表 4 – 20）。

表 4 – 16　　　　　　　　关于沉浸式文化传承微旅游的访谈问题

题号	问题
1	您如何保证旅游活动的文化准确性和深度，以便让游客更好地了解和体验当地的文化？
2	当地环境和地理条件对于沉浸式文化传承微旅游的发展有何影响？
3	在沉浸式文化传承微旅游的发展过程中，城市基础设施建设对于您的工作有何影响？
4	在沉浸式文化传承微旅游发展过程中，客源市场有何重要作用？您认为应该如何进行市场定位和推广？

表 4 – 17　　　　　　　　　　　　关于城市产业结构的访谈问题

题号	问题
1	您认为城市中不同区域和场所应该怎样进行差异化布局和设计，以便更好地满足洞察不同客户群体的需求？
2	游客对于城市产业的需求是什么？您如何针对不同类型的游客需求，在城市产业中进行特色化和差异化布局？
3	您如何在保证城市文化传承的同时，提高城市产业的竞争力和盈利能力？

表 4 – 18　　　　　　　　　　　　　关于旅游吸引的访谈问题

题号	问题
1	您认为在开发旅游项目中，如何将人文元素融入其中，增强吸引力？
2	您认为如何利用数字化手段，实现文化遗产的全方位呈现，升级旅游体验？

表 4 – 19　　　　　　　　　　　　关于游客认知评价的访谈问题

题号	问题
1	在您的游览中，哪些沉浸式文化传承微旅游元素与文化传承更加贴近，给您留下了深刻的印象？
2	您认为应该如何优化旅游设施，提供更加贴心、便捷、高效的服务？
3	在您的游览中，旅游区的管理服务是否给您留下了好的印象？
4	您认为沉浸式文化传承微旅游中应该注重哪些内容，更符合您的旅游偏好？

表 4 – 20　　　　　　　　关于城市文化保护面域—重置型的访谈问题

题号	问题
1	在城市文化保护面域—重置型中，您认为应该如何设计和呈现文化元素，以实现文化传承和旅游体验的平衡？
2	您认为如何平衡文化保护、旅游开发和城市规划的关系，以实现城市文化保护面域—重置型的可持续发展？
3	您认为如何提高社会公众对于城市文化保护面域—重置型的认知度和参与度，促进文化传承？

最后，受访者选择。选择合适的受访者对于沉浸式文化传承微旅游与城市文化保护面域—重置型协同模式的访谈设计方案非常重要，计划于 2023 年 1 月至 2023 年 2 月，采访对象 100 位。一是为了探讨城市文化保护的建设，选择涵盖不同的利益相关者，可以了解不同利益相关者的态度、看法和经验，同时也可以探讨不同利益相关者在沉浸式文化传承微旅游发展时对文化的保护程度和保护方式。二是选择不同年龄、性别和受教育程度的受访者可以了解不同人群对于沉浸式文化传承微旅游与城市文化保护面域—重置型协同模式的认识和理解，同时也可以探讨不同人群在城市文化保护面域—重置型建设中的作用。三是选择相关旅游从业者作为受访对象，可以了解他们对城市文化保护面域—重置型的实际经验和感受，对于研究旅游从业者在城市文化保护面域—重置型中的作用和影响非常有价值。此外，选择游客和居民作为受访对象，可以了解他们对旅游体验和城市文化的感知和理解，同时也可以了解他们在旅游体验中的城市文化保护状况，对于研究游客和居民对于城市文化保护面域—重置型建设的影响有一定研究价值。四是重点关注旅游业态与城市更新建设协同的受访者，对于此类受访者，可以了解协同的具体情况、目的和效果，同时也可以探讨沉浸式文化传承微旅游在促进城市文化保护面域—重置型建设中的作用和影响。

第五，沉浸式文艺场馆微旅游与城市功能完善点式—原置型协同模式的实地访谈设计。

首先，案例选取。基于上文对于沉浸式文艺场馆微旅游与城市功能完善点式—原置型协同模式的理论分析，为了展示沉浸式文艺场馆微旅游与城市功能完善点式—原置型协同模式的影响，选择采用案例分析方法进行验证。案例分析研究通过对具体案例的深入研究，探索案例本身及其背后的问题、原因和解决方法，从而获得对沉浸式文艺场馆微旅游与城市功能完善点式—原置型协同模式的更深入的理解和认识。在文化底蕴深厚、文艺氛围浓厚且功能较为完善的城市建筑物选择案例地，可以更好地反映沉浸式文艺场馆微旅游与城市功能完善点式—原置型协同模式的影响和面临的问题，并提出可行的政策建议和发展战略。在案例选择中，需要考虑代表性、多样性、信息量以及实用性原则。在预调研过程中选择一个案例进行正式调研分析。

其次，访谈提纲设计。为了收集本书所需的数据，参考类似研究中的学者们设计的成熟访谈问题，并结合相关领域权威专家的指导意见设计了访谈问题，以下访谈问题是一个从沉浸式文艺场馆微旅游、景区联动、游客群体、城市遗址旅游开发和城市功能完善点式—原置型五个角度提出的访谈问题设计，旨在研究沉浸式文艺场馆微旅游与城市功能完善点式—原置型协同模式的影响（见表4－21、表4－22、表4－23、表4－24、表4－25）。

表4－21　　　　　　　　　　　关于沉浸式文艺场馆微旅游的访谈问题

题号	问题
1	您对于该城市的文化历史了解程度如何？您认为该城市的文化底蕴是否有吸引力？
2	您认为科技手段可以将沉浸式文艺场馆微旅游打造得更加立体、多样化吗？
3	您认为能够对沉浸式文艺场馆微旅游进行深度体验的游客群体是什么样的？
4	您认为沉浸式文艺场馆微旅游在营造浓厚文艺氛围方面有哪些值得借鉴的场景设计策略？

表4－22　　　　　　　　　　　　　关于景区联动的访谈问题

题号	问题
1	您认为在营销宣传上，沉浸式文艺场馆微旅游与其他景点如何实现有机结合？
2	您认为怎样的资源互动方式更具可行性？如何解决资源整合的管理难题？
3	您认为在合作中对技术应该如何进行分工和合理安排？

表4－23　　　　　　　　　　　　　关于游客群体的访谈问题

题号	问题
1	您认为沉浸式文艺场馆微旅游的场景设计、音效、视觉效果等元素在您的旅游体验中发挥了什么样的作用？
2	您认为沉浸式文艺场馆微旅游能否满足您的旅游需求？哪些方面还需要进一步改进？

表4－24　　　　　　　　　　　　关于城市遗址旅游开发的访谈问题

题号	问题
1	您觉得在城市遗址旅游开发中，场地的选择和布局对游客的体验有多大的影响？
2	您认为城市遗址旅游如何才能更好地发挥其创意经济的潜力，带动周边产业的发展？
3	您如何评价城市遗址旅游作为创意产业的发展方向？是否存在一些瓶颈或者障碍？
4	您认为城市遗址旅游对于城市多元化功能的提升有何作用？

表4－25　　　　　　　　　　关于城市功能完善点式—原置型的访谈问题

题号	问题
1	在城市功能完善的实践中，您认为哪些功能最需要完善？如何优化城市的交通、居住、文化、商业等方面的功能？
2	您如何理解和解读"原置型"保护理念在城市功能完善中的应用？您认为该理念的应用可以带来哪些优势？
3	对于沉浸式文艺场馆微旅游与城市功能完善协同发展，您认为如何合理选择商业空间的布局以及增加居住空间和公共空间？

最后，受访者选择。选择合适的受访者对于沉浸式文艺场馆微旅游与城市功能完善点式—原置型协同模式的访谈设计方案非常重要，计划于 2023 年 1 月至 2023 年 2 月，采访对象 100 位。一是为了探讨城市文化保护的建设，选择涵盖不同的利益相关者，可以了解不同利益相关者的态度、看法和经验，同时也可以探讨不同利益相关者在沉浸式文艺场馆微旅游发展时对功能的完善程度和完善方式。二是选择不同年龄、性别和受教育程度的受访者可以了解不同人群对于沉浸式文艺场馆微旅游与城市功能完善点式—原置型协同模式的认识和理解，同时也可以探讨不同人群在城市文化保护面域—重置型建设中的作用。三是选择相关旅游从业者作为受访对象，可以了解他们对城市功能完善点式—原置型的实际经验和感受，对于研究旅游从业者在城市功能完善点式—原置型中的作用和影响非常有价值。此外，选择游客和居民作为受访对象，可以了解他们对旅游体验和城市功能的感知和理解，同时也可以了解他们在旅游体验中的城市功能完善状况，对于研究游客和居民对于城市功能完善点式—原置型建设的影响有一定研究价值。四是重点关注旅游业态与城市更新建设协同的受访者，对于此类受访者，可以了解协同的具体情况、目的和效果，同时也可以探讨沉浸式文艺场馆微旅游在促进城市功能完善点式—原置型建设中的作用和影响。

第六，沉浸式文艺场馆微旅游与城市功能完善点式—重置型协同模式的实地访谈设计。

首先，案例选取。基于上文对于沉浸式文艺场馆微旅游与城市功能完善点式—重置型协同模式的理论分析，为了展示沉浸式文艺场馆微旅游与城市功能完善点式—重置型协同模式的影响，选择采用案例分析方法进行验证。案例分析研究通过对具体案例的深入研究，探索案例本身及其背后的问题、原因和解决方法，从而获得对沉浸式文艺场馆微旅游与城市功能完善点式—重置型协同模式的更深入的理解和认识。选择一些具有代表性和成功案例的城市或文艺场馆进行案例分析，可以更好地反映沉浸式文艺场馆微旅游与城市功能完善点式—重置型协同模式的影响和面临的问题，并提出可行的政策建议和发展战略。在案例选择中，需要考虑代表性、多样性、信息量以及实用性原则。在预调研过程中选择一个案例进行正式调研分析。

其次，访谈提纲设计。为了收集本书所需的数据，参考类似研究中的学者们设计的成熟访谈问题，并结合相关领域权威专家的指导意见设计了访谈问题，以下访谈问题是一个从沉浸式文艺场馆微旅游、景区联动、空间布局、城市遗址旅游开发和城市功能完善点式—重置型五个角度提出的访谈问题设计，旨在研究沉浸式文艺场馆微旅游与城市功能完善点式—重置型协同模式的影响（见表 4 - 26、表 4 - 27、表 4 - 28、表 4 - 29、表 4 - 30）。

表 4 - 26　　　　　　　　　　关于沉浸式文艺场馆微旅游的访谈问题

题号	问题
1	您如何评价现在国内沉浸式文艺场馆微旅游的区位选择？还存在哪些可优化的地方？
2	您如何看待沉浸式科技在文化旅游中的应用？它能为旅游业带来哪些改变？
3	您如何看待年轻人对于文化旅游产品的需求？它是怎样影响沉浸式文艺场馆微旅游的发展的？
4	您认为在场景设计中应该注重哪些方面，以使沉浸式文艺场馆微旅游更具吸引力？

表 4 - 27　　　　　　　　　　　关于景区联动的访谈问题

题号	问题
1	您认为景区之间在技术共享方面应该注重哪些方面，以使得游客体验更好？
2	您认为资源共享是实现景区联动的重要途径吗？为什么？
3	您在产品设计中是否会考虑与其他景区进行协同，打造共同的主题或品牌？

表 4 – 28　　　　　　　　　　　关于空间布局的访谈问题

题号	问题
1	在场馆空间布局中，您是否考虑到不同主题展区之间的衔接和流通性？是否存在游客的流动路线不顺畅的情况？
2	从游客的角度，您认为沉浸式文艺场馆的空间布局应该具备哪些元素和体验？

表 4 – 29　　　　　　　　　　关于城市遗址旅游开发的访谈问题

题号	问题
1	您在城市遗址旅游开发过程中，如何平衡城市遗址保护和旅游开发的关系？是否有考虑采取可持续性的发展措施来保护遗址？
2	您在城市遗址旅游开发过程中是否有考虑到创意经济的概念和运用？是否采取了一些创意举措来增加游客体验度和吸引力？
3	您在城市遗址旅游开发项目中，是否有考虑将遗址本身作为一个文化创意产业的资源？
4	您在城市遗址旅游开发过程中，是否有考虑到城市的多元化功能，如教育、科技、体育等？

表 4 – 30　　　　　　　关于城市功能完善点式—重置型的访谈问题

题号	问题
1	您为什么认为市场对城市功能完善点式—重置型需求呈增长趋势？市场会对城市功能完善点式—重置型产生怎样的影响？
2	您认为市民在城市功能完善点式—重置型过程中应该如何参与进来？市民可以为城市功能完善点式—重置型作出哪些贡献？
3	如何应对城市功能完善点式—重置型中可能出现的挑战，您有哪些具体的建议？

最后，受访者选择。选择合适的受访者对于沉浸式文艺场馆微旅游与城市功能完善点式—重置型协同模式的访谈设计方案非常重要，计划于 2023 年 5 月至 2023 年 6 月，采访对象 100 位。一是为了探讨城市功能的完善建设，选择涵盖不同的利益相关者，可以了解不同利益相关者的态度、看法和经验，同时也可以探讨不同利益相关者在沉浸式文艺场馆微旅游发展时对功能的完善程度和完善方式。二是选择不同年龄、性别和受教育程度的受访者可以了解不同人群对于沉浸式文艺场馆微旅游与城市功能完善点式—重置型协同模式的认识和理解，同时也可以探讨不同人群在城市功能完善点式—重置型建设中的作用。三是选择相关旅游从业者作为受访对象，可以了解他们对城市功能完善点式—重置型的实际经验和感受，对于研究旅游从业者在城市功能完善点式—重置型中的作用和影响非常有价值。此外，选择游客和居民作为受访对象，可以了解他们对旅游体验和城市功能的感知和理解，同时也可以了解他们在旅游体验中的城市功能完善状况，对于研究游客和居民对于城市功能完善点式—重置型建设的影响有一定研究价值。四是重点关注旅游业态与城市更新建设协同的受访者，对于此类受访者，可以了解协同的具体情况、目的和效果，同时也可以探讨沉浸式文艺场馆微旅游在促进城市功能完善点式—重置型建设中的作用和影响。

第七，沉浸式休闲乐园微旅游与城市功能完善面域—原置型协同模式的实地访谈设计。

首先，案例选取。基于上文对于沉浸式休闲乐园微旅游与城市功能完善面域—原置型协同模式的理论分析，为了展示沉浸式休闲乐园微旅游与城市功能完善面域—原置型协同模式的影响，选择采用案例分析方法进行验证。案例分析研究通过对具体案例的深入研究，探索案例本身及其背后的问题、原因和解决方法，从而获得对沉浸式休闲乐园微旅游与城市功能完善面域—原置型协同模式的更深入的理解和认识。选择一些具有代表性和成功案例的城市或特色小镇进行案例分析，可以更好地反映沉浸式休闲乐园微旅游与城市功能完善面域—原置型协同模式的影响和面临的问题，并提出可行的政策建议和发展战略。在案例选择中，需要考虑代表性、多样性、信息量以及实用性原则。在预调研过程中选择一个案例进行正式调研分析。

其次，访谈提纲设计。为了收集本书所需的数据，参考类似研究中的学者们设计的成熟访谈问题，并结合相关领域权威专家的指导意见设计了访谈问题，以下访谈问题是一个从沉浸式休闲乐园微旅游、居民意愿、旅游城市化、景区发展水平和城市功能完善面域—原置型五个角度提出的访谈问题设计，旨在研究沉浸式休闲乐园微旅游与城市功能完善面域—原置型协同模式的影响（见表 4 – 31、表 4 – 32、表 4 – 33、表 4 – 34、表 4 – 35）。

表 4 – 31　　　　　　　　　　　关于沉浸式休闲乐园微旅游的访谈问题

题号	问题
1	针对不同区域具体情况，您认为如何合理选择沉浸式休闲乐园微旅游项目的建设区位？
2	在沉浸式休闲乐园微旅游项目中，请问如何合理利用和保护自然资源？如何处理与周边自然环境的关系？
3	您如何评价沉浸式休闲乐园微旅游项目的资源优势，并如何开发和利用这些优势？
4	您认为如何在沉浸式休闲乐园微旅游中加强和改进相关服务和配套设施，以提升游客满意度和忠诚度？

表 4 – 32　　　　　　　　　　　　　关于居民意愿的访谈问题

题号	问题
1	您认为沉浸式休闲乐园微旅游项目是否会给当地居民带来工作机会和增加收入的机会？您对此有何期望？
2	您认为沉浸式休闲乐园微旅游项目是否能提升当地居民的生活质量？如果能，它将对当地居民有什么影响？
3	假设您是当地居民，您对沉浸式休闲乐园微旅游项目的建设和管理有哪些期望和建议？您希望参与到这个过程中的哪个方面？

表 4 – 33　　　　　　　　　　　　　关于旅游城市化的访谈问题

题号	问题
1	景区城市化改造的初衷是提升旅游体验，您认为景区在城市化过程中应该如何保持旅游性质，同时兼顾居民和市民的利益？
2	您认为哪些城市元素可以被应用到城市景区化规划中？例如文化遗产、历史街区、自然景观等。

表 4 – 34　　　　　　　　　　　　　关于景区发展水平的访谈问题

题号	问题
1	有些景区会将文化因素和自然环境融入内部构造设计中，您认为这种设计方式具有哪些优点？
2	您认为基础设施的现代化和智能化技术是否需要应用到景区建设中？哪些技术应该优先考虑？
3	您认为沉浸式休闲乐园微旅游在资源整合方面具有哪些优势？
4	未来，景区将面临越来越多的挑战，例如气候变化、能源短缺等，您认为景区可持续能力应该如何提升，应该从哪些方面入手？

表 4 – 35　　　　　　　　　　关于城市功能完善面域—原置型的访谈问题

题号	问题
1	目前，全球范围内的城市都在探索城市功能完善面域—原置型的建设，您认为这种建设模式为城市当地的可持续发展带来了哪些益处？
2	沉浸式休闲乐园微旅游与城市功能完善面域—原置型的协同作用对企业来说有哪些好处？如何在这种合作中发挥各自的优势？
3	您认为民众参与城市功能完善面域—原置型建设中最大的挑战和问题是什么？如何克服这些挑战和问题？

最后，受访者选择。选择合适的受访者对于沉浸式休闲乐园微旅游与城市功能完善面域—原置型协同模式的访谈设计方案非常重要，计划于 2023 年 5 月至 2023 年 6 月，采访对象 100 位。一是为了探讨城市功能的完善建设，选择涵盖不同的利益相关者，可以了解不同利益相关者的态度、看法和经验，同时也可以探讨不同利益相关者在沉浸式休闲乐园微旅游发展时对功能的完善程度和完善方式。二是选择不同年龄、性别和受教育程度的受访者可以了解不同人群对于沉浸式休闲乐园微旅游与城市功能完善面域—原置型协同模式的认识和理解，同时也可以探讨不同人群在城市功能完善面域—原置型建设中的作用。三是选择相关旅游从业者作为受访对象，可以了解他们对城市功能完善面域—原置型的实际经验和感受，对于研究旅游从业者在城市功能完善面域—原置型中的作用和影响非常有价值。此外，选择游客和居民作为受访对象，可以了解他们对旅游体验和城市功能的感知和理解，同时也可以了解他们在旅游体验中的城市功能完善状况，对于研究游客和居民对于城市功能完善面域—原置型建设的影响有一定研究价值。四是重点关注旅游业态与城市更新建设协同的受访者，对于此类受访者，可以了解协同的具体情况、目的和效果，同时也可以探讨沉浸式休闲乐园微旅游在促进城市功能完善面域—原置型建设中的作用和影响。

第八，沉浸式休闲乐园微旅游与城市功能完善面域—重置型协同模式的实地访谈设计。

首先，案例选取。基于上文对于沉浸式休闲乐园微旅游与城市功能完善面域—重置型协同模式的理论分析，为了展示沉浸式休闲乐园微旅游与城市功能完善面域—重置型协同模式的影响，选择采用案例分析方法进行验证。案例分析研究通过对具体案例的深入研究，探索案例本身及其背后的问题、原因和解决方法，从而获得对沉浸式休闲乐园微旅游与城市功能完善面域—重置型协同模式的更深入的理解和认识。选择一些具有代表性和成功案例的城市或特色小镇进行案例分析，可以更好地反映沉浸式休闲乐园微旅游与城市功能完善面域—重置型协同模式的影响和面临的问题，并提出可行的政策建议和发展战略。在案例选择中，需要考虑代表性、多样性、信息量以及实用性原则。在预调研过程中选择一个案例进行正式调研分析。

其次，访谈提纲设计。为了收集本书所需的数据，参考了类似研究中的学者们设计的成熟访谈问题，并结合相关领域权威专家的指导意见，设计了以下访谈问题，这些问题从沉浸式休闲乐园微旅游、居民意愿、旅游城市化、智慧基础设施布局和城市功能完善面域—重置型五个角度出发，旨在研究沉浸式休闲乐园微旅游与城市功能完善面域—重置型协同模式的影响（见表 4 – 36、表 4 – 37、表 4 – 38、表 4 – 39、表 4 – 40）。

表 4 – 36　　　　　　　　　　　关于沉浸式休闲乐园微旅游的访谈问题

题号	问题
1	在您看来，沉浸式休闲乐园微旅游项目的区位条件对项目发展的重要性有多大？您认为目前哪些地区适合开发这种旅游项目？
2	针对自然条件，您认为沉浸式休闲乐园微旅游项目应该如何充分利用并提高游客体验？
3	沉浸式休闲乐园微旅游项目需要集聚大量的资金、人才和技术等资源，您认为这些资源在项目发展中的重要性分别有多大？
4	您认为沉浸式休闲乐园微旅游项目的市场需求有多大？需要投入多少资金和人力来占据市场？

表 4 – 37　　　　　　　　　　　　关于居民意愿的访谈问题

题号	问题
1	您认为沉浸式休闲乐园微旅游项目对当地城市经济的发展有何影响？会增加当地的经济活力吗？
2	如果沉浸式休闲乐园微旅游项目建设在您所在社区或城市，您是否会选择前往体验？您认为这种项目能否让居民在日常生活中享受到更多的乐趣？
3	您是否认为沉浸式休闲乐园微旅游项目能够满足不同群体的需求，比如不同年龄层、不同性别、不同文化背景等？

表 4 - 38　　　　　　　　　　　　关于旅游城市化的访谈问题

题号	问题
1	您认为景区城市化对于当地旅游业的发展有何影响？它们能否提高当地旅游产业的竞争力和影响力？
2	您认为城市景区化对于城市形象的塑造有何作用？沉浸式休闲乐园微旅游项目对于城市形象的塑造有何特殊作用？

表 4 - 39　　　　　　　　　　　关于智慧基础设施布局的访谈问题

题号	问题
1	您认为城市的公共配套设施应该如何智慧化？这可以带来哪些好处？
2	您认为智慧化的服务设施是否应该为游客和当地居民提供不同的服务？
3	在旅游配套设施的建设中，您认为游客的需求和当地居民的需求是否能够得到充分平衡？
4	在智慧化空间的建设中，公共艺术和文化设施是否需要被充分考虑？这是否有助于旅游城市的文化传承？

表 4 - 40　　　　　　　　　关于城市功能完善面域—重置型的访谈问题

题号	问题
1	在城市功能完善面域—重置型的建设中，您认为当地政府应该如何发挥作用？如何保障各方利益的平衡？
2	您认为在城市功能完善面域—重置型中，沉浸式休闲乐园微旅游有哪些应用场景？如何发挥最大化的效益？
3	您认为在城市功能完善面域—重置型的建设中，如何平衡经济发展和环境保护的关系？

最后，受访者选择。选择合适的受访者对于沉浸式休闲乐园微旅游与城市功能完善面域—重置型协同模式的访谈设计方案非常重要，计划于 2023 年 5 月至 2023 年 6 月，采访对象 100 位。一是为了探讨城市功能的完善建设，选择涵盖不同的利益相关者，可以了解不同利益相关者的态度、看法和经验，同时也可以探讨不同利益相关者在沉浸式休闲乐园微旅游发展时对功能的完善程度和完善方式。二是选择不同年龄、性别和受教育程度的受访者可以了解不同人群对于沉浸式休闲乐园微旅游与城市功能完善面域—重置型协同模式的认识和理解，同时也可以探讨不同人群在城市功能完善面域—重置型建设中的作用。三是选择相关旅游从业者作为受访对象，可以了解他们对城市功能完善面域—重置型的实际经验和感受，对于研究旅游从业者在城市功能完善面域—重置型中的作用和影响非常有价值。此外，选择游客和居民作为受访对象，可以了解他们对旅游体验和城市功能的感知和理解，同时也可以了解他们在旅游体验中的城市功能完善状况，对于研究游客和居民对于城市功能完善面域—重置型建设的影响有一定研究价值。四是重点关注旅游业态与城市更新建设协同的受访者，对于此类受访者，可以了解协同的具体情况、目的和效果，同时也可以探讨沉浸式休闲乐园微旅游在促进城市功能完善面域—重置型建设中的作用和影响。

4.2.3　调查问卷设计

第一，沉浸式歌舞演艺微旅游与城市文化保护点式—原置型协同模式的调查问卷设计。

本书讨论了沉浸式歌舞演艺微旅游与城市文化保护点式—原置型协同模式，并采用结构方程模型进行实证数据分析。为了获得本书所需数据，设计了《沉浸式歌舞演艺微旅游与城市文化保护点式—原置型协同模式的调查问卷》，该问卷在广泛参考其他学者研究和相关领域专家意见的基础上设计。该问卷采用里克特五力量表（从 1 分至 5 分，分别对应着由"最不好"过渡到"最好"的感知程度）来测量受访者对问题的感知结果，通过主观感知的方式获取相关数据。该问卷由两部分组成：第一部分为被调查者的基本情况，包括性别、年龄、工作、收入等人口统计学特征及社会属性；第二部分是问卷的主体，重点关注沉浸式歌舞演艺微旅游、居民意愿、空间布局、旅游可持续发展和城市文化保护点式—原置型等 5 个方面，通过构建一系列能够被科学观测的指标或变量，收集相关数据，以最终分析沉浸式歌舞演艺微旅游与城市文化保护点式—原置型协同模式。在本研究中，为了确保问卷的全面、科学和可操作性，进行预调研并根据其他学者研究和相关领域专家的意见对问卷进行调整。这个预调研阶段可以帮助了解研究领域的现状、相关理论和已有的研究成果，还借鉴了其他学者在类似主题上的问卷设计，以确保问题的准确性和有效性。

计划于 2022 年 10 月至 2022 年 12 月，发放调查问卷 300 份。本书通过网络问卷和纸质问卷两种方式进行数据收集，使用在线调查平台和社交媒体等渠道发布问卷链接，方便当地居民、游客填写。同时，在旅游景点等地点发放纸质问卷，以收集线下受访者的意见。受访者范围包括游客、当地居民和旅游从业者。选择有过沉浸式歌舞演艺微旅游体验的人群作为受访者，以了解他们对旅游新业态的看法和体验；选择居住在景区周边的当地民众作为受访者，以了解他们对旅游新业态对城市文化保护的影响的看法；选择旅游行业相关从业者，比如景区服务人员、导游等，以了解不同从业者对于城市文化保护的看法。

本书采用结构方程实证分析方法，旨在探讨新时代沉浸式歌舞演艺微旅游与城市文化保护点式—原置型协同模式。在进行探讨之前，需要处理关键变量的度量问题。在研究设计中，将沉浸式歌舞演艺微旅游、城市文化保护点式—原置型发展模式、居民意愿、空间布局和旅游可持续发展作为重要的关键变量，为了对这 5 个关键变量进行度量，采用一系列观测变量对潜在变量进行定量分析，以实现研究目的。在这 5 个关键变量中，根据它们之间的相互关系和内在机制，将沉浸式歌舞演艺微旅游作为解释变量，而城市文化保护点式—原置型发展模式、居民意愿、空间布局、旅游可持续发展作为被解释变量，因此，需要测度这些解释变量和被解释变量。

沉浸式歌舞演艺微旅游（Immersive Micro-tour of song and dance Performance，IMP）是沉浸式微旅游业态创新的一种重要形态，它的产生和发展与当地的特色文化、科技、环境以及新时代下的社会环境密切相关。为了全面测量新时代下沉浸式歌舞演艺微旅游，从文化基础（IMP1）、科技应用（IMP2）、环境氛围（IMP3）及社会环境（IMP4）这四个方面进行测度。具体而言，设置 9 个观测变量来衡量这些方面对沉浸式歌舞演艺微旅游的影响。这些观测变量的详细信息如表 4 - 41 所示。

表 4 - 41   沉浸式歌舞演艺微旅游（IMP）指标量表

变量	观测变量	内容
文化基础（IMP1）	IMP11	沉浸式歌舞演艺微旅游的文化类型符合城市文化保护点式—原置型要求的程度
	IMP12	沉浸式歌舞演艺微旅游的文化利用状况符合城市文化保护点式—原置型要求的程度
科技应用（IMP2）	IMP21	沉浸式歌舞演艺微旅游的科技发展状况符合城市文化保护点式—原置型要求的程度
	IMP22	沉浸式歌舞演艺微旅游的科技应用程度符合城市文化保护点式—原置型要求的程度
	IMP23	沉浸式歌舞演艺微旅游的未来科技打造趋势符合城市文化保护点式—原置型要求的程度
环境氛围（IMP3）	IMP31	沉浸式歌舞演艺微旅游的基础设施符合城市文化保护点式—原置型要求的程度
	IMP32	沉浸式歌舞演艺微旅游的艺术元素符合城市文化保护点式—原置型要求的程度
社会环境（IMP4）	IMP41	沉浸式歌舞演艺微旅游的市场认可符合城市文化保护点式—原置型要求的程度
	IMP42	沉浸式歌舞演艺微旅游的政策扶持符合城市文化保护点式—原置型要求的程度

旅游可持续发展（Sustainable Development of Tourism，SDT）不仅是本书设计中关键的被解释变量，也是研究新时代下的沉浸式歌舞演艺微旅游与城市文化保护点式—原置型协同模式的主要中间变量。本书从新时代下沉浸式微旅游与城市更新两个方面出发，结合相关文献成果，从旅游市场（SDT1）、社会环境（SDT2）、文化创意（SDT3）、自然环境（SDT4）四个角度出发，具体而言，设置 11 个观测变量来衡量它们对沉浸式歌舞演艺微旅游的影响，见表 4 - 42。

表 4 - 42　　　　　　　　　旅游可持续发展（SDT）指标量表

变量	观测变量	内容
旅游市场 （SDT1）	SDT11	旅游市场需求与旅游发展符合城市文化保护点式—原置型要求的程度
	SDT12	社会需求变化与农业发展符合城市文化保护点式—原置型要求的程度
	SDT13	旅游市场趋势与旅游规划符合城市文化保护点式—原置型要求的程度
社会环境 （SDT2）	SDT21	旧城区民族与国际结合情况符合城市文化保护点式—原置型要求的程度
	SDT22	旧城区本土与全球结合情况符合城市文化保护点式—原置型要求的程度
文化创意 （SDT3）	SDT31	旅游产业的故事技术融合情况符合城市文化保护点式—原置型要求的程度
	SDT32	旅游产业的文化意境符合城市文化保护点式—原置型要求的程度
	SDT33	旅游产业的文化品牌符合城市文化保护点式—原置型要求的程度
自然环境 （SDT4）	SDT41	旅游氛围营造符合城市文化保护点式—原置型要求的程度
	SDT42	旅游空间友好状况符合城市文化保护点式—原置型要求的程度
	SDT43	旅游画面感营造符合城市文化保护点式—原置型要求的程度

　　新时代下城市更新既是新时代下破解旧城区改造问题、提升城市经济建设效益的重大战略，也是促进城市空间结构优化与品质提升的重要行动。居民作为城市建设的主体要素，其意愿对城市更新具有重要影响。在旧城区更新研究中，学者们已经对居民意愿（The Willingness of Residents，TWR）进行了深入研究。结合这些研究成果，本书将分别从城市经济（TWR1）、生活观念（TWR2）和主体特征（TWR3）三个方面对居民意愿进行诠释和说明，进一步理解城市更新过程中居民意愿的形成机制和影响因素。这有助于为城市更新策略的制定和实施提供实证依据，以更好地满足居民的需求和期望。其中，针对城市经济（TWR1）、生活观念（TWR2）和主体特征（TWR3），本书分别设置了 3 个观测变量进行变量度量，共有 9 个观测变量，具体情况见表 4 - 43。

表 4 - 43　　　　　　　　　居民意愿（TWR）指标量表

变量	观测变量	内容
城市经济 （TWR1）	TWR11	城市的经济收入模式符合城市文化保护点式—原置型要求的程度
	TWR12	城市的经济政策符合城市文化保护点式—原置型要求的程度
	TWR13	城市的产业结构符合城市文化保护点式—原置型要求的程度
生活观念 （TWR2）	TWR21	居民的建筑与土地利用意识符合城市文化保护点式—原置型要求的程度
	TWR22	居民的环境保护意识符合城市文化保护点式—原置型要求的程度
	TWR23	居民的传统文化保护意识符合城市文化保护点式—原置型要求的程度
主体特征 （TWR3）	TWR31	居民的年龄特征符合城市文化保护点式—原置型要求的程度
	TWR32	居民的文化素养特征符合城市文化保护点式—原置型要求的程度
	TWR33	居民的经济条件符合城市文化保护点式—原置型要求的程度

　　空间布局（Space Layout，SL）这一被解释变量既与可利用资源紧密相关（通过加强保护、修缮和改造等手段，将其转化为旅游资源，提高其利用价值），也与需求场景打造有关（以满足游客的体验和需求，可以将城市的历史文化与旅游需求结合起来，实现城市文化保护和旅游可持续发展的协同发展）。根据已有的相关文献，本书将从新时代下的城市现状出发，分别从可利用资源（SL1）、需求场景打造（SL2）两个方面对解释变量进行分析，具体情况见表 4 - 44。

表 4 – 44 　　　　　　　　　　　　　　空间布局（SL）指标量表

变量	观测变量	内容
可利用资源（SL1）	SL11	高新科技资源符合城市文化保护点式—原置型要求的程度
	SL12	文化建筑物资源符合城市文化保护点式—原置型要求的程度
需求场景打造（SL2）	SL21	游客需求趋势符合城市文化保护点式—原置型要求的程度
	SL22	公共空间文化氛围符合城市文化保护点式—原置型要求的程度

城市文化保护点式—原置型（Urban Culture Protection Point Type – Original Type，UCPO）是城市更新建设的重要模式之一。本书结合城市更新空间范型模式的特征和机制，设置一系列观测变量来度量不同机制对城市更新的影响。具体而言，针对政府监管机制（UCPO1）、开发商协调机制（UCPO2）、民众参与机制（UCPO3）各设置 3 个观测变量，这些观测变量的详细情况可见表 4 – 45。

表 4 – 45 　　　　　　　　　城市文化保护点式—原置型（UCPO）指标量表

变量	观测变量	内容
政府监管机制（UCPO1）	UCPO11	政府监管机制力度符合城市文化保护点式—原置型要求的程度
	UCPO12	政府监管机制内容符合城市文化保护点式—原置型要求的程度
	UCPO13	政府监管机制实施符合城市文化保护点式—原置型要求的程度
开发商协调机制（UCPO2）	UCPO21	开发商协调机制内容符合城市文化保护点式—原置型要求的程度
	UCPO22	开发商协调机制力度符合城市文化保护点式—原置型要求的程度
	UCPO23	开发商协调机制构成符合城市文化保护点式—原置型要求的程度
民众参与机制（UCPO3）	UCPO31	民众参与机制内容符合城市文化保护点式—原置型要求的程度
	UCPO32	民众参与机制实施符合城市文化保护点式—原置型要求的程度
	UCPO33	民众参与机制构成符合城市文化保护点式—原置型要求的程度

第二，沉浸式歌舞演艺微旅游与城市文化保护点式—重置型协同模式的调查问卷设计。

本书讨论了沉浸式歌舞演艺微旅游与城市文化保护点式—重置型协同模式，并采用结构方程模型进行实证数据分析。为了获得本书所需数据，设计了《沉浸式歌舞演艺微旅游与城市文化保护点式—重置型协同模式的调查问卷》，该问卷在广泛参考其他学者研究和相关领域专家意见的基础上设计。该问卷采用主观感知的方式来度量受访者对提出问题的感知结果，为了获取相关数据，使用里克特五力量表来测量受访者对问题的感知结果，其中，分数从 1 分至 5 分，分别对应着受访者对感知程度的评价，范围从"最不好"到"最好"。该问卷由两部分组成：第一部分为被调查者的基本情况，包括性别、年龄、工作、收入等人口统计学特征及社会属性；第二部分为问卷主体，专注于以下 5 个方面：沉浸式歌舞演艺微旅游、智慧城市建设、居民意愿、景区发展水平和城市文化保护点式—重置型。通过设计一系列科学可观测的指标或变量来收集相关数据，以最终分析沉浸式歌舞演艺微旅游与城市文化保护点式—重置型协同模式。在本书中，为确保问卷的全面、科学和可操作性，我们在设计问卷前开展了预调研，参考其他学者研究并听取相关领域专家意见对问卷进行了调整。同时，在受访对象完成问卷调查的过程中，尽力确保了结果的真实性。

计划于 2022 年 10 月至 2022 年 12 月，发放调查问卷 300 份。本书通过网络问卷和纸质问卷两种方式进行数据收集，使用在线调查平台和社交媒体等渠道发布问卷链接，方便当地居民、游客填写。同时，在旅游景点等地点发放纸质问卷，以收集线下受访者的意见。受访者范围包括游客、当地居民和旅游从业者。为了更好地回答研究问题和开展调查，本书选择了不同群体的受访者，以获取他们对于沉浸式歌舞演艺微旅游新业态的看法和体验，以及对于城市文化保护的影响的看法。选择有过该经验的游客作为受访者，以获取他们对于该经验的态度和看法；选择居住在景区周边的当地民众作为受访者，以获得他们对于该业态对城市文化保护的影响的看法，并了解他们的态度和反应；选择旅游行业相关人员，如景区服务人员和导游等作为受访者，以获取不同从业者对于城市文化保护的看法，并了解他们的态度和反应。这些调查对象的选择将有助于准确获取信息和数据，更好地探究该景区在沉浸式歌舞演艺微旅游与城市文化保护点式—重置型协同模式实践中的影响和作用。

本书通过结构方程模型对新时代下的沉浸式歌舞演艺微旅游与城市文化保护点式—重置型协同模式进行检验，但首先需要解决关键变量的度量问题。在本书的研究设计中，将沉浸式歌舞演艺微旅游、城市文化保护点式—重置型发展模式、景区发展水平、居民意愿和智慧城市建设等 5 个变量确定为主要关键变量，通过为这 5 个关键变量设计相应的观测变量进行定量分析，以实现研究目的。在这 5 个关键变量中，将沉浸式歌舞演艺微旅游设定为解释变量，城市文化保护点式—重置型发展模式、景区发展水平、居民意愿及智慧城市建设设定为被解释变量，并分别对解释变量和被解释变量进行量化。

沉浸式歌舞演艺微旅游（Immersive Micro-tour of song and dance Performance，IMP）是当前重要的沉浸式微旅游业态之一，其产生和发展不仅与当地文化、土地资源和科技相关，也受新时代社会环境影响。为了测度新时代下沉浸式歌舞演艺微旅游（IMP）的特征，本书从文化基础（IMP1）、土地基础（IMP2）、数字科技（IMP3）及社会环境（IMP4）四个方面设计了 9 个观测变量进行量化，具体情况见表 4 – 46。

表 4 – 46　　　　　　　　　　沉浸式歌舞演艺微旅游（IMP）指标量表

变量	观测变量	内容
文化基础 （IMP1）	IMP11	沉浸式歌舞演艺微旅游的文化类型符合城市文化保护点式—重置型要求的程度
	IMP12	沉浸式歌舞演艺微旅游的文化利用状况符合城市文化保护点式—重置型要求的程度
土地基础 （IMP2）	IMP21	沉浸式歌舞演艺微旅游的土地类型符合城市文化保护点式—重置型要求的程度
	IMP22	沉浸式歌舞演艺微旅游的土地利用状况符合城市文化保护点式—重置型要求的程度
	IMP23	沉浸式歌舞演艺微旅游的选址符合城市文化保护点式—重置型要求的程度
数字科技 （IMP3）	IMP31	沉浸式歌舞演艺微旅游的科技发展状况符合城市文化保护点式—重置型要求的程度
	IMP32	沉浸式歌舞演艺微旅游的科技应用符合城市文化保护点式—重置型要求的程度
社会环境 （IMP4）	IMP41	沉浸式歌舞演艺微旅游的城市文化环境符合城市文化保护点式—重置型要求的程度
	IMP42	沉浸式歌舞演艺微旅游的旅游市场符合城市文化保护点式—重置型要求的程度

景区发展水平（Development Level of Scenic Spot，DLSS）既是本书设计中重要的被解释变量，也是研究新时代沉浸式歌舞演艺微旅游与城市文化保护点式—重置型协同模式的重要中间变量。本书从新时代沉浸式微旅游与城市更新空间范型两个方面出发，结合相关文献成果，设计了经济结构（DLSS1）、产业结构（DLSS2）、虚拟体验（DLSS3）和可持续能力（DLSS4）4 个变量。其中，经济结构可以考察景区在经济方面的基础以及景区的经济发展是否符合当地经济的整体发展趋势，产业结构可以考察景区内各种产业之间的相互配合程度，以及景区的产业结构是否适应当地经济和社会的发展需求，虚拟体验可以考察景区是否有创新和研发能力，以及景区的虚拟体验是否具有吸引力和竞争力，可持续能力则可以考察景区的可持续发展能力，以及景区是否有长远规划和责任感。共设置 11 个观测变量分别对这四个方面进行测度，具体见表 4 – 47。

表 4 – 47　　　　　　　　　　　　　景区发展水平（DLSS）指标量表

变量	观测变量	内容
经济结构 （DLSS1）	DLSS11	老城区产业经济收益分布符合城市文化保护点式—重置型要求的程度
	DLSS12	老城区产业未来经济收益符合城市文化保护点式—重置型要求的程度
	DLSS13	老城区产业经济收益成构符合城市文化保护点式—重置型要求的程度
产业结构 （DLSS2）	DLSS21	老城区的旅游资源禀赋符合城市文化保护点式—重置型要求的程度
	DLSS22	老城区的资源开发利用符合城市文化保护点式—重置型要求的程度
虚拟体验 （DLSS3）	DLSS31	景区公共基础设施符合城市文化保护点式—重置型要求的程度
	DLSS32	景区体验科技普及程度符合城市文化保护点式—重置型要求的程度
	DLSS33	景区服务设施符合城市文化保护点式—重置型要求的程度
可持续能力 （DLSS4）	DLSS41	老城区产业发展规划状况符合城市文化保护点式—重置型要求的程度
	DLSS42	老城区旅游产业结构符合城市文化保护点式—重置型要求的程度
	DLSS43	老城区产业结构成分符合城市文化保护点式—重置型要求的程度

　　新时代进行城市更新既是新时代下破解旧城区改造问题、提升城市经济建设效益的重大战略，也是提升当地居民生活水平与经济效益的重要行动。居民作为城市建设主体，居民意愿（The Willingness of Residents，TWR）在一定程度上影响城市更新的关键因素。本书在结合既有研究成果的基础上，从开发意识和生活观念两个方面测度居民意愿。本书分别对开发意识（TWR1）、生活观念（TWR2）两个方面对居民意愿进行诠释说明，其中，开发意识是指居民对于城市发展的态度和意识，而居民生活观念是指居民对于生活方式和品质的追求和要求。针对开发意识和生活观念，本书分别设置 2 个观测变量进行变量度量，共有 4 个观测变量，具体情况见表 4 – 48。

表 4 – 48　　　　　　　　　　　　　居民意愿（TWR）指标量表

变量	观测变量	内容
开发意识 （TWR1）	TWR11	居民的经济发展观念符合城市文化保护点式—重置型要求的程度
	TWR12	居民的主体特征符合城市文化保护点式—重置型要求的程度
生活观念 （TWR2）	TWR21	居民的生活生产方式符合城市文化保护点式—重置型要求的程度
	TWR22	居民的未来发展规划符合城市文化保护点式—重置型要求的程度

　　智慧城市建设（Smart City Construction，SCC）是被解释变量之一，这一变量与城区布局选址、服务设施以及游客满意度相关联。本书在参考相关文献基础上，从新时代的实际情况出发，从布局选址（SCC1）、服务设施（SCC2）和游客满意度（SCC3）三个方面设定共 9 个观测变量对其进行测量。布局选址涉及智慧城市建设的整体规划和布局；服务设施包括智慧城市内部的各种服务设施，可以帮助游客更好地了解城市和享受城市的各种资源；游客满意度也是智慧城市建设的一个重要评估维度，通过对游客的满意度进行调查和评估，可以了解到智慧城市服务的实际效果和不足之处，从而不断改进和提高智慧城市的服务质量和旅游体验。具体情况见表 4 – 49。

表 4 – 49　　　　　　　　　　　　　智慧城市建设（SCC）指标量表

变量	观测变量	内容
布局选址 （SCC1）	SCC11	地理位置选择符合城市文化保护点式—重置型要求的程度
	SCC12	文化内涵符合城市文化保护点式—重置型要求的程度
	SCC13	环境生态符合城市文化保护点式—重置型要求的程度

变量	观测变量	内容
服务设施 （SCC2）	SCC21	基础设施状况符合城市文化保护点式—重置型要求的程度
	SCC22	公共服务设施符合城市文化保护点式—重置型要求的程度
	SCC23	交通出行设施符合城市文化保护点式—重置型要求的程度
游客满意度 （SCC3）	SCC31	服务质量符合城市文化保护点式—重置型要求的程度
	SCC32	文化体验符合城市文化保护点式—重置型要求的程度
	SCC33	信息化支持符合城市文化保护点式—重置型要求的程度

城市文化保护点式—重置型发展模式（Urban Culture Protection Point Type - Reset Type，UCPR）是城市更新的重要模式之一。本书结合城市更新建设模式的特征和机制，设置9个观测变量对其进行度量。具体来说，政府监管机制设定3个观测变量，开发商协调机制设定3个观测变量，民众参与机制设定3个观测变量，相关变量的情况见表4-50。

表4-50　　　　　　　　　城市文化保护点式—重置型（UCPR）指标量表

变量	观测变量	内容
政府监管机制 （UCPR1）	UCPR11	政府监管机制力度符合城市文化保护点式—重置型要求的程度
	UCPR12	政府监管机制内容符合城市文化保护点式—重置型要求的程度
	UCPR13	政府监管机制实施符合城市文化保护点式—重置型要求的程度
开发商协调机制 （UCPR2）	UCPR21	开发商协调机制内容符合城市文化保护点式—重置型要求的程度
	UCPR22	开发商协调机制力度符合城市文化保护点式—重置型要求的程度
	UCPR23	开发商协调机制构成符合城市文化保护点式—重置型要求的程度
民众参与机制 （UCPR3）	UCPR31	民众参与机制内容符合城市文化保护点式—重置型要求的程度
	UCPR32	民众参与机制实施符合城市文化保护点式—重置型要求的程度
	UCPR33	民众参与机制构成符合城市文化保护点式—重置型要求的程度

第三，沉浸式文化传承微旅游与城市文化保护面域—原置型协同模式的调查问卷设计。

本书讨论了沉浸式文化传承微旅游与城市文化保护面域—原置型协同模式，并采用结构方程模型进行实证数据分析。为了获得本书所需数据，设计了《沉浸式文化传承微旅游与城市文化保护面域—原置型协同模式的调查问卷》，该问卷在广泛参考其他学者研究和相关领域专家意见的基础上设计。该问卷采用主观感知的方式来测量受访者对问题的看法，使用1~5分的里克特五力量表获取相关数据，量表范围对应感知程度由"最不好"过渡到"最好"。该问卷分为两大部分：第一部分为被调查者的基本情况，包括性别、年龄、工作、收入等人口统计学特征和社会属性。第二部分为主体部分，重点调查沉浸式文化传承微旅游、城市产业结构、居民意愿、游客认知评价和城市文化保护面域—原置型等5个方面，并根据这几个方面设计一系列指标或变量，为分析沉浸式文化传承微旅游与城市文化保护面域—原置型协同模式提供必要数据支持。为确保问卷的全面性、科学性和可操作性，在正式设计之前开展预调研，参考其他学者研究并征求相关专家意见进行了调整。同时，在受访对象填写问卷过程中，注重保证结果的真实性。

计划于2022年12月至2023年1月，发放调查问卷300份。本书通过网络问卷和纸质问卷两种方式进行数据收集，使用在线调查平台和社交媒体等渠道发布问卷链接，方便当地居民、游客填写。同时，在旅游景点等地点发放纸质问卷，以收集线下受访者的意见。受访者范围包括游客、当地居民和旅游从业者。选择有过沉浸式文化传承微旅游体验的人群作为受访者，以了解他们对旅游新业态的看法和体验；选择居住在景区周边的当地民众作为受访者，以了解他们对旅游新业态对城市文化保护的影响的看法；选择旅游行业相关行业者，比如景区服务人员、导游等，以了解不同从业者对于城市文化保护的看法。

本书利用结构方程模型对新时代下的沉浸式文化传承微旅游与城市文化保护面域—原置型协同模式进行检验，首先需要解决关键变量的度量问题。在本书的研究设计中，将沉浸式文化传承微旅游、城市文化保护面域—原置型发展模式、游客认知评价、居民意愿及城市产业结构确定为主要的5个关键变量，通过为这5个变量设计相应的观测变量进行定量分析，旨在实现研究目的。在5个关键变量中，将沉浸式文化传承微旅游作为解释变量，将城市文化保护面域—原置型、游客认知评价、居民意愿及城市产业结构定义为被解释变量，本书分别为解释变量和被解释变量设计相应的测量变量。

沉浸式文化传承微旅游（Immersive Cultural Heritage Micro-tourism，ICHM）是当前一个重要的沉浸式微旅游业态，其产生和发展不仅与当地文化、土地资源和市场环境相关，也受老城区基础设施完善程度影响。作为一个涉及多方面的旅游项目，沉浸式文化传承微旅游的成功需要在文化、技术、资源支持等多个方面做足准备和支持。同时，与专注于歌舞演艺的沉浸式微旅游类型相比，沉浸式文化传承微旅游更加注重历史文化传承的效果。为了从多个维度衡量沉浸式文化传承微旅游，本书从文化基础（ICHM1）、土地基础（ICHM2）、基础设施（ICHM3）及客源市场（ICHM4）四个方面设计观测变量。具体来说，每个方面设定2~3个观测变量，共设置9个观测变量对其进行量化测度，详细情况见表4-51。

表4-51　　　　　　　　　　　　沉浸式文化传承微旅游（ICHM）指标量表

变量	观测变量	内容
文化基础（ICHM1）	ICHM11	沉浸文化传承微旅游的文化类型符合城市文化保护面域—原置型要求的程度
	ICHM12	沉浸文化传承微旅游的文化利用状况符合城市文化保护面域—原置型要求的程度
土地基础（ICHM2）	ICHM21	沉浸文化传承微旅游的土地类型符合城市文化保护面域—原置型要求的程度
	ICHM22	沉浸文化传承微旅游的土地利用状况符合城市文化保护面域—原置型要求的程度
	ICHM23	沉浸文化传承微旅游的选址符合城市文化保护面域—原置型要求的程度
基础设施（ICHM3）	ICHM31	沉浸文化传承微旅游的科技应用符合城市文化保护面域—原置型要求的程度
	ICHM32	沉浸文化传承微旅游的基础设施完善程度符合城市文化保护面域—原置型要求的程度
客源市场（ICHM4）	ICHM41	沉浸文化传承微旅游的市场规模符合城市文化保护面域—原置型要求的程度
	ICHM42	沉浸文化传承微旅游的市场构成符合城市文化保护面域—原置型要求的程度

游客认知评价（Tourist Cognitive Evaluation，TCE）既是本书设计中的关键被解释变量之一，同时也是研究新时代下沉浸式文化传承微旅游与城市文化保护面域—原置型协同模式的重要中间变量。可以助力旅游从业者更好地了解游客需求和喜好，从而更好地设计和改进产品，达到服务游客的目的。本书从新时代下的沉浸式微旅游与城市更新空间范型两个方面出发，在参考相关文献基础上，从情感认可（TCE1）、基础设施（TCE2）、文化资源（TCE3）和旅游环境（TCE4）四个方面设置11个观测变量。具体变量设置见表4-52。

表4-52　　　　　　　　　　　　游客认知评价（TCE）指标量表

变量	观测变量	内容
情感认可（TCE1）	TCE11	游客的服务质量感知符合城市文化保护面域—原置型要求的程度
	TCE12	旅游服务设施建设符合城市文化保护面域—原置型要求的程度
	TCE13	游客的公共服务体验符合城市文化保护面域—原置型要求的程度

变量	观测变量	内容
基础设施 （TCE2）	TCE21	旅游产业设施建设符合城市文化保护面域—原置型要求的程度
	TCE22	设施分布与规划特征符合城市文化保护面域—原置型要求的程度
文化资源 （TCE3）	TCE31	历史街区的资源禀赋符合城市文化保护面域—原置型要求的程度
	TCE32	历史街区的资源开发利用符合城市文化保护面域—原置型要求的程度
	TCE33	资源规划状况符合城市文化保护面域—原置型要求的程度
旅游环境 （TCE4）	TCE41	历史街区的文化底蕴符合城市文化保护面域—原置型要求的程度
	TCE42	历史街区的人文景观符合城市文化保护面域—原置型要求的程度
	TCE43	历史街区的环境发展潜力符合城市文化保护面域—原置型要求的程度

城市产业结构（Urban Industrial Structure，UIS）这一被解释变量既与城市的产业资源与经济效益息息相关，也与前来的游客需求有着紧密的关联。参考已有的相关文献，从新时代下的实际情况出发，从产业资源（UIS1）、游客需求（UIS2）和经济效益（UIS3）三个方面设计变量，对城市产业结构进行量化。其中，不同城市产业资源不同，可以为城市提供独特的魅力和竞争力，同时，产业资源也是推动城市发展和产业升级的重要支撑；游客需求是城市产业结构的另一个重要维度，不同类型的游客对城市的需求不同，城市需要根据不同的游客需求来制定相应的旅游产品和服务，以吸引更多游客来到城市；经济效益也是衡量城市产业结构成功与否的重要指标，城市需要根据其产业资源和游客需求来开发具有竞争力的旅游产品和服务，从而实现旅游业的发展和经济效益的提高。只有在这个基础上，城市才能够吸引更多的游客和投资，促进城市经济的可持续发展。本书对以上变量分别设置3个观测变量进行测度，具体情况见表4-53。

表4-53 城市产业结构（UIS）指标量表

变量	观测变量	内容
产业资源 （UIS1）	UIS11	城市产业资源发展规划状况符合城市文化保护面域—原置型要求的程度
	UIS12	城市旅游资源产业结构符合城市文化保护面域—原置型要求的程度
	UIS13	城市产业资源结构成分符合城市文化保护面域—原置型要求的程度
游客需求 （UIS2）	UIS21	游客需求数量与城市产业生产符合城市文化保护面域—原置型要求的程度
	UIS22	游客需求种类与城市产业发展符合城市文化保护面域—原置型要求的程度
	UIS23	游客需求趋势与城市产业规划符合城市文化保护面域—原置型要求的程度
经济效益 （UIS3）	UIS31	城市产业的经济效益分配符合城市文化保护面域—原置型要求的程度
	UIS32	城市产业的未来经济收益符合城市文化保护面域—原置型要求的程度
	UIS33	城市产业的经济收益构成符合城市文化保护面域—原置型要求的程度

新时代的城市更新同时面临着历史街区老化问题、土地利用率的问题，肩负着促进历史街区建设的重要任务。居民作为城市建设的重要主体，在一定程度上其意愿（The Willingness of Residents，TWR）是影响城市更新的关键因素。要实现新时代下的沉浸式文化传承微旅游与城市文化保护面域—原置型协同模式的建设，居民意愿将是一个重要方面。结合已有学者对城市更新中居民意愿的研究成果，本书分别从开发意识和生活观念两个方面出发对居民意愿进行诠释说明。具体来说，开发意识设置2个观测变量，生活观念设置2个变量，共设4个观测变量对居民意愿进行量化，相关变量设置详见表4-54。

表4 – 54　　　　　　　　　　　居民意愿（TWR）指标量表

变量	观测变量	内容
开发意识 （TWR1）	TWR11	居民的经济发展观念符合城市文化保护面域—原置型要求的程度
	TWR12	居民的主体特征符合城市文化保护面域—原置型要求的程度
生活观念 （TWR2）	TWR21	居民的生活生产方式符合城市文化保护面域—原置型要求的程度
	TWR22	居民的未来发展规划符合城市文化保护面域—原置型要求的程度

城市文化保护面域—原置型发展模式（Urban Cultural Protection Area – Original Type，UCAO）是城市更新的重要模式之一。本书根据城市更新空间范型的特征，从政府监管机制、开发商协调机制和民众参与机制三个层面设置观测变量对城市文化保护面域—原置型进行量化。具体来说，政府监管机制（UCAO1）设置3个观测变量，开发商协调机制（UCAO2）设置3个观测变量，民众参与机制（UCAO3）设置3个观测变量，共设置9个观测变量。相关变量设置见表4 – 55。

表4 – 55　　　　　　　　城市文化保护面域—原置型（UCAO）指标量表

变量	观测变量	内容
政府监管机制 （UCAO1）	UCAO11	政府监管机制力度符合城市文化保护面域—原置型要求的程度
	UCAO12	政府监管机制内容符合城市文化保护面域—原置型要求的程度
	UCAO13	政府监管机制实施符合城市文化保护面域—原置型要求的程度
开发商协调机制 （UCAO2）	UCAO21	开发商协调机制内容符合城市文化保护面域—原置型要求的程度
	UCAO22	开发商协调机制力度符合城市文化保护面域—原置型要求的程度
	UCAO23	开发商协调机制构成符合城市文化保护面域—原置型要求的程度
民众参与机制 （UCAO3）	UCAO31	民众参与机制内容符合城市文化保护面域—原置型要求的程度
	UCAO32	民众参与机制实施符合城市文化保护面域—原置型要求的程度
	UCAO33	民众参与机制构成符合城市文化保护面域—原置型要求的程度

第四，沉浸式文化传承微旅游与城市文化保护面域—重置型协同模式的调查问卷设计。

本书讨论了沉浸式文化传承微旅游与城市文化保护面域—重置型协同模式，并采用结构方程模型进行实证数据分析。为了获得本书所需数据，设计了《沉浸式文化传承微旅游与城市文化保护面域—重置型协同模式的调查问卷》，该问卷在广泛参考其他学者研究和相关领域专家意见的基础上设计。该问卷采用主观感知的方式来测量受访者对问题看法，使用1分至5分制的里克特五力量表进行评分，从1分"最不好"到5分"最好"对应不同程度的主观感知，以获取相关数据。该问卷分为两部分：第一部分内容为被调查对象的基本情况，包括人口统计学特征如性别、年龄等，以及社会属性如工作和收入情况。第二部分为本问卷的主体部分，重点调研沉浸式文化传承微旅游、城市产业结构、旅游吸引、游客认知评价和城市文化保护面域—重置型等五个方面。根据这五个方面设置一系列可观测的指标或变量，为最后分析沉浸式文化传承微旅游与城市文化保护面域—重置型协同模式提供必要数据支持。在本书中，为了保证问卷设计的全面性、科学性和可操作性，在正式设计之前开展预调研工作，参考其他学者在这个领域的研究结果，同时，征询相关领域专家的意见，并据此对问卷进行必要调整。此外，在受访对象填写问卷的过程中，同样重视结果真实性，采取相应措施确保获得真实可靠的数据。

计划于2023年1月至2023年2月，发放调查问卷300份。本书通过网络问卷和纸质问卷两种方式进行数据收集，使用在线调查平台和社交媒体等渠道发布问卷链接，方便当地居民、游客填写。同时，在旅游景点等地点发放纸质问卷，以收集线下受访者的意见。受访者范围包括游客、当地居民和旅游从业者。选择有过沉浸式文化传承微旅游体验的人群作为受访者，以了解他们对旅游新业态的看法和体验；选择居住在景区周边的当地民众作为受访者，以了解他们对旅游新业态对城市文化保护的影响的看法；选择旅游行业相关从业者，比如景区服务人员、导游等，以了解不同从业者对于城市文化保护的看法。

本书对新时代下的沉浸式文化传承微旅游与城市文化保护面域—重置型协同模式进行结构方程实证分析，最关键的问题在于变量度量。在本书的研究设计中，将沉浸式文化传承微旅游、城市文化保护面域—重置型发展模式、游客认知评价、城市产业结构和旅游吸引确定为5个主要关键变量，通过为这5个关键变量设计观测变量进行定量分析，从而实现研究目的。在这5个关键变量中，根据变量之间的内在关系，将沉浸式文化传承微旅游设定为解释变量，城市文化保护面域—重置型、城市产业结构、旅游吸引及游客认知评价定义为被解释变量，并分别对解释变量和被解释变量进行测量。

沉浸式文化传承微旅游（Immersive Cultural Heritage Micro-tourism，ICHM）是当前一个重要的沉浸式微旅游业态创新产品，其产生和发展既与当地的文化、土地资源和市场环境相关，也会受新时代老城区的基础设施完善程度的影响。相对于沉浸式歌舞演艺微旅游这一沉浸式微旅游类型，沉浸式文化传承微旅游更为注重历史文化传承的作用，只有具备深厚的文化积淀，才能更好地传递文化内涵，让游客更好地感受到当地的历史文化底蕴和风土人情；同时，也需要适宜的土地空间和完善的基础设施支持，才能营造出浓郁的历史文化氛围和人文景观，并为游客提供更为便利的服务保障。此外，客源市场需要有足够的规模和潜力，也需要有一定的消费水平和品位，从而吸引更多的游客前来体验，推动项目的可持续发展。

为了从多个维度衡量新时代下沉浸式文化传承微旅游，本书从文化基础（ICHM1）、土地基础（ICHM2）、基础设施（ICHM3）及客源市场（ICHM4）四个方面设置观测变量。具体来说，每个方面设置2~3个变量，共设置9个观测变量对沉浸式文化传承微旅游进行量化测度，相关变量设置见表4-56。

表4-56　　　　　　　　　　沉浸式文化传承微旅游（ICHM）指标量表

变量	观测变量	内容
文化基础 （ICHM1）	ICHM11	沉浸式文化传承微旅游的文化类型符合城市文化保护面域—重置型要求的程度
	ICHM12	沉浸式文化传承微旅游的文化利用状况符合城市文化保护面域—重置型要求的程度
土地基础 （ICHM2）	ICHM21	沉浸式文化传承微旅游的土地类型符合城市文化保护面域—重置型要求的程度
	ICHM22	沉浸式文化传承微旅游的土地利用状况符合城市文化保护面域—重置型要求的程度
	ICHM23	沉浸式文化传承微旅游的选址符合城市文化保护面域—重置型要求的程度
基础设施 （ICHM3）	ICHM31	沉浸式文化传承微旅游的科技应用符合城市文化保护面域—重置型要求的程度
	ICHM32	沉浸式文化传承微旅游的基础设施完善程度符合城市文化保护面域—重置型要求的程度
客源市场 （ICHM4）	ICHM41	沉浸式文化传承微旅游的市场规模符合城市文化保护面域—重置型要求的程度
	ICHM42	沉浸式文化传承微旅游的市场构成符合城市文化保护面域—重置型要求的程度

游客认知评价（Tourist Cognitive Evaluation，TCE）是研究设计中关键的被解释变量之一，同时也是新时代沉浸式文化传承微旅游与城市文化保护面域—重置型协同模式研究的一个重要中间变量。其中，游客对旅游环境的评价是决定其旅游体验的重要因素之一，而旅游设施的评价与旅游体验的舒适度和便利度密切相关，管理服务的评价直接关系到游客对旅游目的地的满意度和回头率，游客偏好是指游客在旅游过程中所持有的各种观念和偏好，这个维度的评价可以帮助旅游企业更好地了解和满足游客需求，从而提高旅游产品的竞争力和市场占有率。本书在参考相关文献的基础上，从新时代沉浸式微旅游与城市更新空间范型两个方面出发，从旅游环境（TCE1）、旅游设施

（TCE2）、管理服务（TCE3）和游客偏好（TCE4）四个方面设置 11 个观测变量，通过这 11 个变量对游客认知评价进行不同方面的测度，相关变量设置见表 4 – 57。

表 4 – 57　　　　　　　　　　　游客认知评价（TCE）指标量表

变量	观测变量	内容
旅游环境 （TCE1）	TCE11	景区的地理位置符合城市文化保护面域—重置型要求的程度
	TCE12	景区的交通状况符合城市文化保护面域—重置型要求的程度
	TCE13	景区周边环境保护符合城市文化保护面域—重置型要求的程度
旅游设施 （TCE2）	TCE21	旅游产业设施建设符合城市文化保护面域—重置型要求的程度
	TCE22	设施分布与规划特征符合城市文化保护面域—重置型要求的程度
管理服务 （TCE3）	TCE31	常规性公共服务符合城市文化保护面域—重置型要求的程度
	TCE32	针对性专项服务符合城市文化保护面域—重置型要求的程度
	TCE33	委托性特约服务符合城市文化保护面域—重置型要求的程度
游客偏好 （TCE4）	TCE41	游客旅游选址范围符合城市文化保护面域—重置型要求的程度
	TCE42	游客感知价值质量符合城市文化保护面域—重置型要求的程度
	TCE43	游客满意度行为偏好符合城市文化保护面域—重置型要求的程度

　　新时代下城市更新是新时代加快旧城区更新问题、破解城市区域分配、提升经济效益的重大战略。产业是城市提高经济效益最有力渠道，旅游产业更是国民经济中重要的支柱行业，城市产业结构（Urban Industrial Structure，UIS）决定城市更新空间范型效率的关键因素。结合已有学者对城市更新建设中城市产业结构的研究成果，城市产业结构应从空间规模、游客需求、经济效益等三个方面来搭建。在城市产业结构中，空间规模主要关注城市内旅游资源和设施的空间分布和布局，以及旅游产业的空间扩张和变化趋势，旅游需求主要关注游客的旅游行为和消费行为，以及其对旅游产品和服务的评价和反馈。而经济效益是指旅游产业对城市经济的贡献和影响，以及旅游产业的发展对城市就业和税收等方面的影响。此外，经济效益还涉及旅游产业的盈利能力和可持续发展能力。因此，本书从空间规模（UIS1）、游客需求（UIS2）和经济效益（UIS3）三个方面对城市产业结构进行解析。具体来说，从每个层面设计 3 个观测变量，共 9 个变量对城市产业结构进行量化分析，相关变量设置见表 4 – 58。

表 4 – 58　　　　　　　　　　　城市产业结构（UIS）指标量表

变量	观测变量	内容
空间规模 （UIS1）	UIS11	空间规划符合城市文化保护面域—重置型要求的程度
	UIS12	产业规模符合城市文化保护面域—重置型要求的程度
	UIS13	文化传承和保护符合城市文化保护面域—重置型要求的程度
游客需求 （UIS2）	UIS21	游客需求数量与城市产业生产符合城市文化保护面域—重置型要求的程度
	UIS22	游客需求种类与城市产业发展符合城市文化保护面域—重置型要求的程度
	UIS23	游客需求趋势与城市产业规划符合城市文化保护面域—重置型要求的程度
经济效益 （UIS3）	UIS31	城市产业的经济效益分配符合城市文化保护面域—重置型要求的程度
	UIS32	城市产业的未来经济收益符合城市文化保护面域—重置型要求的程度
	UIS33	城市产业的经济收益构成符合城市文化保护面域—重置型要求的程度

旅游吸引（Tourism Attraction，TA）这一被解释变量既与新时代下的人文资源吸引力相关联外，也与新时代下快速发展的数字科技的吸引力建设紧密相关。其中，人文资源吸引能够激发游客对情感共鸣和文化认同感，使游客对旅游目的地有更深层次的认知和体验，而数字科技吸引力可以增加旅游目的地的品牌知名度和曝光度，扩大目标客群，提高游客的体验和满意度。本书在参考相关文献的基础上，从新时代实际情况出发，从人文吸引（TA1）和数字吸引（TA2）两个方面设置观测变量对旅游吸引进行解释。具体来说，人文吸引和数字吸引分别设置两个观测变量进行诠释，具体情况见表4-59。

表4-59　　　　　　　　　　　　　　　旅游吸引（TA）指标量表

变量	观测变量	内容
人文吸引 （TA1）	TA11	人文构成和保护现状符合城市文化保护面域—重置型要求的程度
	TA12	人文发展的创新建设符合城市文化保护面域—重置型要求的程度
数字吸引 （TA2）	TA21	虚拟现实与旅游产业融合程度符合城市文化保护面域—重置型要求的程度
	TA22	旅游数字创新技术符合城市文化保护面域—重置型要求的程度

城市文化保护面域—重置型发展模式（Urban Cultural Protection Area - Reset Type，UCAR）是城市更新的重要模式之一，本书根据此模式的特征设计观测变量进行量化。具体来说，从政府监管机制（UCAR1）、开发商协调机制（UCAR2）、民众参与机制（UCAR3）三个层面设计变量。其中，政府监管机制设置3个变量，开发商协调机制设置3个变量，民众参与机制设置3个变量，共设置9个观测变量，相关变量设置见表4-60。

表4-60　　　　　　　　　　　　城市文化保护面域—重置型（UCAR）指标量表

变量	观测变量	内容
政府监管机制 （UCAR1）	UCAR11	政府监管机制力度符合城市文化保护面域—重置型要求的程度
	UCAR12	政府监管机制内容符合城市文化保护面域—重置型要求的程度
	UCAR13	政府监管机制实施符合城市文化保护面域—重置型要求的程度
开发商协调机制 （UCAR2）	UCAR21	开发商协调机制内容符合城市文化保护面域—重置型要求的程度
	UCAR22	开发商协调机制力度符合城市文化保护面域—重置型要求的程度
	UCAR23	开发商协调机制构成符合城市文化保护面域—重置型要求的程度
民众参与机制 （UCAR3）	UCAR31	民众参与机制内容符合城市文化保护面域—重置型要求的程度
	UCAR32	民众参与机制实施符合城市文化保护面域—重置型要求的程度
	UCAR33	民众参与机制构成符合城市文化保护面域—重置型要求的程度

第五，沉浸式文艺场馆微旅游与城市功能完善点式—原置型协同模式的调查问卷设计。

本书讨论了沉浸式文艺场馆微旅游与城市功能完善点式—原置型协同模式，并采用结构方程模型进行实证数据分析。为了获得研究所需数据，设计了《沉浸式文艺场馆微旅游与城市功能完善点式—原置型协同模式的调查问卷》，该问卷在广泛参考其他学者研究和相关领域专家意见的基础上设计。该问卷采用主观感知的方式来测量受访者对问题看法，使用1~5分的里克特五力量表进行评分，其中，1分表示"最不好"，5分表示"最好"，不同分数对应受访者不同程度的主观感知，以获取相关数据。该问卷分为两个部分：第一部分为被调查者的基本情况，包括性别、年龄、工作、收入等人口统计学特征及社会属性；第二部分为主体，重点考察沉浸式文艺场馆微旅游、景区联动、游客群体、城市遗址旅游开发和城市功能完善点式—原置型等五个方面，设置相应变量以提供数据支持。为确保问卷的全面性、科学性和可操作性，在设计问卷之前进行预调研，并根据其他学者研究和相关领域专家的意见对其进行调整。同时，在受访对象填写问卷的过程中，同样重视结果真实性，采取相应措施确保获得真实可靠的数据。

计划于2023年1月至2023年2月，发放调查问卷300份。本书通过网络问卷和纸质问卷两种方式进行数据收集，使用在线调查平台和社交媒体等渠道发布问卷链接，方便当地居民、游客填写。同时，在旅游景点等地点发放纸质问卷，以收集线下受访者的意见。受访者范围包括游客、当地居民和旅游从业者。选择有过沉浸式文艺场馆微旅游体验的人群作为受访者，以了解他们对旅游新业态的看法和体验；选择居住在景区周边的当地民众作为受访者，以了解他们对旅游新业态对城市功能完善的影响的看法；选择旅游行业相关行业者，比如景区服务人员、导游等，以了解不同从业者对于城市文化保护的看法。

本书将利用结构方程模型对新时代下沉浸式文艺场馆微旅游与城市功能完善点式—原置型协同模式进行检验，首先需要解决关键变量的度量问题。在本书的研究设计中，将沉浸式文艺场馆微旅游、城市功能完善点式—原置型、城市遗址旅游开发、景区联动、游客群体确定为5个主要关键变量，为这5个关键变量设置观测变量进行定量分析，从而实现研究目的。在5个关键变量中，根据变量间的内在关系，将沉浸式文艺场馆微旅游定为解释变量，城市功能完善点式—原置型、城市遗址旅游开发、景区联动、游客群体定义为被解释变量，分别对解释变量和被解释变量进行测度。

沉浸式文艺场馆微旅游（Immersive Art Venue Micro-tourism，IAVM）是当前重要的沉浸式微旅游业态之一，文艺场馆的建设与发展，一方面与当地文化基础、市场需求等因素相关，另一方面也与新时代科技发展水平和运用紧密相关。沉浸式文艺场馆微旅游是一种以文艺场馆为载体，结合沉浸式体验、科技应用和市场需求，通过场景打造实现文化传承和旅游吸引的旅游形态。本书从文化基础（IAVM1）、科技运用（IAVM2）、市场需求（IAVM3）、场景打造（IAVM4）四个方面对新时代下的沉浸式文艺场馆微旅游进行测度，共设置9个观测变量，具体情况见表4-61。

表4-61　　　　　　　　　　沉浸式文艺场馆微旅游（IAVM）指标量表

变量	观测变量	内容
文化基础 （IAVM1）	IAVM11	沉浸式文艺场馆微旅游的文化类型符合城市功能完善点式—原置型要求的程度
	IAVM12	沉浸式文艺场馆微旅游的文化利用状况符合城市功能完善点式—原置型要求的程度
科技运用 （IAVM2）	IAVM21	沉浸式文艺场馆微旅游的科技发展状况符合城市功能完善点式—原置型要求的程度
	IAVM22	沉浸式文艺场馆微旅游的科技应用符合城市功能完善点式—原置型要求的程度
	IAVM23	沉浸式文艺场馆微旅游的创新技术功能符合城市功能完善点式—原置型要求的程度
市场需求 （IAVM3）	IAVM31	沉浸式文艺场馆微旅游的市场需求趋势与城市规划符合城市功能完善点式—原置型要求的程度
	IAVM32	沉浸式文艺场馆微旅游的游客市场规模符合城市功能完善点式—原置型要求的程度
场景打造 （IAVM4）	IAVM41	沉浸式文艺场馆微旅游的创新场景建设符合城市功能完善点式—原置型要求的程度
	IAVM42	沉浸式文艺场馆微旅游的文艺要素应用符合城市功能完善点式—原置型要求的程度

城市遗址旅游开发（Urban Heritage Tourism Development，UHTD）既是研究设计中重要的被解释变量，也是研究新时代下的沉浸式文艺场馆微旅游与城市功能完善点式—原置型协同模式的重要中间变量。其中，选择遗址的位置可以影响旅游吸引力和开发潜力，同时，城市遗址旅游开发需要创造经济效益，创意经济可以为旅游业带来巨大的贡献，城市遗址旅游开发可以促进创意产业的发展，创造更多的就业机会和经济效益，可以为城市带来更多的人才和技术支持。此外，城市遗址旅游开发需要充分考虑城市多元化功能，例如保护环境、增加城市绿化、改善城市生态等。城市遗址旅游开发应该不仅仅是为了经济利益，更应该是为了城市的全面发展和改善。在参考

相关文献的基础上，从位置选择（UHTD1）、创意经济（UHTD2）、创意产业（UHTD3）、城市多元化功能（UHTD4）四个方面出发设置 11 个观测变量。通过这 11 个变量从不同角度对城市功能完善点式—原置型进行量化测度，具体变量设置见表 4 – 62。

表 4 – 62　　　　　　　　　　　　　　城市遗址旅游开发（UHTD）指标量表

变量	观测变量	内容
位置选择 （UHTD1）	UHTD11	遗址的所处位置符合城市功能完善点式—原置型要求的程度
	UHTD12	遗址周边经济状况符合城市功能完善点式—原置型要求的程度
	UHTD13	遗址资源发展潜力符合城市功能完善点式—原置型要求的程度
创意经济 （UHTD2）	UHTD21	老城区经济发展现状符合城市功能完善点式—原置型要求的程度
	UHTD22	老城区经济创意发展符合城市功能完善点式—原置型要求的程度
创意产业 （UHTD3）	UHTD31	产业发展状况符合城市功能完善点式—原置型要求的程度
	UHTD32	产业发展与创意结合符合城市功能完善点式—原置型要求的程度
	UHTD33	产业创新技术符合城市功能完善点式—原置型要求的程度
城市多元化功能 （UHTD4）	UHTD41	城市功能打造与发展现状符合城市功能完善点式—原置型要求的程度
	UHTD42	功能的可延伸性符合城市功能完善点式—原置型要求的程度
	UHTD43	城市功能与多元化创新技术符合城市功能完善点式—原置型要求的程度

新时代下城市更新是新时代加快旧城区更新问题、破解城市区域分配、经济效益提升的重大战略。旅游景区是城市提高经济效益有力的方式，旅游产业更是国民经济中重要的经济行业，景区联动（Linkage of Scenic Spots，LSS）是决定城市更新空间范型效率的关键因素。其中，多个景区之间可以合作营销，共同开展广告宣传、销售推广等活动，提高知名度和市场占有率。不同景区之间可以共享资源，互相借鉴和学习。景区联动还可以进行技术共享，例如共享票务系统、预定系统等信息技术，提高景区的管理效率和游客的便利性。同时，也可以共享先进的营销策略、沉浸式体验技术等，促进景区的创新发展。结合学者对城市更新中景区联动已有的研究成果，景区联动应从联动营销、资源联动、技术共享等三个方面来搭建。本书分别从联动营销（LSS1）、资源联动（LSS2）、技术共享（LSS3）三个方面对景区联动进行诠释分析。具体来说，每个层面设置 3 个观测变量，共计 9 个观测变量对景区联动进行量化测量，相关变量设置见表 4 – 63。

表 4 – 63　　　　　　　　　　　　　　景区联动（LSS）指标量表

变量	观测变量	内容
联动营销 （LSS1）	LSS11	景区内部联动营销符合城市功能完善点式—原置型要求的程度
	LSS12	景区外部联动营销符合城市功能完善点式—原置型要求的程度
	LSS13	景区跨地区联动营销符合城市功能完善点式—原置型要求的程度
资源联动 （LSS2）	LSS21	空间维度符合城市功能完善点式—原置型要求的程度
	LSS22	产品维度符合城市功能完善点式—原置型要求的程度
	LSS23	服务维度符合城市功能完善点式—原置型要求的程度
技术共享 （LSS3）	LSS31	数据共享符合城市功能完善点式—原置型要求的程度
	LSS32	营销技术共享符合城市功能完善点式—原置型要求的程度
	LSS33	技术设备共享符合城市功能完善点式—原置型要求的程度

游客群体（Group of Tourists，GT）这一被解释变量既与新时代下的游客体验建设相关，也与游客评价是否优质相关联。由于游客旅游的目的不仅是完成旅游行程，更重要的是获得愉悦的旅游体验和满意的旅游服务，因此衡量旅游质量时，游客的体验和评价成为其重要指标。在参考相关文献的基础上，从新时代实际情况出发，分别从游客体验（GT1）和游客评价（GT2）两个方面设置观测变量对游客群体进行解释。具体来说，每个层面分别设置两个观测变量进行阐述，具体情况见表4–64。

表4–64　　　　　　　　　　　　　　　游客群体（GT）指标量表

变量	观测变量	内容
游客体验（GT1）	GT11	游客感知体验符合城市功能完善点式—原置型要求的程度
	GT12	游客情感体验符合城市功能完善点式—原置型要求的程度
游客评价（GT2）	GT21	外部评价符合城市功能完善点式—原置型要求的程度
	GT22	内部评价符合城市功能完善点式—原置型要求的程度

城市功能完善点式—原置型（Urban Function Perfect Point Type – Original Type，UFPO）是城市更新发展的重要模式之一，再结合城市更新建设的特征和机制，本书从政府监管机制（UFPO1）、开发商协调机制（UFPO2）、民众参与机制（UFPO3）三个层面设置观测变量。具体来说，政府监管机制设置3个观测变量，开发商协调机制设置3个观测变量，民众参与机制设置3个观测变量，共计9个观测变量，详细的情况见表4–65。

表4–65　　　　　　　　　城市功能完善点式—原置型（UFPO）指标量表

变量	观测变量	内容
政府监管机制（UFPO1）	UFPO11	政府监管机制力度符合城市功能完善点式—原置型要求的程度
	UFPO12	政府监管机制内容符合城市功能完善点式—原置型要求的程度
	UFPO13	政府监管机制实施符合城市功能完善点式—原置型要求的程度
开发商协调机制（UFPO2）	UFPO21	开发商协调机制内容符合城市功能完善点式—原置型要求的程度
	UFPO22	开发商协调机制力度符合城市功能完善点式—原置型要求的程度
	UFPO23	开发商协调机制构成符合城市功能完善点式—原置型要求的程度
民众参与机制（UFPO3）	UFPO31	民众参与机制内容符合城市功能完善点式—原置型要求的程度
	UFPO32	民众参与机制实施符合城市功能完善点式—原置型要求的程度
	UFPO33	民众参与机制构成符合城市功能完善点式—原置型要求的程度

第六，沉浸式文艺场馆微旅游与城市功能完善点式—重置型协同模式的调查问卷设计。

本书讨论了沉浸式文艺场馆微旅游与城市功能完善点式—重置型协同模式，并采用结构方程模型进行实证数据分析。为了获得研究所需数据，设计了《沉浸式文艺场馆微旅游与城市功能完善点式—重置型协同模式的调查问卷》，该问卷在广泛参考其他学者研究和相关领域专家意见的基础上设计。该问卷采用主观感知的方式测量受访者对问题的看法，使用1~5分的里克特五力量表进行评分，其中，1分表示"最不好"，5分表示"最好"，来评估受访者不同程度的主观感知，并通过这一方法获取相关数据。该问卷分为两部分：第一部分为被调查者的基本信息，包括人口统计特征如性别、年龄等，以及社会属性如工作、收入情况。第二部分为问卷主体，重点调研沉浸式文艺场馆微旅游、景区联动、空间布局、城市遗址旅游开发和城市功能完善点式—重置型等五个方面。根据这五个方面设置一系列可观测的指标或变量，为最后分析沉浸式文艺场馆微旅游与城市功能完善点式—重置型协同模式提供必要数据支持。在本研究中，为了保证问卷设计的全面性、科学性和可操作性，在正式设计前开展预调研工作，参考了其他学者的研究结果和相关领域专家的意见，对其进行了必要调整。同时，在受访过程中，也重视结果的真实性，采取措施保证获得可靠的数据。

计划于 2023 年 5 月至 2023 年 6 月，发放调查问卷 300 份。本书通过网络问卷和纸质问卷两种方式进行数据收集，使用在线调查平台和社交媒体等渠道发布问卷链接，方便当地居民、游客填写。同时，在旅游景点等地点发放纸质问卷，以收集线下受访者的意见。受访者范围包括游客、当地居民和旅游从业者。选择有过沉浸式文艺场馆微旅游体验的人群作为受访者，以了解他们对旅游新业态的看法和体验；选择居住在景区周边的当地民众作为受访者，以了解他们对旅游新业态对城市功能完善的影响的看法；选择旅游行业相关行业者，比如景区服务人员、导游等，以了解不同从业者对于城市文化保护的看法。

本书将使用结构方程模型，对新时代下沉浸式文艺场馆微旅游与城市功能完善点式—重置型协同模式进行实证分析，首先需要解决的问题是如何量化关键变量，这是后续研究的基础。在本书的研究设计中，以沉浸式文艺场馆微旅游、城市功能完善点式—重置型发展模式、城市遗址旅游开发、景区联动和空间布局为 5 个主要关键变量。为这 5 个关键变量设置观测变量进行定量分析，从而实现研究目的。在这 5 个关键变量中，沉浸式文艺场馆微旅游是解释变量，城市功能完善点式—重置型、城市遗址旅游开发、空间布局及景区联动是被解释变量，依据变量之间的相互关系和内在机制，分别对解释变量和被解释变量进行测度。

沉浸式文艺场馆微旅游（Immersive Art Venue Micro-tourism，IAVM）是当前重要的沉浸式微旅游业态之一，文艺场馆的建设与发展，一方面与当地的文化基础、市场需求相关，另一方面也与新时代下的科技发展水平和应用紧密相关。更为关键的是，文艺场馆的位置对于吸引游客至关重要，通过优质的区位，可以增加场馆的曝光度和吸引力，吸引更多游客前来参观和体验。而且随着科技的发展，文艺场馆可以运用各种先进的科技手段，来提高游客的参与感和沉浸感。同时，旅游市场需求也影响着旅游业态创新走向，根据市场需求，文艺场馆可以进行精细化管理和推广，满足游客的需求和期望。此外，场馆内部的布置、音乐和灯光等因素，以及与文艺主题相关的景观、道路和建筑等，通过打造场馆场景，可以提升游客的满意度和体验感，增强场馆的吸引力和竞争力。从这个方面入手，本书从区位（IAVM1）、科技运用（IAVM2）、市场需求（IAVM3）、场景打造（IAVM4）四个方面对新时代下的沉浸式文艺场馆微旅游进行测度，共设置 9 个观测变量，具体情况见表 4 - 66。

表 4 - 66　　　　　　　　　　沉浸式文艺场馆微旅游（IAVM）指标量表

变量	观测变量	内容
区位 （IAVM1）	IAVM11	文艺场馆的交通状况符合城市功能完善点式—重置型要求的程度
	IAVM12	文艺场馆的地理位置符合城市功能完善点式—重置型要求的程度
科技运用 （IAVM2）	IAVM21	沉浸式文艺场馆微旅游的科技发展状况符合城市功能完善点式—重置型要求的程度
	IAVM22	沉浸式文艺场馆微旅游的科技应用符合城市功能完善点式—重置型要求的程度
	IAVM23	沉浸式文艺场馆微旅游的创新技术功能符合城市功能完善点式—重置型要求的程度
市场需求 （IAVM3）	IAVM31	沉浸式文艺场馆微旅游的市场需求趋势与城市规划符合城市功能完善点式—重置型要求的程度
	IAVM32	沉浸式文艺场馆微旅游的游客市场规模符合城市功能完善点式—重置型要求的程度
场景打造 （IAVM4）	IAVM41	沉浸式文艺场馆微旅游的创新场景建设符合城市功能完善点式—重置型要求的程度
	IAVM42	沉浸式文艺场馆微旅游的文艺要素应用符合城市功能完善点式—重置型要求的程度

城市遗址旅游开发（Urban Heritage Tourism Development，UHTD）既是研究设计中重要的被解释变量，也是研究新时代下的沉浸式文艺场馆微旅游与城市功能完善点式—重置型协同模式的重要

中间变量。其中，旅游开发的重点在于选择合适的城市遗址，同时挖掘城市遗址的文化和历史价值，打造创意产品和服务，形成新的经济增长点。此外，培育文化创意企业和产业链，也能够促进城市遗址旅游的可持续发展，以及促进城市多元化功能，以此增加城市的文化氛围和文化设施。结合相关文献成果，从位置选择（UHTD1）、创意经济（UHTD2）、创意产业（UHTD3）、城市多元化功能（UHTD4）四个方面出发，共设置 11 个观测变量，具体见表 4 - 67。

表 4 - 67　　　　　　　　　　　　城市遗址旅游开发（UHTD）指标量表

变量	观测变量	内容
位置选择 （UHTD1）	UHTD11	遗址的所处位置符合城市功能完善点式—重置型要求的程度
	UHTD12	遗址周边经济状况符合城市功能完善点式—重置型要求的程度
	UHTD13	遗址资源发展潜力符合城市功能完善点式—重置型要求的程度
创意经济 （UHTD2）	UHTD21	老城区经济发展现状符合城市功能完善点式—重置型要求的程度
	UHTD22	老城区经济创意发展符合城市功能完善点式—重置型要求的程度
创意产业 （UHTD3）	UHTD31	产业发展状况符合城市功能完善点式—重置型要求的程度
	UHTD32	产业发展与创意结合符合城市功能完善点式—重置型要求的程度
	UHTD33	产业创新技术符合城市功能完善点式—重置型要求的程度
城市多元化功能 （UHTD4）	UHTD41	城市功能打造与发展现状符合城市功能完善点式—重置型要求的程度
	UHTD42	功能的可延伸性符合城市功能完善点式—重置型要求的程度
	UHTD43	城市功能与多元化创新技术符合城市功能完善点式—重置型要求的程度

新时代下城市更新是新时代加快旧城区更新问题、破解城市区域分配、经济效益提升的重大战略。旅游景区是城市提高经济效益有力的方式，景区之间可以共享先进的技术，为游客提供更加优质的旅游体验，提升景区的竞争力和吸引力，同时可以共享资源，提高景区的效益和利润，以及降低运营成本。此外，还能够通过产品差异化来吸引游客，通过产品差异化，景区可以在激烈的市场竞争中获得更大的市场份额和更高的盈利水平。旅游产业更是国民经济中重要的经济行业，景区联动（Linkage of Scenic Spots，LSS）是决定城市更新空间范型效率的关键因素。结合学者对城市更新中景区联动已有的研究成果，景区联动应从技术共享、资源共享、产品差异等三个方面来搭建。本书分别从技术共享（LSS1）、资源共享（LSS2）、产品差异（LSS3）三个方面对景区联动进行诠释分析。具体来说，每个层面设置 3 个变量，共 9 个观测变量对景区联动进行度量，详细情况见表 4 - 68。

表 4 - 68　　　　　　　　　　　　景区联动（LSS）指标量表

变量	观测变量	内容
技术共享 （LSS1）	LSS11	城市服务功能符合城市功能完善点式—重置型要求的程度
	LSS12	城市技术资源共享符合城市功能完善点式—重置型要求的程度
	LSS13	城市体验技术共享符合城市功能完善点式—重置型要求的程度
资源共享 （LSS2）	LSS21	城市旅游文化资源共享符合城市功能完善点式—重置型要求的程度
	LSS22	城市高新科技资源共享符合城市功能完善点式—重置型要求的程度
	LSS23	城市文艺资源共享符合城市功能完善点式—重置型要求的程度
产品差异 （LSS3）	LSS31	城市文化特色符合城市功能完善点式—重置型要求的程度
	LSS32	城市利益相关者符合城市功能完善点式—重置型要求的程度
	LSS33	城市宣传渠道符合城市功能完善点式—重置型要求的程度

空间布局（Space Layout，SL）这一被解释变量既与新时代下的城市空间格局现状有关，也与新时代下的游客需求紧密相关。通过分析现有的空间格局现状，可以更好地规划未来的旅游空间布局，优化旅游路线和游客的旅游体验。此外，通过对游客需求的了解，可以更好地满足游客的需求，提高游客的满意度，进而吸引更多游客前来旅游。在参考相关文献基础上，从新时代下实际情况角度出发，从空间格局现状（SL1）和游客需求（SL2）两个方面进行变量解释，分别设置两个观测变量进行诠释，具体情况见表 4 – 69。

表 4 – 69　　　　　　　　　　　　空间布局（SL）指标量表

变量	观测变量	内容
空间格局现状（SL1）	SL11	历史遗址或特定的文化空间符合城市功能完善点式—重置型要求的程度
	SL12	城市资源型文化设施分布符合城市功能完善点式—重置型要求的程度
游客需求（SL2）	SL21	景区的文化有形化与可视化符合城市功能完善点式—重置型要求的程度
	SL22	游客产品环境感知符合城市功能完善点式—重置型要求的程度

城市功能完善点式—重置型发展模式（Urban Function Perfect Point Type – Reset Type，UFPR）是城市更新发展的重要模式之一，再结合城市更新建设的特征和机制，设置 9 个观测变量进行变量度量。具体来说，政府监管机制设置 3 个变量，开发商协调机制设置 3 个变量，民众参与机制设置 3 个变量，共设置 9 个观测变量，具体情况见表 4 – 70。

表 4 – 70　　　　　　　　　城市功能完善点式—重置型（UFPR）指标量表

变量	观测变量	内容
政府监管机制（UFPR1）	UFPR11	政府监管机制力度符合城市功能完善点式—重置型要求的程度
	UFPR12	政府监管机制内容符合城市功能完善点式—重置型要求的程度
	UFPR13	政府监管机制实施符合城市功能完善点式—重置型要求的程度
开发商协调机制（UFPR2）	UFPR21	开发商协调机制内容符合城市功能完善点式—重置型要求的程度
	UFPR22	开发商协调机制力度符合城市功能完善点式—重置型要求的程度
	UFPR23	开发商协调机制构成符合城市功能完善点式—重置型要求的程度
民众参与机制（UFPR3）	UFPR31	民众参与机制内容符合城市功能完善点式—重置型要求的程度
	UFPR32	民众参与机制实施符合城市功能完善点式—重置型要求的程度
	UFPR33	民众参与机制构成符合城市功能完善点式—重置型要求的程度

第七，沉浸式休闲乐园微旅游与城市功能完善面域—原置型协同模式的调查问卷设计。

本书讨论了沉浸式休闲乐园微旅游与城市功能完善面域—原置型协同模式，并采用结构方程模型进行实证数据分析。为了获得研究所需数据，设计了《沉浸式休闲乐园微旅游与城市功能完善面域—原置型协同模式的调查问卷》，该问卷在广泛参考其他学者研究和相关领域专家意见的基础上设计。该问卷采用主观感知的方式来测量受访者对问题的看法，使用 1 ~ 5 分的里克特五力量表进行评分，其中，1 分表示"最不好"，5 分表示"最好"，来评估受访者不同程度的主观感知，并通过这一方法获取相关数据。该问卷分为两部分：第一部分为被调查者的个体基本信息，包括人口统计学特征如性别、年龄等，以及社会属性如工作和收入情况。第二部分为问卷主体，重点调研沉浸式休闲乐园微旅游、居民意愿、旅游城市化、景区发展水平和城市功能完善面域—原置型五个方面，根据这五个方面设置一系列可观测的指标或变量，为最后分析沉浸式休闲乐园微旅游与城市功能完善面域—原置型协同模式的研究提供必要的数据支持。在本书中，为确保问卷的全面性、科学性和可操作性，在设计前开展了预调研，并参考其他学者研究和咨询相关领域专家的意见对问卷进行了调整。同时，在受访过程中，需要重视结果的真实性，采取措施确保获得可靠的数据。

计划于 2023 年 5 月至 2023 年 6 月，发放调查问卷 300 份。本书通过网络问卷和纸质问卷两种方式进行数据收集，使用在线调查平台和社交媒体等渠道发布问卷链接，方便当地居民、游客填写。同时，在旅游景点等地点发放纸质问卷，以收集线下受访者的意见。受访者范围包括游客、当地居民和旅游从业者。选择有过沉浸式休闲乐园微旅游体验的人群作为受访者，以了解他们对旅游新业态的看法和体验；选择居住在景区周边的当地民众作为受访者，以了解他们对旅游新业态对城市功能完善的影响的看法；选择旅游行业相关从业者，比如景区服务人员、导游等，以了解不同从业者对于城市功能完善的看法。

本书将利用结构方程模型对新时代下沉浸式休闲乐园微旅游与城市功能完善面域—原置型协同模式进行实证分析，首要任务是解决关键变量的量化问题，这将为后续假设检验奠定基础。在本书的研究设计中，将沉浸式休闲乐园微旅游、城市功能完善面域—原置型、景区发展水平、居民意愿和旅游城市化确定为 5 个主要关键变量，为 5 个关键变量进行度量分析，通过采用一系列的观测变量对潜在变量进行定量分析，从而实现研究目的。在这 5 个关键变量中，沉浸式休闲乐园微旅游是解释变量，城市功能完善面域—原置型、景区发展水平、居民意愿及旅游城市化是被解释变量，依据变量之间的相互关系和内在机制，分别对解释变量和被解释变量进行测度。

沉浸式休闲乐园微旅游（Immersive Leisure Park Micro-tourism，ILPM）是当前重要的沉浸式微旅游业态之一，沉浸式休闲乐园微旅游的打造和发展，一方面与当地的区位优势、自然条件和资源基础相关，另一方面也受新时代下市场需求影响。地理位置是否便利、周边交通是否便捷等都会影响休闲乐园的游客数量和盈利水平，因此，休闲乐园的位置选择十分关键。而乐园周边环境状况是否良好、休闲游玩氛围是否营造、自然资源条件是否满足等都会影响游客的游览体验，此外，休闲乐园的建设需要一定的资源基础并了解市场需求，以此发展旅游产业。从这个方面看，本书从区位（ILPM1）、自然条件（ILPM2）、资源基础（ILPM3）及市场需求（ILPM4）四个方面对沉浸式休闲乐园微旅游进行测度，设置 9 个观测变量，见表 4 - 71。

表 4 - 71　　　　　　　　　　沉浸式休闲乐园微旅游（ILPM）指标量表

变量	观测变量	内容
区位 （ILPM1）	ILPM11	休闲乐园的交通状况符合城市功能完善面域—原置型要求的程度
	ILPM12	休闲乐园的地理位置符合城市功能完善面域—原置型要求的程度
自然条件 （ILPM2）	ILPM21	休闲乐园的周边环境状况符合城市功能完善面域—原置型要求的程度
	ILPM22	休闲乐园的休闲游玩氛围符合城市功能完善面域—原置型要求的程度
	ILPM23	休闲乐园的自然资源条件符合城市功能完善面域—原置型要求的程度
资源基础 （ILPM3）	ILPM31	休闲乐园的资源禀赋符合城市功能完善面域—原置型要求的程度
	ILPM32	休闲乐园的资源开发利用符合城市功能完善面域—原置型要求的程度
市场需求 （ILPM4）	ILPM41	休闲乐园的市场需求趋势与城市规划符合城市功能完善面域—原置型要求的程度
	ILPM42	休闲乐园的游客市场规模符合城市功能完善面域—原置型要求的程度

景区发展水平（Development Level of Scenic Spot，DLSS）是本研究设计的重要被解释变量之一，同时也是研究新时代下的沉浸式休闲乐园与城市功能完善面域—原置型协同模式的一个关键中间变量，其中，景区内部的组织架构、管理体制、服务设施、游客导引等因素对景区的发展影响较大，同时，景区内部的基础设施的完善程度也会直接影响到景区的发展水平和游客的满意度。此外，景区在实际发展中需要考虑环境、经济等因素，注重保护和利用资源，以此实现景区的长期稳定发展。结合相关文献成果，从内部构造（DLSS1）、基础设施（DLSS2）、资源整合（DLSS3）、可持续发

展（DLSS4）出发，设置 11 个观测变量进行测度，详细可见表 4 - 72。

表 4 - 72　　　　　　　　　　　景区发展水平（DLSS）指标量表

变量	观测变量	内容
内部构造 （DLSS1）	DLSS11	老城区产业经济收益分布符合城市功能完善面域—原置型要求的程度
	DLSS12	老城区产业未来经济收益符合城市功能完善面域—原置型要求的程度
	DLSS13	老城区产业经济收益构成符合城市功能完善面域—原置型要求的程度
基础设施 （DLSS2）	DLSS21	景区公共基础设施符合城市功能完善面域—原置型要求的程度
	DLSS22	景区体验设施的应用符合城市功能完善面域—原置型要求的程度
资源整合 （DLSS3）	DLSS31	老城区的旅游资源联合符合城市功能完善面域—原置型要求的程度
	DLSS32	城市的资源开发利用程度符合城市功能完善面域—原置型要求的程度
	DLSS33	城市社会资源联合符合城市功能完善面域—原置型要求的程度
可持续发展 （DLSS4）	DLSS41	乐园产业发展规划状况符合城市功能完善面域—原置型要求的程度
	DLSS42	乐园旅游产业结构符合城市功能完善面域—原置型要求的程度
	DLSS43	乐园产业结构成分符合城市功能完善面域—原置型要求的程度

　　新时代下城市更新是新时代下破解老城区改造问题、加快城区内产业融合的重中之重。居民作为城市发展的重要主体，从某种程度上讲，居民意愿（Willingness of Residents，WR）对城市建设发展产生重要影响。结合已有学者们对现有城市更新建设中居民意愿的研究成果发现，居民对于城市经济的发展是否支持和积极，以及旅游业在城市经济中所占比重，均影响城市经济发展。同时，居民对于城市生活品质的期望和对城市生活品质的看法，以及居民的社会经济背景、职业身份、年龄、文化程度等因素均会对其对于城市发展和旅游业的态度和期望产生不同的影响。因此，居民意愿应从城市经济、生活观念、主体特征等三个方面来搭建。本书从城市经济（WR1）、生活观念（WR2）和主体特征（WR3）三个方面来解析居民意愿这一变量。其中，每个层面设置了 3 个观测变量，共 9 个变量对居民意愿进行变量度量，详细见表 4 - 73。

表 4 - 73　　　　　　　　　　　居民意愿（WR）指标量表

变量	观测变量	内容
城市经济 （WR1）	WR11	城市的经济收入模式符合城市功能完善面域—原置型要求的程度
	WR12	城市的经济发展观念符合城市功能完善面域—原置型要求的程度
	WR13	城市的经济基础符合城市功能完善面域—原置型要求的程度
生活观念 （WR2）	WR21	居民的生活生产方式符合城市功能完善面域—原置型要求的程度
	WR22	居民的未来发展规划符合城市功能完善面域—原置型要求的程度
	WR23	居民的环境保护理念符合城市功能完善面域—原置型要求的程度
主体特征 （WR3）	WR31	居民的家庭结构符合城市功能完善面域—原置型要求的程度
	WR32	居民的年龄特征符合城市功能完善面域—原置型要求的程度
	WR33	居民的受教育水平符合城市功能完善面域—原置型要求的程度

　　旅游城市化（Urbanization of Tourism，UT）这一被解释变量既与新时代下的景区城市化紧密相关，也与城市景区化的建设相关联。其中，景区城市化是以景区为核心，通过提升景区基础设施、旅游服务和旅游消费等方面的水平，带动周边城市的发展和提升，形成以景区为中心的旅游空间格

局；而城市景区化是以城市为核心，通过城市功能、城市文化、城市形象等方面的提升和打造，将城市本身作为旅游目的地，吸引游客前来游览、消费和体验。因此，在参考相关文献的基础上，从新时代实际情况出发，分别从景区城市化（UT1）和城市景区化（UT2）两个方面对旅游城市化进行变量的解释，分别设置两个观测变量进行诠释，详细可见表4－74。

表4－74　　　　　　　　　　　　旅游城市化（UT）指标量表

变量	观测变量	内容
景区城市化（UT1）	UT11	当地居民的需求及个人素质符合城市功能完善面域—原置型要求的程度
	UT12	景区服务能力及旅游影响策略符合城市功能完善面域—原置型要求的程度
城市景区化（UT2）	UT21	城市地区及行业发展状况符合城市功能完善面域—原置型要求的程度
	UT22	景区可持续发展环境符合城市功能完善面域—原置型要求的程度

城市功能完善面域—原置型（Urban Function Perfect Area – Original Type，UFAO）是城市更新发展的重要模式之一，再结合城市更新建设的特征和机制，本书从政府监管机制（UFAO1）、开发商协调机制（UFAO2）、民众参与机制（UFAO3）三个层面设置观测变量。具体来说，政府监管机制设置3个变量，开发商协调机制设置3个变量，民众参与机制设置3个变量，共计9个观测变量，详细的情况见表4－75。

表4－75　　　　　　　　　城市功能完善面域—原置型（UFAO）指标量表

变量	观测变量	内容
政府监管机制（UFAO1）	UFAO11	政府监管机制力度符合城市功能完善面域—原置型要求的程度
	UFAO12	政府监管机制内容符合城市功能完善面域—原置型要求的程度
	UFAO13	政府监管机制实施符合城市功能完善面域—原置型要求的程度
开发商协调机制（UFAO2）	UFAO21	开发商协调机制内容符合城市功能完善面域—原置型要求的程度
	UFAO22	开发商协调机制力度符合城市功能完善面域—原置型要求的程度
	UFAO23	开发商协调机制构成符合城市功能完善面域—原置型要求的程度
民众参与机制（UFAO3）	UFAO31	民众参与机制内容符合城市功能完善面域—原置型要求的程度
	UFAO32	民众参与机制实施符合城市功能完善面域—原置型要求的程度
	UFAO33	民众参与机制构成符合城市功能完善面域—原置型要求的程度

第八，沉浸式休闲乐园微旅游与城市功能完善面域—重置型协同模式的调查问卷设计。

本书讨论了沉浸式休闲乐园微旅游与城市功能完善面域—重置型协同模式，并采用结构方程模型进行实证数据分析。为了获得研究所需数据，设计了《沉浸式休闲乐园微旅游与城市功能完善面域—重置型协同模式的调查问卷》，该问卷在广泛参考其他学者研究和相关领域专家意见的基础上设计。该问卷采用主观感知的方式来测量受访者对提出问题的感知结果，使用1～5分的里克特五力量表进行评分来评价被访者不同程度的主观看法，其中，1分表示"最不好"，5分表示"最好"，并通过此方法收集相关数据。该问卷分为两个部分：第一部分为被调查者的基本信息，包括人口统计数据如性别、年龄等，以及社会属性如工作和收入情况等。第二部分为问卷主体，重点调查沉浸式休闲乐园微旅游、居民意愿、旅游城市化、智慧基础设施布局和城市功能完善面域—重置型等五个方面，根据这五个方面设置一系列可观测指标或变量，为最后分析沉浸式休闲乐园微旅游与城市功能完善面域—重置型协同模式提供必要数据支持。在本书中，为确保问卷设计的全面性、科学性和可操作性，在设计问卷前进行预调研，并参考其他学者研究成果和相关领域专家的意见进行了调整。同时，在受访过程中，采取措施进行有效调查以获得可靠数据。

计划于 2023 年 5 月至 2023 年 6 月，发放调查问卷 300 份。本书通过网络问卷和纸质问卷两种方式进行数据收集，使用在线调查平台和社交媒体等渠道发布问卷链接，方便当地居民、游客填写。同时，在旅游景点等地点发放纸质问卷，以收集线下受访者的意见。受访者范围包括游客、当地居民和旅游从业者。选择有过沉浸式休闲乐园微旅游体验的人群作为受访者，以了解他们对旅游新业态的看法和体验；选择居住在景区周边的当地民众作为受访者，以了解他们对旅游新业态对城市功能完善的影响的看法；选择旅游行业相关从业者，比如景区服务人员、导游等，以了解不同从业者对于城市功能完善的看法。

本书将采用结构方程模型对新时代下沉浸式休闲乐园微旅游与城市功能完善面域—重置型协同模式进行实证分析，首要任务是解决关键变量的量化问题，这将为后续的假设检验奠定基础。在本书的研究设计中，将沉浸式休闲乐园微旅游、城市功能完善面域—重置型、智慧基础设施布局、居民意愿和旅游城市化确定为 5 个主要关键变量，对这 5 个变量进行度量，通过采用一系列的观测变量对潜在变量进行定量分析，以实现研究目的。在这 5 个关键变量中，沉浸式休闲乐园微旅游是解释变量，城市功能完善面域—重置型、智慧基础设施布局、居民意愿及旅游城市化是被解释变量，依据变量之间的相互关系和内在机制，分别对解释变量和被解释变量进行测度。

沉浸式休闲乐园微旅游（Immersive Leisure Park Micro-tourism，ILPM）是当前重要的沉浸式微旅游业态之一，沉浸式休闲乐园微旅游的打造和发展，一方面与当地的区位条件、自然条件和资源聚集相关，另一方面也受到新时代市场影响。沉浸式休闲乐园微旅游项目成功运营的重要前提在于其选址是便于游客到达和交通便利的地方；而良好的自然环境也是沉浸式休闲乐园微旅游的重要组成部分，便于游客在其中感受大自然的美妙；同时，整合各种资源也有利于项目的设施和服务建设；此外，满足游客的需求和市场需求也是必不可少的关键之处。因此，从区位条件（ILPM1）、自然条件（ILPM2）、资源集聚（ILPM3）及市场需求（ILPM4）四个方面设计观测变量。具体来说，每个方面设定 2～3 个变量，共设定 9 个变量对沉浸式休闲乐园微旅游进行测度，相关变量设置见表 4 –76。

表 4 –76　　　　　　　　　　　　沉浸式休闲乐园微旅游（ILPM）指标量表

变量	观测变量	内容
区位条件 （ILPM1）	ILPM11	休闲乐园的交通状况符合城市功能完善面域—重置型要求的程度
	ILPM12	休闲乐园的地理位置符合城市功能完善面域—重置型要求的程度
自然条件 （ILPM2）	ILPM21	休闲乐园的周边环境状况符合城市功能完善面域—重置型要求的程度
	ILPM22	休闲乐园的休闲游玩氛围符合城市功能完善面域—重置型要求的程度
	ILPM23	休闲乐园的自然资源条件符合城市功能完善面域—重置型要求的程度
资源集聚 （ILPM3）	ILPM31	休闲乐园的资源禀赋符合城市功能完善面域—重置型要求的程度
	ILPM32	休闲乐园的资源开发利用符合城市功能完善面域—重置型要求的程度
市场需求 （ILPM4）	ILPM41	休闲乐园的市场需求趋势与城市规划符合城市功能完善面域—重置型要求的程度
	ILPM42	休闲乐园的游客市场规模符合城市功能完善面域—重置型要求的程度

智慧基础设施布局（Wisdom Infrastructure Layout，WIL）是本研究设计的重要被解释变量之一，同时也是研究新时代下沉浸式休闲乐园与城市功能完善面域—重置型协同模式的关键中间变量。本书从新时代下的沉浸式微旅游与城市更新空间范型建设两个方面入手，其中，对于沉浸式休闲乐园微旅游的发展至关重要的是公共配套设施、服务设施、旅游配套设施，不仅可以提高旅游项目的通达性和便利性，还能够提高游客的满意度和体验感，以及游客的旅游体验和旅游安全感。此外，通过人工智能和物联网技术，也能够将沉浸式休闲乐园微旅游的各个场景连接起来，提高游客的游览体验，这种智慧化的空间布局是未来智慧城市的重要组成部分，可以提高城市的竞争力和发

展水平。结合相关文献成果，从公共配套设施（WIL1）、服务设施（WIL2）、旅游配套设施（WIL3）、智慧化空间（WIL4）出发，设置 11 个观测变量进行测度，详细可见表 4 – 77。

表 4 – 77　　　　　　　　　　　　智慧基础设施布局（WIL）指标量表

变量	观测变量	内容
公共配套设施 （WIL1）	WIL11	商业服务提升和发展符合城市功能完善面域—重置型要求的程度
	WIL12	教育供给提升和发展符合城市功能完善面域—重置型要求的程度
	WIL13	交通环境状况符合城市功能完善面域—重置型要求的程度
服务设施 （WIL2）	WIL21	城市智慧服务设施建设符合城市功能完善面域—重置型要求的程度
	WIL22	城市新型设施的引入符合城市功能完善面域—重置型要求的程度
旅游配套设施 （WIL3）	WIL31	文化娱乐符合城市功能完善面域—重置型要求的程度
	WIL32	设施建设符合城市功能完善面域—重置型要求的程度
	WIL33	产业联动符合城市功能完善面域—重置型要求的程度
智慧化空间 （WIL4）	WIL41	智慧空间的建设符合城市功能完善面域—重置型要求的程度
	WIL42	智慧主题应用符合城市功能完善面域—重置型要求的程度
	WIL43	智慧数字文化营销符合城市功能完善面域—重置型要求的程度

城市更新是新时代下破解老城区改造问题、加快城区内产业融合的重中之重。居民作为城市发展的重要主体，从某种程度上讲，居民意愿（Willingness of Residents，WR）对城市建设发展产生重要影响。结合已有学者们对现有城市更新建设中居民意愿的研究成果，通过分析居民对于旅游和休闲产业对城市经济贡献的认知和期望，可以更好地调整旅游和休闲产业的规模和结构，以满足城市居民对于就业机会、经济发展等方面的期望和需求。同时，通过分析居民对于休闲和旅游的生活方式的认知和期望，可以更好地调整旅游和休闲产业的服务和产品，以满足城市居民对于生活质量和生活方式的需求。此外，居民的年龄、性别、心理等主体特征均会对其对于城市发展和旅游业的态度和期望产生不同影响。因此，居民意愿应从城市经济、生活观念、主体特征等三个方面来搭建。本书从城市经济（WR1）、生活观念（WR2）和主体特征（WR3）三个层面来解析居民意愿这个变量。其中，针对城市经济、生活观念和主体特征，每个层面分别设置 3 个观测变量，共有 9个观测变量对居民意愿进行变量度量，详细见表 4 – 78。

表 4 – 78　　　　　　　　　　　　居民意愿（WR）指标量表

变量	观测变量	内容
城市经济 （WR1）	WR11	城市的经济收入模式符合城市功能完善面域—重置型要求的程度
	WR12	城市的经济政策符合城市功能完善面域—重置型要求的程度
	WR13	城市的产业业态符合城市功能完善面域—重置型要求的程度
生活观念 （WR2）	WR21	居民休闲观念的变化符合城市功能完善面域—重置型要求的程度
	WR22	居民生态环保意识的提高符合城市功能完善面域—重置型要求的程度
	WR23	居民的文化认知的拓展符合城市功能完善面域—重置型要求的程度
主体特征 （WR3）	WR31	居民的心理特征符合城市功能完善面域—重置型要求的程度
	WR32	居民的行为特征符合城市功能完善面域—重置型要求的程度
	WR33	居民的社会特征符合城市功能完善面域—重置型要求的程度

旅游城市化（Urbanization of Tourism，UT）这一被解释变量既与景区城市化紧密相关，也与城市景区化的建设相关联。在参考相关文献的基础上，从新时代实际情况角度出发，从景区城市化（UT1）和城市景区化（UT2）两个维度设计观测变量对旅游城市化进行阐述。详细可见表 4 - 79。

表 4 - 79　　　　　　　　　　　　　旅游城市化（UT）指标量表

变量	观测变量	内容
景区城市化 （UT1）	UT11	当地居民的需求及个人素质符合城市功能完善面域—重置型要求的程度
	UT12	景区服务能力及旅游影响策略符合城市功能完善面域—重置型要求的程度
城市景区化 （UT2）	UT21	城市地区及行业发展状况符合城市功能完善面域—重置型要求的程度
	UT22	景区可持续发展环境符合城市功能完善面域—重置型要求的程度

城市功能完善面域—重置型（Urban Function Perfect Area - Reset Type，UFAR）是城市更新发展的重要模式之一，再结合城市更新建设的特征和机制，设置 9 个观测变量进行变量度量。具体来说，政府监管机制设置 3 个变量，开发商协调机制设置 3 个变量，民众参与机制设置 3 个变量，共计 9 个观测变量，详细见表 4 - 80。

表 4 - 80　　　　　　　　　城市功能完善面域—重置型（UFAR）指标量表

变量	观测变量	内容
政府监管机制 （UFAR1）	UFAR11	政府监管机制力度符合城市功能完善面域—重置型要求的程度
	UFAR12	政府监管机制内容符合城市功能完善面域—重置型要求的程度
	UFAR13	政府监管机制实施符合城市功能完善面域—重置型要求的程度
开发商协调机制 （UFAR2）	UFAR21	开发商协调机制内容符合城市功能完善面域—重置型要求的程度
	UFAR22	开发商协调机制力度符合城市功能完善面域—重置型要求的程度
	UFAR23	开发商协调机制构成符合城市功能完善面域—重置型要求的程度
民众参与机制 （UFAR3）	UFAR31	民众参与机制内容符合城市功能完善面域—重置型要求的程度
	UFAR32	民众参与机制实施符合城市功能完善面域—重置型要求的程度
	UFAR33	民众参与机制构成符合城市功能完善面域—重置型要求的程度

第5章 沉浸式歌舞演艺微旅游与城市文化保护点式范型协同模式研究

5.1 点式—原置型协同模式的实证研究：以杭州《最忆是杭州》为例

5.1.1 研究假设

第一，沉浸式歌舞演艺微旅游的作用。

沉浸式歌舞演艺微旅游是一种旅游产品模式，结合了沉浸式体验、歌舞演艺和微旅游元素。沉浸式歌舞演艺微旅游是将风情歌舞与旅游产业相结合的一种呈现方式，其中的演艺产业丰富多样，所呈现的民族文化是我国传统文化多样性的具体体现，也是文化交流与传承的基础，丰富了城市的旅游发展。近年来，沉浸式歌舞演艺微旅游已然成为新时代中国文化与人文自然的新景观，成为旅游业可持续发展的强劲动力。覃雯（2010）提出，实景演出借助当地奇美山水，打造顶级配置的基础设施，如剧场灯光、音响、场景布置、数字科技等，并利用视觉特效手段，融合音乐、舞蹈、歌舞、魔术、杂技等多种艺术元素，构建出无与伦比的艺术盛宴。旅游演艺产品受到政府、旅游企业与民众的一致赞同，各类社会资源纷纷助力发展，与此同时，具有更丰富的民族文化内涵的旅游演艺项目更容易得到市场的认可。沉浸式歌舞演艺微旅游在文化基础和科技应用上已经有了较好的保障，但在城市的整体环境打造、演出场所的选择等进一步加快城市旧址改造、提升核心竞争力方面，还需要依靠旅游场景的打造。同时，随着旅游演艺的不断深入，旅游的文化空间由此被拓宽，城市原有的经济发展、社会发展、文化发展、自然环境等方面均得到提高，因此，沉浸式歌舞演艺微旅游的不断推进，有利于提高国家文化软实力。加大对旅游演艺的政策扶持，可以吸引更多的外部资金，将对沉浸式歌舞演艺微旅游市场发展产生促进作用，同时，也能吸引大量游客前往，促进当地旅游产业消费，促使城市社会得到快速发展。而文化内涵作为旅游演艺不可或缺的一项重要指标，在沉浸式歌舞演艺微旅游发展进程中会不断地推进城市文化的发展，在开展实景演艺项目时，旅游目的地和景区需要全面考虑本身的旅游客源市场情况、文化资源特征、自然环境条件等各种因素，而不是盲目跟随，以确保项目设计和实施的科学性。此外，沉浸式歌舞演艺微旅游也有助于促进当地文化产业的发展，提高旅游经济效益，创造就业机会，推动旅游业可持续发展。

基于此，可以看出，沉浸式歌舞演艺微旅游作为演艺产业的重要组成部分，对城市市场、社会、文化、自然环境等构成旅游可持续发展环境因素的改善会产生十分显著的直接正向作用，由此提出如下假设：

HA1：沉浸式歌舞演艺微旅游对旅游可持续发展具有显著的正向作用。

随着数字技术的日益发展，基于虚拟现实技术的沉浸式歌舞演艺微旅游逐渐成为新业态，其能够让游客身临其境地感受实际旅游中整体场景的空间布局与效果，所以，应分析与改进场景中的空间装饰与空间布局展示系统。沉浸式歌舞演艺微旅游是由传统的话剧、音乐剧、歌舞表演等剧场类演艺产品转化而来的，而传统的剧场类演艺产品是在较为固定的舞台或场景上进行演出的，为了使游客能够沉浸其中，感知不同以往的体验，也为景区带来新的盈利点和营销点，所以应用诸多新技术。沉浸式微旅游成为主流，使游客体验需求不断提升，倒逼着技术水平发展以及产品创意的升级，这使得演艺产品在空间布局和舞台形式等方面出现更多创新，比如利用山水实景、移动式舞台以及沉浸式舞台等形式，满足游客对游玩体验的追求。而沉浸式歌舞演艺微旅游发展的重要特征也是以从传统舞台、实景舞台到沉浸式舞台的跃进过程为重要依据的。由于舞台边界的打破和场景营造，享受沉浸式歌舞演艺微旅游的观众感知出现了转变的趋势，从"舞台—观赏"到"场景—沉浸"再到"角色—沉浸"模式转变。在这种趋势下，传统的二元对立式演艺空间被拆解，取而代之的是注重深度体验的沉浸式演艺空间。

基于此，可以了解到，沉浸式歌舞演艺微旅游对空间布局有着重要的影响作用，由此提出如下假设：

HA2：沉浸式歌舞演艺微旅游对空间布局具有显著的正向作用。

沉浸式歌舞演艺微旅游以当地民俗文化与艺术表演为基础，通过利用、转化当地民俗文化资源，促进当地区域旅游产业经济发展，王欣（2019）等认为，许多民族民俗文化已然成为快餐式的旅游消费品，原有的文化内涵及传承遭到破坏，居民认为旅游演艺保存、促进了当地文化，他们可能会产生自豪、满意和感激等情绪，增加居民发展沉浸式歌舞演艺微旅游的意愿。

沉浸式歌舞演艺微旅游的开发和建设需要合理修复建筑的物质环境，使得文化建筑或原有社会空间受到一定影响，同时受到波及的居民也能获得相应补偿，增加了其家庭收入。旅游演艺将地域文化以解构的形式表现出来，这不仅体现旅游演艺本身的活力和竞争力，也有利于保护当地文化历史遗产。新时代下的歌舞演艺产业的发展不仅能增加区域居民的经济收入，更有利于当地的文化历史的保护与传承，罗茜（2019）提出，旅游演艺的发展增强了当地就业吸纳能力，进而提高当地居民的收入水平，同时带动相关的服务行业扩张，提高居民生活质量。根据推拉理论，人口迁移除了受更高的收入影响外，还会受到其他因素的影响，比如更好的职业机会、更好的生活条件、为自己与子女提供更好的教育机会以及更优质的社会环境等"拉"动因素的吸引。基于此，可以了解到，沉浸式歌舞演艺微旅游对居民意愿有着重要的影响作用，由此提出如下假设：

HA3：沉浸式歌舞演艺微旅游对居民意愿具有显著的正向作用。

沉浸式歌舞演艺微旅游是旅游业与演艺业相融合的最佳路径，但从地区选择上，并不是所有城市都适合发展旅游演艺。关旭（2018）等认为，沉浸式歌舞演艺微旅游的打造需要有一流的演艺设施、丰富的演艺资源，以及满足高品质的文化需求，对文化内涵的应用有推动作用，城市改造问题及场地资源供应问题是旅游演艺发展的重点难题。城市文化保护点式—原置型的建设重心在于解决城市传统文化保护及城市空间构造的问题，通过有效的点式更新，不仅可以带动周边的区域产业复兴和原住民们的经济增长，同时在原有的社会空间基础上进行必要调整与改造，还可以继续延续良好的生态环境、空间环境和文化视觉环境。此外，在城市更新的推进过程中，原置范型在建设时很大程度上会保留原住民，改善其居住环境。沉浸式歌舞演艺微旅游的文化内涵展现形式是城市可持续发展战略的基础环节，促进城市特色文化的维护，可以激活当地文化产业和创意产业，带动经济发展和城市更新，有助于推动城市文化保护和更新的有机结合，促进城市文化保护和传承的可持续发展。城市文化保护点式—原置型是指通过对城市中单个文化遗产点或具有代表性的文化场所进行保护和更新，以此来保持城市文化传承和发展的一种模式。尤其是沉浸式歌舞演艺微旅游作为一种融合了文化、娱乐和旅游元素的产品，可以为文化遗产点或文化场所注入新的活力，增强它们的吸引力，吸引更多游客前来参观，进而促进文化遗产点或文化场所的保护和更新。通过沉浸式歌舞演艺微旅游，游客可以更加深入地了解城市文化，增强对城市文化的认同感，进而促进城市文化保护点式—原置型的建设。

通过上文对相关概念和理论的阐述，可以了解到沉浸式歌舞演艺微旅游与城市文化保护点式—原置型之间存在内在互补性。由此提出如下假设：

HA4：沉浸式歌舞演艺微旅游对城市文化保护点式—原置型具有显著的正向作用。

第二，旅游可持续发展的作用。

在当今旅游方式快速变化的大背景下，旅游产业可持续发展的重心在于满足不断增长和个性化的旅游市场需求。旅游产业以丰富多样的旅游资源为基础、以完善的旅游设施为保障，着重提供高质量的个性化旅游服务，可以有效推动社会生产的发展，这对相关行业如民航、铁路交通、城市出租车、餐饮和商业等都会产生深远影响，带动其快速发展。旅游可持续发展的调整应该以市场需求为引导，根据本地文化内涵和社会需求的变化进行旅游产业的可持续发展。同时，旅游业在发展过程中要充分尊重和保护当地的历史文化，避免对当地文化产生负面影响，如此，旅游产业的发展也能促进各地之间的文化交流。要实现旅游产业的可持续发展，应保持环境、经济及社会文化三个方面的平衡，即旅游资源、文化和人文环境要作为一个整体，相互依存共生。同时，各城市也要凭借自身特色发展旅游产业，形成独特魅力，以此实现旅游产业的健康可持续发展。此外，只有城市居民更加重视本地的历史文化，才能提高居民与游客对历史文化的保护意识，促进城市文化保护点式—原置型的发展。在新时代下，过度开发民族文化旅游、随意改变历史文化建筑原面貌可能会带来不良影响，因此，需要积极保护当地的自然环境与人文环境，提高其整体性和承载能力，为发展沉浸式歌舞演艺微旅游提供健康的文化社会环境保障。通过不断讲述与展示文化遗产，利用实物表演的形式进行相应阐释，可以有效防止"主客"文化冲突和民族矛盾，合理诠释传统文化，在游客与当地群众之间创造和谐、融洽的交流氛围。从实际情况来看，沉浸式歌舞演艺旅游的发展可以带来经济利益，有利于推动当地传统文化保护与传承。与此同时，旅游业的发展也可以激发居民主动参与文化遗产的保护工作，积极参与旅游业的发展，即旅游业的可持续发展对其经济效益提升、文化保护及居民意愿改变均有影响作用，而居民参与意愿、社会效益、文化可持续发展都是城市文化保护点式—原置型建设中的关键要素。城市的改造不仅要促进城市转变发展模式、完善城市功能和调整产业结构，而且要使更多的人从中获益，提升城市整体的吸引力，全面提升城市文化历史内涵。旅游产业的可持续发展可以促进城市经济、社会、文化的均衡协调发展，旅游可持续发展强调在旅游活动中兼顾经济、社会和环境的可持续性，有助于保护和传承城市的历史文化和传统文化，保持城市的独特性和吸引力。从这个方面来说，旅游可持续发展水平对城市文化保护点式—原置型也具有一定的影响作用。由此提出如下假设：

HA5：旅游可持续发展对城市文化保护点式—原置型具有显著的正向作用。

第三，居民意愿的作用。

居民作为城市更新发展的受影响者，其主体特征、生活观念和意见都对区域实现文化保护、生态保护、旅游发展、基础设施打造、科技应用、城市更新发展等产生重要的影响。赵书茂（2019）认为，居民对城市空间布局方面的态度，对于城市建设及规划具有十分重要的影响，所在应坚持以人民群众为中心，重点提升城市建设品质。周志菲（2021）提出，"人口"与"空间"失配问题凸显，严重影响城市公共属性与效能的发挥，社区空间布局的规划策略必须充分考虑居民意愿。具体可采取以下措施：一是提倡采用渐进式的小规模改造方式，取代过去常见的大规模更新的改造手段，在保留社区公共空间原有结构的基础上，通过细微的改造最大限度地减少对社区的破坏，同时降低不同群体参与的门槛；二是实现空间可利用资源的共享，促进自身发展；三是处理好居民与空间动态发展之间的平衡关系，科学规划公共空间用地规模、预测游客需求水平、合理安排基础设施配置，为城市空间文化保护点式—原置型模式创造基础。此外，旅游发展过程中，居民生活在一个宜居、宜游、宜玩的城市时，会更加愿意支持和参与城市的空间布局，以维护城市的美好形象和生活质量。充分考虑和尊重当地居民的意愿，在沉浸式歌舞演艺微旅游的开发中，可以更好地利用城市文化保护点式—原置型模式中的空间优势，创造出更为优美、舒适和有特色的旅游环境。基于此，可以看出居民意愿对空间布局具有重要的影响作用，由此提出如下假设：

HA6：居民意愿对空间布局具有显著的正向作用。

居民意愿对于城市规划、文化保护措施的实施都有着巨大的影响，而文化保护和城市自然风光作为城市文化保护点式—原置型的两个关键的因素。一方面，应加强引导居民对城市自然环境配置和基础设施构建过程，激发他们参与城市更新改造的积极性。同时采取以人为本的思路，综合考虑居民需求，合理规划城市整体空间布局，着眼全面平衡城市目的地与环境、文化、时间等各要素，以提升现有公共空间的质量。另一方面，文化内涵的传承是提高居民经济效益及生活环境质量的重点，居民是城市文化传承过程的操作者与传播者，在倡导文化生态伦理、创造文化多样性的同时，可以激励居民参与城市文化建设，实现城市文化保护建设。此外，居民是城市文化传承的主体，是城市文化传承的内生动力。居民对于本地文化的热爱和支持有助于形成共同的文化认同和价值观，增强城市的文化凝聚力。在保护和传承文化遗产的过程中，居民也会形成一种共同的文化记忆，促进社会的和谐与稳定。居民的意愿可以为城市更新规划提供重要的参考，避免城市更新与当地文化传承发生冲突。通过上述论述可以看出，居民意愿对城市文化保护点式—原置型具有重要的影响作用，由此提出如下假设：

HA7：居民意愿对城市文化保护点式—原置型具有显著的正向作用。

第四，空间布局的作用。

旅游可持续发展需要在保护现有和潜在的旅游资源以及自然环境的前提下进行，具体来说，在规划空间布局时应合理利用旅游资源，同时也要在环境、社会、经济三个方面协调发展的基础上实现旅游业的可持续发展。合理的空间布局可以优化旅游资源的利用效率，减少资源浪费，促进旅游资源的合理开发和利用。同时，合理布局还可以降低对自然环境的破坏，提高旅游业的经济效益和社会效益，从而实现旅游的可持续发展。新时代下的可持续发展既需要满足当代人的需求，又不能够减少后代人满足其需求的能力，原有的空间布局往往过于老旧或破旧，要实现可持续发展水平的提高，城市空间布局方面必须有所创新。常春勤（2009）通过研究转型期的城市可持续发展提出空间约束与调控策略，认为城市空间合理布局有利于实现城市可持续发展。具体而言，应合理配套城市交通、通信、环保等系统建设，完善文化、科技等设施，加强生态建设，美化城市环境，并为市场经济发展创造条件，促进城市旅游可持续发展。可以看出，空间布局对旅游可持续发展水平提升具有重要的影响作用，由此提出如下假设：

HA8：空间布局对旅游可持续发展具有显著的正向作用。

新时代下城市更新的建设和开发模式与当地利用资源和文化传统紧密相关，在城市更新的过程中，对于城市文化保护方面，应在保留老城风貌的基础上，提升社区居住和基础设施品质，改善居民生活环境，秉承微改造理念，这样才能提高城市更新的效率。陆和建（2020）认为空间布局合理化是促进城市更新的关键要素，应规划专项空间、鼓励文化空间融合，深挖地方文化底蕴等资源，打造文化特色空间布局，营造微观公共空间文化氛围，优化城市整体布局，进而促进城市发展。同理，城市空间是构成国土格局的重要组成部分，其合理规划与管理直接影响国土资源配置与利用效率。然而，如果城市扩张缺乏科学指导，将会产生一系列负面影响。易造成资源配置效率下降、成本升高，进一步影响城市可持续发展及内生动力释放。因此，合理的空间布局可以为城市文化保护点式—原置型的保护、传承和发展提供必要的场所和空间，如历史遗迹保护区、传统文化活动场所等。此类场所的建设和布局可以让居民与游客更深入地了解和体验城市的历史和文化，促进城市文化的保护和发展。城市文化保护点式—原置型建设模式是城市更新的组成部分，新时代下只有重视空间合理分布，才能提升城市文化保护点式—原置型建设的效率，促进城市老城区改造。就空间布局和城市文化保护点式—原置型两个变量，提出如下假设：

HA9：空间布局对城市文化保护点式—原置型具有显著的正向作用。

第五，沉浸式歌舞演艺微旅游与城市文化保护点式—原置型协同模式研究的概念模型。

根据沉浸式歌舞演艺微旅游与城市文化保护点式—原置型协同模式的分析框架、研究假设的相关内容，结合沉浸式歌舞演艺微旅游与城市文化保护点式—原置型协同模式的现状，本章搭建出沉浸式歌舞演艺微旅游与城市文化保护点式—原置型协同模式的概念框架，见图 5-1。

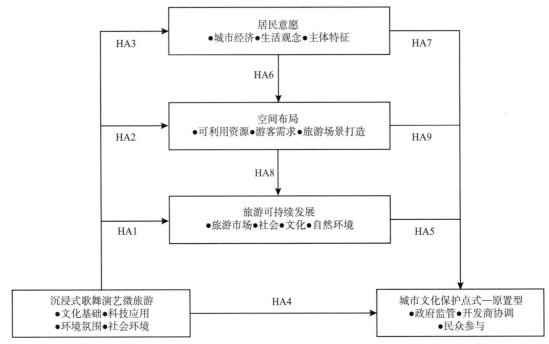

图 5-1   沉浸式歌舞演艺微旅游与城市文化保护点式—原置型协同模式的概念模型

由图 5-1 可知，沉浸式歌舞演艺微旅游与城市文化保护点式—原置型建设协同模式主要包括沉浸式歌舞演艺微旅游、居民意愿、空间布局、旅游可持续发展和城市文化保护点式—原置型之间的作用关系路径。其中，沉浸式歌舞演艺微旅游对城市文化保护点式—原置型的影响，不仅包括直接影响路径，也包括间接影响路径，其间接作用路径有 4 条。分别是：①沉浸式歌舞演艺微旅游—旅游可持续发展—城市文化保护点式—原置型；②沉浸式歌舞演艺微旅游—居民意愿—城市文化保护点式—原置型；③沉浸式歌舞演艺微旅游—居民意愿—空间布局—城市文化保护点式—原置型；④沉浸式歌舞演艺微旅游—居民意愿—空间布局—旅游可持续发展—城市文化保护点式—原置型。构建沉浸式歌舞演艺微旅游与城市文化保护点式—原置型协同模式协同的概念模型，为接下来利用结构方程模型定量检验该理论模型及其内在机制奠定良好的理论基础。

5.1.2   预调研

第一，预调研过程。

2022 年 6~7 月，前往浙江杭州进行预调研。这个时期主要是针对浙江杭州《最忆是杭州》的自然地理环境、历史文化、旅游发展模式进行大体上的认识。研究团队对于其历史发展、旅游发展有了一个整体的认识，从而能够对沉浸式歌舞演艺微旅游过程中的城市文化保护点式—原置型展开更为具体明晰的分析与阐述。作者从当地居民和游客等角度了解到沉浸式歌舞演艺微旅游与城市文化保护点式—原置型协同模式的相关者对文化基础、科技应用、社会环境等核心问题的感知。预调研阶段对当地居民进行访谈，获得对杭州的沉浸式歌舞演艺微旅游发展、城市文化保护点式—原置型建设等内容的一手资料。

第二，预调研目的地基本情况。

《最忆是杭州》是为 2016 年 G20 杭州峰会顺利召开而特别制作的大型水上情景表演，它于 2016 年 9 月 4 日在西湖岳湖景区举行。这场为期近一个小时的演出融合了全息投影和水上机械设备等科技要素，将其天然的自然环境与前沿科技完美结合在一起。它保留并演绎了《印象西湖》中的几个重要镜头，如最后一个机械装置和水击效果，将西湖的美景与故事背景呈现给各国元首及观众。整场表演充分展示了利用科技手段的水上演艺如何结合当地文化艺术特色，打造出独特的景观体验。

《最忆是杭州》(《印象西湖》)是世界唯一的都市山水实景演出。该演出以西湖波光粼粼的水面为舞台,通过独特的布景和灯光效果,打造出美如仙境的自然美景。升降隐藏式看台能够提供宽广的视野和独特的俯瞰视角,让观众在任何位置都能欣赏到西湖的美景。此外,馆内的个人环绕音响系统和大型定向音响系统的结合,更是国内首创,能够带给观众震撼的音乐感受。演出共分五幕,包括《相见》《相爱》《离别》《追忆》和《印象》等章节。该演出探索了许仙白娘子、梁山伯与祝英台等古老爱情传说,以及杭州的秘闻和神话传说,将西湖历史文化和自然景观相融合,呈现了一个仙境般的西湖。演出以湖为舞台、山水为背景,配合灯光和音乐,给观众带来了一场叹为观止的视听盛宴。其中,主题曲《印象西湖·雨》更是深入人心。

第三,案例地选取。

《最忆是杭州》这一都市山水实景演出的案例地选取的是杭州市西湖区。毫无疑问,杭州西湖是中国著名的自然景观之一,也是国家重点风景名胜区。《最忆是杭州》演出就在西湖的水面上搭建起特殊的舞台,以西湖为背景,结合灯光音乐等元素,展现了杭州传统文化和美丽自然景色的完美结合。

同时,西湖区也是杭州市的重要行政区域,其经济、文化和旅游业都非常发达。西湖周边还有许多历史文化遗址和旅游景点,如雷峰塔、灵隐寺等,这些都使《最忆是杭州》演出吸引了更多的观众群体。此外,西湖区的发展还注重环境保护和生态建设,这也是《最忆是杭州》演出以天为幕、湖为台、山水为景的理念的具体体现。

可以说,《最忆是杭州》演出在地理、文化、旅游等方面的选择,为其在市场中的独特性和影响力奠定坚实的基础。同时,也促进了西湖区和杭州市的文化旅游产业发展和经济增长,进一步推动了城市文化的保护与传承。

5.1.3　实地访谈

第一,关于案例地发展状况。

本书主要从整体发展状况分析杭州《最忆是杭州》"沉浸式歌舞演艺微旅游与城市文化保护点式—原置型协同模式"的发展状况。《最忆是杭州》秉承"创新、活力、联动、包容"的宗旨,融入"西湖元素、杭州特色江南韵味、中国气派和世界大同"等文化内涵。该表演生动体现了传统文化与科技融合创新的风格,成功将杭州的魅力展示出来。本场演出所有的表演节目均是在水上进行的,使用全息投影技术,将科技手段和自然环境完美融合,让观众在湖光山色中欣赏表演,感受中国元素与世界文化的交融与碰撞。

通过古今中外的流畅编排,导演带领着观众体验蕴含西湖文化的流光记忆。作为展现国家形象与文化韵味的文艺晚会,《最忆是杭州》浓缩了以西湖为中心的江南文化精髓,同时在与电视媒介的相遇中,充满诗意、颇具意境。杭州作为一座历史古城,也是历代文人墨客的必去之地,自古便有"江南水乡"的称号,同时也是森林城市,杭州的自然风光惊艳全世界,而《最忆是杭州》这一 G20 杭州峰会实景演出取名出自白居易的词——"江南忆,最忆是杭州",也彰显了杭州与西湖的文化积淀和韵味,给杭州的旅游发展提供了传播的窗口。

《最忆是杭州》将自然风光、光电特效、历史人文相融合,既有利于推进沉浸式微旅游业态创新发展,也有利于优化杭州市旅游业发展与城市更新,打造一个适合观光、体验、欣赏美景的美学与艺术相结合的高端深度体验的实景歌舞演绎演出。杭州《最忆是杭州》"沉浸式歌舞演艺微旅游与城市文化保护点式—原置型协同模式"的具体发展,主要分为以下三个阶段:

第一阶段:人文彰显有难度,创意文化延续创作。

杭州作为国际风景旅游城市,其旅游业发展较为快速,但其城市定位距离国际化城市尚有距离,杭州旅游资源的文化内涵特点不足,虽然有上千年的历史文化积淀,兼有自然风光、古都宗教文化、建筑艺术及民俗文化等要素，但当单独与其他城市或景点进行对比时，发现这些元素远远不够，因此在打造国际品牌时易出现难题。杭州深厚的历史文化底蕴不一定能被游客认识，同时，随着越来越多的人有了更多自由主动的时间，他们更愿意体验休闲文化旅游，若要满足这类消费需求，则需要搭建出一个更大的休闲空间进行转化，而随着旧城改造的步伐加快，原本就狭小的杭州城区空间更为密集。而旧城的改造使得原本拥有千年历史民俗文化的古城毫无特色，城市的文化内涵急剧下滑，越发单薄，与现代化都市无太大区别，千年的文化痕迹被轻易掩盖了。《印象西湖》是继"印象"系列实景演出之后的一部山水实景演出。它于 2007 年 3 月在杭州西湖上首次亮相。该表演以西湖独特的自然景观和深厚的历史文化作为灵感来源。深度挖掘西湖地区丰富的民间传说与神话故事，利用高科技手段重现西湖昔日景致，如西湖雨景等自然景象。通过精彩的视觉效果，《印象西湖》生动重现了西湖人文历史要素，从视觉上再现西湖繁荣的历史文明画卷，流畅诠释浓厚的西湖文化内涵。

《印象西湖》在传承浓厚的西湖文化的同时，也带来很强的创新元素。它既包含西湖文明的内涵，也充满现代科技感和时尚气息。《印象西湖》可以看作杭州文化创意产业的一个成功范例，它本身就融合了传统和现代两个视角，内容策划深入挖掘本地文化特色并开拓全球视野，通过完善的线上线下营销渠道实现市场目标。通过这次形式多样的演出，《印象西湖》帮助游客深入了解这座城市内在的文化精髓，同时也以新颖的形式再现和释放城市文化。它不仅传达文化内涵，也体现出强烈的时代感，在保留传统基础上进行创新突破，成为文化产业成功发展的范例。为使杭州的特色得以彰显，恢复原有的旅游产业发展，对其原有的传统旅游资源进行更为精细的加工，积极优化城市空间的布局，杭州进行了一系列修建措施。首先是杭州城市定位更为明确，开启品质休闲时代，打造杭州休闲业的崭新面貌，以此走上发展国际休闲旅游经济之路，同时，按照国际标准进行城市发展与旅游开发的结合，创造更具特色、吸引力的旅游目的地。其次是为了突出文化特色及各要素的亮点，城市将其山水风光和历史文化融为一体，全面实施"旅游西进"的战略，着重打造杭州旅游品牌。再次是杭州旅游发展由量变转为质变，旅游用地实行变革，转变为多元复合型功能，合理打造旅游产业结构、丰富旅游产品体系。最后是 2008 年 7 月杭州市委第十届四次全会提出"100个城市综合体"规划，其中 60% 的城市综合体均与旅游业息息相关。

第二阶段：拓展创作思路，促进品牌发展。

1982 年我国选定 24 座城市为首批国家级历史文化名城，保存并发扬我国传统民族历史文化，浙江杭州市为其中一座，而适当的旅游开发也为历史文化名城的保护与延续提供良好的方式，保护与开发从不矛盾。杭州不仅具有风光秀丽的美景，也有丰富的人文资源、发达的科技文化。通过对城市的人文及自然风光等相关旅游资源的可持续开发，参照国外的相关案例的研究分析，杭州围绕自身特色，充分发挥都市休闲与生态化优势，而《印象西湖》在改造过程中对生态环境造成了破坏，《印象西湖》舞台的搭建过程中直接向西湖倾倒水泥土方，这违反了《杭州西湖风景名胜区管理条例》的相关规定。此外，尽管国家环保局也曾表示，严禁在风景名胜区的核心区进行电影、电视剧摄制以及山水实景演出这样的活动，但实际情况令人担忧。2016 年 G20 峰会的举办，使杭州的国际知名度与影响力得到提高。《最忆是杭州》是在原《印象西湖》的基础上改造制作的，它仅保留了《印象西湖》中的一个机械装置和一个撩水动作镜头，整场演出采用室外水面全息投影技术，将先进的科技与西湖唯美的自然环境完美融合。全息投影的应用，让表演得以脱离实体场景，更好地融入西湖的天然环境中，同时也使画面效果更丰富。通过这种将传统与创新巧妙结合的方式，《最忆是杭州》延续并传承了《印象西湖》的艺术精髓，为人们呈现出一场独特的视觉盛宴。

首先是开发创作思路，以情感传达故事，突破对纯符号的依赖。依托城市的文化资源，增加主题标签，加上情感互动的表演方式，促进观众产生情感共鸣，了解并感受中国传统文化的力量。《最忆是杭州》共有 9 个曲目，其中，源于中国文化艺术语境的曲目有 6 个，总时长 50 分钟。演出以音乐、舞蹈、视觉等多重艺术形式，将故事重新演绎，使观众在恍惚间进入一个千年的美梦。

　　其次是不局限于传统表达模式。《最忆是杭州》这场实景演艺在利用传统表达模式的同时，结合高科技手段，创新演艺模式，中西方文化相融合的节目打破了艺术的界线，对中国传统文化以中西合璧的视角进行传播。为了更好地展示中国文化艺术的独特魅力，《最忆是杭州》在演出形式和内容展示方式上都进行了创新改造。其独特之处在于，首次在大型表演中全面采用全息投影技术，这项创新技术的应用，将影像通过全息投影无缝融入西湖的自然环境中，打破传统实体场景的限制，呈现出前所未有的震撼感和视觉享受。这不但是室外应用全息投影的探索，也为用科技手段烘托出中国风的独特表现形式开创先河，令人赞叹其创新精神。《最忆是杭州》在《印象西湖》的基础上，打造出大型水上情境表演交响音乐会，通过不断的借鉴与策划排练，展现了西湖元素、杭州特色、江南韵味和中国气派等，传播着人文历史。

　　最后是顺应时代发展。一是《最忆是杭州》不仅贯彻创新、协调、绿色、开放、共享的理念，同时又响应 G20 杭州峰会的"创新、活力、联动、包容"的主题，将"西湖元素、杭州特色、江南韵味、中国气派和世界大同"的要求体现得淋漓尽致。二是配合现代高科技的声光电等技术，以及古今中外的优秀艺术故事原型和音乐作品，共同构成极具东方之美的场景。三是打破传统演出的空间限制，构建出开放式空间，加强观众深度体验感，同时设计演员完全融入由水形成的场景中，引导游客感受到光与电、水与情之间的联动，不断创新现有的科技水平，注重演员的情感培养，也使得演员与水之间、水与观众及艺术作品之间达成通感效应，使游客更深入地感受演艺作品所要传达的意境。

　　第三阶段：推动《最忆是杭州》可持续发展。

　　随着《最忆是杭州》的演艺产业不断发展，构建起了旅游演艺的中国模式，中国旅游演艺的艺术力量和文化自信得到展现，旅游演艺经济得到快速发展。为了全面推动演艺经济的可持续健康发展，《最忆是杭州》尝试运用新时代的虚拟影像技术，创新演艺旅游的经济模式和产业，文化资源与创意氛围为杭州设计的发展提供了持续的动力，在演绎方式、设计水平、数字内容、产业融合等诸多方面进行创新。同时，随着传统演出经济的发展和打造模式的创新，沉浸式歌舞演艺微旅游逐渐兴起并得到快速发展，《最忆是杭州》是城市沉浸式歌舞演艺微旅游业的代表。完善数字创意技术装备、提升创新设计水平、创新数字内容，多产业融合发展，有利于全面提高我国的发展水平。为了给游客们提供一个集文化体验、休闲度假于一体的高品质景区，《最忆是杭州》项目组对原有场地进行全面优化。调整规划出更便捷合理的区内交通线路，改造形成流畅连贯的场地格局。同时，通过张贴环境标识等方式加强各景点的视线导向，此外，还应完善各类服务设施。在此基础上，结合植物、牌坊等地域景观元素，打造成一块山水园林式景观空间，进一步展示西湖的自然山水特色及文化。《最忆是杭州》通过精心设计，成功地将这一区域打造成集文化体验、休闲度假于一体的高品质目的地，给每位游客留下难忘的回忆。

　　基于以上定位，在全面可持续健康发展的目标下，《最忆是杭州》制定了自己的发展策略。首先是有效地进行传统市场创新，重点突出城市的优势。准确把握市场消费需求，结合自身人文资源和自然风光与电力保障，充分打造出独特的旅游演艺中国模式，通过科技特效和文化内涵相结合的产品来发展市场，提升演出经济效益。其次是拓展宣传手段，加大推广力度。借助 G20 杭州峰会的发展契机，借力于外交部和央视媒体的国际窗口，积极扩大杭州媒体的国际影响力，通过境外推介与杭州本地官方媒体的整合推广，提升演出的知名度，取得更多关注。再次是实现资源整合，推动城市发展。G20 峰会带来的城市影响力提升，为杭州的城市国际化发展提供了推动力量，实现各方资源的共享与融合。完成资源整合化是《最忆是杭州》发展的既定目标，只有完成资源整合的建设，才能获得更好的经济效益。在设计场地整体环境时，最大化利用西湖的环境资源，并充分发挥西湖的价值。同时，坚持将杭州西湖打造成一个具有公众属性和开放空间的地区。最后是为产品推广创造机会。借助融媒体优势，《最忆是杭州》实现爆炸式传播，同时，杭州的剧场巧借东风，继续上演《最忆是杭州》，吸引更多的国内外观众前往观看，提高产品的经济效益。《最忆是杭州》将自然山水作为演出场地，并运用高科技技术手段，以展现旅游地当地的丰富文化资源，还注重开发旅游消费项目等内容。与传统的剧场演出相比，实景演出在内容、场地、舞美、观众体验等方面都具有显著的创新和突破。通过自然环境和现代科技的结合，为观众打造独特而令人难忘的演出体验，让他们在欣赏演出的同时，也能沉浸在旅游地的魅力之中。

第二，杭州《最忆是杭州》沉浸式歌舞演艺微旅游与城市文化保护点式—原置型协同模式。

首先，对于文化基础的保护。

2016 年 9 月 4 日晚，杭州成功举办了 G20 峰会。与会成员、来宾国和相关国际组织负责人在杭州西湖岳湖景区聚集，共同欣赏名为《最忆是杭州》的实景演出。这场演出以杭州为背景，展现了杭州的美丽与独特的文化魅力。这场演出在长达一年多的筹备期间，为了确保演出场地环境、建筑设施及服务设施等各项条件能够满足 G20 杭州峰会的高标准要求，进行了全面周详的准备工作。并在 G20 杭州峰会结束后，为了让公众有更好的观赏、游玩和休闲体验，通过优化交通体系、挖掘人文内涵、扩大活动空间、加强空间氛围以及突出植物景观等方式来提升这一区域的旅游价值，使其兼具历史文化和地方特色，并体现时代特色。一位东北的游客说：《最忆是杭州》充分展现了杭州这座城市的历史文化、人文特色和时代气息。演员们的演技非常出色，舞蹈、音乐、道具等方面也十分精致和细腻，让人感受到了杭州深厚的文化底蕴和艺术创意。这个节目紧扣主题，从多个侧面生动而详细地展现了杭州的美丽景色、博大精深的文化和时代特色。对于我这样一个来自东北的游客而言，观看这个节目更让我感受到了这座城市的历史与现代的交融，更加深刻地了解了杭州的特色和文化内涵。总的来说，欣赏这个节目是一次非常愉快和有意义的体验，让我更加向往和喜爱这座城市。《最忆是杭州》作为具有浓郁中国传统文化特色的沉浸式歌舞演艺，它通过将民间传说、神话、民俗等相关故事原型融入其中，捕捉了西湖文化的精髓和江南景致的风韵，展现了历史的底蕴和文化沉淀。为了向世界传播独特的中国文化，《最忆是杭州》将传统文化与现代艺术进行结合，打破艺术类型的限定。它通过现代音乐、舞蹈、灯光、视觉等多元素的完美融合，采用中西合璧的叙事视角，将传统文化赋予现代艺术形式，用新的视角和方式向观众介绍中华文明，实现不同文化之间的交流与传播。一位来自杭州周边城市游客说：《最忆是杭州》所呈现的内容非常饱满，演员们的表演也非常用力，我能够看到他们对这个城市的热爱以及歌舞演艺的专业水准。此外，舞台的响应、灯光、音效等方面非常出色，让表演更加感人而震撼。对于我这样一个来自杭州周边城市的游客而言，这个节目让我更加了解和喜爱这座城市，也诠释了我对杭州这个地方自然和文化的认知。总的来说，这个节目绝对不仅是一次歌舞表演，而且是一次完美呈现杭州的历史、文化和现代之魂的文化盛宴。《最忆是杭州》的工作人员陈哥表示：《最忆是杭州》这种将传统文化与现代艺术相结合的方式非常重要，对于推广中国文化也具有重要的意义。传统文化与现代艺术的结合，不仅可以让传统文化更加生动、具体、丰富，也可以让现代艺术更具深度、文化底蕴和内涵。通过这种方式，我们可以更好地吸引观众的兴趣，让更多人了解和认识中国传统文化的魅力。同时，这种融合方式也可以激发创新和创意，让传统文化在现代社会中续写新的篇章。总而言之，将传统文化与现代艺术融合，不仅是一种文化传承和创新的方式，也是向世界推广中国文化、展示中国形象的一种重要途径。沉浸式歌舞演艺微旅游的发展，使得杭州的城市文化类型和文化利用状况发生了变化。在文化类型上，西湖所处的江南地区是中国文化的重要发源地之一，因此，《最忆是杭州》实景演出所体现的文化类型是中国传统文化。通过展示西湖文化的精髓，演出表现了历史的底蕴和文化沉淀，突出中国文化的美和独特魅力。同时，演出融合了现代视觉艺术元素，达到传统和现代艺术的有机结合。演出中融合了多种传统元素，使传统文化焕发出新的生命力。

在文化利用状况上，通过《最忆是杭州》演出，杭州旅游文化得到更广泛的宣传和推广，进一步提高西湖观光区的旅游价值和知名度。此外，通过优化交通体系、扩大活动空间、挖掘人文内涵、加强空间氛围以及突出植物景观等方式来提升西湖区域的旅游价值，使其兼具历史文化和地方特色，并体现时代特色。同时，该演出也促进杭州文化基础的保护和创新，通过推广传统文化，提高年轻人对传统文化的认识和理解。演出的工作人员小黄说：在整个演出过程中，我们需要与演员、导演和其他工作人员共同合作，协调各项工作，确保演出的顺利进行。同时，由于这个演出使用了大量的道具、机关和灯光等特效，需要我们进行反复试验和调试，确保最终演出效果的完美呈现。参与表演的人员小汪说：参与这个大型的演出，刚开始的时候还是有些紧张的。但是，随着每一次的排练和演出，我越来越喜欢这个角色和整个演出的氛围，并渐渐融入了整个团队。在表演过程中，我需要结合音乐和舞台效果来展现角色的情感和内心变化，及时调整自己的表演状态和情绪状态，配合其他演员和舞台布景的转换，确保演出的和谐和流畅。整个演出历时约 1 个小时，需要我们不断维持状态和集中注意力，让观众在高情感的演出中得到愉悦和感动。沉浸式歌舞演艺微旅游模式的发展也有助于推进杭州地区的文化创意产业，为杭州的经济发展注入新的活力。《最忆是杭州》以独特的魅力向世界展示杭州的历史文化和独特魅力。让游客不仅能够欣赏到精美的表演和景色，更能够了解和感受传统文化、习俗和生活方式，从而对文化产生更深入的感触和认识。演出结束后，当地推出以提升区域旅游价值为目标的设计方案，为旅游业的发展提供了借鉴，使得原本面临冲击和侵蚀的文化基础得到有效保护和推广。

此外，沉浸式歌舞演艺微旅游也能够推动杭州的文化创意产业发展。随着这种形式的不断升级和创新，越来越多的文化创作团队涌现出来，这些团队既能够深入挖掘杭州地区的民间文化，又能够将其与现代文化相结合，创作出具有杭州特色的文化产品。这不仅有利于推动文化产业的发展，也能够推动其他相关产业的发展，如旅游、餐饮等。一位来自东北的游客说：杭州是一个非常美丽的城市，西湖景色很迷人，古朴的建筑和浓厚的文化氛围让我感觉很有意思。而且在这里，还可以品尝到正宗的南方美食，比如龙井虾仁、东坡肉、古法花生酥等，让人胃口大开。此外，我也非常喜欢这里的人文环境和良好的市容市貌，看得出来，这座城市对文化和生态环境的保护和建设都十分重视。总的来说，作为一个东北游客，来到杭州旅游是一个很不错的选择。综上所述，《最忆是杭州》的发展是中国传统文化与现代艺术相结合的典范，也是沉浸式歌舞演艺微旅游发展促进文化保护和文化经济发展的一种模式。旅游业提供新的机遇和挑战，需要创新思维，整合优势，不断挖掘文化内涵，丰富文化的表现形式，让传统与现代完美结合，为文化保护和创新注入新的动力和活力。

其次，《最忆是杭州》的科技应用。

《最忆是杭州》利用各种技术手段完美体现出"世界大同"的主题理念，晚会现场利用灯光等设计巧妙渲染，将东西方经典元素和谐统一，并凸显出浓郁的中国韵味。当前科技呈现出飞速发展的趋势，各种新技术不断涌现。这些技术的发展和应用，为沉浸式歌舞演艺微旅游提供丰富的技术支撑，也为实现更加个性化的观赏体验提供条件。杭州本地游客表示：整个演出很吸引人，不仅是因为它能展示我家乡的美丽景色和悠久文化，而且还是因为它的表演技术和艺术水准的高度。此外，演出也非常适合不同年龄段的观众，这使得我们的家庭得以一起欣赏到演出的精彩表现。预订一次《最忆是杭州》的演出，是一个非常好的选择，无论是为了自己还是朋友、家人的满足感和快乐，都是非常值得的。《最忆是杭州》展示的沉浸式歌舞演艺呈现出多种技术手段，其中涉及了全息投影、水下巨型装置、灯光、音效等多个方面。这一表演形式需要大量的科技支持，反映当前科技的发展水平和应用效果的提高。同时，在演出的科技应用程度上，《最忆是杭州》中的沉浸式歌舞演艺充分利用科技手段，将传统文化与现代科技相结合，以全新的形式呈现给观众。该演艺积极探索科技与文化的互动，以及科技在观赏体验中的应用，从灯光、音效、舞美等多个角度考虑，将科技应用程度做到极致。

此外，随着技术手段的不断提升，未来沉浸式歌舞演艺微旅游将会更加精彩。在未来的发展中，可通过增加 AR、VR 等现代科技元素，营造更加逼真的场景和情境。同时，也可以考虑利用实时语音识别等人工智能技术，实现对观众的更高个性化呈现，让每个人都能得到特别的服务。通过这些科技手段的持续深入应用，将会让沉浸式歌舞演艺微旅游在不断发展的过程中不断提升自己的水平和价值。正如《最忆是杭州》的技术应用在丰富演出形式的同时，也提高整个旅游产业的竞争力。

再次，环境氛围的营造。

作为 G20 杭州峰会的一项重要活动，《最忆是杭州》实景演出的场地设计不仅营造良好的氛围，而且带来舒适的观演体验。场地整体提升设计包括新建库房建筑和利用现有建筑改造的服务设施等。新建库房建筑与周边的建筑风格设计，采用典型的江南建筑形式。它与周围环境风貌保持一致，增加浓厚地方色彩的木雕和砖雕等建筑细节设计。一个园林设计专业的游客表示：《最忆是杭州》实景演出场地的整体设计融合了江南园林的精髓，以植物景观造景的手法为基础，与场地中的建筑与水景相互交融，构建出了一个具有灵动感和人文气息的自然环境。这些服务设施的完善充分展现出演出方在各个环节的周到考虑与安排，如交通、就餐以及观众服务等设施的配备。通过服务设施的完善建设，观众能获得更优质的体验，这也是演出方致力于观众需求的体现。演出场地坐落于杭州风景秀丽的西湖区，而西湖以其独特的人文景观和天然景色著称，被誉为民族审美的典范。为了满足演出的功能需求，场地需要大量的建筑物和硬质场地。为了解决环境营造的问题，演出团队采取植物景观设计的方法，于原有建筑界面间增加稀疏的界面，增强空间的友好性，形成建筑与植物幽雅相映成趣的景致。不仅增强场地环境的自然感和美感，同时还保持西湖的历史和文化风貌，进一步提升观众的文化体验感受。

为了确保演员的安全和稳定性，唯美的《最忆是杭州》舞台通过巨大的建筑工程支撑，而非完全依靠箱体浮力来支撑。在考虑生态环境保护的同时，不仅需要容纳 300 余人的表演，还需要满足观众观看的需求。演出地点位于西湖岳湖景区，在白天是供游客免费参观的景点，晚上则是演出场所。演出是在全景实景环境空间中进行的，色块灯光和演员的表演设计与实景环境相结合，形成天、地、人三位一体的自然震撼域域。随着数字化技术的发展，舞美设计应积极采用现代科技手段，通过虚拟的、即时的、互动的数字空间的创作，丰富戏曲现代舞台的表现手段，使观众在现代科技的加持下感受到全新的视听观感。通过基础设施和艺术元素的相互协调和结合，这种沉浸式歌舞演艺微旅游方式有效地促进了环境氛围的营造，为观众创造出一个更加美好、舒适、具有沉浸感的观演环境。

最后，案例地对于社会环境的优化。

《最忆是杭州》这一沉浸式歌舞演艺微旅游通过将现代科技与自然山水完美融合，打造出美丽梦幻的山水意象，让观众在欣赏演出的同时深度沉浸在杭州的文化景观中。该演出不仅是一个娱乐节目，更是一种艺术形式，通过唤起观众的情感共鸣和思考，从而促进社会环境的优化。具体来说，其促进社会环境的优化有以下两个方面：一方面在市场认可上。《最忆是杭州》这一沉浸式歌舞演艺微旅游形式得到市场的认可和欢迎，吸引大量的观众前往观看。这种新颖的旅游形式，不仅满足人们追求艺术体验和文化探索的需求，同时也吸引海内外游客的目光，从而吸纳的旅游经济也在不断增长，推动杭州旅游业的发展。相信在未来，该演出将会成为杭州旅游的一张新名片，为推动杭州经济转型和城市发展作出重要贡献。来自海外的游客 Nicole 对配乐特别感兴趣，以下是他的讲述：演出整个过程的古琴、二胡、笛子等传统乐器非常舒缓，让人感受到古代诗词中所写的江南意境，仿佛能听到江南水乡的悠扬之音。整个演出的配乐情感真挚、细腻，与舞台上的演员的表演紧密配合，构成了一幅幅美丽动人的山水画卷，彰显出杭州独特的文化底蕴和艺术魅力。

另一方面，在政策支持上。杭州作为一个对外开放的城市，积极推动文化与旅游深度融合，形成文旅产业的新亮点。政府也给予《最忆是杭州》这一沉浸式歌舞演艺微旅游活动充分的政策支持，通过给予相关支持和奖励政策，为这种新兴产业提供更好的环境和条件，从而促进整个市场的壮大和发展。同时，政府还着手规划和推动相关的旅游基础设施建设，以提供更好的旅游服务和保障，为演出活动持续发展提供有力支持。景区内工作人员小陈说：在推出《最忆是杭州》演出的同时，也加强了周边的治理力度，增加专业的巡查和安保人员，定期对景区内的设施和场地进行维护和更新，确保游客在景区安全、舒适、愉悦地体验演出。这一活动已经赢得了广泛的市场认可和好评，成为杭州文旅产业的新亮点，为景区提供了更多的经济支持和推广。总之，《最忆是杭州》这一沉浸式歌舞演艺微旅游，不仅是一项旅游活动，更是一种文化推广和传承的重要手段，通过引领全民走向文化文明的道路，为推动社会环境优化和文化发展作出了积极贡献。

第三，《最忆是杭州》沉浸式歌舞演艺微旅游对城市文化保护点式—原置型建设的作用。

在《最忆是杭州》的发展过程中，居民是基础条件，本地文化是活力源泉，高新科技应用是关键要素，场景布局创新是推动力量。本章通过全面考虑各方要素，重点研究居民需求、设施布局、产业发展等内容，提炼出居民意愿、空间布局、旅游可持续发展三个关键要素。通过对这三个方面进行分层次、系统的分析，构建了《最忆是杭州》建设中居民意愿的作用模型、空间布局的作用模型、旅游可持续发展的作用模型，以此作为案例研究，探讨居民意愿、空间布局以及旅游可持续发展在该项目中互动影响的机制。

首先，沉浸式歌舞演艺微旅游的居民意愿分析。

《最忆是杭州》文艺演出于 2016 年进行首次演出，同时也是国内首次在户外的水上舞台举办的大型演出，通过后期不断的发展建设成为杭州城市旅游产业发展的关键，其推广和创新与当地的居民是分割不开的，居民是《最忆是杭州》得以发展与传播的重要推动力。

综上所述，结合沉浸式歌舞演艺微旅游与城市文化点式—原置型建设模式协同的结构方程实证结果，较合理地模拟出《最忆是杭州》建设中的居民意愿的作用模型，见图 5 - 2。

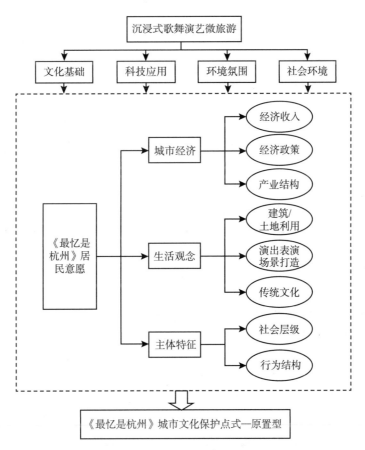

图 5 - 2 《最忆是杭州》演出中居民意愿的作用模型

图 5 - 2 展示了《最忆是杭州》演出中居民意愿的作用模型，可以了解到，《最忆是杭州》对居民意愿的城市经济、生活观念、主体特征产生影响，进而影响城市文化保护点式—原置型建设，详细内容可从以下三个方面进行阐述。

《最忆是杭州》的沉浸式歌舞演艺微旅游对城市经济的经济收入模式、经济政策、产业结构产生影响，进而影响城市文化保护点式—原置型建设。一是沉浸式歌舞演艺微旅游可以促进城市经济的发展，特别是在旅游业方面。《最忆是杭州》作为一种新兴的旅游模式，具有独特的吸引力和市场潜力，可以带动相关产业的发展，例如旅游服务业、文化创意产业等。这将使城市经济的经济收入模式发生变化，从传统的制造业为主导向服务业和文化产业为主导转变。这样的转变将为城市带来更多的经济收入，从而推动城市的经济发展。访谈中，一位杭州的本地居民表示：《最忆是杭州》实景演出吸引了很多游客前来观看，这些游客需要住宿、用餐等服务，因此为当地的旅游服务业提供了更多的就业岗位。同时，也为当地的商业、文化创意产业带来了更多的机会，促进了这些产业的发展。这些都会直接或间接地为居民创造更多的就业岗位和经济收益。此外，也需要专业人才提供服务，例如演员、歌手、灯光师等，以及很多辅助服务，如餐饮、酒店、交通等。这些由演出所带来的一系列行为，对居民创业和就业有着促进作用，均会对居民的经济收入产生一定的影响。二是沉浸式歌舞演艺微旅游也对城市经济的经济政策产生影响。通过研究杭州旅游产业和文化创意产业的发展情况，有利于城市政府了解相关产业现状，进而制定或优化支持这些行业的经济政策。这将有利于指导政府更好地促进文化和创意产业的繁荣，并通过产业联系提升旅游竞争力，最终引导城市经济向高质量发展方向迈进。三是《最忆是杭州》的打造，不仅增加了城市旅游收入，还带动了相关产业的发展，如购物、饮食等产业，进而催生和推动文化创意产业的发展。酒店前台小王表示：由于《最忆是杭州》实景演出大受欢迎，我们酒店吸引到了更多的游客前来住宿，提高了我们的入住率和客房价格。同时，我们也为游客提供了丰富的住宿服务和区域信息咨询服务，进一步提高了客户的满意度和忠诚度。对此她认为，沉浸式歌舞演艺微旅游能够提供更为丰富、深刻的旅游体验，进一步提高了游客对于旅游目的地的满意度和形象认知。在这个过程中，不仅能够增加城市的经济收入，还能够保护和传承当地的文化遗产，推动城市文化保护点式—原置型建设的实现。总之，《最忆是杭州》能够通过其独特的旅游形式和经济模式，为城市经济的发展带来积极的影响，推动城市文化保护点式—原置型建设的实现。

《最忆是杭州》的沉浸式歌舞演艺微旅游会对居民生活观念的构建与土地利用意识、环境保护理念和传统文化保护意识产生影响，进而影响城市文化保护点式—原置型建设。一是《最忆是杭州》在实践中积极勇于应用，不断尝试新鲜事物，不局限于当前事物，大胆超前地使用水上舞台，充分利用土地资源。这能够引导居民对建筑与土地利用进行认识和反思，从而推动城市规划和建设的可持续性发展。景区工作人员陈哥表示：演出所呈现的都是传统文化和历史建筑，这些都是我们的宝贵资源，需要被保护和传承。其认为通过参与和观赏这样的演出，居民们可以更好地了解和认识这些资源的价值和意义，从而更加重视和关注城市的规划与发展，共同推动建筑和土地利用的可持续性发展。二是《最忆是杭州》的演出场景打造需要对环境进行保护和改善，如减少噪声、减少废气排放等，这种环保意识的传递能够引导居民对城市环境的保护和改善进行关注和实践，从而推动城市文化保护点式—原置型建设中的环境保护措施的实施。景区的一位保洁阿姨芳姐说：她从小就生活在杭州，亲眼见证了城市的变化和发展。她认为随着城市的快速发展，人们的环保意识逐渐得到了提高。越来越多的人已经开始重视环境保护，并且积极行动起来。在演出现场，她经常可以看到观众主动投放垃圾和遵守环保要求，这让她非常欣慰。三是《最忆是杭州》作为一种以杭州为主题的沉浸式歌舞演艺微旅游形式，通过展现杭州传统文化和民俗，将城市文化和现代艺术完美结合，为观众带来一场独具特色的文化盛宴，向居民展示了杭州独特的文化魅力和传统文化的价值。这可以让居民更加了解和认识当地的文化遗产，增强对传统文化保护的意识。这种意识的提升，可以促进居民积极参与到城市文化保护点式—原置型建设中，共同维护当地传统文化的独特魅力。阿姨还提道：杭州是一个建设成就斐然的城市，拥有着优美的城市环境和众多的名胜古迹，而这些都需要人们共同来保护；她相信通过沉浸式歌舞演艺微旅游的发展，可以更好地让人们认识到环境保护的重要性，从而提高大家的环保意识，并积极参与到城市文化保护点式—原置型建设中。总的来说，通过沉浸式歌舞演艺微旅游的推广和文化传承，可以引导居民树立一系列积极的生活观念和文化价值观，从而进一步推动城市文化保护点式—原置型建设的实现。

《最忆是杭州》的沉浸式歌舞演艺微旅游对居民主体特征的年龄特征、文化素养特征和经济条件特征产生影响，进而影响城市文化保护点式—原置型建设。一是《最忆是杭州》是一种沉浸式歌舞演艺微旅游产品，通过现代的表现手法和互动环节，将杭州的历史文化和风土人情呈现给观众。这种形式的演出能够吸引不同年龄段的游客，特别是年轻人和家庭出游的游客。对于年轻人来说，是为一种新颖的文化体验，可以带给他们不同寻常的感受和体验。而对于年长的游客来说，则是一种再次认识和感受传统文化的机会。同时，演出中融入的传统文化元素也能够吸引年长游客，提升他们的文化素养和对传统文化的保护意识。《最忆是杭州》将历史文化和风土人情呈现给观众，并尽可能地还原历史场景和文化氛围。通过这种方式，演出不仅可以满足不同年龄段游客的需求，也能够推动城市文化保护点式—原置型建设的发展。一位 55 岁的杭州本地居民在观看《最忆是杭州》之后表示：这次演出让她非常感动。她认为这种沉浸式歌舞演艺微旅游非常适合不同年龄段的观众，特别是像她这样的年长观众。演出中融入了大量的传统文化元素，从衣着、音乐、器乐等方面都非常传统，让她产生了强烈的代入感。根据她的分析，她认为这种演出不只是让观众欣赏，更是让观众深入了解杭州的传统文化。她还指出，这种演出对于不同文化素养的观众都非常有意义。二是从文化素养特征来看，城市文化保护点式—原置型建设是一种保护历史文化遗产的方式，它强调尊重历史和传统，保留历史建筑、文化遗产等具有历史、文化和艺术价值的建筑物和景观。而沉浸式歌舞演艺微旅游，尤其是像《最忆是杭州》融入传统文化元素的演出，则能够提高游客对当地文化遗产的认知和理解，增强游客对文化保护的支持和参与度。这些游客的参与和支持，也能够为城市文化保护点式—原置型建设提供更多的动力和资源。此外，她表示：她的年纪越大，越觉得有责任为传统文化保护和发扬作出贡献。她认为，一座城市的文化积淀是相当重要的，只有通过积极的行动、参与和支持，城市文化保护建设才能取得更好的成效。观众可以通过演出获得不同的文化体验和感受，从而扩展自己的文化视野。综上所述，这位居民的观点表明，年长观众对于传统文化的保护和传承非常重视。同时，不同年龄阶段观众都可以通过这种沉浸式歌舞演艺微旅游来更好地了解和认识杭州的传统文化。这也说明演出对于居民年龄特征和文化素养特征的影响较大。三是从经济条件特征来看，这一演出的价格相对较高，可能更适合一部分经济条件较好的游客。然而，由于杭州是一个旅游城市，吸引了大量游客前来旅游。这一演出能够吸引更多的游客，进而为当地创造更多的经济收益，带动相关产业的发展。酒店前台小王表示：《最忆是杭州》的门槛不是很高，票价也相对合理，因此能够吸引更多不同经济条件的居民和游客前来观看。并且在演出前，很多游客在酒店进行住宿预订，而在演出之后，他们也会在当地消费、观光等，从而为当地带来更多的经济收益。同时，还能够为当地创造更多的就业机会，提高居民的生活水平，进而提升他们对于文化保护的意识和支持。总之，通过对《最忆是杭州》这一沉浸式歌舞演艺微旅游的分析，可以看出它对居民主体特征的年龄特征、文化素养特征和经济条件特征都有不同的影响。它通过不同的互动方式、文化元素融入等方式，提高了游客对于传统文化的认知和理解，进而增强他们对于文化保护的意识和支持，同时也为当地经济的发展和城市文化保护点式—原置型建设带来了积极的影响。

综上所述，从《最忆是杭州》沉浸式歌舞演艺微旅游发展与居民意愿的实践过程可以看出，研究假设 HA3、HA6、HA7 可以从实践过程的角度得到验证，即沉浸式歌舞演艺微旅游的发展对居民意愿产生积极的影响，同时也促进空间布局优化与城市文化保护点式—原置型建设。

其次，沉浸式歌舞演艺微旅游的空间布局分析。

《最忆是杭州》的空间布局主要指规划新的区域旅游空间格局，通过地方政府或者旅游企业整合区域旅游品牌和服务整合，持续开发区域文化保护与旅游业。空间布局涉及各方面的政策，如资源配置、文化传承、服务措施、设施建设等，特别是通过合理规划运用区域资源优势和景点资源，打造出独特的空间框架。这两个关键环节为《最忆是杭州》的发展提供了关键性助力，帮助促进区域旅游业的发展。基于此，本章从可利用资源和旅游场景打造两个方面出发，搭建出《最忆是杭州》建设中空间布局的作用模型，见图 5 - 3。

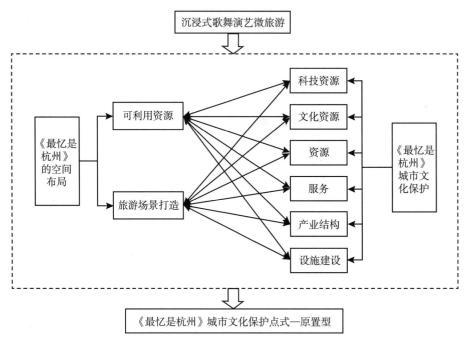

图 5 - 3　《最忆是杭州》演出中空间布局的作用模型

由图 5 - 3 可知《最忆是杭州》的空间布局既是沉浸式歌舞演艺微旅游空间场地的优化，也是可利用资源的合理开发、旅游场景的打造的主要途径，有利于《最忆是杭州》的舞台搭建，修复城市原有的传统历史建筑物和空间构造，促进城市旅游产业的可持续发展，为建设城市更新规划提供良好的基础。可以从以下几个方面来分析《最忆是杭州》的空间布局在优化过程中，新的空间布局对案例地升级的推动作用。

一方面是《最忆是杭州》对可持续资源的合理开发产生影响，进而影响城市文化保护点式—原置型建设。一是演出利用高新科技资源，创造一个更具吸引力和互动性的演出空间。演出场地通过技术手段打造高品质的舞台设施和灯光效果，同时还运用虚拟现实技术、人工智能等高科技手段，增强演出的视觉冲击力和互动性。这些创新的科技手段不仅使演出更具时尚感和观赏性，也促进场地设施的升级和改造，为演出空间提供更多元化、更具特色的元素。二是演出对文化建筑物资源的保护和利用，也促进城市文化保护点式—原置型的建设。例如，《最忆是杭州》所在的演出场地——西湖，就是杭州市的文化保护点式—原置型建设项目之一。演出利用西湖传统的人文历史资源和秀丽的自然风光为创作源泉，同时保留和修复原有的文化建筑物资源，如景区大门、入口道路、建筑和植物等。这样的做法不仅有利于保护城市历史文化遗产，同时也为文化旅游提供更好的场所和环境，增加游客对城市的好感度和留存率，为城市经济和文化的发展带来良好的推动作用。一位来自湖北的游客表示：观看演出时，他们也注意到演出场地的环保措施和对文化建筑物资源的保护和利用。他们认为，这样的做法很好地保护了当地的环境生态和城市文化遗产，促进了城市的可持续发展。另一位游客表示：演出利用了高新科技资源，创造了一个高品质、具有互动性的演出空间，让他们感到非常震撼和惊艳。同时，演出也很好地表现了杭州的传统文化元素，让他们更好地了解和认知了当地的文化遗产。游客们认为《最忆是杭州》这一沉浸式歌舞演艺微旅游利用高新科技资源和城市文化建筑物资源，可以创造更具吸引力和特色的演出空间，同时也兼顾环保和可持续发展等问题。此外，一位年轻的游客表示：我们很喜欢演出的互动性和体验感，能够和演员、舞者互动和拍照，将这些美好的瞬间留作纪念，也非常有意义。他认为，这样的沉浸式体验和互动性不仅能够让观众更好地了解当地文化，也能够吸引更多游客前来体验，为城市带来更多经济和社会效益。因此，通过将高新科技资源和文化建筑物资源进行整合和融合，以创新的方式展示城市文化元素，既能够保护城市传统文化，也能够促进文化产业的发展，为城市文化保护点式—原置型的建设产生了积极的推动作用。

另一方面是完善升级沉浸式歌舞演艺微旅游场景打造，把杭州西湖建设成具有世界影响力的实景演出的景点。一是《最忆是杭州》对游客需求趋势的影响体现在空间布局的改善上。为了更好满足观众观看演出的需求，对演出场地进行优化改造，特别是增加导演指挥室、休息室以及配套卫生间等必要服务设施，统一采用传统的江南白墙黑瓦建筑风格，并通过给建筑增加木雕、砖雕等细节特色，体现出浓郁的地方特色，为观众提供更人性化的环境。这些服务设施的提升使得观看演出的体验更加舒适和便利，满足现代旅游业对于更高质量、更舒适的服务需求。对此，酒店前台小王认为：通过《最忆是杭州》，游客可以更好地领略杭州的文化、历史和传统，而这也需要相关场景的打造和布局来进行支持。二是《最忆是杭州》对于公共空间文化氛围的影响主要体现在西湖景区的整体形象和文化内涵上。演出通过优化交通体系、扩大活动区域、挖掘地方文化内涵、优化空间氛围、强调景观美学等方式，将西湖景区规划为一处浓缩历史文化和地域特色的休闲游乐场所。新形象下的西湖会吸引更多游客来访游玩，既包含本地风情，也见证时代变迁，这可以提升其知名度及美誉度，使之成为一处集历史与现代于一体的时尚景区。三是《最忆是杭州》对于城市文化保护点式—原置型的影响主要体现在西湖景区作为杭州市的文化保护区域的重要性上。西湖景区被视为杭州市的文化保护点，其文化价值和历史意义得到广泛的认可。景区周边小店老板说：实景演出的开放对我们的店铺和周边小店都有很大的影响，作为一家主营手工艺品、纪念品小商品的小店来说，我们主要以游客为客源。而随着《最忆是杭州》的开发，首先是吸引了更多游客前来观赏演出，增加了客源，其次是带动了周边商业区的发展，形成了商业集聚效应。不仅使西湖景区有了更为全面的文化内涵，也让景区增添了更多的知名度和美誉度。同时，也吸引了更多文化艺术活动进入西湖景区，提升了景区的文化旅游发展。而《最忆是杭州》的成功举办和西湖景区的整体形象提升，不仅能够保护和传承西湖景区的历史文化和地方特色，也能够促进城市文化的创新和发展。

综上所述，从《最忆是杭州》沉浸式歌舞演艺微旅游发展与空间布局的实践过程可以看出，研究假设 HA2、HA8、HA9 可以从实践的角度得到验证，即沉浸式歌舞演艺微旅游对空间布局具有显著的正向作用，进一步对旅游可持续发展、城市文化保护点式—原置型建设产生正向作用。

最后，沉浸式歌舞演艺微旅游的旅游可持续发展分析。

《最忆是杭州》的旅游可持续发展过程中展现了《最忆是杭州》各旅游资源之间关系以及联合过程，《最忆是杭州》的旅游市场、社会、文化资源及自然环境均对旅游可持续发展的过程产生直接的或间接的影响。结合《最忆是杭州》的旅游可持续发展过程，从旅游市场、社会、文化及自然环境四个方面，更为合理地模拟出《最忆是杭州》建设中旅游可持续发展的作用模型（见图 5-4）。

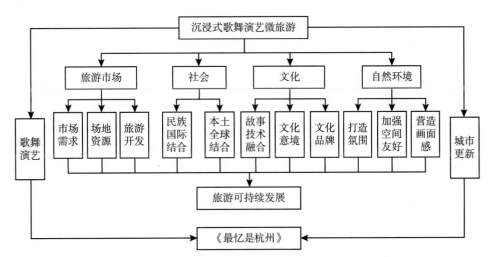

图 5-4 《最忆是杭州》建设中旅游可持续发展的作用模型

　　图5-4展示《最忆是杭州》建设中旅游可持续发展的作用模型，浙江《最忆是杭州》的旅游资源开发联合当地的资源质量种类、市场需求、文化资源、自然环境、智慧科技、文化品牌、场景打造等，具体来说，其旅游可持续发展表现为以下几个方面：

　　一是《最忆是杭州》的沉浸式歌舞演艺微旅游促进旅游市场的开发，进而对城市文化保护点式—原置型建设产生影响。旅游市场是沉浸式歌舞演艺微旅游推动《最忆是杭州》的发展基础，随着游客对沉浸式微旅游的需求不断增长，他们希望能够通过更加丰富、多样化的旅游体验来深入了解当地的文化和历史。《最忆是杭州》作为一项强调文化内涵的演艺项目，能够提供这种深度旅游体验的沉浸式歌舞演艺微旅游产品，其市场需求具有较大的潜力和吸引力。访谈中，一位杭州当地导游讲述：沉浸式歌舞演艺微旅游产品在杭州的旅游市场中非常热门。很多游客希望在旅游过程中体验当地的文化、历史和自然景观，而《最忆是杭州》实景演出恰好提供了这样的机会。《最忆是杭州》依托杭州这座历史文化名城，通过将杭州的历史文化元素与现代科技手段相结合，为游客呈现一场沉浸式的演艺体验。场景资源起到至关重要的作用，不仅为游客提供身临其境的感受，也能够使杭州这座城市的历史文化底蕴得到挖掘，从而促进城市的更新发展。并且那位导游认为：《最忆是杭州》的成功也是杭州在文化旅游产品开发方面的一次突破，为杭州旅游市场的持续发展注入了新的活力。《最忆是杭州》作为沉浸式歌舞演艺微旅游的代表作，可以为城市维护原有的文化元素和增强城市活力，提升城市文化品位和形象，进一步激发城市的文化保护力度和可持续发展，促进城市文化保护点式—原置型的建设。

　　二是《最忆是杭州》的沉浸式歌舞演艺微旅游促进社会环境发展，进而对城市文化保护点式—原置型建设产生影响。一方面，《最忆是杭州》的发展通过民族与国际相结合的方式促进城市文化保护，将传统杭州文化元素与现代先进科技相结合，以沉浸式歌舞演艺微旅游的形式展现给观众，既吸引了国内外游客的注意，又让他们在体验中更深入地了解杭州的历史、文化、社会环境、传统和风貌。《最忆是杭州》还融入了国际化的元素，如通过西方的舞蹈、音乐等表现形式，吸引更多的国际观众的关注，为杭州文化在国际上的传播作出了贡献。同时，演艺的成功也为其他城市的文化保护和发展提供借鉴和参考。一位当地居民表示：最近几年，杭州的旅游市场发生了很大的变化和发展。随着一系列旅游产业政策的出台和旅游市场的开拓，杭州的旅游景区和旅游产业正在逐渐壮大和丰富。同样，杭州的旅游服务业也在逐步提升和优化。总之，《最忆是杭州》通过创新的文化表现形式和民族与国际相结合的方式，为城市文化保护点式—原置型建设带来了新的机遇和发展空间。另一方面，《最忆是杭州》通过深入挖掘和展示杭州本土的文化元素，为城市文化保护点式—原置型建设提供丰富的资源。这些元素不仅是杭州城市文化的重要组成部分，也是吸引游客前来体验杭州历史文化的关键所在。一位当地居民表示：《最忆是杭州》是一种非常有创意和价值的文化旅游产品。通过挖掘和展示杭州本土的文化元素，如西湖、丝绸、龙井茶等，这种产品为城市的文化保护和传承提供了丰富的资源。演艺中的细节和情节都充满了对杭州历史文化的深刻理解和展现，从舞美到音乐，从演员到服装，都精心打造，使得观众可以深入感受杭州的历史和文化。同时，《最忆是杭州》也将全球化元素巧妙地融入演艺中。通过现代科技的运用，演艺中的场景和效果极具现代感，如舞台特效、投影等，更具有国际化的吸引力，让观众能够在沉浸式体验中领略到杭州的全球魅力。同时，演艺中的多语言服务和文化解说也让国际游客更加方便地理解和融入杭州的文化之中。总之，《最忆是杭州》通过本土与全球相结合的方式促进城市文化保护点式—原置型建设，使得杭州的历史和文化得到更好的传承和保护，同时也为杭州的城市旅游发展提供了强有力的支撑。

　　三是《最忆是杭州》的沉浸式歌舞演艺微旅游促进文化创意，进而对城市文化保护点式—原置型建设产生影响。《最忆是杭州》通过故事与技术相融合，成功地促进了城市文化保护点式—原置型建设。具体来说，该项目通过独特的故事情节，将杭州的历史文化和人文景观与现代科技相结合，创造出沉浸式的旅游体验。游客可以通过VR、AR、3D投影等先进技术，身临其境地感受到历史文化的魅力，同时还能够欣赏到高水平的歌舞表演。这样的体验方式不仅让游客获得了独特的旅游感受，同时也有助于唤起游客对杭州历史文化的关注和认知。通过故事与技术相融合的方式，《最忆是杭州》成功地将城市文化保护点式—原置型建设与现代旅游需求相结合，实现了城市文化的保护与创新。此外，这种创新型旅游项目还吸引了大量的游客，带动当地旅游产业的发展，从而为城市经济发展作出了贡献。《最忆是杭州》以杭州传统文化为基础，采用多种艺术手段进行表现，使观众不仅是被动地观看，而且可以身临其境地感受杭州的文化意境。在艺术手段方面，该演出运用舞蹈、音乐、服装、灯光、投影等多种元素进行展示。除了艺术手段，该演出还采用沉浸式的表现形式，通过观众的互动和参与，将观众带入杭州的文化内涵之中。观众可以参与到演出中来，与演员们一起舞动，一起唱歌，一起感受杭州的文化魅力，使观众更加深入地了解和感受到杭州的文化和历史。小汪表示：参演这个节目是一件非常有意义和有挑战性的事情。首先，在这个节目中我们需要综合运用音乐、舞蹈、演技等多项技能，从而将杭州的文化以最好的形式展现给观众。其次，我们还需要不断地学习和创新，以便将节目呈现得更加精彩、动人。这个节目不仅可以提高我们的专业技能和综合素质，还能够让我们更深入地了解和认识杭州的文化，为我们的职业生涯和人生带来更多的收获和启迪。因此，通过这些艺术手段和表现形式的有机结合，《最忆是杭州》不仅是一场演出，更是一次对杭州传统文化的弘扬和推广。这种文化体验的成功，不仅为旅游业的发展带来新的机遇，更为城市文化保护点式—原置型建设的推动提供有力的支持。《最忆是杭州》作为一种新型旅游产品，它具有独特的文化特色和品牌形象。在推广文化品牌时，可以采用多种手段，如网络营销、媒体宣传、线下推广等，通过多种渠道向游客传递杭州的文化魅力和旅游资源。一位有着多年旅游从业经验的工作人员表示：在以往的观光路线中，我们通常会带游客去参观一些景点或者博物馆，讲解这些地方的历史文化背景和群众历史。但是，很多游客可能对于这些东西并不是非常感兴趣，所以旅游体验也不是特别好。而《最忆是杭州》这个产品则完全不同，它是一种全新的、富有创意的旅游形式，把历史文化和现代科技相结合，打造出了一种具有沉浸式体验的旅游观光产品，让游客可以更好地了解和认识杭州的文化和历史，有一个更好的旅游体验感受。总之，《最忆是杭州》通过文化品牌建设和推广，可以促进城市文化保护点式—原置型建设的发展和建设。

　　四是《最忆是杭州》的沉浸式歌舞演艺微旅游促进自然环境的氛围营造、空间友好、画面感营造，进而对城市文化保护点式—原置型建设产生影响。《最忆是杭州》在场馆选址上注重营造文化氛围。《最忆是杭州》通过选择西湖作为演出场地，将自然景观作为演出场地，可以有效地促进城市生态保护型建设。选址在西湖，充分利用自然景观，让游客在欣赏演出的同时，也能够感受到西湖的自然美。这种自然景观的运用不仅能够吸引更多游客，也能够保护西湖的生态环境，推动城市生态保护型建设。景区保洁阿姨芳姐表示：《最忆是杭州》的游客可以沉浸在自然的环境中欣赏演出，让人感受到身处自然，对环保意识的提高也有很大的帮助。景区也加强了很多环保工作，比如加强垃圾分类的宣传和执行，禁止游客损坏环境，保护西湖的生态环境等。总之，《最忆是杭州》的推出，不仅能够让游客欣赏到精彩的演出，同时也为西湖的自然环境保护作出应有的贡献。而且《最忆是杭州》通过舞蹈、音乐、灯光等艺术表现形式，营造出一个独特的氛围，使观众沉浸其中，感受到杭州的文化氛围和自然环境。这种氛围营造可以激发观众的情感共鸣和文化认同感，促进城市文化的保护和传承。演艺表演场所的空间布局和环境设计也是影响观众体验和城市文化传承的重要因素。《最忆是杭州》将演出场地打造成一个自然友好型的空间，使观众感受到城市与自然的融合。同时，这种空间设计也可以引导观众去关注和感受城市内外自然环境，从而提高公众对城市自然资源的保护意识。此外，由于《最忆是杭州》是一种沉浸式歌舞演艺微旅游产品，不同于传统的观赏演出，它更注重游客的参与感和体验感。一位来自北京的游客讲述：来这里旅游的目的是感受杭州的美丽和文化底蕴，品尝当地美食，欣赏美丽的景色，感受这个城市的文化氛围。而且演出《最忆是杭州》也让我对这个地方的文化有了更深入的了解。看到这里的美景，听到这里的故事，我觉得非常激动和感动。我觉得这场演出非常好，它展现了杭州丰富的文化底蕴和卓越的历史文化，让我更加了解和熟悉这个地方。同时，这个演出的场地在自然环境中也非常适合，享受演出的同时还可以欣赏西湖的美景，这是一个非常难得的体验。游客不仅可以欣赏演出，还能够参与其中，感受杭州的文化氛围和风情。这种参与式的旅游模式可以更好地推动城市文化保护点式—原置型建设，吸引更多游客来到杭州，促进城市文化保护型建设的发展。通过以上的氛围营造、空间友好和画面感营造，《最忆是杭州》可以激发观众的情感共鸣和文化认同感，提高公众对城市自然资源和文化遗产的保护和认知，推动城市文化保护点式—原置型建设的发展和推广。

综上所述，从《最忆是杭州》沉浸式歌舞演艺微旅游发展与旅游可持续发展的实践过程可以看出，研究假设 HA1 可以从实践过程的角度得到验证，即沉浸式歌舞演艺微旅游对旅游可持续发展具有显著正向作用。

总之，通过对《最忆是杭州》沉浸式歌舞演艺微旅游发展与城市文化保护点式—原置型协同模式实践过程的分析，本章所提出的研究假设基本能够得到验证，从定性分析的角度初步验证沉浸式歌舞演艺微旅游、居民意愿、空间布局、旅游可持续发展、城市文化保护点式—原置型之间的关系。但是，上述各变量之间作用强度的大小、受影响的差异程度等关于沉浸式歌舞演艺微旅游与城市文化保护点式—原置型协同模式之间具有作用机制的问题难以定量衡量。为此，本章需要进一步通过问卷调查，运用结构方程模型，从量化分析的角度检验沉浸式歌舞演艺微旅游与城市文化保护点式—原置型协同模式之间的具体作用机制。

关于案例验证分析：

本次案例研究选定浙江杭州《最忆是杭州》为例，研究小组进行实地调研，以获得一手资料。这比仅从文献资源中获取信息，可以使研究小组对《最忆是杭州》有着更深入的了解。同时，通过问卷调查和访谈等方式获取第一手资料，也确保了资料来源的准确性和可靠性。为了展开对沉浸式歌舞演艺微旅游与城市文化保护点式—原置型协同模式建设的案例验证研究，先解释为何以《最忆是杭州》作为案例地分析对象。本章再对案例进行描述，将其分为三个阶段，第一阶段是人文彰显有难度、创意文化延续创作阶段，第二阶段是拓宽创作思路、促进品牌发展阶段，第三阶段是推动《最忆是杭州》可持续发展阶段。通过对这三个阶段进行深度的分析，识别出《最忆是杭州》发展困境及解决办法。其中，根据前文搭建的沉浸式歌舞演艺微旅游与城市文化保护点式—原置型协同模式的结构方程实证结果可知，在案例讨论和发展中关键在于居民意愿、空间布局及旅游可持续发展三个方面的内容，由此搭建出《最忆是杭州》建设中居民意愿作用模型、空间布局作用模型、旅游可持续发展作用模型。

运用 SPS 案例研究方法进行单个案例研究，选取浙江杭州的《最忆是杭州》为案例对沉浸式歌舞演艺微旅游与城市文化保护点式—原置型协同模式进行验证。结合前文搭建的协同模式的分析框架、研究假设和结构方程实证分析相关内容，基于《最忆是杭州》的发展现状，重点掌握居民意愿、空间布局、旅游可持续发展在沉浸式歌舞演艺微旅游转型升级以及城市更新建设当中的作用，用单个案例验证沉浸式歌舞演艺微旅游与城市文化保护点式—原置型协同模式过程中的影响因素，进一步验证沉浸式歌舞演艺微旅游与城市文化保护点式—原置型协同模式。

5.1.4　问卷数据分析

第一，样本数据的描述性统计及信度效度检验。

为获取本书需要的原始数据，研究小组设计并发放了 300 份调查问卷，以收集各利益相关方如项目相关从业人员、游客以及当地居民等不同群体的第一手看法和建议，这些问卷资料可以为后续研究分析提供重要参考。在收集问卷过程中，由于部分受访者在回答问卷时存在一定困惑，以及有些游客和居民只针对部分的题项进行回答，这导致回收的问卷中有一部分存在部分内容未作答或答题质量较低的情况，成为无效问卷。为后续资料整理和数据分析带来一定影响，研究团队在后期统计工作中进行筛选，将这部分问卷剔除，以确保研究结论的可靠性。总体来说，有效问卷的数量满足结构方程模型进行实证研究所需要的样本规模，这为下一步实证分析奠定了基础。在进行实证分析之前，为了全面掌握《最忆是杭州》在新模式下的运行状况，仅仅靠科学、合理、可操作的调查问卷量表来得到准确、科学的研究结论是不够的，还需要对调查问卷获得的数据进行信效度分析，比如问卷各项指标的可靠性与效度。

描述性统计是一种归纳和描述研究数据的方法，它旨在揭示数据集的整体数字特征，当处理量表数据时，使用均值来描述数据的集中趋势，并使用标准差来描述数据的离散程度。本章采用均值和方差作为描述性统计分析的指标，以揭示沉浸式歌舞演艺微旅游与城市文化保护点式—原置型协同模式中各个变量数据分布的平均水平和集中程度。通过计算均值，可以直观地了解这一模式研究中不同变量的数据分布情况，并通过方差来衡量数据的离散程度。标准差的计算用于直观观测沉浸式歌舞演艺微旅游与城市文化保护点式—原置型协同模式研究中各个变量数据的离散程度。在工具的选择上，本章选择使用 SPSS22 分析软件进行数据处理和分析，SPSS 是全球最早采用图形菜单驱动界面的统计软件之一。通过 SPSS22 软件对新时代沉浸式歌舞演艺微旅游与城市文化保护点式—原置型协同模式进行数据统计分析，研究数据基本符合正态分布，抽样代表性较好。样本的人口统计学特征。详细见表 5 - 1。

表 5 - 1　　　　　　　　　　　　样本人口特征的描述性统计

基本特征	样本分组	频数	百分比（％）	基本特征	样本分组	频数	百分比（％）
性别	女	129	50.39	受教育程度	初中及以下	81	31.64
	男	127	49.60		高中或中专	63	24.61
居住所在地	本地居民	121	47.27		大专	52	20.31
	外地游客	135	52.73		本科	53	20.70
年龄	14 岁及以下	15	5.86		硕士及以上	7	2.73
	15～24 岁	87	33.98	职业	工人	23	8.98
	25～44 岁	90	35.16		职员	34	13.28
	45～60 岁	61	23.83		教育工作者	29	11.33
	61 岁以上	18	7.03		农民	25	9.77
居住时间	1 年以下	130	50.78		自由职业者	32	12.50
	2～5 年	11	4.30		管理人员	5	1.95
	6～10 年	21	8.20		学生	12	4.69
	11 年以上	94	36.72		服务人员	36	14.06
家庭人均年收入	10000 元以下	23	8.98		技术人员	4	1.56
	10001～15000 元	25	9.77		政府工作人员	6	2.34
	15001～30000 元	45	17.58		退休人员	20	7.81
	30001～50000 元	76	29.69		其他	30	11.72
	50001 元以上	87	33.98	家庭人口数	5 人以上	57	22.27
					2～5 人	153	59.77
					单身	46	17.97

　　本书基于研究设计，对沉浸式歌舞演艺微旅游、居民意愿、空间布局、旅游可持续发展和城市文化保护点式—原置型这五个方面进行描述性统计分析。针对每个主要变量，运用 SPSS22 分析软件进行均值和标准差的描述，具体数据见表 5 - 2。

表 5 - 2　　　　　　　　　　　　　　　　　**描述性统计**

主要变量	潜在变量	观测变量	均值	标准差	最大值	最小值
沉浸式歌舞演艺微旅游（IMP）	文化基础（IMP1）	IMP11	3.69	0.669	5	1
		IMP12	3.72	0.716	5	1
	科技应用（IMP2）	IMP21	3.67	0.741	5	1
		IMP22	3.64	0.783	5	2
		IMP23	3.63	0.794	5	2
	环境氛围（IMP3）	IMP31	3.59	0.770	5	2
		IMP32	3.58	0.730	5	1
	社会环境（IMP4）	IMP41	3.68	0.769	5	1
		IMP42	3.61	0.773	5	1
旅游可持续发展（SDT）	旅游市场（SDT1）	SDT11	3.20	0.691	5	1
		SDT12	3.26	0.706	5	2
		SDT13	3.17	0.667	5	1
	社会环境（SDT2）	SDT21	3.30	0.660	5	1
		SDT22	3.23	0.736	5	1
	文化创意（SDT3）	SDT31	3.20	0.769	5	1
		SDT32	3.16	0.741	5	1
		SDT33	3.10	0.694	5	1
	自然环境（SDT4）	SDT41	3.40	0.759	5	1
		SDT42	3.18	0.676	5	1
		SDT43	3.21	0.725	5	1
居民意愿（TWR）	城市经济（TWR1）	TWR11	3.27	0.750	5	1
		TWR12	3.20	0.677	5	1
		TWR13	3.01	0.676	5	1
	生活观念（TWR2）	TWR21	3.32	0.712	5	1
		TWR22	3.07	0.725	5	1
		TWR23	3.14	0.693	5	1
	主体特征（TWR3）	TWR31	3.23	0.727	5	1
		TWR32	3.11	0.687	5	1
		TWR33	3.21	0.703	5	1
空间布局（SL）	可利用资源（SL1）	SL11	3.37	0.775	5	1
		SL12	3.37	0.804	5	1
	需求场景打造（SL2）	SL21	3.42	0.741	5	1
		SL22	3.31	0.736	5	1

续表

主要变量	潜在变量	观测变量	均值	标准差	最大值	最小值
城市文化保护点式—原置型（UCPO）	政府监管机制（UCPO1）	UCPO11	3.62	0.719	5	1
		UCPO12	3.60	0.748	5	1
		UCPO13	3.59	0.766	5	1
	开发商协调机制（UCPO2）	UCPO21	3.63	0.734	5	1
		UCPO22	3.63	0.769	5	1
		UCPO23	3.70	0.734	5	1
	民众参与机制（UCPO3）	UCPO31	3.59	0.806	5	1
		UCPO32	3.66	0.738	5	1
		UCPO33	3.69	0.762	5	1

信度是指测验结果的一致性、稳定性及可靠性，通常使用内部一致性来评估。为增强测量结果的可信度，对组合信度进行测量可以有效地避免克朗巴哈信度测量过程中存在的问题，从而使结果更具说服力。组合信度的测量模型可以表示为：

$$组合信度\ \rho_c = (\sum \lambda)^2 / [(\sum \lambda)^2 + \sum \theta]$$

$$= (\sum 因素载荷量)^2 / [(\sum 因素载荷量)^2 + \sum 测量误差变异量]$$

其中，组合信度为 ρ_c，观测变量针对潜在变量的标准化参数表示为 λ，即因素载荷量；指标变量的测量误差表示为 θ，即 ε 变异量或 δ 变异量。

在信度的检验标准方面，最佳（excellent）的组合信度系数应高于 0.9，很好（very good）的程度约为 0.8；适中的程度约为 0.7，最低可接受值应高于 0.5。若组合信度系数低于 0.5，则被认为是不能接受的（见表 5 - 3）。

表 5 - 3　　　　　　　　　　　　　　　　组合信度检验标准

组合信度系数值	接受程度
$\alpha \geqslant 0.90$	最佳
$\alpha \in [0.80, 0.90)$	很好
$\alpha \in [0.60, 0.80)$	适中
$\alpha < 0.50$	不可接受

为了对新时代沉浸式歌舞演艺微旅游与城市文化保护点式—原置型协同模式进行信度检验，本书利用 SPSS22 对该模式的量表数据进行信度分析。通过这一分析，得到各个变量的 Cronbach's α 系数值。此外，从理论视角来看，量表数据应具备足够的效度和信度。而从实践角度来看，一个良好的量表还应具备实用性，即经济性、便利性和可解释性。因此，在对量表数据进行信度检验的基础上，本书对数据进行下一步的效度检验。目的是验证通过调查问卷量表获得的数据是否能科学地反映测度变量的真实结构，并是否符合研究假设，具体结果见表 5 - 4。

表 5 - 4　　　　　　　　　　　　　　　信度和效度检验结果

变量	题项	α	因子载荷		KMO 值	累计方差解释率	Bartlett's 球形检验		
							X2	df	Sig.
沉浸式歌舞演艺微旅游（IMP）	2	0.887	IMP11	0.719	0.961	72.356	1949.648	36	0.000
			IMP12	0.717					
	3	0.869	IMP21	0.785					
			IMP22	0.691					
			IMP23	0.720					
	2	0.818	IMP31	0.701					
			IMP32	0.756					
	2	0.766	IMP41	0.749					
			IMP42	0.652					
旅游可持续发展（SDT）	3	0.659	SDT11	0.522	0.943	49.048	1108.990	55	0.000
			SDT12	0.531					
			SDT13	0.587					
	2	0.735	SDT21	0.664					
			SDT22	0.715					
	3	0.707	SDT31	0.450					
			SDT32	0.584					
			SDT33	0.563					
	3	0.670	SDT41	0.422					
			SDT42	0.599					
			SDT43	0.633					
居民意愿（TWR）	3	0.701	TWR11	0.556	0.910	47.111	725.143	36	0.000
			TWR12	0.451					
			TWR13	0.614					
	3	0.660	TWR21	0.567					
			TWR22	0.604					
			TWR23	0.614					
	3	0.669	TWR31	0.623					
			TWR32	0.626					
			TWR33	0.530					
空间布局（SL）	2	0.771	SL11	0.628	0.823	71.105	467.090	6	0.000
			SL12	0.706					
	2	0.772	SL21	0.696					
			SL22	0.749					

变量	题项	α	因子载荷		KMO 值	累计方差 解释率	Bartlett's 球形检验		
							X2	df	Sig.
城市文化保护点式—原置型 （UCPO）	3	0.855	UCPO11	0.689	0.952	68.025	1661.369	36	0.000
			UCPO12	0.654					
			UCPO13	0.745					
	3	0.858	UCPO21	0.748					
			UCPO22	0.755					
			UCPO23	0.715					
	3	0.843	UCPO31	0.719					
			UCPO32	0.720					
			UCPO33	0.664					

如表 5 - 4 所示，在对新时代沉浸式歌舞演艺微旅游与城市文化保护点式—原置型协同模式进行的信度和效度检验中，发现 Cronbach's α 系数值均大于 0.60，处于可接受的范围内，表明量表数据具有较好的信度。在效度检验方面，各指标的因子载荷基本在 0.50 以上，KMO 值大于 0.80，表明量表数据适合进行因子分析。此外，Bartlett's 球形检验的显著性水平均为 0.000，进一步证明该问卷量表的效度良好。综合以上结果可得出结论，本书所采用的问卷数据能够准确地反映测量变量真实架构，说明该问卷的数据是符合要求的。

第二，样本数据的结构方程模型构建及调整。

根据一般的结构方程模型构建步骤，并结合新时代沉浸式歌舞演艺微旅游与城市文化保护点式—原置型协同模式的变量特征和模型选择，本书将结构方程模型构建划分为以下几个主要步骤：首先，建立沉浸式歌舞演艺微旅游与城市文化保护点式—原置型协同模式的结构方程模型，并设定相关误差变量；其次，在对参数进行估计的基础上，确定沉浸式歌舞演艺微旅游与城市文化保护点式—原置型协同模式结构方程的拟合度；最后，对沉浸式歌舞演艺微旅游与城市文化保护点式—原置型协同模式结构方程模型中的不理想的路径进行修正，或对整个模型进行重新构架。

在新时代沉浸式歌舞演艺微旅游与城市文化保护点式—原置型建设协同模式研究中，根据对变量性质的划分进行模型搭建。由沉浸式歌舞演艺微旅游与城市文化保护点式—原置型协同模式的理论模型可以了解到，沉浸式歌舞演艺微旅游、居民意愿、空间布局、旅游可持续发展和城市文化保护点式—原置型都属于无法直接观测到的潜在变量。同样，针对这 5 个变量设定的二级指标也是无法直接观测到的，它们同样属于潜在变量。根据对这些变量性质的了解，可以对沉浸式歌舞演艺微旅游与城市文化保护点式—原置型协同模式中的各项变量进行合理的归类。其中，沉浸式歌舞演艺微旅游是内生变量，居民意愿、空间布局、旅游可持续是中间变量，城市文化保护点式—原置型是外生变量。基于此，本书搭建出新时代沉浸式歌舞演艺微旅游与城市文化保护点式—原置型协同模式的初始结构方程模型，如图 5 - 5 所示，箭头方向指示了变量之间的因果关系。

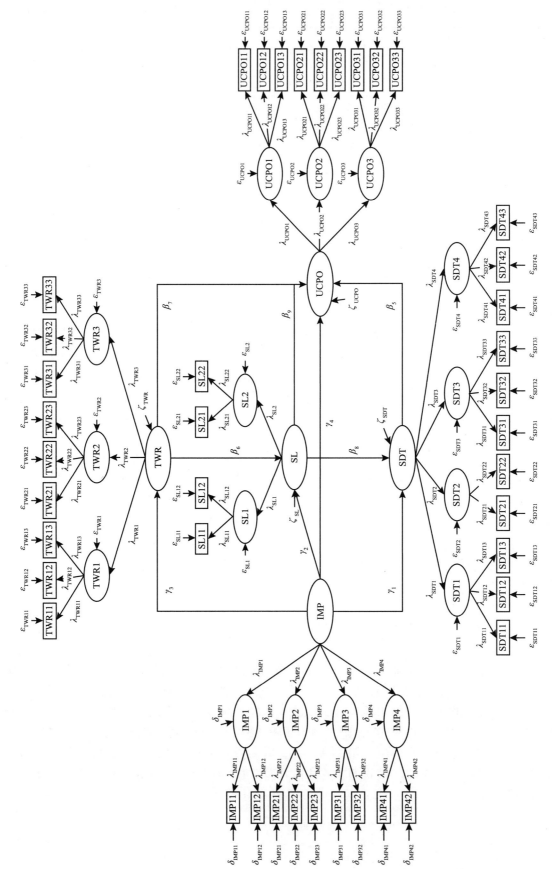

图5-5 沉浸式歌舞艺微旅游与城市文化保护点式—原置型协同模式的初始结构方程模型

　　图 5-5 显示沉浸式歌舞演艺微旅游与城市文化保护点式—原置型协同模式的初始结构方程模型，根据分析可知，沉浸式歌舞演艺微旅游与城市文化保护点式—原置型协同的初始结构方程中外生显变量共有 9 项：IMP11~12、IMP21~23、IMP31~32、IMP41~42。内生显变量共有 33 项：TWR11~13、TWR21~23、TWR31~33、SL11~12、SL21~22、SDT11~13、SDT21~22、SDT31~33、SDT41~43、UCPO11~13、UCPO21~23、UCPO31~33。外生潜变量 4 项：IMP1~4。内生潜变量 12 项：TWR1~3、SL1~2、SDT1~4、UCPO1~3。以上由观测变量和潜在变量构成的是结构方程模型的测量模型部分，结构方程模型分为测量模型和结构模型两部分，因此需要逐个构建这两个模型。以下为测量模型的一般形式：

$$\begin{cases} X = \Lambda_X \xi + \delta \\ Y = \Lambda_Y \eta + \varepsilon \end{cases}$$

　　其中，外生显变量表示为 X，内生显变量表示为 Y，外生潜变量表示为 ξ，内生潜变量表示为 η，显变量的误差项表示为 ε 与 δ。

　　在对新时代沉浸式歌舞演艺微旅游与城市文化保护点式—原置型协同模式的数据进行验证时，需要设定相关变量的结构方程模型，以构建观测变量的模型。根据本书所搭建的初始结构方程模型中的相关内容，沉浸式歌舞演艺微旅游（IMP）、文化基础（IMP1）、科技应用（IMP2）、环境氛围（IMP3）、社会环境（IMP4）是外生潜变量，分别用 ζ_{IMP}、ζ_{IMP1}、ζ_{IMP2}、ζ_{IMP3}、ζ_{IMP4} 来表示。旅游可持续发展（SDT）、旅游市场（SDT1）、社会（SDT2）、文化（SDT3）、自然环境（SDT4）、居民意愿（TWR）、城市经济（TWR1）、生活观念（TWR2）、主体特征（TWR3）、空间布局（SL）、可利用资源（SL1）、需求场景打造（SL2）、城市文化保护点式—原置型（UCPO）、政府监管机制（UCPO1）、开发商协调机制（UCPO2）、民众参与机制是内生潜变量（UCPO3），分别用 η_{SDT}、η_{SDT1}、η_{SDT2}、η_{SDT3}、η_{SDT4}、η_{TWR}、η_{TWR1}、η_{TWR2}、η_{TWR3}、η_{SL}、η_{SL1}、η_{SL2}、η_{UCPO}、η_{UCPO1}、η_{UCPO2}、η_{UCPO3} 来表示。由此，搭建出新时代沉浸式歌舞演艺微旅游与城市文化保护点式—原置型协同模式的观测模型方程式：

$$\begin{cases} X_{IMP1} = \lambda_{IMP1}\xi_{IMP} + \delta_{IMP1}, \; X_{IMP2} = \lambda_{IMP2}\xi_{IMP} + \delta_{IMP2}, \\ X_{IMP3} = \lambda_{IMP3}\xi_{IMP} + \delta_{IMP3}, \; X_{IMP4} = \lambda_{IMP4}\xi_{IMP} + \delta_{IMP4}, \\ X_{IMP11} = \lambda_{IMP11}\xi_{IMP1} + \delta_{IMP11}, \\ X_{IMP12} = \lambda_{IMP12}\xi_{IMP1} + \delta_{IMP12}, \; X_{IMP21} = \lambda_{IMP21}\xi_{IMP2} + \delta_{IMP21}, \\ X_{IMP22} = \lambda_{IMP22}\xi_{IMP2} + \delta_{IMP22}, \; X_{IMP23} = \lambda_{IMP23}\xi_{IMP2} + \delta_{IMP23}, \\ X_{IMP31} = \lambda_{IMP31}\xi_{IMP3} + \delta_{IMP31}, \; X_{IMP32} = \lambda_{IMP32}\xi_{IMP3} + \delta_{IMP32}, \\ X_{IMP41} = \lambda_{IMP41}\xi_{IMP4} + \delta_{IMP41}, \; X_{IMP42} = \lambda_{IMP42}\xi_{IMP4} + \delta_{IMP42}, \\ Y_{SDT1} = \lambda_{SDT1}\eta_{SDT} + \varepsilon_{SDT1}, \; Y_{SDT2} = \lambda_{SDT2}\eta_{SDT} + \varepsilon_{SDT2}, \; Y_{SDT3} = \lambda_{SDT3}\eta_{SDT} + \varepsilon_{SDT3}, \\ Y_{SDT4} = \lambda_{SDT4}\eta_{SDT} + \varepsilon_{SDT4}, \; Y_{SDT11} = \lambda_{SDT11}\eta_{SDT1} + \varepsilon_{SDT11}, \\ Y_{SDT12} = \lambda_{SDT12}\eta_{SDT1} + \varepsilon_{SDT12}, \; Y_{SDT13} = \lambda_{SDT13}\eta_{SDT1} + \varepsilon_{SDT13}, \\ Y_{SDT21} = \lambda_{SDT21}\eta_{SDT2} + \varepsilon_{SDT21}, \; Y_{SDT22} = \lambda_{SDT22}\eta_{SDT2} + \varepsilon_{SDT22}, \\ Y_{SDT31} = \lambda_{SDT31}\eta_{SDT3} + \varepsilon_{SDT31}, \; Y_{SDT32} = \lambda_{SDT32}\eta_{SDT3} + \varepsilon_{SDT32}, \\ Y_{SDT33} = \lambda_{SDT33}\eta_{SDT3} + \varepsilon_{SDT33}, \; Y_{SDT41} = \lambda_{SDT41}\eta_{SDT4} + \varepsilon_{SDT41}, \\ Y_{SDT42} = \lambda_{SDT42}\eta_{SDT4} + \varepsilon_{SDT42}, \; Y_{SDT43} = \lambda_{SDT43}\eta_{SDT4} + \varepsilon_{SDT43}, \\ Y_{SL1} = \lambda_{SL1}\eta_{SL} + \varepsilon_{SL1}, \; Y_{SL2} = \lambda_{SL2}\eta_{SL} + \varepsilon_{SL2}, \; Y_{SL11} = \lambda_{SL11}\eta_{SL1} + \varepsilon_{SL11}, \\ Y_{SL12} = \lambda_{SL12}\eta_{SL1} + \varepsilon_{SL12}, \\ Y_{SL21} = \lambda_{SL21}\eta_{SL2} + \varepsilon_{SL21}, \; Y_{SL22} = \lambda_{SL22}\eta_{SL2} + \varepsilon_{SL22}, \; Y_{TWR1} = \lambda_{TWR1}\eta_{TWR} + \varepsilon_{TWR1}, \\ Y_{TWR2} = \lambda_{TWR2}\eta_{TWR} + \varepsilon_{TWR2}, \; Y_{TWR3} = \lambda_{TWR3}\eta_{TWR} + \varepsilon_{TWR3}, \\ Y_{TWR11} = \lambda_{TWR11}\eta_{TWR1} + \varepsilon_{TWR11}, \; Y_{TWR12} = \lambda_{TWR12}\eta_{TWR1} + \varepsilon_{TWR12}, \end{cases}$$

$$
\begin{cases}
Y_{TWR13} = \lambda_{TWR13}\eta_{TWR1} + \varepsilon_{TWR13} , \quad Y_{TWR21} = \lambda_{TWR21}\eta_{TWR2} + \varepsilon_{TWR21} , \\
Y_{TWR22} = \lambda_{TWR22}\eta_{TWR2} + \varepsilon_{TWR22} , \quad Y_{TWR23} = \lambda_{TWR23}\eta_{TWR2} + \varepsilon_{TWR23} , \\
Y_{TWR31} = \lambda_{TWR31}\eta_{TWR3} + \varepsilon_{TWR31} , \quad Y_{TWR32} = \lambda_{TWR32}\eta_{TWR3} + \varepsilon_{TWR32} , \\
Y_{TWR33} = \lambda_{TWR33}\eta_{TWR3} + \varepsilon_{TWR33} , \quad Y_{UCPO1} = \lambda_{UCPO1}\eta_{UCPO} + \varepsilon_{UCPO1} , \\
Y_{UCPO2} = \lambda_{UCPO2}\eta_{UCPO} + \varepsilon_{UCPO2} , \quad Y_{UCPO3} = \lambda_{UCPO3}\eta_{UCPO} + \varepsilon_{UCPO3} , \\
Y_{UCPO11} = \lambda_{UCPO11}\eta_{UCPO1} + \varepsilon_{UCPO11} , \quad Y_{UCPO12} = \lambda_{UCPO12}\eta_{UCPO1} + \varepsilon_{UCPO12} , \\
Y_{UCPO13} = \lambda_{UCPO13}\eta_{UCPO1} + \varepsilon_{UCPO13} , \quad Y_{UCPO21} = \lambda_{UCPO21}\eta_{UCPO2} + \varepsilon_{UCPO21} , \\
Y_{UCPO22} = \lambda_{UCPO22}\eta_{UCPO2} + \varepsilon_{UCPO22} , \quad Y_{UCPO23} = \lambda_{UCPO23}\eta_{UCPO2} + \varepsilon_{UCPO23} , \\
Y_{UCPO31} = \lambda_{UCPO31}\eta_{UCPO3} + \varepsilon_{UCPO31} , \quad Y_{UCPO32} = \lambda_{UCPO32}\eta_{UCPO3} + \varepsilon_{UCPO32} , \\
Y_{UCPO33} = \lambda_{UCPO33}\eta_{UCPO3} + \varepsilon_{UCPO33} 。
\end{cases}
$$

在搭建出观测模型方程式的基础上，根据结构模型的一般形式构建方程式：

$$
\eta = \beta\eta + \Gamma\xi + \zeta
$$

其中，内在潜变量表示为 η，内生潜变量之间的关系系数用 β 表示，内生潜变量受外生潜变量的影响系数表示为 Γ，外生潜变量表示为 ξ，残差项表示为 ζ。

在对新时代下的沉浸式歌舞演艺微旅游与城市文化保护点式—原置型协同模式进行结构方程实证检验时，根据本书提出的研究假设与概念模型设定，分别使用 γ_1、γ_2、γ_3、γ_4 来表示沉浸式歌舞演艺微旅游到旅游可持续发展、空间布局、居民意愿、城市文化保护点式—原置型发展模式的作用路径。用 β_5 表示旅游可持续发展对城市文化保护点式—原置型发展模式的作用路径，分别用 β_6、β_7 分别表示居民意愿到空间布局与城市文化保护点式—原置型的作用路径，分别用 β_8、β_9 分别表示空间布局到旅游可持续发展与城市文化保护点式—原置型建设的作用路径。搭建出结构模型的方程式表达如下：

$$
\begin{cases}
\eta_{TWR} = \gamma_3\xi_{IMP} + \zeta_{TWR} , \\
\eta_{SL} = \gamma_2\xi_{IMP} + \beta_6\eta_{TWR} + \zeta_{SL} , \\
\eta_{SDT} = \gamma_1\xi_{IMP} + \beta_8\eta_{SL} + \zeta_{SDT} , \\
\eta_{UCPO} = \gamma_4\xi_{IMP} + \beta_5\eta_{SDT} + \beta_7\eta_{TWR} + \beta_9\eta_{SL} + \zeta_{UCPO}
\end{cases}
$$

在完成结构方程模型的测量模型和结构模型构建后，还需要对拟合指标、检验参数和决定系数等进行适当的检验。通过使用不同的评价方法对上述指标进行检验，可以判断构建的初始模型是否需要进行修正。在拟合指标检验的选取中，本书采用最常用的八种拟合指标检验方法：一是 CMIN\DF，即卡方与自由度的比值，用于检验因果路径的拟合程度，一般认为规范卡方值小于 3.0 时，适配效果较好；二是比较适配指标 CFI，测量非集中参数的改善情况，值越大适配效果越好；三是递增拟合指数 IFI，测度整体模型间的适配程度，值越大适配效果越好；四是非规范适配指标 TLI，主要用于修正模型的适配程度，通常认为大于 0.9 时适配效果较好；五是调整后的适配度指标 AGFI，主要修正适配度指标（GFI），通常认为值大于 0.80 时，适配效果较好；六是简约调整规范适配指标 PNFI，测量模型的简约程度，值越大模型结构越简洁；七是近似误差的均方根 RMSEA，取值小于 0.08 表示模型适配效果可以被接受；八是误差均方和平方根 RMR，RMR 的取值低于 0.05 是临界条件，表示模型适配效果较好。

在 AMOS 软件中导入上文搭建的初始结构方程模型，通过导入研究的量表数据，获得沉浸式歌舞演艺微旅游与城市文化保护点式—原置型协同模式的拟合指标值（见表 5-5）。

表 5-5　　　　　　　　　　　　　　初始结构方程模型适配度检验结果

拟合指标	CMIN\DF	CFI	IFI	TLI	AGFI	PNFI	RMSEA	RMR
观测值	1.456	0.948	0.948	0.943	0.815	0.785	0.042	0.024
拟合标准	<3.00	>0.90	>0.90	>0.90	>0.80	>0.50	<0.08	<0.05

　　本书通过问卷调查收集量表数据，在此基础上，构建"沉浸式歌舞演艺微旅游与城市文化保护点式—原置型协同模式"的初始结构方程模型。为评价此模型，运用表 5 - 5 显示的各项拟合指标对模型进行检验，包括 CMIN\DF、CFI、IFI 等指标。检验结果显示，所有拟合指标值均达到了拟合标准。这表明，该初始结构方程模型能够很好地与通过问卷调查所获得的量表数据进行拟合。由此可以说明，研究构建的初始结构方程模型对问题的描述和解释是可靠的。因此，本书在具备良好拟合度的基础上，进一步对初始结构方程中各路径系数进行测度（见表 5 - 6）。

表 5 - 6　　　　　　　　　　　　　　　　初始结构方程路径估计

路径	模型路径	路径系数	S. E.	C. R.	P
γ_1	IMP→SDT	0. 38	0. 056	6. 853	***
γ_2	IMP→SL	0. 24	0. 088	2. 708	0. 007
γ_3	IMP→TWR	0. 65	0. 067	9. 787	***
γ_4	IMP→UCPO	0. 26	0. 089	2. 958	0. 003
β_5	SDT→UCPO	0. 20	0. 127	1. 596	0. 110
β_6	TWR→SL	0. 65	0. 117	5. 527	***
β_7	TWR→UCPO	0. 24	0. 107	2. 265	0. 024
β_8	SL→SDT	0. 35	0. 059	5. 919	***
β_9	SL→UCPO	0. 25	0. 098	2. 529	0. 011

注：*** 表示 $P < 0.001$。

　　根据表 5 - 6 的结果可知，在沉浸式歌舞演艺微旅游与城市文化保护点式—原置型协同模式的初始结构方程模型中，SDT→UCPO 这条路径没有通过显著性检验。从结果上看，沉浸式歌舞演艺微旅游与城市文化保护点式—原置型协同模式的初始结构方程模型的构建思路基本正确，但需要调整部分关系进行再次测量。研究发现，结合相关的文献基础，沉浸式歌舞演艺微旅游作为外生潜变量，在探讨与城市文化保护点式—原置型发展协同作用中起着重要作用。据研究结果显示，其本身与居民意愿、空间布局和旅游可持续发展之间存在显著的正向关系。这种直接的正向关系可能对居民意愿、空间布局与旅游可持续发展对城市文化保护点式—原置型景区联同的协同结构产生影响。基于这一发现，本章在初始结构方程模型中决定删除旅游可持续发展对城市文化保护点式—原置型的直接作用关系路径（即 SDT→UCPO）。通过这一调整，重新构建模型（如图 5 - 6 所示）。

　　图 5 - 6 为调整后的沉浸式歌舞演艺微旅游与城市文化保护点式—原置型协同模式的结构方程模型，导入 AMOS 软件中进行再次拟合度检验，结果见表 5 - 7。

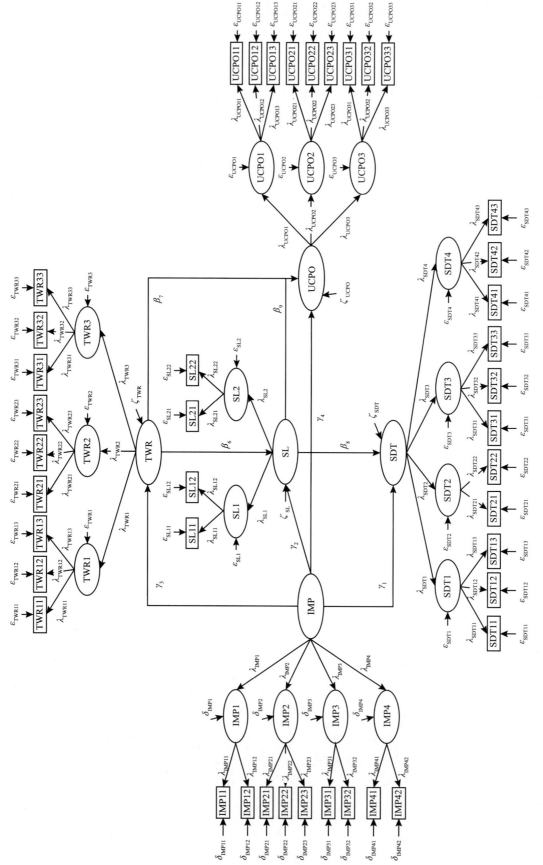

图5-6 调整后的沉浸式歌舞演艺微旅游与城市文化保护点式—原置型协同模式结构方程模型

表 5 - 7　　　　　　　　　　　　　调整后的结构方程模型适配度检验结果

拟合指标	CMIN\DF	CFI	IFI	TLI	AGFI	PNFI	RMSEA	RMR
观测值	1.457	0.947	0.948	0.943	0.816	0.785	0.042	0.024
拟合标准	<3.00	>0.90	>0.90	>0.90	>0.80	>0.50	<0.08	<0.05

　　根据表 5 - 7 的结果可知，调整后的结构方程模型在各项拟合指标检验值方面均达到拟合标准，这表明调整后的结构方程模型与原始数据量表之间仍然具有良好的匹配度。在此基础上，将调整后的结构方程模型再次输入 AMOS 进行路径估计，其结果如表 5 - 8 所示。

表 5 - 8　　　　　　　　　　　　　　调整后的结构方程路径估计

路径	模型路径	非标准化路径系数	标准化路径系数	S. E.	C. R.	P
γ_1	IMP→SDT	0.38	0.48	0.056	6.796	***
γ_2	IMP→SL	0.24	0.24	0.088	2.711	0.007
γ_3	IMP→TWR	0.65	0.74	0.067	9.793	***
γ_4	IMP→UCPO	0.33	0.33	0.075	4.337	***
β_6	TWR→SL	0.65	0.57	0.117	5.538	***
β_7	TWR→UCPO	0.26	0.23	0.107	2.448	0.014
β_8	SL→SDT	0.36	0.46	0.059	6.042	***
β_9	SL→UCPO	0.32	0.32	0.084	3.825	***

注：*** 表示 $P < 0.001$。

　　根据表 5 - 8 的结果可知，在调整后的结构方程模型中，各个路径均呈现显著性状态。尤其在表 5 - 8 中，大部分路径的显著性水平均达到了 0.001，较好地通过显著性检验。因此，可以判定调整后的结构方程模型是最令人满意的模型。在路径系数经过标准化处理后，其数值范围在 - 1 至 1 之间。综上所述，得出了最终的结构方程模型，具体模型结构如图 5 - 7 所示。

　　第三，结构方程的假设检验及效应分解。

　　通过运用以上结构方程实证结果，结合上文的研究假设与概念模型，对新时代沉浸式歌舞演艺微旅游与城市文化保护点式—原置型协同模式作用假设验证和路径系数进行归纳总结，详情如表 5 - 9 所示。

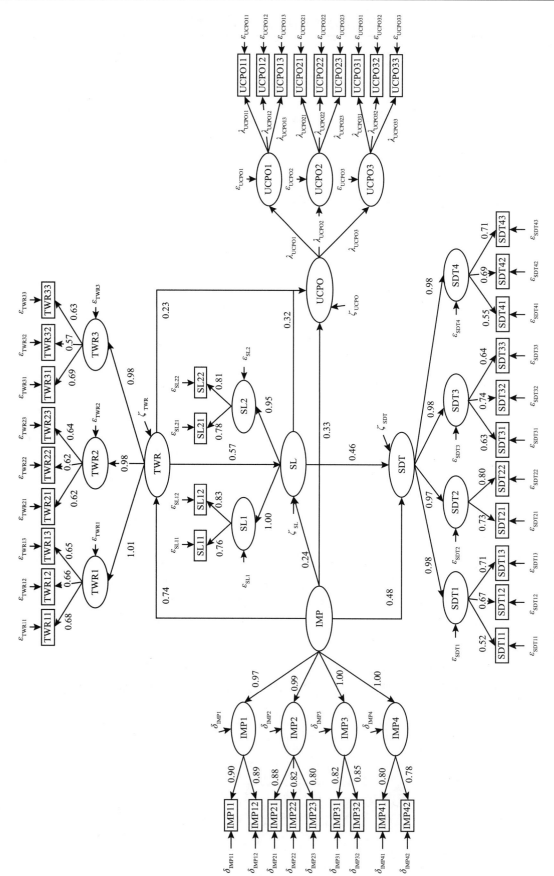

图5-7　最终的沉浸式歌舞演艺微旅游与城市文化保护点式—原置型协同模式的结构方程模型

表 5 - 9　　　　沉浸式歌舞演艺微旅游与城市文化保护点式—原置型协同模式
结构方程模型路径结果分析

路径	模型路径	路径系数	显著性水平	研究假设	检验结果
γ_1	IMP→SDT	0.48	***	HA1	支持
γ_2	IMP→SL	0.24	0.007	HA2	支持
γ_3	IMP→TWR	0.74	***	HA3	支持
γ_4	IMP→UCPO	0.33	***	HA4	支持
β_5	SDT→UCPO	—	—	HA5	不支持
β_6	TWR→SL	0.57	***	HA6	支持
β_7	TWR→UCPO	0.23	0.014	HA7	支持
β_8	SL→SDT	0.46	***	HA8	支持
β_9	SL→UCPO	0.32	***	HA9	支持

注：*** 表示 P < 0.001。

经过标准化处理，沉浸式歌舞演艺微旅游到旅游可持续发展的路径系数为 0.48，P < 0.001，通过了显著性检验。这表明原假设 HA1 得到了验证，即"沉浸式歌舞演艺微旅游对旅游可持续发展具有显著的直接正向作用"的原假设 HA1 成立。

沉浸式歌舞演艺微旅游到空间布局的路径系数为 0.24，P 值为 0.007，小于 0.05，通过了显著性检验。这表明原假设 HA2 得到验证，即"沉浸式歌舞演艺微旅游对空间布局具有显著的直接正向作用"的原假设 HA2 成立。

沉浸式歌舞演艺微旅游到居民意愿的路径系数为 0.74，P < 0.001，通过了显著性检验。这表明原假设 HA3 得到了验证，即"沉浸式歌舞演艺微旅游对居民意愿具有显著的直接正向作用"的原假设 HA3 成立。

沉浸式歌舞演艺微旅游到城市文化保护点式—原置型的路径系数为 0.33，P < 0.001，通过了显著性检验。这表明原假设 HA4 得到验证，即"沉浸式歌舞演艺微旅游对城市文化保护点式—原置型具有显著的直接正向作用"的原假设 HA4 成立。

旅游可持续发展到城市文化保护点式—原置型的作用路径在模型调整中被删除掉了，并未通过显著性检验，由此说明，"旅游可持续发展到城市文化保护点式—原置型建设具有显著的直接正向作用"的假设不成立，检验的结果拒绝了原假设 HA5。

居民意愿到空间布局的路径系数为 0.57，P < 0.001，通过了显著性检验。这表明原假设 HA6 得到验证，即"居民意愿到空间布局具有显著的直接正向作用"的原假设 HA6 成立。

居民意愿到城市文化保护点式—原置型的路径系数为 0.23，P 值为 0.014，小于 0.05，通过了显著性检验。这表明原假设 HA7 得到验证，即"居民意愿对城市文化保护点式—原置型具有显著的直接正向作用"的原假设 HA7 成立。

空间布局到旅游可持续发展的标准化路径系数为 0.46，P < 0.001，通过了显著性检验。这表明原假设 HA8 得到验证，即"空间布局对旅游可持续发展具有显著的直接正向作用"的原假设 HA8 成立。

空间布局到城市文化保护点式—原置型的标准化路径系数为 0.32，P < 0.001，通过了显著性检验。这表明原假设 HA9 得到验证，即"空间布局对城市文化保护点式—原置型具有显著的直接正向作用"的原假设 HA9 成立。

从新时代沉浸式歌舞演艺微旅游与城市文化保护点式—原置型协同模式的结构方程实证结果中可以看到，旅游可持续发展与城市文化保护点式—原置型之间的直接作用路径虽然在模型调整中被删除了，但是沉浸式歌舞演艺微旅游通过居民意愿、空间布局两个变量同样对城市文化保护点式—

原置型产生间接影响作用，并且沉浸式歌舞演艺微旅游对城市文化保护点式—原置型也有直接作用。

根据分析结果，可以得出以下结论：新时代下的沉浸式歌舞演艺微旅游对城市文化保护点式—原置型建设的结构方程模型较好地与量表数据进行了拟合，沉浸式歌舞演艺微旅游对城市文化保护点式—原置型不仅具有直接作用效应，其直接作用路径系数为 0.33，而且还存在显著的间接作用路径。具体而言，有三条间接作用路径，其间接作用效应分别为 0.077（0.24×0.32）、0.170（0.74×0.23）、0.135（0.74×0.57×0.32），总的间接作用效应为 0.382。通过比较可以看出，沉浸式歌舞演艺微旅游到城市文化保护点式—原置型的直接作用路径系数与间接作用路径系数是差不多的，居民意愿和空间布局两个中间变量有不可忽视的作用。

经过模型调整，发现旅游可持续发展到城市文化保护点式—原置型的作用路径被删除。在深入研究之后，本书认为这与沉浸式歌舞演艺微旅游的发展现状密切相关。沉浸式歌舞演艺微旅游是一种复合型沉浸式微旅游创新类型，集旅游、演艺、体验等多种功能于一体。旅游可持续发展受到多种因素的影响，在城市文化保护点式—原置型方面，旅游可持续发展的影响通过各个要素来体现，而旅游可持续发展本身并没有直接的影响作用。

同时，在模型调整的过程中，尽管删除了旅游可持续发展对城市文化保护点式—原置型的直接作用路径，但旅游可持续发展仍然是其中一个重要中间变量。沉浸式歌舞演艺微旅游与空间布局这两个变量分别对旅游可持续发展产生了 0.48 和 0.46 的路径系数，显示出它们在促进旅游可持续发展方面的重要作用，这些结果强调沉浸式歌舞演艺微旅游和空间布局对于推动旅游可持续发展的重要性。

在最终的沉浸式歌舞演艺微旅游与城市文化保护点式—原置型协同模式建设的结构方程模型中，沉浸式歌舞演艺微旅游与城市文化保护点式—原置型协同模式作用既关系到沉浸式歌舞演艺微旅游的文化基础、科技应用、环境氛围和社会环境，也与城市更新中的政府监管、开发商协调和民众参与有关。同时，旅游可持续发展、居民意愿和空间布局均是新时代下沉浸式歌舞演艺微旅游与城市文化保护点式—原置型协同的重要中间变量。在实际建设沉浸式歌舞演艺微旅游项目时，应该同时重视以下几点：一是将其对城市文化保护点式—原置型的直接作用置于重要位置。二是注重旅游可持续发展、居民意愿与空间布局在沉浸式歌舞演艺微旅游项目建设与城市更新建设中的重要作用。三是将重点放在激发居民参与意愿、完善空间布局设计与保障旅游业的长远可持续发展上。通过协调不同参与方，既考虑短期经济效益，也保障长远发展。只有兼顾各方面要素，微旅游项目才能真正与城市文化保护与更新融合发展，为各方带来最大利益。

5.1.5　研究发现

本章运用个案分析和结构方程分析的方法展开沉浸式歌舞演艺微旅游与城市文化保护点式—原置型协同模式的影响作用分析，根据当前旅游业的文化基础、科技应用、环境氛围和社会环境，并结合城市更新的政府监管、开发商协调、民众参与三个方面构建沉浸式歌舞演艺微旅游与城市文化保护点式—原置型协同模式的理论框架，通过访谈以及问卷调查分别对沉浸式歌舞演艺微旅游、旅游可持续、空间布局、居民意愿和城市文化保护点式—原置型协同模式进行分析。基于上述分析，主要得出以下结论：

第一，沉浸式歌舞演艺微旅游对居民意愿、空间布局、旅游可持续发展和城市文化保护点式—原置型产生正向影响。

沉浸式歌舞演艺微旅游到城市文化保护点式—原置型的标准化路径系数估计结果为 0.33，且在 1% 的显著性水平下显著，说明《最忆是杭州》这个在西湖上举行的大型水上情景表演的发展对于杭州与杭州西湖的正向影响，可提高人们对文化遗产保护的意识。《最忆是杭州》借助其精美的舞美、优美动听的音乐和良好的服务，整合杭州市的历史建筑、文化遗产、传统文化等元素，将它们融入演艺中，成功地将观众带入杭州的历史和文化背景中，增强了杭州文化旅游的吸引力和影响力，带动了杭州文化产业的发展。同时，《最忆是杭州》这一沉浸式歌舞演艺微旅游的热门程度也为杭州的城市形象带来积极的宣传效应，从而将吸引更多的游客到这座城市观光和旅游，加上《最忆是杭州》有着新颖、独特的表现形式，能够打破游客对传统旅游项目的固有印象，提高城市的知名度和美誉度。并且由于《最忆是杭州》是在原有《印象西湖》的基础上打造的，《最忆是杭州》的成功演出也为《印象西湖》带来一定的热度，利用好《最忆是杭州》这一资源，进一步提升了《印象西湖》的知名度和影响力。游客可以通过欣赏演艺，更好地体验《印象西湖》的美丽和神韵，增加对《印象西湖》的认知和兴趣。总的来说，沉浸式歌舞演艺微旅游对于城市文化保护点式—原置型具有很大的促进作用，可以提高杭州文化旅游的影响力、促进文化产业的发展、提高城市形象的知名度，同时带动景区周边旅游业的发展。

沉浸式歌舞演艺微旅游到旅游可持续发展的标准化路径系数为 0.48，且在 1% 的显著性水平下显著，说明沉浸式歌舞演艺微旅游对旅游可持续发展产生正向影响。首先，《最忆是杭州》作为一种沉浸式歌舞演艺微旅游，致力于展现本地文化，为游客提供了一种艺术化的沉浸式体验，从而减少传统旅游形式带来的环境破坏和资源消耗，为旅游业的长远发展打下了基础。同时，随着旅游升级和人类精神需求的提高，越来越多的游客追求文化与艺术的沉浸式体验，《最忆是杭州》的出现可以激活旅游市场，带动旅游业的发展。这种以艺术展演为核心的旅游吸引力促进旅游产业不断深化，推动旅游业的高质量和可持续发展。其次，《最忆是杭州》具有独特的艺术价值和地方文化内涵，通过艺术的方式展现出独特创意的杭州文化与地域特点，为游客注入新鲜活力。在这个过程中，也强调游客的社会责任感与环保承诺，为社会旅游环境的可持续发展护航。游客在欣赏演艺的同时，也会注意保持环境的整洁、不损坏历史建筑和文化遗产。这样的意识可以减少对环境的破坏和资源浪费，促进旅游业的可持续发展。再次，《最忆是杭州》以文化为核心，结合舞蹈、音乐、影像等多种表现形式，创意性地传递杭州的历史文化、地方文化和人文情怀。相比以前，新版节目更注重演员本体的表演。为了让观众在远距离也能有更好的体验感，在演员的表演过程中增加了更多动作与气韵。最后，《最忆是杭州》坚持美与环境的和谐关系，遵循自然的规律和环保的要求，让游客领略到杭州独特的自然风光。在这个过程中，《最忆是杭州》不仅激活旅游市场，还倡导游客的环保意识，以避免对自然环境造成破坏，这种可持续性表达出旅游业对于生态文明的高度关注和重视。整场演出在室外使用全息投影技术，实现科技手段和自然环境的完美融合，在搭建水上舞台时，严格要求不对西湖水质造成影响，也不能破坏湖底地质。因此，这个总面积近 3000 平方米的水下舞台，白天可降至水下 0.8 米，不会影响西湖的景观，而夜晚又能够上升到离水面仅 3 厘米的高度，供演员在水上表演舞蹈。此外，为制造水幕效果，演出所使用的水直接来自演员脚下的湖水，使整个设计更加环保和生态友好。综上所述，沉浸式歌舞演艺微旅游的出现为旅游的可持续发展提供新的思路，创新性地运用多种艺术形式，结合文化创意与自然美景，赋予旅游业更多的经济、文化和生态效益，同时还借助"可持续发展"理念，以保护生态环境和旅游资源为目的，实现旅游的可持续性和长期发展。

沉浸式歌舞演艺微旅游到空间布局的标准化路径系数为 0.24，且在 1% 的显著性水平下显著，但沉浸式歌舞演艺微旅游对居民意愿的影响比对空间布局产生的正向影响更大，说明沉浸式歌舞演艺微旅游的发展更加影响居民意愿的变化。沉浸式歌舞演艺微旅游的发展正向影响空间布局，空间布局对城市文化保护点式—原置型产生正向影响。杭州作为一个历史名城，拥有大量的历史文化遗产和自然资源，其中，西湖景区是一个重要的旅游景点，具有独特的自然美景和文化历史。利用这些资源，可以为《最忆是杭州》这一沉浸式歌舞演艺提供一个极佳的环境利用场景，进而深刻体现出西湖和杭州的历史、人文和文化特点，加强西湖景区的文化内涵和吸引力。在可利用的资源上，杭州也具有优越的空间资源，在空间布局上可以借助这些资源来打造更具有魅力和吸引力的场景。针对需求场景，沉浸式的设计手段可以将杭州的历史文化和人文风情融入演艺中去，为游客提供一种身临其境的感受。在演艺的布局和设计上，可以精心安排情境的变换，让游客随着舞台上场景的转换，逐渐感受到杭州历史、文化和精神的内涵。总之，借助沉浸式歌舞演艺微旅游，可以促进旅游消费场所、旅游资源形态、沉浸式的设计手段等各个方面的协同发展，为杭州市旅游产业的发展注入新的活力，同时推动杭州市的空间布局不断进步和发展。

沉浸式歌舞演艺微旅游到居民意愿的标准化路径系数为 0.74，且在 1% 的显著性水平下显著，说明沉浸式歌舞演艺微旅游对居民意愿产生较大的正向影响，同时居民意愿对沉浸式歌舞演艺微旅游也产生影响。《最忆是杭州》是为了服务 G20 诞生的一场歌舞晚会，体现了中国文化与杭州特色，体现出"西湖元素、杭州特色、江南韵味、中国气派和世界大同"的要求。居民们认为这场演出让他们更加了解杭州的历史和文化，也让他们更加爱护这座城市，这种形式的微旅游可以让居民在不离开城市的情况下，深入了解杭州的历史文化、传统艺术和民俗风情。同时，演出场地周边的商业设施也会得到提升，如餐饮、购物等，这些商家的经济效益将会得到提高，从而促进城市经济的发展。《最忆是杭州》能够为居民的生活带来新的文化体验，让居民们更加深入地了解家乡的文化底蕴和历史，对居民的视野、生活态度产生积极的影响。同时，这种文化演艺也可以为居民提供健康、积极的娱乐方式，陶冶情操，提升个人素养，有助于改善居民的生活品质。演出活动能够赋予居民一种自豪感和认同感，增强他们的身份认同，让他们更加积极地参与到城市的建设和发展中。而且，以城市的特色为主题的演出，可以培养居民对家乡文化的重视和保护意识，促进城市特征的保护和传承。综上所述，《最忆是杭州》不仅促进城市旅游业和文化产业的发展，也为居民提供新的生活方式和文化体验。通过这种文化演艺，居民可以更加深入地了解自己的城市和所处的社会环境，增强对家乡的认同感和归属感。

第二，空间布局对旅游可持续发展、城市文化保护点式—原置型产生正向影响。

空间布局到旅游可持续发展的标准化路径系数为 0.46，空间布局到城市文化保护点式—原置型的标准化路径系数为 0.32，且均在 1% 的显著性水平下显著，说明《最忆是杭州》通过优化空间布局提供多样化的旅游产品和服务，并通过优化旅游接待能力、提高游客满意度等方式促进旅游市场的发展，并吸引潜在的游客，加强了杭州在国内外的知名度，带动当地经济持续健康发展。《最忆是杭州》空间布局注重保护城市环境、文化遗产和历史遗址，同时加大对于生态环境的保护，采用环保措施提升景区的环境质量，以此来吸引游客，增加旅游产值。此外，应及时进行城市管理和维护，不断改进公共设施，增强城市整体形象和社会环境素质，为旅游城市的可持续发展创造良好的条件。《最忆是杭州》在建设时将传统的文化元素与现代艺术手段相结合，以文化创意聚合游客的精神和思想，促进和推动文化创意产业的发展，从而带动当地经济的发展，同时也为当地居民和游客提供更好的文化学习和体验的平台，进一步激发城市文化的活力和魅力。此外，《最忆是杭州》周边有着多样化的具有杭州自然特色的旅游产品，例如，千岛湖风景名胜区、京杭大运河等项目，吸引更多游客来到杭州游玩，通过促进旅游资源的开发和保护，严格按照环保标准规范开展旅游活动，减少了对生态环境的破坏，保障了景区生态环境的长期可持续发展；通过减少污染源和加强环境治理，提升了城市的环境质量。总之，通过《最忆是杭州》空间布局的设计，可推进杭州旅游业的多方位发展；同时，注重旅游业与环保、文化、经济等方面的融合，有效地提高生活质量、文化氛围，创新推进旅游市场主体的特征，全面推进杭州经济、生态和文化的可持续发展。并且，通过充分利用城市的文化资源和需求场景，打造出多样化、有特色的城市文化场所，为社会提供了更加美好、丰富、多元的城市文化体验，同时也为城市文化的保护与传承注入了新的生机和活力。

第三，居民意愿对空间布局、城市文化保护点式—原置型产生正向影响。

居民意愿到空间布局的标准化路径系数结果为 0.57，居民意愿到城市文化保护点式—原置型的标准化路径系数结果为 0.23，且均在 5% 的显著性水平下显著。杭州作为一座历史文化名城，拥有着丰富的文化遗产资源。居民可以倡导文物保护，同时也可以积极参与文化遗产的利用和推广工作，比如在各类文化活动中展示杭州的文化魅力。居民希望继续保护和传承这样的文化遗产，他们可能会呼吁加大文化遗产保护力度，加强宣传和推广，让更多的人了解和认识这些传统文化。《最忆是杭州》的建设促进景区周边基础设施的完善，营造安全、稳定的社区环境，保障居民的人身财产安全，同时可以加强环境整治、绿化和保洁力度，修缮老旧房屋，改善周边公共设施等，使居民居住环境更加舒适。《最忆是杭州》周边的居民具有创新思维和开放心态，他们时刻关注着新的城市发展模式和文化创意，推动城市创新和进步，为城市文化保护和原置型建设带来更多的活力和元素。居民在推动城市经济发展方面具有强烈的意愿，景区周边部分居民会积极投身商业和服务行业，推动城市经济的不断发展，为城市文化保护和原置型建设提供坚实的物质基础。总之，杭州《最忆是杭州》周边的居民意愿和参与度，对城市空间布局、文化保护、原置型建设等方面产生着重要的正向影响。他们对城市经济的发展、低碳环保、文化传承和生态保护等方面有积极的关注和投入，加强了对城市文化保护和原置型建设的认同和支持，同时也极大地推动了城市的发展和进步。这些积极因素的存在，为城市文化保护和原置型建设提供必要的社会基础和支持力量。

5.1.6　关于研究发现的进一步讨论

第一，沉浸式歌舞演艺微旅游会对居民意愿、空间布局、旅游可持续发展和城市文化保护点式—原置型产生正向影响，原因可能有以下几个方面：

首先，居民、游客作为旅游业态创新的核心利益主体，其中，满足居民的利益可以减轻当地居民的抵触心理，增强他们参与的积极性，从而促进遗产保护、文化传承和旅游开发。早期的游客更多地渴望通过旅游来"逃离和摆脱现状"，这属于较低层次的需求。对于这种群体的游客而言，他们对目的地的要求并不是很高，只要能简单呈现历史遗迹和自然风光即可满足他们的需求。游客更偏向参与充满创意和惊喜的旅游，不失真实和深入，使其能够更好地参与其中，增强他们对当地文化的认识和了解。另外，沉浸式歌舞演艺微旅游通常以小团体为单位，给人带来更加私密、个性化的旅游体验。游客还可以与其他志同道合的人共同参与，不仅可以增进彼此之间的感情，还能够互相交流、分享经验和感受。在沉浸式歌舞演艺微旅游中，游客参与表演可使其感官旅游体验增强。同时，学者认为沉浸式歌舞演艺微旅游很大程度上将地方文化以旅游产品的形式呈现给游客，因此具有更强烈的动机去挖掘和传承。游客通过感知、理解和欣赏演艺的过程寻求新奇和熟悉，从而获得真实性的体验，沉浸式歌舞演艺微旅游将表演通过实践化作真实的动力，与文化相辅相成，从而使游客相信演艺的真实性。沉浸式歌舞演艺微旅游是在拥有一定交通便利性的旅游目的地的演出场所内进行、以游客为主要观众、展现旅游目的地地域文化并提供配套服务的表演活动。

其次，在沉浸式歌舞演艺微旅游发展中，场地的空间布局得到优化，旅游目的地内部通过有效的空间规划和布局，能够提高空间的利用率，为更多的游客提供体验服务，增加旅游收益。成功的沉浸式歌舞演艺微旅游项目的演出场所的选址要恰当，交通便利。并且沉浸式歌舞演艺微旅游需要营造出具有吸引力和沉浸感的空间环境，以创造出一种与现实生活不同的虚拟现实体验。沉浸式歌舞演艺微旅游的体验需要打破传统演出空间的约束，有更加丰富、细致的布置，从地面到墙壁，从灯光到音响，均需要关注到细节。同时，需要通过科技手段实现空间布局的立体化、多元化，创造出不断变化的视觉效果和声音效果，增强观众的沉浸感。合适的空间布局可以增强游客在特定场所的情感沉浸，更好地配合多媒体技术，提升游客的情感投入。

再次，沉浸式歌舞演艺微旅游通过深入生动地展现当地的文化遗产，通过艺术表现和文化传承，让游客更好地认识和了解当地历史文化，增强对文化遗产的保护意识。近年来，沉浸式歌舞演艺微旅游作为旅游业转型升级发展的一种方式，备受中国旅游学界和业界的密切关注。同时，通过这种方式，也能够宣传和推广当地的传统文化，促进当地经济的发展。并且作为一种新兴的旅游业态，沉浸式歌舞演艺微旅游有助于提升演艺旅游管理的标准化和科学化水平。此外也可发现，可持续发展理念是其理论源泉之一。可持续发展理念是指在保证当前和未来的经济、社会和环境可持续的前提下，实现对资源的合理利用和发展。这种理念旨在通过创新来提升旅游业的发展水平，为旅游企业提供可持续的利润增长点，同时也为游客提供更加舒适、健康、环保的旅游体验。俞海滨（2011）从旅游新业态的视角，探讨我国转型时期的旅游业可持续发展。根据 1993 年世界旅游组织（World Tourism Organization，WTO）的定义，旅游可持续发展是一种经济发展模式，可以实现多重目标。这包括改善当地社区的生活质量，为游客提供优质的旅游体验，同时保护当地环境和社区的可持续性。旅游可持续发展旨在在经济、社会和环境层面上实现平衡，以确保长期的可持续性和互惠发展。此定义意味着在实现经济增长的同时，应考虑社会和环境影响，以实现可持续发展的目标。此外，通过创新设计和技术应用，还可以提高文化和艺术产品的附加值，创造更高的经济收益。其推崇创新、文化、可持续化和高品质的理念，通过科技和艺术手段将旅游和文化融合，具有积极的影响，可以为旅游业的可持续发展作出贡献。

最后，沉浸式歌舞演艺微旅游与当代城市文化名片建设相连，通过深入分析与探讨舞蹈语汇、山水实景、故事叙述，可以挖掘其对于当代城市文化原真性建设的积极作用。沉浸式歌舞演艺微旅游是借助符号化转换的手法，运用艺术表达形式，在歌舞表演中巧妙地展现当地城市的历史文化，并更加真实、生动地叙述城市的故事。在保护城市文化遗产的同时，不改变城市遗址建设，通过沉浸式体验，让游客充分感受文化魅力，从而提高其对城市文化的认知和理解。这种结合旅游和文化原真性保护的新型旅游形式已成为旅游业的热门发展方向，吸引了越来越多的游客和关注者。本书从沉浸式歌舞演艺微旅游对居民、空间以及旅游可持续的影响入手，探讨居民、空间布局以及旅游可持续发展在城市文化保护点式—原置型方面的作用。

第二，居民意愿、空间布局对城市文化保护点式—原置型产生正向影响，原因可能有以下几个方面：

首先，居民、游客也是城市文化保护点式—原置型的建设主体。原置型建筑具有历史文化价值，是城市的重要文化遗产，居民对其进行保护可以保留这些文化遗产，让后代了解和感受历史文化的魅力，同时也可以为当地增添文化特色和吸引力。原置型建筑通常建于老城区或市中心，如果不加以保护，往往会被拆除，而新的建筑会占用更多的土地，破坏城市的生态环境。保护这些文化遗产可以提高社区居民的生活幸福感和社区的整体环境质量，居民对其保护的支持可以增强居民的归属感和社会认同感。同时，这种文化认同也有助于减少社会问题，增强社会安定和稳定。而文化遗产具有多重价值性，保护和利用文化遗址对于激发城市文化活力，完善城市时代景观肌理和城市文化系统有促进作用。当前城市居民对城市文化的高需求，加上信息科技时代的到来，提供了利用现代技术改造城市空间及景观、还原城市文化的机会，同时也保护了城市遗址的物质和精神文化。城市点式—原置型建筑是城市历史文化的具体体现，对城市的历史和文化有无可替代的重要意义，包括历史建筑、古迹、文化景观和文物等。它们也代表当时的建筑风格、建筑技艺、城市规划和社会生活等方面的重要信息，是人们了解城市历史和文化的珍贵资料。通过对原置型建筑的历史文化进行保护，可以保留这些历史文化遗产，让后代了解和感受历史文化的魅力，避免文化资源的浪费和丢失。此外，对文化遗址进行原置型保护，可以为当地增添文化特色和吸引力。其展现的独特建筑风格和文化内涵，吸引了更多游客前来游览和了解，同时也带动了当地旅游服务业的发展，促进经济繁荣和城市发展。通过保护这些文化遗产，可以激发居民对本地历史文化的好奇心和探究欲望，加深对本地区历史文化的认识和了解，同时产生一种文化自信，增加人们对城市的归属感。

其次，点式—原置型建筑作为城市历史文化的体现，其历史背景和代表性建筑风格相对固定，因此需要合理的空间布局来承载和表现它的历史文化价值。空间布局可以通过合理的分区、精细的设计和规划，打造出符合现代城市功能需求的空间，同时又能保留点式—原置型建筑的历史风貌和文化氛围。合理的空间布局不仅能够将点式—原置型建筑的历史价值和文化魅力展现得更加充分，还可以挖掘出城市文化遗址的更多内涵。例如，在空间布局中巧妙地设置历史文化信息展示区、文化解读区、文化创意区等，可以将城市文化遗址的历史价值和文化魅力更加生动地呈现出来，增强游客和居民的文化认知和归属感。空间布局的创新性设计可以更好地挖掘原置型建筑的经济利用和社会价值。例如，在点式—原置型建筑内设置传统文化艺术表演、传统手工艺品展销区等配套设施，不仅有利于提升城市文化底蕴，还可以为当地的旅游产业和文化创意产业提供更多的发展空间。

最后，居民可以通过参与旅游活动，体验城市的文化底蕴和历史人文，提高对城市文化的认知和感受。有效的空间布局能够营造出更符合旅游需求和居民期望的场景，提高旅游体验和生活品质。同时，适宜的空间布局也能够将点式—原置型建筑的功能性和美学性充分发挥出来，增加点式—原置型建筑的经济利用价值和社会价值，促进当地旅游产业和文化创意产业的发展，提升城市的经济效益和社会价值。城市文化保护点式—原置型是凸显地域文化特色的基础，城市遗址在与自然、历史的长期互动中传承发展，形成了各具特色的表现形式，原真性保护就是要保留和维系这些真正独特的存在，在文化发展中保持文化特质。

5.2　点式—重置型协同模式的实证研究：以西安《西安千古情》为例

5.2.1　研究假设

第一，沉浸式歌舞演艺微旅游的作用。

黄炜（2018）指出，新时代下旅游演艺产业已然成为全国各大旅游城市和景区借以发展的载体，使文化旅游内涵得到丰富展现，为城市旅游品位的提高、游客多元化需求的满足、游客停留时间的增加提供发展道路指引，使城市经济结构得到调整，传统的单一产业结构向多元化、智能化、高品质产业转型，景区可以通过推出相关的周边产品、文化衍生品等方式扩大经济效益。沉浸式歌舞演艺微旅游成为集自然风光、城市文化特色、旅游体验、高新科技于一体的沉浸式微旅游业态创新新业态，促进了城市及景区发展和改造，提升了传统大众的景区发展水平。为了满足沉浸式歌舞演艺微旅游的需求，景区通常需要进行升级和更新，改善场地、设施和服务等方面，这些都能够促进景区的升级和更新，提高景区的竞争力和吸引力。张艺璇（2022）认为，立足于旅游演艺产品的旅游景区不同于以往的独立剧场或户外演出，它们通过展示地方文化特色、区域风土人情，在促进歌舞演艺旅游发展的同时有利于景区内变化，AR、VR、全息投影、交互体验技术等数字技术在景区内的应用普及，可以提高景区发展水平，提升旅游演艺的数字化水平。基于此，沉浸式歌舞演艺微旅游的创新和发展有利于景区发展水平的提升，促进城市的经济与产业结构变化，并使景区发展水平得到进一步提升，由此提出如下假设：

HB1：沉浸式歌舞演艺微旅游对景区发展水平具有显著的正向作用。

沉浸式歌舞演艺微旅游以当地民俗文化与艺术表演为基础，通过利用、转化当地民俗文化资源，为当地区域旅游产业经济提供促进作用，但传统民俗文化已然成为快餐式的旅游消费品，原有的文化内涵及传承遭到破坏，居民认为旅游演艺保存和促进了当地文化，由此产生自豪、满意和感激等情绪，增加了居民发展沉浸式歌舞演艺微旅游的意愿。沉浸式歌舞演艺微旅游的发展有利于居民意愿的产生，原因在于沉浸式歌舞演艺微旅游的创新性及其文化多样性的展现，使得当地文化被更多人了解，不仅能够释放文化资源的市场潜能，增加景点的收入，提高经济效益，而且还能够带动居民就业，改善其生活环境及水平，在促进当地经济发展的同时，增加居民收入。沉浸式歌舞演艺微旅游与传统剧场演出有显著的区别，更强调休闲、娱乐和深度体验，全方位调动游客与居民的感官，为其带来独特的个性化体验，激发人们的好奇心和探索欲望，促进他们积极参与旅游活动。因此，沉浸式歌舞演艺微旅游发展的同时能够促进居民意愿的产生，由此提出如下假设：

HB2：沉浸式歌舞演艺微旅游对居民意愿具有显著的正向作用。

　　沉浸式歌舞演艺微旅游是基于传统剧场演出，更加强调休闲娱乐性、深度体验性，以古老传统文化为主线，多角度、多方位调动游客的实际感观体验，以游客为主要欣赏者的表演或演出活动，在区位选择、基础设施、产业模式等方面均有创新与突破，是旅游业态创新的重要表现形式之一。周运瑜（2013）提出，沉浸式歌舞演艺微旅游这类通过叙事方式呈现出的沉浸式体验会对实际参与者的满意度产生影响，通过沉浸状态的打造，游客对安全且具有参与感、挑战性的活动更容易表现出兴趣与满足感，是提高游客满意度的手段之一。沉浸式歌舞演艺微旅游的产生为游客带来更优质旅游体验的同时，可以影响消费习惯，从而带来旅游行业大变革，使旅游业更为大力推广智慧旅游建设，从而积极开展城市中智慧旅游设施的建设工作。同时，城市可以通过引进沉浸式歌舞演艺微旅游项目，提高城市的文化品位和吸引力，促进城市的经济发展和城市形象的提升。沉浸式歌舞演艺微旅游通常需要进行大规模的场馆建设和运营管理，需要运用现代化的管理手段和信息技术，以此提高景区管理的效率和水平，为智慧城市建设提供经验和范例。而沉浸式歌舞演艺微旅游的发展需要与城市的交通、住宿、餐饮等配套服务相结合，需要实现不同服务的协同和信息共享，这也是智慧城市建设的核心目标之一。此外，沉浸式歌舞演艺微旅游的建设需要应用虚拟现实、大数据等智能技术，可以提高城市的智能化水平，推动城市信息化建设。因此，沉浸式歌舞演艺微旅游有利于智慧城市建设的合理布局，由此提出如下假设：

　　HB3：沉浸式歌舞演艺微旅游对智慧城市建设具有显著的正向作用。

　　沉浸式歌舞演艺微旅游通过各类文艺演出与观众的互动，加上基础设施的辅助，使得游客深度体验以此达到沉浸感，从而形成多方位的感知体验。新时代下的沉浸式歌舞演艺微旅游逐渐从大规模大投入发展为投资可控、趋于理性、从单纯的门票经济发展为多业态融合、多元创收，从单一形式观演发展为多元互动、动线灵活组合，打破舞台和观众的界限，极大地刺激观众感官，带来全方位的身临其境的观剧体验。为了促进沉浸式歌舞演艺微旅游的发展，需要灵活打造演艺空间，在满足游客需求的同时，实现沉浸式演艺产品的经济效益最大化，这是文旅景区中的多元盈利点。同时，借助沉浸式场景的打造，还可以传达保护生态环境、尊重历史遗产的理念，与生态保护、人文环境相辅相成，使沉浸式技术与当地自然景观融合共生；另外，文化和旅游融合发展在积极推动中，不仅扮演重要角色，而且对相关城市产业行业起到持续的带动作用。在沉浸式歌舞演艺微旅游发展中，与城市文化保护点式—重置型的目标相契合，即通过重新规划、改造、再利用等手段，保护和传承城市历史文化，同时赋予其新的功能和价值。城市文化是城市的灵魂，是城市形象的重要组成部分。通过沉浸式歌舞演艺微旅游，可以将城市文化以点式的方法继续保护。通过演艺中的音乐、舞蹈、服饰等元素，游客可以更加深入地了解城市的历史文化和传统文化，从而增强对城市文化的认知和尊重。城市文化是一种不断发展的文化形态，随着时代的变迁和社会的发展，城市文化也在不断演变和更新。沉浸式歌舞演艺微旅游为游客提供了更好的机会，让他们深刻感受到城市文化的发展历程和独特特色。通过这种体验，游客可以重新认识城市文化，重塑城市形象，并为城市文化的创新和发展注入新活力。沉浸式歌舞演艺微旅游不仅让游客参与其中，而且通过互动和体验式的方式，使他们能够全身心地融入城市文化的氛围中。其有助于提升城市文化的吸引力，为城市树立崭新的文化形象，进一步推动城市文化的创新和发展。城市文化的发展和传承需要与时俱进，不断适应和回应现代社会的需求和变革。沉浸式歌舞演艺微旅游可以将城市文化遗产与现代科技、文化等相结合，使其具有更强的吸引力和影响力，同时也增强了城市文化的生命力和时代感。它将新时代的城市文化名片建设相关联起来，促使城市特色鲜明个性化、立体形象化，提升了社会关注度和经济效益，是城市更新建设过程中不可忽视的推动手段，可以彰显城市文化特色和促进经济发展，为城市建设提供打造方向。由此提出如下假设：

　　HB4：沉浸式歌舞演艺微旅游对城市文化保护点式—重置型具有显著的正向作用。

　　第二，景区发展水平的作用。

　　智慧景区是通过多种数字技术，如物联网、互联网、传感网和空间信息等技术，对景区的内部结构、空间布局、基础设施、游玩项目等进行实时、可持续的信息化景区管理与服务。智慧景区发展水平的提升可极大简化景区业务流程，提高游客满意度，同时提高了景区核心竞争力；还可以更好地促进文化遗产保护和宣传，提高景区智慧化管理水平，加速推进智慧基础设施打造。其中，由于城市更新的物理—社会空间范型中的城市文化保护点式—重置型的建设特点，其社会结构发生巨大变化，形成新的社会阶层。要提升智慧景区发展水平，应基于城市文化资源、业态以及产品等内容，使景区产业结构多元化，从而提升景区发展高质量水平。城市历史文化遗产具有公共品属性，在城市更新中应该得到保护和传承，使城市更新与城市历史文化遗产保护之间形成良性互动，共同致力于建设美好城市和增加城市的魅力，而一个魅力十足的城市必然具有特色，这些特色包括历史悠久和文化丰厚的城市元素。保护城市的历史文化遗产是为了延续城市的文脉，架起历史与现实之间的桥梁。这样做不仅可以增强市民对城市的认同感，还能提升城市的魅力，吸引更多的外来投资，推动经济的发展，同时，保护历史文化遗产也为城市建设提供了更多资源和支持。其中，景区作为城市文化的载体和表现形式，其发展往往需要建立在对城市文化的深入了解和挖掘基础之上，需要开展城市文化的点式保护，通过保护历史遗迹、文化场所等方式，挖掘和传承城市文化。景区发展的过程中，需要在场景的设计、活动的策划等方面融入城市文化元素，进而加强对城市文化的保护和传承。在现代城市的发展过程中，许多传统文化和历史建筑等都遭到了破坏或消失。通过景区的发展，可以对这些文化和历史进行重置型保护，即通过重建、修缮等方式，重新呈现历史和文化的价值。景区作为一个具有展示和宣传作用的场所，可以通过精心设计、建设和经营管理，使游客得以了解和体验到城市文化的重要性，进而促进对城市文化的保护和传承。从这个角度来看，景区发展水平的提升对促进城市文化保护点式—重置型建设也具有一定的影响作用。由此提出如下假设：

HB5：景区发展水平对城市文化保护点式—重置型具有显著的正向作用。

第三，智慧城市建设的作用。

目前区域经济的差距体现了我国发展不平衡的问题，而基础设施建设极大影响区域经济差距，当地劳动力流动方向也随之改变。智慧城市建设是利用智慧城市的理念和技术建设的，通过提升城市基础设施的服务能力，使城市基础设施智慧化和智能化水平有所提升。这些智能化的服务可以更好地满足居民的需求，提高其生活质量和居住体验。在智慧城市的公共配套设施方面，完善配套设施不仅能够提高就业水平，还会影响到城市居民的生活水平，有效改善居民生活环境，为居民的生活提供更加便利和高效的服务，满足人们的日常生活需求。在智慧服务体系方面，通过深度融合信息技术与社区合作，提供智能化的惠民服务，可以提升居民生活的满意度与幸福感，并鼓励居民积极参与城市建设。在设施布局选址方面，在考虑社区所处地理位置、规模大小、历史文化以及发展定位等因素的基础上，根据居民生活需要、城市管理工作需要，可以借助新时代数字技术提升城市管理与服务效能。在技术应用方面，通过紧密联系和深度融合城市居民生活需要的民生、医疗、交通、环境等服务与新技术，可以激发居民的创新意识和改变其生活观念，从而促进城市的可持续发展。

综上所述，智慧城市建设可以提高城市的信息化水平和基础设施水平，改善城市环境和公共服务，从而提高居民的生活质量和居住体验，提升居民对智慧城市建设的接受率和支持率。智慧城市建设对游客满意度提升、服务设施完善、布局选址优化具有鲜明的推动作用，与当地居民的意愿相一致，使居民的开发意识、满意度、生活环境等得到可持续发展，激发居民建设意愿。这个角度来看，智慧城市建设对居民意愿具有重要的影响作用，由此提出如下假设：

HB6：智慧城市建设对居民意愿具有显著的正向作用。

当今世界城市发展的趋势为建设智慧化城市，智慧城市的理念将推动城市转型升级，这会成为我国城市发展的必然选择，在全球化和现代多元、多样化的文化的冲击下，地方城市文化特色发展与保护出现一定困难。历史建筑初始设计与后续使用功能之间出现矛盾，过度的商业化更使文化内涵流失。此外，历史建筑的功能老化、社会认同价值的下降以及基础设施跟不上现代化生活的节奏，均影响城市历史保护的进一步实施。智慧城市作为新型发展模式，不仅促进城市高度信息科技化，更是要借助现代化科技来发展城市特色化建设。在文化保护方面，智慧城市的建设为城市的文化遗产保护提供了新的手段，将文化浓缩在数字技术中。典型方式是沉浸式歌舞演艺微旅游，即将历史传统文化通过传媒手段进行传播与交流，通过信息化手段建立起历史文化传承与城市美学弘扬的良性循环。引入文化创新元素，为城市文化注入新的活力，同时也能够带动城市文化保护点式——重置型建设的发展。在城市物理空间方面，智慧城市作为城市进行统筹规划的动力来源，促进城市的科学化管理与集约化，有助于提高城市管理效率，打造合理空间布局，改善居民生活条件的同时促进经济效益提升，吸引更多居民参与城市保护建设中。另外，智慧城市建设有助于城市产业转型升级，通过高质量空间的打造方式和建设方式，改变传统的文化保护方式与景区发展模式，通过积极发展城市多元化、深度体验游玩等多种产业创新模式，创新沉浸式歌舞演艺微旅游的演出方式，通过运用新时代高端科技，彰显城市文化特色，促进城市物理空间和文化保护的发展。智慧城市建设可以将数字化技术和传统文化相结合，创造出符合城市文化特色的建筑和景观，营造出更加具有浓郁文化气息的城市环境。智慧城市建设为城市规划和管理提供了更好的手段和平台，为城市居民提供更加便捷、高效和智能化的公共服务，从而为城市文化保护创造更有利的条件。智慧城市建设可以实现对城市内的文化资源进行数字化管理，包括文物、建筑、历史遗迹等。通过数字化管理，可以更加方便地对这些文化资源进行保护和传承，同时也方便公众的使用和参观。可以了解到，智慧城市建设的合理布局有利于城市文化保护点式——重置型建设，智慧城市建设可以成为城市文化保护点式——重置型建设的推动力，可以通过数字化文化资源管理、文化旅游推广、文化创意产业发展以及环境保护与城市形象塑造等方面来促进城市文化保护点式——重置型建设的实现。由此提出如下假设：

HB7：智慧城市建设对城市文化保护点式——重置型具有显著的正向作用。

第四，居民意愿的作用。

居民意愿包括开发意识、生活观念与主体特征。居民是景区重要的消费者和游客来源，其对景区的态度和意愿能够反映景区的吸引力和可持续发展性，以及景区的客流量和收入增长，进而推动景区的发展。当居民成为旅游创新项目的参与者时，能够充分表达自我的意愿与需求，实时地落实改造方案，进而改变传统的单方面发展方式与项目，多方合作共同实现动态规划。同时也能明确居民对于实际旅游项目改造内容的意愿程度，实现居民对于景区改造的参与，从而提升景区的发展水平。随着居民生活水平的提高与媒介信息的高速传播，居民大致能够了解沉浸式微旅游的游客需求，借助虚拟现实技术打造旅游体验项目。当地居民参与旅游项目改造更是有助于景区、城市文化的建设，维护突出景区以及旧城区的旅游形象。居民积极参与旅游景区发展，可以拓宽自身就业渠道和自身经济来源，促进文化景区、老旧城区旅游的良性发展。同时也能促进居民生活水平与质量的提高，进而带动居民主动参与沉浸式微旅游的积极性，促进景区、老旧城区参与沉浸式微旅游的良性发展。在旅游开发过程中应该充分调动景区与老旧城区居民的积极性，保障居民利益，从而更好地促进旅游可持续发展。此外，居民对景区的态度和意愿也能够影响游客的选择和决策，对景区的形象和口碑产生影响。因此，对于景区经营者和管理者来说，需要重视居民对景区的态度和意愿，及时采取措施解决居民关切和需求，提高居民的满意度和参与度，进而促进景区的可持续发展和提升整体竞争力。基于此，可见居民意愿对景区发展水平有重要的影响作用，由此提出如下假设：

HB8：居民意愿对景区发展水平具有显著的正向作用。

居民作为老旧小区改造的核心利益相关者，其开发意识、生活观念和主体特征都会对区域改造、基础建设、旅游开发、城市更新等产生极大的影响作用。陆林（2015）认为，居民对周边环境的态度，影响其对旅游产品与开发的支持程度。中国旅游景区的健康可持续发展需要提升社会经济效益，促进景区与周边居民间的和谐。所以，需要充分重视与周边居民间的关系处理。一是景区在开发经营过程中，对当地居民采用旅游景区聘用、旅游服务等方式，提高当地居民生活生产经济效益；二是加强对景区周边居民的教育引导，提高当地居民科学文化素质，强化当地居民的旅游服务意识、安全意识、卫生意识，共同推进景区及社区建设；三是带动旅游景区地产整体升值，以保护生态与传统文化为前提，使周边居民从中获利，增加居民的支持率与认可度。基于此可知，居民意愿对景区经济效益、产业发展均有显著的影响，而经济发展和文化产业发展作为城市文化保护点式一重置型的两个关键要素，只有城市的经济得到了发展，才能有足够的资金和资源来投入城市文化保护和重置型转型中。而文化产业是指包括文化创意产业、文化旅游产业、文化教育产业等在内的一系列产业，在城市文化保护和发展中起到重要的角色，也是城市经济的支柱之一。通过激发居民发展文化产业的意愿与积极性，可以促进城市文化的创新和转型，提高城市文化的价值和影响力，增加城市的经济收益和竞争力。基于此，可见居民意愿对城市文化保护点式一重置型均有重要的影响作用，由此提出如下假设：

HB9：居民意愿对城市文化保护点式一重置型具有显著的正向作用。

第五，关于沉浸式歌舞演艺微旅游与城市文化保护点式一重置型协同模式的概念模型构建。

根据沉浸式歌舞演艺微旅游与城市文化保护点式一重置型协同模式的分析框架、研究假设的相关内容，再结合沉浸式歌舞演艺微旅游与城市文化保护点式一重置型协同模式的现状，本章搭建出沉浸式歌舞演艺微旅游与城市文化保护点式一重置型建设协同模式的概念框架，见图 5-8。

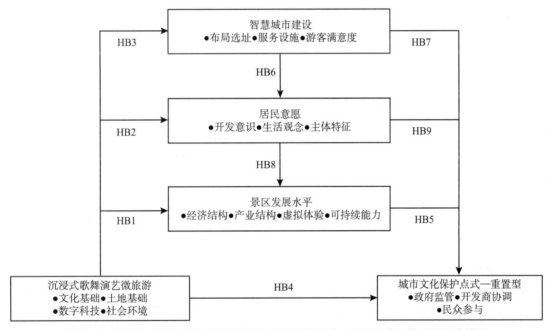

图 5-8 沉浸式歌舞演艺微旅游与城市文化保护点式一重置型协同模式的概念模型

由图 5-8 可以看出，沉浸式歌舞演艺微旅游与城市文化保护点式一重置型协同模式主要以沉浸式歌舞演艺微旅游、智慧城市建设、居民意愿、景区发展水平和城市文化保护点式一重置型 5 个变量为基础，搭建出沉浸式歌舞演艺微旅游与城市文化保护点式一重置型之间的作用关系路径。其中，沉浸式歌舞演艺微旅游与城市文化保护点式一重置型不仅具有直接的作用路径，也具有间接的作用路径，其间接作用路径有 6 条。分别是：①沉浸式歌舞演艺微旅游—景区发展水平—城市文化保护点式一重置型；②沉浸式歌舞演艺微旅游—居民意愿—城市文化保护点式一重置型；③沉浸式歌舞演艺微旅游—智慧城市建设—城市文化保护点式一重置型；④沉浸式歌舞演艺微旅游—智慧城市建设—居民意愿—城市文化保护点式一重置型；⑤沉浸式歌舞演艺微旅游—居民意愿—景区发展水平—城市文化保护点式一重置型；⑥沉浸式歌舞演艺微旅游—智慧城市建设—居民意愿—景区发展水平—城市文化保护点式一重置型。通过以上路径搭建出沉浸式歌舞演艺微旅游与城市文化保护点式一重置型建设模式协同模式的概念模型，为下一步进行结构方程实证分析奠定了理论基础。

5.2.2　预调研

第一，预调研过程。

2022 年 6～7 月，前往陕西西安进行预调研。这个时期主要是针对陕西西安《西安千古情》的历史文化、服务设施、景区发展模式进行大体上的认识。通过预调研，对于其历史发展、旅游发展有了一个整体的认识，从而能够对沉浸式歌舞演艺微旅游过程中的城市文化保护点式—重置型的问题展开更为具体明晰的分析与阐述。作者从当地居民和游客等角度了解到沉浸式歌舞演艺微旅游与城市文化保护点式—重置型协同模式的相关者对文化基础、数字科技、社会环境等核心问题的感知。预调研阶段对当地居民进行访谈，获得了对西安的沉浸式歌舞演艺微旅游发展、城市文化保护点式—重置型建设等内容的一手资料。

第二，预调研目的地基本情况。

《西安千古情》是一场宏大的歌舞演出，以一位华裔少女回国寻根的故事为主线，展示了周、秦、汉、唐历史时期的壮丽篇章。此演出借助上万套舞台机械和设备的辅助，成功打破了舞台与观众区域的界限，让观众沉浸式地感受到西安的过去和正在发生的奇迹。《西安千古情》景区是由西安世园集团和宋城演艺联合打造的一个神奇景区，游客可以在这里穿越古今，颠覆想象，欣赏到纪年大道、天空之城、望湖阁、长安门、宋城塔、宋城门、鬼屋、烈焰火山等众多具有特色的景点。漫步于过眼街、烟云街，走在林荫道上，园内的银沙滩、锦绣湖、长安塔交相辉映，美丽绝伦，令人流连忘返。它是一个兼具演艺、旅游、度假的网红打卡地，老少皆宜，让人流连忘返。

然而，《西安千古情》才是其中的一大亮点。这场演出通过独特的艺术表现手法，全方位地呈现了周、秦、汉、唐时期的历史景象。演出中 3000 吨大洪水倾泻而下，数百立方黄沙扑面而来，虚实结合的表现手法打破了舞台与观众区域的界限，使观众沉浸在穿越古今的奇妙世界中。演出以周、秦、汉、唐为背景，描绘了半坡之光、灞柳依依、"丝绸之路"等历史片段，配合歌舞表演，展现了大唐盛世的文化繁荣和浪漫诗情。此外，《西安千古情》还融入了"一带一路"的时代元素，充分展示西安的历史、文化和未来发展方向。总之，作为一场视听盛宴，《西安千古情》成功地展现了西安历史的宏大风貌，也为这座城市的旅游产业带来巨大的经济效益。同时，《西安千古情》还成为华夏文化的重要代表，吸引着国内外游客的青睐和赞誉。

第三，案例地选取。

《西安千古情》的沉浸式歌舞演艺形式是其成功的重要原因。这场演出利用了先进的技术手段，通过设备、灯光和影像技术打造高度沉浸的场景，将观众带到了历史的场景中，创造出一种完全不同于传统歌舞演出的观赏体验。这种沉浸式的体验能够让游客真正"身临其境"，在视觉、听觉上更加深刻地感受到历史和文化的魅力。

《西安千古情》通过以西安为背景、以周、秦、汉、唐历史时期的历史为故事情节来制作演出，充分挖掘这座古城的文化和历史内涵。以历史文化为主题，不仅符合西安的定位，也非常符合当前游客对于文化的追求和期望。这样的选择不仅可以让游客领略到西安古城宝贵的文化历史资源，同时也能够吸引一批高端旅游消费者。

《西安千古情》的制作单位和西安市相关部门合作互动，实现了全方位的协作。制作团队在演出的设计、制作和营销上发挥着核心作用，而西安市政府在活动策划、宣传推广和城市美化等方面的支持，推动了演出的成功举办和旅游资源的整合和推广。

5.2.3　实地访谈

第一，关于案例地发展状况。

本章主要从陕西西安《西安千古情》的建设及其发展历史等基本状况出发分析"沉浸式歌舞

演艺微旅游与城市文化保护点式—重置型协同模式"的发展状况。本次案例研究选用的是陕西西安的大型歌舞《西安千古情》，2020 年 6 月《西安千古情》在西安世博园进行首演，是由西安世博园和宋城演艺联合打造的，而宋城演艺在 20 多年的发展历程中，成功打造了"宋城"和"千古情"两个品牌。《西安千古情》于 2020 年 6 月正式接待游客，同时开启"西安千古情文化惠民"活动，实际投资额约为 2.3 亿元，建有 3000 多个座位，精彩的演出吸引全国各地的游客前来观看体验，并获得了一致好评。

西安是一座文化名城，是历史上十三朝古都，由此为西安留下了诸多的遗迹文化，借助其文化底蕴可以还原不同的朝代兴盛，而位于西安世博园内的西安"千古情"景区，有着成群的仿古建筑，古塔、古门、长安广场，在景区游玩时，使游客穿越到"大唐盛世"中。《西安千古情》以"历史"为本，以"情缘"为魂，不仅是简单地表达历史，而且是在用独特的艺术表现手法，在展示周、秦、汉、唐等朝代的同时，加入大量的民族元素，以沉浸式体验，让游客一同回忆西安这座古城的千年历史。以西安市《西安千古情》为例的"沉浸式歌舞演艺微旅游与城市文化保护点式—重置型协同模式"的具体发展，主要分为以下三个阶段：

第一阶段：西安文化产业与旅游相融合。

西安是中国的千年古都，历史上有周、秦、汉、唐等朝代长期在此建都，拥有丰富的历史遗产。尽管历经沧桑，许多古代文化遗存已经消失，但西安作为一个拥有悠久历史的历史文化名城，仍然保留了许多宝贵的历史记载和遗址。西安的文化资源与旅游资源在全国乃至全世界都处于领先地位，被誉为"天然历史博物馆"。如何活化这些遗产资源已然成为当下发展的难题选择。尤其是在如今旅游体验障碍较大、可视性较差的情况下，创新旅游新业态成为必然的趋势，可以增强西安整体的城市竞争力。

为了顺应时代要求，改造西安市的单一枯燥的文化遗产，宋城演艺将"千古情"系列演出打造成了国内最为知名的旅游演出品牌。西安作为中国乃至全世界的文化和旅游瑰宝，是公认的"天然历史博物馆"，有着丰富的文化旅游资源，但现有的文旅项目开发得较少，没有充分起到文旅项目的带动作用。2009 年 6 月，西安确定了城市发展的战略目标和定位为"国际化大都市"，这一目标意味着西安希望在全球范围内成为一个具有国际影响力和吸引力的城市。随后，在 2010 年，西安市委进一步明确了发展目标，把西安定位为一个拥有丰富历史文化特色的区域性、专业性的国际化大都市。然而，在实际的发展过程中，西安的旅游业发展相对缓慢，与既定目标存在巨大的差距。尽管西安拥有丰富的历史文化资源和独特的地理位置，但旅游业的发展并未达到预期的水平。为此，2011 年 4 月 18 日，西安成功举办了备受瞩目的世界园艺博览会，这一盛会以其庞大的规模、高水准的规格、长时间的展示和丰富多彩的内容而著称。西安世博会不仅受到了国内外广泛的关注，而且成为西安城市发展进程中的里程碑事件，对西安的经济社会发展产生了深远的影响。世博会的举办全方位地推动了西安的旅游业发展，使得西安的"吃住行游购娱"六个要素都获得了全方位受益。2011 年全年，西安旅游总收入达到了 530.15 亿元，相对增长 30.8%。根据世界旅游组织的测算，世园会所带来的经济收入约为 167.7 亿元。但调查发现，对于当地居民而言，他们参与沉浸式歌舞演艺微旅游的意识较低。而且，当地居民实际参与的机会和程度上出现了不均衡的现象，这一点尤其明显，因此居民积极的旅游感知没有得到提高，旅游业的可持续发展没有得到推动。

第二阶段：旧城文化价值得以彰显，打造西安旅游品牌形象。

世园会的成功举办，使得西安旅游产品的类型得到丰富，也优化了其空间布局，在会期间，共有 8000 多场次的国内外各种文艺团体演出，凸显了其文化价值。可惜在呈现外来文化的同时，西安的悠久历史、文化特色、本土文化相对而言较为失色，并没有得到足够重视，无法彰显西安旅游的文化价值。于是，2017 年 8 月，陕西发布了《关于进一步加快陕西文化产业发展的若干政策措施》文件，该文件强调通过优化城市结构布局，以西安为核心，优先发展文化旅游、休闲娱乐等产业。政策的重心放在文化与科技、旅游、互联网等领域的相互融合上，以打造旅游新业态为目标。随后，在 9 月份，西安发布《关于补短板加快西安文化产业发展的若干政策》，该文件提出巩固提升优势产业的目标，并致力于壮大一批文化旅游等领域具有明显优势、特色突出的文化产业基地和文化产业集群。2019 年春节前后，西安强调将其建设成为最具东方神韵的国际一流旅游目的地城市。为实现这一目标，西安举办了一系列重大主题活动，为西安市民和国内外的游客呈现一场节日文化盛宴。这些活动取得显著的效果，同时也推动了西安向世界展示其独特魅力。尽管西安拥有深厚的传统文化底蕴，但由于当地居民思维上常常受限于传统思维模式，他们在制定决策和战略时往往存在一定的思维局限，导致倾向于采用固定模式的发展方式，相对缺乏创新。虽然西安市政府及与旅游文化产业相关的领导层面，认识到旅游文化产业的潜力和其对其他相关产业发展的带动作用，将其视为一种新兴的朝阳产业，但受传统观念或思想的影响，在制定旅游文化产业相关政策或决定时，缺乏对旅游文化产业可持续发展的战略意识。

这一阶段，西安的目标是深化西安旅游文化渗透，打造西安旅游品牌形象。近年来，在国家大力支持发展旅游产业和文化产业的背景下，为了促进二者相互融合、相互促进，以及推动产业结构的调整和创新发展，西安市发布《中共西安市委关于落实"五新"战略任务　加快补齐"十大短板"的决定》。该决定强调优化产业结构的重要性，并提出加快文化旅游等优势明显、特色突出的文化产业基地和文化产业集群的壮大。西安市政府将通过制定有力的政策措施来支持和推动这些基地和集群的发展，以实现文化产业和旅游产业的良性互动和协同发展。在市场竞争日益激烈的环境下，相对而言，西安的旅游文化产业竞争力较弱。然而，随着供给侧改革与"一带一路"倡议的推进，西安旅游文化产业面临着机遇和挑战，并肩负更重大的责任。在 2009 年，原文化部和原国家旅游局联合提出《关于促进文化与旅游结合发展的指导意见》，这是旨在推动文化与旅游相互融合的文件。该文件中的主要措施之一就是打造高品质的旅游演艺产品，这是首次在政府文件中提及旅游演艺的重要性。随后，在接下来的 10 年后，即 2019 年 3 月，文化和旅游部发布《关于促进旅游演艺发展的指导意见》，这是首个专门促进旅游演艺发展的文件。该文件进一步推动了旅游演艺产业的发展，提出了一系列具体举措和政策支持，以推动旅游演艺的创新和提升。在 2020 年 11 月 18 日，文化和旅游部发布了《文化和旅游部关于推动数字文化产业高质量发展的意见》，该文件明确提出培育数字文化产业新型业态的重要举措。其中，特别强调了发展沉浸式业态，包括开发沉浸式旅游演艺和沉浸式娱乐体验产品，以提升旅游演艺和线下娱乐的数字化水平。这为发展沉浸式旅游演艺提供了明确的政策支持和指导。即自 2009 年开始，政府部门就已经意识到文化与旅游相互融合的重要性，并陆续发布了一系列指导意见来推动旅游演艺产业的发展。这些文化的出台为旅游演艺行业提供了政策支撑，尤其是在数字化时代，政府对沉浸式旅游演艺的发展提出明确的要求和支持。而 2019 年 2 月，西安市文化和旅游局正式成立，标志着西安文旅融合发展迈出了重要的一步，开启了新的篇章。该举措强调对文化和旅游资源的保护，并确保文物安全。在这一背景下，西安深化文旅融合发展，加快建设国家文化和旅游消费试点城市，推动了文旅产业的集聚发展。为了提升西安的文旅影响力，西安市致力于持续提升《长恨歌》《梦长安》《骆驼传奇》《西安千古情》等品牌演艺影响力。通过加强演艺的创新和质量提升，西安努力打造成为真正的演艺之都。这些品牌演艺作品以其独特的艺术魅力和历史文化内涵，吸引了众多游客和观众，为西安的文旅产业发展增添了动力。西安市坚持文化保护建设，旨在增强城市的软实力和归属感。在这一努力中，优先保护历史文物是一项重要原则。为此，西安加强了考古调查研究工作，致力于深入了解和保护历史文化遗产。同时，西安还加快了文物保护考古研究基地和文物库房的建设，以提供更好的保护和管理条件。西安市还注重加强对世界遗产的保护和管理，通过不断提升大遗址的保护展示水平，努力成为世界文化遗产保护的典范。与此同时，西安持续增加群众的文化获得感，通过丰富的文化活动和资源，让人们享受到丰富多样的文化体验。2020 年，宋城演艺在西安与西安世博集团共同打造大型歌舞《西安千古情》，而宋城演艺将高新创新科技运用到主题公园运营及大型演出之中，将 VR、AR 及全息技术与舞台机械、灯光、音响等相结合，为游客带来震撼性的娱乐体验。

第三阶段：虚实结合开发旅游新业态。

西安"千古情"景区是一个集演艺、旅游、度假于一体的旅游景区，其推出的《西安千古情》大型情景剧生动反映了西安十三朝古都的丰厚底蕴和人文情怀，以虚实结合的表现手法打破了舞台与观众之间的界限，让游客可以沉浸式地体验西安过去与现在的历史变化，深受各地观众喜爱，已经成为西安一张独特的"城市名片"。独特的艺术表现手法，展现了一场令人沉醉其中的表演。利用西安数千年的中华历史文化，取其精髓，通过科技与策划编排，打造出这一华美篇章，在西安浐灞生态区世博园得宝门的舞台，吸引了国内外游客前往观看。演出打造出传统与时尚深度融合的全新形象，将传统文化与现代科技相互结合，传承弘扬我国五千年来灿烂辉煌的历史文化，《西安千古情》以创新的方式将中华文明瑰宝推向世界，使其具有举足轻重的作用，再现西安深厚的历史文化底蕴，打造新时期文化地标。同时搭配建设唐朝市井街区、现代科技场馆、游客互动体验等，使十三朝古都的盛世繁华得到展现，为游客带来梦一般的视听盛宴。

《西安千古情》通过演绎《文明之光》《大唐盛世》《丝绸之路》等传统文化故事，依托剧本，通过演员的演绎、利用高科技舞台技术以及虚实结合的表现手法，使得游客能够更为深入地感受历史，而不同于以往的单纯观光模式。这也可以使得"久居不变"的西安人重新感受着古都保有的历史温度、回忆过去的时光与情感，同时提升作为当地人的自豪感。在景区内不仅有精彩的演出，还有实景体验的特色演出以及《抛绣球》《走街》等户外演出，同时，整个园区的建设风光都采用大唐盛世的风格，方方面面地展现着大唐的气势，为西安当地居民和游客提供了丰富的文化食粮，也促进了西安旅游业复工复产，为西安打造世界演艺之都提供助力，《西安千古情》这一史诗级的演艺走进西安人民的生活也被人们所共同见证。近年来，浐灞生态区将"文化＋旅游"视为主要发力点之一，致力于促进文化和旅游深度融合，以发展文化旅游产业为目标，不断壮大和提升其实力。在这一过程中，浐灞生态区已吸引并打造了一批重大的文化旅游项目，在西安的经济社会发展中扮演着重要的引领示范和辐射带动的角色。如今，它已成为西部地区乃至全国最具活力的城市发展新区之一。

第二，西安《西安千古情》的沉浸式歌舞演艺微旅游与城市文化保护点式—重置型协同模式。

首先，案例地文化基础的保护。

沉浸式歌舞演艺微旅游是一种结合歌舞表演、高科技舞台技术和虚拟现实技术等元素，以自然、人文、历史为主题，以情感、互动、沉浸为手段，打造的新型旅游产品，这种旅游模式对于城市文化保护有着积极的推动作用。《西安千古情》作为陕西西安重要的沉浸式歌舞演艺微旅游产品，在文化类型上，通过大型的演出展示的是当地的历史文化底蕴和人文风景，这种旅游模式可以向游客展示西安的古代文明及其传承，其中包含了历史文化、建筑文化、宗教文化、美食文化等各种文化元素，透过这些文化元素，游客可以更加深入地了解西安的历史和文化。一位景区工作人员称：西安是一个有着悠久历史文化的城市，我们在演出中涉及的各种文化元素，都是我们在深入研究和了解之后呈现给观众的。同时坚持以既有的历史文化为基础，进行合理的改造和创新，在保证演出内容的时代感和吸引力的同时，也能确保文化传承的目标。通过《西安千古情》这种形式的演出，可以向游客展示古代陕西省的历史和文化，让游客更好地了解这些文化元素的来龙去脉，并由此激发游客的文化兴趣，促进游客的文化素质提高以及文化认同的增强。它强调情感、互动、沉浸，打破了传统旅游模式的束缚，使游客在极短的时间内就能够感知到文化和历史的深远意义。一位来自西安的带着家人一起游玩的本地游客表示：《西安千古情》画面之唯美，场面之震撼，代入感之强烈，之前还从未有这样的体验。它的表演已经把传统的舞台和观众席的界限彻底打破，观众席就是舞台，让观众不再只是静静地坐在座位上观赏演出。看着舞台上的表演，一位美丽的"胡姬"忽然从观众席中出现，跳着舞步走向舞台，仿佛你就是当年的大唐皇帝观赏波斯舞蹈。这种身临其境的沉浸感让观众完全忘记了传统意义上的舞台和观众席的区分，让人深刻感受到演出的真实感和互动性。同时，它还利用了新科技，将虚拟现实技术和表演艺术结合起来，打造了极具创意和创新性的旅游产品。这些创新元素，推动了旅游业与文化产业的融合，提高了城市文化产品的市场竞争力。

在文化利用状况上，《西安千古情》演出以众多文化元素为基础，运用先进的舞台技术和多种艺术形式，如舞蹈、歌唱、杂技、诗朗诵等，生动地表现了历史文化、建筑文化、宗教文化、美食文化等各个方面的文化元素。同时，演出还持续地更新改进，不断挖掘新的文化元素，如《半坡之光》《周韵秦风》《汉使张骞》《大唐盛世》《新的长安》等，使每一次演出都拥有崭新的亮点。整个演出历时 1 个小时，全面展现周、秦、汉、唐的辉煌历史。来自北京的杨女士称：《西安千古情》是一部震撼人心的民族史诗。据她所说，自己观看过全国各地各类型的旅游演出，认为：《西安千古情》独具特色。该演出从周、秦时代一直延续到汉、唐，每一个场景都采用了最新的科技手段，使观众在欣赏的同时也能感受到强烈的视觉冲击。演出节目设计巧妙，精彩绝伦，民族自豪感在观众的心中油然而生。西安这座城市拥有着丰厚多彩的历史文化，没有任何一座城市能像它一样展现如此宏伟壮丽的穿越篇章。整个演出给人以振奋人心的感觉，让每个观众都流连忘返。舞台背景采用了全息投影、LED 设备等先进技术，使观众在现场欣赏到更为逼真的视觉效果。舞台空间变幻莫测，比如在演出中，三千吨大洪水倾泻而下，数百立方米黄沙扑面而来。同时，舞台表演在糅合了杂技、舞蹈和光影互动后，也更加充满艺术张力和文化美感。对于不同的场景也采用不同的技术系统，例如长安城的 3D 投影和音响系统、大唐丝路的现场打击乐等。这些技术应用为西安历史文化的保护和发展提供了强有力的支撑，通过运用这些技术手段，西安能够更有效地保护和传承其丰富的历史文化遗产。沉浸式歌舞演艺微旅游为旅游产品注入了文化元素，打破了目前演艺题材相对单一的困境与传统旅游模式的单一性，吸引更多的游客参与其中。《长恨歌》《长安十二时辰》等精品演艺题材相对单一，一台演出通常只讲述一个朝代、一个故事，几乎没有一部全景演绎西安历史文化的作品，游客很难通过一场演出比较立体地了解西安。来自西安本地的郭先生说：《西安千古情》成功地将周、秦、汉和唐朝等不同时期的文化遗产融合在一起，展现了千年古城西安的历史和文化底蕴。这样的演出十分罕见，因为这跨度太大，历史太过庞杂，很难涵盖这么多历史时期，但《西安千古情》做到了，它以前所未有的全面性和深度性，向人们呈现了跨越几千年的中华文明史的精华。鸿篇巨制的《西安千古情》新颖独特，不但填补了西安全景题材剧的空白，也让来到西安的游客有了更多选择。丰厚的历史文化，恰恰契合《西安千古情》中娓娓道来的西安的历史华章。同时，旅游与文化的结合，也拓展了当地旅游业的发展模式，促进其经济的发展和文化的传承，实现城市与文化的共同发展。景区相关工作人员表示：希望《西安千古情》能够填补西安全景历史题材剧的空白，也让来到西安的游客有更多选择。此外，他们也希望借由这部作品的推广，可以引导更多的游客来到西安，让人们在当地游玩的同时，更充分地了解并感受当地的历史文化。

综上所述，沉浸式歌舞演艺微旅游已经成为城市文化保护的一个重要方面，对于提高文化保护的认知和传承是非常有益的。通过《西安千古情》等沉浸式歌舞演艺微旅游，游客可以感受到当地文化的多样性和深厚底蕴，从而更好地了解和学习当地的历史文化，同时也推动了文化的繁荣和旅游经济的发展。

其次，土地资源的有效利用。

宋城的每一台千古情演出都在寻找一个城市的根和魂，《西安千古情》也不例外。西安是一座历史文化名城，拥有丰富的历史遗迹和文化景点，为这座城市积累出其他城市无法企及的文化资源，其土地基础的有效利用体现在土地类型、土地利用状况、选址几个方面。针对土地类型，演艺产业的发展离不开合适的场地，需要一个平坦、开阔的场地，以便演出和观众体验。景区的工作人员也表示：浐灞生态区地势平坦，空旷开阔，使得演出和观众之间可以有更好的互动和交流。这些因素对于游客来说都非常重要，因为游客的感受和体验是我们工作的重中之重。在《西安千古情》这一沉浸式歌舞演艺微旅游中，其选址正好符合演出要求，浐灞生态区的滨水位置、宽阔场地和地势平整的特点恰好为其提供了良好的土地基础。一位来自咸阳的李女士称：西安是目前旅游演艺发展最好的城市，目前呈现出百花齐放、各有千秋的态势。《长恨歌》看之前需要补一补课，而《西安千古情》算是一台老少皆宜、一眼就懂的演出，观演起来有种穿越的感觉。此外，《西安千古情》的演出地点设立在浐灞生态区，这是城市郊区内的一片自然景观区域。该区域属于生态绿地类型，其重要性在于提供城市居民休闲娱乐场所，促进社会文化交流。同时，该区域也拥有着独特的自然环境和历史文化景观资源，可以为演艺作品提供独特的背景和氛围，使演出更加生动和具有吸引力。

在土地利用状况上，演艺产业的发展离不开周边的城市功能和配套设施，包括交通、商业等。浐灞生态区已经成为西安市的重要文化产业集聚区之一，西安世博园所处的位置相对独立，但其位置紧邻地铁等公共交通设施，游客可以方便地到达，在交通以及配套设施上也得到了有效的保障。浐灞生态区地处郊区，土地利用相对集中，主要以农田、林地和生态公园为主。目前，浐灞生态区正在逐步转型为一个以旅游文化为主导的区域，吸引了越来越多的旅游景点和项目进驻。在这些项目中，旅游演艺领域的发展尤为迅猛。《西安千古情》的演出作为其中的一部分，对浐灞生态区的土地利用状况起到了积极的作用，使其成为一个兼具文化、娱乐、休闲等多种功能的多元化地区。西安千古情园区内的一家小店老板说：这边有很多类似我这样的非遗小店，整个园区的建筑都采用了大唐盛世的风格。不仅可以让游客有种穿越唐朝的感觉，更能够享受购物的乐趣。同时，《西安千古情》一共分为五个主题，每个主题的背后都用演绎的方式，使人深入人心。浐灞生态区利用大西安东部国际文化交流轴的区位优势，以华夏文旅和千古情为引擎，将抓好文旅重点项目作为促进文旅产业发展、满足人民对美好生活消费需求的关键举措，为西安打造世界演艺之都提供强有力的支持。一位参演园区内互动节目的小姐姐说：只要没有下雨，我们都会在园区内表演，比如天竺少女、绣球招婿等各种节目，经常会有很多游客一起互动，一般都是一家三口或者带着父母跟着互动的。《西安千古情》集演艺、旅游、度假于一体，通过长安门、烟云街、过眼街、宋城塔等景观，以传统文化创新表达的方式，打造梦回汉唐的"穿越时空"。并且《西安千古情》的选址在世园会遗址的一角，整合了周边有利的湖泊、公园、交通等资源优势，打造了西安第一座宋城。来自北京的游客表示：来西安前以为会交通不便，来了之后发现这个剧场特别好找，虽然地理位置比较远，但公交、地铁以及自驾都很方便。总体来说不仅非常的棒，创意也是可以的。同时，《西安千古情》展现了积极向上、坚韧不拔的民族精神，彰显了西安名城的魅力，并增强了历史文化自信。它是推动对外文化交流的重要国际窗口。这场家门口的世界级演艺的开幕为西安打造一个文化新地标，为这座古城开创独特的"顶级流量"。这场演艺展示了西安丰富的历史文化和独特魅力，为提升中国文化的世界影响力作出了贡献，成为"西安力量"的象征。

《西安千古情》选址在浐灞生态区的世博园内，使得该演出与当地的文化传承、文化保护点式—重置型协同模式相互呼应，提升了演出的文化内涵和观赏体验。景区内纪年大道、天空之城、望湖阁、长安门、宋城塔、宋城门、鬼屋、烈焰火山、长安广场、演艺广场、宋城广场等一步一景，光怪陆离，让人仿佛穿越到盛世大唐，为该演出提供了良好的土地基础。景区相关人员王哥表示：可能很多没来过西安的人会觉得《西安千古情》仅仅只是一场舞台表演，但是其实不是这样的，我们有专门研究过西安唐朝的历史和文化去打造园区，建设了各种非遗小店仿古街区，安排了很多妙趣横生的互动表演，吸引游客参与互动。演出场地的选址也是演艺产业发展重要的一环，合适的选址能够为文化旅游产业注入新的活力。同时，《西安千古情》周边为风景名胜和历史文化遗址，是一个适合演艺作品演出的理想地点，脚踏这块土地，强烈的穿越感油然而生。在访谈过程中，居住在西安市的谢先生带了一家三口前来观看，据他所说：虽然有假期，但是因为孩子学习任务重，不适合远行，所以我们就近玩，去看场演出。选择《西安千古情》的原因，一个是这个演出最近特别火，很多外地人都来看了，另一个原因是演出对本地人有半价优惠，所以我就带老婆跟孩子来看个热闹。这是陪孩子、陪家人，周末假期值得一去的休闲景点。同时，《西安千古情》是一生必看的演出，用独特的艺术表现手法，开启一次寻找民族记忆之旅，犹如神奇的时空穿梭机，全面立体展现了周、秦、汉、唐的宏大篇章。

总之，《西安千古情》不仅是一场演艺秀，更是一次文化体验，颠覆传统的表演方式，用时空穿越的手法，向世界展示了古城西安的不朽魅力。随着演艺产业的不断发展，更多类似的文化体验项目将涌现，不仅丰富了人们的精神生活，也推动了旅游文化产业的发展。

再次，对于数字科技的合理化利用。

在文化与科技深度融合发展的时代背景下，科技为文化产业的快速发展提供了强大的赋能。特别是在演艺产业中，科技的创新发展愈发重要，为行业带来了巨大的变革和机遇。传统的演出形式通常依赖于剧院舞台和专业表演人员，但这种单一的模式和观看体验已经不再能满足人们的需求。为了提升演出的观赏性，新的表演方式将科技注入舞台，将演出与电子银幕、投影等相结合，辅以灯光和音响的技术支持。特别是在演出中，科技设备的作用更加重要，为观众创造了更为沉浸式的体验。这种科技与演出的结合为观众带来了全新的视听盛宴，丰富了演出的艺术表达形式。可从科技发展状况与科技应用两方面进行分析，一是科技发展状况，随着科技全面进步，各行各业都出现了大量的新技术应用。景区相关工作人员称：现在数字科技特别火，很多游客都更愿意去体验这种乐趣，同时，数字科技的应用也给景区带来了一定的挑战。他认为演艺产业也不会例外，数字科技成为演艺产业中的新一轮创新引擎，数字化、智能化、虚拟化等科技手段的不断发展，使得演艺产业在舞台设计、音响灯光、数字场景、小剧场等领域得到了更广泛的应用。包括投影、激光、光影、机械设备等数字科技手段，在演出中被广泛应用，将演艺产业带向一个新的高度。景区相关工作人员还称：越来越多的景区引入数字科技，为游客提供了更加便捷、个性化和多元化的体验方式。同时，我们也需要提前了解和掌握其中的窍门，根据实际情况结合数字科技的应用形式来创新丰富游客的体验内容。因此，我们需要做好更多的人员培训、设备投资等工作，这对我们来说也是一种新的挑战。科技手段的发展和成熟，为演艺产业创造更多可能性和更丰富的观赏体验提供了技术支持，推动演艺产业发展不断拓展。

在科技应用方面，《西安千古情》的演出成功地将数字科技应用于演艺产业中，以此助力演艺产业的不断创新升级，为演出带来了更加丰富的内容和更高的观赏性，提高了演出的质量和品位。咸阳的李女士认为：演出中不仅充满了诗意，而且舞台机械的表现也给观众带来了震撼。演出贯穿周、秦、汉、唐至今三千年的历史，既有雄浑大气，也有细腻婉约，尤其是浩荡黄沙和千吨洪水的表现，让我印象深刻。此外，《西安千古情》剧院建造的规格比较高，观众座位也很舒适，这一点也是值得点赞的。演出使用了高端的科技手段，如投影技术、激光技术、舞台机械与设备、光影互动等一系列数字科技手段，将西安的历史与文化完美地呈现在观众面前。其中，投影技术是数字科技中被广泛应用的一种技术手段，通过投影系统在舞台上模拟出各种场景，为演出带来更加丰富的内容。而激光技术可以在演出现场营造出各种奇幻的效果，增强观众的沉浸感。光影互动技术可以通过舞台设备的特殊设计，带来更加真实的视觉体验。景区的工作人员在被问到在整个数字科技应用过程中是否会遇到问题时表示：当然会遇到一些问题，尤其是技术上的难题。数字科技领域的技术、设备、软件等都在不断更新换代，我们需要不断学习和应用这些新技术。此外，演出现场的环境和条件也要考虑到，比如舞台尺寸、灯光安装位置等，这些都需要我们详细考量和进行调整，以达到最佳效果。这些数字科技的应用，为演艺产业带来了更加独特、生动和立体的表现形式，可以让观众充分体验到西安千年文化的魅力，也大大吸引了观众的兴趣。

总之，对于《西安千古情》这样的演出作品而言，通过使用高科技的舞台技术，可以将历史的场景再现出来，同时让观众身临其境，深度感受历史和文化的魅力所在。这种演出方式能够为旅游产业带来更多的活力，同时也让传统文化得到更好的传承和发展。但是，在运用科技手段的同时，文化价值的传承与创新不能被忽视。演出作品的艺术性、文化性是演出价值的重要体现，新技术的应用必须以保持文化内核为前提，才能使演出获得更广泛的认同和更长久的生命力。

最后，社会环境中案例地的运用情况。

随着国内旅游产业和消费观念的升级，传统的"上车睡觉、下车拍照"的走马观花模式正逐渐退出市场，人们不再满足于简单地欣赏自然风光，他们越来越注重通过多元化的文化主题活动等方式来丰富旅游过程中的生活体验和情感交流。随着市场机遇的浮现，旅游文化演艺行业敏锐地捕捉到这一趋势，并通过持续创新旅游文化演艺产品来满足不同游客的多元化体验的需求。面对国外演艺产品提供的全方位优质体验的机遇与挑战，国内旅游文化演艺企业积极探索，将注重文化艺术与资本的竞争融合在一起，为实现发展目标不断努力。一位旅游文化演艺从业者表示：在我看来，旅游文化演艺产品的定位和目的是为游客提供一种独特的、具有文化内涵的旅游体验，让他们在旅游过程中感受到浓厚的文化氛围和地方特色。这样的旅游体验不仅会增加游客对旅游目的地的认知和兴趣，也会激发游客对于文化艺术的兴趣和追求，促进旅游目的地所在地区的旅游事业和文化传统的传承和发展。同时他认为，国内旅游文化演艺行业下一步的发展方向是要不断推陈出新，注重技术融合创新，发掘当地民俗文化和历史文化，结合数字科技、虚拟现实等先进技术，打造更为精彩、寓意丰富的文化艺术演出。

在文化环境维度上，《西安千古情》以唐朝故事为主线，讲述了长安城里发生的一段爱情故事，通过歌舞、戏曲、杂技等多种表演形式来展现唐朝的繁华盛世和丰富多彩的文化内涵。这种具有浓厚西安文化特色的沉浸式歌舞演艺微旅游，通过演出场景、服装、音乐等元素，向观众展示西安千年文化的精髓和历史积淀，提高人们对于西安文化的认知和理解，推动西安文化在全国范围内的传播和推广，对于提升国内文化素质、塑造文化自信、增强文化认同具有积极的意义。景区工作人员表示：我们一直在积极探索将演出产品推广到更广泛市场的方式和途径。目前，我们已经在全国多个城市开设了剧场和演出场地，让更多的观众能够欣赏到有着浓郁地方特色的歌舞演出。同时，我们也将把演出产品通过多种渠道推广出去，借助互联网和移动端等新媒体平台，让更多的人了解和认识这个精品演出，从而进一步提高西安文化的知名度和影响力。我们相信，随着推广工作的逐步深入，这个唐朝故事的沉浸式歌舞演艺微旅游将会得到更广泛的认可和好评。同时，演出也为研究传统文化、历史文化，挖掘文化资源提供了一个全新的视野，为社会文化环境的不断改善和升级作出了贡献。在看完演出后，可以坐上电瓶车，前往后海码头乘坐快艇游船，体验浐灞航游所带来的激情体验，同时欣赏到灞河绝美的风景。游玩期间，还可以选择参加园区中的休闲游乐项目或体育竞技项目（集中在锦绣湖周边及滨河路商业带），景区内还配备有自行车、电瓶车、小火车等园内交通工具，以满足游园的多样化代步需求。园区的工作人员杨叔说：整场体验下来，会发现为了让市民能够更好地感受到自然、享受绿色空间，我们在景区建设和运营过程中，采取了多项措施。我们尽可能地利用现有的自然资源和生态环境，打造出一个以自然和生态为主题的游乐园。同时，我们也通过景区内的绿植、湖泊等景观元素，让市民能够更好地感受到自然的美好和生态的重要性。同时，我们也会持续不断地推出和改进园区内的各项服务和设施，让市民在世博园一日游中能够体验到更多"生态、时尚、健康"的元素，并且能够通过《西安千古情》体验西安大唐文化，从中获得乐趣与知识。《西安千古情》让人深深感受到园区想要拓展市民亲近自然、享受绿色空间的初心和决心，景区也已然打造成为西安市民亲近自然、享受自然的文明驿站。游玩结束后，还可以前往景区的得宝门、西入口等出入口，品尝特色的美食。

在旅游市场的维度上，宋城演艺采用了独创的"主题公园＋文化演艺"的经营模式，在全国运营了十多个景区、近百台演出，处于领先地位。其中的"宋城"和"千古情"品牌知名度极高，获得了业内广泛认可，形成了强大的品牌优势，对促进西安演艺市场的共同繁荣发挥了重要作用。同时，该演出也为西安地区的市民提供了优惠活动，更加符合当地市场的需求。随着旅游业的快速发展，为了吸引更多的游客，旅游文化演艺企业借助《西安千古情》这一沉浸式歌舞演艺微旅游，提供了更加细腻、深度、多样化的旅游产品。这些旅游产品通过将游客带入《西安千古情》的故事情节中，使游客在享受歌舞演艺的同时，增加了游客对于西安以及中国传统文化的认知与了解，提升了游客对于文化旅游的兴趣和热情，有利于促进旅游市场的繁荣发展。西安本地游客郭先生表示：我觉得这种沉浸式的演出方式，让我从一个全新的角度去感受和了解西安的历史和文化，这是我之前从没有过的体验。虽然我是西安本地人，但有时候我们会忽略身边的美，而通过《西安千古情》这个演出，我更加深入地了解了西安的历史和文化，也感受到了对于历史文化遗产的继承和弘扬。此外，旅游文化演艺企业还通过丰富的园区内外活动，打造了一个集休闲、娱乐、美食于一体的多元化旅游产品，吸引了更多的游客前来体验，也促进了文化旅游产业的快速发展。同时，《西安千古情》作为其中的代表性演出，具有很强的吸引力和影响力，让更多的游客感受到了不同于传统剧院的演出形式，并推动了旅游市场的不断发展。西安本地的李小姐称：我假期的时候去观看了《西安千古情》，演出质量非常高，我非常喜欢。这个演出的门票价格非常实惠，所以我还带着我的家人一起来看，结果大家也都非常满意，整场演出没有令我们失望的地方。特别是演出舞台设计得特别棒，完全让我惊艳了，改变了我对舞台的认知。总之，这是一场非常棒的演出，我会向我的朋友们强烈推荐去看。另外一位西安本地的郭先生表示：这种优惠活动方式很不错，既可以让更多的游客体验到这种演艺产品，也方便了本地居民前来观看，增加了大家的互动和交流，同时也可以促进旅游市场的发展。我觉得这个品牌在这方面做得很好，我也会抽出时间去参加他们推出的一些特别活动，比如学生专场和亲子游等。此外，景区也采用了多种文化、体验等元素的组合模式，通过不断的创新与升级，提供更丰富、更个性化的旅游服务，吸引了更广泛的游客群体。这些都能够积极促进旅游市场的发展，推动城市旅游产业多元化发展，从而促进社会经济的繁荣和进步。一位来自南京的游客说：通过观看演出和参与一些活动，我能够更好地了解景区和文化背景。同时，这种旅游方式也让我感到非常愉悦和放松，让我觉得旅游不再是纯粹的消费和娱乐，而是一种能够充实内心和增长见识的活动。而且与传统剧场观看体验完全不同的是，旅游类演出对观众在社交媒体上分享视频持开放态度。相比之下，传统剧场演出通常在开演前强调禁止录像和拍照，除非演员谢幕时允许。然而，旅游类的演出鼓励观众将精彩瞬间通过社交媒体分享出去，这为演出提供了更多的宣传机会，也扩大了宣传范围和影响力。

总之，旅游文化演艺企业通过不断的创新和发展，为旅游市场注入了新的活力和动力。他们以丰富多彩的文化活动，让游客在旅途中感受到更加丰富和深刻的文化内涵，引导游客在体验中广泛学习和领悟历史、文化、艺术。这不仅提高了游客的旅游体验，也为旅游市场带来了更丰富、更生动、更具有吸引力的旅游产品。在国内旅游市场日益成熟的情况下，旅游文化演艺企业将发挥越来越重要的作用，成为未来旅游市场的发展主力军。

第三，《西安千古情》——沉浸式歌舞演艺微旅游对城市文化保护点式—重置型建设的作用。

在西安千古情景区的发展过程中，居民是基础条件，文化是活力源泉，高新科技应用是关键要素，场景布局创新是主要推动力量。通过对各要素的综合考虑，将案例重点放在创新、科技、景区发展及设施等方面，提炼出智慧城市建设、居民意愿、景区发展水平三个关键变量，并通过对这三个方面进行有层次、系统性的分析，搭建出《西安千古情》建设中智慧城市建设的作用模型、居民意愿的作用模型、景区发展水平的作用模型，下文是对智慧城市建设、居民意愿以及景区发展水平在沉浸式歌舞演艺微旅游与城市更新协同模式中的作用进行案例分析。

首先，沉浸式歌舞演艺微旅游的智慧城市建设分析。

《西安千古情》的智慧城市建设是我国当前现代化发展的重要工作之一，具有促进社会经济转型的作用，可以开拓发展新思路，探索新路径。《西安千古情》的智慧城市建设主要体现在布局选址、服务设施、游客满意度三个方面，通过明确布局选址、完善服务设施和提高游客满意度对智慧城市建设的进程产生直接或间接地影响。结合《西安千古情》智慧城市建设过程，重点把握布局选址、服务设施、游客满意度三个方面的内容，较为合理地模拟出《西安千古情》园区的智慧城市建设的作用模型（见图 5 - 9）。

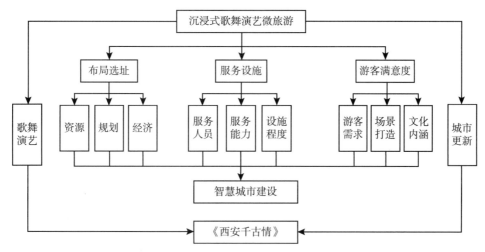

图 5 – 9　《西安千古情》景区开发中智慧城市建设的作用模型

图 5 – 9 展示《西安千古情》景区开发中智慧城市建设的作用模型,《西安千古情》景区的智慧城市建设得到当地的资源质量种类、经济收入、地理位置、文化内涵、环境生态维度、基础设施、公共服务、交通出行、服务质量、文化体验、信息化支持,进而影响城市文化保护点式—原置型建设。结合《西安千古情》景区的城市建设现状具体来阐述,其城市建设表现为以下几个方面:

《西安千古情》对布局选址的地理位置、文化内涵、环境生态产生影响,进而影响城市文化保护点式—重置型。一是作为历史文化名城,西安的地理位置和文化内涵对《西安千古情》的布局选址产生了深刻影响。景区位于西安市浐灞生态区世博园内,这是一个集生态环境和现代科技于一体的区域,为景区提供了得天独厚的自然环境和现代化的基础设施。访谈中,一位来自西安的本地游客表示:我觉得《西安千古情》的选址非常合适,景区位于浐灞生态区世博园内,环境非常优美,而且地理位置也比较方便,容易到达。在演艺中,穿插了很多西安的历史文化元素,让游客更好地了解西安的历史文化,增强了对西安的认识和了解,同时也丰富了旅游体验。《西安千古情》深受西安古都的文化内涵的影响,在演艺中,穿插了"丝绸之路"、秦始皇、唐朝文化等西安的历史文化元素,为游客提供一个独特的文化体验,也进一步推广西安的历史文化遗产。二是西安千古情的建设和经营也考虑了环境生态因素。景区采用了现代化的绿色环保理念,以保护生态环境为前提,结合浐灞生态区的生态资源,创造出一种生态文化旅游的新模式,进一步推动了西安智慧城市的建设。一位来自意大利的游客表示:我在景区内看到了很多绿化和生态设施,景区也采用了现代化的绿色环保理念,非常注重环境的保护和生态建设。我认为这也是一个很好的旅游文化演艺企业应该做的,不仅要让游客享受到文化和娱乐,还应该注重保护环境和生态建设。而《西安千古情》也积极倡导保护环境、低碳出行的理念,努力营造绿色、环保的文化旅游氛围,这一点也符合了城市文化保护点式—重置型的发展理念。三是《西安千古情》的成功建设和经营,进一步促进了西安城市文化的保护点式—重置型。西安在遗址的保护和利用上取得一定成果,促进城市文化的持续发展和创新。同时,景区也为西安的文化产业链和产业集群注入了新的活力和发展空间,加速了西安智慧城市的建设和城市综合竞争力的提升。《西安千古情》的工作人员表示:《西安千古情》的建设和经营主要是以生态环境保护和历史文化传承为出发点的。作为浐灞生态区内的文化旅游景区,我们大力推行"绿色旅游"理念,采用现代化的环保设施和技术,减少对环境的影响,为游客提供更加绿色、健康、有品质的旅游体验。《西安千古情》把保护和传承文化遗产与现代化旅游业相融合,通过创新性的旅游产品,让游客深刻体验到当地的历史文化内涵和现代化发展成果。并且《西安千古情》景区的建设和经营，推动了文化创意产业的发展，促进了城市产业链的优化和提升，从而提高了城市的综合竞争力。总之，《西安千古情》的布局选址及其建设对城市文化保护点式—重置型产生了积极的影响。它不仅扩大了城市文化的内涵和外延，还促进了文化遗产的保护和传承，推动了城市产业链的优化和升级，提升了城市的综合竞争力。

《西安千古情》发展对服务设施的基础设施、公共服务、交通出行产生影响，进而影响城市文化保护点式—重置型建设。一是《西安千古情》内部的服务设施得到了完善，包括停车场、厕所、餐饮、商店等。这些设施的提升不仅提高了游客的体验和满意度，也为景区经济的发展提供了基础设施保障。一位来自南京的游客特地来西安游览历史文化遗产并观看《西安千古情》。他表示：我感受到了景区对服务设施的完善，这让我在游览时更为方便，也增加了我的舒适度。比如停车场规划得很好，厕所干净整洁，餐饮选择也多样化。当被问及是否会再来西安游览时，他回答道：当然会，我觉得西安这个城市很有历史底蕴，而且景区所提供的服务设施也很让人放心。如果下次再来西安，我还会选择这里作为旅游的首选。其次，《西安千古情》周边的旅游休闲综合配套服务得到了发展，包括住宿、餐饮、交通等。这些服务设施的完善提高了游客在景区周边的便利性和舒适度，也为周边的旅游产业带来了更多的机会。一位西安千古情景区的工作人员表示：随着《西安千古情》的人气上涨，我们也在不断提升景区服务设施的水平。除了内部设施，我们也在加强与周边交通、酒店、旅游保险等方面的合作，为游客提供更全面的服务和保障。他还提到：同时，我们也意识到保护城市文化遗产的重要性，采取了一系列措施来保护景区内的文化遗产。比如，对于一些遗址、文物进行了修缮和保护，让游客在欣赏美景的同时也能了解更多历史和文化知识。《西安千古情》的发展不仅让游客享受到更好的服务，也为城市文化保护和旅游经济的发展作出了贡献。此外，《西安千古情》的发展也对交通出行产生了影响。随着游客数量的增加，景区周边的交通设施得到了显著的改善和扩建，为了应对增长的需求，公共交通部门增加了更多的公交线路，以确保游客能够方便地到达景区。同时，出租车服务也得到了提升，提供了更加便捷和高效的交通选择。一位来自湖北的游客表示：我觉得《西安千古情》的交通出行非常方便，我们可以选择地铁、公交、出租车等多种方式前往，并且线路也非常清晰明了。这让我们游览西安的时候更为轻松和愉快。并且他觉得在交通服务方面，景区周边交通设施和服务做得相当不错，认为这也与来自各行各业的相关工作人员的共同努力有关。这位游客的反馈体现了《西安千古情》对交通设施的改善和提升对游客的影响，不仅让游客的交通出行更加便捷，也为游客提供了更高品质的旅游体验。二是《西安千古情》通过积极开展惠民服务，鼓励观众在社交媒体上发布视频，可以增加流量以达到宣传的目的，也可以使得观众在线上便能够了解所需，不似传统剧场演出强调不可录像与拍照。一位来自北京的游客表示：我觉得《西安千古情》的惠民服务和鼓励观众发布视频非常前卫和有创意。这不仅让观众更深入地了解剧情，也为景区宣传和推广带来了更大的影响力。此外，景区内部的服务设施完善也能够提高游客的满意度和游客留存率，吸引更多的游客来到景区，从而推动城市文化保护点式—重置型建设。谈及对景区服务设施的印象时，这位游客称：我很喜欢这里的服务设施，非常完备和方便。尤其是厕所和休息区的设施，做得很好，让我们游客在长时间的游览中也能够得到充分的休息和舒适。这位游客的反馈也再次印证了景区服务设施的完善和惠民服务对游客的吸引力以及提高游客满意度的重要作用。同时，通过鼓励观众在社交媒体上进行发布视频，也增强了景区与大众沟通和互动的方式与渠道，是一种创新和有益的尝试。三是作为一个重要的文化活动，《西安千古情》在运作过程中也为城市文化保护点式—重置型建设提供了很好的社会参与和社区参与的机制。它吸引了大量的观众和游客，同时也需要很多志愿者、导游、演员等人员的参与，因此，它为城市文化保护点式—重置型建设提供了一种可行的、具有参与性和互动性的模式，促进了市民的文化参与和社区的文化建设。在访谈过程中，访谈了几位《西安千古情》的演员，他们深有体会地谈到了这个活动对于城市文化保护和重置型建设的重要作用。一位演员表示：我们在演出的过程中，深深感受到了观众对文化的热情和渴望。这让我们更加意识到，作为文化传承者和创造者，我们肩负着让人们了解和喜爱本土文化的责任和使命。另一位演员补充道：除此之外，《西安千古情》也为城市的文化建设和社区的发展带来了很多积极的影响。我们在演出过程中也积极参与志愿者活动，与市民互动和交流，为城市的文化建设贡献出自己的一份力量。在演出中，演员不仅是文化传承者和表演者，更是城市文化建设和社区发展的积极参与者和倡导者。这种多元化的社会参与和文化参与，是推动城市文化保护和发展的有力支撑和动力来源。

西安千古情的发展对游客满意度的服务质量、文化体验、信息化支持产生影响，进而影响城市文化保护点式—原置型建设。一是《西安千古情》在服务质量方面表现出色。演出场馆设施齐全，观众入场流程顺畅，服务人员热情周到，让游客感受到了贴心的服务。同时，演出本身的高水平和精彩程度也为游客提供了优质的文化娱乐体验，可以提高游客对于文化旅游的满意度，同时也会吸引更多的游客来到西安，进一步推动城市文化保护点式—重置型建设的发展。访谈中，一位海南的游客表示：演出的场馆设施非常齐全，观众入场流程也非常顺畅，给人一种非常贴心的服务感受。而且通过演员们的表演与肢体语言所体现出来的情感，我感受到了这里的文化气息和人文精神，这种感觉是非常难得的。我相信，这种文化娱乐体验是能够提高游客的满意度和忠诚度的。在活动中，优质的服务质量和出色的演出表现，为游客提供了一种难忘的文化体验，提高了他们对于西安文化的感知和认知，同时也为城市的文化旅游发展带来了更好的推动力。另外，一位《西安千古情》的工作人员介绍道：为了保护城市环境和文化遗产，我们在活动中特别强调环保理念和文化保护意识。我们使用的道具和服装都采用环保材料和工艺，避免对环境造成污染。并且这位工作人员表示，现在社会环境和文化遗产面临很大的压力和挑战，只有倡导环保和文化保护理念，将之融入文化活动和城市发展中，才能够实现文化、经济和环境的可持续发展。二是信息化支持是提高游客满意度的重要因素之一。《西安千古情》在演出过程中充分利用了现代科技手段，比如多媒体技术和移动应用程序等，为游客提供了更为便捷和丰富的信息服务。游客可以通过移动应用程序了解演出时间、演出场地、票务信息等，同时也可以通过多媒体技术更好地了解西安的历史和文化。一位西安本地的导游表示：作为一个本地导游，我非常欣赏《西安千古情》在信息化方面的表现。现代科技手段已经成为提高文化旅游服务和管理的重要手段和途径。尤其现在大家都在关注数字化和智能化建设，而文化旅游正是其中的一个重要领域。这种信息化支持可以提高游客的满意度，同时也可以促进城市文化保护点式—重置型建设的数字化建设和智能化升级。只有充分利用信息化手段，提供更为便捷和丰富的文化旅游服务，才能够提高游客的满意度，同时也才能够推动城市文化保护点式—重置型建设的数字化建设和智能化升级。三是通过开展《西安千古情》这样的文化活动，可以促进城市文化保护点式—重置型建设的发展。该演出不仅可以为游客提供优质的文化体验，还可以促进市民和游客对于本土文化的认同和传承。一位园区工作人员表示：作为一名表演者，我们有责任为观众呈现最好的文化体验。通过这场演出，我们可以向游客展示出西安悠久的历史文化和优美的传统艺术，从而增强他们对于我们这个城市的认同和情感。而且在演出中我们体验到了深厚的历史文化，感受到了传统艺术的魅力，这让我们更加自豪地展示和传承我们的文化。通过《西安千古情》的演出，我们也对于自己的职业有了更高的要求和标准。我们希望通过这场演出，向世界展示最好的文化和艺术。这种认同和传承可以进一步激发市民和游客对于城市文化保护点式—重置型建设的参与和支持，从而推动城市文化保护点式—重置型建设的发展。综上所述，《西安千古情》的发展会对游客满意度的服务质量、文化体验、信息化支持产生积极的影响，进而促进城市文化保护点式—重置型建设的发展。

所以，从《西安千古情》的沉浸式歌舞演艺微旅游与智慧城市建设的实践过程可以看出，研究假设 HB3、HB7、HB6 可以得到验证，即沉浸式歌舞演艺微旅游的发展对智慧城市建设产生积极的影响，同时进一步促进了居民意愿、城市文化保护点式—重置型建设。

其次，沉浸式歌舞演艺微旅游的居民意愿分析。

《西安千古情》首演于 2020 年，通过不断创新，发展为我国大型实景演出表演景区，其改革与升级和当地的居民是分割不了的。基于上述分析，结合沉浸式歌舞演艺微旅游与城市文化保护点式—重置型发展协同模式的结构方程实证结果，本章较为合理地模拟出西安千古情景区开发中居民意愿的作用模型，见图 5 – 10。

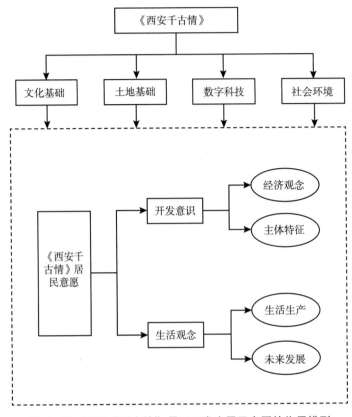

图 5 – 10　西安"千古情"景区开发中居民意愿的作用模型

图 5 – 10 展示《西安千古情》景区开发中居民意愿的作用模型，可以看出，《西安千古情》景区与居民意愿中的开发意识和生活观念息息相关，进而影响城市文化保护点式—重置型，具体可以从以下两个方面来进行诠释。

一方面是《西安千古情》景区对居民意愿的开发意识中经济观念和主体特征产生影响，进一步影响城市文化保护点式—重置型建设。一是西安"千古情"景区的发展带来了大量的经济收益，这使得居民们对旅游和文化产业的认识得到提高，逐渐形成了居民对经济发展的积极态度和对文化资源的重视。景区尊重居民的声音和需求，考虑他们的利益和福祉，可以更好地促进城市文化保护点式—重置型建设。访谈中，一位西安市民表示：我的家人和我都非常喜欢去《西安千古情》景区看演出，这让我们更加了解西安的历史文化和传统艺术。通过这样的文化活动，我们也更加能够体会到身为西安居民的自豪感。同时，正是由于城市文化保护的发展，这些非物质文化遗产得以保存、传承并不断发扬光大，更能够让广大市民亲身体验到西安文化的精髓所在。另一位市民表示：《西安千古情》景区的发展带来了许多商机和经济效益，为本地居民提供了更多的创业和就业机会。同时，这种文化活动也让市民更加重视文化资源的保护和发展，希望在经济发展过程中，更好地保护本地文化遗产。我相信有更多的市民会积极参与城市文化保护的建设，并为其提供支持和资源。如果居民的经济观念比较先进，重视城市文化保护和发展，那么可能会积极参与城市文化保护点式—重置型建设，并为其提供支持和资源，让更多的人了解和重视本地的文化遗产。同时，当地居民也认识到文化遗产保护的重要性，希望城市在经济发展过程中可以更好地保护它们，亦反映出当地居民内心深处的文化根脉和对未来的美好期盼。二是《西安千古情》景区的建设和发展吸引了大量的外来游客，这使得居民们在与外界交往中逐渐学习到如何更好地理解和接待来自不同文化背景的人们，逐渐形成了包容性和开放性的特质。《西安千古情》景区的发展也对城市文化保护点式—重置型建设产生了重要影响。《西安千古情》景区的建设需要充分保护和利用城市的历史文化遗产，这使得居民们对城市文化遗产的保护和传承产生了更深刻的认识和理解。《西安千古情》景区的建设也带来了城市文化保护和更新的压力，使得居民们开始思考如何更好地平衡经济发展和文化保护的关系，同时也开始积极参与城市文化建设的过程。一位在园区内穿汉服的工作人员表示：穿汉服是对我们华夏文化的一种表达，也是为西安千古情景区增添文化氛围的一种方式。作为景区的文化代表，我们希望通过汉服文化的传承和发扬，为旅游业注入更多的文化元素，提升景区的文化价值。而穿汉服等互动活动也可以为景区增添更多文化元素，从而提升其文化价值和吸引力。为了打开当地文化旅游发展思路，在有文化遗址、科学技术的前提下，《西安千古情》景区通过虚实结合，对西安这片土地上的文化片段进行宣传，以文化作为资本，与社会、当地居民合作发展旅游业。景区工作人员表示：我们可以看到，随着旅游业的发展，越来越多的人来到这里。景区的发展不仅增加了当地的就业机会，而且也为当地的商业带来了更多的利益。作为一名员工，我的经济收入也得到了提高。通过积极参与到文化保护和推广的工作中，景区员工也体现出了主体特征，即以文化和社会责任为导向，参与到景区发展和文化建设的过程中。园区内开餐饮小店的老板称：景区的发展让我的生意更加兴旺。越来越多的游客来到这里，也会来到我们的小店用餐或购买纪念品。这为我们带来了更多的收入和利润。通过改变旅游创新业态，有效地激发了创新意愿、体验意识，提升了整体社会经济效益。

　　另一方面是《西安千古情》这一沉浸式歌舞演艺微旅游的出现，为西安市民提供了一种新的文化娱乐方式，也在一定程度上影响居民的生活生产和未来发展。通过参与演出，居民可以增加文化娱乐活动的选择性，提升生活质量，也可以学习到新的历史文化知识，增强文化认同感和文化自信心。这种新的旅游模式的出现，也带来了对城市文化保护点式—重置型建设的影响。《西安千古情》的不断发展，吸引了越来越多的游客前来参观和体验，对于城市的旅游经济发展起到了积极的推动作用。在城市文化保护和重置型建设方面，这种旅游形式也为城市带来了新的发展机遇，促进了文化产业的发展，加速了文化保护点式的建设和升级。在《西安千古情》景区的都城遗址内，为实现对遗址的保护，限制了居民的发展，以至于居民只能从事传统、低效的生产生活活动，由此遗址内外的居民经济发展产生差距。对此，景区对遗址内的居民实现全体搬迁，便于整理与开发。该项目不仅可以恰当地展示民族精神的文化基础，满足遗址内居民的发展需求，也彻底改变了该遗址的老旧形象。同时，《西安千古情》景区的建设也提高了西安的旅游业竞争力，进一步促进了西安的经济发展。这为城市文化保护点式—重置型建设提供了更多的资源和资金支持，为文化遗产的保护和修复提供了更好的条件。一位景区工作人员表示：《西安千古情》的建设可以带动西安的旅游业和文化产业的发展。白天游客可以前往"千古情"景区游览，下午或者晚上可以选择观看《西安千古情》演出。这不仅可以吸引更多的游客前来西安旅游，还可以为西安市民提供更多的文化娱乐选择。此外，随着居民生活观念的改变，他们开始更加关注和重视本地文化的保护和传承，对城市文化保护点式—重置型建设的需求也随之增加。政府和相关部门在此背景下开始更加注重城市文化保护和更新，投入更多的资金和人力资源，加强对文化遗产的保护和修缮，同时在建设过程中也更加注重保护文化遗产的本真性和历史性。一位西安本地居民表示：自从《西安千古情》以及其他文化旅游项目开始建设，西安整体文化遗产得到更多的重视，让西安的城市形象得到了很大的提升。游客前来西安旅游，在城市各个角落里都能感受到浓厚的历史文化氛围，这让人们对西安的印象更加深刻、美好。作为普通市民，对此也应该予以支持，而且亲眼见证了这些年西安发生的巨变，深深为作为西安人而自豪。因此，可以说《西安千古情》景区的发展，通过改变居民的生活观念和需求，间接地推动了城市文化保护点式—重置型建设的发展，为西安文化的保护和传承作出了积极的贡献。

　　综上所述，从《西安千古情》的沉浸式歌舞演艺微旅游与居民意愿的实践过程可以看出，研究假设 HB2、HB8、HB9 可以从实践过程的角度得到验证，即沉浸式歌舞演艺微旅游的发展对居民意愿产生积极的影响，同时进一步促进了景区发展水平提高、城市文化保护点式—重置型的建设。

最后，沉浸式歌舞演艺微旅游的景区发展水平分析。

随着新媒体技术的推进和现代景区开发需求的不断拓展，传统单一的旅游观光模式已然无法满足现代化需求，我国逐渐向深度体验旅游产业转型升级，城市文化遗址成为城市经济转型发展的新途径。这与当地政策规划变化是紧密相关的，智慧景区的建设促进了文化遗址的合理开发，助推城市空间的重构，进而促进城市产业经济发展。本章通过对西安进行实地调研，总结出西安智慧景区搭建的要点，模拟出《西安千古情》景区发展水平建设的作用模型，见图 5 – 11。

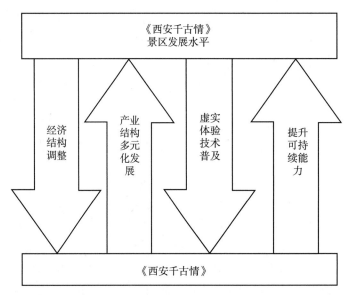

图 5 – 11　《西安千古情》开发中景区发展水平建设的作用模型

图 5 – 11 展示了《西安千古情》景区发展水平建设的作用模型，可了解到，西安智慧景区的搭建和发展与经济结构、产业结构、虚拟体验和可持续能力四个方面紧密相关，通过对这四个方面进行分析，有利于促进西安智慧景区发展水平提升，从而带动城市转型升级。

一是《西安千古情》促进经济结构的调整，进而影响西安的城市文化保护点式—重置型建设。《西安千古情》这一景区的开发在提升西安旅游业发展水平、改善居民生活水平的同时，也在调整西安经济结构方面发挥了一定的作用。通过将文化与旅游相结合，提供一种新的文化旅游产品，从而促进了旅游消费的升级和多样化。此外，该景区也采用了智慧化设施，如智能导览系统和 VR 技术等，提高了游客体验和景区管理效率，也进一步提升了景区的竞争力。随着景区核心竞争力的提升，西安的文化保护点式—重置型建设也会得到一定程度的发展。一方面，景区的成功开发和经营将增加西安文化旅游产业的投资，推动旅游经济的发展，从而带动整个城市的经济发展。另一方面，景区的建设和管理需要充分考虑文化保护，推动城市文化保护点式—重置型建设的进程。一位园区内餐饮店老板表示：随着景区的不断发展和扩大规模，越来越多的游客来访，从而也促进了我们店面的生意。尤其是在节假日和周末，游客数量更是明显增加，我们的店面生意也随之得到了很大的提升。而且他表示园区内的餐饮店与其他区域的餐厅相比具有较大的区别。园区内的餐饮店可以提供一种与景区文化相融合的就餐体验，这对于包括本土和外地游客在内的消费者来说，具有非常大的吸引力。同时他觉得：由于园区的现代化文化旅游设施越来越完善，游客也更加愿意在景区内品尝美食，这也为我们商家提供了更广阔的发展空间和市场前景。此外，景区在建设过程中需要充分考虑文物保护和历史文化传承，同时也需要充分利用现代科技手段，保护和传承历史文化遗产。这些经验和技术也可以在其他文化保护点式—重置型建设中得到应用和推广，促进整个城市的文化保护和传承。本地导游谢姐表示：《西安千古情》景区将现代化与传统文化相融合，改变了传统的景区模式。在经济结构问题上，这个景区采用了多种经济手段。除了门票收入之外，还有文创产品销售、观演收入、餐饮服务等多种收入来源。此外，还有一些企业赞助和合作，这些都是景区经济结构的重要组成部分。因此可以说，西安"千古情"的开发对于促进西安的文化保护点式—重置型建设发挥了积极的影响。通过提升景区的核心竞争力，推动了城市文化旅游产业的发展，同时也促进了城市的经济发展和文化保护。

二是《西安千古情》对景区发展的产业结构多元化发展产生了积极影响，进而影响西安的城市文化保护点式—重置型建设。随着西安"千古情"景区核心竞争力的提升，该景区所在地世博园也随之发生了产业结构的变化。顺应 2017 年 8 月西安市委的相关会议的要求，《西安千古情》景区不断优化其产业结构，凸显西安的产业文化，以提升自身的核心竞争力。《西安千古情》在世博园景区中的运营，使其成为西安的一张重要的演艺名片。这个大型演艺项目为当地居民与游客带来了沉浸式的视听盛宴，极大地促进了世博园景区的快速发展。它不仅是区域内产业文化可持续发展的动力，也为有效保护区域内的文化遗产作出了贡献。一位西安旅游业从业者表示：《西安千古情》景区作为一大型演艺名片，吸引了大量的游客前来观看。这一景区的开放，不仅带动了旅游业的发展，同时也促进了当地居民以及周边产业的发展。不仅提升了西安这座城市的知名度和美誉度，吸引更多游客来西安旅游；对于景区周边的民宿、餐饮、交通等产业也有一定的好处，增加了他们的营业额和利润，更重要的是为当地创造了大量的就业机会，减缓了当地的就业压力，促进了当地经济的发展。一方面，《西安千古情》作为西安市的一大旅游名片，其成功的推广和发展对于景区产业结构的多元化发展起到了重要的推动作用。通过优化产业结构，将文化产业作为核心，提升了《西安千古情》景区的核心竞争力，使得景区成为当地居民和游客必去的旅游景点之一。同时，其对于世博园景区的发展也产生了积极的影响，为世博园景区的快速发展提供了原动力。这种多元化的产业结构发展，也有助于促进区域内部产业文化的可持续发展和有效保护。另一方面，由于《西安千古情》所展现的是西安历史文化的精华，因此其发展也推动了西安城市文化保护的点式—重置型建设。通过《西安千古情》的发展，城市文化保护得以更好地落实和实现，使得西安的历史文化得到了更好的保护和传承。此外，在重置型建设中，产业结构的多元化发展也是非常重要的一部分。《西安千古情》景区的成功经验，可以鼓励其他景区在吸引游客的同时，推广本地的文化、手工艺和传统产业。这不仅能够增加景区的竞争力，也能够推动当地的产业文化发展，实现可持续发展和有效保护。园区的餐饮店老板表示：在《西安千古情》还没建设前，我是在其他地方开餐饮店的，人流量较少，收入不理想，自从搬来园区里后，随着前来观看《西安千古情》的人数增多，店里的收入也与日俱增，不像以前那样入不敷出，慢慢有盈利了。同时，还有相关旅游从业者也表示：《西安千古情》景区的成功经验可以为其他景区提供参考，推动全国旅游业的发展。景区应该致力于挖掘本地文化和历史底蕴，将其融入景区的建设和运营中，不仅可以吸引更多的游客，也可以推动当地的产业文化发展，为当地居民创造更多的就业机会，实现经济和社会的双重效益。此外，重置型建设还可以通过新技术的引入，提高景区的管理水平，优化服务体验，进一步推动景区的发展和城市文化的保护。因此，结合点式—重置型建设的理念，可以考虑在《西安千古情》景区的基础上，进一步推动西安城市文化保护的点式—重置型建设，通过多元化产业结构的发展，提升景区的核心竞争力，同时也推动当地产业文化的发展，实现可持续发展和有效保护。

三是通过运用各种虚实体验技术，《西安千古情》景区为游客提供更加丰富、生动、沉浸式的游览体验，提高景区的吸引力和竞争力。新媒体技术的应用使得景区表演更加立体化、多元化，增加了观众的参与感和互动性，使游客更加容易沉浸在景区的文化氛围之中。虚拟体验技术的应用也为游客提供了更加真实、细致、全面的文化体验，比如通过 VR 技术游览历史文化场景、通过全息投影技术观看文艺表演等，大大提升了游客的体验感和文化认知度。景区通过采用虚实结合的表现手法，不仅增加了表演的观赏性，同时也为游客提供了更加立体化、多维度的文化体验，对于提升景区发展水平具有重要作用。同时，随着虚实体验技术的不断普及，越来越多的景区开始关注数字化技术的应用，将其应用于景区建设和管理中。访谈中，有一位观看过多场演出的新媒体从业者表示：我觉得整个演出非常精彩和震撼，在整个演出中，最让我印象深刻的就是采用的虚拟体验技术。例如，在舞台的一侧设置了一个大型的 LED 屏幕，通过虚拟体验技术，将古代长安城的建筑、人物形象等逼真地呈现在观众面前。当时，我觉得非常震撼，仿佛自己已置身于古代长安城一般。它可以将观众带进一个非常逼真的场景，让观众更加深入地了解文化底蕴和历史背景。同时，虚拟体验技术还可以提升演出的观赏性和参与感，让观众更加沉浸在演出中。然而，虚拟体验技术应用在实景演出中也存在缺点。例如，由于虚拟体验需要依靠一些数字技术设备，可能会导致演出的成本增加，这对于一些景区来说可能具有一定的压力。此外，他相信随着数字化技术在体验演出中的应用越来越成熟，成本也会越来越低，降低对景区的压力。另外，一位来自南京的游客表示：数字化技术可以让更多的人更方便地了解和感受历史和文化，尤其是对于那些不能亲身体验历史和文化的人来说。同时可以减少人为破坏和自然侵蚀，帮助城市保存和保护历史文化遗产。同时，他认为数字化技术也可以应用于南京的文艺活动中，例如利用 VR 技术进行文艺表演的全息投影等。同时，通过数字化技术的应用，可以构建一个全民共享的文化知识平台，让更多的人了解南京的历史和文化。因此，西安"千古情"景区的成功经验和模式也为其他景区提供了借鉴和参考，进一步推动了中国旅游业的数字化转型和创新发展。在城市文化保护点式—重置型建设方面，数字化技术的应用也为文化遗产保护和传承提供了新的思路和手段，有助于推动城市文化保护和传承工作的高质量发展。

四是《西安千古情》的发展对景区的可持续能力产生了重要影响，这也为西安城市文化保护点式—重置型建设提供借鉴和参考。通过将旅游主题公园和著名的旅游演艺节目成功融合，《西安千古情》景区丰富了景区资源类别，提高了景区的吸引力和竞争力。该景区的发展模式既具有旅游主题公园的功能，也具有旅游演艺节目的特色，使游客能够在欣赏表演的过程中深度感受到文化的魅力。这种多元化的文化旅游发展模式不仅提高了游客的满意度，也为景区的可持续发展提供了保障。沉浸式歌舞演艺微旅游这一旅游业态的科学发展，进一步提高了景区的可持续能力。《西安千古情》采用了各种虚实体验技术，如 VR、AR、XR、全息、3D Mapping、跟踪、交互等，将历史文化场景数字化和虚拟化，使游客能够身临其境地感受到唐长安城墙、大雁塔等历史文化景观。这种沉浸式的体验方式不仅提高了游客的参与感和体验感，也为景区的可持续发展打下了坚实的基础。同时，培养了对西安文化的更多兴趣，有助于推动西安文化的保护和创新。一位景区相关工作人员表示：对于游客的多样化需求，景区在建设的时候就有进行参考，做了多种计划。在《西安千古情》开场前，游客可以随意在园区内走走逛逛，如唐街，步行街上有着各种手工艺品，既有异域风情的伊朗珐琅盘，也有中国传统的捏泥人和草药铺子等古风店面，还有现代化的招财猫、鬼屋等网红店铺，游客可以在这些步行街上消遣。如果游客不喜欢逛这些步行街的话，那么在园区内还可以看到快闪、绣球招婿等互动秀节目，仿佛让你穿越到了古代某个瞬间。文化和旅游部印发的《关于促进旅游演艺发展的指导意见》对旅游演艺的科学发展做出了全面系统引导，并提出了一系列支持旅游演艺发展的政策措施。《西安千古情》恰恰契合这一政策导向，将旅游演艺节目与主题公园融合，打造出独具特色的沉浸式演艺旅游产品，为旅游业提供了全新的增长点，同时也为西安的城市文化保护点式—重置型建设提供了有益的借鉴和参考。南京的游客表示：虽然相对于很多舞台剧，《西安千古情》不算最完美，但是舞台剧的魅力就是让观众有所感触，能够真实体验，而《西安千古情》最让我动容的就是那些发生在"丝绸之路"上的点点滴滴以及长安城内的繁华，处处使人感到震撼。此外，《西安千古情》的发展也为当地的文化产业提供了良好的发展环境和平台，鼓励当地的文化产业创新，推动文化创意产品的开发和推广，为城市文化保护点式—重置型建设注入新的活力和动力。综上所述，通过多元化的文化要素、沉浸式旅游演艺和政策支持，西安"千古情"景区的可持续能力得到了提升，并对西安的城市文化保护点式—重置型建设产生了积极的影响。

综上所述，从《西安千古情》的沉浸式歌舞演艺微旅游与景区发展水平的实践过程可以看出，研究假设 HB1、HB5 可以从实践过程的角度得到验证，即沉浸式歌舞演艺微旅游的发展对景区发展水平产生积极的影响，进一步促进了城市文化保护点式—重置型的建设。

总之，通过对《西安千古情》的沉浸式歌舞演艺微旅游与城市文化保护点式—重置型协同模式实践过程的分析，本章所提出的研究假设基本能够得到验证，从定性分析的角度初步验证了沉浸式歌舞演艺微旅游、智慧城市建设、居民意愿、景区发展水平、城市文化保护点式—重置型之间的关系。但是，上述各变量之间作用强度的大小、受影响的差异程度等关于沉浸式歌舞演艺微旅游与城市文化保护点式—重置型协同模式之间具体作用机制的问题难以定性衡量。为此，本书需要进一步通过问卷调查，运用结构方程模型，从量化分析的角度检验沉浸式歌舞演艺微旅游与城市文化保护点式—重置型协同模式之间的具体作用机制。

关于案例验证分析：

本次案例研究选取的是西安市《西安千古情》，研究小组通过实地调研获得了具有较高准确性的有效资料，对《西安千古情》有更加深入的了解。为了展开对沉浸式歌舞演艺微旅游与城市文化保护点式—重置型建设的案例验证研究，先解释了以《西安千古情》作为案例地的选题依据，并对案例进行描述，将西安市的建设和发展分为三个阶段，第一阶段是西安文化产业与旅游相融合阶段，第二阶段是旧城文化价值得以彰显、打造西安旅游品牌形象阶段，第三阶段是虚实结合开发旅游新业态阶段，通过对这三个阶段进行深度的分析，识别出《西安千古情》发展困境及解决办法。其中，根据前文搭建的沉浸式歌舞演艺微旅游与城市文化保护点式—重置型协同模式的结构方程实证结果可知，在案例讨论和发展中关键在于智慧城市建设、居民意愿及景区发展水平三个方面的内容，由此搭建出《西安千古情》建设中智慧城市建设作用模型、居民意愿作用模型、景区发展水平作用模型。

运用案例研究方法进行单个案例研究，选取陕西西安的《西安千古情》为案例对沉浸式歌舞演艺微旅游与城市文化保护点式—重置型协同模式进行验证。结合前文搭建的沉浸式歌舞演艺微旅游与城市文化保护点式—重置型协同模式的分析框架、研究假设和结构方程实证分析相关内容，基于《西安千古情》的发展现状，重点掌握智慧城市建设、居民意愿、景区发展水平在沉浸式歌舞演艺微旅游转型升级以及城市更新建设当中的作用，用单个案例验证了沉浸式歌舞演艺微旅游与城市文化保护点式—重置型建设协同过程中的影响因素，进一步验证了沉浸式歌舞演艺微旅游与城市文化保护点式—重置型协同模式。

5.2.4　问卷数据分析

第一，样本数据的描述性统计及信度效度检验。

为获取新时代下的沉浸式歌舞演艺微旅游与城市文化保护点式—原置型协同模式的第一手资料，共发放了 300 份调查问卷，并成功收回了 268 份，回收率为 89.3%。然而，由于填写不认真和部分回答不完整的情况，部分问卷被视为无效。经过统计，得到了 230 份有效问卷，在总共收回的 268 份问卷中，有效率为 85.8%。总体而言，有效问卷的数量符合结构方程所需的样本数量，可以进行下一步的实证分析。然而，在进行实证分析之前，仅仅依靠科学、合理、可操作的设计调查问卷量表来获取准确、科学的研究结论是不够的，还需要对调查问卷获得的数据进行信度分析和效度分析，以了解新时代下沉浸式歌舞演艺微旅游与城市文化保护点式—重置型协同模式的协同状况。因此，运用 SPSS22 软件对调研数据进行分析，研究数据基本符合正态分布，抽样代表性较好。样本的人口统计学特征如表 5-10 所示。

表 5 – 10   样本人口特征的描述性统计

基本特征	样本分组	频数	百分比（%）	基本特征	样本分组	频数	百分比（%）
性别	女	113	49.13	受教育程度	初中及以下	79	34.35
	男	117	50.87		高中或中专	45	19.57
居住所在地	本地居民	141	61.30		大专	57	24.78
	外地游客	89	38.70		本科	40	17.39
年龄	14 岁及以下	5	2.17		硕士及以上	9	3.91
	15～24 岁	32	13.91	职业	工人	23	10.00
	25～44 岁	101	43.91		职员	36	15.65
	45～60 岁	84	36.52		教育工作者	23	10.00
	61 岁以上	8	3.48		农民	26	11.30
居住时间	1 年以下	103	44.78		自由职业者	43	18.70
	2～5 年	25	10.87		管理人员	5	2.17
	6～10 年	21	9.13		学生	9	3.91
	11 年以上	81	35.22		服务人员	23	10.00
家庭人均年收入	10000 元以下	18	7.83		技术人员	4	1.74
	10001～15000 元	25	10.87		政府工作人员	3	1.30
	15001～30000 元	43	18.70		退休人员	9	3.91
	30001～50000 元	74	32.17		其他	26	11.30
	50001 元以上	70	30.43	家庭人口数	5 人以上	37	16.09
					2～5 人	143	62.17
					单身	50	21.74

　　根据本书的研究设计，对沉浸式歌舞演艺微旅游、景区发展水平、居民意愿、智慧城市建设和城市文化保护点式—重置型五个方面的内容进行了描述性统计，同时对每个主要变量的观测指标进行均值和标准差的描述。通过 SPSS22 软件计算各指标的均值和标准差，并将结果列在表 5 – 11 中。

表 5 – 11   描述性统计

主要变量	潜在变量	观测变量	均值	标准差	最大值	最小值
文化基础（IMP）	文化基础（IMP1）	IMP11	3.67	0.687	5	1
		IMP12	3.74	0.674	5	2
	土地基础（IMP2）	IMP21	3.67	0.738	5	1
		IMP22	3.62	0.781	5	2
		IMP23	3.63	0.751	5	2
	数字科技（IMP3）	IMP31	3.60	0.789	5	1
		IMP32	3.59	0.779	5	1
	社会环境（IMP4）	IMP41	3.58	0.746	5	1
		IMP42	3.59	0.751	5	1

续表

主要变量	潜在变量	观测变量	均值	标准差	最大值	最小值
景区发展水平 （DLSS）	经济结构 （DLSS1）	DLSS11	3.24	0.710	5	2
		DLSS12	3.38	0.747	5	1
		DLSS13	3.35	0.747	5	1
	产业结构 （DLSS2）	DLSS21	3.57	0.782	5	1
		DLSS22	3.62	0.845	5	1
	虚拟体验 （DLSS3）	DLSS31	3.55	0.867	5	2
		DLSS32	3.45	0.847	5	1
		DLSS33	3.35	0.856	5	1
	可持续能力 （DLSS4）	DLSS41	3.53	0.817	5	1
		DLSS42	3.36	0.800	5	1
		DLSS43	3.33	0.783	5	1
智慧城市建设 （SCC）	布局选址 （SCC1）	SCC11	3.32	0.723	5	1
		SCC12	3.23	0.654	5	1
		SCC13	3.04	0.665	5	1
	服务设施 （SCC2）	SCC21	3.33	0.695	5	2
		SCC22	3.04	0.706	5	1
		SCC23	3.12	0.700	5	1
	游客满意度 （SCC3）	SCC31	3.23	0.729	5	1
		SCC32	3.07	0.673	5	1
		SCC33	3.17	0.713	5	1
居民意愿 （TWR）	开发意识 （TWR1）	TWR11	3.37	0.789	5	1
		TWR12	3.38	0.824	5	1
	生活观念 （TWR2）	TWR21	3.40	0.773	5	1
		TWR22	3.32	0.752	5	1
城市文化保护点式—重置型 （UCPR）	政府监管机制 （UCPR1）	UCPR11	3.65	0.724	5	1
		UCPR12	3.64	0.748	5	1
		UCPR13	3.62	0.769	5	1
	开发商协调机制 （UCPR2）	UCPR21	3.65	0.747	5	1
		UCPR22	3.65	0.787	5	1
		UCPR23	3.74	0.741	5	1
	民众参与机制 （UCPR3）	UCPR31	3.61	0.814	5	1
		UCPR32	3.67	0.755	5	1
		UCPR33	3.74	0.770	5	1

　　为了评估新时代下沉浸式歌舞演艺微旅游与城市文化保护点式—重置型协同模式的信度，使用 Kilne 的信度检验标准，并利用 SPSS22 软件对收集到的量表数据进行信度检验，得到各变量的 Cronbach's α 系数值（见表 5 – 12），用于评估量表的内部一致性。在对以上数据进行信度检验后，进一步进行效度检验。通过效度检验，旨在验证通过调查问卷量表所获得的数据是否能够准确、科学地反映测度变量的真实架构，并且是否符合研究假设的条件，详细统计结果见表 5 – 12。

表 5 - 12   信度和效度检验结果

变量	题项	α	因子载荷		KMO 值	累计方差解释率	Bartlett's 球形检验		
							X2	df	Sig.
文化基础（IMP）	2	0.848	IMP11	0.682	0.953	66.510	1440.222	36	0.000
			IMP12	0.730					
	3	0.845	IMP21	0.742					
			IMP22	0.730					
			IMP23	0.704					
	2	0.719	IMP31	0.676					
			IMP32	0.720					
	2	0.696	IMP41	0.669					
			IMP42	0.669					
景区发展水平（DLSS）	3	0.565	DLSS11	0.422	0.846	56.102	591.433	55	0.000
			DLSS12	0.366					
			DLSS13	0.651					
	2	0.678	DLSS21	0.705					
			DLSS22	0.656					
	3	0.645	DLSS31	0.537					
			DLSS32	0.629					
			DLSS33	0.601					
	3	0.633	DLSS41	0.551					
			DLSS42	0.480					
			DLSS43	0.641					
智慧城市建设（SCC）	3	0.633	SCC11	0.459	0.894	45.894	631.377	36	0.000
			SCC12	0.418					
			SCC13	0.611					
	3	0.605	SCC21	0.427					
			SCC22	0.571					
			SCC23	0.645					
	3	0.674	SCC31	0.560					
			SCC32	0.611					
			SCC33	0.497					
居民意愿（TWR）	2	0.814	TWR11	0.667	0.824	73.808	481.146	6	0.000
			TWR12	0.700					
	2	0.799	TWR21	0.690					
			TWR22	0.776					

变量	题项	α	因子载荷		KMO 值	累计方差解释率	Bartlett's 球形检验		
							X2	df	Sig.
城市文化保护点式—重置型（UCPR）	3	0.868	UCPR11	0.696	0.955	70.294	1629.594	36	0.000
			UCPR12	0.666					
			UCPR13	0.742					
	3	0.879	UCPR21	0.765					
			UCPR22	0.769					
			UCPR23	0.686					
	3	0.860	UCPR31	0.727					
			UCPR32	0.758					
			UCPR33	0.623					

　　如表 5 – 12 所示，在新时代沉浸式歌舞演艺微旅游与城市文化保护点式—重置型协同模式的信度和效度检验结果中，大于 0.60 的 Cronbach's α 系数值超过 93%，由此可以看出量表数据具有较好的信度，均在可接受范围内。

　　第二，样本数据的结构方程模型构建及调整。

　　从沉浸式歌舞演艺微旅游与城市文化保护点式—重置型协同模式的理论模型可以了解到，沉浸式歌舞演艺微旅游、景区发展水平、智慧城市建设、居民意愿和城市文化保护点式—重置型都属于无法直接观测到的潜在变量。针对这些潜在变量设定的二级指标也为潜在变量。此外，显变量和潜变量之间还存在内生变量和外生变量的区分。在本书中，将沉浸式歌舞演艺微旅游与城市文化保护点式—重置型建设协同作用中的各项变量进行归类，以便更好地理解它们之间的关系和相互作用。其中，沉浸式歌舞演艺微旅游是内生变量，智慧城市建设、景区发展水平、居民意愿是中间变量，城市文化保护点式—重置型是外生变量。基于此，本书搭建出新时代下沉浸式歌舞演艺微旅游与城市文化保护点式—重置型协同模式的初始结构方程模型（见图 5 – 12）。

　　图 5 – 12 显示沉浸式歌舞演艺微旅游与城市文化保护点式—重置型协同模式的初始结构方程模型，从中可以看到，外生显变量共为 9 项：IMP11 ~ 12、IMP21 ~ 23、IMP31 ~ 32、IMP41 ~ 42。内生显变量共为 33 项：DLSS11 ~ 13、DLSS21 ~ 22、DLSS31 ~ 33、DLSS41 ~ 43、SCC11 ~ 13、SCC21 ~ 23、SCC31 ~ 33、TWR11 ~ 12、TWR21 ~ 22、UCPR11 ~ 13、UCPR21 ~ 23、UCPR31 ~ 33。外生潜变量 4 项：IMP1 ~ 4。内生潜变量 12 项：DLSS1 ~ 4、SCC1 ~ 3、TWR1 ~ 2、UCPR1 ~ 3。

　　在验证新时代下的沉浸式歌舞演艺微旅游与城市文化保护点式—重置型协同模式数据时，设定相关变量，以便搭建观测变量的结构方程。这个结构方程模型用于描述各个变量之间的关系和相互作用。沉浸式歌舞演艺微旅游（IMP）、文化基础（IMP1）、土地基础（IMP2）、数字科技（IMP3）、社会环境（IMP4）是外生潜变量，分别用 ζ_{IMP}、ζ_{IMP1}、ζ_{IMP2}、ζ_{IMP3}、ζ_{IMP4} 来表示。景区发展水平（DLSS）、经济结构（DLSS1）、产业结构（DLSS2）、虚拟体验（DLSS3）、可持续能力（DLSS4）、智慧城市建设（SCC）、布局选址（SCC1）、服务设施（SCC2）、游客满意度（SCC3）、居民意愿（TWR）、开发意识（TWR1）、生活观念（TWR2）、城市文化保护点式—重置型（UCPR）、政府监管机制（UCPR1）、开发商协调机制（UCPR2）、民众参与机制（UCPR3）是内

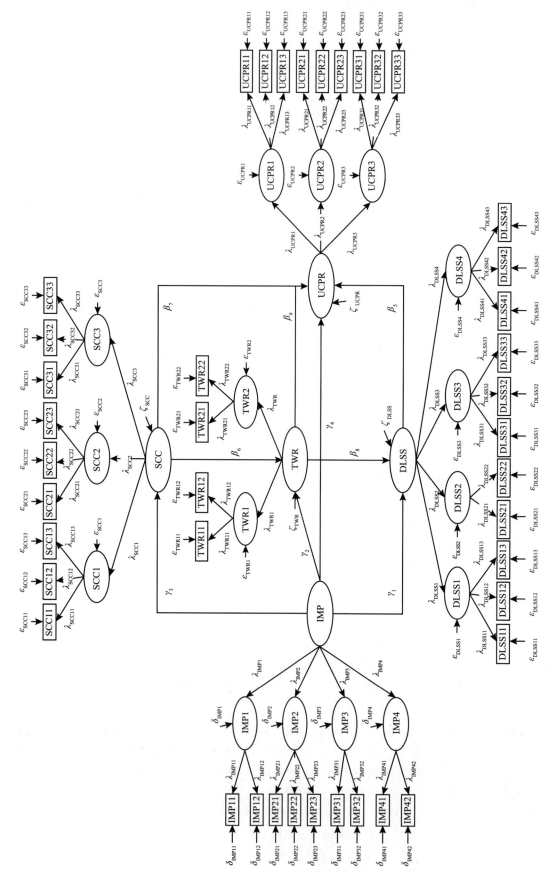

图5-12　沉浸式歌舞艺微旅游与城市文化保护点式—重置型协同模式的初始结构方程模型

生潜变量，分别用 η_{DLSS}、η_{DLSS1}、η_{DLSS2}、η_{DLSS3}、η_{DLSS4}、η_{SCC}、η_{SCC1}、η_{SCC2}、η_{SCC3}、η_{TWR}、η_{TWR1}、η_{TWR2}、η_{UCPR}、η_{UCPR1}、η_{UCPR2}、η_{UCPR3} 来表示。因此，搭建出沉浸式歌舞演艺微旅游与城市文化保护点式—重置型协同模式的观测模型方程式：

$$
\begin{cases}
X_{IMP1} = \lambda_{IMP1}\xi_{IMP} + \delta_{IMP1}, \ X_{IMP2} = \lambda_{IMP2}\xi_{IMP} + \delta_{IMP2}, \\
X_{IMP3} = \lambda_{IMP3}\xi_{IMP} + \delta_{IMP3}, \ X_{IMP4} = \lambda_{IMP4}\xi_{IMP} + \delta_{IMP4}, \\
X_{IMP11} = \lambda_{IMP11}\xi_{IMP1} + \delta_{IMP11}, \ X_{IMP12} = \lambda_{IMP12}\xi_{IMP1} + \delta_{IMP12}, \\
X_{IMP21} = \lambda_{IMP21}\xi_{IMP2} + \delta_{IMP21}, \ X_{IMP22} = \lambda_{IMP22}\xi_{IMP2} + \delta_{IMP22}, \\
X_{IMP23} = \lambda_{IMP23}\xi_{IMP2} + \delta_{IMP23}, \ X_{IMP31} = \lambda_{IMP31}\xi_{IMP3} + \delta_{IMP31}, \\
X_{IMP32} = \lambda_{IMP32}\xi_{IMP3} + \delta_{IMP32}, \ X_{IMP41} = \lambda_{IMP41}\xi_{IMP4} + \delta_{IMP41}, \\
X_{IMP42} = \lambda_{IMP42}\xi_{IMP4} + \delta_{IMP42}, \ Y_{SCC1} = \lambda_{SCC1}\eta_{SCC} + \varepsilon_{SCC1}, \\
Y_{SCC2} = \lambda_{SCC2}\eta_{SCC} + \varepsilon_{SCC2}, \ Y_{SCC3} = \lambda_{SCC3}\eta_{SCC} + \varepsilon_{SCC3}, \\
Y_{SCC11} = \lambda_{SCC11}\eta_{SCC1} + \varepsilon_{SCC11}, \ Y_{SCC12} = \lambda_{SCC12}\eta_{SCC1} + \varepsilon_{SCC12} \\
Y_{SCC13} = \lambda_{SCC13}\eta_{SCC1} + \varepsilon_{SCC13}, \ Y_{SCC21} = \lambda_{SCC21}\eta_{SCC2} + \varepsilon_{SCC21}, \\
Y_{SCC22} = \lambda_{SCC22}\eta_{SCC2} + \varepsilon_{SCC22}, \ Y_{SCC23} = \lambda_{SCC23}\eta_{SCC2} + \varepsilon_{SCC23}, \\
Y_{SCC31} = \lambda_{SCC31}\eta_{SCC3} + \varepsilon_{SCC31}, \ Y_{SCC32} = \lambda_{SCC32}\eta_{SCC3} + \varepsilon_{SCC32}, \\
Y_{SCC33} = \lambda_{SCC33}\eta_{SCC3} + \varepsilon_{SCC33}, \ Y_{TWR1} = \lambda_{TWR1}\eta_{TWR} + \varepsilon_{TWR1}, \\
Y_{TWR2} = \lambda_{TWR2}\eta_{TWR} + \varepsilon_{TWR2}, \ Y_{TWR11} = \lambda_{TWR11}\eta_{TWR1} + \varepsilon_{TWR11}, \\
Y_{TWR12} = \lambda_{TWR12}\eta_{TWR1} + \varepsilon_{TWR12}, \ Y_{TWR13} = \lambda_{TWR13}\eta_{TWR1} + \varepsilon_{TWR13}, \\
Y_{TWR21} = \lambda_{TWR21}\eta_{TWR2} + \varepsilon_{TWR21}, \ Y_{TWR22} = \lambda_{TWR22}\eta_{TWR2} + \varepsilon_{TWR22}, \\
Y_{TWR23} = \lambda_{TWR23}\eta_{TWR2} + \varepsilon_{TWR23}, \ Y_{DLSS1} = \lambda_{DLSS1}\eta_{DLSS} + \varepsilon_{DLSS1}, \\
Y_{DLSS2} = \lambda_{DLSS2}\eta_{DLSS} + \varepsilon_{DLSS2}, \ Y_{DLSS3} = \lambda_{DLSS3}\eta_{DLSS} + \varepsilon_{DLSS3}, \\
Y_{DLSS4} = \lambda_{DLSS4}\eta_{DLSS} + \varepsilon_{DLSS4}, \ Y_{DLSS11} = \lambda_{DLSS11}\eta_{DLSS1} + \varepsilon_{DLSS11}, \\
Y_{DLSS12} = \lambda_{DLSS12}\eta_{DLSS1} + \varepsilon_{DLSS12}, \ Y_{DLSS13} = \lambda_{DLSS13}\eta_{DLSS1} + \varepsilon_{DLSS13}, \\
Y_{DLSS21} = \lambda_{DLSS21}\eta_{DLSS2} + \varepsilon_{DLSS21}, \ Y_{DLSS22} = \lambda_{DLSS22}\eta_{DLSS2} + \varepsilon_{DLSS22}, \\
Y_{DLSS31} = \lambda_{DLSS31}\eta_{DLSS3} + \varepsilon_{DLSS31}, \ Y_{DLSS32} = \lambda_{DLSS32}\eta_{DLSS3} + \varepsilon_{DLSS32}, \\
Y_{DLSS33} = \lambda_{DLSS33}\eta_{DLSS3} + \varepsilon_{DLSS33}, \ Y_{DLSS41} = \lambda_{DLSS41}\eta_{DLSS4} + \varepsilon_{DLSS41}, \\
Y_{DLSS42} = \lambda_{DLSS42}\eta_{DLSS4} + \varepsilon_{DLSS42}, \ Y_{DLSS43} = \lambda_{DLSS43}\eta_{DLSS4} + \varepsilon_{DLSS43}, \\
Y_{UCPR1} = \lambda_{UCPR1}\eta_{UCPR} + \varepsilon_{UCPR1}, \ Y_{UCPR2} = \lambda_{UCPR2}\eta_{UCPR} + \varepsilon_{UCPR2}, \\
Y_{UCPR3} = \lambda_{UCPR3}\eta_{UCPR} + \varepsilon_{UCPR3}, \ Y_{UCPR11} = \lambda_{UCPR11}\eta_{UCPR1} + \varepsilon_{UCPR11}, \\
Y_{UCPR12} = \lambda_{UCPR12}\eta_{UCPR1} + \varepsilon_{UCPR12}, \ Y_{UCPR13} = \lambda_{UCPR13}\eta_{UCPR1} + \varepsilon_{UCPR13}, \\
Y_{UCPR21} = \lambda_{UCPR21}\eta_{UCPR2} + \varepsilon_{UCPR21}, \ Y_{UCPR22} = \lambda_{UCPR22}\eta_{UCPR2} + \varepsilon_{UCPR22}, \\
Y_{UCPR23} = \lambda_{UCPR23}\eta_{UCPR2} + \varepsilon_{UCPR23}, \ Y_{UCPR31} = \lambda_{UCPR31}\eta_{UCPR3} + \varepsilon_{UCPR31}, \\
Y_{UCPR32} = \lambda_{UCPR32}\eta_{UCPR3} + \varepsilon_{UCPR32}, \ Y_{UCPR33} = \lambda_{UCPR33}\eta_{UCPR3} + \varepsilon_{UCPR33}.
\end{cases}
$$

在搭建沉浸式歌舞演艺微旅游与城市文化保护点式—原置型协同模式的结构方程模型时，基于观测模型方程式，依据结构模型的一般形式进行构建方程式，表达如下：

$$
\begin{cases}
\eta_{SCC} = \gamma_3\xi_{IMP} + \zeta_{SCC}, \\
\eta_{TWR} = \gamma_2\xi_{IMP} + \beta_6\eta_{SCC} + \zeta_{TWR}, \\
\eta_{DLSS} = \gamma_1\xi_{IMP} + \beta_8\eta_{TWR} + \zeta_{DLSS}, \\
\eta_{UCPR} = \gamma_4\xi_{IMP} + \beta_5\eta_{DLSS} + \beta_7\eta_{SCC} + \beta_9\eta_{TWR} + \zeta_{UCPR}.
\end{cases}
$$

其中，分别用 γ_1、γ_2、γ_3、γ_4 表示沉浸式歌舞演艺微旅游到景区发展水平、居民意愿、智慧城市建设、城市文化保护点式—重置型的作用路径。用 β_5 表示景区发展水平到城市文化保护点式—重置型的作用路径，分别用 β_6、β_7 表示智慧城市建设到居民意愿与城市文化保护点式—重置型的作用路径，分别用 β_8、β_9 表示居民意愿到景区发展水平与城市文化保护点式—重置型的作用路径。

　　根据研究的目标，将沉浸式歌舞演艺微旅游与城市文化保护点式—重置型协同模式的结构方程模型导入 AMOSS 中，并使用研究所采集到的量表数据进行分析。在分析过程中，研究采用了八种最常用的拟合指标检验方法，包括 CMIN\DF、CFI、IFI、TLI、AGFI、PNFI、RMSEA、RMR。以下是通过导入研究的量表数据并运行结构方程模型后获得的沉浸式歌舞演艺微旅游与城市文化保护点式—重置型协同模式的拟合指标值（见表 5 – 13）。这些指标值提供了模型的拟合度信息，帮助评估模型的质量和适应性。

表 5 – 13　　　　　　　　　　　　　初始结构方程模型适配度检验结果

拟合指标	CMIN \ DF	CFI	IFI	TLI	AGFI	PNFI	RMSEA	RMR
观测值	1.379	0.946	0.947	0.942	0.796	0.766	0.041	0.028
拟合标准	<3.00	>0.90	>0.90	>0.90	>0.80	>0.50	<0.08	<0.05

　　根据表 5 – 13，可以看到沉浸式歌舞演艺微旅游与城市文化保护点式—重置型协同模式的各项拟合指标检验值均达到标准要求。这表明所建立的初始结构方程模型能够很好地与通过调查问卷所获取的量表数据进行拟合，这意味着模型与实际数据之间存在较好的一致性和拟合度。因此，在进行拟合度检验的基础上，下一步对初始结构方程中各路径的系数进行测度（见表 5 – 14）。

表 5 – 14　　　　　　　　　　　　　　　初始结构方程路径估计

路径	模型路径	路径系数	S. E.	C. R.	P
γ_1	IMP→DLSS	0.70	0.070	5.690	***
γ_2	IMP→TWR	0.25	0.090	2.862	0.004
γ_3	IMP→SCC	0.74	0.063	8.770	***
γ_4	IMP→UCPR	0.15	0.109	1.357	0.175
β_5	DLSS→UCPR	0.27	0.205	2.295	0.022
β_6	SCC→TWR	0.57	0.144	5.307	***
β_7	SCC→UCPR	0.29	0.123	3.143	0.002
β_8	TWR→DLSS	0.18	0.049	2.068	0.039
β_9	TWR→UCPR	0.24	0.084	2.814	0.005

　　注：*** 表示 P < 0.001。

　　由表 5 – 14 可以看出，在进行显著性检验时，路径 IMP→UCPR 没有通过显著性检验。从结果上看，沉浸式歌舞演艺微旅游与城市文化保护点式—重置型协同模式的原始结构方程模型的构造思路基本正确，但其中的部分关系需要进行调整。因此，删除了路径 IMP→UCPR，即沉浸式歌舞演艺微旅游对城市文化保护点式—重置型的直接作用关系路径，以此调整模型（见图 5 – 13）。

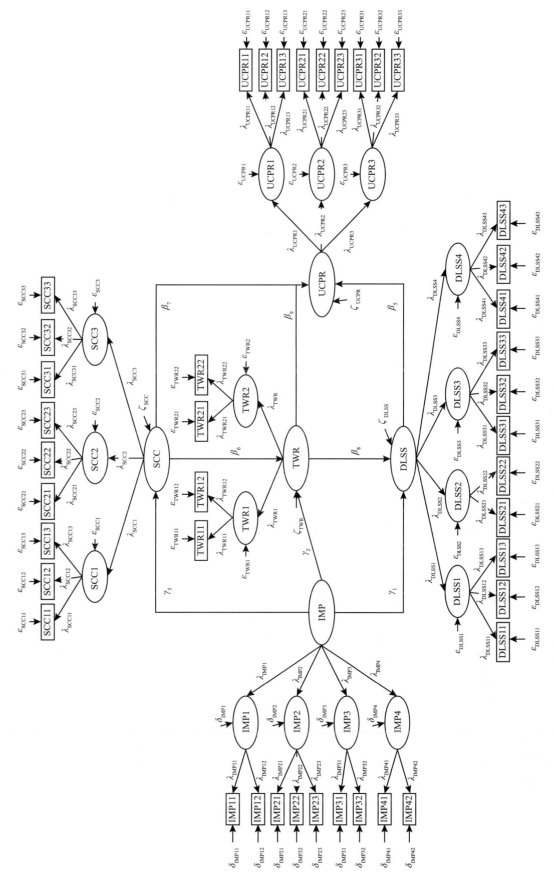

图5-13　调整后的沉浸式歌舞演艺微旅游与城市文化保护点式一重置型协同模式结构方程模型

根据研究需求，调整了沉浸式歌舞演艺微旅游对城市文化保护点式—重置型协同模式的初始结构方程模型，并得到了调整后的模型，该模型的结构如图 5 – 13 所示。调整后的模型被放入 AMOS 中进行拟合检验，并得到了相关结果，这些结果见表 5 – 15。

表 5 – 15　　　　　　　　　　　　　　　调整后结构方程模型适配度检验结果

拟合指标	CMIN\DF	CFI	IFI	TLI	AGFI	PNFI	RMSEA	RMR
观测值	1. 379	0. 946	0. 947	0. 942	0. 796	0. 766	0. 041	0. 028
拟合标准	<3. 00	>0. 90	>0. 90	>0. 90	>0. 80	>0. 50	<0. 08	<0. 05

根据表 5 – 15 的结果，可以观察到调整后的结构方程模型在各项拟合指标检验值上均达到拟合标准。这表明调整后的模型与原始数据量表之间仍然存在匹配关系，即模型与实际数据之间具有较好的一致性。在进行拟合度检验的基础上，本章进一步将调整后的结构方程模型放入 AMOS 中进行路径估计，并得到了表 5 – 16 中的结果。

表 5 – 16　　　　　　　　　　　　　　　　调整后的结构方程路径估计

路径	模型路径	非标准化路径系数	标准化路径系数	S. E.	C. R.	P
γ_1	IMP→DLSS	0. 41	0. 73	0. 071	5. 824	***
γ_2	IMP→TWR	0. 26	0. 26	0. 090	2. 873	0. 004
γ_3	IMP→SCC	0. 56	0. 75	0. 064	8. 791	***
β_5	DLSS→UCPR	0. 68	0. 39	0. 161	4. 203	***
β_6	SCC→TWR	0. 76	0. 56	0. 144	5. 254	***
β_7	SCC→UCPR	0. 43	0. 33	0. 119	3. 647	***
β_8	TWR→DLSS	0. 09	0. 16	0. 048	1. 934	0. 053
β_9	TWR→UCPR	0. 23	0. 24	0. 084	2. 741	0. 006

注：*** 表示 $P < 0.001$。

根据表 5 – 16 可知，调整后的结构方程模型中各路径均呈现出显著状态，特别是在表 5 – 12 中，大多数路径的显著性水平达到了 0.001，通过了显著性检验，表明这些路径的系数在统计上是显著的。经过标准化处理之后，路径系数的数值均在 –1 至 1 的范围内，这符合结构方程模型中路径系数的常见范围，综上所述，得出最终的结构方程模型，见图 5 – 14。

第三，结构方程的假设检验及效应分解。

依据以上结构方程实证结果，并结合研究中提出的研究假设与概念模型，对新时代下沉浸式歌舞演艺微旅游与城市文化保护点式—重置型协同模式作用假设进行验证，并对路径系数进行归纳总结，详情如表 5 – 17 所示。

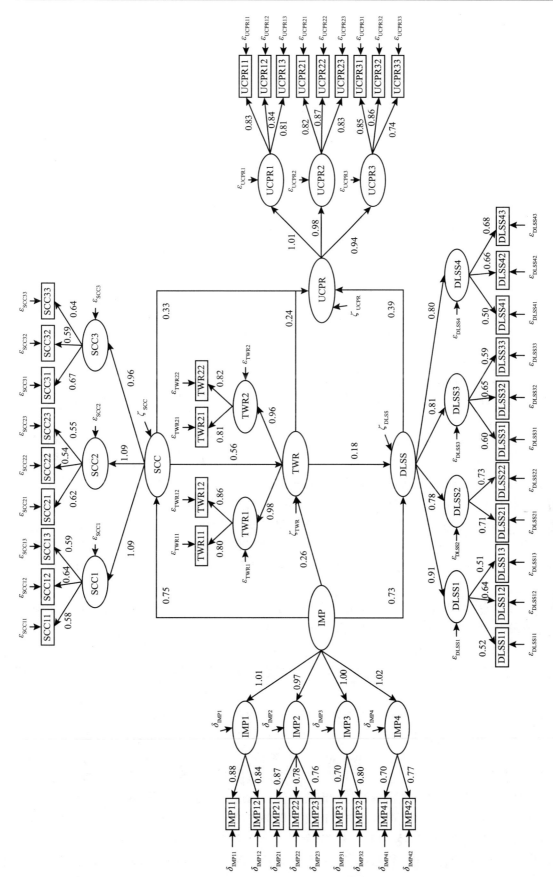

图5-14　最终的沉浸式歌舞演艺微旅游与城市文化保护点式一重置型协同模式的结构方程模型

表 5 - 17　沉浸式歌舞演艺微旅游与城市文化保护点式—重置型协同模式结构方程模型路径结果分析表

路径	模型路径	路径系数	显著性水平	研究假设	检验结果
γ_1	IMP→DLSS	0.73	***	HB1	支持
γ_2	IMP→TWR	0.26	0.004	HB2	支持
γ_3	IMP→SCC	0.75	***	HB3	支持
γ_4	IMP→UCPR	—	—	HB4	不支持
β_5	DLSS→UCPR	0.39	***	HB5	支持
β_6	SCC→TWR	0.56	***	HB6	支持
β_7	SCC→UCPR	0.33	***	HB7	支持
β_8	TWR→DLSS	0.16	0.053	HB8	支持
β_9	TWR→UCPR	0.24	0.006	HB9	支持

注：*** 表示 $P < 0.001$。

经过标准化处理，沉浸式歌舞演艺微旅游到景区发展水平的路径系数为 0.73，$P < 0.001$，通过了显著性检验，即"沉浸式歌舞演艺微旅游对景区发展水平具有显著的直接正向作用"的原假设 HB1 成立。

沉浸式歌舞演艺微旅游到居民意愿的路径系数为 0.26，P 值为 0.004，小于 0.05，较好地通过了显著性检验，即"沉浸式歌舞演艺微旅游对居民意愿具有显著的直接正向作用"的原假设 HB2 成立。

沉浸式歌舞演艺微旅游到智慧城市建设的路径系数为 0.75，$P < 0.001$，通过了显著性检验，即"沉浸式歌舞演艺微旅游对智慧城市建设具有显著的直接正向作用"的原假设 HB3 成立。

沉浸式歌舞演艺微旅游到城市文化保护点式—重置型的作用路径在模型调整中被删除了，未能够通过显著性检验，由此可以看出，"沉浸式歌舞演艺微旅游对城市文化保护点式—重置型具有显著的直接正向作用"的假设不成立，检验的结果拒绝了原假设 HB4。

景区发展水平到城市文化保护点式—重置型的路径系数为 0.39，$P < 0.001$，通过了显著性检验，即"景区发展水平对城市文化保护点式—重置型具有显著的直接正向作用"的原假设 HB5 成立。

智慧城市建设到居民意愿的路径系数为 0.56，$P < 0.001$，通过了显著性检验，即"智慧城市建设对居民意愿具有显著的直接正向作用"的原假设 HB6 成立。

智慧城市建设到城市文化保护点式—重置型的路径系数为 0.33，$P < 0.001$，通过了显著性检验，即"智慧城市建设对城市文化保护点式—重置型具有显著的直接正向作用"的原假设 HB7 成立。

居民意愿到景区发展水平的路径系数为 0.16，P 值为 0.053，在 5% 的水平上显著，通过了显著性检验，即"居民意愿对景区发展水平具有显著的直接正向作用"的原假设 HB8 成立。

居民意愿到城市文化保护点式—重置型的路径系数为 0.24，$P = 0.006$，通过了显著性检验，即"居民意愿对城市文化保护点式—重置型具有显著的直接正向作用"的原假设 HB9 成立。

从新时代下沉浸式歌舞演艺微旅游与城市文化保护点式—重置型协同模式的结构方程实证结果中可以了解到，沉浸式歌舞演艺微旅游与城市文化保护点式—重置型发展模式之间的直接作用路径虽被删除，没有直接的影响路径，但沉浸式歌舞演艺微旅游依旧通过景区发展水平、智慧城市建设、居民意愿 3 个变量对城市文化保护点式—重置型发展模式实现了间接的影响作用。其间接影响路径有五条，其间接效应分别为 0.285（0.73 × 0.39）、0.062（0.26 × 0.24）、0.248（0.75 × 0.33）、0.016（0.26 × 0.16 × 0.39）、0.101（0.75 × 0.56 × 0.24），总的间接效应为 0.712，其间接效应大于大部分变量之间的直接效应。说明在研究沉浸式歌舞演艺微旅游与城市文化保护点式—

重置型协同模式中，景区发展水平、智慧城市建设、居民意愿都为至关重要的变量。

在模型调整过程中，删除沉浸式歌舞演艺微旅游到城市文化保护点式—重置型的作用路径。其原因有以下两个方面：一是新时代下城市中存在较多老旧城区，同时也具有较丰富的文化底蕴，现阶段建设城市文化重置型具有较大的难度；二是歌舞演艺微旅游的建设离不开当地居民的意愿支持，没有获得居民意愿和完善的智慧城市建设，沉浸式歌舞演艺微旅游的文化保护的重置型发展模式打造较难进行。总的来说，沉浸式歌舞演艺微旅游要实现城市文化保护重置型建设的协同，就必须重视居民意愿、智慧城市建设的完善，其景区发展水平还有待提升。

同时，根据最终的结构方程模型，对路径系数进行标准化处理，沉浸式歌舞演艺微旅游到居民意愿与居民意愿到景区发展水平的标准化路径系数分别为 0.26 和 0.16，略低于模型内其他直接作用路径系数。但居民仍为沉浸式歌舞演艺微旅游与城市文化保护点式—重置型发展模式的主体，其开发意识、生活观念与主体特征均是影响居民打造沉浸式歌舞演艺微旅游与城市文化保护点式—重置型协同模式建设的重要变量，居民对沉浸式微旅游业态创新与城市更新空间范型均具有重要的影响作用，是研究中不可忽视的变量，也是实践中应当重视的因素。

作为城市中的主体，居民的主体特征对城市更新建设具有重要而不可忽视的影响作用。在实际操作中，推动沉浸式歌舞演艺微旅游经济发展必然考虑到居民的意愿和需求。为了促进沉浸式歌舞演艺微旅游经济的发展，需要着重提升居民的素质与能力。这可以通过提供相关培训和教育机会来实现，使居民具备适应新兴产业的技能和知识。提升居民素质和能力可以增加他们在沉浸式歌舞演艺微旅游经济中的参与度和竞争力，从而推动该产业的发展。此外，解决居民的收入问题也是其关键。通过提供良好的就业机会和创业支持，可以增加居民参与该产业的积极性，并改善他们的经济状况，进而促进当地经济水平的提升。

针对以上研究结果，可获得两个重要的启示：一是沉浸式歌舞演艺微旅游作为新时代下的沉浸式微旅游业态创新的重要类型之一，其与城市更新空间范型有十分显著的协同作用，在未来的城市更新中，既要充分重视沉浸式歌舞演艺微旅游在旅游产业中起到的经济效益提升作用，更要注意与城市更新相协同。二是智慧城市建设、居民意愿和景区发展水平均是影响新时代下的沉浸式微旅游业态创新与城市更新空间范型建设的重要中间变量，新时代下城市建设的重心要放在完善智慧城市建设、提升居民意愿和提高景区发展水平上。

5.2.5　研究发现

本书运用个案分析和结构方程分析的方法展开沉浸式歌舞演艺微旅游与城市文化保护点式—重置型协同模式的影响作用分析，根据当前旅游业的文化基础、科技应用、环境氛围和社会环境，并结合城市更新的政府监管、开发商协调、民众参与三个方面考虑构建了沉浸式歌舞演艺微旅游与城市文化保护点式—重置型协同模式的理论框架，通过访谈以及问卷调查分别对沉浸式歌舞演艺微旅游、景区发展水平、居民意愿、智慧城市建设和城市文化保护点式—重置型协同模式进行分析。基于上述分析，主要得出以下结论：

第一，沉浸式歌舞演艺微旅游对智慧城市建设、居民意愿、景区发展水平产生正向影响。

沉浸式歌舞演艺微旅游到景区发展水平的标准化路径系数结果为 0.73，在 1% 的显著性水平下显著，说明《西安千古情》的推出为当地旅游经济注入了新的活力，这个项目的出现促进了当地旅游产业的升级和发展，增加了旅游相关领域的就业机会，可以提高旅游消费的质量和价值。同时形成了一个完整的歌舞演艺生态圈，除去演员和工作人员的就业机会之外，还促进了相关供应链的发展，例如，服装、化妆品、舞台道具等服务和制造业的发展，进一步促进了当地文化产业的繁荣。《西安千古情》给游客带来了一种全新的虚拟体验，让他们可以在有限的时间和空间内完整体验西安古城的历史文化，增强了游客参与感和互动性。这不但满足了游客的需求，也增加了景区的吸引力，提高了游客的停留时间和旅游消费。此外，《西安千古情》注重文化保护，通过创新技术和艺术表现形式，将古代文化呈现给现代观众，使古代文化得以传承和发扬光大，提高了景区的文化价值和可持续能力。同时，把旅游业和文化保护结合起来，保护文化遗产，推动文化产业发展，促进旅游业的绿色可持续发展。

沉浸式歌舞演艺微旅游到居民意愿的标准化路径系数结果为0.26，在5%的显著性水平下显著。《西安千古情》以西安古城历史文化为主题，突出了古城的历史文化底蕴和魅力。通过这一演艺形式，居民更加了解和自豪于西安的历史文化，增强了他们的文化自信心。并且虚实结合的表现手法打破了舞台与观众区域的界限，让观众沉浸式地感受西安过去和正在发生的史诗巨变。参观演艺展示为居民提供了一种全新的体验和视野，通过观看长达一小时的演艺，居民可以感受到不同的文化和艺术风格，开阔了他们的视野和思维。《西安千古情》的推出加深了居民对西安文化的认知和认同，让他们感到自豪的同时，也增加了他们对西安历史文化的热爱和保护意识。同时，演艺作为旅游项目，更能清晰地反映旅游产业的经济价值，让居民更加理解旅游消费的必要性和意义，从而更勇于体验，更加热爱旅游，提高旅游参与度，从微观上推动了当地旅游产业的发展。综上所述，通过《西安千古情》这一沉浸式歌舞演艺微旅游的形式，可以使居民的旅游意识得到提高，增加居民的文化自信心，丰富居民文化生活，引导居民理性消费，并且让他们更愿意参与到自己城市文化的传承和发展中去。这些提升和积极影响，可以逐渐在居民的思想中形成新的认知和观念，对于个人、社会和国家的发展也有着重要的意义。

沉浸式歌舞演艺微旅游到智慧城市建设的标准化路径系数为0.75，在1%的显著性水平下显著。《西安千古情》作为一种体现西安历史和文化元素的沉浸式演艺形式，能够促进这些资源的传承和保护，为智慧城市的文化资源大数据建设提供更加多样化、全面化的素材和支撑。在智慧城市建设中，由于城市规划、建设及管理等需要围绕文化、科技、服务等主题进行，这种沉浸式歌舞演艺旅游产品更容易从外部融入智慧城市建设的布局中。合理选址能够更好地服务本地市民和游客，提高区域的整体文化品质和旅游服务水平。《西安千古情》提供更加完善的服务设施，增加了更多的舞台特效和现代科技元素，使舞台空间变幻莫测，舞台表演在糅合了杂技、舞蹈和光影互动后，也更加充满艺术张力和文化美感。同时，为游客提供更加舒适、便捷、多样化的服务，包括多种语言、多种支付方式等，让游客更轻松地享受旅游产品，提高游客满意度。此外，科技的应用能够让游客在游玩中更加便捷、安全、舒适，从而进一步提高游客满意度，吸引更多游客前来体验，促进城市旅游发展。

第二，居民意愿对景区发展水平、城市文化保护点式—重置型产生正向影响。

居民意愿对景区发展水平的标准化路径系数为0.16，在5%的显著性水平下显著。当地居民对《西安千古情》的支持和认可可以推动景区不断开发和推广新的文化旅游产品。同时，居民们对文化遗产和环境的保护意识也确保了新开发的项目不会破坏历史遗迹和环境，从而在保护文化遗产的同时实现景区的发展。居民的生活观念和价值观也对景区的发展水平产生了一定的影响。例如，居民们更加注重环保、文化、品质和服务方面，这促使景区在开展新项目和优化服务时更加注重细节和质量，提高景区整体的品质和服务水平。居民对旅游体验的需求和期望可以激发景区开发更多虚拟体验项目，提升景区的科技含量和吸引力。例如，在文化遗产保护的前提下，景区可以借助新技术，实现文化遗产的数字化再现、虚拟漫游等服务，让游客更好地体验西安千年文化。通过居民对景区的支持和认可，景区越来越关注可持续发展。随着该演艺市场的需求度提高，国内外游客越来越多，景区和旅游机构就会越重视社会和环境责任。他们通过保护和维护生态环境和人文资源，优化各个方面的营商环境和制度安排，推动景区的可持续发展。不仅使得景区能够持续吸引游客，还促进了地方经济、社会和环境的可持续发展，实现了经济效益与环境保护的良性循环。

居民意愿对城市文化保护点式—重置型的标准化路径系数为0.24，在1%的显著性水平下显著。居民对《西安千古情》的支持和认可能提高城市居民的文化遗产保护意识。居民们更加关注历史文化的保护、传承和发展，可以提高城市居民对文化遗产的认识，促进城市文化遗产的点式保护和重置型传承。居民对文化遗产和旅游体验的关注可以推动城市文化旅游的发展。通过开发更多优质且具有特色的文化旅游产品，可以吸引更多游客到城市旅游，从而推动城市旅游经济的发展。同时，文化旅游的发展不仅是为了经济效益，还可以实现城市文化的重置型传承，创新文化产业发展动力，打造城市独特的文化名片。《西安千古情》的成功开展需要城市居民的积极参与和支持，这可以促进城市的社会凝聚力和文化认同感。城市居民可以通过支持和参与文化活动，共同关注城市文化，增强社区归属感，增加公共秩序和社会稳定性。

第三，智慧城市建设对居民意愿、城市文化保护点式—重置型建设的正向影响。

智慧城市建设到居民意愿的标准化路径系数为 0.56，在 1% 的显著性水平下显著。西安是一座充满历史文化底蕴的城市，智慧城市建设可以更好地保护和传承这些文化遗产。例如，可以通过智慧城市建设来推行数字化文物保护，将传统的文物资源数字化，并通过智能化的系统全面展示给居民和游客，提高居民的文化认同感，激发他们对城市更深层次的情感。《西安千古情》通过建设垃圾分类系统、智能能源管理系统等智慧城市设施和智能化的管理方式，可以实现资源的最大化利用，降低城市的能源消耗和污染排放，促进城市的可持续发展。《西安千古情》不仅是一种休闲娱乐和文化交流的方式，更是一种文明的消费方式。通过参加这样的旅游活动，居民可以养成正确的消费观念，避免盲目消费和过度消费。而以歌舞演艺为主题的《西安千古情》展现出古城文化的内涵和魅力，让居民能够更加自觉地了解和传承当地文化，从而增进居民的文化自信和对传统文化的认同感。此外，《西安千古情》的智慧城市建设也能为居民提供更为优秀的文化活动和奇妙的体验方式。

智慧城市建设到城市文化保护点式—重置型的标准化路径系数为 0.33，在 1% 的显著性水平下显著。《西安千古情》的演出解决了文化保护点固有的问题，即访问人流不足。但演出并没有取代文化遗产本身，而是在智慧城市建设的支持下，将文化保护点与周边景点紧密融合。这些景点有合理的空间布局和设计，增强了游客对文化遗产的体验和认识。另外，智慧城市建设改善了交通网络和基础设施，方便了游客的出行和文化游览。智慧城市建设提供从数字导览、语音讲解、无障碍服务到网络平台的全方位服务，使游客能够以更便捷、优质的方式参观文化保护点。这些数字化的服务设施旨在提高游客的文化体验和参与度，强化游客对文化保护点的印象和记忆。《西安千古情》提供了更好的游客服务、创新的游览项目和内容，进一步增强了游客的文化体验，提高了游客周期和参与度。

第四，景区发展水平对城市文化保护点式—重置型产生正向影响。

景区发展水平到城市文化保护点式—重置型的标准化路径系数为 0.39，在 1% 的显著性水平下显著。《西安千古情》的虚拟体验，将现代科技与传统文化完美结合，通过快捷的数字平台、交互式内容分发等方式展现文化之美，促进了文化传承。新的游览模式扩大了参观者数量和可达性，加强了文化保护点与游客之间的联系。《西安千古情》的景区发展水平优化了城市文化保护点的布局和景点的组合。在此基础上将文化保护点与周边景点紧密结合，不仅保障了游客旅游活动的基本需求，还可以提升游客的文化体验深度和参与度。这种方式使文化保护点"活"起来，更加生动鲜活。通过数字化的服务设施和精心策划的游览项目，游客可以更便捷和更深入地了解文化保护点的历史、文化内涵。这种体验效果有助于培养游客对文化保护点的兴趣和热爱，形成对传统文化遗产的保护意识。

5.2.6　关于研究发现的进一步讨论

第一，为什么沉浸式歌舞演艺微旅游会对智慧城市建设、居民意愿和景区发展水平产生正向影响，进而有利于促进城市文化保护点式—重置型建设，原因可能有以下几个方面：

首先，智慧城市建设利用现代信息科学技术，通过数字化、智能化、网络化等手段来打造智慧城市，其目的是优化城市管理和服务体系，提高城市运行和发展效率，促进城市产业结构优化和技术创新，推动城市的可持续发展。随着智能化旅游等旅游创新产业的迅速发展，智慧旅游正成为推动旅游产业和信息化发展的重要力量。智慧旅游的引入和应用，可以极大地提高旅游服务质量和效率，为游客提供更便捷、个性化的旅游体验。智慧旅游城市作为智慧旅游发展的重要载体，可以推进城市信息化的发展，提高城市的竞争力和调整城市经济结构的效率。两者都是城市发展的重要部分，需要互相配合和支持。智慧城市建设需要依托强大的信息技术实现相应资源的优化配置和整合，而沉浸式微旅游业态创新便是依靠信息技术与旅游资源相融合发展的旅游项目。随着科技的不断进步，智慧基础设施已经成为旅游业的重要支撑。智慧基础设施是指通过各种信息技术手段将城市、公共设施、交通、环保、能源等多个领域的基础设施相互关联，形成一个智慧化的系统。智慧旅游设施是旅游景区建设中的一个重要方面，可以为景区提供高效的管理和服务，同时为游客提供更加便利和舒适的旅游体验。其中，智慧旅游设施的布局是一个重要的决策问题，科学合理的布局可以减少建设和管理成本，提高服务和运作效率，同时也可以提升游客的旅游便利性和满意度。因此，在景区智慧旅游设施的建设中，合理的布局非常关键。

其次，沉浸式歌舞演艺微旅游对居民意愿产生正向影响，有利于城市文化保护点式—重置型的原因可能是多方面的。一是提高居民的经济收益，增强居民参与城市文化保护的积极性。二是促进城市文化的保护和传承，激发了居民对文化保护的兴趣和参与度。三是它也为城市带来了新的文化体验和观光资源，推动了城市文化保护点式—重置型的实现。在沉浸式歌舞演艺微旅游的发展中，旅游业态创新为居民提供了更多的机会，创造了更多的经济机会和就业机会。在文化和旅游融合背景下，沉浸式歌舞演艺微旅游以地域文化和民俗风情为主要内容，旨在给游客提供深度文化体验等商业演出活动。演出活动一般选址在旅游景区内或其附近，主要以游客为主要受众，通过富有地方特色的表演形式，让游客更好地了解和体验当地的民俗风情。同时，已有研究中发现，居民对沉浸式歌舞演艺微旅游的开发呈现出积极的情绪态度，居民对其的兴趣度、热爱度、熟悉度、参与度是影响居民情绪和行为意向的关键因素。沉浸式歌舞演艺微旅游通过向游客展示当地历史、艺术、音乐和生活方式，促进了文化的推广和保护，从而使得当地居民产生自豪感。从居民的视角研究沉浸式歌舞演艺微旅游不仅是对该旅游形式本身的探究，更是对整个旅游开发模式和盈利模式以及这些模式对居民情感的影响的探讨。这种研究可以更好地理解沉浸式歌舞演艺微旅游与当地居民的关系，包括旅游对当地居民生活、文化和社会环境的影响，以及如何在保障居民权益的前提下，实现旅游业的可持续发展。沉浸式歌舞演艺微旅游对地方文化的深度挖掘、展示和传承会为居民和游客带来地方认同，进而促进城市发展。

最后，沉浸式歌舞演艺微旅游模式的创建是文化创意产业向旅游产业的有机融合，其主要特点是相关企业运用各种科技技术、制作手段和表现手法，依托旅游景区或景点，通过资源为载体、演艺活动为内容的方式开发出的旅游产品或表现形式。在这种模式下，沉浸式歌舞演艺微旅游实现了微旅游与科技的融合，为观众带来了与传统观看式体验截然不同的沉浸式体验。该演艺形式以现实景区为基础，突出地方文化的特色，同时运用科技手段，创造了虚拟历史场域，并与观众进行交互。通过科技的应用，沉浸式歌舞演艺微旅游打破了传统演员、观众和舞台之间的界限。观众不再被限制在座位上，而是被引导进入演艺场景中，与剧情互动。观众可以自由移动并与演员进行交流，甚至成为剧情的一部分，共同推动故事的发展。这种体验强调互动和参与，使观众成为剧作的参与者和创造者，增强了观众的参与感和身临其境的感受，吸引了更多的观众和游客，并推动演艺形式的创新和发展。推广创新、特色的沉浸式歌舞演艺微旅游产品，带动了景区品牌的推广和景区及周边知名度的提升，从而提升了景区在旅游市场的影响力。此外，沉浸式歌舞演艺微旅游产品的创新需要与传统文化产业相结合，从而激发和培育景区周边的文化及相关产业的发展。通过与当地企业合作，提供全面的旅游服务，可以推动当地经济的发展，同时，为当地居民提供了就业机会和技能培训，促进了文化传承和保护。沉浸式歌舞演艺微旅游不局限于单一、观演区分界的舞台形式，而是以真实的民俗文化空间或山水空间环境作为背景，真实反映景区的自然风光与历史文化，提升景区发展水平。沉浸式歌舞演艺微旅游还可以挖掘景区文化价值，作为高端、高品质的旅游创新产品，一旦景区引入沉浸式歌舞演艺微旅游，就可以借助其独特的互动性、多元性，增强景区的差异化竞争力，提高景区的综合实力，给游客提供全方位的文化体验，从而吸引更多游客前来旅游，提升景区的发展水平。随着沉浸式歌舞演艺微旅游的不断发展，越来越多的城市开始意识到旅游业对于城市文化保护和繁荣的必要性，他们开始重视对城市历史文化的保护，并将其作为城市文化保护的重点。这样既能促进城市文化的传承，又能增加城市的知名度，塑造城市整体形象。

第二，为什么智慧城市建设会对居民意愿产生正向影响，且进一步对城市文化保护点式—重置型建设产生正向影响，原因可能有以下几个方面：

首先，沉浸式歌舞演艺微旅游通过数字技术推动城市治理与服务的智能化，提高居民的生活品质和幸福感。数字化的发展为城市的交通、环保、公共安全等方面提供了优化的服务和管理，使城市变得更加智能化、便捷和人性化，这种发展不仅提高了城市的整体效率，还增强了居民的归属感和满意度，进一步推动城市的可持续发展和社会进步。而智慧城市建设中所应用的智能化设施和服务不仅可以提高居民的生活质量，也是城市吸引人才和发展的重要因素之一。同时，通过智能化的社交网络、文化娱乐设施等，居民可以更容易地结交朋友，参与社区活动，增加社会资源和网络资源的紧密性和互动性。而智慧城市建设可以为文化、科技和旅游业的协同发展带来更多机会和可能性，使越来越多的居民接受和参与沉浸式歌舞演艺微旅游体验，推动城市文化的传承和保护。智能化的家居设备、医疗健康管理、智能化的安全防护措施等，能够更好地满足居民特定的需求，提高他们的生活质量和满意度。

其次，智慧城市建设促进城市的可持续发展和文化保护点式—重置型建设。沉浸式微旅游业态创新下的智慧城市建设致力于提升公共服务设施的信息化、智能化水平，推动公共服务设施的功能升级和体验优化，进而促进城市更新空间范型建设的全面提升。旅游业发展必须遵循可持续发展的原则，所以在进行旅游业态创新的分析和评价时，必须同时把握经济效率、社会公平和环境完整这三个方面，在统一方面取得良好的平衡，以促进资源节约型和环境友好型社会的建设。在20世纪80年代，随着通信设施的不断完善，新兴的通信技术，如光纤和微波，彻底改变了人们的生活方式，并极大地推动了城市经济社会的快速发展。随着时间的推移，遥感（RS）、地理信息系统（GIS）、全球定位系统（GPS）等技术的不断发展，进一步提升了城市数据处理能力，并促使智慧城市的应用场景得以实现。在2009年，IBM公司率先提出了"智慧城市"这一发展愿景，这一理念在全球范围内得到了积极响应，标志着城市信息化建设迈入了一个全新的阶段。数字技术的出现让全方位、立体化的城市更新实现成为可能，城市更新不再只是简单地对楼宇进行翻新，智慧城市更新也不仅仅是给现有建筑加上智能化设备。城市更新的目标是推动城市发展，满足市民的工作和生活需求。例如，数字化的城市规划、智能化的环境监测等，可以提高城市的资源利用效率和环保水平，保护城市文化遗产和自然资源，为城市未来的发展奠定基础。智慧城市在提高居民对城市文化的认识和理解的同时，也加强了城市文化教育，智慧城市建设也为城市更新空间范型打下了良好的基础。根据周锦（2021）等的研究，数字媒介为城市文化和旅游行业的融合发展提供了重要的机遇，通过数字媒介的运用，城市能够展现其独特的形象，塑造数字经济时代的城市旅游记忆，并提升城市文化旅游在国际竞争中的地位。同时，智慧城市的建设为更多人提供了接触和了解城市的文化价值的机会，进而使城市文化焕发出更多的活力和影响力。这一发展趋势还进一步增强了居民对城市文化的认同感，使他们更加热爱和珍视自己所居住的城市的独特文化。智慧城市建设借助数字技术为城市的历史文化建筑等传统载体注入了新的生命和价值，实现了从单一的观看模式向动态、互动式的参与和体验式的文旅产品和服务的转变，进一步推动了城市文化旅游消费，并促进了文化遗产的保护和传承。此外，数字化的参与平台还可以让居民更加方便地了解自己所居住的城市文化，参与到城市文化保护和传承的过程中，提高市民的文化素养和文化自信，从而推动城市文化的点式—重置型建设和转型。

第6章 沉浸式文化传承微旅游与城市文化保护面域范型协同模式研究

6.1 面域—原置型协同模式的实证研究：以河南洛阳市"古都夜八点"为例

6.1.1 研究假设

第一，沉浸式文化传承微旅游的作用。

沉浸式文化传承微旅游是一种沉浸式体验和文化传承元素相结合的微旅游形式，通过提供沉浸式的文化体验，让游客深入了解文化传统，增强游客对文化价值的认知，从而提高游客的评价水平。沉浸式文化传承微旅游有别于传统旅游模式，可以再现历史文化真实化场景，力求让游客能够有身临其境的感觉，使其沉浸于景区中，并塑造出多元化的娱乐体验，使游客在各种娱乐活动消费体验过程中获得交互和反馈，从而使游客提升其参与的专注度，满足其掌握感的需求，满足游客的心理需求。通过让游客参与文化体验活动，将游客从被动的旅游状态转变为主动的文化体验者，从而提升游客对文化资源的认知和感受。李凤亮（2021）提出，为促进文化旅游产业融合实现新突破，应以科技创新方式推动文化旅游业态的创新，使"旅游＋"模式与相关产业不断进行创意融合，形成创意旅游、创意产业、创新文化等新模式，这样不仅可以改变游客的全新旅游认识，同时能够更好地满足游客的消费需求。此外，沉浸式文化传承微旅游充分利用前沿高科技与空间环境设计结合的创意手段，不断创新"科技＋文化＋艺术"的方式，利用新时代下文化艺术的创新语言——科技手段，以其为核心形成视觉体验、互动与融合，打造出文化旅游的新业态。产业基础的创新使沉浸式文化传承微旅游这一新兴的沉浸式微旅游业态具有了可持续发展的能力，推动城市文化基因的彰显和城市文化的创新发展。同时，沉浸式文化传承微旅游作为文化旅游转型升级后的新业态，其更加注重体验项目的文化内涵和场景体验，满足游客对文化旅游产业所打造的产品与服务的高需求，使游客对目的地的文化底蕴和特色有更加全面和深入的认知，形成城市文化认同与情感共鸣。当真实体验文化、重现记忆时，游客的期待得到满足，此时所获得的愉悦程度最高。游客在实际体验中会加深对旅游城市的好奇和兴趣，在体验中得到满足，从而提高游客对当地文化的认知和评价。基于此，提出如下研究假设：

HC1：沉浸式文化传承微旅游对游客认知评价具有显著的正向作用。

沉浸式文化传承微旅游将以往偏重于景区方向打造的旅游产品，改变成为城市范围的全域旅游，相对于以往传统的旅游产品，其旅游资源的内涵得到更大的延伸，挖掘出更多的城市精神与城市故事。同时，其与当地居民的生活紧密相连，为居民带来相对优质的生活环境，进而增加好感与亲切感。据天津市旅游协会副会长介绍，随着旅游方式发生变化，旅游形式和内涵也随之改变，当地市民更愿意体验就近的"微旅游"，其发展的文化传承的主体对象为当地民众。而发展沉浸式文化传承微旅游的三个重要因素是：文化底蕴资源、游客的需求、规划的可持续性。在研究旅游对旅游目的地的居民影响时发现，新旅游模式的产生将会引起当地居民的思想变化，并产生各种影响，还会改变当地的社会结构。

同时，沉浸式文化传承微旅游的开展，会对当地的环境、基础设施、交通设施进行改造与更新，营造现代城市文化，由此使居民生活环境得到改善，而居民感受到舒适的现代化，更愿意接触新模式。因此，在促进沉浸式文化传承微旅游发展时，居民的积极参与和思想变化影响有重要作用，与此同时，文化得到相应的传承，也提高了当地居民的文化认同感和文化自信。因此，沉浸式文化传承微旅游的发展有效地促使城市经济、文化传承、居民生活观念等方面进行一定程度的调整，进而激发了居民对城市发展和文化保护的意愿和兴趣，由此提出如下假设：

HC2：沉浸式文化传承微旅游对居民意愿具有显著的正向作用。

随着沉浸式文化传承微旅游的发展，游客不再仅仅满足于扁平化、缺少体验的单一传统旅游产品。结合 AR、VR、智能互动等科技元素的运用，沉浸式文化传承微旅游的体验项目逐渐被赋予更多新的形式和意义，沉浸式微旅游迎来快速发展。沉浸式文化传承微旅游利用虚拟现实、场景塑造、全息投影、智能交互等先进技术，创造出虚实结合的空间，以克服传统文旅产品中存在的环境限制。同时，由于沉浸式文化传承微旅游的创新，在老旧城区加入时尚元素，融入美食、文化、旅游等产业，促进城市产业结构优化，使老旧工业城区、老厂房焕发时尚、创意的文化气息，展现独特城市文化魅力。沉浸式文化传承微旅游的发展可以推进老旧城区的沉浸式场景建设和提升，持续提升沉浸式体验项目的质量，从而打造一批城市沉浸式场景和微旅游目的地。沉浸式文化传承微旅游善于将单个的项目延伸产业链，再将产业链延伸产业集群，从而达到以点带线、以线带面的发展态势。沉浸式文化传承微旅游不断延伸体验项目边界，通过不断融入文旅产业消费场景来达到创造沉浸式消费场景、提升游客黏性的目的。沉浸式文化传承微旅游既可以丰富城市文化旅游消费场景体验业态，又由于自带 IP 实现沉浸式体验产品引流，更为重要的是沉浸式文化传承微旅游的体验产品和项目营收比传统业态产品高，能够促进城市产业结构的提质增效。沉浸式文化传承微旅游的发展有助于弱化第一、二、三产业间的严格界限，促进旅游产业与国民经济中的其他产业之间的相互渗透、融合和协调发展，推动城市整体经济结构的调整，同时也促进旅游业的转型升级，并为城市经济的多元化发展提供了新的动力。沉浸式文化传承微旅游对城市产业结构进行了持续优化，促进了产业内部的相对协调和产品供求相对均衡。通过利用虚拟现实技术，为游客和企业搭建快捷的服务和消费通道。通过推动旅游服务业的发展，进一步提高了城市服务业的附加值和竞争力，促进城市产业结构的升级。此外，旅游产业是城市产业结构的重要组成部分，而沉浸式文化传承微旅游可以为旅游产业提供更具有吸引力和竞争力的产品和服务。沉浸式微旅游产品的出现使得单个旅游产品的信息附加值逐渐增高，这对城市产业结构优化起到推动作用，使城市产业结构向高级化、多元化方向发展，实现旅游产业和老旧城区内产业的转型升级。通过提供个性化和创新的旅游体验，沉浸式微旅游产品为城市产业的发展注入了新的活力和动力，由此提出如下假设：

HC3：沉浸式文化传承微旅游对城市产业结构具有显著的正向作用。

在国家高度重视文化建设的背景下，城市文化保护面域—原置型的建设成为战略实施的重要举措，由于传统文化创造性转化和创新性发展，以及文化遗产、服务设施、数字新技术等，数字化转型不仅驱动生产方式、生活方式和治理方式的全面变革，而且为城市文化记忆的数字化发展指明新的方向。城市创新文化建设项目的一项重要探索是通过数字技术创建城市文化保护数字平台，将特定的城市文化记忆转化为可保存、可再组和可共享的数字记忆形态，为城市文化的保护和传承提供新的视角和工具。传统的城市文化保护方式往往是以保存和修缮为主，而沉浸式文化传承微旅游则是通过将游客带入历史文化场景中进行互动体验，让游客更好地理解、感受和体验当地文化，从而实现文化传承和保护的目的。朱璟璐和覃劭（2021）在其研究中指出，数字化保护历史文化名城的主要目标是通过多元化运用数字化技术，确保提供的数字资源和服务具备可用性、互操作性和可持续性，同时，利用新时代技术对已经消失或功能发生变化的历史文化建筑进行模型再现展示，为游客提供沉浸式的展示体验，并保护城市的文化遗产。沉浸式文化传承微旅游的核心在于利用数字技术和注重场景体验，将沉浸式体验与旅游产业相结合之后，为游客带来全方位和超震撼的感官体验，以此吸引游客，满足游客市场需求。历史文化名城保护是由政府主导、以当地居民多方位参与的，其目的在于推进城市和谐发展、传承城市传统文化、提升城市竞争力。随着文化旅游的开发，游客对异质文化需求越发强烈，所以，对城市的整体开发也在加强。由此提出如下假设：

HC4：沉浸式文化传承微旅游对城市文化保护面域—原置型具有显著的正向作用。

第二，游客认知评价的作用。

沉浸式文化传承微旅游的游客认知评价是基于心理学与行为学而发展起来的，是游客面对同一景点或参与同一旅游时第一时间所产生的反应与观点，而不同的人关于旅游的认知也是不一样的。结合沉浸式文化传承微旅游的发展，要做好游客认知评价，就必须重视情感认可、基础设施、文化资源和旅游环境四种不同维度，有助于旅游目的地的保护与建设。在情感认可方面，情感认可是对旅游地的形象认知与感知的直接反映，是游客对旅游地开发的思想观念；游客既是沉浸式文化传承微旅游的受众，也是发展方向参考的主要引导者，对其情感进行分析，可挖掘出游客对景区或旅游形式的情感认可程度，促进城市的基础设施建设和相关生态、生活环境的保护与开发，提升游客对文化遗产的感知，推进城市文化保护建设的进程。在旅游环境方面，旅游环境在旅游发展中扮演着重要角色，既是旅游资源的实体支撑，也是旅游活动可持续发展的物质基础，优质的旅游环境作为旅游目的地的动力源泉，能够充分展示城市的吸引力，进而实现城市的文化旅游可持续发展。在基础设施方面，基础设施作为关键性要素，也是促进城市建立良好文化旅游形象的重要因素。此外，居民是城市建设的参与者与助力者，同时也是游客在整个旅游过程中接触最为频繁的成员，古（Gu，2008）等在研究中发现，游客行为会对当地居民的思想观念产生一定影响，当游客认知评价中产生积极评价时，将会有助于提升当地居民的地方认同感与文化自豪感，因而更愿意维护当地旅游资源以可持续获得游客的认同感。陈（Chen，2018）在研究居民对于旅游观念时指出，居民认可地方的程度越高，投入发展时间就越多，同时也会越注重、积极参与城市旅游事业建设，使城市旅游价值得到更高体验。基于此，可以发现，游客认知评价对当地居民产生影响，由此提出如下假设：

HC5：游客认知评价对居民意愿具有显著的正向作用。

游客认知评价是指游客对于旅游目的地的印象和评价，包括对于文化景点的认知和评价。游客的认知评价往往会影响其他游客的选择，从而影响文化景点的游客流量和知名度。同时，游客的评价可以激励相关部门和组织更加重视文化保护工作，也可以反映游客对文化景点的感受和需求，以及为城市文化保护部门提供宝贵的意见和建议，相关部门和企业能够更好地了解市场和消费者的需求，以此来进行产品创新和服务升级，提升游客对旅游体验，从而有利于城市文化保护面域—原置型的发展和改进。此外，游客认知评价的提升可以增加文化资源的旅游吸引力和价值，吸引更多的游客前来参观，提高城市的旅游收入和经济效益，为城市文化保护面域—原置型的建设和发展提供更为坚实的经济支撑。由此提出如下假设：

HC6：游客认知评价对城市文化保护面域—原置型具有显著的正向作用。

第三，城市产业结构的作用。

城市产业结构涵盖一个城市中各个产业部门的组成、相互关系和比例，描述城市内不同产业的分布情况以及它们之间的相互依存关系。产业是城市赖以生存和发展的基础和动力源泉，是城市竞争力的关键所在，可以从整体上调整城市的产业结构，推动城市快速的发展。随着城市产业结构优化调整和市场供给方式的不断创新，居民的消费意愿也发生了变化。随着收入增长，居民逐渐从关注价格转向关注品质和品牌，对健康消费和绿色消费的特征更加关注。而就业和收入提高、居住条件的提升、基础设施和公共服务的完善均与居民获得感息息相关，也影响居民消费的意愿。在沉浸式微旅游创新背景下的城市产业结构，结合历史文化资源、丰富的历史文物资源、传统的空间格局以及景区环境特有的场景，能够带动文化、旅游产业的发展。在城市产业结构中，文化娱乐、餐饮和购物等服务业扮演重要角色，为居民提供丰富多样的文化娱乐和生活服务，满足居民多样化的消费需求，从而提高居民的生活质量。城市产业结构不断升级能够为城市更新提供持续动力，城市经济效益的提升激发居民开发意识。改造的老旧城区在保留原有的文化与活力的同时，摈弃工业时代所带来的各种问题，并为居民提供丰富的娱乐、文化、教育等生活性设施，创造优美宜人的城市环境。而合理的城市产业结构是城市更新的重要因素，更为城市更新带来战略契机，城市产业结构优化为城市更新带来良好的生态环境和富裕的物质基础。科学合理的城市产业结构能够为当代居民提供充足的就业机会，提供高质量的物质福利，从而提升当地居民的经济收入和区域效益，实现城市的经济发展目标，并激发居民参与城市产业结构调整的意愿。随着城市产业结构的转型升级，沉浸式微旅游的创新发展，不仅可以提供更多的就业机会和创造更高的薪资收入，也可以提升居民的职业素质和技能水平，提高其在就业市场的竞争力，从而促进居民对于城市的认可和支持，由此提出如下假设：

HC7：城市产业结构对居民意愿具有显著的正向作用。

城市产业结构不仅涉及城市社会再生产中第一、二、三产业之间的比例关系与结合，还包括农业、轻工业和重工业之间的比例关系。其中，城市经济作为一个独立的有机体，存在于各种不同的产业部门中，同时，由于各个城市的自然条件和社会经济条件不同，各城市国民经济部门的配置和发展规模也不同，而要建立合理的城市产业结构，协调这两大产业之间的比例关系最为根本。合理配置城市内各产业间的比例是促进城市经济发展的重要手段，尤其是城市经济效益和城市服务部门保持合理比例有助于城市生产、城市更新建设、居民生活相互协调和生活环境改善。对第三产业进行区分，调整影响城市经济发展的城市产业结构，可以带来劳动力、资本等要素的重新分配，进而影响当地居民以及参与开发商的收入，由此当地居民生活水平及经济效益得到提升，而城市经济的提升同时会激发居民意愿的产生，促使为城市更新建设作出贡献、积极参与其中。由此，城市产业结构优化对当地居民意愿的增长也存在推动作用，观念的更新，是提出城市发展的新思路、新想法的前提所在。此外，城市产业结构也是衡量城市经济发展水平及经济效益最为重要的指标，同时，城市产业结构也决定城市的性质与前景，尤其第三产业，如旅游业、文化产业发达的城市，往往被定义为旅游城市、文化中心城市等，其辐射力也更为深远和影响，反映整个城市的发展水平，并促进城市的全面发展。发展城市文化产业的根本目的是解放和发展文化艺术的生产力，建设具有中国特色社会主义文化，同时提升城市居民的文化生活水平，提高着城市竞争力。基于此，提出如下假设：

HC8：城市产业结构对城市文化保护面域—原置型具有显著的正向作用。

第四，居民意愿的作用。

居民作为城市更新发展的受影响者，其主体特征、生活观念和意见都会对区域实现文化保护、生态保护、旅游发展、基础设施打造、科技应用、城市更新发展等产生重要的影响。城市更新不仅会转变土地的使用方式，更为重要的是创造和提升其城市区域的品质、活力与功能，提高城市效益。胡航军和张京祥（2022）研究发现，城市更新中单纯依靠政府与市场无法实现老城区的可持续发展，随着老城区更新理念的变化，多元协调的更新改造趋向更为明显，同时愈发重视居民主体意愿。城市文化保护面域—原置型建设不仅需要政府和相关部门的支持和努力，也需要居民的积极参与和支持。居民可以通过各种形式的参与和支持，如志愿者活动、社区文化建设、文化传承等，为城市文化保护面域—原置型建设贡献力量，促进其建设效果和成果的提高。居民意愿对城市更新动力、文化风貌保护都有显著的影响，而城市环境改造和文化保护建设是城市文化保护面域—原置型中两个关键性的因素。一方面，要加强居民对城市环境维护和区域使用的积极性，强化居民在实际参与中的力度，从新时代新需求入手，不断地根据城市变化、需求变化及社会结构调整进行变革，提升转变效率。另一方面，良好的居住模式与环境是居民适应或响应环境改造的关键所在，提升居民生产生活幸福感，可以促使其热衷于改造城市整体环境，同时也能提升其文化旅游及文化传承的意愿，使城市文化保护措施顺利开展，才能更好保护文化资源、建设基础设施以及打造高新环境，实现城市文化保护面域—原置型景区的发展。由此提出如下假设：

HC9：居民意愿对城市文化保护面域—原置型具有显著的正向作用。

第五，关于沉浸式文化传承微旅游与城市文化保护面域—原置型协同模式的概念模型。

根据沉浸式文化传承微旅游与城市文化保护面域—原置型发展协同模式的分析框架、研究假设的相关内容，结合沉浸式文化传承微旅游与城市文化保护面域—原置型协同模式的现状，本章搭建出沉浸式文化传承微旅游与城市文化保护面域—原置型协同模式的概念框架，见图6-1。

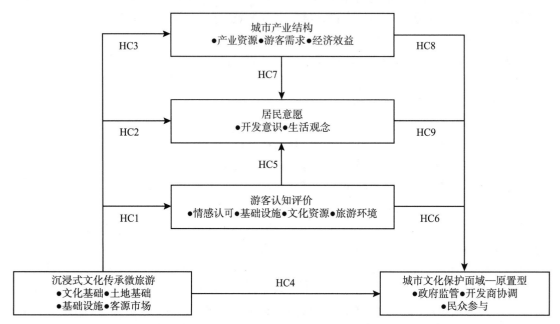

图6-1　沉浸式文化传承微旅游与城市文化保护面域—原置型协同模式的概念模型

由图6-1可以了解到，沉浸式文化传承微旅游与城市文化保护面域—原置型协同模式主要以沉浸式文化传承微旅游、城市产业结构、居民意愿、游客认知评价和城市文化保护面域—原置型5个变量为基础，搭建出沉浸式文化传承与城市文化保护面域—原置型之间的作用关系路径。其中，沉浸式文化传承微旅游与城市文化保护面域—原置型不仅具有直接的作用路径，也具有间接的作用路径，其间接作用路径有5条。分别是：①沉浸式文化传承微旅游—游客认知评价—城市文化保护面域—原置型；②沉浸式文化传承微旅游—城市产业结构—城市文化保护面域—原置型；③沉浸式文化传承微旅游—居民意愿—城市文化保护面域—原置型；④沉浸式文化传承微旅游—游客认知评价—居民意愿—城市文化保护面域—原置型；⑤沉浸式文化传承微旅游—城市产业结构—居民意愿—城市文化保护面域—原置型。通过搭建出沉浸式文化传承微旅游与城市文化保护面域—原置型协同模式的概念模型，为下一步进行结构方程实证分析奠定了理论基础。

6.1.2　预调研

第一，预调研过程。

2022年11~12月，分别前往河南洛阳进行预调研。这个时期主要是针对河南洛阳"古都夜八点"的历史文化、城市产业结构、游客认知评价进行大体上的认识。研究团队对于其历史发展、旅游发展有了一个整体的认识，从而能够对沉浸式文化传承微旅游过程中的城市文化保护面域—原置型展开更为具体明晰的分析与阐述。作者从当地居民和游客等角度了解到沉浸式文化传承微旅游与城市文化保护面域—原置型协同模式的相关者对文化基础、数字科技、社会环境等核心问题的感知。预调研阶段对当地居民进行访谈，获得了对洛阳的沉浸式文化传承微旅游发展、城市文化保护面域—原置型建设等内容的一手资料。

第二，预调研目的地基本情况。

洛阳市通过打造"古都夜八点"，将吃、住、行、游、购、娱等元素融合，发力夜间经济，以夜间活动带动全日经济，取得了令人瞩目的消费提升成绩单。晚上八点之后，古都洛阳夜景灯光璀璨，许多市民游客被吸引前来，将寻找美食变成最有趣的旅游体验。洛阳从古时候起就有"昼赏牡丹夜观灯"的习俗，每晚八点，隋唐洛阳城国家遗址公园的应天门、定鼎门、洛邑古城、龙门石窟等景区都会亮起灯光。此外，洛阳还推出了 3D 灯光秀、夜游龙门、古风表演等多种夜间旅游项目，令游客大开眼界。洛阳以"古都夜八点"为基础，围绕商贸、文旅等六大重点领域组织了34 项系列活动，推出更潮更炫、更有品质的消费品牌"古都新生活"，打造消费新场景。

第三，案例地选取。

洛阳市是中国历史文化名城，拥有丰富的文化遗产，其中，洛阳"古都夜八点"是洛阳文化保护和夜间经济发展的成功案例。洛阳"古都夜八点"的活动以夜间经济为核心，结合了吃、住、行、游、购、娱等元素，成功地打造了一个以旅游体验为主导的消费场景。同时，该活动也紧密围绕着洛阳城市文化和历史文化展开，通过夜间灯光秀、3D 灯光表演、古风表演等多种创新的演出形式，将洛阳古都的历史和文化进行了完美的展现。把城市文化保护和夜间旅游结合起来的模式，能够有效提高游客对文化遗产的认知度，并推动文化的传承和保护。

洛阳"古都夜八点"的成功也是基于多元化的旅游项目和活动。这些活动不仅包括夜间灯光秀等传统文化演出，还包括夜游龙门、亲子活动、文化体验等多种旅游形式，使游客在夜晚也能够享受到更多的旅游体验，更好地了解和感受洛阳的文化和历史。这种包罗万象的旅游项目和活动的模式，能够吸引更多类型的游客和消费者，也更有利于旅游行业的可持续发展。

综上所述，洛阳"古都夜八点"的案例很好地展示了沉浸式文化传承微旅游和城市文化保护协同模式的重要性和实际效果。不仅在保护和传承洛阳的历史文化上取得了成功，也为旅游行业的发展和城市经济的繁荣作出了重要的贡献。

6.1.3　实地访谈

第一，关于案例地发展状况。

本次案例采用的是河南洛阳市"古都夜八点"。"古都夜八点"文旅促消费活动是洛阳市贯彻落实《国务院办公厅关于进一步激发文化和旅游消费潜力的意见》《河南省人民政府办公厅关于进一步激发文化和旅游消费潜力的通知》等促消费精神的重要举措，活动谋划以"颠覆性创意、沉浸式体验、年轻化消费"为引领，创新夜游产品、丰富消费业态、激活文旅消费。"古都夜八点"是基于洛阳城而建的，是洛阳城的生活百态和兴衰变迁的表现，也承载洛阳人的历史情怀和美食记忆，具有"洛阳城的老底片"之称，简而言之，洛阳在晚上八点启动了八大特色主题，为游客提供独特的夜间体验。洛阳"古都夜八点"是强调"夜间经济"的代表作之一，依托洛阳，将全市11 个区域，通过环境的改造、亮化夜景、打造出"古都夜八点"这一地标性夜生活集聚区，进而发展夜间经济。比如其中一项西工小街，对其线路、排污、消防、路面等按照新中式风格进行全方位改造，以扩充达到 7600 多平方米的商业面积与 80 多间商铺，展示城市的"老记忆"，展现城市新形象，打造品牌化街区——洛阳夜经济品牌。

洛阳"古都夜八点"的文旅消费活动，不仅丰富了夜游、夜购、夜宵、夜娱等消费业态，更将音乐、影片、建筑、历史融为一体，将唐装、"唐谣"、石窟等元素融入其中，消费盛宴也是文化盛宴。文化元素、消费元素、场景元素、历史元素相得益彰，这才是"夜经济"该有的样子。"古都夜八点"聚集"吃喝玩乐"四大要素特色，与厚重的隋唐文化底蕴相结合，形成独有的夜游产品品牌，吸引更多国内外游客前往游览、观光，激发文旅消费，使洛阳的夜晚愈发缤纷多彩。2020 年 5 月，为加快消费市场的回暖，洛阳启动了"古都夜八点"的文旅活动，推动文旅行业夜间经济的发展，通过多元化、沉浸式的文旅消费体验，促使洛阳从"旅游城市"向"城市旅游"转变，为洛阳古都文旅高质量发展提供推动力。自 2020 年 5 月开始的一年里，洛阳市举办了名为

"古都夜八点"的文旅消费活动，吸引超过 3000 万市民和游客前来参与。这一活动带来了约 120 亿元的文化旅游收入，成为推动全市经济高质量发展的新动力。洛阳凭借这一成就，荣获"2020 年度中国夜游名城"的称号，并且入选了首批国家文化和旅游消费示范城市。

第一阶段：洛阳旅游城市的兴起与发展。

洛阳是一个拥有悠久历史文化和丰富旅游资源的旅游城市，同时也是华夏历史文明和中华民族文化的发源地之一。作为中国四大古都之一，洛阳承载着深厚的文化底蕴。这座城市融合了壮丽的山水景观和古今交相辉映的建筑风貌，成为一座备受称赞的旅游胜地。洛阳以其独特的历史遗迹、宏伟的古代建筑和丰富多彩的文化活动而闻名，吸引着来自世界各地的游客。洛阳因其位于洛水之北而得名，是中国历史上建都时间最长的城市，先后成为夏至后晋等十三个朝代的都城。作为华夏文明的发源地，洛阳自古以来就以经济的繁荣、宗教的兴盛、文学的繁荣和文化的开放而闻名。这座城市凭借其丰富的历史文化资源，近年来在文化旅游的兴起中崭露头角，逐渐成为国内外知名的旅游城市。经过了漫长的历史沉淀，洛阳逐渐形成底蕴丰厚且独具特色的文化资源聚集地。这里蕴含着丰富的历史遗迹、宏伟的古代建筑和珍贵的文化文物，构成了独特的文化景观。同时，洛阳还拥有优美的自然资源，如壮丽的山川、迷人的河流和宜人的气候，为发展文化旅游产业提供良好的基础。

自 1983 年起，洛阳举办的每年一度的牡丹文化节已经发展成为享有盛誉的国家级文化盛会，在国内外声名远扬，被列入全国四大名会，并入选国家非物质文化遗产名录。这一盛会不仅是洛阳扩大对外开放、展示城市形象的重要平台，也是展示洛阳丰富牡丹文化、推动旅游发展的重要窗口。同时，洛阳是一座拥有坚实工业基础和较强科研实力的现代化工业城市。此外，还是一座拥有鲜明红色旅游基础的旅游城市。洛阳还拥有丰富的资源要素，是宜居宜业宜商的希望之城，市内交通条件完善，与周边城市之间的交通联系基本形成。洛阳城市内部功能完善、便利高效，以本地居民的日常生活、福利为核心，使当地居民与游客能够感受到贴心周到的服务，在提高当地居民幸福感的同时，尽可能满足游客需求，吸引外来资金的投入，共同打造现代化洛阳都市圈，打造属于自身的创新元素，为洛阳旅游城市的兴起与发展提供了良好的社会环境和资源基础。

文化是城市的生命，与城市的活力密不可分。一个城市的历史文化资源是推动可持续发展的核心动力，而洛阳拥有丰富而独特的历史文化资源，为其发展文化产业提供良好的基础。著名的旅游景区，如白马寺、关林庙、龙门石窟等，成为吸引游客和带来收入的重要资源基础，游客数量和收入不断攀升，这正表明洛阳的历史文化资源作为新的经济增长点具有巨大的潜力。文化是基础，工业是动力，旅游是源泉，如何在传统文化发展的基础上促进旅游产业发展、传承洛阳文化成为洛阳市政府经济社会发展的着力点，洛阳市旅游产业开始发展，文化旅游逐步兴起。

第二阶段：促进新时期的城市经济回暖。

随着洛阳的文化旅游的逐渐兴起与社会经济的发展，洛阳也认识到文化资源对城市可持续发展的重要性，因此，政府对于文化资源的保护与开发保持重视的态度，并加大了保护与开发力度。所以发展旅游业以此开发洛阳的历史文化资源，同时结合工艺美术品业、饮食文化产业等进行相互融合发展。

首先是依靠旅游开发进行经济收益的提升。洛阳市作为一座历史文化名城，拥有丰富的历史文化资源和鲜明特色，同时，洛阳还确定了"国际文化旅游名城"的战略定位，意味着旅游产业对于洛阳城市发展起到至关重要的作用。在"十三五"规划中，旅游产业被明确指定为洛阳市战略性支柱产业，并得到了业界的广泛认可。在实际实施过程中，这一战略取得显著成效，得到业界认可。但在对洛阳的历史文化资源进行整合和开发时，不同的文化管理部门往往从各自的主观角度出发，导致决策上存在一定程度的差异，未形成有效的合作运营机制，进而影响洛阳的文化旅游市场的整体发展。例如在 2017 年洛阳牡丹文化节期间，推出一系列惠民政策，为当地居民及游客提供优惠待遇，这在一定程度上提升了居民的文化消费水平，同时也为游客提供更好的体验，从而增加他们对来洛阳旅游的吸引力。然而，这种惠民政策也容易导致政府、企业与居民之间的利益不协调。为了解决这些问题，政府可以与企业和居民进行更好的沟通和协商，确保各方的利益得到平衡和协商。牡丹文化节对于企业与市场来说是一个发展经济的良机。然而，门票价格不受限制以及餐饮住宿的价格控制等问题，导致部分企业未能得到相应的利益保障，进而影响企业经济效益。此外，利益相关者之间的利益无法协调，也阻碍了洛阳城市旅游形象的塑造，进而不利于整体提升洛阳城市的知名度与美誉度。

其次是洛阳的节会产业对于城市经济效益的提升起到重要作用。节会通常依托于当地的自然资源、文化资源以及风俗习惯等特色要素，是具有一定时节性的大型活动，涵盖文化传播、交流和贸易等多个方面。洛阳市的节会产业的发展不仅推动洛阳市的节会和旅游经济，还对于洛阳的非物质文化遗产的传承和发展起到重要的作用。同时，洛阳文化产业园区建设未形成产业集群效应，使得洛阳文化产业园区存在主题定位不明确、文化氛围不够浓厚、宣传力度不够强等问题，均阻碍洛阳文化资源的整合与文化产业集群效应的提高，影响洛阳文化产业的发展。

再次是联合城市文化空间与历史文化资源，以此提升城市经济效益。城市居民、文化活动和活动场所三部分组成城市文化空间。随着时代的发展，洛阳在城市规划建设中，其建筑日渐同质化，只体现出城市的"新"，而古都的"旧"日益减少。在城市更新中，为发展城市经济，提升社会效益，建设高楼大厦、新建筑必不可少，但相对而言，城市建筑与城市特色文化相结合，更能够彰显城市形象。同时，洛阳的老城历史文化街区是洛阳人民记忆的重要承载地，然而，由于过度商业化的影响，这一地区的原有特色文化逐渐式微，被现代文化如手机广告、快餐广告等所取代。另外，龙门石窟景区内游客触碰佛像雕塑的现象十分严重，景区外的道路不整洁、商铺杂乱无序、建筑风格与古都风貌不协调等问题也存在，这些问题容易给游客留下"古都不古"的印象，从而降低游览意愿。

最后是增加文化旅游品牌附加值，以此提升城市经济效益。城市个性化可通过鲜明的城市文化品牌彰显，但作为十三朝古都——洛阳来说，虽然被称为"千年帝都""牧城"，但是城市的文化资源尚未形成具有自我特色的发展模式，因此，有必要对历史文化资源进行系统性整合。洛阳是十三朝古都，但大部分朝代存在时间较短，未形成较为鲜明个性化的朝代文化。其宗教文化、古遗址文化、红色文化资源、名人文化等鲜明特色的文化，若仅靠景区的碎片式保护与开发，将无法起到整合带动作用。而文化旅游是一种将文化性与经济性相结合的产业模式，在过去，洛阳的旅游观光和旅游纪念品销售的传统方式已不能满足新时代的游客需求。因此，推出了"古都夜八点"这一产品，以体现区域文化产品的特色性、主题性和体验性，从而完善文化旅游产业链，提升文化旅游产业的附加值。

第三阶段：文化旅游可持续发展。

"古都夜八点"是一系列夜间旅游活动，于 2020 年由洛阳市提出。这些活动将洛阳市的吃、住、行、游、购、娱等全方位旅游要求有机地串联起来，进一步提升洛阳市夜间旅游的质量与水平，并取得显著的成绩。洛阳市致力于打造夜间经济旅游产品，既发展文化旅游，又推动城市消费，促进城市夜间经济的发展。

首先是夜间经济的发展程度是城市经济中的一个重要影响因素。夜间经济指的是在夜晚进行的各种消费活动，包括餐饮、购物、休闲、旅游、文化、建设等领域。夜间经济的繁荣可以为城市经济带来巨大的推动力。此外，夜间旅游具有一定的特点，夜间旅游通常发生在夜间，具有时间性、季节性、空间性、体验性等特点。根据商务部数据显示，目前我国城市人群的消费有 60% 发生在夜间，其中，实体经济在每天 18～22 点的销售额占比超过 50%。表明"夜间经济"作为城市提质发展的重要载体，在城市经济中扮演重要的角色。"夜间经济"作为城市经济的一部分，不仅是简单的夜间消费活动的总和，还是一个融合多种文化元素的综合体。夜间经济不断地吸收和融合各具特色的文化元素，成为展示城市形象和软实力的重要方式。2012 年，随着夜间经济的发展，以及现代人民生活习惯的变化，夜间旅游逐渐兴起。洛阳首次推出了一项名为"夜游龙门"的夜间旅游产品，该产品旨在还原龙门石窟在其辉煌时期的样貌。其夜景生动形象，提升游客吸引力，但未形成系统化建设,使得基础配套设施无法满足需求,游客在实际游玩过程中不够便利,降低了游客体验感,最终没能够持续地经营下去。

其次是重点打造"古都夜八点"品牌化项目。自2013年以来,洛阳市一直致力于深耕夜间旅游市场,通过一系列的项目建设和提升措施,城市旅游产业取得显著成果。在这一过程中,洛阳先后建设了洛邑古城,对老城十字街夜市进行改造提升,重修老城民主街,复原隋唐洛阳城应天门及天堂明堂景区,重建九州池遗址公园,还新建了龙门古街等项目。这些项目的建设为洛阳市夜间旅游市场增添新的亮点和旅游资源。此外,洛阳市还着重培育老城十字街、龙祥街、义勇街、民主街、贴廓巷等特色美食商业街区,为游客提供丰富多样的美食选择。这些商业街区不仅在白天具有吸引力,而且在夜晚也呈现出独特的魅力,成为夜间旅游的热门目的地。洛阳市还优化了夜游龙门项目,通过灯光秀和投影技术,再现龙门石窟在其辉煌时期的壮丽景象。此外,开放博物馆奇妙夜等活动也为夜间旅游增添趣味和体验性,吸引更多游客的参与。这一系列项目和措施的实施,形成一大批有特色、可体验的夜间旅游项目,为洛阳市的城市旅游产业注入新的发展动力。夜间旅游的文化资源整合发展,通过合理科学的产业联合建设相互促进,打造成片链接的夜间文旅体验综合体项目。

最后是完善洛阳夜间旅游基础配套设施及政策支持。作为政府性旅游项目的"古都夜八点",政府给予充分的政策支持,将其当作洛阳城市名片进行建设配套设施与宣传。同时,为进一步提升洛阳的城市品位和人气,洛阳市充分利用"名人"效应,成功引进一系列重磅宣传展示平台,如"2020年央视中秋晚会"等,向全国乃至全世界宣传洛阳的独特魅力,进一步提升洛阳的城市品位和人气,为洛阳的发展注入新的活力和动力。洛阳在2020年"十一"黄金周期间迅速崛起为一座备受瞩目的网红城市,同时也跻身全国十大热门旅游目的地之列。在这一期间,洛阳市共接待了702万人次游客,实现高达63.6亿元的旅游收入。为了进一步推动文旅消费,促进消费升级,以及扩大文旅消费市场规模,洛阳在2021年推出了名为"古都夜八点"的惠民活动,该活动优惠力度更大。从5~8月,洛阳市投入了2000万元用于发放文旅消费券和提供补贴奖励。这一举措充分激发游客对文旅消费的热情,引发全市范围内的文旅消费热潮。

第二,河南洛阳"古都夜八点"的沉浸式文化传承微旅游与城市文化保护面域—原置型协同模式。

首先,案例地对于文化基础的保护。

沉浸式文化传承微旅游,简称"微旅游",是指在旅行中通过对文化元素的深入了解和体验,促进文化传承和保护的一种旅游形式。与传统旅游不同,微旅游更注重用户体验和文化情感的交流,更贴近本土文化和人文特色。

洛阳"古都夜八点"作为一种文化消费品牌,无疑是一次成功的微旅游体验。通过多元化、沉浸式的文旅消费体验,洛阳不仅丰富了夜间旅游消费业态,更将民俗文化、历史元素、建筑、音乐、影片等元素融合在一起,打造出独特的文化消费场景。引导游客深入了解本土文化,弘扬河洛文化,促进文化传承和保护。在文化类型方面,"古都夜八点"通过将洛阳历史文化和非遗文化融合在一起,打造出丰富的夜间消费业态,提升游客的文化体验。这一活动通过夜间演艺、灯光秀等形式,将历史文化元素与现代科技相结合,展现出一个充满活力的夜间城市景观。例如,古城夜游活动中,游客可以在灯光下欣赏到洛阳古城城墙、博物馆、钟楼等历史文化遗址,这些古迹在夜间更显得神秘优美。同时,夜间演艺和灯光秀将历史文化元素与现代科技相融合,通过创新的表现形式,让游客更容易理解并感受到洛阳历史文化的精髓。在访谈中,一位外地游客表示:感觉这里很美,有古代的文化、汉服、建筑,特别是汉服。还有就是这边特有的文化表演和灯光秀,这些演出和灯光秀非常吸引人,让我感受到洛阳历史文化的魅力和独特性。同时,她认为这种文化类型的创新对于洛阳的文化传承和保护有着非常大的助益。通过将历史文化元素与现代科技相结合,洛阳市形成了独特的夜间景观和文化消费场景。另外,一个相关工作人员表示:我们为了更好满足游客的需求和提供更丰富的文化体验,特意增加古风节目的内容,引入外部的演绎活动,并且增加市集活动，让游客在活动中可以自由地停留更长时间，同时也可以享受游玩、美食和文化表演。让游客来了之后，可以玩、可以吃、可以看。通过这种形式的文化活动，游客可以更好地了解洛阳的历史文化和非物质文化遗产，提高游客对于洛阳文化的认知和兴趣，促进文化的传承和保护工作。"古都夜八点"通过这种文化类型的创新，加强对洛阳历史文化基础的保护。打造出丰富的夜间消费业态，增加游客对于文化的兴趣，在游客的需求和市场需求的推动下，洛阳的文化产业也得到了进一步的开发和壮大。同时，通过夜间演艺、灯光秀等形式，"古都夜八点"对于洛阳的历史文化元素进行再创作和再演绎，使得文化基础得到新的发掘和挖掘，增强文化的传承和保护。这一文化类型的创新，将古代文化与现代科技相结合，以创新的形式让市民和游客更好地了解和感受到洛阳这座历史城市的文化魅力。

在文化利用状况方面，"古都夜八点"通过打造夜间文旅消费集聚区、优化产品供给、推出多元化的夜间消费体验等方式，激活夜间经济，同时也为文化传承和保护提供有力支持。通过打造夜间文旅消费集聚区，"古都夜八点"将文化和旅游融合在一起，提供更全面、更丰富的旅游体验。这不仅可以吸引更多的游客前来参观，还可以促进当地商家的发展，从而为当地经济带来更多的收益和潜在的商机。一个卖剪纸的小摊摊主表示：我们其中一部分的产品就是以洛阳历史文化为主题的。在洛阳"古都夜八点"推出的夜间文化活动中，也会有一些与剪纸相关的活动，这让我感到非常高兴。自从有了这个活动，我们这些小摊主们有了更多的机会和平台去推广我们自己的产品和文化。同时，优化产品供给，有利于更好地传承和保护文化。通过深入挖掘本地的历史文化，可以有针对性地提升文化的内涵和外延，为游客提供更为优质的文化产品。例如，对于城墙、博物馆等文化遗产进行智慧化升级，可以让游客更好地了解城市的文化内涵和历史遗产。"古都夜八点"不只是提供文化之旅，同时在夜晚提供多种活动，如美食展示、夜市、文化艺术表演等，丰富了夜间经济的发展，为城市发展带来新的机遇。一位出来逛街的洛阳本地居民王阿姨表示：以前晚上的时候比较冷清，但是自从"古都夜八点"活动推出之后，洛阳变得越来越繁华、有活力。现在的夜晚，我们可以去夜市逛街散步、吃小吃、欣赏文化表演、游龙门等。晚上是越来越热闹了，每天晚上都有很多人来逛，每个小摊也都好多人排队。通过提供多元化的夜间消费体验，洛阳市成功吸引了更多的市民和游客前来参与，为城市夜间消费注入活力。同时，这些夜间活动和文化传承紧密相连，为城市文化保护和传承提供更为有力的支持。洛邑古城景区工作人员表示：夜间经济和文化产业是我们的一大亮点，通过这些活动，我们可以给游客和市民带来更加丰富的夜间消费选择和文化体验。在洛邑古城景区，我们也推出了夜间文化活动，如夜游府邸、夜间明信片制作等，这些活动都受到了游客和市民的热烈欢迎。此外，洛阳"古都夜八点"还针对不同人群特点，推出各种夜间旅游体验项目，让游客在体验中感受到浓郁的文化氛围。一位景区工作人员表示：我们主要针对不同人群的特点，推出了多样化的夜间旅游体验项目。比如，夜游龙门可以让游客感受卢舍那大佛的静谧之美，池畔的"池上繁华"古装演艺则营造出"唐风唐韵"的氛围，而大北门文化公园的"唐谣"演艺则更偏向文艺青年，让他们感受到古都夜文化的魅力。他表示不同的活动适合不同的人群，游客可以根据自己的兴趣选择适合自己的项目。一位刚游玩过的厦门游客小郭表示：我觉得这些活动很棒，就比如夜游龙门，让我感受到了灯光与古迹的美妙结合，而"池上繁华"古装演艺则让我仿佛穿越到了唐朝的盛世之中。这种感觉真的很有趣，与我以往参加的活动都有很多不同的地方，而且我感觉这些活动适合所有人参加，不论是年轻人还是老年人、文艺青年还是普通游客。这些活动不仅有趣，而且有教育意义，让人在旅行中能够更好地了解当地的历史和文化。我还想再来参加大北门文化公园的"唐谣"演艺。我也会向我的朋友们推荐这些活动，让更多人能够来感受"古都夜八点"的魅力。她表示用文化的明灯点亮"夜经济"的星空，城市的夜晚定会更有味道、更富魅力，城市的经济会更富活力。

总体来说，洛阳"古都夜八点"的成功经验在于打破了传统旅游单一的消费模式，引导游客深入体验本土文化，从而促进文化保护和传承。这种文化旅游的发展模式值得各地旅游部门借鉴和推广，以培养更多的文化旅游消费者，促进文化旅游的蓬勃发展。

其次，土地基础的有效利用。

河南洛阳"古都夜八点"项目就是一个成功的例子。该项目通过打造多种线路和产品，让游客在夜间感受洛阳的文化和历史，从而激活夜间消费，提高土地基础的利用率。例如龙门石窟的"夜游龙门"项目，让游客可以在夜晚欣赏到龙门石窟的美景，同时了解龙门石窟的历史和文化。另外，隋唐洛阳城国家遗址公园的"古城夜韵"3D灯光秀，通过灯光和音乐的结合，展示了洛阳的历史和文化，吸引大量游客前来观赏。其中，河南洛阳"古都夜八点"项目采用的土地类型主要为城市文化用地和旅游用地。城市文化用地是指具有文化、历史和人文价值的建筑和场所，如城市书房等。旅游用地则是指为旅游服务的各项场所，如龙门石窟、隋唐洛阳城国家遗址公园等。在这两种土地类型的基础上，"古都夜八点"项目采用创意性的设计，将文化和旅游融合在一起，为土地基础的有效利用提供新思路和新途径。访谈中，景区的相关工作人员王哥表示：夜间是一个城市活力非常高的时刻，但以前我们的城市夜景并不够丰富、夜间消费也比较单一。现在通过"古都夜八点"活动，我们结合了城市文化和旅游资源，为夜间消费提供了更多选择，同时也大大提高了土地基础的利用率。同时，河南洛阳"古都夜八点"项目的成功，也得益于当地土地利用的状况。一位洛阳本地居民李哥表示：音乐喷泉是洛阳的夜间亮点，我经常带外地朋友们来看。洛阳市具有悠久的历史和文化，这为城市文化保护和旅游开发提供了丰富的资源。另外，一位洛阳本地居民刘姐表示：晚上八点之后的洛阳充满着浓郁的文化氛围，不仅有书法艺术，还有激情四溢的音乐，吸引各种类型的游客，不管你是什么类型的人，总有适合你的活动。其中，我最喜欢洛邑古城，皮雕、剪纸、洛绣，这些非遗项目都很吸引我。同时，洛阳市作为一个大型城市，拥有完备的交通和基础设施，为"古都夜八点"项目的开展提供了更加便捷的条件。在土地利用方面，洛阳市还充分利用现有的文化资源，如城市书房等，将一些公益讲座、公益手工、阅读等活动放在夜间，延长市民们的文化消费时间，进一步激活城市文化，让土地得到更加有效的利用。

另外一个关键点为选址，河南洛阳"古都夜八点"项目在选址上也具有创意性和前瞻性。该项目选择的选址，主要是集中在洛阳市中心和具有文化、历史价值的地区，如老城十字街、龙门石窟、隋唐洛阳城国家遗址公园等。通过这种选址模式，"古都夜八点"项目将文化和旅游融合在一起，为土地基础的有效利用提供新思路和新途径。一位洛阳直播博主表示：作为旅游直播博主，我经常到洛阳进行旅游直播，我觉得这个活动的选址非常优秀，充分利用了洛阳市中心和具有文化、历史价值的地区，如老城十字街、龙门石窟、隋唐洛阳城国家遗址公园等，凸显了当地的人文历史和灿烂文化。如此一来，不仅能够更好地体验洛阳的文化，还有机会亲身感受古都文化的魅力和精髓。在选址方面，该项目充分考虑当地土地的特点和潜力，并结合游客的需求和旅游的发展趋势，精心选择了合适的地点，打造一系列独具特色和吸引力的旅游线路和产品。一位洛阳本地导游表示：以前晚上的时候，游客往往都只是去试试当地美食或者逛夜市，但是现在这些已经不再是唯一的旅游选择了。随着"古都夜八点"项目的推出，夜洛阳旅游变得更加多样化和有趣。现在的游客在夜洛阳旅游时更倾向于去体验文化、历史和传统艺术等方面，这也是"古都夜八点"项目的魅力所在。我会根据游客的需求和兴趣带他们去龙门石窟、隋唐洛阳城国家遗址公园和老城十字街等景点，还会介绍当地非遗和文创产品，让游客更深入地了解洛阳的文化底蕴。同时，我还会带游客去逛夜市，品尝当地美食，体验洛阳的夜生活氛围。此外，洛阳市还在文旅消费区域内推广非遗和文创产品，通过这种方式，既能让游客更全面地了解洛阳的文化传承，同时也为土地基础的利用提供了更多的机会和可能性。

综上所述，河南洛阳"古都夜八点"项目是一种非常成功的沉浸式文化传承微旅游项目，通过创意性的设计和前瞻性的选址模式，为城市文化保护和土地基础的有效利用提供了新思路和新途径。在未来，这种消费模式和选址模式也将为其他城市的文化保护和旅游开发提供可借鉴的经验和思路。

再次，案例地对于基础设施的完善。

洛阳"古都夜八点"通过借助高铁、公交等交通工具，便捷地将游客送达各个文化景点，建立全面完善的基础设施，为游客提供全方位的服务。同时，开发多元化的夜间文旅项目，包括 3D 灯光秀、夜游龙门、古风表演等，为游客提供丰富的文化体验，吸引更多的游客前来游览。通过促进夜间消费市场的健康发展，夜间经济成为推动基础设施、管理水平不断提升的内生力量。完善的生活文化设施和基础设施是一个城市的重要组成部分，可以为城市注入活力和吸引力。洛阳"古都夜八点"通过酒吧、咖啡馆、创意市集等便利的生活文化设施的结合，形成了文化场景，赋予了城市生活意义。比如位于王城大道附近的一家酒吧，仿古式的门头青砖砌墙、红色纱幔、精致的唐朝风格和流行重金属和谐交汇，神秘又新奇，摇滚歌手在里面激情演唱。一位游客表示：我是因为工作需要从外地回来的洛阳本地人，听说这家酒吧很受欢迎，就过来看看。没想到一进来就被惊艳到了！让人感觉非常特别，让人忘记了自己身处的现代社会。同时，夜间经济的发展也带动了公共交通、公共卫生、环境保护、治安管理等基础设施的提升，使城市更宜居，功能更完善，为城市更高层次的发展奠定基础。

　　一方面，科技应用是完善基础设施的必要手段之一。河南洛阳"古都夜八点"项目充分利用科技应用，借助智慧城市和智能交通等技术手段，不断完善公共服务体系，为居民和游客提供便捷的出行环境。该项目引入创新的科技解决方案，以提升公共交通和出行体验。通过发行交通联合卡，开通云闪付、微信、支付宝等电子支付方式，方便居民和游客进行交通费用的支付，摆脱传统的纸质票据和现金支付的烦琐。此外，该项目还通过掌上洛阳、美团、腾讯地图等多种公交信息获取方式，为居民和游客提供多样化的公交信息服务，为居民和游客创造智能便捷的出行环境。同时，夜间高铁的开通与路线的加密，让古都城市通联更便捷，使得其他城市的旅游者或居民更加方便地到达洛阳，并享受完善的基础设施。一位来自郑州的游客表示：自从中原快车通车后，我经常和老婆、孩子坐快车到咱洛阳夜游龙门，看这个夜间的龙门，非常惊艳，也很震撼。同时，一位洛阳当地居民表示：洛阳市公共服务体系在近几年里出现了很大的变化，特别是在智能化方面。而且现在夜间高铁路线也开始通车了，我最近去别的城市旅游时就坐了夜间高铁线路，感觉非常棒。不像之前都需要提前安排时间，现在夜间高铁的开通与路线的加密，让我能够更加随意地出行，自由度更高。他认为未来洛阳市还将继续追求智能化、数字化、可持续发展等方面的发展，特别是在旅游业的发展方面。洛阳古都的文化底蕴极为丰富，未来的发展应该与文化产业、旅游业等方面相结合，借助智慧城市的发展迅速提升其在全国的知名度。另一方面，基础设施完善程度也是促进旅游和夜间经济发展的关键。对于旅游和夜间经济发展来说，基础设施的优化将直接影响其发展水平。洛阳市通过完善公共交通网络和加强公共服务设施建设，为游客提供了更加便捷的旅游体验。比如，城市公共交通、公共卫生、环境保护、治安管理等基础设施和管理水平的提升，使城市更为宜居，功能更加完善。一位外地游客表示：我认为夜市的公共卫生情况还算不错。整个夜市的环境比较整洁，垃圾桶也比较齐全，游客们也比较注重卫生，没有乱扔垃圾的现象。学子街的夜市上的一家炸串摊摊主表示：为了保持夜市的环境清洁，相关部门给我们每台餐车都配有一个垃圾桶，保证垃圾不乱扔，而且如果有游客的垃圾不小心掉在地上，还专门配备了保洁员及时进行清理。我们这些小摊也积极配合城管部门做好安全卫生工作，毕竟卫生到位了，才有生意嘛，而且也给游客留下干净卫生的印象，让游客对洛阳留下好印象。同时，夜间高铁的开通与路线的加密也带动了城市公共财政投入的增加，进一步加强地方政府的公共治理能力。而在配套服务方面，洛阳市也开通"古都夜八点"专线等常规线路，以及定制包车业务并丰富公交信息服务模式，从而更好地满足市民和游客的个性化、多样化出行需求。其中，一位来自北京的游客表示：因为我是第一次来洛阳，一开始对城市的路况和公共交通了解不多。但是，通过"古都夜八点"专线和定制包车等服务，我很快地了解了洛阳并到达了各个景点。综上所述，河南洛阳"古都夜八点"沉浸式文化传承微旅游深度融合了科技应用和基础设施完善，通过智能化的出行方式和高质量的市政服务，实现城市环境的全面提升。这一模式可以为其他城市提供借鉴和参考，推动城市公共服务体系和治理水平的不断提高。

　　总的来看，沉浸式文化传承微旅游成为促进城市基础设施完善的新途径。对于城市文化的保护和传承，可以通过创新的旅游方式，向更多的游客展示城市文化的魅力，提高公众对于城市文化的认知和保护意识。同时，在夜间经济的带动下，城市基础设施和管理水平得到不断提升，城市的生活品质和吸引力也将大幅提升。

最后，客源市场的可持续开发。

夜间经济不仅能够丰富文旅产品供给，满足人们对美好生活的需要，而且能够增强城市创新活力、彰显城市文化魅力、繁荣市场、增加就业，因而得到从国家到地方各个层面的强力支持。河南洛阳"古都夜八点"在向游客介绍洛阳的历史文化和现代发展的同时，将其融入夜晚的文化活动、美食和娱乐体验中，从而提升游客的参与度、满意度和共享度。此外，该项目还采用原置型协同模式，通过政府、商业和社区的合作，实现文化保护和城市经济的共同发展。这种合作模式除促进文化保护和经济增长，还为游客提供更多的旅游体验和服务，提高游客的忠诚度和满意度，实现客源市场的可持续开发。在市场规模上，据官方数据显示，2019 年洛阳市旅游总收入为 1321 亿元人民币，同比增长 15.0%。其中，夜间经济占到很大的比重。据了解，自 2020 年 5 月"古都夜八点"启动以来，吸引大量游客前往参观和体验，该项目创造的旅游收入也取得了显著的成效。因此，洛阳不仅成功入选国家首批文旅消费示范市，还一举摘得 2020 年度"中国夜游名城"的称号。从 2020 年 5 月开始的一年时间里，洛阳市共接待了超过 3000 万人次的居民和游客，文化旅游收入达到 120 亿元。这不仅巩固了洛阳市作为旅游名城的地位，也使文旅消费成为推动全市经济高质量发展的新引擎。特别值得一提的是，2021 年洛阳市在进一步推动文旅消费方面取得了重大突破。市政府发放总额达 2000 万元的文旅消费券和补贴奖励，此外，洛阳市还着重提升 11 个重点夜间文旅消费集聚区的发展。这是继 2020 年 5 月 8 日首次推出便叫响"古都夜八点"文旅消费品牌后的再发力。一位洛阳市民小杨表示：每周末我们都会来这里，尝试不同的美食。我们品尝过很多家，其中有几家也比较新颖，总的来说，这里的吃的还是挺符合大众口味的。就如我们今天吃的肉串、奶茶、臭豆腐以及烤冷面都很好吃。另外一个来自厦门的游客小郭说：洛阳晚上的时候好几条街道都挺热闹的，五花八门，不仅有得玩、也有得吃。卖的小礼品、小东西很多很多，我们挺喜欢这里的。现如今，夜幕降临的洛阳城，正在打开全新的模式。逛古街、看演艺、尝美食、品文化，已经成为市民、游客夜生活的新时尚。这不仅拉动了内需，促进消费，还明显提升了城市品位，增加了群众生活幸福感。因此，可以看出"古都夜八点"等沉浸式文化传承微旅游项目对于提升旅游收入和促进客源市场的可持续发展具有重要的意义。

另外，河南洛阳"古都夜八点"的推出，不仅可以吸引传统的旅游者，更能够吸引具有文化、历史、创新需求的新型旅游消费群体。因此，市场构成也发生一定的变化。具体来说，以洛阳"古都夜八点"为例，该项目除了吸引传统的旅游群体外，还吸引具有文化、历史、探秘等需求的年轻游客、创意工作者等新型消费群体的加入。通过推行文化创意产品、新媒体营销等手段，拓展市场的消费群体。河南洛阳"古都夜八点"活动在洛阳市的 11 个重点夜间文旅消费聚集区，如西工小街特色文旅商业街区、广州市场步行街等地，推出了丰富多样的夜游、演艺、美食、非遗、文创、灯光秀等业态产品。通过提供多元化和沉浸式的文旅消费体验，"古都夜八点"让游客在夜晚的洛阳尽情享受旅游的乐趣。通过多元化和沉浸式的文旅消费体验，"古都夜八点"在洛阳市引领和带动了全市文旅消费的持续提升，成为全国范围内知名度很高的文旅消费品牌。其中，一个年轻游客表示：对于我们这些年轻人而言，我们更加注重体验感、品质感和文化气息。该项目在这些方面都做得非常好，让我们非常愿意花时间和钱来体验和品尝这里的各种文旅产品。此外，它也是一个很好的摄影地点，夜晚的灯光秀很美，很适合拍照留念。同时，夜市小摊摊主张大哥表示：大力发展"古都夜八点"后，带动了夜市的人流量，我们的臭豆腐生意一天比一天好，节假日的时候能卖一两千元左右。每个摊位上的一盏灯，照亮的都是一个家庭的希望。某小吃店老板郭大哥表示：我之前是在北京工作的，之前不得已回来洛阳，本来以为会没什么机会的，现在这夜经济非常好，给我们店里面带来客流量特别多，收入好了很多。同时，城市文化保护与原置型协同模式也使得当地商家和社区能够提供更加丰富、多样化的服务和产品，满足不同需求的游客群体，打造旅游市场良性循环的良好局面。

总的来说，沉浸式文化传承微旅游与城市文化保护面域—原置型协同模式的结合是促进城市旅游市场可持续发展的有效途径。其通过深度挖掘地方文化和历史资源，将文化和历史资源融入旅游活动中，实现文化传承和体验，同时将政府、商业和社区等多元主体的资源优势进行整合，实现多方共赢和可持续开发，为城市旅游市场的提升和发展带来新的活力。

第三，洛阳"古都夜八点"——沉浸式文化传承微旅游对城市文化保护面域—原置型建设的作用。

为了深入研究洛阳"古都夜八点"建设中旅游发展与城市更新的协同模式，对政府、当地居民、游客、相关工作者等方面进行综合考量，并提取出城市产业结构、居民意愿和游客认知评价三个关键构念。通过对这三个方面进行有条理、系统化的分析，构建洛阳"古都夜八点"城市产业结构的作用模型、居民意愿的作用模型、游客认知评价的作用模型，这些模型将用于案例分析，探讨城市产业结构、居民意愿及游客认知评价在沉浸式文化传承微旅游与城市文化保护面域—原置型协同模型中的作用。

首先，沉浸式文化传承微旅游的城市产业结构分析。

洛阳的城市产业结构直接反映"古都夜八点"项目中各产业之间以及各产业内部的构成情况，意味着城市产业结构的变动将受到"古都夜八点"的产业资源、游客需求与经济效益的直接或间接影响。结合洛阳"古都夜八点"产业结构调整过程，通过较为科学的模拟，构建出洛阳"古都夜八点"中城市产业结构的作用模型（见图6-2）。

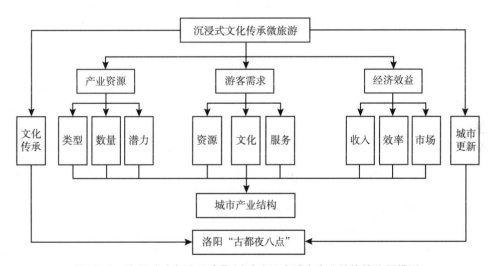

图 6-2　洛阳"古都夜八点"活动建设中城市产业结构的作用模型

由图6-2可以了解到，洛阳"古都夜八点"的城市产业结构既是发展夜间旅游的基础因素，也是影响当地城市更新发展的重要条件，产业资源、游客需求和经济效益是城市产业结构发展的关键要素。

在产业资源方面，洛阳的"古都夜八点"项目的产业资源主要包括夜间旅游产品类型、产业数量以及夜间消费潜力。洛阳"古都夜八点"活动以文化旅游为核心串联旅游项目进行业态创新，通过打造各种丰富多彩的夜间旅游产品，可以进一步完善旅游综合体的建设，丰富夜间旅游产品的供给，涵盖了观光、购物、体验、住宿、餐饮、娱乐等产业，提升了游客感知古都夜文化的吸引力，极大地释放了夜间消费潜力，是促进城市更新的基础条件。这些夜间文旅项目和产业的发展，也进一步推动城市文化保护面域—原置型建设。访谈中，一位洛阳市夜市相关负责人表示：夜市是夜间旅游的重要组成部分，也是夜间经济发展的重要方向之一。在洛阳"古都夜八点"活动中，夜市也扮演着非常重要的角色。我们注重提高夜市的品质和服务水平，通过打造多样化、有特色的夜市产品，吸引更多游客前来夜间消费。我们也注重夜市的文化内涵，将古都文化和夜市特色相结合，打造出更具有地方特色的夜市产品。在打造"古都夜八点"的过程中，洛阳市政府注重对古城区域的保护和修缮，这一点可以从洛阳市政府实施的《洛阳市城市总体规划（2011~2020）》中得到体现。规划中明确了古城保护的原则和目标，强调要保护古城区的历史文化遗产，重点保护明清时期的建筑群和传统民居，同时也注重保护自然环境和城市形态的完整性。在打造夜间文旅项目时，洛阳市政府充分考虑了城市文化和历史保护的因素。例如，在打造"古都夜八点"文旅品牌时，洛阳市政府选择将文旅项目主要集中在古城区，同时也在保护文物建筑的前提下，对部分历史文化街区进行改造和提升，创造出更好的夜间游览和文化体验环境。通过打造这种文旅项目，不仅可以提高城市的知名度和旅游吸引力，同时也能保护和弘扬城市的历史文化遗产，推动城市文化的传承与发展。洛阳本地市民小杨表示：作为古城区的居民，我非常欣赏洛阳市政府推出的"古都夜八点"活动。这些夜间文旅项目不仅美化了城市环境，也提高了游客对古城区的认知和关注度。同时，这些项目也为居民带来了更多的夜间消费选择，让古城区在夜间也变得生机勃勃。他认为，通过夜间旅游的发展，可以让更多人了解和关注古城区的历史文化遗产，同时也为城市提供更多的文化和旅游产业发展的机会，为城市的经济和文化发展带来新的动力。另外，小摊摊主张大哥表示："古都夜八点"活动的开展，对于我们夜市小商贩来说非常有益。夜市人流量增加，消费也随之上涨，让我们的生意也有了明显的提升。通过推动夜间文旅经济项目和综合性夜间文旅消费集聚区的发展，洛阳市政府不仅可以促进城市产业结构的优化，还有助于推动城市文化保护面域—原置型建设的发展。综上所述，洛阳"古都夜八点"项目的推广和发展，与城市文化保护建设形成了相互促进的良性循环，有助于推动洛阳市的文化旅游产业发展和城市的可持续发展。

在游客需求方面，洛阳"古都夜八点"的资源项目、服务设施、资源多样化均影响游客需求。夜间旅游的蓬勃发展与人们休闲生活方式的改变，成为促进我国经济快速增长的重要力量，同时政策对夜间旅游有推动作用。洛阳"古都夜八点"旅游活动强调文旅融合深度，加快推进全市文旅行业的夜间旅游发展，在增强洛阳夜间旅游知名度的同时，进一步刺激了消费，提升夜间消费的服务品质和档次。同时，夜间文旅项目也吸引了大量游客前来体验，进一步提高了游客对洛阳历史文化和城市形象的认知和评价，增强了游客的文化意识和保护意识。游客小蔡表示：我来到洛阳的目的就是参加"古都夜八点"旅游活动，因为我听说这是一个非常有特色的夜间旅游活动。我特别喜欢参加这种有历史文化底蕴，又能够融入现代元素的文旅活动，因为它让我既能够感受到城市的历史文化，又能够体验到夜间旅游的美好。同时，他也感受到洛阳市政府在城市文化保护方面所付出的努力，这为他留下了深刻的印象。这也促进了城市文化保护面域—原置型建设的推进和落实，使得城市历史文化得到更好的保护和传承。例如，在打造"古都夜八点"的过程中，洛阳市政府注重对古城区域的保护和修缮，同时在打造夜间文旅项目时也充分考虑了城市文化和历史保护的因素，让夜间文旅项目和城市文化保护建设相辅相成，实现城市文化和产业的可持续发展。夜间文旅项目也通过吸引游客，促进古城区域的文化保护和传承，进一步提高了游客对洛阳历史文化和城市形象的认知和评价。这种良性互动不仅推动了城市文化和产业的可持续发展，也促进了城市文化保护面域—原置型建设，使得城市历史文化得到更好的保护和传承。

在经济效益方面，洛阳"古都夜八点"活动是政府主导的文旅项目，得到大力扶持。为了加快推进全市的夜间旅游发展，洛阳市于2020年5月制定《打造"古都夜八点"文旅消费品牌行动方案》，重点关注保护城市历史文化传承与提升城市经济效益。同年9月，洛阳还发布《关于鼓励夜消费促进夜经济发展的意见》，旨在改善洛阳市的夜间消费环境。这些举措的目的是通过增加夜间旅游和消费产业链的参与者，促进消费并拉动经济增长。在"古都夜八点"活动中，实际参与者主要是本地居民，在夜间旅游和消费产业中扮演重要角色，为游客提供各种服务和体验。同时，夜间旅游为那些白天没有空闲时间的人们提供放松和满足精神需求的机会，在白天忙碌工作或学习的人们可以在夜晚参加各种夜间旅游活动，欣赏文化演艺表演、品尝当地美食、参观历史遗迹等。这样的活动不仅满足了人们对休闲娱乐的需求，还丰富了他们的生活体验。这种经济效益的增长对于城市文化保护面域—原置型建设的影响是多方面的。酒店负责人王哥表示：自从"古都夜八点"活动被推出后，我们酒店的生意也随之变好很多，各地游客前来体验活动，为我们带来了更多的商机。政府还对 48 家星级饭店提供减免有线电视费等扶持政策。相应地，我们也推出了许多优惠活动。一方面，经济效益的增长为城市文化保护面域—原置型建设提供了更充足的资金支持，可以更好地进行文物修缮和保护，维护文化遗产的完整性和原真性。另一方面，夜间旅游和文化演艺等业态的发展，可以促进文化保护面域内的传统手工艺、民俗文化等产业的发展，让更多人了解和认识当地的历史文化。此外，通过吸引游客前来参观、消费，可以提高当地人对文化保护的意识，增加社会共识，从而进一步促进城市文化保护面域—原置型建设的推进。剪纸摊主刘叔表示：剪纸是我国民间的传统工艺，历史悠久，流传广泛，深受广大劳动人民所喜欢。在夜市摆摊也是想让更多的人能够知道剪纸，让大家都能体验，同时也可以感受这种乐趣。他还提道，夜市之所以能够吸引更多的游客前来参观和消费，是因为这里融合了传统文化和现代商业化的元素。夜市不仅为游客提供夜间消费的场所和方式，还通过举办文化演艺等活动，吸引游客了解和认知当地的文化。总的来说，洛阳"古都夜八点"活动的经济效益对于城市文化保护面域—原置型建设的影响是积极的。它不仅为城市文化保护提供更充足的资金支持，同时也促进传统手工艺、民俗文化等产业的发展，提高当地人对文化保护的意识，从而促进了城市文化保护面域—原置型建设的进一步发展。

综上所述，从洛阳"古都夜八点"的沉浸式文化传承微旅游与城市产业结构的实践过程可以看出，研究假设 HC3、HC7、HC8 可以从实践过程的角度得到验证，即沉浸式文化传承微旅游的发展对城市产业结构产生积极的影响，同时进一步促进居民意愿、城市文化保护面域—原置型建设。

其次，沉浸式文化传承微旅游的居民意愿分析。

"古都夜八点"于 2020 年 5 月 8 日正式启动，以全新炫彩的新模样重现了古洛阳的魅力，这一活动的发展与当地的居民密不可分，他们是推动"古都夜八点"不断发展和丰富业态的动力源泉。基于上述分析，结合沉浸式文化传承微旅游与城市文化保护面域—原置型协同模式的结构方程实证结果，本章较为科学地模拟出洛阳"古都夜八点"活动建设中居民意愿的作用模型，见图 6 - 3。

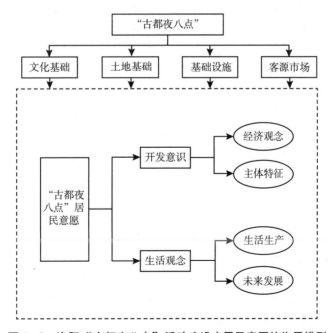

图 6 - 3　洛阳"古都夜八点"活动建设中居民意愿的作用模型

由图 6 - 3 可知，洛阳"古都夜八点"活动的文化基础、土地基础、基础设施、客源市场均与居民意愿紧密相关，具体可以从以下四个方面来进行解释。

洛阳"古都夜八点"是一项沉浸式文化传承微旅游项目，充分挖掘和利用洛阳的丰富历史文化和旅游资源，为当地经济的发展和居民生活质量的提高作出积极贡献，这一项目的推出对居民意愿的开发意识产生了积极影响。一是在经济观念方面，通过多元化发展，打造出丰富多彩的夜间文旅项目，进一步提高了当地的文化旅游经济收入，增加了居民就业机会，提高了居民的收入水平。游客小郭表示：洛阳这个"古都夜八点"活动针对当地居民的需求和意愿，开发了一些具有本地特色的夜间文旅产品和服务，不仅吸引我们前来消费，还带动了洛阳市的经济收入。二是在主体特征方面，洛阳"古都夜八点"项目在开发过程中，充分发挥政府、企业和社会公众的主体作用，形成一个协同发展的良好局面。洛阳市的土地合理利用使得多元化的夜间文旅项目被打造出来，不仅吸引了众多游客，而且使得景区周边的当地居民、相关从业者也感受着城市经济收入的提高。相关从业者王哥表示：洛阳作为千年古都，文化遗产是其重要的财富之一。而"古都夜八点"项目就是在保护和传承洛阳古都文化的基础上开发出来的，夜间文旅项目的开发和推广，让更多人了解和认识洛阳这座历史文化名城。这不仅增强了当地社会的凝聚力，同时，这一项目也注重与当地居民的联系和互动，外地游客何哥表示：活动的相关负责人对这个项目的管理十分到位，同时，导游和工作人员非常热情，服务态度也很好。园区设置非常周全，安全措施也非常到位。整个项目的规划和设计都体现了对游客的关注和考虑。他认为这充分考虑他们的意愿和需求，从而更好地满足当地居民的精神文化生活和消费需求，提升居民对文化保护和旅游发展的认同感和参与度。因此，洛阳"古都夜八点"这一沉浸式文化传承微旅游项目对城市文化保护面域—原置型建设具有积极的影响。它充分利用了当地的历史文化和旅游资源，将传统文化与现代旅游相结合，推动文化保护和旅游发展的协同发展。同时，通过多元化的消费场景和多方合作的模式，提升当地居民的开发意识和参与度，加强居民对文化保护和旅游发展的认同感和参与度，从而更好地促进城市文化保护面域—原置型建设的发展。

"古都夜八点"作为一项沉浸式文化传承微旅游项目，通过提供独特的夜间文化体验，可以对居民的生活观念中的生活生产方式和未来发展产生积极的影响，也将对城市文化保护面域—原置型建设产生一定的影响。具体来说，一是"古都夜八点"能够引导居民重新认识、发掘和利用本地的历史文化资源，提高居民对本地文化的自豪感和认同感，从而加强城市文化保护面域—原置型建设的基础和动力。二是"古都夜八点"还能够激发居民对于文化创意产业的兴趣和热情，促进城市文化保护面域—原置型建设与文化创意产业的深度融合和协同发展。例如，居民可以通过参与"古都夜八点"项目的相关活动，积累对文化创意产业的理解和经验，进而自主创作出更具本地特色的文化产品，促进城市文化保护面域—原置型建设的文化创意转型升级。洛阳本地居民李哥表示：通过这个项目，我们居民重新认识、发掘和利用了本地的历史文化资源。从来不知道洛阳还有这么多的文化底蕴，这提高了我们对本地文化的自豪感和认同感。同时，我还发现有很多企业和店面也推出了文化创意产品。三是"古都夜八点"这一项目还能够提高居民的文化素养和旅游消费意识，促进城市文化保护面域—原置型建设与旅游业的深度融合和协同发展。通过参与"古都夜八点"项目的旅游活动，居民可以进一步了解和体验本地的历史文化，加深对本地文化的认知和理解，从而提高对本地文化旅游产品的认可度和接受度。将有助于城市文化保护面域—原置型建设在旅游市场上的推广和营销，进而促进该区域旅游业的发展。尤其是在进行洛阳"古都夜八点"活动发展时，多元化发展为关键要素。其目标是培育和发展"文旅商"深度融合，建立辐射带动力强的夜间文旅消费集聚区，进一步满足当地居民与游客的精神文化生活和高品质多样化消费需求，使洛阳成为当地居民自愿居住的城市。一个来自南京的游客表示：这些夜间文旅活动，如灯光秀、文化展览、演出和餐饮体验等都非常精彩和有趣，增加了洛阳的夜间活动内容和吸引力，我在这里经历了非常有趣和特别的夜间文旅活动，增加了夜间的娱乐选择和消费。随着洛阳城市经济和旅游业的不断发展，夜间经济在该市已初具规模，相对于白天的洛阳景区观光，夜晚的休闲性服务更能让游客和当地居民深切感受到城市的文化魅力和地方风情。另外，一个来自北京的游客表示：相对于白天的景区观光，夜晚的休闲性服务更加丰富和多样化，为游客提供了更多的选择和体验机会。比如，在"古都夜八点"项目中，我们不仅可以欣赏到各种具有创意的文化展览和演出，还可以品尝各种美食和享受夜景，这一切都极大地丰富了我们的旅游体验。综上所述，"古都夜八点"这一沉浸式文化传承微旅游项目通过对居民生活观念中的生活生产和未来发展的影响，将对城市文化保护面域—原置型建设产生多方面的积极影响。这也进一步体现了沉浸式文化传承微旅游与城市文化保护面域—原置型协同发展的必要性和重要性。

综上所述，从洛阳"古都夜八点"的沉浸式文化传承微旅游与居民意愿的实践过程可以看出，研究假设 HC2、HC9 可以从实践过程的角度得到验证，即沉浸式文化传承微旅游的发展对居民意愿产生积极的影响，同时进一步也促进了城市文化保护面域—原置型的建设。

最后，沉浸式文化传承微旅游的游客认知评价分析。

洛阳"古都夜八点"的兴起和迅速发展为洛阳的夜间旅游和文化旅游带来新的活力。从首次推出"夜游龙门"活动到后来的"古都夜八点"系列夜间旅游活动，不仅顺应新时代旅游方式的变化，还为游客提供优质的服务，并提高游客的认知和评价。

游客认知评价对洛阳"古都夜八点"城市活动建设有重要作用，关系洛阳"古都夜八点"文旅项目联动的经营情况和可持续能力。本章结合洛阳"古都夜八点"的改善实际情况，模拟出洛阳"古都夜八点"建设中游客认知评价的作用模型，见图6-4。

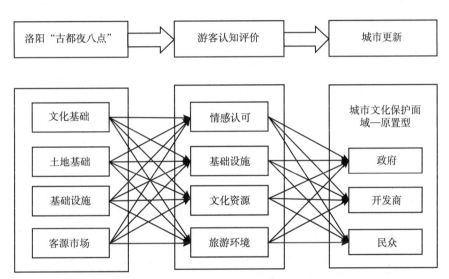

图6-4　洛阳"古都夜八点"活动建设中游客认知评价的作用模型

由图6-4可知，游客评价认知既是洛阳"古都夜八点"建设的关键因素，也是旅游目的地更新建设不可忽视的要素。洛阳的"古都夜八点"活动从文化基础、土地基础、基础设施和客源市场四个方面对整体城市的情感认可、基础设施、文化资源和旅游环境产生影响，从而加快了城市文化保护面域—原置型的建设和旅游发展的进程。

一方面，洛阳"古都夜八点"的文化基础、土地基础、基础设施和客源市场对游客认知评价有间接与直接的影响。洛阳市具有悠久的历史和深厚的文化底蕴，拥有许多著名的历史遗迹和文化景点，如洛阳古都历史文化街区、龙门石窟、白马寺等，这些景点吸引了大量的游客前来参观。同时，洛阳市的自然风光也非常美丽，拥有众多的山水景观和自然保护区，为游客提供了更加多样化的旅游选择。洛阳本地居民李哥表示：洛阳市有很多值得推荐的旅游景点。如果是历史文化方面，我会推荐龙门石窟、白马寺和洛阳古都历史文化街区。龙门石窟是世界文化遗产，是中国佛教艺术宝库的代表之一，非常值得一看。白马寺则是中国佛教禅宗的发源地之一，历史悠久，是一座非常有文化价值的寺庙。洛阳古都历史文化街区则是保存比较完好的明清古建筑群落，也是走访洛阳历史文化的好去处。这些景点都是洛阳市比较著名的旅游景点，从不同的角度展示了洛阳的自然美景和历史文化，不仅吸引了很多游客前来参观和游玩，我们这些本地居民也会经常去游玩。此外，洛阳市在基础设施建设方面也不断加大投入，为游客提供更加舒适、便利的旅游环境。城市交通、住宿、餐饮、购物等基础设施不断完善，为游客提供了更加优质的服务体验。特别是在夜间文旅快速发展的背景下，洛阳市政府大力扶持打造"古都夜八点"洛阳特色夜间旅游项目，通过夜间灯光秀、夜市等方式，为游客提供了更加丰富多彩的夜间文旅体验，拉动全市服务业加快发展，促进夜间经济发展。一个从事餐饮业的小哥表示：人流量的增加，让我们的餐厅能够在更广阔的客户群体中获得更多的认可和支持，为我们餐饮业提供了很好的机会，也为餐饮业的发展注入新的动力。这不仅促进当地服务业的发展，也为游客提供更加优质、多元化的旅游产品，进而提升游客对洛阳市的认知和评价。此外，洛阳市政府也在积极保护和开发其历史遗迹资源，尤其是在打造夜间文旅项目时更加注重历史文化保护。通过修缮和保护历史建筑和遗址，保留其历史风貌和文化特征，为游客提供更加真实的历史文化体验。这种原真性的保护也更加符合游客对文化旅游的需求和期待，进一步提升了游客的认知和评价。例如，洛阳为助力"古都夜八点"的建设，古城升级隋唐园立交段照明系统，改善夜间景观，且增加夜间公交与夜间城市高铁，更好地保障夜间当地居民出行。在提升城市形象的同时，也为当地居民提供优美舒适的夜间活动环境。洛阳本地市民小杨也表示：我觉得隋唐园立交段的夜景改造非常成功，夜间的景色十分美丽。在以前，这里的夜景比较暗淡，看起来没有什么特别的地方，但现在不同了。夜晚到这里，感觉像进入了一个梦幻的世界。这些夜景灯照亮了整个城区，让居民和游客都在夜间感受到了城市的美丽和生命力。与此同时，交通便利程度也影响着游客与居民的体验感。洛阳本地市民王阿姨表示：夜间公交和夜间城市高铁的增加，让我们出行更加方便快捷，这对我们的生活有很大的帮助。以前我们回家的时候要走很远的路程，但现在不用了，公交车和城市高铁可以准时地搭载我们，节省了我们的时间和体力。在洛阳"古都夜八点"的发展过程中，我国在城乡基础设施建设方面取得了巨大进展，特别是在城市基础设施建设和完善方面。在过去40多年改革开放的历程中，绝大多数城镇，尤其是规模较大的城市，基础设施已经达到世界领先水平。城市交通、邮电等市政公用工程设施的硬指标，以及营商环境、园林绿化、环境保护、公共生活服务等软指标的提升，为夜间经济的繁荣创造了有利条件。这些进展使得洛阳能够充分利用城市基础设施，满足夜间经济发展的需求，为游客提供优质的夜间旅游和文化体验。如自2019年开始，洛阳市逐渐增加网络营销和自媒体营销力度，致力于打造一系列的网红景点和景区，包括倒盏村、洛邑古城夜景、丽景门夜景、龙门夜游等。因此，洛阳市的文化基础、土地基础、基础设施和客源市场等方面的优势与支持，对于"古都夜八点"夜间文旅项目的发展和游客认知评价有重要的直接和间接的影响。

另一方面，情感认可、基础设施、文化资源和旅游环境对城市文化保护面域—原置型建设模式有间接与直接的影响。夜间旅游是文化旅游的重要板块和夜间经济的有机组成部分，通过洛阳"古都夜八点"活动的兴起和发展，洛阳旅游产业的服务环境、服务质量、配套设施等方面得到有效提升，使城市得到更新和完善。在"古都夜八点"活动中，通过重点打造文化遗产展示和演艺环节，游客能够更好地了解和体验洛阳的历史文化，增强对传统文化的认同感和情感认可，从而推动城市文化保护面域—原置型建设的深入发展。游客小蔡表示：我认为"古都夜八点"活动成为洛阳市的重要品牌和普及文化的活动，为洛阳市的发展注入了新的活力和文化内涵。这也为城市文化建设与遗址维护提供了创新渠道，连接具有吸引力的自然景点、文化景点等，完善丰富的夜生活的娱乐设施，加快了城市文化保护。工作人员王哥表示：在重点文化遗产区域，可以看到许多配套的公共设施、路灯、景观设施等，这些都能为游客提供更优质的服务体验和更加完善的旅游设施，而且城市公共自行车、城市轨道交通等新型基础设施肉眼可见地正在逐步完善，时刻提升着洛阳市民和游客的出行治理和方便程度。这让游客能够更好地了解和体验洛阳的历史文化和自然风光，增强其对城市文化的认知和情感认可，也能推动文化旅游和遗址群维护的发展和融合，促进城市文化保护面域—原置型建设模式的创新和提升。总之，情感认可、基础设施、文化资源和旅游环境是城市文化保护面域—原置型建设模式的关键要素。洛阳"古都夜八点"活动通过提升游客对于城市文化和历史遗产的认知和情感认可，改善城市的基础设施和旅游环境，整合和利用洛阳的文化资源。同时，通过对洛阳遗址的维护和管理，加强对洛阳这个城市文化的保护和传承，提高游客对洛阳历史文化的认知度和了解度，对于城市文化保护面域—原置型建设模式的实施起到了积极的推动作用。

综上所述，从洛阳"古都夜八点"的沉浸式文化传承微旅游与游客认知评价的实践过程可以看出，研究假设 HC1、HC5、HC6 可以从实践过程的角度得到验证，即沉浸式文化传承微旅游的发展对游客认知评价产生积极的影响，同时进一步促进了居民意愿、城市文化保护面域—原置型建设。

总之，通过洛阳"古都夜八点"的沉浸式文化传承微旅游与城市文化保护面域—原置型协同模式的实践过程的分析，本书所提出的研究假设基本能够得到验证，从定性分析的角度初步验证沉浸式文化传承微旅游、城市产业结构、居民意愿、游客认知评价、城市文化保护面域—原置型之间的关系。但是，上述各变量之间作用强度的大小、受影响的差异程度等关于沉浸式文化传承微旅游与城市文化保护面域—原置型协同模式之间具体作用机制的问题难以定量衡量。为此，本书需要进一步通过问卷调查，运用结构方程模型，从量化分析的角度检验沉浸式文化传承微旅游与城市文化保护面域—原置型之间的具体作用机制。

关于案例验证分析：

案例研究选择河南省洛阳"古都夜八点"活动作为研究对象，研究团队通过实地调研的方式收集原始资料，从而对河南省洛阳"古都夜八点"活动进行深入的影响研究，同时保证资料来源的可信度和客观性。为了展开对沉浸式文化传承微旅游与城市文化保护面域—原置型建设的案例验证研究，先诠释以河南省洛阳市"古都夜八点"作为案例目的地的选题依据。本节对案例地进行诠释，将河南省洛阳"古都夜八点"的建设和发展分为三个阶段，通过对这三个阶段进行深度的分析，识别出河南省洛阳市"古都夜八点"的城市经济发展困境与破局方案。其中，根据上文搭建的沉浸式文化传承微旅游与城市文化保护面域—原置型协同模式的结构方程实证结果，进行案例讨论，将城市产业结构、居民意愿和游客认知评价三个方面置于关键位置，搭建出洛阳"古都夜八点"建设中城市产业结构的作用模型、居民意愿的作用模型、游客认知评价的作用模型。

采用案例研究方法进行单案例研究，选择新时代下河南省洛阳市"古都夜八点"为案例，对沉浸式文化传承微旅游与城市文化保护面域—原置型建设协同模式进行验证。联合上文搭建的沉浸式文化传承微旅游与城市文化保护面域—原置型建设协同模式的分析框架、研究假设和结构方程实证分析相关内容，根据新时代下的河南省洛阳市"古都夜八点"文旅活动项目的发展现状，重点把握城市产业结构、居民意愿、游客认知评价对沉浸式文化传承微旅游转型升级业态以及城市更新当中的作用，用单案例验证新时代下沉浸式文化传承微旅游与城市文化保护面域—原置型建设的协同过程中的影响要素，进一步验证沉浸式文化传承微旅游与城市文化保护面域—原置型协同模式。

6.1.4　问卷数据分析

第一，样本数据的描述性统计及信度效度检验。

本书采用问卷调查的方法，旨在研究新时代下沉浸式微旅游业态创新与城市文化保护面域—原置型的情况。研究团队共发布了 310 份问卷，并成功回收 278 份，回收率达到 89.7%。然而，在填写问卷的过程中，部分受访者表现出不认真的态度，同时，部分游客和居民只回答了部分题目，导致回收的问卷中存在一些无效问卷。因此，剔除无效问卷后发现，在回收的问卷中，有效问卷的数量为 237 份，有效率为 85.3%。总体而言，有效问卷的数量符合结构方程所要求的样本数量，可以进行下一步实证分析。然而，在进行实证分析之前，研究团队将对获得的数据进行信度分析和效度分析，以确保研究结果的可靠性和有效性，这些分析将进一步为新时代下沉浸式文化传承微旅游与城市文化保护面域—原置型协同模式的研究提供更准确、科学的结论。运用 SPSS 22 软件对调研数据进行分析，研究数据基本符合正态分布，抽样代表性较好。样本的人口统计学特征如表 6-1 所示。

表6－1　　　　　　　　**样本人口特征的描述性统计**

基本特征	样本分组	频数	百分比（％）	基本特征	样本分组	频数	百分比（％）
性别	女	138	58.23	受教育程度	初中及以下	75	31.65
	男	99	41.77		高中或中专	59	24.89
居住所在地	本地居民	124	52.32		大专	48	20.25
	外地游客	113	47.68		本科	46	19.41
年龄	14 岁及以下	15	6.33		硕士及以上	9	3.80
	15～24 岁	78	32.91	职业	工人	19	8.02
	25～44 岁	90	37.97		职员	32	13.50
	45～60 岁	49	20.68		教育工作者	27	11.39
	61 岁及以上	5	2.11		农民	15	6.33
居住时间	1 年以下	99	41.77		自由职业者	37	15.61
	2～5 年	23	9.70		管理人员	8	3.38
	6～10 年	28	11.81		学生	19	8.02
	11 年及以上	87	36.71		服务人员	32	13.50
家庭人均年收入	10000 元及以下	21	8.86		技术人员	5	2.11
	10001～15000 元	25	10.55		政府工作人员	5	2.11
	15001～30000 元	47	19.83		退休人员	19	8.02
	30001～50000 元	76	32.07		其他	19	8.02
	50001 元及以上	68	28.69	家庭人口数	5 人以上	56	23.63
					2～5 人	132	55.70
					单身	49	20.68

　　根据本书的研究设计，在进行描述性统计时，重点关注沉浸式文化传承微旅游、游客认知评价、居民意愿、城市产业结构和城市文化保护面域—原置型五个方面的内容，同时，对每个主要变量的观测指标进行均值和标准差的描述。具体的统计结果见表6－2。

表6－2　　　　　　　　**描述性统计**

主要变量	潜在变量	观测变量	均值	标准差	最大值	最小值
沉浸式文化传承微旅游（ICHM）	文化基础（ICHM1）	ICHM11	3.72	0.661	5	2
		ICHM12	3.74	0.704	5	1
	土地基础（ICHM2）	ICHM21	3.73	0.709	5	2
		ICHM22	3.65	0.785	5	2
		ICHM23	3.68	0.790	5	2
	基础设施（ICHM3）	ICHM31	3.57	0.775	5	1
		ICHM32	3.58	0.734	5	1
	客源市场（ICHM4）	ICHM41	3.64	0.818	5	1
		ICHM42	3.64	0.754	5	1

主要变量	潜在变量	观测变量	均值	标准差	最大值	最小值
游客认知评价 （TCE）	情感认可 （TCE1）	TCE11	3.17	0.699	5	1
		TCE12	3.32	0.723	5	2
		TCE13	3.22	0.656	5	1
	基础设施 （TCE2）	TCE21	3.30	0.649	5	1
		TCE22	3.29	0.695	5	2
	文化资源 （TCE3）	TCE31	3.19	0.816	5	1
		TCE32	3.15	0.774	5	1
		TCE33	3.14	0.725	5	1
	旅游环境（TCE4）	TCE41	3.41	0.778	5	1
		TCE42	3.22	0.695	5	1
		TCE43	3.26	0.761	5	1
城市产业结构 （UIS）	产业资源 （UIS1）	UIS11	3.27	0.724	5	1
		UIS12	3.20	0.686	5	1
		UIS13	3.00	0.633	5	1
	游客需求 （UIS2）	UIS21	3.27	0.703	5	1
		UIS22	3.01	0.720	5	1
		UIS23	3.17	0.703	5	1
	经济效益 （UIS3）	UIS31	3.17	0.703	5	1
		UIS32	3.05	0.670	5	1
		UIS33	3.16	0.759	5	1
居民意愿 （TWR）	开发意识 （TWR1）	TWR11	3.35	0.773	5	1
		TWR12	3.34	0.849	5	1
	生活观念 （TWR2）	TWR21	3.38	0.768	5	1
		TWR22	3.33	0.747	5	1
城市文化保护面域—原置型 （UCAO）	政府监管机制 （UCAO1）	UCAO11	3.57	0.758	5	1
		UCAO12	3.56	0.759	5	1
		UCAO13	3.54	0.809	5	1
	开发商协调机制 （UCAO2）	UCAO21	3.58	0.751	5	1
		UCAO22	3.55	0.754	5	1
		UCAO23	3.65	0.740	5	1
	民众参与机制 （UCAO3）	UCAO31	3.52	0.840	5	1
		UCAO32	3.56	0.770	5	1
		UCAO33	3.63	0.793	5	1

　　为了验证新时代下沉浸式文化传承微旅游与城市文化保护面域—原置型协同模式的信度，采用 Kilne 的信度检验标准，并利用 SPSS 22 对沉浸式文化传承微旅游与城市文化保护面域—原置型协同模式的量表数据进行信度检验。在信度检验中，计算了各变量的 Cronbach's α 系数值，具体结果见表 6 – 3。进行效度检验，旨在确定通过调查问卷量表获得的数据是否能够科学地反映出测量变

量的真实结构，并验证数据是否符合研究的假设条件。进行相应的数据分析，得到效度检验的结果，具体见表 6 - 3。

表 6 - 3　　　　　　　　　　　　　信度和效度检验结果

变量	题项	α	因子载荷		KMO 值	累计方差解释率	Bartlett's 球形检验		
							X2	df	Sig.
沉浸式文化传承微旅游（ICHM）	2	0.881	ICHM11	0.732	0.960	78.358	2250.123	36	0.000
			ICHM12	0.706					
	3	0.899	ICHM21	0.736					
			ICHM22	0.754					
			ICHM23	0.698					
	2	0.873	ICHM31	0.695					
			ICHM32	0.753					
	2	0.858	ICHM41	0.742					
			ICHM42	0.710					
游客认知评价（TCE）	3	0.762	TCE11	0.585	0.939	54.804	1340.538	55	0.000
			TCE12	0.561					
			TCE13	0.633					
	2	0.767	TCE21	0.692					
			TCE22	0.701					
	3	0.756	TCE31	0.452					
			TCE32	0.646					
			TCE33	0.633					
	3	0.690	TCE41	0.438					
			TCE42	0.598					
			TCE43	0.645					
城市产业结构（UIS）	3	0.645	UIS11	0.539	0.894	44.520	600.934	36	0.000
			UIS12	0.420					
			UIS13	0.628					
	3	0.602	UIS21	0.547					
			UIS22	0.523					
			UIS23	0.544					
	3	0.668	UIS31	0.656					
			UIS32	0.650					
			UIS33	0.424					
居民意愿（TWR）	2	0.805	TWR11	0.649	0.833	74.521	520.246	6	0.000
			TWR12	0.669					
	2	0.798	TWR21	0.669					
			TWR22	0.746					

变量	题项	α	因子载荷		KMO 值	累计方差解释率	Bartlett's 球形检验		
							X2	df	Sig.
城市文化保护面域—原置型（UCAO）	3	0.848	UCAO11	0.665	0.939	65.323	1445.543	36	0.000
			UCAO12	0.563					
			UCAO13	0.679					
	3	0.847	UCAO21	0.701					
			UCAO22	0.653					
			UCAO23	0.657					
	3	0.838	UCAO31	0.687					
			UCAO32	0.700					
			UCAO33	0.687					

根据表 6-3 中可知，在新时代下沉浸式文化传承微旅游与城市文化保护面域—原置型协同模式的信度和效度检验中，所有的 Cronbach's α 系数值大于 0.6，这属于可接受的范围，表明量表数据具有较好的信度。在效度检验方面，各指标的因子载荷大多在 0.50 以上，KMO 值基本大于 0.90，这表明量表数据适合进行因子分析，并且能够很好地支持测量变量对真实架构。此外，Bartlett's 球形检验显著性水平均为 0.000，这意味着在样本数据存在着一些相关性，从而支持了量表数据的建构效度。

第二，样本数据的结构方程模型构建及调整。

根据沉浸式文化传承微旅游与城市文化保护面域—原置型建设协同模式的理论模型可知，沉浸式文化传承微旅游、游客认知评价、居民意愿、城市产业结构和城市文化保护面域—原置型这 5 个变量都是无法直接观测到的潜在变量。同时，这五个潜在变量所依赖的二级指标也是无法直接观测到的，同样也属于潜在变量。此外，显变量和潜在变量中均存在内生变量和外生变量。在确定变量的性质以后，可将沉浸式文化传承微旅游与城市文化保护面域—原置型建设协同模式作用中的各项变量进行归类，其中，沉浸式文化传承微旅游是内生变量，游客认知评价、居民意愿和城市产业结构是中间变量，城市文化保护面域—原置型是外生变量。基于此，本书搭建出新时代沉浸式文化传承微旅游与城市文化保护面域—原置型建设协同模式的初始结构方程模型（见图 6-5）。

图 6-5 显示沉浸式文化传承微旅游与城市文化保护面域—原置型协同模式的初始结构方程模型，从中可以看出，沉浸式文化传承微旅游与城市文化保护面域—原置型协同模式的初始结构方程中。

外生显变量共有 9 项：ICHM11～12、ICHM21～23、ICHM31～32、ICHM41～42。

内生显变量共有 33 项：TCE11～13、TCE21～22、TCE31～33、TCE41～43、UIS11～13、UIS21～23、UIS31～33、TWR11～12、TWR21～22、UCAO11～13、UCAO21～23、UCAO31～33。

外生潜变量 4 项：ICHM1～4。

内生潜变量 12 项：TCE1～4、UIS1～3、TWR1～2、UCAO1～3。

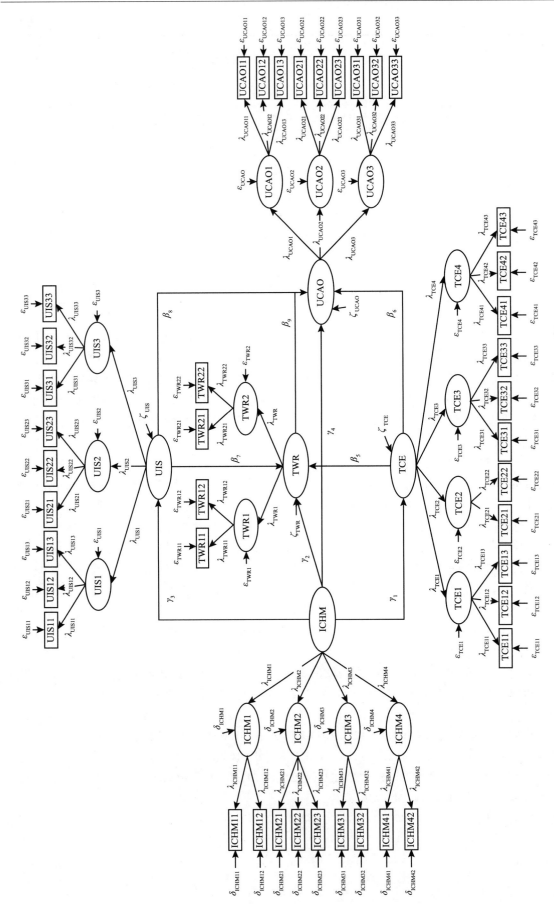

图6-5　沉浸式文化传承微旅游与城市文化保护面域—原置型协同模式的初始结构方程模型

在对新时代下沉浸式文化传承微旅游与城市文化保护面域—原置型协同模式进行数据验证时，根据理论模型设定相关变量，并构建观测变量的结构方程式。依据研究所搭建的初始结构方程模型中的相关内容，沉浸式文化传承微旅游（ICHM）、文化基础（ICHM1）、土地基础（ICHM2）、基础设施（ICHM3）、客源市场（ICHM4）是外生潜变量，分别表示为 ζ_{ICHM}、ζ_{ICHM1}、ζ_{ICHM2}、ζ_{ICHM3}、ζ_{ICHM4}。游客认知评价（TCE）、情感认可（TCE1）、基础设施（TCE2）、文化资源（TCE3）、旅游环境（TCE4）、城市产业结构（UIS）、产业资源（UIS1）、游客需求（UIS2）、经济效益（UIS3）、居民意愿（TWR）、开发意识（TWR1）、生活观念（TWR2）、城市文化保护面域—原置型（UCAO）、政府监督机制（UCAO1）、开发商协调机制（UCAO2）、民众参与机制（UCAO3）是内生潜变量，分别表示为 η_{TCE}、η_{TCE1}、η_{TCE2}、η_{TCE3}、η_{TCE4}、η_{UIS}、η_{UIS1}、η_{UIS2}、η_{UIS3}、η_{TWR}、η_{TWR1}、η_{TWR2}、η_{UCAO}、η_{UCAO1}、η_{UCAO2}、η_{UCAO3}。由此，搭建出新时代下沉浸式文化传承微旅游与城市文化保护面域—原置型协同模式的观测模型方程式，如下所示：

$$
\begin{cases}
X_{ICHM1} = \lambda_{ICHM1}\xi_{ICHM} + \delta_{ICHM1}, \quad X_{ICHM2} = \lambda_{ICHM2}\xi_{ICHM} + \delta_{ICHM2}, \\
X_{ICHM3} = \lambda_{ICHM3}\xi_{ICHM} + \delta_{ICHM3}, \quad X_{ICHM4} = \lambda_{ICHM4}\xi_{ICHM} + \delta_{ICHM4}, \\
X_{ICHM11} = \lambda_{ICHM11}\xi_{ICHM1} + \delta_{ICHM11}, \quad X_{ICHM12} = \lambda_{ICHM12}\xi_{ICHM1} + \delta_{ICHM12}, \\
X_{ICHM21} = \lambda_{ICHM21}\xi_{ICHM2} + \delta_{ICHM21}, \quad X_{ICHM22} = \lambda_{ICHM22}\xi_{ICHM2} + \delta_{ICHM22}, \\
X_{ICHM23} = \lambda_{ICHM23}\xi_{ICHM2} + \delta_{ICHM23}, \quad X_{ICHM31} = \lambda_{ICHM31}\xi_{ICHM3} + \delta_{ICHM31}, \\
X_{ICHM32} = \lambda_{ICHM32}\xi_{ICHM3} + \delta_{ICHM32}, \quad X_{ICHM41} = \lambda_{ICHM41}\xi_{ICHM4} + \delta_{ICHM41}, \\
X_{ICHM42} = \lambda_{ICHM42}\xi_{ICHM4} + \delta_{ICHM42}, \quad Y_{UIS1} = \lambda_{UIS1}\eta_{UIS} + \varepsilon_{UIS1}, \\
Y_{UIS2} = \lambda_{UIS2}\eta_{UIS} + \varepsilon_{UIS2}, \quad Y_{UIS3} = \lambda_{UIS3}\eta_{UIS} + \varepsilon_{UIS3}, \\
Y_{UIS11} = \lambda_{UIS11}\eta_{UIS1} + \varepsilon_{UIS11}, \quad Y_{UIS12} = \lambda_{UIS12}\eta_{UIS1} + \varepsilon_{UIS12} \\
Y_{UIS13} = \lambda_{UIS13}\eta_{UIS1} + \varepsilon_{UIS13}, \quad Y_{UIS21} = \lambda_{UIS21}\eta_{UIS2} + \varepsilon_{UIS21}, \\
Y_{UIS22} = \lambda_{UIS22}\eta_{UIS2} + \varepsilon_{UIS22}, \quad Y_{UIS23} = \lambda_{UIS23}\eta_{UIS2} + \varepsilon_{UIS23}, \\
Y_{UIS31} = \lambda_{UIS31}\eta_{UIS3} + \varepsilon_{UIS31}, \quad Y_{UIS32} = \lambda_{UIS32}\eta_{UIS3} + \varepsilon_{UIS32}, \\
Y_{UIS33} = \lambda_{UIS33}\eta_{UIS3} + \varepsilon_{UIS33}, \quad Y_{TWR1} = \lambda_{TWR1}\eta_{TWR} + \varepsilon_{TWR1}, \\
Y_{TWR2} = \lambda_{TWR2}\eta_{TWR} + \varepsilon_{TWR2}, \quad Y_{TWR11} = \lambda_{TWR11}\eta_{TWR1} + \varepsilon_{TWR11}, \\
Y_{TWR12} = \lambda_{TWR12}\eta_{TWR1} + \varepsilon_{TWR12}, \quad Y_{TWR21} = \lambda_{TWR21}\eta_{TWR2} + \varepsilon_{TWR21}, \\
Y_{TWR22} = \lambda_{TWR22}\eta_{TWR2} + \varepsilon_{TWR22}, \quad Y_{TCE1} = \lambda_{TCE1}\eta_{TCE} + \varepsilon_{TCE1}, \\
Y_{TCE2} = \lambda_{TCE2}\eta_{TCE} + \varepsilon_{TCE2}, \quad Y_{TCE3} = \lambda_{TCE3}\eta_{TCE} + \varepsilon_{TCE3}, \\
Y_{TCE4} = \lambda_{TCE4}\eta_{TCE} + \varepsilon_{TCE4}, \quad Y_{TCE11} = \lambda_{TCE11}\eta_{TCE1} + \varepsilon_{TCE11}, \\
Y_{TCE12} = \lambda_{TCE12}\eta_{TCE1} + \varepsilon_{TCE12}, \quad Y_{TCE13} = \lambda_{TCE13}\eta_{TCE1} + \varepsilon_{TCE13}, \\
Y_{TCE21} = \lambda_{TCE21}\eta_{TCE2} + \varepsilon_{TCE21}, \quad Y_{TCE22} = \lambda_{TCE22}\eta_{TCE2} + \varepsilon_{TCE22}, \\
Y_{TCE31} = \lambda_{TCE31}\eta_{TCE3} + \varepsilon_{TCE31}, \quad Y_{TCE32} = \lambda_{TCE32}\eta_{TCE3} + \varepsilon_{TCE32}, \\
Y_{TCE33} = \lambda_{TCE33}\eta_{TCE3} + \varepsilon_{TCE33}, \quad Y_{TCE41} = \lambda_{TCE41}\eta_{TCE4} + \varepsilon_{TCE41}, \\
Y_{TCE42} = \lambda_{TCE42}\eta_{TCE4} + \varepsilon_{TCE42}, \quad Y_{TCE43} = \lambda_{TCE43}\eta_{TCE4} + \varepsilon_{TCE43}, \\
Y_{UCAO1} = \lambda_{UCAO1}\eta_{UCAO} + \varepsilon_{UCAO1}, \quad Y_{UCAO2} = \lambda_{UCAO2}\eta_{UCAO} + \varepsilon_{UCAO2}, \\
Y_{UCAO3} = \lambda_{UCAO3}\eta_{UCAO} + \varepsilon_{UCAO3}, \quad Y_{UCAO11} = \lambda_{UCAO11}\eta_{UCAO1} + \varepsilon_{UCAO11}, \\
Y_{UCAO12} = \lambda_{UCAO12}\eta_{UCAO1} + \varepsilon_{UCAO12}, \quad Y_{UCAO13} = \lambda_{UCAO13}\eta_{UCAO1} + \varepsilon_{UCAO13}, \\
Y_{UCAO21} = \lambda_{UCAO21}\eta_{UCAO2} + \varepsilon_{UCAO21}, \quad Y_{UCAO22} = \lambda_{UCAO22}\eta_{UCAO2} + \varepsilon_{UCAO22}, \\
Y_{UCAO23} = \lambda_{UCAO23}\eta_{UCAO2} + \varepsilon_{UCAO23}, \quad Y_{UCAO31} = \lambda_{UCAO31}\eta_{UCAO3} + \varepsilon_{UCAO31}, \\
Y_{UCAO32} = \lambda_{UCAO32}\eta_{UCAO3} + \varepsilon_{UCAO32}, \quad Y_{UCAO33} = \lambda_{UCAO33}\eta_{UCAO3} + \varepsilon_{UCAO33}.
\end{cases}
$$

基于上述观测模型方程式，建立结构模型的方程公式，表达如下：

$$\begin{cases} \eta_{UIS} = \gamma_3 \xi_{ICHM} + \zeta_{UIS}, \\ \eta_{TWR} = \gamma_2 \xi_{ICHM} + \beta_5 \eta_{TCE} + \beta_7 \eta_{UIS} + \zeta_{TWR}, \\ \eta_{TCE} = \gamma_1 \xi_{ICHM} + \zeta_{TCE}, \\ \eta_{UCAO} = \gamma_4 \xi_{ICHM} + \beta_6 \eta_{TCE} + \beta_8 \eta_{UIS} + \beta_9 \eta_{TWR} + \zeta_{UCAO}. \end{cases}$$

其中，分别用 γ_1、γ_2、γ_3、γ_4 表示沉浸式文化传承微旅游到游客认知评价、城市产业结构、居民意愿、城市文化保护面域—原置型的作用路径。分别用 β_5、β_6 表示游客认知评价到居民意愿、城市文化保护面域—原置型的作用路径，分别用 β_7、β_8 表示城市产业结构到居民意愿、城市文化保护面域—原置型的作用路径，β_9 表示居民意愿到城市文化保护面域—原置型的作用路径。

本章采用了八种最常用的拟合指标检验方法来评估沉浸式文化传承微旅游与城市文化保护面域—原置型协同模式的拟合度。这些拟合指标包括 CMIN\DF、CFI、IFI、TLI、AGFI、PNFI、RMSEA、RMR。为了进行拟合指标检验，将构建的初始结构方程模型导入 AMOS，并将收集到的量表数据导入模型中。通过对模型进行分析，获得了沉浸式文化传承微旅游与城市文化保护面域—原置型协同模式的拟合指标值（见表 6-4）。

表 6-4　　　　　　　　　　　　初始结构方程模型适配度检验结果

拟合指标	CMIN \ DF	CFI	IFI	TLI	AGFI	PNFI	RMSEA	RMR
观测值	1.841	0.910	0.911	0.902	0.760	0.759	0.060	0.030
拟合标准	<3.00	>0.90	>0.90	>0.90	>0.80	>0.50	<0.08	<0.05

由表 6-4 可知，所得出的各项拟合指标检验值基本达到了拟合标准，说明本书所搭建的沉浸式文化传承微旅游与城市文化保护面域—原置型协同模式的初始结构方程模型能够很好地与调查问卷所得的量表数据进行拟合。由此，在进行拟合度检验的基础上，再次对初始结构方程中各路径的系数进行测度（见表 6-5）。

表 6-5　　　　　　　　　　　　　初始结构方程路径估计

路径	模型路径	路径系数	S. E.	C. R.	P
γ_1	ICHM→TCE	0.81	0.059	11.351	***
γ_2	ICHM→TWR	0.21	0.119	1.831	0.067
γ_3	ICHM→UIS	0.77	0.068	9.274	***
γ_4	ICHM→UCAO	0.38	0.109	3.764	***
β_5	TCE→TWR	0.43	0.119	4.538	***
β_6	TCE→UCAO	0.10	0.113	1.141	0.254
β_7	UIS→TWR	0.25	0.116	2.700	0.007
β_8	UIS→UCAO	0.19	0.108	2.354	0.019
β_9	TWR→UCAO	0.26	0.088	3.069	0.002

注：*** 表示 P<0.001。

由表 6-5 可知，在沉浸式文化传承微旅游与城市文化保护面域—原置型协同模式的初始结构方程模型路径估计结果中，ICHM→TWR 和 TCE→UCAO 这两条路径没有通过显著性检验。从结果可以看出，沉浸式文化传承微旅游与城市文化保护面域—原置型协同模式的初始结构方程模型的搭建思路基本是正确的，但其中的部分关系需要进行调整。因此，本章在初始结构方程模型中删除了沉浸式文化传承微旅游到居民意愿与游客认知评价到城市文化保护面域—原置型的直接作用关系路径，即 ICHM→TWR 和 TCE→UCAO（见图 6-6）。

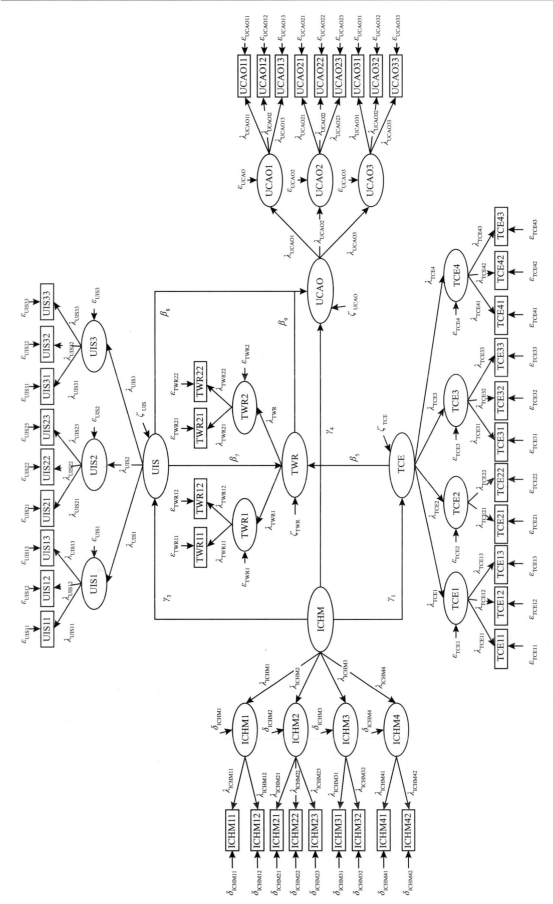

图6-6　调整后的沉浸式文化传承微旅游与城市文化保护面域—原置型协同模式结构方程模型

图 6 - 6 为调整后的沉浸式文化传承微旅游与城市文化保护面域—原置型协同模式的结构方程模型图，将调整后的结构方程模型放入 AMOS 中进行拟合度检验，其结果见表 6 - 6。

表 6 - 6　　　　　　　　　　　调整后的结构方程模型适配度检验结果

拟合指标	CMIN\DF	CFI	IFI	TLI	AGFI	PNFI	RMSEA	RMR
观测值	1.843	0.910	0.910	0.902	0.760	0.761	0.060	0.030
拟合标准	<3.00	>0.90	>0.90	>0.90	>0.80	>0.50	<0.08	<0.05

根据表 6 - 6 可知，调整后的结构方程模型的各项拟合指标检验值基本达到了拟合标准，这表明调整后的结构方程模型与初始数据量表之间仍然具有较好的匹配度。在拟合度检验的基础上，本章进一步将调整后的结构方程模型导入 AMOS 中进行路径估计，并获得相应的结果，其结果见表 6 - 7。

表 6 - 7　　　　　　　　　　　　调整后的结构方程路径估计

路径	模型路径	非标准化路径系数	标准化路径系数	S. E.	C. R.	P
γ_1	ICHM→TCE	0.68	0.81	0.059	11.435	***
γ_3	ICHM→UIS	0.64	0.78	0.068	9.330	***
γ_4	ICHM→UCAO	0.46	0.43	0.090	5.181	***
β_5	TCE→TWR	0.68	0.55	0.100	6.832	***
β_7	UIS→TWR	0.42	0.34	0.097	4.355	***
β_8	UIS→UCAO	0.26	0.20	0.112	2.339	0.019
β_9	TWR→UCAO	0.31	0.30	0.077	4.083	***

注：*** 表示 $P < 0.001$。

根据表 6 - 7 可知，调整后的结构方程模型的各个路径都呈现出显著的状态，在表 6 - 7 中，大多数路径的显著性水平达到了 0.001，这表明这些路径通过了显著性检验，具有统计学上的重要性。基于这些结果，可以判定调整后的结构方程模型是最满意的结构方程模型，通过对模型进行标准化处理，可以观察到路径系数的数值都在 -1 ~ 1 的范围内，综上所述，得出最终的结构方程模型，见图 6 - 7。

第三，结构方程的假设检验及效应分解。

根据以上结构方程实证结果，结合本书所提出的研究假设与概念模型，对新时代下沉浸式文化传承微旅游与城市文化保护面域—原置型协同模式的作用假设进行了验证，并对路径系数进行了归纳总结。具体如表 6 - 8 所示。

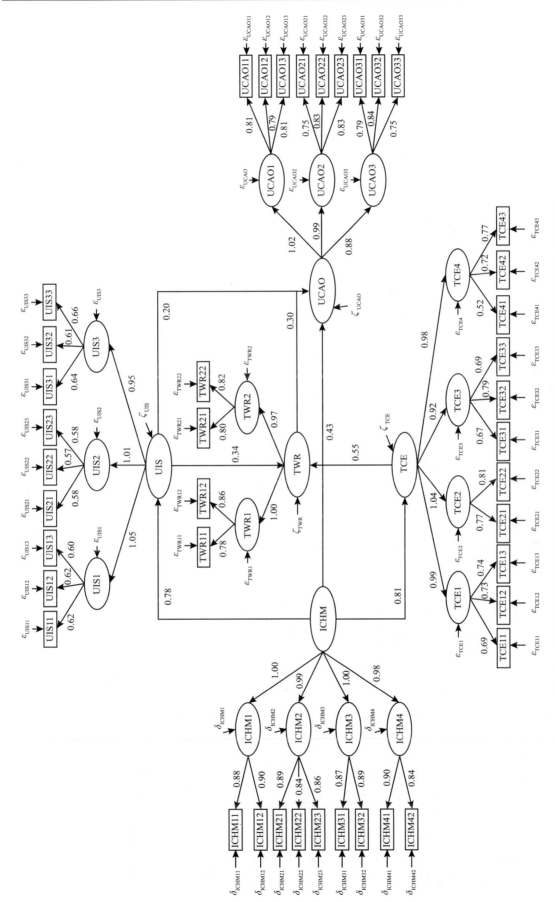

图6-7 最终的沉浸式文化传承微旅游与城市文化保护面域—原置型协同模式的结构方程模型

表 6 - 8　　沉浸式文化传承微旅游与城市文化保护面域—原置型协同模式结构方程模型路径结果分析

路径	模型路径	路径系数	显著性水平	研究假设	检验结果
γ_1	ICHM→TCE	0.81	***	H1	支持
γ_2	ICHM→TWR	—	—	H2	不支持
γ_3	ICHM→UIS	0.78	***	H3	支持
γ_4	ICHM→UCAO	0.43	***	H4	支持
β_5	TCE→TWR	0.55	***	H5	支持
β_6	TCE→UCAO	—	—	H6	不支持
β_7	UIS→TWR	0.34	***	H7	支持
β_8	UIS→UCAO	0.20	0.019	H8	支持
β_9	TWR→UCAO	0.30	***	H9	支持

注：*** 表示 $P < 0.001$。

经过标准化处理后，沉浸式文化传承微旅游到游客认知评价的标准化路径系数为 0.81，$P < 0.001$。根据这一结果可知，"沉浸式文化传承微旅游对游客认知评价具有显著的直接正向作用"的假设得到验证，即原假设 HC1 成立。

沉浸式文化传承微旅游到居民意愿的作用路径在模型调整中被删除了，未能够通过显著性检验，由此，可以看出"沉浸式文化传承微旅游对居民意愿具有显著的直接正向作用"的假设不成立，检验的结果拒绝了原假设 HC2。

沉浸式文化传承微旅游到城市产业结构的标准化路径系数为 0.78，$P < 0.001$。根据这一结果可知，"沉浸式文化传承微旅游对城市产业结构具有显著的直接正向作用"的假设得到验证，即原假设 HC3 成立。

沉浸式文化传承微旅游到城市文化保护面域—原置型的标准化路径系数为 0.43，且在 1% 的水平上显著，较好地通过显著性检验，即"沉浸式文化传承微旅游对城市文化保护面域—原置型治理具有显著的直接正向作用"的原假设 HC4 成立。

游客认知评价到居民意愿的标准化路径系数为 0.55，$P < 0.001$，通过了显著性检验，即"游客认知评价到居民意愿有显著的直接正向作用"的原假设 HC5 成立。

游客认知评价到城市文化保护面域—原置型的作用路径在模型调整中被删除掉了，未能通过显著性检验，即"游客认知评价对城市文化保护面域—原置型具有显著的直接正向作用"的假设不成立，检验的结果拒绝了原假设 HC6。

城市产业结构到居民意愿的标准化路径系数为 0.34，P 值小于 0.001，通过了显著性检验，即"城市产业结构到居民意愿具有显著的直接正向作用"的原假设 HC7 成立。

城市产业结构到城市文化保护面域—原置型的标准化路径系数为 0.20，P 值为 0.019，在 1% 的水平上显著，通过了显著性检验，即"城市产业结构对城市文化保护面域—原置型具有显著的直接正向作用"的原假设 HC8 成立。

居民意愿到城市文化保护面域—原置型的标准化路径系数为 0.30，P 值小于 0.001，通过了显著性检验，即"居民意愿对城市文化保护面域—原置型具有显著的直接正向作用"的原假设 HC9 成立。

由此可知，新时代下沉浸式文化传承微旅游对城市文化保护面域—原置型协同模式的结构方程模型与量表数据的拟合效果良好。除了直接作用效应外，沉浸式文化传承微旅游对城市文化保护面域—原置型还存在着显著的间接作用路径。具体而言，其直接作用路径系数为 0.43，此外，还有三条较为显著的间接作用路径，其间接作用效应分别为 0.134（0.81 × 0.55 × 0.3）、0.156（0.78 × 0.2）、0.08（0.78 × 0.34 × 0.3），总的间接作用效应为 0.37。比较结果表明，沉浸式文化传承微旅游到城市文化保护面域—原置型的直接作用路径系数与间接作用路径系数非常接近，这意味着城市产业结构、居民意愿和游客认知评价在该关系扮演着重要的角色，其作用不容忽视。

在模型调整过程中，研究发现游客认知评价到城市文化保护面域—原置型的作用路径被删除。这可以归因于城市改造的发展现状对该关系的影响，沉浸式文化传承微旅游是集旅游、文化体验、游客感知等多种功能为一体的复合型沉浸式微旅游创新类型，游客认知评价受到了多种因素的影响，其中包括城市改造所带来的变化。

同时，在模型的调整中，即使删除游客认知评价到城市文化保护面域—原置型的直接作用路径，但游客认知评价依旧是重要的中间变量之一，沉浸式文化传承微旅游对游客认知评价产生0.81 的路径系数，其产生的重要作用值得重视。

沉浸式文化传承微旅游到居民意愿的作用路径在模型调整中被删除了，但居民意愿仍是重要的中间变量之一。城市产业结构与游客认知评价两个变量分别对居民意愿产生 0.34 和 0.55 的路径系数，其产生的重要作用值得重视。

在本章所确定的最终的沉浸式文化传承微旅游与城市文化保护面域—原置型协同模式的结构方程模型中，沉浸式文化传承微旅游与城市文化保护面域—原置型协同模式作用既关系到沉浸式文化传承微旅游的文化基础、土地基础、基础设施和客源市场，也与城市文化保护面域—原置型的政府监管、开发商协调和民众参与有关。同时，城市产业结构、居民意愿与游客认知评价均为新时代沉浸式文化传承微旅游与城市文化保护面域—原置型协同模式的重要中间变量。在实践操作中，既要将沉浸式文化传承微旅游与城市文化保护面域—原置型的直接作用置于突出位置，也要重视城市产业结构、居民意愿与游客认知评价在沉浸式文化传承微旅游与城市文化保护面域—原置型建设中的重要协同作用，将重点放在完善城市产业结构、提升居民意愿与提高游客认知评价上。

6.1.5　研究发现

本书运用个案分析和结构方程分析的方法展开沉浸式文化传承微旅游与城市文化保护面域—原置型协同模式的影响作用分析，根据当前旅游业的文化基础、土地基础、基础设施和客源市场，并结合城市更新的政府监管、开发商协调、民众参与三个方面，构建了沉浸式文化传承微旅游与城市文化保护面域—原置型协同模式的理论框架，通过访谈以及问卷调查分别对沉浸式文化传承微旅游、游客认知评价、居民意愿、城市产业结构和城市文化保护面域—原置型协同模式进行分析。基于上述分析，主要得出以下结论：

第一，沉浸式文化传承微旅游对城市产业结构、游客认知评价和城市文化保护面域—原置型产生正向影响。

沉浸式文化传承微旅游到游客认知评价的标准化路径系数为 0.81，在 1% 的显著性水平上显著。河南洛阳"古都夜八点"是一种以沉浸式文化传承为主题的微旅游活动，参与者可以亲身体验传统文化的魅力，感受文化氛围的浓厚。游客们往往能通过这种互动的形式，更加深刻地了解古都文化的魅力，从而得到认可和尊重，积极评价活动。而且游客可以参观洛阳博物馆、国宝龙门石窟、白马寺等著名的文化古迹，亲身感受到古代宫廷文化、战争风云、传统艺术表演等内容。该活动具备完善的基础设施，如交通、餐饮、住宿等方面。游客们能够在安心舒适的旅游环境中，更好地沉浸在文化传承的氛围中，进一步积极评价此种旅游模式。河南洛阳作为一个拥有丰富文化资源的城市，提供了众多的文化古迹和陈列馆等文化景点，游客们能够在这些景点中更好地了解中国文化的底蕴。洛阳"古都夜八点"活动在洛阳市的古城区域开展，古城周围环境优美，气氛浓厚，旅游环境友好，招待周到。这种良好的旅游环境不仅让游客享受到更为舒适和安全的旅游体验，同时也能够使游客更深入地了解和体验古城文化，增强对活动的评价和认知。

沉浸式文化传承微旅游到城市产业结构的标准化路径系数为 0.78，在 1% 的显著性水平上显著。洛阳"古都夜八点"活动充分利用了城市区域内的文化资源，包括历史文化古迹、传统文化体验、文化演出等，打造了具有洛阳特色的文化旅游产品。这为洛阳当地的旅游企业提供了更多的产业资源和发展机会，并对城市产业结构产生积极的推动作用。同时，洛阳"古都夜八点"活动主要以体验式的方式呈现古都历史文化，通过互动、体验等方式让游客更好地融入其中。这种活动不仅满足了游客对于文化旅游的需求，也让游客感受到洛阳古都文化的魅力，从而提升游客对于洛阳旅游的满意度。洛阳市通过推出名为"古都夜八点"的文旅促消费活动，成功激发洛阳文旅市场的活力，推动洛阳的文旅消费体制增量。这一活动进一步加强洛阳在文旅消费方面的示范引领作用，并带动洛阳都市圈范围内文旅事业的共同发展。"古都夜八点"文旅促消费活动引入颠覆性的创意元素，为游客提供独特而令人兴奋的体验。同时，活动注重打造沉浸式的文旅体验，使游客能够全身心地融入其中，深度感受洛阳的文化魅力。此外，活动还积极迎合年轻消费者的需求，通过年轻化的消费方式和内容，吸引更多年轻人参与其中。其旨在培育和打造高品质夜间文旅消费项目，充分激发夜间文旅消费潜力和活力。

沉浸式文化传承微旅游到城市文化保护面域—原置型的标准化路径系数为 0.43，在 1% 的显著性水平上显著。河南洛阳"古都夜八点"游览活动为游客提供了解洛阳古城历史文化的机会，也为城市提供一个展示自身文化的窗口，它可以吸引更多的游客前来参观，提高城市的知名度，推动旅游业的发展，进而促进当地经济繁荣。洛阳市"古都夜八点"活动的核心目标是打造时尚消费新场景、展示文旅夜游新品牌以及培育夜间文旅消费新热点。洛阳市将重点引导全市各夜间文旅消费集聚区优化产品供给，丰富"夜游""夜演""夜食""夜宿""夜集""夜娱"等消费业态。通过提供多元化、沉浸式的文旅消费体验，促进全市文旅消费的持续增长。洛阳秉承"活化历史、传承文脉"的原则，深入挖掘以非遗为主的河洛文化资源，让非遗在传承创新中焕发活力，续写洛阳文化自信；创新推出"古都夜八点"这一文旅品牌，探索开发夜间休闲游，激发消费潜能，繁荣"夜经济"。河南洛阳"古都夜八点"旅游活动优化城市建设，从城市景观、交通体系、旅游服务等方面进行升级，推动城市旅游资源的整合和利用。总之，这些积极的影响能够推动城市文化区域的建设和发展，增强城市文化的内涵和魅力，为城市的可持续发展注入新的动力。

第二，城市产业结构对居民意愿、城市文化保护面域—原置型产生正向影响。

城市产业结构到居民意愿的标准化路径系数结果为 0.34，在 1% 的显著性水平上显著。城市产业结构的优化对居民意愿有正向的促进作用，洛阳市的产业结构优化可以带来蓬勃的经济发展，进而提供更多的就业机会，改善居民的就业状况。就业机会增多，对于居民而言，意味着他们能拥有更多的工作选择机会，提高他们的经济收入，也能增强他们对城市的归属感和认同感。同时，夜间文旅市场的积极发展不仅提升经济效益，还为城市的发展和建设提供更多机会。这些经济效益可以用来改善城市的基础设施、提供更多优质的公共服务和设施，从而提升居民的生活质量和满意度。同时，夜间文旅市场的繁荣还有助于降低居民的生活成本，使他们能够以更低的成本享受到丰富多样的文旅消费体验，以此增加居民的幸福感。洛阳市各城市区的重点关注点是历史文化街区、城市广场、步行街和景区景点等人流量大、受到广大群众关注的户外公共休闲场所。为了推动文化艺术的发展，市区采取引导街头艺人以"线下演艺＋线上直播"为主要方式，创新"互联网＋演出"的业态。城市产业结构的优化推动了绿色能源、清洁产业的发展，可以降低污染和碳排放，提高居民的环保意识、卫生习惯，加强居民的社会责任感和环保意识，使洛阳变得更加美好和宜居。洛阳城市产业结构优化有利于提高就业机会、促进城市经济增长、丰富居民的娱乐生活、提升城市形象，对于城市的未来规划也有促进作用。

城市产业结构到城市文化保护面域—原置型的标准化路径系数结果为 0.20，在 1% 的显著性水平上显著。相较于其他作用路径来说，此路径的系数较低，但也对城市文化保护面域—原置型产生直接影响。洛阳作为历史文化名城，需要加强文化保护的管理和维护，推广先进的文化保护理念和科技手段，完善文物保护体系，加强城市文化保护的管理和维护。同时，"古都夜八点"活动包括西工小街特色文旅商业街区、洛邑古城等全市 11 个重点夜市文旅消费集聚区，让当地居民、游客感受到洛阳由"旅游城市"向"城市旅游"的巨大转变。此外，经过 2020 年"古都夜八点"品牌的打造，洛阳不仅成功入选国家首批文旅消费示范市，还一举摘得 2020 年度"中国夜游名城"的称号。

第三，游客认知评价对居民意愿产生正向影响的同时，居民意愿对城市文化保护面域—原置型产生正向影响。

游客认知评价到居民意愿的标准化路径系数为 0.55，居民意愿到城市文化保护面域—原置型的标准化路径系数为 0.30，均在 1% 的显著性水平上显著。洛阳"古都夜八点"拥有丰富的历史文化资源，如白马寺、龙门石窟、洛阳博物馆等，其中一些景点还被列为世界文化遗产。游客对这些景点的认知和评价都非常高，认为他们能够感受到当地悠久的历史文化和厚重的人文底蕴。而游客对洛阳"古都夜八点"的认知评价越高，吸引的游客数量和游客的停留时间就会越多，这将直接提升旅游经济的收益，带动本地经济的发展，从而促进居民的就业与收入水平提高，增强民生保障。洛阳"古都夜八点"的夜景非常漂亮，氛围也相对独特，大量游客通过夜游的方式感受到了洛阳的城市文化。游客认为，在夜里，景区的灯光和建筑的古朴与现代感十分融合，空间变化丰富明快，切实体现了城市的风貌和特色。正是洛阳"古都夜八点"的优秀表现，才会为当地居民带来更多优秀的文化活动、旅游景点、美食、住宿等，提升居民的文化内涵、精神层面的享受感，满足其日常生活的需求。此外，居民对游客的认知评价也会影响到游客对本地的文明素质和城市形象的看法。因为游客对洛阳"古都夜八点"的认知评价越高，就会对当地的文明整洁、服务质量和城市形象的印象越高，这将促使当地居民关注城市的整体形象与精神文明建设，并积极努力提高自身的文明素质。不同于游客的作用，当地居民的高素质也影响城市文化保护面域—原置型建设，有助于推进洛阳城市文化保护与发展，促进当地文化旅游的发展。

6.1.6 关于研究发现的进一步讨论

第一，沉浸式文化传承微旅游对城市产业结构、游客认知评价和城市文化保护面域—原置型产生正向影响的原因可能是城市产业结构、居民、游客作为旅游产业的重要影响因素，对沉浸式文化传承微旅游均有影响，而沉浸式文化传承微旅游会对城市文化保护面域—原置型产生直接的影响作用。沉浸式文化传承微旅游的发展依靠新技术手段，将传统文化与现代科技有机融合，丰富旅游产品的形态，提高产业附加值，由此对城市产业结构产生积极影响。尤其随着数字化内容与城市文旅产业的日益融合，现有的数字文旅项目已经无法完全满足游客的需求。为了适应这一趋势，城市需要进行创新和改进。随着数字沉浸式技术的成熟与研究的深入，游客与沉浸式文化传承微旅游之间的关系正在发生彻底的变革。沉浸式文化传承微旅游通过数字沉浸技术，创造极致真实的模拟场景、高度交互和参与的体验，不仅可以加深游客的身临其境感，也能够加强游客的参与感，让他们沉浸于这种量身定制的体验环境之中。通过提升参与感、体验感、沉浸感，能够为消费者创造全新的认知印象，甚至使他们在体验结束后仍然能够延续现场感受到的效果。游客在体验结束后，记忆中生动的场景和情感体验可以持续上升，深化游客的认知印象，提高其生态忠诚度。新生代年轻人注重体验、个性与情感价值等，同时他们也有较强的体验需求与购买力，为城市产业转型升级和高质量发展提供了良好基础。作为能够满足游客需求的沉浸式文化传承微旅游，可以带动传统旅游向创新与高附加值方向转变，促进旅游产业升级，优化城市产业结构，新的产业经济增长点由此逐渐形成。此外，沉浸式文化传承微旅游需要数字技术、文化创意与管理能力的融合，这拓宽了旅游产业的边界，将其从单一的景区和酒店管理，拓展到提供深度体验的服务业态，这为旅游产业发展带来新的机遇。

沉浸式文化传承微旅游借助数字技术，实现了对文化遗产的数字化再现，使其能够超越地域限制和空间障碍，对外展示和体验。通过数字技术，历史建筑、艺术品、传统工艺等文化遗产得以以数字化的形式展现。这些数字化的文化遗产丰富了城市资源与产品，优化了城市产业机构，也使更多游客有机会领略文化遗产，提高其认知与体验。同时，沉浸式文化传承微旅游将商城、画廊等场所转变为展示舞台，通过精心构建的环境为游客提供现场感。新型的展示手段和平台丰富了城市旅游展示手段与平台，扩大了旅游消费场景，由此也促进了旅游产业与其他产业的融合。其在优化城市产业结构的同时，也使更多城市居民有机会享受文化体验，满足其精神文化需求。尤其是对于文旅资源较为匮乏的城市来说，发展沉浸式文化传承微旅游的方式能够填补空缺，丰富当地居民的精神文化生活。此外，城市居民也有更多机会在本地消费和体验丰富的文化内容，提高其生活质量与认知视野，以及拓宽其文化认知。沉浸式文化传承微旅游通过数字沉浸的方式，让游客领略多样的中国和世界文化，并对传统旅游产生促进作用。通过数字沉浸体验，游客可以感受到前所未有的新文化景观，尤其是数字技术与沉浸式体验带来的无与伦比的感官体验，会激发游客对实体景观的兴趣，进一步推动传统旅游产业的发展。未来，沉浸式文化传承微旅游的发展方向在于数字技术带动实体、以虚拟带动现实、以线上带动线下。通过多渠道、多手段构建以文化为核心的文化旅游内容，将沉浸式体验与实际景观相结合，为游客提供更加丰富和多样化的文化旅游体验。这种发展方向为沉浸式文化传承微旅游市场创造了新的发展空间，为未来的发展带来了更大的潜力。在突出保护真实物质载体的同时，传统文化的保护与街区、城市的可持续发展成为重要议题，沉浸式文化传承微旅游的发展成为重新审视、保护与发展街区与城市的方法。

第二，城市产业结构对居民意愿、城市文化保护面域—原置型产生正向影响，可能有以下几个原因。

城市产业结构是指城市中各种产业的相对比例和组成，旅游业具有其他产业所不及的高产业关联性、强拉动效应和高就业率的特点，而旅游产业的繁荣也为居民提供更多体验旅游的机遇，从而激发其体验意愿。城市产业结构优化与各类产业企业的密集聚集，可以为更多居民提供工作机会，创造更多的就业机会，提高居民的收入水平，带来稳定的收入来源，使居民生活更加舒适。在收入稳定的情况下，居民的需求和期望也会随之提高。较多的就业机会和更好的职业发展前景可以使居民更加满意和认同城市的产业结构，促进城市的稳定和发展。城市产业结构的优化可以促进城市文化的传承和发展，不同的产业会形成不同的职业群体和生活方式，可以塑造丰富多彩的城市文化氛围，成为一定的旅游资源和体验内容。居民在其中生活，更容易产生体验和继承文化的意愿，从而增强城市文化的影响力，提高居民对城市的认同感和归属感。合理的城市产业结构对居民的生活和工作环境的改善、居民主观要求的提高，以及城市的繁荣发展具有很大的作用。此外，城市产业结构的发展完善，为居民的生活、职业、收入、文化体验等方面创造条件，这也是激发居民参与沉浸式文化传承微旅游意愿的重要原因。同时，城市也需要考虑居民的需求和期望，为居民提供更多的创新性，并使其在多元化产业中寻找出发点，以此来满足居民的实际需求，促进城市的发展和稳定。

居民是历史街区更新和治理的核心力量，更是主要的参与者和利益者，为了确保历史街区的更新和治理能够有效进行，需要逐步明确各利益相关者的具体角色，并确定各层级的责任主体，同时建立多层次的居民自组织更新结构。而且随着保护意识的觉醒，更多公众开始采取措施，以抵抗缺乏人文保护意识的更新行为。作为城市的主人，原住居民对于保护和更新改造城市具有持久和可靠的影响力，为了最大限度满足居民的生活需求，鼓励居民广泛参与城市保护和更新改造工作，是历史文化城市永葆活力和凝聚力的关键所在。自2013年党中央提出推进国家治理体系和治理能力现代化以来，以人为本逐渐成为城市更新的主流思想，居民主体与社会公众的意见越来越受重视。脱胎于文物遗产保护，我国的历史街区更新改造始终蕴含对文化遗产保护与利用的基本关注，基于该视角的研究不仅强调物质空间更新前后的原真性、完整性，近年来也开始重视对广义的居民真实生活、城市文化的保护。同时，在传统的历史街区中，居民的认同感不仅可以建立相互熟络的社交网络，还能够派生出安防、娱乐等一系列的互助支持功能，这些无形的城市资产可以不断投入新的更新过程中，更新历史街区。由于居民的特殊性，在进行城市更新时更应该充分尊重民意，避免仅以游客观赏为导向，而需要充分考虑居民日常生活的需求，对城市的广场、街角、巷弄等空间进行生活化、日常化的微更新，为居民生活提供便利和保障。

第三，游客认知评价对居民意愿产生正向影响的同时，居民意愿对城市文化保护面域—原置型产生正向影响，可能有以下几个原因。

游客的认知评价在一定程度上反映了城市文化遗产的保护和传承情况，不仅会对城市文化遗产的保护产生正向影响，也会对居民对城市文化的认知和保护表达正面的支持。游客在城市体验旅游时的好评和推荐，可以提高城市的知名度和美誉度，树立城市良好的形象，由此提高居民的城市认同感和荣誉感，激发其更加主动参与城市文化体验和传播的意愿。游客认知评价可以展示城市的发展和改善情况，让居民感受到居住在一个拥有高自信和高品质的城市，从而增强居民对城市的归属感和自豪感。同时，正面的游客评价可以为智慧旅游资源开发提供重要的参考和方向，旅游企业可以根据游客对消费需求和偏好，打造更符合游客需求的旅游产品和服务。由此提高游客的满意度和忠诚度，也可以增加旅游企业的收益。同时，更丰富的文化旅游资源也可以为居民提供更多体验和参与的机会，从而提高居民的体验意愿。沉浸式文化传承微旅游作为一种全新的旅游方式，更注重游客与城市文化的互动和融合，使游客可以更加深入地了解和体验当地文化，从而提升游客的文化修养和意识。

居民意愿的提高将会提高居民对文化保护的关注和投入，推动居民积极参与到文化保护中来，联合起来采取更加积极有效的行动。城市文化保护需要较大的经济支持，而居民的消费支持对于城市文化保护面域—原置型的发展和保障也具有重要的作用。开发和保护地方文化资源需要不断的资金投入，而居民的消费能够为文化保护提供更加直接的资金支持。城市文化保护对于城市发展和文化传承至关重要，而居民对于城市文化保护面域—原置型的保护投入与支持，将会大大增强城市对于文化自身的自信心和文化自主权，也能促进文化的保护和发展，使文化更加繁荣，蓬勃发展。旅游市场消费方式的改变要求旅游目的地通过优化旅游设施配置、提供完善的服务与改善环境条件，以提升城市旅游形象。游客注重体验和参与感，旅游目的地应满足其需求，提供丰富多样的体验性活动，并关注设施和服务的质量。此外，通过塑造城市的文化氛围和积极的城市影响，沉浸式文化传承微旅游得到发展，在这一个过程中，不仅城市的文化创意产业得到发展，当地居民的经济水平和社会福祉也通过就业机会的增加和相关行业的发展得到提升，有助于城市整体空间经济与社会的和谐发展。

6.2　面域—重置型协同模式的实证研究：以河北唐山市培仁历史文化街区为例

6.2.1　研究假设

第一，沉浸式文化传承微旅游的作用。

沉浸式文化传承微旅游是基于视觉感受与触觉体验的旅游行业新业态，游客在旅游过程中能够沉浸在当地文化氛围中，通过视、触、听、嗅全感官交互的全景式旅游体验，明确自身旅游偏好定位、提高景区的视觉质量和激发游客情感。通过新时代的互联网技术和高科技，旅游产业采用了体验化的新模式和新路径。沉浸式文化传承微旅游是一种注重深度体验的新兴旅游形式，与单纯的观光游览不同，它通过与当地居民互动、参与当地传统文化活动等方式，让游客在体验中深度感受当地文化的魅力和精髓，从而提高游客的文化认知水平。此旅游方式具有一定的参与性和互动性，能够提高游客的满意度和回头率，对于促进当地旅游经济的发展具有积极的意义。同时，沉浸式文化传承微旅游还将旅游与文化融合在一起，强调游客在旅游过程中沉浸于当地文化氛围中，感受当地文化所带来的情感体验，增强游客对当地文化的认知和理解，具有很高的文化价值和意义。游客认知评价是游客在进行实地体验后对旅游目的地的综合评价，游客对旅游目的地的形象感知为旅游吸引物、旅游设施、旅游环境以及景区管理服务。沉浸式文化传承微旅游可以让游客更加深入地了解当地文化和历史，增强游客对旅游目的地的认知和感受，进而对旅游环境的评价更加全面和准确。同时，随着旅游市场消费方式的改变，游客对于旅行体验的要求越来越高，注重体验与参与感。为了满足这一需求，旅游目的地需要运用先进的科技手段，提供更加舒适、便利和安全的旅游设施，以满足游客不同的需求和偏好。此外，沉浸式文化传承微旅游可以通过提供更加多样化、个性化和符合游客偏好的旅游产品，吸引更多的游客，满足游客的不同需求和偏好，提高游客的满意度和忠诚度。新旅游业态通过深度挖掘旅游业，将高科技的数字经济与旅游产业结合起来，积极建设独特、新颖的体验场景，并根据城市的历史文化和环境资源打造全方位多感官体验，形成游客更为青睐的旅游模式，为城市建设创新旅游业态提供了游客认知评价方面的参考。鉴于此，本章认为沉浸式文化传承微旅游与游客认知评价有着显著的影响关系，因此，提出如下假设：

HD1：沉浸式文化传承微旅游对游客认知评价具有显著的正向作用。

文化旅游业早已成为我国重要的经济产业，带动当地或城市的餐饮、文化经济消费。因此，产业结构向旅游业靠拢，通过强化虚拟环境的场景打造，突破传统观赏模式，加入大量高新科技、文化古迹等要素，大力开发特色文化旅游，有助于城市经济可持续发展，打造历史文化名城，同时提升城市形象。沉浸式文化传承微旅游的发展加强了文化、旅游、社会、环境等诸多方面的融合，城市中的历史文化遗产的文化价值、景观价值及其旅游价值被再次关注，与城市的文化、经济、生活具有高度的关联性。随着政府加大对文化保护的力度，历史文化资源与旅游业相互融合，城市产业结构进行了重新调整，从而促进城市产业结构的优化。张杰（2018）等提出，将传统产业结构进行更新改造，是产业与文化保护、民众生产生活间的相互平衡、城市产业和当地居民共同发展的要点。一方面，沉浸式文化传承微旅游的建设在促进当地旅游业发展方面起到重要作用。这种旅游形式通过深度参与和互动，让游客沉浸在文化传承的体验中，从而增加旅游产业的收入。同时，沉浸式文化传承微旅游也带动了相关产业的发展，如餐饮、住宿、交通等。另一方面，通过强调文化体验和情感共鸣，沉浸式文化传承微旅游可以推动文化资源的挖掘和利用，促进文化产业的升级和转型，增强城市文化软实力和品牌形象。同时，沉浸式文化传承微旅游还可以带动一系列相关产业的发展。例如，文化衍生品的开发和销售等。沉浸式文化传承微旅游结合现代科技手段和创新设计，可以促进城市创新和创意产业的发展，带动城市产业结构的优化和调整。基于此，本章对沉浸式文化传承微旅游与城市产业结构之间的关系提出如下假设：

HD2：沉浸式文化传承微旅游对城市产业结构具有显著的正向作用。

城市文化保护面域—重置型是指在城市文化保护的基础上，对历史遗存和文化资源进行重置和再利用，使之焕发生命力和活力，从而保护城市的历史文化遗产，同时通过创新性的利用和开发，使之成为城市经济和文化发展的重要支撑。沉浸式文化传承微旅游也属于文化科技旅游的范畴，在建设和创新的过程中十分重视传统文化的保护与融合。为了挖掘出街区和城市的独特文化内涵，同时促进沉浸式文化传承微旅游的发展，城市通过融合历史文化和现代生活，促进感官刺激和身体互动，打造一系列多感官文化景观，同时，通过丰富旅游活动形式，促进人、情、境的交融等。文化"生活化"的创新开发提升游客对历史文化的认知，让游客的深层次旅游体验需求得到满足，提高游客满意度及重游率，保障城市经济的可持续发展，促进城市文化保护的发展。同时，沉浸式文化传承微旅游将历史文化资源、科学体验技术与沉浸式旅游相互结合，以科学有效的管理方式，带动当地的经济效益提升与城市更新，促进了城市的高质量发展。而城市文化保护面域—重置型通常需要投入较大的资源和精力，并需要政府、社会和市民等多方力量的积极参与，带动全面发展并拉动关联产业，有效延伸产业链，促进历史文化资源转化，加速城市历史文化产品的创新性发展，为城市更新与建设带来新的多重效益。此外，沉浸式文化传承微旅游也可以促进城市的文化交流和互动，增强城市的国际化和多元化。通过文化的传播和交流，可以增进城市之间的相互了解和友谊，扩大城市的影响力和美誉度，为城市的可持续发展提供更广阔的空间和机遇。由此可知，沉浸式文化传承微旅游对城市文化保护面域—重置型具有显著的正向作用，可以提高其知名度、美誉度和发展水平，增强游客对其的关注和支持。基于此，提出如下研究假设：

HD3：沉浸式文化传承微旅游对城市文化保护面域—重置型具有显著的正向作用。

第二，游客认知评价的作用。

沉浸式文化传承微旅游的游客认知评价包括旅游环境、旅游设施、管理服务和游客偏好四个方面。在旅游环境方面，虞虎（2016）研究发现，优化旅游环境和保护利用工业遗产能有效地带动城市社会经济，促进当地居民居住环境的改善，是居民生产生活效益得到提升的动力。在旅游设施方面，赵万民（2018）指出，城市更新是基础设施与城市环境的优化成果，促进产业结构调整，沉浸式微旅游的本质是依托城市的智慧基础设施打造深度场景体验，增强旅游数字化能力，实现旅游业的跨界融合。沉浸式微旅游不仅能够彰显创新、文化、科技等显著特色，也可以创新旅游新业态，有效应对旅游业发生的变化。而沉浸式文化传承微旅游作为一种新的文化旅游形式，同时也是文化与旅游的创新性高质量实践，是建设城市更新的新思路和新路径。在管理服务方面，游客对城市管理服务的效率、规范性和人性化程度进行评价，可以促使政府和管理部门加强城市的管理和服务水平，提升城市的治理能力和效率，从而促进城市文化保护面域—重置型建设。在游客偏好方面，游客偏好是旅游市场需求的直接体现，了解游客偏好也更能够为政府和开发商在规划城市范型时提供参考方向。此外，游客的积极评价和口碑推广也有助于城市文化的传承和保护。同时，城市文化的保护和重置也可以提高游客的满意度和回头率，从而对城市旅游经济的发展产生积极的影响。综上所述，可以了解到，沉浸式文化传承微旅游的游客认知评价，即旅游环境、旅游设施、管理服务和游客偏好四个方面都能够有效地促进城市的产业结构调整，改善当地居民居住环境，提升城市品质，焕发城市生机与活力。由此，提出如下研究假设：

HD4：游客认知评价对城市文化保护面域—重置型具有显著的正向作用。

旅游吸引不仅是指游客的增多，更为关键的是游客所带来的消费、产业创新等导致的旅游效益提升。其中，独特鲜明的旅游形象是其发展动力，游客的认知感知会对游客的旅游体验满意度与旅游质量产生直接影响，进而影响旅游区域旅游行业及相关产业的可持续发展，及时有效地了解游客认知评价是打造旅游吸引的根本动力。游客的评价可以影响其他游客的决策，同时也可以影响目的地的口碑和形象，如果有良好的口碑和品牌形象，就可以吸引更多的潜在游客前来旅游。同时，游客对旅游目的地的认知和评价，决定了他们是否愿意选择该目的地进行旅游，对旅游的吸引力具有直接影响。旅游吸引可分为人文吸引和数字吸引，在人文吸引方面，游客认知评价可以促进目的地的传承和保护。游客对旅游目的地的文化、历史、艺术、习俗、风景等人文方面的认知评价，会对游客对旅游目的地的喜好程度和选择意愿产生重要影响。如果游客对目的地的人文价值有高度评价，将会增加该目的地的人文吸引力。在数字吸引方面，游客认知评价可以促进目的地数字化建设和数字化营销。随着互联网技术和移动设备的普及，数字化营销已经成为旅游业吸引游客的重要手段。通过游客的认知评价，旅游目的地可以了解游客对于目的地数字化建设和数字化营销的满意程度，从而不断提高数字化营销的效果，增加目的地的数字吸引力。此外，分析游客对旅游目的地的认知与情感形象，识别出最优的旅游资源，是了解旅游产品、服务和游客消费需求的根本途径，据此作出战略性调整，可以打造更为创新与高质量的旅游吸引。鉴于此，提出如下研究假设：

HD5：游客认知评价对旅游吸引具有显著的正向作用。

第三，城市产业结构的作用。

城市产业结构是城市社会再生产过程中形成的各产业之间及其内部各行业之间的比例关系和结合状况，而调整城市产业结构的最主要目的是确保城市经济运转和发展。通过优化产业比例关系、满足市场需求和优化资源配置，城市可以提高经济的竞争力、适应性和可持续发展能力，实现经济的繁荣和社会的进步。沉浸式文化传承微旅游的创新发展积极推动着城市产业结构的调整，在产业结构加速调整的大背景下，城市需要加快推动工业、商业、科技等与旅游产业的深度融合，以促进经济发展和提升城市的竞争力。城市产业结构的调整与转换，使城市产业之间的优势地位不断上升，城市空间结构也不断增长，经济效益高的产业发展对城市产业结构产生了质的改变，同时，新时代下信息技术的进步也加强城市产业之间的集聚效应，促进产业的空间集聚和创新发展。作为城市的主导产业，旅游产业改变生产要素在不同产业间的流动配置。旅游产业不但引领整体城市产业的升级，还主导城市其他产业内部的升级发展方向。这导致城市出现新的经济增长点和区域，并形成新的产业空间，进而改变城市产业的整体结构。随着城市产业调整，依托于城市资源，更具有先天优势的旅游产业发展更快，可以促进形成更好的旅游产业格局，经济效益也提升得更快，从而提高区域经济创收效益。城市产业结构的多样性和丰富性为旅游业提供多种旅游产品，满足不同游客的需求，如此多元化的旅游产品能够吸引更多的游客来到城市旅游，提高城市的旅游吸引力。当城市产业结构包含了能够满足游客需求的旅游产品和服务时，游客会更倾向于选择前往该城市旅游。鉴于此，提出如下研究假设：

HD6：城市产业结构对旅游吸引具有显著的正向作用。

城市产业结构不仅涉及城市社会再生产中第一、二、三产业之间的比例关系与结合，还涉及农业、轻工业和重工业之间的比例关系。其中，城市经济作为一个独立的有机体，存在于各种不同的产业部门中，同时，由于各个城市的自然条件和社会经济条件不同，国民经济部门的配置和发展规模也有所差别，而要建立合理的城市产业结构，协调这两大产业之间的比例关系最为根本。城市产业结构的改造使得旅游资源的选择增多，旅游吸引物的选择随之增多，使原有的产业在原功能的基础上兼具吸引功能，提高其吸引力，延伸其产业链，各产业相互融合发展，提升城市经济效益与社会环境效益。例如，济宁市文化和旅游局调整文化旅游产业结构，使其转型升级，在国民经济发展的基础上，文化旅游业不断增强。这不仅促进了城市发展，而且打造出世界文化旅游名城，保障城市文化保护面域—重置型的建设，完善城市更新。此外，城市产业结构的转型升级不仅对经济发展有着积极的影响，还可以推动城市空间的优化和重塑，进而塑造更具魅力的城市文化氛围和环境，这种转型升级能够提升城市文化的品质和影响力。随着城市文化产业的发展，城市的文化软实力得到了提升，可以更好地保护和传承本地文化，增加城市的文化吸引力，吸引更多游客前来游览和消费。此外，当城市内的产业获得良好的经济效益，从而提高城市的财政收入和支出能力时，就可以为城市的文化、环境和基础设施的建设提供资金支持，从而改善城市文化保护面域—重置型建设和旅游环境，提高城市的文化吸引力。基于此，提出如下研究假设：

HD7：城市产业结构对城市文化保护面域—重置型具有显著的正向作用。

第四，旅游吸引的作用。

旅游吸引的形成与发展与当地的旅游资源有紧密的关联，在城市更新建设中，必然需要从地方的实际情况与新时代下的现有条件出发进行分析，寻找可供利用的各种事物与因素以及有形或无形的旅游资源，才能提高城市更新的效率。旅游吸引物是建设城市更新的关键因素，在相关旅游资源的挖掘和开发中，可以产生经济效益、社会效益和环境效益等，对旅游吸引物的打造可以实现对老街区的更新。同理，吴承照（2012）提出，旅游吸引物的打造是提升旅游目的地核心竞争力的重要方式，而作为旅游目的地中的游客认知目标——城市，良好的城市形象是城市品牌建设的基础，同时也能促进城市经济发展。另外，国务院办公厅发布《关于进一步激发文化和旅游消费潜力的意见》和《关于加快发展流通促进商业消费的意见》，鼓励利用科技创新打造更多想象空间，将旅游核心吸引物、公共服务空间和虚拟现实等要素融入其中，实现空间与文化的完美融合，以展现城市的文化内涵与历史气韵。城市文化保护面域—重置型建设模式作为城市更新的重要组成部分，只有强化旅游吸引，才能更好建设城市文化保护面域—重置型，提升城市经济效益，为城市更新提供更多的经济支持。为了吸引更多的游客，城市注重提升文化保护面域的品质和服务，从而提高游客的满意度和体验感，有助于推动文化保护面域的创新和改进，从而更好地满足游客的需求和期望。例如，随着游客数量的增加，城市投入更多的资金和精力来打造更具吸引力的文化景观和体验式项目，如文化主题公园、文化艺术节等，这些新项目和设施将为城市文化重置型的发展带来更多的机遇。此外，随着旅游吸引力的增加，城市可以更加注重文化保护面域与其他产业的融合，如文创产业、旅游产业等，从而实现互利共赢和多方面发展。可以为文化保护面域提供更多的发展机遇和资源支持，促进其重置型发展。基于此，就旅游吸引和城市文化保护面域—重置型两个变量提出如下研究假设：

HD8：旅游吸引对城市文化保护面域—重置型具有显著的正向作用。

第五，关于沉浸式文化传承微旅游与城市文化保护面域—重置型协同模式的模型。

根据沉浸式文化传承微旅游与城市文化保护面域—重置型协同模式的分析框架、研究假设的相关内容，结合沉浸式文化传承微旅游与城市文化保护面域—重置型协同模式的现状，本章搭建出沉浸式文化传承微旅游与城市文化保护面域—重置型发展协同模式的概念框架，见图6-8。

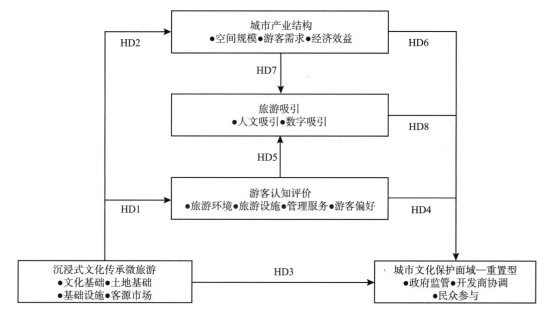

图 6 - 8　沉浸式文化传承微旅游与城市文化保护面域—重置型协同模式的概念模型

由图 6 - 8 可知，沉浸式文化传承微旅游与城市文化保护面域—重置型协同模式主要以沉浸式文化传承微旅游、游客认知评价、城市产业结构、旅游吸引和城市文化保护面域—重置型 5 个变量为基础，搭建出沉浸式文化传承微旅游与城市文化保护面域—重置型之间的作用关系路径。其中，沉浸式文化传承微旅游到城市文化保护面域—重置型不仅具有直接的作用路径，也具有间接的作用路径，其间接作用路径有 4 条。分别为：①沉浸式文化传承微旅游—游客认知评价—城市文化保护面域—重置型；②沉浸式文化传承微旅游—城市产业结构—城市文化保护面域—重置型；③沉浸式文化传承微旅游—城市产业结构—旅游吸引—城市文化保护面域—重置型；④沉浸式文化传承微旅游—游客认知评价—旅游吸引—城市文化保护面域—重置型。通过搭建出沉浸式文化传承微旅游与城市文化保护面域—重置型协同模式的概念模型，为下一步进行结构方程实证分析奠定了理论基础。

6.2.2　预 调 研

第一，预调研过程。

2023 年 1~2 月，前往河北唐山市进行预调研。这个时期主要是针对河北唐山市培仁历史文化街区的历史文化、城市产业结构、游客认知评价进行大体上的认识。研究团队对于其历史发展、旅游发展有了一个整体的认识，从而能够对沉浸式文化传承微旅游过程中的城市文化保护面域—重置型的问题展开更为具体明晰的分析与阐述。作者从当地居民和游客等角度了解到沉浸式文化传承微旅游与城市文化保护面域—重置型协同模式的相关者对文化基础、数字科技、社会环境等核心问题的感知。预调研阶段对当地居民进行访谈，获得唐山的沉浸式文化传承微旅游发展、城市文化保护面域—重置型建设等一手资料。

第二，预调研目的地基本情况。

培仁历史文化街位于河北省唐山市路北区，处于唐山城区工业历史文化带的核心位置。该街区占地 25.8 亩，建筑面积 1.6 万平方米。作为唐山旅游集团的新打造项目，培仁历史文化街以建筑仿古、文化怀旧和业态时尚为特色，成为一座融合城市历史文化和现代生活方式的街区。培仁历史文化街的核心设施是培仁教育记忆馆，以百年前培仁女校老校园为基础，通过街区空间的布局和设计，展现了丰富的历史文化记忆，并与更新后的生活业态相呼应。培仁历史文化街的核心建筑是培仁女中和金达故居，这里除了保留现有的百年文物建筑，还增建了 6 栋仿古建筑，形成了 "1 + 6"

的20世纪初的建筑风格集群。培仁历史文化街这个文化街区是汇聚了20余个匠心独具的文化创意、休闲娱乐、餐饮酒店、时尚购物等优质业态的独特场所，整个文化街区不仅满载历史文化印记，还着眼于满足市民和游客的休闲和社交消费需求。是一个集历史文化、时尚购物、美食餐饮、休闲娱乐为一体的场所，成为唐山市的新地标。通过文化街区的建设，唐山市也在向外界展现自己的城市文化特色和旅游魅力。

第三，案例地选取。

培仁历史文化街区作为唐山市的一个重要旅游景点和文化交流平台，通过保护、整合和创新河北文化遗产，使其得以延续和弘扬。与传统的文化旅游相比，该项目通过采用沉浸式的文化传承微旅游和城市文化保护面域——重置型协同模式，使游客能够更加深入地了解和感受历史和文化，提高游客对文化遗产的认知度和理解力。培仁历史文化街区也采用了沉浸式文化传承微旅游模式，通过多种形式的表现和互动，让游客在参与活动的过程中感受到历史文化的气息。这种模式的运用可以提高游客对文化遗产的认知度和理解力，也是文化传承的有效手段之一。

培仁历史文化街区采用场景式、亲子式、体验式等多种方式，重点展示唐山本土文化。例如在培仁教育记忆馆参观时，不仅有为游客精心打造的文化展示，还有精彩的文化表演和互动体验环节，使游客可深度沉浸在文化氛围中，感受到文化的渗透和当地居民丰富的文化生活。培仁历史文化街区在不同建筑风格中有不同的类型业态布局，如餐饮、文创、美食、时尚等业态，在提供优质消费服务的同时也为游客提供更广阔和更深入了解当地文化的机会。从中可发现，景区在城市管理中，站在城市保护的角度，利用了城市文化保护面域——重置型协同模式来实现有效保护和开发当地的文化遗产，既提高经济效益，也强化文化自信。

总之，河北唐山市培仁历史文化街区的成功体现了遗产保护、城市发展、文化传承等多种因素的协同发展模式，是一个优秀的城市历史文化生活街区示范。其成功运营和创新实践对于其他城市历史文化街区建设和文化旅游发展都有很好的借鉴作用。

6.2.3 实地访谈

第一，关于案例地发展状况。

本节案例选用的是河北省唐山市培仁历史文化街区，河北省唐山市培仁历史文化街区地处于唐山市百年历史文化街，是唐山市2020年重要的文化旅游项目。总建筑面积为13000余平方米，由六栋新建独栋楼及一栋改造楼组成，形成了20世纪初的建筑风格集群，成为打卡拍照胜地。培仁历史文化街区是中西结合的建筑，完美融合历史文化与现代休闲，依托培仁女中与金达记忆馆，在尊重历史的基础上，修旧如旧，恢复原有建筑风貌。作为唐山新地标，培仁历史文化街区成功打造探索城市历史文脉之旅，打开了近代工业文明之窗。工业遗存是城市文脉的重要组成部分和培育人文情怀的宝贵资源，为了让更多唐山居民记得住历史、记得住乡愁，培仁历史文化街区项目应运而生，集建筑仿古、文化怀旧、业态时尚元素为一体。

培仁历史文化街区以旅游休闲街区的呈现承载了唐山这座城市的工业记忆，拓展人文教育空间，加上当地居民高频次的游览、休闲和社会交往的需求，为街区的历史文化注入生活元素。同时，培仁历史文化街区是一座名副其实的旅游商业综合体，汇聚20余个品牌，涵盖文化创意、休闲娱乐、餐饮酒店、时尚购物等领域。这个街区通过沉浸式互动、街头演艺和夜间轻型演艺等活动，让游客走进培仁、了解培仁、感受培仁。培仁历史文化街区的设计理念是让游客们回望唐山百年前的城市味道，同时体验全新的时尚生活。街区内的品牌商铺和时尚店铺提供了最新潮的商品和时尚生活方式，游客可以品味时尚，感受到城市的脉动和活力。

第一阶段：路北区肩负城市发展重要使命。

唐山市路北区位于唐山市中心区，总面积为112平方千米，作为唐山市政治、经济、文化、教育、科技、商贸中心，有着丰富的资源与区位优势，路北区积极拓展空间、改善民生，实现了经济稳定发展并提高了区域的质量建设，促进了城乡融合，持续改善了生态环境，进而不断增强了民生福祉。路北区由于独有的地理位置，它在唐山市推进高质量创新发展中承担着重要的职责和使命。路北区的重心是建设一个"繁荣舒适美丽的现代化中心城区"，并依托三个重要的载体——西部唐山新城、中部建成区楼宇、东部退城搬迁改造，努力打造唐山新门户、经济新引擎和城市新空间，为唐山市的现代化发展作出了重要贡献。

经初步考证，唐山市路北区的原教会学校主楼是保存完好、拥有百余年历史的最古老多层建筑之一。该建筑位于大城山南麓的培仁里小区内，为红白相间的二层高屋顶教学楼。它的建立与唐山开滦矿成为中国近代工业文明的发源地密切相关。原建筑最初为"仁爱孤儿院"，建于1911年，由法国天主教会仁爱会的修女白松林来华时创办。是专门为外地孤儿与儿童而改建的，使用了唐山开滦矿区的员司房。到了1921年，这座建筑改名为"私立培仁女子小学"，开始招收教养院中纺羊毛的女孩和天主教徒家庭的女儿入学。1927年8月，增设了初级中学班，即现在的"培仁女中"。1931年，开滦矿务局拨款作为该建筑的日常经费，并得到天主教堂的捐助，用于修建校舍。从建校到1941年，这座校舍是冀东地区第一所完全女子学校，也是该地区唯一的一所完全女子中学。1948年唐山解放后，随着时间的推移，该校舍的名称发生了多次变更，一直延续到1988年。同年，该校舍移交给路北区，与教师进修学校和路北区培仁里小学共用。然而，由于生源不足等因素，2005年培仁里小学停办。随后，该建筑也不再作为学校使用。2012年初，唐山市政府将其确定为"文物保护单位"并竖牌，对其加以保护。这栋二层欧式建筑见证了唐山市兴办教育的多种办学模式，承载了教会办学、私立学校、国办学校等办学模式，成为唐山市教育发展史上的重要一章。这栋建筑堪称唐山市教育历史的重要遗迹，留下深厚的教育历史内涵。但由于政府的重视度不够，2018年前没有设立专门的文物古建保护机构，部分古旧或富有时代意义的建筑物受到了不同程度的破坏，同时，由于保护文物的宣传不够到位，当地居民对此建筑的历史价值和科研价值不了解，很难积极主动参与保护。而且对于古建筑的保护基本停留在表面上，缺乏深层次的保护措施与行动，内部设施没有得到任何专业的保护。

第二阶段：致力于打造工业产业旅游历史文化街区。

培仁女中是唐代近代工业蓬勃发展时期的重要产物，具有丰富的历史价值。为了促进唐山市工业旅游发展并全面推进文化旅游产业的融合，唐山市委和市政府决定在2018年对培仁女中进行修复并合理利用，将其转变为"唐山近代教育记忆馆"。培仁女中为唐山市级文物保护单位，路北区遵守《中华人民共和国文物保护法》等相关法律法规，本着修旧如旧原则进行旧校舍复原修缮，还原其原始样貌，使之展现出原有的真实、沧桑感的外观形象，最大限度地做好文物保护工作。据统计，原培仁女中现址的建筑面积达到了1100平方米，路北区决定对该学校进行改造，以使其在改建后具备双重文化功能，分别为"唐山市近代教育史馆"、24小时对外开放图书馆和"城市书房"。

2018年12月，唐山市文物局正式成立，在对培仁女中进行改建为"培仁教育记忆馆"时，计划设立三个展厅，分别展示百年培仁、唐山近代教育、唐山现代教育等相关内容，通过专业的文物古建修缮手段，还原其百年教室原貌。2018年，作为城市中心区的路北区计划利用培仁女中内800平方米空间打造成对外开放的图书馆和"城市书房"，以此满足广大群众对公共文化的需求。书房完善了相关配套设施，并引入共享服务的理念，建立地区文献信息中心，以突出地方人文特色。

在市委、市政府与唐山文旅集团的共同合作下，整个街区被划分为六大功能区。而且培仁历史文化街处于唐山城区工业历史文化带的核心位置，是唐山文旅集团以推动城市历史文脉传承、培育特色消费与激活城市消费力为目标的重要文化旅游目的地。培仁教育记忆馆占地面积约4740平方米，建筑面积约1280平方米，总投资1500万元①。设计单位通过增加景观小品、文

---

① 唐山市人民政府官方网站，http://new.tangshan.gov.cn/zhengwu/zw_sdzdxq_lubei/20210208/1141773.html。

化氛围布置等手段，对培仁教育记忆馆及周边空间的设计进行系统优化提升，实现规划布局科学合理、立体空间有效使用，进一步提升空间利用率，用足可用空间。通过改造，唐山市借用街区空间使其承载历史文化记忆，并将中西融合的社交生活作为亮点，打造建筑仿古、文化怀旧、业态时尚的城市历史文化生活街区，用以传承城市文脉、提升城市品位、提升城市经济等。培仁历史文化街区通过采用"景区＋街区＋社区"的发展模式，打造成独具特色、彰显魅力的文旅融合街区，为城市经济繁荣增添了动力，促进转型、提升优质要素，成为引领城市经济发展的新动力。

第三阶段：打破传统旅游模式，创新旅游场景。

培仁历史文化街区的建设打破了传统旅游产业项目的模式，依托历史文化遗存，展示唐山市丰富的历史文化底蕴，游客可以在街区中感受到洋务运动时期外籍员司在唐山工作、生活的历史背景，了解唐山的中西文化交流。街区内的文化展览展示珍贵的文物和艺术品，为游客提供了一个了解唐山历史的窗口。同时，街区还引入了主题餐饮和网红商业等时下创新潮流业态，为街区注入时尚的生活氛围，并凸显街区历史文化内涵。这一规划使培仁里建设成为唐山第一条具有历史文化记忆的都市生活步行街，同时也是唐山市城市旅游品牌项目，唐山人社交生活聚集地。培仁历史文化街区的发展分为以下三个部分。

首先是打造特色活动项目以促进唐山的文旅发展。培仁历史文化街区汇聚了文化创意、休闲娱乐、餐饮酒店、时尚购物等优质业态，成为唐山市的新地标。街区建成后，在2021年2月成功入选2020年度河北省"十大文化产业项目"，2021年11月成功入选"省级旅游休闲街区"名单，2022年第七届河北省旅游产业发展大会重点观摩项目之一，更是在2022年1月入选"首批国家级旅游休闲街区名单"。培仁历史文化街区通过丰富多彩的夜间轻型演艺、新地标探街打卡直播、百米长卷绘画、培仁街区写生、时代书声等系列文化教育活动，吸引了游客和居民的关注和参与，提升唐山市作为文化旅游目的地的知名度和吸引力。同时，这些活动也为当地文化教育产业带来了新的机遇和发展潜力。唐山文旅集团致力于推进新时代文旅融合发展新的路径，积极探索"N＋旅游"模式，依托自身业态主动融入相关产业，整合优质旅游资源。具体来说，实践"工业＋旅游、体育＋旅游、新型城镇化＋旅游、地域民俗＋旅游"的发展模式，在推进文旅融合的基础上，促进旅游业与工业、体育等其他相关行业深入融合，最终目的是推动文旅融合发展，促进旅游业与相关行业实现可持续发展。

其次是通过建设街区，优化社区周边的居住环境。培仁历史文化街区正式投入运营后，利用自身优势，用其文化与旅游资源提升周边社区居民的生活质量，以现存的百年文物建筑——培仁女中和金达故居为基础，融入文化产品消费，满足当地居民与游客的休闲和社交消费需求。唐山市对培仁女中旧校舍进行翻修的同时，也为周边老小区添加了新风采，并且完善社区与景点间的交通基础设施，改善老小区周边环境。培仁历史文化街区的发展，释放了当地居民与游客的旅游需求，提升了居民文化素质，同时街区的高速发展，也吸引了当地居民在景区周边或其中就业。唐山文旅集团不断增加特色餐饮、运动健身、沉浸式体验项目等产品，这些产品的增加不仅促进了文化旅游与商业业态的融合，也拓展了社交化和特色化功能，满足了居民多样化的消费需求，提升了当地居民的生活品质。

最后是挖掘景区与城市的年代感、氛围感，做有情怀的文创产品。培仁历史文化街区旨在打造国内首个沉浸式历史文化网红主题街区，让游客沉浸于民国风情体验，融合历史再现民国时期老唐山街景，打造全景沉浸式体验。同时，让游客参与游戏打卡，在游戏中感受历史的厚重与时代的沉淀，实现历史文化要素、时尚休闲、网红娱乐三大元素的共同发展，使历史文化遗址与潮流体验相结合，助力唐山文旅发展，打造游客特色旅游新目的地。通过以上的努力，唐山文旅集团实现满足当地居民休闲需求和深度展示特色旅游体验的双重目标。同时，集团的努力为唐山市的旅游业态增添了多样性，吸引更多外来游客前来探索和体验，为唐山市的旅游经济和街区经济的发展作出积极贡献，实现两者的并行发展。

　　第二，河北唐山市培仁历史文化街区的沉浸式文化传承微旅游与城市文化保护面域—重置型协同模式。

　　首先，历史文化街区对于文化基础的保护。

　　位于河北省唐山市路北区的培仁历史文化街，是唐山城区工业历史文化带的核心位置，被誉为百年培仁里的城市新地标。该街区已入选首批国家级旅游休闲街区，街区内保存历经百年磨砺依旧温润如初的红砖外墙、自然釉变的彩色水泥砖和磨损得斑驳却透着浓浓暖意的桌椅，通过这些建筑元素向人们传达深厚的文化内涵。

　　从文化类型来看，培仁历史文化街区以历史建筑和文化遗产为主要展示内容，这些老建筑包括明清时期的民居和商业建筑、原唐山女中校址（旧孤儿院、教会学校）等，以现存的百年文物建筑为出发点，形成了 20 世纪初的建筑风格集群，具有丰富的历史和文化价值。通过保护和修复这些老建筑，唐山市向游客展现该城市的历史和文化底蕴。与传统的旅游景点不同的是，培仁历史文化街区在这些老建筑中引入文化创意灵感和现代商业元素，形成一种融合了传统文化和现代商业的全新文化旅游体验。在这些历史建筑中，可以看到许多文艺小店、文创产品和设计工作室，游客可以在欣赏历史建筑的同时，享受到多种文化和商业体验。作为首批国家级旅游休闲街区，培仁历史文化街主打"沉浸式"招牌，一位来自北京的游客李先生在参观培仁历史文街区时表示：走进这条街就感觉自己穿越了时光，让我深刻地体会到了历史的印记和传承。他认为需要了解一座城市的历史和文化，首先要从走进一条市井街道开始。另一位来自海口的吴小姐也有同样的感受，她表示：来到培仁历史文化街，我们仿佛可以穿越百年时光，深入了解培仁女中的发展史，感受唐山市厚重的历史文化和浓郁的教育氛围。这里是一个全方位地展示教育文化传承的地方，让每个到访者都能充分领略唐山的过去和现在。这种"文化＋"的商业模式，既能让游客更好地了解和感受到城市的历史和文化，同时也能够促进当地的经济发展。通过引入现代商业元素，老建筑得以焕发生机和活力，吸引更多人前来参观和购物。同时，这种商业模式还可以为当地创造更多的就业机会和财政收入，促进城市发展。总之，培仁历史文化街区既保留了城市历史文化，又创新了旅游经济模式，实现了历史、文化、旅游和经济的有机融合，彰显了城市文化的多元性和包容性。

　　从文化利用状况来看，培仁历史文化街区结合了文化保护和旅游业发展，创造出了一种全新的游客体验方式——沉浸式文化传承微旅游。沉浸式文化传承微旅游是指通过与文化遗产相关的旅游活动，让游客深度感受并获取文化价值的一种旅游方式。在培仁历史文化街区中，通过开设培仁教育记忆馆和金达记忆馆等文化场馆，为游客提供了更加深入和全面了解唐山城市历史文化的机会。这些场馆不仅展示丰富的历史记录和文物，而且还开设有文化体验、文化讲座等活动，让游客可以亲身感受到唐山城市的历史和文化。在考虑传承文化的同时，培仁历史文化街区也更加注重游客的文化体验。除了传统的文化旅游方式，培仁历史文化街区还引入了一些新型文创体验，如手作DIY、文创产品体验、老建筑导览等，让游客可以在欣赏历史建筑的同时，更加细致地了解历史文化知识。培仁历史文化街的工作人员表示：这条街区是基于百年前培仁女校老校园建设起来的，这座培仁女中经历了教会办学、私立学校、国家办学等多种不同的办学模式，直到今日，成为唐山市教育发展史上极为重要的一页，这所学校见证了唐山教育发展的各个时期，对唐山的教育事业也产生了深远而广泛的影响。另外一个刚游玩过的游客表示：通过文化活动的亲身体验，我更加深刻地理解了唐山历史文化的内涵，也感受了唐山作文文化旅游名城的双重魅力。可以看到，利用文化传承和旅游业发展的方式，培仁历史文化街区创造了一种全新的文化旅游体验方式，让游客通过沉浸式的游览，在更加深入地了解唐山城市历史文化的同时，也让整个历史文化街区更加活跃和生动。这种文化旅游方式不仅可以激发人们对历史文化的认知热情，而且还有助于促进文化和旅游产业的融合发展。

　　因此，培仁历史文化街区这种沉浸式文化传承微旅游的模式，既有利于保护城市历史文化，又可以促进旅游业的发展。唐山文旅集团通过创新经营理念，将文旅作为历史和现实有机融合的黏合剂，聚焦打造培仁历史文化街"文化＋"商业平台，以市场化理念推动文化传承与业态发展互融共通，不仅实现城市文化保护与旅游业发展的双赢，还为唐山城市形象的塑造和建设作出了积极的贡献。

其次，土地基础的有效利用。

作为一条富有历史文化内涵的城市生活街区，培仁历史文化街以培仁教育记忆馆为核心，借助百年前培仁女校老校园的空间，将中西文化深度融合，打造出一条集仿古建筑、文化怀旧与时尚业态于一体的城市历史文化街区，以重塑历史记忆、更新文化内涵、追求新亮点为目标。街区中蕴含着深厚的历史文化底蕴，而新兴的业态和文创产品也为其注入了时尚和活力，让游客在愉悦的氛围中感受唐山历史与现代艺术之美。培仁历史文化街区将历史传承和城市活力相结合，打造出一个全新的城市文化旅游地标。

对于培仁历史文化街区的土地类型来说，城市建设用地是其中占主导地位的，既包括住宅用地，也包括商业文化用地。这种土地利用方式为培仁历史文化街区的建设提供了必要的空间支撑。具体来说，城市建设用地包括前期建设所需的地产，如建筑的配套设施、给排水系统、电力系统等，建成后则是对城市生命力的保障，为人们提供生活空间、工作场所、商业消费等多重功能。而在城市建设用地中，住宅用地是人们生活的基础。街区的一位旅游从业人员表示：培仁历史文化街区是一个历史悠久的地方，它保存了很多珍贵的历史文化遗产和传统建筑。但是，在发展城市建设用地的同时，我们也需要保护和传承这些文化遗产。比如，在商业文化用地的利用上，我们要将传统文化和现代时尚文化融合起来，让游客们可以在感受历史文化的同时，也享受到现代的购物和娱乐体验。他表示城市建设用地的合理规划和利用对于文化旅游区的发展至关重要。培仁历史文化街区在商业文化用地的利用上，将历史文化遗产与现代时尚文化融合，形成了一种全新的文化旅游体验方式，给城市带来了新的旅游消费热点，为城市发展带来了活力。同时，在城市建设用地中，还需要保护历史文化遗产，通过合理规划和保护，使培仁历史文化街区成为可持续发展的文化旅游区。路北区的居民墨阿姨表示：随着城市建设用地的增加，我们的生活环境和居住条件也得到了极大的改善。比如，我们现在有了更多的公园和绿地、更加便捷的交通出行方式，生活变得更加便利和舒适了。总的来说，城市建设用地的适当利用和合理规划，对于培仁历史文化街区的建设和城市的发展起到关键性作用。其以科学、可持续的方式利用历史文化遗产，既保护这些宝贵的遗产，又促进城市经济的发展和人民生活水平的提高。同时，这种利用方式也为城市增添丰富的人文元素，增强城市的软实力，使唐山成为一个独具魅力和活力的城市。

同时，培仁历史文化街区以文化旅游为主导的土地利用方式，将历史文化遗产与现代时尚文化融合，通过创新性的开发和利用方式，形成一种全新的文化旅游体验方式，吸引越来越多的游客前来参观和消费。一位本地游客王先生表示：来到这里可以感受到浓厚的历史氛围，同时也能够欣赏到现代文化的融合，这种改造方式真的很棒。同时，一位第一次来唐山游玩的来自北京的张先生表示：以前我对唐山的印象只有工业历史，然而现在我才发现唐山不仅是一座工业城市，更是一个人文荟萃、教育昌盛的城市。这种利用方式有其优点，一是保护历史文化遗产。文化旅游以历史文化遗产为主要资源，培仁历史文化街区作为具有重要历史意义的街区，其土地利用方式的主导因素也是历史文化遗产。沉浸式文化传承微旅游在最大程度上保护历史文化遗产的同时，以创新性的方式对文化价值进行提炼和展示，形成兼具教育意义和娱乐性质的文化旅游产业。二是推动城市经济发展。文化旅游业作为城市经济的重要组成部分，不仅带来显著的经济效益，还产生广泛的社会效益。培仁历史文化街区依托历史文化遗产，通过与现代时尚文化的融合，形成独特且有特色的文化产业体系，吸引大量的游客前来消费，增加城市的旅游收入并创造就业机会，也推动城市经济的发展。三是促进区域发展。除了对城市经济的发展作出积极的贡献，文化旅游产业对于区域的发展也有重要的作用。培仁历史文化街区的土地利用方式为周边商业、餐饮、住宿等产业的发展提供支撑，同时也推动周边社区的规划和建设，为整个区域的发展作出贡献。其中，唐山的本地居民王先生表示：我去过几次，觉得这个地方的建筑很有历史感，文化氛围非常浓厚，可以感受到历史留下的痕迹。而且里面的商家也都很特别，有一些非常有年代感的店铺，让人觉得时光倒流了。街区的旅游从业人员也表示：街区里的文创店紧抓机遇，不断挖掘文化创意产品的年代感和氛围感，以提高游客的体验感受。此举让"逛文创"成为游客游览景区、感受历史和艺术氛围必不可少的一项内容。因此，培仁历史文化街区以文化旅游为主导的土地利用方式，不仅保护了历史文化遗产，而且对城市经济的发展和区域发展作出了积极的贡献。

此外，培仁历史文化街区在选址方面，既考虑了历史文化遗产的保护，也考虑了商业、餐饮等业态的发展，选址上具有很大的策略性。培仁历史文化街区位于城市的核心地带，周边道路交通方便，交通网络发达，公共交通设施完善，游客和商家都可以很方便地到达目的地。同时，街区中的历史建筑也成为游客观光的热门景点，为街区带来更多的商机。路北区的墨阿姨表示：我们住在附近，经常会带孙子过来散步，这边会卖很多小玩意儿，小朋友特别喜欢，也特别喜欢去体验，现场氛围也很热闹活跃。同时，其位置也具有优势，一个来自秦皇岛市的游客李先生表示：文化街周边多为成熟的老城区，也有很多条公交路线可以到达，停车场位置也很充足，我们就是自驾游过来的，就在隔壁市，一个导航定位就到了，很方便。另外，街区以商业、文化旅游产业作为主导，形成功能多元、产业多样的区域经济发展模式，充分发挥历史文化产业与商业、餐饮等产业互相辅助、互相促进的优势，进而推动整个区域的文化旅游和社会经济的全面发展。

总之，在沉浸式文化传承微旅游与城市文化保护面域—重置型协同模式的研究下，培仁历史文化街区通过合理的土地基础利用和开发，成功打造一条建筑仿古、文化怀旧、业态时尚的城市历史文化生活街区，具有促进城市发展和历史文化遗产保护的积极作用。

再次，基础设施的完善。

培仁历史文化街区与"四馆一街"文化产业集群相连，为游客提供一个承载唐山城市记忆的历史文化游览区。在唐山大地震中幸存下来的培仁女中成为唐山市内保存完整的古旧多层建筑之一，作为历史文物的保护单位，培仁历史文化街区中的历史建筑成为游客观光的热门景点。同时，为了更好地让游客体验到当地的文化底蕴，培仁历史文化街区还配套城市书房、酒店等设施，为游客提供更加便利舒适的服务。例如其中的酒店，在经营理念上，将差异化理念融入经营的每一个细节中，采用经典复古的装饰风格，以及无微不至的管家式服务，使游客在唐山能够感受到绝佳的品质体验。同时，城市书房也设置了借阅设施等，旨在为游客提供更加便利的阅读服务，并且收藏了不少有关唐山历史文化的书籍，可以让游客在旅行中了解唐山的历史文化。

基于沉浸式文化传承微旅游与城市文化保护面域—重置型协同模式的研究，培仁历史文化街区还通过应用科技、完善基础设施等手段促进基础设施的重置型完善，以更好地保护历史文物，同时为游客提供更加舒适便利的服务。在现代社会，科技应用已经成为各个行业和领域必不可少的一个方面。在旅游行业中，各种科技应用也越来越受到重视，并成为推进沉浸式文化传承微旅游发展的有力工具之一。在培仁历史文化街区，科技应用被广泛采用，包括在城市书房中提供电子书借阅机和自助借还机等服务，可以方便游客随时随地获取自己想要的阅读资料。在基础设施完善程度方面，街区对历史建筑进行维修和保养，保证游客的安全和游览体验。同时，在酒店中还有各种生活用品，方便游客的生活需求。这些设施的投入不仅可以保证游客的游览和生活需求，也提高游客的旅游体验。对此，入住酒店的小蔡表示：我们选择这家酒店有一个原因就是他们的服务，而且酒店位于历史文化街区中，酒店大堂置物架上摆放了二十多样生活用品：降噪耳塞、筋膜枪、电熨斗、卸妆湿巾等。我们可以免费使用，拎包就可以入住，我们很感动酒店贴心的服务，这让我更加喜欢这家酒店和唐山这座城市。为了吸引更多外地游客，培仁历史文化街区不仅注重吸引游客的到来，还注重让游客留下来，不断完善基础设施。

因此，培仁历史文化街区的文化产业发展集中体现在旅游、商贸、休闲和文化创意等领域，通过不断地优化设施和服务，提高游客的旅游体验和留存率，进一步提高沉浸式文化传承微旅游与城市文化保护面域—重置型的协同发展。

最后，客源市场的可持续发展。

培仁历史文化街集文化创意、休闲娱乐、餐饮酒店、时尚购物等新兴业态于一身，已被列入国家文化和旅游部公布的首批国家级旅游休闲街区名单。从点到区，培仁历史文化街承载着唐山城的记忆，通过文化赋能旅游，为游客打开解唐山的另一种方式。

在市场规模方面，培仁历史文化街区以其独特的文化底蕴和创新的旅游体验，成功地吸引大量游客，建立了稳定的客源市场。培仁历史文化街区位于唐山市内，是一个承载着丰富历史文化底蕴的街区。该区域保留许多历史建筑和文化遗产，其中大部分是百年文物建筑。这些建筑物充分展现民国时期唐山的建筑风格和城市文化，吸引众多游客前来探访和了解。此外，培仁历史文化街区还融入中西方文化元素，打造出一种独特的文化氛围，更使得游客对该区域产生了浓厚的兴趣和好奇心。除了传统的历史文化观光之外，培仁历史文化街区还结合了现代化的旅游体验模式，推出了多个创新的旅游体验项目，如探秘游戏、文化知识体验区、明星主力餐饮区、网红娱乐美食区等。这些项目吸引了更多的游客前来，特别是年轻游客，他们对于标新立异的旅游体验更感兴趣。游客小蔡表示：来了这么多天，经常可以看到穿着民国服装的女生。基于上述两个方面的成功经验，培仁历史文化街区已经建立了稳定的客源市场。该区域不仅吸引了网红、年轻人，也受到了中老年游客的欢迎。路北区的周小姐表示：我经常会来这里，每次来到这里，我都会找一处舒适的角落，静静地欣赏周围的街景，获得一份不一样的心境。她认为，培仁历史文化街区是一个可以让人放松、感受文化氛围的好地方。这里的历史和文化底蕴让人不由自主地沉浸在其中，忘却了身处当下的繁杂。此外，培仁历史文化街区也不断推出新的旅游项目，进一步吸引游客，拓宽客源市场并提高旅游收入。自 2021 年开街运营以来，培仁历史文化街以"挖掘历史文化，再现历史风貌"为主题，先后引进 32 家特色品牌，夜间营业商户占街区商户比例达到 90%。截至 2022 年底，培仁历史文化街已累计接待游客超过 50 万人次，品牌影响力和知名度不断提升。

同时，在市场构成方面，培仁历史文化街区拥有六大功能区，包括文化知识体验区、明星主力餐饮区、网红娱乐美食区、休闲游乐打卡区、乐享生活文创区、直播带货体验区。这些功能区针对不同的需求，吸引了不同兴趣爱好、年龄层次和消费能力的游客。比如，文化知识体验区吸引对历史文化感兴趣的游客；网红娱乐美食区吸引爱美食、喜欢拍照的年轻游客；乐享生活文创区吸引喜欢文创产品的游客；直播带货体验区吸引想要体验新型消费模式的游客。此外，培仁历史文化街区的主要客源是青年游客，他们在旅游过程中更加注重体验感和创新性。他们更倾向于寻找新颖特别的旅游体验，如潮流、文化趣味和探险游戏等，可以得到满足。同时，街区也在不断推陈出新，适应青年人的需求和喜好。这也是街区市场构成中比较突出的地方。街头乐队小哥表示：培仁历史文化街区的夜生活非常活跃。随着日落，音乐就会在街头响起，吸引了很多游客前来欣赏。我们准备了民谣、摇滚、流行等不同类型的音乐，供游客选择。而且演出结束后，我们几个经常会到隔壁摊位上吃夜宵，悠闲又自在。另外，来自海口的吴小姐也表示：我们也很喜欢这边夜晚的氛围，热烈又愉快，很无忧无虑，而且我们不仅可以观看音乐表演，这里还有街头艺人、夜市等。除了青年游客外，中老年游客对于历史文化、传统艺术、文人雅士等方面的体验需求也有相应的市场空间。培仁历史文化街区凭借其历史底蕴与丰富文化元素，为中老年游客提供一个无比丰富的文化娱乐场所，并且开展一系列针对性的旅游项目，受到这一人群的欢迎。总之，培仁历史文化街区的市场构成具有多样性，能够吸引不同年龄段、消费能力和兴趣爱好的多样化客源，并满足他们各自的需求，从而有效提升街区的旅游效益。

总体来看，培仁历史文化街区作为一个沉浸式文化传承微旅游与城市文化保护面域—重置型协同发展模式的典范，成功地实现市场规模和市场构成的双重可持续发展，为唐山市、整个河北省乃至全国的文化旅游发展提供了重要的参考和借鉴。

第三，唐山培仁历史文化街区——沉浸式文化传承微旅游对城市文化保护面域—重置型建设的作用。

为了更深入地分析唐山市培仁历史文化街区建设中文化传承与城市更新的协同模式，通过对各要素间的综合考量，将当地居民、旅游开发商、政府与游客置于案例分析关键所在，提炼出城市产业结构、旅游吸引及游客认知评价三个关键因素，并通过对这三个方面进行系统化、有条理的分析，搭建出培仁历史文化街区城市产业结构的作用模型、旅游吸引的作用模型、游客认知评价的作用模型，为研究城市产业结构、旅游吸引和游客认知评价在沉浸式文化传承微旅游与城市更新发展之间的作用奠定基础。

首先，沉浸式文化传承微旅游的城市产业结构分析。

培仁历史文化街区的城市产业结构集中反映培仁历史文化街区各产业部门之间以及各产业部门内部的构成情况，培仁历史文化街区的空间规模、游客需求、经济效益及可持续发展情况均对产业结构的变动产生直接的或间接的影响。结合培仁历史文化街区产业结构调整过程，将空间规模、游客需求与经济效益三个方面作为重点，较为合理地模拟出培仁历史文化街区中城市产业结构的作用模型（见图6-9）。

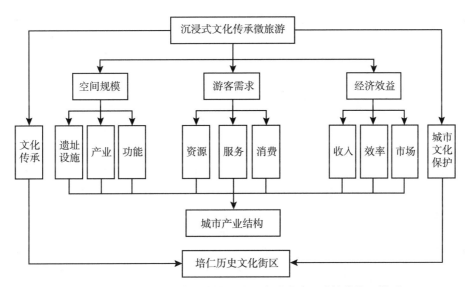

图6-9　唐山培仁历史文化街区建设中城市产业结构的作用模型

由图6-9可知，培仁历史文化街区的城市产业结构既是发展文化传承的根本因素，也是影响城市更新的关键要素，重心在于空间规模、游客需求与经济效益三个方面。

在空间规模方面，培仁历史文化街区作为一个沉浸式文化传承微旅游景区，通过注重空间规划和产业规模，对城市产业结构的空间规模产生积极的影响。街区通过引入文化展览、特色主题餐饮、才艺培训、名人工作室、商业娱乐、文创店铺、创新文化客栈、网红商业等时下潮流业态，成功地形成一个集文化、旅游、商业、娱乐等多种功能于一体的复合型街区。这种产业结构的空间规模优化，为街区注入新的活力，提高街区的吸引力和影响力，吸引更多的游客前来游览和消费，从而带动了周边产业的发展。访谈中，一位酒店前台表示：我们酒店离培仁历史文化街区很近，有很多客人来这里游览后都会入住我们酒店，他们也经常会跟我们分享体验，他们觉得街区不仅保留了历史文化元素，还将现代商业、娱乐等元素与之结合，使得整个景区具有了更丰富的内涵和体验。同时，这里还有很多有特色的店铺和餐饮，让游客可以一边游览文化景点，一边品尝美食、购物，非常具有吸引力。另外，这个景区除了文化氛围和特色店铺外，还有可以进行文化体验的环节，例如参加文创工坊和文化展览。此外，还有许多网红商业和创新文化客栈，游客可以在这里以不同的方式感受到这个景区所传递的文化信息。同时，通过注重文化传承和保护，培仁历史文化街区也在城市文化保护面域—重置型建设方面发挥积极的作用。街区通过保留历史文化建筑和景观，加强文化遗产的保护和传承，不仅保留历史文化的价值和魅力，还创新性地与现代商业、娱乐等元素相结合，为游客提供更加丰富、多元的文化体验。一位来自上海的游客表示：我在这里看到了很多有特色的商铺和餐饮，还有一些非常有意思的文创工坊和展览。整个景区给我的感觉就是非常丰富多彩，让人无论是在学习、游览还是购物、休闲等方面都可以得到满足。唐山文旅集团对文化保护的重视不仅有助于推动城市文化保护的发展，还促进了城市文化面貌的更新和完善。因此，培仁历史文化街区这一沉浸式文化传承微旅游景区，通过空间规划和产业结构的优化，为城市产业结构的空间规模和城市文化保护面域—重置型建设方面带来了积极的影响。

在游客需求方面，培仁历史文化街区的遗址资源、服务产品、消费项目均影响游客需求。培仁历史文化街区作为一个沉浸式文化传承微旅游项目，注重游客体验和需求的满足。游客对于文化、历史、艺术等方面的需求正在不断增加，这为培仁历史文化街区提供良好的机会。科技的高速发展使得游客需求产生极大的变化，对于旅游服务与消费产品逐渐产生多元化的趋势。游客兰小姐表示：我觉得在旅游中，满足文化、历史、艺术等方面的需求是最重要的。我希望能够去一些有独特文化底蕴的地方，感受当地的历史和文化。同时，我也喜欢欣赏一些艺术作品和表演，如博物馆、音乐会、话剧等。所以我觉得培仁历史文化街区的微旅游项目非常符合我的需求。培仁历史文化街区招商引入多元化店铺，积极打造街区氛围感，打造文创产品，通过不断提升自身的文化吸引力满足游客需求。通过引入多元化店铺和文创产品，培仁历史文化街区在满足游客需求方面作出了许多努力。这些店铺和产品不仅能够满足游客的日常消费需求，而且更重要的是能够为游客提供一种独特的文化体验。游客兰小姐还表示：这里有很多独特的店铺和文创产品，既有一些传统的手工艺品和美食，也有一些现代的艺术品和家居用品。购物的同时还可以欣赏到当地的文化和历史氛围，感受到街区的独特魅力。这里的产品也非常有特色，不是一些大众化的商品，让人感觉购物也成了一种文化体验。比如唐窝窝文创店就有很多具有唐山本土特色的文创产品。同时，培仁历史文化街区还通过不断打造街区氛围感，积极营造文化艺术氛围，吸引更多游客前来感受这里的文化氛围。在这个过程中，培仁历史文化街区也在积极响应游客的需求，不断提高服务质量和文化吸引力，以满足游客更加多样化、个性化的需求，从而吸引更多游客前来游览和消费。因此，可以说，培仁历史文化街区的成功在很大程度上是源于其对游客需求的深入了解和有效的满足，这也反过来促进城市文化保护面域的重置型建设。

在经济效益方面，培仁历史文化街区以中青年群体为主要面向对象，借助沉浸式文化传承微旅游模式，打造出全国首个"沉浸式历史文化网红主题街区"，并有机融合技术和文化要素，实现经济效益的提升。一位工作人员表示：我们在街区中引入了一些先进的技术和设备，以提升游客的文化体验和游览流程。比如说我们采用了 VR 等高科技手段，让游客可以沉浸式地体验历史文化；我们还引入了智能导览系统，让游客能够更快速、方便地了解景区信息和服务；此外，我们还强化了街区的文化创意产品开发和推广，打造了一些独特的文创产品，让游客在游览和购物中可以感受到文化的内涵和价值。培仁历史文化街区通过引入多元化的店铺和业态，以满足游客的多样化、个性化需求，并通过不断提升自身的文化吸引力和服务质量，吸引更多游客前来游览和消费。这些措施不仅实现经济效益的提升，而且也为唐山市的文旅产业带来新的发展机遇。培仁历史文化街区通过引进多样化的业态和品牌，创造新的消费需求，提升了旅游消费的规模和质量，推动城市经济的发展。街区营造多元化的活动氛围，打造多样化品牌活动，吸引更多的游客和参与者，同时也增加城市的知名度和美誉度。培仁历史文化街区的成功经验对于其他城市的文旅产业发展也具有启示意义，可以为其他城市提供借鉴和参考。一位外地游客表示：我觉得培仁历史文化街区的多元化业态和品牌吸引了很多游客，也创造了新的消费需求。比如说，街区中有很多小吃和特色美食，让我可以品尝到当地的美食文化。另外，街区中还有很多特色商品和手工艺品，这些都是我来到这里必须买的纪念品。总之，培仁历史文化街区的沉浸式文化传承微旅游模式，通过对游客需求的深入了解和有效满足，以及对经济效益的不断追求和提升，促进城市文化保护面域的重置型建设，为唐山市的文旅产业带来新的发展机遇和动力。

综上所述，从唐山培仁历史文化街区这一沉浸式文化传承微旅游与城市产业结构的实践过程可以看出，研究假设 HD2、HD6、HD7 可以从实践过程的角度得到验证，即沉浸式文化传承微旅游的发展对城市产业结构具有显著的正向作用，进一步对旅游吸引、城市文化保护面域—重置型建设产生正向作用。

其次，沉浸式文化传承微旅游的旅游吸引分析。

培仁历史文化街区以区域历史文化遗存为基础，打造特色街区发展城市经济，融合文化体验，打造精品、优质且有特色的项目，实现历史文化街区的高质量发展，形成集文化培训、餐饮酒店、特色文创等业态为一体的历史文化街区。培仁历史文化街区通过定位街区和业态策划打造旅游吸引，原有的培仁女中旧址楼与新修建的仿古建筑形成具有人文建筑风格集群，体现了民国风情。通过结合培仁历史文化街区的旅游吸引的打造情况，本章搭建出培仁历史文化街区的旅游吸引作用模型，见图 6 – 10。

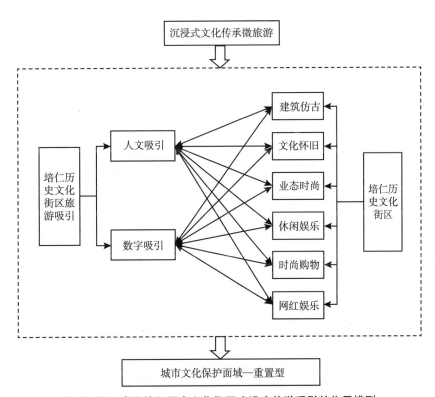

图 6 – 10　唐山培仁历史文化街区建设中旅游吸引的作用模型

图 6 – 10 显示了培仁历史文化街区的旅游吸引作用模型，培仁历史文化街区是文化传承、微旅游、沉浸式体验的旅游项目打造，包括人文与数字化的吸引力提升，两者共同构建培仁历史文化街区的旅游吸引。其中，培仁历史文化街区充分结合这两种吸引力，既保护传统文化和历史遗产，又运用先进的数字技术和文化创意元素，打造一种独具特色的沉浸式文化传承微旅游模式，从而对城市产业结构的经济效益产生积极的影响。

在人文吸引方面，培仁历史文化街区通过多种方式，如建筑仿古、文化怀旧、业态时尚、休闲娱乐、时尚购物、网红娱乐活动等，创造出浓郁的历史文化氛围，让游客在体验中深入了解民国历史文化和知识。同时，结合现代科技手段，推出文化探秘游戏等项目，增加游客的参与度和趣味性，在提升游客体验感受的同时，更吸引更多游客前来参观和游玩。在访谈中，海口游客吴小姐表示：我参加过文化探秘游戏，感觉很有趣。这个游戏是一种结合了历史文化、科技和互动的项目。通过手机扫描二维码，就可以参与到游戏中，在游戏中寻找历史文化的线索，解密历史文化之谜，我感受到了历史文化和现代科技的完美结合。这样的项目不仅提升了游客参与度和趣味性，同时也让我们更全面、深入地了解当地的历史文化。以上措施让培仁历史文化街区在人文吸引方面不断创新，为游客带来更加全面、深入、趣味的体验和记忆。

在数字吸引方面，培仁历史文化街区也做得非常出色，充分利用互联网和数字媒体等新兴科技手段。街区推出一系列高科技活动和新地标探街打卡直播等活动，吸引更多年轻人关注和参与，使游客更深入、全面地了解当地的历史和文化。此外，街区还引进一些"网红"企业，这些"网红"企业具有自带流量的网红特性，吸引更多年轻人前来游玩和消费。游客兰小姐表示：通过推出高科技活动和新地标探街打卡直播等活动，为游客提供了新颖、互动的参与方式，更有趣味性，更符合我们年轻人的口味和需求。这些创新措施使年轻人对培仁历史文化街区的历史和文化更感兴趣，同时也为当地文旅产业注入新的动力和活力。

在城市文化保护面域的重置型发展方面，培仁历史文化街区通过重视历史文化保护和传承，将历史文化与现代元素有机结合，提高城市文化保护面域的价值和影响力。同时，培仁历史文化街区在业态时尚、文化怀旧等方面不断创新和提升，使其成为一个有活力、有吸引力的旅游目的地，为城市文化保护面域的重置型发展提供有力支持。一位在街区小店工作两年的小哥表示：我觉得培仁历史文化街区最值得推荐的地方就是它历史文化和现代元素相结合的特色。这里保存了很多历史文化遗产，比如某些建筑物、风味小吃，甚至是一些古旧的器物和家具，同时，传统小吃、手工艺店、咖啡店什么的应有尽有，而且还各有各的特色。综上所述，培仁历史文化街区的沉浸式文化传承微旅游模式，不仅对旅游吸引的人文吸引和数字吸引产生积极的影响，也促进城市文化保护面域的重置型发展，是一种有益的文旅融合发展模式。

综上所述，从唐山培仁历史文化街区这一沉浸式文化传承微旅游与旅游吸引的实践过程可以看出，研究假设 HD8 可以从实践过程的角度得到验证，即旅游吸引对城市文化保护面域—重置型建设具有显著的正向作用。

最后，沉浸式文化传承微旅游的游客认知评价分析。

培仁历史文化街区的建设与运营为唐山的文化旅游发展添加新元素，以原有的培仁女中旧址为基础，增加文化创意、休闲娱乐、餐饮酒店、时尚购物等优质文化街区，提升游客的满意度，通过改善旅游环境推动城市历史文化传承，进一步激活城市消费力。游客认知评价是影响唐山培仁历史文化街区的重要因素，关系到培仁文化历史街区的经济效益和休闲街区打造。本章结合培仁历史文化街区发展的实际情况，搭建出培仁历史文化街区发展中游客认知评价的作用模型，见图 6-11。

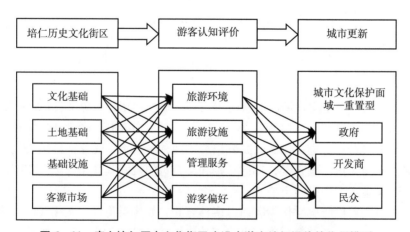

图 6-11　唐山培仁历史文化街区建设中游客认知评价的作用模型

由图 6-11 可知，游客认知评价既是培仁历史文化街区可持续发展的重要因素，也是城市更新中关键的环节。从沉浸式文化传承微旅游的文化基础、土地基础、基础设施和客源市场四个方面出发，对影响游客认知评价中的旅游环境、旅游设施、管理服务和游客偏好进行作用，进而涉及唐山市文化保护面域—重置型建设过程。

一方面，沉浸式文化传承微旅游的文化基础、土地基础、基础设施和客源市场对游客认知评价判断有间接或直接的影响。一是培仁历史文化街区具有丰富的历史文化底蕴和独特的城市风貌，为游客提供一个具有浓郁历史文化氛围的旅游环境。这种环境能够激发游客的兴趣和好奇心，提高游客的文化认知水平，从而使游客对这里的文化和历史更加了解和喜爱。访谈中，一位街区陶瓷店小哥表示：我记得有一次，一个游客对一件古老的陶瓷器非常感兴趣，他询问了相关的历史和制作技艺，还问我有没有其他类似的陶瓷作品。我向他介绍了这里的古董店和手工艺品店，让他能够深入了解这种古陶瓷的历史文化和制作方法。他非常满意，后来还买了一件类似的陶瓷器作为纪念。二是培仁历史文化街区通过完善的旅游设施和管理服务，为游客提供更加便利和舒适的旅游体验。例如，居委会、幼儿园、老年活动室、便利店、社区医务室等便民服务设施，能够满足游客在旅途中的各种需求，提高游客的满意度和忠诚度。来自北京的游客李先生表示：我觉得在这里的旅游体验非常好，因为这里的旅游设施和管理服务非常完善。例如我需要去厕所、便利店等场所的时候，都能够很方便地找到，而且里面的环境也很整洁和安全。同时，培仁历史文化街区的旅游管理机构也开展多种旅游活动，如文化展览、传统手工艺品展示、文化体验活动等，为游客提供更加多元化的旅游选择。一位住在培仁历史文化街区内的阿姨表示：我从来没有想过，家门口竟然成为如此受欢迎的旅游景点，我还可以带我孙子在这里深入了解我们祖先留下的宝贵历史文化，周末的时候又能带他散步、吃好吃的。三是培仁历史文化街区通过打造出门即可旅游的微旅游模式，既提升周边居民的生活品质，也吸引更多游客前来参观。这种模式符合现代人的生活方式和旅游偏好，能够吸引更多游客参与到文化传承的过程中来。一位街区的旅游从业小哥表示：自从开街以来，这里给我们这些本地人跟外地人提供了很多就业机会，不仅工资不错，福利也是蛮好的，每天在这里工作很快乐。因此，可以说培仁历史文化街区通过其优质的旅游环境、完善的旅游设施和管理服务，以及符合游客偏好的微旅游模式，对游客认知评价的旅游环境、旅游设施、管理服务、游客偏好都产生积极的影响。这些积极的影响不仅提高了游客的满意度和忠诚度，还增加了培仁历史文化街区的知名度和美誉度，进而促进该地区的经济和社会发展。

另一方面，旅游环境、旅游设施、管理服务与游客偏好对城市文化保护面域—重置型城市更新模式有间接或直接的影响。一是培仁历史文化街区所提供的旅游环境和旅游设施吸引更多的游客前来，提升城市的旅游形象，增加游客对城市的认知度和好感度，有助于增强居民和游客对城市历史文化的保护意识，为城市文化保护面域—重置型城市更新模式提供了动力和支持。二是通过提供高质量的管理服务，如旅游咨询、安全保障、文化解说等服务，可以提高游客满意度，增加游客的忠诚度和回游率，进而提升城市经济效益。在访谈中，唐山的王先生表示：感谢唐山市以及街区所有人员所提供的高质量管理服务，正是因为有这些高质量的服务，才使越来越多的游客会来这里好几次，这也给这里带来更多的旅游收入和经济效益，支持唐山的经济发展和城市更新的实施。此效应有助于吸引更多的投资和资源流入城市，支持城市文化保护面域—重置型城市更新模式的实施。三是通过满足游客的偏好和需求，培仁历史文化街区可以吸引更多的游客前来参观和消费，增加城市的知名度和吸引力，从而推动城市文化保护面域—重置型城市更新模式的实现。例如，培仁历史文化街区的打造与升级满足着周边居民日常生活与休闲娱乐需求，成为唐山经典的历史文化休闲生活街区，同时也是具有历史文化记忆的都市生活步行街。街区成为周边的居民提供微旅游、周末游、短期游的好去处，对于城市文化传承、城市品位提升与城市经济效益提升均产生重要作用。秦皇岛的刘先生表示：在培仁历史文化街区，我老婆可以穿上古装进行拍照留念，我也可以带我小孩参加传统手工艺品的制作，在这个过程中深入了解中国传统文化。这种互动式的体验让我们更加融入其中，同样也让这里更加生动有趣，而且还有文艺演出可以看，气氛很热闹，我们都觉得以后周末还能再来。综上所述，培仁历史文化街区对游客认知评价的旅游环境、旅游设施、管理服务和游客偏好的影响，不仅有利于旅游业的发展和城市形象的提升，也有助于城市文化保护面域—重置型城市更新模式的发展。通过打造具有独特魅力的旅游环境、提供充足的旅游设施、优化管理服务和了解游客偏好等方式，可以吸引更多游客前来参观，并促进周边居民的生活品质提升，从而推动城市文化的传承和保护。此外，这也可以为城市文化保护面域—重置型城市更新模式提供更具有针对性的发展方向和策略，推动城市更新与保护的良性循环。

综上所述，从唐山培仁历史文化街区这一沉浸式文化传承微旅游与游客认知评价的实践过程可以看出，研究假设 HD1、HD4、HD5 可以从实践过程的角度得到验证，即沉浸式文化传承微旅游的发展对游客认知评价具有显著的正向作用，进一步对旅游吸引、城市文化保护面域—重置型建设产生正向作用。

总之，通过唐山培仁历史文化街区这一沉浸式文化传承微旅游与城市文化保护面域—重置型协同模式的实践过程的分析，本书所提出的研究假设基本能够得到验证，从定性分析的角度初步验证沉浸式文化传承微旅游、城市产业结构、旅游吸引、游客认知评价、城市文化保护面域—原置型之间的关系。但是，上述各变量之间作用强度的大小、受影响的差异程度等关于沉浸式文化传承微旅游与城市文化保护面域—重置型协同模式具体作用机制的问题难以定量衡量。为此，本书需要进一步通过问卷调查，运用结构方程模型，从量化分析的角度检验沉浸式文化传承微旅游与城市文化保护面域—重置型协同模式的具体作用机制。

关于案例验证分析：

本书以唐山市培仁历史文化街区为案例，为了获得原始资料来确保资料来源的有效性和准确性，研究团队进行实地调研，对培仁历史文化街区产生深刻影响起到了至关重要的作用。首先解释以唐山培仁历史文化街区为案例目的地的选用依据，本节对案例目的地进行描述，对培仁历史文化街区的建设和运营进行描述，将其分为三个阶段，通过对这三个阶段进行深度分析，识别出培仁历史文化街区打造策略及运营方案。其中，依据上文搭建的沉浸式文化传承微旅游与城市文化保护面域—重置型协同模式的结构方程实证结果，在案例探讨和建设中，将城市产业结构、旅游吸引和游客认知评价三个方面置于关键位置，搭建出培仁历史文化街区的城市产业结构作用模型、旅游吸引作用模型、游客认知评价的作用模型。

运用案例研究方法进行单案例研究，选取新时代下唐山市培仁历史文化街区为案例，对沉浸式文化传承微旅游与城市文化保护面域—重置型建设协同模式进行验证。结合上文搭建的沉浸式文化传承微旅游与城市文化保护面域—重置型协同模式的分析框架、研究假设和结构方程实证分析等相关内容，基于唐山市培仁历史文化街区的发展现状，重点掌握城市产业结构、旅游吸引、游客认知评价以及其在城市更新建设中的作用，用单案例验证沉浸式文化传承微旅游与城市文化保护面域—重置型建设的协同过程中的影响因素，进一步验证沉浸式文化传承微旅游与城市文化保护面域—重置型协同模式。

6.2.4　问卷数据分析

第一，样本数据的描述性统计及信度效度检验。

本书通过问卷调查获得第一手的数据资料，共发布了 320 份问卷。在回收过程中，收回了 288 份问卷，回收率为 90%，然而，由于部分游客和居民在填写问卷时态度不认真，以及部分受访者只回答了部分的题项，回收的问卷中存在一些无效问卷。经过统计分析，在回收的数量中，有效问卷数量为 247 份，有效率为 85.8%。总体而言，有效问卷的数量符合结构方程所要求的样本数量，可以继续进行下一步实证分析。在进行实证分析前，仅仅通过科学、合理、可操作的设计调查问卷量表来获得更为准确、科学的研究结论是不足够的。还需要对获得的数据进行信度分析和效度分析，以确保数据的可靠性和有效性。运用 SPSS 22 软件对调研数据进行分析，研究数据基本符合正态分布，抽样代表性较好。样本的人口统计学特征如表 6 - 9 所示。

表6-9 样本人口特征的描述性统计

基本特征	样本分组	频数	百分比（%）	基本特征	样本分组	频数	百分比（%）
性别	女	128	51.82	受教育程度	初中及以下	69	27.94
	男	119	48.18		高中或中专	67	27.13
居住所在地	本地居民	153	61.94		大专	46	18.62
	外地游客	94	38.06		本科	54	21.86
年龄	14岁及以下	12	4.86		硕士及以上	11	4.45
	15~24岁	83	33.60	职业	工人	29	11.74
	25~44岁	95	38.46		职员	29	11.74
	45~60岁	43	17.41		教育工作者	19	7.69
	61岁及以上	14	5.67		农民	13	5.26
居住时间	1年以下	89	36.03		自由职业者	36	14.57
	2~5年	31	12.55		管理人员	9	3.64
	6~10年	45	18.22		学生	42	17.00
	11年及以上	82	33.20		服务人员	27	10.93
家庭人均年收入	10000元及以下	19	7.69		技术人员	9	3.64
	10001~15000元	28	11.34		政府工作人员	4	1.62
	15001~30000元	38	15.38		退休人员	16	6.48
	30001~50000元	76	30.77		其他	14	5.67
	50001元及以上	86	34.82	家庭人口数	5人以上	56	22.67
					2~5人	132	53.44
					单身	49	19.84

本章进行描述性统计分析，重点在于分析沉浸式文化传承微旅游、游客认知评价、城市产业结构、旅游吸引和城市文化保护面域—重置型五个方面的内容。针对每个主要变量的观测指标，计算其均值和标准差，并进行解释，具体的统计结果如表6-10所示。

表6-10 描述性统计

主要变量	潜在变量	观测变量	均值	标准差	最大值	最小值
沉浸式文化传承微旅游（ICHM）	文化基础（ICHM1）	ICHM11	3.70	0.659	5	2
		ICHM12	3.73	0.699	5	2
	土地基础（ICHM2）	ICHM21	3.70	0.721	5	2
		ICHM22	3.60	0.783	5	2
		ICHM23	3.63	0.789	5	2
	基础设施（ICHM3）	ICHM31	3.59	0.769	5	2
		ICHM32	3.57	0.743	5	1
	客源市场（ICHM4）	ICHM41	3.66	0.767	5	1
		ICHM42	3.59	0.741	5	1

续表

主要变量	潜在变量	观测变量	均值	标准差	最大值	最小值
游客认知评价（TCE）	旅游环境（TCE1）	TCE11	3.21	0.693	5	2
		TCE12	3.26	0.700	5	2
		TCE13	3.15	0.666	5	1
	旅游设施（TCE2）	TCE21	3.31	0.651	5	1
		TCE22	3.21	0.745	5	1
	管理服务（TCE3）	TCE31	3.20	0.762	5	1
		TCE32	3.16	0.733	5	1
		TCE33	3.11	0.703	5	1
	游客偏好（TCE4）	TCE41	3.40	0.761	5	1
		TCE42	3.20	0.665	5	2
		TCE43	3.21	0.728	5	1
城市产业结构（UIS）	空间规模（UIS1）	UIS11	3.27	0.743	5	2
		UIS12	3.23	0.667	5	2
		UIS13	3.02	0.694	5	1
	游客需求（UIS2）	UIS21	3.30	0.714	5	1
		UIS22	3.09	0.714	5	1
		UIS23	3.14	0.701	5	1
	经济效益（UIS3）	UIS31	3.24	0.713	5	2
		UIS32	3.10	0.696	5	1
		UIS33	3.19	0.726	5	1
旅游吸引（TA）	人文吸引（TA1）	TA11	3.37	0.762	5	1
		TA12	3.39	0.807	5	1
	数字吸引（TA2）	TA21	3.43	0.738	5	1
		TA22	3.31	0.728	5	1
城市文化保护面域—重置型（UCAR）	政府监管机制（UCAR1）	UCAR11	3.63	0.730	5	1
		UCAR12	3.62	0.748	5	1
		UCAR13	3.60	0.773	5	1
	开发商协调机制（UCAR2）	UCAR21	3.62	0.742	5	1
		UCAR22	3.65	0.770	5	1
		UCAR23	3.71	0.727	5	1
	民众参与机制（UCAR3）	UCAR31	3.60	0.808	5	1
		UCAR32	3.66	0.747	5	1
		UCAR33	3.71	0.765	5	1

　　针对新时代下沉浸式文化传承微旅游与城市文化保护面域—重置型协同模式进行信度检验，并采用 Kilne 的信度检验标准进行评估。同时，利用 SPSS 22 对沉浸式文化传承微旅游与城市文化保护面域—重置型协同模式的量表数据进行信度检验。计算各个变量的 Cronbach's α 系数值（见表 6 - 11）。通过进行信度和效度检验，评估量表数据的可靠性和有效性，这些结果对于确保研究数据的质量和可信度非常重要，有助于进一步分析和解读研究结果。结果见表 6 - 11。

表 6 – 11　　　　　　　　　　　　信度和效度检验结果

变量	题项	α	因子载荷		KMO 值	累计方差解释率	Bartlett's 球形检验		
							X2	df	Sig.
沉浸式文化传承微旅游（ICHM）	2	0.899	ICHM11	0.781	0.963	76.583	2204.214	36	0.000
			ICHM12	0.742					
	3	0.892	ICHM21	0.814					
			ICHM22	0.740					
			ICHM23	0.750					
	2	0.849	ICHM31	0.700					
			ICHM32	0.782					
	2	0.815	ICHM41	0.709					
			ICHM42	0.706					
游客认知评价（TCE）	3	0.668	TCE11	0.455	0.942	47.988	1021.461	55	0.000
			TCE12	0.581					
			TCE13	0.567					
	2	0.734	TCE21	0.682					
			TCE22	0.689					
	3	0.699	TCE31	0.433					
			TCE32	0.548					
			TCE33	0.568					
	3	0.632	TCE41	0.441					
			TCE42	0.592					
			TCE43	0.651					
城市产业结构（UIS）	3	0.627	UIS11	0.541	0.898	43.935	599.191	36	0.000
			UIS12	0.418					
			UIS13	0.564					
	3	0.636	UIS21	0.552					
			UIS22	0.596					
			UIS23	0.607					
	3	0.657	UIS31	0.607					
			UIS32	0.623					
			UIS33	0.523					
旅游吸引（TA）	2	0.777	TA11	0.652	0.817	70.392	435.260	6	0.000
			TA12	0.691					
	2	0.771	TA21	0.698					
			TA22	0.752					

变量	题项	α	因子载荷		KMO 值	累计方差解释率	Bartlett's 球形检验		
							X2	df	Sig.
城市文化保护面域—重置型（UCAR）	3	0.852	UCAR11	0.693	0.950	67.830	1599.510	36	0.000
			UCAR12	0.660					
			UCAR13	0.742					
	3	0.861	UCAR21	0.754					
			UCAR22	0.756					
			UCAR23	0.725					
	3	0.845	UCAR31	0.724					
			UCAR32	0.719					
			UCAR33	0.662					

根据表 6 - 11 中的结果可以发现，Cronbach's α 系数值均大于 0.60，属于可接受的范围。这表明量表数据具有较好的信度，即各个指标在测量目标上具有较高的一致性。在进行效度检验时，各个指标的因子载荷大多在 0.50 以上，表明这些指标与其所属的因子之间存在较强的相关性。此外，KMO 值基本大于 0.80，说明量表数据适合进行因子分析。Bartlett's 球形检验显著性水平均为 0.000，这意味着各个指标之间存在显著的相关性，表明问卷量表及各组成部分的建构效度良好。

第二，样本数据的结构方程模型构建及调整。

根据沉浸式文化传承微旅游与城市文化保护面—重置型协同模式的理论模型，可以得知沉浸式文化传承微旅游、游客认知评价、城市产业结构、旅游吸引和城市文化保护面域—重置型是无法直接观测到的潜在变量。同时，针对这 5 个变量设定的二级指标也属于潜在变量。在该模型中，存在显变量和潜在变量，且每个变量中都有内生变量和外生变量的区分。根据变量的性质，可以将沉浸式文化传承微旅游与城市文化保护面域—重置型协同模式中的各项变量进行归类，其中，沉浸式文化传承微旅游是内生变量，城市产业结构、旅游吸引、游客认知评价是中间变量，城市文化保护面域—重置型是外生变量。基于此，本章搭建出新时代下的沉浸式文化传承微旅游与城市文化保护面域—重置型协同模式的初始结构方程模型（见图 6 - 12）。

图 6 - 12 为沉浸式文化传承微旅游与城市文化保护面域—重置型协同模式的初始结构方程模型，从中可以看出，沉浸式文化传承微旅游与城市文化保护面域—重置型协同模式的初始结构方程中外生显变量共有 9 项：ICHM11 ~ 12、ICHM21 ~ 23、ICHM31 ~ 32、ICHM41 ~ 42。内生显变量共有 33 项：TCE11 ~ 13、TCE21 ~ 22、TCE31 ~ 33、TCE41 ~ 43、UIS11 ~ 13、UIS21 ~ 23、UIS31 ~ 33、TA11 ~ 12、TA21 ~ 22、UCAR11 ~ 13、UCAR21 ~ 23、UCAR31 ~ 33。外生潜变量 4 项：ICHM1 ~ 4。内生潜变量 12 项：TCE1 ~ 4、UIS1 ~ 3、TA1 ~ 2、UCAR1 ~ 3。

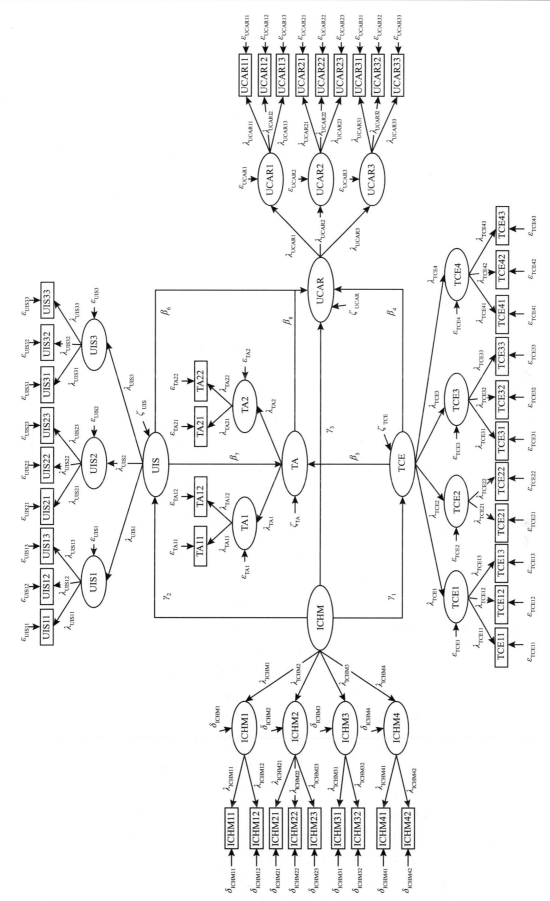

图6-12　沉浸式文化传承微旅游与城市文化保护面域—重置型协同模式的初始结构方程模型

在新时代沉浸式文化传承微旅游与城市文化保护面域—重置型协同模式的数据验证过程中，设定相关的变量，以便构建观测变量的结构方程式。依据研究所搭建的初始结构方程模型中的相关内容，沉浸式文化传承微旅游（ICHM）、文化基础（ICHM1）、土地基础（ICHM2）、基础设施（ICHM3）、客源市场（ICHM4）是外生潜变量，分别表示为 ξ_{ICHM}、ξ_{ICHM1}、ξ_{ICHM2}、ξ_{ICHM3}、ξ_{ICHM4}。游客认知评价（TCE）、旅游环境（TCE1）、旅游设施（TCE2）、管理服务（TCE3）、游客偏好（TCE4）、城市产业结构（UIS）、空间规模（UIS1）、游客需求（UIS2）、经济效益（UIS3）、旅游吸引（TA）、人文吸引（TA1）、数字吸引（TA2）、城市文化保护面域—重置型（UCAR）、政府监管机制（UCAR1）、开发商协调机制（UCAR2）、民众参与机制（UCAR3）是内生潜变量，分别表示为 η_{TCE}、η_{TCE1}、η_{TCE2}、η_{TCE3}、η_{TCE4}、η_{UIS}、η_{UIS1}、η_{UIS2}、η_{UIS3}、η_{TA}、η_{TA1}、η_{TA2}、η_{UCAR}、η_{UCAR1}、η_{UCAR2}、η_{UCAR3}。由此，搭建出新时代下沉浸式文化传承微旅游与城市文化保护面域—重置型协同模式的观测模型方程式：

$$
\begin{aligned}
& X_{ICHM1} = \lambda_{ICHM1}\xi_{ICHM} + \delta_{ICHM1}, \ X_{ICHM2} = \lambda_{ICHM2}\xi_{ICHM} + \delta_{ICHM2}, \\
& X_{ICHM3} = \lambda_{ICHM3}\xi_{ICHM} + \delta_{ICHM3}, \ X_{ICHM4} = \lambda_{ICHM4}\xi_{ICHM} + \delta_{ICHM4}, \\
& X_{ICHM11} = \lambda_{ICHM11}\xi_{ICHM1} + \delta_{ICHM11}, \ X_{ICHM12} = \lambda_{ICHM12}\xi_{ICHM1} + \delta_{ICHM12}, \\
& X_{ICHM21} = \lambda_{ICHM21}\xi_{ICHM2} + \delta_{ICHM21}, \ X_{ICHM22} = \lambda_{ICHM22}\xi_{ICHM2} + \delta_{ICHM22}, \\
& X_{ICHM23} = \lambda_{ICHM23}\xi_{ICHM2} + \delta_{ICHM23}, \ X_{ICHM31} = \lambda_{ICHM31}\xi_{ICHM3} + \delta_{ICHM31}, \\
& X_{ICHM32} = \lambda_{ICHM32}\xi_{ICHM3} + \delta_{ICHM32}, \ X_{ICHM41} = \lambda_{ICHM41}\xi_{ICHM4} + \delta_{ICHM41}, \\
& X_{ICHM42} = \lambda_{ICHM42}\xi_{ICHM4} + \delta_{ICHM42}, \ Y_{UIS1} = \lambda_{UIS1}\eta_{UIS} + \varepsilon_{UIS1}, \\
& Y_{UIS2} = \lambda_{UIS2}\eta_{UIS} + \varepsilon_{UIS2}, \ Y_{UIS3} = \lambda_{UIS3}\eta_{UIS} + \varepsilon_{UIS3}, \\
& Y_{UIS11} = \lambda_{UIS11}\eta_{UIS1} + \varepsilon_{UIS11}, \ Y_{UIS12} = \lambda_{UIS12}\eta_{UIS1} + \varepsilon_{UIS12} \\
& Y_{UIS13} = \lambda_{UIS13}\eta_{UIS1} + \varepsilon_{UIS13}, \ Y_{UIS21} = \lambda_{UIS21}\eta_{UIS2} + \varepsilon_{UIS21}, \\
& Y_{UIS22} = \lambda_{UIS22}\eta_{UIS2} + \varepsilon_{UIS22}, \ Y_{UIS23} = \lambda_{UIS23}\eta_{UIS2} + \varepsilon_{UIS23}, \\
& Y_{UIS31} = \lambda_{UIS31}\eta_{UIS3} + \varepsilon_{UIS31}, \ Y_{UIS32} = \lambda_{UIS32}\eta_{UIS3} + \varepsilon_{UIS32}, \\
& Y_{UIS33} = \lambda_{UIS33}\eta_{UIS3} + \varepsilon_{UIS33}, \ Y_{TA1} = \lambda_{TA1}\eta_{TA} + \varepsilon_{TA1}, \\
& Y_{TA2} = \lambda_{TA2}\eta_{TA} + \varepsilon_{TA2}, \ Y_{TA11} = \lambda_{TA11}\eta_{TA1} + \varepsilon_{TA11}, \\
& Y_{TA12} = \lambda_{TA12}\eta_{TA1} + \varepsilon_{TA12}, \ Y_{TA21} = \lambda_{TA21}\eta_{TA2} + \varepsilon_{TA21}, \\
& Y_{TA22} = \lambda_{TA22}\eta_{TA2} + \varepsilon_{TA22}, \ Y_{TCE1} = \lambda_{TCE1}\eta_{TCE} + \varepsilon_{TCE1}, \\
& Y_{TCE2} = \lambda_{TCE2}\eta_{TCE} + \varepsilon_{TCE2}, \ Y_{TCE3} = \lambda_{TCE3}\eta_{TCE} + \varepsilon_{TCE3}, \\
& Y_{TCE4} = \lambda_{TCE4}\eta_{TCE} + \varepsilon_{TCE4}, \ Y_{TCE11} = \lambda_{TCE11}\eta_{TCE1} + \varepsilon_{TCE11}, \\
& Y_{TCE12} = \lambda_{TCE12}\eta_{TCE1} + \varepsilon_{TCE12}, \ Y_{TCE13} = \lambda_{TCE13}\eta_{TCE1} + \varepsilon_{TCE13}, \\
& Y_{TCE21} = \lambda_{TCE21}\eta_{TCE2} + \varepsilon_{TCE21}, \ Y_{TCE22} = \lambda_{TCE22}\eta_{TCE2} + \varepsilon_{TCE22}, \\
& Y_{TCE31} = \lambda_{TCE31}\eta_{TCE3} + \varepsilon_{TCE31}, \ Y_{TCE32} = \lambda_{TCE32}\eta_{TCE3} + \varepsilon_{TCE32}, \\
& Y_{TCE33} = \lambda_{TCE33}\eta_{TCE3} + \varepsilon_{TCE33}, \ Y_{TCE41} = \lambda_{TCE41}\eta_{TCE4} + \varepsilon_{TCE41}, \\
& Y_{TCE42} = \lambda_{TCE42}\eta_{TCE4} + \varepsilon_{TCE42}, \ Y_{TCE43} = \lambda_{TCE43}\eta_{TCE4} + \varepsilon_{TCE43}, \\
& Y_{UCAR1} = \lambda_{UCAR1}\eta_{UCAR} + \varepsilon_{UCAR1}, \ Y_{UCAR2} = \lambda_{UCAR2}\eta_{UCAR} + \varepsilon_{UCAR2}, \\
& Y_{UCAR3} = \lambda_{UCAR3}\eta_{UCAR} + \varepsilon_{UCAR3}, \ Y_{UCAR11} = \lambda_{UCAR11}\eta_{UCAR1} + \varepsilon_{UCAR11}, \\
& Y_{UCAR12} = \lambda_{UCAR12}\eta_{UCAR1} + \varepsilon_{UCAR12}, \ Y_{UCAR13} = \lambda_{UCAR13}\eta_{UCAR1} + \varepsilon_{UCAR13}, \\
& Y_{UCAR21} = \lambda_{UCAR21}\eta_{UCAR2} + \varepsilon_{UCAR21}, \ Y_{UCAR22} = \lambda_{UCAR22}\eta_{UCAR2} + \varepsilon_{UCAR22}, \\
& Y_{UCAR23} = \lambda_{UCAR23}\eta_{UCAR2} + \varepsilon_{UCAR23}, \ Y_{UCAR31} = \lambda_{UCAR31}\eta_{UCAR3} + \varepsilon_{UCAR31}, \\
& Y_{UCAR32} = \lambda_{UCAR32}\eta_{UCAR3} + \varepsilon_{UCAR32}, \ Y_{UCAR33} = \lambda_{UCAR33}\eta_{UCAR3} + \varepsilon_{UCAR33}.
\end{aligned}
$$

在观测模型方程式的基础上，根据结构模型的一般形式，构建沉浸式文化传承微旅游与城市文化保护面域—重置型协同模式的结构方程式，表达如下：

$$
\begin{cases}
\eta_{UIS} = \gamma_2 \xi_{ICHM} + \zeta_{ICHM}, \\
\eta_{TA} = \beta_5 \eta_{TCE} + \beta_7 \eta_{UIS} + \zeta_{TA}, \\
\eta_{TCE} = \gamma_1 \xi_{ICHM} + \zeta_{TCE}, \\
\eta_{UCAR} = \gamma_3 \xi_{ICHM} + \beta_4 \eta_{TCE} + \beta_6 \eta_{UIS} + \beta_8 \eta_{TA} + \zeta_{UCAR}.
\end{cases}
$$

其中，分别用 γ_1、γ_2、γ_3 表示沉浸式文化传承微旅游到游客认知评价、城市产业结构、城市文化保护面域—重置型的作用路径。用 β_4 表示游客认知评价到城市文化保护面域—重置型的作用路径，用 β_5 表示游客认知评价到城市文化保护面域—重置型的作用路径，分别用 β_6、β_7 表示城市产业结构到城市文化保护面域—重置型与旅游吸引的作用路径。

为了评估沉浸式文化传承微旅游与城市文化保护面域—重置型协同模式的拟合度，选取了最常用的八种拟合指标检验方法，包括 CMIN \ DF、CFI、IFI、TLI、AGFI、PNFI、RMSEA、RMR。将本章构建的初始结构方程模型放入 AMOS 软件中，并使用量表数据进行分析，获得了其协同模式的拟合指标值（见表 6 - 12）。

表 6 - 12　　　　　　　　　　　　初始结构方程模型适配度检验结果

拟合指标	CMIN\DF	CFI	IFI	TLI	AGFI	PNFI	RMSEA	RMR
观测值	1.450	0.947	0.948	0.943	0.802	0.784	0.043	0.028
拟合标准	<3.00	>0.90	>0.90	>0.90	>0.80	>0.50	<0.08	<0.05

表 6 - 12 中的各项拟合指标检验值均达到了拟合标准，说明本章所构建的沉浸式文化传承微旅游与城市文化保护面域—重置型协同模式的初始结构方程模型能更好地与通过问卷调查所获得的量表数据进行拟合。因此，在进行拟合度检验的基础上，本章可以进一步测量原始结构方程中各路径的系数（见表 6 - 13）。

表 6 - 13　　　　　　　　　　　　　初始结构方程路径估计

路径	模型路径	路径系数	S. E.	C. R.	P
γ_1	ICHM→TCE	0.78	0.057	10.868	***
γ_2	ICHM→UIS	0.72	0.065	8.939	***
γ_3	ICHM→UCAR	0.25	0.097	2.449	0.014
β_4	TCE→UCAR	0.16	0.120	1.625	0.104
β_5	TCE→TA	0.52	0.100	6.268	***
β_6	UIS→UCAR	0.26	0.106	2.877	0.004
β_7	UIS→TA	0.34	0.095	4.316	***
β_8	TA→UCAR	0.23	0.089	2.621	0.009

注：*** 表示 $P < 0.001$。

由表 6 - 13 可知，在沉浸式文化传承微旅游与城市文化保护面域—重置型协同模式的初始结构方程模型中，路径 TCE→UCAR 没有通过显著性检验。从结果上看，沉浸式文化传承微旅游与城市文化保护面域—重置型协同模式的原始结构方程模型的构造思路基本正确，但其中的部分关系需要进行调整。因此，本章在初始结构方程模型中删除游客认知评价与城市文化保护面域—重置型的直接作用关系路径，即 TCE→UCAR，重新构建结构方程模型，见图 6 - 13。

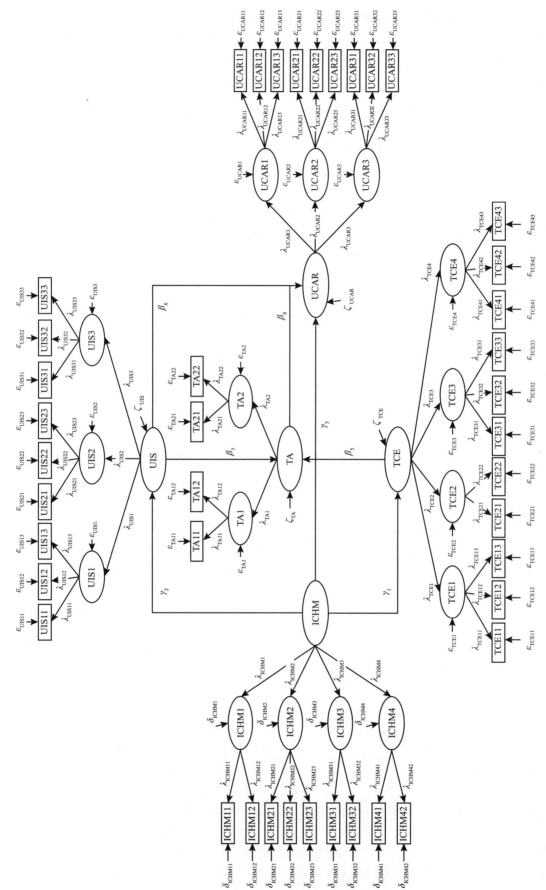

图6-13　调整后的沉浸式文化传承微旅游与城市文化保护面域一重置型协同模式结构方程模型

图 6 - 13 为调整后的沉浸式文化传承微旅游与城市文化保护面域—重置型协同模式的结构方程模型图，本章将调整后的结构方程模型放入 AMOS 中进行拟合度检验，其结果见表 6 - 14。

表 6 - 14　　　　　　　　　　　调整后的结构方程模型适配度检验结果

拟合指标	CMIN\DF	CFI	IFI	TLI	AGFI	PNFI	RMSEA	RMR
观测值	1.451	0.947	0.947	0.943	0.802	0.784	0.043	0.028
拟合标准	<3.00	>0.90	>0.90	>0.90	>0.80	>0.50	<0.08	<0.05

根据表 6 - 14 可知，可以看到调整后的结构方程模型各项拟合指标检验值均达到拟合标准，这说明调整后的结构方程模型与原始数据量表之间仍然具有良好的匹配度。在确认拟合度检验合格的基础上，本章再次将调整后的结构方程模型导入 AMOS 软件中进行路径估计，其结果见表 6 - 15。

表 6 - 15　　　　　　　　　　　　调整后的结构方程路径估计

路径	模型路径	非标准化路径系数	标准化路径系数	S. E.	C. R.	P
γ_1	ICHM→TCE	0.62	0.78	0.057	10.851	***
γ_2	ICHM→UIS	0.58	0.72	0.065	8.946	***
γ_3	ICHM→UCAR	0.31	0.32	0.077	3.972	***
β_5	TCE→TA	0.64	0.53	0.101	6.387	***
β_6	UIS→UCAR	0.32	0.27	0.103	3.086	0.002
β_7	UIS→TA	0.39	0.33	0.093	4.200	***
β_8	TA→UCAR	0.31	0.30	0.078	3.907	***

注：*** 表示 $P < 0.001$。

根据表 6 - 15 可知，调整后的结构方程模型中的各路径呈现出显著状态。其中，绝大多数路径都通过了显著性检验，显著性水平为 0.001，表明它们之间的关系是显著的。这表明调整后的结构方程模型为最满意的结构方程。在经过标准化处理后，路径系数的数值都在 - 1 ~ 1 的范围内。这意味着调整后的结构方程模型中的变量之间的关系是合理的，得出最终的结构方程模型，见图 6 - 14。

第三，结构方程的假设检验及效应分解。

根据以上结构方程实证结果，结合本书所提出的研究假设与概念模型，对新时代下沉浸式文化传承微旅游与城市文化保护面域—重置型建设协同作用假设验证和路径系数进行了归纳总结。详情如表 6 - 16 所示。

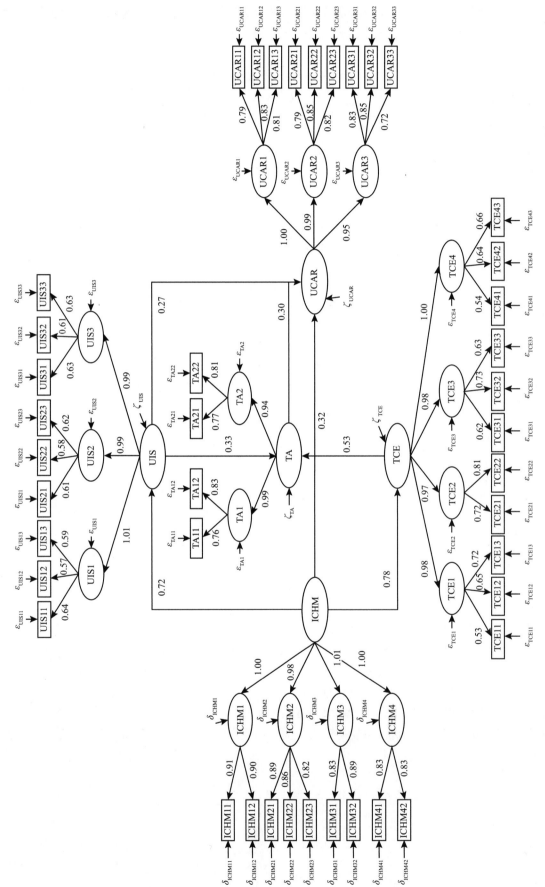

图6—14 最终的沉浸式文化传承微旅游与城市文化保护面域—重置型协同模式的结构方程模型

表 6 – 16　　沉浸式文化传承微旅游与城市文化保护面域—重置型协同模式结构方程模型路径结果分析

路径	模型路径	路径系数	显著性水平	研究假设	检验结果
γ_1	ICHM→TCE	0.78	***	H1	支持
γ_2	ICHM→UIS	0.72	***	H2	支持
γ_3	ICHM→UCAR	0.32	***	H3	支持
γ_4	TCE→UCAR	—	—	H4	不支持
β_5	TCE→TA	0.53	***	H5	支持
β_6	UIS→UCAR	0.27	0.002	H6	支持
β_7	UIS→TA	0.33	***	H7	支持
β_8	TA→UCAR	0.30	***	H9	支持

注：*** 表示 P < 0.001。

经过标准化处理，沉浸式文化传承微旅游到游客认知评价的路径系数为 0.78，P < 0.001，通过了显著性检验，即"沉浸式文化传承微旅游对游客认知评价具有显著的直接正向作用"的原假设 HD1 成立。

沉浸式文化传承微旅游到城市产业结构的路径系数为 0.72，P < 0.001，通过了显著性检验，即"沉浸式文化传承微旅游对城市产业结构具有显著的直接正向作用"的原假设 HD2 成立。

沉浸式文化传承微旅游到城市文化保护面域—重置型的路径系数为 0.32，P < 0.001，通过了显著性检验，即"沉浸式文化传承微旅游对城市文化保护面域—重置型建设具有显著的直接正向作用"的原假设 HD3 成立。

游客认知评价到城市文化保护面域—重置型的作用路径在模型调整中被删除掉了，未能通过显著性检验，由此可以看出，"游客认知评价对城市文化保护面域—重置型具有显著的直接正向作用"的假设不成立，检验的结果拒绝了原假设 HD4。

游客认知评价到旅游吸引的路径系数为 0.53，P < 0.001，通过了显著性检验，即"游客认知评价对旅游吸引具有显著的直接正向作用"的原假设 HD5 成立。

城市产业结构到城市文化保护面域—重置型的路径系数为 0.27，P 值为 0.002，在 1% 的水平上显著，通过了显著性检验，即"城市产业结构对城市文化保护面域—重置型具有显著的直接正向作用"的原假设 HD6 成立。

城市产业结构到旅游吸引的路径系数为 0.33，P < 0.001，通过了显著性检验，即"城市产业结构对旅游吸引具有显著的直接正向作用"的原假设 HD7 成立。

旅游吸引到城市文化保护面域—重置型的路径系数为 0.30，P < 0.001，通过了显著性检验，即"旅游吸引对城市文化保护面域—重置型具有显著的直接正向作用"的原假设 HD8 成立。

根据以上的结构方程实证结果，可以得出以下结论：新时代下沉浸式文化传承微旅游对城市文化保护面域—重置型建设的结构方程模型可以较好地与量表数据进行拟合。沉浸式文化传承微旅游与城市文化保护面域—重置型不仅具有直接作用效应，其直接作用路径系数为 0.32，而且还存在着较为显著的间接作用路径。具体而言，其间接作用路径有三条，其间接作用效应分别为 0.124（0.78×0.53×0.3）、0.194（0.72×0.27）、0.071（0.72×0.33×0.3），总的间接作用效应为 0.389。通过比较直接作用路径系数和间接作用路径系数，可以发现两者是差不多的，特别是城市产业结构、旅游吸引和游客认知评价这三个中间变量的重要作用不容忽视。

根据最终的模型拟合结果发现，游客认知评价到城市文化保护面域—重置型的作用路径在模型调整中被删除掉。究其原因，本书认为这与沉浸文化传承微旅游的发展现状密切相关。沉浸式文化传承微旅游是一种综合旅游、文化体验、游客感知等多种功能的复合型沉浸式微旅游创新类型，游客认知评价受到多种因素的影响，游客认知评价对城市文化保护面域—重置型发展模式产生影响。

同时，在模型的调整中，即使删除游客认知评价到城市文化保护面域—重置型的直接作用路径，但本章认为游客认知评价仍然是重要的中间变量之一，沉浸式文化传承微旅游到游客认知评价的路径系数为0.78，远超其他路径系数，说明其有重要作用。

在所确定的最终的沉浸式文化传承微旅游与城市文化保护面域—重置型协同模式的结构方程模型中，沉浸式文化传承微旅游与城市文化保护面域—重置型发展模式协同作用既影响着沉浸式文化传承微旅游的文化基础、土地基础、基础设施和客源市场，也与城市文化保护面域—重置型的政府监督、开发商协调和民众参与有关。同时，城市产业结构、旅游吸引与游客认知评价均为沉浸式文化传承微旅游与城市文化保护面域—重置型协同模式的重要中间变量。在实际建设中，应该同时突出沉浸式文化传承微旅游与城市文化保护面域—重置型的直接作用，以及重视城市产业结构、旅游吸引和游客认知评价在这一建设中的关键作用。因此，应将重点放在完善城市产业结构、打造旅游吸引力与提高游客认知评价上。

6.2.5　研究发现

本书运用个案分析和结构方程分析的方法展开沉浸式文化传承微旅游与城市文化保护面域—重置型协同模式的影响作用分析，根据当前旅游业的文化基础、土地基础、基础设施和客源市场，并结合城市更新的政府监管、开发商协调、民众参与三个方面考虑，构建了沉浸式文化传承微旅游与城市文化保护面域—重置型协同模式的理论框架，通过访谈以及问卷调查分别对沉浸式文化传承微旅游、游客认知评价、旅游吸引、城市产业结构和城市文化保护面域—重置型协同模式进行分析。基于上述分析，主要得出以下发现：

第一，沉浸式文化传承微旅游对城市产业结构、游客认知评价、城市文化保护面域—重置型建设产生正向影响。

沉浸式文化传承微旅游到城市文化保护面域—重置型的标准化路径系数为0.32，在1%的显著性水平上显著。唐山市培仁历史文化街区将培仁教育记忆馆作为龙头，承载历史文化记忆和更新后的生活业态。培仁女校老校园建筑作为区块标志性建筑之一，以及西洋建筑在唐山的典范，被重点保护。而在建筑仿古、文化怀旧、业态时尚的主导下，整个文化街区变得更加具有活力和现代感。河北唐山市培仁历史文化街区是一个依托历史文化和建筑风格集群打造而成的文化旅游景区，已经成为唐山市重要的文化和旅游产业。通过建筑的仿古和文化历史遗迹的保护、传承与创新，为游客创造一种沉浸式的文化传承微旅游体验。沉浸式的文化体验方式不仅增加游客的文化意识和文化素养，同时也促进唐山市的城市文化保护，形成一种"重置型"的城市文化形态。在这种文化旅游的背景下，培仁历史文化街区也成为一个重要的文化传承与立体式文化保护的推进者，通过打造文化街区，对唐山市本地文化、历史、艺术、传统等方面进行全面展示、弘扬和传播。通过这种方式，唐山市建设成为一个城市文化含量丰富、文化保护面域广、文化传承红利丰厚的重置型城市。

沉浸式文化传承微旅游到游客认知评价的标准化路径系数为0.78，在1%的显著性水平上显著。培仁历史文化街区以仿古建筑风格为主导，以街区空间承载历史文化记忆，将中西融合的社交生活作为亮点，创造一种独特的文化氛围，提高了游客对环境的认知和感知体验。培仁历史文化街区总建筑面积13000平方米，由6栋新建建筑和培仁教育记忆馆组成，整个街区被划分为文化知识体验区、明星主力餐饮区、网红娱乐美食区、休闲游乐打卡区、乐享生活文创区、直播带货体验区六大功能区，再现民国时期老唐山热闹的城市街景，为游客带来全景沉浸式体验。由点成片，培仁历史文化街承载城市记忆，以文化赋能旅游，为游客打开一扇了解唐山的别样的窗口。培仁历史文化街区主打"小业态"，街区唯一入驻的酒店，以星级酒店服务为标准，坚持个性与人性化共存，轻松的环境与优质的服务吸引了不少回头客。小业态不同于大商业的规模化、标准化，注重变美做精，满足不同人群的各种需求，广受消费者欢迎，吸引周边社区、城市居民前往体验。培仁历史文化街区的业态时尚也为游客打造独特的旅游体验。在传承优秀传统文化的同时，该文化街区结合现代化元素的融合，如文化咖啡馆、时尚书店、特色餐厅等，提高了游客的兴趣和偏好，并使他们对该景区的评价更加积极。

沉浸式文化传承微旅游到城市产业结构的标准化路径系数为 0.72，在 1% 的显著性水平上显著。培仁历史文化街区促进了唐山城市空间规模的升级和扩大。由于其独特的文化背景和旅游资源，培仁历史文化街区集中游客流量，同时也带动周边旅游业的发展。为了满足游客的需求，唐山城市可以在街区周围进行相关的景观工程建设和配套设施建设，不断扩大唐山城市的空间规模。同时，培仁历史文化街区的发展提高了唐山市的服务水平，使游客能够更好地感受到唐山的历史文化和特色，进而对唐山形成"文化记忆点"。对唐山市的旅游需求的供应，推动唐山旅游服务业的发展和升级。此外，对培仁历史文化街区的保护开发利用，对于铭记城市历史、传承城市文脉、提升城市品位、繁荣城市经济具有重要意义。

第二，城市产业结构对旅游吸引、城市文化保护面域—原置型建设产生正向影响。

城市产业结构到旅游吸引的标准化路径系数为 0.33，在 1% 的显著性水平上显著。近年来，唐山市一直致力于加强文化产业的建设，积极培育和打造丰富多样的文化旅游产品，以提升文化旅游产品的品质和吸引力，从而推动培仁历史文化街区的旅游吸引力的提升。同时，随着唐山市不断优化旅游环境和旅游服务，游客可以更好地了解到培仁历史文化街区和唐山市其他文化景点的历史文化，也增加游客对唐山文化的好奇心和兴趣，提升培仁历史文化街区的人文吸引力。此外，当地政府还制定出台《关于加快楼宇经济发展的若干措施》，鼓励扶持现代金融、科创孵化、数字经济等新业态聚集发展。在 2022 年，培仁历史文化街入选为首批国家级旅游休闲街区。这个街区依托现存的百年文物建筑培仁女中，经过精心打造，已成为一个充满新时尚的街区，集文化创意、休闲娱乐、餐饮酒店、时尚购物等多种业态于一体，吸引大量年轻人前来社交和消费。

城市产业结构到城市文化保护面域—原置型的标准化路径系数为 0.27，在 1% 的显著性水平上显著。唐山市对培仁历史文化街区进行整体规划和优化，加强古建筑和传统街巷的修缮和保护，展示唐山市的文化底蕴，为城市文化保护面域—重置型的建设提供了宝贵资源。同时，培仁历史文化街区进行空间规模和功能布局的优化，引入旅游景点和文化创意产业园等设施，进一步增强了其丰富的文化底蕴。在城市文化保护领域，其在原址保护的建设过程中扮演重要的推动作用。唐山市通过提升旅游服务和改善旅游环境，引导游客到培仁历史文化街区旅游，推广文化旅游和多种类型的旅游服务，使游客消费需求愈加多样化。在城市文化保护面域—重置型的建设中，唐山市唤起了游客对本地文化特色、传统美食、文化氛围等的关注和热爱，进一步加强了培仁历史文化街区的文化传承和发展。培仁历史文化街区的产业结构发展，吸引了一大批文化、旅游、创意等相关行业的企业和个人进入，促进培仁历史文化街区的经济发展和就业机会的增加。同时，在城市文化保护面域—原置型的建设中，当地通过发展相关产业和加强物质文化建设，推动城市的经济发展，提升唐山市的城市文化软实力。

第三，游客认知评价对旅游吸引产生正向影响，同时，旅游吸引对城市文化保护面域—重置型产生正向影响。

游客认知评价到旅游吸引的标准化路径系数为 0.53，旅游吸引到城市文化保护面域—重置型的标准化路径系数为 0.33，均在 1% 的显著性水平上显著。培仁历史文化街区的游客认知评价增强了游客对景区人文价值的认识和吸引，如景区传统建筑、文化传承、历史背景、风俗民情等。游客在获得更为全面的相关信息后，会对景区的人文价值更加了解和欣赏，从而增加了对景区人文价值的兴趣。此外，培仁历史文化街区在旅游接待中注重人文服务，如导游讲解、文化讲座、文化活动、手工体验等，进一步提升人文吸引力。游客对景区的人文价值产生共鸣和认同，不仅对景区留下了深刻的印象，还增加游客再次到访的意愿和推广效果。培仁历史文化街区的游客认知评价促进了景区数字化发展，如使用智能导游设备、开发游戏互动体验、展示虚拟现实环境等数字化手段。这些数字化手段提高游客参与度和互动性，丰富游客的游览体验，提升游客的数字吸引力。另外，培仁历史文化街区在数字营销上也朝着更为专业化、精细化和个性化发展，比如利用数字推广手段和自媒体进行有效的宣传和推广,增加游客对景区数字吸引力的认知和关注。此外,旅游吸引对城市文化保护面域—重置型建设也存在正向作用。通过旅游传播和数字化手段的传播,可以将培仁历史文化街区的历史文化与城市形象相结合,提高城市文化知名度和形象,同时增强市民的文化素养。这有利于城市形成文化鲜明的形象,促进城市文化建设。培仁历史文化街区的人文吸引是游客对景区人文价值的认识和吸引,数字吸引则为游客提供更为智能化、数字化的游览服务,这些手段可以提高游客的文化参与度和文化体验度,使市民的文化自觉性和文化保护意识得到增强,推动城市文化保护工作的深入开展和城市文化传承的持续发展。

6.2.6 关于研究发现的进一步讨论

第一,沉浸式文化传承微旅游对城市产业结构、游客认知评价、城市文化保护面域—重置型建设产生正向影响,原因可能有以下几点:

沉浸式文化传承微旅游通过沉浸式的文化体验活动,实现对传统文化的有效传承,并将其融入现代生活,这也是其区别于普通文化体验旅游的关键所在。沉浸式微体验可以汇集传统文化要素,以创新方式包装并展现,从而激发文化创意产业的发展,如非物质文化遗产体验、特色手工品设计等。这些产业属于知识型和技能型产业,可带动高新技术的应用,如虚拟现实、增强现实等技术在文化体验设计中的运用,促进产业结构升级。同时,其也能促进相关服务业发展,如餐饮业、住宿业、导游等,满足游客的生活、住宿和导览需求。这些服务业属于第三产业,其发展有利于产业结构向服务业集中和优化调整,这是实现经济转型升级的重要特征和方向。此外,服务业有较高的附加值和劳动密集特征,其发展还可以带动就业,扩大社会消费,这也有利于实现经济增长方式的转变。而沉浸式文化传承微旅游的发展可以创造更多的就业岗位,如文化体验设计师、手工艺品设计师、新媒体运营人员、文化产业研发人员等,这些新的职业的出现可以吸纳更多的高端人才,缓解城市的就业压力,也为城市带来新鲜血液和新动力,有助于城市产业结构和人才结构的优化调整。城市引入沉浸式文化传承微旅游可以促进历史文化街区的传承与发展,同时也有利于城市产业结构的转型更新。沉浸式文化传承微旅游可以激发游客对当地文化的情感体验和认知度,提高游客对历史文化街区的文化价值的认识和欣赏能力。此外,沉浸式文化传承微旅游注重展示当地的特色和风俗,可以通过与文化创意产业的结合,吸引更多的创意人才和新技术注入,推动产业结构的升级和创新。在沉浸式文化传承微旅游的推动下,历史文化街区的沉浸式文化传承微旅游得到进一步的发展和完善,促进城市产业结构的更新和提升。同时,也能够保护历史街区文化遗产的传承,在利用中实现保护,实现历史街区的有机更新和可持续发展。因此,沉浸式文化传承微旅游的崛起对城市产业结构的转型更新产生积极的影响。

游客认知评价的概念是指游客通过沉浸式文化传承微旅游,对城市文化和传统文化的理解和掌握的评价。同时,也包括游客对微旅游的体验、参与感和服务感受等旅游目的地的评价。游客对目的地文化的认知与理解,也是重要的要素之一,如对本地传统文化的兴趣、了解程度、文化价值的认同等,这是由文化体验活动带来的认知影响。沉浸式文化传承微旅游通过多种方式,如导览、表演、实物展示等,让游客全面地了解和体验当地的文化,使游客对文化的认知更加深入,进而提高游客对文化素养和对当地文化的认同感。同时,游客不仅是旁观者,而且是参与者,沉浸式文化传承微旅游更注重游客的参与和互动,游客可以体验到当地文化的方方面面,如手工制作、传统工艺、民俗文化等,获得更加深入的感触和体验,从而提高对当地文化的认知和对旅游目的地的满意度。此外,沉浸式文化传承微旅游在文化体验、互动性、参与性等方面具有创新性和趣味性,符合当代游客对新型文化体验的需求,可以增加游客的参与度和满意度。历史街区不仅是游客旅游体验的区域,也是居民长期居住和经营者开展工作的重要场所。因此,历史街区的文化重塑应该不仅是对外展示的文化地标,还应该获得本地居民、经营者等多方利益主体的认可和参与。实现多利益主体的协同合作,推动形成集体理性客观结果,是旅游发展的重中之重。因此,旅游发展中的游客、居民、经营者等群体的感知和认同确实是评判历史街区文化重塑效果的关键，同时也是推动文化认同和街区可持续发展的重要基础。沉浸式文化传承微旅游通过亲身体验当地文化，让游客更加了解城市文化保护的必要性和重要性，增加游客对城市文化保护的认知和支持，从而促进城市文化的传承和发展。

随着城市化进程不断加快，保护和开发历史文化街区已经成为城市发展中的一个重要议题，在城市的快速发展过程中，许多历史悠久的街区逐渐进入衰老期，难以适应城市新的经济模式和社会需求，因此，这些历史文化街区需要进行保护和更新改造，重塑历史文化街区的面貌，提升其经济与文化发展活力。只有重视历史文脉的保护和传承，才能使城市更具文化底蕴和魅力，并且促进文化和旅游产业的发展和繁荣。同时，历史文化街区的保护与开发可以通过将历史与现代、文化与经济相结合的方式来实现。其中，沉浸式文化传承微旅游成为一种重要的发展方式，其将历史文化街区打造成为新兴产业和业态领域的重要发源地和生长源，从而增强城市的发展活力和创新动力。城市更新发展中的重塑性再开发恰恰秉承了文化与经济融合的理念，在构建新型旅游模式的同时，也为城市的空间格局和业态发展注入新的活力。沉浸式文化传承微旅游作为一种创新性的文化传承方式，其通过打造富有历史文化气息、融合了现代创意元素的旅游体验，不仅能够增强游客对历史文化的认知和欣赏能力，还能够为城市面域的保护和更新改造注入新的思路和动力。文化传承方式恰好符合城市文化保护面域—重置型建设的核心理念，可以推动城市文脉的永续流传和可持续发展。此外，沉浸式文化传承微旅游的引入为城市历史文化街区的新兴产业领域带来了广阔的发展空间和经济活力。因此，沉浸式文化传承微旅游作为一种新兴的文化传承方式，对城市文化保护面域—重置型建设产生了积极的正向影响。

第二，城市产业结构对旅游吸引、城市文化保护面域—重置型建设产生正向影响。

作为城市区域内各种产业部门类别和产业结构的总和，城市产业结构中文化产业与其他产业的合理布局和发展可以促进城市文化的传承和保护，因为城市产业结构中涉及的文化产业和旅游业本身就具有较强的城市文化保护和旅游吸引功能。产业结构合理布局与发展能推动开发文化旅游资源，提高城市地位和知名度，同时还能创造就业和推动经济发展。旅游吸引不仅是指旅游人数的吸引，更重要的是游客带来的消费、产业溢出等引致的旅游收入增加，只有两者相辅相成才能有效带动地区经济发展。城市产业结构中涉及的旅游相关产业，如酒店、餐饮、文化娱乐等，能够为旅游吸引提供必要的支撑。酒店和餐饮业是旅游业的重要组成部分，可以为旅游者提供在旅途中休息和饮食的服务，从而为旅游业的吸引力提升提供强有力的支持。文化娱乐产业也是旅游业中不可或缺的组成部分，可以增加游客的娱乐和文化体验，为游客提供更加丰富的旅游产品。通过加强城市旅游基础设施建设、提升旅游服务的质量和水平，优化交通运输、住宿、餐饮、购物等旅游相关产业的结构和服务，城市能够更好地接待和服务游客，增加游客的满意度和忠诚度，提高城市的旅游竞争力和吸引力。历史文化街区的更新需要实现五个方面的目标：保护和传承历史文化遗产、优化区域的城市功能、提升产业结构、改善人居环境和营造创新氛围。这些目标将有助于推进地区的文化传承、经济发展、城市生态和文化艺术的进步。以文化创意产业为核心，重构产业网络，促进文化创意、设计服务与相关产业的深度融合，通过构建多层次产品体系和打造独特的文化主题，实现产业的升级和优化，这将进一步推动文化产业的发展，增强其核心竞争力和市场影响力。

历史文化街区作为一种具有独特文化氛围和营商环境的文化载体，拥有潜在的科技创新内生动力。这种街区的特殊属性和资源为创新活力的激发提供良好的土壤，推动各个领域的大众创新创业，并催生新兴经济业态，因此，历史文化街区成为科技创新的理想场所。随着城市产业结构的转型升级，新的产业形态以及越来越多的创新型企业使文化的保护得到更大支持。例如，数字技术的发展为文化保护提供技术支持，新型文化产业在提升城市的文化氛围的同时也为具体的文化保护工作提供了技术、人力等方面的支持。文化产业拥有较高的商业价值，当将商业发展与城市更新、历史文化紧密结合，并在历史文化街区中发展沉浸式文化传承微旅游时，能够实现消费与历史文化的有机融合，进而激活历史文化街区的生机，提升其现代时尚气质。综合发展模式为历史文化街区带来更广阔的商业机遇和经济活力，同时也推动文化传承和旅游产业的可持续发展。在产业结构转型升级的背景下，城市发展也正从单一型向创新型转变。这一变化不仅为城市创造更好的发展前景，也为文化保护提供更多的动力。创新的产业凝聚高素质的文化人群，同时也引领城市文化产业的创新和发展。新型数字和文化产业形态突破传统的文化保护模式，推进城市文化和科技的融合，这也促使城市文化向数字化、网络化、智能化、全球化方向不断发展，增强城市文化保护的水平。沉浸式微旅游业态创新的发展将促进城市产业结构向高科技、文化创意等领域转型，促进城市更新空间向智能化、艺术化等方向发展，形成创新型和人文型的城市空间形象。同时，由于城市产业结构的转型提高城市附加值和品质，从而吸引更多的外部投资、人才和旅游资源。这也有助于城市更新空间的升级和改善，以及城市的整体形象和品质提升。城市的产业结构调整对于城市更新具有重要意义，同时有利于促进城市的经济结构调整升级，使其实现跨越式发展。

第三，游客认知评价对旅游吸引产生正向影响，同时，旅游吸引对城市文化保护面域—重置型产生正向影响。

旅游吸引指一个城市对游客的吸引和吸引度，它决定一个城市可以吸引的游客数量，以及可以吸引什么质量的游客，旅游吸引力强的城市，游客数量会更多，回头率也更高。游客对目的地的认知评价越好，他们对该地旅游的兴趣也就越大，更有可能选择来到这里进行旅游，从而带动目的地旅游业的发展。游客的好评和口碑效应可以通过社交媒体等手段在更广泛的范围内传播，吸引更多人来到这个城市旅游，从而增加城市旅游的知名度和吸引力。游客的认知评价能够影响游客的行为决策，如选择到某个地方旅游、选择消费的项目等，正面的认知评价可以促使游客更加热情地参与当地文化活动，从而创造更多价值。

旅游业是一项重要的经济活动，通过吸引游客消费和参观，可以为当地城市的文化保护提供必要的经济支持。这些支持资金可以用于历史文化遗产的保护、修缮和更新重建，为城市文化保护面域—重置型建设提供必要的物质保障。旅游活动不仅带来城市经济发展，也为城市文化保护注入新的力量。旅游活动为游客提供了解不同文化风貌的机会，同时也促进文化交流和传承，这对于当地文化的传承和保护起到积极的作用。随着旅游产业的不断发展，越来越多的游客意识到旅游活动不是简单的"旅途"，更是一种沉浸式、深度体验。为满足这种需求，城市开始更加注重商业开发和创新服务，同样增强城市文化的体验价值和深度内涵，这也促使城市更好地保护城市的文化遗产，以实现更有意义和深远的文化体验。沉浸式文化传承微旅游与城市文化保护面域的有机结合，可以丰富城市的旅游资源和文化内涵，营造高质量的旅游体验，这有助于提高城市的旅游吸引力。

第7章 沉浸式文艺场馆微旅游与城市功能完善点式范型协同模式研究

7.1 点式—原置型协同模式的实证研究：以山西太原市山西文旅数字体验馆为例

7.1.1 研究假设

第一，沉浸式文艺场馆微旅游的作用。

随着城市的老旧和新科技的产生，深度体验旅游的市场需求逐渐扩大，以原有工业遗存痕迹与文化为基础，结合各类数字科技设备设施打造的沉浸式微旅游的创新发展模式，在新时代的市场环境中获得良好的经济效益。沉浸式文艺场馆微旅游这一沉浸式微旅游创新业态逐渐兴起，并随着高新科技的发展及文化遗存保护得到社会关注。沉浸式文艺场馆微旅游以传统历史文化为切入点，融入创新科技于场景内，是一种结合文化艺术表演和沉浸式体验的旅游方式，具有独特性的参与性和互动性。游客通过参与文艺表演、体验文艺场馆的文化氛围和互动展览，可以增加对文化遗产的认知和理解，从而提高游客与居民对城市遗迹旅游的兴趣和好奇心。在新时代下的文化艺术资源和高新数字科技的基础上，注重场景体验和功能打造的创新，紧跟游客消费需求，将城市自身的文化、历史、艺术内涵融入城市遗址中，可以提升市场认可度，吸引周边城市及当地居民前往场馆游玩与消费。城市在发展的过程中，受到政策、环境、社会、需求等多种因素的影响，城市的某些区域逐渐进行调整和改造，原有的生产功能逐渐向旅游、休闲、文化园区等功能转变，从而引发城市生产和生活空间的变化。陈东林（2016）指出，遗址是包括被闲置或废弃的静态遗产，或者尚有利用价值的，或者企业搬迁以后仍保留着的土地、建筑、设施及配套资源等有形资产，城市遗址旅游开发是旅游景区的主要开发方式，随着创新性思维的引入，城市遗址与文化传承之间分割不开的联系被重视，城市遗址的旅游开发也为城市居民的消费空间及经济效益提供新思路。相较于传统的城市遗址旅游，沉浸式文艺场馆微旅游更加注重游客的参与和互动，通过创造与城市遗址相关的文艺表演和互动展览等方式，增加游客对城市遗迹的兴趣和认知。随着城市遗迹的创新旅游开发，作为创意产业和传统文化旅游及空间相结合的新型经营模式，沉浸式文艺场馆微旅游的经济发展、旅游效益、基础设施、空间布局等都影响城市遗址旅游开发的发展途径。基于此，可以了解到，沉浸式文艺场馆微旅游对城市遗址旅游开发的产生、发展和建设等过程均有重要的影响作用，可以为城市遗址旅游带来更多的文化元素和创意，即沉浸式文艺场馆微旅游可以推动城市遗址旅游的发展和创新，提升城市旅游的品质和竞争力。由此提出如下假设：

HE1：沉浸式文艺场馆微旅游对城市遗址旅游开发具有显著的正向作用。

作为沉浸式微旅游与文艺场馆发展的综合体，沉浸式文艺场馆微旅游依托于城市原有场馆，将文艺气息、文化元素融入古城微改造中，并将科技与功能打造、全息技术与文化艺术的结合带到场馆的每一个角落，使视觉效果更为震撼，成为沉浸式文艺场馆微旅游得以可持续发展和成功的重要基础和独特魅力，可以满足游客需求且提升游客对项目的新鲜感。与传统的文化场馆不同的是，利用物联网、大数据等新技术，沉浸式文艺场馆微旅游相对具备更良好的数字化、信息化与公共服务效能，可以为游客开启高质量的文艺之旅，而非以往单纯的文艺作品展览，因此，更加丰富游客体验。在游客体验上，沉浸式文艺场馆微旅游以传统与当代文化为主题，结合文物精品和传统历史文化，加上具备视觉冲击力的高新数字科技设施，使游客有身临其境般的体验，可以提升其对沉浸式文艺场馆微旅游的满意度和认同感。在互动体验环节的设计上，可以令游客体验到沉浸式文艺场馆微旅游的价值与独特创意。在旅游设施与服务上，在沉浸式文艺场馆微旅游开发时，需要在考虑私人交通工具共享方案的基础上，综合权衡收益和成本，制定游客接送路线和班次安排方案，以提供便捷的交通服务，提升游客体验，并确保运营的可持续性和经济效益。并且在制定优惠政策时，除了提供联票、通票、旅游套票等方式，还可以考虑推出适用于场馆商业配套场所的通用消费优惠券，以增强经济收益的联动效应。在已有的基础上，场馆可以进一步加强互动体验的设计，以提高游客的满意度和好评率。综上所述，沉浸式文艺场馆微旅游可以对游客群体产生积极影响，提高游客对沉浸式文艺场馆微旅游的满意度和忠诚度，影响游客的消费决策和口碑传播效果。由此提出如下假设：

HE2：沉浸式文艺场馆微旅游对游客群体具有显著的正向作用。

沉浸式文艺场馆微旅游利用景区联动实现可持续发展，并且善于加强数字技术应用，以此展示场馆创新内容。随着科技在文化领域的不断进步，科技与文化的融合已成为推动文化产业转型升级和提高质量效益的重要动力，沉浸式体验技术如虚拟现实（VR）、增强现实（AR）、混合现实（MR）等在文博会行业的应用，成为大型场馆提升高品质内容供给的必要手段。同时，沉浸式文艺场馆微旅游利用先进的技术手段，如通过智能化的导览系统等，可以为景区联动提供更加高效和便捷的服务，为游客与居民提供更加个性化和精准的导览服务，从而提高景区联动的效果。加之共享文化、历史等资源与联合其他景区，可以提高整个旅游产品链的综合竞争力和吸引力。在场馆合作联动发展背景下，小型场馆可以借助大型场馆的技术和资源优势，开拓技术展示手段的改进空间。同时，采用沉浸式叙事的文艺场馆在开展微旅游产品设计时，善于运用"科技、文化、艺术、自然"等不同主题元素进行交叉融合。通过主题元素的系统整合，可以增加游客参与体验的感知，从而提升产品的吸引力。同时在营销宣传方面，小型场馆和大型场馆可以进行联合，通过文案设计与联合宣传的方式，可以更加突出各类场馆的核心旅游吸引物，并强调跨文化旅游中的多元化艺趣。旅游企业可以利用自身的品牌优势、营销渠道和客户资源来推广沉浸式文艺场馆微旅游，如通过连同其他景区、酒店、餐饮等旅游企业来打造更加完整和多样化的旅游产品链。场馆在保证基本服务的前提下，应深入探讨如何通过资源共享与融合创新，构建一个多元参与的合作平台。在此平台上，各方可以就优势项目和内容进行交流交换，共同设计体验路线和活动安排，提取各自特征资源的价值要素，形成融合后具有协同效应的旅游产品体系，彰显沉浸式文艺场馆微旅游的魅力。文艺类场馆在不定期联动举办专题展览时，虽然各自在主题设定、展品配置、策划宣介及活动安排等方面有各自突出的亮点，但如果通过某些共通的文化图标来建立主题联结点，如代表相近情感元素的符号标识，将有助于增强游客对整体展览的认同感。在大型中心文化场馆的牵头下，城市内的各类规模文艺美术馆可以开展资源整合。比如通过主导机构设计的主题框架，辅助机构聚焦不同角度进行联合策划与陈列增补。同时，可借助多种联合行销方式来实现错峰参观的目的，以此引导游客错峰参观火爆展览。例如，游客在沉浸式文艺场馆微旅游中了解到某个历史事件或文化元素后，会有更强的意愿去探索相关的景区或历史遗迹，从而扩大景区联动效应。同时，沉浸式文艺场馆微旅游的开发可以吸引不同地域和文化背景的游客，从而促进文化交流与融合。游客在实地旅游中了解不同地区的历史文化、艺术表现形式等后，可以更好地理解和欣赏不同文化的独特之处，从而增加文化资源融合的可能性，也进一步提高景区联动效应。基于此，可以了解，沉浸式文艺场馆微旅游对景区联动有重要的影响作用，由此提出如下假设：

HE3：沉浸式文艺场馆微旅游对景区联动具有显著的正向作用。

随着时代的变化和科技的高速发展，城市中部分建筑逐渐老旧或者原有功能不再符合现代需求，由此进行改造活动，重新开发利用原本废弃或闲置的建筑空间，可以提高城市空间的利用率。沉浸式文艺场馆微旅游本身就有独特的体验形式，需要在保持自身风格的基础上，深入挖掘地域文化和历史背景，理解城市文脉流变规律。同时，还可以结合艺术和设计理念，因地制宜地将其融入建筑环境中。比如场馆建筑本身就可以成为游客体验的载体，展现主题内容。这一创新模式可以为城市更新改造带来新的参考模式，从而改造出新颖又接地气的新建筑，形成一种新的建筑文化，由此可知，沉浸式文艺场馆微旅游为城市更新带来新的改造方式。沉浸式文艺场馆微旅游对城市老旧传统场馆进行创新建设可以带动城市发展，在城市文化氛围上，沉浸式文艺场馆微旅游依托原有的场馆，融入数字资源对传统文艺场馆进行文化和科技的更好融合，可以保留原有场馆的文艺内涵，同时也带动"互联网＋公共文化"跨越式发展，为高质量文化供给提供强有力的支撑。为了使游客能够全面深入地感受文化内涵，文化场馆应该在原有场馆上进行体验场景的升级改造。例如，建设具有数字互动功能的沉浸式展示体验空间，通过全息投影、虚拟重现等数字技术手段，对地方文化特色、馆藏资源、非物质文化进行展示，并在此基础上进行文化知识学习和互动参与。将实现公共文化元素与科技手段的深层融合，有效激发公众意愿，从而提升整体文化产品的参与度和影响力，推动城市文化的发展。在城市经济上，沉浸式文艺场馆微旅游充分利用自身独特的公共数字文化资源优势，可开展多维度的在线文化产品和服务，有效地保障和丰富公众的精神文化生活。同时，依托实体场馆内数字互动空间的建设，也能有效增强公共文化资源的可访问性和互动性。这将有效发挥公共数字文化基建在促进公共文化传播分享中的社会效益，也将助推相关产业智慧化水平不断提升。智慧化场馆增强了公共文化服务互动性和趣味性，进而提升了公众对公共文化服务的积极性、参与感和体验感。并且沉浸式文艺场馆微旅游本身是新兴的文化产业形态，其发展与创新可以创造就业机会，吸引投资，推动相关产业的发展，同时可以带动周边商业的发展，如文化创意产业、旅游产业、餐饮产业、住宿产业等，从而形成一个完整的旅游产业链条，带动城市产业结构的升级和优化，为城市的经济发展注入新的活力。在城市社会发展上，将沉浸式文艺场馆微旅游打造成为城市的标志性景点，可提升城市的知名度和美誉度，增加城市的软实力，同时可作为城市文化交流的平台，促进不同文化之间的交流和融合，从而推动城市的社会和谐。总之，沉浸式文艺场馆微旅游对城市功能完善点式—原置型具有促进作用，可以促进城市文化、经济和社会的发展，为城市的可持续发展作出积极贡献，由此提出如下假设：

HE4：沉浸式文艺场馆微旅游对城市功能完善点式—原置型具有显著的正向作用。

第二，城市遗址旅游开发的作用。

遗址是一国或一个地区历史文化的重要体现，具有极其珍贵的历史文化价值，在开发城市遗址旅游时，应尽可能地保护和保持城市遗址的原貌，通过多种手段，如开发体验项目等，真实还原城市所有遗址的历史氛围，让游客真实地感受和体验遗址环境，领悟其中的历史内涵。在开发城市遗址旅游时，应充分理解旅游体验项目与城市内涵、故事之间的紧密联系。同时，可以借助高新科技，创造出模拟化和情景化的情节与场景。这种身临其境的沉浸式体验，将使游客对城市遗址的意义和价值有更深刻的理解和感受。也可通过多媒体技术，为游客实时重现城市遗址的空间与氛围，加强游客的体验印象，提升游客与居民对历史遗址的归属感，帮助游客与居民以全新的角度发现城市遗址历史。城市遗址的空间形态、景观、服务基础设施等不仅影响游客的地方体验，同时也影响游客对地方的评价。城市遗址的旅游开发程度受其属性影响，这也决定对游客的开放程度。在合理开发城市遗址旅游时应该以有效保护为前提，主动适应旅游产业的发展趋势，并迎合新时代游客不断变化的旅游需求。应合理设计旅游线路，正确引导游客的流向，使游客在城市遗址内感知城市内涵，给游客展示一个丰富且具有个性化的景观体验项目，提升游客感知价值的同时提高游客的满意度。城市遗址的合理旅游开发能够挖掘满足游客需求的旅游产品，增强游客对城市遗址的审美和感知，进而提升其对城市遗址旅游的体验满意度。城市遗址的空间形态、位置选择和服务基础设施等完善也直接影响游客对地方的评价，完善的服务基础设施、提升空间形态与位置选择，可以让游客更好地感受城市历史文化和自然环境的魅力，从而提高游客对地方的评价和满意度。安显楼

（2021）提出，当历史风貌建筑得以保持其完整的原真性时，能够增强游客的自我认同感和满足感。在参观城市遗址的过程中，游客可从中感知城市的历史和文化遗产，增强自身的文化素养和历史意识，从而促进个人的成长和发展，带动人们、社会文明的进步。同时，这也能使游客深入了解城市的历史演变过程，体会城市历史变迁带来的深刻影响，进而增强游客的历史意识和对城市的认同感。综上所述，城市遗址旅游开发对游客群体有促进作用，可以促进旅游业和文化产业的发展，提高游客对城市的认知和理解，由此提出如下假设：

HE5：城市遗址旅游开发对游客群体具有显著的正向作用。

近年来，城市遗址旅游开发成为旅游管理研究的热点，崔琰（2015）对城市遗址的定义为：城市遗址是记录这座城市在不同历史时期的信息载体，承载尘世辉煌历史与深厚文化底蕴。城市遗址因其价值禀赋的稀有性、不可再生性和覆盖范围广泛性等特征明显，被视为重要旅游开发资源。然而，我国目前仍处于经济高速发展和快速城市化阶段，城市遗址保护正面临严峻考验。一方面有自然因素，如地质灾害与风雨侵蚀引起的破坏，更为严重的是人为破坏的影响。在持续的经济建设和城市化进程下，很多历史遗迹遭到毁灭性破坏。另一方面，地方政府和旅游开发部门在城市遗址旅游开发规划上缺乏系统性。他们往往只针对地理位置便利、基础设施成熟的遗址进行投资，忽视交通位置较差、基础设施薄弱但历史价值可观的城市遗址。使一些城市遗址囿于遗产保护政策的限制，其经济和民生状态难以与周边城市核心区相比，形成"文化高地"和"经济低地"的局面。而城市遗址旅游开发通常选择在历史悠久、文化底蕴深厚的区域进行，对于提升城市的交通便利性和商业活力具有积极作用。在创意经济上，随着旅游业的迅速发展，城市遗址的旅游价值得到了最大限度的开发，为旅游开发者以及城市创造更多经济价值。遗址旅游开发能够充分利用城市遗址的悠久历史和丰富文化，吸引大量游客前来参观和体验。在创意产业上，城市遗址旅游的文化内涵和品质随着旅游开发得到提升，可以增强游客的满意度和留存度，从而吸引更多的游客前来游览，使城市经济得到发展。此外，引入创意产业还可以促进城市的创新发展，为城市的未来发展提供新的动力和方向。在城市多元化功能上，城市遗址旅游开发在保护与开发历史文化的基础上，对城市功能的多元化起到重要作用。然而，为了确保有效保护，城市遗址的旅游开发应主动适应旅游业的发展趋势，并满足游客不断变化的旅游需求。在进行旅游开发时，应根据不同类型的城市遗址采取相应的开发模式。这样可以实现不同城市遗址的交替分布和不同旅游开发模式的协调使用，进一步挖掘城市的特色，实现城市遗址的多元化功能，树立独特的旅游城市形象。城市遗址旅游开发通过原置型的城市更新，最大限度地保留城市遗址的原貌。通过实物展示和文字解读等多种手段，真实还原城市遗址的原始意境，使游客能够深度体验，并提供观光、休闲和娱乐服务。此外，城市遗址旅游开发还致力于向游客呈现丰富的历史背景与文化信息，帮助游客实时探索和学习。通过沉浸式文艺场馆微旅游的方式，城市遗址旅游开发运用各种类型的AR游戏，将娱乐元素有机融入旅游景点的实体环境中。互动性的体验不仅增强游客与景点、文物之间的联系，也提升游客的旅行体验和沉浸感。同时，创新形式的旅游开发也促进游客之间的分享交流，进一步提高文旅应用的使用率和传播度。基于以上分析，本章认为城市遗址旅游开发对城市功能完善点式—原置型建设有显著的影响，由此提出如下假设：

HE6：城市遗址旅游开发对城市功能完善点式—原置型具有显著的正向作用。

第三，景区联动的作用。

景区联动是指不同景区之间通过合作和互动来提供更加全面、多样化的旅游体验。沉浸式文艺场馆微旅游的发展可以促进景区联动发展，其中，景区联动主要建立在联合营销、资源联动和技术共享这三个基础上。在景区联动的引导下，游客与居民、城市也在逐渐发生变化，尤其是游客的消费体验，新时代下的游客所产生的旅游需求的变化，在科技的高速发展下得以满足，加快旅游产业的发展，提升城市的经济效益。在技术共享上，赵卓（2020）指出，高新数字技术具有交互和深度体验的优势，也成为原有文艺场馆可以恢复展示的补充与延伸，将主题创意、空间设计与数字展示技术相融合，整合各种数字展示技术，可以全面立体地展示文化，吸引游客，提高游客体验感。在联合营销上，营销是连接旅游目的地与游客之间情感体验的一个非常重要的手段与方式，沉浸式文艺场馆微旅游中以 VR、AR 为代表的虚拟技术、视频和内容营销、影视营销、体验营销等多主题的全产业链合作以及精准营销都正在提升游客的旅游体验和营销的效率。在资源联动上，为满足游客的情感需求，结合旅游产品和服务的特点，通过创新地打造具有特定氛围的旅游项目，提供多元化的旅游产品和服务，能够满足游客的情感需求，让他们参与其中并获得真实又深刻的体验，从而提升游客们对旅游体验的评价。基于此，可以了解到，景区联动对游客群体的影响具有重要的作用，由此提出如下假设：

HE7：景区联动对游客群体具有显著的正向作用。

将城市、文化、科技与旅游等区域资源进行整合开发、经营，加上市场手段，才能够实现资源效益的最大化。通过不同资源间共享，可以降低景区经营成本，提高效益。同时，景区联动可以促进城市旅游产业的创新和升级，推动城市的文化、艺术和科技等交融，提高城市的文化品位和创新能力。加快区域经济社会的快速发展，将原有场馆周边资源与内部资源进行联合，加快区域经济效益提升，形成以其为特色的景点，带动周边经济，也是推广城市整体形象、提高城市知名度和美誉度的有效措施。通过实现景区联动，旅游业的经济效益得到提升，同时还能促进周边经济的发展，增加就业机会，提高当地居民的生活水平，进而推动城市经济的发展。景区联动对城市的经济效益、整体形象、城市知名度与场馆功能完善等具有促进提升作用，与城市更新建设相衔接，带动了城市更新发展，促进了城市快速更新。此外，景区联动可以将多个景区和旅游资源进行整合，形成旅游线路，进而提升城市旅游业的发展水平，增加城市的竞争力。所以，为了更好地适应景区联动的需求，城市规划需要进行升级和调整，如优化交通规划、提高环保设施等，从而进一步促进城市功能完善点式—原置型的发展，由此提出如下假设：

HE8：景区联动对城市功能完善点式—原置型具有显著的正向作用。

第四，游客群体的作用。

游客群体主要包括游客体验与游客评价两方面的内容。为了吸引游客群体，进一步推进沉浸式微旅游的发展，地方必然需要在游客体验、情感体验、游客评价和旅游设施与服务方面有所提升。城市游客对于深层次和有意义的旅游体验的需求越来越高，而沉浸式文艺场馆微旅游的吸引力来自城市建筑、交通、商业、娱乐科技等方面共同构成的文化体验，为了提升游客评价，城市需要不断进行旅游产品的创新，增加旅游环境、旅游宣传渠道等方面，增强游客的真实体验。在构建旅游设施与服务方面，游客满意度的提升可从人性化的旅游服务、安全可靠的旅游设施以及景区内高新技术等方面入手，由此也可以侧面更新景区内部基础设施。只有吸引到游客群体，才能更好地推动沉浸式微旅游的发展，通过旅游业的发展为场馆所在城市的居民提供完善且优质的生活环境、推动城市遗址的可持续发展、触发景区的联动，以促进城市经济效益的提升，从而对城市更新起到促进作用。游客的体验和评价可以反映出城市文化的特点和特色，而城市的功能完善和提升也可以促进城市文化的传承和发展，从而为游客提供更加丰富和深刻的文化体验。如游客对沉浸式文艺场馆微旅游的高度参与和积极评价，可带动更多的人参与和关注这种旅游形式，从而提升城市的文化品位和旅游业的发展水平。基于以上分析，本章认为游客群体与城市更新之间有着显著的影响关系，由此提出如下假设：

HE9：游客群体对城市功能完善点式—原置型具有显著的正向作用。

第五，关于沉浸式文艺场馆微旅游与城市功能完善点式—原置型协同模式的概念模型。

根据沉浸式文艺场馆微旅游与城市功能完善点式—原置型协同模式的分析框架、研究假设的相关内容，构建出沉浸式文艺场馆微旅游与城市功能完善点式—原置型协同模式的概念框架，见图 7-1。

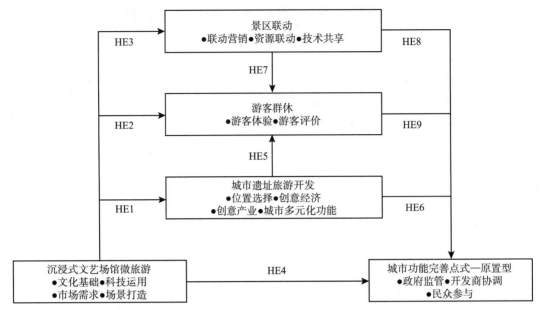

图 7 - 1　沉浸式文艺场馆微旅游与城市功能完善点式—原置型协同模式的概念模型

由图 7 - 1 可知，沉浸式文艺场馆微旅游与城市功能完善点式—原置型协同模式主要以沉浸式文艺场馆微旅游、景区联动、游客群体、城市遗址旅游开发和城市功能完善点式—原置型 5 个变量为基础，搭建出沉浸式文艺场馆微旅游与城市功能完善点式—原置型之间的作用关系路径。其中，沉浸式文艺场馆微旅游到城市功能完善点式—原置型不仅具有直接的作用路径，也有间接的作用路径，其间接作用路径有 5 条。分别为：①沉浸式文艺场馆微旅游—城市遗址旅游开发—城市功能完善点式—原置型；②沉浸式文艺场馆微旅游—游客群体—城市功能完善点式—原置型；③沉浸式文艺场馆微旅游—景区联动—城市功能完善点式—原置型；④沉浸式文艺场馆微旅游—城市遗址旅游开发—游客群体—城市功能完善点式—原置型；⑤沉浸式文艺场馆微旅游—景区联动—游客群体—城市功能完善点式—原置型。通过搭建出沉浸式文艺场馆微旅游与城市功能完善点式—原置型协同模式的概念模型，为下一步进行结构方程实证分析奠定了理论与基础。

7.1.2　预调研

第一，预调研过程。

2023 年 1～2 月，调研团队前往山西太原市进行预调研。这个时期主要是针对山西太原市山西文旅体验馆的体验功能、城市遗址旅游开发、景区联动进行大体上的认识。对于其历史发展、旅游发展有一个整体的认识，从而能够对沉浸式文艺场馆微旅游过程中的城市功能完善点式—原置型的问题展开更为具体明晰的分析与阐述。作者从当地居民和游客等角度了解到沉浸式文艺场馆微旅游与城市功能完善点式—原置型协同模式的相关者对文化基础、数字科技、社会环境等核心问题的感知。预调研阶段对当地居民进行访谈，获得对太原市的沉浸式文艺场馆微旅游发展、城市功能完善点式—原置型建设等内容的一手资料。

第二，预调研目的地基本情况。

山西文旅数字体验馆位于太原市小店区龙城大街，是一座占地 5093 平方米，展陈面积达到 3801 平方米的数字化展馆。该展馆以文化为纲、以设计为体、以科技为用，通过人工智能、大数据、边缘计算、CAVE 空间等先进的数字技术创造独特视角，再现山西丰富文旅资源和悠久历史文明。体验馆是一个集序厅、华夏源头、汇通天下、民俗风情、宗教文化、秘境山西、古建华章、黄河之魂、大美太行、长城博览、旗舰劲旅、文创空间等展厅于一体的综合展览空间，这里汇聚山西全省的文化资源、旅游资源、文物资源。为了展现山西五千年的文明，山西文旅数字体验馆采用了最先进的数字技术，包括人工智能、混合现实、全息成像、AR、VR、体感交互等技术。这些技术打破了历史、艺术和技术的界限，为游客提供了身临其境的体验。展馆以"华夏古文明，山西好风光"为主题，通过创新的数字化手段，实现信息技术赋能旅游产业，将文明和文旅转化成可体验、可感受、可传播、可留存、可互动、可迭代、可数字化的形式。山西文旅数字体验馆的建设和运营推动山西的文化旅游产业的数字化转型升级，通过提供立体、全面的文化体验，吸引更多游客前来山西旅游消费，促进了当地经济的发展。同时，数字化展览也促进了文化遗产的保护和传承，使传统文化得到更好的保留传承，而且借助数字技术的力量，挖掘和利用更多的文化资源，推动文化旅游产业的发展。

第三，案例地选取。

山西文旅数字体验馆利用最先进的数字技术，包括人工智能、混合现实、全息成像、AR、VR、体感交互等技术，以沉浸式展览的方式为游客创造全新的视觉、听觉、触觉等多感官体验，实现文化的体验和传承，提升游客对文化遗产的认知和理解，并为旅游产业的发展注入新的活力。

在山西文旅数字体验馆这一案例中，数字化展馆的建设体现城市规划和建设方面对文旅产业的重视和支持。随着旅游产业的日益壮大和城市旅游日益成为人们休闲消费新热点，城市规划和建设需要与文旅产业的发展相结合，形成有机的城市空间和文化旅游产品的格局，以不断提升城市的文化品质和吸引外来游客的能力，从而实现文旅产业的可持续发展。山西文旅数字体验馆的建成为山西的文化旅游产业带来数字化转型升级，吸引更多的游客前来山西旅游消费。同时，数字化展览也促进文化遗产的保护和传承，挖掘和利用更多的文化资源，推动文化旅游产业的发展，展现山西的历史文化和旅游资源，并为城市规划和建设的发展提供有力支持。

7.1.3　实地访谈

第一，关于案例地发展状况。

科技的发展与运用和旅游市场需求的变化使旅游目的地的经济、文化、居民、环境建设等均产生一定的更新建设，此时沉浸式体验逐渐在旅游市场上流行起来，传统的观光旅游已然满足不了新时代下的游客需求，沉浸式微旅游创新业态得以发展。在这样的背景下，集沉浸式微旅游与科技文化体验于一体的沉浸式文艺场馆微旅游应运而生。沉浸式文艺场馆微旅游是一种新兴的旅游业态，而山西省太原市的山西文旅数字体验馆是其中的一个典型代表。作为国内首座省级的文旅融合的数字化综合体验展馆，以最先进的数字技术为基础，为游客提供独特的沉浸式微旅游体验。山西文旅数字体验馆建设于太原市小店区的龙城大街，主要以"华夏古文明，山西好风光"为主旨，展示山西文旅资源、文旅规划，成为公众了解山西文旅资源的重要场所，也是山西旅游重要的城市名片。其所在的太原市不仅具有丰富的旅游文化景观，而且其城市建筑环境优雅，具有一定的名气，是一座具有 4700 多年历史、2500 多年建城史的历史名城。山西文旅数字体验馆借助沉浸式 VR 科技与山西文化相结合，深度探秘三晋人文古老建筑，开启全新体验角度。

山西文旅数字体验馆充分运用人工智能、全息成像、AR、VR 等体感交互技术，只为再现山西五千年文明，进而也打破了历史、艺术、科技技术的界线，打造出多元化的沉浸式体验业态。场馆以时间与空间两条主线进行体验馆建设，一是"华夏古文明"，游览并体验五千年历史人文，另一条主线是"山西好风光"，观赏三晋山河，利用科技，在室内便能够观赏山西自然之美。数字技术与山西文化资源和悠久历史相结合的发展模式，促使游客在数字化的历史场景中游玩，提升游客的参与度、沉浸度与体验感。体验馆利用科学有效的数据和最新的科技手段，全方位地展现山西省的优质文旅资源，提供给广大游客一个直观、全方位和交互的平台，使游客能以最快速度了解山西与山西文化。场馆内划分有 11 个展区与 4 项亲子研学体验，带领游客探秘镜像长廊、华夏源头、民俗风情、山西秘境，全方位感受山西的大好风光。同时，山西文旅数字体验馆不仅是一个展览场所，而且通过信息技术的赋能，实现对旅游产业布局的支持。借助文旅云平台，该体验馆持续推动游客的观赏和文化交流，同时将其转化为更多的二次消费场景，包括景区、酒店、研学旅行等领域，这种转变不仅提升经济效益，还重构整个产业生态，利用科技的力量激发"大旅游"产业的活力。场馆的发展可分为以下三个阶段。

第一阶段：山西文旅集团统筹投建。

山西是一个拥有得天独厚的旅游资源和悠久历史文化的省份，被誉为文化旅游资源的重要宝库。除了享有盛誉的五台山、平遥古城和云冈石窟这三大世界文化遗产，山西还拥有众多国家级重点文物保护单位，位居全国的前列。这里更是名人辈出、非物质文化遗产丰富多样，无法一一尽述。无论是历史名人还是当代杰出人物，山西都留下了他们的足迹。山西的文化之旅将带领游客穿越时空，领略丰富多彩的历史文化底蕴。

尽管山西拥有深厚的文化历史底蕴，但要将这些资源优势转为商机，还需要进行更深入的发掘和有效的部署。目前，山西在发掘文化资源方面的意识相对较为薄弱，一些潜藏的古老的人文资源尚未得到充分开发利用，而且其拓展的层次也有所欠缺，旅游产品开发大同小异，缺少自身文化特色，使游客难以感知到山西文化旅游的魅力所在，由此选择山西作为旅游城市的概率减小，在一定程度上削弱了山西文化旅游的吸引力。山西省位于黄河以东、太行山以西的黄土高原上，地貌复杂多样，独具地域特色。作为中华文明的重要发源地之一，山西拥有丰富的文化旅游资源，以"华夏古文明，山西好风光"来概括山西的文化旅游魅力再合适不过了。根据数据统计，山西在物质文化遗产方面令人瞩目，截至 2022 年，拥有 3 处世界文化遗产，452 处国家级重点文物保护单位、6 座历史文化名城，8 座名镇和 32 座名村[①]。山西承载着宋、金以前的地面古建筑物的珍贵遗迹，这些古建筑遗迹不仅数量众多，而且在艺术和建筑风格上展现极高的价值，因此享有"中国古代建筑艺术博物馆"的美誉。

2017 年，山西省政府将文化旅游业视为战略性支柱产业，为了实现这一目标，采取以"旅游业＋"为思路的战略，通过推行"安、顺、诚、特、需、愉"的理念，致力于打造强大的旅游品牌和提供优质的旅游服务环境，以实现文化旅游业的快速发展和经济的可持续增长。尽管山西省政府在同年 8 月成立了山西文旅集团，但从当前的山西文化旅游产业的现状来看，集团化经营尚未取得明显成效。该产业仍然处于低层次、低水平的发展阶段，市场化程度相对较低，创新能力不高，而且并没有成功摆脱过去依赖资源和劳动密集型的旧模式，整体上呈现小规模、分散、实力较弱等问题。首先，对旅游商品开发的认知度不够，导致在这方面的人力和财力投入不足。其次，产、供、销之间的衔接不够紧密，缺乏有效的协调和合作。再次，经营场所的规范程度较低，没有达到标准化的要求。最后，旅游商品缺乏地域特色，与其他省市的景区相比缺乏差异化。缺乏大型、集中、规范、知名度高的旅游购物场所，导致销售方式单一，对游客的吸引力有限。山西文化旅游产业的发展受到人才短缺的制约。目前山西缺乏专业人才，这导致旅游路线、产品开发、设计、宣传推介等缺乏亮点和吸引力，无法与市场需求有效接轨。因此，迫切需要一批能够将旅游、文化和商品融合在一起的人才来推动产业发展。而且发展观念相对滞后，许多企业单纯追逐经济利益，忽视了挖掘和深化核心文化资源的优势。景区之间缺乏差异化，呈现千篇一律的面貌，缺乏独特性。商业化氛围过于浓厚，与文化消费和文化旅游内涵相矛盾。同时，社会诚信缺失，市场需要进一步规范，提高行业的整体形象。此外，山西的宣传意识不足，方式单一，无法精准地满足游客的需求。许多优质的旅游资源无法得到有效推广，与周边省市相比，山西在宣传同类型资源方面明显不足。需要加强宣传力度，探索创新的宣传方式，更好地展示山西的独特魅力和文化内涵。

---

① 山西省文化和旅游厅，https://wlt.shanxi.gov.cn/zxw/zh/sourcefiles/html/linetravels/13101.shtml，由山西省文化和旅游厅官方数据测算得出。

第二阶段：将文旅产业打造成为山西的战略性支柱产业。

2017 年，山西省委、省政府开始组建山西文旅集团，培育山西文化产业新动能，旨在将文旅产业打造成为山西的战略性支柱产业，由此在 2019 年 1 月，山西文旅集团组建起黄河、长城、太行三大旅游板块平台公司，升级山西旅游格局，打造具有创新力、引领力、竞争力的山西文化旅游业的龙头企业和领军企业。集团秉承改革创新、开放合作的发展理念，坚持文化、旅游、金融、科技融合发展，发展目标为做强做优做大企业，成为山西文化旅游业的旗舰，铸就国内、国际文化旅游业的一支劲旅。随着数字经济的蓬勃发展，"科技＋文化＋旅游"互动与融合，数字文旅正在成为文化产业和旅游产业高质量发展的新引擎。同时，文物作为文旅融合的重要载体，具有重要的历史、艺术和科学价值，是人类社会活动的遗物和遗迹，承载丰富的历史信息和文化内涵。山西文旅数字体验馆便是以最简单直观、最受大众喜爱的方式展示山西五千年文明的载体。通过全方位展示山西文化旅游资源，让人们对山西文化旅游资源有一个初步的了解。该数字体验馆不仅是一个平台，展示山西丰富的文化和旅游资源，同时也是推介"华夏古文明·山西好风光"的窗口。为游客提供全新的体验，让他们身临其境地感受山西文化旅游的魅力。此外，山西数字体验馆还起到了重要的桥梁作用，连接政府、资源和消费者，促进了彼此之间的沟通和交流。通过山西数字体验馆，人们可以更加直观地了解山西的文化遗产，激发对山西文化旅游资源的兴趣，进一步推动山西文化旅游产业的发展。文旅融合的基准是保护，保护的目的是利用传承，而文旅融合的目的是保护、传承、利用好文物资源，让文物、文化成为行走的传播者，延续五千年的文明传承。

同时，山西文旅数字体验馆以数字技术创造独特视角，结合人工智能、混合现实、边缘计算、大数据、全息成像、动作捕捉、CAVE 空间等技术应用，与山西深厚的文化旅游资源具有天然的互补性，可以再现、还原、展示五千年的文明，带游客看山西不一样的景色。2020 年 11 月，山西文旅数字体验馆被打造为山西省委党校的现场教学基地，场馆进行创新实践，充分运用高科技信息化艺术手法，突破传统的表现形式，把传统的文字、图片、影像和实物等展示手段与影视、数字技术等现代艺术手法和信息化展示系统融为一体，通过立体的信息传递，使受教育者更易于接受。同时，信息化的教育基地可以突破时间和空间的限制，打破传统党员教育基地背景的局限，用丰富多彩的方法、新颖的视角和立体的层次系统展示教育教学的内容。此次教学基地的创新实践，对于省委党校开展干部党性教育必将发挥重要作用，同时也是亮出山西文旅数字体验馆文旅融合"新名片"的重要窗口。今后，文旅集团将充分利用数字体验馆这一独特资源拓展教育载体和空间，着力打造党性教育的"实境课堂"，使之成为提升党员干部思想境界"红色熔炉"。2020 年 12 月，山西文旅数字体验馆荣获"文化和旅游融合发展十大创新项目"，用大数据赋能旅游产业布局，利用"黑科技"助力数字、文化、旅游相融合，实现了数字化的承载、管理、传播。场馆以文化为纲、以设计为体、以科技为用，通过现代艺术手法融合创新以引领新时代数字文创。

第三阶段：数字奇幻之旅得到实现。

山西文旅数字体验馆引领游客踏上一场数字奇幻之旅，让他们亲身感受山西的自然美景，如满山红叶和郁郁葱葱的塞外长城。体现了山西在"科技＋文旅"融合发展道路所取得的成就。作为全国首座省级的文旅数字体验馆，让游客足不出户即可畅游山西，展示以山西人民为中心，关注人民群众需求的形象。山西文旅数字体验馆的成功运营使其成功荣获国家文化和旅游部首批旅游科技示范园区的称号。这个示范园区的成功实践和智慧化运营为山西文旅集团构建了一个高科技信息化平台和智能化云端服务大脑，进一步推动山西文旅产业的数智化、品牌化和创新化发展。

体验馆大规模采用雷达、微波感应、红外识别、声音互动、动作捕捉等智能交互技术和游戏化设计，结合大数据、人工智能、物联网和云计算，让更多的文旅资源借助数字技术"活起来"，创造更有趣味的沉浸式娱乐体验产品，提高游客的参与感和仪式感。此外，展演内容可根据研学活动等不同需求更新迭代，一键切换主题，数据在云端实时计算、存储，从认知文明到游历风光，游客的每一步都可以被识别探测。山西文旅数字体验馆通过丰富的内容和引人注目的视觉效果，成功成为年轻人喜爱的"网红打卡地"，展示其在数字化时代的活力和吸引力。开创产学研融合发展的新模式，促进数字业态与文旅产业的深度融合。数字体验馆集政府与企业接待、资源推广、数字化体验、文创新零售、数字文旅经济等多个功能于一体，为社会大众提供一个开放的场所。截至 2021 年 10 月，山西文旅数字体验馆已经接待超过 3 万余人次的游客①。同时，山西文旅集团致力于打造两个重要载体，即山西文旅数字体验馆和山西智慧旅游云平台。它们积极主动与文旅、科技、教育、高校等职能部门与社会机构进行对接，共同打造"山西文旅云＋"的新模式。在与省、市、县各级部门的紧密合作下，它们与国内外的合作伙伴协力推动文旅云的发展，持续推动数字体验馆的游览观赏和文化交流。同时，通过与景区、酒店、演艺、研学旅行等二次消费场景的合作，实现更广泛的转化，提升经济效益，重构产业生态。这一切都是通过科技的力量激发"大旅游"产业的活力，为山西的文旅产业发展注入了新的动力。

第二，山西文旅数字体验馆的沉浸式文艺场馆微旅游与城市功能完善点式—原置型协同发展。

首先，对于案例地文化基础的保护。

山西文旅数字体验馆是一座综合体验展馆，集政企接待、资源推广、数字体验、文创新零售、数字文旅经济于一体。融合数字技术和丰富的文化旅游资源，为游客提供沉浸式的文艺场微旅游体验。新型的旅游模式通过数字技术和创新手段，将游客带入历史与文化的世界，提升游客的旅游体验，同时也通过数字化的手段，有效地保护文化遗产。

在文化类型上，山西作为中国历史文化名省之一，拥有悠久的文化历史和独特的文化资源。华夏古文明是中国文明的起源，而晋商文化则是中国商业文化的重要组成部分。这两种文化类型都是山西的重要文化遗产。山西文旅数字体验馆通过数字化展现这些文化遗产，使游客在体验中更好地了解和体验山西文化。比如在华夏古文明展厅，游客可以跟随女娲、神农和大禹等传说中的伟大人物，开启一段千年之旅，深入探索华夏古文明的历史和传承。而在晋商汇通四海展区，游客可以了解到晋商商业的辉煌历史和文化精神，感受到晋商精神的魅力。通过数字化展现，山西文旅数字体验馆可以更好地促进这些文化遗产的保护和传承。在访谈中，一位来自北京的游客唐女士表示：我觉得数字化展示很有意思，可以通过虚拟现实的技术，让游客近距离了解山西的文化遗产和历史。我很喜欢华夏古文明展厅，在那里可以深入了解中国文化的起源，从女娲补天到大禹治水，都非常有趣。不过我老公更喜欢晋商汇通四海展区。数字化展示的方式可以让这些文化遗产得到更广泛的传播和推广，吸引更多的人了解和关注山西特色文化，带动对山西文化的保护和传承。体验馆的工作人员杨哥表示：现在有很多年轻人，他们可能会觉得传统文化比较沉闷，不够有趣。现在我们通过数字化展示来展示中国的历史文化和传统工艺等，让年轻人可以更加深入地了解和认知中国传统文化，从而让更多人对传统文化产生兴趣和认同。反过来，这种文化的保护和传承也促进山西文旅数字体验馆的发展，推动数字化旅游的发展和实践。因此，山西文旅数字体验馆展示山西特色文化的重要性，数字化展示这些文化遗产的方式使得这些文化更好地得到传承和保护。同时，数字化展示还能够吸引更多游客来到山西，使他们深入了解这里的文化遗产，带动当地文旅经济的发展。

在文化利用状况方面，山西文旅数字体验馆采用数字化技术将山西特色文化转化为数字化体验，这种体验可以让游客沉浸在数字化展示中，更好地了解和体验山西文化。数字化体验带来更为生动、直观、多样化的呈现方式，游客可以通过观看多媒体展示、VR 虚拟现实、互动体验等多种形式，深度参与到文化的传承和生动再现中，增强了游客对文化的感官刺激和体验效果，提高游客对山西文化的认知度和体验度。此外，山西文旅数字体验馆还在展馆中设有文创新零售，销售山西

---

① 山西省阳泉市文化和旅游局，http://wlj. yq. gov. cn/whdt/whgj/202305/t20230512_1581425. html。

地方特色产品。游客们可以在了解和沉浸在山西文化的同时，感受到地方特色产品的魅力和文化内涵，促进当地经济和文化的发展。通过这种方式，山西文旅数字体验馆实现文化旅游与经济发展的有效联结，为当地经济和文化的发展注入新动力。同时，文创产品也有助于促进山西文化对外宣传。体验馆内文创店小姐姐表示：我们店里有很多与山西文化相关的文创产品和纪念品，来这边的游客经常会买来当作旅游纪念品或者礼物送给朋友和家人，他们在购买的时候我们会介绍相应产品的文化背景和创作含义，这样他们也会间接了解到一些山西的文化。文化是各个民族和国家的独特财富，有着很强的吸引力和影响力。通过文创产品的推广和营销，山西文化得以更广泛地传播到全国和世界各地，提高游客的认知度和了解度，进一步推动山西文化的发展和保护。一位刚购买文创产品的游客表示：难得来一次山西，这些特色文创产品不仅与游览的景点相得益彰，也可以让我们把山西文化带回家，延续这次旅游的回忆和体验。而且在这里购买文创产品，不仅能够买到喜欢的产品，还能够深入了解和感受到山西文化的魅力。综上所述，山西文旅数字体验馆实现了山西特色文化的数字化展示，将其转化为数字化体验，同时将文化与经济有效联结。通过数字技术的呈现方式和文创产品的销售，山西文旅数字体验馆实现对山西特色文化的更加全面、深入的传承和推广，为山西文化的发展和当地经济的繁荣注入新活力。

综上所述，数字化展示山西特色文化的方式有助于文化传承和保护，吸引游客来到山西旅游，推动当地文旅经济的发展，是社会文化和经济发展的一种有效途径。这种数字化展示方式，充分发挥了数字化技术的优势，为山西本地特色文化的传承和推广、文化旅游的发展、文创产业的升级提供了新的思路和路径。

其次，科技运用的最大化。

山西文旅数字体验馆以其科技感十足的氛围，给每位游客留下深刻的第一印象。在科技发展状况方面，山西文旅数字体验馆运用人工智能、大数据、全息成像等先进技术，将数字技术与山西文化资源相结合，为游客带来身临其境的游览体验。这说明该馆不仅注重文化传承，还关注数字技术的应用，将先进技术与传统文化相结合。该馆是国内首座省级文化旅游融合的数字化综合体验展馆，充分发挥数字技术的优势，将山西丰富的文化资源与旅游业深度融合，为游客提供全新的文化旅游体验。数字技术和文化旅游产业的结合，是现代文化旅游发展的必然趋势，也是山西文旅数字体验馆的重要特点。通过数字化手段，游客可以深入了解山西的历史、风土人情的艺术传统，以全新的方式感受和体验文化遗产。数字化展示不仅丰富文化旅游的内容，还增加互动性和参与感，使游客能够更深入地融入文化体验中。同时，数字化技术的应用为文化旅游产业带来全新的发展机遇，使得传统文化更加立体丰富，提升产业的竞争力和吸引力。山西文旅数字体验馆的应用体现数字技术和文化旅游产业的完美结合，有效推动文化旅游产业的发展，有望成为数字化文化消费场景建设的一个典型范例。

数字技术在山西文旅数字体验馆的应用非常广泛，主要涉及 VR、AR 等数字技术的应用，以及互动式终端和智能物联网设备的运用。利用 VR、AR 等数字技术，游客可以身临其境地感受文化和旅游资源。在山西文旅数字体验馆中，游客可以通过 VR 设备来参观历史文化遗迹和名胜古迹，比如黄河壶口瀑布、晋祠等，实现身临其境的旅游体验。通过 AR 技术，游客可以观看虚拟实景模型，比如古城墙、宫殿等，从而了解它们的历史背景和重要意义。在访谈中，一位来自天津的游客表示：这次体验是一次非常新奇、生动的体验，尤其是当我观看虚拟实景模型时，能够更直观地领略到古城墙、宫殿等建筑的历史文化内涵，让人倍感神奇。数字化展示让游客能够更加深入地了解山西五千年的历史文化和华夏文明，提高游客的参观体验和旅游体验的品质。同时，数字化展示还包括镜像长廊、360 度环绕影像、全息成像等，可以让游客在沉浸式的体验中掌握更多的文化知识。通过镜像长廊的特殊布景和光效，游客可以在行进中感受到沉浸式的文化氛围，从视觉、听觉和触觉上全方位地感受文化蕴含的历史与艺术。360 度环绕影像让游客能够立体感受景点或场景，从而更加深入地了解历史文化的背景。全息成像则更加生动地呈现出历史人物、古文物等文化遗产，让游客不仅可以观看，还可以亲身感受这些文化遗产。正如一位正在游玩的太原本地游客所表示的：在数字化展示中，最让我难忘的是全息成像。在那里我看到了很多历史人物和文物的全息展示，觉得非常神奇、生动。通过这种方式，我更加直观地理解了历史人物和文物的特点和价值，并且能够更好地记忆和深入思考这些知识。另外，游客还可以通过互动式终端和数据互通的智能物联网设备观看和聆听历史文化的信息，提高游客的参与度和沉浸感。通过智能终端，游客可以看到包括音频、视频和文字在内的多种信息，可以根据自己的兴趣和需求，自由地选择观看和学习的内容。同时，这些设备还可以记录游客的喜好和行动轨迹，为游客提供个性化的推荐内容和服务。一位在体验馆游玩的旅游从业者表示：在数字化文化旅游资源应用的发展过程中，旅游从业者也应该跟进技术的发展，不断提升自己的服务水平和管理效率。比如利用数字化设备的数据分析和个性化推荐功能，了解游客的需求和喜好，进而优化游客游览路线和服务方案，也能够提升服务质量和效率。我们这些从业者要不断拓展自己的思路和技能，适应时代的变革和发展。山西文旅数字体验馆的数字化展示和互动式设备，具有沉浸式、互动式和个性化的特点，有效提高游客的参与度和游览体验，是数字化文化旅游资源应用的典范。

在创新技术功能方面，山西文旅数字体验馆通过不断优化游客体验方式，提高游客的多维感知体验。例如，在山西好风光沉浸式镜像长廊中，使用720度镜像、高分辨率影像和镜面纵深感等技术，打造出光怪陆离的科幻视觉效果，创造无限的虚空感和悬浮感，让游客身临其境感受到山西地貌之奇妙和独特。这样的体验方式让游客参观时充满神秘感、新奇感和互动性，提高游客的参观体验。体验馆负责人表示：山西文旅数字体验馆秉承着"文旅＋数字"发展的理念，通过数字化技术的创新应用，打造出更具有互动性和参与感的文化旅游场景，为游客带来更丰富的体验效果。他同时也指出：数字化文化消费场景具有多重优势，如互动性强、个性化定制、多样化选择等，能够提高游客的满意度和忠诚度，同时也带动了文化旅游产业的发展和升级。山西文旅数字体验馆内还有数字化历史场景和应县木塔再造等创新技术功能的实现。数字化历史场景通过数字化技术，复原历史场景，使游客在场景中逐一感受历史文化的丰富内涵。应县木塔再造通过3D打印技术，将古代建筑应县木塔打造成全息立体效果，让游客通过全息投影观看木塔内部的结构和构造，提高游客观察和学习的效果。山西文旅数字体验馆通过创新体验方式和技术功能的实现，提升了游客的多维感知体验，创造出更具有人性化和互动性的参观环境和方式。一位来自意大利的游客表示：我一直对数字化技术在文化旅游中的应用感到好奇，因此很期待能够来到这样一家数字化体验馆。在参观过程中，我深深地被山西好风光沉浸式镜像长廊的效果所震撼，觉得自己仿佛置身于另一个世界中。他还表示：在数字化历史场景中，通过数字化技术的还原，我更加深刻地理解了历史文化的内涵和价值，让我对中国山西文化有了更为深刻的认识。新型体验方式不仅展示山西文化的深度和魅力，也提供数字技术与文化旅游产业融合的新模式，为数字化文化消费场景的发展提供了新思路和案例。

总的来说，山西文旅数字体验馆这一沉浸式文艺场馆微旅游，通过多元化的展览和先进的数字技术，为游客提供全新的文化旅游体验，也为推进数字文化消费场景建设提供重要方向。

再次，市场需求的创新业态。

山西文旅数字体验馆以其丰富多样的内容和引人注目的视觉效果，成为年轻人喜爱的"网红打卡地"。除了成为"网红打卡地"，山西文旅集团还通过开展青少年科普和党史宣传教育活动，利用数字体验馆为青少年提供学习和体验的机会，将教育与娱乐巧妙结合。

数字化技术和文化内涵是山西文旅数字体验馆的核心元素。在数字化技术的支持下，文旅数字体验馆创造了沉浸式体验，为游客提供高品质、个性化、沉浸式的旅游体验，满足市场对旅游体验的不断升级需求。同时，数字化文旅产业的快速发展也为城市规划提供新的机遇和挑战。城市规划需要考虑城市的文化基因继承和创新，数字文旅产业可以为城市文化传承和创新提供有力的支撑。沉浸式文艺场馆微旅游作为数字文旅产业的新兴业态，可以为城市的功能完善和文化发展提供有力的支撑和推动。在访谈中，一位来自唐山的游客表示：当我第一次进入这个场馆时，我真的很惊讶。这里的数字化展示和互动式设备真的让我感到特别震撼。这样的旅游体验是我之前从未有过的，我觉得这里可以被称为一个"数字文化宝库"。比如，当我在参观"历史文化展"时，我感觉仿佛穿越时空，置身于那个时代。通过数字化展示，我们可以更好地了解那些被尘封的历史，感受到那个时代的味道。听着历史的故事，感受着那个时代的气息，真的让人觉得非常震撼和有趣。一方面，沉浸式文艺场馆微旅游可以为城市功能完善提供支持。微旅游可以带动周边服务业的发展，从而提高城市的服务水平，同时还可以吸引人才和资金向城市聚集，提高城市的经济发展水平。一位来自韩国的游客表示：我感觉非常震撼和惊喜，整个场馆的设计非常新颖独特，数字化技术的应用让整个展览更加生动和有趣。另一方面，沉浸式文艺场馆微旅游还可以为城市文化建设和传承创新提供支持。通过数字化技术的创新应用，沉浸式文艺场馆微旅游可以将城市的历史文化和旅游资源更加生动地呈现给游客，增强游客对城市文化的认知和感知，从而进一步推动城市文化的传承和创新。

随着数字化技术的不断发展，人们对旅游体验的要求也日益提高，更加注重个性化和沉浸式体验。沉浸式文艺场馆微旅游作为数字文旅产业中的新兴业态，正是满足这一市场需求的创新业态之一。这种文旅形态融合了数字技术和文化元素，运用沉浸式技术营造出具有个性化特色的旅游体验，如山西文旅数字体验馆就是一个很好的例子。随着数字文旅产业的不断壮大和完善，这种创新业态的市场规模将会进一步扩大。随着年轻人对旅游体验要求的提高，这种以数字技术和文化元素为基础的旅游形态已经成为旅游市场上备受关注的焦点。一位山西文旅数字体验馆的工作人员表示：山西文旅数字体验馆是采用数字化技术手段，创新展示山西文物、文化、旅游资源的一种新型场馆。体验馆采用增强现实、虚拟现实等高科技手段，通过数字化展示、沉浸式体验、互动游戏等方式，让游客在短时间内亲身体验到了山西文化，感受到了历史的沉淀和文化的厚重。尤其现在的人更加注重安全、个性化的旅游形式，沉浸式文艺场馆微旅游的发展前景更加广阔。因此，数字文旅产业为旅游业的转型升级注入新的动力和活力，也将为旅游市场带来更多的机会和创新。随着数字文旅产业的不断发展和完善，沉浸式文艺场馆微旅游的市场前景将会进一步扩大，成为旅游市场中的重要一部分，为市场发展注入新的活力。

综上所述，山西文旅数字体验馆这一沉浸式文艺场馆微旅游在市场需求创新和城市功能完善方面发挥重要作用。在未来，如果沉浸式文艺场馆微旅游与城市规划相互协同，将会在数字化文旅产业高质量发展的道路上持续发挥重要的作用。

最后，案例地的场景化打造。

山西文旅数字体验馆的场景化打造，是其数字化展示和文化传承的重要方面。此项措施通过将文化场景化呈现，让观众更直观、深入地了解山西文化的历史、文化内涵和人文景观，同时也让观众获得更为丰富的文化体验。

一方面，创新场景建设是山西文旅数字体验馆的重要特色，通过运用混合现实、全息成像、VR、体感交互等前沿技术，将真实场景与虚拟体验相结合，为观众带来更加身临其境的感受。例如"飞越山西""晋商掌柜"等主题互动区，既具有地域特色，同时融入现代科技元素，让观众在人文和科技相互融合的场景中，感受山西文化的魅力。除此之外，山西文旅数字体验馆还将古观象台、秘境展厅等文化遗址搬入馆内。这一举措不仅有助于保护文化遗产，更让观众直观地了解山西的历史人文和文化内涵。来自天津的小哥表示：非常震撼！来到这里，我感觉自己仿佛进入了一个全新的数字化世界。从人工智能、VR 等科技手段，到山西的历史文化，这里融合了许多令人惊喜的元素。展馆内有很多有趣的内容，最吸引我的是"飞越山西"，这个互动区让我体验到了身临其境的感觉，仿佛我真的在飞翔。此外，"晋商掌柜"也非常精彩，让我对山西的文化历史有了更深刻的了解。总的来说，这里的场景和体验都极为新颖、特别，非常值得一来。同时，这也是数字化技术运用的一个重要方面，通过数字化手段将文化遗产呈现出来，让更多的人了解和认识山西的文化遗产，同时也为数字化文化保护和传承提供范例。创新场景建设方面的探索和实践，是山西文旅数字体验馆的一大亮点，也是将文化和科技相融合的生动体现。这一措施为山西文旅产业的转型升级和数字化发展提供切实可行的方案。

另一方面，文艺要素应用也得到了充分运用，山西文旅数字体验馆采用多种创新方式，将文化艺术因素与科技要素相结合，为观众带来更为丰富多彩的文化体验。山西文旅数字体验馆通过数字化呈现的艺术作品，实现艺术品的无限延伸和数字再造。观众可以在数字展厅中欣赏到山西的名画、古籍等文化艺术珍品，并通过数字技术的呈现，更好地感受和体验作品所传达的文化内涵。这一措施拓展文化艺术的传播和推广渠道，同时也为文化艺术的数字化和保护提供突破口。山西文旅数字体验馆通过科技和自然的融合，打造出展览的新场景。体验馆的工作人员杨哥表示：我们多次进行场景和展示的创新，例如在"飞越山西"主题互动区中，我们结合了山西自然风光和数字技术，让观众仿佛置身于山西的蓝天白云、青山绿水之中，身临其境地感受山西文化的魅力。例如，展览场内的自然光影工程展现自然之美，数字化呈现山西文化相互交融。为展览的创新提供新思路，以科技为媒，让自然和文化艺术的展现更好地融为一体。山西文旅数字体验馆通过古装真人场景化演艺等方式，将文化艺术因素与科技要素结合起来，展示出中国传统文化的美妙之处。游客小刘表示：我非常喜欢这个数字展厅，我觉得数字化技术真的很神奇。这里的展览让我对山西文化有了更深入的了解和认识。例如，展厅内展示的山西名画、古籍，以及数字化呈现的山西地域文化等，都让我感受到了山西文化的深度和美妙。我真的非常感谢山西文旅数字体验馆，让我感受到了传统文化与新科技的完美融合。这一举措让观众不仅能欣赏到极具历史价值和文化内涵的古装戏剧，同时也在数字化的呈现下更好地感受到文化传承的重要意义。

此外，山西文旅数字体验馆通过研学实践区和研学课程的设置，进一步加强场馆与学校之间的合作，为学生提供更多的场景化学习机会，促进城市教育和旅游的协同发展。其中，某一研学团队的带队老师表示：在这个数字体验馆中，每个展区都呈现了富有深度的历史文化底蕴，同时通过巧妙的设计引发了孩子们的兴趣和参与。这种互动与学习的体验让他们能够在短时间内记住许多知识。虽然展览结束，出了大门，但孩子们仍然恋恋不舍，很舍不得离开。同时，全新打造的文旅科学剧场也将提供更多以科学、实验、互动为主的全新体验，进一步丰富文化旅游的多元化内容。

总之，山西文旅数字体验馆的场景化打造，不仅是文化和科技相融合的重要实践，也为数字化展览提供新的思路和方案，并丰富文化体验的形式。这一措施有助于带动山西文旅产业的创新和升级，同时加速文化遗产数字化保护的进程。

第三，山西文旅数字体验馆——沉浸式文艺场馆微旅游对城市功能完善点式—原置型建设的作用。

为了深入分析山西文旅数字体验馆建设中旅游产业发展与城市更新建设的协同模式，通过对各要素的综合考量，本书将案例重点放在游客、当地居民、旅游公司工作人员及政策等方面，提炼出景区联动、游客群体、城市遗址旅游开发三个关键要素，并通过对这三个方面进行层次性、条理化的分析，搭建出山西省文旅数字体验馆景区联动的作用模型、游客群体的作用模型、城市遗址旅游开发的作用模型，为探讨景区联动、游客群体和城市遗址旅游开发在沉浸式文艺场馆微旅游与城市更新建设的协同中的作用进行案例分析。

首先，沉浸式文艺场馆微旅游的景区联动分析。

山西文旅数字体验馆的景区联动集政治、经济、文化、旅游于一体，利用体验馆的文化教育功能以此提升对游客的吸引力、功能、经济效益，同时，公共文艺场馆往往可代表一个城市的文化缩影，体现城市的文化底蕴与内涵。山西文旅数字体验馆的联动营销、资源联动、技术共享均对景区内部联动发展产生间接或直接影响，可以为游客打造多样化的文化旅程。结合山西文旅数字体验馆的景区联动发展过程，重心置于联动营销、资源联动、技术共享三个方面的内容，科学合理地模拟出山西文旅数字体验馆中景区联动的作用模型（见图7-2）。

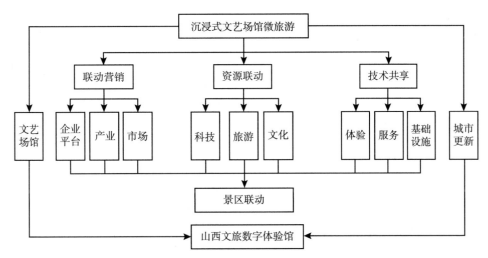

图7-2 山西文旅数字体验馆中景区联动的作用模型

由图7-2可知，山西文旅数字体验馆的景区联动发展既是创新技术体验旅游的基础因素，也是影响当地城市发展的重要条件，重心在联动营销、资源联动及技术共享三个方面。

在联动营销方面，山西文旅数字体验馆通过数字平台、旅游市场、优惠政策和整体布局等多种手段，实现景区内部联动营销、景区外部联动营销、景区跨地区联动营销，从而对城市功能完善点式—原置型建设产生影响。一是山西文旅数字体验馆的微旅游项目通过联动营销实现景区内部联动营销。数字平台和整体布局的优化提高游客的游览体验，同时也为景区内部的其他旅游产品提供展示和推广的平台。例如，文旅数字体验馆与周边景区合作，共同推出联票、套票等优惠政策，在吸引游客的同时也增加周边景区的曝光率，提升整个区域的旅游形象和知名度。一位来自南京的小姐姐表示：我认为微旅游和数字化是旅游行业迎合现代化需求的产物，对于游客旅游体验和方便度有着重要的作用。就比如山西文旅数字体验馆，我们可以提前预订门票，提前做好计划，而且通过文旅数字体验馆内的VR景区介绍和历史文化展示，让我们有了更深刻的印象和体验，不仅进一步拉近了景区和游客之间的距离，还让我们更好地了解景区的历史文化、地理环境等各种信息和知识。二是山西文旅数字体验馆的微旅游项目还通过景区外部联动营销影响更广泛的旅游市场。南京的游客小姐姐表示：我是在旅游社交应用程序上或者在在线旅游平台上看到的山西文旅数字体验馆的相关信息。因为我一般都是在出门旅游前，在这些平台上预订景区门票和旅游产品，这样可以提前规划旅游行程，避免了一些景区的门票售罄等不良影响。数字平台和多种营销渠道的利用，使得文旅数字体验馆的产品能够在社交媒体和在线旅游平台上得到更多曝光和宣传。游客也可以通过平台预订门票和参与各种线上活动，实现线上线下的深度融合，同时也为旅游产业的数字化转型打下基础。三是山西文旅数字体验馆的微旅游项目还在景区跨地区联动营销方面发挥作用。通过与其他地区的文化和旅游资源进行合作，文旅数字体验馆将自身的影响力扩大到更大的范围。比如，文旅数字体验馆与全国多家旅游机构达成合作关系，共同推广山西省内的旅游产品，同时也为其他地区的旅游产品提供展示和宣传的平台。综上所述，山西文旅数字体验馆通过采用多元化的营销策略，实现景区内部、景区外部和跨地区的联动营销，推动城市功能完善点式—原置型建设的发展。

在资源联动方面，山西文旅数字体验馆的数字化产品和服务通过资源联动的空间、产品和服务维度，为山西省的文化旅游发展提供新的推动力。其中，空间维度的资源联动使得游客可以在数字世界里感受不同的场景和文化资源，进而扩大旅游的空间范围和体验深度，提升城市的文化旅游吸引力。产品维度的资源联动，则将山西的文化和旅游资源以数字化产品的形式呈现，为游客提供更加丰富、多样的旅游体验，进一步加强城市的旅游功能。在访谈中，一位来自北京的游客表示：我觉得山西文旅数字体验馆提供的数字化产品和服务非常棒！比如说，电子导游和语音导览让我们更好地了解了景区的历史和文化，提高了游览质量和效率。此外，另外一位来自天津的游客表示：我也非常喜欢山西文旅数字体验馆的数字化产品和服务。服务也非常周到，智能预定、在线售票等措施让我们的旅游体验更加便捷和高效。服务维度的资源联动则通过非遗剪纸、木工榫卯、山西茶、澄泥砚等实践活动，为游客提供更加细致的服务体验，提高城市的旅游服务质量。这些数字化产品和服务的开发不仅增强城市的文化旅游吸引力和功能完善，同时也推进城市点式、原置型建设的实现。数字化产品和服务的推广，使得文化旅游成为城市点式、原置型建设的重要组成部分，促进城市的功能完善和可持续发展。

在技术共享方面，一是山西文旅数字体验馆运用智能交互技术和数字化手段，采用大数据、人工智能、物联网和云计算等先进技术，将丰富的文旅资源进行全面联动，创造出更具创意的沉浸式娱乐体验产品，以提升游客的参与感。体验馆以"华夏古文明，山西好风光"为主题，通过创新的技术手段打破历史、艺术和技术的界限，通过人工智能、混合现实、全息成像、AR、VR和体感交互等再现山西丰富的文旅资源和悠久的历史文明。体验馆的工作人员表示：大量的文化遗产可能会让部分无从切入的游客感到无从下手，甚至深感枯燥乏味，因此，我们主要利用数字化手段和智能交互技术来将文化遗产呈现得更加生动有趣。所以我们基于不同的文旅资源，进行特定的技术应用。将山西的文旅资源进行联动，用数字科技创造出更有创意的沉浸式娱乐体验产品，让游客更好地体验山西的文化和旅游。二是山西文旅数字体验馆在展示文旅资源的同时，也起到城市功能完善的作用。体验馆在建设和运营过程中，吸引大量的游客和参观者，增强城市文化氛围和城市知名度，提升城市的吸引力和竞争力。此外，山西文旅数字体验馆还与政企接待、资源推广、数字体验、文创新零售、数字文旅经济等多个领域合作，实现营销技术的共享，进一步提升其影响力和市场竞争力，同时也促进山西的对外交流、旅游业发展和文旅产业的数字化转型。一位韩国游客表示：数字化展示让我更加深入地了解了太原这座城市的历史和文化，这里也融合了多种数字科技和互动体验，让参观者不仅能够看，还可以玩，这让我觉得非常有趣和有意义。同时我认为数字化和互动体验是山西文旅数字体验馆吸引游客的最大卖点。三是山西文旅数字体验馆的建设以数字化技术和数字化手段为载体，通过对文旅资源的数字化展示和沉浸式体验，创造一种全新的城市功能空间，使文旅资源得到更好的利用和展示。同时，数字化手段也使得文旅资源可以更好地被记录、传承和利用，为文旅产业的发展提供更多的可能性。总的来说，山西文旅数字体验馆的建设和运营利用技术共享的数据共享、营销技术共享、技术设备共享等手段，起到促进城市功能完善点式—原置型建设的作用，也为文旅产业的转型升级提供新的思路和路径。

综上所述，从山西文旅数字体验馆的沉浸式文艺场馆微旅游的发展与景区联动的实践过程可以看出，研究假设 HE3、HE7、HE8 可以从实践过程的角度得到验证，即沉浸式文艺场馆微旅游的发展对景区联动产生积极的影响，同时也进一步对游客群体、城市功能完善点式—原置型产生正向作用。

其次，沉浸式文艺场馆微旅游的游客群体分析。

随着新时代的发展，人民需求发生了变化，旅游产业对城市经济发展起到促进作用，成为当地的支柱产业之一，而游客在旅游目的地有明显的偏好，对旅游项目、出游方式、经济效益、社会效益等产生深刻影响。山西文旅数字体验馆的游客群体的选择主要体现在游客体验、游客评价两个方面，通过提高游客体验度、提升游客好评度和完善旅游设施与服务，实现山西文旅数字体验馆的文化基础、科技应用、市场需求和场景打造。基于以上内容，本章搭建出山西文旅数字体验馆建设中游客群体的作用模型，见图 7-3。

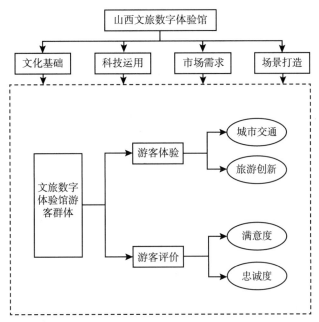

图 7 - 3　山西文旅数字体验馆中游客群体的作用模型

由图 7 - 3 可知，场馆与山西省的整体发展现状相联系，可以从文化基础、科技应用、市场需求、场景打造四个方面出发，分析山西文旅数字体验馆的游客群体的影响。

一方面，山西文旅数字体验馆通过技术创新和文化创意，不断提升游客的多维感知体验和文艺体验，进而影响游客对城市文化内涵的认知与认同，从而促进城市功能完善点式—原置型建设。山西文旅数字体验馆通过数字化展示和交互体验，让游客全方位地感知山西历史文化和文化底蕴。游客对山西文化的深度认知和感知，有助于增强他们对文化遗产的保护意识和文化自豪感，从而提高城市文化内涵的认知度和认同感。一位带着孩子过来游玩的女士表示：我觉得这种类型的数字化展示和交互体验，是一种很有创意的、有趣的学习方式，可以了解文化。同时，游客的感知体验也能够影响城市空间的设计和规划，促进城市功能完善点式—原置型建设。一位在山西文旅数字体验馆中游玩的旅游者表示，他非常喜欢数字化展览和交互体验，因为可以在游客的感官上创造独特的体验，从而让人们对城市的文化内涵和历史有更深刻的认识和理解。他表示：这样的数字化展览不仅可以吸引更多的游客来到这个城市，也能够影响城市空间的设计和规划，让它们更适应游客的喜好和需要。山西文旅数字体验馆通过文化创意和艺术表现手法，营造出浓郁的历史文化氛围，引发游客的情感共鸣。游客在情感体验中产生的文化认同感和归属感，有助于加深他们对山西文化的了解和热爱，同时也能够促进城市功能完善点式—原置型建设。城市应致力于提供独特的旅游体验、打造高品质旅游产品，同时营造良好的旅游环境，以激发游客的情感认同，实现城市文化与旅游的有机融合和可持续发展。来自山西吕梁的游客表示：这里的展览非常贴近山西的本土文化，让我深刻感受到山西的历史和文化价值。我对山西的认识和了解也随着这次游玩而增加了很多。在这样的数字化文化展览中，游客可以更加直观地了解当地的文化和旅游资源，提高我们参与当地旅游活动的兴趣和积极性。综上所述，山西文旅数字体验馆通过游客体验的感知体验、情感体验，可以影响城市功能完善点式—原置型建设，提高城市的品牌形象和旅游竞争力，同时也可以促进旅游业和文化产业的融合发展，实现经济效益和社会效益的双赢。

另一方面，山西文旅数字体验馆中游客群体的影响不仅体现在丰富游客体验方面，还体现在提高游客评价上。山西文旅数字体验馆通过采用先进的数字技术和独特的视角，为游客带来前所未有的真实感和历史文化氛围，提升游客的历史文化体验真实性和认知环境，从而影响游客的外部评价。游客小刘在山西文旅数字体验馆中玩得非常开心，他表示：这里的数字展览和交互体验都非常惊艳，让我感受到了深厚的历史文化氛围和真实的历史场景。我甚至感受到了那些历史人物的存在感。他认为，数字技术和独特视角可以打破传统的展览模式，为游客带来更加真实、震撼的视觉和感官体验。他表示：我在这里可以更加深入地了解山西的历史和文化内涵，这样的历史文化体验和认知环境，让我对这个城市的认知和评价都有了很大的提升。此外，数字体验馆搭建智游山西的公共服务窗口，为游客提供一站式消费和沉浸互动体验，也提高游客对旅游设施和服务的评价。积极的评价能够促进旅游目的地的形象提升和城市功能完善点式—原置型建设的进一步推进。山西文旅数字体验馆作为一种新型旅游设施，采用先进的数字技术和独特的视角，实现对历史文化遗产的沉浸式体验，符合城市功能完善点式—原置型的特点。一位表示在数字体验馆得到非常周到的公共服务的游客表示：我觉得山西文旅数字体验馆为游客提供的一站式消费和沉浸互动体验非常棒，不仅可以让我更加省心地游玩，还能让我更深入地了解当地的历史文化。这样的公共服务窗口让我的旅游体验非常完美。他还表示：数字体验馆建设可以作为一个成功的案例，应用于其他城市或旅游目的地的改造和更新。通过采用先进的数字技术和独特的视角，来营造浓郁的历史文化氛围和沉浸式体验，可以提升城市的文化旅游产业的发展和城市的品牌形象和旅游竞争力。数字体验馆的建设可以作为一个成功的案例来推广和应用，对于城市内的老旧建筑物进行改造和更新，使其更符合当代市场需求，从而提升城市的功能和形象。因此，山西文旅数字体验馆在建设过程中，通过提高游客评价的外部评价和内部评价，成功地影响城市功能完善点式—原置型建设。

综上所述，从山西文旅数字体验馆的沉浸式文艺场馆微旅游的发展与游客群体的实践过程可以看出，研究假设 HE2、HE9 可以从实践过程的角度得到验证，即沉浸式文艺场馆微旅游的发展对游客群体产生积极的影响，同时也对城市功能完善点式—原置型产生正向作用。

最后，沉浸式文艺场馆微旅游的城市遗址旅游开发分析。

城市遗址保护在经济高速发展与城市化快速推进的背景下面临一系列困难，除了要应对自然灾害和风险外，还需要应对人为破坏的威胁。同时，城市遗址保护的有效性受到城市经济发展水平和保护意识等因素的制约。为了保护城市遗址的完整性和文化价值，需要加强保护意识的普及。近年来，随着国家对文化遗址保护的重视，城市遗址保护方式发生积极的转变，过去封闭、保守的保护方式逐渐向保护与适度开发相结合的开发模式转变。通过对太原市进行实地调研，科学合理地分析太原城市遗址旅游可持续开发的要素，本书模拟出山西文旅数字体验馆的城市遗址旅游开发影响模型，见图 7-4。

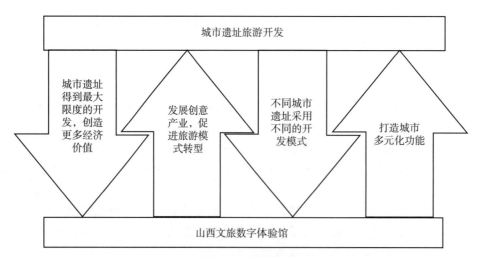

图 7-4　山西文旅数字体验馆中城市遗址旅游开发的作用模型

由图 7-4 可知，城市遗址的旅游可持续发展与位置选择、创意经济、创意产业与城市多元化功能 4 个方面紧密相连，通过对这 4 个方面进行分析，有利于了解城市遗址旅游开发的保护价值与经济效益。

一是合理选择遗址位置。文化遗址资源的合理保护与利用，可为文化旅游产业的发展提供重要的资源，充分利用遗址资源，为城区的经济效益提升提供发展基础。借助城市遗址作为依托，为游客提供观光、休闲、度假服务，可以最大限度地开发城市遗址的旅游价值。通过深入挖掘城市遗址的特色并树立特色旅游城市形象，将为城市带来更多的旅游机遇和经济收益，同时丰富游客的旅游体验，推动城市旅游业的发展。北京唐女士就表示：城市遗址是非常有价值的旅游资源，因为这些遗址承载着历史和文化的底蕴。而且像山西文旅数字体验馆这种改建方式就非常适合年轻人，因为年轻人更加喜欢体验和互动，数字化展览可以满足他们的需求，让他们更能够了解历史和文化。另一位当地游客表示：我在之前也看到有不少游客前来参观数字体验馆，他们都表示非常满意，因为数字化展览能够提供更加全面和深入的历史文化信息，而且还有很多互动体验，非常有趣。

二是创造更多经济价值。沉浸式文艺场馆微旅游是文化旅游产业在新时代背景下的转型升级，以沉浸式体验为核心，通过创新活动类型和相关的生产、经营、销售、服务和管理形态，满足市场竞争和游客消费需求的变化，为游客提供独特、情感共鸣和参与性强的旅游体验。一方面，城市遗址的开发能够促进消费需求的产生，推动文旅数字化体验馆的可持续发展。山西文旅数字体验馆的沉浸式文艺场馆微旅游项目通过主题化、场景化的设计创造超现实体验，跨时空全息呈现三晋大地表里山河，从而吸引大量游客前来参观体验。在游客的消费需求的推动下，文旅数字体验馆得以持续发展，从而为城市经济注入新的动力。在访谈中，游客小夏表示：场馆不仅有丰富的文化内涵，而且有十分强烈的科技感，神奇的一站式大美山西云游让我们都感觉震撼，这是一种全新而令人惊叹的文化体验。特别是其中的《飞越山西》，小朋友们也十分喜欢。另一方面，城市遗址的开发也能够促进文化旅游产业的发展，进而推动城市功能完善点式—原置型建设。场馆的工作人员表示：通过历史和游客的对话，山西文旅数字体验馆实现了与"人文历史和数字科技"的相互交互，从而打造出"一馆游山西，数智五千年"的沉浸式视听体验，让游客尽情感受历史与现代的融合。山西文旅数字体验馆所借助的城市遗址资源，在保护和利用遗址资源的同时，为文化旅游产业的发展提供了重要的资源。以城市遗址为依托，为游客提供观光、休闲、度假服务，最大限度地开发其旅游价值，从而推动城市文化旅游产业的发展，进一步提升城市形象和吸引力，促进城市功能完善点式—原置型建设的实现。综上所述，山西文旅数字体验馆的沉浸式文艺场馆微旅游项目通过城市遗址旅游开发，创造更多经济价值，促进文化旅游产业的发展，进而推动城市功能完善点式—原置型建设的实现。

三是创意产业促进旅游模式转型。通过创意产业的推动，山西文旅数字体验馆这一沉浸式文艺场馆微旅游项目可以实现从传统文艺场馆到沉浸式体验场馆的转型升级，从而进一步推动旅游模式的转型。在这个过程中，山西文旅数字体验馆将城市遗址旅游开发与文化创意产业相结合，利用科技手段和多元化的活动类型，创造出更多的文化创意产品和服务。场馆的杨哥表示：比如我们的《飞越山西》项目，这是一个结合了城市遗址文化和科技手段的主题体验项目，让游客可以在短短几分钟内，通过沉浸式的体验方式了解山西这个古老而神秘的地方。这些创意产品和服务将有助于推动旅游模式的转型，从而带动城市功能完善点式—原置型建设。一方面，山西文旅数字体验馆通过沉浸式体验，让游客更深入地了解城市历史文化和自然风光资源，从而激发游客的文化兴趣和消费需求。另一方面，通过与城市遗址旅游开发的结合，引入更多的文化创意产品和服务到旅游业中，可以促进旅游业的创新升级。同时，也推动文化创意产业的壮大，还为城市功能的完善和城市经济的进一步发展作出贡献。来自南京的一家三口表示：在场馆里还有很多数字文化产品和服务，如数字艺术展、文旅儿童科学剧场等，都很适合家庭出游。我觉得里面的展品和活动让人印象深刻。总之，山西文旅数字体验馆通过创意产业的推动，不仅促进文化旅游的升级和旅游模式的转型，同时也推动城市功能完善点式—原置型建设的推进。

四是打造城市多元化功能。沉浸式文艺场馆微旅游可以为游客提供着观光、休闲、娱乐等服务，重视景区内部的视觉效果与旅游产品的开发创新可以给山西文旅数字体验馆的兴起和发展提供强有力的推动作用。同时，随着科技的高速发展，城市遗址保护方式越发多样化，不仅限于保守性的传统模式。此外，科技发展还可以促进城市经济发展与居民收入提升和就业，对城市遗址旅游开发进行全面、合理、系统的规划。在访谈中，一位太原本地居民表示：太原作为一个拥有悠久历史的城市，有着非常丰富的文化底蕴，但是很多的历史文化遗存都处于缺乏保护和利用的状态，一些非物质文化遗产也面临着被遗忘的危险。同时，很多游客因为对城市文化了解不足，往往不能深入了解、感受到这些文化的魅力。而山西文旅数字体验馆的兴起和发展可以让我们向游客和社会大众展示太原的城市文化。同时，数字化和科技手段的使用，也促进了城市遗址的保护和利用，带动着城市经济的发展。山西文旅数字体验馆在原有文旅大厦的基础上，不断丰富其中展示的主题内容。另一位外地游客表示：作为一名来自外地的游客，我对山西文旅数字体验馆展示的文化内涵和数字化手段非常惊叹。在体验过程中，完全感受到了其中柔和的光线、优美的音乐和多彩的灯光效果，仿佛置身于一个历史的文化之中，令人倍感舒适和放松。特别是数字化手段运用得非常巧妙，能够将历史、艺术和科技完美地结合在一起，打破了传统博物馆所具有的枯燥和无趣的印象。同时，增加公共服务功能可以使游客感知其中的独特魅力，更深次地展示数字化和文化内涵，场馆在充分运用现代科技的同时打破历史、艺术、技术的界限，再现城市的以往风貌，在完善城市功能的同时优化单点或多点的空间结构，促进城市功能与品质的再提升。

综上所述，从山西文旅数字体验馆的沉浸式文艺场馆微旅游的发展与城市遗址旅游开发的实践过程可以看出，研究假设 HE1、HE5、HE6 可以从实践过程的角度得到验证，即沉浸式文艺场馆微旅游的发展对城市遗址旅游开发产生积极的影响，同时进一步对游客群体、城市功能完善点式—原置型产生正向作用。

总之，通过山西文旅数字体验馆的沉浸式文艺场馆微旅游的发展与城市功能完善点式—原置型的实践过程的分析，本书所提出的研究假设基本能够得到验证，从定性分析的角度初步验证沉浸式文艺场馆微旅游、景区联动、游客群体、城市遗址旅游开发、城市功能完善点式—原置型之间的关系。但是，上述各变量之间作用强度的大小、受影响的差异程度等关于沉浸式文艺场馆微旅游与城市功能完善点式—原置型协同模式之间具体作用机制的问题难以定量衡量。为此，本书需要进一步通过问卷调查，运用结构方程模型，从量化分析的角度检验沉浸式文艺场馆微旅游与城市功能完善点式—原置型协同模式之间的具体作用机制。

关于案例验证分析：

案例研究选择山西太原的山西文旅数字体验馆为例，通过实地调研来获取原始资料，保障资料来源的有效性和真实性。为了开展沉浸式文艺场馆微旅游与城市功能完善点式—原置型建设的案例验证，首先阐释以山西文旅数字体验馆作为案例目的地的选题根据，对案例进行描述，将体验馆的建设和发展经历三个关键阶段，通过对这三个阶段的深入分析，展现其独特的发展特色与理念。其中，依据上文搭建的沉浸式文艺场馆微旅游与城市功能完善点式—原置型协同模式的结构方程实证结果，在案例探讨和发展中将景区联动、游客群体和城市遗址旅游开发三个方面置于重心进行分析，搭建出山西文旅数字体验馆的景区联动的作用模型、游客群体的作用模型、城市遗址旅游开发的作用模型。

运用案例研究方法进行案例研究，选择新时代下山西太原市山西文旅数字体验馆为案例，对沉浸式文艺场馆微旅游与城市功能完善点式—原置型协同模式进行验证。结合上文搭建的沉浸式文艺场馆微旅游与城市功能完善点式—原置型协同模式的分析框架、研究假设和结构方程实证分析相关内容，基于山西太原市山西文旅数字体验馆的发展现状，重点把握景区联动、游客群体和城市遗址旅游开发对沉浸式文艺场馆微旅游升级以及城市更新发展当中的作用，用单案例验证沉浸式文艺场馆微旅游与城市功能完善点式—原置型建设协同过程中的影响因素，进一步验证沉浸式文艺场馆微旅游与城市功能完善点式—原置型协同模式。

7.1.4　问卷数据分析

第一，样本数据的描述性统计及信度效度检验。

为了获取关于沉浸式文艺场馆微旅游与城市功能完善点式—原置型协同模式的研究数据，共发布 300 份问卷，并成功回收了 264 份，回收率达到了 88%。然而，由于部分填写不够明确或不认真，以及部分回答不完整，在回收的问卷中出现了一些无效问卷。经过统计，有效问卷的数量为 232 份，有效率为 87.9%。总体而言，有效问卷的数量符合结构方程所要求的样本数量，可以继续进行下一步实证分析。在进行实证分析前，仅仅通过科学、合理、可操作的调查问卷量表来获得更为准确、科学的研究结论是不足够的，还需要对获得的数据进行信度分析和效度分析，以确保数据的可靠性和有效性。运用 SPSS 22 软件对调研数据进行分析，研究数据基本符合正态分布，抽样代表性较好。样本的人口统计学特征如表 7-1 所示。

表 7-1　　　　　　　　　　　样本人口特征的描述性统计

基本特征	样本分组	频数	百分比（%）	基本特征	样本分组	频数	百分比（%）
性别	女	121		受教育程度	初中及以下	54	
	男	111			高中或中专	69	
居住所在地	本地居民	115			大专	44	
	外地游客	117			本科	52	
年龄	14 岁及以下	13			硕士及以上	13	
	15~24 岁	86		职业	工人	24	
	25~44 岁	98			职员	26	
	45~60 岁	26			教育工作者	15	
	61 岁及以上	9			农民	11	
居住时间	1 年及以下	95			自由职业者	70	
	2~5 年	22			管理人员	15	
	6~10 年	45			学生	42	
	11 年及以上	70			服务人员	25	
家庭人均年收入	10000 元及以下	12			技术人员	2	
	10001~15000 元	24			政府工作人员	3	
	15001~30000 元	36			退休人员	12	
	30001~50000 元	67			其他	13	
	50001 元及以上	93		家庭人口数	5 人及以上	54	
					2~5 人	111	
					单身	67	

根据本书的研究设计，在进行描述性统计分析时，重点关注了沉浸式文艺场馆微旅游、城市遗址旅游开发、景区联动、游客群体和城市功能完善点式—原置型五个方面的内容，同时，针对每个主要变量的观测指标，通过 SPSS 22 计算各指标的均值和标准差，并进行解释，具体情况见表 7-2。

表 7 - 2   描述性统计

主要变量	潜在变量	观测变量	均值	标准差	最大值	最小值
沉浸式文艺场馆微旅游 （IAVM）	文化基础 （IAVM1）	IAVM11	3.65	0.722	5	1
		IAVM 12	3.64	0.753	5	1
	科技应用 （IAVM2）	IAVM 21	3.62	0.768	5	1
		IAVM 22	3.64	0.747	5	1
		IAVM23	3.65	0.785	5	1
	市场需求 （IAVM3）	IAVM 31	3.73	0.741	5	1
		IAVM 32	3.61	0.812	5	1
	场景打造 （IAVM4）	IAVM 41	3.66	0.754	5	1
		IAVM 42	3.74	0.768	5	1
城市遗址旅游开发 （UHTD）	位置选择 （UHTD1）	UHTD11	3.16	0.704	5	1
		UHTD12	3.27	0.717	5	1
		UHTD13	3.16	0.677	5	1
	创意经济 （UHTD2）	UHTD21	3.31	0.682	5	1
		UHTD22	3.22	0.755	5	1
	创意产业 （UHTD3）	UHTD31	3.18	0.772	5	1
		UHTD32	3.16	0.748	5	1
		UHTD33	3.11	0.714	5	1
	城市多元化功能 （UHTD4）	UHTD41	3.39	0.775	5	1
		UHTD42	3.19	0.681	5	1
		UHTD43	3.22	0.732	5	1
景区联动 （LSS）	联动营销 （LSS1）	LSS11	3.69	0.682	5	1
		LSS12	3.72	0.717	5	1
		LSS13	3.66	0.743	5	1
	资源联动 （LSS2）	LSS21	3.59	0.810	5	1
		LSS22	3.63	0.782	5	2
		LSS23	3.57	0.785	5	1
	技术共享 （LSS3）	LSS31	3.58	0.727	5	1
		LSS32	3.63	0.800	5	1
		LSS33	3.58	0.750	5	1
游客群体 （GT）	游客体验 （GT1）	GT11	3.37	0.794	5	1
		GT12	3.38	0.822	5	1
	游客评价 （GT2）	GT21	3.41	0.771	5	1
		GT22	3.32	0.751	5	1

续表

主要变量	潜在变量	观测变量	均值	标准差	最大值	最小值
城市功能完善点式—原置型（UFPO）	政府监管机制（UFPO1）	UFPO11	3.29	0.736	5	1
		UFPO12	3.23	0.661	5	1
		UFPO13	3.03	0.672	5	1
	开发商协调机制（UFPO2）	UFPO21	3.31	0.723	5	1
		UFPO22	3.05	0.717	5	1
		UFPO23	3.13	0.707	5	1
	民众参与机制（UFPO3）	UFPO31	3.23	0.735	5	1
		UFPO32	3.08	0.684	5	1
		UFPO33	3.19	0.722	5	1

在本章中，针对新时代下沉浸式文艺场馆微旅游与城市功能完善点式—原置型协同模式进行信度检验，并采用 Kilne 的信度检验标准进行评估。同时，利用 SPSS 22 对沉浸式文艺场馆微旅游与城市功能完善点式—原置型协同模式的量表数据进行信度检验。计算各个变量的 Cronbach's α 系数值（见表 7-3）。通过进行信度和效度检验，评估量表数据的可靠性和有效性，这些结果对于确保研究数据的质量和可信度非常重要，有助于进一步分析和解读研究结果。结果见表 7-3。

表 7-3 信度和效度检验结果

变量	题项	α	因子载荷		KMO 值	累计方差解释率	Bartlett's 球形检验		
							X2	df	Sig.
沉浸式文艺场馆微旅游（IAVM）	2	0.828	IAVM11	0.679	0.955	70.250	1640.511	36	0.000
			IAVM12	0.658					
	3	0.876	IAVM21	0.724					
			IAVM22	0.775					
			IAVM23	0.757					
	2	0.792	IAVM31	0.690					
			IAVM32	0.709					
	2	0.778	IAVM41	0.729					
			IAVM42	0.630					
城市遗址旅游开发（UHTD）	3	0.737	UHTD11	0.497	0.947	52.093	1134.969	55	0.000
			UHTD12	0.562					
			UHTD13	0.596					
	2	0.766	UHTD21	0.676					
			UHTD22	0.707					
	3	0.722	UHTD31	0.432					
			UHTD32	0.561					
			UHTD33	0.559					
	3	0.674	UHTD41	0.466					
			UHTD42	0.628					
			UHTD43	0.671					

变量	题项	α	因子载荷		KMO 值	累计方差 解释率	Bartlett's 球形检验		
							X2	df	Sig.
景区联动 （LSS）	3	0.932	LSS11	0.730	0.962	80.509	2402.610	36	0.000
			LSS12	0.741					
			LSS13	0.780					
	3	0.897	LSS21	0.735					
			LSS22	0.729					
			LSS23	0.699					
	3	0.923	LSS31	0.803					
			LSS32	0.736					
			LSS33	0.704					
游客群体 （GT）	2	0.814	GT11	0.654	0.825	73.884	486.961	6	0.000
			GT12	0.707					
	2	0.800	GT21	0.672					
			GT22	0.760					
城市功能完善点式—原置型 （UFPO）	3	0.675	UFPO11	0.580	0.906	48.348	702.272	36	0.000
			UFPO12	0.458					
			UFPO13	0.607					
	3	0.661	UFPO21	0.591					
			UFPO22	0.603					
			UFPO23	0.615					
	3	0.688	UFPO31	0.621					
			UFPO32	0.609					
			UFPO33	0.528					

根据表 7-3 可知，在新时代下的沉浸式文艺场馆微旅游与城市功能完善点式—原置型协同模式的信度和效度检验结果中，可以发现 Cronbach's α 系数值均大于 0.50，属于可接受的范围。这表明量表数据具有较好的信度，即各个指标在测量目标上具有较高的一致性。在进行效度检验时，各观测变量的因子载荷基本大于 0.50，表明这些指标与其所属的因子之间存在较强的相关性。此外，KMO 值也在 0.90 以上，Bartlett's 球形检验显著性水平均为 0.000，均通过显著性检验，说明该量表具有良好的效度。综合以上结果可知，此次所采用的问卷数据具备反映测量变量真实架构的能力，说明该问卷的数据是符合要求的，问卷量表各组成部分的建构效度良好。

第二，样本数据的结构方程模型构建及调整。

根据沉浸式文艺场馆微旅游与城市功能完善点式—原置型协同模式的理论模型，可以得知沉浸式文艺场馆微旅游、景区联动、游客群体、城市遗址旅游开发和城市功能完善点式—原置型是无法直接观测到的潜在变量。同时，针对这 5 个变量设定的二级指标也属于潜在变量，无法直接观测到。在该模型中，存在显变量和潜在变量，且每个变量中都有内生变量和外生变量的区分。根据变量的性质，可以将沉浸式文艺场馆微旅游与城市功能完善点式—原置型协同模式作用中的各项变量进行归类，其中，沉浸式文艺场馆微旅游是内生变量，景区联动、游客群体和城市遗址旅游开发是中间变量，城市功能完善点式—原置型是外生变量。基于此，本章搭建出新时代下沉浸式文艺场馆微旅游与城市功能完善点式—原置型协同模式的初始结构方程模型（见图 7-5）。

图 7-5 为沉浸式文艺场馆微旅游与城市功能完善点式—原置型协同模式的初始结构方程模型，从中可以看出，沉浸式文艺场馆与城市功能完善点式—原置型协同模式的初始结构方程中有 9 项外生显变量、33 项内生显变量、4 项外生潜变量、12 项内生潜变量。

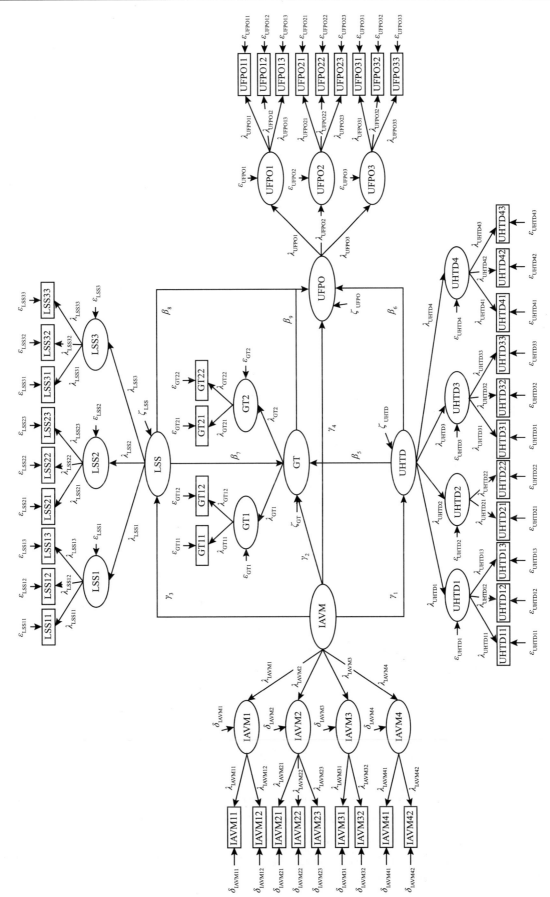

图7-5　沉浸式文艺场馆微旅游与城市功能完善点式——原置型协同模式的初始结构方程模型

9 项外生显变量分别为：IAVM11～12、IAVM21～23、IAVM31～32、IAVM41～42。33 项内生显变量分别为：UHTD11～13、UHTD21～22、UHTD31～33、UHTD 41～43、LSS11～13、LSS21～23、LSS31～33、GT11～12、GT21～22、UFPO11～13、UFPO21～23、UFPO31～33。4 项外生潜变量分别为：IAVM1～4。12 项内生潜变量分别为：UHTD1～4、LSS1～3、GT1～2、UFPO1～3。

在进行新时代下的沉浸式文艺场馆微旅游与城市功能完善点式—原置型协同模式数据验证中，设定相关变量以便于搭建出观测变量的结构方程式。依据研究所搭建的初始结构方程模型中的相关内容，沉浸式文艺场馆微旅游（IAVM）、文化基础（IAVM1）、科技应用（IAVM2）、市场需求（IAVM3）、场景打造（IAVM4）是外生潜变量，分别表示为 ζ_{IAVM}、ζ_{IAVM1}、ζ_{IAVM2}、ζ_{IAVM3}、ζ_{IAVM4}。城市遗址旅游开发（UHTD）、位置选择（UHTD1）、创意经济（UHTD2）、创意产业（UHTD3）、城市多元化功能（UHTD4）、景区联动（LSS）、联动营销（LSS1）、资源联动（LSS2）、技术共享（LSS3）、游客群体（GT）、游客体验（GT1）、游客评价（GT2）、城市功能完善点式—原置型（UFPO）、政府监管机制（UFPO1）、开发商协调机制（UFPO2）、民众参与机制（UFPO3）是内生潜变量，分别表示为 η_{UHTD}、η_{UHTD1}、η_{UHTD2}、η_{UHTD3}、η_{UHTD4}、η_{LSS}、η_{LSS1}、η_{LSS2}、η_{LSS3}、η_{GT}、η_{GT1}、η_{GT2}、η_{UFPO}、η_{UFPO1}、η_{UFPO2}、η_{UFPO3}。由此搭建出新时代沉浸式文艺场馆微旅游与城市功能完善点式—原置型协同模式的观测模型方程式：

$$
\begin{cases}
X_{IAVM1} = \lambda_{IAVM1}\xi_{IAVM} + \delta_{IAVM1}, \quad X_{IAVM2} = \lambda_{IAVM2}\xi_{IAVM} + \delta_{IAVM2}, \\
X_{IAVM3} = \lambda_{IAVM3}\xi_{IAVM} + \delta_{IAVM3}, \quad X_{IAVM4} = \lambda_{IAVM4}\xi_{IAVM} + \delta_{IAVM4}, \\
X_{IAVM11} = \lambda_{IAVM11}\xi_{IAVM1} + \delta_{IAVM11}, \quad X_{IAVM12} = \lambda_{IAVM12}\xi_{IAVM1} + \delta_{IAVM12}, \\
X_{IAVM21} = \lambda_{IAVM21}\xi_{IAVM2} + \delta_{IAVM21}, \quad X_{IAVM22} = \lambda_{IAVM22}\xi_{IAVM2} + \delta_{IAVM22}, \\
X_{IAVM23} = \lambda_{IAVM23}\xi_{IAVM2} + \delta_{IAVM23}, \quad X_{IAVM31} = \lambda_{IAVM31}\xi_{IAVM3} + \delta_{IAVM31}, \\
X_{IAVM32} = \lambda_{IAVM32}\xi_{IAVM3} + \delta_{IAVM32}, \quad X_{IAVM41} = \lambda_{IAVM41}\xi_{IAVM4} + \delta_{IAVM41}, \\
X_{IAVM42} = \lambda_{IAVM42}\xi_{IAVM4} + \delta_{IAVM42}, \quad Y_{LSS1} = \lambda_{LSS1}\eta_{LSS} + \varepsilon_{LSS1}, \\
Y_{LSS2} = \lambda_{LSS2}\eta_{LSS} + \varepsilon_{LSS2}, \quad Y_{LSS3} = \lambda_{LSS3}\eta_{LSS} + \varepsilon_{LSS3}, \\
Y_{LSS11} = \lambda_{LSS11}\eta_{LSS1} + \varepsilon_{LSS11}, \quad Y_{LSS12} = \lambda_{LSS12}\eta_{LSS1} + \varepsilon_{LSS12} \\
Y_{LSS13} = \lambda_{LSS13}\eta_{LSS1} + \varepsilon_{LSS13}, \quad Y_{LSS21} = \lambda_{LSS21}\eta_{LSS2} + \varepsilon_{LSS21}, \\
Y_{LSS22} = \lambda_{LSS22}\eta_{LSS2} + \varepsilon_{LSS22}, \quad Y_{LSS23} = \lambda_{LSS23}\eta_{LSS2} + \varepsilon_{LSS23}, \\
Y_{LSS31} = \lambda_{LSS31}\eta_{LSS3} + \varepsilon_{LSS31}, \quad Y_{LSS32} = \lambda_{LSS32}\eta_{LSS3} + \varepsilon_{LSS32}, \\
Y_{LSS33} = \lambda_{LSS33}\eta_{LSS3} + \varepsilon_{LSS33}, \quad Y_{GT1} = \lambda_{GT1}\eta_{GT} + \varepsilon_{GT1}, \\
Y_{GT2} = \lambda_{GT2}\eta_{GT} + \varepsilon_{GT2}, \quad Y_{GT11} = \lambda_{GT11}\eta_{GT1} + \varepsilon_{GT11}, \\
Y_{GT12} = \lambda_{GT12}\eta_{GT1} + \varepsilon_{GT12}, \quad Y_{GT21} = \lambda_{GT21}\eta_{GT2} + \varepsilon_{GT21}, \\
Y_{GT22} = \lambda_{GT22}\eta_{GT2} + \varepsilon_{GT22}, \quad Y_{UHTD1} = \lambda_{UHTD1}\eta_{UHTD} + \varepsilon_{UHTD1}, \\
Y_{UHTD2} = \lambda_{UHTD2}\eta_{UHTD} + \varepsilon_{UHTD2}, \quad Y_{UHTD3} = \lambda_{UHTD3}\eta_{UHTD} + \varepsilon_{UHTD3}, \\
Y_{UHTD4} = \lambda_{UHTD4}\eta_{UHTD} + \varepsilon_{UHTD4}, \quad Y_{UHTD11} = \lambda_{UHTD11}\eta_{UHTD1} + \varepsilon_{UHTD11}, \\
Y_{UHTD12} = \lambda_{UHTD12}\eta_{UHTD1} + \varepsilon_{UHTD12}, \quad Y_{UHTD13} = \lambda_{UHTD13}\eta_{UHTD1} + \varepsilon_{UHTD13}, \\
Y_{UHTD21} = \lambda_{UHTD21}\eta_{UHTD2} + \varepsilon_{UHTD21}, \quad Y_{UHTD22} = \lambda_{UHTD22}\eta_{UHTD2} + \varepsilon_{UHTD22}, \\
Y_{UHTD31} = \lambda_{UHTD31}\eta_{UHTD3} + \varepsilon_{UHTD31}, \quad Y_{UHTD32} = \lambda_{UHTD32}\eta_{UHTD3} + \varepsilon_{UHTD32}, \\
Y_{UHTD33} = \lambda_{UHTD33}\eta_{UHTD3} + \varepsilon_{UHTD33}, \quad Y_{UHTD41} = \lambda_{UHTD41}\eta_{UHTD4} + \varepsilon_{UHTD41}, \\
Y_{UHTD42} = \lambda_{UHTD42}\eta_{UHTD4} + \varepsilon_{UHTD42}, \quad Y_{UHTD43} = \lambda_{UHTD43}\eta_{UHTD4} + \varepsilon_{UHTD43}, \\
Y_{UFPO1} = \lambda_{UFPO1}\eta_{UFPO} + \varepsilon_{UFPO1}, \quad Y_{UFPO2} = \lambda_{UFPO2}\eta_{UFPO} + \varepsilon_{UFPO2}, \\
Y_{UFPO3} = \lambda_{UFPO3}\eta_{UFPO} + \varepsilon_{UFPO3}, \quad Y_{UFPO11} = \lambda_{UFPO11}\eta_{UFPO1} + \varepsilon_{UFPO11}, \\
Y_{UFPO12} = \lambda_{UFPO12}\eta_{UFPO1} + \varepsilon_{UFPO12}, \quad Y_{UFPO13} = \lambda_{UFPO13}\eta_{UFPO1} + \varepsilon_{UFPO13}, \\
Y_{UFPO21} = \lambda_{UFPO21}\eta_{UFPO2} + \varepsilon_{UFPO21}, \quad Y_{UFPO22} = \lambda_{UFPO22}\eta_{UFPO2} + \varepsilon_{UFPO22}, \\
Y_{UFPO23} = \lambda_{UFPO23}\eta_{UFPO2} + \varepsilon_{UFPO23}, \quad Y_{UFPO31} = \lambda_{UFPO31}\eta_{UFPO3} + \varepsilon_{UFPO31}, \\
Y_{UFPO32} = \lambda_{UFPO32}\eta_{UFPO3} + \varepsilon_{UFPO32}, \quad Y_{UFPO33} = \lambda_{UFPO33}\eta_{UFPO3} + \varepsilon_{UFPO33}.
\end{cases}
$$

在构建观测模型方程式的基础上，根据结构模型的一般形式，建立了沉浸式文艺场馆微旅游与城市功能完善点式—原置型协同模式的结构方程式，表达如下：

$$\begin{cases} \eta_{LSS} = \gamma_3 \xi_{IAVM} + \zeta_{LSS}, \\ \eta_{GT} = \gamma_2 \xi_{IAVM} + \beta_5 \eta_{UHTD} + \beta_7 \eta_{LSS} + \zeta_{GT}, \\ \eta_{UHTD} = \gamma_1 \xi_{IAVM} + \zeta_{UHTD}, \\ \eta_{UFPO} = \gamma_4 \xi_{IAVM} + \beta_6 \eta_{UHTD} + \beta_8 \eta_{LSS} + \beta_9 \eta_{GT} + \zeta_{UFPO}. \end{cases}$$

其中，分别用 γ_1、γ_2、γ_3、γ_4 表示为沉浸式文艺场馆微旅游到城市遗址旅游开发、游客群体、景区联动、城市功能完善点式—原置型的作用路径。分别用 β_5、β_6 表示城市遗址旅游开发到游客群体与城市功能完善点式—原置型的作用路径，分别用 β_7、β_8 表示景区联动到游客群体与城市功能完善点式—原置型的作用路径，用 β_9 表示游客群体到城市功能完善点式—原置型的作用路径。

为了评估沉浸式文艺场馆微旅游与城市功能完善点式—原置型协同模式的拟合度，本书采用了八种最常用的拟合指标检验方法，分别是 CMIN \ DF、CFI、IFI、TLI、AGFI、PNFI、RMSEA、RMR。将本章构建的初始结构方程模型放入 AMOS 软件，并导入所使用的量表数据。通过分析这些数据，获得了沉浸式文艺场馆微旅游与城市功能完善点式—原置型协同模式的拟合指标值（见表 7－4）。

表 7－4　　　　　　　　　　　　初始结构方程模型适配度检验结果

拟合指标	CMIN\DF	CFI	IFI	TLI	AGFI	PNFI	RMSEA	RMR
观测值	1.603	0.936	0.936	0.930	0.779	0.781	0.051	0.034
拟合标准	<3.00	>0.90	>0.90	>0.90	>0.80	>0.50	<0.08	<0.05

根据表 7－4 中各项拟合指标检验值，可以看出基本上达到了拟合标准，说明上文所建立的沉浸式文艺场馆微旅游与城市功能完善点式—原置型协同模式的初始结构方程模型可以很好地与调查问卷所得的量表数据进行拟合。由此，在进行拟合度检验的基础上，进一步测度初始结构方程中的各路径的系数（见表 7－5）。

表 7－5　　　　　　　　　　　　初始结构方程路径估计

路径	模型路径	路径系数	S.E.	C.R.	P
γ_1	IAVM→UHTD	0.76	0.063	9.984	***
γ_2	IAVM→GT	0.33	0.119	2.835	0.005
γ_3	IAVM→LSS	0.79	0.063	12.951	***
γ_4	IAVM→UFPO	0.19	0.096	1.751	0.080
β_5	UHTD→GT	0.44	0.118	4.680	***
β_6	UHTD→UFPO	0.33	0.103	3.493	***
β_7	LSS→GT	0.10	0.084	1.214	0.225
β_8	LSS→UFPO	0.21	0.068	2.693	0.007
β_9	GT→UFPO	0.20	0.079	2.209	0.027

注：*** 表示 P<0.001。

由表 7－5 可知，IAVM→UFPO 和 LSS→GT 这两条路径没有通过显著性检验。从结果上来看，沉浸式文艺场馆微旅游与城市功能完善点式—原置型协同模式的初始结构方程模型的构造思路基本正确，但其中的部分关系需要进行调整。因此，本章在初始结构方程模型中删除沉浸式文艺场馆微旅游到城市功能完善点式—原置型和景区联动到游客群体的直接作用关系路径，即 IAVM→UFPO 和 LSS→GT（见图 7－6）。

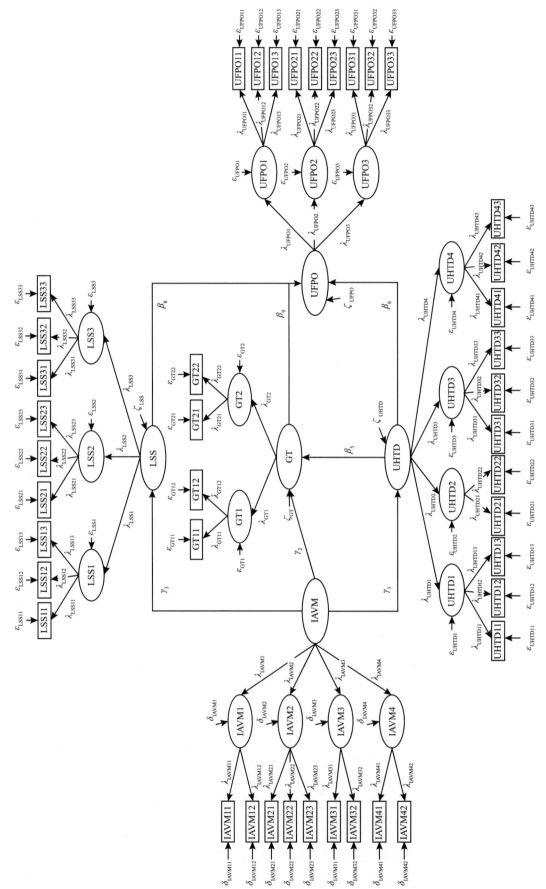

图7-6　调整后的沉浸式文艺场馆微旅游与城市功能完善置点式—原置型协同模式结构方程模型

图7-6为调整后的沉浸式文艺场馆微旅游与城市功能完善点式—原置型协同模式的结构方程模型，将调整后的结构方程模型放到AMOS中进行拟合度检验，其结果见表7-6。

表7-6 调整后的结构方程模型适配度检验结果

拟合指标	CMIN\DF	CFI	IFI	TLI	AGFI	PNFI	RMSEA	RMR
观测值	1.606	0.935 *	0.936	0.930	0.779	0.782	0.051	0.035
拟合标准	<3.00	>0.90	>0.90	>0.90	>0.80	>0.50	<0.08	<0.05

根据表7-6中可以看出，调整后的结构方程模型各项拟合指标检验值基本达标，这表明调整后的结构方程模型与原始数据量表之间仍然匹配良好。

在拟合度检验的基础上，进一步将构建的调整后的结构方程模型导入AMOS软件中，进行路径估计，其结果见表7-7。

表7-7 调整后的结构方程路径估计

路径	模型路径	非标准化路径系数	标准化路径系数	S. E.	C. R.	P
γ_1	IAVM→UHTD	0.63	0.77	0.062	10.056	***
γ_2	IAVM→GT	0.40	0.39	0.092	4.343	***
γ_3	IAVM→LSS	0.82	0.79	0.063	13.026	***
β_5	UHTD→GT	0.59	0.47	0.120	4.919	***
β_6	UHTD→UFPO	0.41	0.38	0.101	4.012	***
β_8	LSS→UFPO	0.25	0.29	0.055	4.528	***
β_9	GT→UFPO	0.23	0.27	0.078	2.911	0.004

注：*** 表示 $P < 0.001$。

根据表7-7中可以看出，调整后的结构方程模型中的各个路径都呈现出显著性的状态。具体而言，在表7-7中绝大多数路径上，显著性水平均达到了0.001，这表明这些路径较好地通过显著性检验。由此可以判断，调整后的结构方程模型是最满意的结构方程，在进一步分析中，对这些路径进行标准化处理，使得路径系数的数值都在 $-1 \sim 1$ 的范围内，得出最终的结构方程模型，见图7-7。

第三，结构方程的假设检验及效应分解。

依据上述结构方程实证结果，结合本书所提出的研究假设与概念模型，对新时代下的沉浸式文艺场馆微旅游与城市功能完善点式—原置型协同模式的假设验证和路径系数进行了归纳总结，详情如表7-8所示。

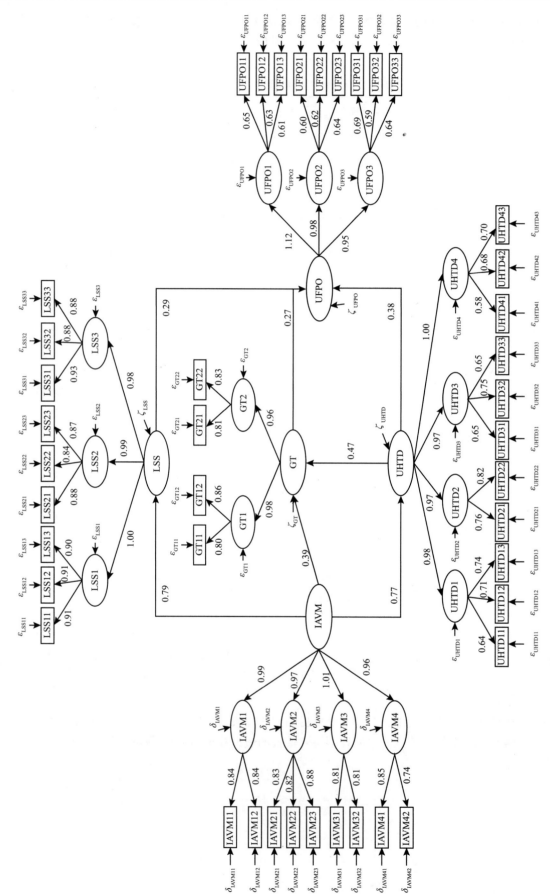

图7-7　最终的沉浸式文艺场馆微旅游与城市功能完善点式一原置型协同模式的结构方程模型

表7-8　沉浸式文艺场馆微旅游与城市功能完善点式—原置型协同模式结构方程模型路径结果分析

路径	模型路径	路径系数	显著性水平	研究假设	检验结果
γ_1	IAVM→UHTD	0.77	***	H1	支持
γ_2	IAVM→GT	0.39	***	H2	支持
γ_3	IAVM→LSS	0.79	***	H3	支持
γ_4	IAVM→UFPO	—	—	H4	不支持
β_5	UHTD→GT	0.47	***	H5	支持
β_6	UHTD→UFPO	0.38	***	H6	支持
β_7	LSS→GTI	—	—	H7	不支持
β_8	LSS→UFPO	0.29	***	H8	支持
β_9	GT→UFPO	0.27	0.004	H9	支持

注：*** 表示 $P < 0.001$。

　　经过标准化处理，沉浸式文艺场馆微旅游到城市遗址旅游开发的路径系数为 0.77，$P < 0.001$，通过了显著性的检验，即"沉浸式文艺场馆微旅游对城市遗址旅游开发具有显著的直接正向作用"的原假设 HE1 成立。

　　沉浸式文艺场馆微旅游到游客群体的路径系数为 0.39，$P < 0.001$，通过了显著性检验，即"沉浸式文艺场馆微旅游对游客群体具有显著的直接正向作用"的原假设 HE2 成立。

　　沉浸式文艺场馆微旅游到景区联动的路径系数为 0.79，$P < 0.001$，通过了显著性检验，即"沉浸式文艺场馆微旅游对景区联动具有显著的直接正向作用"的原假设 HE3 成立。

　　沉浸式文艺场馆微旅游到城市功能完善点式—原置型发展模式的作用路径在模型调整中被删除了，未能够通过显著性检验，即"沉浸式文艺场馆微旅游对城市功能完善点式—原置型具有显著的直接正向作用"的假设不成立，检验的结果拒绝了原假设 HE4。

　　城市遗址旅游开发到游客群体的路径系数为 0.47，$P < 0.001$，通过了显著性检验，即"城市遗址旅游开发对游客群体具有显著的直接正向作用"的原假设 HE5 成立。

　　城市遗址旅游开发到城市功能完善点式—原置型发展模式的路径系数为 0.38，$P < 0.001$，通过了显著性检验，即"城市遗址旅游开发对城市功能完善点式—原置型具有显著的直接正向作用"的原假设 HE6 成立。

　　景区联动到游客群体的作用路径在模型调整中被删除了，未能够通过显著性检验，由此，即"景区联动到游客群体具有显著的直接正向作用"的假设不成立，检验的结果拒绝了原假设 HE7。

　　景区联动到城市功能完善点式—原置型发展模式的路径系数为 0.29，$P < 0.001$，通过了显著性检验，即"景区联动对城市功能完善点式—原置型具有显著的直接正向作用"的原假设 HE8 成立。

　　游客群体到城市功能完善点式—原置型发展模式的路径系数为 0.27，$P < 0.001$，通过了显著性检验，即"游客群体对城市功能完善点式—原置型具有显著的直接正向作用"的原假设 HE9 成立。

　　由此可知，新时代下沉浸式文艺场馆微旅游与城市功能完善点式—原置型协同模式的结构方程模型较好地与量表数据进行拟合，沉浸式文艺场馆微旅游到城市功能完善点式—原置型的直接作用路径虽然被删除掉了，但仍有 4 条间接作用路径，其间接作用路径分别为 0.293（0.77×0.38）、0.098（0.77×0.47×0.27）、0.105（0.39×0.27）、0.229（0.79×0.29），总的间接作用路径效应为 0.725。可以看出，沉浸式文艺场馆微旅游对城市功能完善点式—原置型发展模式的作用影响中，景区联动、游客群体和城市遗址旅游开发是三个中间变量，对其有着重要作用。

　　景区联动到居民意愿的作用路径在模型调整中被删除，究其原因，与城市功能完善点式—原置型的发展现状是分不开的。城市功能完善点式—原置型是集城市旧区改造、旅游、休闲、旅游等多种功能为一体的城市更新空间范型，景区联动受到多种因素的影响，同时影响着城市功能完善点式—原置型创新建设。

同时，在模型的调整中，即使删除了景区联动到游客群体的直接作用路径，但景区联动仍是重要的中间变量之一，沉浸式文艺场馆微旅游对景区联动产生 0.79 的路径系数，足以显示其重要性。

在所确定的最终沉浸式文艺场馆微旅游与城市功能完善点式—原置型协同模式结构方程模型中，沉浸式文艺场馆微旅游的文化基础、科技应用、市场需求和场景打造，也与城市功能完善点式—原置型建设中的政府监管、开发商协调与民众参与有关。同时，景区联动、游客群体和城市遗址旅游开发均是新时代下的沉浸式文艺场馆微旅游与城市功能完善点式—原置型协同模式的重要中间变量。在实践中，既要将沉浸式文艺场馆微旅游与城市功能完善点式—原置型发展模式的直接作用放在突出位置，也要关注景区联动、游客群体和城市遗址旅游开发在沉浸式文艺场馆微旅游与城市功能完善点式—原置型协同模式中的重要连接作用，将重点放在加强景区联动、提升游客群体与促进城市遗址旅游开发上来。

7.1.5　研究发现

本书运用个案分析和结构方程分析的方法展开沉浸式文艺场馆微旅游与城市功能完善点式—原置型协同模式的影响作用分析，根据当前旅游业的文化基础、科技运用、市场需求和场景打造，并结合城市更新的政府监管、开发商协调、民众参与三个方面考虑构建沉浸式文艺场馆微旅游与城市功能完善点式—原置型协同模式的理论框架，通过访谈以及问卷调查分别对沉浸式文艺场馆微旅游、城市遗址旅游开发、游客群体、景区联动和城市功能完善点式—原置型协同模式进行分析。基于上述分析，主要得出以下发现：

第一，沉浸式文艺场馆微旅游对城市遗址旅游开发、游客群体、景区联动产生正向影响。

沉浸式文艺场馆微旅游到景区联动的标准化路径系数为 0.79，在 1% 的显著性水平上显著。山西太原作为一个历史悠久的文化名城，文化底蕴深厚，而山西太原文旅数字体验馆在其展示内容中充分体现了山西太原的历史文化内涵，如介绍山西太原的青铜器、古代建筑等文化遗产。文化元素能够引起游客的兴趣和好奇心，从而促进游客对前往山西太原市文化旅游的兴趣和参观。山西太原文旅数字体验馆应用的数字化技术，多媒体与沉浸式展示手段，与景区资源互补，可以给景区提供丰富的展示和体验方式，同时，景区也可以向文艺场馆提供景区的历史文化背景和特色文艺表演等资源，以加强展示内容与景区文化内涵、特色文化和历史文化背景的融合和互通，实现资源共享和加深互动交流。山西太原文旅数字体验馆拥有完备的数字化技术设施，将各种技术手段应用到了展览和体验环节之中，同时，景区也可以向文艺场馆借鉴和学习数字化互动技术，提升景区的游览品质、体验水平和服务质量，共同拓展文化旅游市场和传播山西太原市文化内涵。

沉浸式文艺场馆微旅游到城市遗址旅游开发的标准化路径系数为 0.77，在 1% 的显著性水平上显著。山西太原文旅数字体验馆作为一个新型旅游产品，将数字化、沉浸式、互动式等现代科技手段与遗址旅游相结合，从而拓宽城市遗址旅游的产品范围，为游客提供更加丰富多彩、创新的旅游产品，吸引更多潜在游客前来参观和体验，进一步增加城市旅游的吸引力和竞争力。山西太原文旅数字体验馆利用数字化技术和场景设计，融入多种文化元素和艺术表现形式，为城市遗址旅游带来全新的游览体验，丰富旅游产品种类，提升城市遗址旅游的吸引力和竞争力。山西太原文旅数字体验馆是当地文化的展示窗口，通过打造一流的文艺场馆，展现太原城市的文化艺术和历史底蕴。通过艺术表现、数字化语言等多种手段，传达太原这座城市的文化底蕴。山西太原文旅数字体验馆不仅为传统城市遗址旅游注入新的活力，同时也为新型文化产业提供发展的平台和机遇。通过数字化和文创的融合，促进新型文化产业的创新和发展，为城市经济的升级和转型带来新的动力。

沉浸式文艺场馆微旅游到游客群体的标准化路径系数为 0.39，在 1% 的显著性水平上显著，虽然沉浸式文艺场馆微旅游到游客群体的路径系数相对其他路径系数较小，但也对游客群体产生直接影响。山西文旅数字体验馆正在进行全面的升级，通过引入全新的数字化体验、场景化设置以及融入古装真人场景化演艺等元素，馆内的游客参观体验将得到极大丰富和提升，极大提升游客的参观舒适度、互动感、沉浸感。同时，山西太原文旅数字体验馆吸引大量国内外游客，借助文化艺术的力量，促进不同文化的交流和了解。游客可以通过数字化技术和语言服务，更好地了解当地历史文化，促进文化传播和交流。此外，山西太原文旅数字体验馆的数字化、情境化的艺术展示方式，集中展现当地历史文化的精彩和博大，让游客与文化产生更亲密的联系，提高游客的文化素养。

第二，城市遗址旅游开发对游客群体、城市功能完善点式—原置型产生正向影响。

城市遗址旅游开发到游客群体的标准化路径系数为 0.47，在 1% 的显著性水平上显著。城市遗址旅游开发可以提供更多、更好的旅游资源，为文旅数字体验馆的游客带来更多的游览、学习、娱乐和游玩体验，能够为游客提供更深入、广泛的文化认知和旅游学习机会，让游客更好地了解太原的历史、文化和人文景观。在增长游客的经验和见识的同时，城市遗址旅游开发让游客更深入了解文化旅游的内涵，增加游客对文化旅游的兴趣和热情，也为文旅数字体验馆注入更多文化元素，让游客更愿意前来体验文化活动。此外，城市遗址旅游在开发中，越来越注重加强对旅游管理和安全保障的费用投入，这样的投入旨在为游客提供一个更加安全的旅游环境，以确保他们能够尽情畅游文旅数字体验馆，体验贴近历史文化的生动画面，享受优质的旅游服务和安全保障，从而提升他们对文旅数字体验馆的满意度和忠诚度。

城市遗址旅游开发到城市功能完善点式—原置型的标准化路径系数为 0.38，在 1% 的显著性水平上显著。太原市作为一个历史文化名城，城市遗址旅游开发可以加强太原市的文化传承和保护，在弘扬文化内涵的同时也让更多游客了解到太原市的历史和文化意义。而且城市遗址旅游开发可以促进太原市城市规划和基础设施建设的完善性，使之更适应旅游需求和旅游产业的快速发展，也可以增加太原市的文化氛围和人文内涵，推进城市建设的综合性和提高太原市的整体形象。山西太原文旅数字体验馆是一项新颖的城市遗址旅游开发项目，位置选择可以促进城市旅游资源的均衡使用和充分开发，推动太原市的城市整体形象和能级提升。山西太原文旅数字体验馆的开发可以促进太原市的城市多元化功能完善。数字化展览的推广，可以吸引更多的游客前来参观和体验，带动旅游服务相关产业的发展，也可以促进城市产业结构的优化和调整。此外，数字化展览的开发也可以通过弘扬太原市的优秀文化，推动城市的发展与完善。同时，数字化的展览体验方式，不仅满足人们获取历史文化信息的渴望，也促进旅游消费的创新和升级。通过数字化展览的开发，可以挖掘山西太原市的历史文化遗产价值，推广阐释当地文化价值观念，提高太原市文化传承与发展能力。

第三，景区联动、游客群体均对城市功能完善点式—原置型建设产生正向作用。

景区联动对城市功能完善点式—原置型的标准化路径系数为 0.29，在 1% 的显著性水平上显著。山西文旅数字体验馆通过数字化展览的推广和景区之间的相互促进，可以提高景区的互动性和客流量，进一步推动太原市景区的改造和提升，提高太原市的景区档次和品质，从而进一步提高太原市在旅游业中的竞争力和吸引力。同时，景区联动促进城市服务功能完善。通过数字化展览的创新和景区联动的设置，可以提供更加便捷和舒适的游览环境，进一步提高游客的游览体验感和服务满意度，同时及时提高提醒和指示，更好地服务游客，提高城市服务和管理水平。此外，通过数字化展览和景区联动的设置，可以引导游客更全面地了解太原市的历史文化和产业发展。通过景区和数字化展览的多栖化，可以进一步促进太原市的文化、科技、特色产业的发展，推动太原市向全方位、多元化的城市发展模式转型。

游客群体对城市功能完善点式—原置型的标准化路径系数为 0.27，在 1% 的显著性水平上显著。山西太原文旅数字体验馆主要面向的游客群体包括文化、科技和数字爱好者，以及对太原市历史文化、旅游资源和城市发展感兴趣的游客。这些游客在游览太原市时，往往会积极参与文旅数字体验馆的活动和数字化展览，从而对太原市的城市功能完善点式—原置型建设产生积极的影响。同时，山西太原文旅数字体验馆的游客群体能够给太原市带来更高效的市场回报。因为游客在进行游览时，除了游览本身，也会消耗一定的市区服务资源，如酒店、餐饮、购物、交通等。当游客的体验感和满意度不断提高时，他们的评价和口碑也将得到更广泛的传播和推广，从而扩大太原市影响范围，提升太原市在文化旅游业领域的知名度和影响力。

7.1.6　关于研究发现的进一步讨论

第一，沉浸式文艺场馆微旅游对城市遗址旅游开发、游客群体、景区联动产生正向影响，可能有以下几个方面：

沉浸式文艺场馆微旅游能够为游客提供深度体验，满足他们对于历史和文化内涵的需求。并且，其符合当今游客对于微旅游趋势的追求，即追求短暂却深入的旅游体验，同时为旅游场所带来更为丰富多元和高品质的旅游产品，能够吸引更多的游客到场体验，从而直接或间接地促进城市遗址旅游开发。同时，遗址景点配套沉浸式文艺场馆微旅游，可以为利益相关者们提供更丰富多元的旅游产品，满足不同游客的需求，提高其旅游体验，从而增加其吸引力。沉浸式文艺场馆微旅游这一创新旅游业态为遗址保护提供了新的思路、新的方法，是理论与实践完美结合的新方式。此外，由于城市遗址环境的脆弱性，遗留下来的人文资源成为一种极为重要的传播媒介。通过游览和鉴赏这些遗址，能够更好地保护原有遗址，同时使其继续发挥其独特的价值功能。沉浸式文艺场馆微旅游以艺术和文化为媒介，能够活化和复兴旧址，让历史遗存得以再现。这样既能保护物质遗迹环境，又能将人文资源转化为旅游产品的一部分，使城市遗址旅游开发更加全面和有意义。沉浸式文艺场馆微旅游能够为城市遗址旅游开发带来正向影响，提高旅游场所吸引力，满足游客深度体验的需求，促进经济发展，同时为保护原有遗址提供新的保护方式。

人们对美好生活的追求推动旅游业的快速发展，促进文化交流、传承与传播的进程。同时，旅游业作为文化的传承和传播平台，使得多样的文化得以注入和融合，为旅游业赋予灵魂，提升旅游的品质和水平。沉浸式文艺场馆微旅游结合信息化、文化艺术等元素，能够满足游客对于文化、艺术等方面多样化的需求，提升游憩旅游体验质量。为了满足游客和居民不断增长的多样化旅游需求，需要通过建立信息化和文化艺术旅游服务系统，以及构建景区总体容量和重要节点流量控制体系、外来旅游交通分流及空间组织体系等措施，提高游憩旅游的体验质量。这些措施可以帮助游客一站式查询相关旅游信息，提供更加个性化、定制化的文化艺术旅游服务，同时优化景区组织和布局，确保游客游览安全和流畅性，提高游客的满意度和旅游经济的效益。我国正在加速推进文化和旅游的融合发展，其中，文艺场馆被视为实现这一融合的重要突破口。博物馆、艺术馆、美术馆、艺术中心、图书馆等文艺场馆集中丰富的文化资源，是文化底蕴的重要展示和传承地，同时也成为旅游业注入更多的文化内涵和魅力的重要来源，从而实现文旅融合。参观和游览文艺场馆本身就是文旅融合战略的重要体现，而沉浸式文艺场馆微旅游在这一实践中具有重要的意义。此外，沉浸式文艺场馆微旅游是一种非常个性化的体验，在选择场馆、消费方式和对象时，游客可以根据自身的兴趣、气质和自我认知作出选择，从而更好地体现出自己的身份认同、个人特点以及对某一群体的归属，这可以让游客感受到自身价值的提升，产生积极的情感体验。沉浸式文艺场馆微旅游还可促进游客之间的互动交流和社交连接，社交联系有助于游客更好地建立人脉和拓展社交圈，进而对游客的自我认知、自我发展产生积极的影响。与传统旅游相比，沉浸式微旅游更加注重游客的参与，游客能够有更多机会去了解和体验本地文化的历史、背景、风俗、习惯等，可以更好地认识自己的文化身份和所在文化的特点，从而增强自我意识和自信心。同时，旅游是一种探索自我认识的方式，而旅游体验过程则成为游客自我建构的基石，也是寻找个人与社会群体之间联系和差异的身份探索。在这一过程中，文化旅游扮演着标识个体身份的重要角色，游客展示自我意识和身份认同的内涵，文化场馆类型选择、消费对象和方式标明个人的品位、特征以及与特定群体的归属，丰富旅游的体验和意义。文化旅游使个体能够在旅游中探索和认识自我，建立与文化的深层互动，从而推动个体意识形态和社会认同的发展。

不同景区的跨界融合，配合沉浸式文艺体验，可以产生独特的新体验，给人耳目一新的感觉，尤其吸引那些追求创新体验的文化游客，这有利于景区联动产生更强的吸引力。景区联动指相近或具有一定内在联系的两个或多个景区通过产品、服务、交通等方面的有效衔接，形成旅游合作关系和联动效应，以利于各自的旅游发展。景区联动的目的是充分利用景区之间的优势，通过合作达到优势互补，共同提高旅游吸引力和竞争力。沉浸式文艺场馆微旅游作为景区的一个文化旅游产品，如果与其他景区实现产品联动，就可以为景区联动带来丰富的产品组合，满足不同层次的文化体验需求，提高景区联动的吸引力。不同景区的跨界融合，配合沉浸式文艺体验微旅游，可以产生独特的新体验，给人耳目一新的感觉，尤其吸引那些追求创新体验的文化游客，这有利于景区联动产生更强的吸引力。文化场馆的合作联动和协同发展有助于提供更优质的文化旅游产品，提升公众的旅游体验。通过突破传统的分类视角，采用新的合作选择方式，文化场馆可以更好地满足游客的需求。与传统的文化场馆分类角度不同，景区联动基于文化元素、情感意象、区位分布等因素的组合，可以为文化场馆的合作选择提供新的思路。这种新模式突破了传统的地理空间限制，为各个场馆的合作创造更有利的条件。在线协同发展成为未来发展的关注点，将推动文化场馆的合作与发展。要实现城市景区的联动，各类旅游资源必须能够在景区之间流通无阻。这就需要确保旅游资源的共享一直存在于景区联动的过程中。在这一过程中，沉浸式文艺场馆微旅游的发展成为连接不同景区之间的桥梁。

第二，城市遗址旅游开发对游客群体、城市功能完善点式—原置型产生正向影响，可能有以下几个方面：

城市遗址旅游是城市文化遗产旅游的一种形式，能够吸引大量的游客，提高城市的知名度和声誉。旅游活动可以促进城市经济的发展，增加就业机会，为城市的商业、零售、旅游和其他产业带来更多的收入。还可以激发遗址的多维价值，重建遗址保护对城市发展的动力关系。在保护历史遗址原真性的同时，也需要提高历史遗址的可读性，要以一种能够在现代社会中展现新的历史价值的方式来理解这些遗址，通过这样的努力，为游客与居民等提供一个开放的、互动的博览交流空间。通过对物质文化遗产与非物质文化遗产的创新性发展，可以逐步引导游客深入思考遗迹的意义。通过由浅入深、由表及里的方式，游客可以更好地理解传统文化在现代社会中的延续和精神内核，并唤起他们对保护文化和守护文明的重视。创新性的发展可以涵盖与遗址相关的历史、文化、地域和行为活动等各个方面的要素，这些要素将渗透到景观场所中，展现城市地势优势。此外，其原真性不仅包括遗址中个体的原真性，也包括遗址周围环境具有原真性。城市遗址旅游开发具有特殊性，一方面保护遗址的完整为旅游开发与文艺展示提供可能，另一方面需要保障城市的基本功能。在城市遗址的保护与开发过程中，需要综合考虑多主体、多层次和差异化的利益诉求，在合理的旅游开发中，有效的遗址保护应该是首要考虑前提。同时，需要主动适应旅游业的发展趋势，满足游客不断变化的旅游需求。为了充分挖掘城市遗址的特色，树立特色旅游城市形象，应该针对不同类型的城市遗址采取不同的旅游开发模式，并实现这些遗址的交替分布和协调运用。城市遗址是一种宝贵的文化资源，可以通过开发和利用这些遗址，将城市的生态资源和人文历史资源有机地结合起来，为城市生活注入现代元素。在开发过程中，致力于打造符合历史文化原貌且具有欣赏价值的高水平产品，让观众能够亲身体验到古代中原城市文化的魅力，并提升城市旅游文化产品的体验性，充分发挥城市遗址资源所带来的良好经济效应与文化效应。城市遗址的保护与开发需要综合考虑多方相关利益者的多元诉求，通过与各方进行积极的合作和沟通，制订出符合各方利益的合理方案，并在保护与开发之间取得平衡。

城市遗址是城市在不同时代的历史信息的承载者，具有悠久的历史、多样的类型和壮丽的景观，代表了城市辉煌的历史和深厚的文化底蕴。崔琰（2015）认为，城市遗址的保护工作必须综合考虑城市遗址保护、经济发展以及居民生活水平提高之间的关系。一种有效的方法是将城市遗址保护与旅游开发相结合，实现两者的协同发展。这样做既能为城市遗址保护提供所需的资金和人才，又能解决城市经济发展、居民收入和就业问题。同时进行城市遗址保护与旅游开发，最终目标是提高社区生活质量、改善民生。为实现这一目标，可以通过进行基础设施建设、景观与环境建设以及产业结构优化，整体改造和提升周边的人居环境。并且，采取就近安置居民的方式，使当地社区能分享这些措施所带来的生活实惠。同时，当地居民也可以通过参与遗址保护与服务提高收入，这不仅使居民能够分享遗址保护工作所带来的经济利益，还增强他们对遗址保护的认同感和责任感。城市遗址旅游能够促进城市功能的升级和转型，城市遗址旅游开发需要结合城市的实际情况，如历史、文化、地理等因素进行规划和设计。通过这种方式，城市遗址旅游可以激活城市的内在潜力，挖掘城市的文化和历史背景，为城市提供更多元化的发展方向。城市遗址旅游的推广和发展需要依靠各类旅游产业的支持和协作，这些旅游产业包括酒店、餐饮、零售、娱乐、交通等，这些产业可以支持城市遗址旅游的发展，同时也能够增加他们自身的收益，从而推动城市功能完善点之间的联系和联动。

第三，景区联动、游客群体均对城市功能完善点式—原置型建设产生正向作用，可能有以下几个方面：

沉浸式文艺场馆微旅游可以让游客拓宽视野，感受到文化的多样性和魅力。不同文化背景和艺术形式的文艺场馆为游客提供不同的文化经历和感知，使游客对世界和人类文明有更全面、更深刻、更宽广的认识，对增强游客自身的文化素养和对跨文化交流的认识具有重要作用。不同区域有不同的资源和特色，通过联动将这些资源和特色整合起来，可以形成互补和协同，从而实现最大限度的优化和利用。通过联动，各个区域能够共同投入，打造更完善、品质更高的城市空间，提升景区的品质和形象，进一步吸引游客前来，为城市的更新和发展注入新的活力和动力。因此，在景区联动中，可以协调规划和整合旅游资源，打造特色旅游产业，并根据各景区的特色和定位，形成具有区域特色的旅游产品，推动城市空间的更新与提升。翁钢民（2014）在研究时发现，城市旅游业态创新不能仅局限于本身的发展空间与发展水平，而是要以旅游格局和旅游信息化为关注点，在提高建设规划标准的同时，兼顾景区联动与周边城市互动，建设出合适的旅游项目与打造旅游目的地。

城市功能完善点式—原置型是指在城市发展中形成的空间节点，节点保存原有的人文环境或历史特征，并在此基础上吸纳现代功能，实现历史环境与现代需求的融合。保留原有的历史人文环境或地理空间特征，如历史街区、遗址遗迹等，是因为原真性空间具有重要的历史文化价值和独特魅力。在保留历史原真性的同时，城市空间还可以赋予原有空间以现代社会意义，使其继续在城市生活中发挥作用，这也赋予其新的生命力。一方面，景区联动可以产生更丰富的旅游线路和产品，与沉浸式文艺场馆结合后，可以提供一个全面深入的文化旅游体验，这符合城市功能完善点式—原置型建设要求的文化内涵丰富的特征。另一方面，景区联动有利于对历史遗迹或人文环境的共同保护，可以在开发利用的同时最大限度地保留其历史原真性。不同景区联动可以带来各自独特的功能与空间，在城市功能完善点具有开放性的空间内实现有机融合，产生充满活力的混合功能，这也是城市功能完善点式—原置型建设需重点关注的方面。

城市功能完善点式空间作为城市的文化名片，其独特魅力的展现可以吸引更多游客到访，增加城市的整体魅力与美誉度，这也间接促进城市功能完善点式空间的建设与发展。开放的城市功能完善点式空间可以带来不同地域和类型的游客，促进社会交流互动，也使空间内的居民有更多机会与外地游客交流，可以增进地方居民的归属感与自豪感。游客可以在保留历史原真性的基础上，感受到现代社会的气息，感受到混合开放且包容的城市空间。这种地方富有魅力，可以吸引游客前来旅游，提高游客的满意度和质量。游客深入了解城市的文化、历史和风景，留下美好的回忆和口碑，从而增加城市的旅游收益。同时，也可以吸引更多的投资和企业，促进城市经济的发展。此外，城市功能完善点式—原置型建设可以促进城市的可持续发展。可以在保留历史原真性的基础上，吸纳现代功能，实现历史环境与现代需求的融合，为城市提供更加多元化和全面化的发展方向。同时，也可以为城市的文化和历史遗产保护作出贡献，促进城市文化和历史的传承与发展。

7.2　点式—重置型协同模式的实证研究：以山东淄博市齐文化博物馆为例

7.2.1　研究假设

第一，沉浸式文艺场馆微旅游的作用。

随着城市的老旧和新科技的产生，深度体验旅游的市场需求逐渐扩大，以原有工业遗存痕迹与文化为基础，结合各类数字科技设备设施，以其为沉浸式微旅游的创新发展模式，在新时代的市场环境中获得良好的经济效益。沉浸式文艺场馆微旅游这一沉浸式微旅游创新业态逐渐兴起，并随着高新科技的发展及文化遗存保护得到社会关注。沉浸式文艺场馆微旅游以传统文化历史为切入点，创新科幻科技于场景内，在新时代下文化艺术资源和高新数字科技的基础上，注重场景体验和功能打造的创新，紧跟游客消费需求，将城市自身的文化、历史、艺术内涵融入城市遗址中，提升市场认可度，吸引周边城市及当地居民前往场馆游玩与消费。在发展的过程中，城市中部分区域受到政策、环境、社会、需求等因素影响，原有的生产功能在调整改造中逐渐向旅游、休闲、文化园区等功能转化，城市生产生活空间发生变化。同时，遗址是包括被闲置或废弃的静态遗产，或者尚有利用价值的，或者企业搬迁以后仍保留着的土地、建筑、设施及配套资源等有形资产。城市遗址旅游开发是旅游景区的主要开发资源，随着创新性思维的导入，城市遗迹与文化传承之间有分割不开的联系，城市遗址的旅游开发也为城市居民的消费空间及经济效益提供新思路。随着城市遗址的创新旅游的开发，作为创意产业和传统文化旅游及空间相结合的新型经营模式，沉浸式文艺场馆微旅游的经济发展、旅游效益、基础设施、空间布局等影响都影响城市遗址旅游开发的发展途径。基于此，可以了解到，沉浸式文艺场馆微旅游对城市遗址旅游开发的产生、发展和建设等过程均有着重要的影响作用，由此提出如下假设：

HF1：沉浸式文艺场馆微旅游对城市遗址旅游开发具有显著的正向作用。

伴随文艺场馆的旅游产业转型而来的就是空间布局的转型，文艺场馆的重新布局与其后期的发展，在当地将产生影响，改变当地产业结构、经济收入分配等，由此导致建设空间布局的矛盾。沉浸式文艺场馆微旅游利用数字化技术将场馆物品进行扫描，并通过全息投影展现，打造 3D 立体式的空间体验项目，在整个空间中游客可以全方位对展品进行观赏，并获得全新的科技感体验，虚实结合的空间和沉浸式环境，让观众在多维的空间中全面感知文化生命力。沉浸式文艺场馆微旅游通常需要一定的空间来实现沉浸式的效果，所以空间布局的规划和设计在微旅游中起到重要的作用。传统的旅游形式往往只局限于某个景点的游览，而沉浸式文艺场馆微旅游则打破了传统的旅游形式，创造更加多元化、立体化的旅游空间，为游客提供更加全面的旅游体验。通过合理的空间布局，可以为游客提供更好的游览体验和更加舒适的环境，游客在有限的空间内能够获得更多的体验，从而增加空间的利用率。从空间布局现状来看，城市的空间布局往往是分散的，不同的文化、艺术、娱乐等场所分布在城市的各个角落，分散的布局不利于游客的体验和城市的形象提升。而沉浸式文艺场馆微旅游通过将文艺场馆和旅游景点进行结合，形成一个相对集中的空间布局。此外，集中的空间布局可以使游客更方便地进行游览和参观，同时也有利于城市形象的提升和城市功能的完善。从游客需求方面来看，现代游客对于旅游体验的要求越来越高，更希望通过互动、参与、体验等方式来深入了解当地的文化、历史和人文风情。沉浸式文艺场馆微旅游正是满足当前游客的需求，通过将文艺场馆和旅游景点结合，提供更为深入、生动的旅游体验。此外，沉浸式文艺场馆微旅游的开展也可以激发对城市空间的创新和重新审视，从而为城市空间的优化和升级提供新的思路和方向。综上所述，沉浸式文艺场馆微旅游对空间布局具有显著的正向作用，可使城市的文化、艺术、旅游等场所形成相对集中的空间布局，更好地满足现代游客对于旅游体验的需求。基于此可知，沉浸式文艺场馆微旅游对空间布局的打造也有显著的影响作用，由此提出如下假设：

HF2：沉浸式文艺场馆微旅游对空间布局具有显著的正向作用。

沉浸式文艺场馆微旅游利用景区联动实现可持续发展，善于加强数字技术应用，以此展示场馆创新内容。随着科技在文化发展中的重要性不断凸显，科技与文化的融合成为推动文化产业转型升级和提质增效的重要动力。在文博会展行业中，虚拟现实（VR）、增强现实（AR）、混合现实（MR）等沉浸式体验技术已成为提供高品质内容不可或缺的工具。在场馆合作联动发展的背景下，小型场馆能够充分利用大型场馆的技术和资源优势，以寻求技术展示的提升空间，沉浸式文艺场馆微旅游以熟练运用"科技、文化、艺术、自然"等主题的相互联合，来增强对游客的吸引力。同时，在营销宣传方面也进行联合，通过文案设计与联合宣传，可以更突出各个场馆的核心旅游吸引物，并强调跨文化旅游中的多元艺术魅力。在保证基本服务的基础上，场馆可以加强文旅融合的合作研讨，实现资源共享。大小场馆可以共同策划场馆内的游览行程和项目安排，充分发掘各自的优势，并通过多渠道的宣传推介，突出创新文艺场馆的旅游魅力。文艺类场馆在不定期联合推出展览供给时，尽管各个实体空间在内容选择、展品陈列、策展宣传、项目设计等方面都呈现出各自的独特魅力，但可以通过文化符号的标注来加强游客的身份认同，这种标注能够创造出一种文化共鸣和情感共鸣的氛围，满足游客对于自我建构的需求。通过共同的文化符号，场馆能够提供更具吸引力和参与感的展览体验，为游客带来丰富而有意义的文化艺术之旅。在中心场馆带动下，城市分布的大小文艺美术馆通过紧密合作和联合宣传，可以发挥联动效应，引导游客错峰参观场馆。沉浸式文艺场馆微旅游可以作为景区联动的重要一环，通过景区联动，不同的景区可以实现资源共享，提高经营效益，降低经营成本。传统的景区联动多以交通、票务等方面为主，而沉浸式文艺场馆微旅游作为一种新型旅游业态，可以为景区联动提供创新的思路和方式。通过与其他景区的合作，沉浸式文艺场馆微旅游可以扩大自己的受众群体，并吸引更多游客前来参观和体验，从而提高整个景区联动的影响力和吸引力。同时，科技手段也可以促进景区间的技术共享和合作，实现景区间的联动。通过信息化技术手段，不同景区之间可以共享游客信息，进行跨景区推荐，同时也可以合作推出跨景区的旅游产品，以实现景区之间的联动发展。基于此，可以了解，沉浸式文艺场馆微旅游对游客群体和景区联动两方面均有着重要的影响作用，由此提出如下假设：

HF3：沉浸式文艺场馆微旅游对景区联动具有显著的正向作用。

沉浸式文艺场馆微旅游是以传统文化与科技资源为基础，通过发展旅游产业来促进城市居民与城市自身经济效益的新型旅游业态，明庆忠（2022）认为，创新文化旅游的兴起与发展为市场经济消费质量和推广添加新的动力。一方面，伴随着沉浸式文艺场馆微旅游的快速发展，全国各地以文艺场馆旅游创新的景点、景观随之知名度提升，既传播区域的文化艺术历史，也使产品经营向品牌经营方向转变，成功触发文化经营的重要方式。另一方面，为了更好展示区域文化与为游客带来更好的旅游体验，地方政府与相关开发商会完善旅游地的基础设施，并且保证旅游地的完美复刻，使区域文化得到宣传的同时，区域的功能打造也逐渐趋于完善。通过开发沉浸式文艺场馆微旅游，可以为城市中存在的文化旅游资源短缺、旅游产品单一等问题提供一种全新的解决方案。此外，刘军丽（2017）认为沉浸式文艺场馆微旅游以保护、研究与宣扬文化遗产为核心基础，沉浸式文艺场馆微旅游的发展能够基于场馆的功能体系，结合智慧科技，实现功能提升，同时塑造城市文化特色，推动场馆健康可持续发展。城市在发展过程中，通过引入沉浸式微旅游元素，可以重新设计和改造城市的空间布局和景观，打造更加吸引人的城市形象，提升城市的品质和功能性。此外，沉浸式文艺场馆微旅游还可以促进城市空间和文化资源的整合与利用，加速城市的更新和升级。通过将已有的文艺场馆进行改造和升级，打造成沉浸式文艺场馆，不仅可以提高文化旅游资源的利用效率，同时也可以优化场馆空间的布局和设计，提高空间的利用价值和品质。在沉浸式文艺场馆微旅游的发展过程中，需要配套的餐饮、住宿、交通等服务，这些服务的提供将带动周边区域的商业和服务业的发展。同时，沉浸式文艺场馆微旅游的开展也将吸引更多的游客到访，从而促进当地居民与游客间的文化交流，为周边区域的文化交往交流带来新的机遇。通过以上分析可以了解到，沉浸式文艺场馆微旅游的发展有利于完善城市功能、促进景区联动、提升城市经济效益、加强文化交流，为新时代下城市更新提供条件，有利于促进城市更新，为城市文化、功能和旅游产业的发展提供新的动力和机遇，由此提出如下假设：

HF4：沉浸式文艺场馆微旅游对城市功能完善点式—重置型具有显著的正向作用。

第二，城市遗址旅游开发的作用。

城市遗址作为城市历史和文化的见证者，是重要的旅游开发资源。它们承载着城市的历史信息，展现城市辉煌的历史和深厚的文化底蕴。其稀有性、不可再生性和覆盖范围广泛性的特征使其成为吸引游客的宝贵资源，为游客提供丰富多样的旅游体验，城市遗址被广泛视为重要的旅游开发资源。遗址旅游开发是一种强调社会、经济与环境协调发展的新型旅游开发方式，而城市遗址旅游开发主要包括位置选择、创意经济、创意产业及城市多元化功能四个方面的内容。城市遗址旅游开发的位置往往为城市中具有较高历史价值和文化遗产价值的遗址，这种开发模式不仅可以保护和传承城市的历史文化遗产，也可以创造经济效益和社会效益，对城市发展具有积极意义。为了加快创意经济发展，推动大众思想观念、信息技术、资金、互联网的有机结合，可以通过创新和改变传统常规化的经济发展模式，激发创意经济的潜力，促进经济的繁荣和可持续发展。在产品开发方面，为了加快创意经济的发展，可以将艺术、文化、生活元素融入制造业，并重视产品所包含的无形附加值，寻找创意中的商机和利润，并以一种全新的动态模式取代过去的陈旧的工业发展模式。通过这种方式，创意经济可以获得繁荣发展，为经济创造持续的财富。在创意产业方面，为了形成一个新型的产业形式，在传统产业基础上，添加创新技术、文化创意等新元素，以适应新知识经济的发展和现代消费经济时代的需要，产业间互相融合，打造城市产业体系，从而创造经济价值和经济利润。创意经济为城市遗址注入新的生机，推动城市增长方式的转变、产业结构的升级以及空间功能的转换与提升，通过大幅度的改造和升级城市遗址，为沉浸式微旅游的开发提供宝贵的资源，并保护现有的历史建筑物，形成全新的经济空间。城市遗址旅游开发能够为城市注入多元化的功能，如文化功能、经济功能、教育功能、社交功能等，城市遗址本身就具备深厚的历史文化底蕴，通过开展遗址旅游，可以让游客更加了解和感受城市的历史文化，促进城市文化的传承和发展。同时也能带动当地旅游业和相关产业的发展，提高城市的经济效益，并成为学生接受历史文化教育的重要场所，为学生提供实地学习和体验的机会。此外，城市遗址旅游可以成为人们交流、社交和娱乐等的场所，提供人们相互认识和交流的机会，促进社会文化交流和融合。城市遗址旅游开发可以成为城市功能重点打造的一个节点，通过开发城市遗址旅游，可以促进城市多元化功能的发展，进而促进城市功能完善点式—重置型建设的实现。通过这一系列开发，沉浸式文艺场馆微旅游的产业与资源得到满足，旅游产品更为多样化，城市遗址也得到可持续利用与保护，城市更新加快发展。按照上述分析，沉浸式微旅游有利于城市更新发展，因此可以了解到，城市遗址旅游开发对城市功能完善点式—重置型具有重要的影响作用，由此提出如下假设：

HF5：城市遗址旅游开发对城市功能完善点式—重置型具有显著的正向作用。

第三，景区联动的作用。

景区联动既是优化城市空间布局的重点，也是关系着城市更新建设的重要因素。在城市改造的推动下，景区联动也有不可小觑的作用，其使原有比较松散的产业提升了集中度，促进区域发展的平衡，进一步优化空间规划与布局，提升旅游目的地吸引力。为了促进区域旅游景区的联动发展，进行资源整合、产品融合和区域联合，通过这些举措，实现旅游产业要素的集约化和布局的集聚化，充分发挥城市原有的文艺场馆、城市文化历史资源分布区以及世界文化遗产的资源优势，打造文艺旅游的集中区域。一方面，通过实现旅游资源联动，能够优化景点内部的空间布局并实现可持续发展，同时可以促进城市老旧城区的产业更新。景区联动可以通过整合不同景区的资源，实现资源共享和优化配置，从而提高空间利用效率和景区的经营效益。另一方面，通过打造景区联动，可以积极推进景点与城市之间的联动协作，联合布局打造沉浸式文艺场馆微旅游集聚区，增强产业集聚效应，打造新型旅游新格局，推动沉浸式微旅游经济区域联动集聚发展，构建多样化、多元化的城市沉浸式文艺场馆微旅游产品体系，有效提升区域微旅游竞争力。此外，景区联动的合理规划和布局，可以打破城市空间的孤立性和割裂性，实现城市空间的有机整合和优化。因此，景区联动的打造对城市的空间布局有影响作用，通过资源共享、产业集聚等方面的优化，可以实现景区联动和空间布局的良性互动，提高区域的旅游业发展水平和空间利用效率，由此提出如下假设：

HF6：景区联动对空间布局具有显著的正向作用。

景区进行联动时，激发联动开发的动力，凝聚各利益主体的合力，为各方利益主体提供共同发展的机会和动力，旨在实现景区与城市间的联动互促，持续推进区域旅游系统的全面发展。所以，应加强联动开发中政府的主导力量，进行整体推进，并且添加科技、文艺、旅游等要素，同时调动各种资源与技术参与旅游开发与城市建设相结合的积极性，全面激发联动开发的活力。此外，景区联动可以促进城市空间结构的优化，通过联合营销、资源共享等方式，提升景区及周边地区的旅游吸引力，吸引更多游客前来旅游观光，进而推动城市空间结构的优化和调整，增加新的景点和旅游服务设施，形成更加完善的城市功能。景区联动可以将不同景区的资源进行整合，提高城市空间的利用效率，同时减少城市空间的重复建设。由此可以为建设城市功能完善点式—重置型提供更多的空间资源，减少不必要的土地资源，优化城市空间布局。此外，景区联动可以有效提升城市的旅游产业规模和质量，通过景区内不同资源间的协作，景区内部的各项资源能够得到最优化的利用，使得游客在景区内可以获取到更全面、更深入的旅游体验。例如，同个景区内的博物馆、历史遗迹、自然景观等景点可以通过联动，共享场馆、停车场、导览系统等设施，提高资源利用效率，同时也可以在旅游产品设计上进行优化，提供更多元化、更个性化的旅游体验。通过景区内部、外部及技术、资源等的相互协作，可以共同营造和谐、友好、文明的旅游环境，利用景区自身独特的资源和特色，开发更具有差异性的旅游产品，满足游客多样化需求，使游客深刻感受到景点与城市之间的联系与魅力所在，深度体验城市文化与服务功能，实现资源共享，提升游客的体验感，提高游客重游率，促进旅游消费，带动城市经济的转型升级，提高城市产业水平和经济效益。因此，景区联动的打造对城市功能完善点式—重置型有一定的促进作用，由此提出如下假设：

HF7：景区联动对城市功能完善点式—重置型具有显著的正向作用。

第四，空间布局的作用。

旅游空间布局是通过对土地及其负载的旅游资源、旅游设施分区划片，对各区进行背景分析，确定其发展主题、形象定位、旅游功能、突破方向、规划设计、项目选址，从而将旅游六要素的未来不同规划时段的状态落实到合适的区域，并将空间部署形态进行可视化表达。空间布局的调整有利于遗址保护与良性发展，同时，沉浸式文艺场馆微旅游的发展不仅要对原有场馆、城市传统文化内涵的空间进行保护，遗址地的居民需求也应该纳入考虑范围内，而且沉浸式文艺场馆的建设也促进了当地的社会经济发展。旅游的空间布局规划有利于城市遗址旅游开发，进一步合理规划景点内空间布局，对一些重要资源做出联合规划，并及时对城市遗址旅游开发做出应对。在进行发展空间布局时，应以遗址内现有建设用地的功能转化为首要目标，意味着要对现有建设用地进行重新规划和改造，使其更符合城市化发展的需求。与此同时，还需关注居民的就业结构转变，使居民也能够适应新的土地功能转化，参与就地城市化，以实现城市发展同遗址保护的统一，进而更有效地促进城市遗址旅游开发。尤其是游客需求方面，旅游景点空间格局开发建设方向应以市场游客需求与区域特色为主，规划城市遗址旅游开发空间布局，融合城市多元化功能，促进产生多种城市遗址旅游产品类型。此外，沉浸式文艺场馆微旅游通过设计引人入胜的空间布局，营造出浓厚的文化艺术氛围，从而让游客身临其境地感受城市遗址的历史文化。在以历史人物为主题的文艺场馆中，游客可以在其中欣赏历史人物的文化表现形式，深度感知历史人物的思想和体验其生活方式，进而能够更为深刻理解城市遗址的历史背景和文化内涵。

基于此，景区空间布局对城市遗址旅游开发具有重要的影响作用，通过科学保护与开发城市遗址，旅游产业收益的比例大幅上升。同时，通过优化景区的空间布局，可以实现景区的有效管理和提高游客的游览体验，从而对城市遗址旅游开发产生显著的正向作用。由此提出如下假设：

HF8：空间布局对城市遗址旅游开发具有显著的正向作用。

空间是人们进行各种社会经济活动的场所，而在城市环境中，不同的经济活动占据不同的空间，形成多样化的城市空间结构，由各种经济活动在城市内部的组合格局所决定。结合地域环境、空间层次以及城市空间格局现状，优化建筑群体、文艺场馆等，切实管控建筑风格、布局，可以形成高低错落、层次丰富的城市景观，全面提升城市品质。沉浸式微旅游业态通过挖掘城市文艺 IP，加上 AR、VR、MR 等科技应用，再加上虚实结合的空间布局，可以打造出沉浸式的体验环境，让游客体验到感官的震撼和思想的认同。沉浸式文艺场馆中的空间布局与城市未来发展相协调，根据新时代城市建设要求，通过调整原有文艺场馆的周边产业，规划场馆建设空间，与城市规划部门合作，将其融入未来发展规划中，可以使其发挥场馆应有作用，提升经济效益。沉浸式文艺场馆微旅游的合理布局能够更好地与旧城改造、城市更新结合，推动城市发展规划，实现城市空间结构的优化。城市的功能区域布局是城市发展的重要基础，通过合理的空间布局，可以优化城市的功能区域布局，更能够提高城市的美观程度和舒适度，为城市功能完善点式—重置型的建设提供更好的条件和基础。张红梅（Hongmei Zhang，2016）等在对文艺场馆的空间布局研究中，发现其空间布局及选址受到经济的影响，她提出，合理建设文艺场馆也会带动周边经济的发展。而又由于合理的空间布局对城市遗址保护、文化的可持续发展、居民生活环境改善等具有促进作用，可以与城市更新相衔接，带动城市更新建设，促进城市老旧区域的改造。总之，空间布局对城市功能完善点式—重置型具有重要的作用，可以为其提供更好的展示效果、更多的发展机会和更多的收益，从而促进城市功能的完善，由此提出如下假设：

HF9：空间布局对城市功能完善点式—重置型具有显著的正向作用。

第五，关于沉浸式文艺场馆微旅游与城市功能完善点式—重置型协同模式的理论模型。

根据沉浸式文艺场馆微旅游与城市功能完善点式—重置型协同模式的分析框架、研究假设的相关内容，结合沉浸式文艺场馆微旅游与城市功能完善点式—重置型协同模式的现状，本章搭建出沉浸式文艺场馆微旅游与城市功能完善点式—重置型协同模式的概念框架，见图7-8。

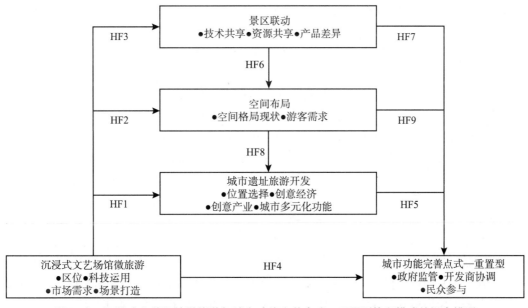

图7-8 沉浸式文艺场馆微旅游与城市功能完善点式—重置型协同模式的概念模型

由图7-8可知，沉浸式文艺场馆微旅游与城市功能完善点式—重置型协同模式主要以沉浸式文艺场馆微旅游、景区联动、空间布局、城市遗址旅游开发和城市功能完善点式—重置型5个变量为基础，搭建出沉浸式文艺场馆微旅游与城市功能完善点式—重置型之间的作用关系路径。其中，沉浸式文艺场馆微旅游到城市功能完善点式—重置型不仅具有直接的作用路径，也具有间接的作用路径，其间接作用路径有 6 条。分别为：①沉浸式文艺场馆微旅游—城市遗址旅游开发—城市功能完善点式—重置型；②沉浸式文艺场馆微旅游—空间布局—城市功能完善点式—重置型；③沉浸式文艺场馆微旅游—景区联动—城市功能完善点式—重置型；④沉浸式文艺场馆微旅游—景区联动—空间布局—城市功能完善点式—重置型；⑤沉浸式文艺场馆微旅游—空间布局—城市遗址旅游开发—城市功能完善点式—重置型；⑥沉浸式文艺场馆微旅游—景区联动—空间布局—城市遗址旅游开发—城市功能完善点式—重置型。通过搭建沉浸式文艺场馆微旅游与城市功能完善点式—重置型协同模式的概念模型，为下一步进行结构方程实证分析奠定了理论基础。

7.2.2　预调研

第一，预调研过程。

2023 年 5～6 月，前往山东淄博市进行预调研。这个时期主要是针对山东淄博市齐文化博物馆的体验功能、城市遗址旅游开发、空间布局进行大体上的认识。研究团队对于其历史发展、旅游发展有了一个整体的认识，从而能够对沉浸式文艺场馆微旅游过程中的城市功能完善点式—重置型的问题展开更为具体明晰的分析与阐述。作者从当地居民和游客等角度了解到沉浸式文艺场馆微旅游与城市功能完善点式—重置型协同模式的相关者对文化基础、数字科技、社会环境等核心问题的感知。预调研阶段对当地居民进行访谈，获得了对淄博市的沉浸式文艺场馆微旅游发展、城市功能完善点式—重置型建设等内容的一手资料。

第二，预调研目的地基本情况。

齐文化博物馆是位于山东省淄博市临淄区临淄大道 308 号的综合性博物馆，建筑面积 3.5 万平方米，设有基本陈列展厅、特色陈列展厅、专题陈列展厅和临时展厅四个部分。这座博物馆以齐文化为主线，旨在向游客展示齐国历史及当地现代文化，同时承担文物收藏、展陈、保护、研究、教育、休闲等多种功能。馆内文物总数达 3 万余件，上展文物 4100 余件（套）。齐文化博物馆是齐国故城遗址博物馆（齐国历史博物馆）迁建而来的，于 2016 年 9 月 12 日正式开馆，并且在对齐文化深入研究和保护传承方面拥有重要的指引、导向和参考作用。

第三，案例地选取。

淄博齐文化博物馆是一座综合性博物馆，集文物收藏、展陈、保护、研究、教育、休闲功能于一体。在新时代下，该博物馆通过实践沉浸式文艺场馆微旅游与城市功能完善点式—重置型协同模式，对推动当地文化旅游的发展和提高城市旅游服务品质具有重要意义。这种创新的旅游模式和协同发展模式为当地带来更多的机遇，使淄博成为一个独具魅力和活力的文化旅游目的地。

淄博齐文化博物馆将数字技术应用于展示与体验，打造出了全新的沉浸式文艺场馆微旅游体验模式。在博物馆的展览陈列中，通过数字技术的应用，游客可以与文物产生互动，更加深入地了解传统文化的内涵，增加游客的参与感、体验感与归属感。同时，其在展陈手法上增加趣味性和互动思维，促进了文化的传承和创新。通过沉浸式的展陈方式，参观者可以全方位地感受到齐文化的历史和文物的珍贵价值，同时，通过数字化技术的应用，文物展品以及历史文化得以更加生动形象地展现给参观者，为其带来沉浸式文艺场馆微旅游的体验。此外，淄博齐文化博物馆还采取城市功能完善点式—重置型协同模式，将文化旅游产品与城市规划和建设相结合，促进淄博旅游业的发展和城市文化建设。

淄博齐文化博物馆同时注重传统文物的展示和当地现代文化的发展，通过充分利用数字技术，丰富的文化活动和创新的展陈手法，吸引大量的游客参观和了解当地的文化底蕴，促进淄博文旅产业的高质量发展。博物馆在文物收藏、展览、保护、研究、教育、休闲等各方面都取得了显著的效果，并且为淄博市提升旅游业服务品质、推动文化创意产业的发展提供了有力支持，成为淄博市文化旅游产业发展的重要品牌之一。因此，淄博齐文化博物馆是沉浸式文艺场馆微旅游与城市功能完善点式—重置型协同模式的成功实践案例。

7.2.3　实地访谈

第一，关于案例地发展状况。

本章主要从山东省淄博市齐文化博物馆的建设及其发展历史等基本情况出发分析"沉浸式文艺场馆微旅游与城市功能完善点式—重置型协同模式"的发展状况。在沉浸式文艺场馆微旅游与城市功能完善点式—重置型协同模式的案例研究中，选用山东淄博市齐文化博物馆为例。齐文化博物馆依托原齐国故城遗址博物馆建设，是集文物收藏、展陈、保护、研学、休闲功能为一体的综合性博物馆。

齐文化博物馆主要展示齐地特色的文物专题陈列，并致力于研究和保护齐地的非物质文化遗产、风土人情。同时，博物馆还展示临淄区当前的发展成就，为其区域经济社会发展注入新的动力和可能性，并展望未来经济社会发展的规划前景。齐文化博物馆是经淄博市委、市政府批准建设的淄博市重点工程，也是淄博市"十二五"期间重大文化建设项目和齐文化生态旅游区域的龙头项目，同时也是齐都文化城的管理机构。齐文化博物馆为齐都文化城下属范围之一，齐都文化城包括足球博物馆、齐文化博物馆、民间博物馆聚落和文化市场四个部分，共有"一城二十馆"。淄博齐文化博物馆整个建筑群呈东西向排列，宛如一条龙蜿蜒前行，寓意着龙腾东海的壮丽场景。在这个建筑群中，足球博物馆被称为"龙头"，引领人们进入这个文化之旅，齐文化博物馆被称为"龙脊"，承载丰富的文化内涵，而民间博物馆聚落和文化市场则被称为"龙尾"，延伸着文化的活力。另外，在对齐文化博物馆民间博物馆聚落占地区域进行文物勘探时，文物部门意外地发现了一座重要的墓葬及殉车马坑。经初步断定，这座墓葬被确认为战国时期齐国的一处大型贵族墓葬，因此被命名为"临淄东孙战国墓"。

2018 年 9 月，齐文化博物馆被列为中国国家二级博物馆，以生动的图文介绍齐国和齐都淄博的历史和考古发现。而在 2020 年 12 月，齐文化博物馆被列为国家一级博物馆，以"泱泱齐风"为主题，结合实景沙盘与投影，通过高新科技展示临淄古城繁华的景象，使游客们可以从不同的角度了解齐文化的兴衰演变过程，也是全国中小学生研学实践教育基地。齐文化博物馆展厅分为四个部分，分别是基本陈列展厅、特色陈列展厅、专题陈列展厅和临时展厅。其中，基本陈列展厅是齐文化博物馆的核心部分，以齐国故都八百年的兴衰变迁为基点，展示齐国悠久历史中的重要节点。基本陈列由雄浑厚重的历史陈列与特色鲜明的专题陈列组成，共分为八个部分，分别是先齐文明、西周之齐、春秋齐国、战国之齐、秦汉齐风、稷下学宫、余韵传承。齐文化博物馆以时间为轴，展现一个个历史人物与沧海桑田般演变的历史，同时，熔古铸今的现场讲解也拉近了历史文物与游客间的距离，依托文物讲述着我国传统文化的当代价值与国际意义。考古工作者们的精心打磨与修复使得文物藏品完美呈现，"十三五"期间，淄博市争取约 2.6 亿元的修缮资金，修缮了 156 个不可移动文物项目①，从原来的文物本体保护为主，转换为预防性保护，并依托数字化平台，使文物实现连通时空，让游客感受历史文化遗产的魅力。以山东淄博市齐文化博物馆为例的"沉浸式文艺场馆微旅游与城市功能完善点式—重置型协同模式"的具体发展阶段主要分为以下三个阶段：

第一阶段：齐国故城遗址博物馆再改造。

临淄是齐国的故都所在地，作为齐国的都城长达 638 年，有着悠久的历史与文化，不仅是春秋战国时期齐国重要的政治、经济、文化的中心，也是当时列国中最繁华、人口众多与商工业发达的

---

① 淄博市人民政府：《淄博市"十四五"文化和旅游发展规划》，https://www.zibo.gov.cn/gongkai/site_srmzfbgs/channel_shifubanwenjian/doc_62a19db8410e00ccde4ed511.html。

城市，当时遗留下来的大量文物古迹与数以万计的出土文物皆反映出了齐国历史文化的独特风貌。同时，那些屹立在故城外数以百计的千年古冢，构成庞大的"临淄墓群"，并且在1977年被列为省级重点文物保护单位，备受国内外学者关注，也引起了国家及有关部门的高度重视，为建立齐文化博物馆奠定有利条件与丰富的物质基础。随着党的十一届三中全会的召开与人们逐步提高的物质文化生活，地方政府开始高度重视文博事业的发展，加强博物馆事业的开发与建设成为文化产业创新发展的途径。为了进一步研究齐国的政治、经济和文化，更好地挖掘齐文化内涵，充分利用历史上遗留下来的文化遗存，以及保护和展示这些遗产，建立一座齐国故城遗址博物馆变得尤为必要。1961年，临淄的齐国故城作为春秋战国的重要遗址，被国务院列入第一批全国重点文物保护单位。

随着我国文物博物馆事业的不断发展与壮大，齐国故城遗址博物馆于1980年开始进行十年的发展规划，并且在1984年正式挂牌设立，属区（县）级馆。与全国其他同类博物馆有所不同的地方在于，其占地面积广阔，范围广泛，不再局限于传统的单一的内容展示。该博物馆占据了10189平方米的空间面积，其设计独具新颖和独特的风格，以丰富多彩的遗址为主题，运用传统与现代科技的艺术手段，进行艺术的再创造，使齐国历史文化再现。经过十几年的建设，齐故城博物馆成为集学术交流和参观游览为一体的文化名胜单位，具有室内室外相结合、地上地下相结合与城内城外相结合的特点，可以全方位地反映临淄地区在西周前后的各主要历史阶段文化发展。齐国故城遗址博物馆的建立与实施，对我国博物馆事业的建设和繁荣、齐文化的研究和宣传，以及促进两个文明建设，起到强大的推动作用。

随着文物保护的可持续发展理念提出，齐国历史博物馆在齐国故城博物馆的基础上改建而成，新的齐国历史博物馆建筑面积达到了2600平方米，其外观犹如一座古老的城堡，是中国十大异型博物馆建筑之一，设有四个展厅，充满独特的魅力。通过传统艺术形式与现代艺术手段，博物馆全方位地展示齐国八百余载的辉煌历史和灿烂文化，以多维度和综合性的方式展现齐文化在华夏文化中的重要地位。齐国历史博物馆的展现形式主要以齐国历史为总纲，以时代先后为主线，见证齐国的悠久历史，同时展现齐国兴旺发达、富民强国的形象。齐国历史博物馆以历史文物为陈列主题，通过两次大规模的改造（1997~1999年），在国内率先使用电影、电视等现代化的展示手段，弥补了文物展示历史上的时空断层，这种改造尝试与突破大胆地探索了陈列形式，使得历史与文物之间形成优势互补，突出了文物的价值与历史的真实性。博物馆中展出的文物珍品以及通过现代展示手段呈现的历史场景，使观众能够身临其境地感受齐国历史的壮丽和磅礴。综上所述，齐国历史博物馆以独具魅力的区域特色、先进的陈列手段与优雅的游览环境被授予全国十佳陈列展览提名奖、国家4A级旅游景点、国家重点博物馆和国家二级博物馆，同时也是山东省服务名牌和山东最具成长力的旅游品牌。

第二阶段：文艺场馆内外再调整。

齐国历史博物馆于1985年建立，占地面积105平方米，建筑面积达到2600平方米。在1996年、1998年，博物馆进行了两次大规模的内部陈列和外部环境的调整和优化，使博物馆展现出独特的区域特色。同时，博物馆采用先进的陈列手段，并创造了优雅的游览环境。这些改进获得了来自中央、省、市领导及国内外知名人士、专家学者的高度赞扬。齐国历史博物馆以其杰出的成就而获得了多项荣誉，包括全国十佳陈列展览提名奖、国家AA级旅游景点、省级风景区和省级优秀博物馆等荣誉称号。该博物馆秉承着建设具有中国特色的中小型博物馆的理念，积极传承和弘扬民族文化精神，突出齐文化在华夏文化中的重要地位，同时，它打破了传统的陈旧的陈列模式，开辟博物馆发展的新途径。在坚持历史真实性和文物陈列严肃性的原则下，实现了形式多样化、方法灵活和生动形象的展示方式，借鉴国际博物馆和大型博物馆的陈列手段，注重现代化的陈列艺术，将知识性与趣味性相结合，达到寓教于乐的目的。齐国历史博物馆被公认为全国青少年教育基地，被评为省级名胜风景区，并获得山东省优秀博物馆和全省旅游先进集体等荣誉称号，证明了博物馆在推动历史文化教育、旅游事业和博物馆发展方面所作出的卓越贡献。

2011年，作为临淄地标性的建筑——齐文化博物馆开工，位于太公湖风景区的北岸，分别与南北边的齐国故城、姜太公铜像与田齐王陵成一条直线，占地为445.7亩，总建筑面积为12万平方米。博物馆是以齐文化为主线，齐国故都临淄为核心，展示齐地文化的综合性博物馆，成为临淄区的地标性建筑和品牌工程，同时串联且有效整合周边旅游资源，旨在打造形成一条环绕淄河的黄金旅游线路。馆区内部分为足球博物馆、民间博物馆聚落、齐文化博物馆、文化市场四个部分进行博物院的文物展示，展示齐地文化。

齐文化博物馆于2012年2月动工建设，至2016年9月全面建成开放，均根据国家一级博物馆的标准对博物馆的建筑设计、功能配套、环境美化绿化等进行规划和实施，完善硬件基础设施建设和公共服务、功能配套等，为创建国家一级博物馆奠定基础条件。与此同时，齐文化博物馆所建设的多元化特色化的藏品体系、深入的科研水平、质量优异的陈列展览、丰富多彩的社教活动和文化传播实践，也为建造国家一级博物馆提供优质的保障。尤其是齐文化博物馆中的足球博物馆，这是一个独特而引人入胜的地方，以蹴鞠运动的历史为基础，将参观游览、休闲娱乐、历史文化研发、产品开发融为一体，呈现出世界级水准的足球公园，这个足球博物馆可以被视为一本立体版的足球文化百科全书。积极开拓对外文化交流的新渠道，以蹴鞠为媒，加强国际交流与合作，打造文化传播品牌，提高了国际影响力。

第三阶段：齐文化博物馆的可持续发展。

齐文化博物馆是一座宏伟壮观的建筑群，不仅是提供全方位文化交流的博物馆群，更是为文化发展提供持续动力的"聚变"场。该博物馆以临淄文化为核心，通过各个部分的博物馆群，打造了一个"一城二十馆"的总体格局，旨在更好地宣传和展示临淄文化，吸引更多游客的光临。其中，"一城"为临淄古玩城，集古玩收藏、展览和交流于一体。"二十馆"包括16个民间博物馆，以及齐文化博物馆、足球博物馆等4家国有博物馆。为了区别于传统的陈列式博物馆，齐文化博物馆通过声、光、电等各种现代科技手段，更加灵动地展现齐文化，使游客可以进行触摸互动"文物"。通过举办一系列重大的国内外活动，临淄地区在全球范围内引起了广泛的关注与好评，这些活动为齐文化的开发、传承与创新带来更多的机遇和更广阔的平台。

在政策的带领下，齐文化博物馆利用民间博物馆的力量，打造出"官办民间同台唱戏，藏品观众资源互补"的新格局，既丰富了当地居民的精神文化生活，还提高了经济效益。齐文化博物馆设有九大部室，通过建设完善内部管理制度，各部室之间分工协作、全力配合好全馆各项工作的开展。同时，通过组织多种形式的培训，日益加强齐文化博物馆员工专业程度。齐文化博物馆在安全设施方面下足功夫，配备中心控制室，通过与公安部门联动，保障园区内外安全。同时，设有专门的文物库房，通过制定严格的库房管理制度、藏品管理制度和各类文物保护仪器，为文物提供安全、良好的保存环境。一方面，为促进齐文化的传承与发展，丰富民众的文化生活，齐文化博物馆组织活动走进民众中，并且经常举办日常主题活动，如元宵节、清明节、端午节等，促进居民提升对齐文化的了解与认同。另一方面，打造多渠道宣传平台，使传统文化得以彰显，打造我国博物馆领域的"金字招牌"，促进淄博文博事业蓬勃发展，加强其文化名城的建设、提升城市文化软实力、增进淄博人民文化自信，也吸引更多游客前往体验。

第二，山东淄博市齐文化博物馆的沉浸式文艺场馆微旅游与城市功能完善点式—重置型协同模式发展。

首先，区位选择的最优化。

山东淄博齐文化博物馆是一个非常有价值的博物馆，位于淄博市齐都文化城附近，这个地方在历史上非常有名，且具有很高的历史文化价值。博物馆的地理位置也非常好：它位于太公湖北岸，周围有各种商业设施和文化遗址，交通便捷，可以吸引更多游客的到访。山东淄博齐文化博物馆的区位条件可以从交通和地理位置两个方面进行分析。

一方面是交通状况。博物馆本身建在齐都文化城，这个地方曾经是春秋时期齐国的首都，孕育出了许多思想家，如庄子和孟子。博物馆的周围也有很多文化遗址和历史地标，如齐都遗址、姜太公铜像、太公庙等，这些都为博物馆的历史文化积淀提供了有力的支持。一位博物馆的工作人员表示：博物馆一层大厅有着一面巨大的壁画，其他的陈列从西周之齐、春秋霸业、战国之齐等时期来介绍齐国。像姜子牙、齐桓公等书本上的历史人物，都可以在博物馆中看到。齐文化博物馆也是淄博市的一张文化名片，其文化内涵和馆舍建筑都反映淄博的历史文化积淀，可以成为城市营销的重要窗口，吸引各地游客对淄博这个历史文化名城的关注和兴趣。

另一方面是地理位置。博物馆地理位置优越，坐落于太公湖北岸，位于姜太公铜像以北的高台之上，足球博物馆、齐文化博物馆、民间博物馆聚落和文化市场依次自东向西排列，宛如一条龙蜿蜒而行，象征着龙腾海洋的壮丽景象。每年，这里吸引了大量来自本地和外地的游客，形成了热闹的人流资源，博物馆可以充分利用这一优势，吸引更多游客前来参观。游客小月表示：到齐文化博物馆的同时，可以同时打卡3个博物馆——齐文化博物馆、足球博物馆、临淄东孙战国墓博物馆，而且齐文化博物馆的广场有一群鸽子，逛完博物馆还能喂鸽子。博物馆附近的商业氛围也很浓郁，这也为博物馆提供了吸引游客的重要条件。人们在游览完博物馆后还可以到周围的商业设施里购物、吃饭等，营造出更加丰富的旅游体验。游客小月表示：博物馆周边有个周村古商城，里面有很多吸引人的地方，刚做出来的周村烧饼真的又薄又脆。对于游客来说，这既节省了他们的时间，也增加了旅游的趣味性。同时，齐文化博物馆本身也具有丰富的文化资源，其展品涵盖了齐文化的方方面面，如礼仪、宗教、艺术等，丰富多彩。一位穿着汉服的小姐姐表示：穿汉服行走其中，像是穿越千年，回到那个文化兴起的齐国时代。同时，齐文化博物馆还与周围的齐都遗址实现资源整合和共同开发，丰富博物馆的馆藏和展览内容，提升旅游品质和文化价值。

综上所述，山东淄博齐文化博物馆地理位置优越，交通便捷，历史文化底蕴深厚，游客资源丰富，周边商业氛围浓郁，区位条件十分优良，非常有利于博物馆的发展与吸引更多游客到访。

其次，科技运用的合理化。

随着科技的发展和创新，齐文化博物馆正不断提高数字化科技运用程度，这些先进技术的应用为博物馆带来了新的发展机遇。山东淄博齐文化博物馆也不断地探索运用新技术来提升博物馆的展示和管理能力。从沉浸式展览到智能化管理，从虚拟现实到3D数字化技术，博物馆在数字化科技运用方面不断地推陈出新，为观众提供更好的学习和体验方式。

山东淄博齐文化博物馆运用多项现代科技手段来展示和传承齐文化，如沉浸式展览、数字展示、线上展览、智能引导和智能化管理等。其中，通过沉浸式展览，博物馆在展示历史文化中打破了传统的文物陈列方式，让观众能够更好地体验历史环境。数字化展示，并结合多种方式，可以让观众更加全面地了解文物的历史背景和文化内涵。在访谈中，一些游客非常喜爱齐文化博物馆的沉浸式展览方式，认为"这种方式让人身临其境地感受历史，更好地理解齐文化的深刻内涵。通过利用现代科技手段构建历史场景，如多媒体墙、投影影像、音效等，让人仿佛置身于历史现场，感受到历史文化的独特魅力，非常震撼和感人。"一位来自合肥的游客表示：博物馆内有很多瑰宝，展厅通过实景沙盘与投影结合，多角度向观众展示齐文化的兴衰。同时，线上展览则为观众提供更加便利的观展方式。而智能引导和智能化管理则为博物馆的管理和保护提供更加高效、精准的手段。

除了以上使用的现代科技手段之外，山东淄博齐文化博物馆还引入一些新的创新技术功能。比如虚拟现实技术，可以让观众身临其境感受历史场景。增强现实技术则让观众可以通过识别文物实现3D显示与语音讲解，增强展品的生动性。3D激光扫描则可以对珍贵的文物进行数字化扫描，建立高精度的数字模型，用于展览、研究和保护。一位齐文化博物馆的工作人员表示：我们也在不断探索更多的新技术，以便更好地展示和传承齐文化，让更多的人能够了解和喜爱齐文化，从而推动文化传承和发展。他认为，有了这些前瞻性的技术手段，齐文化博物馆有信心成为一个更加现代化、人性化、具有吸引力的博物馆，吸引更多的游客前来参观和了解齐文化。

总的来说，山东淄博齐文化博物馆的数字化运用取得显著成效。通过数字化展示和沉浸式体验，观众可以更加全面地了解齐文化的历史背景和内涵，同时也让文物展示更加生动、形象化。智能引导和智能化管理手段则提高博物馆的管理和保护效率，保障了文物的安全和完整性。未来，随着科技的不断创新和应用，博物馆数字化科技的发展还将带来更多惊喜和体验。

再次，案例地满足市场需求。

山东淄博齐文化博物馆以其丰富的展示内容和多种数字化科技的运用，可以满足市场对沉浸式文艺场馆微旅游的需求。具体来说，它采用多种数字化展示手段打造一个全方位、多角度地向观众展示齐文化的效果。在博物馆中，观众可以利用实景沙盘、多媒体投影、多元化阅读等方式，深入了解齐文化的发展历程和相关文物的细节特点。这种数字化展示方式相比传统的人工导览或文字介绍，更能满足观众的视觉和听觉体验，也更能吸引到年青一代的观众。一位 63 岁的游客阿姨表示：现在的年轻人更喜欢博物馆里面可以体验的项目，像我们这些年纪比较大的人来说，我们更愿意通过传统的手工制品、古董字画等方式来感受文化的内涵和魅力。在市场需求趋势方面，当前文化消费市场呈现出多元化、个性化的趋势。越来越多的年轻人对沉浸式体验和文化产品的需求也在逐渐增加。因此，文化场馆需要采用数字化科技等新技术，提供更加立体、多角度的展示方式，满足观众的个性化需求。另外，深度体验式的文化旅游也受到市场欢迎，游客对于深入了解本地文化的需求不断提升。

在游客市场规模方面，近年来，随着旅游市场的不断扩大，淄博市齐文化旅游也得到了发展。根据统计数据显示，淄博市的旅游业取得显著的增长成就。自 2014 年的 395.4 亿元增长至 2019 年的 746 亿元，年均增速超过 13%。同样地，接待游客总人数从 2014 年的 4166.2 万人次增长至 2019 年的 6390.3 万人次，年均增长超过 8.9%。这些数据表明文化产业和旅游产业已成为淄博市经济建设中不可或缺的重要组成部分。而齐文化博物馆作为淄博市的一个核心文化场馆，吸引了大量的游客前来参观，成为本地和外来游客热衷参观的热门景点之一。

此外，齐文化博物馆还开设文化产品展示区，展示和售卖齐文化文创产品与相关纪念品。这种产品展示和销售形式更接地气，容易吸引游客进行购买，也能给游客带来更好的消费体验。一位博物馆文创店的周姐表示：店里面的销售情况还是不错的，游客的反映也比较积极。我们的产品特色鲜明，品质也比较有保障，价格也比较实惠。游客在购买我们的产品时，一般会先了解产品的文化内涵和故事，然后再进行购买。我们的产品适合各年龄段的游客，不论是小孩子还是大人，都会有自己喜欢的文化产品。有些游客甚至会专程来博物馆购买我们的产品，这也表明我们的文创产品在游客中的影响力和认可度还是比较高的。同时，在博物馆出口建立的淄博市齐文化工艺品销售场所，针对淄博市齐文化工艺品进行专业分类和标价，使得游客可以更加顺畅地购买到自己需要的文化产品。

总的来说，数字化科技和文化产品展示等方面的深入运用，使齐文化博物馆成为一个满足市场需求的好去处。作为一个沉浸式文艺场馆，能够让游客感到淄博市丰富的历史文化底蕴，同时也能为游客提供更好的消费体验和文化产品购买机会。

最后，案例地的场景化打造。

山东淄博齐文化博物馆通过多样化的场景打造，为游客提供独特的文化体验，进而促进游客消费。齐文化博物馆在其展览空间内设置沉浸式体验区域，为游客提供更加立体、多角度的文化体验。利用数字化科技和互动技术，打造虚拟与现实相结合的展览模式，建立沉浸式的、多媒体的文化体验空间，让游客通过身临其境的方式更好地了解齐地文化。在展览空间内设置沉浸式体验区域，为游客提供更加立体、多角度的文化体验。同时，齐文化博物馆建设创新场景，其建筑外观采用扭转的台历造型，将临淄丰富的历史文化呈现在建筑上，成为临淄区的标志性建筑。同时，齐文化博物馆的展厅设有基本陈列展厅、特色陈列展厅、专题陈列展厅和临时展厅，展示大量的齐地特色文物和非物质文化遗产。一位来自咸阳的游客张先生表示：来齐博一定要去考古厅，这是很气派的展厅，也是一个有超多干货的展区，而且每个陶文都能识读，真是煌煌古都泱泱大齐！这种创新的建筑设计和展陈方式，使游客能够在沉浸式文艺场馆中感受到深厚的历史文化底蕴，同时也能够获得良好的旅游体验。一位淄博本地居民表示：家门口的博物馆，一览千年、泱泱齐风，除了周一闭馆，其他时间都可以免费参观，整个馆的设计大气简洁时尚，非常出片，门口可以喂鸽子，馆的后面比前面还要美。齐都文化城的建设也是场景化打造的一个重要部分，15家民间博物馆、东孙战国墓博物馆以及临淄古玩城都成为齐都文化城中的重要组成部分。这些旅游景点都具有鲜明的齐文化特色，展现临淄的丰富历史文化和风土人情。一位来自南京的游客许小姐表示：淄博市齐文化博物馆展示了那么多齐地文物珍宝，把齐国古都八百年的兴衰变迁都展现出来了！如果有其他游客来淄博临淄玩儿，一定要到博物馆看看，感受一下齐国昔日的浩大气象，了解一下齐文化在各个时期的发展。这个博物馆有那么多内容，可以玩一整天，一定会让你更深入地了解淄博这个历史名城，超级值得一去！通过这种场景化打造，游客可以更好地了解淄博市齐文化的发展历程和现状，同时也可以在沉浸式文艺场馆中获取愉悦的旅游体验。

另外，在文艺要素应用上，淄博市齐文化工艺品的展示售卖场景主要集中在淄博市齐文化旅游景点景区内部或周围。在齐文化博物馆中，淄博市齐文化工艺品的展示和销售区域巧妙地安排在走廊空地和博物馆出口。文艺要素的应用将淄博市齐文化工艺品与齐文化旅游景点相融合，使得游客在感受淄博市齐文化的历史文脉的同时，能够亲身体验淄博市的文化产业，获取到更好的旅游体验。在访谈中，一位刚购买文创产品的游客表示：我觉得文化要素的应用非常到位，从文创产品的设计到展示售卖，都充满了淄博市齐文化的特色和味道。在购物区域中，文创产品的摆放展示很有特色，分类明确，价格合理，让游客可以轻松地找到自己想要的产品，并且有专人介绍和解释，让购买过程更加顺畅和有趣。同时，在淄博市齐文化博物馆的售卖场景中，专门设置淄博市齐文化工艺品销售场所。在此处售卖的商品较为专一，有专门的摆放展览柜台及柜架，并将商品进行分类和标价。这种文艺要素的应用，能够给游客留下淄博市有齐文化工艺品专门销售场所的印象，让游客更容易获取淄博市齐文化工艺品的信息和购买途径，提高游客的购买欲望，增加淄博市文化产业的收入。

以上两方面的场景化打造和文艺要素应用，共同促进山东淄博齐文化博物馆这一沉浸式文艺场馆微旅游的发展。通过建立独具特色的建筑和展陈设计，游客在场馆中获得深刻的文化体验；通过文艺要素的应用，将文化产业与旅游产业紧密结合，提高旅游景点的吸引力和淄博市文化产业的发展水平。

第三，山东淄博齐文化博物馆——沉浸式文艺场馆微旅游对城市功能完善点式—重置型建设的作用。

为了更深入地分析山东淄博齐文化博物馆建设中旅游发展与城市更新建设的协同模式，通过对各要素间的综合考量，将当地居民、旅游相关工作人员和游客等作为案例分析重点，提炼出景区联动、空间布局和城市遗址旅游开发三个关键要素，并通过对这三个方面进行层次化、关联性的分析，搭建出山东淄博齐文化博物馆的景区联动的作用模型、空间布局的作用模型、城市遗址旅游开发的作用模型，为探讨景区联动、空间布局和城市遗址旅游开发在沉浸式文艺场馆微旅游与城市更新建设协同中的作用奠定基础。

首先，沉浸式文艺场馆微旅游的景区联动分析。

齐文化博物馆的景区联动将景点周边的各类旅游资源进行景区与景区间的联合以及各景区内部的特色化建设，山东淄博齐文化博物馆的技术共享、资源共享及产品差异均对景区联动的发展情况产生直接或间接作用。结合齐文化博物馆景区联动的过程，将技术共享、资源共享及产品差异三个方面的内容列为重点，较为科学合理地模拟出淄博齐文化博物馆中景区联动的作用模型（见图7-9）。

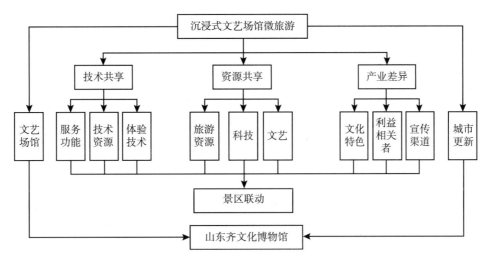

图7-9　淄博齐文化博物馆中景区联动的作用模型

由图7-9可知，淄博齐文化博物馆的景区联动既是发展沉浸式旅游的基础要素，也是影响本地城市更新的重要条件，其中，技术共享、资源共享及产品差异是重点内容。

在技术共享方面，齐文化博物馆对技术共享的服务功能、技术资源、体验技术产生影响，进而影响城市功能完善点式—重置型建设。一是通过开发服务功能，提供许多便利和服务，如游客可以通过博物馆的官方网站和手机应用程序查询和预约门票、参观路线等信息，提高游客参观博物馆的便捷性和效率。同时，齐文化博物馆还利用数字技术将文物与景观进行有机结合，打造出富有互动性和体验性的景区，为游客提供全方位的文化旅游服务。在访谈中，游客小许表示：在使用数字化导览系统过程中，我感觉非常方便和实用。通过手持设备上的导览系统，我可以查看文物或者景点的详细资料、历史故事，甚至是视听讲解。这些内容丰富了我的游览体验，也让我更好地了解了文物和古城文化的魅力。二是博物馆积极利用技术资源，引进先进的声光电技术等，使得博物馆的展示方式更加现代化、多样化和互动化，吸引更多的游客，并提升文化吸引力和城市形象。另外一位来自厦门的游客黄先生表示：在数字化技术和互动体验方面，我有很多好的感受。例如，在VR体验区中，我可以近距离接触文物，仿佛置身于历史现场一般，这种体验非常震撼和有趣。而在场馆内也有一些互动体验设施，如文物复原、拓印等，这些体验也让我更加深入地了解了文物背后的故事和文化价值。此外，博物馆还通过数字化技术，对馆内文物进行全面数字化，使游客能够通过数字化导览系统和VR体验设备进行互动体验，深入地了解文物的历史和文化背景。以上这些措施和做法，促进了博物馆的发展和提升，同时也为城市功能完善点式—重置型建设提供借鉴和参考。通过利用技术资源和服务功能，城市可以更好地整合和利用各种资源，优化城市规划和建设，提升城市形象和文化吸引力，从而推动城市的发展和进步。同时，技术应用和服务也为城市提供了更多的发展机遇和潜力，促进城市功能完善点式—重置型建设的不断推进和发展。

在资源共享方面，齐文化博物馆对资源共享的旅游资源、高新科技、文艺资源产生影响，进而影响城市功能完善点式—重置型建设。一是齐文化博物馆依托周边自然资源丰富、交通便利、地理位置优越的特点，将其打造成为一个旅游目的地，从而吸引更多的游客前来参观。同时，齐文化博物馆还与其他景区合作，实现旅游资源的共享，包括游客流量、旅游产品和服务等。通过旅游资源的共享，齐文化博物馆在提高自身知名度的同时，也为城市功能完善点式—重置型建设提供更多的旅游资源和服务支持。二是齐文化博物馆通过引进高新科技，如声光电技术，将文物展示和游客体验升级，提高游客的参观体验和文化吸引力。并且博物馆与当地政府共同建设齐文化产业园区，加速文化强市建设的百年工程。这样的合作方式可以让当地政府和博物馆充分利用各自的优势，实现资源共享和互惠互利的局面。一位淄博本地游客表示：据说博物馆跟相关部门合作，共同打造文化旅游、发展科技文化创新。而且现在齐文化博物馆已经被打造成为一个旅游目的地，吸引大量的游客前来参观，我觉得淄博本地旅游业和城市经济也相应得到发展。同时，这种模式也可以提高当地文化旅游业的整体水平，为城市功能完善点式—重置型建设提供更加优质的服务和支持。三是齐文化博物馆通过与其他文化机构、学术界等的合作，共享文艺资源，提高展览内容和研究成果的水平和质量。文艺资源共享对于城市功能完善点式—重置型建设的影响在于，可以为城市注入更多的文化元素和创意，推动城市的文化产业升级和城市功能的完善。综上所述，齐文化博物馆在旅游资源、高新科技、文艺资源的共享中发挥重要作用，促进城市功能完善点式—重置型建设。

在产品差异方面，齐文化博物馆对产品差异的文化特色、利益相关者、宣传渠道方面产生影响，进而影响城市功能完善点式—重置型建设。一是齐文化博物馆的文化特色成为产品差异化的重要来源。齐文化博物馆注重展示齐文化的兴衰演变过程，通过多媒体技术将历史发展过程展现给游客，增强游客的参观体验，吸引更多的游客。这些展示方式和文物的展示形式反映齐文化博物馆独特的文化特色。这种文化特色不仅增加了游客的兴趣，还使得齐文化博物馆在国内博物馆中脱颖而出。一位游客表示：我特别喜欢博物馆的多媒体展示，通过影像和声音，让人仿佛穿越了时空，感受到了淄博的历史和文化。而且博物馆的文化特色非常突出，展示方式和文物展示形式也很使人感到震撼。二是齐文化博物馆采用差异化收费机制，免费对当地居民开放，并与学校和民间组织合作，形成一个爱国主义文化教育的综合平台，为当地居民提供更多的文化服务。利益相关者的关怀不仅提高当地居民对博物馆的认可度和信任度，也提高博物馆在城市社会责任和城市形象塑造方面的地位。三是齐文化博物馆与多个民间文化组织进行合作，举办各种形式的文化实践活动，通过社交媒体、官方网站和线下活动等宣传渠道，吸引更多的游客前来参观。宣传渠道的扩展不仅提高了博物馆的知名度和美誉度，也促进城市的旅游业发展和城市品牌形象的提升。游客小月表示：我非常欣赏博物馆与民间组织合作的做法，这样可以更好地整合社会资源，推动当地文化的传承和发展。而且这种举办文化实践活动的做法非常好，可以吸引更多的游客前来参观。总的来说，齐文化博物馆通过产品差异化战略的实施，在文化特色、利益相关者和宣传渠道方面产生积极的影响，同时为城市功能完善点式—重置型建设提供了有力的文化支撑和吸引力。

综上所述，从山东淄博齐文化博物馆的沉浸式文艺场馆微旅游的发展与景区联动的实践过程可以看出，研究假设 HF3、HF6、HF7 可以从实践过程的角度得到验证，即沉浸式文艺场馆微旅游的发展对景区联动产生积极的影响，同时也进一步对空间布局、城市功能完善点式—重置型产生正向作用。

其次，沉浸式文艺场馆微旅游的空间布局分析。

山东淄博齐文化博物馆的空间布局是指对景区所在土地及其负载的旅游资源、旅游设施分区划片，对各区进行背景分析，确定次一级旅游区域的名称、发展主题、形象定位、旅游功能、项目选址、规划设计，从而将旅游六要素的未来不同规划时段的状态，落实到合适的区域，并将空间部署形态进行可视化表达。齐文化博物馆的空间布局主要体现在空间格局现状、游客需求两个方面，通过了解现景区空间格局现状、满足游客需求和可持续发展景点，促进山东淄博齐文化博物馆的区位、科技应用、市场需求和场景打造。基于以上内容，搭建出淄博齐文化博物馆建设中空间布局的作用模型，见图 7 – 10。

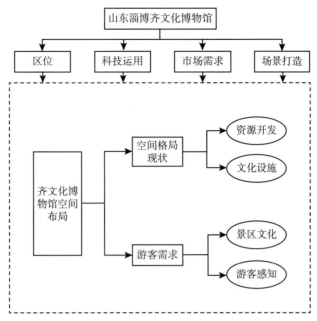

图 7 - 10　淄博齐文化博物馆建设中空间布局的作用模型

由图 7 - 10 可知，本书将结合淄博特色文化资源，从区位、科技应用、市场需求、场景打造四个方面出发，分析研究淄博齐文化博物馆的空间布局作用。

一方面，淄博齐文化博物馆的空间格局现状的完善情况。随着淄博重点文化建设项目的不断完善，建造于临淄城区东部，并与齐都体育城形成一东一西的"双城"格局，提升古老齐文化所带来的震撼感，为博物院周边产业与文物古迹带来更多的游客流量与经济效益。资源的集聚和开发，为城市功能的完善提供了基础支撑。通过开放式的展陈思维、现代化的展陈手段，可以将历史展示与文化传播有机融合，在东西互动中展示齐文化与蹴鞠文化的悠远精深。通过全方位展示系列文物，可以感知近千年的齐国故都发展，文物摆放依据与空间展示次序均向群众传递时代独具的历史文化特征和社会发展形态。在访谈中，一位淄博本地居民王哥表示：齐文化博物馆展示了我们淄博的历史与文化遗产，为市民提供了直接了解自己文化根源的机会，促进了市民对本土文化的认同感和自豪感。同时，博物馆不断推出各类文化活动和展览，不断为我们提供学习和交流的平台，能够让我们更好地了解自己的文化传承，提升自身发展潜力和文化素质。同时，全方位展示系列文物，展现齐国故都近千年的发展历程，使得人们能够感知到历史与现实的联系和延续，从而深刻理解城市的演变和发展。这种空间布局和展陈方式不仅提供一种深度体验的沉浸式文艺场馆微旅游项目，同时也为城市功能的点式—重置型建设提供新的思路和启示，推动城市的现代化转型。另外一位淄博本地市民表示：随着博物馆的建设和完善，越来越多的游客选择到博物馆参观游览，同时也带动了附近的产业发展。可以预见，未来旅游业将成为淄博经济发展的重要支柱之一，也将对当地经济持续发展起到重要带动作用。综上所述，淄博齐文化博物馆的建设和完善不仅对周边的资源开发和经济发展产生重要影响，同时也对城市功能的完善产生深远的影响。以文化为核心的城市发展模式，对于城市的可持续发展和提高城市的品质和文化内涵都具有重要的意义和作用。

另一方面，淄博齐文化博物馆的空间布局在于不断满足游客需求。作为一个城市的文化机构，博物馆在提高公民文化素质、丰富公民休闲生活、提高城市文化品位和精神文明建设方面发挥着重要作用。在访谈中，一位本地游客小李表示：我觉得这个博物馆融合了文化、艺术和科技等多种元素，非常生动、有趣，展示了淄博齐文化的历史、文化和文物，让我深入了解了自己的家乡的文化底蕴。同时，展示的手法非常新颖。同时，博物馆从 2019 年开始实施免费惠民政策，并且通过进行多渠道多媒体宣传，以此提升群众对传统文化的认可度和荣誉感。不仅为群众提供精神消费场所，也为群众提供接受传统文化教育的地方。对此，小李表示：很多人在日常生活中并不会特别主动地去博物馆，而免费惠民政策可以促使更多人接触到博物馆，让博物馆变得更加容易接触和了解。博物馆通过展示各时期文物，促进群众能够全方位掌握齐文化在各个时期的发展情况，对齐文化的思想内涵形成一个较为准确的认知。在博物馆内部空间之外，室外环境的有效利用也成为博物馆规划的重要组成部分。齐文化博物馆尽最大可能地满足市民的公共休闲需求，成为淄博名副其实的"城市会客厅"，更成为代表淄博形象的地标性建筑。博物馆不断开发自身所拥有的资源价值，通过合适的形式将其价值体现在相应的文创产品上，将文物所蕴含的历史文化资源进行更深层次的开发与推广，打造更有意义的、蕴含文化元素的、高质量的文创产品。文创店周姐表示：我觉得博物馆里的文创产品对游客的吸引力非常大。这些文创产品往往是以博物馆内的展品和文化资源为创意来源，其设计和创意比较新颖独特，充满了文化气息和历史包容力。这也是博物馆与普通商场的区别所在。而且游客把纪念品带回家时，还能够侧面宣传齐文化，吸引更多的游客前来游玩。同时，通过新颖的展览设计和技术应用，该项目也有助于形成点式—重置型的物理社会空间范型，推进城市空间的更新和优化。一位来自南京的游客表示：我们这些外地游客可以通过购买这些文创产品，不能把博物馆搬回家，但是我们可以通过文化纪念品将对这博物馆的记忆和感受带回家，保留对齐文化的记忆和感受。由此壮大文创产业，才能够在增强公共文化服务能力和社会影响力的同时提高经济效益。总的来说，淄博齐文化博物馆这一沉浸式文艺场馆微旅游项目在满足游客需求的同时，也为景区和城市功能的完善和提升作出积极贡献，对于推动淄博文化事业的发展具有重要意义。

综上所述，从山东淄博齐文化博物馆的沉浸式文艺场馆微旅游的发展与空间布局的实践过程可以看出，研究假设HF2、HF8、HF9可以从实践过程的角度得到验证，即沉浸式文艺场馆微旅游的发展对空间布局产生积极的影响，同时也进一步对城市遗址旅游开发、城市功能完善点式—重置型产生正向作用。

最后，沉浸式文艺场馆微旅游的城市遗址旅游开发分析。

城市遗址旅游开发是文化遗址进行更新的重要举措之一，包括位置选择、创意经济、创意产业和城市多元化功能完善四个方面，淄博齐文化博物馆的文艺场馆微旅游建设影响城市遗址旅游开发，城市遗址旅游开发也影响齐文化博物馆的文创产品开发和可持续发展能力。从淄博市的文化资源的实际情况入手，基于相关研究基础，对淄博齐文化博物馆的城市遗址旅游开发进行分析，搭建出淄博齐文化博物馆的城市遗址旅游开发的作用模型（见图7-11）。

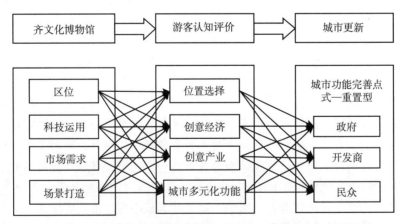

图7-11   淄博齐文化博物馆建设中游客认知评价的作用模型

由图7-11可知，齐文化博物馆的区位、科技运用、市场需求和场景打造这四个方面，对城市遗址的位置选择、创意经济、创意产业和城市多元化功能产生作用，进而影响淄博城市功能完善点式—重置型建设过程。齐文化博物馆作为山东省文化产业开发的重点项目，兼顾研究保护与发展，再现出齐故都的盛景。城市遗址旅游开发影响齐文化博物馆的文化资源可持续发展和经济效益，是齐文化博物馆发展沉浸式文艺场馆微旅游的重要因素。

在位置选择方面，齐文化博物馆对用地周边环境进行前期探测，在合理选择但又不破坏周边生活环境的原则上搭建所需建筑，严格执行以人为本原则，发挥制定管控作用，促进城市更新的空间范型建设及其建筑的高效利用。同时，齐文化博物馆也将考虑到游客的便利和安全性，选择安全、易达、有良好交通和周边配套设施完善的位置。在位置选择上，以提高参观体验为出发点，在保证历史文化价值和展示效果的前提下，尽量将场馆建在游客熟悉的区域，方便游客前来参观。一位来自济南的自驾游游客表示：齐文化博物馆的地理位置不错，距离繁华商业区只有十几分钟车程，交通比较便利，周围还有科技馆、足球博物馆等，周围空间很大，植物种植紧密，逛完齐文化博物馆再绕着周围逛一圈，真的是不错的游览体验。同样，博物馆也考虑到周围环境对游客留存时间的影响，一位来自桂林的游客覃先生表示：实际上，在参观齐文化博物馆时我没有遇到任何困难或问题。博物馆的导览服务很周到，解释得非常清晰，对于我来说非常有帮助。同时，展陈场馆的布局也非常合理，让游客可以更加自由地参观和体验，没有任何的拥挤和排队情况。总的来说，齐文化博物馆的服务和环境都非常出色，值得一再推荐。通过合理设置室内展览及户外休息等场所，游客能够在愉悦的环境中自由参观，从而促进游客的留恋度，提高博物馆的知名度和美誉度，为本地的旅游、文化、经济的发展作出积极的贡献。

在创意经济方面，依靠智慧、技能和天赋，借助于高科技对文化资源进行创造与提升，通过开发和运用齐文化遗址，产生出高附加值的产品，创造财富和提升就业潜力。近年来，山东省淄博市不断对辖内博物馆进行投入、兴建或改进，不断重视软、硬件服务的双重升级，不仅使其成为传承与弘扬齐文化的稳固载体，更惠及居民生活，助力社会发展。同时，齐文化博物馆的城市遗址旅游开发优化了城市空间布局和功能结构。其中，齐文化博物馆可以利用原有的城市遗址空间，通过改造和提升，形成新的文化旅游节点和区域，增加城市空间的利用效率和活力，也更好地推动齐文化的传播与发展，齐文化博物馆通过博物馆这一载体，建立起"足下春秋行"官方研学旅行品牌。同时，齐文化博物馆这一沉浸式文艺场馆微旅游也通过提高游客对淄博市齐文化的认知度和兴趣度，促进城市功能完善点式一重置型建设的发展，并且增进城市社会融合和民生福祉。博物馆的工作人员吕哥表示：齐文化博物馆利用原有的城市遗址空间，通过改造和提升，形成了新的文化旅游节点和区域。我们利用遗址的特点和历史文化背景，打造了具有鲜明齐文化特色的博物馆展示，增加了城市空间的利用效率和活力。同时，我们还结合文化旅游的要求，加大了数字化、互动化的展示和推广力度，使游客能够更加深入地了解齐文化的精髓和文化底蕴。齐文化博物馆这一沉浸式文艺场馆微旅游项目可以促进不同群体、不同地区、不同层次的人们之间的交流互动和共享共赢，提高社会凝聚力和幸福感。此外，游客通过参观淄博齐文化博物馆，可以了解到淄博市的历史文化和齐文化遗产，进而对淄博市的城市形象、文化底蕴和旅游资源有了更深入的了解和认识。有助于提高淄博市的文化软实力和品牌形象，可以展示出城市独特的历史文化底蕴和创新发展理念，塑造出具有特色和吸引力的城市形象和品牌，进而吸引更多的游客前来旅游和消费，从而进一步推动城市功能完善点式一重置型建设的发展。

在创意产业方面，文化创意产业具有的信息无形性和易于传播性的优势可以凸显齐文化遗址保护在文化创意产业发展中的重要地位，而淄博齐文化博物馆的微旅游开发是在沉浸式体验旅游新时代中发展起来的，是传统文艺场馆与高新科技相结合的产物。在建设齐文化创意产业品牌化过程中，博物馆更为重视齐文化遗址和文物的保护工作，积极开拓文化及其创意内涵的社会环境、开发市场，并通过门票免费的政策，激发游客前往体验齐文化，并且不断增强游客与居民的文化遗址保护意识，联合政策与群众共同行动，提升齐文化创意产业。同时，培育新的经济增长点的需要，更能促进居民全面发展的需要，也是应对国际国内综合竞争实力、增强城市创新竞争力的迫切需要，可以为国家和地方文化事业的发展提供重要的资金支持，推动文化事业的快速发展，两者相互促进，形成良性循环。另一位博物馆文创店人员徐哥表示：淄博齐文化博物馆的文创店是博物馆与市场的桥梁，它在齐文化创意产业的发展中扮演着非常重要的角色。齐文化遗址和文物的保护需要巨大的财力和人力，而文创店和齐文化创意产业的发展也需要相应的资金和资源，这些都需要政府的支持。因此，门票免费等政策有效地推动了淄博市的文化旅游和文创产业的发展，吸引了越来越多的游客前来淄博齐文化博物馆参观和购买文化创意产品，这样便可以为淄博市文化事业的发展提供重要的资金支持和政策保障。此外，淄博齐文化博物馆的微旅游项目对城市功能完善点式—重置型建设也具有一定的影响。游客小李表示：齐文化博物馆的环境和设施也非常舒适和现代化，让我们可以在愉悦的氛围中，深度了解和感受齐文化，真正融入城市的历史和文化中，此次体验十分棒。齐文化博物馆通过优化整合旅游资源、完善基础设施和提升服务功能，以淄河为纽带，串联周边文物遗址和旅游景点，将生态旅游和文化旅游有机结合、相互支撑，打造出特色更为鲜明、氛围更为浓厚、服务更为优质的旅游名牌，间接带动商业购物、餐饮、住宿、娱乐等产业发展，实现良好的经济效益和社会效益。因此，淄博齐文化博物馆的微旅游项目不仅推动城市遗址旅游创意产业的发展，也促进城市的功能完善和点式—重置型建设。

在城市多元化功能方面，文化创意产业得到发展时，可以促进城市功能的多元化发展。齐文化博物馆还投建丰富的互动体验项目，如戎装单骑、夏日泳池、足球博物馆观景平台望远镜等。这些项目的建设与投入使用，为广大市民与各地游客提供立体化的参观与体验，极大地丰富了园区内的旅游业态。同时，淄博作为齐文化源地的历史文化名城，在当今这个开放、多元的时代，其经济、文化、思想等各方面水平都得到整体性提升。淄博凭借丰厚的历史文物资源，搭建今日的文化储备与格局。一位淄博市民表示：作为一个淄博市民，我觉得淄博齐文化博物馆对淄博城市的文化传承和发展起到了非常重要的作用。齐文化是淄博非常重要的文化遗产，是我市文化的重要组成部分。淄博齐文化博物馆致力于向公众展示和传承齐文化，让更多的人了解、感知和关注我们淄博的历史和文化，对于促进淄博文化的传承和发展非常重要。除了承担历史传承、文物展示和研究保护的职责，博物馆还致力于公众教育，为齐文化的传承和发展贡献力量，使其在借古开今、继往开来中焕发新的生命力，从而推动城市的文化发展和多元化功能建设。一位文物专业的大学生游客表示：此次研学活动使我深入了解了齐国博大精深的历史文化，不仅扩展了我的知识面，也开阔了我的视野。在深入了解齐文化的过程中，我能够更好地以史为鉴，吸取历史的经验和教训，并努力学习科学文化知识，持续开拓进取，为祖国的发展和繁荣尽自己的一份力量。总的来说，淄博齐文化博物馆的沉浸式文艺场馆微旅游项目通过整合多元化旅游资源、建设丰富的互动体验项目和促进文化传承发展等方面，对城市遗址旅游开发的城市多元化功能产生了积极影响，推动了城市功能的完善和点式—重置型建设，重点突出了城市功能的完善和多元化。

综上所述，从山东淄博齐文化博物馆的沉浸式文艺场馆微旅游的发展与城市遗址旅游开发的实践过程可以看出，研究假设 HF1、HF5 可以从实践过程的角度得到验证，即沉浸式文艺场馆微旅游的发展对城市遗址旅游开发产生积极的影响，同时也进一步对城市功能完善点式—重置型产生正向作用。

总之，通过山东淄博齐文化博物馆的沉浸式文艺场馆微旅游的发展与城市功能完善点式—重置型协同模式的实践过程的分析，本书所提出的研究假设基本能够得到验证，从定性分析的角度初步验证了沉浸式文艺场馆微旅游、景区联动、空间布局、城市遗址旅游开发、城市功能完善点式—重置型之间的关系。但是，上述各变量之间作用强度的大小、受影响的差异程度等关于沉浸式文艺场馆微旅游与城市功能完善点式—重置型协同模式之间具体作用机制的问题难以定量衡量。为此，需要进一步通过问卷调查，运用结构方程模型，从量化分析的角度检验沉浸式文艺场馆微旅游与城市功能完善点式—重置型协同模式之间的具体作用机制。

关于案例验证分析：

案例研究以山东淄博齐文化博物馆为例，通过实地调研来获取原始资料，同时也对山东淄博齐文化博物馆有了深层次的了解，保证资料来源的有效性和真实性。为了开展对沉浸式文艺场馆微旅游与城市功能完善点式—重置型建设的案例验证，首先诠释了以山东淄博齐文化博物馆作为案例目的地的选题根据，对案例进行描述，将山东淄博齐文化博物馆的建设和发展分为三个阶段，通过对这三个阶段进行深度分析，识别出山东淄博齐文化博物馆的发展文化特色与理念。其中，依据上文搭建的沉浸式文艺场馆微旅游与城市功能完善点式—重置型协同模式的结构方程实证结果，在案例探讨和发展中将景区联动、空间布局和城市遗址旅游开发三个方面置于重心进行分析，搭建出山东淄博齐文化博物馆的景区联动的作用模型、空间布局的作用模型、城市遗址旅游开发的作用模型。

运用案例研究方法进行案例研究，选择山东淄博齐文化博物馆为案例，对沉浸式文艺场馆微旅游与城市功能完善点式—重置型协同模式进行验证。结合上文搭建的沉浸式文艺场馆微旅游与城市功能完善点式—重置型协同模式的分析框架、研究假设和结构方程实证分析相关内容，基于淄博齐文化博物馆的发展现状，将景区联动、空间布局和城市遗址旅游开发三点作为分析重点，诠释其对沉浸式文艺场馆微旅游转型升级以及城市更新发展当中的作用，用单案例验证了沉浸式文艺场馆微旅游与城市功能完善点式—重置型建设的协同过程中的影响因素，进一步验证了沉浸式文艺场馆微旅游与城市功能完善点式—重置型协同模式。

7.2.4　问卷数据分析

第一，样本数据的描述性统计及信度效度检验。

本书通过调查问卷取得第一手的数据资料，共发布了 300 份问卷，收回了 268 份问卷，回收率为 89.3%。然而，由于部分游客和居民在填写问卷时态度不认真，以及部分受访者只回答了部分的题项，回收的问卷中存在一些无效问卷。由此，经过统计分析，在回收的 268 份问卷中，共有 230 份有效问卷，即有效率为 85.8%。总体而言，有效问卷的数量符合结构方程所要求的样本数量，可以进行下一步实证分析。在进行实证分析前，仅仅靠科学、合理、可操作的调查问卷量表来获取准确、科学的研究结论是不足够的，还需要对获得的数据进行信度分析和效度分析。运用 SPSS 22 软件对调研数据进行分析，研究数据基本符合正态分布，抽样代表性较好。样本的人口统计学特征如表 7-9 所示。

表 7-9　　　　　　　　　　　　样本人口特征的描述性统计

基本特征	样本分组	频数	占比（%）	基本特征	样本分组	频数	占比（%）
性别	女	122	53.04	受教育程度	初中及以下	59	25.65
	男	108	46.96		高中或中专	69	30.00
居住所在地	本地居民	123	53.48		大专	48	20.87
	外地游客	107	46.52		本科	39	16.96
年龄	14 岁及以下	13	5.65		硕士及以上	15	6.52
	15~24 岁	85	36.96	职业	工人	25	10.87
	25~44 岁	89	38.70		职员	21	9.13
	45~60 岁	27	11.74		教育工作者	23	10.00
	61 岁及以上	16	6.96		农民	9	3.91
居住时间	1 年及以下	95	41.30		自由职业者	35	15.22
	2~5 年	28	12.17		管理人员	8	3.48
	6~10 年	36	15.65		学生	44	19.13
	11 年及以上	71	30.87		服务人员	23	10.00
家庭人均年收入	10000 元及以下	13	5.65		技术人员	8	3.48
	10001~15000 元	25	10.87		政府工作人员	6	2.61
	15001~30000 元	36	15.65		退休人员	15	6.52
	30001~50000 元	68	29.57		其他	13	5.65
	50001 元及以上	88	38.26	家庭人口数	5 人及以上	37	16.09
					2~5 人	109	47.39
					单身	84	36.52

根据本书的研究设计，在进行描述性统计时，重点关注沉浸式文艺场馆微旅游、城市遗址旅游开发、景区联动、空间布局和城市功能完善点式—重置型五个方面的内容，同时，针对每个主要变量对观测指标，通过 SPSS 软件计算各指标的均值和标准差，并进行解释。具体情况见表 7 - 10。

表 7 - 10　　　　　　　　　　　　　　　　描述性统计

主要变量	潜在变量	观测变量	均值	标准差	最大值	最小值
沉浸式文艺场馆微旅游（IAVM）	区位（IAVM1）	IAVM11	3.65	0.724	5	1
		IAVM 12	3.64	0.748	5	1
	科技应用（IAVM2）	IAVM 21	3.62	0.759	5	1
		IAVM 22	3.64	0.743	5	1
		IAVM23	3.65	0.787	5	1
	市场需求（IAVM3）	IAVM31	3.73	0.743	5	1
		IAVM32	3.63	0.801	5	1
	场景打造（IAVM4）	IAVM 41	3.68	0.752	5	1
		IAVM 42	3.78	0.743	5	1
城市遗址旅游开发（UHTD）	位置选择（UHTD1）	UHTD11	3.18	0.729	5	1
		UHTD12	3.27	0.725	5	1
		UHTD13	3.16	0.682	5	1
	创意经济（UHTD2）	UHTD21	3.33	0.694	5	1
		UHTD22	3.23	0.742	5	1
	创意产业（UHTD3）	UHTD31	3.19	0.760	5	1
		UHTD32	3.17	0.741	5	1
		UHTD33	3.12	0.704	5	1
	城市多元化功能（UHTD4）	UHTD41	3.40	0.762	5	2
		UHTD42	3.20	0.673	5	2
		UHTD43	3.22	0.733	5	1
景区联动（LSS）	技术共享（LSS1）	LSS11	3.68	0.679	5	1
		LSS12	3.71	0.715	5	1
		LSS13	3.66	0.733	5	1
	资源共享（LSS2）	LSS21	3.59	0.801	5	1
		LSS22	3.63	0.773	5	2
		LSS23	3.60	0.788	5	1
	产品差异（LSS3）	LSS31	3.59	0.727	5	1
		LSS32	3.63	0.780	5	1
		LSS33	3.59	0.728	5	1
空间布局（SL）	空间格局现状（SL1）	SL11	3.45	0.777	5	1
		SL12	3.46	0.800	5	1
	游客需求（SL2）	SL21	3.47	0.756	5	1
		SL22	3.37	0.734	5	1

续表

主要变量	潜在变量	观测变量	均值	标准差	最大值	最小值
城市功能完善点式—重置型（UFPR）	政府监管机制（UFPR1）	UFPR11	3.28	0.729	5	1
		UFPR12	3.23	0.654	5	1
		UFPR13	3.02	0.662	5	1
	开发商协调机制（UFPR2）	UFPR21	3.30	0.717	5	1
		UFPR22	3.04	0.706	5	1
		UFPR23	3.12	0.700	5	1
	民众参与机制（UFPR3）	UFPR31	3.23	0.729	5	1
		UFPR32	3.07	0.673	5	1
		UFPR33	3.17	0.713	5	1

在新时代下的沉浸式文艺场馆微旅游与城市功能完善点式—重置型协同模式的信度检验中，采用 Kilne 的信度检验标准进行评估。同时，利用 SPSS 22 对沉浸式文艺场馆与城市功能完善点式—重置型协同模式的量表数据进行信度检验，计算各个变量的 Cronbach's α 系数值（见表 7 –11）。通过进行信度和效度检验，评估量表数据的可靠性和有效性，这些结果对于确保研究数据的质量和可信度非常重要，有助于进一步分析和解读研究结果。具体统计结果见表 7 –11。

表 7 –11　　　　　　　　　　　　　　信度和效度检验结果

变量	题项	α	因子载荷		KMO 值	累计方差解释率	Bartlett's 球形检验		
							X2	df	Sig.
沉浸式文艺场馆微旅游（IAVM）	2	0.828	IAVM11	0.682	0.960	70.793	1638.861	36	0.000
			IAVM12	0.672					
	3	0.871	IAVM21	0.752					
			IAVM22	0.793					
			IAVM23	0.777					
	2	0.805	IAVM31	0.676					
			IAVM32	0.684					
	2	0.754	IAVM41	0.721					
			IAVM42	0.612					
城市遗址旅游开发（UHTD）	3	0.715	UHTD11	0.479	0.939	49.533	1023.992	55	0.000
			UHTD12	0.549					
			UHTD13	0.591					
	2	0.731	UHTD21	0.649					
			UHTD22	0.722					
	3	0.706	UHTD31	0.424					
			UHTD32	0.537					
			UHTD33	0.531					
	3	0.655	UHTD41	0.445					
			UHTD42	0.650					
			UHTD43	0.640					

变量	题项	α	因子载荷		KMO 值	累计方差解释率	Bartlett's 球形检验		
							X2	df	Sig.
景区联动 （LSS）	3	0.928	LSS11	0.731	0.960	78.465	2203.634	36	0.000
			LSS12	0.720					
			LSS13	0.788					
	3	0.882	LSS21	0.743					
			LSS22	0.727					
			LSS23	0.708					
	3	0.909	LSS31	0.804					
			LSS32	0.714					
			LSS33	0.693					
空间布局 （SL）	2	0.762	SL11	0.640	0.804	70.424	417.392	6	0.000
			SL12	0.753					
	2	0.792	SL21	0.705					
			SL22	0.730					
城市功能完善点式—重置型 （UFPR）	3	0.659	UFPR11	0.558	0.900	46.883	652.853	36	0.000
			UFPR12	0.418					
			UFPR13	0.580					
	3	0.646	UFPR21	0.582					
			UFPR22	0.559					
			UFPR23	0.600					
	3	0.674	UFPR31	0.626					
			UFPR32	0.596					
			UFPR33	0.515					

根据表 7 - 11 可知，Cronbach's α 系数值均大于 0.50，由此可以看出量表数据具有较好的信度，属于可接受的范围；各观测变量的因子载荷绝大多数大于 0.50，KMO 值也在 0.80 以上，Bartlett's 球形检验显著性水平均为 0.000，均通过显著性检验，说明该量表具有良好的效度。综上所述数据可知，此次所采用的问卷数据具备反映测量变量真实架构的能力，说明该问卷的数据是符合要求的。

第二，样本数据的结构方程模型构建及调整。

根据沉浸式文艺场馆微旅游与城市功能完善点式—重置型协同模式的理论模型，可以得知沉浸式文艺场馆微旅游、城市遗址旅游开发、景区联动、空间布局和城市功能完善点式—重置型均为无法直接观测到的潜在变量。同时，针对这 5 个变量设定的二级指标也属于潜在变量。在该模型中，存在显变量和潜在变量，且每个变量都有内生变量和外生变量的区分。根据变量的性质，可以将沉浸式文艺场馆微旅游与城市功能完善点式—重置型协同模式中的各项变量进行归类，其中，沉浸式文艺场馆微旅游是内生变量，城市遗址旅游开发、景区联动、空间布局是中间变量，城市功能完善点式—重置型是外生变量。由此，搭建出新时代下沉浸式文艺场馆微旅游与城市功能完善点式—重置型协同模式的初始结构方程模型（见图 7 - 12）。

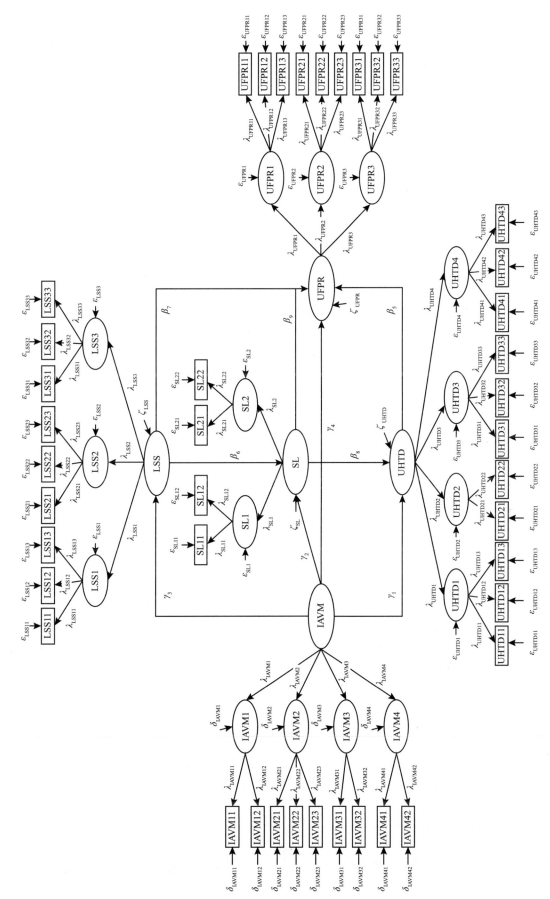

图7-12　沉浸式文艺场馆旅游与城市功能完善点式一重置型协同模式的初始结构方程模型

图 7-12 为沉浸式文艺场馆微旅游与城市功能完善点式—重置型协同模式的初始结构方程模型，从中可知，沉浸式文艺场馆微旅游与城市功能完善点式—重置型协同模式的初始结构方程外生显变量共 9 项：IAVM11~12、IAVM 21~23、IAVM 31~32、IAVM 41~42。内生显变量共有 32 项：UHTD11~13、UHTD21~22、UHTD31~33、UHTD41~42、LSS1~13、LSS21~23、LSS31~33、SL11~12、SL21~22、UFPR11~13、UFPR21~23、UFPR31~33。外生潜变量 4 项：IAVM1~4。内生潜变量 12 项：UHTD1~4、LSS1~3、SL1~2、UFPR1~3。

在进行新时代下的沉浸式文艺场馆微旅游与城市功能完善点式—重置型协同模式数据验证中，为了搭建出观测变量的结构方程式，需要对相关的变量进行设定。依据本书所搭建的初始结构方程模型中的相关内容，沉浸式文艺场馆微旅游（IAVM）、区位（IAVM1）、科技应用（IAVM2）、市场需求（IAVM3）、场景打造（IAVM4）是外生潜变量，可表示为 ζ_{IAVM}、ζ_{IAVM1}、ζ_{IAVM2}、ζ_{IAVM3}、ζ_{IAVM4}。城市遗址旅游开发（UHTD）、位置选择（UHTD1）、创意经济（UHTD2）、创意产业（UHTD3）、城市多元化功能（UHTD4）、景区联动（LSS）、技术共享（LSS1）、资源共享（LSS2）、产品差异、（LSS3）、空间布局（SL）、空间格局现状（SL1）、游客需求（SL2）、城市功能完善点式—重置型（UFPR）、政府监管机制（UFPR1）、开发商协调机制（UFPR2）、民众参与机制（UFPR3）是内生潜变量，分别表示为 η_{IAVM}、η_{IAVM1}、η_{IAVM2}、η_{IAVM3}、η_{IAVM4}、η_{UHTD}、η_{UHTD1}、η_{UHTD2}、η_{UHTD3}、η_{UHTD4}、η_{LSS}、η_{LSS1}、η_{LSS2}、η_{LSS3}、η_{SL}、η_{SL1}、η_{SL3}、η_{UFPR}、η_{UFPR1}、η_{UFPR2}、η_{UFPR3}。由此，搭建出新时代下沉浸式文艺场馆微旅游与城市功能完善点式—重置型协同模式的观测模型方程式：

$$
\begin{cases}
X_{IAVM1} = \lambda_{IAVM1}\xi_{IAVM} + \delta_{IAVM1}, \quad X_{IAVM2} = \lambda_{IAVM2}\xi_{IAVM} + \delta_{IAVM2}, \\
X_{IAVM3} = \lambda_{IAVM3}\xi_{IAVM} + \delta_{IAVM3}, \quad X_{IAVM4} = \lambda_{IAVM4}\xi_{IAVM} + \delta_{IAVM4}, \\
X_{IAVM11} = \lambda_{IAVM11}\xi_{IAVM1} + \delta_{IAVM11}, \quad X_{IAVM12} = \lambda_{IAVM12}\xi_{IAVM1} + \delta_{IAVM12}, \\
X_{IAVM21} = \lambda_{IAVM21}\xi_{IAVM2} + \delta_{IAVM21}, \quad X_{IAVM22} = \lambda_{IAVM22}\xi_{IAVM2} + \delta_{IAVM22}, \\
X_{IAVM23} = \lambda_{IAVM23}\xi_{IAVM2} + \delta_{IAVM23}, \quad X_{IAVM31} = \lambda_{IAVM31}\xi_{IAVM3} + \delta_{IAVM31}, \\
X_{IAVM32} = \lambda_{IAVM32}\xi_{IAVM3} + \delta_{IAVM32}, \quad X_{IAVM41} = \lambda_{IAVM41}\xi_{IAVM4} + \delta_{IAVM41}, \\
X_{IAVM42} = \lambda_{IAVM42}\xi_{IAVM4} + \delta_{IAVM42}, \quad Y_{LSS1} = \lambda_{LSS1}\eta_{LSS} + \varepsilon_{LSS1}, \\
Y_{LSS2} = \lambda_{LSS2}\eta_{LSS} + \varepsilon_{LSS2}, \quad Y_{LSS3} = \lambda_{LSS3}\eta_{LSS} + \varepsilon_{LSS3}, \\
Y_{LSS11} = \lambda_{LSS11}\eta_{LSS1} + \varepsilon_{LSS11}, \quad Y_{LSS12} = \lambda_{LSS12}\eta_{LSS1} + \varepsilon_{LSS12} \\
Y_{LSS13} = \lambda_{LSS13}\eta_{LSS1} + \varepsilon_{LSS13}, \quad Y_{LSS21} = \lambda_{LSS21}\eta_{LSS2} + \varepsilon_{LSS21}, \\
Y_{LSS22} = \lambda_{LSS22}\eta_{LSS2} + \varepsilon_{LSS22}, \quad Y_{LSS23} = \lambda_{LSS23}\eta_{LSS2} + \varepsilon_{LSS23}, \\
Y_{LSS31} = \lambda_{LSS31}\eta_{LSS3} + \varepsilon_{LSS31}, \quad Y_{LSS32} = \lambda_{LSS32}\eta_{LSS3} + \varepsilon_{LSS32}, \\
Y_{LSS33} = \lambda_{LSS33}\eta_{LSS3} + \varepsilon_{LSS33}, \quad Y_{SL1} = \lambda_{SL1}\eta_{SL} + \varepsilon_{SL1}, \\
Y_{SL2} = \lambda_{SL2}\eta_{SL} + \varepsilon_{SL2}, \quad Y_{SL11} = \lambda_{SL11}\eta_{SL1} + \varepsilon_{SL11}, \\
Y_{SL12} = \lambda_{SL12}\eta_{SL1} + \varepsilon_{SL12}, \quad Y_{SL21} = \lambda_{SL21}\eta_{SL2} + \varepsilon_{SL21}, \\
Y_{SL22} = \lambda_{SL22}\eta_{SL2} + \varepsilon_{SL22}, \quad Y_{UHTD1} = \lambda_{UHTD1}\eta_{UHTD} + \varepsilon_{UHTD1}, \\
Y_{UHTD2} = \lambda_{UHTD2}\eta_{UHTD} + \varepsilon_{UHTD2}, \quad Y_{UHTD3} = \lambda_{UHTD3}\eta_{UHTD} + \varepsilon_{UHTD3}, \\
Y_{UHTD4} = \lambda_{UHTD4}\eta_{UHTD} + \varepsilon_{UHTD4}, \quad Y_{UHTD11} = \lambda_{UHTD11}\eta_{UHTD1} + \varepsilon_{UHTD11}, \\
Y_{UHTD12} = \lambda_{UHTD12}\eta_{UHTD1} + \varepsilon_{UHTD12}, \quad Y_{UHTD13} = \lambda_{UHTD13}\eta_{UHTD1} + \varepsilon_{UHTD13}, \\
Y_{UHTD21} = \lambda_{UHTD21}\eta_{UHTD2} + \varepsilon_{UHTD21}, \quad Y_{UHTD22} = \lambda_{UHTD22}\eta_{UHTD2} + \varepsilon_{UHTD22}, \\
Y_{UHTD31} = \lambda_{UHTD31}\eta_{UHTD3} + \varepsilon_{UHTD31}, \quad Y_{UHTD32} = \lambda_{UHTD32}\eta_{UHTD3} + \varepsilon_{UHTD32}, \\
Y_{UHTD33} = \lambda_{UHTD33}\eta_{UHTD3} + \varepsilon_{UHTD33}, \quad Y_{UHTD41} = \lambda_{UHTD41}\eta_{UHTD4} + \varepsilon_{UHTD41}, \\
Y_{UHTD42} = \lambda_{UHTD42}\eta_{UHTD4} + \varepsilon_{UHTD42}, \quad Y_{UHTD43} = \lambda_{UHTD43}\eta_{UHTD4} + \varepsilon_{UHTD43}, \\
Y_{UFPR1} = \lambda_{UFPR1}\eta_{UFPR} + \varepsilon_{UFPR1}, \quad Y_{UFPR2} = \lambda_{UFPR2}\eta_{UFPR} + \varepsilon_{UFPR2}, \\
Y_{UFPR3} = \lambda_{UFPR3}\eta_{UFPR} + \varepsilon_{UFPR3}, \quad Y_{UFPR11} = \lambda_{UFPR11}\eta_{UFPR1} + \varepsilon_{UFPR11}, \\
Y_{UFPR12} = \lambda_{UFPR12}\eta_{UFPR1} + \varepsilon_{UFPR12}, \quad Y_{UFPR13} = \lambda_{UFPR13}\eta_{UFPR1} + \varepsilon_{UFPR13}, \\
Y_{UFPR21} = \lambda_{UFPR21}\eta_{UFPR2} + \varepsilon_{UFPR21}, \quad Y_{UFPR22} = \lambda_{UFPR22}\eta_{UFPR2} + \varepsilon_{UFPR22}, \\
Y_{UFPR23} = \lambda_{UFPR23}\eta_{UFPR2} + \varepsilon_{UFPR23}, \quad Y_{UFPR31} = \lambda_{UFPR31}\eta_{UFPR3} + \varepsilon_{UFPR31}, \\
Y_{UFPR32} = \lambda_{UFPR32}\eta_{UFPR3} + \varepsilon_{UFPR32}, \quad Y_{UFPR33} = \lambda_{UFPR33}\eta_{UFPR3} + \varepsilon_{UFPR33}.
\end{cases}
$$

基于上述观测模型方程式，依据结构模型的一般形式搭建出沉浸式文艺场馆微旅游与城市功能完善点式—重置型协同模式的结构方程式，表达如下：

$$
\begin{cases}
\eta_{LSS} = \gamma_3 \xi_{IAVM} + \zeta_{LSS}, \\
\eta_{SL} = \gamma_2 \xi_{IAVM} + \beta_6 \eta_{LSS} + \zeta_{SL}, \\
\eta_{UHTD} = \gamma_1 \xi_{IAVM} + \beta_8 \eta_{SL} + \zeta_{UHTD}, \\
\eta_{UFPR} = \gamma_4 \xi_{IAVM} + \beta_5 \eta_{UHTD} + \beta_7 \eta_{LSS} + \beta_9 \eta_{SL} + \zeta_{UFPR} \, 。
\end{cases}
$$

其中，分别用 γ_1、γ_2、γ_3、γ_4 表示沉浸式文艺场馆微旅游到城市遗址旅游开发、空间布局、景区联动、城市功能完善点式—重置型的作用路径。用 β_5 表示城市遗址旅游开发到城市功能完善点式—重置型的作用路径，分别用 β_6、β_7 表示景区联动到空间布局与城市功能完善点式—重置型的作用路径，分别用 β_8、β_9 表示空间布局到城市遗址旅游开发与城市功能完善点式—重置型的作用路径。

根据常用的拟合指标检验方法，选取八种常见的指标来评估初始结构方程模型的拟合程度。这些指标包括 CMIN \ DF、CFI、IFI、TLI、AGFI、PNFI、RMSEA、RMR。将本章构建的初始结构方程模型放入 AMOS 软件，并导入量表数据，计算模型的拟合指标值（见表 7 – 12）。

表 7 – 12　　　　　　　　　　初始结构方程模型适配度检验结果

拟合指标	CMIN\DF	CFI	IFI	TLI	AGFI	PNFI	RMSEA	RMR
观测值	1.472	0.946	0.946	0.941	0.791	0.783	0.045	0.027
拟合标准	<3.00	>0.90	>0.90	>0.90	>0.80	>0.50	<0.08	<0.05

表 7 – 12 中的各项拟合指标检验值均达到了拟合标准，说明本章所搭建的沉浸式文艺场馆微旅游与城市功能完善点式—重置型协同模式的初始结构方程模型能够较好地与调查问卷获得的量表数据进行拟合。因此，在进行拟合度检验的基础上，下一步测度初始结构方程中的各路径系数（见表 7 – 13）。

表 7 – 13　　　　　　　　　　初始结构方程路径估计

路径	模型路径	路径系数	S. E.	C. R.	P
γ_1	IAVM→UHTD	0.37	0.062	4.987	***
γ_2	IAVM→SL	0.27	0.084	5.016	***
γ_3	IAVM→LSS	0.77	0.064	12.642	***
β_4	IAVM→UFPR	0.32	0.078	3.607	***
β_5	UHTD→UFPR	0.33	0.110	3.152	0.002
β_6	LSS→SL	0.50	0.084	5.016	***
β_7	LSS→UFPR	0.09	0.070	1.034	0.301
β_8	SL→UHTD	0.54	0.085	6.027	***
β_9	SL→UFPR	0.22	0.103	2.126	0.033

注：*** 表示 P < 0.001。

由表 7 – 13 可知，在沉浸式文艺场馆微旅游与城市功能完善点式—重置型协同模式的初始结构方程模型路径估计结果中，路径 LSS→UFPR 没有通过显著性检验。从结果上来看，沉浸式文艺场馆微旅游与城市功能完善点式—重置型协同模式的初始结构方程模型的构造思路基本正确，但其中的部分关系需要进行调整。由此，在初始结构方程模型中删除景区联动与城市功能完善点式—重置型的直接作用关系路径，即 LSS→UFPR，以此调整模型（见图 7 – 13）。

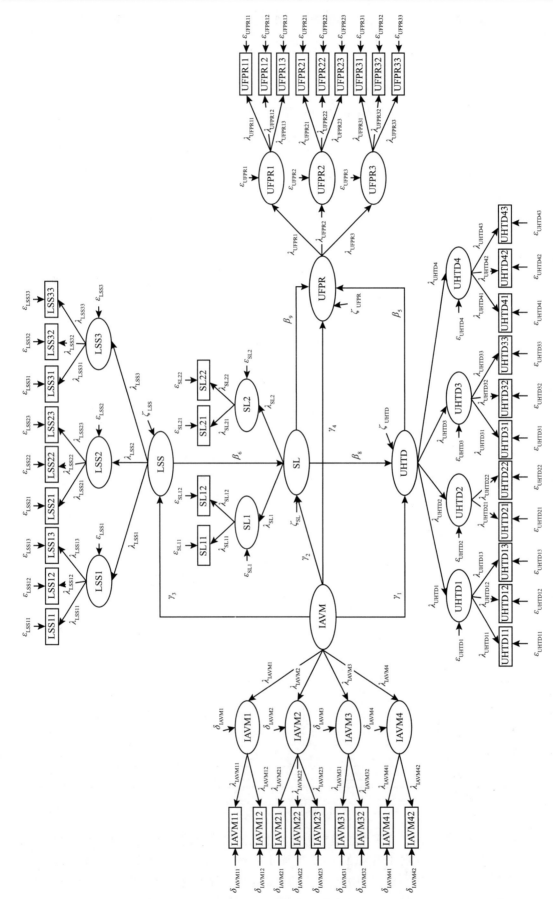

图7-13　调整后的沉浸式文艺场馆微旅游与城市功能完善节点—重置型发展协同结构方程模型

图 7-13 为调整后的沉浸式文艺场馆微旅游与城市功能完善点式—重置型协同模式的结构方程模型图，将调整后的结构方程模型放入 AMOS 中进行拟合度检验，其结果见表 7-14。

表 7-14　　　　　　　　　　　　　调整后的结构方程模型适配度检验结果

拟合指标	CMIN\DF	CFI	IFI	TLI	AGFI	PNFI	RMSEA	RMR
观测值	1.472	0.946	0.946	0.941	0.791	0.784	0.045	0.027
拟合标准	<3.00	>0.90	>0.90	>0.90	>0.80	>0.50	<0.08	<0.05

由表 7-14 可知，调整后的结构方程模型各项拟合指标检验值基本达标，说明调整后的结构方程模型与原始数据量表之间仍然具有良好的匹配度。在拟合度检验的基础上，再次将搭建的调整后的结构方程模型放入 AMOS 中进行路径估计，其结果见表 7-15。

表 7-15　　　　　　　　　　　　　　　调整后的结构方程路径估计

路径	模型路径	非标准化路径系数	标准化路径系数	S. E.	C. R.	P
γ_1	IAVM→UHTD	0.31	0.37	0.062	4.958	***
γ_2	IAVM→SL	0.23	0.26	0.084	2.778	0.005
γ_3	IAVM→LSS	0.81	0.78	0.064	12.669	***
β_4	IAVM→UFPR	0.31	0.36	0.067	4.674	***
β_5	UHTD→UFPR	0.37	0.35	0.111	3.341	***
β_6	LSS→SL	0.43	0.51	0.084	5.107	***
β_8	SL→UHTD	0.51	0.55	0.085	6.035	***
β_9	SL→UFPR	0.24	0.24	0.095	2.525	0.012

注：*** 表示 $P < 0.001$。

由表 7-15 可知，调整后的结构方程模型各路径可通过显著性检测，绝大多数都达到了 0.001 的显著性水平，较好地通过显著性检验。经过标准化处理后，可以确定调整后的结构方程模型为较满意的结构方程，路径系数的数值都在 -1~1 的范围内，得出最终的结构方程模型，见图 7-14。

第三，结构方程的假设检验及效应分解。

依据以上结构方程实证结果，结合本书所提出的研究假设与概念模型，对新时代下的沉浸式文艺场馆微旅游与城市功能完善点式—重置型协同模式的假设验证和路径系数进行归纳总结，详情如表 7-16 所示。

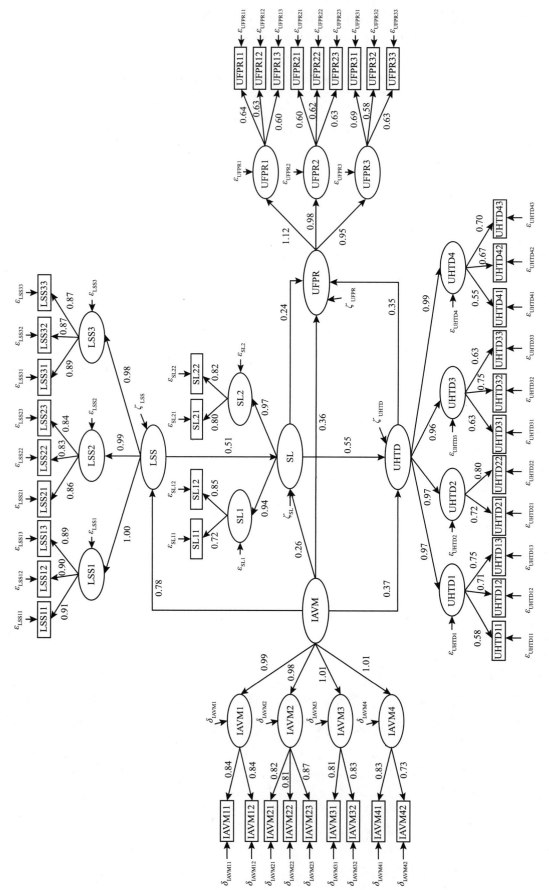

图7-14　最终的沉浸式文艺场馆微旅游与城市功能完善节点式一重置型协同模式的结构方程模型

表 7 – 16　　沉浸式文艺场馆微旅游与城市功能完善点式—重置型协同模式结构方程模型路径讨论分析

路径	模型路径	路径系数	显著性水平	研究假设	检验结果
γ_1	IAVM→UHTD	0.37	***	H1	支持
γ_2	IAVM→SL	0.26	0.005	H2	支持
γ_3	IAVM→LSS	0.78	***	H3	支持
γ_4	IAVM→UFPR	0.36	***	H4	支持
β_5	UHTD→UFPR	0.35	***	H5	支持
β_6	LSS→SL	0.51	***	H6	支持
β_7	LSS→UFPR	—	—	H7	不支持
β_8	SL→UHTD	0.55	***	H8	支持
β_9	SL→UFPR	0.24	0.012	H9	支持

注：*** 表示 $P < 0.001$。

经过标准化处理后，沉浸式文艺场馆微旅游到城市遗址旅游开发的路径系数为 0.37，$P < 0.001$，通过了显著性检验，即"沉浸式文艺场馆微旅游对城市遗址旅游开发具有显著性的直接正向作用"的原假设 HF1 成立。

沉浸式文艺场馆微旅游到空间布局的路径系数为 0.26，$P = 0.005$，在 1% 的水平上显著，能够较好地通过显著性检验，即"沉浸式文艺场馆微旅游对空间布局具有显著性的直接正向作用"的原假设 HF2 成立。

沉浸式文艺场馆微旅游到景区联动的路径系数为 0.78，$P < 0.001$，通过显著性检验，即"沉浸式文艺场馆微旅游对景区联动具有显著性的直接正向作用"的原假设 HF3 成立。

沉浸式文艺场馆微旅游到城市功能完善点式—重置型的路径系数为 0.36，$P < 0.001$，通过显著性检验，即"沉浸式文艺场馆微旅游对城市功能完善点式—重置型具有显著性的直接正向作用"的原假设 HF4 成立。

城市遗址旅游开发到城市功能完善点式—重置型的标准化路径系数为 0.35，$P < 0.001$，通过显著性检验，即"城市遗址旅游开发对城市功能完善点式—重置型具有显著性的直接正向作用"的原假设 HF5 成立。

景区联动到空间布局的标准化路径系数为 0.51，$P < 0.001$，通过显著性检验，即"景区联动对空间布局具有显著性的直接正向作用"的原假设 HF6 成立。

景区联动到城市功能完善点式—重置型的作用路径在模型调整中被删除掉了，未能通过显著性检验，由此可以看出，"景区联动对城市功能完善点式—重置型具有显著的直接正向作用"的假设不成立，检验的结果拒绝了原假设 HF7。

空间布局到城市遗址旅游开发的路径系数为 0.55，$P < 0.001$，通过显著性检验，即"空间布局对城市遗址旅游开发具有显著性的直接正向作用"的原假设 HF8 成立。

空间布局到城市功能完善点式—重置型的路径系数为 0.24，$P < 0.001$，通过显著性检验，即"空间布局对城市功能完善点式—重置型具有显著性的直接正向作用"的原假设 HF9 成立。

由此可知，新时代下的沉浸式文艺场微旅游度城市功能完善点式—重置型协同模式的结构方程模型较好地与量表数据进行了拟合，沉浸式文艺场馆微旅游到城市功能完善点式—重置型发展模式的直接作用路径系数为 0.36，还有 4 条较为显著的间接作用路径，其间接作用效应分别为 0.130（0.37×0.35）、0.062（0.26×0.24）、0.05（0.26×0.55×0.35）、0.095（0.78×0.51×0.24）、0.077（0.78×0.51×0.55×0.35），总的间接作用效应为 0.414。通过比较可知，沉浸式文艺场微旅游到城市功能完善点式—重置型建设的直接作用路径系数与间接作用路径系数是相差不大的，景区联动、空间布局和城市遗址旅游开发这三个中间变量的重要作用不容忽视。

景区联动到城市功能完善点式—重置型的作用路径在模型调整中被删除掉了，究其原因，本书认为这与沉浸式文艺场馆微旅游的发展现状是分不开的。沉浸式文艺场馆微旅游是集旅游体验、虚拟现实技术应用、古今交融等多种业态特征为一体的复合型沉浸式微旅游业态创新类型，景区联动受到多种因素的影响，景区联动对城市功能完善点式—重置型发展模式的影响均体现在各要素中，其本身并没有直接的影响作用。

同时，在模型的调整中，即使删除了景区联动对城市功能完善点式—重置型发展模式的直接作用路径，但景区联动仍为重要的中间变量之一，沉浸式文艺场馆微旅游对景区联动产生了 0.78 的路径系数，其有着重要的影响作用。

在所确定的最终的沉浸式文艺场馆微旅游与城市功能完善点式—重置型协同模式的结构方程模型中，沉浸式文艺场馆微旅游与城市功能完善点式—重置型协同作用既关系到沉浸式文艺场馆微旅游的区位、科技运用、市场需求和场景打造，也与城市更新建设中的政府监管、开发商协调与民众参与有关。同时，景区联动、空间布局与城市遗址旅游开发均为沉浸式文艺场馆微旅游与城市功能完善点式—重置型协同模式的重要中间变量。在实际操作中，既要将沉浸式文艺场馆微旅游与城市功能完善点式—重置型协同模式的直接作用置于突出位置，也要关注景区联动、空间布局与城市遗址旅游开发在沉浸式文艺场馆微旅游开发与城市更新改造中的重要连接作用，将重心置于加强景区联动、完善空间布局与提升城市遗址旅游开发上来。

7.2.5　研究发现

本书运用个案分析和结构方程分析的方法展开沉浸式文艺场馆微旅游与城市功能完善点式—重置型协同模式的影响作用分析，根据当前旅游业的区位、科技运用、市场需求和场景打造，并结合城市更新的政府监管、开发商协调、民众参与三个方面考虑构建沉浸式文艺场馆微旅游与城市功能完善点式—重置型协同模式的理论框架，通过访谈以及问卷调查分别对沉浸式文艺场馆微旅游、城市遗址旅游开发、空间布局、景区联动和城市功能完善点式—重置型协同模式进行分析。基于上述分析，主要得出以下发现：

第一，沉浸式文艺场馆微旅游对景区联动、空间布局、城市遗址旅游开发与城市功能完善点式—重置型产生正向影响。

沉浸式文艺场馆微旅游到城市功能完善点式—重置型的标准化路径系数为 0.36，在 1% 的显著性水平上显著。齐文化博物馆的建立为淄博市的经济发展带来积极的影响。博物馆吸引大量的游客，带动旅游业和相关产业的发展，为淄博市的经济增长作出积极贡献。同时，齐文化博物馆作为淄博市特色文化场馆，展现出淄博市特有的历史和文化底蕴，增强城市的文化内涵和形象。此外，博物馆本身的建筑设计和展览内容的创新也对城市形象的提升产生积极的影响。博物馆通过文物展览和文化体验活动，引导游客了解淄博市的历史和文化。为淄博市的文化建设奠定基础，有利于城市功能重置型的建设。齐文化博物馆的存在可以作为城市文化建设的一部分，推动城市文化建设的不断发展。齐文化博物馆可以向淄博市居民提供免费或优惠的文化体验服务，提高居民的文化素养和自我认同感。通过居民对文化的了解和认知，形成全民参与城市文化建设的氛围。

沉浸式文艺场馆微旅游到景区联动的标准化路径系数为 0.78，在 1% 的显著性水平上显著。山东省淄博市齐文化博物馆是一个以齐文化为主题的沉浸式文艺场馆，作为淄博市的一张文化名片，齐文化博物馆具有独特的历史和文化资源。通过与淄博市其他景区形成联动，可以实现资源共享，例如博物馆的文物展品可以与淄博市其他文化场馆展品进行交流，以丰富其展览内容，提高游客的体验感。在齐文化的视觉呈现上，采用沙盘、投影等方式，可以将临淄的千年历史融于科技与光影之间，拉近历史与现代人的距离。淄博将当地的古车博物馆、齐文化博物馆、足球博物馆等整合成一条线路，一圈逛下来，游客会对齐文化有更深入的了解。通过淄博市的景区联动，主要包括齐文化博物馆、足球博物馆、民间博物馆聚落和文化市场四个部分，各景区可以形成自己的特色产品，以实现差异化竞争。齐文化博物馆可以依托其鲜明的文化特色，在淄博市景区中形成自己的差异化产品，以此吸引更多的游客。同时，齐文化博物馆有收费讲解与志愿者讲解服务，可以为游客提供优质服务。

沉浸式文艺场馆微旅游到城市遗址旅游开发的标准化路径系数为 0.37，在 1% 的显著性水平上显著。齐文化博物馆的位置选择极佳，博物馆周边有许多艺术馆、美术馆等场馆，这使得临淄区成为淄博市文化旅游的重要区域。未来，博物馆可以通过整合文化旅游资源，进一步提升临淄区在淄博市旅游业中的地位和贡献。同时，齐文化博物馆通过建设沉浸式文艺场馆微旅游的模式，将传统的博物馆展览和数字科技相结合，在展陈、互动体验等方面进行创新和改革，将文化内涵与艺术感官享受有机融合，给游客带来全新的旅游体验。而且齐文化博物馆通过文创产品的开发和销售，形成一种"文创＋旅游"的产业模式，为淄博市创造新的经济增长点。文创产品不仅能够满足游客对文化礼品的需求，还对当地文化的传承和推广发挥积极的作用。齐文化博物馆的城市多元化功能，除了文化遗产保护、文化旅游、文化创意产业之外，还组织大量文化活动和展览，成为临淄区和淄博市其他文化机构合作的重要平台。齐文化博物馆的开放空间也经常作为社区文化中心、艺术展览中心等场所使用，丰富城市的文化生活和活动形式，推动城市多元化功能的发展和实现。

沉浸式文艺场馆微旅游到空间布局的标准化路径系数为 0.26，在 1% 的显著性水平上显著，这一条路径相对于其他路径来说影响较小。齐文化博物馆的沉浸式文艺场馆微旅游模式就体现了一种非传统的空间布局。齐文化博物馆通过将博物馆展馆、电子屏幕、动态模型、听觉体验、互动游戏等元素有机结合，形成一种声光电技术应用、画面交错，空间丰富多样、立体化的视觉空间，使得游客可以在视觉、听觉、触觉上获得更加丰富的感受和体验。齐文化博物馆的空间布局设计严格按照沉浸式文艺场馆微旅游模式的要求进行规划。博物馆的空间划分非常明确，按照主题分为不同的展区和活动区，围绕齐国文化、齐文化艺术等方面开展多种展览、展示和互动活动。齐文化博物馆的空间布局设计还能够吸引更多的人群。除了传统的文化爱好者之外，博物馆通过多种文化与艺术形式的包容和整合，也吸引了更多喜爱文化、科技、艺术、娱乐的不同层次、不同年龄、不同文化层次的游客。多元化的吸引力增加博物馆的知名度和声望，提升游客参观和推广的意愿。此外，齐文化博物馆的空间布局也可以更好地展示文创产品并创造商机。齐文化博物馆的空间布局也包括文创产品展示区、文创制作区等。在这些空间区域，可以明显地看到文化衍生品和文化创意产品的展示，可以激发游客的购买欲望，促进文创产业的发展。

第二，景区联动对空间布局产生正向影响，空间布局分别对城市遗址旅游开发、城市功能完善点式—重置型建设产生正向影响。

景区联动到空间布局的标准化路径系数为 0.51，在 1% 的显著性水平上显著。景区联动的推动，使得齐文化博物馆自身可以更全面地展示多种齐文化艺术形式，同时也会吸收其他景区的文化利好，持续不断地满足游客的需求和期望。提高整体品质和服务水平的模式，也将吸引更多的游客前来参观。淄博齐文化博物馆通过联动其他景区，能够提高游客的参观体验。景区联动可以形成多样化的产品和服务，为游客提供多种不同的参观选择并提高旅游产品的品质。同时，在空间布局上，场馆也可以为游客提供多种娱乐和休闲设施，满足游客参观后的休闲之需要。为游客提供全方位、深度体验的服务模式，将极大地满足游客对于旅游体验的需求和预期，增加游客的满意度和回头率。淄博齐文化博物馆还可通过相关联动活动，宣传和推广齐文化，提高博物馆的知名度和影响力。

空间布局到城市遗址旅游开发的标准化路径系数为 0.55，在 1% 的显著性水平上显著。淄博齐文化博物馆的空间布局可以提高淄博市的城市遗址旅游的知名度和吸引力。淄博小城历史悠久，具有丰富的文化遗产。淄博齐文化博物馆以齐文化为主体，深入挖掘齐文化的艺术内涵，丰富淄博市的文化旅游资源，提升淄博市的知名度。淄博市的文化遗产旅游的知名度和吸引力对于推动淄博市的城市遗址旅游的发展有非常重要的作用。同时，淄博齐文化博物馆将齐文化与现代建筑风格相融合，在展陈、文化演出等各方面重新设计兼创新，可以体现时代前沿感。淄博市的城市遗址旅游业也可以借此机会，加强文化与现代旅游的创新融合，打造更多样化的旅游产品，以提高淄博市城市遗址旅游的市场竞争力。此外，淄博市以其源远流长的历史文化和人文特色而见长，齐文化博物馆以纵贯三千多年的齐文化为核心，为游客展示多样化的文化遗存和艺术传承，弘扬淄博市的文化精髓。文化与城市遗址旅游的有机结合模式，可激活淄博市的特色旅游产品的创新，构建一个互补性强、资源共享的城市遗址旅游体系。

空间布局到城市功能完善点式—重置型的标准化路径系数为 0.24，在 1% 的显著性水平上显著。齐文化博物馆的空间布局合理，有效地将文化、旅游和教育功能融合在一起。通过展示具有代表性的文物、举办文化活动和教育推广等方式，促进了淄博市文化旅游事业的发展。为淄博市的城市功能完善点式—重置型提供了很好的支持。同时，齐文化博物馆的展览布局详细地介绍齐国的历史和文化，展现淄博的丰富的齐文化底蕴，对淄博市的文化产业发展起到积极的推动作用。此外，齐文化博物馆还通过打造文化产品、推进旅游业的创新发展等方式，增强淄博市整体的城市吸引力。淄博齐文化博物馆通过举办齐文化节、稷下学高峰论坛等活动，宣传临淄文化、振兴淄博文化。这将进一步提升淄博市的城市形象和品质，促进城市功能完善点式—重置型的升级发展。淄博齐文化博物馆将文化、旅游和教育功能有机地融合在一起。博物馆内分为展览区、活动区、教育区等不同区域，每个区域的功能相互衔接，有效地提升了博物馆整体的功能性。特别是在活动区和教育区，博物馆不断推出文化活动和举办各类教育推广活动，为淄博市的文化事业和教育事业作出了贡献。

第三，城市遗址旅游开发到城市功能完善点式—重置型产生正向影响。

城市遗址旅游开发到城市功能完善点式—重置型的标准化路径系数为 0.35，在 1% 的显著性水平上显著。淄博齐文化博物馆位于景区集中区，交通便利，地理位置优越，拥有得天独厚的地理位置和便利的交通条件，能够吸引大量游客前来参观游览，也提升淄博市的知名度和形象。此举有利于淄博市增强旅游业和文化产业的竞争力，促进城市多元化功能的发展和结构调整。同时，淄博齐文化博物馆的城市遗址旅游开发赋能淄博市的城市多元化功能，如特色街区和文化园建设，推动文化产业、体育产业和旅游产业等新兴产业的发展。这有助于淄博市实现城市功能点式—重置型，推动产业转型升级和城市形象进一步提升。

7.2.6　关于研究发现的进一步讨论

第一，沉浸式文艺场馆微旅游对景区联动、空间布局、城市遗址旅游开发与城市功能完善点式—重置型产生正向影响。

沉浸式文艺场馆微旅游利用场景所独有的沉浸感和画面感，能将产品内容生动具体地呈现在受众面前，将用户与产品所处的时空环境融为一体，实现用户"身临其境"的全方位体验感知。在此，空间布局成为产品链接用户的一种重要互动手段。在这样的空间格局重构下，历史文化街区创新发展必须激活文化资源存量价值、发掘历史建筑文化基因，以现代科技手段，注入艺术元素，构筑艺术商业空间。艺术商业空间需要文化艺术与整体环境的营造，需要文化艺术与生态的结合，通过文化与艺术在空间内的导入、传播和流动，展示艺术气息、凝聚文化灵魂、打造商业品牌。在原有历史建筑基础上增加文化、艺术元素及系列艺术内容后，所呈现出的整体艺术空间有别于专业艺术画廊或展馆，是专业艺术与商业空间、历史空间的结合。植入文化创意思维，可以更好地优化历史文化街区的空间布局，推进渐进式更新。城市景区只有在各类旅游资源能够在景区之间自由流动的情况下，才能实现有效的联动。这就要求旅游资源必须在景区联动的过程中得到共享，沉浸式文艺场馆微旅游的发展也起到连接景区的桥梁作用。利用景区的独特资源，将专业优势转化成为沉浸式文艺场馆微旅游发展创新的基础要素，同时，场馆有充足的活动场所，以及丰富资源，旅游业态创新对这些硬件资源有较强的需求。此外，景区与城市区域进行日常联动，也可对景区商户的市场化经营进行日常性监督，如接到游客投诉、反映的商户经营问题，景区做好记录，进而可规范景区商铺市场行为，促进景区联动。

景区联动可以实现空间资源的共享和互补，提高空间利用率。不同景区通过联动，可以共享休息场所、餐饮设施、停车场等空间资源，实现资源互补，避免重复建设，有效提高空间利用率。同时，景区联动可以实现景观资源的连贯和延伸，优化空间体验。景区之间通过步行系统、景观廊道等手段相连，可以实现景观资源的有机衔接，给游客带来连贯和延伸的空间体验，有利于空间布局的优化。景区之间的联动，可以带动周边餐饮、住宿、商业等空间的发展，实现空间功能的协同，产生良性的景区协同效应，优化区域空间布局。不同景区可以通过联动，共享部分空间资源、设施资源和服务资源，实现资源的互补和共享，提高资源利用率，如共享休息场所、餐饮设施、停车场等。通过联动开发，将区域内各旅游地的内部竞争转化为与其他区域的外部竞争，从而使区域内各旅游地凭借整体的力量整合，求得在更大空间上的发展。此外，通过旅游区内的联动开发，形成景区的规模、影响、客源市场等的集聚，可以压缩或避免内部竞争，加强提升外部竞争，凭借区域整体的力量提升，在竞争中获取优势。

沉浸式文艺场馆微旅游选择旅游资源禀赋优良和功能完善的区域，通过整合旅游资源，可以打造具有世界影响力的沉浸式文艺场馆微旅游。根据景区的旅游资源分布特征，结合景区的分布情况，可以在空间上形成不同规模和特色的沉浸式文艺场馆微旅游发展集聚区，总体上形成良好的发展格局。此外，根据当地资源禀赋和风土文化特色，实施差异化发展，可以优化沉浸式文艺场馆微旅游的空间布局。景区空间布局是一个景区内经济要素的空间分布，直接影响景区经济发展的水平和效率。优化空间分布格局，可以满足资源保护与旅游发展需要。张红梅（Hongmei Zhang，2016）等在对博物馆的空间分布研究中，发现博物馆的空间布局及选址受到经济的影响，并提出博物馆的建立也会带动周边经济的发展。近年来，博物馆、艺术馆的作用已经发生了新的转型，逐渐成为带动旅游产业和振兴地方经济的重要方式之一。因此，博物馆的空间布局规律对引导博物馆的合理布局及整合文化资源、促进地区公共文化设施的公平性以及促进经济文化发展具有重要意义。随着我国居民对文化需求的持续提高，文艺场馆成为城市沉浸式微旅游发展的旅游休闲场所和重要的旅游吸引物。城市旅游发展水平越高，吸引的人流量越大，对不同旅游景点的需求也会越多样化。一方面促进了当地政府对文化及自然资源的开发和挖掘，另一方面也推动了城市基础设施建设的发展，因而文艺场馆的数量也随之增加。近年来，随着旅游市场的迅猛发展，旅游者的行为和偏好也发生变化。生态旅游、城市旅游、古镇游、康养休闲旅游等各种新型旅游方式不断推出，这些新型旅游方式已经改变了经济带内旅游景区的空间结构和布局。空间布局的改造不仅可以对城市进行改造，也有利于功能的完善，从而吸引居民与游客前往，激发市民的热情和活力，同时改善区域的产业布局。

针对不同类型的城市遗址，各主体应采用不同的旅游开发模式，实现城市遗址的交替分布和不同旅游开发模式的搭配使用，同时进一步挖掘城市的特色文化，树立特色旅游城市形象。沉浸式微旅游业态的创新不仅能提升游客的体验，还能增加城市遗址的知名度和地位，促进城市文化形象的提升和城市遗址保护与旅游行业的发展。这种做法不仅提供城市遗址保护和游客体验的新思路和方式，也有助于促进城市经济发展和文化传承。随着旅游业的快速发展，沉浸式微旅游业态成为旅游行业的新趋势。城市遗址旅游是中国传统文化的重要载体之一，已成为吸引游客的重要资源。沉浸式微旅游业态的创新应用为城市遗址旅游开发带来了新机遇。在城市遗址旅游中，沉浸式微旅游通过模拟重建模型、全景漫游等方式，提供更加传神的参观体验，提高游客的兴趣和参与度，实现更好的文化传承效果。未来，随着技术不断创新和应用，沉浸式微旅游业态在城市遗址旅游中将发挥更加重要的作用。

城市更新空间范型的一个重要趋势是打破传统的封闭、集群式创新空间，转向切实围绕人们生活需求和社会发展进行创新社区的建设，以满足人们对于创新空间的需要。新的创新空间布局应该更加嵌入式，既是人们日常生活的一部分，也应该是一个集合了各类创新工具、技术和资源的空间。嵌入式的、融合了社会生活和创新活动的创新社区，将有助于提升城市更新的质量和效益，进一步推动创新经济的发展。方遥（2021）认为，历史文化类景区在发展过程中，必须坚持保护、改造、修缮与旅游、商贸相结合，打造新业态，可以有效地提高景区与城市的空间利用率，创造更多的开放空间；同时，也可以增加公共设施配套，提供更加便捷的服务，为居民和游客带来更好的体验；这些措施既满足了居民的实际需求，又为游客提供了优质的旅游环境；此外，还可以提升街区形象和吸引力，更好地营造历史文化氛围。在城市发展进程中，一方面，景区的发展需要进行城市空间改造，以满足不断增长的游客需求。通过改造项目的建筑形象、重塑项目的城市肌理，可以提升景区的品质和吸引力，进而吸引更多的游客前来游玩。改造措施不仅符合旅游业的需求，也提高了城市的形象和品质。另一方面，景区的发展需要建立在城市空间改造的基础上，才能实现更大的发展。例如，提升新区的景观风貌、挖掘土地利用价值、营造更加美丽宜居的城市环境，可以促进景区的发展，提高游客的满意度和体验感。这些改造措施不仅有助于旅游业的发展，同时也提升了居民的生活品质和城市的综合发展水平。

第二，景区联动对空间布局产生正向影响，空间布局分别对城市遗址旅游开发、城市功能完善点式—重置型建设产生正向影响。

文艺场馆的合作联动和协同发展可以为公众提供更高质量和层次的文化旅游产品。跳出传统的文艺场馆分类方法，根据文化元素、情感意象、地理位置等因素对文艺场馆进行重新组合，可以为文艺场馆选择合作对象提供新的思路。新模式打破了传统文艺场馆的地理空间限制，具有更好的合作共享条件，文艺场馆的在线协同发展将是未来需要进一步关注的方向。不同景区通过联动，可以共享休息场所、餐饮设施、停车场等空间资源，实现资源互补，避免重复建设，有效提高空间利用率。景区联动可以促进新产品和新业态的孵化，通过跨景区和跨领域的结合，产生创新旅游产品和服务。景区联动在资源共享、景观衔接、功能协同、客流分流、管理协同和产品创新等方面，可以产生空间布局的正向影响，有利于实现空间高效利用、提高空间体验质量和空间承载能力。

有研究表明，如果新建的建筑不考虑历史城区的文化、建筑、环境和特色，只是重复建造相同规划的住宅小区、商业街、写字楼和城市广场，就会使得历史街区、传统建筑和民间文化的城市特色逐渐被忽视和摧毁。众多改造项目在将原住民迁出的同时又吸引了大量人口进入历史城区，而对城市肌理、街道整体格局和空间轮廓造成了破坏，盲目拓宽道路等行为对历史城区的影响深远。从全局的角度出发，研究历史城区中建筑、遗址和街区的空间分布规律和整合关系，确定它们在历史城区整体中的作用和特色定位，将原本孤立或分散的建筑和遗址变成更具保护意义的网状系统，能够使文物建筑、文化遗址和历史街区充分发挥对提升历史城区整体价值的重要作用。这样的做法可以帮助保护历史城区的文化和历史遗产，使得城市遗址更具有价值和吸引力。例如，永丰库遗址公园在保护旧区的基础上，重新恢复了旧区的功能。通过设计和重建室外公共空间，既考虑到了人性化需求，又实现了功能性的统一。这样的改造在保护旧区的同时，使其更符合现代的城市发展要求，为人们带来了更好的城市生活体验。保持永丰库遗址的开放性，同时对其进行合理的保护，这样既能保持永丰库遗址的混合功能和现代性，又能保证与周围环境的和谐相处。在保护和开放之间寻求平衡，既能保护历史文化遗产，又能满足现代城市发展的要求，实现历史与现代的有机结合。在优化遗址的空间布局时，应尽可能避免简单单一化城市功能。除了将城市遗址作为一个重要的文化旅游地点，还需要充分发挥其作为城市公共活动场所的功能，满足人们的集散、休憩等需求。这样不仅可以保护历史文化遗产，还可以为城市居民提供更多的公共文化服务，丰富他们的生活体验。由此可知，合理规划和利用城市遗址空间，对于城市的发展和文化价值的传承都至关重要。

合理的空间布局可以通过布点选择和功能配置，实现功能点之间的互补，如交通节点、商业中心、文化设施等的有效衔接，可以提高区域的综合服务能力和满足度。文化建设的空间布局可以通过景观特色的打造，营造区域的整体文化氛围，提高城市空间的品质和文化内涵，丰富人们的精神文化生活。城市形象是城市竞争的重要方面之一，不合理的空间布局可能会给城市的形象造成负面影响。良好的空间布局不仅会带来舒适的居住环境，增强市民对城市的归属感，也会对游客产生积极的印象，提高城市的美誉度和知名度。同时，城市活力是城市发展的重要保障和保证，文艺场馆微旅游与城市功能完善点式—重置型建设也需要城市活力的支持。适宜的空间布局可以引导城市活力的流向，向城市的中心区域和重要场馆集聚，形成交流中心和文化园区的集聚效应。这不仅能够增强城市的比较优势，还能促进城市的全面协调发展。

第三，城市遗址旅游开发对城市功能完善点式—重置型产生正向影响。

通过科学合理的保护方式，可以对遗址内涵及其历史、艺术、科学价值予以阐释与展示，进一步激发其情感和教育价值，传播其文化价值，并以此为媒介，实现社会和经济价值的延伸。结合历史文化名城淄博城区遗址的保护利用实践，探讨如何将多元价值融入遗址的保护与利用之中，使遗址在城市空间中承担新的使用功能，将遗址保护融入当代社区生活，促进遗址与城市空间的可持续发展。城市遗址的再利用和历史场所功能的重置因此在很大程度上影响着遗址文化内涵的表达，并且是遗产地可持续保护与发展的重要影响因素。其中，城市遗址的再利用，是指对历史遗留下来的建筑、设施等进行新的功能配置和使用，以满足现代社会的需要。这种再利用可以最大限度地保留遗产的历史文化内涵，表达其文化价值，是遗址保护的重要手段。而历史场所功能的重置，是指对历史遗产进行针对现代社会需求的功能变更、优化和重构。如将工业遗产转为文化创意园，军事要塞转为旅游景点等。功能重置应当尽量保留遗址的历史痕迹，并通过新的功能体现其历史文化内涵，这是影响遗址可持续利用的关键。城市遗址的再利用和历史场所功能的重置，既要满足现代社会的需要，又要最大限度表达和体现其历史文化内涵。只有做到这两点，才能真正推动遗址的可持续保护与发展。如果忽视了历史文化内涵，过度商业开发，将难以实现遗址的长久保护。因此，城市遗址的再利用和历史场所功能的重置，是作用于遗址文化内涵表达的重要途径，也是影响和决定遗址可持续发展的关键影响因素。它们必须寻求历史文化与现代需求之间的平衡，以促进遗址资源的整体性保护和利用。此外，城市遗址旅游开发可以重新激活城市中的闲置空间资源，实现空间资源的再生利用。这可以减轻城市空间的压力，也可以提高城市内部空间资源的综合利用率，对城市功能完善点式建设具有促进作用。城市遗址旅游开发可以推动周边建筑环境的改善和优化，通过遗址景观设计，形成动态的城市景观，有利于创建适宜的城市视觉环境和休闲空间。对于历史功能已经消失并且没有必要恢复或无法恢复的遗产地来说，考虑到其再利用的要求或发展文化旅游的需要，可以植入新的功能。此外，激活和利用文化遗产资源，可以增强地方经济活力，并繁荣创意文化产业，城市遗址旅游开发还能提高地区的吸引力和美誉度，为城市更新地区注入持久性经济活力，进而促进城市功能的重置和完善。

第8章　沉浸式休闲乐园微旅游与城市功能完善面域范型协同模式研究

8.1　面域—原置型协同模式的实证研究：以无锡灵山小镇·拈花湾为例

8.1.1　研究假设

第一，沉浸式休闲乐园微旅游的作用。

休闲旅游是将自然休闲与现代旅游业相结合的一种旅游体验，休闲旅游的开发模式存在多种不同的表现形式。沉浸式休闲乐园微旅游作为其中的一种重要类型，把沉浸式体验与休闲旅游融合在一起，兼顾社会效益和经济效益，既符合科技深度体验的游客需求，又满足城市闲置空间的改造需要，对城市经济发展方式的转变及城市空间布局转型具有重要的推动作用。唐坚（2019）提出，休闲特色小镇的发展有利于景区发展水平的提升。首先是景区形象方面，新时代下人们对于外部世界及事物的感知体验，多数源于传播媒介所搭建的虚拟现实，且注重场景体验，使游客与作品融为一体，对周围环境产生有别于客观世界和亲身所感形成的直观印象，推进传统休闲旅游向休闲微旅游转型。特色小镇媒介形象是经由媒体传播、个体经历、人际沟通等诸多因素综合形成的。当构建一种可以以身体感之、以心验之的特色小镇媒介形象时，会极大地激发人的身体主动感知和思考，并给人们带来美好而印象深刻的记忆。其次是在基础设施方面，沉浸式休闲乐园微旅游的发展使景区内部构造发生变化，旅游项目的打造、园区元素的选择、住宿设施和场景配置等各个部分得到优化，且基础设施更加智能化，从观光旅游向度假体验旅游转型，推进了景区发展水平的提高。最后是在资源整合方面，沉浸式休闲乐园微旅游不仅具有传统的旅游观光项目，也具有特色鲜明的产业、浓厚的人文气息、优美的生态环境，同时兼具旅游与社区功能，结合小镇的旅游资源，可以实现有限空间内的综合效益的最优化。为了更好发展区域经济，沉浸式休闲乐园微旅游应整合当地自然生态资源，增加更多智慧设施，使景区得到更好的维护与发展，拓展整体旅游空间。

基于此，可以了解到，沉浸式休闲乐园微旅游作为休闲旅游的重要组成部分，对景区内部建设的基础设施、资源整合均产生了重要的影响，因此，提出如下研究假设：

HG1：沉浸式休闲乐园微旅游对景区发展水平具有显著的正向作用。

沉浸式休闲乐园微旅游以当地的生态环境和旅游资源以及智慧科技为基础，通过信息技术的快速发展，推动集通信网、互联网、物联网于一体的信息空间的变革，将沉浸式体验、旅游业和居民生活融合在一起。当地居民在参与沉浸式休闲乐园微旅游的发展和管理过程中，增加对沉浸式微旅游体验的感知，带动当地居民生产生活效益的提升，增加居民收益，增加居民发展沉浸式休闲乐园微旅游的意愿。

同时，在城镇化的快速发展中，城市的发展受到空间范围、人口规模和多元化经济发展的影响，城市更新出现问题。沉浸式休闲乐园微旅游的开发与建设依靠网络和新技术的发展，使得城市中老旧区域或空间需要有新的建设方向，缓解城市老旧的问题。此外，引导地方居民参与建设，不仅可以提升居民建设城市的参与感，也增加了家庭收入。尤其作为一种以发展智慧新产业、智慧小镇、智慧民生为主的沉浸式微旅游新型模式，沉浸式微旅游的发展不仅关系到当地生态自然环境保护，还关系到城市当地居民的生活及经济收入。李君轶（2018）等提出，休闲度假微旅游不仅注重旅游体验，还强调与当地居民的共享，在推进旅游开发的过程中，应考虑当地居民的日常生活和生计需求，将旅游作为城区拓展功能之一，这种城市规划策略能够提高居民的参与感，进而促进城市的整体发展水平，增强居民的配合意识，同时也是提升当地居民幸福感和归属感的关键。将"智慧化"理念融入沉浸式休闲乐园微旅游建设是推动区域传统空间数字化和智慧化转型的关键，是提高旅游产业供给效率和质量的重要方式，可以促进休闲旅游产业和沉浸式微旅游的经济效益，促进区域共同发展。智慧新空间的建设可以提升居民生活质量，改变其原先固化的生活观念，使居民变得更加有自我主见，对智慧化产业更加熟悉，打开眼界。基于此，可以了解到，沉浸式休闲乐园微旅游对居民意愿有着重要的影响作用，由此提出如下假设：

HG2：沉浸式休闲乐园微旅游对居民意愿具有显著的正向作用。

沉浸式休闲乐园微旅游是集科技创新与新型城镇化发展为一体的智慧型休闲乐园微旅游，可以促进我国城镇化全方位均衡发展，更好推动城市闲置空间的经济协调发展，保障和发展民生，保护生态环境，为城市闲置空间注入新的经济活力，促进区域的经济、社会、文化的可持续发展，同时为城市的文化创意产业带来更多的活力和机遇。代秀龙（2017）提出，随着城区的快速发展，原有闲置空间与城市建设之间产生日益增加的矛盾，城市空间利用问题是沉浸式休闲乐园微旅游发展的最大难题。城市功能完善面域—原置型的核心在于解决城市闲置空间发展经营的问题，强调闲置空间的合理化再开发，创造高品质的城市新空间，使其成为城市更新发展的新动力，寻求与城市相匹配的土地再开发模式，注重内部多元化创新功能。城市更新通过完善城市功能格局、打造多功能区，确定合理的功能定位与结构，使闲置的空间变成多元化、多功能的功能空间，提高区域的经济发展水平。沉浸式休闲乐园微旅游可以为城市提供全新的休闲娱乐空间，丰富城市功能定位，增强城市吸引力，其创造的新发展空间和机遇，可以为城市的功能完善和更新提供更多的支持和可能性。基于此，可以了解到，沉浸式休闲乐园微旅游与城市功能完善面域—原置型之间具有关联性，结合本书的研究重点，由此提出如下假设：

HG3：沉浸式休闲乐园微旅游对城市功能完善面域—原置型具有显著的正向作用

第二，景区发展水平的作用。

新时代下的城市经济活动及其发展必须立足于城市要素空间布局及其相互作用，在城市空间格局重塑与景区发展提升时重点考虑以旅游业为主导的资源再分配和功能打造，不断提升景区发展水平，才能更好发挥景区空间格局的引导作用，尤其在旅游城市化上。旅游城市空间是本地居民与外来游客活动空间的叠加，其格局决定居民与游客餐饮、住宿、游憩、购物等活动的空间分布规律，旅游城市化进程推动城市旅游休闲空间结构发生深刻变化，要实现旅游城市化更新，景区开发与建设必须在空间结构上有所改善。李冬华和陆林等（2020）指出，旅游资源禀赋中自然资源、人文资源等对旅游目的地竞争力产生影响，也是景区开发建设与旅游经济高质量发展的基础，提出景区发展水平的提升有利于旅游城市化的优化，实现旅游产业创新发展。具体来说，可在原有景区内提升旅游要素发展水平，实现地区的旅游产业发展，促进旅游环境发展，助力城市的旅游产业发展，加快城市与旅游协同建设。另外，城市集聚各种旅游要素，具有完善的旅游基础设施，其所具备的旅游载体作用，是旅游城市化的关键动力。同时，陆林（2017）等认为，打造吸引游客、满足游客需求的景区，促进游客前来，成为旅游城市化的外在驱动力。要实现这个重要要素，必然要对景区内部的资源进行整合，以及激发区域内个体与组织积极配合区域内建设。只有打造出吸引游客的旅游产品，才能真正地实现旅游城市化发展。可以了解到，景区发展水平对旅游城市化具有重要的影响作用，由此提出如下假设：

HG4：景区发展水平对旅游城市化具有显著的正向作用。

沉浸式智慧景区发展水平是景区内部多元化的构成及其相互关系，既包括多媒体、投影互动、VR、AR等技术相互打造，也包括资源环境、基础设施、游客活动等方面的精细化管理。沉浸式微旅游的景区发展水平的调整应该以游客不断增长的个性化需求为导向，根据景区的旅游资源和游客消费方式的变化来提高景区发展水平。其中，由于随着旅游经济活动的不断发展，人们的消费观念、消费习惯与结构将受到旅游业发展的影响，由此旅游景区发展能够带动当地的经济效益的提升，提高当地居民的生活水平。要提升景区发展水平，王强（2015）提出应提升景区智慧化水平的发展速度，使景区时刻感知游客的消费习惯、景区互动等，高度整合和深度挖掘利用旅游资源，实现服务于游客、政府和企业的现代旅游业发展新趋势，促进城市现代化发展。新时代下的城市闲置空间缺少品牌引领、景区形象不具优势，降低闲置空间的竞争力和识别度，所以应提高智慧化基础设施在景区建设中的科学占比，为闲置空间的打造与其品牌搭建提供更高的平台。城市通过不断融合旅游资源，改进智能化技术，合理利用沉浸式休闲乐园微旅游的景区面积，形成品牌化，完善景区内部的智慧化功能，可以使其具有辨识度。随着景区发展水平的提升，景区之间可以通过共享资源，打造更为综合和具有竞争力的旅游产品与服务。通过景区之间的协作，城市可以实现资源的最优配置，提升旅游吸引力和旅游体验。此外，景区间的联合可以降低城市在旅游开发中的成本和风险，提高景区资源利用效率，增强城市的可持续发展能力。同时，景区内部的基础设施和公共服务设施可以进行共享，如公路、公共厕所、停车场等，从而提升城市的基础设施水平和公共服务水平。此外，景区之间可以开展合作，共同推广城市的旅游资源和功能，扩大城市知名度和美誉度，从而提高城市的整体发展水平。此外，可多个景区共同进行开发，将不同景区间的资源进行整合和共享，共同开展旅游路线的规划和推广，共享游客服务设施和资源，提高景区的整体服务水平和旅游体验质量。通过共同建设的发展方式，由点及面地扩大城市中旅游产业规模和质量，进一步推动城市的发展。可以了解到，新时代下的景区发展水平的提升对景区内部结构、游客活动、区域经济都产生影响，而城市空间打造、区域经济、功能完善都是城市功能完善面域—原置型发展中的关键要素。从这个方面来讲，景区发展水平提升对城市功能完善面域—原置型也具有一定的影响作用，由此提出如下假设：

HG5：景区发展水平对城市功能完善面域—原置型具有显著的正向作用。

第三，居民意愿的作用。

居民作为城市的利益主体，其主体特征、生活观念和行为都会对城市区域进行空间布局规划、旅游发展、城市更新建设等产生重要的影响。民生环境改善对推动旅游城市化和城市发展具有非常重要的作用。要顺利完成旅游活动向城市集聚发展，深度发挥旅游功能等问题，旅游城市化的发展必然要足够重视居民意愿。具体表现在：首先是提升景区的旅游吸引力和景观建设，服务游客的同时也使当地居民得到相应的便利，打造优美的城市环境，改善其生活条件，提高居民自豪感和参与意愿；其次是打造智慧化城市功能，旅游功能从单一的观光旅游，转向会议、休闲、疗养等多功能发展，在促进城市旅游发展的同时，也能引导中国旅游持续健康发展；最后是打造便捷高效的服务环境、自然休闲的生态环境以及文明健康的人文环境和功能完备、干净舒适的城市环境，使居民深度感知城市变化，改变其生活观念及习惯，增加居民认同感与支持率。此外，居民的积极意愿对于旅游城市化具有促进作用，表现为以下三点：首先是作为城市的利益主体，居民对旅游业的支持和配合可以促进政府和企业加强对景区的投资和建设，提升景区的服务水平和品质，从而吸引更多游客前来参观与消费，提升景区旅游经济效益。其次是居民作为城市建设的参与者和受益者，当城市经济发展良好，居民收入水平较高时，居民对于旅游发展的积极性将提高，为旅游发展提供支持和配合的意愿也随之提高。此外，居民也能从旅游城市化中获得就业机会和收益，旅游业的发展也会带动当地其他相关行业的发展，提升当地居民的生活质量。最后是生活观念和主体特征方面，当地居民的生活观念较为开放和现代化，对旅游发展的态度和意愿将会更加积极。而具有一定文化和经济背景的居民，更容易理解和支持旅游发展，对旅游城市化的正向作用更大。基于此，可了解到，居民意愿对城市环境、城市经济和功能打造均产生一定的影响，理解和满足居民意愿是促进旅游城市化发展的必要前提，由此提出如下假设：

HG6：居民意愿对旅游城市化具有显著的正向作用。

城市功能完善面域—原置型是指城市内部的功能区域以及城市与周边的原生态环境的关系，包括城市基础设施、公共服务设施、居住区、产业园区等功能区域以及城市与周边的原生态环境的关系。在城市更新和发展中，需要充分考虑这些因素，以实现城市的可持续发展和生态保护。其中，城市经济增长和功能完善为城市功能完善面域—原置型的两个重要的因素。一方面，要加强以人为核心的建设城市环境，搭建新时代下的城市空间、规模和治理结构，引导当地居民参与，重视旅游产业的产业融合与全域延伸、区域内的智慧功能完善，推动政府、开发商、当地居民与游客整体协同，不断优化利益相关者间的关系，搭建出多元化主体合作的空间治理总体结构，促进旅游城市化进程。另一方面，注重差异化治理旅游场景空间，场景空间之间的互为补充、互动发展推动城市与产业以及不同热点、业态、产品和服务的融合发展，相应的空间治理也须采取差异化的措施和手段。此外，居民作为城市的生活和发展的主体，应做好当地居民与外来游客间的差异化管理，即同一旅游空间内对不同利益主体采取差别举措，使当地居民享有较多优惠，以促进当地居民积极参与城市建设之中，成为城市发展的积极力量，实现更好的城市更新。基于此，可以了解到居民意愿对城市功能完善面域—原置型具有重要的影响作用，由此提出如下假设：

HG7：居民意愿对城市功能完善面域—原置型具有显著的正向作用。

第四，旅游城市化的作用。

新时代下的城市旅游化是以旅游为引导而推进城市产业集聚、经济协调发展，文化观光旅游转向文化体验旅游，进而引起城市性质、城市风貌、经济结构调整的过程。在城市更新建设中，必须充分考虑城市功能打造和特色挖掘，才能够快速推动城市更新效率。张环宙（2018）提出，旅游城市是城市或者城镇出于休闲娱乐目的去搭建或修复的，注重休闲项目与基础设施的打造，可以为当地居民和游客提供较好的休闲空间环境，通过旅游城市化为城市改造、更新的实现提供动力。同时，朱道才（2017）等学者提出，皖南旅游示范区为了推进旅游城市化进程，更注重居民与游客的精神消费，促进休闲娱乐设施搭建以拉动旅游业发展，同时改善城市生态环境、完善城市功能体系，鼓励当地居民积极参与建设进程，提升生活水平，这也为旅游城市化发展奠定坚实的经济基础和社会保障。另外，浙江省创建特色小镇时，多数选择在具有丰富旅游资源的市区或者城郊，例如自然环境资源丰富、人文生活环境好的地方，同时搭配智能公共服务设施，促使区域实现人口、消费、产业的集聚效果，这一举措推动单一的传统的生产型园区转向多元化的开放功能的经济转型，为下一步继续扩大城市更新建设进程奠定基础。旅游城市化依托于本地丰富独特的旅游资源、要素等，进而推动"旅游＋"和"互联网＋"的有机整合，实现旅游产业链的拓展，发挥旅游产业的经济带动作用，促进区域的经济社会可持续发展。城市功能完善面域—原置型建设模式作为城市更新的重要组成部分，在新时代下加快旅游城市化进程中，更能够提升城市功能完善面域—原置型建设的效率，加速城市建设工程。由此提出如下假设：

HG8：旅游城市化对城市功能完善面域—原置型具有显著的正向作用。

第五，关于沉浸式休闲乐园微旅游与城市功能完善面域—原置型协同模式的概念模型。

根据沉浸式休闲乐园微旅游与城市功能完善面域—原置型协同模式的分析框架、研究假设的相关内容，结合沉浸式休闲乐园微旅游与城市功能完善面域—原置型协同模式的现状，本章搭建出沉浸式休闲乐园微旅游与城市功能完善面域—原置型协同模式的概念框架，见图 8 - 1。

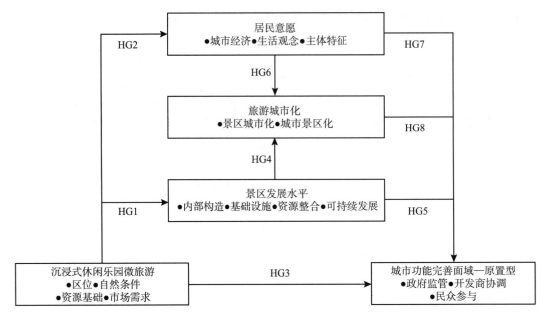

图 8 - 1   沉浸式休闲乐园微旅游与城市功能完善面域—原置型协同模式的概念模型

由图 8 - 1 可知，沉浸式休闲乐园微旅游与城市功能完善面域—原置型协同模式主要以沉浸式休闲乐园微旅游、居民意愿、旅游城市化、景区发展水平和城市功能完善面域—原置型 5 个变量为基础，搭建出沉浸式休闲乐园微旅游与城市功能完善面域—原置型之间的作用关系路径。其中，沉浸式休闲乐园微旅游到城市功能完善面域—原置型不仅具有直接的作用路径，也具有间接的作用路径，其间接作用路径有 4 条。分别是：①沉浸式休闲乐园微旅游—景区发展水平—城市功能完善面域—原置型；②沉浸式休闲乐园微旅游—居民意愿—城市功能完善面域—原置型；③沉浸式休闲乐园微旅游—景区发展水平—旅游城市化—城市功能完善面域—原置型；④沉浸式休闲乐园微旅游—居民意愿—旅游城市化—城市功能完善面域—原置型。通过搭建出沉浸式休闲乐园微旅游与城市功能完善面域—原置型协同模式的概念模型，为下一步进行结构方程实证分析奠定理论基础。

8.1.2   预调研

第一，预调研过程。

2023 年 5 ~ 6 月，前往江苏无锡市进行预调研。这个时期主要是针对假设无锡市灵山小镇·拈花湾的居民意愿、旅游城市化、景区发展水平进行大体上的认识。对于其城市建设、旅游发展有了一个整体的认识，从而能够对沉浸式休闲乐园微旅游过程中的城市功能完善面域—原置型的问题展开更为具体明晰的分析与阐述。作者从当地居民和游客等角度了解到沉浸式休闲乐园微旅游与城市功能完善面域—原置型协同模式的相关者对城市基础设施、数字科技、社会环境等核心问题的感知。预调研阶段对当地居民进行访谈，获得对无锡市的沉浸式休闲乐园微旅游发展、城市功能完善面域—原置型建设等内容的一手资料。

第二，预调研目的地基本情况。

无锡灵山小镇·拈花湾位于无锡市马山太湖国际旅游度假岛，占地面积 106.67 公顷，总建筑面积约 35 万平方米，主要景点有半月衔日、香月花街、拈花塔和微笑广场。拈花湾以佛教中"拈花微笑"的典故命名，风景秀丽，面湖依山。作为灵山集团重点打造的五期工程，小镇投资将近 50 亿元，于 2015 年 11 月 14 日正式开放。拈花湾将禅文化融入其中，成为"具有东方文化内涵的心灵度假目的地"，并以"禅"为主题元素，与灵山文化景区整体的佛教文化与旅行度假紧密结合。自开园以来，已吸引了大量游客前来感受禅意生活，2017 年的客流量达到了 174.1 万人次。

拈花湾已成为无锡市著名的旅游景点之一，具有重要的文化旅游价值。

第三，案例地选取。

无锡灵山小镇·拈花湾作为一个沉浸式休闲乐园，采用微旅游与城市功能完善面域—原置型协同模式的理念，通过整合旅游资源和城市资源，推动当地文化旅游产业的发展，提高城市旅游服务品质。拈花湾采用多样化的互动娱乐方式来吸引游客，打造沉浸式休闲乐园。此种方式既增加游客的游乐体验，又促进文化旅游的发展。拈花湾以禅为主题元素，在游乐项目和园区设计中融入佛教文化，将文化解读和乐园体验相结合，增加游客的文化认知和乐趣。例如，游客可以在拈花湾欣赏佛教文化展览，亲手写禅意字画，感受禅境体验，这不仅可以增加游客的文化认知，也可以增加游客回访率。

拈花湾将城市功能完善面域—原置型协同模式融入旅游目的地规划中。拈花湾位于无锡市马山太湖国际旅游度假岛，与当地城市资源有机结合，利用当地自然和人文资源，可以满足游客对文化旅游和休闲度假的需求。同时，拈花湾的建设也促进当地的城市规划和建设，提高城市品质和服务水平，促进地方经济的发展。拈花湾通过网络平台、社会媒体等多种形式推广旅游产品，提高知名度和影响力，促进当地文化旅游产业的发展。借助旅游目的地的推广和宣传，不仅可以增加游客数量，还可以提高整个旅游产业的竞争力。

总之，采用沉浸式休闲乐园微旅游与城市功能完善面域—原置型协同模式，拈花湾成功打造了一个结合禅文化、互动娱乐和自然景观的旅游目的地。拈花湾的成功经验可以为其他旅游目的地提供借鉴，促进文化旅游的发展，提高城市旅游服务品质。

8.1.3　实地访谈

第一，关于案例地发展状况。

案例选用的是江苏无锡市灵山小镇·拈花湾，江苏无锡市灵山小镇·拈花湾是国家 AAAAA 级景区，位于灵山胜境附近，占地有 1600 亩之大，素有"净空、净土、净水"之称，生态环境秀美。小镇风格仿古，以禅意为主题，又融入了中国江南小镇特有的水系，打造出一种独有的建筑风格，使得整个小镇十分有意境。拈花湾以吴越文化为主体，结合宗教文化、禅意文化体验，形成丰富的景源系统资源。灵山小镇·拈花湾于 2015 年 11 月正式开放接待游客，是历时 5 年建成，以唐风宋韵为主的建筑风格，加上江南小镇特有的水系，打造出一个自然、人文、生活方式相融合的旅游度假目的地。据统计，2016～2018 年，灵山小镇·拈花湾的年总游客流量各达到 148.7 万人次、174 万人次、229.9 万人次。在收入方面，2016 年有 1675 万元的门票收入，而住宿餐饮等二次消费收入达到了 1.31 亿元，到 2018 年，门票收入已达到了 1.55 亿元，同时也为灵山小镇·拈花湾带来可观的收入[①]。

灵山小镇·拈花湾充分利用整体环境，将景区的精致感与文化感提升至新的高度，该景区的名称灵感取自佛教故事中佛祖拈花而迦叶微笑的场景，同时也受到所在地形状酷似五叶莲花的启发。在规划过程中，主要功能布局为"五谷""一街"和"一堂"，并以禅意的命名体系进行命名，形成了以"五瓣佛莲"为原型的总体平面。灵山小镇·拈花湾基于先进的信息技术实现"旅游＋文化＋科技"融合，搭建新型的文旅生态，打通全场景体验，满足新时代下的游客需求。在 2019 年 10 月，拈花湾入选首届"小镇美学榜样"名单，并在 2021 年 10 月成为无锡唯一入选第一批国家级夜间文化和旅游消费集聚区公示名单的景区。近年来，灵山小镇·拈花湾以"地域特色＋文化元素"为指导方向，致力于夜间文旅消费场景设计和主题营造，通过开发有独特 IP 价值、有回味体验的消费项目，以提升拈花湾品牌的辨识度、感受度和美誉度，更好地满足人们多样化、多层次、多方面的夜间文旅消费需求。

---

① 拈花湾文旅官方网站，https：//www.nianhuawanwenlv.com/news28.html。

第一阶段：灵山大佛文化提升创意。

灵山大佛位于中国江苏省无锡市的马山秦履峰南侧的小灵山地区。该地区原为唐宋名刹祥符寺的旧址，在原中国佛教协会会长赵朴初先生主持下建造而成。1994 年开始建设灵山胜境，到 1997 年建设一期工程，打造了灵山大佛、天下第一掌、百子戏弥勒等景点。灵山胜境凭借无锡发达的社会经济和现代科技手段的支持，将历史文化、自然山水和现代文明相融合。该景区占地 30 公顷，以其卓越的品质和综合体验，成为一处国家 AAAAA 级旅游景区。作为中国完整和集中展示佛教文化的地方，以湖光山色、园林广场、佛教文化和历史知识为特色，吸引了众多游客，成为我国著名的佛教文化景区。

灵山胜境自建成至 2006 年已接待了 1500 万游客，累计到 2009 年更是接待了 2500 万海内外游客，作为无锡标志性的景点，是较为成功的主题类景区景点。该景区旅游市场规模年均约为 300 万人次，在无锡乃至整个华东地区的旅游景区中表现突出①。其中，无锡灵山大佛景区于 2012 年成为"世界佛教论坛"的永久会址，在 2015 年 10 月举办第四届世界佛教论坛大会。该景区不仅是国内外皆知的佛教文化圣地，也是中国著名的主题文化景区。相关建造者们在不懈努力下，打造出一个具有独特佛教文化魅力的主题景点，也是开创中国佛教文化主题景区的先河。在过去的十多年里，灵山不仅成功完成了三期的建设，还着眼于打造一个大型旅游产业集团的目标。在这一过程中，灵山从仅仅经营景区转变为经营品牌，同时，灵山发展旅游、餐饮、文创、住宿等多元化产业链，实现旅游与其他产业的相互发展。灵山集团将"旅游灵山"转变为"文化灵山"，不断提升文化创意，营造和谐文化理念。

第二阶段：借鉴传统文化营造旅游新业态。

小镇借鉴佛教文化"财富无咎，来去如法"的经营理念，采用现代化的企业管理方式、佛教文化理念，进而扩大文化影响，回馈社会。2015 年前，小镇仅有唯一景区——灵山胜境，后续不断增加 88 米高灵山大佛、九龙灌浴、梵宫三期等景点。景点位于无锡太湖国家旅游度假区，是国家级旅游度假区之一，跨越了多个区域，总长度为 42 千米，并有 13 个社区，常住人口有 4.3 万，风景秀丽。景区内呈现出优美的地域形态，包括壮丽的山势、幽深的沟谷、起伏的坡地以及独特的人文景观，拥有丰富的山势地貌、自然环境、植被品种和文化内涵。拈花湾旅游度假区是依托于灵山景区的人文环境而建立的沉浸式佛文化景区，旨在通过将"禅意"和"实际生活"相结合，让游客深度感受佛教文化的内涵。该度假区划分为五大功能区，分别为主题商业区、生态湿地区、度假物业区、论坛会议中心区和高端禅修精品酒店区，以满足不同人群的需求。

从整体上看，灵山小镇·拈花湾致力于建造成置于旅游观光景区之上的佛文化、禅生活旅游度假区，进而深化灵山胜境的佛文化，使其由传统的观光型景区转化成沉浸式体验佛文化、禅文化的旅游休闲度假胜地。完善其休闲娱乐功能，可以延长游客在旅游度假区的游玩时间与丰富景区消费项目，提高游客的满意度，灵山小镇·拈花湾本身所具备的自然优势与文化底蕴，推进"心灵度假"的休闲旅游新模式的产生。灵山小镇·拈花湾巧妙地利用现有的旅游资源，在保护原有生态功能的同时对景观进行美化处理，特别是通过改造植物景观，以满足游客观赏和游玩的需求。拈花湾内部的业态分布分别为：20% 的旅游产品、25% 的餐饮、20% 的客栈、15% 的度假公寓和 15% 的酒吧等其他业态、5% 的配套商业（如超市、便利店等②）。2021 年 11 月 5 日，无锡市灵山小镇·拈花湾被文化和旅游部确定为第一批国家级夜间文化和旅游消费集聚区，并获得全国文化和旅游系统先进集体的嘉奖。

第三阶段："沉浸式"拈花湾成为文旅消费升级的强劲动力。

灵山小镇·拈花湾占地 1600 亩，建筑面积约 35 万平方米，是灵山佛教博览园的重要配套项

---

① 张红英．"互联网＋"背景下无锡灵山胜境景区旅游满意度分析——以在线购后评价数据为基础［J］．无锡商业职业技术学院学报，2017，17（5）：68－71．

② 搜狐网．拈花湾小镇：以禅入道，开创"心灵度假"旅游新模式［EB/OL］．2021－01－21．https：//travel.sohu.com/a/445982283_120214510．

目。该小镇的主要功能定位是为游客提供休闲养生的设施，并成为世界佛教论坛的永久性会址。项目规划了五大功能区，包括主题商业街区、生态湿地区、度假物业区、论坛会议中心区、高端禅修精品酒店区。2022年元宵期间，拈花湾运用酷炫的数字技术，制作视频进行景区的宣传，灵山小镇·拈花湾贴上菩提树、拈花指等核心标签以及节庆代表符号，将景区独有特色和节庆祝福巧妙融合，呈现了令人眼前一亮的视觉艺术魅力，该视频上线后，超过250万用户观看。拈花湾打破以往的传统文旅模式，用"文旅＋云"的全新运营格局，实现用户与景区间即时沟通，完成景区数据智能＋营销互动＋文化渗透，全方位地维护与升级景区管理，为行业输出智慧运营新解法。尤其在"十四五"期间，智慧旅游发展成为热门业态，以创意为内核、以IP为引领的文旅发展模式不仅使传统景区景点的游览模式发生改变，也加快了虚拟现实、人工智能等新技术的应用，利用现代方式解读历史文脉，以当代视角展现历史文化，能够使游客和城市发展产生共鸣与共振。

灵山小镇·拈花湾在发展过程中，引入文旅商板块的顶级资源，打造提升土地价值、旅游消费和住宅销售同步进行的"文化＋地产＋旅游"的综合盈利模式，改变传统门票收入方式，实现沉浸式休闲旅游新格局，提升产业价值。比如拈花湾每晚七点半的"禅行"活动是一项独特的观演活动，采用行进式的方式，同时充分利用拈花湾的山水禅境和唐风宋韵的景观建筑，将其作为表演的载体，融合观光、互动体验与度假为一体。在功能方面，项目规划了主题商业街区、生态湿地区、度假物业区、论坛会议中心区、高端禅修精品酒店区五大功能区。这些功能区不仅让游客成为观赏者，还让他们成为体验者和参与者，将禅意生活方式和对传统的生活追求融入整个活动之中。拈花湾文旅所打造的拈花智慧文旅云，以特色文化为内在驱动，以现代科技为主要手段，通过大数据、人工智能、5G等新一代信息技术实现"旅游＋文化＋科技"的融合，为构建数字化文化旅游新业态提供了有效的解题思路。灵山小镇·拈花湾合理布局，成功打造以禅意文化为主题的，集度假、商业物业、会议功能于一体的综合性文旅景区。

第二，江苏无锡市灵山小镇·拈花湾的沉浸式休闲乐园微旅游与城市功能完善面域—原置型协同发展。

首先，区位的最优化选择。

作为江苏省"十三五"期间重点发展的旅游项目，灵山小镇·拈花湾凭借中国佛教文化旅游标志性景区和国家"AAAAA"级旅游景区——"灵山胜境"景区的支持，定位为世界级禅意旅居度假目的地，融合旅游度假、会议酒店和商业物业于一体。作为国内首个以禅意文化为主题的特色小镇，自开园以来就受到游客的广泛追捧。

在交通状况方面，灵山小镇·拈花湾采取多种措施来完善交通运输条件，为游客提供便捷的交通选择，进而增强区位竞争力。拈花湾有多条公共交通线路，其中包括直达拈花湾的88路和89路公共汽车，方便游客从无锡市区乘坐前往。此外还有环山西路等线路可直达旅游度假区门口，给游客带来了极大的便利。同时，游客可以选择适合自己的私家车或租车前往拈花湾。从无锡市区到灵山小镇的车程较短，只需约30分钟，方便快捷。拈花湾还提供了停车位，为自驾游客提供良好的停车环境。此外，拈花湾附近有无锡站、无锡东站等多个高铁站以及无锡硕放机场等机场，游客可以通过这些交通枢纽到达景区。在访谈中，一位居住在无锡市区的本地市民表示：拈花湾距离无锡市区有20多千米，我们是从梅园公交车站坐乐游2路，直达拈花湾，车票10元一位。同时，无锡区域还有多个旅游服务中心，为游客提供了定制化的旅游服务。一位来自南京的游客表示：无锡市区到拈花湾只需半小时左右的车程，对于我们这些来自南京、上海等相邻城市的游客，可以通过高铁或飞机到达无锡，再通过公共交通工具，或者出租车就能到拈花湾了。通过完善交通运输条件，灵山小镇·拈花湾为游客提供多种交通选择，使游客可以根据自己的条件进行选择。相比之下，灵山小镇·拈花湾的交通状况明显更加便利，是能够吸引大量游客的一个关键原因。

在地理位置方面，灵山小镇·拈花湾位于无锡太湖国家旅游度假区，是国家级旅游度假区之一，坐落在太湖风景区的马山半岛上。灵山小镇·拈花湾之所以能够吸引众多游客，地理位置是其中重要的基础之一。太湖是我国最大的淡水湖之一，面积很大，景色十分迷人。蕴含着丰富的生态资源，同时也是一个国际知名的湿地保护区，吸引了无数游客前来观赏。作为无锡太湖国家旅游度假区的一部分，灵山小镇·拈花湾充分利用了太湖的自然优势，打造一个以禅意文化为主题的特色小镇。对此，游客小星就表示：灵山小镇·拈花湾，位于中国无锡云水相接的太湖之滨、秀美山环水抱的马山半岛，夜景很美。太湖周边地区也是我国最著名的旅游景点之一，拥有许多著名的文化古迹，如灵山大佛等，这些古迹是国内外游客前来游览的热门景点之一。作为太湖周边地区的一员，灵山小镇·拈花湾可以利用太湖区域的自然和文化资源吸引游客，使得游客在游览太湖区域的同时，可以充分体验拈花湾的特色文化和历史风貌。一位无锡当地居民林叔表示：自从拈花湾发展起来后，我们的村庄不再是简陋的房屋和生产设施，而是变成了拥有各种特色餐厅、民宿和文艺创意店铺的文化休闲的小镇。这些商业的加入带来了更多就业机会，也提高了本地居民的生活质量。更重要的是，太湖地区是国内大量游客前往的热门旅游地之一，灵山小镇·拈花湾可以借助太湖自身的吸引力将这些游客吸引到这里，增加其客流量。

综上所述，在无锡灵山小镇·拈花湾的区位选择中，完善的交通运输条件是重要的支撑条件，而地理位置则是基础保障。同时，该地区独特的禅意文化 IP 定位以及沉浸式休闲乐园微旅游模式的创新也为区位选择带来了促进作用。

其次，自然环境条件的支持。

拈花湾位于耿湾，周边环境状况得天独厚，无论是湖光山色、山涧流水还是竹林环绕，都为拈花湾提供优美的自然环境条件。自然风光资源不仅为游客提供了极佳的旅游体验，也是拈花湾成为一处独特的沉浸式休闲乐园的重要支撑和基础。在营造自然环境条件的同时，拈花湾也注重自然资源的保护和利用。园区内的景观设计和特色建筑都采用天然素材，如石块、竹子等，减少对自然资源的破坏和浪费。此外，园区还积极推进当地的石山生态修复工作，保护了当地生态系统的稳定和自然景观的完整性。在访谈中，一位来自梧州的游客表示：我来过几次拈花湾参加商务会议，印象最深的是三四月份的那次会议，三四月正是无锡的樱花盛开的季节，我很建议那个时候来拈花湾，感受花海和唐韵的碰撞融合，体会别样风景。在揭谛道上有染井吉野樱花，偏粉色的花瓣如梦如幻，花瓣重瓣，看起来十分漂亮。还有指月巷，那是拈花湾的樱花大道，位于微笑广场附近，路两旁的樱花一直延伸到远处，超级出片。对了，还有鹿鸣谷、云树帆影。如果错过三四月份，还能去逛梵天花海，无论什么季节，那里都会有绽放的花朵，春季更是百花齐放，成片的马鞭草、金鸡菊、薰衣草竞相开放。通过这些措施，拈花湾有效利用周边自然环境和资源，实现人与自然和谐共处，成为一处生态环保的优质旅游目的地。总之，拈花湾的成功离不开其周边的自然环境和资源，同时，园区对自然环境的保护和利用也是其成功的重要因素。在规划设计和营运管理中，拈花湾充分考虑到自然环境的保护和利用，实现与自然和谐共存，并为游客带来独特的旅游体验。

拈花湾对于休闲游玩氛围的营造非常注重，以禅意文化为核心理念，营造出古朴淡雅的禅意风格。这种禅意风格体现在园区的建筑风格、景观设计、文化活动等多个方面。例如，园区采用独特韵味的艺术手法，通过巧妙地布置竹篱、青苔、茅屋等元素，展现浓厚的东方田园和江南水乡特色。园区在建筑设计中运用大量天然素材，如木材和石材，以呈现中国古代唐宋时期的风格。以山涧流水和环绕的竹林为背景，通过点缀花草、石幢、石像等元素，营造出一种悠闲而富有禅意的氛围，共同营造一个独特的禅文化意境，让人沉浸其中。除了建筑和景观，拈花湾还利用新技术，注重打造个性化、艺术化、场景化的文旅产品。其中，推出丰富的夜游活动，比如微笑广场舞美的灯光效果和拈花塔亮塔仪式等活动。这些活动运用了现代的灯光、音响、投影等技术手段，将传统文化与现代科技相结合，营造出亦真亦幻的视觉效果。游客小星表示：本人觉得拈花湾的夜景还是很好看的！特别是灯光的效果，灯球在草地上像是星空中的星辰，每晚固定时间都会有灯塔表演，灯塔颜色不断变化，有如佛光普照，结束后还可以与小沙弥拍照。和朋友来拈花湾一起涮涮火锅吃烧烤，也是个不错的选择。当然带着父母来也很棒！旅游嘛，就是要开心。这种深度融合的文化产品，不仅吸引游客的关注和兴趣，同时也帮助拈花湾打造出独特的品牌形象。同时，弱化旅游产业对环境的依赖性，也是拈花湾注重的一个核心目标。新技术的广泛应用可以解决传统旅游产业在环保方面存在的问题。一位无锡当地居民刘小姐表示：拈花湾在搭建时特别注重细节，倾注了创始人很多心血，听说专门请来工艺师傅，就为了打造一面篱笆墙，并且手把手地教会员工，编得一模一样。她还表示，在灯光设计方面，拈花湾采用节能环保的灯光系统，减少能源消耗的同时，也保护了周边自然环境。注重环保的理念符合现代旅游产业发展的要求，也使得拈花湾的品牌形象更加受到游客的认可和推崇。

拈花湾作为一个旅游景区，其自然资源条件优越，被赞誉为"东方禅意乐土"。其主要自然资源包括山水风光、竹林环绕、瀑布流泉等。这些资源构筑了拈花湾的自然环境，为游客提供了优美的旅游环境。一位来自上海的王先生表示：仿古的民宿，白天让我觉得清静优雅。但接下来到了晚上画风就变了，尤其是河道的颜色。同时，在规划设计中，拈花湾充分考虑到自然环境的保护和利用，采用了绿色建筑和园林绿化等方式，一位拈花湾的工作人员表示：我们小镇的整体构建是以禅为核心理念，当初建造的时候是专门请人来设计的，采用独特韵味的艺术手法，大量布置竹篱、青苔、茅屋等富有东方田园和江南水乡特色的建筑元素，使整体环境呈现出古朴淡雅的禅意风格。尽可能减少对自然环境的破坏，保护和利用自然环境资源，这体现出了企业的环保意识和社会责任感。

综上所述，江苏无锡灵山小镇·拈花湾得到自然环境的支持主要得益于周边环境状况、休闲游玩氛围、自然资源条件等因素的综合作用。在开发过程中，拈花湾注重自然环境的保护和利用，在规划设计中采用了绿色建筑和园林绿化等方式，尽可能减少对自然环境的破坏，营造出返璞归真的氛围和良好的旅游资源，成为一处真正具有吸引力的沉浸式休闲乐园。

再次，案例地的开发资源基础。

灵山小镇·拈花湾作为一个综合性度假小镇，提供了丰富多样的旅游产品，在这里，游客可以尽情体验各种不同类型的旅游项目，而且每个项目都包含丰富的纵向体验内容，这样的设计使得拈花湾的文旅项目与禅文化紧密相连，凸显了文化的独特性。这里的旅游体验不仅让人流连忘返，更让人感受到禅意生活的深刻内涵。

灵山小镇·拈花湾的资源禀赋极为优越，是其文旅产业发展的重要基础。一是拈花湾地处太湖国家旅游度假区，这个区域以其自然生态景观闻名，所以可以为拈花湾提供优美的自然环境。另一位拈花湾工作人员吉哥表示：当初拈花湾的建设就是依靠它那得天独厚的自然环境，水质清澈，植被丰富，动植物种类繁多，非常适宜发展生态旅游和休闲旅游等文旅项目。而且我们注重通过营销和推广，打造品牌效应，让拈花湾在文旅市场中有更多的曝光度和知名度，吸引更多消费者和游客，实现文化与旅游业的融合，促进当地文旅产业的发展。二是拈花湾拥有透明清澈的水质、郁郁葱葱的植被和多样的动植物，这些资源都是文旅客户所追求的自然景观，为吸引消费者提供了有力的材料。此外，在文化资源方面，拈花湾也有得天独厚的优势。太湖地区是佛教文化和吴文化的重要发源地，这些文化在拈花湾得到广泛应用，为其文化旅游产业的发展提供了奠基之源。吉哥更是表示：当地的佛教文化和吴文化资源都很丰富，我们在打造文旅小镇时，重点考虑如何把这些文化资源融合到文旅产品中去。我们在文旅产品的规划和设计上，注重结合当地历史文化底蕴和地域文化特色，打造具有特色和独特魅力的文旅产品。他认为拈花湾将当地的佛教文化和吴文化等地域文化资源融汇到文旅产品中，打造具有东方禅意的特色文旅小镇，吸引消费者，实现了文化与旅游的融合。

在资源开发利用方面，灵山小镇·拈花湾进行深度的创新性开发，同时利用文化要素来优化旅游要素。通过这样的方式，拈花湾可以将文化与旅游相互融合，吸引更多的游客，使文旅产业得到持续的发展。同时，也能够实现高盈利目标，为投资者带来更好的投资回报。另外，拈花湾还对员工进行了充分的培训，从而保障了劳动力的充足性。经过培训的员工不仅能够更好地完成工作，还能够提高工作效率和生产力，进一步促进文旅产业的发展。其中，一位来自苏州的王先生表示：总体体验还是不错的，工作人员都很温柔礼貌，后来得知景区属于国企，员工福利都还不错，所以门槛应该也是比一般景区高的。另一位游客表示：我觉得拈花湾做的小程序很值得被夸一夸，作为第一次来拈花湾玩的游客，拈花湾这个小程序完全满足了我的游玩需求，使我的游玩体验非常棒。上面有演出表演、拈花美食、拈花集市、拈花住宿等模块，可以从各个模块进去了解即将演出的节目以及节目单，同时可以看到园区内所有餐饮商铺和住宿信息等。从小程序的设计就能看出拈花湾把游客体验做到了极致。此外，在保障资金链的稳定方面，拈花湾充分利用外部资源，以保证资金来源的充足性。这有助于保证文旅项目的策划进入实施阶段，提供振兴文旅产业的保障。三是由于灵山小镇·拈花湾项目的成功，项目资金能够迅速回笼。一位无锡本地居民表示：听说拈花湾投资了200亿元，这里可以说是江苏最为成功的人造小镇，占地面积有1600亩。在拈花湾，还有很多精彩活动轮番上演，比如有免费的汉服体验、亲子手工艺品制作、打铁花传统民俗演艺，整体的沉浸式体验还是可以的。这为拈花湾继续开发产品、扩展产业链和发展空间提供充足的资金保障，是文旅产业持续发展的关键因素之一。文旅产业的成功需要在资源开发利用方面不断创新，并对员工进行培训，保证劳动力的充足性，充分利用外部资源，保障资金链的稳定，保证文旅项目的策划进入实施阶段。只有通过这些举措的有机结合，文旅产业才能够实现融合发展并获得成功。

综上所述，江苏无锡灵山小镇·拈花湾作为沉浸式休闲乐园微旅游的一个成功案例，其资源禀赋与资源开发利用相互作用，为其文旅产业的发展提供有力保障。同时，充分重视员工的培训，确保拥有足够的劳动力，并充分利用外部资源，也是保证文旅项目的策划和实施成功的关键因素之一。

最后，市场需求的最大化满足。

灵山小镇·拈花湾以"吃、住、行、游、购、娱"六大旅游服务因素为核心，致力于打造一个多元化的旅游目的地，满足不同细分市场的需求，并引导游客全方位地体验各类旅游产品。

随着旅游消费者对旅游体验的需求不断升级，文化体验和深度旅游已成为旅游市场的热点。灵山小镇·拈花湾围绕禅意文化打造主题小镇，将禅意与旅游体验相结合，提供更具深度和文化内涵的旅游体验，满足消费者对文化体验和深度旅游的需求。在灵山小镇·拈花湾，游客可以接触到正宗的禅文化，体验禅修生活，参观禅寺、禅宫等地标性景点，了解禅宗文化。一位来自厦门的游客林小姐表示：总的来说，我更喜欢香月花街的建筑和夜景，但这次来主要是为了赏樱，没有看到很多樱花让我有些失望。不过，走着走着，我突然感到心很安静，就坐下来喝了杯茶，看着街上来来往往的行人。时间好像突然变慢了。我感觉到，在这里静下心来，漫步街道，不带目的地走走，感受周围的一切，是一件很棒的事情。这里充满了宁静和惬意。此外，灵山小镇·拈花湾还注重分析旅游市场的不同消费群体的个性化需求。他们针对不同的消费群体打造了不同的业态，如禅意度假、禅意观光、众乐营、儿童禅游乐场、香月花街主题商业街等多个业态，以满足不同消费者的需求。比如，针对都市白领和中产阶层，推出了禅意度假业态，提供高品质的住宿、餐饮、SPA、健身等服务；针对亲子家庭，推出儿童禅游乐场，为孩子们提供寓教于乐的禅体验；针对禅文化追求者，推出禅意观光和禅修生活业态，提供深度、专业的禅宗文化体验。这些业态的打造使得灵山小镇·拈花湾能够满足不同消费群体的需求，获得更广泛的市场。

江苏无锡拈花湾作为一个旅游景点，吸引来自全国甚至全球的游客，其市场规模不断扩大。据统计，拈花湾每年接待游客数已经突破200万人次，这足以表明该地区的旅游需求非常旺盛。此外，拈花湾不仅吸引各类游客，如家庭、情侣、青年、学生、老年人等不同人群，同时还能为不同游客提供适合的旅游体验服务，进一步促进了游客市场的多元化。游客小星表示：如果喜欢拍照，或者带着老人小孩，拈花湾还是很值得一去的。拈花湾能够吸引众多游客，一方面是由于拈花湾拥有美丽的自然风景和千年历史悠久的文化底蕴，吸引许多人前来旅游观光。另一方面拈花湾提供丰富多样的旅游体验和服务，如各类主题体验、文化探索、美食品尝和住宿等，这些都能够满足不同游客的需求，进一步提高游客的满意度和忠诚度。对此，一位过夜的游客表示：休闲度假的好地方，特色是拈花湾的住宿，多种主题房间可以选择。根据市场趋势分析，在未来，随着游客对旅游产品品质和深度的要求不断提高，拈花湾将继续吸引更多的游客，市场规模将持续增长。同时，随着社会人口结构和消费能力的变化，拈花湾还有望迎来更多的亲子游客和高端游客，进一步拓宽市场群体，为旅游行业的发展注入更大的活力。

第三，无锡灵山小镇·拈花湾——沉浸式休闲乐园微旅游对城市功能完善面域—原置型建设的作用。

在无锡灵山小镇·拈花湾的发展过程中，居民是基础条件，景区位置为发展源泉，高新科技是关键要素，旅游城市化是主要推动力量。通过对各要素的综合考虑，将当地居民、旅游相关工作人员和游客等作为案例分析重点，提炼出居民意愿、旅游城市化、景区发展水平三个关键要素，并通过对三个方面进行层次化、关联性的分析，搭建出无锡灵山小镇·拈花湾的居民意愿的作用模型、旅游城市化的作用模型、景区发展水平的作用模型，为探讨居民意愿、旅游城市化和景区发展水平在沉浸式休闲乐园微旅游与城市更新建设的协同作用奠定基础。

首先，沉浸式休闲乐园的居民意愿分析。

灵山小镇·拈花湾于 2015 年开放，靠山面湖，与驰名中外的灵山大佛为邻，其转型和升级与当地居民是分不开的，居民是拈花湾得到建设和不断发展的前进动力。基于上述分析，结合沉浸式休闲乐园微旅游与城市功能完善面域—原置型协同模式的结构方程实证结果，合理地模拟出灵山小镇·拈花湾建设中居民意愿的作用模型，见图 8-2。

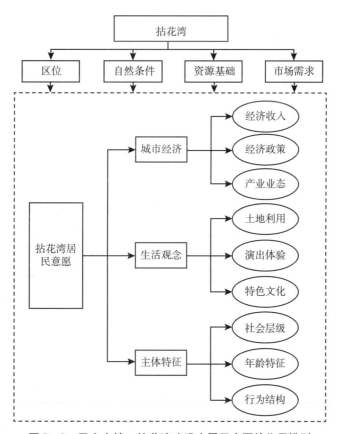

图 8-2 灵山小镇·拈花湾建设中居民意愿的作用模型

由图 8-2 可知，拈花湾的建设与居民意愿中城市经济、生活观念、主体特征紧密相关，分析研究灵山小镇·拈花湾的居民意愿作用，可以进一步了解城市功能完善面域—原置型建设。

灵山小镇·拈花湾对城市经济的旅游收入、就业机会、土地价值产生影响，进一步对城市功能完善面域—原置型建设产生促进作用。一是旅游收入。灵山小镇·拈花湾作为一个沉浸式休闲乐园微旅游目的地，吸引了大量游客前来游玩，从而带动当地旅游业的发展，将带来旅游收入的增加，促进当地经济的发展。一位拈花湾景区内的小商铺老板讲述：我们之前是住在无锡市区的，自从拈花湾建设起来后，我们就在这里开了这家店，主营中餐。随着拈花湾人流量的增多，营业额也随之增加。二是就业机会。随着灵山小镇·拈花湾的发展，越来越多的人开始前往该地区工作。游客王先生表示：香月花街是拈花湾的禅意主题街，街区两边有着琳琅满目的文创产品小店和特色体验工坊，听老板说他们很多都是无锡本地人，来这边开店。灵山小镇·拈花湾的发展将为当地居民提供更多的就业机会，从而降低当地的失业率，提高居民的经济收入。三是土地价值。随着灵山小镇·拈花湾的发展，周边的土地价值也将随之提高。将为当地政府带来更多的土地租金和税收，从而提高当地政府的财政收入。城市功能完善面域—原置型的建设包括城市交通、城市环境、城市公共服务、城市文化、城市旅游等多个方面。拈花湾文旅项目的落地，对城市旅游的发展起到了积极的推动作用，同时也为城市文化的传承和发展提供新的契机。拈花湾文旅项目的建设，为城市公共服务的完善和提升提供了新的思路和方向。拈花湾文旅项目的落地，对城市环境的改善和提升也起到了积极的作用。有助于城市功能完善面域—原置型的建设，拈花湾文旅项目的落地，为城市功能完善面域—原置型建设提供新的契机和动力。同时，城市功能完善面域—原置型建设也为沉浸式休闲乐园微旅游和拈花湾文旅项目的发展提供更好的环境和条件。

灵山小镇·拈花湾对生活观念的娱乐化、创新化、生活化产生影响，进一步对城市功能完善面域—原置型建设产生促进作用。一是娱乐化。灵山小镇·拈花湾的实景沉浸式文娱方式提供了更多的互动性和体验型，满足年轻人对新奇和刺激的需求。一位来自苏州的年轻游客表示：百闻不如一见，有些美景只有到现场才能体会到，夜晚的灯光秀一定要看，各种表演，如香月花街拈花塔、五灯湖广场、微笑广场等舞者表演都很精彩，第一次见无人机配合表演，整体氛围也很热闹。一定要乘舟夜游拈花湾，穿梭时空隧道，白天坐船和夜晚欣赏到的景色和感觉不同。同时，灵山小镇·拈花湾作为一个具有浓郁文化氛围和多元化娱乐场所的区域，为当地居民提供了一个放松、休闲的场所。这些娱乐设施包括乡村旅游景区、餐饮休闲娱乐区、亲子教育等，为居民提供多元化的选择和享受。这些设施不仅促进了居民的生活品质，还吸引了大量的游客前来观光旅游，为当地经济发展注入新的活力。生活观念的娱乐化是一种重要的城市发展战略，可以帮助城市提高文化软实力、增加市民幸福感、提高城市品质和市民对城市的归属感和认同感，从而促进城市功能完善面域—原置型建设。二是创新化。灵山小镇·拈花湾的沉浸式体验产业利用了数字文化产业和新技术的发展，激发居民对创新生态和场景驱动的认同和参与。此外，灵山小镇·拈花湾通过在传统文化元素上进行创新和融合，打造一个独具特色的城市空间。比如，有许多文化创意产品，这些产品不仅有良好的市场销售前景，还能够促进当地传统文化的传承和发展。一位来拈花湾参加商务会议的游客邹先生表示：我觉得灵山小镇·拈花湾是一个非常独特、具有创意的旅游场所。刚来的时候我就被这里的美丽景色和传统文化所吸引，而进入拈花湾后，更是被这里的沉浸式体验深深吸引。拈花湾现在也在加速推进数字产品的迭代，将 AR、MR 技术结合进了游客的赏花路线中，为我们这些游客打造"沉浸式赏花"。我还参与了景区专门开发的线上小游戏，还挺有趣的。同时，拈花湾还拥有一些先进的科技设施，比如智慧停车场、物流中心等，这些设施为居民提供更加便捷和智能化的生活体验。邹先生表示：我们通过 MR 眼镜，不仅可以获得元宇宙视频中虚实结合的震撼感受，还能在鹿鸣谷看到 3D 小鹿，很让人感到惊奇。三是生活化。灵山小镇·拈花湾的沉浸式业态与城市公共空间和特色文化相结合，塑造一种文化主题层面的生活方式，提升居民对文旅产品的情感价值。并且灵山小镇·拈花湾还通过提供一系列便民服务设施，如超市、便利店、医疗机构等，增加居民的生活便利性。一位居住在拈花湾的市民表示：当时选择在这里面买房，也是考虑到这边的环境，小区的风景很漂亮，绿化率很高。修建得像世外桃源一样，远离人群，适合修身。投资作为周末度假的去处也是很不错的。此外，这里还有一些教育机构，如幼儿园、小学等，为居民提供优质的教育资源。这些设施不仅提升当地居民的生活品质，还吸引更多的人前来定居和投资，推动城市功能完善面域—原置型建设的进一步发展。此外，拈花湾位于长三角地理中心，小镇半径 50 千米的圈内有无锡、常州、苏州、嘉兴、湖州等城市，而上海、南京、芜湖、杭州等城市也仅处于小镇的 130 千米半径内，以上城市两个小时便可直达目的地，在区位上有明显优势。一位游客表示：从我个人的角度来看，拈花湾处于长三角地理中心的位置非常有优势。毕竟长三角是我国经济高度发达的地区之一，这里的城市密度非常高，人口也很多，这就为拈花湾的文旅产业提供了一个人口和市场的保障。同时，上述城市的居民更具有小资情怀，对精神世界的追求更高。景区在产业上以"禅坐禅修禅行禅修"为发展理念，使得游客参与项目之中，带动周边产业发展，当地居民更是其中的利益相关者。综上所述，灵山小镇·拈花湾通过娱乐化、创新化和生活化等手段，为城市功能完善面域—原置型建设带来了积极的促进作用。

　　灵山小镇·拈花湾对居民主体特征的年龄、性别、受教育水平产生影响，进一步对城市功能完善面域—原置型建设产生促进作用。一是年龄。灵山小镇·拈花湾的实景沉浸式文娱方式吸引了大量年轻人，尤其是 90 后和 00 后，他们对沉浸式体验有强烈的需求和偏好。这可能导致灵山小镇·拈花湾的居民结构出现年轻化趋势，也可能影响其他年龄段居民的生活方式和消费习惯。具有创新、活力和开拓精神的年轻人，可以作为城市功能完善面域—原置型建设的重要推动力量，推动城市发展。来自厦门的林小姐表示：多参考现在的年轻人的需求，景区能够走得更远，例如现在的年轻人的消费习惯和生活方式都跟以往不同，而且拈花湾的居民结构看起来好像越来越年轻了，我觉得这是好事，年轻人更有想法，更有创意，更能够留住游客，增加游客的复游率。二是性别。灵山小镇·拈花湾的实景沉浸式文娱方式布局不仅包含视觉、听觉、触觉等多种感官刺激，还融入艺术、文化、娱乐、社交等多元功能。这可能吸引不同性别的居民，打破传统文娱方式中存在的性别刻板印象和隔阂，进而使得灵山小镇·拈花湾居民主体中男女比例相对平衡。其中，女性在城市规划和建设中发挥越来越重要的作用，通常更注重细节和生活质量，对于城市公共设施和环境的完善有着独到的见解。三是教育水平。灵山小镇·拈花湾的实景沉浸式文娱方式利用了数字技术、互动设计、创意内容等多种手段，提供丰富而多样的体验场景。这可能激发居民对新技术、新知识、新文化的好奇心和学习欲望，提高他们的受教育水平和素养，进而导致拈花湾居民主体中教育水平相对较高，这为城市功能完善面域—原置型建设提供充足的人力资源和智力支持。拈花湾的工作人员表示：拈花湾会定期进行培训，同时我们设置了研学课堂，很多孩子都会过来学习，比如具有拈花湾特色的自然生态系列研学课程，可以让孩子与家长参加创意草木拓印等体验活动，打开孩子的知识面，让孩子走出校外拥抱自然，感受人文的美好。同时，拈花湾也会培养高素质的人才以促使他们能够更好地参与城市规划和建设，提供更专业的建议和更优质的服务。基于上述分析，可以得出结论：拈花湾居民主体的年龄、性别、教育水平对城市功能完善面域—原置型建设产生了促进作用。居民主体的多元化特征为城市发展提供更广泛的思路和更丰富的资源，使得城市建设更加科学、合理和人性化。

　　综上所述，从江苏无锡市灵山小镇·拈花湾的沉浸式休闲乐园微旅游与居民意愿的实践过程可以看出，研究假设 HG2、HG6、HG7 可以从实践过程的角度得到验证，即沉浸式休闲乐园微旅游对居民意愿产生积极的影响，同时进一步对旅游城市化、城市功能完善面域—原置型的建设产生正向作用。

　　其次，沉浸式休闲乐园微旅游的旅游城市化分析。

　　灵山小镇·拈花湾的旅游城市化是无锡市实施城市化战略的结果，是城市建设的高潮之一。通过将城市环境建设功能化，实现景区化，突出城市文化氛围，将城市基础设施景区化，并促使核心景区城市化，灵山小镇·拈花湾的旅游市场规模年均约为 300 万人次，在无锡乃至整个华东地区的旅游景区中业绩显著。城市的旅游化建设对于城市建设与城市管理提出新要求，促使完善与集中景区内大面积的基础设施、交通和商业配套设施、人才配备，促进景区明显城市化，为灵山小镇·拈花湾的建设提供了强大的助力。基于此，从景区城市化和城市景区化两个方面入手，搭建出灵山小镇·拈花湾建设中旅游城市化的作用模型，见图 8-3。

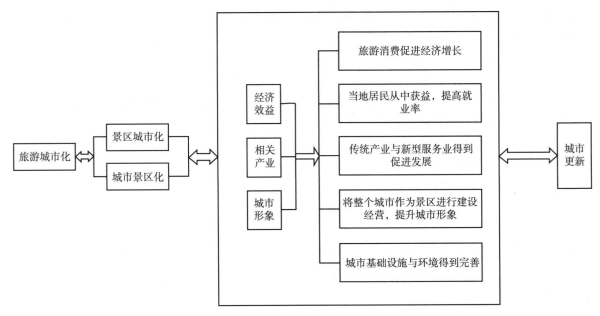

图 8-3　灵山小镇·拈花湾建设中旅游城市化的作用模型

由图 8-3 可知，旅游城市化对沉浸式休闲乐园微旅游建设有着两个方面的影响，一是促进景区出现旅游城市化现象，二是城市景区化发展，二者为城市更新发展提供了推动力，结合灵山小镇·拈花湾的发展情况，旅游城市化的影响可从以下几个方面来进行诠释。

灵山小镇·拈花湾依托"灵山胜境"这一中国佛教文化旅游标志性景区，打造国内第一家以禅意文化为主题的特色小镇，同时也是集休闲娱乐、会展酒店、商业物业为一体的休闲度假旅游目的地，增强了对区域经济的拉动力，拈花湾的开发也为当地居民提供更多的就业机会，当地居民可提升收入水平。无锡王姐表示：拈花湾的建设给我们带来了更多的就业机会，尤其是在旅游、服务、商业等领域，这为我们提供了更多的收入来源。除了就业机会，拈花湾还改善了当地的基础设施，比如道路、公园、人行道等，这让我们生活更加便利和舒适。其中，拈花湾立足于现有的资源和产业基础，不断对景区内部与周边的文化进行深度挖掘和创意解读，整合资源，开发商不断创新方法、完善机制，实现多领域、全方位的深度融合。在拈花湾的发展建设过程中，当地居民与灵山集团积极相互配合、共同合作打造"文旅＋"项目，改善当地基础设施、增强社区情感交流功能。

拈花湾促进相关产业发展，实现产业链延伸。一方面，城市的旅游业能够带动城市内相关产业的发展，使得相关产业也获得更高的运行效率和能力，如交通、餐饮住宿等传统行业，同时对文化创意产品、会展博览等新型服务业发展有着一定的促进作用。景区内的餐饮店老板杨叔表示：我们这些小餐馆和小店，通过与拈花湾的合作和交流，也得到了更好的发展和壮大。景区城市化的建设通常会强调当地的历史文化和特色文化，从而使城市更具有吸引力和独特性。另一方面，旅游业由于其特殊性，可以带动城市中的相关产业极速增长，相关人才需求随之增长，由此景区内的就业结构发生了变化，可以有效吸收当地居民，缓解城市的就业压力。一位居住在拈花湾附近的居民吴姐表示：拈花湾的发展不仅给我们这些当地人提供了很多就业机会，也给我们带了很多其他的好处，比如景区的一些配套设施为我们这些年纪较大的人带来很多生活便利与娱乐机会。而且还有土地和资金补贴，也提了我们的生活水平和幸福感。例如，拈花湾的开发导致原有的村民迁至距离原村8千米处的安置房中，又因为拈花湾的旅游开发引致社区也发生了整体变迁，对居民生产生活有直接的影响。完善的配套设施、土地和资金的补贴给当地居民们带来更便利的生活环境和娱乐机会，提高了当地居民的生活水平，景区的开发为居民提供更多的就业机会，也为城市创造较多的就业机会和经济收益。

强化和提升城市形象。灵山小镇·拈花湾旅游业的发展完善城市旅游设施与基础设施，同时增强城市的旅游功能，提升旅游附加价值，为游客延长逗留时间提供了基础条件。无锡居民小刘表示：我觉得，在拈花湾的建设中，相关部门在环境保护和生态平衡方面做了很多工作，比如植树造林、采用环保材料、节约能源等方面，这些都是为了保护景区的环境和生态，让游客和居民都能享有健康、舒适的生活环境和社区生态。这样能够实现景区的可持续发展，同时，景区的可持续发展也需要我们每一个人的共同努力，比如在生活中节约能源和水资源、减少垃圾污染、爱护自然环境、参与志愿活动等，这些都是为了让景区能够持续发展，并保护好我们的家园。同时，旅游城市化使得城市内部空间布局发生变化，扩大城市规模，带动周边城市发展，提升经济效益。例如，在拈花湾调整产业业态的比例结构上，重点开发深度游、过夜游、度假游等模式，增加体验性项目，延长游客逗留时间，避免以零售业和餐饮业为主的局面，借助创新活动增加游客流量，为旅游消费水平提供基础，带动其他业态形成与发展。一位来自南京的摄影师表示：我也特别看好拈花湾的旅游发展。拈花湾不像别的景区那样只有商业街，避免了单一的零售业和餐饮业为主的局面，这里有丰富的产业结构和体验文化活动。同时，这里的文化和自然环境也非常独特和美丽，很容易就能够吸引更多的游客和投资者。通过利用区位优势，可以最大限度上地促进景区市场发展与周边经济效益增长。灵山小镇·拈花湾的建设注重保护和发掘当地的历史文化，以及合理开发自然环境，同时打造出具有独特特色的旅游项目和文化活动，从而提升了城市的形象和文化品位。

总之，景区城市化和城市景区化对灵山小镇·拈花湾的城市功能完善面域—原置型建设产生积极的促进作用。通过加大基础设施建设、促进经济发展和文化建设等方面的努力，该地区将会吸引更多的游客前来旅游，从而进一步推动当地的城市发展。

综上所述，从江苏无锡市灵山小镇·拈花湾的沉浸式休闲乐园微旅游与旅游城市化的实践过程可以看出，研究假设 HG8 可以从实践过程的角度得到验证，即旅游城市化对城市功能完善面域—原置型的建设产生正向作用。

最后，沉浸式休闲乐园微旅游的景区发展水平分析。

灵山小镇·拈花湾的景区发展水平指通过高新科技对景区内部构造、资源、人员等进行多角度、全方位打造，优化景区整体流程与营销管理，实现景区环境、社会和经济的全面、可持续发展，灵山小镇·拈花湾的内部构造、基础设施及资源整合情况均对智慧景区发展水平有直接或间接的影响。结合灵山小镇·拈花湾的智慧景区发展的过程，对城市内部构造、基础设施、资源整合及可持续发展四个方面的内容进行重点分析，较科学合理地模拟出灵山小镇·拈花湾建设中智慧景区发展的作用模型（见图 8-4）。

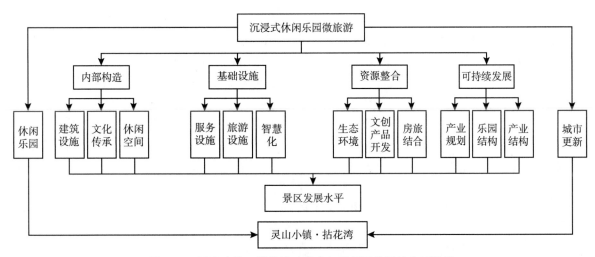

图 8-4 灵山小镇·拈花湾建设中智慧景区发展的作用模型

由图 8-4 可知，灵山小镇·拈花湾的智慧景区发展对当地的建筑设施、文化传承、休闲空间布局、服务设施、旅游设施、智慧化设施、城市与景区的生态环境、文创产品开发及房旅结合发展产生影响，进而影响城市功能完善面域—原置型建设。灵山小镇·拈花湾对景区发展水平的影响表现为以下几个方面：

灵山小镇·拈花湾对景区发展水平的内部构造产生影响，进一步对城市功能完善面域—原置型建设产生促进作用。一是灵山小镇·拈花湾所依托的山水自然环境具有休闲度假、康体养生等功能，是吸引游客的重要资源。二是灵山小镇·拈花湾使无锡形成集工业园区、城镇型小区、高质量居住区、生态服务区和休闲乐园度假区等多元化价值空间于一体的融合型景观，提供多样化的游览、观光、娱乐和休闲等体验，符合现代人的多元化需求。一位 60 多岁的游客阿姨表示：我觉得这个地方最大的优势就是它的自然环境和文化底蕴。在这里旅游，可以让人身心放松，享受到美丽的山水和纯净的空气，同时也能够深入了解当地的历史和文化。特别是这里的佛学文化，可以让人们获得一种深刻的精神体验，非常值得一来。三是灵山小镇·拈花湾结合当地丰富的历史资源及文化资源，传承生态、佛教、诗词、民居及饮食等文化，使其得以发扬，从而提供更具深度和内涵的旅游体验。四是灵山小镇·拈花湾延续了灵山胜境的佛学文化，并将"佛文化、禅生活"融入体验式旅游中，使游客们前来深度感知其中奥妙，促进景区发展。另一位 50 多岁的阿姨表示：在这里，我参加了佛学讲座，还体验了一些佛教文化活动。通过这些活动，我更深刻地了解到佛教的精神和理念，同时也感受到了一种内心的宁静和平和。同时，一位 20 来岁的小姐姐表示：我也体验了佛学文化，学习了禅修的技巧，这些技巧对于我们这些上班族缓解压力和保持身心健康非常有帮助。总之，灵山小镇·拈花湾中景区发展水平的内部构造对城市功能完善面域—原置型建设产生了促进作用。通过不断地整合和发展自然、历史和文化资源，完善旅游设施，传承佛学文化，景区不仅为游客提供一种全新的旅游体验，也为无锡市的城市功能完善面域—原置型建设增添新的元素和动力。

灵山小镇·拈花湾对景区发展水平的基础设施产生影响，进一步对城市功能完善面域—原置型建设产生促进作用。基础设施是景区发展的重要支撑，完善景区基础设施可以提高游客的旅游体验，增强景区品牌影响力，同时也可以带动当地经济的发展。灵山小镇·拈花湾在基础设施建设上做了很多工作，包括现代数字多媒体技术与舞台表演艺术的应用，以及融合传统文化与文化遗存的旅游设施建设等。这些措施提高了景区的艺术感染力和文化震撼力，为游客提供更好的旅游体验。来自南京的游客表示：整个小镇依山而建，面水而居，拈花湾与鼋头渚隔西太湖遥遥相望，山上及山下有很多仿古建筑，是纯正的唐风宋韵，适合度假休闲。随处可见各色郁郁葱葱的花卉盆景和爬藤，拈花湾果然实至名归。拈花湾的禅意是生活禅，让生活回归本质，简单而轻松。同时，景区完善各种服务设施，如香月花街、唐风木结构阁楼、拈花塔、花海等，增强游客的消费体验。景区还与互联网旅游、智慧旅游等新模式联动发展，创造了新的娱乐场景和消费场景，满足游客的多样化需求。这些基础设施的建设不仅提高景区的发展水平，同时也对城市的功能完善面域—原置型建设产生积极影响。拈花湾的工作人员吉哥表示：现在拈花湾推出了"拈花码"，在景区管理、营销、服务和体验等多个环节得到了应用。打通了景区票务、营销、商业、游园等多个业务系统，为游客提供了更安心、高效、便捷的服务体验。而且由于"拈花码"的多功能，我们可以通过大数据平台全面实现景区销售、口碑及客流监控的智慧管理，以此提升景区的管理效率。景区提供了各种服务设施和旅游项目，增加游客的到访率和消费水平，带动周边地区的经济发展。在这个过程中，城市的各种基础设施也得到提升，如交通、餐饮、住宿、商业等方面的设施。这些设施的提升不仅为游客带来更好的服务体验，也为城市的功能完善面域—原置型建设提供重要支撑，推动城市的进一步发展。

灵山小镇·拈花湾对景区发展水平的资源整合和可持续能力产生影响，进一步对城市功能完善面域—原置型建设产生促进作用。一是通过整合城市和景区的资源，灵山小镇·拈花湾建立了旅游、地产、科技等产业的联动，形成产业一体化的格局，促进区域内旅游业和其他产业的协调发展。不仅有助于提升景区的发展水平，也有助于城市功能的完善，因为旅游业可以带来更多的人流和资金流，从而促进城市的发展和基础设施改善。一位拈花湾的工作人员表示：截至目前，拈花湾已经入驻了一百多家店铺，提供了餐饮、住宿、休闲娱乐等多种类型的旅游服务，而这些商家对当地的就业、经济发展、产业升级等方面都起到了积极的推动作用。此外，我们还利用数字技术打造了智慧旅游平台，在线上和线下多个场景下，为游客提供了高效、便利、智能的出行服务。二是灵山小镇·拈花湾注重可持续发展，打造智慧景区，推动了城市更新发展，同时实现了利益共享，提高区域经济效益。可持续的发展方式有助于增强城市的生态环境和社会环境的可持续性，也有助于提高城市的形象和竞争力。同时，通过智慧景区的建设，可以提高城市的科技含量和创新能力，进一步增强城市的吸引力和竞争力。三是通过打造度假地产，灵山小镇·拈花湾进一步扩大产业空间，增加了小镇运营变现能力，为城市功能的完善提供更多的动力。一位拈花湾的小区管理员表示：小区的设计也别具一格，适合度假居住，这里有小面积的精装公寓，也有大面积的别墅。周末或者节假日经常会有户主们回来度假。度假地产不仅可以带来更多的旅游收入，也可以增加城市的人口流动和人口结构多样性，从而提高城市的魅力和吸引力。总之，灵山小镇·拈花湾的成功经验表明，资源整合和可持续能力对城市功能完善面域—原置型建设有着重要的作用。灵山小镇·拈花湾通过促进旅游业和其他产业的协调发展，打造智慧景区和度假地产，可以增强城市的吸引力和竞争力，推动城市功能的完善和城市更新发展。

综上所述，从江苏无锡市灵山小镇·拈花湾的沉浸式休闲乐园微旅游与景区发展水平的实践过程可以看出，研究假设 HG1、HG4、HG5 可以从实践过程的角度得到验证，即沉浸式休闲乐园微旅游对景区发展水平产生积极的影响，同时进一步对旅游城市化、城市功能完善面域—原置型的建设产生正向作用。

总之，通过江苏无锡市灵山小镇·拈花湾的沉浸式休闲乐园微旅游与城市功能完善面域—原置型的建设过程的分析，本书所提出的研究假设基本能够得到验证，从定性分析的角度初步验证了沉浸式休闲乐园微旅游、居民意愿、旅游城市化、景区发展水平、城市功能完善面域—原置型之间的关系。但是，上述各变量之间作用强度的大小、受影响的差异程度等关于沉浸式休闲乐园微旅游与城市功能完善面域—原置型协同模式之间具体作用机制的问题难以定量衡量。为此，本书需要进一步通过问卷调查，运用结构方程模型，从量化分析的角度检验沉浸式休闲乐园微旅游与城市功能完善面域—原置型协同模式之间的具体作用机制。

关于案例验证分析：本节以江苏无锡灵山小镇·拈花湾为例，为获得原始资料，进行了实地调研，保障资料来源的有效性和真实性。为了验证沉浸式休闲乐园微旅游与城市功能完善面域—原置型建设的案例，选取了无锡灵山小镇·拈花湾作为目的地。该选题的根据是基于对无锡灵山小镇·拈花湾建设和发展的综合评估，将其分为三个阶段，并通过对这三个阶段进行深入分析，识别出无锡灵山小镇·拈花湾发展难题与理念。其中，依据上文搭建的沉浸式休闲乐园微旅游与城市功能完善面域—原置型协同模式的结构方程实证结果，在案例探讨和发展中将居民意愿、旅游城市化和景区发展水平三个方面作为重心进行分析，搭建出无锡灵山小镇·拈花湾的居民意愿的作用模型、旅游城市化的作用模型、景区发展水平的作用模型。

本书运用案例研究方法进行单案例研究，选择无锡灵山小镇·拈花湾为案例，对沉浸式休闲乐园微旅游与城市功能完善面域—原置型建设协同模式进行验证。结合上文搭建的沉浸式休闲乐园微旅游与城市功能完善面域—原置型协同模式的分析框架、研究假设和结构方程实证分析相关内容，基于无锡灵山小镇·拈花湾的发展现状，将居民意愿、旅游城市化和景区发展水平三点作为分析重点，诠释其在沉浸式休闲乐园微旅游转型升级以及城市更新发展当中的作用，用单案例验证了沉浸式休闲乐园微旅游与城市功能完善面域—原置型建设的协同过程中的影响因素，进一步验证了沉浸式休闲乐园微旅游与城市功能完善面域—原置型协同模式。

8.1.4 问卷数据分析

第一，样本数据的描述性统计及信度效度检验。

本书通过调查问卷获得一手的数据资料，共发布了300份问卷，收回了249份问卷，回收率为83%。然而，由于部分游客和居民在填写问卷时态度不认真，以及部分受访者只回答了部分的题项，回收的问卷中存在一些无效问卷。经过统计分析，在回收的问卷中，有效问卷数量为225份，即有效率为90.4%。总体而言，有效问卷的数量符合结构方程所要求的样本数量，可以进行下一步实证分析。在进行实证分析前，仅仅通过科学、合理、可操作的调查问卷量表来获取更为准确、科学的研究结论是不足够的。此外，还需要对获得的数据进行信度分析和效度分析，以保证研究结论的可靠性和有效性。运用SPSS 22软件对调研数据进行分析，研究数据基本符合正态分布，抽样代表性较好。样本的人口统计学特征如表8-1所示。

表8-1 样本人口特征的描述性统计

基本特征	样本分组	频数	占比（%）	基本特征	样本分组	频数	占比（%）
性别	女	113	50.22	受教育程度	初中及以下	65	28.89
	男	112	49.78		高中或中专	64	28.44
居住所在地	本地居民	123	54.67		大专	39	17.33
	外地游客	102	45.33		本科	50	22.22
年龄	14岁及以下	10	4.44		硕士及以上	7	3.11
	15~24岁	77	34.22	职业	工人	10	4.44
	25~44岁	82	36.44		职员	30	13.33
	45~60岁	43	19.11		教育工作者	25	11.11
	61岁及以上	13	5.78		农民	10	4.44
居住时间	1年及以下	87	38.67		自由职业者	39	17.33
	2~5年	23	10.22		管理人员	28	12.44
	6~10年	42	18.67		学生	14	6.22
	11年以上	73	32.44		服务人员	26	11.56
家庭人均年收入	10000元及以下	13	5.78		技术人员	8	3.56
	10000~15001元	23	10.22		政府工作人员	4	1.78
	15001~30000元	34	15.11		退休人员	19	8.44
	30001~50000元	64	28.44		其他	12	5.33
	50001元及以上	91	40.44	家庭人口数	5人以上	61	27.11
					2~5人	112	49.78
					单身	52	23.11

基于本书的研究设计，在进行描述性统计分析时，重点关注沉浸式休闲乐园微旅游、景区发展水平、居民意愿、旅游城市化和城市功能完善面域—原置型五个方面的内容，同时，针对每个主要变量的观测指标，通过SPSS22软件计算各指标的均值和标准差，进行均值和标准差的描述。具体情况见表8-2。

表 8 – 2　　　　　　　　　　　　　　　　**描述性统计**

主要变量	潜在变量	观测变量	均值	标准差	最大值	最小值
沉浸式休闲乐园微旅游 （ILPM）	区位 （ILPM1）	ILPM11	3.72	0.636	5	2
		ILPM12	3.76	0.677	5	2
	自然条件 （ILPM2）	ILPM21	3.69	0.712	5	2
		ILPM22	3.64	0.760	5	2
		ILPM23	3.64	0.755	5	2
	资源基础 （ILPM3）	ILPM31	3.60	0.766	5	1
		ILPM32	3.62	0.696	5	2
	市场需求 （ILPM4）	ILPM41	3.68	0.756	5	1
		ILPM42	3.64	0.704	5	2
景区发展水平 （DLSS）	内部构造 （DLSS1）	DLSS11	3.25	0.724	5	1
		DLSS12	3.41	0.726	5	2
		DLSS13	3.45	0.730	5	2
	基础设施 （DLSS2）	DLSS21	3.60	0.724	5	2
		DLSS22	3.64	0.805	5	2
	资源整合 （DLSS3）	DLSS31	3.53	0.833	5	1
		DLSS32	3.49	0.772	5	2
		DLSS33	3.45	0.765	5	2
	可持续能力 （DLSS4）	DLSS41	3.69	0,761	5	2
		DLSS42	3.48	0.749	5	2
		DLSS43	3.44	0.722	5	1
居民意愿 （WR）	城市经济 （WR1）	WR11	3.35	0.696	5	2
		WR12	3.24	0.631	5	2
		WR13	3.03	0.639	5	1
	生活观念 （WR2）	WR21	3.31	0.699	5	2
		WR22	3.06	0.694	5	1
		WR23	3.14	0.671	5	2
	主体特征 （WR3）	WR31	3.23	0.710	5	2
		WR32	3.05	0.671	5	1
		WR33	3.18	0.702	5	1
旅游城市化 （UT）	景区城市化 （UT1）	UT11	3.38	0.775	5	1
		UT12	3.40	0.799	5	1
	城市景区化 （UT2）	UT21	3.41	0.773	5	1
		UT22	3.33	0.736	5	1

主要变量	潜在变量	观测变量	均值	标准差	最大值	最小值
城市功能完善面域—原置型（UFAO）	政府监管机制（UFAO1）	UFAO11	3.65	0.728	5	1
		UFAO12	3.65	0.746	5	1
		UFAO13	3.62	0.774	5	1
	开发商协调机制（UFAO2）	UFAO21	3.63	0.738	5	1
		UFAO22	3.64	0.788	5	1
		UFAO23	3.74	0.741	5	1
	民众参与机制（UFAO3）	UFAO31	3.60	0.811	5	1
		UFAO32	3.65	0.751	5	1
		UFAO33	3.74	0.775	5	1

在本章中，针对新时代下的沉浸式休闲乐园微旅游与城市功能完善面域—原置型协同模式进行信度检验，并采用 Kilne 的信度检验标准进行评估。同时，利用 SPSS 22 对沉浸式休闲乐园微旅游与城市功能完善面域—原置型协同模式的量表数据进行信度检验，计算各个变量的 Cronbach's α 系数值。通过进行信度和效度检验，评估量表数据的可靠性和有效性，这些结果对于确保研究数据的质量和可信度较为重要，有助于进一步分析和解读研究结果，结果见表 8 - 3。

表 8 - 3　　　　　　　　　　　　　信度和效度检验结果

变量	题项	α	因子载荷		KMO 值	累计方差解释率	Bartlett's 球形检验		
							X2	df	Sig.
沉浸式休闲乐园微旅游（ILPM）	2	0.839	ILPM11	0.805	0.953	73.036	1785.071	36	0.000
			ILPM12	0.773					
	3	0.858	ILPM21	0.823					
			ILPM22	0.738					
			ILPM23	0.722					
	2	0.807	ILPM31	0.665					
			ILPM32	0.859					
	2	0.792	ILPM41	0.762					
			ILPM42	0.718					
景区发展水平（DLSS）	3	0.567	DLSS11	0.532	0.883	49.497	659.501	55	0.000
			DLSS12	0.706					
			DLSS13	0.554					
	2	0.630	DLSS21	0.586					
			DLSS22	0.715					
	3	0.631	DLSS31	0.689					
			DLSS32	0.638					
			DLSS33	0.740					
	3	0.593	DLSS41	0.639					
			DLSS42	0.687					
			DLSS43	0.532					

变量	题项	α	因子载荷		KMO 值	累计方差解释率	Bartlett's 球形检验		
							X2	df	Sig.
居民意愿（WR）	3	0.499	WR11	0.679	0.853	43.845	580.026	36	0.000
			WR12	0.442					
			WR13	0.688					
	3	0.606	WR21	0.499					
			WR22	0.592					
			WR23	0.593					
	3	0.655	WR31	0.604					
			WR32	0.524					
			WR33	0.504					
旅游城市化（UT）	2	0.805	UT11	0.639	0.821	71.854	427.579	6	0.000
			UT12	0.729					
	2	0.762	UT21	0.671					
			UT22	0.800					
城市功能完善面域—原置型（UFAO）	3	0.860	UFAO11	0.684	0.949	67.169	1422.317	36	0.000
			UFAO12	0.675					
			UFAO13	0.730					
	3	0.849	UFAO21	0.778					
			UFAO22	0.764					
			UFAO23	0.728					
	3	0.842	UFAO31	0.732					
			UFAO32	0.792					
			UFAO33	0.640					

根据表 8-3 中的检验结果，在新时代下的沉浸式休闲乐园微旅游与城市功能完善面域—原置型协同模式的信度和效度检验结果中，可以发现大于 0.60 的 Cronbach's α 系数值超过 81%，属于可接受的范围，这表明数量具有较好的信度；各观测变量的因子载荷基本大于 0.50，KMO 值也在0.80 以上，Bartlett's 球形检验显著性水平均为 0.000，均通过显著性检验，说明该量表具有良好的效度。综合以上结果可知，此次所采用的问卷数据具备反映测量变量真实架构的能力，说明该问卷的数据是符合要求的。

第二，样本数据的结构方程模型构建及调整。

根据沉浸式休闲乐园微旅游与城市功能完善面域—原置型协同模式的理论模型，可以得知沉浸式休闲乐园微旅游、景区发展水平、居民意愿、旅游城市化和城市功能完善面域—原置型是无法直接观测到的潜在变量。同时，针对这 5 个变量设定的二级指标也属于潜在变量。在该模型中存在显变量和潜在变量，且每个变量中都有内生变量和外生变量。根据变量的性质，可以将沉浸式休闲乐园微旅游与城市功能完善面域—原置型协同模式中的各项变量进行归类。其中，沉浸式休闲乐园微旅游是内生变量，景区发展水平、居民意愿、旅游城市化是中间变量，城市功能完善面域—原置型是外生变量。基于此，打造沉浸式休闲乐园微旅游与城市功能完善面域—原置型协同模式的初始结构方程模型（见图 8-5）。

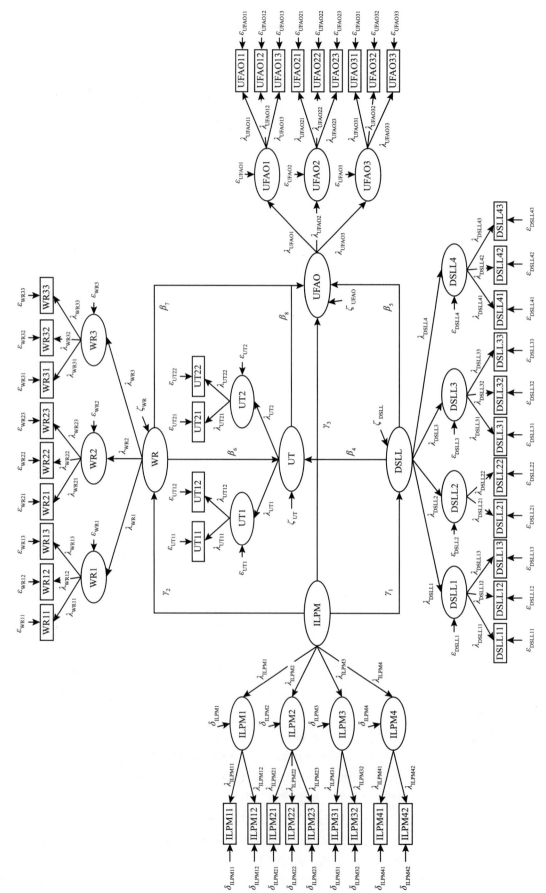

图8-5 沉浸式休闲乐园微旅游与城市功能完善面域—原置型协同模式的初始构结构方程模型

图 8-5 为沉浸式休闲乐园微旅游与城市功能完善面域—原置型协同模式的初始结构方程模型，从中可以看出，沉浸式休闲乐园微旅游与城市功能完善面域—原置型协同模式的初始结构方程中存在外生显变量 9 项、内生显变量 32 项、外生潜变量 4 项、内生潜变量 12 项。9 项外生显变量为：ILPM11～12、ILPM21～23、ILPM31～32、ILPM41～42。32 项内生显变量为：DSLL11～13、DSLL21～22、DSLL31～33、DSLL41～43、WR11～13、WR21～23、WR31～33、UT11～12、UT21～22、UFAO11～13、UFAO21～23、UFAO31～33。4 项外生潜变量为：ILPM1～4。12 项内生潜变量为：DSLL1～4、WR1～3、UT1～2、UFAO1～3。

在进行新时代下的沉浸式休闲乐园微旅游与城市功能完善面域—原置型协同模式数据验证中，设定相应的变量以便搭建观测变量的结构方程式。依据本章所搭建的初始结构方程模型中的相关内容，沉浸式休闲乐园微旅游（ILPM）、区位（ILPM1）、自然条件（ILPM2）、资源基础（ILPM3）、市场需求（ILPM4）是外生潜变量，可表示为 ζ_{ILPM}、ζ_{ILPM1}、ζ_{ILPM2}、ζ_{ILPM3}、ζ_{ILPM4}。景区发展水平（DSLL）、内部构造（DSLL1）、基础设施（DSLL2）、资源整合（DSLL3）、可持续发展（DSLL4）、居民意愿（WR）、城市经济（WR1）、生活观念（WR2）、主体特征（WR3）、旅游城市化（UT）、景区城市化（UT1）、城市景区化（UT2）、城市功能完善面域—原置型（UFAO）、政府监管机制（UFAO1）、开发商协调机制（UFAO2）、民众参与机制（UFAO3）均是内生潜变量，表示为 η_{DSLL}、η_{DSLL1}、η_{DSLL2}、η_{DSLL3}、η_{DSLL4}、η_{WR}、η_{WR1}、η_{WR2}、η_{WR3}、η_{UT}、η_{UT1}、η_{UT2}、η_{UFAO}、η_{UFAO1}、η_{UFAO2}、η_{UFAO3}。因此，搭建出新时代下的沉浸式休闲乐园微旅游与城市功能完善面域—原置型协同模式的观测模型方程式：

$$
\begin{cases}
X_{ILPM1} = \lambda_{ILPM1}\xi_{IAPM} + \delta_{IAPM1}, & X_{IAPM2} = \lambda_{IAPM2}\xi_{IAPM} + \delta_{IAPM2}, \\
X_{ILPM3} = \lambda_{ILPM3}\xi_{ILPM} + \delta_{ILPM3}, & X_{ILPM4} = \lambda_{ILPM4}\xi_{ILPM} + \delta_{ILPM4}, \\
X_{ILPM11} = \lambda_{ILPM11}\xi_{ILPM1} + \delta_{ILPM11}, & X_{ILPM12} = \lambda_{ILPM12}\xi_{ILPM1} + \delta_{ILPM12}, \\
X_{ILPM21} = \lambda_{ILPM21}\xi_{ILPM2} + \delta_{ILPM21}, & X_{ILPM22} = \lambda_{ILPM22}\xi_{ILPM2} + \delta_{ILPM22}, \\
X_{ILPM23} = \lambda_{ILPM23}\xi_{ILPM2} + \delta_{ILPM23}, & X_{ILPM31} = \lambda_{ILPM31}\xi_{ILPM3} + \delta_{ILPM31}, \\
X_{ILPM32} = \lambda_{ILPM32}\xi_{ILPM3} + \delta_{ILPM32}, & X_{ILPM41} = \lambda_{ILPM41}\xi_{ILPM4} + \delta_{ILPM41}, \\
X_{ILPM42} = \lambda_{ILPM42}\xi_{ILPM4} + \delta_{ILPM42}, & Y_{WR1} = \lambda_{WR1}\eta_{WR} + \varepsilon_{WR1}, \\
Y_{WR2} = \lambda_{WR2}\eta_{WR} + \varepsilon_{WR2}, & Y_{WR3} = \lambda_{WR3}\eta_{WR} + \varepsilon_{WR3}, \\
Y_{WR11} = \lambda_{WR11}\eta_{WR1} + \varepsilon_{WR11}, & Y_{WR12} = \lambda_{WR12}\eta_{WR1} + \varepsilon_{WR12}, \\
Y_{WR13} = \lambda_{WR13}\eta_{WR1} + \varepsilon_{WR13}, & Y_{WR21} = \lambda_{WR21}\eta_{WR2} + \varepsilon_{WR21}, \\
Y_{WR22} = \lambda_{WR22}\eta_{WR2} + \varepsilon_{WR22}, & Y_{WR23} = \lambda_{WR23}\eta_{WR2} + \varepsilon_{WR23}, \\
Y_{WR31} = \lambda_{WR31}\eta_{WR3} + \varepsilon_{WR31}, & Y_{WR32} = \lambda_{WR32}\eta_{WR3} + \varepsilon_{WR32}, \\
Y_{WR33} = \lambda_{WR33}\eta_{WR3} + \varepsilon_{WR33}, & Y_{UT1} = \lambda_{UT1}\eta_{UT} + \varepsilon_{UT1}, \\
Y_{UT2} = \lambda_{UT2}\eta_{UT} + \varepsilon_{UT2}, & Y_{UT11} = \lambda_{UT11}\eta_{UT1} + \varepsilon_{UT11}, \\
Y_{UT12} = \lambda_{UT12}\eta_{UT1} + \varepsilon_{UT12}, & Y_{UT21} = \lambda_{UT21}\eta_{UT2} + \varepsilon_{UT21}, \\
Y_{UT22} = \lambda_{UT22}\eta_{UT2} + \varepsilon_{UT22}, & Y_{DSLL1} = \lambda_{DSLL1}\eta_{DSLL} + \varepsilon_{DSLL1}, \\
Y_{DSLL2} = \lambda_{DSLL2}\eta_{DSLL} + \varepsilon_{DSLL2}, & Y_{DSLL3} = \lambda_{DSLL3}\eta_{DSLL} + \varepsilon_{DSLL3}, \\
Y_{DSLL4} = \lambda_{DSLL4}\eta_{DSLL} + \varepsilon_{DSLL4}, & Y_{DSLL11} = \lambda_{DSLL11}\eta_{DSLL1} + \varepsilon_{DSLL11}, \\
Y_{DSLL12} = \lambda_{DSLL12}\eta_{DSLL1} + \varepsilon_{DSLL12}, & Y_{DSLL13} = \lambda_{DSLL13}\eta_{DSLL1} + \varepsilon_{DSLL13}, \\
Y_{DSLL21} = \lambda_{DSLL21}\eta_{DSLL2} + \varepsilon_{DSLL21}, & Y_{DSLL22} = \lambda_{DSLL22}\eta_{DSLL2} + \varepsilon_{DSLL22}, \\
Y_{DSLL31} = \lambda_{DSLL31}\eta_{DSLL3} + \varepsilon_{DSLL31}, & Y_{DSLL32} = \lambda_{DSLL32}\eta_{DSLL3} + \varepsilon_{DSLL32}, \\
Y_{DSLL33} = \lambda_{DSLL33}\eta_{DSLL3} + \varepsilon_{DSLL33}, & Y_{DSLL41} = \lambda_{DSLL41}\eta_{DSLL4} + \varepsilon_{DSLL41}, \\
Y_{DSLL42} = \lambda_{DSLL42}\eta_{DSLL4} + \varepsilon_{DSLL42}, & Y_{DSLL43} = \lambda_{DSLL43}\eta_{DSLL4} + \varepsilon_{DSLL43}, \\
Y_{UFAO1} = \lambda_{UFAO1}\eta_{UFAO} + \varepsilon_{UFAO1}, & Y_{UFAO2} = \lambda_{UFAO2}\eta_{UFAO} + \varepsilon_{UFAO2}, \\
Y_{UFAO3} = \lambda_{UFAO3}\eta_{UFAO} + \varepsilon_{UFAO3}, & Y_{UFAO11} = \lambda_{UFAO11}\eta_{UFAO1} + \varepsilon_{UFAO11}, \\
Y_{UFAO12} = \lambda_{UFAO12}\eta_{UFAO1} + \varepsilon_{UFAO12}, & Y_{UFAO13} = \lambda_{UFAO13}\eta_{UFAO1} + \varepsilon_{UFAO13}, \\
Y_{UFAO21} = \lambda_{UFAO21}\eta_{UFAO2} + \varepsilon_{UFAO21}, & Y_{UFAO22} = \lambda_{UFAO22}\eta_{UFAO2} + \varepsilon_{UFAO22}, \\
Y_{UFAO23} = \lambda_{UFAO23}\eta_{UFAO2} + \varepsilon_{UFAO23}, & Y_{UFAO31} = \lambda_{UFAO31}\eta_{UFAO3} + \varepsilon_{UFAO31}, \\
Y_{UFAO32} = \lambda_{UFAO32}\eta_{UFAO3} + \varepsilon_{UFAO32}, & Y_{UFAO33} = \lambda_{UFAO33}\eta_{UFAO3} + \varepsilon_{UFAO33}.
\end{cases}
$$

在搭建出观测模型方程式的基础上，根据结构模型的一般形式构建出沉浸式休闲乐园微旅游与城市功能完善面域—原置型协同模式的结构方程式，表达如下：

$$\begin{cases} \eta_{WR} = \gamma_2 \xi_{ILPM} + \zeta_{WR}, \\ \eta_{UT} = \beta_4 \eta_{DSLL} + \beta_6 \eta_{WR} + \zeta_{UT}, \\ \eta_{DSLL} = \gamma_1 \xi_{ILPM} + \zeta_{DSLL}, \\ \eta_{UFAO} = \gamma_3 \xi_{ILPM} + \beta_5 \eta_{DSLL} + \beta_7 \eta_{WR} + \beta_8 \eta_{UT} + \zeta_{UFAO}. \end{cases}$$

其中，用 γ_1、γ_2、γ_3 分别表示沉浸式休闲乐园微旅游到景区发展水平、居民意愿、城市功能完善面域—原置型的作用路径。用 β_4、β_5 分别表示景区发展水平到旅游城市化与城市功能完善面域—原置型的作用路径，用 β_6、β_7 分别表示居民意愿到旅游城市化与城市功能完善面域—原置型的作用路径，用 β_8 表示旅游城市化到城市功能完善面域—原置型的作用路径。

在本章中，为了评估沉浸式休闲乐园微旅游与城市功能完善面域—原置型协同模式的适配度，采用八种最常用的拟合指标检验方法。这些拟合指标包括 CMIN\DF、CFI、IFI、TLI、AGFI、PN-FI、RMSEA、RMR。为了获得拟合指标值，将构建的初始结构方程模型导入 AMOS 软件中，并导入量表数据，通过对数据进行分析和计算，得到了沉浸式休闲乐园微旅游与城市功能完善面域—原置型协同模式的拟合指标值（见表 8 - 4）。

表 8 - 4   初始结构方程模型适配度检验结果

拟合指标	CMIN\DF	CFI	IFI	TLI	AGFI	PNFI	RMSEA	RMR
观测值	1.631	0.911	0.912	0.903	0.773	0.739	0.053	0.039
拟合标准	<3.00	>0.90	>0.90	>0.90	>0.80	>0.50	<0.08	<0.05

根据表 8 - 4 中所得出的各项拟合指标检验值，可以看出模型基本达到了拟合标准，这表明该模型能够较好地与通过问卷调查所获得的量表数据进行拟合。因此，在进行拟合度检验的基础上，进一步对原始结构方程中各路径的系数进行测度（见表 8 - 5）。

表 8 - 5   初始结构方程路径估计

路径	模型路径	路径系数	S. E.	C. R.	P
γ_1	ILPM→DSLL	0.24	0.055	3.142	0.002
γ_2	ILPM→WR	0.70	0.066	7.226	***
γ_3	ILPM→UFAO	0.31	0.079	4.204	***
β_4	DLSS→UT	0.13	0.098	2.030	0.042
β_5	DLSS→UFAO	0.00	0.079	0.073	0.942
β_6	WR→UT	0.68	0.166	6.730	***
β_7	WR→UFAO	0.36	0.166	3.504	***
β_8	UT→UFAO	0.24	0.079	3.006	0.003

注：*** 表示 P < 0.001。

根据表 8 - 5 中的结果可以看出，在沉浸式休闲乐园微旅游与城市功能完善面域—原置型协同模式的初始结构方程模型中，路径 DLSS→UFAO 未通过显著性检验。基于这一结果，可以认为沉浸式休闲乐园微旅游与城市功能完善面域—原置型协同模式的初始结构方程模型的构造思路基本正确，但在模型中需要对一些关系进行调整。因此，在初始结构方程模型中删除了景区发展水平对城市功能完善面域—原置型的直接作用关系路径，即 DLSS→UFAO，以此来调整模型结构（见图 8 - 6）。

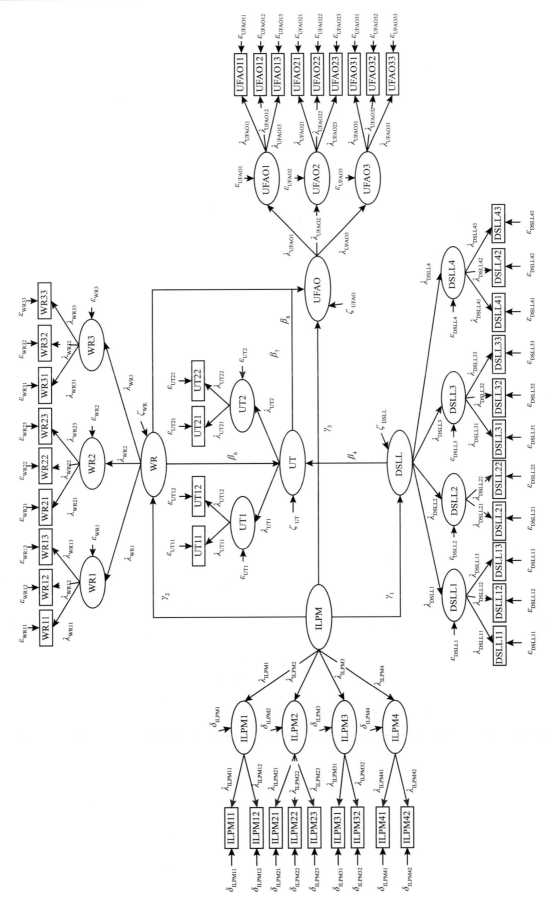

图8-6 调整后的沉浸式休闲乐园微旅游与城市功能完善面域—原置型协同模式结构方程模型

图 8 - 6 为调整后的沉浸式休闲乐园微旅游与城市功能完善面域—原置型协同模式结构方程模型，将调整后的结构方程模型导入 AMOS 软件中进行拟合度检验，其结果见表 8 - 6。

表 8 - 6　　　　　　　　　　　　　　调整后的结构方程模型适配度检验结果

拟合指标	CMIN\DF	CFI	IFI	TLI	AGFI	PNFI	RMSEA	RMR
观测值	1.631	0.911	0.912	0.903	0.773	0.739	0.053	0.039
拟合标准	<3.00	>0.90	>0.90	>0.90	>0.80	>0.50	<0.08	<0.05

根据表 8 - 6 中的结果可知，调整后的结构方程模型各项拟合指标检验值基本达到标准，这表明调整后的结构方程模型与初始数据量表之间的匹配度较好。在此基础上，再次将调整后的结构方程模型放到 AMOS 中进行路径估计，其结果见表 8 - 7。

表 8 - 7　　　　　　　　　　　　　　　调整后的结构方程路径估计

路径	模型路径	非标准化路径系数	标准化路径系数	S. E.	C. R.	P
γ_1	ILPM→DSLL	0.17	0.24	0.055	3.139	0.002
γ_2	ILPM→WR	0.47	0.70	0.066	7.226	***
γ_3	ILPM→UFAO	0.33	0.31	0.077	4.297	***
β_4	DLSS→UT	0.20	0.13	0.098	2.033	0.042
β_6	WR→UT	1.11	0.68	0.166	6.730	***
β_7	WR→UFAO	0.58	0.36	0.165	3.534	***
β_8	UT→UFAO	0.24	0.24	0.077	3.091	0.002

注：*** 表示 P < 0.001。

由表 8 - 7 可知，调整后的结构方程模型各路径均呈现显著状态，具体而言，表 8 - 7 中绝大多数路径的显著性水平达到了 0.001，较好地通过了显著性检验。可以判断出调整后的结构方程模型为最满意的结构方程，经过标准化处理后，路径系数的数字均在 -1 ~ 1 的范围内，得出最后的结构方程模型，见图 8 - 7。

第三，结构方程的假设检验及效应分解。

依据以上结构方程实证结果，结合所得出的研究假设与概念模型，对新时代下的沉浸式休闲乐园微旅游与城市功能完善面域—原置型协同模式作用假设验证和路径系数进行归纳总结。详情如表 8 - 8 所示。

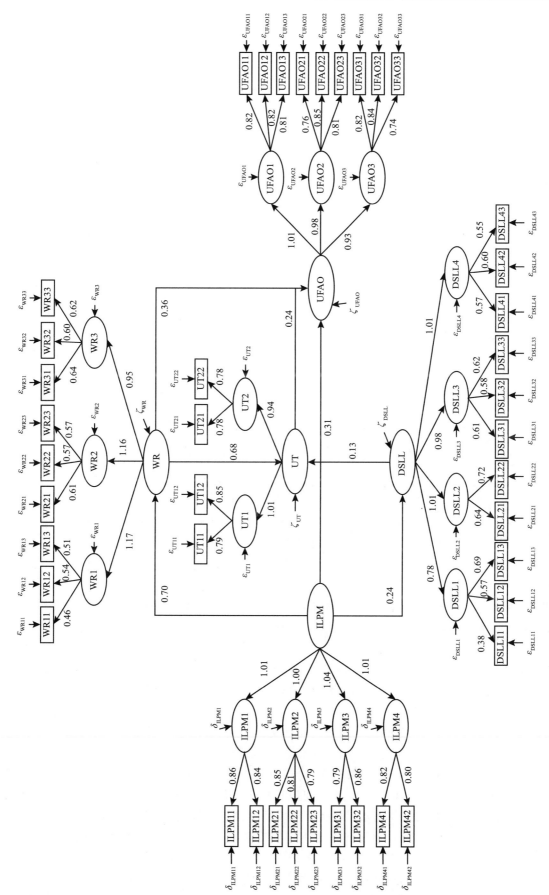

图 8-7　最终的沉浸式休闲乐园微旅游与城市功能完善面域——原置型协同模式的结构方程模型

表 8 - 8   沉浸式休闲乐园微旅游与城市功能完善面域—原置型协同模式结构方程模型路径结果分析

路径	模型路径	路径系数	显著性水平	研究假设	检验结果
γ_1	ILPM→DSLL	0.24	0.002	H1	支持
γ_2	ILPM→WR	0.70	***	H2	支持
γ_3	ILPM→UFAO	0.31	***	H3	支持
β_4	DLSS→UT	0.13	0.042	H4	支持
β_5	DLSS→UFAO	—	—	H5	不支持
β_6	WR→UT	0.68	***	H6	支持
β_7	WR→UFAO	0.36	***	H7	支持
β_8	UT→UFAO	0.24	0.002	H8	支持

注: *** 表示 $P < 0.001$。

经过标准化处理, 沉浸式休闲乐园微旅游到景区发展水平的路径系数为 0.24, $P = 0.002$, 在 1% 的水平上显著, 较好地通过显著性检验, 即 "沉浸式休闲乐园微旅游对景区发展水平具有显著的直接正向作用" 的原假设 HG1 成立。

沉浸式休闲乐园微旅游到居民意愿的路径系数为 0.70, $P < 0.001$, 通过了显著性检验, 即 "沉浸式休闲乐园微旅游对居民意愿具有显著的直接正向作用" 的原假设 HG2 成立。

沉浸式休闲乐园微旅游到城市功能完善面域—原置型的路径系数为 0.31, $P < 0.001$, 通过了显著性检验, 即 "沉浸式休闲乐园微旅游对城市功能完善面域—原置型具有显著的直接正向作用" 的原假设 HG3 成立。

景区发展水平到旅游城市化的路径系数为 0.13, $P = 0.042$, 在 5% 的水平上显著, 较好地通过显著性检验, 即 "景区发展水平对旅游城市化具有显著的直接正向作用" 的原假设 HG4 成立。

景区发展水平到城市功能完善面域—原置型的作用路径在模型调整中被删除掉了, 未能通过显著性检验, 由此, 可以看出 "景区发展水平对城市功能完善面域—原置型具有显著的直接正向作用" 的假设不成立, 检验的结果拒绝了原假设 HG5。

居民意愿到旅游城市化的路径系数为 0.68, $P < 0.001$, 通过了显著性检验, 即 "居民意愿对旅游城市化具有显著的直接正向作用" 的原假设 HG6 成立。

居民意愿到城市功能完善面域—原置型的路径系数为 0.36, $P < 0.001$, 通过了显著性检验, 即 "居民意愿对城市功能完善面域—原置型发展模式具有显著的直接正向作用" 的原假设 HG7 成立。

旅游城市化到城市功能完善面域—原置型的路径系数为 0.24, $P = 0.002$, 在 1% 的水平上显著, 较好通过显著性检验, 即 "旅游城市化对城市功能完善面域—原置型发展模式具有显著的直接正向作用" 的原假设 HG8 成立。

由此可知, 新时代下沉浸式休闲乐园微旅游与城市功能完善面域—原置型协同模式的结构方程模型较好地与量表数据进行了拟合, 沉浸式休闲乐园微旅游到城市功能完善面域—原置型发展模式的直接作用路径系数为 0.31, 还有三条较为显著的间接作用路径, 其间接作用效应分别为 0.007 $(0.24 \times 0.13 \times 0.24)$、0.252 (0.70×0.36) 和 0.114 $(0.70 \times 0.68 \times 0.24)$, 总的间接作用效应为 0.373。通过比较可知, 沉浸式休闲乐园微旅游到城市功能完善面域—原置型的直接作用路径系数与间接作用路径系数相差不大, 同时, 居民意愿、旅游城市化和景区发展水平这三个中间变量的重要作用不可忽视。

景区发展水平到城市功能完善面域—原置型的作用路径在模型调整中被删除掉了, 究其原因, 研究认为这与沉浸式休闲乐园的建设发展是分不开的。沉浸式休闲乐园微旅游是一种综合了休闲体验、自然风光、城市闲置空间等多种业态特征的创新型微旅游业态, 其景区发展水平受到多种内外部要素的影响，尽管景区发展水平没有直接影响城市功能完善面域—原置型，但它通过其他要素间接地影响城市功能的建设，这些关联关系需要在研究中加以考虑和分析。

同时，在模型的调整中，尽管删除了景区发展水平到城市功能完善面域—原置型的直接作用路径，但景区发展水平依然是重要的中间变量之一，沉浸式休闲乐园微旅游对景区发展水平产生了0.24的路径系数，景区发展水平对旅游城市化同样也产生了0.13的作用路径，因此应重视其产生的重要作用。

根据沉浸式休闲乐园与城市功能完善面域—原置型协同模式的结构方程实证结果，可得出以下三点结论：一是要通过引导居民意愿进而提升城市改造速度，提升城市经济效益，积极完善居民生活环境，维护主客关系，促进当地旅游业发展，增强游客体验；二是要不断促进旅游城市化，积极利用现代虚拟现实技术进行城市功能的完善，打造城市特色，提升城市产业竞争力，保障经济可持续发展；三是要提升景区发展水平，沉浸式微旅游体验是新时代下响应游客需求而形成的旅游新业态，应积极完善城市基础设施，促进资源整合，将游客偏好与城市主题结合，增强旅游吸引力。

8.1.5　研究发现

本书运用个案分析和结构方程分析的方法展开沉浸式休闲乐园微旅游与城市功能完善面域—原置型协同模式的影响作用分析，根据当前旅游业的区位、自然科技、资源基础和市场需求，并结合城市更新的政府监管、开发商协调、民众参与三个方面考虑构建了沉浸式休闲乐园微旅游与城市功能完善面域—原置型协同模式的理论框架，通过访谈以及问卷调查分别对沉浸式休闲乐园微旅游、景区发展水平、旅游城市化、居民意愿和城市功能完善面域—原置型协同模式进行分析。基于上述分析，主要得出以下结论：

第一，沉浸式休闲乐园微旅游到居民意愿、景区发展水平和城市功能完善面域—原置型产生正向影响。

沉浸式休闲乐园微旅游到居民意愿的标准化路径系数为0.70，在1%的显著性水平上显著。作为无锡市著名的休闲旅游景点，拈花湾以其独特的文化魅力和禅意美学吸引了大量游客前来参观，进而带动无锡市的旅游经济发展。同时，拈花湾作为夜间文化和旅游消费集聚区，不仅丰富了市民的夜间休闲生活，还能为无锡市的夜间经济打造一张新名片，进一步促进了城市经济的发展。拈花湾作为集文化、休闲、旅游于一体的综合性旅游景区，不仅能够为无锡市民带来舒适的休闲环境，还能够通过推广健康的生活观念，树立起积极向上的生活态度。并且不仅在灵山小镇·拈花湾景区内有民宿，在其周边也有民宿，可以在里面进行野餐等，这些休闲项目都能为当地居民与游客带来健康、快乐的生活方式，从而培养他们积极向上的生活态度。此外，小镇建筑仿大唐风格，而融入江南小镇特有的水乡美景使当地居民与游客的身体和心灵能够在此体验一种生活的禅意。拈花湾的建设和管理不仅需要全社会的支持，也需要居民的参与和支持。居民在参与景区建设和管理的同时，更能够了解到自己所生活的社区的文化和特色，从而增强对家乡的归属感和自豪感。拈花湾的沉浸式休闲乐园以其柔和的环境、独特的禅意文化和多样性的体验项目为居民提供了一个放松身心、享受自然和文化的休闲场所。居民可以在这里参加剪纸、禅绘、茶艺等各种文化活动，进而丰富和提升自己的休闲生活质量。

沉浸式休闲乐园微旅游到城市功能完善面域—原置型的标准化路径系数为0.31，在1%的显著性水平上显著。无锡灵山小镇·拈花湾作为城市中的文化旅游景点，以自然、人文和文化为基础，推动了无锡市的经济结构从传统工业型向服务型转型升级，促进城市经济的稳步发展。同时，无锡灵山小镇·拈花湾以其丰富的文化内涵、传统禅意文化和现代化服务水平，使得无锡市在全国乃至全球的知名度不断提高。这一沉浸式休闲乐园微旅游不仅提高了无锡市的软实力，还能够增加城市的文化吸引力。此外，在建设和管理方面，无锡灵山小镇·拈花湾着重保护自然环境，同时注重景区内的文化、艺术和建筑风格的融合，营造了舒适、美丽、和谐的环境空间，进而优化无锡市的城市空间布局。随着社会和经济发展，游客对休闲娱乐、文化体验和旅游观光的需求不断增长。拈花湾恰好满足这些需求，使得游客对其趋之若鹜，从而促进无锡市的旅游经济发展，促进无锡市的城市功能完善面域—原置型的发展。

沉浸式休闲乐园微旅游到景区发展水平的标准化路径系数为 0.24，在 1% 的显著性水平上显著。无锡灵山小镇·拈花湾作为一个沉浸式休闲乐园，注重提供全方面的游乐和娱乐体验，不仅有传统的旅游消费，还有全新的文化、艺术、娱乐和休闲等消费形式，拓展景区业态和功能。这样的发展能吸引更多游客到景区，提高景区的知名度和影响力，从而加快景区的发展速度。拈花湾的出现打破了无锡过去缺乏热门旅游目的地的局面，不仅拈花湾本身，连带周边地区的农家乐、住宿和餐饮等也都迎来了全面的繁荣和活跃。在旅游市场转向度假旅游的潮流中，拈花湾以其卓越的表现成为旅游小镇产品体系中的佼佼者。在未来的旅游产业中，观光旅游逐渐向度假旅游转移，越来越多的游客开始追求放松、舒适的度假体验，拈花湾适应了这一趋势，以自然、生态、健康为理念，为游客提供全方位的休闲娱乐服务。这不仅提高了游客的满意度，也驱动了区域产业的发展，产生更多的经济效益。在景区建设过程中，考虑环境影响和生态承载能力，引入循环经济及绿色能源技术，并注重景区的生态环境保护，这样的发展方式能够提高景区的长远发展能力，使得景区管理更加可持续，为区域经济发展奠定良好基础。

第二，居民意愿分别对旅游城市化、城市功能完善面域—原置型产生正向影响。

居民意愿到旅游城市化的标准化路径系数为 0.68，在 1% 的显著性水平上显著。拈花湾作为一个典型的江南水乡，自然风光和江南园林等文化元素深受本地居民的喜爱。因此，无锡本地居民更容易产生对自身文化的意识和认同感，从而更容易引发游览和体验。此外，灵山小镇·拈花湾到访的游客中以无锡本地居民最多，当地居民对景区的认知更加深入和真实，居民意愿的参与有助于提高景区建设的质量和标准，改善景区的不足，提高游客体验和满意度。居民是社区的主体，参与旅游的同时也能加强彼此的交流与合作，增强社区的凝聚力和互动性。同时，居民对于景区安全、环境、公共设施等问题也有直观的需求和反馈，可以促进景区和城市的互动和发展。景区作为城市重要的基础设施，居民除了在旅游业中扮演了重要角色，也为地方品牌营销和地方形象的推广作出了自己的贡献，进一步提升了城市知名度和美誉度。

居民意愿到城市功能完善面域—原置型建设的标准化路径系数为 0.36，在 1% 的显著性水平上显著。无锡灵山小镇·拈花湾的居民具备拥抱变化、追求进步的主体特征，积极开放，乐于尝试新事物，注重创新和实践，尤其关注城市环境和生活质量的改善，以及社区治理和公共服务的完善，同时在城市化建设中注重保护文化遗产和加强文化传承等。这些特征的集聚，为城市化建设提供了源源不断的动力和资源，有助于推动城市的发展和完善。居民注重生态环保、文化传承、社会和谐等，可以促进城市公共服务的发展，改善居民的生活品质，提高生活质量，创造一个生态环保、社会和谐的现代城市。同时，居民为了自己的生活和家庭更美好，也会支持各种公共设施和服务的建设完善，从而有利于建设"智慧城市"，提高公共服务的智能化程度，满足居民不断增长的生活需求。居民在城市化建设过程中，注重地方产业、旅游经济、科技创新等方面的发展，鼓励和支持地方企业的创新发展，可以提升当地经济发展的实力和核心竞争力，从而对城市经济的发展作出积极的贡献。

第三，景区发展水平对旅游城市化产生正向影响，旅游城市化对城市功能完善面域—原置型产生正向影响。

景区发展水平到旅游城市化的标准化路径系数为 0.24，在 1% 的显著性水平上显著。灵山小镇·拈花湾景区独特的美景、多样的活动项目以及完善的服务设施，吸引了大量游客前来消费。这些游客为当地旅游经济带来较为稳定的消费，并通过旅游消费规模的扩大带动旅游业发展。景区的发展还可以通过改善城市公共设施，提高居民生活品质的方式，显著促进市区转型，降低城市空洞化现象，拉动更多市民参与城市治理，提升城市治理水平并改善当地的环境品质，推动城市旅游业的可持续发展。此外，景区的发展还可以吸引更多的高端人群，为城市发展带来新的动力。无锡灵山小镇·拈花湾景区对自然、人文、经济等多种类型的资源进行整合和创新利用。景区在资源整合上的成功引发游客对资源的高效使用和体验，同时对旅游城市化发展起到放大效应的作用。无锡灵山小镇·拈花湾景区的可持续能力强，从生态环境保护、文化传承，到人与自然的和谐共生、社会责任等方面，都为景区的可持续发展提供了良好的基础，不仅满足了现有的需求，也为未来的发展奠定了坚实的基础。

旅游城市化到城市功能完善面域—原置型的标准化路径系数为 0.13，在 5% 的显著性水平上显著。随着景区的发展，各种类型的就业岗位逐渐增多，同时也为当地居民提供了更多的创业机会。旅游业的发展带来的就业机遇是吸引外来人口的重要因素，其对城市的发展起到推动作用。景区中融合的人文历史和自然风光等多方面的元素，使得景区成为城市原主导功能的互补和补充。同时，多元化的内部构造也为城市功能变革提供新的思路和方向。景区依托自然资源，强调生态保护和可持续发展，也推动城市可持续发展。景区的环境保护和文化传承等方面的思路，可以为城市在城市劳动力结构、经济投入和生态环境保护等方面寻找新的发展思路提供启示。此外，景区中的道路、步道、桥梁、停车场、游客中心等设施，可以为城市交通、休闲等方面注入新的动力，推动基础设施的建设。景区中的环境保护和文化传承不仅改善了景区的生态环境，还为城市提供宝贵的经验和范例，为城市的绿色发展提供新的思路和策略。总之，景区的环境保护和文化传承促进城市的多元化和全面发展，促进城市可持续发展，并为城市经济的发展提供新的动力和增量。

8.1.6　关于研究发现的进一步讨论

第一，沉浸式休闲乐园微旅游对居民意愿、景区发展水平和城市功能完善面域—原置型产生正向影响，可能产生的原因如下：

居民在沉浸式休闲乐园微旅游中扮演关键角色，不仅是沉浸式休闲乐园的主人和建设者，更是重要的服务者，因此，参与意愿已成为该领域研究关注的重点。沉浸式休闲乐园微旅游可以刺激城市经济的发展，为居民提供更多就业和创业机会，增加收入来源，促进经济发展，从而提高居民在城市经济方面的愿望和期望。沉浸式休闲乐园微旅游作为一种新兴的休闲方式，能够吸引大量游客前来参观，从而为当地旅游业的发展带来巨大的推动作用。沉浸式休闲乐园微旅游的发展，将吸引更多的游客，并形成以沉浸式休闲乐园为核心的旅游产业链，进一步促进城市经济的发展。同时，沉浸式休闲乐园微旅游提供新的娱乐交流平台，包括展览、音乐会、互动体验、演出等，还有各种游乐设施、游戏、主题餐厅等，更能满足居民在娱乐、休闲等方面的需求，从而带给居民更高的生活品质、生活满意度和幸福感。沉浸式休闲乐园微旅游不同于传统的游乐园，它提供了更加多元化的休闲娱乐形式，比如指哪玩哪、跑酷配速等全新玩法，以及主题餐厅、时尚街区等吸引人的场所。多元化的休闲娱乐形式，可以充分满足居民在娱乐休闲方面的需求，提升居民的生活品质和幸福感。沉浸式休闲乐园微旅游不仅让居民接受了本土文化，还通过互动体验、文化展示等方式，让不同文化之间的交流和理解呈现出更丰富的形式，从而促进文化交流和交融，增强文化的多样性和包容性。

为打造一个舒适的游览环境，景区需要保障层、核心层和基础层的联动。具体来说，景区需要保护资源、有效使用资金、落实政策、创新开发模式、合理布局产业、提升公共服务质量和完善基础设施，以满足旅游者的需求，从而促进景区的可持续发展。旅游景区是吸引游客旅游的核心要素，不仅是旅游产品和旅游活动的重要组成部分，也是区域旅游业发展的重要支撑，旅游景区的空间分布和组合状况对区域旅游业的发展具有重要的指导意义。沉浸式休闲乐园微旅游具有整合文化、休闲、旅游、运动、娱乐等多种元素的特点，可以丰富景区的旅游产品和旅游活动。在该模式下，景区与城市功能区的协同发展，也可以促进景区的空间分布和组合状况的优化，进而对区域的旅游业发展产生正向影响。如果一个区域的旅游景区分布不均或所提供的旅游产品单一、低档次，将难以吸引游客，旅游业发展也将受到影响。因此，合理规划、设计和管理旅游景区，优化景区的空间布局和组合状况，不仅有助于提高游客的旅游体验，也有利于促进区域旅游经济的发展和营收增长。通过多元化景区发展和加强景区间的协作互补，可以提高旅游景区的品质和吸引力，同时也可以为区域旅游产业带来更广阔的发展空间。此外，沉浸式休闲乐园微旅游可以提升景区的旅游产品质量和丰富度，融合了多种元素，使得游客可以在一次旅游中享受到多种不同的体验和玩乐方式。这可以提高游客的旅游体验，增强游客的黏性和忠诚度，进而对景区的发展产生积极的推动作用。同时，在城市功能区与景区的协同发展模式下，景区可以更好地利用城市基础设施和公共服务资源，使得游客所需的各类服务更加完善且便捷，也会对旅游景区的发展水平产生正向影响。景区发展水平的高低直接影响景区内设施和服务质量，也决定了游客选择该景区的意愿。而沉浸式微旅游业态的开展需要景区方面不断提升服务质量，增强游客的体验感受，才能够更好地吸引游客。一个水平高、设施完备、服务周到的景区，能够更好地吸引游客前来，提高旅游收入和知名度。与此同时，沉浸式微旅游业态的兴起也给景区带来新的挑战和机遇。沉浸式微旅游业态侧重于提供更加真实、丰富的旅游体验，要求景区方面提供更加完善的设施和服务，以满足游客的需求。通过景区建设，能够促进旅游合作区内其他旅游要素体系、旅游基础设施以及旅游公共服务设施的建设，形成集中化的区域旅游资源，从而推动整个旅游合作区的发展。简而言之，景区建设能够起到引领、带动整个旅游合作区内旅游业的发展作用。

在城市已有的空间载体基础上，通过功能的更新、替换或增加，可以实现城市空间属性和利用方式的转变，升级城市空间与产业，满足城市发展的新需求。在现有空间载体的基础上，引入新功能，替换或重构原有功能，实现空间利用方式的转变。如工厂改造为文创园，仓库改造为商业综合体等。同时，在功能替换或重构的过程中，尽量保留建筑原有的空间形态，体现建筑历史文化的印记，可以赋予新空间更丰富的文化内涵。新功能的引入，可以与周边产业形成协同效应，带动区域经济的活化和发展。如文创园带动文化旅游产业，商业综合体促进商业消费等。沉浸式休闲乐园微旅游可以激活城市功能区的旅游发展，使城市功能区从传统的产业功能向旅游功能转变，注重多元化发展，增强其吸引力和竞争力，为城市的繁荣富强提供动力。

第二，居民意愿分别对旅游城市化、城市功能完善面域—原置型产生正向影响，可能产生的原因如下：

旅游城市化是指旅游业与城市经济、文化、社会发展相互作用并促进城市空间结构的演变。旅游城市是旅游活动的主要承载空间，旅游业作为旅游城市和地区经济、文化以及社会发展的核心动力，对于推动城市的繁荣和进步起到了重要作用。随着旅游业的快速发展，旅游城市产生的专属空间成为要素转移和集聚的重要载体，深刻重构城市空间格局。其中，以旅游业为主导的资源再分配过程是旅游城市化的显著表现。餐饮住宿、娱乐休闲等旅游休闲产业的空间集聚在旅游城市中扮演重要的角色，共同构成旅游者活动空间的关键节点和载体，同时也是旅游产业结构在地理空间上的呈现。旅游城市空间是本地居民与外来游客活动空间的交汇处。在这个过程中，居民与游客的餐饮、住宿、游憩、购物等活动受到旅游城市空间结构的影响，包括交通出行特征和空间分布规律，同时也反映居民与游客之间的互动和交流，空间叠加使得旅游城市成为一个丰富多样且充满活力的地方。特别是在旅游城市化进程中，城市旅游休闲空间结构发生深刻变化。旅游城市作为旅游活动主要承载空间，其格局决定居民与游客活动的特征和空间分布规律，旅游城市化进程是推动城市旅游休闲空间结构发生深刻变化的重要因素。旅游城市化促进了旅游产业和城市经济、文化、社会的相互融合，具有重要的社会经济学意义。旅游产业的发展带动城市用地结构与城市发展模式的转变，对环境、城市形象及服务水平等方面产生深远的影响。因此，旅游城市的城市规划需要关注城市空间的设计与布局、公共服务设施的建设以及城市旅游休闲产品的开发和创新等问题。此外，旅游城市化可以带来城市公共服务和设施的改善，如改善交通、绿化、旅游设施等，为居民提供更好的生活条件。当居民得以享受到这些设施的好处时，会进一步支持旅游城市化。

城市功能完善面域—原置型是指依托城市原有的地域特点和历史文化，通过城市规划设计和公共设施建设，提高城市的公共服务水平，优化城市空间结构，使城市更加宜居和舒适。城市社区更新的重点之一是经济活动与居民需求相关联，通过完善城市功能完善面域的建设，可以创造更多的工作岗位和商机，增加劳动力的就业机会，提高社会财富和生产力，从而提高居民的经济水平。此外，还可以提高城市的形象和品位，使城市更具吸引力和竞争力，增加城市的发展潜力，吸引更多的游客和企业入驻，提高城市经济和社会发展水平。居民更倾向于生活在有完善设施的社区内，这种建设不仅提高了市民的生活便利性，还能加强社区内的交流和活力。并且原置型建设也可以最大限度地提高生活便利度，使各种生活设施和服务紧邻居住区，获得居民的青睐和支持。同时，完善的公共服务和管理可以显著提高生活品质，创造宜居宜业的社区环境，进而促进居民对面域—原置型建设持积极态度。居民意愿对城市功能完善面域—原置型建设的正向影响源于多方面的需求和要求，包括生活便利度、生活品质、社区归属感、资源配置效率、区域协调发展、提高竞争力、文化品位、公共安全、环保发展和社会和谐等方面。这些因素的综合影响激发了居民对原置型建设的支持和偏好，促进城市的可持续发展和生活品质的提升。

第三，景区发展水平对旅游城市化产生正向影响，旅游城市化对城市功能完善面域—原置型产生正向影响，可能产生的原因如下：

旅游城市化是指非城市地区的人口向城市转移和聚集的现象，随着旅游城市的数量不断增加和规模不断扩大，城市在旅游活动中作用不断加强；这一趋势同时也意味着旅游景区和景点呈现出人工化和城镇化的特征。游客对城市旅游目的地的选择行为对旅游城市化起到了重要的促进作用，推动旅游城市的发展和城市化进程。景区内部构造的优化与改善可以提高景区的品质和服务水平，增强其吸引力和竞争力，进而吸引更多的游客，推动景区的城市化和景区城市化。对于城市来说，景区作为城市的"名片"，景区内部构造的优化也会提升城市形象和美誉度，促进城市的发展和城市景区化。还有景区的基础设施完善程度直接关系到游客的游览体验和满意度，如果景区的基础设施落后或不足，游客的满意度和回头率就会降低，景区的形象和知名度也会受到影响。完善的基础设施则可以提高游客的游览效率和舒适度，增强游客对景区的好感度和回头率，从而为景区的城市化和城市景区化创造有利条件。此外，景区资源的整合和利用可以提高景区的综合竞争力和吸引力，吸引更多游客到景区游览观光，进而带动景区的城市化和城市景区化。同时，资源整合还可以促进景区产业协同发展，增加景区的附加值和经济效益，为城市的发展和城市景区化创造有利条件。中国传统风景智慧的核心要义之一是景点成体系和以景寓意的理念，这一理念将自然与文化、物理空间与精神空间相结合，形成了点—线—面的风景游憩体系，通过分区定面、主题定线和情景定点的方式，创造出丰富多样的景点和景观，以表达深刻的意义和寓意。沉浸式休闲乐园在原有空间载体基础上引入新的体验功能，如虚拟现实体验、模拟探险等，可以丰富空间的功能内涵，优化空间属性。景区可持续发展是长期发展的根本保障，只有做到可持续发展，才能保证景区的长期稳定发展，为景区城市化和城市景区化提供持久能量和动力。同时，可持续发展还涉及生态和环境保护等方面，对城市的发展和城市景区化也有重要的影响。因此，做好景区的可持续发展工作，可以为景区城市化和城市景区化提供强有力的支持。

城市的功能完善面域—原置型建设的好坏，与城市的整体品质和居住环境息息相关。旅游政策变迁的动力机制，源于自上而下的政治压力、自下而上的主客民意力量和本地的空间文化实践实际作用，多源流政策动力的综合作用能够提高居民的生活幸福感和游客的满意度。同时，多源流政策动力的统观有助于促进传统文化保护和新古空间的优化，从而推动旅游产业以人为本的可持续发展。旅游在旧城改造中具有重要的驱动力，在重塑旧城景区方面发挥了重要作用。旅游不仅是一种空间形态，也是一种城市功能，更是一种文化现象。这三个方面相互作用，共同影响旧城的发展与变化。同时，由旅游业引导的新型城市化建设，不仅可以丰富新型城市化发展的建设路径，也能够为地区经济增长注入产业活力，助力城市经济发展。旅游业是具有典型现代服务业特征的领域，其强大的要素集聚能力可实现人口和产业的集聚，不断创造就业机会。作为满足人们精神需求和陶冶情操的重要行业，旅游业对于提升城市人口的生活质量具有重大社会意义，同时也在城市发展中起到了重要的经济促进作用。赵磊（2020）等学者研究发现，为探索新型城镇化建设，相关省份可以考虑引入旅游引导的理念，依靠泛旅游产业的发展推动地区的新型城市化建设。在城市建设过程中，应注重将旅游或休闲功能与城市建设相结合，以提高城市空间利用效率。有助于促进地区旅游事业发展，推动城市化建设实现可持续发展。此外，旅游城市的建设和发展可以促进城市与其他地区之间的社会和文化互动，有助于吸引更多多元化的人口和资源进入城市，丰富城市的文化内涵，激发城市的社会活力。

8.2 面域—重置型协同模式的实证研究：以山东青岛极地海洋世界为例

8.2.1 研究假设

第一，沉浸式休闲乐园微旅游的作用。

左晶晶（2020）指出，现代智慧乐园旅游发展是旅游业转型升级的关键所在，使科技力量与技术设备得到融合，生活质量、旅游资源、旅游体验等因素得到更好的发展与提升，传统旅游景区景点的旅游方式得到创新，游客的个性化需求得到满足，同时也能创造更优质的旅游体验。沉浸式休闲乐园微旅游成为集智慧设施、休闲娱乐、沉浸旅游等功能一体的沉浸式微旅游业态新业态，促进了城市的智慧设施布局和优化，拓展了智慧的基础设施布局。另外，王克岭（2020）认为，休闲乐园微旅游的发展有利于智慧基础设施布局的优化，休闲乐园微旅游作为一种新型的旅游方式，在促进城市旅游业的发展的同时，对城市的基础设施搭建、周边环境的维护、交通设施、旅游服务能力等方面均有积极的推动作用，有利于构建智慧基础设施布局。此外，沉浸式休闲乐园微旅游的特点同时也决定了其对智慧基础设施布局具有重要作用。这一旅游业态通常注重用户体验和互动性，需要多种数字技术和创新设施支持。为了更好地满足游客需求和市场需求，休闲乐园和旅游景区等相关沉浸式微旅游企业和机构将加强对智慧基础设施等的投资和建设，从而提高智慧基础设施等布局和质量。基于此，可以看出沉浸式休闲乐园微旅游的兴起和发展有利于智慧基础设施布局的构建，且城市居民居住环境得到进一步的优化与改善，由此提出如下假设：

HH1：沉浸式休闲乐园微旅游对智慧基础设施布局具有显著的正向作用。

沉浸式休闲乐园微旅游是以当地的生态环境和旅游资源为基础，结合智慧科技的快速发展，推动着信息空间的变革。通过集通信网、互联网、物联网于一体的方式，沉浸式休闲乐园微旅游将旅游体验、旅游业和居民生活有机地融合在一起。当地居民在参与沉浸式休闲乐园微旅游的发展与管理过程中，增加了沉浸式微旅游体验的感知，这一旅游业态带动了当地居民生产生活效益的提升，增加居民收益和居民发展沉浸式休闲乐园微旅游的意愿。沉浸式休闲乐园微旅游的变革对于社会各层级均产生了广泛的影响，尤其是中等收入群体的居民，其消费能力与需求是休闲乐园转型的重要推动力量，而旅游产业的创新也促使中等收入群体的消费需求得到满足，进而推动新一轮的消费大潮。沉浸式休闲乐园微旅游正以一种全新的形态促进高新数字科技与经济社会的深度融合，要实现在深刻改变当地居民和游客的消费习惯和观念的同时，发展社会经济，使数字化生活逐渐成为一种常态化生活方式，就必须强化当地居民的参与观念，改善生活环境，为当地居民提升幸福感。同时由于沉浸式休闲乐园微旅游的开展为当地居民增加了一个节假日旅游的好去处，使他们可以尽情释放自身旅游需求，满足休闲娱乐的想法，并且提升当地的经济效益，由此提出如下假设：

HH2：沉浸式休闲乐园微旅游对居民意愿具有显著的正向作用。

沉浸式休闲乐园微旅游的发展过程依托智慧基础设施、休闲娱乐资源，以沉浸式体验为要点，创新发展新业态，从而实现城市经济发展的目的。为了促进沉浸式休闲乐园微旅游的发展，需要对当前区域进行整合重构、合理分布城市空间、完善城市功能、打造完整空间结构，实现城市功能的优化，有机协调新区开发与旧城改造的关系，加速城市更新进程。此外，沉浸式休闲乐园微旅游以多样的旅游产品和服务形式，以及多种休闲娱乐体验为主要特点，可以为城市更新提供更加全面、多元化的空间范型协同思路的方案。同时，沉浸式休闲乐园微旅游的开发需要一定的区域，在规划建设过程中通过利用沉浸式休闲乐园微旅游的平台，搭建更多的城市基础设施和公共服务设施，可以在完善综合服务功能的同时，打造较高的集聚能力，使新时代下的城市经济效益得到提升，同时营造宜居环境，为当地居民增加收入渠道。尤其是沉浸式休闲乐园微旅游可以提升城市更新空间的吸引力和竞争力。休闲乐园作为一种具有高附加值和高收益的旅游产业形式，可以吸引更多游客和市民前来参与体验，为城市更新空间带来更多的经济效益和社会价值。与此同时，沉浸式休闲乐园通常融合了科技和互动元素，可以促进城市智能化和数字化建设。通过运用先进的信息技术和智能化设备，为游客提供更加个性化、定制化的旅游服务，提升游客体验和满意度的同时，沉浸式休闲乐园微旅游还可以为城市更新空间提供更加智慧化、数字化的管理和服务模式，提高城市更新空间的效率和质量。在沉浸式休闲乐园微旅游的发展中，将智慧设施在城市空间中进行功能融合，实现产城功能完善，促进城市经济发展及居民生活环境改善，是城市更新的重要方式，显示出了显著的综合效益，由此提出如下假设：

HH3：沉浸式休闲乐园微旅游对城市功能完善面域—重置型具有显著的正向作用

第二，智慧基础设施布局的作用。

注重智慧基础设施的选址，始终围绕游客需求与当地居民意愿来搭建智慧基础设施是智慧型景区提高服务效率、促进城市发展的影响要素。要从职能转变的角度在工作理念和设施完善方面展开布局，善于使用先进技术更好研究、管理城市扩张与基础设施，满足城市利益共同体的需求和消费偏好，坚持以人为本的核心要点和可持续发展的战略，搭建一个智慧城市，促进旅游行业的发展。智慧基础设施布局有利于营造各类沉浸式体验的新场景，进一步完善相关功能，满足一些游客需求或居民意愿，使智慧基础设施及时搭建，推动数据收集与共享，以此创造全新服务平台和应用，积极打造宜居城市环境。在服务设施方面，要积极考虑相关利益者的使用需求、行为偏好、满意度等方面，改善城市以往不够全面的服务设施，进而提升城市的环境质量和人居条件。智能化的公共配套设施、服务设施，如智能垃圾分类设施和智能供水设施等，可以提高城市的生态环境和公共卫生水平，进而增强城市的吸引力和竞争力。由于游客与居民更偏向于追求环境优美和生态友好的城市体验，促使城市积极改善服务设施，以满足他们的需求，不仅提升了城市环境和生态体验，还推动了旅游城市化的发展，带来经济的增长和城市的繁荣。此外，智慧基础设施的布局可以优化城市的旅游配套设施，提高旅游城市的交通状况和出行便捷性，如智能公共设施和智能交通设施等，提高城市的管理和服务能力，进而促进城市功能的完善和提升。同时，在促进旅游城市化的过程中，沉浸式微旅游业得到进一步的发展。吴帆（2021）提出，沉浸式微旅游作为一个发展城市及周边游经济的重要方式，具有多产业协同共赢的作用，可以推进沉浸式微旅游产业的融合发展，有利于促进城市更新，推动城市传统业态的数字化转型与业务发展的迭代更新，打造数字智能化体验空间。旅游城市化的核心是给游客提供更好的旅游体验和服务，而智慧基础设施的布局可以为游客提供更加智能化、便捷化、安全化的服务，提高游客的满意度和体验感。

基于此，可以了解到，内部智慧基础设施布局对旅游城市化的建设具有一定的影响作用，可以促进旅游城市化，打造主客共享的城市服务空间。而又由于沉浸式微旅游对旅游需求转化、区域功能利用、空间布局优化等方面具有一定的促进作用，由此提出如下假设：

HH4：智慧基础设施布局对旅游城市化具有显著的正向作用。

智慧基础设施是沉浸式微旅游城市信息化建设的基础和支撑，也是最能够反映城市发展水平、最直接反映城市更新与满足游客和居民需求的内容，城市更新建设均需要对其基础设施进行智慧化的提升和改造。城市作为推动智慧基础设施布局和绿色数字科技创新的核心载体，应全面统筹智慧基础设施布局，促进智慧城市建设的集约共享，推动空间布局的合理化和科学化。在落实城市建设过程时要通过互联网、新兴科技和智慧设施，将城市中公共配套设施、服务设施、旅游基础设施和商业基础设施连接起来，建设成新一代的智慧化基础设施。推进城市基础设施智能化管理的同时，可逐步实现城市基础设施建设数字化、运营管理智能化，助力智慧城市建设，推进城市转型升级。随着城市的智慧基础设施等不断完善，并在实际工作中得到广泛的应用，其极大地提升了城市管理与服务的功能和数字科技应用能力。智慧基础设施布局对于城市的发展至关重要，是建设新型城市的基础保障。在沉浸式休闲乐园微旅游中，智慧基础设施布局是在传统休闲乐园的基础上引入信息化、数字化、智能化等技术，使城市的功能得到完善。通过加快城市功能的完善，加强市文化的作用，进一步提升城市的休闲水平，可以推动城市的发展，由此提出如下假设：

HH5：智慧基础设施布局对城市功能完善面域—重置型具有显著的正向作用。

第三，居民意愿的作用。

新时代下城市可持续发展过程中，居民是最为核心的利益相关者，既是城市更新的参与者，更是受益者，更为确切地说，居民的意愿关乎城市更新及城市发展。在居民生产生活方面，传统的城乡形态中的当地居民，以从事非旅游行业为主要生产方式的比例较大，沉浸式微旅游把许多有关旅游的新信息、新理念带到城市中来，为居民搭建良好的生活环境，使当地居民有更好的生活习惯与风尚，能够更好地发展城市。在居民主体特征方面，通过沉浸式微旅游产业的相关培训，居民开始重视科技发展和文化传承，自觉学习文化与技术，全面提升自我素质，丰富居民自身的精神世界与文化生活，提高了其生活水平和生活质量。在城市居民经济水平方面，通过经营旅馆、做相关兼职工作或开设餐饮店等方式成为旅游行业的从业者，个人可以增加收入并带动城市经济的发展，进而也有助于推动旅游城市化发展的进程，促进城市的更新和发展。旅游城市化不仅是经济发展的重要方向，也会对城市社会、文化和环境产生重要影响。居民对旅游城市化的态度和意愿可以作为评估旅游城市化对社会影响的重要参考。如果居民对旅游城市化持积极态度，就表明旅游城市化能够为社会带来更多的正面效益，包括创造就业机会、提高城市知名度等。而如果居民对旅游城市化持消极态度，则说明旅游城市化存在一些问题或者需要改进，如环境污染、交通拥堵等。因此，了解居民意愿对于制定旅游城市化的政策和规划具有重要意义。

居民意愿对区域的经济、社会、环境、产业等发展具有较强的促进作用，与城市更新发展的方向相一致，居民意愿的偏好、观念和行为是以促进城市与旅游共同可持续发展为最终目标的，由此提出如下假设：

HH6：居民意愿对旅游城市化具有显著的正向作用。

随着旅游业态的创新与发展，当地居民的生产生活方式发生巨大的改变，逐渐从原来的传统生产生活状态中脱离出来。越来越多的人选择从事旅游业，从业人员的数量逐年增加，使得城市的发展更加依赖旅游业，也推动了当地居民生活和生产方式的转变，同时对城市建设的要求也不断提高。城市需要适应这一变化，提供更好的基础设施和公共服务，实现全面发展，以满足居民的需求。随着沉浸式微旅游的发展，不仅居民思想观念不断被新技术、新信息所改变，而且逐步满足了新时代下的城市发展需要，促使城市得到真正的发展建设。城市功能完善面域—重置型是指城市针对现有功能不足或存在缺陷的区域进行重点改造和升级，以提升区域的城市功能和品质，实现城市的全面发展。在城市更新、改造和新建过程中，政府与企业以提升城市综合服务能力为目标，以市民需求和社会发展为导向，通过对城市空间、社会和经济等方面的综合优化，打造更加宜居、宜业、宜游的城市新区域。而居民作为城市的主体，居民的意愿与需求可以直接影响城市的发展方向和发展速度，以及更好地反映城市实际需求，满足居民的需求可以使得城市功能完善面域—重置型建设更加符合居民的利益和期望。在实践中，可以采用多种手段和策略，如改善市政设施、提升环境品质、完善公共服务、增加文化设施、推进新型产业发展等，以满足市民的多样化需求，提高城市的品质和竞争力。可以看出居民意愿对城市更新建设具有重要的影响作用，城市功能完善面域—重置型作为城市更新建设中的一种，也受到居民意愿的影响，由此，提出如下假设：

HH7：居民意愿对城市功能完善面域—重置型具有显著的正向作用。

第四，旅游城市化的作用。

随着旅游城市化的发展，旅游从业人才的文化素质、专业技术水平应相应得到加强，既提高其文化水平和服务质量，又培养先进的经营管理观念，提高整体素质，形成一个有效的管理体系，以推动城市功能建设和发展。旅游城市化中所搭建的城市环境与基础设施，在促进城市建设、打造完美城市景区环境的同时，完善了区域间的交通道路，实现改造区域与其他区域间的对接，能够加快旅游城市化与城市更新进程。要推动旅游城市化，应完善城市规模结构与提高城市综合服务能力，使城市的空间布局得到扩张和接待水平得到提升，由此集聚大量的资源，加强科技资源的融合，促进城市功能的完善建设。此外，旅游业作为城市经济发展的重要组成部分，对城市的经济、文化、社会等方面起到积极的推动作用，促进城市经济的繁荣和多元化发展，丰富城市的文化内涵，提升城市的知名度和吸引力，改善居民的生活条件和社会福利，推动城市各项功能的完善，为城市的可持续发展奠定坚实的基础。相应地，旅游城市化可以带来城市内部结构的调整和升级，随着旅游城市化的不断发展，城市内部交通、环境、公共设施等方面得到升级和改善，进一步提高了城市的质量和功能。结构和功能的升级可以进一步促进城市功能完善面域—重置型的发展。可以了解到，旅游城市化的发展对城市的功能、城市特色、城市环境均产生着影响，而城市功能的完善、居民意愿、资源整合都是城市功能完善面域—重置型发展中的关键要素。从这个方向来说，旅游城市化对城市功能完善面域—重置型也具有一定的影响作用，由此提出如下假设：

HH8：旅游城市化对城市功能完善面域—重置型具有显著的正向作用。

第五，沉浸式休闲乐园微旅游与城市功能完善面域—重置型协同模式的概念模型。

根据沉浸式休闲乐园微旅游与城市功能完善面域—重置型协同模式的分析框架、研究假设的相关内容，结合沉浸式休闲乐园微旅游与城市功能完善面域—重置型协同模式的现状，搭建出沉浸式休闲乐园微旅游与城市功能完善面域—重置型协同模式的概念框架，见图8-8。

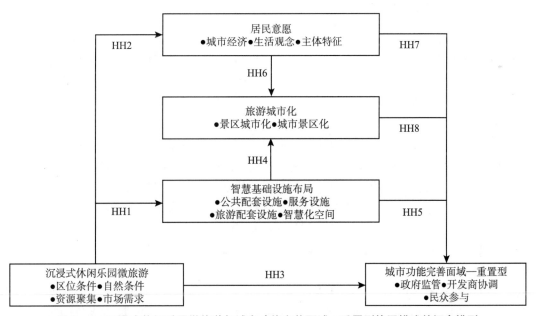

图8-8　沉浸式休闲乐园微旅游与城市功能完善面域—重置型协同模式的概念模型

由图8-8可知，沉浸式休闲乐园微旅游与城市功能完善面域—重置型协同模式主要以沉浸式休闲乐园微旅游、居民意愿、旅游城市化、智慧基础设施布局和城市功能完善面域—重置型5个变量为基础，搭建出沉浸式休闲乐园微旅游与城市功能完善面域—重置型之间的作用关系路径。其中，沉浸式休闲乐园微旅游到城市功能完善面域—重置型不仅具有直接的作用路径，也具有间接的作用路径，其间接作用路径有4条。分别是：①沉浸式休闲乐园微旅游—智慧基础设施布局—城市功能完善面域—重置型；②沉浸式休闲乐园微旅游—居民意愿—城市功能完善面域—原置型；③沉浸式休闲乐园微旅游—智慧基础设施布局—旅游城市化—城市功能完善面域—重置型；④沉浸式休闲乐园微旅游—居民意愿—旅游城市化—城市功能完善面域—重置型。通过搭建出沉浸式休闲乐园微旅游与城市功能完善面域—重置型协同模式的概念模型，为下一步进行结构方程实证分析奠定了理论基础。

8.2.2　预调研

第一，预调研过程。

2023 年 5～6 月，前往山东青岛市进行预调研。这个时期主要是针对假设山东青岛极地海洋世界的居民意愿、旅游城市化、智慧基础设施布局进行大体上的认识。研究团队对于其城市建设、旅游发展有了一个整体的认识，从而能够对沉浸式休闲乐园微旅游过程中的城市功能完善面域—重置型的问题展开更为具体明晰的分析与阐述。作者从当地居民和游客等角度了解到沉浸式休闲乐园微旅游与城市功能完善面域—重置型协同模式的相关者对城市基础设施、城市功能完善、社会环境等核心问题的感知。预调研阶段对当地居民进行访谈，获得了对青岛市的沉浸式休闲乐园微旅游发展、城市功能完善面域—重置型建设等内容的一手资料。

第二，预调研目的地基本情况。

青岛极地海洋世界位于青岛市东海路 73 号，紧邻著名的石老人国家旅游度假区。海洋世界是一个综合性的大型旅游观赏娱乐项目，融合了休闲、娱乐和购物等多种元素，该项目由大连海昌集团投资了 2 亿美元进行建设。该景区被评为国家 4A 级旅游景区，其中包括海豚表演馆、极地海洋馆、海洋科技馆、海洋娱乐大道以及渔人码头等项目，总共设有 36 个展馆。极地海洋动物馆是青岛极地海洋世界的核心场馆，目前是我国最大且拥有最全面极地海洋生物品种的场馆之一。馆内展示来自南北极的各种珍稀海洋动物，为游客提供了难得的观赏机会。馆内不仅可以看到北极熊、企鹅、白鲸、海狮、海象、海豹、海豚、北极狼等极地动物，还能欣赏到白鲸、海豚、海狮等大型海洋哺乳动物的精彩表演。场馆设有多个稀有海洋动物饲养池，游客可以近距离观察上千种珍稀海洋鱼类，感受到海洋的浩瀚和魅力。人们可以领略到自然界中最神奇的生物们，感受到它们与海洋环境的和谐共存。此外，该景区特设极地冰雪人文区，让游客更深入地了解北极地区的自然风貌和文化。这个区域包括北极雪屋、神秘的因纽特人文化展示以及纯木制的极地雪橇等。游客可以身临其境感受北极地区的冰雪环境，了解当地的风土人情，体验极地冰雪生活的奇妙。

自 2006 年 7 月 22 日开业以来，青岛极地海洋世界凭借其独特的海洋主题特色，迅速成为游客们追捧的热门景点。仅在开业的前五个月，就实现了超过 1 亿元的票务收入，展现出了其巨大的市场吸引力。开业第一年，该景区接待的游客数量就超过了 120 万人，而在开业的前五年内，更是吸引了 800 万人次的游客，创造一个个惊人的记录，成为青岛旅游业的标志性产品。2014 年，该景区从软件与硬件上进行改善升级，注重打造情境化与体验式的旅游项目，主要表现为场馆动物表演和娱乐体验并行，其核心项目主要由海洋世界博览观光、海洋科普展示、极地海洋与冰雪人文区等场馆组成。青岛极地海洋世界充分结合青岛本地的先天自然资源、历史人文优势，创造了我国的"海洋迪斯尼"乐园。当前，青岛海底世界为国家 4A 级旅游景区、第一批省级夜间文化与旅游消费集聚区。

第三，案例地选取。

青岛极地海洋世界作为一个大型综合性旅游观赏娱乐项目，通过打造独特的海洋主题，让游客完全置身于其中。游客可以观赏到来自南北极的极地海洋动物，欣赏到白鲸、海豚、海狮等大型海洋哺乳动物的精彩表演，感受到海洋的浩瀚和魅力。此外，景区还特设了令人兴奋的极地冰雪人文区，为游客提供一个展示北极地区的自然风貌和风土人情的特别场所，让游客可以在这里真实地体验到极地冰雪生活的奇妙。

青岛极地海洋世界的门票价格较为亲民，而且游客可以在短时间内进行游览，不需要长时间的旅游准备和安排。此外，景区还提供了一系列的表演和娱乐项目，如海豚表演、海狮表演、海洋科技馆等，充分满足游客的轻松、休闲游的需求。青岛市在极地海洋世界的建设中，充分考虑了城市规划和旅游业发展的协同。极地海洋世界是青岛市的"招牌产品"，不仅带动了当地旅游业的发展，也成为青岛市的国际知名品牌之一。同时，该景区的建设也促进了当地就业和经济的发展。

沉浸式休闲乐园微旅游与城市功能完善面域—重置型协同模式在青岛极地海洋世界的建设中得到了有效的落实。景区通过打造独特的海洋主题和提供亲民的门票价格，实现了沉浸式休闲乐园和微旅游的结合，吸引大量游客的到来，为当地旅游业的发展作出了重要贡献。同时，在城市规划中，青岛市重视旅游业的发展，通过旅游区域和城市功能区协同发展，提升了城市的竞争力。

总体而言，青岛极地海洋世界作为一个成功的案例，为探索沉浸式休闲乐园微旅游与城市功能完善面域—重置型协同模式提供了借鉴。随着人们对旅游文化的日益重视和城市规划对旅游业发展的高度关注，基于该模式的旅游项目有望在未来得到更加广泛的应用和推广。

8.2.3　实地调研

第一，关于案例地发展状况。

本章主要从青岛极地海洋世界的建设及其发展历史等基本状况出发分析"沉浸式休闲乐园微旅游与城市功能完善面域—重置型协同模式"的发展状况。案例选用山东青岛市青岛极地海洋世界，以其综合性的设施和多样化的娱乐内容而闻名。除此之外，青岛极地海洋世界是国家 AAAA 级旅游景区，同时是我国最大、拥有极地海洋生物最多、极地海洋动物品种最全的场馆。游客不仅可以感受海洋的浩瀚与魅力，而且还能在其中真实体验到极地冰雪生活的奇妙。青岛极地海洋世界是我国真正意义上的第一海洋主题公园，是青岛市为了迎接 2008 年奥运会而开发的《奥运行动规划－旅游专项规划》中七大项目之一，三面临海，风景秀美，交通也较为便利。山东青岛市极地海洋世界是山东省近年来规模最大的旅游项目，由极地海洋动物馆、海洋科技馆、酒吧休闲餐饮一条街、海景商街、四星级海景酒店、渔人码头六大功能区构成，2021 年 11 月被确定为第一批山东省夜间文化和旅游消费集聚区。

青岛极地海洋世界将旅游与海洋、科技完美地融合在了一起，既有利于沉浸式微旅游业态创新进程，也有利于打造高质量的精品海洋旅游品牌，推动青岛旅游行业的发展。以青岛极地海洋世界为例的"沉浸式休闲乐园微旅游与城市功能完善面域—重置型协同模式"的具体发展阶段，主要分为以下三个阶段：

第一阶段：突破困境打造新局面。

石老人旅游度假区位于青岛市区东部，占地 6 平方千米，2004 年的石老人旅游度假区的土地杂草丛生、一片荒芜①。度假区位于青岛市新开发的城市化区域，城市与旅游度假区之间呈现相互渗透的特点。然而，近年来，该度假区的城市化和住宅化趋势明显增加，大规模的房地产开发使得滨海度假区的城市化和房地产化程度显著提升，逐渐使石老人旅游度假区偏离了其原本的发展轨道，度假功能相对而言变得较为薄弱。在石老人度假区，大量的用地被高档住宅、花园别墅、办公商务及餐饮娱乐用房等所占据，导致度假区的建设强度增加，完全偏离了满足度假发展的要求，单独建设和发展旅游度假区的策略是不可行的。1992 年，石老人度假区成为国家首批批准的旅游度假区，此后以石老人命名的景点先后建设，如石老人海水浴场、石老人观光园、石老人社区等，它们也逐渐成为青岛东部的地标性景观。

突破困境打造新局面。青岛作为一座资源较为匮乏、生态和环境相对脆弱的滨海旅游和能源输入型城市，2010 年前后已从以轻纺工业为主，转变为以重化工业为主的产业结构城市，转向以高新技术和现代服务业为主的城市发展方向指日可待。2014 年，石老人国家旅游度假区凭借其引人

---

①　张剑锋. 青岛市海滨海岛山地度假旅游发展研究［J］. 现代商贸工业，2010，22（3）：74－75.

注目的山海休闲特色和完备的配套设施，成为青岛市重要的旅游功能区之一，尽管它在旅游领域取得了显著成就，但是其度假功能并不十分突出。在1992年以后的12年内，石头人度假区累计投入开发建设资金75.7亿元[①]，陆续建成青岛极地海洋世界、青岛现代艺术中心、莱钢凯宾斯基大饭店等多个项目，使度假区的区域功能更为完备。但与此同时，由于石老人度假区的开发逐渐出现城市化，生态环境、自然风景遭到一定程度的破坏，而城市化与环境污染使得景区的质量品位下降，引发交通拥挤现象，滨海地带逐渐减少，石老人度假区的自然风光被破坏，游客的期望值与新鲜感骤降，景区也丧失原有发展主题，度假品位下降。石老人度假区作为外来游客休闲度假场所的同时，也是面向青岛本地居民休闲娱乐的场所，因此，当地居民的需求更需要得到重视。另外，在每年的旅游旺季，度假区面临着过多的游客涌入，这导致区域内交通拥堵问题日益严重。交通拥堵不仅给游客和当地居民带来不便，还对度假区的环境质量造成了负面影响，如垃圾问题和噪声扰民等。

第二阶段：打造主题鲜明产业，促进经济增长。

20世纪90年代，随着科技与经济发展，为了提高青岛城市品位，进一步优化青岛市旅游产业结构，从而吸引更多海内外游客，拉动青岛市的旅游经济及其他产业的发展，青岛开始打造主题公园。青岛打造主题公园的优势在于具有丰富的海洋资源，是国内著名的海滨旅游城市，主题特色鲜明而且经济区位有优势。主题公园类旅游景点对投资、客源、交通等条件的要求较高，因此一般选址在经济较为发达的城市中，以青岛市为中心的区域综合经济实力强，具有明显的区位优势，可以借助各类优势实施发展策略。

首先是利用原有资源打造综合的休闲度假旅游项目。依托青岛原有的海豚表演馆投资兴建以海洋公园为主题的大型开放式旅游项目。而海豚表演馆于1992年开始建设，1995年6月竣工，馆址位于老市区的边缘地带，本为崂山区王家麦岛村荒滩地和部分农田，是青岛海洋公园规划用地之一。1995年接收首批入馆的、由日本国下关市为庆祝青岛市与下关市缔结友好城市15周年赠送给青岛市的两头北太平洋宽吻海豚，此后，相继于1997年2月、1998年1月、1999年2月、1997年5月、1998年10月购买数只海豚、海狮。自2003年4月16日起，青岛将青岛海豚馆由市园林环卫办公室成建制划归崂山区政府管理。崂山区政府按照市政府的要求，与大连海昌集团洽谈购买海豚馆事宜，2003年4月26日交接完毕。2006年2月5日，青岛海豚馆闭馆，并入青岛极地海洋世界。青岛海豚馆自1995年7月28日开馆至2006年2月5日闭馆的10余年间，共接待海内外游人近300万人次[②]。1998年，跻身于山东省十大景点，被国务院发展研究中心授予"华夏第一馆"牌匾。

其次是抓住国际新机遇。青岛紧抓2008年奥运会的水上比赛这一以海洋为主题的旅游项目所带来的国际化机遇，打造出青岛最大的开放式旅游项目，打破传统的大型极地动物展缸式格局，善于利用声光电等高新科技，使游客能够体验真实的极地海洋世界。为了更好地抓住流量，青岛将观光与娱乐进行多层次、创新性结合，打造多样化的旅游产品的表现形式，在加强海洋动物展览的同时更增设了海洋动物表演场馆以及游乐园，加强观赏性并提高游客真实体验度，完善相应的酒吧、餐饮、超市等基础辅助设施，提高景区整体配套服务能力，提高游客吸引力。

最后是打造景区品牌化，注重游客体验。一是随着经济和科技的发展，青岛极地海洋世界将品牌扩张作为重心打造，致力打造中国海洋文化旅游休闲品牌。2000年建立极地馆，全方位、多角度模拟极地环境，向游客展示极地海洋动物的同时让游客真实体验极地环境。二是突出景区的娱乐、休闲度假等功能，除了增加海洋生物表演、旅游基础设施、科普馆等基本项目外，还增设更为现代化的娱乐设施，增加海洋嘉年华、潜水馆、四维动感影院等娱乐项目，以及内部功能分区，注重游客体验，打造特色的游憩活动、体验游乐空间，延长游客游览时间。三是依靠高新科技为游客

① 张广海，徐玉洁. 中国滨海旅游度假区城市化问题与对策研究——以青岛石老人国家级旅游度假区为例 [J]. 经济研究导刊，2011（1）：165 – 167.

② 孔宪东，李宁. 青岛水族游乐业发展探析 [J]. 河南商业高等专科学校学报，2012，25（3）：58 – 60.

传授相关科学知识，完善科学设备、器材和标本等，使得游客可以更好地了解并全面认识海洋，娱中带学，在休闲度假的同时，人们仍然可以学习知识，了解其中的奥妙，并提高保护海洋生态的意识。

第三阶段：借助海洋世界推动渔业文化资源可持续发展。

随着经济发展、人民意识与社会包容度逐渐发生变化，青岛的渔文化也在发生着变化，如祭海习俗、休闲渔业等。休闲渔业成为沿海地区渔业可持续发展的推动力，青岛极地海洋世界是沿海渔业文化资源中一种以海洋生物为主的科技教育，使得渔业资源得到更好的转换与利用。同时，随着沉浸式休闲体验发展和高新科技的高速升级，沉浸式休闲乐园微旅游逐渐兴起并得到快速发展，青岛极地海洋世界成为城市沉浸式休闲乐园微旅游的代表之一。

青岛极地海洋世界以休闲渔业为核心，以完善面域—重置型城市功能为目标，促进多产业全面发展。基于以上定位，在全面可持续发展的目标下，青岛极地海洋世界采取以下发展策略。一是分析区位条件，提高整个区域经济的规模效益。利用原有场馆与地理优势，依托山脉、物产、地形以及历史底蕴的优势，结合高新技术与文化，充分开发具有休闲度假功能的旅游项目，激发当地居民积极参与旅游项目的积极性。二是利用自然生态条件，使游客体验更具深度。引进真实极地动物，模拟打造最真实的生态环境，贯彻人与大自然亲密接触理念，创造多个特别环境与气氛的项目，以此吸引游客。区别于传统旅游景区，给予游客独特深度的游玩体验。三是实现资源集聚，发展规模经济。利用景区内的珍稀极地动物与海洋生物、两极地区的风土人情和自然风貌，加上人工造景的技术手段等，实现景区规模化。只有实现各类资源集聚与规模化经营可持续发展，才能够获得更好的经济效益。四是满足市场需求，提高游客满意度。完善各类功能，打造极地海洋动物馆、海洋科技馆、酒吧休闲餐饮一条街、海景商街、四星级海景酒店、渔人码头六大功能区，以此满足新时代下的旅游市场需求，打造多样化功能区域，最大限度地满足不同游客的独特需求，使得游客在学习到海洋文化知识的同时，体验度假的休闲与娱乐。

第二，山东青岛极地海洋世界的沉浸式休闲乐园微旅游与城市功能完善面域—重置型协同模式发展。

首先，区位条件的最优化。

青岛市拥有陆、海、空三位一体的交通网，公路、铁路、海路、航空交通都非常发达，覆盖范围广，交通非常便利。其拥有境内多条高速公路以及发往全国各大城市的铁路客运线路，青岛港也是国内著名的贸易和客运港，青岛流亭机场有数十条定期航线，通飞全国主要城市甚至多个国际大都市。一位青岛极地海洋世界负责人表示：我们会根据游客的实际需求，提供多元化的交通方式，确保游客到达我们的乐园时方便快捷。比如，自驾游停车方案、地铁乘坐方式等。这些都为游客的到来提供了很好的便利，使得青岛极地海洋世界能够吸引自全国各地的游客，为其带来更高的经济效益。

青岛市位于中国东部沿海，地理位置优越，濒临黄海，来往韩国、日本的交通十分便利，可以作为往来于中国和这两个国家的物流和人员交换的重要门户。同时，青岛市也处于环渤海经济圈和长三角经济区之间，这两个经济区具有极高的经济活力和发展潜力，青岛市可依托这些区位优势，吸引更多的外来投资和客源，促进本地区的经济发展。青岛市是山东省和黄河下游诸省份参与太平洋经济合作的重要门户之一，这也意味着青岛市在国际贸易和对外开放方面有独特的优势和地位。青岛市作为山东经济发展的"龙头"，其发展潜力和经济活力十分强劲，这为其拥有强大的经济和社会基础，进而为青岛极地海洋世界的经营发展提供更加稳固的保障。一位来自海口的游客表示：我来青岛旅游主要是因为青岛的海滩和文化景点很有名气，而且青岛的地理位置很优越，可以方便地往来于中国和韩国、日本之间。青岛极地海洋世界也是我旅游计划中的一项，我对它的印象非常好，因为这里有很多好玩的游乐设施和惊险刺激的动物表演，如有小企鹅和海狮表演等。以青岛市为中心的山东半岛城市群已经发展成为全国十分重要的经济区。随着城市化进程的不断推进，青岛市周边的城市群逐渐形成相互支撑、各具特色的经济圈，这为青岛市打造世界级旅游目的地提供更加广阔的发展空间。作为青岛市旅游业的重要组成部分，青岛极地海洋世界可在青岛及其周边城市之间形成旅游合作和拓展，提高其知名度和品牌影响力，从而推动企业的经营发展。

综上所述，青岛市具备了非常有利的区位条件，交通状况便利，地理位置得天独厚，这也为青岛极地海洋世界提供重要的发展条件。

其次，自然环境条件的支持。

青岛极地海洋世界位于石老人国家旅游度假区，周边环境优美，自然风光秀丽，这为游客提供一个舒适的旅游环境，同时也为园区提供得天独厚的自然条件支持。周边环境状况良好，空气清新，没有明显的污染物，这有利于海洋生物的生存和健康，也为游客提供了一个舒适的旅游环境，增强游客的旅游体验感受。一位来自杭州的游客表示：我认为青岛极地海洋世界在促进自然环境条件支持方面做得非常好。园区内完全模拟了极地和海洋动物的生活环境，给动物提供了高品质的生活环境，这是非常有意义的。随之而来的是，园区需要积极保护自然环境，不仅是为了动物的生活质量，也是为了让游客能够感受到自然环境的美妙、宝贵和珍贵。通过这种方式，青岛极地海洋世界引导游客提高环保意识，塑造公众的生态保护和绿色出行意识，这有助于促进青岛市可持续发展。同时，青岛极地海洋世界打造了一个拥有情景式海洋主题公园的现代化极地动物展馆，致力于打造中国海洋文化旅游休闲品牌。园区内有欢乐剧场、酒吧休闲餐饮一条街、海景商街、四星级海景酒店、渔人码头等多种功能设施，能够带给游客非常好的休闲与娱乐体验，增强游客的黏性，提高游客的回头率。极地海洋世界的工作人员表示：青岛极地海洋世界一直都非常注重在保护自然环境条件上作出贡献，我们致力于创建一个高品质的极地动物展馆，满足市民和游客对于自然环境的需求。同时，园区还推出与极地动物合影以及投喂动物等服务，增强了游客与自然环境的互动性，让游客亲身感受到自然环境的魅力。

此外，青岛市地处黄海之滨，濒临海洋，为青岛极地海洋世界提供非常重要的自然资源条件支持。园区内汇聚了多种极地海洋动物，包括鲨鱼、企鹅、北极熊、海豹等，这些动物都是珍贵的自然资源。一位带着孩子的游客表示：这是我第二次来海洋世界了，小朋友很喜欢，跟第一次来相比，依然是憨憨的小企鹅、小海豹，还有五彩斑斓的鱼群，我跟她都很喜欢海豚表演。最震惊的是"白鲸之恋"的表演，真的太精彩了！园区在海洋科普方面也有所布局，向中小学生推出"DIY"游，在游览观赏极地海洋动物的过程中，让学生发挥想象力和创造力，进行一些相关的手工创作，这可以增强游客的科普知识，提高其环保意识和文化修养，也有助于青岛市的发展，同时也提升了园区在自然资源利用方面的可持续性。

总的来说，山东青岛极地海洋世界是一座独具特色的沉浸式休闲乐园，极地海洋世界的自然环境、休闲氛围和自然资源条件，为微旅游提供了有力支持。通过提供良好的旅游体验和环境，乐园可以吸引更多游客前来观赏和学习海洋动物，进一步推动公众对环境保护和海洋文化的认识和了解。乐园内的训导员表示：我们会邀请专业的讲解员为游客科普极地海洋动物的生态环境和保护知识，也为学生提供实地探究海洋生态环境的机会。我们相信，通过这样的方式，能够使更多的人了解到自然资源的珍贵，进而提高其保护意识，对于青岛市的社会、经济和环保方面的可持续发展都有着非常重要的推动作用。同时，乐园也积极倡导绿色旅游理念，促进了生态环境的可持续发展，为未来的微旅游和旅游业发展打下坚实的基础。

再次，案例地的资源集聚化。

青岛极地海洋世界拥有得天独厚的自然资源条件，如优美的周边环境和大量珍稀的海洋生物资源。以此为基础，乐园积极探索和挖掘这些资源的潜力，并通过开发创新的项目和体验，为游客提供更加丰富和有趣的游玩体验。一是周边环境，青岛极地海洋世界地理位置优越，位于青岛市黄岛区的石老人海滨风景区内，周边交通便利，风景秀丽，清新宜人。乐园内的建筑和景观都与周边环境相协调，充分融入海洋文化氛围中。这样的环境条件为乐园打造独具特色的旅游业务提供了宝贵的资源基础。一位青岛本地人张哥表示：乐园的独特之处主要在于它的地理位置和周边环境，乐园周边的海岸线很美，还有很多历史文化景点，像石老人、北九水等，都是非常有特色的旅游区域。

而且周边还有很多海鲜餐厅，可以一边吃着海鲜一边欣赏美景，非常惬意。二是海洋生物资源。作为以海洋动物为主题的乐园，青岛极地海洋世界既是海洋生物的展示地和研究基地，也是海洋文化和科学教育的重要平台。乐园拥有大量珍稀的海洋生物，比如北极熊、北极狐、南极企鹅、伪虎鲸、海象、海狮、海豹等。海洋生物资源为乐园提供极为丰富和独特的展示内容，游客可以近距离观赏和了解海洋动物的生态和习性。一位来自济南的游客表示：孩子特别喜欢看海洋动物，我觉得极地海洋世界的海洋生物很丰富，所以我特意自驾游带孩子过来。这边的动物不仅数量多，而且饲养和管理得也很好，保证了动物的健康生长。同时，青岛极地海洋世界也在海洋生物研究、保护和培育方面进行积极探索和尝试，为保护海洋生态和推动海洋科技发展作出了贡献。对此，游客小王表示：在乐园里，我们看到了不少关于海洋保护和环境保护的展览和宣传，这也是非常有意义和必要的。乐园的存在向公众普及了海洋环境和动物保护的重要性，这对于我们的社会也是有帮助的。基于这些自然资源，青岛极地海洋世界积极探索和挖掘潜力，开发创新的项目和体验，为游客提供更加丰富和有趣的游玩体验。比如，通过丰富多样的海洋生物表演、动物互动、科普知识传播等，游客在游玩过程中能够全方位地感受到海洋文化和科普教育的丰富内涵，更好地了解海洋和生命。

在资源开发利用方面，青岛极地海洋世界通过提供丰富多彩的游玩项目，如极地动物表演、与动物互动、5D 动感体验等，吸引游客前来观赏和参与。这些游玩项目基于乐园的自然资源和特色，通过创新的形式和内容，为游客提供极为丰富和有趣的旅游体验，同时也促进旅游业务的发展和乐园品牌的知名度。青岛极地海洋世界积极倡导绿色旅游理念，通过提供良好的生存环境和健康护理，可以保护海洋生态，促进生态环境的可持续发展。乐园通过引进最先进的环保科技以及环保管理体系和设施，创建一个可持续经营的环保体系，为保护海洋生态和推进旅游可持续发展作出了努力和贡献。同时，环保理念的倡导也提升了消费者对乐园的品牌认知和好感度，对于乐园的旅游业务和品牌价值水平的提升具有良好的促进作用。

这些策略有助于青岛极地海洋世界实现资源集聚，吸引更多的游客前来，提升乐园的知名度和品牌价值。同时，乐园也不断提升自身的技术水平、人才素质和服务质量，以满足不断变化的市场需求和旅游消费者的需求，实现可持续发展。这也使得青岛市成为一个具有良好城市功能的旅游城市，为城市面域建设作出了贡献。

最后，市场需求的最大化。

当前，我国旅游业持续稳步发展，旅游市场也趋向多元化，人们已不再满足于单纯的消遣观光旅游，而是追求更高层次的享受，主题公园类产品因其文化性、参与性、娱乐性强，深受游客青睐。进入 21 世纪，我国旅游主题公园行业快速发展，无论是投资额度还是接待游客的数量都迅猛增长。随着我国旅游业的不断发展，人们的旅游需求趋势也在不断变化。青岛极地海洋世界沉浸式休闲乐园微旅游能够满足市场需求的趋势主要表现在多元化、个性化和品质化发展方向上。在多元化方面，青岛极地海洋世界提供了丰富的海洋动物展览和表演，可以满足游客对于不同主题的需求；在个性化方面，游客可以根据自己的兴趣和喜好选择不同的展览和活动项目；在品质化方面，青岛极地海洋世界注重通过不断提高服务质量和产品创新，提供更好的旅游体验。

在游客市场规模方面，青岛极地海洋世界地处山东半岛，周边有众多人口较多、经济较为发达的城市，构成其客源市场的基础。而且，作为全国海滨度假旅游城市和历史文化名城，青岛每年吸引了大量国内外游客，为青岛极地海洋世界提供广阔的客源市场。此外，政府对旅游业发展的大力支持也为青岛极地海洋世界提供了良好的政策环境。一位来自厦门的游客小蔡表示：我是提前在网上预订的门票，可以直接在网上买联票，即游客购买两张或以上的门票时，可以享受到一定的优惠，看个人行程进行安排，我觉得价格还挺划算的。这优惠政策还不错，让我们又省钱又能玩得很开心，还可以让我们跟家人或者朋友一起游玩，享受到更多的乐趣。以上市场和政策支持的优势，为青岛极地海洋世界提供广阔的发展空间和良好的前景。

综上所述，青岛极地海洋世界作为一家实践沉浸式休闲乐园微旅游的休闲乐园，能够满足市场需求的多元化、个性化和品质化发展方向，同时其所在的市场客源也非常广阔，政策也给予了旅游业很大的支持。因此，青岛极地海洋世界在未来的发展中将充分利用市场机遇，不断提高服务质量和产品创新，满足市场需求趋势的发展，发挥更大的经济效益和社会效益。

第三，青岛极地海洋世界——沉浸式休闲乐园微旅游对城市功能完善面域—重置型建设的作用。

在青岛极地海洋世界的发展过程中，居民是基础条件，景点选址是发展源泉，高新科技是关键要素，旅游城市化是主要推动力量。通过对各种要素的综合考虑，将当地居民、旅游相关工作人员和游客等作为案例分析重点，提炼出居民意愿、旅游城市化、智慧基础设施布局三个关键要素，并通过对三个要素进行层次化、关联性的分析，搭建出青岛极地海洋世界的居民意愿的作用模型、旅游城市化的作用模型、智慧基础设施布局的作用模型，为探讨居民意愿、旅游城市化、智慧基础设施布局在沉浸式休闲乐园微旅游与城市更新建设协同中的作用进行案例分析。

首先，沉浸式休闲乐园微旅游的居民意愿分析。

青岛极地海洋世界始建于2003年，通过三年的不断完善与建设成为目前国内最大、拥有最全品种、数量最多的极地海洋动物场馆，其转型和升级与当地居民是分不开的，居民是极地海洋世界得以可持续发展的前进动力。基于此，结合沉浸式休闲乐园微旅游与城市功能完善面域—重置型模式协同的结构方程实证结果，合理地模拟出青岛极地海洋世界建设中居民意愿的作用模型，见图8-9。

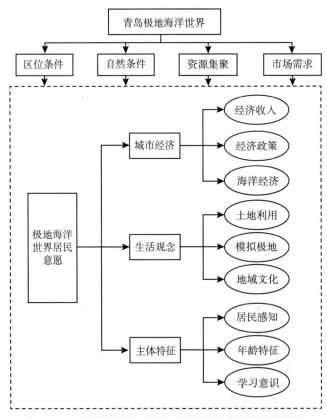

图8-9　青岛极地海洋世界建设中居民意愿的作用模型

由图8-9可知，青岛极地海洋世界对居民意愿的城市经济、生活观念、主体特征具有影响作用，从而影响城市功能完善面域—重置型建设，具体可以从以下四个方面来进行解释。

青岛极地海洋世界对城市经济的经济收入、经济政策、产业业态产生影响，进而影响城市功能完善面域—重置型建设。一是青岛极地海洋世界的建设和发展带动了旅游业的发展，增加了城市旅游收入和就业机会。据统计，青岛极地海洋世界每年吸引大量游客，为当地经济带来了可观的收益。此外，青岛极地海洋世界还促进了周边景区的发展，形成了旅游产业链，带动了城市的经济增长。二是青岛市政府在推动青岛极地海洋世界建设和发展中，积极制定并实施相关的经济政策，为景区的发展提供了保障。政府通过减税、补贴、引资等方式，吸引更多的投资者和企业参与青岛极地海洋世界的建设和运营，为景区的持续发展提供了资金和技术支持。三是青岛极地海洋世界的建设和发展推动了城市产业结构调整和升级。景区依托自身优势，发展了极地旅游业和海洋观光渔业等新兴产业，为城市经济注入新的活力。同时，景区还加强了与周边景区的合作，推动了文化旅游业和节庆旅游业等多元化产业的发展，提升城市产业的竞争力。四是青岛极地海洋世界的建设和发展对城市功能完善面域—重置型建设产生积极影响。一方面，该项目的建设需要依托城市基础设施，如交通、物流、通信等，因此，在极地海洋世界建设期间，青岛市政府积极加强了城市基础设施的建设和升级，提高城市的服务能力和竞争力。城市交通的完善和升级，使得游客到达景区的时间和成本得到降低，提高游客的满意度和体验感，同时也有利于城市居民的出行便利，促进了城市的经济发展。城市物流系统的升级和完善，提高了物流运输的效率，有利于极地海洋世界的物资供应和产品销售，推动了城市产业的升级和转型。另一方面，青岛极地海洋世界的发展推动了城市文化和旅游的融合。极地海洋世界通过展示极地生态环境和动物群落，引发了游客的自然保护意识，增强了城市环保意识和责任感。一位海洋世界的工作人员表示：景区在游客体验方面也非常注重文化内涵与旅游融合。比如，景区为游客提供了与极地动物互动的机会，让游客可以更深入地了解动物的生活习性和保护意义。同时，景区还定期举办科普讲座和主题活动，增强了游客的科学素养和自然认知度。同时，青岛极地海洋世界还通过联合其他景区举办丰富多彩的节庆活动，吸引了大量的游客，提升了城市的知名度和美誉度。一位来自意大利的游客表示：青岛极地海洋世界在促进城市文化和旅游融合方面做得非常好。景区通过传达自然保护意识和文化内涵，引领游客感受极地魅力，展示青岛城市生态之美。同时，极地海洋世界联合其他景区，如青岛啤酒节、青岛花卉展等，共同举办节庆活动，吸引了大量的游客，提高了城市文化的传承和创新，增强了城市的软实力和知名度。这些活动也促进了城市文化的传承和创新，提高了城市的软实力，进而推动城市功能的完善和重置型建设。总之，青岛极地海洋世界的建设和发展是城市功能完善面域—重置型建设的重要推动力量，在促进城市经济、文化、旅游等各方面发展的同时，也提高了城市的综合竞争力和社会文明程度。

青岛极地海洋世界对居民生活观念中的休闲观念的变化、生态环保意识的提高、文化认知的拓展产生影响，进而影响城市功能完善面域—重置型建设。一是青岛极地海洋世界的开放和发展使得居民生活观念中的休闲观念发生变化。青岛市曾经是一个以工业为主的城市，居民的生活压力较大，休闲娱乐的空间有限。传统的居民生活方式主要是以家庭为中心，以家庭为单位进行娱乐和休闲活动。但是，随着青岛极地海洋世界的建设和发展，居民开始意识到通过去公共场所进行休闲和娱乐，不仅可以享受更多的乐趣，还可以结交更多的朋友，拓展社交圈子。一位青岛本地游客表示：以前，青岛市在工业发展方面取得了很大的成就，但是居民的休闲和娱乐空间比较有限，以家庭为中心的娱乐和休闲活动是主流。但是有了青岛极地海洋世界后，城市内有了一个新的休闲场所，这样能够让我们这些当地人的需求得到更好的满足。这种变化使得城市重置型建设中的公共休闲设施和场所成为城市功能完善的重要组成部分。二是青岛极地海洋世界的建设和发展有助于提高居民的生态环保意识。随着环境问题的不断加剧，越来越多的居民开始关注和重视环境保护。青岛极地海洋世界是一座以海洋为主题的公园，它的建设和运营离不开海洋生态系统的保护和维护。它在建设过程中充分考虑环保问题，采用了多种环保措施和技术，如节水、节能、减少废弃物等。一位来自沈阳的游客表示：我来青岛旅游的时候去过极地海洋世界，确实有很深的印象。我觉得它的环保措施真的很到位，让人很放心。此外，我还注意到，在极地海洋世界里面有专门的工作人员在巡查和清洁场地，保持了园区的整洁卫生，这一点也是非常重要的。我个人也非常支持和赞同这种重视环保的观念和行动，这既是一个城市的生态建设，也是我们每个人肩负的社会责任。这种环保意识的提高使得城市重置型建设中的环保设施和技术成为城市功能完善的必要条件。三是青岛极地海洋世界的发展有助于拓展居民的文化认知。通过参加青岛极地海洋世界的各种展览和活动，居民可以了解和体验不同的文化和传统，加深自己对文化的理解和认识。同时，公园内还有海洋科普馆、科技展览等，让游客深入了解海洋生态系统的知识，提高了居民的科学素质。文化认知的拓展有助于城市功能完善面域—重置型建设中的文化设施和项目的建设，从而更好地满足居民的文化需求和提高城市形象。因此，青岛极地海洋世界的发展对城市功能完善面域—重置型建设的影响非常重要，不仅提高了居民的休闲观念和生态环保意识，还拓展了居民的文化认知。有助于城市功能完善面域—重置型建设更好地适应和满足居民的需求，提升城市的整体形象和竞争力。

青岛极地海洋世界对居民主体特征的心理特征、行为特征、社会特征产生影响，进而影响城市功能完善面域—重置型建设。一是在心理特征方面。青岛极地海洋世界可以激发居民的好奇心、求知欲和探险精神，进而提高心理素质和自我认知能力。此外，极地海洋世界还能给居民带来轻松愉悦的心情，缓解他们的压力和焦虑情绪，提高他们的生活质量。同时，青岛极地海洋世界的发展可以激发居民对新事物的好奇心和探索欲望，从而促进城市居民的创新精神和对未知的探索能力，使城市功能向着多元化、开放化和国际化的方向发展。对此，青岛本地人张哥表示：在游玩中，每一次观测和体验都能激起我内心的探索欲望，我也希望这些感受能够吸引更多的人来青岛感受这种魅力和活力。二是在行为特征方面，青岛极地海洋世界对城市居民的行为特征产生了显著的影响。例如，人们可以在这里进行各种互动体验，如观赏海豚表演、观察企鹅、和海狮游泳等。这些活动可以帮助人们放松身心，减轻压力，同时也能够提高他们的动手能力和团队合作精神。同时，青岛极地海洋世界的发展将吸引更多的游客前来参观，居民可能会对游客的素质、行为等方面产生不同的看法和态度，进而促进城市的社会治安和城市品质的提升。一位来青岛工作的杨小姐表示：我觉得在极地海洋世界内观赏海洋生物、参与互动体验等，可以帮助我们放松身心，缓解压力。来这边撸撸海豚，每次的工作压力就消散了很多。而且在参观过程中，我们可以学习到相关的海洋动物与环境等方面的知识，提高文化素养和科技意识。同时，居民的行为也可能会影响游客的体验和感受，从而影响城市旅游业的发展。三是在社会特征方面，青岛极地海洋世界对城市居民的社会特征产生了一定的影响。例如，可以成为一个集体性的休闲娱乐场所，吸引大量的游客和居民。这些游客和居民的到来不仅可以为当地的旅游业带来巨大的经济收益，也能够增加城市居民的交流机会，促进城市社会的融合和发展。同时，青岛极地海洋世界的发展将带动城市相关产业的发展，从而促进就业和经济的增长。将影响城市居民的职业选择和生活方式，进而优化城市的社会结构和发展方向。总体来说，青岛极地海洋世界的发展对居民主体特征的心理特征、行为特征、社会特征产生了积极影响，并且也受到这些特征的制约和影响。在未来的城市规划中，应该继续强化居民的环保意识和绿色生活观念，加强城市娱乐休闲设施的建设，促进城市经济和城市形象的提升，从而推动城市功能完善面域—重置型建设不断深入。

综上所述，从山东青岛极地海洋世界这一沉浸式休闲乐园微旅游的发展与居民意愿的实践过程可以看出，研究假设 HH2、HH6、HH7 可以从实践过程的角度得到验证，即沉浸式休闲乐园微旅游的发展对居民意愿产生积极的影响，同时也进一步对旅游城市化、城市功能完善面域—重置型产生正向影响。

其次，沉浸式休闲乐园微旅游的旅游城市化分析。

青岛极地海洋世界的旅游城市化主要指旅游业是第三产业的重要组成部分，也是现代城市的重要功能，逐渐成为推动城市化的重要源动力。旅游城市化成为城市化的重要模式，是基于休闲娱乐度假的旅游模式，同时，旅游城市化对青岛的城市功能、城市特色、城市环境均产生了一系列的影响。基于此，从景区城市化和城市景区化中的城市功能、城市特色、城市环境三个方面入手，搭建出青岛极地海洋世界建设中旅游城市化的作用模型（见图8-10）。

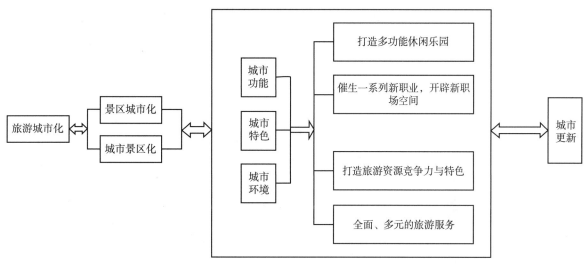

图 8 – 10　青岛极地海洋世界建设中旅游城市化的作用模型

由图8-10可知，旅游城市对沉浸式休闲乐园微旅游建设有间接或者直接地作用影响，也对当地城市更新发展起着促进作用，结合青岛极地海洋世界的发展情况，旅游城市化的影响可从以下几个方面来进行诠释。

一是青岛极地海洋世界的开发模式是一种新的城市综合体开发模式，不仅仅是一个单一的项目开发，而是整个区域的开发，通过将主题公园、景观房地产和商业游憩区相结合，实现了城市功能的多元化。这不仅增加了景区的价值，促进了土地增值，也提高了城市的品质和形象，进而影响城市功能完善面域—重置型建设。一方面青岛极地海洋世界的建设增强了城市的休闲娱乐功能，提高了城市的吸引力和竞争力。另一方面，还为城市带来一定的经济效益，增加就业机会，促进当地经济的发展。此外，景观房地产的开发也为城市增加了人口，促进城市的人口流动和更新。同时，青岛极地海洋世界的建设也为城市注入新的文化元素，丰富了城市文化内涵，提高了城市的文化品位。通过其建设，可以吸引更多的游客和投资者来到城市，进一步推动城市的发展。该开发模式还能够推动城市空间结构的优化和调整，使城市的功能更加完善。综上所述，青岛极地海洋世界的建设对城市功能完善面域—重置型建设产生积极的影响。通过其建设，城市的休闲娱乐功能得到了提升，城市经济得到了发展，城市文化得到了丰富，城市品质得到了提高。这些方面的影响，将进一步推动城市的发展和完善。

二是青岛极地海洋世界的建设有利于打造旅游资源竞争力与城市特色，进而影响城市功能完善面域—重置型建设。一方面，青岛极地海洋世界的建设打造了一种独特的旅游资源，与传统主题乐园形成区别，提升青岛旅游资源的竞争力。通过模拟两极极地环境和引进极地生物，青岛极地海洋世界实现了旅游资源多样化，吸引了更多的游客。此外，青岛极地海洋世界的建设强调了城市的海洋文化特色，已经成为青岛的城市形象和特色之一。因此，城市在推进重置型建设时可以更加注重海洋文化元素的融入和突出，增强城市的独特性和吸引力。一位海洋世界的负责人表示：青岛极地海洋世界的建设带来了新的文化元素，以极地环境为主题，同时也注重生态环保和可持续发展，这也为青岛注入一定的文化内涵，提高了城市的文化品位和文化形象，促进了城市文化的多元化。另一方面，青岛极地海洋世界的建设催生了新的消费模式和就业机会，为城市特色的形成和发展提供了动力。随着旅游新业态的出现，青岛极地海洋世界所带来的就业机会不断增加，催生了一系列新职业，为城市居民提供更多的就业选择，促进经济的流动。经济增长和就业机会的带动作用，也有利于城市功能的完善和提升，促进城市的发展与改善。同时，新兴的职业也带来了新的城市特色，如海洋生物保护师、生态导游、主题餐饮服务等，使青岛在旅游业领域更具有特色和竞争力。一位海洋世界的工作人员表示：我就是乐园众多驯兽员之一，以前没想到自己能从事这个职业，每天都能够跟这些海洋动物们相处，感觉自己身心都被治愈着，上班都很快乐。我还见乐园经常招人，像维护工人、安保、园艺师等各种职业，也有很多本地人过来应聘，不仅离家近，福利待遇都不错。这些特点进一步加强了青岛极地海洋世界对城市功能完善面域—重置型建设的影响，推动了城市特色的形成和发展。

三是青岛极地海洋世界的建设有利于营造城市新环境，进而影响城市功能完善面域—重置型建设。其引入了"极地"元素，创造新的旅游场景和产品，丰富了城市的旅游资源，提升了城市的知名度和形象，进而促进城市旅游业的发展。极地海洋世界的建设也促进了城市建设的现代化，提高了城市形象和品质，吸引了更多的人才和投资。同时，极地海洋世界的开发也为城市提供了一个新的消费场所，吸引了更多的人来到城市消费，进一步促进城市的经济发展。极地海洋世界的发展也带来了城市环境的升级，为城市提供了更加优质、多元化的旅游服务，提升了城市的整体形象和品质。总的来说，青岛极地海洋世界的发展对城市环境、旅游产业、经济增长、城市形象等方面都产生了积极的影响。这些影响在推动城市功能完善面域—重置型建设的过程中具有重要的作用，促进了城市的可持续发展和城市功能的完善。

综上所述，从山东青岛极地海洋世界这一沉浸式休闲乐园微旅游的发展与旅游城市化的实践过程可以看出，研究假设 HH8 可以从实践过程的角度得到验证，即旅游城市化对城市功能完善面域—重置型产生正向影响。

最后，沉浸式休闲乐园微旅游的智慧基础设施布局分析。

青岛极地海洋世界的智慧基础设施布局为推进智慧城市建设治理现代化注入新的强大的动能，极地海洋世界的公共配套设施、服务设施及旅游配套设施完善情况均对布局智慧基础设施产生直接或间接的影响。结合极地海洋世界的智慧基础设施布局过程，将公共配套设施、服务设施、旅游配套设施及智慧化空间四个方面的内容作为重点，合理地模拟出青岛极地海洋世界建设中智慧基础设施的作用模型，见图 8 – 11。

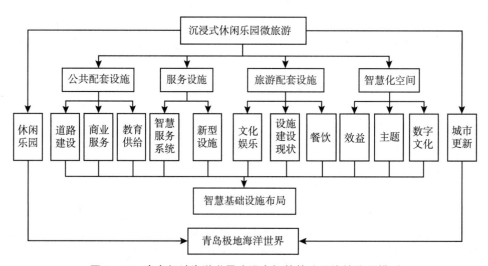

图 8 – 11　青岛极地海洋世界建设中智慧基础设施的作用模型

由图 8 – 11 可知，青岛极地海洋世界的智慧基础设施布局对城市的道路建设、商业服务、教育供给、智慧服务系统、智慧文化服务、新型数字基础设施、文化娱乐设施及餐饮设施等因素产生影响，主要表现为以下几个方面：

一是青岛极地海洋世界的开放促进公共配套设施建设，进而对城市功能完善面域—重置型建设产生了重要影响。公共配套设施建设可以带动商业服务的提升和发展。青岛极地海洋世界周边商业服务设施得到了明显改善，如酒店、餐厅、购物中心等，为游客提供了更好的服务和体验。这些商业设施的发展和提升也进一步促进了城市经济的发展和增长。一位青岛当地的游客田小姐表示：我们是青岛当地的，我们办了张年卡，随时可以带孩子近距离接触海洋生物，有免费的停车区域。而且外面也有吃的，乐园周边有其他的商业、KTV、美容、健身等配套，有时候还会举办咖啡节活动。公共配套设施建设也可以促进教育供给的提升和发展。青岛极地海洋世界作为一个具有科普性质的旅游景点，提供了很多与海洋和极地生物相关的教育内容，吸引大量的学生前来参观和学习。这些教育资源的丰富和提升，有利于城市教育供给的增加和质量的提高。公共配套设施建设还可以改善城市的交通环境。青岛田小姐表示：极地海洋世界的周边环境改善让我们市民出行更加便捷和安全。青岛极地海洋世界的建设，带动了周边地区交通设施的改善，如道路、公交站点等，提高了游客前来的便利性和交通效率，促进了城市各产业之间的协调和融合发展。综上所述，青岛极地海洋世界的公共配套设施建设，对城市的商业服务、教育供给和交通环境等方面都产生了重要的积极影响，进一步促进城市功能完善面域—重置型建设的发展。这也体现了城市功能完善面域—重置型建设的理念，即以人为本，以提升居民和游客的生活品质为目标，通过多元化的公共配套设施建设来推动城市的全面发展和提升。

二是青岛极地海洋世界作为一个重要的旅游景点，其对智慧服务系统的建设和新型设施的引入，对城市功能完善面域—重置型建设产生积极影响。一方面，青岛极地海洋世界智慧服务系统的建设提高了游客的游览体验。该系统通过智能化手段，使游客可以在线上进行门票预订、游览路线规划、景点讲解等操作，提高了游客的游览效率和舒适度，同时也减轻了景区管理人员的工作压力，提高了工作效率。在访谈中，一位来自贵阳的游客表示：我觉得青岛极地海洋世界的智慧服务系统是非常好的。我去参观时感觉整个游览体验非常流畅和便捷，从在线预订门票到指引路线，再到景点讲解，所有步骤都十分智能化。这不仅提高了我们的游览效率，还让我们的游览体验更加舒适和顺畅。另一方面，新型设施的引入也为游客带来了新的游览体验。例如，青岛极地海洋世界引进了 VR 技术、智能机器人等高科技设备，让游客可以身临其境地感受北极、南极等极地环境，增强了游客的参与感和体验感。除此之外，青岛极地海洋世界的智慧服务系统和新型设施的引入也推动了城市功能完善面域—重置型建设。一方面，智慧服务系统可以提高景区运营效率，实现资源共享，减少浪费，为城市的可持续发展提供支持。另一方面，新型设施的引入不仅提升了游客体验，也激发了科技创新的活力，对城市的科技创新产业发展产生了积极的推动作用。此外，极地海洋世界还积极与周边餐饮、服务、景点等旅游产业合作，建立了内部网络联系，形成了产业生态圈，推动城市旅游产业的协同发展。

三是青岛极地海洋世界在旅游配套设施方面，充分利用了自身的特色和资源，采用多元化的收益模式，提供了丰富多样的文化娱乐、设施建设和产业联动，为游客提供全方位的旅游体验，进而对城市功能完善面域—重置型建设产生了积极影响。青岛极地海洋世界作为一个海洋主题公园，不仅展示丰富多彩的海洋动物和生态系统，同时还提供各种文化娱乐节目，如海豚表演、海狮表演等。这些节目不仅吸引了游客，也促进了本地文化产业的发展。一位来自沈阳的游客表示：乐园很吸引小孩，乐园设计独特，灯光等配件设施都很好，极地的设施和规模是我见过的乐园中最好的。而且这里的鲸豚表演节目非常精彩，欢乐剧场表演也让人开怀大笑。通过丰富的文化娱乐节目和海洋文化的推广，青岛极地海洋世界对城市的文化软实力和旅游文化产业的发展起到了积极的促进作用。青岛极地海洋世界作为一个现代化的旅游景区，不仅有各种设施如水族馆、海豚馆、极地馆等，还提供了智能导览、电子地图等服务，使游客可以更加便捷地游览景区。此外，该景区还建设了各种餐饮、购物、休闲等配套设施，提高了游客的满意度，同时也促进了本地餐饮、零售等服务业的发展。一个重游的青岛本地家庭表示：很久没来了，现在来感觉里面可以吃饭的地方也比之前多了很多，可选择性更强了。不仅有人吃的，还有喂海洋生物的。可以直接在网上团购喂海豹和鱼的套餐，大人小孩都可以喂。吃喝玩一站式解决。青岛极地海洋世界不仅是一个旅游景区，还与其他产业形成了良好的联动关系。例如，该景区与当地旅行社合作，共同推广青岛旅游；与当地海洋科研机构合作，进行科研与科普活动；与当地教育机构合作，开展海洋科普教育等。一个来极地海洋世界游玩的初中生表示：我们学校之前组织来这边研学，通过讲解员叔叔的解说，我了解了很多有关海洋生物的知识。就比如，北极熊并不是陆地上的奔跑健将，而是海洋里的游泳健将，它游泳的时速可达到每小时 10 千米！看到这么多海洋动物，真是太开心了。由于人类的活动，很多动物面临灭绝。动物是人类的好朋友，我们应该爱护动物，保护动物。通过产业联动，青岛极地海洋世界不仅带动了旅游业的发展，还促进了当地产业的协同发展和城市功能的完善。总之，青岛极地海洋世界作为一个现代化的海洋主题公园，不仅提供了丰富多彩的海洋文化娱乐节目和各种配套设施，同时也促进了城市旅游文化产业的发展和城市功能的完善面域—重置型建设。

四是青岛极地海洋世界作为一座现代化、智能化的旅游景点，其对智慧化空间的建设和数字文化的传播产生了积极的影响，进而对城市功能完善面域—重置型建设产生了积极的影响。一方面，青岛极地海洋世界采用了智能化的技术手段，如智能化的自动售票系统、无人驾驶车辆等，使游客能够更加便捷地享受游览体验，同时也减少了游客排队等待的时间和精力消耗，提高了旅游景点的游客吞吐能力和服务质量。此外，景点还采用了智能化的环保措施，如太阳能光伏发电、智能化垃圾分类系统等，实现了资源的节约和环境的保护。另一方面，青岛极地海洋世界的主题和数字文化也对城市功能完善面域—重置型建设产生积极影响。作为一座极地主题的旅游景点，青岛极地海洋世界强调了自然保护和生态环境建设的意识，为城市建设提供了有益的经验和思路。一位高中生表示：青岛可谓一座美丽的城市，清澈的蓝天与碧绿的海水是它最迷人的标志之一，绚丽多彩的花卉点缀在街道上更是让这座城市变得更加生动有趣。而青岛极地海洋世界公园更是城市旅游中不可或缺的奇妙之地，这里的动物们精彩表演更是让我难以忘怀。此外，景点也注重数字化的营销和文化传播，通过社交媒体、移动应用等方式，将景点推广到全国各地，提升了城市的知名度和影响力，进一步促进了城市的发展和城市功能完善面域—重置型建设的实现。一位极地海洋世界的管理人员表示：我们在运营极地海洋世界时，不仅采用现代化手段为游客提供服务，我们也注重数字文化的传播，推出了极地故事、极地科普等短视频和图片，让更多的人了解极地文化和提升生态保护意识。综上所述，青岛极地海洋世界作为一个现代化、智能化的旅游景点，其智慧化空间建设和数字文化传播对城市功能完善面域—重置型建设产生了积极的影响。在未来的城市发展中，智能化、数字化等新技术和新文化将成为城市功能完善面域—重置型建设的重要支撑，而青岛极地海洋世界的成功经验和实践为其他城市提供了可借鉴的宝贵经验。

综上所述，从山东青岛极地海洋世界这一沉浸式休闲乐园微旅游的发展与智慧基础设施布局的实践过程可以看出，研究假设 HH1、HH4、HH5 可以从实践过程的角度得到验证，即沉浸式休闲乐园微旅游的发展对智慧基础设施布局产生积极的影响，同时也进一步对旅游城市化、城市功能完善面域—重置型产生正向影响。

总之，通过山东青岛极地海洋世界这一沉浸式休闲乐园微旅游的发展与城市功能完善面域—重置型协同模式的实践过程的分析，本书所提出的研究假设基本能够得到验证，从定性分析的角度初步验证了沉浸式休闲乐园微旅游、居民意愿、旅游城市化、智慧基础设施布局、城市功能完善面域—重置型之间的关系。但是，上述各变量之间作用强度的大小、受影响的差异程度等关于沉浸式休闲乐园微旅游与城市功能完善面域—重置型协同模式之间具体作用机制的问题难以定量衡量。为此需要进一步通过问卷调查，运用结构方程模型，从量化分析的角度检验沉浸式休闲乐园微旅游与城市功能完善面域—重置型协同模式的具体作用机制。

关于案例验证分析：

本次案例以青岛极地海洋世界为例，为获得原始资源进行了实地调研，保障数据资料来源的有效性和真实性。为了开展对沉浸式休闲乐园微旅游与城市功能完善面域—重置型建设的案例验证，首先诠释了以青岛极地海洋世界作为案例目的地的选择根据，对案例进行描述，将青岛极地海洋世界的建设和发展分为三个阶段，通过对这三个阶段进行深度的分析，识别出青岛极地海洋世界的发展前景与理念。其中，依据上文搭建的沉浸式休闲乐园微旅游与城市功能完善面域—重置型协同模式的结构方程实证结果，在案例探讨和发展中将居民意愿、旅游城市化和智慧基础设施布局三个方面作为重点进行分析，搭建出青岛极地海洋世界的居民意愿的作用模型、旅游城市化的作用模型、智慧基础设施布局的作用模型。

运用案例研究方法进行单案例研究，以青岛极地海洋世界为案例，对沉浸式休闲乐园微旅游与城市功能完善面域—重置型协同模式进行验证。结合上文所搭建的沉浸式休闲乐园微旅游与城市功能完善面域—重置型协同模式的分析框架、研究假设和结构方程实证分析相关内容，基于青岛极地海洋世界的发展现状，将居民意愿、旅游城市化和智慧基础设施布局三点作为分析重点，诠释其对沉浸式休闲乐园微旅游转型升级以及城市更新发展当中的作用，用单案例验证了沉浸式休闲乐园微旅游与城市功能完善面域—重置型建设的协同过程中的影响因素，进一步验证了沉浸式休闲乐园微旅游与城市功能完善面域—重置型协同模式。

8.2.4 问卷数据分析

第一，样本数据的描述性统计及信度效度检验。

与本书新时代沉浸式休闲乐园微旅游与城市功能完善面域—原置型一致，本书通过调查问卷获得一手的数据资料，共发布了 300 份问卷，在回收过程中，收回了 248 份问卷，回收率为 82.7%。然而，由于部分游客和居民在填写问卷时态度不认真，以及部分受访者只回答了部分的题项，回收的问卷中存在一些无效问卷。经过统计分析，回收的问卷中，有效问卷数量为 223 份，有效率为 89.9%。总体而言，有效问卷的数量符合结构方程所要求的样本数量，可以进行下一步实证分析。在进行实证分析前，仅仅通过科学、合理、可操作的设计调查问卷量表来获得准确、科学的研究结论是不够的。此外，还需要对调查问卷获得的数据进行信度分析和效度分析，以保证研究结论的可靠性和有效性。运用 SPSS 22 软件对调研数据进行分析，研究数据基本符合正态分布，抽样代表性较好。样本的人口统计学特征如表 8-9 所示。

表 8-9　　　　　　　　　　　　样本人口特征的描述性统计

基本特征	样本分组	频数	百分比（%）	基本特征	样本分组	频数	百分比（%）
性别	女	98	43.95	受教育程度	初中及以下	53	23.77
	男	125	56.05		高中或中专	59	26.46
居住所在地	本地居民	113	50.67		大专	47	21.08
	外地游客	110	49.33		本科	53	23.77
年龄	14 岁及以下	45	20.18		硕士及以上	11	4.93
	15~24 岁	63	28.25	职业	工人	11	4.93
	25~44 岁	89	39.91		职员	25	11.21
	45~60 岁	18	8.07		教育工作者	23	10.31
	61 岁及以上	8	3.59		农民	9	4.04
居住时间	1 年及以下	93	41.70		自由职业者	25	11.21
	2~5 年	21	9.42		管理人员	36	16.14
	6~10 年	39	17.49		学生	29	13.00
	11 年及以上	70	31.39		服务人员	25	11.21
家庭人均年收入	10000 元及以下	11	4.93		技术人员	9	4.04
	10001~15000 元	21	9.42		政府工作人员	4	1.79
	15001~30000 元	30	13.45		退休人员	12	5.38
	30001~50000 元	59	26.46		其他	15	6.73
	50001 元及以上	102	45.74	家庭人口数	5 人以上	61	27.35
					2~5 人	112	50.22
					单身	52	23.32

　　根据本书的研究设计，在进行描述性统计分析时，重点关注了沉浸式休闲乐园微旅游、智慧基础设施布局、居民意愿、旅游城市化和城市功能完善面域—重置型五个方面的内容，同时，针对每个主要变量的观测指标，通过 SPSS 22 软件计算各指标的均值和标准差，并进行解释，具体情况见表 8 - 10。

表 8 - 10　　　　　　　　　　　　　　　　描述性统计

主要变量	潜在变量	观测变量	均值	标准差	最大值	最小值
沉浸式休闲乐园微旅游 （ILPM）	区位条件 （ILPM1）	ILPM11	3.72	0.632	5	2
		ILPM12	3.71	0.683	5	2
	自然条件 （ILPM2）	ILPM21	3.70	0.704	5	2
		ILPM22	3.62	0.765	5	2
		ILPM23	3.62	0.765	5	2
	资源集聚 （ILPM3）	ILPM31	3.63	0.715	5	2
		ILPM32	3.59	0.715	5	1
	市场需求 （ILPM4）	ILPM41	3.69	0.715	5	2
		ILPM42	3.61	0.705	5	1
智慧基础设施布局 （WIL）	公共配套设施 （WIL1）	WIL11	3.23	0.696	5	2
		WIL12	3.30	0.704	5	2
		WIL13	3.18	0.675	5	1
	服务设施 （WIL2）	WIL21	3.35	0.671	5	1
		WIL22	3.26	0.750	5	1
	旅游配套设施 （WIL3）	WIL31	3.21	0.755	5	1
		WIL32	3.18	0.738	5	1
		WIL33	3.11	0.716	5	1
	智慧化空间 （WIL4）	WIL41	3.40	0.774	5	1
		WIL42	3.23	0.661	5	2
		WIL43	3.26	0.718	5	1
居民意愿 （WR）	城市经济 （WR1）	WR11	3.30	0.731	5	2
		WR12	3.30	0.644	5	2
		WR13	3.08	0.669	5	1
	生活观念 （WR2）	WR21	3.32	0.735	5	1
		WR22	3.11	0.694	5	1
		WR23	3.17	0.677	5	1
	主体特征 （WR3）	WR31	3.28	0.717	5	2
		WR32	3.12	0.701	5	1
		WR33	3.22	0.682	5	2
旅游城市化 （UT）	景区城市化 （UT1）	UT11	3.41	0.769	5	1
		UT12	3.41	0.787	5	1
	城市景区化 （UT2）	UT21	3.45	0.761	5	1
		UT22	3.34	0.745	5	1

主要变量	潜在变量	观测变量	均值	标准差	最大值	最小值
城市功能完善面域—重置型（UFAR）	政府监管机制（UFAR1）	UFAR11	3.69	0.715	5	2
		UFAR12	3.65	0.749	5	1
		UFAR13	3.63	0.781	5	1
	开发商协调机制（UFAR2）	UFAR21	3.65	0.754	5	1
		UFAR22	3.65	0.788	5	1
		UFAR23	3.77	0.739	5	1
	民众参与机制（UFAR3）	UFAR31	3.63	0.809	5	1
		UFAR32	3.65	0.754	5	1
		UFAR33	3.74	0.765	5	1

在本书中，针对新时代下的沉浸式休闲乐园微旅游与城市功能完善面域—重置型协同模式进行信度检验，并采用 Kilne 的信度检验标准进行评估。同时，利用 SPSS 22 对沉浸式休闲乐园微旅游与城市功能完善面域—重置型协同模式的量表数据进行信度检验，计算各个变量的 Cronbach's α 系数值（见表 8 - 11）。通过进行信度和效度检验，评估量表数据的可靠性和有效性，这些结果对于确保研究数据的质量和可信度非常重要，有助于进一步分析和解读研究结果，结果见表 8 - 11。

表 8 - 11　　　　　　　　　　　　信度和效度检验结果

变量	题项	α	因子载荷		KMO 值	累计方差解释率	Bartlett's 球形检验		
							X2	df	Sig.
沉浸式休闲乐园微旅游（ILPM）	2	0.878	ILPM11	0.774	0.957	74.724	1870.947	36	0.000
			ILPM12	0.778					
	3	0.879	ILPM21	0.805					
			ILPM22	0.728					
			ILPM23	0.750					
	2	0.813	ILPM31	0.668					
			ILPM32	0.786					
	2	0.774	ILPM41	0.709					
			ILPM42	0.681					
智慧基础设施布局（WIL）	3	0.664	WIL11	0.676	0.932	46.208	858.239	55	0.000
			WIL12	0.499					
			WIL13	0.590					
	2	0.706	WIL21	0.650					
			WIL22	0.705					
	3	0.697	WIL31	0.413					
			WIL32	0.501					
			WIL33	0.615					
	3	0.594	WIL41	0.430					
			WIL42	0.554					
			WIL43	0.597					

续表

变量	题项	α	因子载荷		KMO 值	累计方差解释率	Bartlett's 球形检验		
							X2	df	Sig.
居民意愿（WR）	3	0.499	WR11	0.739	0.816	37.051	403.224	36	0.000
			WR12	0.593					
			WR13	0.525					
	3	0.532	WR21	0.650					
			WR22	0.543					
			WR23	0.507					
	3	0.509	WR31	0.447					
			WR32	0.343					
			WR33	0.594					
旅游城市化（UT）	2	0.781	UT11	0.714	0.822	70.922	401.391	6	0.000
			UT12	0.728					
	2	0.769	UT21	0.670					
			UT22	0.723					
城市功能完善面域—重置型（UFAR）	3	0.832	UFAR11	0.604	0.952	67.647	1443.529	36	0.000
			UFAR12	0.675					
			UFAR13	0.735					
	3	0.874	UFAR21	0.748					
			UFAR22	0.773					
			UFAR23	0.727					
	3	0.846	UFAR31	0.732					
			UFAR32	0.762					
			UFAR33	0.645					

根据表 8－11 所示的检验结果可知，Cronbach's α 系数值基本大于 0.50，属于可接受的范围，由此可以看出量表数据具有较好的信度；各观测变量的因子载荷绝大多数大于 0.50，KMO 值也在 0.80 以上，Bartlett's 球形检验显著性水平均为 0.000，均通过显著性检验，说明该量表具有良好的效度。综合以上结果可知，此次所采用的问卷数据具备反映测量变量真实架构的能力，说明该问卷的数据是符合要求的。

第二，样本数据的结构方程模型构建及调整。

根据沉浸式休闲乐园微旅游与城市功能完善面域—重置型协同模式的理论模型，可以看出沉浸式休闲乐园微旅游、智慧基础设施布局、居民意愿、旅游城市化和城市功能完善面域—重置型均是无法直接观测到的潜在变量。同时，针对这 5 个变量设定的二级指标也属于潜在变量。在该模型中，存在显变量和潜在变量，且每个变量中均存在内生变量和外生变量。根据变量的性质，可以将沉浸式休闲乐园微旅游与城市功能完善面域—重置型协同模式的各项变量进行归类，其中，沉浸式休闲乐园微旅游是内生变量，智慧基础设施布局、居民意愿、旅游城市化是中间变量，城市功能完善面域—重置型是外生变量。基于此，打造沉浸式休闲乐园微旅游与城市功能完善面域—重置型协同模式的初始结构方程模型（见图 8－12）。

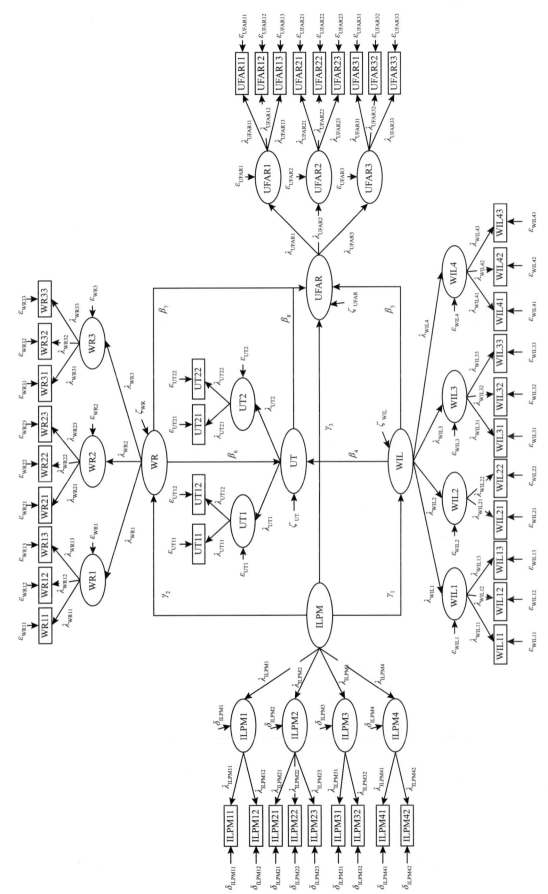

图8-12　沉浸式休闲乐园微旅游与城市功能完善面域一重置型协同模式的初始结构方程模型

图 8 – 12 为沉浸式休闲乐园微旅游与城市功能完善面域—重置型协同模式的初始结构方程模型，从中可以看出，沉浸式休闲乐园微旅游与城市功能完善面域—重置型协同模式的初始结构方程中存在外生显变量 9 项，内生显变量 33 项，外生潜变量 4 项，内生潜变量 12 项。9 项外生显变量为：ILPM11 ~ 12、ILPM21 ~ 23、ILPM31 ~ 32、ILPM41 ~ 42。33 项内生显变量为：WIL11 ~ 13、WIL21 ~ 22、WIL31 ~ 33、WIL41 ~ 43、WR11 ~ 13、WR21 ~ 23、WR31 ~ 33、UT11 ~ 12、UT21 ~ 22、UFAR11 ~ 13、UFAR21 ~ 23、UFAR31 ~ 33。4 项外生潜变量为：ILPM1 ~ 4。12 项内生潜变量为：WIL1 ~ 4、WR1 ~ 3、UT1 ~ 2、UFAR1 ~ 3。

在进行新时代下的沉浸式休闲乐园微旅游与城市功能完善面域—重置型协同模式数据验证中，为了搭建观测变量的结构方程式，需要对相应的变量进行设定。依据所搭建的初始结构方程模型中的相关内容，沉浸式休闲乐园微旅游（ILPM）、区位条件（ILPM1）、自然条件（ILPM2）、资源集聚（ILPM3）、市场需求（ILPM4）是外生潜变量，可表示为 ζ_{ILPM}、ζ_{ILPM1}、ζ_{ILPM2}、ζ_{ILPM3}、ζ_{ILPM4}。智慧基础设施布局（WIL）、公共配套设施（WIL1）、服务设施（WIL2）、旅游配套设施（WIL3）、智慧化空间（WIL4）、居民意愿（WR）、城市经济（WR1）、生活观念（WR2）、主体特征（WR3）、旅游城市化（UT）、景区城市化（UT1）、城市景区化（UT2）、城市功能完善面域—重置型（UFAR）、政府监管机制（UFAR1）、开发商协调机制（UFAR2）、民众参与机制（UFAR3）均是内生潜变量，表示为 η_{WIL}、η_{WIL1}、η_{WIL2}、η_{WIL3}、η_{WIL4}、η_{WR}、η_{WR1}、η_{WR2}、η_{WR3}、η_{UT}、η_{UT1}、η_{UT2}、η_{UFAR}、η_{UFAR1}、η_{UFAR2}、η_{UFAR3}。因此，搭建出新时代下的沉浸式休闲乐园微旅游与城市功能完善面域—重置型协同模式的观测模型方程式：

$$
\begin{cases}
X_{ILPM1} = \lambda_{ILPM1}\xi_{IAVM} + \delta_{IAVM1}, \quad X_{ILPM2} = \lambda_{ILPM2}\xi_{ILPM} + \delta_{ILPM2}, \\
X_{ILPM3} = \lambda_{ILPM3}\xi_{ILPM} + \delta_{ILPM3}, \quad X_{ILPM4} = \lambda_{ILPM4}\xi_{ILPM} + \delta_{ILPM4}, \\
X_{ILPM11} = \lambda_{ILPM11}\xi_{ILPM1} + \delta_{ILPM11}, \quad X_{ILPM12} = \lambda_{ILPM12}\xi_{ILPM1} + \delta_{ILPM12}, \\
X_{ILPM21} = \lambda_{ILPM21}\xi_{ILPM2} + \delta_{ILPM21}, \quad X_{ILPM22} = \lambda_{ILPM22}\xi_{ILPM2} + \delta_{ILPM22}, \\
X_{ILPM23} = \lambda_{ILPM23}\xi_{ILPM2} + \delta_{ILPM23}, \quad X_{ILPM31} = \lambda_{ILPM31}\xi_{ILPM3} + \delta_{ILPM31}, \\
X_{ILPM32} = \lambda_{ILPM32}\xi_{ILPM3} + \delta_{ILPM32}, \quad X_{ILPM41} = \lambda_{ILPM41}\xi_{ILPM4} + \delta_{ILPM41}, \\
X_{ILPM42} = \lambda_{ILPM42}\xi_{ILPM4} + \delta_{ILPM42}, \quad Y_{WR1} = \lambda_{WR1}\eta_{WR} + \varepsilon_{WR1}, \\
Y_{WR2} = \lambda_{WR2}\eta_{WR} + \varepsilon_{WR2}, \quad Y_{WR3} = \lambda_{WR3}\eta_{WR} + \varepsilon_{WR3}, \\
Y_{WR11} = \lambda_{WR11}\eta_{WR1} + \varepsilon_{WR11}, \quad Y_{WR12} = \lambda_{WR12}\eta_{WR1} + \varepsilon_{WR12} \\
Y_{WR13} = \lambda_{WR13}\eta_{WR1} + \varepsilon_{WR13}, \quad Y_{WR21} = \lambda_{WR21}\eta_{WR2} + \varepsilon_{WR21}, \\
Y_{WR22} = \lambda_{WR22}\eta_{WR2} + \varepsilon_{WR22}, \quad Y_{WR23} = \lambda_{WR23}\eta_{WR2} + \varepsilon_{WR23}, \\
Y_{WR31} = \lambda_{WR31}\eta_{WR3} + \varepsilon_{WR31}, \quad Y_{WR32} = \lambda_{WR32}\eta_{WR3} + \varepsilon_{WR32}, \\
Y_{WR33} = \lambda_{WR33}\eta_{WR3} + \varepsilon_{WR33}, \quad Y_{UT1} = \lambda_{UT1}\eta_{UT} + \varepsilon_{UT1}, \\
Y_{UT2} = \lambda_{UT2}\eta_{UT} + \varepsilon_{UT2}, \quad Y_{UT11} = \lambda_{UT11}\eta_{UT1} + \varepsilon_{UT11}, \\
Y_{UT12} = \lambda_{UT12}\eta_{UT1} + \varepsilon_{UT12}, \quad Y_{UT21} = \lambda_{UT21}\eta_{UT2} + \varepsilon_{UT21}, \\
Y_{UT22} = \lambda_{UT22}\eta_{UT2} + \varepsilon_{UT22}, \quad Y_{WIL1} = \lambda_{WIL1}\eta_{WIL} + \varepsilon_{WIL1}, \\
Y_{WIL2} = \lambda_{WIL2}\eta_{WIL} + \varepsilon_{WIL2}, \quad Y_{WIL3} = \lambda_{WIL3}\eta_{WIL} + \varepsilon_{WIL3}, \\
Y_{WIL4} = \lambda_{WIL4}\eta_{WIL} + \varepsilon_{WIL4}, \quad Y_{WIL11} = \lambda_{WIL11}\eta_{WIL1} + \varepsilon_{WIL11}, \\
Y_{WIL12} = \lambda_{WIL12}\eta_{WIL1} + \varepsilon_{WIL12}, \quad Y_{WIL13} = \lambda_{WIL13}\eta_{WIL1} + \varepsilon_{WIL13}, \\
Y_{WIL21} = \lambda_{WIL21}\eta_{WIL2} + \varepsilon_{WIL21}, \quad Y_{WIL22} = \lambda_{WIL22}\eta_{WIL2} + \varepsilon_{WIL22}, \\
Y_{WIL31} = \lambda_{WIL31}\eta_{WIL3} + \varepsilon_{WIL31}, \quad Y_{WIL32} = \lambda_{WIL32}\eta_{WIL3} + \varepsilon_{WIL32}, \\
Y_{WIL33} = \lambda_{WIL33}\eta_{WIL3} + \varepsilon_{WIL33}, \quad Y_{WIL41} = \lambda_{WIL41}\eta_{WIL4} + \varepsilon_{WIL41}, \\
Y_{WIL42} = \lambda_{WIL42}\eta_{WIL4} + \varepsilon_{WIL42}, \quad Y_{WIL43} = \lambda_{WIL43}\eta_{WIL4} + \varepsilon_{WIL43}, \\
Y_{UFAR1} = \lambda_{UFAR1}\eta_{UFAR} + \varepsilon_{UFAR1}, \quad Y_{UFAR2} = \lambda_{UFAR2}\eta_{UFAR} + \varepsilon_{UFAR2}, \\
Y_{UFAR3} = \lambda_{UFAR3}\eta_{UFAR} + \varepsilon_{UFAR3}, \quad Y_{UFAR11} = \lambda_{UFAR11}\eta_{UFAR1} + \varepsilon_{UFAR11}, \\
Y_{UFAR12} = \lambda_{UFAR12}\eta_{UFAR1} + \varepsilon_{UFAR12}, \quad Y_{UFAR13} = \lambda_{UFAR13}\eta_{UFAR1} + \varepsilon_{UFAR13}, \\
Y_{UFAR21} = \lambda_{UFAR21}\eta_{UFAR2} + \varepsilon_{UFAR21}, \quad Y_{UFAR22} = \lambda_{UFAR22}\eta_{UFAR2} + \varepsilon_{UFAR22}, \\
Y_{UFAR23} = \lambda_{UFAR23}\eta_{UFAR2} + \varepsilon_{UFAR23}, \quad Y_{UFAR31} = \lambda_{UFAR31}\eta_{UFAR3} + \varepsilon_{UFAR31}, \\
Y_{UFAR32} = \lambda_{UFAR32}\eta_{UFAR3} + \varepsilon_{UFAR32}, \quad Y_{UFAR33} = \lambda_{UFAR33}\eta_{UFAR3} + \varepsilon_{UFAR33}.
\end{cases}
$$

在搭建出观测模型方程式的基础上，根据结构模型的一般形式构建出沉浸式休闲乐园微旅游与城市功能完善面域—重置型协同模式的结构方程式，表达如下：

$$\begin{cases} \eta_{WR} = \gamma_2 \xi_{ILPM} + \zeta_{WR}, \\ \eta_{UT} = \beta_4 \eta_{WIL} + \beta_6 \eta_{WR} + \zeta_{UT}, \\ \eta_{WIL} = \gamma_1 \xi_{ILPM} + \zeta_{WIL}, \\ \eta_{UFAR} = \gamma_3 \xi_{ILPM} + \beta_5 \eta_{WIL} + \beta_7 \eta_{WR} + \beta_8 \eta_{WIL} + \zeta_{UFAR}. \end{cases}$$

其中，用 γ_1、γ_2、γ_3 分别表示沉浸式休闲乐园微旅游到智慧基础设施布局、居民意愿、城市功能完善面域—重置型的作用路径。用 β_4、β_5 分别表示智慧基础设施布局到旅游城市化与城市功能完善面域—重置型的作用路径，用 β_6、β_7 分别表示居民意愿到旅游城市化与城市功能完善面域—重置型的作用路径，用 β_8 表示旅游城市化到城市功能完善面域—重置型的作用路径。

本书采用最常用的八种拟合指标检验方法来评估沉浸式休闲乐园微旅游与城市功能完善面域—重置型协同模式的拟合情况，包括 CMIN\DF、CFI、IFI、TLI、AGFI、PNFI、RMSEA、RMR。将构建的初始结构方程模型导入 AMOS 软件，并通过导入研究的量表数据进行分析，获得了沉浸式休闲乐园微旅游与城市功能完善面域—重置型协同模式的拟合指标值（见表 8 - 12）。

表 8 - 12　　　　　　　　　　　　　　初始结构方程模型适配度检验结果

拟合指标	CMIN\DF	CFI	IFI	TLI	AGFI	PNFI	RMSEA	RMR
观测值	1.483	0.934	0.935	0.928	0.782	0.760	0.047	0.028
拟合标准	<3.00	>0.90	>0.90	>0.90	>0.80	>0.50	<0.08	<0.05

根据表 8 - 12 中的各项拟合指标检验值，可以看出基本达标，说明所构建的沉浸式休闲乐园微旅游与城市功能完善面域—重置型协同模式的初始结构方程模型能够较好地与通过问卷调查所获得的量表数据进行拟合。因此，在进行拟合度检验的基础上，可以进一步测度原始结构方程中各路径的系数（见表 8 - 13）。

表 8 - 13　　　　　　　　　　　　　　　初始结构方程路径估计

路径	模型路径	路径系数	S. E.	C. R.	P
γ_1	ILPM→WIL	0.79	0.065	10.005	***
γ_2	ILPM→WR	0.67	0.071	7.734	***
γ_3	ILPM→UFAR	0.38	0.097	3.738	***
β_4	WIL→UT	0.50	0.105	5.578	***
β_5	WIL→UFAR	0.13	0.117	1.318	0.187
β_6	WR→UT	0.34	0.102	4.010	***
β_7	WR→UFAR	0.19	0.094	2.269	0.023
β_8	UT→UFAR	0.21	0.082	2.513	0.012

注：*** 表示 P < 0.001。

由表 8 - 13 可知，在沉浸式休闲乐园微旅游与城市功能完善面域—重置型协同模式的初始结构方程模型中，路径 WIL→UFAR 没有通过显著性检验。从结果上看，沉浸式休闲乐园微旅游与城市功能完善面域—重置型协同模式的初始结构方程模型的建设思路基本正确，但其中的部分关系需要进行调整。由此，在初始结构方程模型中删除了智慧基础设施布局到城市功能完善面域—重置型的直接作用关系路径，即 WIL→UFAR，以此调整模型（见图 8 - 13）。

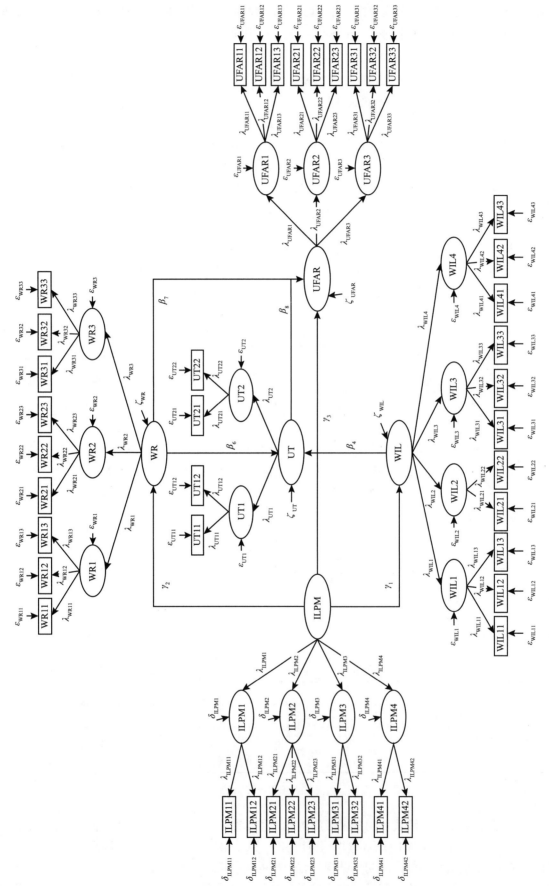

图8-13 调整后的沉浸式休闲乐园微旅游与城市功能完善面域—重置型协同模式结构方程模型

图 8 - 13 为调整后的沉浸式休闲乐园微旅游与城市功能完善面域—重置型协同模式的结构方程模型图，将调整后的结构方程模型导入 AMOS 软件中进行拟合度检验，其结果（见表 8 - 14）。

表 8 - 14　　　　　　　　　　　　　调整后的结构方程模型适配度检验结果

拟合指标	CMIN\DF	CFI	IFI	TLI	AGFI	PNFI	RMSEA	RMR
观测值	1.490	0.933	0.934	0.927	0.782	0.760	0.047	0.029
拟合标准	<3.00	>0.90	>0.90	>0.90	>0.80	>0.50	<0.08	<0.05

根据表 8 - 14 的结果，可以看到调整后的结构方程模型各项拟合指标检验值基本达标，说明调整后的结构方程模型与原始数据量表之间仍然具有良好的匹配度。在拟合度检验的基础上，再次将调整后的结构方程模型导入 AMOS 软件中进行路径估计，其结果见表 8 - 15。

表 8 - 15　　　　　　　　　　　　　　调整后的结构方程路径估计

路径	模型路径	非标准化路径系数	标准化路径系数	S. E.	C. R.	P
γ_1	ILPM→WIL	0.65	0.80	0.065	9.998	***
γ_2	ILPM→WR	0.55	0.67	0.071	7.751	***
γ_3	ILPM→UFAR	0.43	0.46	0.074	5.804	***
β_4	WIL→UT	0.60	0.50	0.106	5.636	***
β_6	WR→UT	0.40	0.34	0.101	3.950	***
β_7	WR→UFAR	0.22	0.19	0.092	2.430	0.015
β_8	UT→UFAR	0.25	0.26	0.073	3.412	***

注：*** 表示 $P < 0.001$。

根据表 8 - 15 的结果显示，调整后的结构方程模型中的各个路径呈现出显著性的状态，在表 8 - 15 中，所有路径的显著性水平基本达到 0.001，较好地通过显著性检验。可以确定调整后的结构方程模型为最满意的结构方程，经过标准化处理后，路径系数的数值均在 -1 至 1 的范围内，得出最后的结构方程模型，见图 8 - 14。

第三，结构方程的假设检验及效应分解。

依据以上结构方程模型的实证结果，结合研究所提出的研究假设与概念模型，对新时代下的沉浸式休闲乐园微旅游与城市功能完善面域—重置型协同模式作用假设进行验证，并对路径系数归纳总结。详情见表 8 - 16。

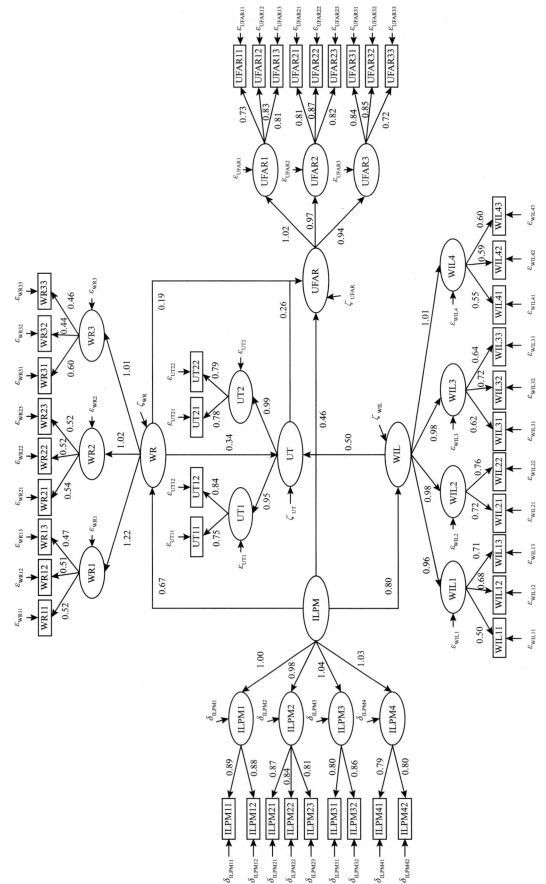

图8-14 最终的沉浸式休闲乐园微旅游与城市功能完善面域—重置型协同模式的结构方程模型

表 8 - 16　　沉浸式休闲乐园微旅游与城市功能完善面域—重置型协同模式结构方程模型路径结果分析

路径	模型路径	路径系数	显著性水平	研究假设	检验结果
γ_1	ILPM→WIL	0.80	***	H1	支持
γ_2	ILPM→WR	0.67	***	H2	支持
γ_3	ILPM→UFAR	0.46	***	H3	支持
β_4	WIL→UT	0.50	***	H4	支持
β_5	WIL→UFAR	—	—	H5	不支持
β_6	WR→UT	0.34	***	H6	支持
β_7	WR→UFAR	0.19	0.015	H7	支持
β_8	UT→UFAR	0.26	***	H8	支持

注：*** 表示 $P < 0.001$。

经过标准化处理，沉浸式休闲乐园微旅游到智慧基础设施布局的路径系数为 0.80，$P < 0.001$，通过了显著性检验，即"沉浸式休闲乐园微旅游对智慧基础设施布局具有显著性的直接正向作用"的原假设 HH1 成立。

沉浸式休闲乐园微旅游到居民意愿的路径系数为 0.67，$P < 0.001$，通过了显著性检验，即"沉浸式休闲乐园微旅游对居民意愿具有显著性的直接正向作用"的原假设 HH2 成立。

沉浸式休闲乐园微旅游到城市功能完善面域—重置型的路径系数为 0.46，$P < 0.001$，通过了显著性检验，即"沉浸式休闲乐园微旅游对城市功能完善面域—重置型具有显著性的直接正向作用"的原假设 HH3 成立。

智慧基础设施布局到旅游城市化的路径系数为 0.50，$P < 0.001$，通过了显著性检验，即"智慧基础设施布局对旅游城市化具有显著性的直接正向作用"的原假设 HH4 成立。

智慧基础设施布局到城市功能完善面域—重置型的作用路径在模型调整中被删除掉了，未能通过显著性检验，由此，可以看出"智慧基础设施布局对城市功能完善面域—重置型具有显著的直接正向作用"的假设不成立，检验的结果拒绝了原假设 HH5。

居民意愿到旅游城市化的路径系数为 0.34，$P < 0.001$，通过了显著性检验，即"居民意愿对旅游城市化具有显著性的直接正向作用"的原假设 HH6 成立。

居民意愿到城市功能完善面域—重置型的路径系数为 0.19，$P = 0.015$，在 1% 的水平上显著，通过了显著性检验，即"居民意愿对城市功能完善面域—重置型具有显著性的直接正向作用"的原假设 HH7 成立。

旅游城市化到城市功能完善面域—重置型的路径系数为 0.26，$P < 0.001$，通过了显著性检验，即"旅游城市化对城市功能完善面域—重置型具有显著性的直接正向作用"的原假设 HH8 成立。

由此可知，新时代下沉浸式休闲乐园微旅游对城市功能完善面域—重置型协同模式的结构方程模型较好地与量表数据进行了拟合，沉浸式休闲乐园微旅游对城市功能完善面域—重置型建设的直接作用路径系数为 0.46，还有三条较为显著的间接作用路径，其间接作用效应分别为 0.104（0.80 × 0.50 × 0.26）、0.127（0.67 × 0.19）、0.059（0.67 × 0.34 × 0.26），总的间接作用效应为 0.29。通过比较可知，沉浸式休闲乐园微旅游到城市功能完善面域—原置型的直接作用路径系数与间接作用路径系数有所差距，但居民意愿、旅游城市化和智慧基础设施布局三个中间变量的重要作用也不可忽视。

智慧基础设施布局到城市功能完善面域—重置型的作用路径在模型调整中被删除掉了，但智慧基础设施布局对城市功能完善面域—重置型依旧产生间接作用效应，其间接路径主要通过旅游城市化这中间变量得以实现。其中，通过旅游城市化产生的间接作用效应为 0.104（0.80 × 0.50 × 0.26），由此可知，智慧基础设施布局对城市功能完善面域—重置型有间接作用效应，作用也较为显著。

根据沉浸式休闲乐园与城市功能完善面域—重置型协同模式的结构方程实证结果，可得出以下三点结论：一是要通过引导居民意愿进而提升城市改造速度，提升城市经济效益，积极完善居民生活环境，维护主客关系，促进当地旅游业发展，增强游客体验。二是要不断促进旅游城市化，积极利用现代虚拟现实技术和休闲主题进行城市功能的完善，打造城市特色，提升城市产业竞争力，保障经济可持续发展。三是要不断完善智慧基础设施布局，沉浸式微旅游体验是新时代下响应游客需求而形成的旅游新业态，应积极完善城市基础设施，完善智慧化空间布局，将游客偏好与城市主题结合，增强旅游吸引力。

8.2.5 研究发现

本书运用个案分析和结构方程分析的方法展开沉浸式休闲乐园微旅游与城市功能完善面域—重置型协同模式的影响作用分析，根据当前旅游业的区位条件、自然科技、资源集聚和市场需求，并结合城市更新的政府监管、开发商协调、民众参与三个方面考虑构建了沉浸式休闲乐园微旅游与城市功能完善面域—重置型协同模式的理论框架，通过访谈以及问卷调查分别对沉浸式休闲乐园微旅游、智慧基础设施布局、旅游城市化、居民意愿和城市功能完善面域—重置型协同模式进行分析。基于上述分析，主要得出以下发现：

第一，沉浸式休闲乐园微旅游对智慧基础设施布局、居民意愿与城市功能完善面域—重置型产生正向影响。

沉浸式休闲乐园微旅游到智慧基础设施布局的标准化路径系数为0.80，在1%的显著性水平上显著。青岛极地海洋世界是一个以海洋为主题的大型沉浸式休闲乐园，采用了许多智慧基础设施进行布局，智慧基础设施布局可以为游客带来更好的旅游体验，从而产生正向影响。青岛极地海洋世界采用了智慧导览系统，游客可以通过扫描二维码或者使用移动App来获取详细的场馆介绍和活动信息，从而更好地了解每个场馆的特点和游玩项目。智慧导览系统可以帮助游客更快地了解整个景区，避免迷路或错过重要的活动。同时，游客可以通过手机App在线购票，并使用电子门票进入景区，无须排队购票。此外，在场馆入口处，游客可以使用人脸识别系统进行身份识别，实现快速通行。这些智能化的购票手段可以加快游客进入景区的速度，减少等待和拥堵，提高游客的满意度。青岛极地海洋世界采用了多媒体技术展示。例如，海洋极地馆内应用了许多3D全息投影、互动影像、VR体验等沉浸式展示技术，游客可以更好地感受到各种海洋生物的形态和生态。这些展示技术可以增加乐园的趣味性和观赏性，提高游客的参与感和质量。综上所述，山东青岛极地海洋世界这一沉浸式休闲乐园微旅游通过采用智慧基础设施，如智慧导览系统、智能购票系统和多媒体技术展示，为游客提供更好的游览体验，并对智慧基础设施布局产生正向影响。

沉浸式休闲乐园微旅游到居民意愿的标准化路径系数为0.67，在1%的显著性水平上显著。青岛极地海洋世界的原身青岛海洋游乐城曾经是青岛旅游的一张亮丽名片，也承载了无数岛城人的美好回忆。青岛极地海洋世界作为一个娱乐和购物的场所，可以对当地的城市经济产生积极影响。景区集合了各种商品和服务，吸引了大量的游客和参观者，推动了商业和旅游业的发展，带动了当地的消费和经营活动，可以为当地居民提供更多的就业机会和商业发展机会。而且作为一个沉浸式休闲乐园，提倡环保理念和可持续发展，可以提升当地居民的环保意识和生活观念。景区内有许多海洋生物和自然景观，可以让居民身临其境感受到海洋的魅力，增强了当地居民保护自然和环境的意识，推动了当地社会的绿色发展。此外，青岛极地海洋世界若被当作一个文化交流的场所时，可以促进当地居民的主体特征和历史文化的传承。景区的特色海洋文化，以及各种海洋文化活动的举办，可以让居民与游客了解特色文化，增强其文化认同感。

沉浸式休闲乐园微旅游到城市功能完善面域—重置型的标准化路径系数为0.46，在1%的显著性水平上显著。青岛极地海洋世界位于青岛市崂山区东海东路，是新城区内的一个重要文化设施。

景区将区域内的滨海生态环境与现代文化、休闲娱乐等多种元素融合在一起，使得这一区域从单一的开发区扩展成为一个具有文化、娱乐和生态环保特点的多样化区域，推动区域经济和城市形象的提升。同时，作为一种集休闲、娱乐、购物、文化等多元化功能于一体的设施，景区不仅满足了居民的多样化需求，也为当地与外来游客提供多种选择。此外，景区还注重信息化、智能化建设，利用先进技术提高景区的管理水平和服务质量，增强景区的品牌价值和竞争力，使得该区域的城市功能得到进一步完善。青岛极地海洋世界处于海滨地带，有着丰富的海洋资源和野生动物资源，这些资源为景区提供了丰富的展示和娱乐资源。同时，景区注重生态保护，将保护海洋生态环境和野生动物作为自身的发展理念，这些自然条件的维护和利用不仅符合当下社会的绿色发展要求，而且也为景区的长期发展奠定了坚实的基础。此外，景区集合了各种商品和服务，包括餐饮、购物、休闲娱乐、文化体验等多项元素，这一多元化资源的集聚，有利于推动当地商业的发展，为当地提供更多文化娱乐选择，并且还有利于增加当地的就业机会和经济收入。近年来，随着人们生活水平的提高，旅游需求已经成为当代城市功能完善面域重置的重要推动力之一，而极地海洋世界这一以海洋为主题的休闲乐园，符合人们对健康娱乐和文化体验的需求，能够吸引人们前来观光、游玩和消费，促进当地旅游业和经济的发展，从而推动城市功能的完善。这一景区符合城市形象与精神，对自然资源进行有效维护和利用，促进了商业和文化的集聚，同时旅游需求的增长也推进了城市的发展，使得城市功能更加多元化。

第二，居民意愿分别对旅游城市化、城市功能完善面域—重置型产生正向影响。

居民意愿到旅游城市化的标准化路径系数为 0.34，在 1% 的显著性水平上显著。山东青岛极地海洋世界的丰富多彩的活动和展示对当地的居民来说是一个重要的旅游资源。居民可以通过游览青岛极地海洋世界来了解更多关于极地动物和海洋生物的知识，并享受到这些互动体验和表演带来的乐趣。此外，青岛极地海洋世界的休闲商业区提供了购物、美食和娱乐等服务，让居民在享受旅游体验的同时，也获得了便利与享受。青岛极地海洋世界提供了一系列的娱乐、文化和商业活动，使得当地的居民可以在家门口就享受到高品质的娱乐休闲服务。同时，景区城市化和城市景区化会带动相对应的投资和发展，将带来更多的就业机会和经济福利，从而提高居民的生活质量。这种投资和发展不仅能够改善居民的生活条件，还能够为城市旅游发展带来前所未有的增长潜力，推动旅游城市化的有效转型。随着游客数量的增多，青岛极地海洋世界的周边地区对公共设施的需求也会不断增加，如餐饮、酒店、停车场等。在满足这些需求的过程中，政府和地方会进一步推动城市的基础设施建设，促进城市景区化。

居民意愿到城市功能完善面域—重置型建设的标准化路径系数为 0.19，在 1% 的显著性水平上显著。居民意愿是城市功能完善的重要驱动力，当城市居民意识到环境的重要性和价值时，会更加积极地参与城市环境升级，如提倡垃圾分类、节能减排等行动，促进城市环境的改善和城市功能的完善。而青岛极地海洋世界的特殊性也在引导城市居民积极参与环境的保护，极地海洋世界建设在海边，不仅美化了青岛的自然环境，更为游客提供观赏海洋生物的机会，满足居民追求健康休闲生活方式的需求，同时为青岛市的旅游业发展注入新的活力和动力，推动了城市功能的完善。此外，居民作为城市的主体，具有广泛的参与意愿和能力，在城市规划、城市管理和城市建设等方面的参与和贡献将在城市功能完善方面发挥重要作用。并且在城市公共设施方面，居民对城市公共设施的需求是城市发展的重要动力，居民普遍希望城市有更好的公共设施，如更多的公园、绿地、图书馆、博物馆等。这些设施的建设不仅能提高居住品质，同时也能增强城市的吸引力和竞争力。总之，居民意愿是城市功能完善面域—重置型的重要动力，对促进城市环境的改善、公共设施的建设、社区的发展、城市创新发展等方面带来积极的影响，推动城市功能完善落实到各个层面。

第三，智慧基础设施布局对旅游城市化产生正向影响，且旅游城市化对城市功能完善面域—重置型产生正向影响。

智慧基础设施布局到旅游城市化的标准化路径系数为 0.50，在 1% 的显著性水平上显著。智慧基础设施的布局不仅是为了优化旅游体验，也为整个旅游城市化的发展提供了强有力的支持。其中，公共配套设施是城市化必不可少的一部分，包括公共交通、卫生、教育等方面的设施。在青岛极地海洋世界的建设中，公共交通设施完善，包括地铁、公共汽车等，旅游者和居民都能够方便地到达景点并享受到交通的智能化和优质化服务。卫生和教育方面的设施也得到了提高，能够保证游客在青岛极地海洋世界中的健康安全，同时能够提高当地居民的生活质量。同时，在青岛极地海洋世界的建设中，基于其特殊的旅游属性，景区内的住宿和餐饮设施会更注重周边配套和主题特色，而购物相关设施则从电子支付、VR 体验、智能导购等方面提供了便捷的购物感受和体验。在青岛极地海洋世界中，为了给游客提供更好的智能化服务，智能化服务设施不断得到升级优化，如智能导游机器人等服务。综上所述，山东青岛极地海洋世界的智慧基础设施布局对旅游城市化产生了积极影响，为优化旅游体验、提高城市经济活力、增强城市竞争力提供了有力的支持。

旅游城市化到城市功能完善面域—重置型的标准化路径系数为 0.26，在 1% 的显著性水平上显著。青岛极地海洋世界的建设通过引进先进的大型项目和团队，提升了城市的文化和旅游品质，在现代服务业和旅游业中占有一席之地，极大提升了青岛的经济活力和文化吸引力。同时，在城市空间布局方面，极地海洋世界的建设也使青岛城市增加一个新的发展极点，带动了周边业态的发展和城市空间的发展调整。此外，极地海洋世界以极地与海洋为主题，向游客展现了丰富多彩、独具特色的海洋文化和极地文化，有力推动了青岛市文化产业的发展。极地海洋世界作为青岛市重点旅游景点之一，吸引了大量游客和投资，进而带动了周边区域的经济发展。在景区内外，极地海洋世界建设了众多餐饮、住宿、商业等相关配套设施，其建设和运营，不仅创造就业机会，还促进区域内商业和服务业的发展，对当地经济发展具有重要的带动作用。极地海洋世界的建设使得青岛成为一个重要的旅游城市，进而提升了城市旅游功能。极地海洋世界坐落于石老人海岸带，拥有得天独厚的自然景观和诸多度假小镇，为游客提供了优越的旅游资源。通过与青岛市其他景区和旅游配套设施的衔接和互动，可以进一步提升城市旅游功能，吸引更多的游客前来旅游，带动整个城市旅游产业的发展。

8.2.6　关于研究发现的进一步讨论

第一，沉浸式休闲乐园微旅游对智慧基础设施布局、居民意愿与城市功能完善面域—重置型产生正向影响，原因可能有以下几个方面：

随着科技的不断进步，智慧基础设施已经成为旅游业的重要支撑。智慧基础设施是指通过各种信息技术手段将城市、公共设施、交通、环保、能源等多个领域的基础设施相互关联，形成一个智慧化的系统。智慧旅游设施是旅游景区建设中的一个重要方面，可以为景区提供高效的管理和服务，同时为游客提供更加便利和舒适的旅游体验。其中，智慧旅游设施的布局是一个重要的决策问题，科学合理的布局可以减少建设和管理成本，提高服务和运作效率，同时也可以提升游客的旅游便利性和满意度。因此，在景区智慧旅游设施的建设中，合理的布局非常关键。城市基础设施是城市发展的核心要素，而城市信息基础设施的完善程度对于充分发挥城市智慧建设效应至关重要。只有当城市信息基础设施得到充分发展和完善，城市才能真正实现智慧化建设，并为居民和企业提供更加便捷、高效的服务和生活环境。随着全国范围内"新基建"的推动，城市发展将迎来新的机遇。数字技术的出现让全方位、立体化的城市更新实现成为可能，城市更新不只是简单地对楼宇进行翻新，智慧城市更新也不仅是给现有建筑加上智能化设备。城市更新的目标是推动城市发展，满足市民的工作和生活需求。要实现这一目标，就需要持续改善基础设施，建设符合网络化、数字化、智慧化发展方向的新型基础设施。智慧基础设施利用先进的技术手段，将城市各种需求、数据和信息进行互联互通，实现城市各个部分的智能化和高效化管理。智慧基础设施的作用不仅仅局限于提高城市的基础设施水平，还需要转变传统思维和管理方式，重视信息化和智能化的发展，并加强对城市信息和数据的管控和利用。智慧基础设施实现了城市基础设施的智慧化，缩短信息传递和处理时间，提高了城市的管理效能和服务质量，从而促进城市发展和社会治理的升级。城市更新不仅是单纯地改善城市布局和基础设施，还综合了改善居住环境、整治城市环境、促进经济发展等多个目标任务。相比过去单一的旧城改造内容，城市更新的范围更加广泛和全面。城市更新的目标是创造一个更加宜居、可持续、繁荣发展的城市，提升城市的整体竞争力和生活质量。通过提高旅游业的质量和吸引力，城市可以吸引更多游客和投资，从而为城市更新空间范型建设提供更多的经济和文化资源。

居民、游客是旅游业态创新的核心利益主体，旅游业态创新的核心理念是主客共享。为了提供高质量的旅游产品和服务，旅游业逐渐把人的全面发展放在更加重要的位置上。相关从业者通过了解游客的需求，改进旅游产品和服务供应，为游客提供更好的体验。同时，积极深入开发康养小镇、田园综合体、共享民宿、网红城市等旅游目的地，将其打造成主客共享场所，旨在吸引游客并增强他们的互动体验感，同时提高当地居民的生活品质和拓展生活空间。这有利于满足新一代游客的深度旅游体验需求，吸引当地居民参与，最大化利用旅游资源，提高居民的幸福感和生活品质。沉浸式休闲乐园微旅游通常注重环保和文化保护，提倡绿色生态旅游理念，避免环境破坏和文化侵蚀，从而增强居民的环保环境保护意识和文化意识。同时，还可以促进当地经济发展，提供就业机会，提高居民收入和福利水平，可以刺激消费需求，增加当地税收，提高居民对旅游的诉求及旅游行为的参与积极性。

第二，居民意愿分别对旅游城市化、城市功能完善面域—重置型产生正向影响，原因可能有以下几个方面：

居民的意愿表明他们对旅游业的认同，在旅游业的发展中，居民可以作为城市与游客的重要纽带，向游客推介当地的文化与风情，促进城市与居民之间更密切地交流和合作。居民的意愿可以为旅游城市化方案提供重要的反馈，规划者可以借此了解居民对旅游城市化的支持或反对的程度以及提出的建议，进而确定旅游城市化方案的具体内容和可行性，提高方案的成功率。同时，如果居民意愿对旅游城市化产生积极的影响，那么很可能成为城市旅游事业的忠实粉丝。这有助于促进城市和居民与旅游业之间的合作和协调，从而共同推动城市旅游业的发展和完善。居民对旅游城市化的支持和积极参与，会为旅游产业的发展增加动力。例如，更多的游客产生的需求和利润将促进旅游业的发展，同时还将为城市赋予更多的旅游资源，吸引更多的旅游投资和资源，从而提升城市的整体经济水平。

居民、游客也是城市更新空间范型的建设主体。不同利益主体打造的视觉景观的目的与方式不同，进而导致旅游目的地与所在城市更新建设呈现出独特的结果。合理利用不同利益主体的感知，可以建设高质量城市。默里（Murray）在研究时发现，在种族隔离后，约翰内斯堡都市区出现一些迎合高层次消费需求的娱乐场所，加剧了城市景观的破碎。孔子然（2023）以合肥市城隍庙街区为例，从公众视角建立了城市更新满意度评价指标体系，并通过实证分析从维度结构、组间差异等方面对满意度情况进行评估，旨在为类似城市街区的更新改造提供启示。城市更新行动对于改善城市人居环境，提升人民群众的获得感、幸福感和安全感具有重要意义，这是解决城市发展中突出问题和短板的一项重大举措，居民满意度是衡量城市更新效益的基本标准，城市的发展也不止由政府或者开发商进行主导，更要居民、游客等多元主体协同参与建设。

第三，智慧基础设施布局对旅游城市化产生正向影响，且旅游城市化对城市功能完善面域—重置型产生正向影响，原因可能有以下几个方面：

在旅游中，各设施的空间布局以及不同的设施物品的组合形成了具有不同的场景，同时通过符号感的创造，传递了不同的文化和价值观。通过不同的设施物件的组合，可以创造出旅游场景，以满足游客的需求和提高他们的旅游体验。这些场景所组成的空间布局也是非常重要的，因为其决定了游客在景区中的游玩体验和旅游满意度。智慧基础设施的建设将提升城市的形象，使得城市旅游的受欢迎程度更高。如建设智能公交系统和智慧停车场等，可以缓解城市交通拥堵状况，改善游客旅游体验，使城市形象更加现代化和人性化。智慧基础设施建设能够将城市的资源高效利用，改进城市公共服务和管理模式，促进城市可持续发展。例如，建设智慧垃圾分类收集系统、节能环保的照明系统等，可以提高城市的能源利用效率和环保水平，进一步增强城市创新和发展的潜力。智慧基础设施的建设能够为城市提供更加便利、快捷、安全、智能的旅游服务，提高城市的服务水平，吸引更多的游客到访。此外，智慧基础设施的建设可以降低资源和时间的浪费，并能提高城市资源的利用效率，从而推动城市旅游业的可持续发展，实现城市旅游业与经济发展的共赢。

在实践中，需要深入挖掘城市特色，树立特色旅游城市的形象。利用不同的旅游开发模式，实现不同类型的城市遗址之间的交替分布和不同旅游开发模式的搭配使用，以达到旅游和城市更新空间范型之间的完美结合。随着我国旅游业的快速发展，旅游逐渐成为促进城市化的重要动力，并成为多元城市化的一种重要模式。旅游城市化是以旅游业为核心，通过城市规划、城市建设和城市管理的方式，建设具有较高旅游吸引力和可持续发展能力的城市模式。在这个过程中，城市更新空间范型的建设发挥了重要的作用。在旅游城市化过程中，城市可以通过优化城市环境和交通布局等来改善旅游业的营商环境，并针对旅游业的需求进行空间布局和功能分区。这种方式可以使城市得到更好的规划和建设，从而在城市功能完善面域—重置型的建设中实现有序发展，提高城市整体的经济、社会和环境效益。传统的城市中心由于历史原因遗留下来的空间结构和功能布局，往往具有过度集中、单一功能等问题。旅游城市化可以通过挖掘城市的其他特色资源，将旅游城市节点从传统城市中心向城市其他区域转移，从而实现城市功能的多元化和城市更新空间范型的合理化、科学化和人性化。此外，旅游城市化也可以促进城市功能完善面域—重置型的创新。在旅游的吸引下，城市可以发掘和重新利用城市历史文化遗产，更新、改造和提升城市公共空间和城市配套设施，以提高城市的品质和吸引力。这将有助于构建更加开放、创新、以人为本的城市功能完善面域—重置型。因此，旅游城市化不仅可以促进城市经济的发展，还可以推动城市功能完善面域—重置型的提升。通过统筹规划和有序发展，可以实现旅游城市化和城市功能完善面域—重置型的多赢。

第9章 沉浸式微旅游业态创新与城市更新空间范型协同模式的政策建议

新时代下的沉浸式歌舞演艺微旅游，基于特有的互动体验、专属情境、艺术情调，可以为文旅产业的深度融合提供新机遇，同时，随着人们对旅游过程中不断提高的互动性和参与性要求，沉浸式歌舞演艺微旅游不同于以往的传统的演员在台上、观众在台下的模式，而是采取互动性的体验。沉浸式歌舞演艺微旅游分为两类，一类是依托剧情的场景体验，以沉浸式戏剧为代表，依靠剧本促使游客融入其中；另一类是侧重于科技的场景体验，运用多元化的新媒体技术。沉浸式歌舞演艺微旅游的发展与居民意愿、空间布局、旅游可持续发展、智慧城市建设及景区发展水平的界定息息相关。沉浸式文化传承微旅游是借助古老的建筑遗存和浓郁的风俗民情，给游客带来穿越历史的新体验，给旧街区添加新元素，促进文化得到传承，并创新老城区或传统景区的运营模式，实现消费升级，给游客带来独特且高级的传统文化体验。沉浸式文化传承微旅游的发展与城市文化保护面域——原置型协同发展，使旧街区与文化传承沉浸式微旅游产业相结合建设，增强居民意愿，优化城市产业结构以及提高游客认知评价。

城市更新主要是旧城镇、旧村庄、旧厂房的更新，更新改造社区的环境风貌、文化气息、古老建筑遗存，使其具有浓郁乡愁等特色，改造后的家园还有原来的味道。城市文化应该是一种共商、共建、共享的文化。只有当文化与城市有效融合时，才能实现全面梳理资源和优势的目标，正确确定城市定位。同时，注重传统与现代结合、本土与外来的结合，以及融合不同人群的需求。在这个过程中，需要关注居住环境的更新和公共空间的体系化，为城市化的进程注入全面、协调和可持续发展的动力。文艺场馆是城市重要的公共文化设施，是开展公共文化服务的重要阵地之一，可以带动全市公共文艺场馆共同发展。其蕴含音乐舞蹈、美术创作研究、非物质文化遗产保护等门类，从视觉到听觉，从文艺表演到器乐演奏，几乎深入居民文化生活的方方面面。沉浸式文艺场馆微旅游通过各种各样丰富多彩文艺方式，在各种舞台上展示城市的人文特色，山河风光、美好生活，传承中华民族文化，以"体验者"视角＋"主题剧情"贯穿全场，带来一场全新的艺术盛宴。将文艺精品演出、展览等融入文艺场馆、旅游景点、商业空间等，可以增强群众获得感，将文艺演出和城市人文、舞台背景和城市地标、传统展览和流行文创等相结合，让文艺赋能城市、融入生活。

9.1 沉浸式微旅游业态创新与城市更新空间范型协同模式的前期规划与分析

9.1.1 挖掘演艺旅游潜力，打造文化保护基础

根据现有条件与新时期下的旅游市场需求，结合当地沉浸式歌舞演艺微旅游的现状、现有的旅游资源和技术支撑，明确城市更新点式与原置型构成所能够提供的空间，通过挖掘歌舞演艺的旅游资源，了解客源市场以完善歌舞演艺旅游的建设，为完善歌舞演艺微旅游的文化保护提供有效动能。

第一，分析沉浸式体验模式，确定项目定位。首先，企业必须提前了解歌舞演艺旅游新业态所

需技术。做好市场调查，明确旅游新业态的所需资源与技术，为新时代下的旅游演艺的发展与转型做好准备。通过了解新时代下的市场变化、现有技术、已有资源，区分城市旧建筑的修复方向，遵守"修旧如旧"的原则，同时添加高科技、歌舞演艺等新元素进行旅游业态创新发展，形成新的社会消费方式。其次，居民培养主客意识，营造零距离主客角色关系。引导当地居民多角度理解歌舞演艺微旅游创新发展，强化居民凝聚力，主动融入歌舞演艺旅游模式建设中。通过合理规划传统文化的保护措施以此增强普通居民，特别是原住民的文化认同感，将旅游演艺与沉浸式体验深度融合，进行沉浸式歌舞演艺微旅游的特色化建设。最后，加强景区全局性规划，开创文化和旅游市场发展新局面。优化旅游演艺旅游市场环境，促进市场循环，激发沉浸式实景演艺的市场主体活力，为新时代下发展旅游新格局做好准备。同时，通过培育发展旅游演艺新型市场主体，支持建设歌舞演艺、互联网科技、小剧场等多业态共同经营或混合经营的演艺创新旅游，加强新业态新模式及歌舞演艺场所的引导、管理与服务。

第二，研究景区与城区空间关系，提出布局思路。首先，企业重新规划景区的游览空间，做好项目策划。通过政府与资本的运作，保留原有社区结构，生产出合适的物理空间以打造景区游览空间。探讨演艺活动的具体范围、布局形式对生态环境造成影响，以及建筑物的位置对实际观赏体验效果的视觉影响。其次，合理限制游客规模，保护生态环境。通过合理定位和规划景区的服务中心和演艺活动，采取有效的游客管理措施，加强环境保护和可持续发展意识，可以处理好旅游景区的服务中心与演艺活动的空间关系，使得景区内游玩路线更加合理化，并控制游客规模，保持景区内的游客流量不超过所在地的环境承载力，有效避免破坏环境的行为发生。最后，为了在周边旅游区域中打造独特的沉浸式歌舞演艺微旅游项目，需要注重项目的独特性和个性化，与区域内其他知名品牌演艺项目形成不同的竞争关系。同时，若是周边临近的旅游区域内存在其他沉浸式歌舞演艺微旅游项目，那么可以通过形成不同的旅游产品来避免同质化现象的发生。此外，与其他演艺项目进行合作或协同推广也可以增加区域旅游的多样性和吸引力。

第三，评估现有旅游资源，确定功能定位。首先，企业必须考虑好前期旅游演艺项目策划中的主题定位与项目选址。以古代遗留至今的文化为基础进行演绎再创作，展现古代人们的生活娱乐场景，传承民俗活动、礼仪与传统的节庆。同时，挖掘地域文化，不同地区的山水风格塑造出不同韵味的文化，体现独特内涵。通过新时代下的科技发展水平、精神文明成果、物质文明遗产、古代的神话传说、历史故事相结合去树立旅游目的地的文化标杆，提升旅游景区的知名度，进而发展成为景区甚至是城市的名片。其次，为了实现游赏功能的相互结合，将项目设置成符合总体规划的功能分区。同时，加强与周围的道路设施、服务设施和景区内其他观光景点的连接，形成合理的功能分区设置和完善的旅游路线系统。协同白天与夜间的游览项目，创造满足游客多元化需求的旅游目的地，进而扩展旅游时间段。最后，协调空间用地旅游资源的发展，深挖空间发展潜力。在保持现有景观风貌的原真性与完整性的同时，通过加入一部分崭新的艺术元素，提升原有景观的魅力，使其成为更有吸引力的新核心景观。

9.1.2 挖掘演艺旅游资源，优化文化遗产保护

第一，研究演艺旅游模式与城市发展相融合路径。首先，相关部门出台修缮历史文物政策。坚持文物保护优先，加强考古调查研究，加快文物保护考古研究基地和文物库房建设，加强文化保护传承。并且加快建设国家文化和旅游消费试点城市，推动文旅产业集聚发展，将城乡文化遗产资源活用起来，发展文化旅游、创意产业，为歌舞演艺微旅游的规划分析提供有效动能。其次，在创新旅游模式时，优化自主编排原创剧目及历史文化故事，取其精华，贴近市场。在资源方面，强化企业挖掘与整理历史文化资源能力及编排创作能力，为旅游发展提供基础。同时，通过外购版权方式引入优秀剧本，以备不时之需。在人才方面，可以通过培养大量的优秀编导来配合企业的发展，创造出不同风格以适应不同年龄段和不同群体的需求。最后，优化内部组织架构，保障产品的数量与

质量。规范企业内部管理制度，对人员的综合管理进行标准化设置，创新传统管理细则，细节化、全方位地优化内部管理体系。

第二，开展游客与居民行为意愿调查。首先，企业尊重历史变革，进行文脉传承修复。配合政府推动文物的修缮与利用，有机结合周边可利用资源，将区域内的居民迁移出来，从而实现对文物古建的修缮保护，并重新赋予其一定的社会价值功能。其次，运用高科技，提高旅游产品的附加价值。通过技术创新、充分利用声光电等现代高科技手段，强化视听效果。同时，结合较强趣味性的风格设计、符合景区主题和定位的特色设计、细节性的布景元素。如灯光、景观、气味等元素，分析景区独特的演艺品牌形象，以获得更多附加价值。最后，政府夯实主体责任，拒绝破坏历史文化遗产行为。为了加强日常巡查监督和实施检查的工作，需要自然资源部、住房和城乡建设部、文化和旅游部等部门之间进行联动协作。同时，延续两级政府、三级管理的历史文化保护监管机制，实现对历史文化遗产的有效保护和管理，促进城市更新工作的有效进行。

第三，评估现有基础设施，确定智慧化布局方案。首先，推动旅游各要素的现代化与信息化。随着技术的转型与升级，企业应尽快完善网络基础设施布局，及时抓住日益增长的网民规模。准确把握"互联网＋旅游"发展方向，深入推进景区的数字化、网络化、智能化转型与升级，将依托资源与劳动发展的传统模式转变为技术与创新驱动的新模式。其次，规划理念与定位。突出"文化、创新、生态"三大理念，实现文化引领、产业支持下的生产、生活、生态"三生"的融合规划。完善产业服务与城市功能配套，打造区域级的城市生活、旅游服务、科技创新中心，坚持以大众共同利益为主体，在追求经济最大化的同时，相互监督与合作。最后，科学合理地优化城市空间布局。实施主体功能区战略，强化城市化地区高效集聚发展，推动历史文化遗产与城市空间有机融合。为了实现一体化发展，需要健全完善联合发展制度，促进城市规划、创新驱动、产业发展、基础设施、生态治理、公共服务、社会保障等领域的协同发展，通过跨部门、跨领域的合作与协调，实现资源的优化配置和互补发展，推动城市的综合发展和可持续繁荣。

9.1.3　利用传统文化资源，重塑老旧城区魅力

第一，探索微旅游与旧区改造融合发展模式。首先，以旧城区为重点，合理规划文化传承微旅游产业。依托旧街区的区位条件和周边环境，实地走访调研，为规划旅游产业与旧街区共同发展完成准备工作。了解老旧街区存在的环境、结构、基础设施等问题，及时发现存在的问题，结合公共空间形态，进行合理安排。在景区与城市改造过程中，全方位利用原有建筑风貌，以及地方特色与结构。其次，坚持修旧如旧的原则，在不破坏原有功能与文化的基础上进行规划。保留原有的人文情怀与居民，传承文化产业，最大限度地利用既有建筑与原有空间、居民，节约建造成本，同时可以缩短建设周期。参考国内外旧街区的文化产业，建立合理的建造准则，进行项目的建设，同时，多举措保护和利用历史街区与维护传统街区，使其活力再现。最后，针对历史老城区的保护与传承规划，制定相关法律法规。明确旧城区的重要地位与研究价值，为新时代下文化传承的旅游目的地建设提供规划依据。政府制定具有前瞻性的历史建筑开发政策，出台真正能够保留地域特色的政策规划，促进街区文化产业发展，延续街区原生态文化以及当地原住民原有状态。

第二，研究城市产业结构，确定旧区产业定位。首先，保留原有业态的产业格局，以带动效应强的原有产业作为街区产业发展基础。扩充产业职能与结构，使旧城区不断改善发展，保留原有业态规模、优化业态类别与提高业态聚集效应，引导当地原住民原地就业或经营。当地政府与企业进行建议性引导，适度控制规模增量预留空间。其次，分析产业结构调整的现有技术支撑。企业识别梳理传统文化并加以整合，利用现代多媒体化的信息交流方式渗透进街区产业、空间及社会交往中，使其成为全感的文化物态化、活态化和业态化，延伸街区原生态文化，促进街区文化产业发展。最后，政策出台引导混合功能，促进行为互动。引导街区融合购物、游览、演艺、民俗餐饮等多样化功能形成多元互动空间形态，便于当地政府与企业带动街区文化产业经济和改善居民居住生

活环境，采取商住混合的方式增加居住空间，优化街区空间服务，促进历史街区社会实现融合。

第三，开展旧区居民与潜在游客需求调研。首先，遵循整体有机更新原则，保留街区现有的多样化功能。当地政府明确旧街区整体更新目标，完善街区功能结构、空间形态以及交通体系，为旅游业态创新提供有效的空间支持。同时，可以将当地居民的生活环境质量和游客对旅游环境的多样化需求作为参考，制定更新街区规划策略。争取多角度、多维度考虑每一个更新环节，打造综合性多功能游憩商业街区。其次，增强当地居民的认同感与游客的归属感。旧街区在改造过程中优先满足当地居民的需求，实现街区居住、商业区发展等功能，最后才是外来游客的需求。设计规划图时可借助街区与城区的建筑特色为地域性优势，尽可能突出地域特性、良好的空间布局。旧街区的改造与其文化传承是相辅相成的，应以"修旧如旧"为原则修复旧街区。若随意改动，其地域性文化特色就容易随之消失，规划完善的街区地图是城市更新中的重要一步。最后，转变传统城市改造思维，采用微更新理念。当地政府应摈弃传统的推倒重建方式，提倡有机更新，挖掘项目旅游资源，为后期的更新建设提供实施参照思路，提升空间利用价值。出台相关法律法规促进企业与当地政府转变建设思维，制定新型旧城区改造政策法规，国土、规划、水利等相关部门出台并切实执行一系列扶持旧城区的优惠政策和措施，同时制定科学合理规划策略，统筹考虑居民安置问题、区域经济发展和区域城市文化传承等因素。

9.1.4　发掘深厚文化根基，构筑融合发展基石

第一，摸清城市文化资源，提出保护传承策略。首先，明确城市功能定位，科学制定历史文化资源保护规划策略。重视历史文化保护传承，强化规划引领，为城市文化保护和改造设置统一标准，提前做好保护方案设计和可行性论证。并且通过统筹协调，建立国家、省、市、县上下各部门之间的联动，制定明确目标。当地政府和有关部门提升文化遗产修复和管理水平，各部门相互配合进行旧城区改造项目工作，融合发展城区内的文化传承产业和创新沉浸式文化体验活动。其次，规划旧城区的空间重组，引导居民配合工作。立足于当地居民真实需要的思考视角，满足居民物质需要的同时满足其精神需要，实现可以满足真实需要的空间规划功能的定位。通过增加能够体现文化传承、展示历史文脉的功能项目，加快促进当地居民在潜移默化中自觉传承历史文化，快速弥补文化传承与现实科技的脱节，开展项目活动的打造计划，充分体现居民在旅游活动建设中的重要地位。最后，建立指标体系，加强规划管控。注意提升旧街区的空间环境，保护古建筑群的原有风貌，彰显城市历史文化遗产独特魅力，以此助力城市更新。同时，政府与相关部门建立完善的历史文化遗产管理体制，设立综合性管理机构，集中综合管理，统一设置明确定位的职能部门，做好规划的准备工作。

第二，分析城市产业结构，确定优化升级方向。首先，引进怀旧文化产业项目，打造时尚业态。挖掘旧城区的商业开发潜力，城市更新协同创意产业发展，打造时尚购物功能中心，加强商业与文化融合发展。同时，通过挖掘历史文化底蕴、打造商业旅游业态，改造为具有文化、商业、旅游价值的复合功能街区，重置旧街区的主体功能，进一步瓦解旧街区原有的社会网络体系。其次，整治旧街区的空间环境，降低建筑密度。利用城市旧街区内部废弃空间，运用科学的更新理念和合理的更新模式进行更新。重视老街区的文化价值，引导居民积极参与更新改建，加深当地居民对旧街区及整个城市的文化认同感，使其产生对旧街区的自豪感与自强感，积极参与改造旧街区的空间。最后，政府应该尊重并执行科学的更新规划策略，提升更新改建的公共管理水平。政府在进行规划工作时，应以全局利益和长远利益为重点，实现经济发展，坚持以人民的利益为重，进行城市规划。相关部门可通过政策确立更新的社会责任主体，明确划分政府、当地居民、游客以及开发商的社会责任，引导各利益主体皆参与改造的监督工作当中，实现文化传承微旅游的发展以及城市文化保护。

第三，开展潜在游客调研，定位旅游项目方向。首先，加强街区的旅游产业，做好项目策划。

利用数字技术推动文旅产业融合发展，运用 AR、VR、数字多媒体等技术，延伸旧街区的产业链。并且融合文化旅游与制造业、教育等其他产业共同发展，培育文化传承微旅游新业态，增强城市吸引力和竞争力，进行长期规划和制定政策框架。其次，增强规划意识，提升规划理念，促进旅游吸引力的提升。加强对旧城区的创造性转化和创新性发展，巩固和拓展文化遗产与所在区域、城市之间形成的传承关系。并且设置衡量标准，打造全局意识，开展综合、战略性工作，按照"文化 + 现代科技"建设。在实际建设过程中广泛听取各方意见，不仅需要听取国家意见，更要听取居民与游客建议，从实际体验者入手，更能了解其在意的问题，做好完善准备工作。最后，政府参与，联合企业、社会、居民共同合作。当地政府设立综合性管理机构，建立科学的保护与发展管理体制机制，推进保护与传承工作，主导与监督社会企业进行具体的产业建设和城市文化遗产的保护。各利益相关者注重完善相应的法律法规，规范合作保护行为，同时唤醒居民对城市历史文化传承的保护意识，注重提升公民的素质，善于利用城市居民对历史文化遗产的传承和发展的重要力量。

9.1.5　挖掘文艺场馆资源，优化城市空间布局

第一，研究文艺场馆微旅游模式，确定创新路径。首先，塑造城市文化符号，构建文化场馆品牌形象。建设具有实用性、艺术性与强趣味性的文艺产品，为文创产品的文艺场馆微旅游发展提供开发方案。并且通过建立 IP 品牌、提炼核心品牌、与历史相结合进行故事再创作，充分展现文艺产品背后的故事，延伸相关文创产品，建设富有文化内涵的产品，完善文艺场馆的创新发展。其次，建设互动沉浸式场景，推动展览的规划分析。在原有文艺场馆中配合地方风俗、传统节日，规划集创意、文化、艺术、科技于一体的体验式文创空间。企业通过新时代下的 AR、VR 等高新科技，以此作为旅游业态创新的技术支撑，增强陈列空间中的互动体验，并策划与当地文化习俗相融合的旅游、时尚生活、购物相关的文化活动。规划原有文艺场馆，打造成集文创消费、互动体验和文化交流于一体的复合型文旅数字体验馆。最后，健全针对现有文艺场馆改造的法律法规，提供有效政策支撑。完善文旅数字体验馆的制度管理体系，并且通过研究和借鉴成功打造沉浸式文艺场馆微旅游体验的国家，设置相关法律法规与政策，同时，探寻与挖掘现有文艺场馆与城市功能的资源条件，各级部门再根据自身本地特色，制定更为详细的法规，推动创新文艺场馆体验项目的规划。

第二，评估城市遗址旅游资源，提出开发策略。首先，寻找合适的城市场馆遗址，将城市遗址的旅游价值进行最大限度的开发规划，为新时代下的原有文艺场馆创造更多的经济价值。并且通过划分遗址保护、开发的等级与类别，以及根据遗址资源价值，选择其保护和开发模式，同时构建城市遗址价值评价指标体系与标准，以便作为后期规划和实施的参考依据。其次，做好城市遗址保护与旅游开发的总体规划。相关部门应考虑文物保护单位、城市规划单位、城市居民等多个利益主体，为新时代下的城市遗址保护规划开发的创新提供规划依据。按照城市遗址价值、现保存状况、保护的迫切程度，与遗址本体、重点范围、保护范围有序推进，分期、分区逐步实施弹性规划策略，确保保护工作有序进行，避免资源过度集中或浪费。同时，充分考虑不同利益群体的权益，实现公平和可持续发展。最后，建立不同利益主体的共同投资与融资机制。建立共同投资与融资机制可以实现不同利益主体的合作与共赢，确保资源的有效利用和风险的分担。同时，多元化的投资主体和政府监督、市场主导的投资模式可以为城市遗址旅游开发提供更广泛的资源和可持续的发展路径。相关部门和企业在修复部分原始景点时，应分析城市遗址的不同特征和价值，采用现代科技和管理技术，再现原有的风貌与文化风情，挖掘城市遗址的潜在经济、社会价值。规范科技应用标准，制定严格的管理规则，推动城市遗址的旅游开发。

第三，开展目标市场调研，了解游客管理需求。首先，根据原有场馆的实际情况，促使场馆功能多元化。建设公众参与和操作的科普展品与场馆，为游客体验规划提供基础。在规划景区时增强内部产品项目的参与体验性及展示的生动性，不仅能够促进产品项目与游客的互动，提高游客的体验质量，还能够提高工作人员的专业性，提升工作人员与游客之间的互动，并增强游客对知识与科

学的理解和探索能力，使其体会现代科技与古代文明的魅力。其次，重视安全工作规划，提升服务接待能力。相关负责人应增加场馆建设的人性化设置和设施，以增强场馆的旅游吸引力，为新时代下的游客满意度提升做好事前铺垫。并且通过不断完善各类服务设施，如增加各类餐饮设施、购物设施，以及增加科技旅游相关的各类旅游商品，同时时刻探索影响游客满意度的负面因素，提升场馆服务接待能力。最后，设立专门、独立的调控与监管机构。在维护利益主体的同时，引入非营利性组织和相关领域的专家学者，运营管理城市遗址。并且监督各利益主体的行为，以此防止政府城市建设部门滥用职权；对其他利益主体施加压力，同时也可防止城市遗址被过分开发和避免周边居民的破坏行为，开启多渠道、全方位的探索开发方向，搭建出较完整的规划。

9.1.6　深入剖析文艺现状，定位功能拓展方向

第一，研究文艺场馆与微旅游景区协同发展模式。首先，高起点规划高标准，高规格规划建设。围绕中国旅游景区最高等级 AAAAA 级进行景区的建设，为原有文艺场馆的改造升级奠定基础。在不破坏景区环境的前提下，以最高标准建设内部基础设施，使其具有特色性、文化性、国际性等内涵和标准，形成创意产业。其次，明确景区功能定位，提升场馆魅力。景区可拓展场馆功能，不仅局限于收藏、研究和教育三类。景区还可利用高新科技或新思维理念，开拓场馆功能定位。通过分析文艺场馆的现有技术与空间布局，进行一系列的协调，规划好景区内功能分区，将景区内部特色与功能相互结合，形成文艺场馆景点的特色化建设。最后，区分管理主体责任，明确监管功能。通过规范化分析沉浸式文艺场馆的功能，可以为开展微旅游模式提供助力。在追求高科技体验的时代背景下，进一步拓展文艺场馆的功能定位，将有助于推动微旅游模式的发展。并且通过整合旅游资源和现有技术，利用好现有的空间为游客提供良好的平台，完善整体规划格局，制定相关配套法律法规，进行定期调研的同时，规范调研制度。

第二，评估场馆自身资源与运营状况，提出改进策略。首先，复合场馆功能定位，促进文艺创意产业发展。关注文艺场馆与城市社区及周边自然人文环境的关系，为新时代下的功能定位打造基础，有机结合城市经济、历史、文化，使其综合复兴。拓展和整合内部空间，满足多样化的功能需求。提供高质量的藏品和展览服务，同时为城市居民和游客提供活动场所和服务设施。有助于满足周末游和本地游的需求，并促进城市文化、经济、旅游和服务业的发展。其次，融合活动功能，形成多维度展示与交流空间。重视人们需求结构、消费观念、消费结构与消费行为，以便分析场馆内部空间构造。企业通过深度挖掘资源，全面整理与创意设计，形成以创意产业为核心的旅游产品与服务，满足群众消费诉求，有效转化旅游资源为创意旅游产业资本。最后，政府加强自身主导作用，建立相关政策法规。建立场馆改造的相关法规，为新时代下的文艺场馆重建提供指导建议。严格控制景区内的空间建设、品牌打造并给予政策支持，同时也为景区的运营提供政策支撑，加强品牌可靠性，促进景区的经济发展。

第三，探索景区联动发展路径，拟定发展策略。首先，企业利用多种渠道高效营销，广泛传播，获取更多流量。充分了解新时代下科技发达程度以及宣传渠道，为景区其他同类型或同区域的景区联动发展做好事前准备，引导游客在做旅游路线时将联动的景区纳入考虑范围内。也可打造线上和线下互动交流的方式促进景区内部或片区间联动，提升文艺场馆的娱乐性与吸引力，改变游客对文艺场馆的刻板印象，激发游客旅游消费意愿。其次，新增多种功能类型，拓展场馆职能。做好多功能展区的策划，为新时代下的景区创新做好预先准备，促进景区提升整体经济效益与功能。景区也可通过完善基础服务设施的规划，进一步提升该区域的竞争力，促进景区提质增效，满足各主体的功能需求，从而调整整体功能分区的规划。最后，制定突发事件的应急预案，健全应急处理机制。提高工作人员对突发事件的应急处理能力，维护场馆的正常参观秩序，同时提高场馆工作人员的防范意识。景区内部加强安全管理制度，要求全体员工按照规范和程序操作，及时、有效地处理突发事件，提升景区旅游竞争力，让游客更有安全感。

9.1.7 挖掘休闲资源潜力，优化空间发展布局

第一，研究休闲乐园微旅游模式，确定项目定位。首先，科学选择乐园改造地址，夯实产业服务配套支撑。基于发展基础和环境承载力进行专业化和精细化分工，适度将乐园产业链做长做深，逐渐形成集聚规模。并且找准园区内的差异化定位与分工，构建出自我品牌，提高产品的附加值，推动旅游产业的深层化发展。同时，推动产业发展提质增效，完善产业服务等有效配套，力争在众多园区中脱颖而出。其次，塑造园区品牌，提升园区的文化软实力。景区应高质量营造园区的文化氛围，打造区域化休闲旅游目的地，同时促进园区合理调整产业结构，提升整体转型升级。而园区周边策划重点在于打造出与当地居民习惯协调一致的宜居生活圈，参照国家、省、市及地区的规范和标准，结合当地特有的背景要素进行园区的微调。最后，出台规范园区整体行为的管理体制，促进有效规划。规范化景区内部建设的管理与休闲旅游发展，为旅游模式创新发展做好充足的准备工作。并且在园区建筑规划过程中，需要有效的政策控制，对现有相关规划政策进行分析，并推动乐园旅游的经济发展，以最大化传统园区管理的经济效益。

第二，分析园区现状，提出空间布局与景观设计策略。首先，充分利用园区内部的旅游资源，组织规划区内分区。利用园区内部的山水资源，按照地势条件规划整体空间结构格局，为新时代下的园区发展做好铺垫工作。并且将园区文化元素与工作人员、游客与当地居民等相关联，同时，建筑布局形式可延续传统城区的结构，添加创新元素，探索产业服务和旅游服务两大区域的发展路径，为完善园区发展提供有效动能。其次，合理分析休闲乐园微旅游产业布局，创新原有基础。保持小镇园区原有的特有资源，为休闲乐园微旅游模式的建设保留历史底蕴。园区挖掘文化内涵与景区功能，以满足游客与当地居民需求，并以此为基础对园区进行定位，再规划园区空间，形成合理的发展结构。最后，深入具体规划，发挥政府的主导作用，促进城市的更新发展。了解新时代需求下的政策发展规划，便于推动沉浸式休闲乐园微旅游模式的快速发展，也为项目建设提供坚实的基础。以园区的战略定位为依据进行发展，强化其 IP，充分保护并利用品牌，完善园区功能，根据政策指导，将其打造成最具独特风味的休闲园区。

第三，评估体验项目资源，探索沉浸式项目路径。首先，明确园区规划重点，提升体验品质。设置不同主题，开展相应的文化、休闲、娱乐活动，为沉浸式休闲乐园正常运行提供理想方案。借鉴创新休闲乐园，并且对园区内部的商铺进行控制，营造相关主题的氛围，有助于游客和居民深度感受其中内涵，打造和谐与安全的城市空间，使园区在全时段均具有相应的使用功能与体验。其次，保留原始风貌与形象，展现园区的独特历史文化魅力。规划延续建筑的传统风貌，结合地域文化和现代元素，为提升有效的沉浸式体验提供相应的依据。保留地域性特色居民建筑，结合现代建筑以此满足功能需求，塑造兼具活力和时尚的空间属性，同时，也能够改善园区的整体环境，充分发挥园区特有的价值，提升区域经济和社会效益。最后，政府制定相应的补贴政策，吸引资金投入。鼓励企业与区域积极开展创新休闲项目，为区域修复项目提供前期资助。并且保证功能体系的完善和发展策略的合理化，维护园区建设的政策规划保障制度，明确各参与主体的自身职能，打造休闲乐园。

9.1.8 了解休闲乐园功能，提升旅游体验质量

第一，研究休闲乐园微旅游重置发展模式。首先，分析区域所在地的优势所在，便于策划活动项目。了解城市中适合建设休闲乐园的区域，借助区域优势，为新时代下的景区发展做好准备。通过抓准地理优势与自然环境条件，打造匹配的主题乐园，同时添加相应元素进行总体布局，建设成为具有不同风格的体验区域。其次，给予合理的时间和空间支持，促进园区重置建设。以人为本对景区内部的空间划分，为新时代下的休闲乐园建设做好合理铺垫。将不同需求的人们与物品进行相

应的互动空间设置，分析不同游客的消费需求与主体观念，并在进行项目策划时优先考虑，力求带来视觉上、触觉上的不同感受和切身体验。最后，科学完善园区重置建设的管理制度，有效地监督工作。创新结合景区内部休闲产业与沉浸式体验旅游产业，为新时代下的休闲乐园的重置建设制定相应的管理机制。相关部门设置旅游产业及其规划政策的监管制度，改善现有的无序发展状态，规范化整体项目审批流程、经营和服务等流程，完成确切的功能智能化转变，全力推动第三产业加快发展。

第二，开展本地居民生活方式与需求调研。首先，提前明确居民需求，做好项目策划。根据当地的经济发展水平和经济收入来源，为景区内部的居民制订相应的计划。了解居民实际需求与居民居住用地范围，明确各区域的用地用处以及大小，同时了解所在区域的旅游资源，进行景区竞争力分析，寻找好策划方向。其次，鼓励居民积极参与景区建设，重视居民意愿。招收当地居民进行园区建设，为旅游景区的基层及高层管理建设的团队打造做好一定的准备。通过深度贯彻"以人为本"的原则培养当地居民，加强景区基础设施与服务意识间的关联，激发居民的意愿，提高居民生活水平。最后，统一设置居民管理体系，打造智慧化园区管理。引导居民参与景区内部建设的同时提高其安全意识，为新时代下的休闲旅游产业做好保障工作。通过完善园区旅游功能和促进居民参与工作，加强休闲乐园微旅游项目与重置型景区的结合，促进居民管理、服务和生活的一体化发展，提升从业者的服务意识和技能。

第三，评估现有基础设施，提出智慧景区布局方案。首先，企业创新休闲旅游模式，打造主题乐园布局场景。明确智慧园区的特色活动创新方向，为新时代下的休闲乐园微旅游模式的重置型景区做好实际的准备。通过区域与城市功能、特色产业、行业水平、城市产业种类及城市区域环境去分析景区的发展方向，遵循因地制宜的原则，结合现有技术支撑，开展智慧景区的特色活动项目，提高活动项目的整体运营水平。其次，结合多方利益相关者，共同制定中长期规划方案。相关部门应明确产业定位、战略目标和发展方向，为景区产业发展出台指导性文件。充分利用现代科技技术，打造全域发展的休闲乐园的智慧景区。通过提供现代科技服务和展示当地特有的休闲文化，游客不仅可以享受到乐园旅游的乐趣，还能够增进对该地区的了解和认识，从而提升园区的休闲旅游吸引力。最后，园区与城市产业创新思维必须进行战略性调整，把握好策划指导方向。消除原有区域内遗留的自利本性、行业惯性、产业习性以及产业本位之间的利益冲突，推动旅游业态创新和重置型景区的发展，提高运行效率。建立规范化的管理体系，不断提升景区创新发展的管理和运行水平，同时提升景区内的智慧基础设施和配套服务设施水平，进而全面优化智慧景区的消费环境，将旅游活动与智慧设施相结合，推动产业化加速发展。

9.2 沉浸式微旅游业态创新与城市更新空间范型协同模式的中期设计与实施

9.2.1 开发深度体验产品，激发文化遗产活力

第一，开展目标消费者心理与文化体验需求研究。旅游演艺企业要迎合年轻一代的消费者的需求，需要在体验场景设计、主题内容选择和空间氛围营造等方面更加贴近他们。企业可以利用大数据分析工具，深入了解年轻观众的观演需求和偏好，以便能够创造出真正打动他们的旅游演艺作品。此外，需要关注年轻群体的亚文化圈的主要变化，通过精耕细分市场，生产出适应新一代主流消费人群主题偏好的"沉浸式"演艺内容，企业可以在激烈竞争的环境中找到创新发展的方向，并满足年轻观众对个性化、参与性和沉浸式体验的追求。其次，在演艺项目中，需要深入挖掘本土的人文因素。演艺活动是以当地真实存在的物质文化产物为基础进行创作的，通过了解和展现当地的历史、文化、传统和价值观，可以创造出与观众更加贴近、具有地域特色的作品。在进行适当的

虚构和幻想时，要保持对原有物质和精神遗存的敬意，确保演艺作品与观众的情感共鸣和文化认同。最后，重视文化创意构思的投入。为了焕发新的蓬勃生机，可以通过设计理念上的创新、编排组合上的创新、高科技演艺手段的采用以及经营管理机制的变革来实现。

第二，设计微旅游演艺空间布局与交通组织方案。首先，企业基于当前区域的传统文化进行舞台空间设计。善于利用当地的农耕表演，生产出艺术性的戏剧空间，给游客带来真实旅游体验。其次，通过合理安排当地居民在景区内的工作并利用有关公司的培训，将其培养成为支撑前台表演的演员，使旅游业与演艺业的发展成为改善自然环境、拉动就业、带来经济效益的助力，实现现代语境下的和谐社会构建。不仅可以向游客和当地居民传递传统文化，也可以帮助居民建立文化自信、增强文化认同，推动文化的可持续发展。最后，在设计功能分区的同时，完善相应基础设施。在建设期间需结合旅游规划，以此确定旅游演艺项目的功能分区、空间布局和周边建筑风貌，协调设置基础服务设施和安全管理设施。

第三，整合旅游资源，开发深度体验旅游产品。首先，企业运用适宜的管理和开发理念，采取保护生态环境的措施。为了实现演艺业的可持续发展和环境保护，可以与当地环境保护部门和专家进行合作，以降低新建舞台对环境的影响，并减少灯光等设备对生态环境的干扰，同时保持表演道具的持续循环使用。其次，为了满足市场需求，需要把握不同游客的旅游产品需求，进行主题定位，并深入调查市场，以确定旅游景区所需面对的受众群体，并根据其旅游习惯进行定位。提供具有本地特色的节目，铸造经典话题。最后，提高项目美学价值，实现产品内容和形式的有机统一，重视节目的审美价值性与参与性，同时及时做出调整，不断地在固定的主题下创新表现方式和活动内容。

9.2.2　丰富旅游产品体系，拓展产业发展路径

第一，设计微旅游演艺项目，推动旅游模式创新。首先，设计文化体验活动时，结合主题化的生活方式。结合主题文化与现代科技，将文化产品应用到各个景区中，将有形的产品演变为无形的文化氛围。同时，强调产品的特色与卖点，形成推动游客购买产品的要素，借助差异化的产品定位，实现与目标人群产生情感共鸣。其次，形成完整的综合评价反馈，贯穿整个项目流程，及时评估和预测风险。通过评价指标反馈旅游项目落地效果，便于中期与后期修正，同时能够为下一个同类型项目提供经验，以此避免再犯同样的错误，提高实施速度。最后，注重历史建筑保护的权利责任制。针对城乡历史文化遗产中日常使用的民用建筑，在建设时需强调该类建筑的保护责任人在其中的重要作用。在流程方面，提高维护补助金额，简化补助申请流程，充分激发居民自主维护文物的积极性，保证公私利益的平衡，形成政府、社区与市场间的协商联动机制，加快搭建文化保护优先、利益分配均衡的共建共治共享工作平台。

第二，开展居民与游客体验行为激励活动。首先，探寻居民与游客对歌舞演艺微旅游和城市文化保护的需求。根据居民的消费水平，严格控制票价，降低观众观看演出的门槛。整合各地区的演艺资源，充分利用本地传统文化资源，创作出满足人们不同需求的演艺作品，发展具有本土特色的演艺产业。同时，利用当地旅游资源和其他资源与演艺产业相结合，带动旅游演艺产业创新化发展。其次，增强居民维护城市文化的意识。通过经济补偿的方式鼓励当地居民迁移出古建筑，同时鼓励居民在景区周边做生意，不仅能够促进游客的二次消费，也能够提升居民收入。引导景区周边居民从事旅游餐饮、旅游购物等经营，引导游客在景区内游玩后，在景区周边进行消费，购买土特产等行为。通过旅游与文化、产业相结合，使得周边居民积极参与其中，改善居民生活水平。最后，政府设置考核问责制，落实产业建设责任制。把加强考核和问责作为保护历史遗产的重要红线，加大对破坏城乡文化遗产行为的处罚力度，落实属地政府负责人的第一责任，健全历史文化保护传承监督考核问责制度，形成"不敢破坏、不能破坏、不想破坏"的威慑效果。

第三，规划智慧基础设施，支撑产业链发展。首先，因地制宜加强自我特色基础设施建设，充

分发挥城市特色，打造景区竞争力。保证重建的文化设施规模不低于原有的规模，同时处于良好的地理位置，游客出行更便捷。其次，为了提升游客满意度并促进演艺产业的发展，可以完善演艺产业的信息通信设施。包括加快信息通信技术的发展，提升信息通信服务的质量，以及完善演出线上购票、选座等服务，有效整合各类演出资讯，提升游客观看演出便捷性。同时，在基础设施建设中，需要增加演出场所音响、灯光、卫生间等内部基础设施，提升游客参与其中的体验感。另外，周边商场、酒店等社会基础设施建设也要满足游客多方面需求，为演艺产业的发展和游客的满意度提供有力支持。最后，出台古建筑基础设施保护规章制度，重视文化保护。加强教育、提高全员的文物保护意识，增强居民和游客保护文物的自觉性和责任感，并且做好景区景点内环境卫生与文物保护工作。同时统一负责人，避免职位重复、责任不明的现象发生，建立健全文化古建筑保护责任制，严格管理制度，明确责任并责任到人，切实把古建筑保护纳入当地经济和社会发展规划，落实保护措施。

9.2.3　开发独特文化项目，促进改造升级推进

第一，设计旅游业态改造与文化遗址保护方案。首先，探寻居民与游客对于沉浸式文化传承微旅游和城市文化保护面域—原置型协同发展的需求。建立游客与居民调研系统，了解游客与居民的普遍需求，征求民意，保证在实际工作中做到宣传到户、解释到位，努力争取居民支持改造。同时，采用多种方式进行宣传，如上门走访、发宣传手册等方式，让当地居民充分地了解改造政策，并且营造良好的改造氛围，全力加快项目建设进度，实施精细化管理。其次，抓紧修编与旧街区改造相适应的规范化标准管理体系、技术方法体系，对改造项目中的各类问题作出明确规定。同时，加强老旧街区与文化传承项目、文化保护项目、智慧城市建设等联动，科学有效地引导老旧街区的规范化改造。最后，在设计改造方案过程中多方面考虑实际情况。结合当地文化特色及历史内涵，制定"一区一策"，制定更符合本区域的实施策略，充分展示当地的特色。

第二，联动各方利益相关者，推动街区功能多样化。首先，带动居民、设计师、施工公司等人员，多方共同推进街区改造。鼓励原住民参与其中，形成多方协作共同体，设计以居住为主、商业为辅，注重实用性的空间布局，留住游客与当地居民。结合各方合作的力量，逐渐实现街区由点到面的整体布局。同时，重心放在人文环境营造方面，可提升群众工作认知能力和参与度，即从根源主体入手，实现旧街区的可持续发展。其次，优化老城区产业结构，差异化布局重点产业。建议对老城区范围内的相关企业实施普惠化的吸引政策，在维护原有产业的同时增加文化创意类企业，进而增强老城区内的产业集聚效应，提升城市经济水平。调整现有产业园区的布局，提高新园区选址的合理性，构建有序的产业载体体系，并搭建综合性平台，以促进文化创意产业在该区域的集聚和发展。最后，出台调整老城区产业结构的相关政策。一方面，善于利用政策对产业结构与空间资源进行统筹安排和设计实施，搭建多元化的共享平台，同时积极构建多层级引导平台，便于感知历史文化，打造场景再现。另一方面，基于游客需求打造综合配套服务设施，为相关产业发展提供更优质的服务支持与更广大的空间，并且提供财政资助帮助设施建设，增加经济效益。同时，通过空间规划或土地出让等相关政策，支持文化创意企业向生态环境较好的空间集聚和发展，落实旅游业态创新发展。

第三，开展游客引导与居民意愿激励活动。首先，做好相应的游客评价制度，全力推动政策措施落地落实。由于怀旧情感可以提升游客对目的地、企业或产品的评价以及消费忠诚度，因此，应加强街区文化氛围的塑造，实现文化传承和游憩项目有机结合。保护当地特色建筑，通过游憩项目自然地展现各种商业形态和文化标识，体现深厚的历史文化内涵，并且围绕怀旧主题实施街区改造项目。其次，打造特色街区产品体系，提升游客体验。设计营造特色主题街区，注重环境个性化、特色化氛围的打造，认真挖掘游客所需，增强游客体验感。针对某部分街区，应添加街区本有的历史典故和故事，以此增加自身内涵价值，同时，在街区中增添具有娱乐性和趣味性的项目，挖掘深

藏其中的内涵并将其展示。最后，各级政府严格落实相关法律法规，不同利益群体有不同的政策偏好，应整合政府、开发商与居民三者的共同利益，提高游客与居民之间的积极互动。

9.2.4　打造独具特色产品，提升旅游城市活力

第一，提出旧城区重置与微旅游业态融合发展策略。首先，企业建立智慧微旅游综合管理体系建设方案，重焕旅游产业活力。方案要适应城市现代化和经济结构调整的趋势，完善城市规划体系，实现精细化城市规划管理的突破。当地政府与企业致力于旧城区改造时在空间设计上融入现代设计理念，既可以改变原有功能，同时又能够焕发新的独特文化魅力，增添浓郁的文化韵味与持续的新鲜感，充分尊重当地的建筑和保存城市的历史文脉。其次，打造特色文化品牌，构建全新城市名牌。结合街区原有的传统文化，设计和实践与之相匹配的模式，尽量减少对传统文化的破坏，采用修缮与保护为主的策略，仅仅对必须拆除的老旧建筑进行重建。并且在落实规划城市更新时，仔细甄别需要修缮的历史建筑和其具有的文化价值，采取最为传统的技艺，修复其历史信息和韵味，打造新时代下符合游客需求的特色文化旅游品牌。最后，完善相应的法律体系，实施城市文化保护更新。维护相关利益者的需求，协调好当地居民与相关商家及游客间的冲突。并且多方力量应共同参与及密切合作，在实施过程中实时适当地调整相关改造规划，给予鲜明的政策导向，以文化传承与经济增长为目标，当地政府应强调各方密切协调配合。

第二，实现城市产业结构优化升级。首先，了解旧城区原有产业结构，推测旧城区的发展方向。依托新型科技力量打造创意旅游产品，为沉浸式文化传承微旅游业态创新的可实施方向作出指导。城市规划和微旅游产品建设要高度重视文化传承保护和城市珍贵的历史文脉，打造具有活力、时尚、方便、温馨的历史街区。严格保护文物古迹、历史建筑，完整保存城市历史风貌，保留街区中的道路、街巷等历史环境要素，保存完善整体格局。其次，完成城市文化保护的同时，全面提升城市发展质量。将历史文化名城保护利用与改善提升城市功能品质有机结合、统筹实施，聚焦重点突破、典型示范，带头改造老旧街区。同时，推动建筑修缮保护与产业导入有机融合，大力发展文旅康养等产业业态，精心打造商务中心、国际社区、文创集群等新一批行业领军企业和知名机构，借助全新业态、全新产业为旧城区增添发展新活力。最后，政府全程参与旧街区更新，维护居民利益。为缓解居民因拆迁受损引起的不满情绪，相关部门应制定合理的拆迁补偿和安置政策。此外，也可以通过建立利益协调机制和权益保障措施，积极与当地居民进行沟通和交流，充分展示政府的关心和关注。

第三，开展游客与居民需求研究，设计旅游吸引项目。首先，拆除年久失修的建设物，坚持修旧如旧原则，对古建筑、旧街区进行重修。同时，增强古建筑物的经济价值，尤其是重修年代更为久远、地理位置较好、但已不适合居住的建筑。并且依托原有居民的需求进行相应的改造，避免千篇一律地推倒重建，保留以往居住的气息，继承好不同时期的文化痕迹，以便原住民重回故里回忆过往，营造良好的、具有时代性和创造性的人文环境。其次，顺应城市更新趋势，多元素结合更新。重视旧街区甚至整体城市的历史、传承和文化，并将其融入旧街区、旧城区的改造当中，以"微改造"为原则，在设计方案时多参考当代经济、社会、文化与生态等各种因素。并且考虑当地居民的物质和精神需求，对方案作出适当调整，融入当地文化因素，打造出各具风格的社区或街区，完善相应的项目修建及基础设施。最后，制定拆除重建的改造模式的政策，并最终落实。站在民生视角与文化价值保护视角制定执行政策，使开发商充分了解旧街区、旧城区的开发侧重点，因地制宜探索城市更新模式，有效地改造城区。并且通过政府的加强引导，充分激发各利益相关者的主动性，以政府为主体责任人，树立以人民为中心的保护理念，增强居民与游客之间的沟通交流，加快、全面促进群众了解旧街区、旧城区间的价值所在，引导当地居民转变以往落后观念，塑造共同价值观。

9.2.5　增强文艺场馆功能，提高景区体验质量

第一，开发文艺场馆新功能项目，完善城市功能。首先，注重文艺场馆与旅游、商业等资源间互动，推动整体行业发展的路径选择。打造新的发展模式，推进产业与文艺场馆融合发展，为新时代下的文艺场馆改造提供可行方案。添加文化理念、文化符号、文化内涵等要素，与相关产业相互渗透，以此提升文化产业及其相关产业的附加值，推动原有文艺场馆升级。其次，建设数字文化与虚拟旅游的特色融合。改变传统文艺场馆内的僵硬古板的使用体验，参考游客所需的趣味性、知识吸收等要素，再融入文化的精神内涵和思想底蕴，以此添加生动、沉浸式的使用体验。为了让游客获得更全面、多样化的服务，景区应该建立一个多层次、全方位的服务网络，以满足宏观和微观需求，从而让游客能够全身心地享受旅游体验。此外，应该重视老旧文艺场馆的改造和建设，以满足不断变化的游客需求。最后，设计合理的数字化平台，充分打造场景空间。充分利用文化教育设施和公共场所，搭建数字化文化体验的线下场景，以此拓展文化消费空间，同时也契合了新时代下的消费趋势。并且通过满足游客在不同消费情境下的需求，更好地释放文化消费潜力，采用艺术、科技、文化等要素为旅游空间赋能，延长游客的逗留时间，以此提升区域的经济效益，创造更好的游玩环境。

第二，加快城市遗迹资源开发进程。首先，企业必须重视功能性的联系。完善遗址的功能建设，根据功能需求设计城市遗址内部的功能，提高遗址的价值。可以通过与遗址文物部门的合作，明确遗址保护要求及土地展示利用潜力，为各分区指定具体功能属性，以便相关部门进行有效管理，同时激活周边土地的发展活力。其次，深挖城市遗址的需求，落实实际措施。拒绝张扬的设计、华丽的材料，设计环节均围绕展示主题进行思考，为遗址开发数字化体验馆的功能提供依据。并且通过修复城市遗址，增加朴素的基础设施，以此满足基本需求；注重创新理念，以吸引游客前来，从而带动城市更新发展；将遗址开发与功能建设相互融合，落实原定计划的效果。最后，健全城市遗址开发的制度，实施功能操作。重点落实修复过程中的质量保证，避免展示内容杂乱，促使城市文化与历史格局得到完整展现，为城市更新进行完美设计。并且通过提高遗址的功能区完善度来创造遗址旅游开发条件，同时增加科普教育功能，以此增加居民与游客对遗址及所展示的文化的深层次了解，更完整地展现遗址的历史格局与文化，展示科技的功能分区，深化旅游业供给侧改革。

第三，开展新兴消费者需求研究，更新管理理念。首先，企业可利用多种信息渠道，深度挖掘新时代下游客需求。企业与景区加强互联网、App、微信、微博等多种信息渠道的建设，为大数据时代下游客获取信息提供便利。而且企业在线上渠道所做的设计与运营，游客同样可以从中获取有关目的地的全方位、多角度信息，从而提升游客的出行方便度，也可提升游客的参观体验。其次，全新探索高科技产品，引领科技时尚潮流风向。利用数字技术、VR、AR、AI 等科技打造沉浸式互动场景，通过旅游智能制造打造出沉浸式展览、沉浸式主题等项目，利用大数据、互联网等技术形成目的地和旅游企业线上资产，围绕旅游线上资产，进行相关产品和服务开发，形成时尚购物潮流的旅游产品。最后，实施文艺场馆品牌经营战略，创新打造核心品牌体系以确保旅游质量。推进实施文化旅游产业数字化战略，同时要求各地区相关部门结合实际情况贯彻落实，实现数字化、智慧化与文化全面融合的高质量发展。并且企业也需依靠的科技水平与高质量人才，确保旅游相关产品质量。整个旅游体验流程的每个环节都要保证其完整性，搭建品牌体系化，提升景区的高品质发展。

9.2.6　改造文艺场馆升级，优化文化空间布局

第一，实施文艺场馆改造提升工程。首先，场馆引入高新体验科技，活化城市特色文化记忆。

赋予场馆更多主题，加强互动手段与技术的引进，为游客深度体验创造必要条件。通过场景展示、实物演出以及内外部环境元素的设计，全方位地展现场馆的特色，让游客深刻感知场馆所要表达的理念。其次，挖掘游客对文艺场馆的需求，增加相应展出。在重建重修文艺场馆时，不仅要坚持"修旧如旧"的原则，更应挖掘前来参观者的真实需求，以此打造符合其心理预期或向往的产品。并且通过现有科学技术、设施设备、服务设施等，结合游客、居民需求，打造所需项目，将需求与景区建设相结合，进行场馆内外部完善。最后，制定奖惩机制，加速场馆创新发展。鼓励场馆创新发展的同时，拓展场馆建设，对突破传统场馆的展陈框架与设计思维建设给予激励。并且借鉴国内外现有的创新型文艺场馆，结合场馆所在位置周边环境，构思发展方向，统筹建设，由场馆发展带动城市面貌的更新，提升城市与地区的文化旅游形象，建设城市新中心。

第二，优化城市功能空间结构布局。首先，构建完善的空间布局，提升城市综合功能。转变城市功能为综合服务型，加快中心城区的空间扩张，打造战略发展关键与核心，推动城市功能转型与空间结构重整。场馆与场馆周边加快融入国家区域发展战略布局，把握新的发展机遇，带动区域与旧城区的改造，打造现代产业新区和文化休闲新区，加速城市综合功能的提升。其次，综合开发提升城市功能品质，塑造城市新形象。为了提升城市的综合开发能力，需要在多层次、全方位、创新的基础上利用原有场馆，增强规划统筹联动，具体措施包括打造不同主题场馆、不同特色场馆，最终通过强化场馆的功能来提升城市的艺术氛围。加快推动创意场馆文化产业链升级，发展文化、娱乐、休闲、旅游等产业，带动整个城市的文化功能提升，侧面提升城市经济效益，加快文化艺术场馆建设，完善服务体系，塑造多元化的艺术空间，体现城市特有的文化底蕴和鲜明个性。最后，明确自身功能定位，分类推进改革。相关部门与企业深挖地方文化特色资源，做强区域性优势，增添艺术门类，全力主动推动艺术创作生产，加强整体业务指导，承担政策宣传、公共服务、艺术普及等工作。各地方政府完善财政、人事、收入分配等各项政策，增强场馆活力与景区吸引力，实施各类表彰制度以此激励推进改革效率。

第三，设计旅游景区功能分区及线路。首先，完善人才培养模式，提升景区服务质量。重视培养专业人才队伍，以提高专业水平和创新能力为重点，加快培养文化保护技能人才和经营管理复合型人才。并且通过引进高端人才——重点在于引进展览策划、文物修复、文物鉴定等专业人才，为文艺场馆提供技术和支撑，同时，借助馆外力量对员工进行业务培训，增进员工与专家间的交流，制定专门的考核制度，促使工作人员不断提高自身素质。其次，充分利用现代媒体为宣传载体，构筑全方位的宣传体系。从场馆自身情况与各类型多媒体的特点出发，采用相匹配的宣传方式，紧抓游客兴趣点。并且借鉴其他场馆的成功经验，制定具有自我特色的宣传体系，同时也可建立官方网站，借助平台宣传场馆展览信息、学术研究等信息以吸引游客。最后，建立多元化的投资机制，拓宽资金来源渠道。加大财政资金支持力度，改变传统投融资模式，设立一定规模的专项扶持基金，对某部分展品重点扶持资助。并且增加文艺创作生产经费投入，同时鼓励社会力量以投资或捐助设施设备、提供产品、资助项目和服务等方式支持场馆的发展，推进多渠道投资实施方案。

9.2.7　改造提升基础设施，转变城市发展路径

第一，实施休闲乐园基础设施改造提升工程。首先，洞察居民与游客的实际需求，切实加强主题的建设。依据居民与游客的实际情况，落实园区的选址，同时找准园区功能定位，提出相应的发展方向、重点和路径。并且将主题园区的特色主题和功能定位落实到特定的地理空间中，协调好园区空间布局与周边自然环境、整体格局和风貌，确保主题园区总体规划和各项规划得以真正落地。其次，善于利用园区原有居民与建筑，推动项目建设。建立相关政策，激活市场机制。同时，工作人员能力需要相应提升，可以因人而异地培训原有居民，加强人才培训、打造多功能人才。并且引进相关优秀人才，提升整个园区的人才水平和发展水平，为园区建设注入创新活力，推进园区特色经营模式的创新，提高当地居民的收入水平。最后，推动园区内部的产业链深度融合，加快落实已

经确定的政策。有效融合园区内的产业与文化，增强园区配套功能，为园区的城市市场导向形成有利的措施。着力提升基础设施、服务设施建设，提升园区的旅游品质，塑造良好的特色园区形象，衔接园区产业链，实现园区创新资源的有效整合。

第二，落实园区空间布局与景观设计规划方案。首先，积极鼓励企业参与园区建设、运营的全过程。坚持围绕已确定的主题进行展开，聚焦主题，处处营造主题氛围，引起群众共鸣且形成稳定、持久的吸引力。改造过程中切记在布局上要依据地形地貌、自然环境等原有基础，避免大拆大建，尽量挖掘与传承园区元素。景观设计与建筑设计时注重群众的精神满足，通过设计符号营造主题鲜明、风格一致、体现当地特色的景区氛围。其次，严格落实园区内部建设的不重建政策，维护生态平衡。在不破坏原有建筑的前提下，进行内部设施和功能的完善，以落实保护生态环境的设计思路。同时，相关部门督促园区落实空间用途管制政策，实现园区及其周边区域自然资源的有效管控，大力优化功能要素布局，确保如期高质量完成整体景区建设工作。最后，政府制定相应的激励政策，加强园区实际管控。出台园区的分类管理制度，为休闲乐园微旅游园区的实际建设过程提供指导方针。积极推进各类要素均依据政策制度进行拓展，如园区的展示空间、体验场馆、公共服务设施建设，从而更好地实现园区的建设，完成旅游产品的质量把控。

第三，制定政策倡导特色乐园项目开发。首先，健全管理体制和法律法规。在沉浸式休闲乐园微旅游的原置型园区建设中，政府要积极发挥其整体规划、监督管理、宣传引导、政策制定与人才培养等作用。将宏观政策引导、优惠政策扶持，以及相应的配套政策，聚焦于相关产业的发展，以此激发休闲度假产业的发展活力，为休闲度假小镇的发展给予重要的引导。其次，加强当地资源的开发利用。深度挖掘当地的土地资源、文化资源、旅游资源与生态资源，对当地的特色产品、传统手工艺品等进行一定的品牌设计、包装等，以此转化为能够产生经济效益的资本。同时，利用当地特色文化资源，重点发展效益较为突出的特色产业，打造规模化的品牌优势，重视园区的整体发展方向，调整园区内部功能。最后，出台园区生态环境整治方案。完善园区基础设施建设，改善园区环境，加强内外部交通发展，以此提升当地居民的幸福感，也可提升园区的服务质量。园区内应经常开展生态环保宣传培训活动，提高游客与居民的环保意识，为园区及园区产业提供良好的发展环境，加快转变城市发展方式，扎实推进城市整体进程。

9.2.8　改造休闲空间结构，推动城市变革进程

第一，实施微旅游重置型景区发展引导政策。首先，相关部门从长远角度考虑产业布局模式，兼顾未来居民需求。统筹园区经营性集体建设用地，为景区内部的新兴产业或后植入产业留出相应的空间。通过改造建筑风貌、建立标识系统、共享智慧科技、运行经营管理的手段等落实政策措施，推动特色产业互融互促发展，共同塑造休闲乐园微旅游模式的鲜明形象。其次，构造园区内部特色空间格局，挖掘特色文化、打造旅游品牌。重新塑造园区内部的产业结构，围绕整体规划方案进行设计实施，对实际建设的休闲乐园微旅游的品牌进行创新建设。充分融合城市与智慧性项目建设，形成总体布局，优化结构布局、交通路网、产业片区与空间特色，构建分层分级管理体系，统一品牌化建设。最后，相关部门紧盯园区重置建设的政策落实情况，开展专项监督检查。分类推进智慧旅游产品发展及制度改革，为休闲乐园品牌化与口碑化设计做好相关的管理工作。推进传统旅游产业转型升级，深度挖掘智慧休闲产品和休闲产业需求，实现产业、城市、群众间的深度互动，加快休闲乐园以休闲智慧重置建设为主的特殊项目打造，进行策略式的深度挖掘居民与游客的真实需求，实现休闲智慧娱乐项目的稳步推进。

第二，制定景区建设空间改造规划方案。首先，选择可靠的景区内部搭建团队，完善园区建设。针对每个园区的不同要点，选择匹配的团队进行合作，为旅游产业与园区打造之间做好引导。积极与园区工作人员、施工方、设计方等多方主体进行多次交流，保证园区在全新建造的过程中有着有效交流，避免后期交工时发生意外事件，与预期效果区别过大。其次，引进符合园区现状的主

题乐园，完美融合城市之中。通过因地制宜的主题选择，为城市老城区创新发展、恢复以往生机提供实践方案。引进项目的老城区切记选择符合当地当时的主题，以最小的成本换取最大的效益。项目引进不仅可以让老城区的经济得到重振，还能够让游客与居民体验不同以往的活动。最后，建立完善的相互监督机制，规范化项目整体过程。通过构建各负责主体间的相互监督机制，便于园区在建造过程中控制其质量与进度。善于运用数字化建造技术，控制整体质量与进度、成本和安全，各负责主体按照规范进行项目的打造，实现数字化建造对项目的安全控制。

第三，加速城市空间结构优化改造项目。首先，从城市公共空间出发，完善相应配置。结合当地城市的公共空间的实际状况，利用居民生活与生产的物质载体及景观资源打造更优质的发展环境。同时，考虑近期的可实施性和园区布局，以适应城市整体发展，注重对原有公共空间的综合利用，并在其基础上进行必要的扩建或改造，保证居民于空间中的良好可达性，合理布局区域以进行功能互补，共同形成完善的城市公共空间体系。其次，从城市公共设施出发，完善相应配置，优化城市环境。合理确定城市旅游接待设施指标与布局，既充分考虑游客的实际需求，也与旅游项目开发相配套。促进公共设施与基础设施的智慧化发展，确保休闲娱乐服务等满足游客与居民需求，以此增强园区对游客的吸引力，同时提高当地居民的开发意愿，加快城市更新发展。最后，园区借助有利的政策环境，促进休闲旅游产业的建设。出台鼓励城市休闲乐园微旅游模式发展的政策，为建立沉浸式休闲乐园微旅游模式的重置型景区发展新业态作出引导。政府应加大休闲旅游扶持力度，鼓励和支持社会工商资本、民营资本等对休闲旅游新业态的开发工作，鼓励迁移的居民参与并发展具有当地特色的旅游产品与服务，形成政府和市场合力，推动旅游产业发展，提升经济效益。

9.3 沉浸式微旅游业态创新与城市更新空间范型协同模式的后期保障与可持续

9.3.1 优化项目经营环境，促进旅游持续发展

第一，保障沉浸式文化演艺项目的经营活力。首先，弘扬本土文化，企业应关注散落在民间的中华文明，传达中国古老文化的声音，同时保护非物质文化遗产可持续发展。发现与深度挖掘城市中尚未被人关注和重视的非物质文化遗产，提升旅游演艺项目的经济效益与社会效益，加强城市文化保护与传承，打造出可持续发展的沉浸式歌舞演艺微旅游模式。其次，记录并总结旅游演艺项目在旅游规划时遇到的矛盾，为后期发展减少阻碍。如自然环境等影响，政府部门可适当地提高对场地的自然环境的监测，制定合理的标准，对于严重影响生态环境的实景演出项目采取惩罚措施。最后，保障演艺活动的可持续运作。在注重沉浸式歌舞演艺微旅游活动本身策划的同时，更要注重景区周边的市场，结合节庆活动，树立鲜明的旅游景区形象特色，提高项目的观赏性，以及游客的参与性，将小型常规表演与大型演艺相结合，提高游客体验感。

第二，优化旅游空间，激活发展动能。首先，进行一段时间的旅游活动后，要根据其市场细分研究，并关注游客的需求，以此营造符合游客心理期待的旅游项目。开发沉浸式歌舞演艺微旅游的衍生产品，以达到宣传活动的效果，从而带动更多前来观看演艺的游客。其次，从整体的高度塑造文化建筑的内涵，提炼建筑文化要素，为新时代下创新歌舞演艺微旅游业态提供可持续发展动能。利用传统的建筑装饰细部构造，结合现代的平面布局和功能分区，使得城市旧建筑既能够体现出传统的特色，又能便于项目的各种活动运作，提供足够的开放空间，并营造吸引游客参与的气氛。最后，培育专业人才，挖掘文化差异，打造独特演艺品牌。引进专业人才，同时建立人才培育机制，以提高演出产品的创新性，组建产品设计创作团队和运营、表演团队，通过准确的文化挖掘、创意性演出设计、团队间科学分工、演员的专业表演打造独特的演艺品牌。

第三，促进旅游资源的科学管理与利用。首先，确定景区所在土地的使用性质，合理化开发用

地。紧密结合沉浸式歌舞演艺微旅游产业的市场导向，做好项目开发与土地利用规划，相互监督，以达到协调与制约作用，同时有效限制景区的空间生长边界。其次，挖掘中华优秀传统文化的丰富内涵，做到创造性转化、创新性发展。面对所投放的市场，广泛地引入成熟的商业模式，持续强化辨识度和影响力，不断增强资源整合力和市场营销力。拓展营销渠道，扩大客源市场，突破传统的营销模式，针对不同的游客群体制定不同的营销策略，借助平台销售门票，开发互联网、新媒体等新营销方式。与旅游地其他知名产业进行合作，借势提高旅游地影响力，多渠道提高实景演出产品知名度，打造独特演艺品牌，全方位扩大客源市场。最后，加强旅游项目的安全管理，确保旅游活动的可持续发展。初创团队应树立专利意识、品牌意识，根据相关法律规定取得专利权，在实景演艺产品运作过程中，专业的演艺公司或完善的市场化运营机制能够在项目策划、管理、推广等全过程中降低风险，同时，政府应致力于提供良好的政策支持，构建完善的旅游演艺产品经营环境，促进产品可持续发展。

9.3.2 完善旅游政策环境，促进景区质量发展

第一，制定微旅游演艺项目发展支撑政策。首先，建立系统化的项目反馈体系。企业要提高投资项目管理水平，保障企业作出正确的投资决策，为旅游项目调整和新项目立项进行投资。项目在实施过程中需要求项目参与人员积极对活动项目的每一个环节有所总结，尤其是实际实施过程中所遇到的问题总结，同时鼓励相关工作人员对其过程提出相应建议，并且保证传达信息的准确性，以便制定下一步策略，保障其可行性。及时反馈遇到的困难，以避免造成项目的流失，对于不可控的风险提前反馈预警。其次，打造流程型组织，完善战略管理。根据市场消费者需求变化自主调整项目流程，同时，采用纵向管理模式的职能型组织结构，以流程代替传统的职能部门。通过减少员工之间的摩擦与无效劳动，以此提高工作效率，打造一支有组织、有强凝聚力的演艺组织团队。最后，政府完善相关投资、融资财政优惠政策，激励招商引资，拓宽投资、融资渠道，广泛吸纳民间资本流入沉浸式歌舞演艺微旅游文化产业的开发中。同时响应国家政策，贴息或无息贷款扶持文化艺术传播公司和旅游公司的建立，对其进行适当的时限免税或减税，对于某些有重大贡献的文化企业，可减轻其产业开发的投入成本。

第二，出台居民利益保障及需求引领机制。首先，激发项目后期管理的二次消费开发。通过开发衍生产品和吸收资金开发新项目两种方向促进二次消费，维持游客的新鲜感。同时，引入品牌IP与专业的文化设计团队，可借鉴有一定历史文化内涵的文创产品，保障景区旅游产品可持续。其次，利用古建筑为游客打造沉浸式旅游场景体验。针对游客多元化的旅游口味，遵循"古建筑＋"的模式进行旅游经济开发。利用文化与商业共同驱动，以"体验＋开放"为重点，有机融合古建筑与不同领域元素。并且加上当地文化与传统习俗，配合合适的商业业态，提升城市经济旅游收入，保障文化产业的可持续发展。最后，为了鼓励演艺企业全面发展，并促进演艺企业的规范化和健康发展，可以针对不同规模的演艺企业制定不同的规范性政策文件。政策文件的出台旨在引导和规范演艺产业的各个方面，包括演艺企业的运营管理、市场竞争、社会中介组织的职能等。通过出台相关政策文件，厘清演艺产业协会、演艺经纪代理机构等社会中介组织的职责和规范，进一步规范演艺市场，并形成完善的演艺产业政策法规体系。

第三，建立智慧基础设施发展规划管理制度。首先，持续增强群众文化获得感。加强公共文化产品和服务供给，组织开展群众性文化活动，实施文化惠民演出，推出文艺新品，以此满足群众精神文化需求。引入相关活动，以此吸引更多游客前往，增加流量。其次，提高保护工作者的专业素质。在积极引进人才的同时做好现有工作者的培训工作，不断提高其专业能力，为沉浸式体验提供人才保障。同时，加强相关工作人员信息化能力培训，特别是基层工作人员运用智慧化系统与技术的意识，提升景区智慧管理及高效运营水平。最后，细化政策内容，贯彻落实法律保障。明确历史古建筑的分级制，对每个级别的历史古建筑设置相应的保护政策，为城市文化保护的可持续建设提

供基础保障。通过奖励惩罚制度约束破坏历史古建筑文化遗产的行为，强化政策执行力度，同时做好文物普查工作与登记工作，为日后的古建筑文化遗产保护工作提供助力。

9.3.3　建立原真发展机制，实现文旅融合发展

第一，建立旅游产业与文化创意产业融合发展机制。首先，打造吸引游客的文旅资源品牌，深挖其文化价值内涵，将内涵贯穿产业发展全过程，形成差异化产品。政府应倡导以市场需求为导向，打造形象鲜明、主题深刻的文化旅游品牌，也为旅游创新业态与城市更新和可持续开发提供保障。同时，对各类旅游服务设施和服务均赋予特定的文化要素，彰显文化特色和个性化的人文关怀，激发旅游市场主体活力，促进文旅产业的高质量发展。其次，保留原有文化资源与历史风貌，同时利用高新科技引领文化创新发展，从而提升市场竞争力。通过改变传统的利用方式，结合现代化的技术，创造或再加工出具有文化性、体验感等特征的旅游创新产品，以此满足游客个性化、休闲化和体验化的需求。同时，通过运用大数据、AR、虚拟现实、人工智能等新技术，将其融入全球文化和旅游产业价值链，促进文化传承微旅游的长远可持续发展。最后，相关管理部门应出台政策以保障城市产业结构的可持续发展，提升市场竞争力。保护原有文化传承不变，将文化创意、数字化、人工智能等高科技元素应用在传统旅游产品的表现形式和服务中，增强不同利益群体的文化认同，推进"文旅商"深度融合。通过借助自身优势，依托产业链重构、优化和整合的优势，提升游客的满意度，同时促进业态和产品融合，实施"文化＋""旅游＋"战略，不断培育新业态。

第二，建立城市产业结构优化升级机制。首先，优化升级城市产业结构的产业体系。可以分类制定产业扶持政策，并建立健全并行机制。同时，针对各传统产业和老品牌出台特殊保护政策，以守护其特殊的文化产业基因。针对符合历史文化街区首要功能定位的产业业态，给予相应的奖励政策，允许利用税收补贴、房租补贴等优惠扶持政策，吸引符合条件的企业入驻。其次，保障多产业、多元化投融资机制，使活动常态化和持续化。针对不同项目类型制定灵活的投融资组合模式，建立社会资本参与历史街区项目的政策激励和风险分担机制，拓宽融资渠道，降低投资风险。通过发展创意经济，创新旅游体验方式和营销手段，以及打造创新性的旅游吸引物，实现旅游产业和目的地双重转型和升级，推动旅游业的创新发展，提升竞争力和吸引力，为游客提供更加丰富、独特和难忘的旅游体验。最后，相关管理部门深化体制改革，完善街区改造服务机制。为了推进政府治理体系建设，需要构建职责明确的政府治理体系，并不断优化政府组织结构，在此基础上，要完善政府在"文旅商"产业调节、市场监督、公共服务、文化传承保护等方面的职能，深化管理体制改革，促进政府机构权责协同。健全统筹协调机制，优化管理方式，完善公共服务机制，出台相应方案，为改革提供可持续发展动能，推动政府治理体系和能力现代化，提高政府服务水平和治理效能，为社会经济发展提供坚实的支撑。

第三，完善人才培养、引进与激励机制。首先，培育复合型人才队伍的可持续供给。高度重视文旅融合的复合型人才培养力度，培养多学科交叉领域人才，给政府部门管理者和企业员工提供更多的学习机会，提升其专业能力和综合素养。同时，重视人才引进，将更多优质的文旅人才、智能化技术人才等纳入管理与运营体系，为推动沉浸式文化传承微旅游产业的可持续发展提供人才保障。其次，提升街区基础设施，完善服务配套。为了提升历史街区的环境品质，需要完善街区生活和旅游配套设施，同时适度增建文化娱乐和体育健身等生活配套设施，以及改善民宿酒店、游客服务、旅游环卫和休憩等设施。同时，加强历史街区指示标识系统的特色设计，强调与街区的历史文化紧密关联，共同打造一个具有独特魅力的历史街区的环境，延续街区文化。最后，遵循适度与自愿原则，实施人口总量控制政策。适度外迁部分人口，降低人口对文化建筑的破坏程度，鼓励文化传承人和原住人口的回迁，以此维持文化产业与旅游业的可持续发展。保障公众参与实施和居民自发更新的专业性，促进政府、市场、公众等多方利益主体沟通，提高政府推进旧城区改造实施的效率。

9.3.4 完善遗址保护机制，实现文化传承创新

第一，建立城市文化遗产保护与传承机制。首先，企业利用先进的营销手段，融合当地特色创新发展旅游与区域更新。更新现有营销方式，利用高新科技手段，与自身所在环境进行完美的结合，充分挖掘具有当地特色的商品，打开年轻化市场，促进旅游及相关产业消费。旅游企业和相关部门应打造不同的主题线路，将各个具有历史、观赏及文化价值的古建筑进行串联，推出一系列一日游、两日游等路线选择方案，以满足不同游客需求。其次，改善当地居民生活环境，侧面提升城市幸福感。修复旧街区与旧城区时，尽量使原有居民自愿搬迁到环境更为优美的社区，并在其中配备完善的公共基础设施、服务设施等设备设施，提供更为齐全的公共服务。并且在改造过程中，减少公共服务设施中设施陈旧、道路不通等潜在危险，同时，考虑特殊群体的需求，保障居民与游客的安全，对楼宇进行结构加固、翻新处理，结合建筑本身的特色，统一制定保护标志牌及文物介绍碑。最后，注重微旅游市场模式，引导多方共赢。鼓励企业采用新市场需求的模式进行街区改造，同时吸引更多的社会力量参与项目中。鼓励本身具有较高文化保护意识的当地居民与企业参与其中，采用可持续的方式更好地传承历史文化，明确保护重点与范围，保留原住民的记忆与情感。

第二，制定产业结构调整优化发展规划。首先，坚持产业优化与产业融合的统一，推动产业升级。大力开发以旅游景区为依托的文化传承产业，通过串联旅游线路，开辟旅游片区的主题类旅游区以及特色街区，推动城市文化传承与城市文化保护改造融合发展。相关部门应积极培育旧街区、旧城区中的产业，拉长区域消费产业链，促进城市产业实现新跨越。其次，保障旧街区社会和经济效益，重视社会和经济效益的协调。多渠道且有序推进产业融合，在保证文化产业特色的同时，实现产业多元化，以应对外部风险的冲击。根据市场需求将文化传承产业融合边界扩展到周边社区与郊区，在全域旅游框架内实现文化传承产业资源的优化配置，避免产业"合而不融"的现象出现，同时也可以避免周边出现雷同产业与资源内耗问题。最后，出台相关产业发展融合保障制度，实现产业可持续发展。抓好监测评估，建立规划体系实施的监测制度和体系，明确要求中期评估与期末绩效评估，建立完善的外部监督制约与激励机制。并且以相关利益群体的满意度作为检验标准，避免政府内部责任主体与评价主体的角色产生冲突和逻辑悖论，推动形成长期、持续、有效的外部监督体制，形成持久的外部激励动能。

第三，建立游客体验与居民利益保障机制。首先，企业引进当地人才、吸收原住民，提升项目经济效益的保障力度。坚持培养与引进相结合策略，以政策与制度创新引导更多科技人才回流到城区，在改变现状的同时解决人才短缺问题与当地居民就业问题。并且通过培养相关专业人才与相关技术人员，提升整体实力，加快推动文化保护与传承工作，其次，推动文化遗产保护的可持续发展，坚持原则性开发。维护历史文化遗产的核心价值，以"保护为主、抢救第一、合理利用、传承发展"为原则，尊重文化遗产的形式和内涵，保护文化多样性。相关部门与企业可通过各种社会媒体，促进文化遗产的传承、传播和发展，加大宣传力度，继承和发扬历代的宝贵精神财富，同时增强项目的现代社会适应性，完善公共设施、提升公共服务，提升生活品质和城市品位。最后，培育社会组织，引导城市历史空间发展。将历史文化街区打造为商业开发模式下的共同体社区，保障多元空间中主体差异化的空间需求与日常生活中的空间利用。并且通过深化原住民、开发商、商户等群体的空间联系，转化为在城市历史空间可持续发展中共同获益，进而凝聚可持续发展的治理力量。

9.3.5 建立功能管控机制，促场馆可持续发展

第一，制定文艺场馆微旅游功能完善发展政策。首先，场馆构建应重视空间布局，实现场馆可持续发展。规范场馆的空间，不断完善功能品质，为新时代下的文艺场馆的未来发展挖掘更大的潜

力。并且企业在建设过程中应保证空间的实用与功能，提高游客的实际体验，采用人工智能、混合现实、数字互动等科技以再现文旅资源和历史文明，活用数字技术，创造更有趣味的沉浸式娱乐体验产品。其次，景区与相关部门加大文旅资源的功能分区管理力度，加强保护工作。可利用交互融合数字科技和艺术创造资源打造多重意境，加强游客体验感，保障意境的可持续发展。升级场馆原有配置，融合大数据平台、互动科技等进行分区位管理，带给游客深入人心的体验新空间。最后，政府应出台各类政策措施，激发持续消费新活力。旅游企业应采取旅游惠民活动的宣传手段，为新时代下的文旅产业复苏提供政策保障。各地政府应联合宣传推广、加大对场馆的奖励力度、实施公益帮扶等，同时推出系列惠民举措，采取文旅品牌建设的措施，为助力文旅的复苏发挥重要作用。

第二，建立城市遗址科学开发与保护机制。首先，强调遗址完整及其构成要素间的完整性。坚持"整体保护"原则，以整体城市发展的视角统筹遗址保护与城市可持续发展之间的关系。各地政府应提升城市文化品位和人居环境品质，修复遗址内各类建筑和恢复且升级其土地性质，开展后续考古和展示的工作，推动区域整体改造。其次，充分运用现代测量技术，建立地理信息系统。随时随地掌握遗址的状态，持续监控以保障遗址安全，以及复原最为原始的面貌。同时，在安装相关设施设备时，与遗址保持一定距离以此保障遗址原始建筑安全，保证功能的完善。最后，景区协同周边多地联动发展，助推城市可持续前进。确保遗址完整性得到有效保护，推进周边区域融入整体城市发展布局当中，充分考虑遗址与遗址周边各要素的现状与分布范围。改善区域交通条件与完善遗址市政及公共配套设施，实现城市的经济、社会、资源环境协调发展，整治提升区域人居环境，展示特色文化，保障城市遗址的可持续发展。

第三，健全游客情绪体验设计与反馈机制。首先，企业必然需要从游客与居民角度进行科技赋能。对旅游产业进行简化、智能化的科技赋能，为游客、旅游管理部门与企业提供各种便捷的信息化应用和服务。并且加速实现旅游目的地的资源数字化、运营智慧化、服务科技化，为场馆转型升级提质增效提供可持续动能。其次，加强基础设施建设，加强品牌宣传力度。通过招商引资的方式吸引更多投资者前来投资，同时加强当地遗址文化的宣传，重视当地文化以及原有居民文化特色，增强城市文化多样化。并且深挖遗址深层含义，发展数字经济产业，打造出新的微旅游供给体系，保证旅游产业的多样性，增加游览趣味性，吸引更多游客，实现旅游资源的可持续发展。最后，尊重当地文化，尽可能恢复原状。充分挖掘当地文化资源以此放大公共文化设施原有功能的价值，为公共文化设施经济效益注入新动能。并且充分揭示、挖掘、发展当地独有的、异质资源的文化特色，打造具有浓郁地方特色的文化品牌，塑造有价值的文化品牌，采取保持原貌的开发模式，突出丰富性、多样性和独特性的文化主题品牌。

9.3.6　持续经营机制改进，创新场馆建设路径

第一，健全文艺场馆微旅游产品经营机制。首先，持续全力打造场馆文化品牌，推出更多品牌项目。提升场馆文化品牌力和国际影响力，打造文旅融合发展活动品牌，扶持文艺品牌项目。景区可通过创新场馆模式、优化主题内容、加强宣传推介等举措，以此为打造文艺活动平台提供可持续发展动能，同时打造品牌体系。其次，重视场景打造与科技运用，建立健全工作机制。着力提升软硬件设施，保障基础软硬件设施与数字基础设施的建设，为新时代下的文艺场馆微旅游模式的可持续发展提供动力。并且保障沉浸式技术加持到场馆旅游中，营造沉浸式文艺场馆游客体验环境，同时结合体验设计与服务设计理念，提升城市文化品位。最后，政府落实对文艺场馆创新的支持政策。加强对文艺场馆活动的质量和效益的考核评价，动态调整场馆内部活动项目。并且加强文艺场馆创新的政策保障和资金扶持，动态调整政策资助水平，出台政策以保障内部员工基本待遇。相关企业落实改革收入分配，提高员工福利等措施，以此保障工作人员的服务水平，从而提升游客满意度，推动文艺场馆可持续发展。

第二，优化空间功能分区规划管理模式。首先，充分利用空间结构及其丰富内涵，以此达到融

合统一。增强场馆整体空间叙事性，结合文艺场馆的空间布局，打造出新的微旅游模式供给体系。运用新媒体影像技术创造叙事性展示空间的氛围，同时利用数字艺术的多变与可创造性，实现体验馆内空间与现实的相互交错。让文艺场馆的故事在空间布局中得以重现，使得游客能够有情绪起伏的状态，沉浸式文艺场馆更有丰富感与深度。其次，有效推动文化艺术产业地域均衡化发展，使场馆进入可持续发展的良性循环。充分挖掘本土文化艺术资源，提升整体实力，为新时代下的文化艺术产业提供较为完善的供给体系。通过借鉴国内外已有的成功案例，扶持发展缓慢地域的文化产品，有效推动文化艺术产业的地域均衡化发展。最后，树立全局意识，加强协作管理制度的建立。摒弃各文艺场馆各自为政的本位主义观念，积极参与文旅融合总体部署，推动文艺场馆建设。相关部门统筹推动场馆协同发展的利益共享和协调机制并提供政策保障。

第三，建立景区协同开发机制。首先，重新定位文艺场馆，转换思维模式、激发场馆内生动力。景区与相关部门将原有文艺场馆进行分类化打造，不同类型的文艺场馆运用不同体制，不能混为一谈，同时给予相关配套政策。并且通过保障所在城市的环境建设，改善城市的生态环境，提升场馆的文化艺术氛围，又能够使游客感受到当地的自然环境与人文环境，提升环境质量。其次，升级传统文艺场馆的解说模式，提倡多维度的解说。在保障对文艺场馆内部的展品进行科学解说的基础上，结合不同游客群体的特点，分别从视觉、听觉、触觉等多维度进行解说，充分运用现代科技手段，生动形象化地展示科学内涵，以此激发游客的求知欲。并且通过开发相应场馆的 App、引入VR 技术等，增强游客对文艺资源的认识和保护意识。从场馆旅游接待设施入手，加强道路、环卫设施等旅游基础设施建设，完善现有场馆的硬件设施。最后，把握国家支持科普研学旅游发展的政策趋势。积极推动文艺场馆建设并申报世界自然遗产博物馆等，促进文艺场馆的科普旅游模式的开发。并且持续优化与改善开发条件，加快场馆科普制度建设，创新传统的开发模式，转变为 "参观 + 讲解 + 休闲 + 体验 + 娱乐" 为一体的科普旅游模式。

9.3.7　完善休闲空间规划，实现园区全面升级

第一，制定休闲乐园微旅游项目建设发展规划。首先，居民应倡导绿色低碳方式推动城区更新，加强城市自身功能再造。保持园区内部的历史、自然、文化建筑状态，促进老城区的可持续发展，保持老街区的历史原真性。实现城市中部分闲置老城区的功能更新与区域环境的有机更新，引入系统思维，从城市结构、产业培育、社区和建筑、基础设施以及治理体系等多方面的维护工作入手，以此打造出休闲乐园微旅游模式的原置型园区的供给体系。其次，从园区内部创新性推动经济产业的可持续发展，形成高品质空间。在园区内部引进配套产业链，满足游客在园区内需求的同时，提升园区经济效益。在原有产业的基础上进行变动与深加工，形成要素重组、产业结构二次更新以及产业整合等方式完善区域的功能，同样，更新的前提必然需要考虑到新时代下的游客与居民需求，再进行调整与安排，从而提升整体区域及周边区域的经济效益。最后，重视园区内的制度建设，出台相应的保障政策。利用政策制度创新区域内土地用途，实现片区功能优化进而升级公共服务，提升区域价值，为加速区域内产业链效能提供可持续发展动能。同时，以市场化运营的制度促进城市空间产生创新价值，保持城市发展的持续增长及合理分配，统筹推进园区产业发展，注重长效产业发展。

第二，编制园区空间功能布局与管控规划。首先，保障卫生与生活条件的设施完善，以此维持园区的正常运营。健全园区内部能够维持正常生活的基础设施，为新时代下创新城区的居民生活给予保障。完善医疗基础设施，防止旅游过程的意外发生，加强卫生技术人才队伍的建设力度，健全保障游客人身安全跟踪监测制度，加大园区危房改造扶持力度，保障居民住房问题，同时，持续深化人居环境整治与园区风貌建设，持续改善人居环境。其次，转换可持续动能机制，解决创新资源与产业转型动力。全方位推动老城区功能完善与优化、品质升级和活力持续激活，为园区的实际发展提供动能。配套商业服务、中介咨询、城市休闲环境、高档消费场馆等支撑园区的多元化空间特

征，满足游客与当地居民在其中生活、居住、工作和旅游的高层次需求，加深游客对园区的依赖感与归属感。最后，构建园区风险防范机制，多举措保障市场秩序安全稳定。合理建立健全城区的空间发展机制，为激发休闲乐园的原置型园区可持续发展提供动能。加大政府在服务管理、科技创新、功能完善及市场秩序等方面的保障作用，同时保证园区内部的土地利用及功能完善工作不脱离政府的监督机制，加大监管力度，以防止过度开发，造成不可挽回的后果。

第三，推进园区一体化旅游城市化发展规划。首先，突出自身特色，因地制宜地开发具有本地特色的项目。重视当地传统风俗民情，结合当地不同的地域优势，为打造独特、不同传统的旅游园区的项目提供保障。加强园区基础配套设施、道路建设、房屋修复，填补旅游特色景区可持续发展硬件条件的空缺，提高旅游资源的可利用率。其次，建立鼓励当地人才留下的政策体系，并解决居民就业问题。积极引导当地居民回乡就业，因人而异地安排合适岗位，为园区的产业建设提供人才资源，促进景区发展。企业也可设立足够的福利补贴，建立原住民领导组织统一管理，定期进行培训，加强居民对园区的旅游化发展意识，也能够提高领导组织的管理能力，同时保障游客在景区游玩时的体验。最后，强调政府的推动作用，加快园区微旅游业发展。完善特色园区开发的政策体系，对园区的自我定位、产业划分、审批流程等制定相应的政策，为园区的旅游产业与相关产业发展提供政策保障。鼓励园区逐渐淘汰落后产业产能，促进地区产业结构优化升级，重视优势明显的产业，形成产业链，提高园区开发、再生产水平，在地方特性和地域根源的基础上，实现千城千样。

9.3.8　创建沉浸体验环境，完善智慧服务体系

第一，建立休闲乐园微旅游景区协同开发机制。首先，加强与智慧技术创新应用，推动城市旅游业的可持续发展。引入智慧技术，打造区域内休闲旅游全产业链，引发智慧旅游市场的进一步变革，实现城市休闲旅游业有机、协调发展。要充分利用虚拟现实、增强现实及三维动漫等多种技术，推动文化创意、虚拟科技等多种智慧技术融入其中，加快推进新智慧旅游产品的开发，为大众提供多元化、智慧化的旅游场景服务，全面提升旅游产业的发展层级和水平。其次，协调分工合作机制，保障产业发展。强化各部门协调，完善管理体系，建立协同推进机制，为城市的休闲乐园微旅游模式发展提供可持续动能。聚集重点领域明确分工、强化各部门与主体责任落实，大力推进旅游产业与城市发展，支持休闲旅游产业创新与基础设施功能完善带动城市发展。最后，加强日常执法监管，健全完善长效机制。坚持"零容忍"态度整治老问题、严防新问题，着力提升景区内的治理能力水平和服务水平。坚定发展目标，深度挖掘区域旅游资源，强化区域整合与联动，为休闲特色旅游提供内驱动力，打造具有视觉冲击力的景观项目，严格管控建设质量，实现共荣共赢。

第二，制定景区一体化智慧旅游城市发展规划。首先，加强与周边城市合作助推发展区域性休闲旅游圈。借助本地旅游资源与周边市场的相关产业，为构建具有特色旅游体验的休闲旅游圈提供可持续发展动能。建设具有优势的产业电子商务网络平台，提升城市品牌形象以提高游客流量，同时加强宣传力度与扩大宣传面，推动周边城市的共同发展，也可增强各自的核心竞争力，营造浓厚创城氛围。其次，坚持优先保护原则，实现城市的可持续发展。在保护环境的前提下开发建设资源，并在实际开发过程中进行积极保护，为新时代下的沉浸式休闲乐园微旅游模式进行相应的战略设置。充分结合旅游行业的发展前景，重点加强对休闲旅游城市历史文化遗存、人文环境和生态环境的保护力度，并对旅游开发强度进行严格控制，进而实现休闲旅游城市的可持续发展。最后，完善各项社会保障制度，健全扩大内需的长效机制。着力培养专业型人才，以保障新时代下休闲乐园微旅游模式的经营管理水平并为其提供可持续发展动能。通过定向培训、社会招聘引进培养一支懂经营、善管理的沉浸式休闲乐园微旅游经营管理人才队伍，建立长效的培训机制，并且传授从业人员基本知识、技能与管理知识，进而培养出一支高素质从业人员队伍，提高其经营管理水平、市场运作水平以及经济效益。

　　第三，建立居民生活体验参与机制。首先，善于提高居民参与积极性，以保障旅游业的顺利进行。引导当地居民意识到自身对于所在社区全面发展的责任，并提高资源利用能力，以此减少居民过度依赖资源的现象。园区与当地政府加大宣传教育力度，可通过讲座、培训等手段，帮助社区居民提高对环境保护和旅游业的认识，提高环境保护和社区接待游客水平。其次，打造园区及当地居民的生活环境，营造园区旅游形象。增强当地居民环保意识的培养，使其自觉定期对景区及周边进行清洁，从根本上治理景区的脏乱差现象。同时，增强当地居民的荣誉感和归属感，使其主动参与园区创建，自觉保护园区环境，充分发挥当地居民的民主监督功能和主体作用，共同探索园区发展的有效途径。最后，建立合理的居民补偿机制，确保居民的经济利益不受损。在给予当地居民足够搬迁补偿的同时，在旅游产业产生效益时给予其一定程度的收入再分配，保障充分调动当地居民参与景区发展的积极性。并且园区根据自身情况建立相关的合作机制，形成"企业＋居民""政府＋"等多种参与模式，同时政府加以引导，避免出现强买强卖、拉客宰客等不良现象的发生，形成良性竞争局面，以此提高居民生活水平。

结　　论

　　本书以旅游方式发生重大变化为背景，从典型事实描述、理论构建、实证检验和实现路径四步骤进行研究，系统性描述"沉浸式微旅游 4 种业态类型创新与城市更新空间范型协同模式"中的现状、分析框架、实现路径等。本书从理论上搭建沉浸式微旅游业态创新与城市更新空间范型协同模式来扩展理论体系，进而补全现有旅游发展模式

　　总体而言，本书的研究取得了一定的创造性成果，主要包括以下几个方面：

　　第一，沉浸式微旅游业态创新与城市更新空间范型协同模式的分析框架的搭建，包括总分析框架和各子分析框架，旨在探究在旅游方式发生重大变化背景下，沉浸式微旅游八种业态类型与城市更新空间范型的协同模式。首先，通过文献分析，明确沉浸式微旅游业态创新和城市更新空间范型的概念和特征，并剖析出它们所包含的维度和内涵，进而构建沉浸式微旅游业态创新的理论模型，并关联城市更新空间范型。在此基础上，本书搭建沉浸式微旅游四种业态类型与城市更新空间范型协同模式的分析框架，并进行相关分析说明。在分析框架中，通过四种沉浸式微旅游业态类型——沉浸式歌舞演艺微旅游、沉浸式文化传承微旅游、沉浸式文艺场馆微旅游和沉浸式休闲乐园微旅游，以及城市更新空间范型——城市更新目标和物理社会空间范型为切入点，深入探讨它们之间的协同作用和相互影响。本书进一步说明沉浸式微旅游业态创新与城市更新空间范型协同模式对于促进城市更新和旅游业发展的重要性，为相关行业提供实践指导和参考。

　　第二，构建出沉浸式微旅游四种业态类型与城市更新空间范型协同模式的概念模型。首先，通过对沉浸式微旅游业态创新与城市更新空间范型的相关文献进行检索和分析，明确这些新型业态类型的作用方向和种类，其中包括沉浸式歌舞演艺微旅游、沉浸式文化传承微旅游、沉浸式文艺场馆微旅游、沉浸式休闲乐园微旅游等类型，并提出研究假设。综合借鉴相关研究，构建沉浸式歌舞演艺微旅游与城市文化保护点式—原置型更新模式、沉浸式歌舞演艺微旅游与城市文化保护点式—重置型更新模式、沉浸式文化传承微旅游与城市文化保护面域—原置型更新模式、沉浸式文化传承微旅游与城市文化保护面域—重置型更新模式、沉浸式文艺场馆微旅游与城市功能完善点式—原置型更新模式、沉浸式文艺场馆微旅游与城市功能完善点式—原置型更新模式、沉浸式休闲乐园微旅游与城市功能完善面域—原置型更新模式、沉浸式文艺场馆微旅游与城市功能完善面域—重置型更新模式八种模型，提出相应的研究假设。

　　第三，构建出沉浸式微旅游八种业态类型与城市更新空间范型协同模式研究的结构方程模型，并进行相应的实证分析。通过观测变量的设置、结构问卷的设计，以及因子分析，构建基于旅游者与当地居民的沉浸式微旅游八种业态类型与城市更新空间范型协同模式的结构方程模型。该部分实证研究结果发现：沉浸式歌舞演艺微旅游可以通过居民意愿、空间布局、旅游可持续发展三个中间变量对城市文化保护点式—原置型发展模式实现间接的影响作用，其间接效应大于各变量之间的直接效应；沉浸式歌舞演艺微旅游与城市文化保护点式—重置型协同模式的结构方程模型较好地与量表数据进行拟合，沉浸式歌舞演艺微旅游对城市文化保护点式—重置型建设有较为显著的间接作用路径；城市产业结构、居民意愿与产业基础三个变量在沉浸式文化传承微旅游对城市文化保护面域—原置型建设协同中具有重要作用；城市产业结构、旅游吸引与游客认知评价在沉浸式文化传承微旅游与城市文化保护面域—重置型建设协同中发挥重要作用；沉浸式文艺场馆微旅游对城市功能完善点式—原置型建设模式不仅能够产生直接作用，还可以通过景区联动、居民意愿和城市遗址旅游

开发三个中间变量产生间接作用；沉浸式文艺场馆微旅游对城市功能完善点式—重置型建设模式通过景区联动、空间布局和城市遗址旅游开发三个中间变量产生间接作用；沉浸式休闲乐园微旅游对城市功能完善面域—原置型建设模式通过居民意愿、旅游城市化和景区发展水平三个中间变量产生间接作用；沉浸式休闲乐园微旅游对城市功能完善面域—重置型建设模式则通过居民意愿、旅游城市化和智慧基础设施布局三个中间变量产生间接作用。依据研究结果，对沉浸式微旅游业态创新与城市更新空间范型协同模式进行细致研讨。

第四，将案例研究范式利用到沉浸式微旅游八种业态类型与城市更新空间范型协同模式研究中，利用结构化、实效化、系统化的案例进行沉浸式微旅游八种业态类型与城市更新空间范型协同模式研究。运用单案例研究的方法，结合本书建立的分析框架、研究假设、理论模型以及结构方程分析的结果，基于沉浸式微旅游业态创新类型的发展现状，对沉浸式歌舞演艺微旅游与城市文化保护点式—原置型协同模式、沉浸式歌舞演艺微旅游与城市文化保护点式—重置型协同模式、沉浸式文化传承微旅游与城市文化保护面域—原置型协同模式、沉浸式文化传承微旅游与城市文化保护面域—重置型协同模式、沉浸式文艺场馆微旅游与城市功能完善点式—原置型协同模式、沉浸式文艺场馆微旅游与城市功能完善点式—重置型协同模式、沉浸式休闲乐园微旅游与城市功能完善面域—原置型协同模式、沉浸式文艺场馆微旅游与城市功能完善面域—重置型协同模式进行实际的案例验证。在做相应的预调研后，最终将正式案例分别选为浙江杭州市《最忆是杭州》、陕西西安市《西安千古情》、河南洛阳市"古都夜八点"、河北唐山市培仁历史文化街区、山西太原市山西文旅数字体验馆、山东省淄博市齐文化博物馆、江苏无锡市灵山小镇·拈花湾、山东青岛市青岛极地海洋世界，重点把握居民意愿、空间布局、智慧基础设施布局、景区发展水平、景区联动、城市遗址旅游开发等变量，对单案例研究的结构方程分析的调查问卷进行设计和变量度量。

第五，提出沉浸式微旅游八种业态类型与城市更新空间范型协同模式研究的实现路径。针对旅游方式发生重大变化的背景现状，分析了沉浸式微旅游业态创新与城市更新空间范型的协同效果，并在此基础上，提出实现路径和重点策略。该实现路径包含事前分析与规划、事中设计与实施和事后保障与可持续三个方面，以应对旅游方式发生重大变化下游客需求与城市更新的挑战。在众多实施策略中，所选取的重点策略对于沉浸式微旅游八种业态类型与城市更新空间范型协同模式研究具有很大的参考价值。

本书依据旅游方式发生重大变化的背景，创新性地将沉浸式歌舞演艺微旅游、沉浸式文化传承微旅游、沉浸式文艺场馆微旅游与沉浸式休闲乐园微旅游八种创新业态与城市更新空间范型的城市文化保护点式—原置型、城市文化保护点式—重置型、城市文化保护面域—原置型、城市文化保护面域—重置型、城市功能完善点式—原置型、城市功能完善点式—重置型、城市功能完善面域—原置型以及城市功能完善面域—重置型八种发展模式相结合。在本书中一改以往的研究范式，有效避免了研究范式的片面性，在厘清沉浸式微旅游业态创新与城市更新空间范型的相互关系，探讨其协同模式时，将沉浸式微旅游业态创新与城市更新空间范型协同研究同时置于旅游方式发生重大变化的背景下进行实质性研究，搭建沉浸式微旅游与城市更新协同的基础理论架构，既丰富沉浸式微旅游相关研究，也为旅游业态创新战略和城市更新提供思路和新发展方向，具有重要的理论价值和现实意义。

2022 年 1 月 17 日，在世界经济论坛视频会议上，习近平总书记指出，"我们要探索常态化疫情防控条件下的经济增长新动能、社会生活新模式、人员往来新路径"，并对新时代我国旅游业"承接转化新需求，打造新供给体系以及重塑新市场格局"的发展提出了新要求。2020 年，国家公布"十四五"规划，为沉浸式产业指明了具体发展方向，为技术环境的产业创新提供新工具和市场环境的新型体验产品或项目的发展提供互动感受评价，具有非常重要提升意义。首先，为使沉浸式微旅游健康有序发展，必须坚持以习近平新时代中国特色社会主义思想为指导，满足新时代、人民对美好生活的需求，建设新的微旅游的供给体系，清楚数字经济背景下旅游业高质量发展的动能、模式和路径。本书立足于旅游方式发生重大变化的背景，从理论和实践两个方面对沉浸式微旅游业态创新与城市更新空间范型协同模式进行深入的研究，对更为快速地促进旅游产业与社会经济复苏，具有重要的理论指导意义和较强的实践意义。限于自身学术水平和学术水平，虽然对沉浸式微旅游八种业态类型与城市更新空间范型协同模式研究进行了深入的分析，但本书仍有许多不足之处，还需进一步展开研究。

第一，由于沉浸式微旅游业态创新与城市更新空间范型协同模式研究受到来自多方因素的影响，各种旅游业态在长期发展都存在着阶段性的不同变化，这点应纳入考虑范围，同时，在后续的研究中，不能仅限于现有维度，而需再添加中间变量，有关二者协同时出现的关键因素要动态地去观测，并将其纳入研究范围之中，将各创新业态与景区建设在不同阶段的不同模式考虑在内。

第二，扩大问卷的调查范围，收集更多景区的数据，与此同时，为了使收集到的数据所做的计量分析更有分析价值，在分析前应采用适当的方法对数据进行预处理，提取出可用数据，剔除不需要的数据。

第三，由于沉浸式微旅游业态不断发生变化，可以进一步对沉浸式微旅游业态与城市更新在不同时段下的协同模式进行研究和探索。未来不仅要研究通过调研获得的数据，还可以从长远的角度，收集多时段的数据，采用时间序列的数据形式进行分析，观察和研究沉浸式微旅游业态与城市更新在不同时段下的协同模式的变化，对沉浸式微旅游业态进行更全面的研究。

第四，沉浸式微旅游业态类型有很多种，本书采用的八种低密度旅游创新业态仅代表一部分沉浸式微旅游业态类型，在之后的研究中，可以对其他沉浸式微旅游业态类型进行研究，或探讨不同的沉浸式微旅游创新业态与城市空间范型协同模式研究的差异，进一步丰富沉浸式微旅游的相关研究。

参 考 文 献

[1] 安显楼. 美丽乡村视域下传统村落景观改造策略研究 [J]. 西南大学学报（自然科学版），2021，43（5）：9-17.

[2] 白然，田敏娜，李庆生，等. 大数据时代智慧旅游城市建设探讨 [J]. 商业经济研究，2021，815（4）：180-182.

[3] 白小琼. 文旅演艺的发展现状与优化路径探索 [J]. 四川戏剧，2020，239（7）：167-170.

[4] 保继刚，甘萌雨. 改革开放以来中国城市旅游目的地地位变化及因素分析 [J]. 地理科学，2004（3）：365-370.

[5] 毕剑，贾苏萍，周成. 沉浸式旅游演艺：内涵、特征及发展动力 [J]. 许昌学院学报，2022，41（4）：109-115.

[6] 卜莉莉，李秉融，薛义."异托邦"语境下历史旧址场景建构——以冀东西部抗战旧址室内设计实践为例 [J]. 家具与室内装饰，2022，29（11）：50-55.

[7] 蔡景辉. 城市更新与片区开发中城市更新基金发展契机 [J]. 上海房地，2022，430（12）：24-26.

[8] 蔡骐，黄瑶瑛. 新媒体传播与受众参与式文化的发展 [J]. 新闻记者，2011（8）：28-33.

[9] 蔡绍洪，徐和平. 在城市更新改造中整合旅游产业资源群落的思考 [J]. 贵州社会科学，2008（10）：74-79.

[10] 曹大贵，杨山，李旭东. 空间布局演化与产业布局调整——兼论无锡市城市发展方略 [J]. 城市问题，2002（3）：20-24.

[11] 曹花蕊，韦福祥. 娱乐休闲消费中的沉浸体验及其作用研究 [J]. 天津师范大学学报（自然科学版），2017，37（6）：71-75.

[12] 曹蕙姿. 地域文化视野中风情歌舞形态研究 [J]. 北京舞蹈学院学报，2016（4）：42-46.

[13] 曹令秋. 乡村旅游发展规划研究——以湖南省衡阳雨母山乡村俱乐部为例 [J]. 农业考古，2010（6）：322-324.

[14] 曹蓉，郭应龙，杨培峰. 新产业空间视角下创意产业园之新空间观念的建构 [J]. 规划师，2019，35（7）：64-68.

[15] 曹三省，王春华，李灿. VR/AR 在文化旅游与影视中的应用创新与趋势 [J]. 科技导报，2018，36（9）：57-60.

[16] 曹子健，张凡. 历史街区城市更新范型探析 [J]. 住宅科技，2021，41（7）：42-46.

[17] 查建平. 改革开放 40 年中国旅游产业效率演变及规律 [J]. 旅游学刊，2019，34（1）：5-6.

[18] 常春勤. 转型期矿业城市可持续发展的空间约束与调控策略 [J]. 生产力研究，2009（17）：65-66，73.

[19] 常佳月，刘爱利. 旅游演艺研究的核心议题及发展趋势 [J]. 资源开发与市场，2023，

39 (2)：208 – 216，249.

[20] 常卫锋. 开封清明上河园旅游演艺活动探究 [J]. 开封大学学报，2013，27 (1)：26 – 30.

[21] 陈博，陆玉麒，舒迪，等. 景区智慧化发展水平测度及空间分布差异研究——以江苏省 4A 级及以上景区为例 [J]. 南京师范大学学报（自然科学版），2019，42 (2)：129 – 135.

[22] 陈传康. 城市旅游开发规划研究提纲 [J]. 旅游学刊，1996 (5)：31 – 34.

[23] 陈东林. 抓住供给侧改革和军民融合机遇，推动三线遗址保护利用 [J]. 贵州社会科学，2016，322 (10)：30 – 35.

[24] 陈方英，马明，孟华. 城市旅游地居民对传统节事的感知及态度——以泰安市东岳庙会为例 [J]. 城市问题，2009，167 (6)：60 – 65.

[25] 陈广仁. 数字技术促成智慧矿山 [J]. 科技导报，2011，29 (35)：8.

[26] 陈慧英，陶丽萍. 大型文化演绎项目游客体验满意度影响因素研究——以武汉"知音号"观光游轮为例 [J]. 武汉轻工大学学报，2018，37 (5)：60 – 64.

[27] 陈瑾，何雄伟，陶虹佼，等. 人文生态旅游景区定位塑造与优化升级——以南昌梅湖、象湖景区为例 [J]. 企业经济，2021，40 (9)：114 – 121.

[28] 陈瑾，陶虹佼，徐蒙. 新发展格局下我国文化旅游产业链优化升级研究 [J]. 企业经济，2022，41 (11)：123 – 133.

[29] 陈可石，梁宏飞，罗璨，等. 文化复兴视角下古镇城市设计实践——以河源市佗城镇详细城市设计为例 [J]. 规划师，2018，34 (3)：66 – 71.

[30] 陈琳琳，雷尚君. 后疫情时代休闲旅游业发展新模式探索 [J]. 价格理论与实践，2021，442 (4)：149 – 152，171.

[31] 陈琳琳，徐金海，李勇坚. 数字技术赋能旅游业高质量发展的理论机理与路径探索 [J]. 改革，2022 (2)：101 – 110.

[32] 陈麦池，黄成林，张静静. 论旅游演艺的文化体验性与原真性 [J]. 旅游研究，2011，3 (4)：37 – 41.

[33] 陈明生，郑玉璐，姚笛. 基础设施升级、劳动力流动与区域经济差距——来自高铁开通和智慧城市建设的证据 [J]. 经济问题探索，2022 (5)：109 – 122.

[34] 陈铭杰. 景区演艺活动品牌化探讨 [N]. 中国旅游报，2005 (2).

[35] 陈琴，李俊，张述林. 国内外博物馆旅游研究综述 [J]. 人文地理，2012，27 (6)：24 – 30.

[36] 陈琴，李俊，张述林. 基于创意经济视角的工业遗址旅游开发研究——以重庆钢铁厂旧址为例 [J]. 资源开发与市场，2013，29 (7)：766 – 768.

[37] 陈伟旋，王凌，叶昌东. 广州市老旧社区微更新中公众参与的模式探究 [J]. 上海城市规划，2021，161 (6)：78 – 84.

[38] 陈炜，王媛. 新型城镇化背景下四川盐文化遗产保护模式 [J]. 社会科学家，2015，223 (11)：92 – 96.

[39] 陈稳亮，冀剑雄，宋孟霖. 多尺度视域下的大遗址治理模式研究——基于汉长安城遗址的实证分析 [J]. 城市规划，2021，45 (4)：48 – 56，105.

[40] 陈信康，杜佳毅. 主题乐园消费者体验测量量表研究——基于体验质量和体验价值的维度 [J]. 财经问题研究，2019，433 (12)：104 – 111.

[41] 陈业伟. 城市更新与文化传承 [J]. 现代城市研究，2012，27 (12)：35 – 42.

[42] 陈晔，贾骏骐. 数字经济下旅游目的地发展的新路径 [J]. 旅游学刊，2022，37 (4)：6 – 8.

[43] 陈烨，宋雁. 哈尔滨传统工业城市的更新与复兴策略 [J]. 城市规划，2004 (4)：

81 – 83.

[44] 陈莹, 张安录. 城市更新过程中的土地集约利用研究——以武汉市为例 [J]. 农业经济, 2005 (4): 9 – 11.

[45] 陈莹盈, 林德荣. 旅游活动中的主客互动研究——自我与他者关系类型及其行为方式 [J]. 旅游科学, 2015, 29 (2): 38 – 45, 95.

[46] 陈元欣, 陈磊, 李震, 等. 新发展理念引领大型体育场馆高质量发展的方向与路径 [J]. 上海体育学院学报, 2022, 46 (1): 72 – 85.

[47] 陈悦, 陈超美, 刘则渊, 等. CiteSpace 知识图谱的方法论功能 [J]. 科学学研究, 2015, 33 (2): 242 – 253.

[48] 陈则明. 城市更新理念的演变和我国城市更新的需求 [J]. 城市问题, 2000 (1): 11 – 13.

[49] 陈志莹, 赵薇. 基于新媒体技术的"智慧景区"导视系统设计开发探索 [J]. 包装工程, 2018, 39 (24): 60 – 64.

[50] 谌文. 主客关系研究: 乡村旅游研究新视角 [J]. 产业与科技论坛, 2008 (7): 30 – 33.

[51] 成芳, 付璐. 老旧小区有机更新策略研究——以株洲市渌口区老旧小区改造规划为例 [J]. 建筑经济, 2022, 43 (11): 45 – 52.

[52] 程超, 罗翔, 潘悦, 等. 多元价值目标视角下非典型历史街区更新路径研究——以宁波市高桥老街为例 [J]. 城市问题, 2022, 319 (2): 46 – 55.

[53] 程胜龙, 王乃昂, 郭峦. 甘青藏旅游资源的联动开发研究 [J]. 地域研究与开发, 2005 (4): 87 – 91.

[54] "从空间扩张到内涵发展的规划思考"笔谈会 [J]. 城市规划学刊, 2016, 228 (2): 1 – 9.

[55] 崔巍. 大数据时代新型智慧城市建设路径研究 [J]. 社会科学战线, 2021, 308 (2): 251 – 255.

[56] 崔琰. 西安城市遗址保护与旅游开发模式研究 [J]. 西北大学学报 (自然科学版), 2015, 45 (3): 469 – 473.

[57] 崔玉范. 关于民族文化旅游可持续发展问题的若干思考 [J]. 黑龙江民族丛刊, 2010, 118 (5): 51 – 55.

[58] 代秀龙, 林善泉. 城市旧机场地区土地再开发规划策略——以湛江机场片区概念性规划为例 [J]. 规划师, 2017, 33 (6): 94 – 99.

[59] 戴梦菲, 朱雯晶, 谭淼, 等. AR 技术在数字人文应用上的运用策略——以"从武康路出发"应用为例 [J]. 图书情报工作, 2021, 65 (24): 44 – 52.

[60] 单红波. 公共图书馆与旅游融合的模式与路径研究 [J]. 图书与情报, 2019 (3): 136 – 139.

[61] 单霁翔. 城市文化遗产保护与文化城市建设 [J]. 城市规划, 2007, 233 (5): 9 – 23.

[62] 单霁翔. 从"大拆大建式旧城改造"到"历史城区整体保护"——探讨历史城区保护的科学途径与有机秩序 (中) [J]. 文物, 2006 (6): 36 – 48.

[63] 邓椿. 山西省旅游产业 – 城镇化 – 生态环境耦合协调发展分析 [J]. 地域研究与开发, 2018, 37 (3): 85 – 89.

[64] 邓堪强, 胡珊, 刘晓妮. 广州市属国有企业旧厂更新中的开发权转移机制研究 [J]. 规划师, 2020, 36 (15): 73 – 78.

[65] 邓琳爽, 伍江. 近代上海城市公共娱乐空间结构演化过程及其规律研究 (1843—1949) [J]. 城市规划学刊, 2017 (3): 95 – 102.

[66] 邓馨悦，陆和建．文化空间规划下我国城市阅读空间布局优化研究 ［J］．图书馆学研究，2020 （12）：74 – 81.

[67] 丁凡倬，王渤森，张继晓．环境可供性理论下的老旧街区公共设施可持续设计研究 ［J］．家具与室内装饰，2021，272 （10）：97 – 101.

[68] 丁宇，殷成志．超大城市科技新城建设中城市更新协同发展研究——以北京市怀柔区为例 ［J］．城市问题，2021，317 （12）：23 – 29.

[69] 丁援．国际古迹遗址理事会 （ICOMOS） 文化线路宪章 ［J］．中国名城，2009 （5）：51 – 56.

[70] 丁志刚，石楠，周岚，等．空间治理转型及行业变革 ［J］．城市规划，2022，46 （2）：12 – 19，24.

[71] 冬萍，阎顺．旅游城市化现象初探——以新疆吐鲁番市为例 ［J］．干旱区资源与环境，2003 （5）：118 – 122.

[72] 董昕．我国城市更新的现存问题与政策建议 ［J］．建筑经济，2022，43 （1）：27 – 31.

[73] 董欣，张沛，段禄峰．西安大都市与旅游地产发展互动模式研究 ［J］．人文地理，2011，26 （1）：145 – 149.

[74] 董亚娟，田蓓．基于智慧旅游的城市旅游供给系统优化研究 ［J］．资源开发与市场，2015，31 （11）：1391 – 1394.

[75] 董怡嘉，蔡永洁．功能置换带动城市更新——柏林庭院改造的三种模式 ［J］．建筑学报，2009 （7）：97 – 101.

[76] 窦璐．城市生态公园服务场景研究：量表开发与作用机理 ［J］．城市问题，2021，307 （2）：25 – 35.

[77] 杜佳毅，陈信康．主题乐园游客重游意愿影响机制研究 ［J］．科学决策，2022，299 （6）：113 – 124.

[78] 杜瑞宏，黄晓芳，胡冬冬．国土空间规划视角下非集中建设区规划体系构建 ［J］．规划师，2020，36 （19）：47 – 51.

[79] 樊玲玲，谢朝武，吴贵华．智慧旅游城市建设能否提升旅游业绩——170 个旅游城市的实证 ［J］．华侨大学学报 （哲学社会科学版），2022，150 （3）：42 – 54.

[80] 范玉强，陈志钢，李莎．历史文化街区游客怀旧情感对游客忠诚的影响——以西安市三学街为例 ［J］．西南大学学报 （自然科学版），2022，44 （4）：155 – 164.

[81] 范周，谭雅静．文化创意赋能文化旅游产业发展 ［J］．出版广角，2020 （6）：6 – 9.

[82] 方标军．国有文艺院团深化改革的实践探索及其改革走向 ［J］．艺术百家，2021，37 （4）：67 – 75.

[83] 方可．西方城市更新的发展历程及其启示 ［J］．城市规划汇刊，1998 （1）：59 – 61，51 – 66.

[84] 方梦阳．"文旅融合"与"媒体融合"背景下交互艺术的创新研究 ［J］．艺术百家，2020，36 （2）：103 – 108.

[85] 方世敏，杨静．国内旅游演艺研究综述 ［J］．旅游论坛，2011，4 （4）：152 – 157.

[86] 方维．新冠疫情对我国文化旅游业发展的影响及调适 ［J］．党政研究，2020 （4）：24 – 27.

[87] 方遥，殷敏，魏云，等．基于环境人口容量的历史文化街区更新研究——以南京市颐和路 11 – 1 片区为例 ［J］．现代城市研究，2023 （10）：107 – 112.

[88] 方颖．隐性与具身化：茶文化博物馆教育的路径研究 ［J］．中国博物馆，2020 （3）：122 – 125.

[89] 方媛，张捷．创意体验视角下沉浸式文旅发展及创新策略 ［J］．艺术管理 （中英文），

2023，17（1）：102 – 108.

［90］费建翔，刘惠萍．特色小镇 + PPP 模式研究［J］．企业改革与管理，2019，355（14）：210 – 212.

［91］冯学钢，程馨．文旅元宇宙：科技赋能文旅融合发展新模式［J］．旅游学刊，2022，37（10）：8 – 10.

［92］冯一鸣，田焯玮，周玲强．旅游流动性视角下的场所精神——革命历史纪念空间的新议题［J］．旅游学刊，2021，36（6）：11 – 12.

［93］冯英杰，钟水映．全域旅游视角下的博物馆文化旅游发展研究——基于游客满意度的调查［J］．西北民族大学学报（哲学社会科学版），2018（3）：66 – 75.

［94］凤娇，刘家明，姜丽丽．东北地区战略性新兴产业发展水平时空演变与影响因素研究［J］．地理科学进展，2022，41（4）：541 – 553.

［95］傅才武，程玉梅．文旅融合在乡村振兴中的作用机制与政策路径：一个宏观框架［J］．华中师范大学学报（人文社会科学版），2021，60（6）：69 – 77.

［96］傅才武，钱珊．人类命运共同体视野下人口—资源环境问题的历史镜鉴［J］．兰州大学学报（社会科学版），2020，48（3）：8 – 19.

［97］傅才武，申念衢．诗词文化资源在城市文化建构中的价值开发研究——以打造武汉"诗梦小道"为例［J］．山东大学学报（哲学社会科学版），2018（3）：50 – 59.

［98］傅才武，申念衢．新时代文化和旅游融合的内涵建构与模式创新——以甘肃河西走廊为中心的考察［J］．福建论坛（人文社会科学版），2019（8）：28 – 39.

［99］傅才武，王异凡．场景视阈下城市夜间文旅消费空间研究——基于长沙超级文和友文化场景的透视［J］．武汉大学学报（哲学社会科学版），2021，74（6）：58 – 70.

［100］傅才武，严星柔．论武汉"英雄城市"的文化性格及未来表达［J］．江汉论坛，2020（8）：5 – 14.

［101］傅才武．论文化和旅游融合的内在逻辑［J］．武汉大学学报（哲学社会科学版），2020，73（2）：89 – 100.

［102］傅才武．"疫后窗口期"如何提升公众生态文明素质［J］．人民论坛，2020（10）：66 – 68.

［103］高德武．论文化主导下的城市更新实践：成都案例［J］．城市发展研究，2013，20（3）：10 – 13.

［104］高耸，姚亦峰．历史文物古迹保护与城市更新关系的研究——以南京内秦淮地区为例［J］．安徽农业科学，2007（32）：10342 – 10345.

［105］高鑫，董青，张述林，等．"后观光时代"背景下三峡库区旅游景区开发转型研究——以忠县良玉故里旅游景区开发为例［J］．重庆师范大学学报（自然科学版），2014，31（6）：45 – 49.

［106］高鑫，刘春霞，汪洋，等．重庆市"五大功能区"关联网络结构研究——以高速公路货流网络联系为例［J］．重庆师范大学学报（自然科学版），2015，32（5）：158 – 164.

［107］高义栋，闫秀敏，李欣．沉浸式虚拟现实场馆的设计与实现——以高校思想政治理论课实践教学中红色 VR 展馆开发为例［J］．电化教育研究，2017，38（12）：73 – 78，85.

［108］高颖，许晓峰．全效体验式旅游文创产品设计研究——以富春山居数字诗路文化体验馆为例［J］．装饰，2022，356（12）：101 – 106.

［109］高子钧，毛兵，官远山，等．新型城镇化视角下的流域文化保护路径研究——以辽河流域沈阳段为例［J］．城市规划，2016，40（S1）：61 – 68.

［110］葛梦兰，曾繁荣，王金叶，等．旅游特色小镇建设动力及提质增效路径——以广西恭城县莲花镇为例［J］．桂林理工大学学报，2021，41（2）：325 – 331.

[111] 耿宏兵.90 年代中国大城市旧城更新若干特征浅析 [J].城市规划,1999 (7):12 - 16,63.

[112] 耿慧志,杨春侠.城市中心区更新的观念创新 [J].城市问题,2002 (3):14 - 15.

[113] 宫健,沈露萍.杭州文广集团在旅游城市国际化中的实践探索 [J].中国广播电视学刊,2017 (9):53 - 56.

[114] 辜胜阻,吴永斌,郑超.浙江城镇化及小城市培育的思考与建议 [J].浙江社会科学,2017,256 (12):42 - 51,156 - 157.

[115] 顾渐萍,王远斌,刘贵文,等.基于文本大数据的游客旅游意象感知挖掘研究——以重庆市为例 [J].现代城市研究,2019 (12):117 - 125.

[116] 顾丽梅,李欢欢,张扬.城市数字化转型的挑战与优化路径研究——以上海市为例 [J].西安交通大学学报 (社会科学版),2022,42 (3):41 - 50.

[117] 关春玉,吴建林.强化城市功能的若干问题探讨 [J].西北民族大学学报 (哲学社会科学版),2004 (2):91 - 94.

[118] 关旭,陶婷芳,陈丽英.我国大型城市旅游业与演艺业融合路径及选择机制——企业层面的扎根研究 [J].经济管理,2018,40 (1):22 - 37.

[119] 管宁.文化创意:接续传统与现代——城镇化视野下传统文化的保护与传承 [J].艺术百家,2014,30 (1):69 - 75,77.

[120] 桂兴刚.福州市滨海新城核心区智慧城市规划 [J].规划师,2021,37 (14):78 - 84.

[121] 郭安禧,王松茂,李海军,等.居民旅游影响感知对支持旅游开发影响机制研究——社区满意和社区认同的中介作用 [J].旅游学刊,2020,35 (6):96 - 108.

[122] 郭婧.让"夜经济"热起来 培育经济发展新蓝海——对新乡"夜经济"发展的思考 [J].行政科学论坛,2020 (6):30 - 33.

[123] 郭凌,王志章.历史文化名城老街区改造中的城市更新问题与对策——以都江堰老街区改造为例 [J].四川师范大学学报 (社会科学版),2014,41 (4):61 - 68.

[124] 郭琪,李雨珂,许臣,等.文旅融合背景下校地文化深度融合创新机制研究——以第九届驻徐高校大学生传承普及徐州历史文化活动为例 [J].图书情报工作,2023,67 (3):39 - 48.

[125] 郭帅新.特大城市新旧城区产业协同发展的动因与作用机制——以南京为例 [J].上海经济,2018,284 (5):71 - 88.

[126] 郭雪飞,顾伟忠,赵嫚,等.数字生态构建与场景营造的理论与实践研究——基于成都市数字生态构建实践的评价分析 [J].价格理论与实践,2022,461 (11):102 - 106,210.

[127] 郭彦.以居民消费升级助力双循环新格局构建:现实挑战与对策建议 [J].西南金融,2022,490 (5):91 - 104.

[128] 郭勇,白德石.关于城市更新中建筑发展思考 [J].哈尔滨建筑大学学报,1999 (3):89 - 92.

[129] H.哈罗德,刘小波.西安鼓楼回民居住区更新实践 [J].世界建筑,2001 (6):56 - 58.

[130] 韩丽颖,魏峰群,李星周.同步与错位:规模视角下关中平原城市群城市与旅游协同发展研究 [J].浙江大学学报 (理学版),2021,48 (5):617 - 628.

[131] 韩青叶,赖莎,刘贵文.城市历史街区更新的融资冲突建模及政策设计 [J].城市发展研究,2022,29 (2):1 - 6,11.

[132] 韩卫成,高宇波,要宇,等.基于功能复兴的历史文化名城整体保护方法研究——以山西省孝义古城为例 [J].城市发展研究,2017,24 (12):15 - 19.

[133] 韩宜轩,张潇伊.无锡拈花湾开发对乡村社区居民影响研究 [J].旅游纵览 (下半

月），2018（24）：88 - 90.

［134］杭云，苏宝华. 虚拟现实与沉浸式传播的形成［J］. 现代传播（中国传媒大学学报），2007（6）：21 - 24.

［135］郝华勇. 基于"两个融合"的省域新型工业化水平评价与对策［J］. 经济与管理，2012，26（1）：84 - 87.

［136］郝华勇. 基于特色产业的乡村产业振兴研究——以中医药产业带动一二三产业融合为例［J］. 天津行政学院学报，2018，20（6）：74 - 81.

［137］郝华勇. 特色产业引领农村一二三产业融合发展——以湖北恩施州硒产业为例［J］. 江淮论坛，2018（4）：19 - 24.

［138］郝华勇. 提升城镇化质量引领"四化"同步发展的路径探讨［J］. 探索，2014（3）：82 - 87.

［139］郝华勇. 我国新型工业化与城镇化协调发展空间分异与对策［J］. 广东行政学院学报，2012，24（2）：69 - 76.

［140］郝金连，王利，孙凡凯. 城市旅游目的地旅游资源空间分布与旅游功能区重构——以大连市为例［J］. 湖南师范大学自然科学学报，2021，44（6）：37 - 45.

［141］何理. 虚拟现实技术在旧城居住区更新改造中的运用［J］. 建筑结构，2022，52（24）：197.

［142］何深静，刘臻. 亚运会城市更新对社区居民影响的跟踪研究——基于广州市三个社区的实证调查［J］. 地理研究，2013，32（6）：1046 - 1056.

［143］何晓宁. 传承非遗文化，打造城市品牌——以南京非遗文创产品的创新性研究为例［J］. 现代城市研究，2022（7）：106 - 111.

［144］何鑫，汪京强. 概念、原因、特点：微旅游的思考［J］. 湖北文理学院学报，2014，35（2）：70 - 73.

［145］何艳，曾毓隽. 产城融合视角下产业园的转型与升级——以武汉常福工业园为例［J］. 改革与战略，2016，32（10）：129 - 132.

［146］何雨. 重构与再生：城市更新的演进逻辑、动力机制与行动框架［J］. 现代经济探讨，2021，474（6）：94 - 100.

［147］和永军，姚庆华，缪应锋，等. 基于大数据的云南省智慧城市交通建设研究［J］. 云南大学学报（自然科学版），2016，38（S1）：50 - 55.

［148］贺倩明. 国家城市更新行动的"进"与"退"［J］. 住宅与房地产，2022，647（12）：15 - 24.

［149］贺宇帆，马耀峰. 旅游公共服务游客认知评价的实证研究——以西安市入境旅游为例［J］. 资源开发与市场，2017，33（1）：85 - 89.

［150］洪竞科，苏妍，傅晏. 城市更新项目对周边住宅价格的影响研究——以深圳市为例［J］. 现代城市研究，2022（2）：112 - 117.

［151］洪苗，段进. 经济发达地区跨镇域城镇空间整合机制研究［J］. 现代城市研究，2017（3）：72 - 77.

［152］洪小春，季翔，吴榕. 基于城市更新的既有工业区地下空间开发功能适宜性评价——以北京首钢三高炉博物馆为例［J］. 桂林理工大学学报，2022，42（4）：853 - 863.

［153］侯兵，金阳，胡美娟. 空间生产视角下大运河文化遗产重生的过程与机制——以扬州运河三湾生态文化公园为例［J］. 经济地理，2022，42（3）：160 - 171.

［154］侯建娜，杨海红，李仙德. 旅游演艺产品中地域文化元素开发的思考——以《印象·刘三姐》为例［J］. 旅游论坛，2010，3（3）：284 - 287.

［155］候娟. 基于城市特色文化视域下的工业遗产旅游开发——以陕西大华 1935 为例［J］.

旅游纵览（下半月），2016（6）：183－184，186.

［156］胡航军，张京祥.历史街区更新改造的阶段逻辑与可持续动力创新——以南京市老城南为例［J］.城市发展研究，2022，29（1）：87－94.

［157］胡浩，葛岳静，王姣娥.后金融危机时代中国民航企业跨国并购的探索分析——以海航为例［J］.经济地理，2013，33（4）：88－93.

［158］胡浩.国家历史文化名城交通可达的集聚效应分析［J］.人文地理，2013，28（5）：87－93.

［159］胡浩.基于要素分析的国家历史文化名城格局中心性研究［J］.地理科学，2014，34（10）：1176－1183.

［160］胡浩.中国优秀旅游城市空间分布及其交通可达的地区差异分析［J］.地理科学，2013，33（6）：703－709.

［161］胡娟.旅游创意产品研究［D］.合肥：安徽大学，2010.

［162］花建，陈清荷.沉浸式体验：文化与科技融合的新业态［J］.上海财经大学学报，2019，21（5）：18－32.

［163］花建.新视听技术与文化产业的新业态［J］.同济大学学报（社会科学版），2019，30（1）：32－41.

［164］怀康.旅游园林设计与游客审美互动探究［J］.社会科学家，2021，290（6）：72－77.

［165］黄安民，韩光明.从旅游城市到休闲城市的思考：渗透、差异和途径［J］.经济地理，2012，32（5）：171－176.

［166］黄斌，吕斌，胡垚.文化创意产业对旧城空间生产的作用机制研究——以北京市南锣鼓巷旧城再生为例［J］.城市发展研究，2012，19（6）：86－90，97.

［167］黄丹.基于扎根理论的旅游演艺受众感知维度研究——以《宋城千古情》为例［J］.技术经济与管理研究，2019（6）：113－117.

［168］黄静，崔光灿，王诤诤.大型主题乐园对周边住宅价格的影响分析——以上海迪士尼为例［J］.城市发展研究，2018，25（5）：37－43.

［169］黄静波，范香花，肖海平，等.湘粤赣边界禁止开发区居民生态旅游参与行为机制——以国家风景名胜区东江湖为例［J］.地理研究，2014，33（10）：1919－1927.

［170］黄俊超，杨竣凯，林颖.文旅型特色小镇的景观设计［J］.建筑结构，2023，53（2）：164.

［171］黄昆.利益相关者共同参与的景区环境管理模式研究［J］.湖北社会科学，2003（9）：81－82.

［172］黄鸣奋.走向元宇宙：科幻电影产业的公园形态［J］.文艺论坛，2023，303（1）：113－119.

［173］黄平利.全域视角下的龙门旅游度假区总体规划探析［J］.规划师，2016，32（2）：116－122.

［174］黄其新.基于文化体验的城市营销模式研究［J］.商场现代化，2006（23）：28－29.

［175］黄蕊，李雪威.数字技术提升中国旅游产业效率的机理与路径［J］.当代经济研究，2021（2）：75－84.

［176］黄婷，郑荣宝，张雅琪.基于文献计量的国内外城市更新研究对比分析［J］.城市规划，2017，41（5）：111－121.

［177］黄炜，何思，周玲.旅游演艺产品消费动机的实证研究——以张家界旅游演艺业为例［J］.中央民族大学学报（哲学社会科学版），2014，41（1）：64－71.

［178］黄炜，孟霏，朱志敏，等.旅游演艺产业内生发展动力的实证研究——以张家界为例［J］.旅游学刊，2018，33（6）：87－98.

[179] 黄炜，周玲，朱志敏. 旅游地实景演艺产品观众满意度分析——以张家界"天门狐仙"为例 [J]. 吉首大学学报（社会科学版），2014，35（4）：115－122.

[180] 黄先开. 新时代文化和旅游融合发展的动力、策略与路径 [J]. 北京工商大学学报（社会科学版），2021，36（4）：1－8.

[181] 黄璇璇，林德荣. 游客密度、拥挤感与满意度——展览馆情境下游客拥挤感知的主要影响因素研究 [J]. 旅游学刊，2019，34（3）：86－101.

[182] 黄怡，吴长福. 基于城市更新与治理的我国社区规划探析——以上海浦东新区金杨新村街道社区规划为例 [J]. 城市发展研究，2020，27（4）：110－118.

[183] 黄永林，孙佳. 非物质文化遗产保护视域下的城市社区博物馆研究 [J]. 文化遗产，2017，49（4）：55－62.

[184] 黄永林. 非物质文化遗产产业利用意义和发展模式研究 [J]. 中国文艺评论，2022，83（8）：13－26.

[185] 黄永林. 数字经济时代文化消费的特征与升级 [J]. 人民论坛，2022，736（9）：116－121.

[186] 黄震方，吴江，侯国林. 关于旅游城市化问题的初步探讨——以长江三角洲都市连绵区为例 [J]. 长江流域资源与环境，2000（2）：160－165.

[187] 戢晓峰，杨春丽，陈方，等. 考虑居民与游客群体差异的城市交通满意度多维测度——以大理为例 [J]. 公路交通科技，2020，37（11）：98－106，129.

[188] 冀素琛. 数字经济背景下传统出版业数字化探索及发展策略研究 [J]. 传媒，2022，374（9）：67－69，71.

[189] 贾鸿雁. 旅游在城市文化遗产保护中的作用与局限——以南京甘熙宅第为例 [J]. 江西财经大学学报，2009，62（2）：117－120.

[190] 贾舒. 产权理论视角下智慧城市大数据利用困境与创新策略 [J]. 经济体制改革，2020，224（5）：59－64.

[191] 江娟丽，江茂森. 非物质文化遗产传承与旅游开发的耦合逻辑——以重庆市渝东南民族地区为例 [J]. 云南民族大学学报（哲学社会科学版），2021，38（1）：48－56.

[192] 江凌. 论5G时代数字技术场景中的沉浸式艺术 [J]. 山东大学学报（哲学社会科学版），2019（6）：47－57.

[193] 姜栋，赵文吉，刘彪，等. "新基建"背景下城市道路基础设施质量研究——基于智慧城市国际标准视角 [J]. 宏观质量研究，2020，8（6）：96－108.

[194] 姜华，张京祥. 从回忆到回归——城市更新中的文化解读与传承 [J]. 城市规划，2005（5）：77－82.

[195] 姜锐，姜华. 我国古代建筑旅游经济开发现状及对策分析 [J]. 工业建筑，2021，51（5）：247.

[196] 蒋淑媛，李子尧. 城市文化形象的媒介呈现与提升策略研究——以北京城市副中心为例 [J]. 北京联合大学学报（人文社会科学版），2022，20（1）：70－81.

[197] 蒋婷，戴俭，鞠德东. 历史文化街区街巷更新转向街区更新的实施方法探索——以北京市东直门内大街为例 [J]. 城市问题，2022，326（9）：24－34.

[198] 焦彦，徐虹. 全域旅游：旅游行业创新的基准思维 [J]. 旅游学刊，2016，31（12）：11－13.

[199] 杰茜卡·安德森·特纳，杨利慧. 旅游景点的文化表演之研究 [J]. 民族艺术，2004（1）：6－11，17.

[200] 景璟. 创新街区推动城市更新：构成要素、互动机制和发展策略 [J]. 求索，2022，334（6）：111－121.

［201］康嘉，王翠清，李倩，等．河北省城郊旅游高质量发展对策研究［J］．工业技术与职业教育，2023，21（1）：107－112．

［202］康伟．打造北京文化新地标、新名片——关于建设出版文化产业园的思考与实践［J］．出版广角，2022，405（3）：27－32．

［203］柯健，华哲铭，许鑫．基于网络游记挖掘的城市旅游文化元素识别——以上海为例［J］．资源科学，2022，44（1）：127－142．

［204］柯健，黄文倩，许鑫．文化交响乐：文旅融合背景下的上海文化场馆协同发展［J］．图书馆论坛，2020，40（10）：42－51．

［205］孔旭红，孙宏实．从封闭走向开放——博物馆业切入旅游市场的设想［J］．经济论坛，2003（21）：30－31．

［206］孔子然，肖佳琦，夏永久，等．公众视角下的城市更新满意度评价及规划启示［J］．规划师，2023，39（3）：57－63．

［207］邝嘉，金姚．民族文化传承视域下的张家界旅游演艺产业［J］．衡阳师范学院学报，2014，35（1）：169－171．

［208］赖继年．红色旅游经典景区发展路径——以网络关注度时空演变为视角［J］．社会科学家，2022，304（8）：44－51．

［209］黎学锐，高健．传播媒介视角下苏州评弹的传承与发展［J］．出版广角，2021（2）：67－70．

［210］黎学锐，罗艳．民歌精神·审美经验·时代价值——谈彩调剧《刘三姐》及《新刘三姐》［J］．南方文坛，2021（5）：180－185．

［211］黎学锐．林白小说创作转型及当下意义［J］．南方文坛，2020（6）：142－147．

［212］黎学锐．山水实景演出中的舞蹈运用［J］．北京舞蹈学院学报，2019（3）：83－87．

［213］黎学锐．"一带一路"背景下山水实景演出IP的海外传播［J］．出版广角，2019（24）：88－90．

［214］黎学锐．中国传统山水理念与山水实景演出美学特征［J］．南方文坛，2019（3）：173－178．

［215］李柏文，宋红梅．文化"求同求异"在"东亚文化之都"旅游发展中的辩证关系与协同［J］．旅游学刊，2020，35（7）：7－9．

［216］李柏文，曾博伟，陈晓芬．全域旅游的内涵辨析与理论归因分析［J］．华东经济管理，2018，32（10）：181－184．

［217］李柏文，曾博伟，宋红梅．特色小城镇的形成动因及其发展规律［J］．北京联合大学学报（人文社会科学版），2017，15（2）：36－40，47．

［218］李柏文，张文静．构建与常态化疫情防控相适应的旅游"疫中运行"模式［J］．旅游学刊，2021，36（2）：8－10．

［219］李晨，耿坤．城市更新语境下的博物馆之城建设研究［J］．博物院，2022，34（4）：18－28．

［220］李冬花，张晓瑶，陆林，等．黄河流域高级别旅游景区空间分布特征及影响因素［J］．经济地理，2020，40（5）：70－80．

［221］李飞，张雅欣，马继刚．基于居民和游客双重视角的线性文化遗产感知研究——以滇越铁路为例［J］．地域研究与开发，2022，41（2）：113－120，132．

［222］李凤亮，古珍晶．"双碳"视野下中国文化产业高质量发展的机遇、路径与价值［J］．上海师范大学学报（哲学社会科学版），2021，50（6）：79－87．

［223］李凤亮，杨辉．文化科技融合背景下新型旅游业态的新发展［J］．同济大学学报（社会科学版），2021，32（1）：16－23．

[224] 李凤亮，宗祖盼. 经济新常态背景下文化业态创新战略 [J]. 北京大学学报（哲学社会科学版），2017，54（1）：133-141.

[225] 李广宏，潘雨晨，梁敏华. 基于 ACSI 模型的旅游演艺游客满意度研究——以"印象·刘三姐"为例 [J]. 西北师范大学学报（自然科学版），2019，55（3）：125-134.

[226] 李国东，傅才武. 信息技术平台推动文化政策创新的机理与实践 [J]. 学习与实践，2020（8）：126-134.

[227] 李国新，李阳. 文化和旅游公共服务融合发展的思考 [J]. 图书馆杂志，2019，38（10）：29-33.

[228] 李海杰，展凯，张颖. 数字经济时代运动休闲特色小镇智慧化建设的逻辑、机理与路径 [J]. 武汉体育学院学报，2021，55（2）：5-12.

[229] 李昊，王鹏. 新型智慧城市七大发展原则探讨 [J]. 规划师，2017，33（5）：5-13.

[230] 李和平，张政，陈桢豪. 主题性文化遗产与城市的关联性保护研究——以重庆渝中区革命文物为例 [J]. 上海城市规划，2022，167（6）：89-96.

[231] 李慧敏，王树声. 新时期历史文化街区保护与更新的方法研究——以介休古城顺城关历史文化街区为例 [J]. 西安建筑科技大学学报（自然科学版），2012，44（4）：529-534.

[232] 李家驹. 代顿复兴的努力与困境——美国"铁锈带"城市转型个案研究 [J]. 美国研究，2020，34（6）：8，131-157.

[233] 李嘉珊. 演艺进出口：贸易标的独特属性及发展趋势 [J]. 国际贸易，2014，385（1）：57-61.

[234] 李建波，张京祥. 中西方城市更新演化比较研究 [J]. 城市问题，2003（5）：49，68-71.

[235] 李健. 创新驱动城市更新改造：巴塞罗那普布诺的经验与启示 [J]. 城市发展研究，2016，23（8）：45-51.

[236] 李经纬，田莉. 价值取向与制度变迁下英国规划法律体系的演进、特征和启示 [J]. 国际城市规划，2022，37（2）：97-103.

[237] 李君轶，李振亭. 集中到弥散：网络化下的特色小镇建设 [J]. 旅游学刊，2018，33（6）：9-11.

[238] 李蕾蕾，张晗，卢嘉杰，等. 旅游表演的文化产业生产模式：深圳华侨城主题公园个案研究 [J]. 旅游科学，2005（6）：44-51.

[239] 李蕾蕾，张晗，卢嘉杰，文俊，王玺瑞. 旅游表演的文化产业生产模式：深圳华侨城主题公园个案研究 [J]. 旅游科学，2005（6）：44-51.

[240] 李蕾蕾. 逆工业化与工业遗产旅游开发：德国鲁尔区的实践过程与开发模式 [J]. 世界地理研究，2002（3）：57-65.

[241] 李立，朱海霞，权东计. 后疫情时期的遗址保护和文化旅游产业发展策略研究——以黄河流域陕西段为例 [J]. 中国软科学，2020（S1）：101-106.

[242] 李连璞，曹明明，杨新军. "资源、规模和效益"同步错位关系及路径转化——31个省（区、直辖市）旅游发展比较研究 [J]. 旅游学刊，2006（12）：81-84.

[243] 李陆壮. "一带一路"战略布局下的旅游空间优化及产业体系完善——以云南省玉溪市旅游文化产业为例 [J]. 上海城市管理，2017，26（1）：79-83.

[244] 李佩玉，马蓓蓓. 西安市文化艺术产业空间格局研究 [J]. 资源开发与市场，2017，33（5）：518-523.

[245] 李鹏. 旅游城市化的模式及其规制研究 [J]. 社会科学家，2004（4）：97-100.

[246] 李其惠. 在公共文化服务体系建设中如何发挥文化馆的作用 [J]. 四川戏剧，2009，127（1）：129-131.

［247］李诗芹，张可荣，陈浩凯．我国城市历史文化保护传承的现状与对策初探［J］．湖南人文科技学院学报，2022，39（4）：17-22.

［248］李伟，俞孔坚，李迪华．遗产廊道与大运河整体保护的理论框架［J］．城市问题，2004（1）：28-31，54.

［249］李文明，裴路霞，孙玉琴，等．旅游演艺项目游客游后推荐行为影响因素与机理——以抚州《寻梦牡丹亭》演艺为例［J］．经济地理，2022，42（10）：216-223.

［250］李文硕．寻找"合适的衰败区"：联邦与城市关系视角下的美国城市更新［J］．社会科学战线，2021，313（7）：131-143.

［251］李晓浩，练红梅，王玉琦．国有文艺院团的体制改革与实践探索——以江西文化演艺集团为例［J］．江西社会科学，2022，42（6）：186-196.

［252］李晓琴，银元．低碳旅游景区概念模型及评价指标体系构建［J］．旅游学刊，2012，27（3）：84-89.

［253］李雪芬．美丽乡村建设背景下侗戏的传承与发展路径探究［J］．四川戏剧，2021，248（4）：128-130.

［254］李炎，王佳．城市更新与文化策略调适［J］．深圳大学学报（人文社会科学版），2017，34（6）：54-59.

［255］李艳芳，梁军．乡村休闲旅游发展创新研究——以石家庄市为例［J］．安徽农业科学，2010，38（34）：19842-19843，19870.

［256］李艳玲．对美国城市更新运动的总体分析与评价［J］．上海大学学报（社会科学版），2001（6）：77-84.

［257］李瑛．我国博物馆旅游产品的开发现状及发展对策分析［J］．人文地理，2004（4）：30-32，90.

［258］李永红，唐学深．"蜀风"《蜀魂》双星辉映［J］．中国西部，2001（3）：45-47.

［259］李永乐，孙婷，华桂宏．博物馆游客满意因素与价值追寻研究——以中国漕运博物馆为例［J］．东南文化，2019（3）：118-126.

［260］李勇，欧志梅，黄格，等．基于专利挖掘的数字文旅关键技术识别和趋势分析［J］．图书馆论坛，2023，43（1）：121-130.

［261］李幼常．国内旅游演艺研究［D］．成都：四川师范大学，2007.

［262］李玉雪．防止房屋征收拆迁破坏建筑遗产的法律思考［J］．西南民族大学学报（人文社科版），2017，38（6）：109-115.

［263］李源，李险峰．北京园林寺庙景观的公众认知与体验评价研究——以潭柘寺、八大处、大觉寺和红螺寺为例［J］．中国园林，2020，36（12）：95-100.

［264］李越，傅才武．长江文化共同体：一种基于文化拓扑的解释框架［J］．学习与实践，2022（6）：113-124.

［265］李韵平，杜红玉．城市公园的源起、发展及对当代中国的启示［J］．国际城市规划，2017，32（5）：39-43.

［266］李振锋，张弛．城市社区治理中的虚拟社群参与——基于对城市更新中虚拟社群的考察［J］．治理研究，2020，36（4）：77-87.

［267］郦伟华．推进数字化建设 打造群文工作升级版——数字化文化馆建设的几点措施［J］．安徽文学（下半月），2015，387（10）：117-118.

［268］梁峰，郭炳南．文、旅、商融合发展的内在机制与路径研究［J］．技术经济与管理研究，2016，241（8）：114-118.

［269］梁国强，侯海燕，任佩丽，王亚杰，黄福，王嘉鑫，胡志刚．高质量论文使用次数与被引次数相关性的特征分析［J］．情报杂志，2018，37（4）：147-153.

[270] 梁鹤年, 沈迟, 杨保军, 等. 共享城市: 自存? 共存? [J]. 城市规划, 2019, 43 (1): 25 - 30.

[271] 梁丽. "十三五" 时期北京市智慧社区建设创新发展研究 [J]. 电子政务, 2017 (12): 54 - 63.

[272] 梁明珠, 贾广美, 徐松浚. 村落遗产地品牌个性对游客忠诚的影响——游客自我一致和村落遗产地品牌关系质量的中介作用 [J]. 旅游科学, 2018, 32 (1): 45 - 61.

[273] 梁明珠, 申艾青. 游客体验视角的特色街区游憩功能开发的问题与对策——基于广州市沙面街区的问卷分析 [J]. 现代城市研究, 2015 (2): 99 - 103.

[274] 梁明珠, 王婧雯, 刘志宏, 等. 湿地景区游憩冲击感知与环境态度关系研究——以广州南沙湿地公园为例 [J]. 旅游科学, 2015, 29 (6): 34 - 49.

[275] 梁明珠, 徐松浚. 基于旅游体验的旅游产业园理论分析与发展误区 [J]. 经济地理, 2016, 36 (9): 200 - 206.

[276] 梁明珠, 赵思佳. 文化导向的城市历史村镇更新模式比较研究——以广州市小洲村、黄埔古村、沙湾古镇为例 [J]. 现代城市研究, 2015 (4): 48 - 54.

[277] 梁学成. 城市化进程中历史文化街区的旅游开发模式 [J]. 社会科学家, 2020, 277 (5): 14 - 20.

[278] 廖开怀, 刘利雄, 朱雪梅, 等. 历史文化街区微改造与活化利用的策略研究——以广州市为例 [J]. 城市发展研究, 2022, 29 (5): 1 - 7.

[279] 林强, 李泳, 夏欢, 等. 从政策分离走向政策融合——深圳市存量用地开发政策的反思与建议 [J]. 城市规划学刊, 2020 (2): 89 - 94.

[280] 林拓. 世界文化产业与城市竞争力 [J]. 马克思主义与现实, 2003 (4): 21 - 31.

[281] 林晓珊. 新型消费与数字化生活: 消费革命的视角 [J]. 社会科学辑刊, 2022 (1): 36 - 45, 209.

[282] 林叶强, 沈晔. 沉浸式体验: 创意、科技和旅游的融合 [J]. 旅游学刊, 2022, 37 (10): 6 - 8.

[283] 林颖, 黄开灵, 吴萱萱, 等. 文旅融合背景下文化旅游保护和可持续发展的实践研究——以福州古厝为例 [J]. 科技经济市场, 2021 (12): 92 - 94, 97.

[284] 林元城, 赖宏韬, 杨忍, 等. 城中村改造中的地方营造与情感机制——以广州黄埔村创新创意空间为例 [J]. 热带地理, 2023, 43 (2): 320 - 329.

[285] 林章林, 程智. 黄山市旅游要素空间结构与旅游环境的耦合关系 [J]. 地域研究与开发, 2020, 39 (2): 94 - 98, 110.

[286] 林美珍, 郑向敏. 会展旅游与博物馆经营 [J]. 东南文化, 2004 (4): 78 - 81.

[287] 刘勃伸, 崔嵩泽. 基于 VR 技术下的虚拟红色文化体验馆的开发设计 [J]. 鞋类工艺与设计, 2023, 3 (9): 51 - 53.

[288] 刘抚英. 中国矿业城市工业废弃地协同再生对策研究 [D]. 北京: 清华大学, 2007.

[289] 刘刚, 张再生, 吴绍玉. 主客共享视域下旅游城市空间治理策略及路径探究——以海南省三亚市为例 [J]. 城市发展研究, 2020, 27 (2): 1 - 6.

[290] 刘贵文, 赵祯, 谢宗杰. 城市更新视角下的工业遗产价值实现路径研究 [J]. 建筑经济, 2018, 39 (12): 93 - 97.

[291] 刘海朦, 胡静, 贾垚焱, 等. 具身视角下历史文化街区旅游体验质量研究——以江汉路及中山大道历史文化街区为例 [J]. 华中师范大学学报 (自然科学版), 2021, 55 (1): 128 - 136.

[292] 刘晗, 蔡赛赛. 他者想象与自我建构——《魅力湘西》对湘西文化形象的重塑 [J]. 创作与评论, 2013, 159 (4): 111 - 115.

［293］刘欢，岳楠，白长虹．红色旅游情境下情绪唤起对游客认知的影响［J］.社会科学家，2018（3）：84-90.

［294］刘佳，侯佳佳，亓颖．基于 DEMATEL-ANP 模型的中国旅游产业结构优化评价研究［J］.地理与地理信息科学，2021，37（6）：102-112.

［295］刘佳燕．城市更新，社会空间转型与社区发展——以北京旧城为案例［C］//中国城市规划学会．中国城市规划学会，2015.

［296］刘嘉颖．从文旅引流到精神共睦——戏剧与仪式在民族文化旅游和共有精神家园建设中的价值整合［J］.西南民族大学学报（人文社会科学版），2023，44（6）：36-42.

［297］刘军丽．我国饮食文化博物馆的发展现状及功能提升［J］.美食研究，2017，34（2）：29-34.

［298］刘军胜，马耀峰．古都类旅游目的地国内游客认知评价实证研究——以西安市为例［J］.地理与地理信息科学，2014，30（6）：107-111，116.

［299］刘祎祎，马丁．旅游演艺产品品牌开发与推广［J］.学术交流，2020，312（3）：128-133.

［300］刘丽珺，张继焦．新古典"结构—功能论"视角下文化遗产在文旅演艺中的构建关系［J］.广西民族大学学报（哲学社会科学版），2022，44（6）：128-136.

［301］刘鲁川，孙凯．电子服务质量与沉浸体验对享乐型信息系统用户接受的影响［J］.系统工程理论与实践，2011，31（S2）：160-164.

［302］刘鲁川，孙凯．社会化媒体用户的情感体验与满意度关系——以微博为例［J］.中国图书馆学报，2015，41（1）：76-91.

［303］刘鲁川，王菲．移动浏览器用户的感知匹配与持续使用意向研究［J］.情报科学，2014，32（2）：106-111.

［304］刘鲁川，张冰倩，孙凯．基于扎根理论的社交媒体用户焦虑情绪研究［J］.情报资料工作，2019，40（5）：68-76.

［305］刘梦玲．都市演艺新生态的形成与现状思考——以"演艺新空间"亚洲大厦为例［J］.上海文化，2022，209（6）：105-115.

［306］刘荣增，陈浩然．基于 ANN-CA 的杭州城市空间拓展与增长边界研究［J］.长江流域资源与环境，2021，30（6）：1298-1307.

［307］刘润，任晓蕾，杨永春，等．成都市博物馆发展的过程、特征及空间效应研究［J］.地理研究，2021，40（1）：279-291.

［308］刘润，杨永春，任晓蕾，等．制度转型背景下的成都市博物馆空间生产过程与机制［J］.地域研究与开发，2017，36（6）：76-81.

［309］刘润，杨永春，王梅梅，等．转型期中国城市更新背景下旅游地视觉景观生产研究——以成都宽窄巷为例［J］.人文地理，2016，31（3）：136-144.

［310］刘世杰，杨钊，刘永婷，等．长三角地区博物馆空间格局演变及影响因素研究［J］.华南师范大学学报（自然科学版），2022，54（1）：91-99.

［311］刘威，刘世栋．工业文化遗产的管理和再利用对城市更新的重要性——评《工业文化遗产：价值体系、教育传承与工业旅游》［J］.领导科学，2022，821（12）：147.

［312］刘向东，王增祥，邓会娟，等．我国实物地质资料服务现状及对策研究——以自然资源实物地质资料中心为例［J］.地质论评，2021，67（1）：185-192.

［313］刘小同，刘人怀，文彤，等．认同与支持：居民对旅游演艺地方性感知的后效应［J］.旅游学刊，2021，36（5）：42-54.

［314］刘晓英．产业融合视角下我国旅游新业态发展对策研究［J］.中州学刊，2019（4）：20-25.

［315］刘兴政．"宜居型城市"建设与产业结构调整研究［J］．现代城市研究，2008（8）：75－80.

［316］刘炫梓，赵虹桉．黄河下游生态廊道构建与人文景观融合发展——以文旅融合为视角［J］．社会科学家，2022，302（6）：38－44.

［317］刘学连．齐国故城遗址博物馆陈列馆简介［J］．管子学刊，1993（4）：96.

［318］刘燕，蒲波，官振中．沉浸理论视角下旅游消费者在线体验对再预订的影响［J］．旅游学刊，2016，31（11）：85－95.

［319］刘洋，肖远平．数字文旅产业的逻辑与转型——来自贵州的经验与启示［J］．理论月刊，2020（4）：104－110.

［320］刘宇青，徐虹．非物质文化遗产原真性保护和旅游开发助推乡村文化振兴［J］．社会科学家，2022，306（10）：69－75.

［321］刘展旭．以转变城市发展方式推进新型城市建设研究［J］．经济纵横，2021，433（12）：67－73.

［322］刘智兴，马耀峰，李森，等．基于游客感知—认知的北京市旅游形象影响因素评价研究［J］．干旱区资源与环境，2015，29（3）：203－208.

［323］卢凤萍，侯兵．基于游客感知视角的葡萄酒旅游吸引力体系构建与分析——以贺兰山东麓葡萄酒庄园为例［J］．美食研究，2020，37（2）：21－27.

［324］卢璐，孙根年．基于产业差异和价值错位视角的文旅融合可行范式研究［J］．企业经济，2021，40（3）：105－113.

［325］鲁伟．论创意经济学与创意产业发展——以江西景德镇陶瓷文化创意产业为例［J］．江西财经大学学报，2012，84（6）：14－19.

［326］陆丹丹，陈思源．旅游地居民对生态补偿态度测量研究——以广西漓江流域为例［J］．生态经济，2017，33（4）：154－159.

［327］陆嘉宁．特许权内容消费与沉浸式体验耦合策略——以迪斯尼乐园和环球影城为例［J］．当代电影，2021，299（2）：126－132.

［328］陆林，葛敬炳．旅游城市化研究进展及启示［J］．地理研究，2006（4）：741－750.

［329］陆林，韩娅，黄剑锋，等．基于扎根理论的杭州市梅家坞旅游城市化特征与机制［J］．自然资源学报，2017，32（11）：1905－1918.

［330］陆佩，章锦河，王昶，等．中国特色小镇的类型划分与空间分布特征［J］．经济地理，2020，40（3）：52－62.

［331］陆相林，孙中伟，马世猛．京津冀区域城市旅游共生关系分析与协同发展对策［J］．经济地理，2016，36（4）：181－187.

［332］陆洲．后疫情时代我国旅游业发展策略［J］．当代旅游，2021，19（36）：34－36.

［333］路幸福，陆林．边缘型地区旅游发展的居民环境认同与旅游支持——以泸沽湖景区为例［J］．地理科学，2015，35（11）：1404－1411.

［334］吕建昌．中西部地区工业遗产旅游开发的思考——以三线工业遗产为例［J］．贵州社会科学，2021，376（4）：153－160.

［335］罗江华．现代信息技术支持下羌族文化遗产的保护与传承［J］．中南民族大学学报（人文社会科学版），2012，32（5）：60－64.

［336］罗茜．旅游驱动下的非物质文化遗产演艺业响应机制研究——以张家界八大演艺产品为例［J］．湘潭大学学报（哲学社会科学版），2019，43（5）：89－94.

［337］罗盛锋，黄燕玲，程道品，等．情感因素对游客体验与满意度的影响研究——以桂林山水实景演出"印象·刘三姐"为例［J］．旅游学刊，2011，26（1）：51－58.

［338］罗文斌，谭荣．城市旅游与城市发展协调关系的定量评价——以杭州市为例［J］．地理

研究，2012，31（6）：1103－1110.

[339] 罗志慧. 智慧旅游体系下的城市生态旅游发展对策——评《休闲城市旅游业可持续发展》[J]. 热带作物学报，2021，42（7）：2137.

[340] 马骏，沈坤荣. "十四五" 时期我国城市更新研究——基于产业升级与城市可持续发展的视角 [J]. 学习与探索，2021（7）：126－132.

[341] 马小燕，郑晓齐. 高等教育文献研究范式的嬗变、问题及反思 [J]. 高教探索，2019（8）：37－43.

[342] 麦咏欣，杨春华，游可欣，等. "文创＋" 历史街区空间生产的系统动力学机制——以珠海北山社区为例 [J]. 地理研究，2021，40（2）：446－461.

[343] 毛长义，艾南山，胡国林. 旅游依托型小城镇与景区联动开发初探——以汉水源头景区与汉源镇为例 [J]. 乡镇经济，2007，186（8）：31－35.

[344] 梅杰. 技术适配城市：数字转型中的主体压迫与伦理困境 [J]. 理论与改革，2021，239（3）：90－101.

[345] 孟凡. 沉浸式旅游演艺中游客心流体验构成及影响因素 [D]. 西安：西安外国语大学，2020.

[346] 孟繁之. 基于文化传承分析的西宁卫城空间发展规划 [J]. 规划师，2014，30（S4）：73－77.

[347] 苗红培. 城市更新中的历史文化遗产保护 [J]. 重庆社会科学，2014，237（8）：79－84.

[348] 闵学勤，李力扬，冯树磊. 新场景下城市更新的动力机制与实践路径 [J]. 江苏行政学院学报，2022（4）：66－73.

[349] 闵学勤. 精准治理视角下的特色小镇及其创建路径 [J]. 同济大学学报（社会科学版），2016，27（5）：55－60.

[350] 穆向阳，朱学芳. 图书、博物、档案数字化服务融合模式研究 [J]. 情报科学，2016，34（3）：14－19.

[351] 倪卓. 人类学视域下的朝鲜族民俗文化旅游考察——基于游客与东道主互动关系的讨论 [J]. 延边大学学报（社会科学版），2019，52（6）：91－97，143.

[352] 聂虹. 推进美术馆免费开放后社会职能转变的思考——以湖北省为例 [J]. 理论月刊，2016（4）：54－57.

[353] 宁晓刚，刘娅菲，王浩，等. 基于众源数据的北京市主城区功能用地划分研究 [J]. 地理与地理信息科学，2018，34（6）：1，42－49.

[354] 牛玉，汪德根. 出行者对城市交通与高铁站接驳的感知评价——以苏州市为例 [J]. 人文地理，2015，30（6）：98－105.

[355] 牛玉，汪德根. 基于游客视角的历史街区旅游发展模式影响机理及创新——以苏州平江路为例 [J]. 地理研究，2015，34（1）：181－196.

[356] 钮心毅，丁亮，宋小冬. 基于手机数据识别上海中心城的城市空间结构 [J]. 城市规划学刊，2014，219（6）：61－67.

[357] 欧剑，郝冰. 消融现实与幻想的边界——数字技术推进下的电视剧观赏方式嬗变 [J]. 当代电影，2006（1）：132－135.

[358] 欧剑，王妍. 基于体感技术的京剧声场的数字化构建和再现 [J]. 文化遗产，2015（3）：41－46.

[359] 潘程晨. 梅洛－庞蒂身体现象学视阈下的特色小镇媒介形象塑造 [J]. 四川戏剧，2021（10）：109－112.

[360] 彭若木，杨丹. 文化旅游的困境与悖论——以古都旅游为例 [J]. 社会科学家，2016

（9）：94 – 98.

［361］彭延生. 当前我国城市更新改造中存在的问题及对策［J］. 城市开发，1998（5）：19 – 21.

［362］皮鹏程，曾敏，黄长生，等. 基于 SWOT – AHP 模型的恩施州森林康养旅游可持续发展研究［J］. 华中师范大学学报（自然科学版），2022，56（1）：127 – 139.

［363］皮瑞，郑鹏. "网评少林"：少林寺旅游认知、情感、整体形象研究［J］. 干旱区资源与环境，2017，31（4）：201 – 207.

［364］戚帅华. 新文旅风起洛阳 新业态创新出彩［N］. 洛阳日报，2023 – 06 – 29（04）

［365］齐骥，陈思. 数字经济时代虚拟文化旅游的时空特征与未来趋向［J］. 深圳大学学报（人文社会科学版），2022，39（4）：47 – 55.

［366］齐骥，陆梓欣. 城市夜间旅游场景高质量发展创新路径研究［J］. 现代城市研究，2022（10）：16 – 22，31.

［367］钱欣. 浅谈城市更新中的公众参与问题［J］. 城市问题，2001（2）：9，48 – 50.

［368］钱兆悦. 文旅融合下的博物馆公众服务：新理念、新方法［J］. 东南文化，2018（3）：90 – 94.

［369］秦萧，甄峰. 大数据时代智慧城市空间规划方法探讨［J］. 现代城市研究，2014（10）：18 – 24.

［370］秦岩，潘琳，赵启明. 历史文化街区保护现状与居民意愿调查研究——以北京市东城区为例［J］. 城市发展研究，2015，22（10）：11 – 14.

［371］邱继勤，朱竑. 川黔渝三角旅游区联动开发研究［J］. 地理与地理信息科学，2004（2）：78 – 82.

［372］邱均平，董克. 作者共现网络的科学研究结构揭示能力比较研究［J］. 中国图书馆学报，2014，40（1）：15 – 24.

［373］邱衍庆，黄鼎曦，刘斌全. 创新导向的建成环境更新：从新趋势到新范式［J］. 规划师，2019，35（20）：53 – 59.

［374］屈婷婷，黄智，黄启厅，等. 广西乡村休闲旅游示范点空间分布特征及其影响因素［J］. 南方农业学报，2021，52（7）：2032 – 2042.

［375］全峰梅，王绍森. 转型·矛盾·思考——谈我国城乡文化遗产保护观念的变迁［J］. 规划师，2019，35（4）：89 – 93.

［376］冉婷，杨丹，苏维词. 2007—2018 年重庆市旅游业与新型城镇化耦合协调发展分析［J］. 重庆师范大学学报（自然科学版），2020，37（2）：54 – 64.

［377］任保平，李婧瑜. 数字经济背景下中国式城市现代化的路径与政策创新［J］. 西安财经大学学报，2023，36（2）：3 – 11.

［378］任红波，寇志荣. 城市更新中加强历史建筑保护的战略思考——以上海为例［J］. 建筑经济，2022，43（11）：20 – 26.

［379］任江鸿，陈方，戢晓峰. 西部边疆旅游城市功能区空间集聚模式——以云南省丽江市为例［J］. 地域研究与开发，2021，40（1）：84 – 89.

［380］任欣颖，黄继华. VR 技术在旅游业中的展望［J］. 办公自动化，2016，21（21）：34 – 36.

［381］任燕. 西安旅游城市化过程、格局与机制［J］. 西安财经学院学报，2017，30（3）：68 – 75.

［382］任燕. 西安旅游业发展与城市化进程的关系研究［J］. 西安财经学院学报，2016，29（6）：56 – 61.

［383］任以胜，陆林，韩玉刚. 新旅游资源观视角下旅游资源研究框架［J］. 自然资源学报，

2022，37（3）：551－567.

［384］荣玥芳，张若杉，梁晓航 . "共同缔造"模式下的乡村人居环境改善实践探索——以河南省晏岗村为例［J］. 现代城市研究，2021（2）：80－85，132.

［385］阮立新 . 基于利益相关者诉求的景区智慧旅游框架体系构建［J］. 南京师大学报（自然科学版），2017，40（3）：159－165.

［386］阮仪三，严国泰 . 历史名城资源的合理利用与旅游发展［J］. 城市规划，2003（4）：48－51.

［387］尚子娟，任禹崑 . 乡村红色文化与旅游发展模式探析［J］. 学术交流，2021，325（4）：111－122.

［388］邵明华，杨甜甜 . 场景赋能红色文化旅游发展的理论逻辑与多维路径［J］. 兰州大学学报（社会科学版），2022，50（6）：95－104.

［389］申锦华 . 区域城市更新开发建设时序策划探讨［J］. 智能建筑与智慧城市，2022（5）：67－69.

［390］沈纲，沈秀 . 体育特色小镇产业数字化创新驱动研究——以江苏为例［J］. 江苏社会科学，2021（6）：231－240.

［391］沈克印，杨毅然 . 体育特色小镇：供给侧改革背景下体育产业跨界融合的实践探索［J］. 武汉体育学院学报，2017，51（6）：56－62.

［392］沈清清，石晶，伍玉伟，等 . 高校图书馆旧馆知识共享空间改造研究［J］. 图书馆建设，2019，296（2）：126－133.

［393］施思，黄晓波，张梦 . 沉浸其中就可以了吗？——沉浸体验和意义体验对旅游演艺游客满意度影响研究［J］. 旅游学刊，2021，36（9）：46－59.

［394］施芸卿 . 再造日常——老城复兴中"活"的公共文化再生产［J］. 社会学评论，2023，11（1）：39－60.

［395］史丽萍 . 以科技创新引领"一带一路"沿线农村新型城镇化建设［J］. 农业经济，2017（6）：33－34.

［396］宋宏，顾海蔚 . 乡村振兴背景下农业特色小镇可持续发展影响因素研究［J］. 东北农业科学，2019，44（2）：75－80.

［397］宋桐庆，朱喜钢，宋伟轩 . 城市新空间——商业公共空间系统［J］. 城市规划，2012，36（5）：66－71，78.

［398］宋伟轩，陈培阳，胡咏嘉 . 中西方城市内部居住迁移研究述评［J］. 城市规划学刊，2015（5）：45－49.

［399］宋云，佘屺 . 旅游演艺：一种旅游营销的新范式［J］. 江西社会科学，2011，31（12）：221－224.

［400］苏建军，宋咏梅，王会战 . 中国旅游投资增长周期波动性及其溢出效应［J］. 技术经济，2017，36（10）：123－132.

［401］孙枫，汪德根，牛玉 . 生态文明视角下旅游厕所建设影响因素与创新机制——基于游客满意度感知分析［J］. 地理科学进展，2016，35（6）：702－713.

［402］孙洁，朱喜钢，宋伟轩，等 . 贫困分散还是再集中：收储公租房的效应研究——基于江苏常州的实证［J］. 城市规划，2017，41（10）：31－38.

［403］孙洁，朱喜钢，宋伟轩，等 . 文化消费驱动的高校周边地区商业绅士化研究——以南京大学与南京师范大学老校区为例［J］. 城市规划，2018，42（7）：25－32.

［404］孙九霞，徐新建，王宁，等 . 旅游对全面脱贫与乡村振兴作用的途径与模式——"旅游扶贫与乡村振兴"专家笔谈［J］. 自然资源学报，2021，36（10）：2604－2614.

［405］孙九霞 . 旅游中的主客交往与文化传播［J］. 旅游学刊，2012，27（12）：20－21.

［406］孙凯，刘鲁川，刘承林．情感视角下直播电商消费者冲动性购买意愿［J］．中国流通经济，2022，36（1）：33-42．

［407］孙凯，左美云，吴一兵．功能性IT产品首次试用和重复试用对消费者态度的影响有什么不同？［J］．中国管理科学，2021，29（6）：202-210．

［408］孙守迁，闵歆，汤永川．数字创意产业发展现状与前景［J］．包装工程，2019，40（12）：65-74．

［409］孙轩，单希政．智慧城市的空间基础设施建设：从功能协同到数字协同［J］．电子政务，2021，228（12）：80-89．

［410］孙永萍，徐洪涛，姚维清，等．基于城市更新改造的旅游规划策划——以百色市龙景区红色旅游休闲示范区规划策划为例［J］．规划师，2012，28（S2）：151-154．

［411］孙铮，孙久文．"十四五"期间京津冀协同发展的重点任务初探［J］．河北经贸大学学报，2020，41（6）：57-65．

［412］覃雯．旅游目的地民俗文化资源营销创新研究——以湘西地区旅游演艺产品为例［J］．财经问题研究，2010，317（4）：116-121．

［413］谭娜，万金城，程振强．红色文化资源、旅游吸引与地区经济发展［J］．中国软科学，2022，373（1）：76-86．

［414］谭卫华，谭玉娇．现代旅游场域下非物质文化遗产保护与传承的内生动力研究——基于长沙市火宫殿"糖画"制作的考察［J］．原生态民族文化学刊，2023，15（3）：129-139,156．

［415］汤蓓华．国内旅游演艺的发展环境分析［D］．上海：上海师范大学，2011．

［416］汤洁娟．我国虚拟旅游系统建构与应用研究［J］．求索，2016，284（4）：139-142．

［417］汤洁娟．中原先秦城址遗产资源的价值与开发利用［J］．河南师范大学学报（哲学社会科学版），2015，42（3）：105-109．

［418］汤澍，严伟，葛怀东．论城市旅游发展的整体性与多元性——基于城市旅游研究框架的分析［J］．商业时代，2014（34）：131-133．

［419］唐承财，黄梓若，王逸菲，等．文化强国战略下中国国家文化公园研究述评与展望［J］．干旱区资源与环境，2023，37（6）：1-10．

［420］唐承财，刘亚茹，万紫微，等．传统村落文旅融合发展水平评价及影响路径［J］．地理学报，2023，78（4）：980-996．

［421］唐承财，梅江海，秦珊，等．传统村落文化传承研究评述与展望［J］．湖南师范大学自然科学学报，2023（3）：1-12．

［422］唐坚．特色小镇"产城人文"融合在区域旅游建设中的困境与路径［J］．社会科学家，2019，267（7）：86-91．

［423］唐建兵．营造文旅新场景 推动研学旅游创新发展——以成都为例［J］．人文天下，2021（11）：37-41．

［424］唐健雄，黄江媚，刘炼鑫，等．集聚视角下湖南省工业旅游空间联动多尺度研究［J］．经济地理，2017，37（8）：197-206．

［425］唐明贵，胡静，吕丽，等．贵州省生态游憩空间时空演化特征及其驱动因素［J］．生态学报，2022（21）：1-11．

［426］唐明贵，胡静，肖璐，等．贵州少数民族特色村寨时空演化及影响因素［J］．干旱区资源与环境，2022，36（4）：177-183．

［427］唐爽，张京祥．城市创新空间及其规划实践的研究进展与展望［J］．上海城市规划，2022，164（3）：87-93．

［428］唐晓宏．城市更新视角下的开发区产城融合度评价及建议［J］．经济问题探索，2014，385（8）：144-149．

［429］陶慧，张梦真，刘家明．共生与融合：乡村遗产地"人—地—业"协同发展研究——以听松文化社区为例［J］．地理科学进展，2022，41（4）：582 - 594.

［430］陶希东．中国城市旧区改造模式转型策略研究——从"经济型旧区改造"走向"社会型城市更新"［J］．城市发展研究，2015，22（4）：111 - 116，124.

［431］田家兴，郝静，单彦名．国土空间规划背景下市域历史文化资源空间保护体系构建探索——以山东省聊城市为例［J］．城市发展研究，2022，29（1）：60 - 65，81.

［432］田莉，陶然．土地改革、住房保障与城乡转型发展——集体土地建设租赁住房改革的机遇与挑战［J］．城市规划，2019，43（9）：53 - 60.

［433］田莉．摇摆之间：三旧改造中个体、集体与公众利益平衡［J］．城市规划，2018，42（2）：78 - 84.

［434］田小波，胡静，张志斌，等．历史城区旅游化：时空过程、功能转换及关联协调——以甘肃省天水市历史城区为例［J］．地理科学，2021，41（8）：1371 - 1379.

［435］田宜龙，王雪娜，周亚伟．新文旅"风"起洛阳［N］．河南日报，2023 - 06 - 29（T06）

［436］田勇．"非遗"传承人与旅游演艺的互动性研究［J］．才智，2013（6）：234.

［437］仝艳婷，孙景荣．旅游演艺产品顾客满意度的社会学分析——以杭州"宋城千古情"为例［J］．长春理工大学学报（社会科学版），2019，32（4）：68 - 73.

［438］佟玉权，杨娇，赵紫月．旅顺博物馆顾客体验价值因素探究［J］．包装工程，2020，41（18）：147 - 153.

［439］屠启宇，林兰．文化规划：城市规划思维的新辨识［J］．社会科学，2012（11）：50 - 58.

［440］妥学进．非物质文化遗产领域协同立法模式探究［J］．文化遗产，2022，80（5）：27 - 35.

［441］完颜邓邓，王子健，陈晓婷．公共文化场馆旅游吸引力评价及旅游功能开发策略［J］．图书馆建设，2021，309（3）：133 - 142.

［442］万婷，许晓旭，刁星．"旅游 +"背景下动物主题乐园的规划设计——以抚远黑瞎子岛探秘野熊园为例［J］．规划师，2018，34（3）：131 - 138.

［443］汪德根，钱佳，牛玉．高铁网络化下中国城市旅游场强空间格局及演化［J］．地理学报，2016，71（10）：1784 - 1800.

［444］汪霏霏．人民城市理念下文旅产业赋能城市更新的机理和路径研究［J］．东岳论丛，2023，44（5）：174 - 181.

［445］汪坚强．"民主化"的更新改造之路——对旧城更新改造中公众参与问题的思考［J］．城市规划，2002（7）：43 - 46.

［446］汪克会．宁夏旅游演艺产品开发研究——以舞剧《月上贺兰》为例［J］．中国商贸，2010，468（6）：129 - 130.

［447］汪侠，甄峰，吴小根．基于游客视角的智慧景区评价体系及实证分析——以南京夫子庙秦淮风光带为例［J］．地理科学进展，2015，34（4）：448 - 456.

［448］汪妍泽，吴冠中，周鸣浩，伍江．从先锋实验到历史复兴——斯科普里城市发展路径转型解析［J］．国际城市规划，2021，36（5）：86 - 95.

［449］王博雅，张车伟，蔡翼飞．特色小镇的定位与功能再认识——城乡融合发展的重要载体［J］．北京师范大学学报（社会科学版），2020，277（1）：140 - 147.

［450］王成武．省级历史文化名城的"经济突围"——以四川省三台县为例的历史文化遗产保护模式［J］．中国人口·资源与环境，2010，20（S1）：197 - 200.

［451］王楚君，王亚力，向小辉．山水实景演出的空间生产研究：以《桃花源记》实景演出

为例 [J]. 地理科学, 2021, 41 (2): 310 - 318.

[452] 王达金. 城市空间结构优化: 驱动因素及桂林实践 [J]. 社会科学家, 2014, 203 (3): 152 - 158.

[453] 王菲. 沉浸式旅游演艺的现状及未来发展趋势 [J]. 西部旅游, 2022, 176 (24): 73 - 75.

[454] 王芙蓉, 顾孝慈, 侯兵. 历史文化名城保护视野下扬州雕版印刷技艺非遗的保护与传承 [J]. 出版发行研究, 2022 (4): 21 - 26.

[455] 王富海, 阳建强, 王世福, 等. 如何理解推进城市更新行动 [J]. 城市规划, 2022, 46 (2): 20 - 24.

[456] 王刚, 敖丽红. 辽宁沿海经济带自驾游产业与旅游景区联动发展问题研究 [J]. 经济研究参考, 2013 (27): 76 - 80.

[457] 王铬, 沈康, 许诺. 沉浸式展演空间体验模式与空间组织设计探究 [J]. 华中建筑, 2018, 36 (11): 152 - 156.

[458] 王红, 刘素仁. 沉浸与叙事: 新媒体影像技术下的博物馆文化沉浸式体验设计研究 [J]. 艺术百家, 2018, 34 (4): 161 - 169.

[459] 王宏钧. 展望 21 世纪博物馆和博物馆学的发展趋向——修订《中国博物馆学基础》的主要指导思想 [A]. 北京博物馆学会. 北京博物馆学会第三届学术会议文集 [C]. 北京燕山出版社: 北京博物馆学会, 2000: 10.

[460] 王洪梅, 韩秀霜. 北京应大力发展生产者服务业 [J]. 特区经济, 2007, 220 (5): 56 - 57.

[461] 王吉力, 陈科比, 张佳怡, 等. 一以贯之和因时制宜: "功能疏解" 在七版北京城市总体规划中的脉络 [J]. 城市发展研究, 2022, 29 (2): 19 - 26, 47.

[462] 王建国, 阳建强, 杨俊宴. 总体城市设计的途径与方法——无锡案例的探索 [J]. 城市规划, 2011, 35 (5): 88 - 96.

[463] 王建强. 论城市产业结构的优化与升级 [J]. 商业时代, 2011 (11): 124 - 125.

[464] 王建芹. 高质量发展视阈下乡村旅游主客互动对游客公民行为的影响 [J]. 地域研究与开发, 2021, 40 (4): 85 - 90.

[465] 王建一, 郝冰, 欧剑. 基于虚拟现实技术的虚拟博物馆设计 [J]. 新闻界, 2007 (6): 161, 172 - 174.

[466] 王建英, 谢朝武, 陈帅. 景区智慧旅游设施的优化布局——以泉州古城为例 [J]. 经济地理, 2019, 39 (6): 223 - 231.

[467] 王建英, 张利. 中国智慧城市旅游便利性评价的理论与实证 [J]. 地理与地理信息科学, 2021, 37 (6): 113 - 119.

[468] 王金伟, 陈昕蕾, 张丽艳, 等. 乡村振兴战略视角下民族村寨社区旅游增权研究——以四川省石椅羌寨为例 [J]. 浙江大学学报 (理学版), 2021, 48 (1): 107 - 117, 130.

[469] 王晋. 成都博物馆旅游资源现状分析与开发建议 [J]. 社会科学家, 2006 (S1): 212, 214.

[470] 王娟. 城市老旧楼房居住环境改造设计 [J]. 工程抗震与加固改造, 2020, 42 (3): 170.

[471] 王军. 遗址公园模式在城市遗址保护中的应用研究——以唐大明宫遗址公园为例 [J]. 现代城市研究, 2009, 24 (9): 50 - 57.

[472] 王君, 侯晓斌. 旅游经济学视阈下对公共文化服务的思考——基于供需矛盾与实现路径 [J]. 经济问题, 2022, 519 (11): 90 - 95.

[473] 王凯, 郭鑫, 甘畅, 唐小惠, 等. 中国省域科技创新与旅游业高质量发展水平及其互

动关系 [J]. 资源科学, 2022, 44 (1): 114-126.

[474] 王克岭, 董俊敏. 旅游需求新趋势的理论探索及其对旅游业转型升级的启示 [J]. 思想战线, 2020, 46 (2): 132-143.

[475] 王克岭, 龚异. 微旅游效应: 文旅真融合、深融合的质量表征 [N]. 中国旅游报, 2021-10-29 (03).

[476] 王克岭. 创新驱动下旅游发展的动能与路径 [J]. 企业经济, 2019, 38 (2): 2-12.

[477] 王蕾, 张林, 石天旭. IP 沉浸体验: 主题乐园发展新路径 [J]. 出版发行研究, 2019, 327 (2): 14, 32-36.

[478] 王林生, 金元浦. 线性文化理念: 城市文化遗产保护利用的实践走向与结构变革——以北京"三条文化带"为对象 [J]. 北京联合大学学报 (人文社会科学版), 2021, 19 (4): 16-24, 48.

[479] 王璐, 苏婵. 体验经济情境下乡村旅游发展趋势研究 [J]. 农业经济, 2020, 404 (12): 143-144.

[480] 王敏, 韩美, 陈国忠, 等. 基于地理探测器的 A 级旅游景区空间分布变动及影响因素——以山东省为例 [J]. 中国人口·资源与环境, 2021, 31 (8): 166-176.

[481] 王明祥. 城市更新中的文化创意产业融入 [J]. 特区实践与理论, 2013, 200 (3): 68-70.

[482] 王乃举. 微旅游维度架构探讨 [J]. 旅游学刊, 2016, 31 (12): 115-125.

[483] 王群. 旅游小城镇利益主体适应性评价——以皖南宏村和汤口镇为例 [J]. 华东经济管理, 2019, 33 (10): 33-39.

[484] 王赛兰. 刍议数字化工业遗产博物馆 [J]. 旅游学刊, 2013, 28 (5): 5-7.

[485] 王书瑶, 王娟, 郑浩, 等. 融入认知数字孪生体的智慧学习空间: 框架构建与应用延伸 [J]. 成人教育, 2022, 42 (12): 51-59.

[486] 王爽. 我国文化旅游产业的转型路径研究——基于媒介生态变革的视角 [J]. 山东大学学报 (哲学社会科学版), 2021, 249 (6): 54-61.

[487] 王素芹, 杜佳林. 浅析河南旅游文化国际化传播问题 [J]. 新闻爱好者, 2021, 527 (11): 57-60.

[488] 王维, 李梦垚, 李晶, 等. 历史文化名城更新保护方法探索——以苏州市 CIM 平台为例 [J]. 城市发展研究, 2023, 30 (5): 96-102.

[489] 王玮, 查艳, 林琳. 认知负荷理论视域下工业建筑遗产的更新研究——以"中国工业博物馆"为例 [J]. 家具与室内装饰, 2022, 29 (12): 44-49.

[490] 王蔚然, 梁明俏, 苏敏, 等. 城市更新驱动经济高质量发展效应研究 [J]. 统计与信息论坛, 2022, 37 (12): 112-125.

[491] 王文章, 陈飞龙. 非物质文化遗产保护与国家文化发展战略 [J]. 华中师范大学学报 (人文社会科学版), 2008, 192 (2): 81-89.

[492] 王晓峰. 中国出境旅游人口规模的增长、原因及趋势 [J]. 人口学刊, 2006 (6): 12-15.

[493] 王欣, 王国权, 陈微. 旅游演艺的文化真实性回归与创新 [N]. 中国旅游报, 2019-06-25 (003).

[494] 王新越, 刘兰玲. 长江流域城镇化对旅游经济发展的影响研究 [J]. 地域研究与开发, 2019, 38 (3): 12-17.

[495] 王璇, 赵小灿. 厚植优秀传统文化 创新文化类节目传播模式——以河南卫视"中国节日"系列节目为例 [J]. 中国编辑, 2022, 150 (6): 91-96.

[496] 王雪琪, 高飞, 李路平, 等. 活态传承理念下风景旅游城市近郊村庄规划探索——以

桂林漓东近郊村庄为例 [J]. 中国园林, 2021, 37 (S1): 106 –111.

[497] 王妍, 段晓卿, 欧剑. 沉浸式虚拟水墨山水意境——一种基于 CAVE 投影系统的山水画创作方法 [J]. 文艺评论, 2014 (9): 72 –76.

[498] 王妍, 欧剑, 王思帆. 基于 WebGL 的沉浸式虚拟水墨意境创作方法研究 [J]. 文艺评论, 2014 (11): 46 –50.

[499] 王一丹, 杨永春, 刘清, 等. 基于居民感知的敦煌市旅游全球化路径研究 [J]. 干旱区地理, 2023, 46 (6): 1024 –1037.

[500] 王一鸣. 中国演出产品定价机制及完善对策探究 [J]. 价格月刊, 2020, 515 (4): 14 –19.

[501] 王咏, 陆林. 基于社会交换理论的社区旅游支持度模型及应用——以黄山风景区门户社区为例 [J]. 地理学报, 2014, 69 (10): 1557 –1574.

[502] 王玉龙, 安百杰. 城市更新中的社会组织与空间权力平衡——基于美国核桃街历史街区改造的研究 [J]. 东岳论丛, 2021, 42 (5): 88 –96.

[503] 王章郡, 温碧燕, 方忠权, 等. 徒步旅游者的行为模式演化及群体特征分异——基于"方法—目的链"理论的解释 [J]. 旅游学刊, 2018, 33 (3): 105 –115.

[504] 王昭. 体验经济视域下数字沉浸文旅的创新性发展 [J]. 江西社会科学, 2022, 42 (8): 190 –197.

[505] 王兆峰, 黄喜林. 文化旅游创意产业发展的动力机制与对策研究 [J]. 山东社会科学, 2010 (9): 118 –122.

[506] 王振坡, 张安琪. 我国包容性城市更新发展的实现机制研究 [J]. 学习与实践, 2018, 415 (9): 22 –30.

[507] 王知津, 李博雅. 我国情报学研究热点及问题分析——基于 2010—2014 年情报学核心期刊 [J]. 情报理论与实践, 2016, 39 (9): 7 –13.

[508] 王祝根, 李百浩. 墨尔本城市转型中的城市更新范式演进及其启示 [J]. 规划师, 2021, 37 (10): 68 –74.

[509] 王梓霏. 基于网络文本分析的沉浸式旅游演艺产品游客感知研究——以《又见敦煌》为例 [J]. 旅游纵览, 2021 (11): 104 –107.

[510] 韦福巍, 黄荣娟, 时朋飞. 基于共生理论的广西区域城市旅游协同发展研究 [J]. 西北师范大学学报 (自然科学版), 2020, 56 (3): 118 –126.

[511] 韦建斌. 河北省旅游演艺产品开发设计探析 [J]. 大舞台, 2012, 290 (7): 279 –280.

[512] 韦欣仪, 王强. 九寨沟景区智慧化对其门票价格成本的影响 [J]. 贵州民族研究, 2015, 36 (5): 161 –164.

[513] 韦秀玉. 论文化产业语境下传统手工艺体验中心的建构路径 [J]. 理论月刊, 2021, 479 (11): 90 –97.

[514] 卫志民, 胡浩. 多源流理论视阈下生态补偿机制的政策议程分析——以新安江流域生态补偿机制为例 [J]. 行政管理改革, 2020 (5): 57 –64.

[515] 魏立华, 许永成, 丛艳国. 隐藏于"地方建构"理念下的空间生产的过程与手段——以成都市旧城 CBD (东华门遗址公园) 的再开发为例 [J]. 城市规划, 2019, 43 (3): 112 –120.

[516] 魏鹏举, 钟艺聪. 数字文化经济的价值共创 [J]. 江西社会科学, 2022, 42 (7): 156 –167, 208.

[517] 魏小安. 杭州旅游: 新城市新模式新发展 [J]. 旅游学刊, 2012, 27 (4): 48 –56.

[518] 文冬妮. 城市群文旅产业高质量发展的驱动机制及优化路径——以广西北部湾城市群为例 [J]. 社会科学家, 2022, 301 (5): 53 –60.

[519] 文仆. 桂林市乡村旅游产业智慧化发展评价及指数研究 [J]. 中国农业资源与区划,

2018, 39 (10): 241 - 245.

[520] 文彤, 刘璐. 博物馆文化展演与城市记忆活化传承——基于旅游留言档案的文本分析 [J]. 热带地理, 2019, 39 (2): 267 - 277.

[521] 翁钢民, 李维锦. 基于智慧旅游的城市旅游创新发展研究 [J]. 商业研究, 2014, 449 (9): 175 - 180.

[522] 邬樱, 李爱群. 城市更新背景下的人口流动趋势、老龄化传导效应及对策 [J]. 中国老年学杂志, 2023, 43 (11): 2807 - 2811.

[523] 吴承照, 王婧. 基于游客感知的上海都市空间旅游意象研究 [J]. 现代城市研究, 2012, 27 (2): 82 - 87.

[524] 吴承照, 肖建莉, 匡晓明, 等. 大遗址保护联动城市发展的自然途径 [J]. 城市规划学刊, 2021, 261 (1): 104 - 110.

[525] 吴春涛, 李隆杰, 何小禾, 等. 长江经济带旅游景区空间格局及演变 [J]. 资源科学, 2018, 40 (6): 1196 - 1208.

[526] 吴殿廷, 刘锋, 卢亚, 等. 大运河国家文化公园旅游开发和文化传承研究 [J]. 中国软科学, 2021, 372 (12): 84 - 91.

[527] 吴帆. 聚焦沉浸式体验, 构筑产业链价值: 中国沉浸产业发展战略与对策研究 [J]. 南京艺术学院学报 (美术与设计), 2021, 196 (4): 88 - 93.

[528] 吴晋峰. 旅游吸引物、旅游资源、旅游产品和旅游体验概念辨析 [J]. 经济管理, 2014, 36 (8): 126 - 136.

[529] 吴静轩, 唐相龙. 基于触媒理论的东北欠发达城市火车站片区微更新设计研究——以乌兰浩特市火车站为例 [J]. 现代城市研究, 2023 (3): 21 - 27, 44.

[530] 吴军, 孟谦. 珠三角半城市化地区国土空间治理的困境与转型——基于土地综合整备的破解之道 [J]. 城市规划学刊, 2021, 263 (3): 66 - 73.

[531] 吴俊妲, 张杰. 基于经营模式的差异性更新策略研究——以广州高第街历史街区为例 [J]. 城市规划, 2018, 42 (9): 79 - 87.

[532] 吴康, 张文忠, 张平宇, 等. 中国资源型城市的高质量发展: 困境与突破 [J]. 自然资源学报, 2023, 38 (1): 1 - 21.

[533] 吴丽云, 林婉钊, 连晓芳. "微旅游" 经济效应并不 "微" [N]. 中国文化报, 2021 - 10 - 09 (03).

[534] 吴丽云. 开启数字文旅新时代 [J]. 中国周刊, 2019 (9): 24 - 25.

[535] 吴平. 美丽乡村建设中传统村落保护与营建——以贵州省黔东南州为例 [J]. 中南民族大学学报 (人文社会科学版), 2020, 40 (6): 27 - 33.

[536] 吴翔华, 冯洁玉. 社区营造视角下居住性历史街区更新治理探索——以南京小西湖项目为例 [J]. 上海城市规划, 2022, 166 (5): 125 - 130.

[537] 吴晓庆, 张京祥. 从新天地到老门东——城市更新中历史文化价值的异化与回归 [J]. 现代城市研究, 2015 (3): 86 - 92.

[538] 吴修林, 陈慧钧. 少数民族旅游演艺特色品牌的营造与提升——以张家界为例 [J]. 求索, 2011 (10): 57, 90 - 91.

[539] 吴宇辉, 肖时珍, 胡馨月, 等. 基于 SWOT - AHP 模型的化石类国家地质公园科普旅游开发研究——以贵州关岭化石群国家地质公园为例 [J]. 生态经济, 2020, 36 (4): 133 - 138, 169.

[540] 吴志强, 伍江, 张佳丽, 等. "城镇老旧小区更新改造的实施机制" 学术笔谈 [J]. 城市规划学刊, 2021 (3): 1 - 10.

[541] 伍江. 城市有机更新的三个维度 [J]. 中国科学: 技术科学, 2023, 53 (5):

713 – 720.

[542] 席岳婷, 魏峰群. 基于用地效率视角的城市遗产空间保护反思与政策应对——以西安市小雁塔历史文化片区为例 [J]. 现代城市研究, 2023 (3): 68 – 73, 87.

[543] 夏春红, 章军杰. 全球疫情冲击下我国文旅全球化能力建设研究 [J]. 山东社会科学, 2021, 313 (9): 188 – 192.

[544] 夏毓婷. 文化与经济的融合: 现代城市更新发展的基本遵循——基于历史文化街区创新发展视角 [J]. 湖北大学学报 (哲学社会科学版), 2018, 45 (5): 138 – 144.

[545] 夏志强, 陈佩娇. 城市治理中的空间正义: 理论探索与议题更新 [J]. 四川大学学报 (哲学社会科学版), 2021, 237 (6): 189 – 198.

[546] 向琨. 文旅融合背景下民族歌舞艺术发展研究 [J]. 贵州民族研究, 2021, 42 (6): 108 – 112.

[547] 项琳. 公共数字文化在全面建成小康社会中的成就、贡献与展望 [J]. 图书馆论坛, 2021, 41 (10): 1 – 7.

[548] 肖波, 钱珊. 旅游演艺业的技术崇拜与文化失语——以武汉《汉秀》为例 [J]. 同济大学学报 (社会科学版), 2018, 29 (1): 39 – 48.

[549] 谢涤湘, 王哲. 产城融合背景下的科技小镇发展机制研究——以惠州潼湖科技小镇为例 [J]. 城市发展研究, 2020, 27 (9): 25 – 29.

[550] 谢涤湘. 城市更新背景下的文化旅游发展研究——以广州为例 [J]. 城市观察, 2014, 29 (1): 82 – 89.

[551] 谢国权. 我国城市更新中的政策工具选择 [J]. 党政论坛, 2009, 291 (6): 39 – 41.

[552] 谢彦君, 彭丹. 旅游、旅游体验和符号——对相关研究的一个评述 [J]. 旅游科学, 2005 (6): 1 – 6.

[553] 谢彦君. 旅游体验的情境模型: 旅游场 [J]. 财经问题研究, 2005 (12): 64 – 69.

[554] 邢剑华, 石培华. 从理念到实践——重视以科技创新推动落实全域旅游发展 [J]. 旅游学刊, 2016, 31 (12): 5 – 7.

[555] 邢明. 黑龙江省民族乡村建设的路径选择 [J]. 黑龙江民族丛刊, 2022, 189 (4): 80 – 84.

[556] 幸岭. 区域旅游发展创新模式: 跨境旅游合作区 [J]. 学术探索, 2015, 190 (9): 70 – 75.

[557] 徐冬, 黄震方, 吕龙, 等. 基于 POI 挖掘的城市休闲旅游空间特征研究——以南京为例 [J]. 地理与地理信息科学, 2018, 34 (1): 3, 59 – 64, 70.

[558] 徐菲菲, 何云梦. 数字文旅创新发展新机遇、新挑战与新思路 [J]. 旅游学刊, 2021, 36 (7): 9 – 10.

[559] 徐海峰. 新型城镇化与流通业、旅游业耦合协调发展——基于协同理论的实证研究 [J]. 商业研究, 2019 (2): 45 – 51.

[560] 徐和平. 城市化与城市民族文化资源的保护 [J]. 贵州民族研究, 2007, 114 (2): 102 – 106.

[561] 徐金海, 夏杰长. 全球价值链视角的数字贸易发展: 战略定位与中国路径 [J]. 改革, 2020, 315 (5): 58 – 67.

[562] 徐进亮. 基于经济学思维的建筑遗产活化利用的探讨 [J]. 东南文化, 2020, 274 (2): 13 – 20.

[563] 徐磊青, 永昌. 传统里弄保护性更新的住户满意度研究——以上海春阳里和承兴里试点为例 [J]. 建筑学报, 2021, 24 (S2): 137 – 143.

[564] 徐敏, 王成晖. 基于多源数据的历史文化街区更新评估体系研究——以广东省历史文

化街区为例 [J]. 城市发展研究, 2019, 26 (2): 74 - 83.

[565] 徐铷忆, 陈卫东, 郑思思, 等. 境身合一: 沉浸式体验的内涵建构、实现机制与教育应用——兼论 AI + 沉浸式学习的新场域 [J]. 远程教育杂志, 2021, 39 (1): 28 - 40.

[566] 徐世丕. 旅游演艺对我国传统演出市场的冲击和拓展 [J]. 中国戏剧, 2008 (9): 14 - 17.

[567] 徐薛艳. 上海旅游演艺发展研究 [D]. 上海: 上海师范大学, 2010.

[568] 徐茵, 宋小波. "角色认知" 交互体验在儿童主题乐园视觉形象设计中的应用 [J]. 装饰, 2021, 339 (7): 124 - 125.

[569] 徐紫东, 刘怡君. 数字经济背景下文化产业链的构建与创新研究 [J]. 价格理论与实践, 2021, 449 (11): 159 - 162, 199.

[570] 徐祖莺. 沉浸式旅游演艺游客体验研究 [D]. 武汉: 华中师范大学, 2020.

[571] 许映雪, 高敏华, 孜比布拉·司马义, 等. 乌鲁木齐市新型城镇化与旅游产业耦合协调发展研究 [J]. 西北师范大学学报 (自然科学版), 2019, 55 (1): 109 - 114, 128.

[572] 薛海霞, 张祖群, 于静. 大同市的旅游演艺发展研究 [J]. 旅游纵览 (下半月), 2012 (20): 71 - 73.

[573] 薛岚, 张静儒, 韩佳妍. 重新发现附近: 惯常环境下的城市微旅行体验研究 [J]. 旅游学刊, 2023, 38 (5): 127 - 136.

[574] 闫福佳. 从地方剧种到旅游演艺产品的转化路径初探——以吉林省为例 [J]. 戏剧文学, 2021, 456 (5): 103 - 106.

[575] 闫艺, 何元春, 廖建媚. 文化生态学视域下少数民族传统体育文化资源开发模式研究——以新疆地区为例 [J]. 广州体育学院学报, 2020, 40 (6): 62 - 68.

[576] 严鹏, 陈文佳. 工业文化遗产 [M]. 上海: 上海社会科学院出版社: 利群工业文化丛书, 2021.04.

[577] 严若谷, 周素红, 闫小培. 城市更新之研究 [J]. 地理科学进展, 2011, 30 (8): 947 - 955.

[578] 严太华, 宋喆, 江唐洋. 资源型城市收入差距、产业结构优化与经济发展 [J]. 重庆大学学报 (社会科学版), 2020, 26 (2): 57 - 68.

[579] 阳国亮, 周作明. 桂林王城旅游开发建设构想——桂林历史文化旅游系列研究之五 [J]. 社会科学家, 2001 (2): 77 - 80.

[580] 阳建强, 陈月. 1949—2019 年中国城市更新的发展与回顾 [J]. 城市规划, 2020, 44 (2): 9 - 19, 31.

[581] 阳建强, 杜雁, 王引, 等. 城市更新与功能提升 [J]. 城市规划, 2016, 40 (1): 99 - 106.

[582] 阳建强. 江南水乡古村的保护与发展——以常熟古村李市为例 [J]. 城市规划, 2009, 33 (7): 88 - 91, 96.

[583] 阳建强. 历史性校园的价值及其保护——以东南大学、南京大学、南京师范大学老校区为例 [J]. 城市规划, 2006 (7): 57 - 62.

[584] 阳建强. 中国城市更新的现况、特征及趋向 [J]. 城市规划, 2000 (4): 53 - 55, 63 - 64.

[585] 阳建强. 转型发展新阶段城市更新制度创新与建设 [J]. 建设科技, 2021, 426 (6): 8 - 11, 21.

[586] 阳建强. 走向持续的城市更新——基于价值取向与复杂系统的理性思考 [J]. 城市规划, 2018, 42 (6): 68 - 78.

[587] 杨波, 何露, 闵庆文. 文化景观视角下的农业文化遗产认知与保护研究——以云南双

江勐库古茶园与茶文化系统为例 [J]. 原生态民族文化学刊, 2020, 12 (5): 110 – 116.

[588] 杨传喜, 丁璐扬, 张珺. 基于 CiteSpace 的科技资源研究演进脉络梳理及前沿热点分析 [J]. 科技管理研究, 2019, 39 (3): 205 – 212.

[589] 杨春蓉. 历史街区保护与开发中建筑的原真与模仿之争——以成都宽窄巷子为例 [J]. 西南民族大学学报 (人文社科版), 2009, 30 (6): 108 – 112.

[590] 杨帆. 基于智慧理念的乡村旅游发展路径探析 [J]. 农业经济, 2018, 375 (7): 119 – 120.

[591] 杨菲, 黄成昆, 黄亚榕, 等. 中国科普教育基地空间格局及其形成机制 [J]. 资源开发与市场, 2023, 39 (4): 479 – 486.

[592] 杨馥端, 窦银娣, 易韵, 等. 催化视角下旅游驱动型传统村落共同富裕的机制与路径研究——以湖南省板梁村为例 [J]. 自然资源学报, 2023, 38 (2): 357 – 374.

[593] 杨浩东, 王高峰. 智慧城市建设对高新区企业发展影响评估 [J]. 科技管理研究, 2023, 43 (2): 65 – 74.

[594] 杨洁莹, 张京祥. 基于法团主义视角的"资本下乡"利益格局检视与治理策略——江西省婺源县 H 村的实证研究 [J]. 国际城市规划, 2020, 35 (5): 98 – 105.

[595] 杨谨铖. 国内外反恐情报研究的进展与趋势——基于 Citespace V 的可视化计量 [J]. 情报杂志, 2020, 39 (1): 45 – 55, 145.

[596] 杨可扬, 仇保兴, 田大江. 三方博弈下的历史文化街区保护更新策略优化研究 [J]. 城市发展研究, 2022, 29 (6): 40 – 44.

[597] 杨丽. 我国博物馆特色旅游开发刍议 [J]. 经济地理, 2003 (1): 121 – 125, 134.

[598] 杨亮, 汤芳菲. 我国历史文化街区更新实施模式研究及思考 [J]. 城市发展研究, 2019, 26 (8): 32 – 38.

[599] 杨玲玲, 魏小安. 旅游新业态的"新"意探析 [J]. 资源与产业, 2009, 11 (6): 135 – 138.

[600] 杨嵘, 金妍. 旅游演艺的艺术表达与当代城市文化名片建设 [J]. 北京舞蹈学院学报, 2020, 145 (6): 75 – 79.

[601] 杨莎莎. 旅游城市化进程中的新型城乡形态演化: 内涵、机制及过程 [J]. 社会科学, 2018 (3): 48 – 60.

[602] 杨姗姗. 桂林甑皮岩国家考古遗址公园旅游产品深度开发研究 [J]. 社会科学家, 2018 (7): 97 – 103.

[603] 杨思柳. 互联网时代数字化文化馆发展趋势与改革研究 [J]. 文化创新比较研究, 2022, 6 (5): 104 – 107.

[604] 杨涛. 历史文化街区的人文复兴与可持续保护——以抚州文昌里保护规划为例 [J]. 上海城市规划, 2015, 124 (5): 59 – 64.

[605] 杨小明, 张洪波, 邓明艳. 区域旅游演艺产品可持续发展研究——以云南丽江为例 [J]. 云南社会科学, 2016 (5): 90 – 94.

[606] 杨晓鸿. 原生态演艺的商业化与现代性启示——以云南为例 [J]. 民族艺术研究, 2013, 26 (5): 152 – 156.

[607] 杨晓影, 李彬. 情感空间与情境体验——谈美术馆空间的情感建构与公共教育 [J]. 艺术评论, 2019 (4): 93 – 102.

[608] 杨欣茹. 跨媒体叙事下影视园区的游客参与式文化 [J]. 电影评介, 2020, 633 (7): 16 – 20.

[609] 杨秀平, 翁钢民. 城市旅游环境可持续承载的管理创新研究 [J]. 人文地理, 2014, 29 (6): 146 – 153.

［610］杨毅，贺浩浩，张琳．民族地区文化遗产旅游可持续发展的组态效应研究——基于定性比较分析（QCA）视角［J］．云南民族大学学报（哲学社会科学版），2022，39（4）：35-44.

［611］杨英吉．齐国故城遗址博物馆的建立与特点［J］．文物春秋，1990（4）：85-88.

［612］杨主泉．旅游业与新型城镇化协同发展评价模型构建［J］．社会科学家，2020，273（1）：77-81.

［613］姚娟，马晓冬．后生产主义乡村多元价值空间重构研究——基于无锡马山镇的实证分析［J］．人文地理，2019，34（2）：135-142.

［614］姚丽君．公共图书馆打造沉浸式智能体验的实践与思考——以苏州第二图书馆为例［J］．新世纪图书馆，2022，312（8）：49-55.

［615］姚迈新．优化城市空间再生产：领导干部的思维导向与治理进路［J］．领导科学，2022（7）：117-120.

［616］姚小云．旅游演艺场域中非物质文化遗产的文化再生产——以《张家界·魅力湘西》为例［J］．怀化学院学报，2013，32（12）：27-29.

［617］姚艳玲．2017年国际人工智能领域研究前沿的分析与研究［J］．计算机科学，2018，45（9）：1-10.

［618］耀平，焦黎，蒙莉．新疆文化遗址旅游资源及开发思路［J］．干旱区地理，2000（2）：149-154.

［619］冶进海．媒介智能化：从感官无羁到时空嬗变［J］．北方民族大学学报，2020，156（6）：158-164.

［620］叶南客，李芸．国际城市更新运动评述［J］．世界经济与政治论坛，1999（6）：62-64.

［621］易成栋，樊正德，陈敬安，等．首都都市圈住房发展和城市更新联动研究——基于空间置换的视角［J］．城市发展研究，2022，29（8）：61-68.

［622］易开刚，厉飞芹．基于价值网络理论的旅游空间开发机理与模式研究——以浙江省特色小镇为例［J］．商业经济与管理，2017（2）：80-87.

［623］易骞，彭琼莉．叶巴·贝那中心与渐进式城市更新［J］．世界建筑，2003（11）：70-75.

［624］殷红卫．无锡旅游城市化发展及其影响研究［J］．中外企业家，2015（34）：33-36.

［625］游景如，黄甫全．新兴系统性文献综述法：涵义、依据与原理［J］．学术研究，2017（3）：145-151，178.

［626］于涛，张京祥，罗小龙，等．人本视角下的城市发展动力与治理创新——基于南京实证研究［J］．城市规划，2018，42（3）：50-58.

［627］于涛方，彭震，方澜．从城市地理学角度论国外城市更新历程［J］．人文地理，2001（3）：20，41-43.

［628］于杨，金玥．《情报科学》的文献计量研究：热点主题与知识基础［J］．情报科学，2019，37（9）：126-132.

［629］余冠臻，郭林林．历史街区保护更新中的文化创意产业发展研究——以广州沙面西洋建筑景观为中心［J］．南京艺术学院学报（美术与设计），2018，175（1）：129-133.

［630］余玲，刘家明，姚鲁烽，等．中国实景演艺旅游资源时空格局研究［J］．地理科学，2019，39（3）：394-404.

［631］余琪．国内大型主题性旅游演艺产品开发初探［D］．上海：华东师范大学，2009.

［632］余文婷，刘家明．韩国抱川艺术谷工业遗产更新的探索［J］．工业建筑，2019，49（5）：36-40.

［633］余文婷，朱鹤，刘家明．工业遗产游憩利用评价影响因素分析——以韩国仙游岛公园

为例 [J]. 世界地理研究, 2020, 29 (3): 588 -597.

[634] 余召臣. 新时代文化创意旅游发展的内在逻辑与实践探索 [J]. 四川师范大学学报 (社会科学版), 2022, 49 (2): 80 -87.

[635] 俞海滨. 旅游业态创新发展研究进展 [J]. 旅游论坛, 2011, 4 (6): 7 -11.

[636] 俞卓. 泉州"海丝"文化主题公园设计的思考 [J]. 装饰, 2010, 210 (10): 100 -101.

[637] 虞虎. 大都市传统工业区休闲旅游转型对城市功能演化的影响 [J]. 经济地理, 2016, 36 (11): 214 -223.

[638] 袁辰璐, 王娟. 海岛原真性感知对游客价值共创行为的影响研究——以地方依恋为中介 [J]. 海洋湖沼通报, 2022, 44 (3): 176 -184.

[639] 袁丁, 周春林. 江苏城市旅游文化发展与经济社会要素耦合研究 [J]. 宁夏社会科学, 2010 (5): 123 -127.

[640] 袁建伟, 谢翔. 全域旅游视域下体育旅游产业发展模式建构 [J]. 体育文化导刊, 2021, 225 (3): 74 -80.

[641] 袁锦富, 司马晓, 张京祥, 等. 城乡特色危机与规划应对 [J]. 城市规划, 2018, 42 (2): 34 -41.

[642] 袁志超, 程晨阳. 微度假旅游发展趋势研究——以河北省为例 [J]. 中国市场, 2020, 1062 (35): 25 -26.

[643] 岳璐. 虚拟现实技术在室内装饰设计中的运用 [J]. 工业建筑, 2020, 50 (5): 214.

[644] 云翃, 林浩文. 文化景观动态变化视角下的遗产村落保护再生途径 [J]. 国际城市规划, 2021, 36 (4): 91 -98, 107.

[645] 臧志彭, 解学芳. 论我国演艺产业发展模式的变革与重塑 [J]. 理论月刊, 2013, 376 (4): 123 -127.

[646] 曾德珩, 陈春江, 董茜月. 城市更新对旧城区原住居民职住关系的影响——以重庆市十八梯为例 [J]. 城市问题, 2018, 271 (2): 98 -103.

[647] 曾鹏, 李晋轩. 存量工业用地更新的政策作用机制与优化路径研究 [J]. 现代城市研究, 2020 (7): 67 -74.

[648] 曾伟. 现代城市的文化发展与品质提升 [J]. 湖北大学学报 (哲学社会科学版), 2021, 48 (6): 168 -175.

[649] 曾晓茵, 张朝枝. 作为旅游吸引物的博物馆及其发展趋势 [J]. 中国博物馆, 2022, 151 (4): 92 -96, 128.

[650] 曾亚婧, 刘超, 张绍山, 等. 山海协同旅游发展新模式——以广西北部湾为例 [J]. 山地学报, 2020, 38 (3): 425 -435.

[651] 曾昭奋. 有机更新: 旧城发展的正确思想——吴良镛先生《北京旧城与菊儿胡同》读后 [J]. 新建筑, 1996 (2): 33 -34.

[652] 翟斌庆, 伍美琴. 城市更新理念与中国城市现实 [J]. 城市规划学刊, 2009 (2): 75 -82.

[653] 詹成大. 影视文化小镇: 浸润特色与产业任重道远 [J]. 中国广播电视学刊, 2019, 345 (12): 26 -28.

[654] 詹绍文, 马元. 供给侧改革视角下文化惠民政策实证探究 [J]. 社会科学家, 2020, 277 (5): 53 -59.

[655] 展梦雪, 孔少君. 基于网络文本挖掘的旅游演艺体验特征的比较研究——以《印象·刘三姐》《宋城千古情》和《藏谜》为例 [J]. 旅游论坛, 2016, 9 (3): 37 -43.

[656] 张阿城, 王巧, 温永林. 智慧城市试点、技术进步与产业结构转型升级 [J]. 经济问题

探索，2022，476（3）：158-175.

[657] 张灿，李婷. 文化演艺产品在旅游产业中再生产的动力与路径 [J]. 四川师范大学学报（社会科学版），2022，49（4）：89-96.

[658] 张晨杰，伍江. 基于空间演变研究的上海老城厢更新问题剖析 [J]. 城市规划学刊，2021（2）：72-78.

[659] 张定青，赵一青，竺刻瑶. 城市遗址保护与利用的多元价值实现路径——以西安城区为例 [J]. 现代城市研究，2022（7）：120-126.

[660] 张丰艳，王子文，刘宇翔. 重构"云演艺"空间：后疫情时代消费场景转型的"破"与"立" [J]. 传媒，2023（11）：71-73.

[661] 张广海，冯英梅. 旅游产业结构水平与城市发展水平耦合协调发展度的时空特征分析——以山东省为例 [J]. 经济管理，2013，35（5）：128-138.

[662] 张广海，徐玉洁. 中国滨海旅游度假区城市化问题与对策研究——以青岛石老人国家级旅游度假区为例 [J]. 经济研究导刊，2011（1）：165-167.

[663] 张国宗，范栩侨，堵亚兰，等. 老旧小区绿色可持续改造居民意愿研究 [J]. 价格理论与实践，2021（9）：173-176，204.

[664] 张海斌，战令琦. 媒体融合视阈下红色文化传播策略探析 [J]. 新闻爱好者，2022（5）：99-101.

[665] 张环宙，吴茂英，沈旭炜. 特色小镇：旅游业的浙江经验及其启示 [J]. 武汉大学学报（哲学社会科学版），2018，71（4）：178-184.

[666] 张机，徐红罡. 民族旅游中的主客互动研究：基于符号互动论视角 [J]. 思想战线，2012，38（3）：116-119.

[667] 张珈彬，姚宏. 西安高校校园考古遗址"活态保护"规划探究 [J]. 资源开发与市场，2021，37（2）：228-233.

[668] 张剑锋. 青岛市海滨海岛山地度假旅游发展研究 [J]. 现代商贸工业，2010，22（3）：74-75.

[669] 张杰. 深求城市历史文化保护区的小规模改造与整治——走"有机更新"之路 [J]. 城市规划，1996（4）：14-17.

[670] 张进福. 物之序：从"旅游资源"到"旅游吸引物" [J]. 旅游学刊，2021，36（6）：45-59.

[671] 张京祥，陈浩. 中国的"压缩"城市化环境与规划应对 [J]. 城市规划学刊，2010（6）：10-21.

[672] 张京祥，何鹤鸣. 超越增长：应对创新型经济的空间规划创新 [J]. 城市规划，2019，43（8）：18-25.

[673] 张京祥，吴缚龙，马润潮. 体制转型与中国城市空间重构——建立一种空间演化的制度分析框架 [J]. 城市规划，2008（6）：55-60.

[674] 张京祥，张尚武，段德罡，等. 多规合一的实用性村庄规划 [J]. 城市规划，2020，44（3）：74-83.

[675] 张晶. 产业集聚对于城市经济效率的影响机制分析 [J]. 商业经济研究，2020，796（9）：176-180.

[676] 张军，刘大平，张雨婷. 基于需求差异的历史街区改造评价方法研究——以横道河子镇历史街区为例 [J]. 建筑学报，2016，569（2）：66-69.

[677] 张俊英，马耀峰. 民族地区乡村居民参与旅游发展的实证研究——以青海互助土族小庄村为例 [J]. 北方民族大学学报（哲学社会科学版），2012，105（3）：81-88.

[678] 张磊. "新常态"下城市更新治理模式比较与转型路径 [J]. 城市发展研究，2015，22

（12）：57 - 62.

[679] 张力，王磊. 山水实景演出：点亮夜色的一种可能性 [N]. 中国旅游报，2007 - 06 - 13 （13）.

[680] 张立明，赵黎明. 城郊旅游开发的影响因素与空间格局 [J]. 商业研究，2006 （6）：181 - 184.

[681] 张立明. 中国海洋主题公园的时空分析与影响因素 [J]. 旅游学刊，2007 （4）：67 - 72.

[682] 张鹏杨，郑婷，黄艳梅. 实现从经济功能向综合功能转变促进旅游业高质量发展 [J]. 宏观经济管理，2022，465 （7）：66 - 73.

[683] 张平宇. 城市再生：21 世纪中国城市化趋势 [J]. 地理科学进展，2004 （4）：72 - 79.

[684] 张瑞琛，董丙瑞，杨思鉴，等. 林区文创旅游可持续发展评价研究 [J]. 林业经济问题，2022，42 （3）：320 - 328.

[685] 张瑞梅. 供给侧结构性改革背景下广西全域旅游建设研究 [J]. 广西大学学报 （哲学社会科学版），2021，43 （6）：93 - 100.

[686] 张松. 城市生活遗产保护传承机制建设的理念及路径——上海历史风貌保护实践的经验与挑战 [J]. 城市规划学刊，2021，266 （6）：100 - 108.

[687] 张松. 积极保护引领上海城市更新行动及其整体性机制探讨 [J]. 同济大学学报 （社会科学版），2021，32 （6）：71 - 79.

[688] 张苏缘，顾江. 文化消费试点政策对城市产业结构升级的影响研究 [J]. 当代经济科学，2022，44 （3）：111 - 122.

[689] 张庭伟. 从城市更新理论看理论溯源及范式转移 [J]. 城市规划学刊，2020，255 （1）：9 - 16.

[690] 张婷，胡传东，张述林. 基于投入产出方法的中国旅游部门间接碳排放分解研究 [J]. 重庆师范大学学报 （自然科学版），2015，32 （4）：167 - 172.

[691] 张莞. 四川民族地区乡村旅游与新型城镇化协同发展研究——以阿坝州茂县为例 [J]. 民族学刊，2019，10 （3）：21 - 28，106 - 108.

[692] 张蔚文，卓何佳，麻玉琦. 特色小镇融入城市群发展的路径探讨 [J]. 浙江大学学报（人文社会科学版），2018，48 （5）：177 - 187.

[693] 张文建. 当代旅游业态理论及创新问题探析 [J]. 商业经济与管理，2010 （4）：91 - 96.

[694] 张文力，严永红. 基于后消费时代景观社会视角的成都太古里街区的更新研究 [J]. 工业建筑，2021，51 （11）：54 - 61.

[695] 张武林，范明月，史辉情. 基于市民满意度的城市更新生态效益评价研究——以西安幸福林带为例 [J]. 南京信息工程大学学报 （自然科学版），2022，14 （2）：167 - 177.

[696] 张艺，李秀敏. 新型数字基础设施、零工就业与空间溢出效应 [J]. 中国流通经济，2022，36 （11）：103 - 117.

[697] 张艺璇. 环境美学视域下沉浸式旅游演艺中的人景关系转向 [J]. 四川戏剧，2022，258 （2）：41 - 45.

[698] 张颖. 游客感知视角下旅游演艺体验满意度评价研究——以土楼全景剧场秀《家·源》为例 [J]. 重庆文理学院学报 （社会科学版），2017，36 （1）：126 - 133.

[699] 张玉蓉，张玉玲. 创意经济背景下文化创意旅游综合体的发展路径研究——以重庆为例 [J]. 经济问题探索，2012，362 （9）：85 - 88，190.

[700] 张毓. 三大都市圈城市规模与旅游发展的关系及互动机制 [D]. 西安：陕西师范大学，2017.

［701］张元好，曾珍香．城市信息化文献综述——从信息港、数字城市到智慧城市［J］．情报科学，2015，33（6）：131 - 137.

［702］张中华，段瀚．基于 Amos 的环境地方性与游客地方感之间的关系机理分析——以西安大明宫国家考古遗址公园为例［J］．旅游科学，2014，28（4）：81 - 94.

［703］章梅芳，陈笑钰，岳丽媛，等．中国科技类博物馆运行机制探索——基于我国科技类博物馆发展基本情况调查的结果分析［J］．科普研究，2022，17（1）：33 - 41，51，101.

［704］章勇，徐平．地域文化视角下公共交通中的文化安全——以长株潭为例［J］．包装工程，2022，43（S1）：26 - 30.

［705］赵衡宇．怀旧视角下老城旧街的复兴及其价值认同——以武昌昙华林街区的"慢更新"为例［J］．城市问题，2015，242（9）：18 - 24，43.

［706］赵建军，贾鑫晶．智慧城市、人力资本与产业结构转型升级［J］．价格理论与实践，2019，422（8）：161 - 164.

［707］赵建强，秦巍，张海超．基于 HHI 模型的城市旅游协同发展研究［J］．统计与决策，2011，334（10）：56 - 58.

［708］赵磊，方成，毛聪玲．中国存在旅游导向型城镇化吗？——基于线性和非线性的实证分析［J］．旅游科学，2016，30（6）：22 - 38.

［709］赵磊，潘婷婷，方成，等．旅游业与新型城镇化——基于系统耦合协调视角［J］．旅游学刊，2020，35（1）：14 - 31.

［710］赵刘．奇观化：旅游演艺的审美冲击之源［J］．无锡商业职业技术学院学报，2013，13（4）：29 - 33.

［711］赵佩佩，丁元．浙江省特色小镇创建及其规划设计特点剖析［J］．规划师，2016，32（12）：57 - 62.

［712］赵鹏，黄成林．基于"舞台真实性理论"的旅游演艺产品开发——以大型山水实景演出为例［J］．乐山师范学院学报，2011，26（12）：35 - 37.

［713］赵蓉英，许丽敏．文献计量学发展演进与研究前沿的知识图谱探析［J］．中国图书馆学报，2010，36（5）：60 - 68.

［714］赵世芳，闫文彤．检索词和逻辑运算符［J］．情报杂志，2010，29（S1）：202 - 204.

［715］赵书茂．推动城市高质量发展的政策和路径——以河南省为例［J］．企业经济，2019（8）：155 - 160.

［716］赵万民．城市更新生长性理论认识与实践［J］．西部人居环境学刊，2018，33（6）：1 - 11.

［717］赵秀敏，石坚韧，陆颖，等．基于适宜性保护原则与旧区有机再生的建筑遗址修缮途径——以宁波永丰库遗址保护工程为例［J］．建筑学报，2010（S2）：77 - 80.

［718］赵雨亭．新时代城市更新的三个维度［J］．人民论坛·学术前沿，2022，233（1）：103 - 105.

［719］赵峥．城市更新与文化活力：多维属性、形态特征与实现路径［J］．重庆理工大学学报（社会科学），2021，35（9）：1 - 8.

［720］赵卓．"互联网 +"时代博物馆展览形态的创新发展［J］．中国博物馆，2020（4）：55 - 60.

［721］赵紫薇，过宏雷．互联网时代特色小镇建设中的品牌要素及其创新途径［J］．包装工程，2019，40（20）：48 - 52.

［722］郑斌，刘家明，杨兆萍．基于"一站式体验"的文化旅游创意产业园区研究［J］．旅游学刊，2008（9）：49 - 53.

［723］郑红霞．宋城模式——主题公园到休闲社区的跨越［J］．中国投资，2002（5）：

68 - 69.

[724] 郑憩, 吕斌, 谭肖红. 国际旧城再生的文化模式及其启示 [J]. 国际城市规划, 2013, 28 (1): 63 - 68.

[725] 郑英明. 电视仪式的美学意蕴与文化传播——以 G20 杭州峰会文艺演出《最忆是杭州》为例 [J]. 传媒, 2016 (24): 45 - 46.

[726] 郑中玉, 李鹏超. 超越"被简单化的民众"——历史街区改造中民众主体性视角的研究 [J]. 社会学评论, 2021, 9 (2): 173 - 198.

[727] 钟蕾, 范晓琳. 基于地域文化符号的京津旅游体验再设计研究 [J]. 包装工程, 2020, 41 (14): 240 - 245.

[728] 重庆市九龙坡区文化和旅游发展委员会课题组, 邓立, 唐宁, 等. 数字技术赋能文旅产业高质量发展的探索 [J]. 重庆行政, 2020, 21 (4): 106 - 107.

[729] 周干峙. 城市及其区域——一个典型的开放的复杂巨系统 [J]. 城市发展研究, 2002 (1): 1 - 4.

[730] 周慧颖, 吴建华. 国内有关旅游对接待地社会文化影响的研究述评 [J]. 旅游学刊, 2004 (6): 88 - 92.

[731] 周洁. 旧城更新中的文化保育与活化传承——以汕头市小公园开埠区保护规划为例 [J]. 城市发展研究, 2017, 24 (11): 36 - 42.

[732] 周锦, 王廷信. 数字经济下城市文化旅游融合发展模式和路径研究 [J]. 江苏社会科学, 2021, 318 (5): 70 - 77.

[733] 周婷婷, 熊茵. 基于存量空间优化的城市更新路径研究 [J]. 规划师, 2013, 29 (S2): 36 - 40.

[734] 周维琼, 楼嘉军. 主题公园: 构建区域旅游新的增长极——以深圳华侨城主题公园为例 [J]. 桂林旅游高等专科学校学报, 2008, 84 (1): 55 - 59.

[735] 周详, 成玉宁. 产权制度与土地性质改造过程中上海里弄街区城市功能再定位的思考 [J]. 城市发展研究, 2019, 26 (5): 63 - 72.

[736] 周晓芳, 周永章. 喀斯特城市空间结构研究: 以贵州省为例 [J]. 热带地理, 2008 (3): 212 - 217.

[737] 周晓薇. 生活、场景、内容: 苏州地方戏曲、曲艺与旅游融合发展的理论逻辑与实践探索 [J]. 艺术百家, 2020, 36 (1): 78 - 84, 129.

[738] 周艺, 李志刚. 城中村公共空间的重构与微改造思路研究 [J]. 规划师, 2021, 37 (24): 67 - 73.

[739] 周运瑜, 尹华光, 阳芳. 旅游演艺业核心利益主体满意度测评模型构建与实证研究 [J]. 资源开发与市场, 2013, 29 (10): 1090 - 1093.

[740] 周志菲. 老旧社区公共空间"人口—空间"失配及设计应对 [J]. 城市问题, 2021, 311 (6): 25 - 33.

[741] 朱道才, 孙家敏, 陆林, 等. 皖南示范区旅游城市化空间分异及其机制研究 [J]. 华东经济管理, 2017, 31 (4): 19 - 24.

[742] 朱鹤, 余文婷. "游客—居民—经营者"语境下历史街区地方文化重塑效果感知研究——以北京前门历史街区为例 [J]. 地理与地理信息科学, 2023, 39 (3): 137 - 144.

[743] 朱鹤, 张圆刚, 林明水, 等. 国土空间优化背景下文旅产业高质量发展: 特征、认识与关键问题 [J]. 经济地理, 2021, 41 (3): 1 - 15.

[744] 朱虹. 城乡一体化背景下休闲旅游的机遇与发展路径研究 [J]. 农业经济, 2021 (12): 55 - 57.

[745] 朱竑, 贾莲莲. 基于旅游"城市化"背景下的城市"旅游化"——桂林案例 [J]. 经

济地理，2006（1）：151-155.

［746］朱竑，司徒尚纪. 近年我国文化地理学研究的新进展［J］. 地理科学，1999（4）：338-343.

［747］朱璟璐，覃劫. 历史文化名城保护的数字化转译与推广——以"广州记忆"数字平台为例［J］. 规划师，2021，37（22）：51-54.

［748］朱俊晨，戴湘，冯金军. 城市创新功能单元视角下的特色小镇建设管理路径优化——基于深圳创新型特色小镇的实证分析［J］. 现代城市研究，2020（9）：124-129.

［749］朱立新. 中国古代的旅游演艺［J］. 社科纵横，2009，24（12）：97-100.

［750］朱立新. 中国当代的旅游演艺［J］. 社科纵横，2010，25（4）：96-99.

［751］朱罗敬，方春妮，肖婷. "1.0代体育小镇"阶段性实践经验、实践困境与优化路径——以城市近郊邻水镇体育小镇为例［J］. 体育与科学，2021，42（1）：106-113.

［752］朱善森，高原. 城市更新中的保护与利用［J］. 科技创新与应用，2012（16）：101.

［753］朱喜钢，周强，金俭. 城市绅士化与城市更新——以南京为例［J］. 城市发展研究，2004（4）：33-37.

［754］朱晓华，肖彬. 地理科学中的虚拟现实技术及其应用［J］. 南京师大学报（自然科学版），1999（3）：105-109.

［755］朱怡晨，李昂. 工业遗产推动城市可持续更新的杰出案例：马萨诸塞州当代艺术博物馆 MASS MoCA［J］. 中国园林，2022，38（7）：91-96.

［756］朱轶佳，李慧，王伟. 城市更新研究的演进特征与趋势［J］. 城市问题，2015，242（9）：30-35.

［757］朱颖，杜健，张影宏，等. 基于微介入理念的湿地生态保护规划方法——以张家港通洲沙江心岛生态湿地为例［J］. 规划师，2021，37（1）：37-43.

［758］朱正威，刘莹莹，杨洋. 韧性治理：中国韧性城市建设的实践与探索［J］. 公共管理与政策评论，2021，10（3）：22-31.

［759］诸葛艺婷，崔凤军. 中国旅游演出产品精品化策略探讨［J］. 社会科学家，2005（5）：34.

［760］祝招玲. 基于业务外包的赫哲族文化旅游演艺产品开发初探［J］. 哈尔滨职业技术学院学报，2013，107（1）：64-65.

［761］宗祖盼，蔡心怡. 文旅融合介入城市更新的耦合效应［J］. 社会科学家，2020，280（8）：38-43.

［762］邹兵. 存量发展模式的实践、成效与挑战——深圳城市更新实施的评估及延伸思考［J］. 城市规划，2017，41（1）：89-94.

［763］邹兵. 增量规划向存量规划转型：理论解析与实践应对［J］. 城市规划学刊，2015，225（5）：12-19.

［764］邹驾云. "沉浸式"体验助力文旅消费提质升级［J］. 人民论坛，2020，670（15）：84-85.

［765］邹建琴，明庆忠，刘安乐. 现代旅游文化产业体系的构建逻辑与路径研究［J］. 学术探索，2022，269（4）：75-81.

［766］邹芸. 旅游产业和文化创意产业融合发展机制研究——以四川省成都市为例［J］. 改革与战略，2017，33（7）：126-128，132.

［767］左晶晶，唐蕙沁. 智慧旅游建设对游客满意度的影响——基于上海迪士尼乐园的研究［J］. 消费经济，2020，36（5）：79-89.

［768］Ali，Ryu，Hussain. Influence of Experiences on Memories，Satisfaction and Behavioral Intentions：A Study of Creative Tourism［J］. Journal of Travel & Tourism Marketing，2016，33（1）.

［769］An Sohyun，Choi Youngjoon，Lee Choong – Ki. Virtual travel experience and destination marketing：Effects of sense and information quality on flow and visit intention ［J］. Journal of Destination Marketing & Management，2021，19（19）.

［770］Antonella Carù，Bernard Cova. How to facilitate immersion in a consumption experience：Appropriation operations and service elements ［J］. Journal of Consumer Behaviour，2006，5（1）.

［771］Awoniyi Stephen. The contemporary museum and leisure：Recreation as a museum function ［J］. Museum Management and Curatorship，2001，19（3）.

［772］Bergami M，Bagozzi R P. Self-categorization，affective commitment and group self-esteem as distinct aspects of social identity in the organization. ［J］. The British journal of social psychology，2000，39（4）.

［773］Bing Zuo，Songshan（Sam）Huang，Luhu Liu. Tourism as an Agent of Political Socialisation ［J］. International Journal of Tourism Research，2016，18（2）.

［774］Caiyun Cui，Yong Liu，Alex Hope，et al. Review of studies on the public-private partnerships（PPP）for infrastructure projects ［J］. International Journal of Project Management，2018，36（5）.

［775］Carl Grodach，Anastasia Loukaitou – Sideris. Cultural Development Strategies and Urban Revitalization ［J］. International Journal of Cultural Policy，2007，13（4）.

［776］Carmines Edward G，McIver John P. An Introduction to the Analysis of Models with Unobserved Variables ［J］. Political Methodology，1983，9（1）.

［777］Chaiken S，Trope Y. Dual – Process Theories in Social Psychology ［M］. Guilford Press，1999.

［778］Choi J R，Lim D G. A case study of cultural space to revitalize local community ［J］. International Journal of History and Culture，2013，1（1）：1 – 14.

［779］Chris Ryan. Application of leisure motivation scale to tourism ［J］. Annals of Tourism Research，1998，25（1）.

［780］Christopher L. Shook，David J. Ketchen，G. Tomas M. Hult，et al. An Assessment of the Use of Structural Equation Modeling in Strategic Management Research ［J］. Strategic Management Journal，2004，25（4）.

［781］Clare Murphy，Emily Boyle. Testing a Conceptual Model of Cultural Tourism Development in the Post – Industrial City：A Case Study of Glasgow ［J］. Tourism and Hospitality Research，2006，6（2）.

［782］Dann G. Tourist motivation an appraisal ［J］. Annals of Tourism Research，1981，8（2）：187 – 219.

［783］Danni Zheng. Building resident commitment through tourism consumption：A relational cohesion lens ［J］. Journal of Destination Marketing & Management，2020，16（C）.

［784］David L. Gladstone，Susan S. Fainstein. Tourism in US Global Cities：A Comparison of New York and Los Angeles ［J］. Journal of Urban Affairs，2001，23（1）.

［785］David L. Gladstone. Tourism Urbanization in the United States ［J］. Urban Affairs Review，1998，34（1）.

［786］David R. Prince. Factors influencing museum visits：An empirical evaluation of audience selection ［J］. Museum Management and Curatorship，1990，9（2）.

［787］Davis D. The Museum Transformed：Design and Culture in the Post – Pompidou Age ［M］. New York：Abbeville，1990：148.

［788］Deng Lei，Hu Hangyu. Fine – Grained Urban Functional Region Identification via Mobile App Usage Data ［J］. Mobile Information Systems，2022.

［789］Dutta Mousumi，Banerjee Sarmila，Husain Zakir. Untapped demand for heritage：A contingent valuation study of Prinsep Ghat, Calcutta [J]. Tourism Management, 2005, 28 (1).

[790] Emily Brown, Paul Cairns. A grounded investigation of game immersion [P]. Human Factors in Computing Systems, 2004.

[791] Entina T. , Karabulatova I, Kormishova A. , et al. Tourism industry management in the global transformation: Meeting the needs of generation z [J]. Polish Journal of Management Studies, 2021, 23 (2).

[792] Fernando Díaz Orueta. Madrid: Urban regeneration projects and social mobilization [J]. Cities, 2006, 24 (3).

[793] Fulong Wu. Planning centrality, market instruments: Governing Chinese urban transformation under state entrepreneurialism [J]. Urban Studies, 2018, 55 (7).

[794] Galina Valentinovna Kalabukhova, Olga Anatolievna Morozova, Lyudmila Sergeevna ONOKOY, et al. Digitalization as a Factor of Increasing Investment Activity in the Tourism Industry [J]. Journal of Environmental Management and Tourism, 2020, 11 (4).

[795] Garner. Symbolic and cued immersion: Paratextual framing strategies on the Doctor Who Experience Walking Tour [J]. Popular Communication, 2016, 14 (2).

[796] Geoffrey Wall. Scale effects on tourism multipliers [J]. Annals of Tourism Research, 1997, 24 (2).

[797] Hansen A H, Mossberg L. Consumer immersion: A key to extraordinary experiences [J]. Chapters, 2013.

[798] Han Sik Park. Comparing the Flow Variance of Tourist Experience in Adventure Tourism [J]. Journal of Tourism Studies, 2004, 16 (16).

[799] Hee, Han Kang, The research of Korea's cultural heritage and story-telling – Korea's cultural heritage for effective ways to guide Commentary [J]. The Studies of Korean Language and Literature, 2010 (36): 595 – 622.

[800] Helen Wei Zheng, Geoffrey Qiping Shen, Hao Wang. A review of recent studies on sustainable urban renewal [J]. Habitat International, 2014, 41 (41).

[801] Henning Füller, Boris Michel. "Stop Being a Tourist!" New Dynamics of Urban Tourism in B erlin – K reuzberg [J]. International Journal of Urban and Regional Research, 2014, 38 (4).

[802] Hongmei Zhang, Feifei Xu, Lin Lu, et al. The spatial agglomeration of museums, a case study in London [J]. Journal of Heritage Tourism, 2016, 12 (2).

[803] Hough B. Education for the performing arts: Contesting and mediating identity in contemporary Bali [J]. 1999.

[804] Howard L. Hughes. Culture and tourism: A framework for further analysis [J]. Managing Leisure, 2002, 7 (3).

[805] Jing Changfeng, Zhang Hongyang, Xu Shishuo, et al. A hierarchical spatial unit partitioning approach for fine-grained urban functional region identification [J]. Transactions in GIS, 2022, 26 (6).

[806] Johannes Novy. "Destination" Berlin revisited. From (new) tourism towards a pentagon of mobility and place consumption [J]. Tourism Geographies, 2018, 20 (3).

[807] Jong – Hyeong Kim, J. R. Brent Ritchie, Bryan McCormick. Development of a Scale to Measure Memorable Tourism Experiences [J]. Journal of Travel Research, 2012, 51 (1).

[808] Kanai. Buenos Aires, capital of tango: Tourism, redevelopment and the cultural politics of neoliberal urbanism [J]. Urban Geography, 2014, 35 (8).

[809] K. C. McMurry. The Use of Land for Recreation [J]. Annals of the Association of American Geographers, 1930, 20 (1).

［810］Kim Jong Hyeong, Ritchie J. R. Brent. Cross – Cultural Validation of a Memorable Tourism Experience Scale（MTES）［J］. Journal of Travel Research, 2014, 53（3）.

［811］Kline, R. B. Principles and Practice of Structural Equation Modeling［M］. New York: Guilford Press, 1998.

［812］Lee Hoo – Suk. Tourists' Authenticity Perception and its Relationship with Tourism Experience: A Sample of Foreign Tourists Visiting Seoul Buckchon Traditional Village［J］. Journal of Tourism Sciences, 2011, 35（2）.

［813］Lee Hyung – Ryong, Lee Bo – Mi. Purchase Intention in the Online Tourism Consumers – Involvement, Familiarity and Flow Experience［J］. Korean Journal of Tourism Research, 2008, 23（2）.

［814］Lei Zhao, Yufeng Dong. Tourism agglomeration and urbanization: Empirical evidence from China［J］. Asia Pacific Journal of Tourism Research, 2017, 22（5）.

［815］Li – tze Hu, Peter M. Bentler. Cutoff criteria for fit indexes in covariance structure analysis: Conventional criteria versus new alternatives［J］. Structural Equation Modeling: A Multidisciplinary Journal, 1999, 6（1）.

［816］Liudmila Gorlevskaya. Building Effective Marketing Communications in Tourism［J］. Studia Commercialia Bratislavensia, 2016, 9（35）.

［817］Loretta Lees, Clare Melhuish. Arts-led regeneration in the UK: The rhetoric and the evidence on urban social inclusion［J］. European Urban and Regional Studies, 2015, 22（3）.

［818］Luo J M, Qiu H Q, Chifung L. Urbanization impacts on regional tourism development: A case study in China［J］. Current Issues in Tourism, 2016, 19（3）: 282 – 295.

［819］Manuel B. Aalbers. Introduction to the Forum: From Third to Fifth – Wave Gentrification［J］. Tijdschrift Voor Economische En Sociale Geografie, 2019, 110（1）.

［820］Marichela Sepe. Urban history and cultural resources in urban regeneration: A case of creative waterfront renewal［J］. Planning Perspectives, 2013, 28（4）.

［821］Martin J. Murray. The Quandary of Post – Public Space: New Urbanism, Melrose Arch and the Rebuilding of Johannesburg after Apartheid［J］. Journal of Urban Design, 2013, 18（1）.

［822］Marx S. Organizational challenges of digitalization initiatives in tourism network management organizations［C］//International Conference on Business Information Systems. Springer, Cham, 2019: 157 – 168.

［823］Melanie Kay Smith. Seeing a new side to seasides: Culturally regenerating the English seaside town［J］. International Journal of Tourism Research, 2004, 6（1）.

［824］MULLINS P. Tourism urbanization［J］. Intentional Journal of Urban & Regional Research, 1991, 15（3）: 326 – 342.

［825］Ning（Chris）Chen, Larry Dwyer. Residents' Place Satisfaction and Place Attachment on Destination Brand – Building Behaviors: Conceptual and Empirical Differentiation［J］. Journal of Travel Research, 2018, 57（8）.

［826］Peter Dunbar – Hall. Culture, Tourism and Cultural Tourism: Boundaries and frontiers in performances of Balinese music and dance［J］. Journal of Intercultural Studies, 2001, 22（2）.

［827］Pieter de Rooij. Understanding cultural activity involvement of loyalty segments in the performing arts［J］. International Journal of Culture, Tourism and Hospitality Research, 2015, 9（2）.

［828］Place Attachment, Identity and Community Impacts of Tourism-the Case of a Beijing Hutong［J］. Tourism Management, 2008, 29（4）.

［829］Play and Intrinsic Rewards［J］. Journal of Humanistic Psychology, 1975, 15（3）.

［830］Ramy Hammady, Minhua Ma, Carl Strathern, et al. Design and development of a spatial mixed reality touring guide to the Egyptian museum [J]. Multimedia Tools and Applications, 2020, 79 (5).

[831] Rasoolimanesh S. Mostafa, Ringle Christian M. , Jaafar Mastura, et al. Urban vs. rural destinations: Residents' perceptions, community participation and support for tourism development [J]. Tourism Management, 2016, 60 (60).

[832] Reyhan Arslan Ayazlar. Flow Phenomenon as a Tourist Experience in Paragliding: A Qualitative Research [J]. Procedia Economics and Finance, 2015, 26 (C).

[833] Richard Prentice, Vivien Andersen. Festival as creative destination [J]. Annals of Tourism Research, 2003, 30 (1).

[834] Robert L. Janiskee. Event Management & Event Tourism [J]. Annals of Tourism Research, 2006, 33 (3).

[835] Schouten Frans. Improving visitor care in heritage attractions [J]. Tourism Management, 1995, 16 (4).

[836] Silberberg Ted. Cultural tourism and business opportunities for museums and heritage sites [J]. Tourism Management, 1995, 16 (5).

[837] Soyeon Kim, Xinran Y. Lehto. Projected and Perceived Destination Brand Personalities: The Case of South Korea [J]. Journal of travel research: The International Association of Travel Research and Marketing Professionals, 2013, 52 (1).

[838] Sugiura Atsushi, Kitama Toshihiro, Toyoura Masahiro, et al. The Use of Augmented Reality Technology in Medical Specimen Museum Tours. [J]. Anatomical Sciences Education, 2019, 12 (5).

[839] Suneel Kumar, Shekhar. Digitalization: A Strategic Approach for Development of Tourism Industry in India [J]. Paradigm, 2020, 24 (1).

[840] Veronica Blumenthal, Øystein Jensen. Consumer immersion in the experiencescape of managed visitor attractions: The nature of the immersion process and the role of involvement [J]. Tourism Management Perspectives, 2019, 30 (30).

[841] Vu, Luo, Ye, Li, Law. Evaluating museum visitor experiences based on user-generated travel photos [J]. Journal of Travel & Tourism Marketing, 2018, 35 (4).

[842] Yoon, Seol-Min, Jung, Hee-Jin. Structural relationships among constructs of flow experience, satisfaction, and behavioral intention - Focused on visitors of temple stay [J]. Korean Journal of Tourism Research, 2012, 25 (6).

[843] Zheng Danni, Ritchie Brent W. , Benckendorff Pierre J. , et al. Emotional responses toward Tourism Performing Arts Development: A comparison of urban and rural residents in China [J]. Tourism Management, 2018, 70 (70).

[844] Zheng Qunming, Tang Rong, Mo Ting, et al. Flow Experience Study of Eco-Tourists: A Case Study of Hunan Daweishan Mountain Ski Area [J]. Journal of Resources and Ecology, 2017, 8 (5).

附　　录

1. 沉浸式歌舞演艺微旅游对城市文化保护点式—原置型协同研究调查问卷

尊敬的先生/女士：

您好！我是"沉浸式微旅游业态创新与城市更新空间范型协同研究"课题组的调查员，希望能占用您一点宝贵时间帮我们完成这份问卷调查，非常感谢您的支持！

第一部分：被访问者的基本情况

1. 请问您是：
A. 当地居民　B. 外来游客　C. 工作人员
2. 请问您的年龄属于以下哪一个阶段：
A. 14 岁及以下　B. 15 ~ 24 岁　C. 25 ~ 44 岁　D. 45 岁及以上
3. 请问您在本地居住的时间属于以下哪一个阶段：
A. 5 年及以下　B. 5 ~ 10 年（不包括第 5 年）　C. 10 ~ 20 年（不包括 10 年）
D. 20 ~ 30 年（不包括 20 年）　E. 30 年以上（不包括 30 年）
4. 请问您的职业属于以下哪一个类别：
A. 工人　B. 职员　C. 教育工作者　D. 农民　E. 自由职业者　F. 管理人员　G. 军人
H. 学生　I. 服务人员　J. 技术人员　K. 政府工作人员　L. 退休人员　M. 其他
5. 请问您的家庭有几口人：
A. 5 人以上（不包括 5 人）　B. 2 ~ 5 人　C. 单身
6. 请问您的家庭年收入属于以下哪一个分段：
A. 8000 元及以下　B. 8000 ~ 10000 元（不含 8000 元）
C. 10000 ~ 15000 元（不含 10000 元）　D. 15000 ~ 20000 元（不含 10000 元）
E. 20000 ~ 30000 元（不含 20000 元）　F. 30000 ~ 50000 元（不含 30000 元）
G. 50000 元以上（不含 50000 元）

第二部分：被访者从事旅游业的情况

7. 请问您的家庭是否有从事旅游行业的成员：
A. 是　B. 否
8. 若有从事旅游行业的家庭成员，则他从事的旅游经营活动属于以下哪一类：
A. 餐饮　B. 住宿　C. 导游　D. 交通　E. 景区管理　F. 旅游产品销售
G. 旅游规划　H. 娱乐　I. 其他旅游活动
9. 请问您的旅游收入在家庭总收入中的占比是多少：
A. 80% 以上（不包括 80%）　B. 50% ~ 80%（不包括 50%）
C. 20% ~ 50%（不包括 20%）　D. 10% ~ 20%（不包括 10%）　E. 10% 及以下

第三部分：被访者的旅游感知情况

请您根据自我判断进行选择，1 表示最低（最少、最不好、最不满意），2 表示较低（较少、比较不好、比较不满意），3 表示中等（一般、无所谓高也无所谓低），4 表示较高（较多、较好、较为满意），5 表示最高（最多、最好、最满意）。

第一部分：沉浸式歌舞演艺微旅游状况

序号	测量指标	现在的状态				
		1	2	3	4	5
1	沉浸式歌舞演艺微旅游的文化类型满足心理预期值					
2	沉浸式歌舞演艺微旅游的文化利用状况满足心理预期值					
3	沉浸式歌舞演艺微旅游的科技发展状况满足心理预期值					
4	沉浸式歌舞演艺微旅游的科技应用程度满足心理预期值					
5	沉浸式歌舞演艺微旅游的未来科技打造趋势满足心理预期值					
6	沉浸式歌舞演艺微旅游的基础设施满足心理预期值					
7	沉浸式歌舞演艺微旅游的艺术元素满足心理预期值					
8	沉浸式歌舞演艺微旅游的市场认可满足心理预期值					
9	沉浸式歌舞演艺微旅游的政策扶持满足心理预期值					

第二部分：旅游可持续发展状况

序号	测量指标	现在的状态				
		1	2	3	4	5
1	旅游市场需求与旅游发展满足心理预期值					
2	社会需求变化与农业发展满足心理预期值					
3	旅游市场趋势与旅游规划满足心理预期值					
4	旧城区的资源禀赋满足心理预期值					
5	旧城区的资源开发利用满足心理预期值					
6	旅游产业的文化内涵挖掘满足心理预期值					
7	旅游产业的文化建筑满足心理预期值					
8	旅游产业的文化保护程度满足心理预期值					
9	旅游产业发展规划状况满足心理预期值					
10	旅游产业结构成分满足心理预期值					
11	旅游自然环境可持续发展满足心理预期值					

第三部分：居民意愿状况

序号	测量指标	现在的状态				
		1	2	3	4	5
1	城市的经济收入模式满足心理预期值					
2	城市的经济发展观念满足心理预期值					
3	城市的经济基础满足心理预期值					

序号	测量指标	现在的状态				
		1	2	3	4	5
4	居民的生活生产方式满足心理预期值					
5	居民的未来发展规划满足心理预期值					
6	居民的环境保护理念满足心理预期值					
7	居民的家庭结构满足心理预期值					
8	居民的年龄特征满足心理预期值					
9	居民的受教育水平满足心理预期值					

第四部分：空间布局状况

序号	测量指标	现在的状态				
		1	2	3	4	5
1	高新科技资源满足心理预期值					
2	文化建筑物资源满足心理预期值					
3	游客需求趋势满足心理预期值					
4	公共空间文化氛围满足心理预期值					

第五部分：城市文化保护点式—原置型状况

序号	测量指标	现在的状态				
		1	2	3	4	5
1	政府监管机制力度满足心理预期值					
2	政府监管机制内容满足心理预期值					
3	政府监管机制实施满足心理预期值					
4	开发商协调机制内容满足心理预期值					
5	开发商协调机制力度满足心理预期值					
6	开发商协调机制构成满足心理预期值					
7	民众参与机制内容满足心理预期值					
8	民众参与机制实施满足心理预期值					
9	民众参与机制构成满足心理预期值					

2. 沉浸式歌舞演艺微旅游对城市文化保护点式—重置型协同研究调查问卷

尊敬的先生/女士：

您好！我是"沉浸式微旅游业态创新与城市更新空间范型协同研究"课题组的调查员，希望能占用您一点时间帮我们完成这份问卷调查，非常感谢您的支持！

第一部分：被访问者的基本情况

1. 请问您是：

A. 当地居民　B. 外来游客　C. 工作人员

2. 请问您的年龄属于以下哪一个阶段：

A. 14 岁及以下　B. 15 ~ 24 岁　C. 25 ~ 44 岁　D. 45 岁及以上

3. 请问您在本地居住的时间属于以下哪一个阶段：

A. 5 年及以下　B. 5 ~ 10 年（不包括第 5 年）　C. 10 ~ 20 年（不包括 10 年）

D. 20 ~ 30 年（不包括 20 年）　E. 30 年以上（不包括 30 年）

4. 请问您的职业属于以下哪一个类别：

A. 工人　B. 职员　C. 教育工作者　D. 农民　E. 自由职业者　F. 管理人员　G. 军人

H. 学生　I. 服务人员　J. 技术人员　K. 政府工作人员　L. 退休人员　M. 其他

5. 请问您的家庭有几口人：

A. 5 人以上（不包括 5 人）　B. 2 ~ 5 人　C. 单身

6. 请问您的家庭年收入属于以下哪一个分段：

A. 8000 元及以下　B. 8000 ~ 10000 元（不含 8000 元）

C. 10000 ~ 15000 元（不含 10000 元）　D. 15000 ~ 20000 元（不含 10000 元）

E. 20000 ~ 30000 元（不含 20000 元）　F. 30000 ~ 50000 元（不含 30000 元）

G. 50000 元以上（不含 50000 元）

第二部分：被访者从事旅游业的情况

7. 请问您的家庭是否有从事旅游行业的成员：

A. 是　B. 否

8. 若有从事旅游行业的家庭成员，则他从事的旅游经营活动属于以下哪一类：

A. 餐饮　B. 住宿　C. 导游　D. 交通　E. 景区管理　F. 旅游产品销售

G. 旅游规划　H. 娱乐　I. 其他旅游活动

9. 请问您的旅游收入在家庭总收入中的占比是多少：

A. 80% 以上（不包括 80%）　B. 50% ~ 80%（不包括 50%）

C. 20% ~ 50%（不包括 20%）　D. 10% ~ 20%（不包括 10%）　E. 10% 及以下

第三部分：被访者的旅游感知情况

请您根据您的判断进行选择，1 表示最低（最少、最不好、最不满意），2 表示较低（较少、比较不好、比较不满意），3 表示中等（一般、无所谓高也无所谓低），4 表示较高（较多、较好、较为满意），5 表示最高（最多、最好、最满意）。

第一部分：沉浸式歌舞演艺微旅游状况

序号	测量指标	现在的状态				
		1	2	3	4	5
1	沉浸式歌舞演艺微旅游的文化类型满足心理预期值					
2	沉浸式歌舞演艺微旅游的文化利用状况满足心理预期值					
3	沉浸式歌舞演艺微旅游的土地类型满足心理预期值					
4	沉浸式歌舞演艺微旅游的土地利用状况满足心理预期值					
5	沉浸式歌舞演艺微旅游的选址满足心理预期值					
6	沉浸式歌舞演艺微旅游的科技发展状况满足心理预期值					
7	沉浸式歌舞演艺微旅游的科技应用满足心理预期值					
8	沉浸式歌舞演艺微旅游的城市文化环境满足心理预期值					
9	沉浸式歌舞演艺微旅游的旅游市场满足心理预期值					

第二部分：景区发展水平状况

序号	测量指标	现在的状态				
		1	2	3	4	5
1	老城区产业经济收益分布满足心理预期值					
2	老城区产业未来经济收益满足心理预期值					
3	老城区产业经济收益构成满足心理预期值					
4	老城区的旅游资源禀赋满足心理预期值					
5	老城区的资源开发利用满足心理预期值					
6	景区公共基础设施满足心理预期值					
7	景区体验科技普及程度满足心理预期值					
8	景区服务设施满足心理预期值					
9	老城区产业发展规划状况满足心理预期值					
10	老城区旅游产业结构满足心理预期值					
11	老城区产业结构成分满足心理预期值					

第三部分：居民意愿状况

序号	测量指标	现在的状态				
		1	2	3	4	5
1	居民的经济发展观念满足心理预期值					
2	居民的主体特征满足心理预期值					
3	居民的生活生产方式满足心理预期值					
4	居民的未来发展规划满足心理预期值					

第四部分：智慧城市建设状况

序号	测量指标	现在的状态				
		1	2	3	4	5
1	资源分布特征满足心理预期值					
2	资源利用总量满足心理预期值					
3	资源规划状况满足心理预期值					
4	服务设施整合方式满足心理预期值					
5	服务设施创新程度满足心理预期值					
6	服务设施分布与规划特征满足心理预期值					
7	游客旅游目的地偏好满足心理预期值					
8	游客感知价值构成满足心理预期值					
9	游客满意度影响因素满足心理预期值					

第五部分：城市文化保护点式—重置型状况

序号	测量指标	现在的状态				
		1	2	3	4	5
1	政府监管制力度满足心理预期值					
2	政府监管机制内容满足心理预期值					
3	政府监管机制实施满足心理预期值					
4	开发商协调机制内容满足心理预期值					
5	开发商协调机制力度满足心理预期值					
6	开发商协调机制构成满足心理预期值					
7	民众参与机制内容满足心理预期值					
8	民众参与机制实施满足心理预期值					
9	民众参与机制构成满足心理预期值					

3. 沉浸式文化传承微旅游对城市文化保护面域—原置型协同研究调查问卷

尊敬的先生/女士:

您好! 我是"沉浸式微旅游业态创新与城市更新空间范型协同研究"课题组的调查员,希望能占用您一点时间帮我们完成这份问卷调查,非常感谢您的支持!

第一部分: 被访问者的基本情况

1. 请问您是:

A. 当地居民 B. 外来游客 C. 工作人员

2. 请问您的年龄属于以下哪一个阶段:

A. 14 岁及以下 B. 15~24 岁 C. 25~44 岁 D. 45 岁及以上

3. 请问您在本地居住的时间属于以下哪一个阶段:

A. 5 年及以下 B. 5~10 年 (不包括第 5 年) C. 10~20 年 (不包括 10 年)

D. 20~30 年 (不包括 20 年) E. 30 年以上 (不包括 30 年)

4. 请问您的职业属于以下哪一个类别:

A. 工人 B. 职员 C. 教育工作者 D. 农民 E. 自由职业者 F. 管理人员 G. 军人

H. 学生 I. 服务人员 J. 技术人员 K. 政府工作人员 L. 退休人员 M. 其他

5. 请问您的家庭有几口人:

A. 5 人以上 (不包括 5 人) B. 2~5 人 C. 单身

6. 请问您的家庭年收入属于以下哪一个分段:

A. 8000 元以下 B. 8000~10000 元 (不含 8000 元)

C. 10000~15000 元 (不含 10000 元) D. 15000~20000 元 (不含 10000 元)

E. 20000~30000 元 (不含 20000 元) F. 30000~50000 元 (不含 30000 元)

G. 50000 元以上 (不含 50000 元)

第二部分: 被访者从事旅游业的情况

7. 请问您的家庭是否有从事旅游行业的成员:

A. 是 B. 否

8. 若有从事旅游行业的家庭成员,则他从事的旅游经营活动属于以下哪一类:

A. 餐饮 B. 住宿 C. 导游 D. 交通 E. 景区管理 F. 旅游产品销售

G. 旅游规划 H. 娱乐 I. 其他旅游活动

9. 请问您的旅游收入在家庭总收入中的占比是多少:

A. 80% 以上 (不包括 80%) B. 50%~80% (不包括 50%)

C. 20%~50% (不包括 20%) D. 10%~20% (不包括 10%) E. 10% 及以下

第三部分：被访者的旅游感知情况

请您根据您的判断进行选择，1 表示最低（最少、最不好、最不满意），2 表示较低（较少、比较不好、比较不满意），3 表示中等（一般、无所谓高也无所谓低），4 表示较高（较多、较好、较为满意），5 表示最高（最多、最好、最满意）。

第一部分：沉浸式文化传承微旅游状况

序号	测量指标	现在的状态				
		1	2	3	4	5
1	沉浸式文化传承微旅游的文化类型满足心理预期值					
2	沉浸式文化传承微旅游的文化利用状况满足心理预期值					
3	沉浸式文化传承微旅游的土地类型满足心理预期值					
4	沉浸式文化传承微旅游的土地利用状况满足心理预期值					
5	沉浸式文化传承微旅游的选址满足心理预期值					
6	沉浸式文化传承微旅游的科技应用满足心理预期值					
7	沉浸式文化传承微旅游的基础设施完善程度满足心理预期值					
8	沉浸式文化传承微旅游的市场规模满足心理预期值					
9	沉浸式文化传承微旅游的市场构成满足心理预期值					

第二部分：游客认知评价状况

序号	测量指标	现在的状态				
		1	2	3	4	5
1	游客的服务质量感知满足心理预期值					
2	旅游服务设施建设满足心理预期值					
3	游客的公共服务体验满足心理预期值					
4	旅游产业设施建设满足心理预期值					
5	设施分布与规划特征满足心理预期值					
6	历史街区的资源禀赋满足心理预期值					
7	历史街区的资源开发利用满足心理预期值					
8	资源规划状况满足心理预期值					
9	历史街区的文化底蕴满足心理预期值					
10	历史街区的人文景观满足心理预期值					
11	历史街区的环境发展潜力结构成分满足心理预期值					

第三部分：城市产业结构状况

序号	测量指标	现在的状态				
		1	2	3	4	5
1	城市产业资源发展规划状况满足心理预期值					
2	城市旅游资源产业结构满足心理预期值					
3	城市产业资源结构成分满足心理预期值					

续表

序号	测量指标	现在的状态				
		1	2	3	4	5
4	游客需求数量与城市产业生产满足心理预期值					
5	游客需求种类与城市产业发展满足心理预期值					
6	游客需求趋势与城市产业规划满足心理预期值					
7	城市产业的经济效益分配满足心理预期值					
8	城市产业的未来经济收益满足心理预期值					
9	城市产业的经济收益构成满足心理预期值					

第四部分：居民意愿状况

序号	测量指标	现在的状态				
		1	2	3	4	5
1	居民的经济发展观念满足心理预期值					
2	居民的主体特征满足心理预期值					
3	居民的生活生产方式满足心理预期值					
4	居民的未来发展规划满足心理预期值					

第五部分：城市文化保护面域—原置型状况

序号	测量指标	现在的状态				
		1	2	3	4	5
1	政府监管制度力度满足心理预期值					
2	政府监管机制内容满足心理预期值					
3	政府监管机制实施满足心理预期值					
4	开发商协调机制内容满足心理预期值					
5	开发商协调机制力度满足心理预期值					
6	开发商协调机制构成满足心理预期值					
7	民众参与机制内容满足心理预期值					
8	民众参与机制实施满足心理预期值					
9	民众参与机制构成满足心理预期值					

4. 沉浸式文化传承微旅游对城市文化保护面域—重置型协同研究调查问卷

尊敬的先生/女士：

您好！我是"沉浸式微旅游业态创新与城市更新空间范型协同研究"课题组的调查员，希望能占用您一点时间帮我们完成这份问卷调查，非常感谢您的支持！

第一部分：被访问者的基本情况

1. 请问您是：

A. 当地居民　　B. 外来游客　　C. 工作人员

2. 请问您的年龄属于以下哪一个阶段：

A. 14 岁及以下　　B. 15 ~ 24 岁　　C. 25 ~ 44 岁　　D. 45 岁及以上

3. 请问您在本地居住的时间属于以下哪一个阶段：

A. 5 年及以下　　B. 5 ~ 10 年（不包括第 5 年）　　C. 10 ~ 20 年（不包括 10 年）

D. 20 ~ 30 年（不包括 20 年）　　E. 30 年以上（不包括 30 年）

4. 请问您的职业属于以下哪一个类别：

A. 工人　　B. 职员　　C. 教育工作者　　D. 农民　　E. 自由职业者　　F. 管理人员　　G. 军人

H. 学生　　I. 服务人员　　J. 技术人员　　K. 政府工作人员　　L. 退休人员　　M. 其他

5. 请问您的家庭有几口人：

A. 5 人以上（不包括 5 人）　　B. 2 ~ 5 人　　C. 单身

6. 请问您的家庭年收入属于以下哪一个分段：

A. 8000 元及以下　　B. 8000 ~ 10000 元（不含 8000 元）

C. 10000 ~ 15000 元（不含 10000 元）　　D. 15000 ~ 20000 元（不含 10000 元）

E. 20000 ~ 30000 元（不含 20000 元）　　F. 30000 ~ 50000 元（不含 30000 元）

G. 50000 元以上（不含 50000 元）

第二部分：被访者从事旅游业的情况

7. 请问您的家庭是否有从事旅游行业的成员：

A. 是　　B. 否

8. 若有从事旅游行业的家庭成员，则他从事的旅游经营活动属于以下哪一类：

A. 餐饮　　B. 住宿　　C. 导游　　D. 交通　　E. 景区管理　　F. 旅游产品销售

G. 旅游规划　　H. 娱乐　　I. 其他旅游活动

9. 请问您的旅游收入在家庭总收入中的占比是多少：

A. 80% 以上（不包括 80%）　　B. 50% ~ 80%（不包括 50%）

C. 20% ~ 50%（不包括 20%）　　D. 10% ~ 20%（不包括 10%）　　E. 10% 及以下

第三部分：被访者的旅游感知情况

请您根据您的判断进行选择，1 表示最低（最少、最不好、最不满意），2 表示较低（较少、比较不好、比较不满意），3 表示中等（一般、无所谓高也无所谓低），4 表示较高（较多、较好、较为满意），5 表示最高（最多、最好、最满意）。

第一部分：沉浸式文化传承微旅游状况

序号	测量指标	现在的状态				
		1	2	3	4	5
1	沉浸式文化传承微旅游的文化类型满足心理预期值					
2	沉浸式文化传承微旅游的文化利用状况满足心理预期值					
3	沉浸式文化传承微旅游的土地类型满足心理预期值					
4	沉浸式文化传承微旅游的土地利用状况满足心理预期值					
5	沉浸式文化传承微旅游的选址满足心理预期值					
6	沉浸式文化传承微旅游的科技应用满足心理预期值					
7	沉浸式文化传承微旅游的基础设施完善程度满足心理预期值					
8	沉浸式文化传承微旅游的市场规模满足心理预期值					
9	沉浸式文化传承微旅游的市场构成满足心理预期值					

第二部分：游客认知评价状况

序号	测量指标	现在的状态				
		1	2	3	4	5
1	景区的地理位置满足心理预期值					
2	景区的交通状况满足心理预期值					
3	景区周边环境保护满足心理预期值					
4	旅游产业设施建设满足心理预期值					
5	设施分布与规划特征满足心理预期值					
6	常规性公共服务满足心理预期值					
7	针对性专项服务满足心理预期值					
8	委托性特约服务满足心理预期值					
9	游客旅游选址范围满足心理预期值					
10	游客感知价值质量满足心理预期值					
11	游客满意度行为偏好满足心理预期值					

第三部分：城市产业结构状况

序号	测量指标	现在的状态				
		1	2	3	4	5
1	城市整体形象定位满足心理预期值					
2	城市文化分区满足心理预期值					
3	城市居民主体特征满足心理预期值					

序号	测量指标	现在的状态				
		1	2	3	4	5
4	游客需求数量与城市产业生产满足心理预期值					
5	游客需求种类与城市产业发展满足心理预期值					
6	游客需求趋势与城市产业规划满足心理预期值					
7	城市产业的经济效益分配满足心理预期值					
8	城市产业的未来经济收益满足心理预期值					
9	城市产业的经济收益构成满足心理预期值					

第四部分：旅游吸引状况

序号	测量指标	现在的状态				
		1	2	3	4	5
1	人文构成和保护现状满足心理预期值					
2	人文发展的创新建设满足心理预期值					
3	虚拟现实与旅游产业融合程度满足心理预期值					
4	旅游数字创新技术满足心理预期值					

第五部分：城市文化保护面域—重置型状况

序号	测量指标	现在的状态				
		1	2	3	4	5
1	政府监管制力度满足心理预期值					
2	政府监管机制内容满足心理预期值					
3	政府监管机制实施满足心理预期值					
4	开发商协调机制内容满足心理预期值					
5	开发商协调机制力度满足心理预期值					
6	开发商协调机制构成满足心理预期值					
7	民众参与机制内容满足心理预期值					
8	民众参与机制实施满足心理预期值					
9	民众参与机制构成满足心理预期值					

5. 沉浸式文艺场馆微旅游对城市功能完善点式—原置型协同研究调查问卷

尊敬的先生/女士：

您好！我是"沉浸式微旅游业态创新与城市更新空间范型协同研究"课题组的调查员，希望能占用您一点时间帮我们完成这份问卷调查，非常感谢您的支持！

第一部分：被访问者的基本情况

1. 请问您是：

A. 当地居民　B. 外来游客　C. 工作人员

2. 请问您的年龄属于以下哪一个阶段：

A. 14 岁及以下　B. 15～24 岁　C. 25～44 岁　D. 45 岁及以上

3. 请问您在本地居住的时间属于以下哪一个阶段：

A. 5 年及以下　B. 5～10 年（不包括第 5 年）　C. 10～20 年（不包括 10 年）

D. 20～30 年（不包括 20 年）　E. 30 年以上（不包括 30 年）

4. 请问您的职业属于以下哪一个类别：

A. 工人　B. 职员　C. 教育工作者　D. 农民　E. 自由职业者　F. 管理人员　G. 军人

H. 学生　I. 服务人员　J. 技术人员　K. 政府工作人员　L. 退休人员　M. 其他

5. 请问您的家庭有几口人：

A. 5 人以上（不包括 5 人）　B. 2～5 人　C. 单身

6. 请问您的家庭年收入属于以下哪一个分段：

A. 8000 元及以下　B. 8000～10000 元（不含 8000 元）

C. 10000～15000 元（不含 10000 元）　D. 15000～20000 元（不含 10000 元）

E. 20000～30000 元（不含 20000 元）　F. 30000～50000 元（不含 30000 元）

G. 50000 元以上（不含 50000 元）

第二部分：被访者从事旅游业的情况

7. 请问您的家庭是否有从事旅游行业的成员：

A. 是　B. 否

8. 若有从事旅游行业的家庭成员，则他从事的旅游经营活动属于以下哪一类：

A. 餐饮　B. 住宿　C. 导游　D. 交通　E. 景区管理　F. 旅游产品销售

G. 旅游规划　H. 娱乐　I. 其他旅游活动

9. 请问您的旅游收入在家庭总收入中的占比是多少：

A. 80% 以上（不包括 80%）　B. 50%～80%（不包括 50%）

C. 20%～50%（不包括 20%）　D. 10%～20%（不包括 10%）　E. 10% 及以下

第三部分：被访者的旅游感知情况

请您根据您的判断进行选择，1 表示最低（最少、最不好、最不满意），2 表示较低（较少、比较不好、比较不满意），3 表示中等（一般、无所谓高也无所谓低），4 表示较高（较多、较好、较为满意），5 表示最高（最多、最好、最满意）。

第一部分：沉浸式文艺场馆微旅游状况

序号	测量指标	现在的状态				
		1	2	3	4	5
1	沉浸式文艺场馆微旅游的文化类型满足心理预期值					
2	沉浸式文艺场馆微旅游的文化利用状况满足心理预期值					
3	沉浸式文艺场馆微旅游的科技发展状况满足心理预期值					
4	沉浸式文艺场馆微旅游的科技应用满足心理预期值					
5	沉浸式文艺场馆微旅游的创新技术功能满足心理预期值					
6	沉浸式文艺场馆微旅游的市场需求趋势与城市规划满足心理预期值					
7	沉浸式文艺场馆微旅游的游客市场规模满足心理预期值					
8	沉浸式文艺场馆微旅游的创新场景建设满足心理预期值					
9	沉浸式文艺场馆微旅游的文艺要素应用满足心理预期值					

第二部分：城市遗址旅游开发状况

序号	测量指标	现在的状态				
		1	2	3	4	5
1	遗址的所处位置满足心理预期值					
2	遗址周边经济状况满足心理预期值					
3	遗址资源发展潜力满足心理预期值					
4	老城区经济发展现状满足心理预期值					
5	老城区经济创意发展满足心理预期值					
6	产业发展状况满足心理预期值					
7	产业发展与创意结合满足心理预期值					
8	产业创新技术满足心理预期值					
9	城市功能打造与发展现状满足心理预期值					
10	功能的可延伸性满足心理预期值					
11	城市功能与多元化创新技术满足心理预期值					

第三部分：景区联动状况

序号	测量指标	现在的状态				
		1	2	3	4	5
1	城市旅游市场营销满足心理预期值					
2	城市产品市场营销满足心理预期值					
3	城市服务市场营销满足心理预期值					

序号	测量指标	现在的状态				
		1	2	3	4	5
4	城市旅游文化资源联动满足心理预期值					
5	城市经济社会资源联动满足心理预期值					
6	城市基础设施资源联动满足心理预期值					
7	城市技术发展水平满足心理预期值					
8	城市技术资源共享满足心理预期值					
9	城市服务技术共享满足心理预期值					

第四部分：游客群体状况

序号	测量指标	现在的状态				
		1	2	3	4	5
1	城市交通服务质量满足心理预期值					
2	创新旅游产业的功能空间满足心理预期值					
3	游客满意度评价满足心理预期值					
4	游客忠诚度满足心理预期值					

第五部分：城市功能完善点式—原置型状况

序号	测量指标	现在的状态				
		1	2	3	4	5
1	政府监管制力度满足心理预期值					
2	政府监管机制内容满足心理预期值					
3	政府监管机制实施满足心理预期值					
4	开发商协调机制内容满足心理预期值					
5	开发商协调机制力度满足心理预期值					
6	开发商协调机制构成满足心理预期值					
7	民众参与机制内容满足心理预期值					
8	民众参与机制实施满足心理预期值					
9	民众参与机制构成满足心理预期值					

6. 沉浸式文艺场馆微旅游对城市功能完善点式—重置型协同研究调查问卷

尊敬的先生/女士：

　　您好！我是"沉浸式微旅游业态创新与城市更新空间范型协同研究"课题组的调查员，希望能占用您一点时间帮我们完成这份问卷调查，非常感谢您的支持！

第一部分：被访问者的基本情况

1. 请问您是：

A. 当地居民　　B. 外来游客　　C. 工作人员

2. 请问您的年龄属于以下哪一个阶段：

A. 14 岁及以下　　B. 15 ~ 24 岁　　C. 25 ~ 44 岁　　D. 45 岁及以上

3. 请问您在本地居住的时间属于以下哪一个阶段：

A. 5 年以下　　B. 5 ~ 10 年（不包括第 5 年）　　C. 10 ~ 20 年（不包括 10 年）

D. 20 ~ 30 年（不包括 20 年）　　E. 30 年以上（不包括 30 年）

4. 请问您的职业属于以下哪一个类别：

A. 工人　　B. 职员　　C. 教育工作者　　D. 农民　　E. 自由职业者　　F. 管理人员　　G. 军人

H. 学生　　I. 服务人员　　J. 技术人员　　K. 政府工作人员　　L. 退休人员　　M. 其他

5. 请问您的家庭有几口人：

A. 5 人以上（不包括 5 人）　　B. 2 ~ 5 人　　C. 单身

6. 请问您的家庭年收入属于以下哪一个分段：

A. 8000 元及以下　　B. 8000 ~ 10000 元（不含 8000 元）

C. 10000 ~ 15000 元（不含 10000 元）　　D. 15000 ~ 20000 元（不含 10000 元）

E. 20000 ~ 30000 元（不含 20000 元）　　F. 30000 ~ 50000 元（不含 30000 元）

G. 50000 元以上（不含 50000 元）

第二部分：被访者从事旅游业的情况

7. 请问您的家庭是否有从事旅游行业的成员：

A. 是　　B. 否

8. 若有从事旅游行业的家庭成员，则他从事的旅游经营活动属于以下哪一类：

A. 餐饮　　B. 住宿　　C. 导游　　D. 交通　　E. 景区管理　　F. 旅游产品销售

G. 旅游规划　　H. 娱乐　　I. 其他旅游活动

9. 请问您的旅游收入在家庭总收入中的占比是多少：

A. 80%以上（不包括80%）　　B. 50% ~ 80%（不包括50%）

C. 20% ~ 50%（不包括20%）　　D. 10% ~ 20%（不包括10%）　　E. 10%及以下

第三部分：被访者的旅游感知情况

请您根据您的判断进行选择，1 表示最低（最少、最不好、最不满意），2 表示较低（较少、比较不好、比较不满意），3 表示中等（一般、无所谓高也无所谓低），4 表示较高（较多、较好、较为满意），5 表示最高（最多、最好、最满意）。

第一部分：沉浸式文艺场馆微旅游状况

序号	测量指标	现在的状态				
		1	2	3	4	5
1	文艺场馆的交通状况满足心理预期值					
2	文艺场馆的地理位置满足心理预期值					
3	沉浸式文艺场馆微旅游的科技发展状况满足心理预期值					
4	沉浸式文艺场馆微旅游的科技应用满足心理预期值					
5	沉浸式文艺场馆微旅游的创新技术功能满足心理预期值					
6	沉浸式文艺场馆微旅游的市场需求趋势与城市规划满足心理预期值					
7	沉浸式文艺场馆微旅游的游客市场规模满足心理预期值					
8	沉浸式文艺场馆微旅游的创新场景建设满足心理预期值					
9	沉浸式文艺场馆微旅游的文艺要素应用满足心理预期值					

第二部分：城市遗址旅游开发状况

序号	测量指标	现在的状态				
		1	2	3	4	5
1	遗址的所处位置满足心理预期值					
2	遗址周边经济状况满足心理预期值					
3	遗址资源发展潜力满足心理预期值					
4	老城区经济发展现状满足心理预期值					
5	老城区经济创意发展满足心理预期值					
6	产业发展状况满足心理预期值					
7	产业发展与创意结合满足心理预期值					
8	产业创新技术满足心理预期值					
9	城市功能打造与发展现状满足心理预期值					
10	功能的可延伸性满足心理预期值					
11	城市功能与多元化创新技术满足心理预期值					

第三部分：景区联动状况

序号	测量指标	现在的状态				
		1	2	3	4	5
1	城市技术发展水平满足心理预期值					
2	城市技术资源共享满足心理预期值					
3	城市服务技术共享满足心理预期值					

序号	测量指标	现在的状态				
		1	2	3	4	5
4	城市旅游文化资源共享满足心理预期值					
5	城市经济社会资源共享满足心理预期值					
6	城市基础设施资源共享满足心理预期值					
7	城市旅游产品差异满足心理预期值					
8	城市公共产品差异满足心理预期值					
9	城市服务产品差异满足心理预期值					

第四部分：空间布局状况

序号	测量指标	现在的状态				
		1	2	3	4	5
1	历史遗址或特定的文化空间满足心理预期值					
2	城市资源型文化设施分布满足心理预期值					
3	景区的文化有形化与可视化满足心理预期值					
4	游客产品环境感知满足心理预期值					

第五部分：城市功能完善点式—重置型状况

序号	测量指标	现在的状态				
		1	2	3	4	5
1	政府监管制力度满足心理预期值					
2	政府监管机制内容满足心理预期值					
3	政府监管机制实施满足心理预期值					
4	开发商协调机制内容满足心理预期值					
5	开发商协调机制力度满足心理预期值					
6	开发商协调机制构成满足心理预期值					
7	民众参与机制内容满足心理预期值					
8	民众参与机制实施满足心理预期值					
9	民众参与机制构成满足心理预期值					

7. 沉浸式休闲乐园微旅游对城市功能完善面域—原置型协同研究调查问卷

尊敬的先生/女士：

您好！我是"沉浸式微旅游业态创新与城市更新空间范型协同研究"课题组的调查员，希望能占用您一点时间帮我们完成这份问卷调查，非常感谢您的支持！

第一部分：被访问者的基本情况

1. 请问您是：

A. 当地居民　　B. 外来游客　　C. 工作人员

2. 请问您的年龄属于以下哪一个阶段：

A. 14 岁及以下　　B. 15～24 岁　　C. 25～44 岁　　D. 45 岁及以上

3. 请问您在本地居住的时间属于以下哪一个阶段：

A. 5 年及以下　　B. 5～10 年（不包括第 5 年）　　C. 10～20 年（不包括 10 年）

D. 20～30 年（不包括 20 年）　　E. 30 年以上（不包括 30 年）

4. 请问您的职业属于以下哪一个类别：

A. 工人　　B. 职员　　C. 教育工作者　　D. 农民　　E. 自由职业者　　F. 管理人员　　G. 军人

H. 学生　　I. 服务人员　　J. 技术人员　　K. 政府工作人员　　L. 退休人员　　M. 其他

5. 请问您的家庭有几口人：

A. 5 人以上（不包括 5 人）　　B. 2～5 人　　C. 单身

6. 请问您的家庭年收入属于以下哪一个分段：

A. 8000 元及以下　　B. 8000～10000 元（不含 8000 元）

C. 10000～15000 元（不含 10000 元）　　D. 15000～20000 元（不含 10000 元）

E. 20000～30000 元（不含 20000 元）　　F. 30000～50000 元（不含 30000 元）

G. 50000 元以上（不含 50000 元）

第二部分：被访者从事旅游业的情况

7. 请问您的家庭是否有从事旅游行业的成员：

A. 是　　B. 否

8. 若有从事旅游行业的家庭成员，则他从事的旅游经营活动属于以下哪一类：

A. 餐饮　　B. 住宿　　C. 导游　　D. 交通　　E. 景区管理　　F. 旅游产品销售

G. 旅游规划　　H. 娱乐　　I. 其他旅游活动

9. 请问您的旅游收入在家庭总收入中的占比是多少：

A. 80% 以上（不包括 80%）　　B. 50%～80%（不包括 50%）

C. 20%～50%（不包括 20%）　　D. 10%～20%（不包括 10%）　　E. 10% 及以下

第三部分：被访者的旅游感知情况

请您根据您的判断进行选择，1 表示最低（最少、最不好、最不满意），2 表示较低（较少、比较不好、比较不满意），3 表示中等（一般、无所谓高也无所谓低），4 表示较高（较多、较好、较为满意），5 表示最高（最多、最好、最满意）。

第一部分：沉浸式休闲乐园微旅游状况

序号	测量指标	现在的状态				
		1	2	3	4	5
1	休闲乐园的交通状况满足心理预期值					
2	休闲乐园的地理位置满足心理预期值					
3	休闲乐园的周边环境状况满足心理预期值					
4	休闲乐园的休闲游玩氛围满足心理预期值					
5	休闲乐园的自然资源条件满足心理预期值					
6	休闲乐园的资源禀赋满足心理预期值					
7	休闲乐园的资源开发利用满足心理预期值					
8	休闲乐园的市场需求趋势与城市规划满足心理预期值					
9	休闲乐园的游客市场规模满足心理预期值					

第二部分：景区发展水平状况

序号	测量指标	现在的状态				
		1	2	3	4	5
1	老城区产业经济收益分布满足心理预期值					
2	老城区产业未来经济收益满足心理预期值					
3	老城区产业经济收益构成满足心理预期值					
4	景区公共基础设施满足心理预期值					
5	景区体验设施的应用满足心理预期值					
6	老城区的旅游资源联合满足心理预期值					
7	城市的资源开发利用程度满足心理预期值					
8	城市社会资源联合满足心理预期值					
9	休闲乐园产业发展规划状况满足心理预期值					
10	休闲乐园旅游产业结构满足心理预期值					
11	休闲乐园产业结构成分满足心理预期值					

第三部分：居民意愿状况

序号	测量指标	现在的状态				
		1	2	3	4	5
1	城市的经济收入模式满足心理预期值					
2	城市的经济发展观念满足心理预期值					
3	城市的经济基础满足心理预期值					

序号	测量指标	现在的状态				
		1	2	3	4	5
4	居民的生活生产方式满足心理预期值					
5	居民的未来发展规划满足心理预期值					
6	居民的环境保护理念满足心理预期值					
7	居民的家庭结构满足心理预期值					
8	居民的年龄特征满足心理预期值					
9	居民的受教育水平满足心理预期值					

第四部分：旅游城市化状况

序号	测量指标	现在的状态				
		1	2	3	4	5
1	当地居民的需求及个人素质满足心理预期值					
2	景区服务能力及旅游影响策略满足心理预期值					
3	城市地区及行业发展状况满足心理预期值					
4	景区可持续发展环境满足心理预期值					

第五部分：城市功能完善面域—原置型状况

序号	测量指标	现在的状态				
		1	2	3	4	5
1	政府监管制力度满足心理预期值					
2	政府监管机制内容满足心理预期值					
3	政府监管机制实施满足心理预期值					
4	开发商协调机制内容满足心理预期值					
5	开发商协调机制力度满足心理预期值					
6	开发商协调机制构成满足心理预期值					
7	民众参与机制内容满足心理预期值					
8	民众参与机制实施满足心理预期值					
9	民众参与机制构成满足心理预期值					

8. 沉浸式休闲乐园微旅游对城市功能完善面域—重置型协同研究调查问卷

尊敬的先生/女士：

您好！我是"沉浸式微旅游业态创新与城市更新空间范型协同研究"课题组的调查员，希望能占用您一点时间帮我们完成这份问卷调查，非常感谢您的支持！

第一部分：被访问者的基本情况

1. 请问您是：

A. 当地居民　　B. 外来游客　　C. 工作人员

2. 请问您的年龄属于以下哪一个阶段：

A. 14 岁及以下　　B. 15 ~ 24 岁　　C. 25 ~ 44 岁　　D. 45 岁及以上

3. 请问您在本地居住的时间属于以下哪一个阶段：

A. 5 年及以下　　B. 5 ~ 10 年（不包括第 5 年）　　C. 10 ~ 20 年（不包括 10 年）

D. 20 ~ 30 年（不包括 20 年）　　E. 30 年以上（不包括 30 年）

4. 请问您的职业属于以下哪一个类别：

A. 工人　　B. 职员　　C. 教育工作者　　D. 农民　　E. 自由职业者　　F. 管理人员　　G. 军人

H. 学生　　I. 服务人员　　J. 技术人员　　K. 政府工作人员　　L. 退休人员　　M. 其他

5. 请问您的家庭有几口人：

A. 5 人以上（不包括 5 人）　　B. 2 ~ 5 人　　C. 单身

6. 请问您的家庭年收入属于以下哪一个分段：

A. 8000 元及以下　　B. 8000 ~ 10000 元（不含 8000 元）

C. 10000 ~ 15000 元（不含 10000 元）　　D. 15000 ~ 20000 元（不含 10000 元）

E. 20000 ~ 30000 元（不含 20000 元）　　F. 30000 ~ 50000 元（不含 30000 元）

G. 50000 元以上（不含 50000 元）

第二部分：被访者从事旅游业的情况

7. 请问您的家庭是否有从事旅游行业的成员：

A. 是　　B. 否

8. 若有从事旅游行业的家庭成员，则他从事的旅游经营活动属于以下哪一类：

A. 餐饮　　B. 住宿　　C. 导游　　D. 交通　　E. 景区管理　　F. 旅游产品销售

G. 旅游规划　　H. 娱乐　　I. 其他旅游活动

9. 请问您的旅游收入在家庭总收入中的占比是多少：

A. 80% 以上（不包括 80%）　　B. 50% ~ 80%（不包括 50%）

C. 20% ~ 50%（不包括 20%）　　D. 10% ~ 20%（不包括 10%）　　E. 10% 及以下

第三部分：被访者的旅游感知情况

请您根据您的判断进行选择，1 表示最低（最少、最不好、最不满意），2 表示较低（较少、比较不好、比较不满意），3 表示中等（一般、无所谓高也无所谓低），4 表示较高（较多、较好、较为满意），5 表示最高（最多、最好、最满意）。

第一部分：沉浸式休闲乐园微旅游状况

序号	测量指标	现在的状态				
		1	2	3	4	5
1	休闲乐园的交通状况满足心理预期值					
2	休闲乐园的地理位置满足心理预期值					
3	休闲乐园的周边环境状况满足心理预期值					
4	休闲乐园的休闲游玩氛围满足心理预期值					
5	休闲乐园的自然资源条件满足心理预期值					
6	休闲乐园的资源禀赋满足心理预期值					
7	休闲乐园的资源开发利用满足心理预期值					
8	休闲乐园的市场需求趋势与城市规划满足心理预期值					
9	休闲乐园的游客市场规模满足心理预期值					

第二部分：智慧基础设施布局状况

序号	测量指标	现在的状态				
		1	2	3	4	5
1	公共配套设施数量与游客需求满足心理预期值					
2	公共配套设施与当代科技发展满足心理预期值					
3	公共配套设施与城市发展规划满足心理预期值					
4	城市服务设施建设现状满足心理预期值					
5	城市服务设施开发利用满足心理预期值					
6	旅游产业发展相应政策满足心理预期值					
7	城市旅游配套设施建设现状满足心理预期值					
8	城市旅游配套设施与城市规划满足心理预期值					
9	城市旅游产业发展规划状况满足心理预期值					
10	智慧应用体系建设满足心理预期值					
11	智慧空间布设满足心理预期值					

第三部分：居民意愿状况

序号	测量指标	现在的状态				
		1	2	3	4	5
1	城市的经济收入模式满足心理预期值					
2	城市的经济发展观念满足心理预期值					
3	城市的经济基础满足心理预期值					

序号	测量指标	现在的状态				
		1	2	3	4	5
4	居民的生活生产方式满足心理预期值					
5	居民的未来发展规划满足心理预期值					
6	居民的环境保护理念满足心理预期值					
7	居民的家庭结构满足心理预期值					
8	居民的年龄特征满足心理预期值					
9	居民的受教育水平满足心理预期值					

第四部分：旅游城市化状况

序号	测量指标	现在的状态				
		1	2	3	4	5
1	当地居民的需求及个人素质满足心理预期值					
2	景区服务能力及旅游影响策略满足心理预期值					
3	城市地区及行业发展状况满足心理预期值					
4	景区可持续发展环境满足心理预期值					

第五部分：城市功能完善面域—重置型状况

序号	测量指标	现在的状态				
		1	2	3	4	5
1	政府监管制力度满足心理预期值					
2	政府监管机制内容满足心理预期值					
3	政府监管机制实施满足心理预期值					
4	开发商协调机制内容满足心理预期值					
5	开发商协调机制力度满足心理预期值					
6	开发商协调机制构成满足心理预期值					
7	民众参与机制内容满足心理预期值					
8	民众参与机制实施满足心理预期值					
9	民众参与机制构成满足心理预期值					

后　　记

　　本书为 2023 年度国家社会科学基金一般项目"沉浸式微旅游业态创新与城市更新空间范型协同模式研究"（课题编号：23BJY008）的成果，经过一年多的努力，此书的撰写和修改工作终于接近了尾声。回想起整本书的撰写过程，虽有不易，却使我更加坚定了科研的信心。

　　我要对那些为本书贡献了宝贵建议的专家和同行表示深深的感激，他们的指导对我有着极大的帮助。同时，我也要感谢我的团队成员，是他们的实地考察和细致的调研为书中的案例提供了详实的支持，他们的努力和奉献让本书内容更为丰富多彩。从确定选题、构建提纲，到开展实地调查、撰写论文，再到数据整理和理论分析的每一步，我们经历了困难和挑战，同时也感受到了快乐与成就。在此，我对所有给予帮助和支持的人表示衷心的感谢。

　　最后，要特别感谢经济科学出版社的李晓杰编辑对本书出版所付出的辛勤劳动，感谢在本书的校对和出版过程中所有付出的朋友们，才有了此书的精彩呈现。

　　由于受时间和能力所限，对书中可能存在的不足之处，恳请读者朋友们指正。

杨莎莎

2024 年 3 月